湖南圖書館

古籍普查登記目録

（三）

全國古籍普查登記目録

國家圖書館出版社
National Library of China Publishing House

430000－2401－0023904　△413/103

唐詩鈔略三卷　（唐）魏徵等撰　清鈔本
三冊

430000－2401－0023905　△413/6

王荊公唐百家詩選二十卷　（宋）王安石輯
清康熙四十三年(1704)宋犖、丘迥刻雙清閣
印本　八冊

430000－2401－0023907　413/469－3

王荊公唐百家詩選一卷　（宋）王安石輯　清
梅伯言鈔本　一冊

430000－2401－0023908　413/469－3(1)

王荊公唐百家詩選一卷　（宋）王安石輯　清
梅伯言鈔本　一冊

430000－2401－0023909　△413/105

唐僧弘秀集十卷　（宋）李龏輯　清初毛氏汲
古閣刻本　葉啟發題識　一冊

430000－2401－0023910　413/177

唐三體詩六卷　（宋）周弼選　（元）釋圓至註
　（清）高士奇輯　（清）何焯評　清光緒十二
年(1886)瀘州鹽局朱墨套印本　二冊

430000－2401－0023911　△413/88

萬首唐人絕句一百〇一卷　（宋）洪邁輯　明
嘉靖十九年(1540)陳敬學德星堂刻本　葉啟
勳、葉啟發題識　二十冊

430000－2401－0023912　△413/88(1)

萬首唐人絕句一百〇一卷　（宋）洪邁輯　明
嘉靖十九年(1540)陳敬學德星堂刻本　十冊
　存三十二卷(七言一至十一,五言一至八、
十四至二十五,六言一卷)

430000－2401－0023913　413/192

唐人萬首絕句選七卷　（宋）洪邁輯　（清）王
士禛選　清康熙吳郡宋廣業刻本　一冊

430000－2401－0023914　413/192(1)

唐人萬首絕句選七卷　（宋）洪邁輯　（清）王
士禛選　清康熙吳郡宋廣業刻本　一冊　存
三卷(五至七)

430000－2401－0023915　413/192－3

唐人萬首絕句選七卷　（宋）洪邁輯　（清）王
士禛選　清同治九年(1870)龐際雲補刻本
二冊

430000－2401－0023916　413/192－3(1)

唐人萬首絕句選七卷　（宋）洪邁輯　（清）王
士禛選　清同治九年(1870)龐際雲補刻本
二冊

430000－2401－0023917　413/192－3(2)

唐人萬首絕句選七卷　（宋）洪邁輯　（清）王
士禛選　清同治九年(1870)龐際雲補刻本
二冊

430000－2401－0023918　413/192－3(3)

唐人萬首絕句選七卷　（宋）洪邁輯　（清）王
士禛選　清同治九年(1870)龐際雲補刻本
二冊

430000－2401－0023919　413/192－3(4)

唐人萬首絕句選七卷　（宋）洪邁輯　（清）王
士禛選　清同治九年(1870)龐際雲補刻本
一冊　存三卷(五至七)

430000－2401－0023920　413/192－4

唐人萬首絕句選七卷　（宋）洪邁輯　（清）王
士禛選　清同治十二年(1873)刻本　二冊

430000－2401－0023921　413/192－4(1)

唐人萬首絕句選七卷　（宋）洪邁輯　（清）王
士禛選　清同治十二年(1873)刻本　二冊

430000－2401－0023922　413/192－4(2)

唐人萬首絕句選七卷　（宋）洪邁輯　（清）王
士禛選　清同治十二年(1873)刻本　二冊

430000－2401－0023923　413/192－4(3)

唐人萬首絕句選七卷　（宋）洪邁輯　（清）王
士禛選　清同治十二年(1873)刻本　二冊

430000－2401－0023924　413/192－4(4)

唐人萬首絕句選七卷　（宋）洪邁輯　（清）王
士禛選　清同治十二年(1873)刻本　二冊

430000－2401－0023925　△413/50－2

唐文粹一百卷　（宋）姚鉉輯　明嘉靖三年
(1524)徐焴刻本　十六冊

430000－2401－0023926　△413/50－2(1)

唐文粹一百卷　（宋）姚鉉輯　明嘉靖三年
(1524)徐焴刻本　十六冊

430000－2401－0023927　△413/50

唐文粹一百卷　（宋）姚鉉輯　明嘉靖八年
(1529)晉府養德書院刻本　三十六冊

430000－2401－0023928　△413/50(1)

唐文粹一百卷　（宋）姚鉉輯　明嘉靖八年
(1529)晉府養德書院刻本　二十冊

430000－2401－0023929　413/178

唐文粹一百卷　（宋）姚鉉輯　清光緒九年
(1883)江蘇書局刻本　二十冊

430000－2401－0023930　413/178(1)

唐文粹一百卷　（宋）姚鉉輯　清光緒九年
(1883)江蘇書局刻本　二十冊

430000－2401－0023931　413/178(2)

唐文粹一百卷　（宋）姚鉉輯　清光緒九年
(1883)江蘇書局刻本　二十冊

430000－2401－0023932　413/178(3)

唐文粹一百卷　（宋）姚鉉輯　清光緒九年
(1883)江蘇書局刻本　二十冊

430000－2401－0023933　413/178(4)

唐文粹一百卷　（宋）姚鉉輯　清光緒九年
(1883)江蘇書局刻本　二十冊

430000－2401－0023934　413/178(5)

唐文粹一百卷　（宋）姚鉉輯　清光緒九年
(1883)江蘇書局刻本　十九冊

430000－2401－0023935　413/178

唐文粹補遺二十六卷　（清）郭麐輯　清光緒
十一年(1885)江蘇書局刻本　二十冊

430000－2401－0023936　413/178－2

唐文粹一百卷　（宋）姚鉉輯　**唐文粹補遺二
十六卷**　（清）郭麐輯　清光緒十六年(1890)
杭州許氏榆園校刻本　二十四冊

430000－2401－0023937　413/178－2(1)

唐文粹一百卷　（宋）姚鉉輯　**唐文粹補遺二
十六卷**　（清）郭麐輯　清光緒十六年(1890)

杭州許氏榆園校刻本　二十六冊

430000－2401－0023938　413/178－2(2)

唐文粹一百卷　（宋）姚鉉輯　**唐文粹補遺二
十六卷**　（清）郭麐輯　清光緒十六年(1890)
杭州許氏榆園校刻本　二十冊

430000－2401－0023939　413/178－2(3)

唐文粹一百卷　（宋）姚鉉輯　**唐文粹補遺二
十六卷**　（清）郭麐輯　清光緒十六年(1890)
杭州許氏榆園校刻本　十九冊　缺七卷（補
遺二十至二十六）

430000－2401－0023940　413/178－2(4)

唐文粹一百卷　（宋）姚鉉輯　**唐文粹補遺二
十六卷**　（清）郭麐輯　清光緒十六年(1890)
杭州許氏榆園校刻本　十九冊　缺六卷（一
至六）

430000－2401－0023941　413/211

疊山先生註解章泉澗泉二先生選唐詩五卷
（宋）趙蕃　（宋）韓淲選　（宋）謝枋得註解
　清同治二年(1863)望三益齋刻本　一冊

430000－2401－0023942　413/282

衆妙集不分卷　（宋）趙師秀編　明末毛氏汲
古閣刻本　二冊

430000－2401－0023943　△413/35

東嵒草堂評訂唐詩鼓吹十卷　（金）元好問輯
　（元）郝天挺註　（明）廖文炳解　清康熙二
十七年(1688)刻本　四冊

430000－2401－0023944　413/206

東嵒草堂評訂唐詩鼓吹十卷　（金）元好問輯
　（元）郝天挺註　（明）廖文炳解　（清）錢
朝鼎等評　清刻本　四冊　缺二卷（三至四）

430000－2401－0023945　△413/55

唐詩三集合編七十四卷首一卷　（明）沈子來
輯　明天啟四年(1624)寧遠山房刻本　佚名
批校圈點　六冊

430000－2401－0023946　△413/65

李于鱗唐詩廣選七卷　（明）李攀龍輯　明渤
海凌弘憲刻朱墨套印本　六冊

430000 – 2401 – 0023947　△413/65（1）

李于鱗唐詩廣選七卷　（明）李攀龍輯　明渤海淩弘憲刻朱墨套印本　一冊　存二卷（三至四）

430000 – 2401 – 0023948　△413/93

新刻翰林考正京本李詩評選四卷杜詩評選四卷　（明）何燵輯　（明）李廷機評　明萬曆宗文書舍刻本　一冊　缺一卷（杜詩評選四）

430000 – 2401 – 0023949　△413/94 – 2

類選唐詩助道微機六卷　（明）周汝登輯　**助道微機或問記一卷**　（明）胡正言撰　明十竹齋刻本　五冊

430000 – 2401 – 0023950　△413/94

助道微機六卷　（明）周汝登輯　**助道微機或問記一卷**　（明）胡正言撰　明萬曆四十七年（1619）刻本　三冊

430000 – 2401 – 0023951　413/448

刪增唐詩選脈箋釋會通評林六十卷　（明）周珽集註　（明）陳繼儒批點　明崇禎刻本　二十四冊

430000 – 2401 – 0023952　△413/66

唐詩類苑一百卷　（明）卓明卿輯　明萬曆十四年（1586）崧齋活字印本　二十八冊

430000 – 2401 – 0023953　△413/51

唐音統籤一千〇二十七卷　（明）胡震亨撰　清康熙刻本　二十冊　存一百九十五卷（六百六十七至七百七十二、七百七十九至八百一十七）

430000 – 2401 – 0023954　413/425

唐音戊籤二百〇一卷餘閏六十三卷餘諸國主持一卷　（明）胡震亨編　清康熙二十六年（1687）胡氏南益堂刻本　三十二冊

430000 – 2401 – 0023955　413/425（1）

唐音戊籤二百〇一卷餘閏六十三卷餘諸國主持一卷　（明）胡震亨編　清康熙二十六年（1687）胡氏南益堂刻本　七冊　存六十四卷（五百五十三至六百十六）

430000 – 2401 – 0023956　48/191

唐音癸籤三十三卷　（明）胡震亨撰　金陵劉鳳鳴刻本　八冊

430000 – 2401 – 0023957　△413/52

唐雅八卷　（明）胡纘宗輯　明嘉靖二十八年（1549）文斗山堂刻本　二冊　存四卷（三至四、七至八）

430000 – 2401 – 0023958　△413/57 – 2

唐詩品彙九十卷拾遺十卷詩人爵里評節一卷　（明）高棅輯　明嘉靖十六年（1537）姚芹泉刻本　四十八冊

430000 – 2401 – 0023959　△413/57

唐詩品彙九十卷拾遺十卷詩人爵里評節一卷　（明）高棅輯　（明）張恂重訂　明末張恂刻本　十冊

430000 – 2401 – 0023960　△413/63

唐詩解五十卷詩人爵里一卷　（明）唐汝詢輯　清順治十六年（1659）趙孟龍萬笈堂刻本　十六冊

430000 – 2401 – 0023961　413/212 – 2

唐詩解五十卷　（明）唐汝詢選釋　清翻刻萬笈堂本　十二冊

430000 – 2401 – 0023962　△413/67

唐詩類苑二百卷　（明）張之象輯　明萬曆二十九年（1601）曹仁孫刻本　三十二冊

430000 – 2401 – 0023963　413/273（1）

唐詩類苑二百卷　（明）張之象輯　清咸豐五年（1855）補刻明萬曆二十九年（1601）曹仁孫刻本　六十四冊

430000 – 2401 – 0023964　△413/58

唐詩快十六卷選詩前後諸詠一卷　（明）黃周星選評　（明）程洪校訂　明末刻本　八冊　存十六卷（驚天集一卷、泣鬼集二卷、移人集十三卷）

430000 – 2401 – 0023965　△413/69

唐詩艷逸品四卷　（明）楊肇祉輯　明天啟元年（1621）烏程閔一栻朱墨套印本　二冊　存二卷（名媛集一卷、名花集一卷）

430000 – 2401 – 0023966　△413/61

唐詩所四十七卷歷朝名氏爵里一卷　（明）臧懋循輯　明萬曆刻本　十二冊

430000 – 2401 – 0023967　△413/61（1）

唐詩所四十七卷歷朝名氏爵里一卷　（明）臧懋循輯　明萬曆刻本　十四冊

430000 – 2401 – 0023968　413/200

唐詩歸三十六卷　（明）鍾惺　（明）譚元春選　明末刻本　二十冊

430000 – 2401 – 0023969　413/181

唐文粹詩選六卷　（清）王士禛輯　清康熙二十六年（1687）刻本　一冊　存三卷（一至三）

430000 – 2401 – 0023970　413/181（1）

唐文粹詩選六卷　（清）王士禛輯　清康熙二十六年（1687）刻本　一冊　存五卷（一至五）

430000 – 2401 – 0023971　△413/1

十種唐詩選十七卷附唐賢三昧集三卷　（清）王士禛輯　清康熙三十一年（1692）南芝堂刻本　六冊

430000 – 2401 – 0023972　413/192 – 2

唐人萬首絕句選七卷　（清）王士禛選　清初芸香閣刻本　一冊　存四卷（一至四）

430000 – 2401 – 0023973　△413/71

唐賢三昧集三卷　（清）王士禛輯　清康熙二十七年（1688）吳門書林刻本　二冊

430000 – 2401 – 0023974　413/209 – 2

唐賢三昧集三卷　（清）王士禛輯　（清）吳煊　（清）胡棠輯註　清光緒九年（1883）翰墨園聽雨齋刻朱墨套印本　三冊

430000 – 2401 – 0023975　413/209 – 2（1）

唐賢三昧集三卷　（清）王士禛輯　（清）吳煊　（清）胡棠輯註　清光緒九年（1883）翰墨園聽雨齋刻朱墨套印本　三冊

430000 – 2401 – 0023976　413/209 – 2（2）

唐賢三昧集三卷　（清）王士禛輯　（清）吳煊　（清）胡棠輯註　清光緒九年（1883）翰墨園聽雨齋刻朱墨套印本　三冊

430000 – 2401 – 0023977　413/209

唐賢三昧集三卷　（清）王士禛輯　清刻本　二冊

430000 – 2401 – 0023978　413/291

廣唐賢三昧集前編不分卷正編不分卷後編不分卷續編不分卷　（清）王士禛輯　（清）文昭補輯　清宣統元年（1909）荊州田氏後博古堂用日本七條愷氏所發明金屬板精印本　十冊

430000 – 2401 – 0023979　413/469 – 2

唐詩三百首續編一卷　（清）于慶元編　清道光十七年（1837）安定堂刻本　一冊

430000 – 2401 – 0023980　413/469 – 3

唐詩三百首續編一卷　（清）于慶元編　清道光二十年（1840）刻本　二冊

430000 – 2401 – 0023981　413/469 – 3（1）

唐詩三百首續編一卷　（清）于慶元編　清道光二十年（1840）刻本　二冊

430000 – 2401 – 0023982　413/469

唐詩三百首續編一卷　（清）于慶元編　清光緒十三年（1887）湖南共賞書局刻本　一冊

430000 – 2401 – 0023983　413/469 – 3（1）

唐詩三百首續編一卷　（清）于慶元編　清掃葉山房刻本　二冊

430000 – 2401 – 0023984　△413/87

網師園唐詩箋十八卷　（清）宋宗元箋　清乾隆三十二年（1767）尚絅堂刻本　六冊

430000 – 2401 – 0023985　413/176

全唐近體詩鈔五卷　（清）沈裳錦選　清道光二年（1822）姚文田刻本　二冊

430000 – 2401 – 0023986　△413/59

唐詩別裁集十卷　（清）沈德潛等輯　清康熙五十六年（1717）碧梧書屋刻本　佚名朱筆圈點　十二冊

430000 – 2401 – 0023987　413/164 – 6

唐詩別裁集二十卷　（清）沈德潛編選　清康熙刻本　九冊　存九卷（一至五、七至十）

430000 – 2401 – 0023988　△413/60

重訂唐詩別裁集二十卷　（清）沈德潛編選
清乾隆二十八年(1763)教忠堂刻本　佚名批
校圈點　八冊

430000－2401－0023989　413/164

重訂唐詩別裁集二十卷　（清）沈德潛編選
清重刻乾隆二十八年（1763）教忠堂刻本
八冊

430000－2401－0023990　413/164－2

重訂唐詩別裁集二十卷　（清）沈德潛編選
清重刻乾隆二十八年（1763）教忠堂刻本
五冊

430000－2401－0023991　413/164－3

重訂唐詩別裁集二十卷　（清）沈德潛編選
清刻本　十冊

430000－2401－0023992　413/164－3(1)

重訂唐詩別裁集二十卷　（清）沈德潛編選
清刻本　八冊

430000－2401－0023993　413/160－2

唐詩別裁集引典備註二十卷　（清）沈德潛編
選　（清）俞汝昌增註　清道光十八年(1838)
白鹿山房刻本　五冊

430000－2401－0023994　413/160－3

唐詩別裁集引典備註二十卷　（清）沈德潛編
選　（清）俞汝昌增註　清道光十八年（1838）
富春堂刻本　十冊

430000－2401－0023995　413/160

唐詩別裁集引典備註二十卷　（清）沈德潛編
選　（清）俞汝昌增註　清道光十八年（1838）
刻本　佚名批校　十冊

430000－2401－0023996　413/160(1)

唐詩別裁集引典備註二十卷　（清）沈德潛編
選　（清）俞汝昌增註　清道光十八年（1838）
刻本　十冊　缺二卷(九、十七)

430000－2401－0023997　413/160－4

唐詩別裁集引典備註二十卷　（清）沈德潛編
選　（清）俞汝昌增註　清光緒二十四年
（1898）上海觀瀾閣石印本　五冊

430000－2401－0023998　413/207

唐詩諧律二卷　（清）沈德潛編選　清光緒十
六年(1890)溧陽沈氏歸客官舍刻本　二冊

430000－2401－0023999　413/207(1)

唐詩諧律二卷　（清）沈德潛編選　清光緒十
六年（1890）溧陽沈氏歸客官舍刻本　二冊

430000－2401－0024000　413/207(2)

唐詩諧律二卷　（清）沈德潛編選　清光緒十
六年（1890）溧陽沈氏歸客官舍刻本　一冊
存卷下

430000－2401－0024001　△413/11

中晚唐詩叩彈集十二卷續集三卷　（清）杜詔
　（清）杜庭珠輯註　清康熙四十三年（1704）
采山亭刻本　四冊

430000－2401－0024002　413/59

中晚唐詩叩彈集十二卷續集三卷　（清）杜詔
　（清）杜庭珠輯註　清康熙四十三年（1704）
秀水杜氏采山亭刻本　佚名批校　四冊

430000－2401－0024003　413/59(1)

中晚唐詩叩彈集十二卷續集三卷　（清）杜詔
　（清）杜庭珠輯註　清康熙四十三年（1704）
秀水杜氏采山亭刻本　四冊

430000－2401－0024004　413/59(2)

中晚唐詩叩彈集十二卷續集三卷　（清）杜詔
　（清）杜庭珠輯註　清康熙四十三年（1704）
秀水杜氏采山亭刻本　六冊

430000－2401－0024005　413/59－2

中晚唐詩叩彈集十二卷續集三卷　（清）杜詔
　（清）杜庭珠輯註　清重刻康熙四十三年
（1704）采山亭本　六冊

430000－2401－0024006　413/59－2(1)

中晚唐詩叩彈集十二卷續集三卷　（清）杜詔
　（清）杜庭珠輯註　清重刻康熙四十三年
（1704）采山亭本　六冊

430000－2401－0024007　413/59－3

中晚唐詩叩彈集十二卷續集三卷　（清）杜詔
　（清）杜庭珠輯註　清敦厚堂刻本　四冊

430000－2401－0024008　413/59－3(1)

中晚唐詩叩彈集十二卷續集三卷　（清）杜詔
（清）杜庭珠輯註　清敦厚堂刻本　六冊

430000－2401－0024009　413/59－3(2)

中晚唐詩叩彈集十二卷續集三卷　（清）杜詔
（清）杜庭珠輯註　清敦厚堂刻本　四冊

430000－2401－0024010　△413/70

唐詩觀瀾集二十四卷唐人小傳一卷　（清）李
因培輯　（清）凌應曾註　清乾隆二十四年
(1759)江蘇學使刻本　十六冊

430000－2401－0024011　413/221

唐音類格選四卷　（清）李周望輯　清刻本
四冊

430000－2401－0024012　413/110－2

全唐詩鈔八十卷補遺十六卷　（清）吳成儀輯
　清乾隆二十四年(1759)清璜川書屋刻本
二十冊

430000－2401－0024013　413/110－2(1)

全唐詩鈔八十卷補遺十六卷　（清）吳成儀輯
　清乾隆二十四年(1759)清璜川書屋刻本
二十冊

430000－2401－0024014　413/110

全唐詩鈔八十卷補遺十六卷　（清）吳成儀輯
　清萬卷堂刻本　二十冊

430000－2401－0024015　413/237

唐詩選不分卷　（清）呂留良選註　清鈔本
三十四冊

430000－2401－0024016　△413/111

貫華堂選批唐才子詩甲集七言律八卷　（清）
金聖嘆輯　（清）金雍註　清初刻本　六冊

430000－2401－0024017　413/236

萃錦唫十五卷　（清）奕訢編　清光緒十一年
(1885)刻本　十六冊

430000－2401－0024018　△413/64

唐詩貫珠六十卷　（清）胡以梅輯并箋　清康
熙五十四年(1715)蘇州胡氏素心堂刻本　十
二冊

430000－2401－0024019　413/202

唐詩貫珠六十卷　（清）胡以梅輯并箋　清康
熙刻本　十二冊

430000－2401－0024020　413/202(1)

唐詩貫珠六十卷　（清）胡以梅輯并箋　清康
熙刻本　二冊　存十一卷(一至六、五十六至
六十)

430000－2401－0024021　413/213

删訂唐詩解二十四卷　（清）唐汝詢選釋
（清）吳昌祺評定　清刻本　七冊

430000－2401－0024022　413/162

唐詩三百首註疏六卷　（清）孫洙編選　（清）
章燮註　**唐詩三百首續選一卷**　（清）于慶元
編　清道光十五年(1835)刻本　六冊

430000－2401－0024023　413/162－12

唐詩三百首註疏六卷　（清）孫洙編選　（清）章
燮註　**唐詩三百首續選一卷**　（清）于慶元編
清光緒十三年(1887)湖南共賞書局刻本　四冊

430000－2401－0024024　413/162－11

唐詩三百首註疏六卷　（清）孫洙編選　（清）
章燮註　**唐詩三百首續選一卷**　（清）于慶元
編　清光緒十年(1884)湖南學庫山房刻本
四冊

430000－2401－0024025　413/162－10

唐詩三百首註疏六卷　（清）孫洙編選　（清）
章燮註　清光緒十年(1884)湖南經濟書局刻
本　二冊　缺二卷(五至六)

430000－2401－0024026　413/162－6

唐詩三百首註疏六卷　（清）孫洙編選　（清）
章燮註　**唐詩三百首續選一卷**　（清）于慶元
編　清光緒十六年(1890)石渠山房刻本
四冊

430000－2401－0024027　413/162－4

唐詩三百首註疏六卷　（清）孫洙編選　（清）
章燮註　**唐詩三百首續選一卷**　（清）于慶元
編　清光緒十六年(1890)寶慶益元書局刻本
六冊

430000－2401－0024028　413/162－5

唐詩三百首註疏六卷　（清）孫洙編選　（清）章燮註　**唐詩三百首續選一卷**　（清）于慶元編　清光緒十六年（1890）寶慶經綸堂刻本　四冊

430000－2401－0024029　413/162－7

唐詩三百首註疏六卷　（清）孫洙編選　（清）章燮註　**唐詩三百首續選一卷**　（清）于慶元編　清光緒十七年（1891）寶慶務本書局刻本　六冊

430000－2401－0024030　413/162－8

唐詩三百首註疏六卷　（清）孫洙編選　（清）章燮註　**唐詩三百首續選一卷**　（清）于慶元編　清光緒十八年（1892）湖南尚德堂刻本　五冊　缺一卷（六）

430000－2401－0024031　413/162－9

唐詩三百首註疏六卷　（清）孫洙編選　（清）章燮註　**唐詩三百首續選一卷**　（清）于慶元編　清光緒二十年（1894）寶慶澹雅書局刻本　四冊

430000－2401－0024032　413/152

唐詩三百首六卷　（清）孫洙編選　清光緒二十四年（1898）大文堂刻本　二冊

430000－2401－0024033　413/152（1）

唐詩三百首六卷　（清）孫洙編選　清光緒二十四年（1898）大文堂刻本　二冊

430000－2401－0024034　413/153－2

唐詩三百首不分卷　（清）孫洙編選　清刻本　二冊

430000－2401－0024035　413/150

唐詩三百首六卷目錄二卷　（清）孫洙編選　（清）文元輔評　清光緒十一年（1885）刻本　二冊

430000－2401－0024036　413/150（1）

唐詩三百首六卷目錄二卷　（清）孫洙編選　（清）文元輔評　清光緒十一年（1885）刻本　一冊　存四卷（三至六）

430000－2401－0024037　413/158

唐詩三百首箋不分卷　（清）孫洙編選　（清）李松壽　（清）李筠壽合箋　清光緒二十一年（1895）湖南蘭雪堂刻本　四冊

430000－2401－0024038　413/158（1）

唐詩三百首箋不分卷　（清）孫洙編選　（清）李松壽　（清）李筠壽合箋　清光緒二十一年（1895）湖南蘭雪堂刻本　二冊　存五古、七律、五絕、七絕

430000－2401－0024039　413/151

唐詩三百首補註八卷　（清）孫洙編選　（清）陳婉俊補註　清咸豐六年（1856）燦花閣刻本　二冊

430000－2401－0024040　413/419

而庵說唐詩九卷首一卷　（清）徐增輯註　清嘉慶七年（1802）二南堂刻本　四冊

430000－2401－0024041　△413/25

御定全唐詩錄一百卷　（清）徐焯等輯　清康熙四十五年（1706）揚州詩局刻本　三十二冊

430000－2401－0024042　△413/54

御選唐詩三十二卷目錄三卷　（清）聖祖玄燁選　（清）吳廷楨等輯註　清康熙五十二年（1713）內府刻朱墨套印本　十五冊

430000－2401－0024043　△413/54（1）

御選唐詩三十二卷目錄三卷　（清）聖祖玄燁選　（清）吳廷楨等輯註　清康熙五十二年（1713）內府刻朱墨套印本　十五冊

430000－2401－0024044　△413/54（2）

御選唐詩三十二卷目錄三卷　（清）聖祖玄燁選　（清）吳廷楨等輯註　清康熙五十二年（1713）內府刻朱墨套印本　二十八冊

430000－2401－0024045　△413/54（3）

御選唐詩三十二卷目錄三卷　（清）聖祖玄燁選　（清）吳廷楨等輯註　清康熙五十二年（1713）內府刻朱墨套印本　二十四冊

430000－2401－0024046　413/108

全唐詩九百卷目錄十二卷　（清）曹寅等輯

清康熙四十四年至四十六年(1705－1707)刻本　五十七册　存五十六卷(三十二至三十五、三十七至三十八、四十至四十六、四十八至四十九、五十一至五十五、五十七、五十九、六十二、六十四至六十七、六十九、七十至七十六、八十、八十二至八十五、八十八至九十一、九十三、九十五、九十七至九十八、一百〇一至一百〇三、一百〇五至一百〇七、一百〇九、一百十二)

430000－2401－0024047　△413/24
全唐詩九百卷目錄十二卷　（清）曹寅等輯　清雍正刻本　八十七册

430000－2401－0024048　△413/24(1)
全唐詩九百卷目錄十二卷　（清）曹寅等輯　清雍正刻本　一百十八册

430000－2401－0024049　413/108－3
全唐詩九百卷　（清）曹寅等輯　清光緒元年(1875)撫州饒氏雙峰書屋刻本　一百十九册

430000－2401－0024050　413/108－4
全唐詩九百卷　（清）曹寅等輯　清光緒十三年(1887)上海同文書局石印本　三十二册

430000－2401－0024051　413/108－4(1)
全唐詩九百卷　（清）曹寅等輯　清光緒十三年(1887)上海同文書局石印本　三十二册

430000－2401－0024052　413/108－4(2)
全唐詩九百卷　（清）曹寅等輯　清光緒十三年(1887)上海同文書局石印本　十六册　存十六卷(一、三至四、七、九至十一、十四、十六至十七、二十二、二十六至二十七、三十至三十二)

430000－2401－0024053　413/108－2
全唐詩九百卷　（清）曹寅等輯　清刻本　一百二十册

430000－2401－0024054　413/108－2(1)
全唐詩九百卷　（清）曹寅等輯　清刻本　二百四十册

430000－2401－0024055　413/108－2(2)

全唐詩九百卷　（清）曹寅等輯　清刻本　一百十七册

430000－2401－0024056　413/108－2(3)
全唐詩九百卷　（清）曹寅等輯　清刻本　一百二十一册

430000－2401－0024057　413/108－2(4)
全唐詩九百卷　（清）曹寅等輯　清刻本　一百二十一册

430000－2401－0024058　413/483
唐文拾遺七十二卷　（清）陸心源輯　清光緒十四年(1888)刻本　十二册　存三十九卷(十二至三十八、六十一至七十二)

430000－2401－0024059　413/180
唐文續拾十六卷　（清）陸心源輯　清光緒十四年(1888)刻潛園總集本　六册

430000－2401－0024060　413/180(1)
唐文續拾十六卷　（清）陸心源輯　清光緒十四年(1888)刻潛園總集本　十册

430000－2401－0024061　413/180(2)
唐文續拾十六卷　（清）陸心源輯　清光緒十四年(1888)刻潛園總集本　十册

430000－2401－0024062　413/180(3)
唐文續拾十六卷　（清）陸心源輯　清光緒十四年(1888)刻潛園總集本　十册

430000－2401－0024063　413/459
求志居唐詩選八十二卷首一卷　（清）陳世熔輯　清道光二十五年(1845)獨秀山莊刻本　十册

430000－2401－0024064　413/199－2
唐駢體文鈔十七卷　（清）陳均輯　清同治十二年(1873)刻本　四册

430000－2401－0024065　413/199－2(1)
唐駢體文鈔十七卷　（清）陳均輯　清同治十二年(1873)刻本　六册

430000－2401－0024066　413/199－2(2)
唐駢體文鈔十七卷　（清）陳均輯　清同治十二年(1873)刻本　六册

430000－2401－0024067　413/199－2(3)

唐駢體文鈔十七卷　(清)陳均輯　清同治十二年(1873)刻本　四冊

430000－2401－0024068　413/199－2(4)

唐駢體文鈔十七卷　(清)陳均輯　清同治十二年(1873)刻本　四冊

430000－2401－0024069　413/199

唐駢體文鈔十七卷　(清)陳均輯　清光緒二十一年(1895)刻本　六冊

430000－2401－0024070　413/199(1)

唐駢體文鈔十七卷　(清)陳均輯　清光緒二十一年(1895)刻本　六冊

430000－2401－0024071　413/195

唐五言六韻分類排律選十二卷　(清)陶煊輯註　清初刻本　一冊

430000－2401－0024072　△413/23

欽定全唐文一千卷首四卷　(清)董誥(清)杜塏等輯　清嘉慶内府刻本　二百四十冊

430000－2401－0024073　△413/23(1)

欽定全唐文一千卷首四卷　(清)董誥　(清)杜塏等輯　清嘉慶内府刻本　五百〇四冊

430000－2401－0024074　413/107

欽定全唐文一千卷目錄三卷　(清)董誥(清)杜塏等輯　清嘉慶刻本　三百三十冊

430000－2401－0024075　413/107(1)

欽定全唐文一千卷目錄三卷　(清)董誥(清)杜塏等輯　清嘉慶刻本　四百三十六冊　缺十四卷(一百三十三至一百三十六、七百〇一、七百七十五至七百七十七、七百八十至七百八十一、七百八十四至七百八十五、九百二十至九百二十一)

430000－2401－0024076　413/107(2)

欽定全唐文一千卷目錄三卷　(清)董誥(清)杜塏等輯　清嘉慶刻本　二百二十一冊　缺三百八十八卷(一至二百二十四、六百八十六至六百八十八、六百九十三至六百九十

五、七百五十一至七百五十五、七百六十二至七百七十六、八百〇三至八百〇四、八百〇九至八百二十、八百四十八至八百五十、八百五十八至八百六十八、八百九十一至一千)

430000－2401－0024077　413/172

唐詩百家選六卷　(清)黃世傑輯　清光緒十六年(1890)黃氏家塾刻本　四冊

430000－2401－0024078　413/172(1)

唐詩百家選六卷　(清)黃世傑輯　清光緒十六年(1890)黃氏家塾刻本　四冊

430000－2401－0024079　413/334

讀雪山房唐詩鈔三十四卷　(清)管世銘編　清光緒十二年(1886)湖北官書處刻本　十二冊

430000－2401－0024080　413/334(1)

讀雪山房唐詩鈔三十四卷　(清)管世銘編　清光緒十二年(1886)湖北官書處刻本　十二冊

430000－2401－0024081　413/334(2)

讀雪山房唐詩鈔三十四卷　(清)管世銘編　清光緒十二年(1886)湖北官書處刻本　十二冊

430000－2401－0024082　413/334(3)

讀雪山房唐詩鈔三十四卷　(清)管世銘編　清光緒十二年(1886)湖北官書處刻本　十二冊

430000－2401－0024083　413/210－2

唐詩試體分韻四卷首一卷末一卷　(清)談苑編　清刻本　二冊　存二卷(一至二)

430000－2401－0024084　412/210

唐詩試體分韻四卷首一卷末一卷　(清)談苑編　清刻本　四冊

430000－2401－0024085　△413/101

唐音審體二十卷　(清)錢良擇輯　清康熙昭質堂刻本　佚名批點　八冊

430000－2401－0024086　413/201

唐音審體二十卷　(清)錢良擇輯　清光緒九

年(1883)後知不足齋刻本　四冊

430000－2401－0024087　413/201(1)
唐音審體二十卷　(清)錢良擇輯　清光緒九年(1883)後知不足齋刻本　四冊

430000－2401－0024088　△413/68
唐詩類苑選三十四卷　(清)戴明說等輯　清順治十六年(1659)刻本　四冊　存七卷(六至七、二十三至二十四、二十九至三十一)

430000－2401－0024089　△413/62
唐詩清覽集二十六卷　(清)魏裔介輯　清順治刻本　佚名圈點　三冊　存十六卷(一至九、十五至二十一)

430000－2401－0024090　413/234
唐詩六百編八卷　(清)羅汝懷編　清同治十三年(1874)湘潭刻本　二冊

430000－2401－0024091　413/234(1)
唐詩六百編八卷　(清)羅汝懷編　清同治十三年(1874)湘潭刻本　二冊

430000－2401－0024092　413/60
中晚唐詩紀不分卷　(清)龔賢輯　清末刻本　十冊

430000－2401－0024093　413/204－2
唐詩選六卷　王闓運輯　清光緒十二年(1886)尊經書局刻本　四冊

430000－2401－0024094　413/204－2(1)
唐詩選六卷　王闓運輯　清光緒十二年(1886)尊經書局刻本　六冊

430000－2401－0024095　413/204－2(2)
唐詩選六卷　王闓運輯　清光緒十二年(1886)尊經書局刻本　一冊

430000－2401－0024096　△413/102
唐詩選十三卷　王闓運輯　清宣統元年(1909)蔡人龍鈔本　王闓運批校圈點　二冊　存一卷(五言一卷)

430000－2401－0024097　413/204
唐詩選十三卷　王闓運輯　清宣統三年(1911)東洲刻本　佚名批校　八冊

430000－2401－0024098　413/204(1)
唐詩選十三卷　王闓運輯　清宣統三年(1911)東洲刻本　十冊

430000－2401－0024099　413/204(2)
唐詩選十三卷　王闓運輯　清宣統三年(1911)東洲刻本　八冊

430000－2401－0024100　413/204(3)
唐詩選十三卷　王闓運輯　清宣統三年(1911)東洲刻本　八冊

430000－2401－0024101　413/204(4)
唐詩選十三卷　王闓運輯　清宣統三年(1911)東洲刻本　八冊

430000－2401－0024102　△413/113
唐詩絕句類選□□卷　明三色套印本　一冊　存一卷(三)

430000－2401－0024103　413/223
唐詩選鈔不分卷　清末吳乾元堂鈔本　一冊

430000－2401－0024104　△412/53
全唐詩格不分卷　清鈔本　十六冊

430000－2401－0024105　△413/4(1)
才調集十卷　(後蜀)韋縠編　明崇禎元年(1628)毛晉汲古閣刻本　二冊

430000－2401－0024106　△413/4
才調集十卷　(後蜀)韋縠編　明崇禎元年(1628)毛晉汲古閣刻本　六冊

430000－2401－0024107　△413/4－2
才調集十卷　(後蜀)韋縠編　明刻補修本　佚名過錄清何焯批校　葉啟勳、葉啟發跋　四冊

430000－2401－0024108　413/35－2
才調集十卷　(後蜀)韋縠編　清宛委堂刻本　二冊

430000－2401－0024109　413/35－2(1)
才調集十卷　(後蜀)韋縠編　清宛委堂刻本　四冊

430000－2401－0024110　413/35－2(2)

才調集十卷　（後蜀）韋縠編　清宛委堂刻本
四冊

430000－2401－0024111　413/35

才調集十卷　（後蜀）韋縠編　清咸豐揚州述
古齋木活字本　三冊

430000－2401－0024112　413/36－2

才調集補註十卷　（後蜀）韋縠編　（清）殷元
勛箋註　（清）宋邦綏補註　清光緒二十年
（1894）江蘇書局刻本　四冊

430000－2401－0024113　413/36

才調集補註十卷　（後蜀）韋縠編　（清）殷元
勛箋註　（清）宋邦綏補註　清乾隆五十八年
（1793）思補堂刻本　八冊

430000－2401－0024114　413/36(1)

才調集補註十卷　（後蜀）韋縠編　（清）殷元
勛箋註　（清）宋邦綏補註　清乾隆五十八年
（1793）思補堂刻本　四冊

430000－2401－0024115　413/36(2)

才調集補註十卷　（後蜀）韋縠編　（清）殷元
勛箋註　（清）宋邦綏補註　清乾隆五十八年
（1793）思補堂刻本　五冊

430000－2401－0024116　413/36(3)

才調集補註十卷　（後蜀）韋縠編　（清）殷元
勛箋註　（清）宋邦綏補註　清乾隆五十八年
（1793）思補堂刻本　三冊

430000－2401－0024117　△413/30

宋文鑑一百五十卷目錄三卷　（宋）呂祖謙輯
明嘉靖五年（1526）晉府至道堂刻本　九冊
存十九卷（二十六至二十八、四十三至四十
四、四十七至四十八、八十九至九十一、一百
〇四至一百〇七、一百二十三至一百二十五、
一百三十六至一百三十七）

430000－2401－0024118　△413/30－2

宋文鑑一百五十卷目錄三卷　（宋）呂祖謙輯
明嘉靖八年（1529）晉藩養德書院刻本　二
十冊

430000－2401－0024119　△413/30－2(1)

宋文鑑一百五十卷目錄三卷　（宋）呂祖謙輯
明嘉靖八年（1529）晉藩養德書院刻本　四
十八冊

430000－2401－0024120　△413/30－2(2)

宋文鑑一百五十卷目錄三卷　（宋）呂祖謙輯
明嘉靖八年（1529）晉藩養德書院刻本　二
十二冊　存一百四十二卷（一至五十四、六十
三至一百五十）

430000－2401－0024121　△413/31

校正重刊官板宋朝文鑒一百五十卷目錄三卷
（宋）呂祖謙輯　明刻本　十八冊

430000－2401－0024122　413/82

宋文鑑一百五十卷目錄三卷　（宋）呂祖謙編
清光緒十二年（1886）江蘇書局刻本　二十
四冊

430000－2401－0024123　413/82(1)

宋文鑑一百五十卷目錄三卷　（宋）呂祖謙編
清光緒十二年（1886）江蘇書局刻本　二十
四冊

430000－2401－0024124　413/82(2)

宋文鑑一百五十卷目錄三卷　（宋）呂祖謙編
清光緒十二年（1886）江蘇書局刻本　二十
四冊

430000－2401－0024125　413/82(3)

宋文鑑一百五十卷目錄三卷　（宋）呂祖謙編
清光緒十二年（1886）江蘇書局刻本　二十
四冊

430000－2401－0024126　413/83

宋文鑑删十二卷　（宋）呂祖謙編　（明）張溥
評删　明末刻本　五冊

430000－2401－0024127　413/42

三蘇經史策論四十卷　（宋）蘇洵等撰　清光
緒二十八年（1902）文運書局刻本　十二冊

430000－2401－0024128　413/42(1)

三蘇經史策論四十卷　（宋）蘇洵等撰　清光
緒二十八年（1902）文運書局刻本　十冊

430000－2401－0024129　413/356

蘇黃詩詞小簡　（宋）蘇軾　（宋）黃庭堅撰
清宣統石印本　四冊

430000－2401－0024130　△411.1/7

宋文紀十八卷　（明）梅鼎祚輯　明崇禎刻本
八冊

430000－2401－0024131　413/163－2

南宋雜事詩七卷　（清）沈嘉轍等撰　清同治
十一年(1872)淮南書局刻本　四冊

430000－2401－0024132　413/163－2(1)

南宋雜事詩七卷　（清）沈嘉轍等撰　清同治
十一年(1872)淮南書局刻本　四冊

430000－2401－0024133　413/163－2(2)

南宋雜事詩七卷　（清）沈嘉轍等撰　清同治
十一年(1872)淮南書局刻本　二冊

430000－2401－0024134　413/163－3

南宋雜事詩七卷　（清）沈嘉轍等撰　清光緒
江西步月山房刻本　二冊

430000－2401－0024135　413/163－3(1)

南宋雜事詩七卷　（清）沈嘉轍等撰　清光緒
江西步月山房刻本　二冊

430000－2401－0024136　413/163－3(2)

南宋雜事詩七卷　（清）沈嘉轍等撰　清光緒
江西步月山房刻本　四冊

430000－2401－0024137　413/163

南宋雜事詩七卷　（清）沈嘉轍等撰　清初武
林芹香齋刻本　六冊

430000－2401－0024138　413/163(1)

南宋雜事詩七卷　（清）沈嘉轍等撰　清初武
林芹香齋刻本　四冊

430000－2401－0024139　413/163(2)

南宋雜事詩七卷　（清）沈嘉轍等撰　清初武
林芹香齋刻本　二冊

430000－2401－0024140　413/163(3)

南宋雜事詩七卷　（清）沈嘉轍等撰　清初武
林芹香齋刻本　二冊

430000－2401－0024141　△413/48

南宋雜事詩七卷　（清）沈嘉轍等撰　清鈔本
佚名朱筆圈點　三冊　存六卷(二至七)

430000－2401－0024142　413/87

宋詩選二十卷　（清）吳曹直　（清）儲右文合
輯　清刻本　八冊　缺四卷(十三至十六)

430000－2401－0024143　413/88

宋詩選粹十五卷　（清）侯廷銓輯　清道光五
年(1825)瑞實堂刻本　四冊

430000－2401－0024144　413/85

宋詩別裁八卷　（清）姚培謙等輯　清元聚堂
刻本　四冊

430000－2401－0024145　413/85(1)

宋詩別裁八卷　（清）姚培謙等輯　清元聚堂
刻本　二冊

430000－2401－0024146　413/85－2

宋詩別裁八卷　（清）姚培謙等輯　清文光堂
刻本　二冊　存四卷(一至二、五至六)

430000－2401－0024147　413/85－3

宋詩別裁八卷　（清）姚培謙等輯　清末上海
掃葉山房石印本　二冊

430000－2401－0024148　413/81

南宋文範七十卷外篇四卷作者考二卷　（清）
莊仲方輯　清光緒十四年(1888)江蘇書局刻
本　十六冊

430000－2401－0024149　413/81(1)

南宋文範七十卷外篇四卷作者考二卷　（清）
莊仲方輯　清光緒十四年(1888)江蘇書局刻
本　十六冊

430000－2401－0024150　413/81(2)

南宋文範七十卷外篇四卷作者考二卷　（清）
莊仲方輯　清光緒十四年(1888)江蘇書局刻
本　十六冊

430000－2401－0024151　413/81(3)

南宋文範七十卷外篇四卷作者考二卷　（清）
莊仲方輯　清光緒十四年(1888)江蘇書局刻
本　十六冊

430000－2401－0024152　413/81(4)

南宋文範七十卷外篇四卷作者考二卷 （清）莊仲方輯　清光緒十四年(1888)江蘇書局刻本　十六冊

430000 － 2401 － 0024153　413/165

南宋文錄錄二十四卷 （清）董兆熊輯　清光緒十七年(1891)蘇州書局刻本　六冊

430000 － 2401 － 0024154　413/165(1)

南宋文錄錄二十四卷 （清）董兆熊輯　清光緒十七年(1891)蘇州書局刻本　六冊

430000 － 2401 － 0024155　413/89

宋四六選二十四卷 （清）彭元瑞　（清）曹振鏞輯　清乾隆四十二年(1777)刻本　十二冊

430000 － 2401 － 0024156　413/89(1)

宋四六選二十四卷 （清）彭元瑞　（清）曹振鏞輯　清乾隆四十二年(1777)刻本　十二冊

430000 － 2401 － 0024157　413/89 － 3

宋四六選二十四卷 （清）彭元瑞　（清）曹振鏞輯　清同治四年(1865)成都青雲樓刻本　八冊

430000 － 2401 － 0024158　413/89 － 2

宋四六選二十四卷 （清）彭元瑞　（清）曹振鏞輯　清刻本　十二冊

430000 － 2401 － 0024159　413/89 － 2(1)

宋四六選二十四卷 （清）彭元瑞　（清）曹振鏞輯　清刻本　十二冊

430000 － 2401 － 0024160　413/89 － 2(2)

宋四六選二十四卷 （清）彭元瑞　（清）曹振鏞輯　清刻本　十二冊

430000 － 2401 － 0024161　△413/85

辟疆園宋文選三十卷 （清）顧宸輯　清順治十八年(1661)顧氏辟疆園刻本　二十八冊

430000 － 2401 － 0024162　△413/99

宋詩課本七卷 清陳雪田鈔本　佚名圈點　七冊

430000 － 2401 － 0024163　△413/98

宋人詩選不分卷 清鈔本　四冊

430000 － 2401 － 0024164　413/90

宋四六撮錄十六卷 （清）□□輯　清末鈔本　四冊

430000 － 2401 － 0024165　413/271

聖宋文選全集三十二卷 清刻本　四冊

430000 － 2401 － 0024166　413/314

遼文萃七卷遼史藝文志補證一卷西夏文綴二卷西夏藝文志一卷 （清）王仁俊輯　清光緒三十年(1904)長沙無冰閣鉛印實學叢書本　一冊

430000 － 2401 － 0024167　413/314(1)

遼文萃七卷遼史藝文志補證一卷西夏文綴二卷西夏藝文志一卷 （清）王仁俊輯　清光緒三十年(1904)長沙無冰閣鉛印實學叢書本　一冊

430000 － 2401 － 0024168　413/278

遼文存六卷附錄二卷 繆荃孫輯　清光緒二十二年(1896)刻本　一冊

430000 － 2401 － 0024169　413/278(1)

遼文存六卷附錄二卷 繆荃孫輯　清光緒二十二年(1896)刻本　二冊

430000 － 2401 － 0024170　△413/10

中州集十卷首一卷樂府一卷 （金）元好問輯　明末毛氏汲古閣刻本　十冊

430000 － 2401 － 0024171　△413/10(1)

中州集十卷首一卷樂府一卷 （金）元好問輯　明末毛氏汲古閣刻本　十冊　缺一卷(樂府一卷)

430000 － 2401 － 0024172　△413/10(2)

中州集十卷首一卷樂府一卷 （金）元好問輯　明末毛氏汲古閣刻本　十冊　缺一卷(樂府一卷)

430000 － 2401 － 0024173　△413/10(3)

中州集十卷首一卷樂府一卷 （金）元好問輯　明末毛氏汲古閣刻本　十一冊

430000 － 2401 － 0024174　△413/109

御訂全金詩增補中州集七十二卷首二卷

(金)元好問輯 （清)郭元釪補輯 清康熙五十年(1711)内府刻本 二十四冊

430000－2401－0024175 413/115

御訂全金詩增補中州集七十二卷首二卷

(金)元好問輯 （清)郭元釪補輯 清乾隆五十四年(1789)重修清康熙五十年(1711)西爽閣刻本 三十六冊

430000－2401－0024176 413/24

金文雅十六卷 （清)莊仲方編 清光緒十七年(1891)江蘇書局刻本 四冊

430000－2401－0024177 413/24(1)

金文雅十六卷 （清)莊仲方編 清光緒十七年(1891)江蘇書局刻本 四冊

430000－2401－0024178 413/24(2)

金文雅十六卷 （清)莊仲方編 清光緒十七年(1891)江蘇書局刻本 四冊

430000－2401－0024179 413/24(3)

金文雅十六卷 （清)莊仲方編 清光緒十七年(1891)江蘇書局刻本 二冊

430000－2401－0024180 413/24(4)

金文雅十六卷 （清)莊仲方編 清光緒十七年(1891)江蘇書局刻本 二冊

430000－2401－0024181 413/24(5)

金文雅十六卷 （清)莊仲方編 清光緒十七年(1891)江蘇書局刻本 四冊

430000－2401－0024182 413/372

金文最六十卷首一卷 （清)張金吾輯 清光緒二十一年(1895)蘇州書局刻本 十六冊

430000－2401－0024183 413/372(1)

金文最六十卷首一卷 （清)張金吾輯 清光緒二十一年(1895)蘇州書局刻本 十六冊

430000－2401－0024184 413/197(1)

金詩選四卷元詩選六卷補遺一卷 （清)顧奎光輯 （清)陶玉禾 （清)陶瀚評 清乾隆十六年(1751)刻本 一冊

430000－2401－0024185 413/197(2)

金詩選四卷金詩選名字爵里錄一卷 （清)顧

奎光輯 （清)陶玉禾評 清乾隆十六年(1751)刻本 二冊

430000－2401－0024186 413/197

金詩選四卷元詩選六卷補遺一卷 （清)顧奎光輯 （清)陶玉禾 （清)陶瀚評 清刻本 六冊

430000－2401－0024187 △413/7

元文類七十卷目錄三卷 （元)蘇天爵輯 明嘉靖十六年(1537)晉藩刻本 二十冊

430000－2401－0024188 △413/7－2

元文類七十卷目錄三卷 （元)蘇天爵輯 明末修德堂刻本 十六冊

430000－2401－0024189 413/50

元文類七十卷目錄三卷 （元)蘇天爵輯 清光緒十五年(1889)江蘇書局刻本 十冊

430000－2401－0024190 413/50(1)

元文類七十卷目錄三卷 （元)蘇天爵輯 清光緒十五年(1889)江蘇書局刻本 十冊

430000－2401－0024191 413/50(2)

元文類七十卷目錄三卷 （元)蘇天爵輯 清光緒十五年(1889)江蘇書局刻本 十冊

430000－2401－0024192 413/50(3)

元文類七十卷目錄三卷 （元)蘇天爵輯 清光緒十五年(1889)江蘇書局刻本 十冊

430000－2401－0024193 413/52

元文類删四卷 （元)蘇天爵 （明)張溥輯 清刻本 二冊

430000－2401－0024194 413/48

元詩別裁八卷補遺一卷 （清)姚培謙述 （清)張景星點閱 清刻本 四冊

430000－2401－0024195 413/48(1)

元詩別裁八卷補遺一卷 （清)姚培謙述 （清)張景星點閱 清刻本 二冊

430000－2401－0024196 413/47

元詩選六卷補遺一卷 （清)顧奎光輯 （清)陶瀚 （清)陶玉禾評 清乾隆十六年(1751)刻本 四冊

430000－2401－0024197　413/47（1）

元詩選六卷補遺一卷　（清）顧奎光輯　（清）陶瀚　（清）陶玉禾評　清乾隆十六年(1751)刻本　四冊

430000－2401－0024198　413/47（2）

元詩選六卷補遺一卷　（清）顧奎光輯　（清）陶瀚　（清）陶玉禾評　清乾隆十六年(1751)刻本　二冊

430000－2401－0024199　413/47（3）

元詩選六卷補遺一卷　（清）顧奎光輯　（清）陶瀚　（清）陶玉禾評　清乾隆十六年(1751)刻本　二冊

430000－2401－0024200　413/46

元詩選癸錄十卷　（清）顧嗣立輯　（清）席世臣補　清嘉慶三年(1798)席氏掃葉山房刻本　十六冊

430000－2401－0024201　413/46（1）

元詩選癸錄十卷　（清）顧嗣立輯　（清）席世臣補　清嘉慶三年(1798)席氏掃葉山房刻本　七冊　存七卷（癸上、巳上下、庚上下、辛上、戊上）

430000－2401－0024202　△413/76

盛明十二家詩選十二卷　（明）朱翊鈏輯并批點　明萬曆十三年(1585)益藩刻本　四冊

430000－2401－0024203　△413/43

皇明文選二十卷　（明）汪宗元輯　明嘉靖三十三年(1554)自刻本　十冊

430000－2401－0024204　△413/43（1）

皇明文選二十卷　（明）汪宗元輯　明嘉靖三十三年(1554)自刻本　一冊　存一卷（四）

430000－2401－0024205　△413/45

皇明泳化續編文翰十七卷　（明）宋濂等編　明刻本　四冊　存十三卷（一至四、九至十七）

430000－2401－0024206　△413/83

幾社壬申合稿二十卷　（明）杜騏徵等輯　清初小樊堂刻本　六冊

430000－2401－0024207　△413/16

四六類編十六卷　（明）李日華輯　（明）魯重民補訂　（明）錢蔚起校定　明崇禎魯氏刻本　佚名批校　四冊

430000－2401－0024208　△413/40

明詩選十二卷首一卷　（明）李攀龍編選　（明）陳子龍增刪　明崇禎四年(1631)豹變齋刻本　四冊

430000－2401－0024209　△413/46

皇明近代文範六卷　（明）張嵿輯　明刻本　五冊　存五卷（二至六）

430000－2401－0024210　△413/47

皇明詩選十三卷　（明）陳子龍　（明）李雯　（明）宋徵輿輯　明金閶錢學周校刻本　二冊　存二卷（一至二）

430000－2401－0024211　△413/38

明文奇賞四十卷　（明）陳仁錫輯　明天啟三年(1623)刻本　二十四冊

430000－2401－0024212　△413/38（1）

明文奇賞四十卷　（明）陳仁錫輯　明天啟三年(1623)刻本　二十冊

430000－2401－0024213　△413/44

皇明文衡一百卷目錄二卷　（明）程敏政輯　明嘉靖六年(1527)范震、李文會刻本　二十冊

430000－2401－0024214　△413/44（1）

皇明文衡一百卷目錄二卷　（明）程敏政輯　明嘉靖六年(1527)范震、李文會刻本　一冊　存四卷（一至二、目錄二卷）

430000－2401－0024215　413/132

明人詩鈔正集十四卷續集十四卷　（清）朱琰編　清乾隆二十五年(1760)樊桐山房刻本　八冊

430000－2401－0024216　△413/39

明詩綜一百卷　（清）朱彝尊輯　清康熙刻雍正朱氏六峰閣印本　三十二冊

430000－2401－0024217　△413/39（1）

明詩綜一百卷　（清）朱彝尊輯　清康熙刻雍
正朱氏六峰閣印本　三十二冊

430000－2401－0024218　△413/39（2）
明詩綜一百卷　（清）朱彝尊輯　清康熙刻雍
正朱氏六峰閣印本　二十冊

430000－2401－0024219　413/139
明詩綜一百卷家數一卷　（清）朱彝尊輯　清
康熙刻本　三十二冊

430000－2401－0024220　413/139（1）
明詩綜一百卷家數一卷　（清）朱彝尊輯　清
康熙刻本　三十二冊

430000－2401－0024221　413/139（2）
明詩綜一百卷家數一卷　（清）朱彝尊輯　清
康熙刻本　三十九冊　缺二卷（四十八至四
十九）

430000－2401－0024222　413/139（3）
明詩綜一百卷家數一卷　（清）朱彝尊輯　清
康熙刻本　二十冊　缺十二卷（一、三十六至
四十六）

430000－2401－0024223　413/139－2
明詩綜一百卷家數一卷　（清）朱彝尊輯　清
西泠清來堂吳氏刻本　四十冊

430000－2401－0024224　413/139－2（1）
明詩綜一百卷家數一卷　（清）朱彝尊輯　清
西泠清來堂吳氏刻本　二十四冊

430000－2401－0024225　413/139－2（2）
明詩綜一百卷家數一卷　（清）朱彝尊輯　清
西泠清來堂吳氏刻本　四十冊

430000－2401－0024226　△413/37
明詩別裁集十二卷　（清）沈德潛　（清）周準
輯　清乾隆四年（1739）刻本　四冊

430000－2401－0024227　413/186
明詩別裁集十二卷　（清）沈德潛　（清）周準
輯　清乾隆四年（1739）刻本　四冊

430000－2401－0024228　413/186－2
明詩別裁集十二卷　（清）沈德潛　（清）周準
輯　清刻本　四冊

430000－2401－0024229　413/186－3
明詩別裁集十二卷　（清）沈德潛　（清）周準
輯　清刻本　六冊

430000－2401－0024230　413/186－3（1）
明詩別裁集十二卷　（清）沈德潛　（清）周準
輯　清刻本　四冊

430000－2401－0024231　413/186－3（2）
明詩別裁集十二卷　（清）沈德潛　（清）周準
輯　清刻本　四冊

430000－2401－0024232　413/186－3（3）
明詩別裁集十二卷　（清）沈德潛　（清）周準
輯　清刻本　一冊

430000－2401－0024233　413/186－8
明詩別裁集十二卷　（清）沈德潛　（清）周準
輯　清刻本　六冊

430000－2401－0024234　413/186－5
明詩別裁集十二卷　（清）沈德潛　（清）周準
輯　清刻本　六冊

430000－2401－0024235　413/186－6
明詩別裁集十二卷　（清）沈德潛　（清）周準
輯　清刻本　六冊

430000－2401－0024236　413/186－6（1）
明詩別裁集十二卷　（清）沈德潛　（清）周準
輯　清刻本　六冊

430000－2401－0024237　413/131－2
明三十家詩選初集八卷二集八卷　（清）汪端
選輯　清道光二年（1822）自然好學齋刻本
八冊

430000－2401－0024238　413/131
明三十家詩選初集八卷二集八卷　（清）汪端
選輯　清同治十二年（1873）蘊蘭吟館刻本
八冊

430000－2401－0024239　413/131（1）
明三十家詩選初集八卷二集八卷　（清）汪端
選輯　清同治十二年（1873）蘊蘭吟館刻本
八冊

430000－2401－0024240　413/131（2）

明三十家詩選初集八卷二集八卷　（清）汪端
選輯　清同治十二年（1873）蘊蘭吟館刻本
八冊

430000－2401－0024241　413/131（3）
明三十家詩選初集八卷二集八卷　（清）汪端
選輯　清同治十二年（1873）蘊蘭吟館刻本
八冊

430000－2401－0024242　413/131（4）
明三十家詩選初集八卷二集八卷　（清）汪端
選輯　清同治十二年（1873）蘊蘭吟館刻本
八冊

430000－2401－0024243　413/137
明詩去浮四卷　（清）施何牧輯　清鈔本
四冊

430000－2401－0024244　413/133
明文才調集不分卷　（清）許振褘輯　清光緒
十八年(1892)江西書局刻本　四冊

430000－2401－0024245　△413/108
明文海四百八十二卷　（清）黃宗羲輯　清顧
沅藝海樓鈔本　四冊　存十四卷（一百三十
三至一百三十七、一百六十至一百六十八）

430000－2401－0024246　413/122
明文授讀六十二卷　（清）黃宗羲選　清康熙
三十八年（1699）四明味芹堂刻本　十九冊

430000－2401－0024247　413/198
啟禎宮詞二卷　（清）秦蘭徵　（清）王譽昌撰
清嘉慶十六年（1811）海隅鐵琴銅劍樓刻本
一冊

430000－2401－0024248　△413/36
御選明詩一百二十卷姓名爵里八卷　（清）聖
祖玄燁選　清初刻本　六十三冊

430000－2401－0024249　413/182
明文在一百卷　（清）薛熙編　清光緒十五年
（1889）江蘇書局刻本　十冊

430000－2401－0024250　413/182（1）
明文在一百卷　（清）薛熙編　清光緒十五年
（1889）江蘇書局刻本　十冊

430000－2401－0024251　413/182（2）
明文在一百卷　（清）薛熙編　清光緒十五年
（1889）江蘇書局刻本　十冊

430000－2401－0024252　413/182（3）
明文在一百卷　（清）薛熙編　清光緒十五年
（1889）江蘇書局刻本　十冊

430000－2401－0024253　413/185
明宮雜詠二十卷　（清）饒智元輯　清末刻湘
淥館叢書本　六冊

430000－2401－0024254　413/185（1）
明宮雜詠二十卷　（清）饒智元輯　清末刻湘
淥館叢書本　六冊

430000－2401－0024255　413/185（2）
明宮雜詠二十卷　（清）饒智元輯　清末刻湘
淥館叢書本　六冊

430000－2401－0024256　413/185（3）
明宮雜詠二十卷　（清）饒智元輯　清末刻湘
淥館叢書本　六冊

430000－2401－0024257　413/185（4）
明宮雜詠二十卷　（清）饒智元輯　清末刻湘
淥館叢書本　六冊

430000－2401－0024258　△413/18
列朝詩集乾集二卷甲集前編十一卷甲集二十
二卷乙集八卷丙集十六卷丁集十六卷閏集六
卷　（清）錢謙益輯　清順治九年（1652）毛晉
刻本　三十六冊

430000－2401－0024259　413/28
列朝詩集乾集二卷甲集前編十一卷甲集二十
二卷乙集八卷丙集十六卷丁集十卷閏集六卷
　（清）錢謙益輯　清宣統二年（1910）上海神
州國光社鉛印本　五十六冊

430000－2401－0024260　413/28（1）
列朝詩集乾集二卷甲集前編十一卷甲集二十
二卷乙集八卷丙集十六卷丁集十卷閏集六卷
　（清）錢謙益輯　清宣統二年（1910）上海神
州國光社鉛印本　五十三冊

430000－2401－0024261　413/28（2）

列朝詩集乾集二卷甲集前編十一卷甲集二十二卷乙集八卷丙集十六卷丁集十卷閏集六卷　（清）錢謙益輯　清宣統二年（1910）上海神州國光社鉛印本　三十九冊　缺十五卷（丁集一至六、丙集十四至十六、閏集六卷）

430000－2401－0024262　413/37

玉堂才調集三十一卷　（清）于鵬翀輯　清得月樓刻本　十冊

430000－2401－0024263　413/37（1）

玉堂才調集三十一卷　（清）于鵬翀輯　清得月樓刻本　八冊

430000－2401－0024264　413/433

塞上吟四卷　（清）方聯甲編　清同治十二年（1873）武昌郡廨刻本　二冊

430000－2401－0024265　413/433（1）

塞上吟四卷　（清）方聯甲編　清同治十二年（1873）武昌郡廨刻本　一冊

430000－2401－0024266　413/433（2）

塞上吟四卷　（清）方聯甲編　清同治十二年（1873）武昌郡廨刻本　一冊

430000－2401－0024267　413/433（3）

塞上吟四卷　（清）方聯甲編　清同治十二年（1873）武昌郡廨刻本　一冊

430000－2401－0024268　△413/86

感舊集十六卷　（清）王士禎輯　（清）盧見曾補傳　清乾隆十七年（1752）盧見曾刻本　五冊

430000－2401－0024269　413/266

感舊集十六卷　（清）王士禎輯　（清）盧見曾補傳　清乾隆刻本　佚名批校　八冊

430000－2401－0024270　413/266（1）

感舊集十六卷　（清）王士禎輯　（清）盧見曾補傳　清乾隆刻本　七冊　缺二卷（七至八）

430000－2401－0024271　413/31

註釋九家詩十一卷九家詩讀本一卷　（清）王芑孫輯　（清）李錫璸評註　清道光十年（1830）文德堂刻本　一冊

430000－2401－0024272　413/343

湖海文傳七十五卷　（清）王昶輯　清道光十七年（1837）刻本　二十冊

430000－2401－0024273　413/343（1）

湖海文傳七十五卷　（清）王昶輯　清道光十七年（1837）刻本　十六冊

430000－2401－0024274　413/343（2）

湖海文傳七十五卷　（清）王昶輯　清道光十七年（1837）刻本　十六冊

430000－2401－0024275　413/343（3）

湖海文傳七十五卷　（清）王昶輯　清道光十七年（1837）刻本　二十冊

430000－2401－0024276　413/343（4）

湖海文傳七十五卷　（清）王昶輯　清道光十七年（1837）刻本　十冊

430000－2401－0024277　413/343（5）

湖海文傳七十五卷　（清）王昶輯　清道光十七年（1837）刻本　十六冊

430000－2401－0024278　413/343（6）

湖海文傳七十五卷　（清）王昶輯　清道光十七年（1837）刻本　十六冊

430000－2401－0024279　413/342

湖海詩傳四十六卷　（清）王昶輯　清嘉慶八年（1803）刻本　十二冊

430000－2401－0024280　413/342（1）

湖海詩傳四十六卷　（清）王昶輯　清嘉慶八年（1803）刻本　十六冊

430000－2401－0024281　413/342－2

湖海詩傳四十六卷　（清）王昶輯　清同治四年（1865）刻本　十六冊

430000－2401－0024282　413/342－2（1）

湖海詩傳四十六卷　（清）王昶輯　清同治四年（1865）刻本　十六冊

430000－2401－0024283　413/342－2（2）

湖海詩傳四十六卷　（清）王昶輯　清同治四年（1865）刻本　十四冊

430000－2401－0024284　413/342－2(3)

湖海詩傳四十六卷　（清）王昶輯　清同治四年(1865)刻本　十二冊

430000－2401－0024285　413/342－2(4)

湖海詩傳四十六卷　（清）王昶輯　清同治四年(1865)刻本　十六冊

430000－2401－0024286　413/231

易堂十三子文選四卷　（清）王泉之選　清道光八年(1828)政餘書屋刻本　四冊

430000－2401－0024287　413/231(1)

易堂十三子文選四卷　（清）王泉之選　清道光八年(1828)政餘書屋刻本　四冊

430000－2401－0024288　413/352

增註韻蘭賦鈔初集二卷二集二卷　（清）王家相輯註　清英秀堂刻本　四冊

430000－2401－0024289　413/352－2

增註韻蘭賦鈔初集二卷　（清）王家相輯註　清三餘堂刻本　二冊

430000－2401－0024290　413/450

三山同聲集四卷續編一卷　（清）王凱泰輯　清同治十二年(1873)儉明簡齋刻本　一冊

430000－2401－0024291　413/453

可作集八卷　（清）王慶勛輯　清道光二十八年(1848)上海王氏刻本　四冊

430000－2401－0024292　413/268

群雅二集二十四卷　（清）王豫輯　清嘉慶十六年(1811)刻本　六冊

430000－2401－0024293　411/205

蘊芳小錄二卷　（清）左世昌　（清）常吉合輯　清同治十三年(1874)古柳書屋刻本　二冊

430000－2401－0024294　413/228

飣餖吟十二卷　（清）石贊清輯　（清）黃丙森等註釋　清咸豐十年(1860)刻本　四冊

430000－2401－0024295　413/228(1)

飣餖吟十二卷　（清）石贊清輯　（清）黃丙森等註釋　清咸豐十年(1860)刻本　四冊

430000－2401－0024296　413/375

國朝律賦揀金錄初刻十二卷二刻十二卷　（清）朱一飛輯　清乾隆五十七年(1792)博古堂刻本　八冊

430000－2401－0024297　413/375(1)

國朝律賦揀金錄初刻十二卷二刻十二卷　（清）朱一飛輯　清乾隆五十七年(1792)博古堂刻本　八冊

430000－2401－0024298　413/397

國朝古文匯鈔初集一百七十六卷首一卷二集一百卷首一卷　（清）朱琦輯　清道光二十七年(1847)吳江沈氏世美堂刻本　一百二十八冊

430000－2401－0024299　413/77

白田風雅二十四卷　（清）朱彬輯　清光緒十二年(1886)金陵刻本　四冊

430000－2401－0024300　413/401

瀛海探驪集八卷　（清）朱埏之輯　（清）毛寅初等註　清嘉慶蕚怡山館刻本　四冊

430000－2401－0024301　413/444

鳳池集不分卷　（清）沈玉亮　（清）吳陳琰輯　清康熙刻本　二冊

430000－2401－0024302　△413/79

國朝詩別裁集三十六卷　（清）沈德潛纂評　（清）翁照等輯　清乾隆二十四年(1759)刻本　十六冊

430000－2401－0024303　413/249

欽定國朝詩別裁集三十二卷　（清）沈德潛纂評　清乾隆二十六年(1761)刻本　十冊

430000－2401－0024304　413/249(1)

欽定國朝詩別裁集三十二卷　（清）沈德潛纂評　清乾隆二十六年(1761)刻本　十二冊

430000－2401－0024305　413/249(2)

欽定國朝詩別裁集三十二卷　（清）沈德潛纂評　清乾隆二十六年(1761)刻本　八冊

430000－2401－0024306　413/249(3)

欽定國朝詩別裁集三十二卷　（清）沈德潛纂

評 清乾隆二十六年(1761)刻本 十二冊

430000－2401－0024307 413/249－2
欽定國朝詩別裁集三十二卷 （清）沈德潛纂
評 清刻本 六冊 存二十四卷(六至二十
九)

430000－2401－0024308 413/249－3
欽定國朝詩別裁集三十二卷 （清）沈德潛纂
評 清刻本 十六冊

430000－2401－0024309 413/249－3(1)
欽定國朝詩別裁集三十二卷 （清）沈德潛纂
評 清刻本 八冊

430000－2401－0024310 413/249－4
欽定國朝詩別裁集三十二卷 （清）沈德潛纂
評 清刻本 十四冊 缺四卷(一至四)

430000－2401－0024311 413/252
國朝律賦偶箋四卷 （清）沈豐岐箋 清乾隆
二十三年(1758)刻本 四冊

430000－2401－0024312 413/252(1)
國朝律賦偶箋四卷 （清）沈豐岐箋 清刻本
四冊

430000－2401－0024313 413/371
國朝詩三百首今體選三卷古體選二卷 （清）
沈鏗輯 清光緒二十八年(1902)寓言報館鉛
印本 二冊

430000－2401－0024314 413/371(1)
國朝詩三百首今體選三卷古體選二卷 （清）
沈鏗輯 清光緒二十八年(1902)寓言報館鉛
印本 二冊

430000－2401－0024315 413/19
清尊集十六卷 （清）汪遠孫輯 清道光十九
年(1839)錢塘振綺堂刻本 二冊

430000－2401－0024316 413/19(1)
清尊集十六卷 （清）汪遠孫輯 清道光十九
年(1839)錢唐振綺堂刻本 四冊

430000－2401－0024317 413/19(2)
清尊集十六卷 （清）汪遠孫輯 清道光十九
年(1839)錢唐振綺堂刻本 四冊

430000－2401－0024318 413/54
天補樓行記一卷 （清）李士棻等撰 清光緒
十一年(1885)鉛印本 一冊

430000－2401－0024319 413/301
賦學正鵠十卷 （清）李元度輯註 清同治十
年(1871)爽溪書院刻本 四冊

430000－2401－0024320 413/301(1)
賦學正鵠十卷 （清）李元度輯註 清同治十
年(1871)爽溪書院刻本 四冊

430000－2401－0024321 413/301(2)
賦學正鵠十卷 （清）李元度輯註 清同治十
年(1871)爽溪書院刻本 四冊 缺二卷(一
至二)

430000－2401－0024322 413/301－2
賦學正鵠十卷 （清）李元度輯註 清同治十
二年(1873)爽溪書院刻本 四冊

430000－2401－0024323 413/301－2(1)
賦學正鵠十卷 （清）李元度輯註 清同治十
二年(1873)爽溪書院刻本 五冊

430000－2401－0024324 413/301－7
新增賦學正鵠註釋十卷 （清）李元度輯註
清光緒九年(1883)經文堂刻本 二冊 存四
卷(一至二、九至十)

430000－2401－0024325 413/301－3
賦學正鵠十卷 （清）李元度輯註 清光緒十
一年(1885)文昌書局刻本 六冊

430000－2401－0024326 413/301－3(1)
賦學正鵠十卷 （清）李元度輯註 清光緒十
一年(1885)文昌書局刻本 六冊

430000－2401－0024327 413/301－8
賦學正鵠十卷 （清）李元度輯註 清光緒十
一年(1885)石渠山房刻本 四冊 存六卷
(一至六)

430000－2401－0024328 413/301－5
賦學正鵠十卷 （清）李元度輯註 清光緒十
七年(1891)經綸書局刻本 六冊

430000－2401－0024329 413/301－4

賦學正鵠十卷　（清）李元度輯註　清光緒十
七年(1891)益元書局刻本　六冊

430000－2401－0024330　413/301－4(1)
賦學正鵠十卷　（清）李元度輯註　清光緒十
七年(1891)益元書局刻本　四冊

430000－2401－0024331　413/301－6
新增硃批詳註賦學正鵠十卷　（清）李元度輯
註　清光緒二十年(1894)京都琉璃廠朱墨套
印本　八冊

430000－2401－0024332　413/257
本朝試賦麗則四卷　（清）李光理等輯註　清
刻本　四冊

430000－2401－0024333　413/488
二十家文稿五卷　（清）朱爲弼　（清）李涵輯
　清道光三讓堂刻本　六冊

430000－2401－0024334　413/489
續二十家時文稿不分卷　（清）李涵輯　清道
光十年(1830)刻本　四冊

430000－2401－0024335　413/444
春雪集六卷詩餘一卷　（清）李筠嘉編　清末
帶鋤山館刻本　一冊

430000－2401－0024336　413/470
國朝名文春霆集不分卷　（清）李鳴謙　（清）
吳承緒輯　清道光九年(1829)三讓堂刻本
六冊

430000－2401－0024337　413/470－2
國朝名文春霆集不分卷近科制藝春霆集不分
卷　（清）李鳴謙　（清）吳承緒輯　清光緒十
九年(1893)寶善局石印本　一冊

430000－2401－0024338　413/304－2
慕萊堂詩文徵存五卷　（清）李藝淵輯　清光
緒刻本　二冊

430000－2401－0024339　413/304－2(1)
慕萊堂詩文徵存五卷　（清）李藝淵輯　清光
緒刻本　二冊

430000－2401－0024340　413/304－3
慕萊堂詩文徵存五卷　（清）李藝淵輯　清光

緒刻本　四冊

430000－2401－0024341　413/304
慕萊堂詩文徵存五卷　（清）李藝淵輯　清光
緒刻本　四冊

430000－2401－0024342　413/304(1)
慕萊堂詩文徵存五卷　（清）李藝淵輯　清光
緒刻本　一冊　存三卷(一至三)

430000－2401－0024343　413/460
香痕奩影集四卷詞一卷　（清）吳仲輯　清宣
統二年(1910)京師國學萃編社鉛印本　四冊

430000－2401－0024344　413/12
詳註初學文範不分卷　（清）吳肖元選　清文
光堂刻本　二冊

430000－2401－0024345　413/253
國朝詩十卷外編一卷補六卷　（清）吳翌鳳選
　清嘉慶元年(1796)新陽趙氏刻本　六冊

430000－2401－0024346　413/344
學海堂初集十六卷　（清）吳蘭修編　清道光
五年(1825)廣東啟秀山房刻本　六冊

430000－2401－0024347　413/345
學海堂二集二十二卷　（清）吳蘭修編　清道
光十八年(1838)廣東啟秀山房刻本　十冊

430000－2401－0024348　413/345(1)
學海堂二集二十二卷　（清）吳蘭修編　清道
光十八年(1838)廣東啟秀山房刻本　十冊

430000－2401－0024349　413/345(2)
學海堂二集二十二卷　（清）吳蘭修編　清道
光十八年(1838)廣東啟秀山房刻本　十冊

430000－2401－0024350　413/345(3)
學海堂二集二十二卷　（清）吳蘭修編　清道
光十八年(1838)廣東啟秀山房刻本　十冊

430000－2401－0024351　413/345(4)
學海堂二集二十二卷　（清）吳蘭修編　清道
光十八年(1838)廣東啟秀山房刻本　十冊

430000－2401－0024352　413/346
學海堂三集二十四卷　（清）張維屛編　清咸

豐九年(1859)廣東啟秀山房刻本 八冊

430000－2401－0024353 413/346(1)

學海堂三集二十四卷 (清)張維屏編 清咸豐九年(1859)廣東啟秀山房刻本 八冊

430000－2401－0024354 413/346(2)

學海堂三集二十四卷 (清)張維屏編 清咸豐九年(1859)廣東啟秀山房刻本 十冊

430000－2401－0024355 413/346(3)

學海堂三集二十四卷 (清)張維屏編 清咸豐九年(1859)廣東啟秀山房刻本 六冊

430000－2401－0024356 413/346(4)

學海堂四集二十八卷 (清)金錫齡編 清光緒十二年(1886)廣東啟秀山房刻本 十六冊

430000－2401－0024357 413/347

學海堂四集二十八卷 (清)金錫齡編 清光緒十二年(1886)廣東啟秀山房刻本 十六冊

430000－2401－0024358 413/347(1)

天崇百篇不分卷 (清)吳懋政選評 清光緒十七年(1891)思賢書局刻本 二冊

430000－2401－0024359 413/56

天崇百篇不分卷 (清)吳懋政選評 清光緒十七年(1891)思賢書局刻本 二冊

430000－2401－0024360 413/56(1)

天崇百篇不分卷 (清)吳懋政選評 清光緒十七年(1891)思賢書局刻本 二冊

430000－2401－0024361 413/56(2)

天崇百篇不分卷 (清)吳懋政選評 清光緒十七年(1891)思賢書局刻本 二冊

430000－2401－0024362 413/56(3)

天崇欣賞註釋不分卷 (清)吳懋政選評 (清)□□註釋 清末刻本 一冊

430000－2401－0024363 413/55

本朝館閣詩二十卷附錄一卷續附錄一卷

(清)阮學浩 (清)阮學濬合輯 清乾隆二十三年(1758)困學書屋刻本 十二冊

430000－2401－0024365 413/65(1)

本朝館閣詩二十卷附錄一卷續附錄一卷 (清)阮學浩 (清)阮學濬合輯 清乾隆二十三年(1758)困學書屋刻本 十六冊

430000－2401－0024366 413/65(2)

本朝館閣詩二十卷附錄一卷續附錄一卷 (清)阮學浩 (清)阮學濬合輯 清乾隆二十三年(1758)困學書屋刻本 十六冊

430000－2401－0024367 413/404

漢上消閒集十六卷 (清)官應清編 清宣統三年(1911)振華印書館鉛印本 一冊 存一卷(三)

430000－2401－0024368 413/34

惜硯錄三卷 (清)林用光編 清道光三十年(1850)刻本 一冊

430000－2401－0024369 413/34－2

惜硯錄三卷 (清)林用光編 清咸豐三年(1853)自求齋刻本 一冊

430000－2401－0024370 413/98

同根草二卷 (清)屈莔纕 (清)屈蕙纕撰 清光緒二十九年(1903)刻本 一冊

430000－2401－0024371 413/359

制義靈樞四編 (清)周銘恩評選 (清)周益校訂 清光緒十九年(1893)湖南文運書局刻本 六冊

430000－2401－0024372 413/378

重刻挹蘇樓同人詩鈔五卷女士詩錄一卷 (清)施彰文輯 清道光二十五年(1845)刻本 二冊

430000－2401－0024373 413/33

八烈贈詩七卷 (清)胡壽椿等撰 清同治四年(1865)刻本 一冊

430000－2401－0024374 413/196

同音集一卷 (清)柯振岳輯 清嘉慶十七年(1812)藏修齋木活字本 一冊

430000－2401－0024375　413/240

貞靜集一卷　（清）柳大培輯　清光緒十五年(1889)刻本　一冊

430000－2401－0024376　413/455

庚辰集五卷　（清）紀昀輯　清乾隆二十七年(1762)刻本　五冊

430000－2401－0024377　413/455－2

庚辰集五卷　（清）紀昀輯　清嘉慶元年(1796)閱微草堂刻本　四冊

430000－2401－0024378　413/455－3

庚辰集五卷　（清）紀昀輯　清經綸堂刻本　六冊

430000－2401－0024379　413/242

皇朝駢文類苑十四卷首一卷　（清）姚燮選　清光緒七年(1881)刻本　二十二冊

430000－2401－0024380　413/242(1)

皇朝駢文類苑十四卷首一卷　（清）姚燮選　清光緒七年(1881)刻本　十四冊

430000－2401－0024381　413/492

皇朝學古類編十四卷首一卷　（清）姚燮選　清光緒玉軸山房石印本　八冊

430000－2401－0024382　413/445

雲樣集八卷　（清）高陳謨編　清嘉慶四年(1799)刻本　二冊

430000－2401－0024383　413/446

鄂不齋詩評一卷　（清）唐贊袞輯　清光緒刻本　一冊

430000－2401－0024384　413/446(1)

鄂不齋詩評一卷　（清）唐贊袞輯　清光緒刻本　一冊

430000－2401－0024385　413/298

群賢詩集一卷　（清）祥麟等撰　**東堂先生詩草二卷**　（清）王鼎臣撰　清宣統二年(1910)奉天惠工有限公司鉛印本　一冊

430000－2401－0024386　413/229

古近體詩不分卷　（清）袁名翼等撰　清末刻本　一冊

430000－2401－0024387　413/15

青山詩選六卷　（清）桂超萬輯　清同治十三年(1874)皖城刻本　二冊

430000－2401－0024388　413/472

雪鴻偶鈔詩四卷詞一卷　（清）倪世珍輯　清光緒四年(1878)吳縣倪氏刻本　二冊

430000－2401－0024389　413/416

國朝二十四家文鈔二十四卷　（清）徐斐然輯評　清道光十年(1830)三餘堂刻本　八冊

430000－2401－0024390　413/416－2

國朝二十四家文鈔二十四卷　（清）徐斐然輯評　清光緒五年(1879)刻本　七冊　缺一卷(二十四)

430000－2401－0024391　△413/13

今文偶見四十八卷　（清）徐斐然輯評　清嘉慶四年(1799)恆勤堂刻本　十四冊

430000－2401－0024392　413/126

松陵文錄二十四卷　（清）凌淦輯　清同治十三年(1874)刻本　八冊

430000－2401－0024393　413/167

紀風七絕二十一卷　（清）梁九圖輯　清光緒十九年(1893)刻本　四冊

430000－2401－0024394　413/20

校經堂初集四卷　（清）曹鴻勳編　清光緒十一年(1885)刻本　二冊

430000－2401－0024395　413/20(1)

校經堂初集四卷　（清）曹鴻勳編　清光緒十一年(1885)刻本　二冊

430000－2401－0024396　413/20(2)

校經堂初集四卷　（清）曹鴻勳編　清光緒十一年(1885)刻本　二冊

430000－2401－0024397　413/190

味蘭軒百篇賦鈔四卷　（清）張世燾　（清）彭克惠合編　清乾隆三十八年(1773)刻本　四冊

430000－2401－0024398　413/245

國朝駢體正宗續編八卷　（清）張鳴珂輯　清光緒十四年(1888)寒松閣刻本　四冊

430000－2401－0024399　413/245（1）

國朝駢體正宗續編八卷　（清）張鳴珂輯　清光緒十四年（1888）寒松閣刻本　四冊

430000－2401－0024400　△413/14

友聲十集　（清）張潮輯　清乾隆四十五年（1780）心齋刻本　十冊

430000－2401－0024401　413/302

分類賦學難跁集三十卷附錄一卷　（清）張維城編　清道光張氏繁花吟館刻本　六冊

430000－2401－0024402　413/21

校經堂二集九卷　（清）陸寶忠編　清光緒十四年（1888）長沙刻本　四冊

430000－2401－0024403　413/21（1）

校經堂二集九卷　（清）陸寶忠編　清光緒十四年（1888）長沙刻本　四冊

430000－2401－0024404　413/21（2）

校經堂二集九卷　（清）陸寶忠編　清光緒十四年（1888）長沙刻本　四冊

430000－2401－0024405　413/21（3）

校經堂二集九卷　（清）陸寶忠編　清光緒十四年（1888）長沙刻本　四冊

430000－2401－0024406　413/2

切問齋文鈔三十卷　（清）陸燿輯　清乾隆四十年（1775）吳門劉萬傳局刻本　十冊

430000－2401－0024407　413/2（1）

切問齋文鈔三十卷　（清）陸燿輯　清乾隆四十年（1775）吳門劉萬傳局刻本　十冊

430000－2401－0024408　413/2（2）

切問齋文鈔三十卷　（清）陸燿輯　清乾隆四十年（1775）吳門劉萬傳局刻本　十冊

430000－2401－0024409　413/2－2

切問齋文鈔三十卷首一卷　（清）陸燿輯　清道光五年（1825）刻本　十冊

430000－2401－0024410　413/2－2（1）

切問齋文鈔三十卷首一卷　（清）陸燿輯　清道光五年（1825）刻本　十冊

430000－2401－0024411　413/2－2（2）

切問齋文鈔三十卷首一卷　（清）陸燿輯　清道光五年（1825）刻本　十冊

430000－2401－0024412　413/2－3

切問齋文鈔三十卷　（清）陸燿輯　清同治八年（1869）金陵錢氏刻本　十冊

430000－2401－0024413　413/2－3（1）

切問齋文鈔三十卷　（清）陸燿輯　清同治八年（1869）金陵錢氏刻本　十冊

430000－2401－0024414　413/2－3（2）

切問齋文鈔三十卷　（清）陸燿輯　清同治八年（1869）金陵錢氏刻本　十冊

430000－2401－0024415　413/232

憑山閣增輯留青新集三十卷　（清）陳枚選（清）陳德裕增輯　清末刻本　二十七冊　缺一卷（一）

430000－2401－0024416　413/232（1）

憑山閣增輯留青新集三十卷　（清）陳枚選（清）陳德裕增輯　清末刻本　七冊　存九卷（七至十三、二十七、三十）

430000－2401－0024417　413/16

宮閨百詠四卷目錄一卷　（清）陳其泰輯　清道光二十五年（1845）海鹽陳氏桐華鳳閣刻本　二冊

430000－2401－0024418　413/99

近人詩錄一卷　（清）陳詩輯　清光緒二十九年（1903）上海商務印書館鉛印本　一冊

430000－2401－0024419　413/99（1）

近人詩錄一卷　（清）陳詩輯　清光緒二十九年（1903）上海商務印書館鉛印本　一冊

430000－2401－0024420　413/307

篋衍集十二卷　（清）陳維崧輯　清康熙刻本　佚名批校　三冊　存九卷（一至九）

430000－2401－0024421　△413/112

篋衍集十二卷　（清）陳維崧輯　清鈔本　六冊

430000－2401－0024422　413/293

漕河禱冰圖詩録四卷首一卷　（清）陶澍輯
清道光白門吳儀刻本　一冊

430000－2401－0024423　△413/80
國朝駢體正宗十二卷　（清）曾燠輯　清嘉慶
十一年（1806）曾氏賞雨茆屋刻本　佚名録姚
燮、張素榮評點　四冊

430000－2401－0024424　413/244
國朝駢體正宗十二卷　（清）曾燠輯　清嘉慶
刻本　四冊

430000－2401－0024425　413/244（1）
國朝駢體正宗十二卷　（清）曾燠輯　清嘉慶
刻本　六冊

430000－2401－0024426　413/244－2
國朝駢體正宗十二卷　（清）曾燠輯　清同治
十三年（1874）刻本　六冊

430000－2401－0024427　413/244－2（1）
國朝駢體正宗十二卷　（清）曾燠輯　清同治
十三年（1874）刻本　六冊

430000－2401－0024428　413/244－2（2）
國朝駢體正宗十二卷　（清）曾燠輯　清同治
十三年（1874）刻本　六冊

430000－2401－0024429　413/244－2（3）
國朝駢體正宗十二卷　（清）曾燠輯　清同治
十三年（1874）刻本　六冊

430000－2401－0024430　413/244－2（4）
國朝駢體正宗十二卷　（清）曾燠輯　清同治
十三年（1874）刻本　六冊

430000－2401－0024431　413/244－2（5）
國朝駢體正宗十二卷　（清）曾燠輯　清同治
十三年（1874）刻本　六冊

430000－2401－0024432　413/244－4
國朝駢體正宗十二卷　（清）曾燠輯　清光緒
十三年（1887）上海蜚英館刻本　六冊

430000－2401－0024433　413/244－4（1）
國朝駢體正宗十二卷　（清）曾燠輯　清光緒
十三年（1887）上海蜚英館刻本　六冊

430000－2401－0024434　413/244－3
國朝駢體正宗十二卷　（清）曾燠輯　清刻本
六冊

430000－2401－0024435　413/246
國朝駢體正宗評本十二卷　（清）曾燠選
（清）姚燮　（清）張壽榮合評　清光緒十一年
（1885）浙江張氏花雨樓刻朱墨套印本　六冊

430000－2401－0024436　413/246（1）
國朝駢體正宗評本十二卷　（清）曾燠選
（清）姚燮　（清）張壽榮合評　清光緒十一年
（1885）浙江張氏花雨樓刻朱墨套印本　六冊

430000－2401－0024437　413/246－2
國朝駢體正宗評本十二卷　（清）曾燠選
（清）姚燮　（清）張壽榮合評　清光緒十九年
（1893）善化章氏鴻運樓刻本　二冊　存四卷
（一至二、十一至十二）

430000－2401－0024438　△413/41
朋舊遺詩合鈔二十二卷續鈔一卷　（清）曾燠
輯　清嘉慶十年（1805）曾氏賞雨茆屋刻本
四冊

430000－2401－0024439　△413/81
過日集二十卷名媛詩一卷　（清）曾燦輯　諸
體評論一卷　（清）曾燦撰　清康熙曾氏六松
草堂刻本　十八冊

430000－2401－0024440　413/424
湖海同聲集四卷　（清）童閨輯　清宣統元年
（1909）京都國學萃編社鉛印晨風閣叢書本
一冊

430000－2401－0024441　413/350
翠屏詩社稿十卷　（清）馮譽聰等撰　清光緒
二十四年（1898）刻本　二冊

430000－2401－0024442　413/449
月浹園詩鈔三卷文鈔一卷　（清）黃本驥輯
清道光二十一年（1841）刻本　四冊

430000－2401－0024443　413/449
蓉樓集詠一卷　（清）黃本驥輯　清道光十九
年（1839）刻本　二冊

430000－2401－0024444　413/8

東華絕句十卷　（清）黃容　（清）王維翰合編
清刻本　九冊　缺一卷(九)

430000－2401－0024445　413/129

花潭集詠一卷　（清）黃雲鵠輯　清光緒十二
年(1886)刻本　一冊

430000－2401－0024446　413/325

龍喜社海東尋詩集一卷　（清）黃膺輯　清光
緒十九年(1893)鉛印本　一冊

430000－2401－0024447　413/325(1)

龍喜社海東尋詩集一卷　（清）黃膺輯　清光
緒十九年(1893)鉛印本　一冊

430000－2401－0024448　413/270

國朝試賦彙海前集十卷後集二卷補遺一卷
（清）黃爵滋輯　清道光十年(1830)刻本
六冊

430000－2401－0024449　413/270(1)

國朝試賦彙海前集十卷後集二卷補遺一卷
（清）黃爵滋輯　清道光十年(1830)刻本
六冊

430000－2401－0024450　413/279

國朝試賦彙海續編前集六卷後集二卷補遺一
卷　（清）黃爵滋輯　清咸豐元年(1851)刻本
八冊

430000－2401－0024451　413/279(1)

國朝試賦彙海續編前集六卷後集二卷補遺一
卷　（清）黃爵滋輯　清咸豐元年(1851)刻本
八冊

430000－2401－0024452　413/29

八旗文經六十卷　（清）盛昱輯　清光緒二十
七年(1901)武昌刻本　十二冊

430000－2401－0024453　413/409

谷音三卷　（清）釋智續等輯　清刻本　一冊

430000－2401－0024454　413/217

國朝古文正的五卷附錄二卷　（清）楊彝珍輯
清光緒六年(1880)獨山莫氏鉛印本　六冊

430000－2401－0024455　413/217(1)

國朝古文正的五卷附錄二卷　（清）楊彝珍輯
清光緒六年(1880)獨山莫氏鉛印本　六冊

430000－2401－0024456　413/217(2)

國朝古文正的五卷附錄二卷　（清）楊彝珍輯
清光緒六年(1880)獨山莫氏鉛印本　六冊

430000－2401－0024457　413/477

四名家合選不分卷　（清）趙佑輯　清乾隆四
十七年(1782)太和堂刻本　四冊

430000－2401－0024458　413/146

神交集三種三卷　（清）趙潤等撰　清光緒三
十三年(1907)金陵湯明林印書局鉛印本
一冊

430000－2401－0024459　413/330

夔門送行詩二卷續編一卷　（清）潘樹嘉等撰
清光緒二十八年(1902)鉛印本　一冊

430000－2401－0024460　413/64

本朝三十家文不分卷　（清）蔡寅斗輯　清通
志堂刻本　五冊

430000－2401－0024461　413/461

舊雨詩存一卷　（清）黎培敬輯　清末黎培敬
求補拙齋鈔本　一冊

430000－2401－0024462　413/376

國朝六家詩鈔八卷　（清）劉執玉輯　清乾隆
三十二年(1767)詒燕樓刻本　四冊

430000－2401－0024463　413/376(1)

國朝六家詩鈔八卷　（清）劉執玉輯　清乾隆
三十二年(1767)詒燕樓刻本　四冊

430000－2401－0024464　413/376－2

國朝六家詩鈔八卷　（清）劉執玉輯　清光緒
十三年(1887)成才汗青簃刻本　八冊

430000－2401－0024465　413/376－2(1)

國朝六家詩鈔八卷　（清）劉執玉輯　清光緒
十三年(1887)成才汗青簃刻本　四冊

430000－2401－0024466　413/449

邱園集詠三卷　（清）龍光甸等撰　清道光二
十年(1840)刻本　一冊

430000－2401－0024467　413/17

所至錄八卷附一卷　（清）盧戊原　（清）吳寅邦合編　清咸豐四年(1854)翰墨林合刻本　九冊

430000－2401－0024468　413/17(1)

所至錄八卷附一卷　（清）盧戊原　（清）吳寅邦合編　清咸豐四年(1854)翰墨林合刻本　八冊

430000－2401－0024469　413/351

蘭言集十二卷　（清）趙紹祖輯　清古墨齋刻本　四冊

430000－2401－0024470　△413/84

詩觀初集十二卷二集十四卷　（清）鄧漢儀輯　清康熙十一年(1672)南陽鄧氏慎墨堂刻本　佚名批校圈點　王禮培題識　八冊　存九卷(初集一至四、二集二至六)

430000－2401－0024471　413/61

玉堂鳴盛集四卷補篇一卷　（清）潘世恩輯　清吳郡毛上珍局刻本　三冊　缺一卷(一)

430000－2401－0024472　413/384

峰泖去思集一卷　（清）劉有光等撰　清光緒二十六年(1900)刻本　一冊

430000－2401－0024473　413/173

貞木吟三卷　（清）龍書麟輯　清光緒二十一年(1895)涞江龍氏刻本　一冊

430000－2401－0024474　413/400

註釋律賦采新集不分卷　（清）蕭應樾　（清）鄭伯壎編　清道光十年(1830)寶仁堂刻本　二冊

430000－2401－0024475　413/456

粧樓摘艶十卷首一卷　（清）錢三錫輯　清道光十三年(1833)香雨軒刻本　三冊　存七卷(一至七)

430000－2401－0024476　413/188

百老吟一卷後編一卷三編一卷　（清）錢溯耆輯　清宣統二年(1910)太倉錢氏聽邠館刻本　一冊

430000－2401－0024477　413/320

徵詩錄一卷　（清）釋禪興輯　清宣統三年(1911)晚香室刻本　一冊

430000－2401－0024478　413/258

瑞芝山房詩鈔八卷補遺一卷文鈔八卷補遺一卷　（清）戴燦元輯　清光緒元年(1875)廣陵刻本　十冊

430000－2401－0024479　413/258(1)

瑞芝山房詩鈔八卷補遺一卷文鈔八卷補遺一卷　（清）戴燦元輯　清光緒元年(1875)廣陵刻本　二冊

430000－2401－0024480　△413/19

百名家詩選八十九卷　（清）魏憲輯　清康熙十年(1671)魏氏枕江堂刻本　二十冊

430000－2401－0024481　413/227

茂苑吟秋集不分卷　（清）羅長裿等撰　清光緒三十二年(1906)刻本　一冊

430000－2401－0024482　413/227(1)

茂苑吟秋集不分卷　（清）羅長裿等撰　清光緒三十二年(1906)刻本　一冊

430000－2401－0024483　413/482

養拙書屋詩集不分卷　（清）羅愚輯　清乾隆五十八年(1793)刻本　一冊

430000－2401－0024484　△413/3

三體驪珠集九卷　（清）顧有孝輯　清康熙九年(1670)寧遠堂刻本　王禮培題識　四冊

430000－2401－0024485　413/290

欽定熙朝雅頌集一百〇六卷首集二十六卷餘集二卷　（清）鐵保等輯　清嘉慶九年(1804)刻本　二十四冊

430000－2401－0024486　413/239

古稀集不分卷　（清）龔鎮湘等輯　清光緒三十四年(1908)武昌鉛印本　一冊

430000－2401－0024487　413/239(1)

古稀集不分卷　（清）龔鎮湘等輯　清光緒三十四年(1908)武昌鉛印本　一冊

430000－2401－0024488　413/239(2)

古稀集不分卷　（清）龔鎮湘等輯　清光緒三十四年（1908）武昌鉛印本　一冊

430000－2401－0024489　△411.2/30
國朝文錄摘鈔不分卷　清鈔本　二冊

430000－2401－0024490　413/498
五經文體二十四卷　（清）□□輯　清光緒五年（1879）長沙梅園刻本　二十三冊　缺一卷（九）

430000－2401－0024491　413/3
清遠堂文一卷　袁緒欽輯　清宣統二年（1910）油印本　一冊

430000－2401－0024492　△413/90
道咸同光四朝詩史一斑錄九編　孫雄編　清光緒三十四年（1908）油印本　九冊

430000－2401－0024493　413/305
國朝文匯甲前集二十卷甲集六十卷乙集七十卷丙集三十卷丁集二十卷　國學扶輪社編　清宣統元年至二年（1909－1910）上海國學扶輪社石印本　一百〇一冊

430000－2401－0024494　413/305（1）
國朝文匯甲前集二十卷甲集六十卷乙集七十卷丙集三十卷丁集二十卷　國學扶輪社編　清宣統元年至二年（1909－1910）上海國學扶輪社石印本　十一冊　存二十二卷（丙集一至二、五至十八、二十一至二十二、二十五至二十八）

430000－2401－0024495　413/464
昆侖集一卷續一卷附一卷　葉德輝輯　清光緒二十五年（1899）長沙葉氏刻本　一冊

430000－2401－0024496　413/218
清歡留縞一卷　王闓運等撰　清光緒二十九年（1903）刻本　一冊

430000－2401－0024497　413/218（1）
清歡留縞一卷　王闓運等撰　清光緒二十九年（1903）刻本　一冊

430000－2401－0024498　413/218（2）
清歡留縞一卷　王闓運等撰　清光緒二十九年（1903）刻本　一冊

430000－2401－0024499　413/218（3）
清歡留縞一卷　王闓運等撰　清光緒二十九年（1903）刻本　一冊

430000－2401－0024500　413/218（4）
清歡留縞一卷　王闓運等撰　清光緒二十九年（1903）刻本　一冊

430000－2401－0024501　413/161
南社第四集文錄一卷詩錄一卷詞錄一卷　南社編　清宣統三年（1911）鉛印本　一冊

430000－2401－0024502　413/128
林嚴文鈔四卷　林紓　嚴復撰　清宣統元年（1909）國學扶輪社鉛印本　四冊

430000－2401－0024503　413/128（1）
林嚴文鈔四卷　林紓　嚴復撰　清宣統元年（1909）國學扶輪社鉛印本　三冊

430000－2401－0024504　413/128（2）
林嚴文鈔四卷　林紓　嚴復撰　清宣統元年（1909）國學扶輪社鉛印本　三冊

430000－2401－0024505　414/119
津門詩鈔三十卷　（清）梅成棟輯　清道光四年（1824）康簡書齋刻本　十冊

430000－2401－0024506　414/191
重鐫清河五先生詩選八卷　（清）朱爲弼輯
續補清河一先生詩選二卷　（清）徐申錫輯
清同治八年（1869）刻本　二冊

430000－2401－0024507　414/22
容城三賢文集　（清）張斐然　（清）楊菬合輯　清道光十六年（1836）正義書院刻本　十二冊

430000－2401－0024508　414/22（1）
容城三賢文集　（清）張斐然　（清）楊菬合輯　清道光十六年（1836）正義書院刻本　十二冊

430000－2401－0024509　414/22（2）
容城三賢文集　（清）張斐然　（清）楊菬合輯　清道光十六年（1836）正義書院刻本　十二冊

430000 - 2401 - 0024510　414/127

國朝南亭詩鈔十卷續鈔二卷附集二卷　（清）
范士熊　（清）魏守經輯　清道光二十九年至
咸豐元年(1849－1851)石竹齋刻本　六冊

430000 - 2401 - 0024511　△414/4

吳都文粹十卷　（宋）鄭虎臚輯　清活字本
孟超批校　五冊

430000 - 2401 - 0024512　414/51

繪水集三卷　（清）王之佐輯　清道光十六年
(1836)刻本　一冊

430000 - 2401 - 0024513　414/196

婁水文徵八十卷姓氏考略一卷　（清）王寶仁
輯　清道光十二年(1832)有餘齋刻本　二十
四冊

430000 - 2401 - 0024514　414/9

江蘇詩徵一百八十三卷　（清）王豫輯　清道
光元年(1821)焦山海西庵詩徵閣刻本　四
十

430000 - 2401 - 0024515　414/9(1)

江蘇詩徵一百八十三卷　（清）王豫輯　清道
光元年(1821)焦山海西庵詩徵閣刻本　三十
九冊

430000 - 2401 - 0024516　△414/8

海虞詩苑十八卷　（清）王應奎輯　清乾隆二
十四年(1759)古處堂刻本　六冊

430000 - 2401 - 0024517　414/92

金陵詩徵四十四卷　（清）朱緒曾編　清光緒
十八年(1892)刻本　十六冊

430000 - 2401 - 0024518　414/33

廣陵思古編二十九卷　（清）汪廷儒輯　清道
光二十九年(1849)揚州儀徵汪氏刻本　十冊

430000 - 2401 - 0024519　△411.2/24

江左十五子詩選十卷　（清）宋犖編　清康熙
四十二年(1703)宋氏宛委堂刻本　四冊

430000 - 2401 - 0024520　414/138

滄浪小志二卷　（清）宋犖編撰　清光緒十年
(1884)江蘇書局刻本　一冊

430000 - 2401 - 0024521　414/252

舊言集不分卷　（清）李兆洛輯　清道光元年
(1821)刻本　六冊

430000 - 2401 - 0024522　414/91

金陵名勝詩鈔四卷　（清）李鰲輯　清道光刻
本　一冊

430000 - 2401 - 0024523　△414/1

七十二峰足徵集八十八卷文集十六卷　（清）
吳定璋輯　清乾隆十年(1745)吳氏依綠園刻
本　二十四冊

430000 - 2401 - 0024524　414/185

七十二峰足徵集八十八卷　（清）吳定璋輯
清乾隆十八年(1753)依綠園精刻本　二冊
存九卷(三十一至三十四、五十三至五十七)

430000 - 2401 - 0024525　414/10

青南輿頌六卷首一卷　（清）芸香草堂輯　清
咸豐八年(1858)刻本　六冊

430000 - 2401 - 0024526　414/164

海虞文徵三十卷目錄二卷　（清）邵松年輯
清光緒三十一年(1905)鴻文書局石印本　十
六冊

430000 - 2401 - 0024527　414/163

師山詩存十卷　（清）茅炳文輯　清咸豐十年
(1860)茅齋刻本　二冊

430000 - 2401 - 0024528　414/163(1)

師山詩存十卷　（清）茅炳文輯　清咸豐十年
(1860)茅齋刻本　二冊

430000 - 2401 - 0024529　414/62

徐州詩徵八卷　（清）桂中行輯　清光緒十七
年(1891)刻本　四冊

430000 - 2401 - 0024530　414/62(1)

徐州詩徵八卷　（清）桂中行輯　清光緒十七
年(1891)刻本　四冊

430000 - 2401 - 0024531　414/62(2)

徐州詩徵八卷　（清）桂中行輯　清光緒十七
年(1891)刻本　四冊

430000 - 2401 - 0024532　414/62(3)

徐州詩徵八卷　（清）桂中行輯　清光緒十七年(1891)刻本　四冊

430000－2401－0024533　414/62(4)

徐州詩徵八卷　（清）桂中行輯　清光緒十七年(1891)刻本　四冊

430000－2401－0024534　414/62(5)

徐州詩徵八卷　（清）桂中行輯　清光緒十七年(1891)刻本　四冊

430000－2401－0024535　414/20

海陵文徵二十卷　（清）夏荃輯　清光緒九年(1883)補刻本　十冊

430000－2401－0024536　414/20(1)

海陵文徵二十卷　（清）夏荃輯　清光緒九年(1883)補刻本　十二冊

430000－2401－0024537　414/67

石城七子詩鈔　（清）翁長森輯　清光緒十六年(1890)刻本　三冊

430000－2401－0024538　414/190

淮海詠歸一卷　（清）徐樹鈞輯　清光緒三十二年(1906)蜒影山房刻本　一冊

430000－2401－0024539　414/152

京江耆舊集十三卷　（清）張學仁　（清）王豫輯　清嘉慶二十三年(1818)青苔館刻本　八冊

430000－2401－0024540　414/13

松陵詩徵續編十四卷　（清）陸日愛編　清咸豐七年(1857)刻本　四冊

430000－2401－0024541　△414/7

秣陵集六卷附圖考一卷　（清）陳文述輯　清道光二年(1822)刻本　四冊

430000－2401－0024542　△414/91

憑山閣留青集選十卷　（清）陳枚選輯　清刻本　七冊　存七卷(二至五、七、九至十)

430000－2401－0024543　414/159

吳會英才集二十卷　（清）畢沅輯　清嘉慶刻本　四冊

430000－2401－0024544　414/159－2

吳會英才集二十四卷　（清）畢沅輯　清道光增刻清嘉慶刻本　五冊　存二十卷(一至八、十三至二十四)

430000－2401－0024545　414/95

徐州二遺民集　（清）馮煦輯　清光緒十九年(1893)臨川桂中行刻本　五冊

430000－2401－0024546　414/95(1)

徐州二遺民集　（清）馮煦輯　清光緒十九年(1893)臨川桂中行刻本　五冊

430000－2401－0024547　414/95(2)

徐州二遺民集　（清）馮煦輯　清光緒十九年(1893)臨川桂中行刻本　五冊

430000－2401－0024548　414/24

同岑詩鈔　（清）曾燠輯　清道光九年(1829)刻本　六冊

430000－2401－0024549　414/50－2

國朝常州駢體文錄三十一卷結一宧駢體文一卷　（清）屠寄輯　清光緒石印本　六冊

430000－2401－0024550　414/50

國朝常州駢體文錄三十一卷結一宧駢體文一卷　（清）屠寄輯　清光緒十六年(1890)廣州刻本　六冊

430000－2401－0024551　414/50(1)

國朝常州駢體文錄三十一卷結一宧駢體文一卷　（清）屠寄輯　清光緒十六年(1890)廣州刻本　八冊

430000－2401－0024552　414/147

鄧尉探梅詩四卷　（清）謝家福輯　清光緒二十年(1894)刻望炊樓叢書本　一冊

430000－2401－0024553　416/273

暨陽輿頌一卷　（清）禮延書院輯　清光緒二十四年(1898)江陰禮延書院刻本　一冊

430000－2401－0024554　△414/9

梁溪詩鈔五十八卷　（清）顧光旭輯　清宣統三年(1911)文苑閣活字印本　二十四冊

430000－2401－0024555　411/40

江左三大家詩鈔　（清）顧有孝　（清）趙澐輯
清康熙六年（1667）刻本　三冊

430000－2401－0024556　△411.2/2
江左三大家詩鈔　（清）顧有孝　（清）趙澐輯
清康熙七年（1668）綠蔭堂刻本　五冊

430000－2401－0024557　411/40－2
江左三大家詩鈔　（清）顧有孝　（清）趙澐輯
清刻本　六冊

430000－2401－0024558　414/100
國朝杭郡詩三輯一百卷　（清）丁申　（清）丁
丙編　清同治十二年至光緒十九年（1873－
1893）錢塘丁氏刻本　二十八冊

430000－2401－0024559　414/189
黃巖集三十二卷首一卷　（清）王棻輯　（清）
王蜕續輯　清光緒三年（1877）刻本　十六冊

430000－2401－0024560　414/189（1）
黃巖集三十二卷首一卷　（清）王棻輯　（清）
王蜕續輯　清光緒三年（1877）刻本　十四冊

430000－2401－0024561　414/23
金華詩錄六十卷外集六卷別集四卷書後一卷
　（清）朱琰輯　清光緒九年（1883）退補齋刻
本　十八冊

430000－2401－0024562　414/99－2
國朝杭郡詩續輯四十六卷　（清）吳振棫輯
清道光刻本　二十二冊　缺四卷（二十一至
二十二、二十五至二十六）

430000－2401－0024563　414/99
國朝杭郡詩續輯四十六卷　（清）吳振棫輯
清光緒二年（1876）錢塘丁氏刻本　十六冊

430000－2401－0024564　414/99（1）
國朝杭郡詩續輯四十六卷　（清）吳振棫輯
清光緒二年（1876）錢塘丁氏刻本　二十冊

430000－2401－0024565　414/98－2
國朝杭郡詩輯三十二卷　（清）吳顥輯　（清）
吳振棫重編　清道光刻本　十六冊

430000－2401－0024566　414/98
國朝杭郡詩輯三十二卷　（清）吳顥輯　（清）

吳振棫重編　清同治十三年（1874）錢塘丁氏
刻本　十二冊

430000－2401－0024567　414/98（1）
國朝杭郡詩輯三十二卷　（清）吳顥輯　（清）
吳振棫重編　清同治十三年（1874）錢塘丁氏
刻本　十六冊

430000－2401－0024568　414/77
國朝嚴州詩錄八卷　（清）宗源瀚輯　清光緒
刻本　二冊

430000－2401－0024569　414/77（1）
國朝嚴州詩錄八卷　（清）宗源瀚輯　清光緒
刻本　二冊

430000－2401－0024570　△414/3
甬上耆舊詩三十卷　（清）胡文學輯　（清）李
鄴嗣傳　清康熙十五年（1676）敬義堂刻本　十冊

430000－2401－0024571　△414/3（1）
甬上耆舊詩三十卷　（清）胡文學輯　（清）李
鄴嗣傳　清康熙十五年（1676）敬義堂刻本
十冊

430000－2401－0024572　414/58
桐溪耆隱集一卷補錄一卷　（清）袁烱輯　清
光緒十六年（1890）春藻堂刻本　一冊

430000－2401－0024573　414/58（1）
桐溪耆隱集一卷補錄一卷　（清）袁烱輯　清
光緒十六年（1890）春藻堂刻本　一冊

430000－2401－0024574　416/428
西湖覽勝詩選六卷　（清）夏基輯　清康熙十
二年（1673）刻本　四冊

430000－2401－0024575　416/491
西湖覽勝詩志八卷　（清）夏基輯　清末刻本
三冊　存五卷（一至五）

430000－2401－0024576　414/171
重刻游杭合集一卷　（清）徐元第　（清）徐時
棟撰　清同治三年至四年（1864－1865）城西
草堂刻本　一冊

430000－2401－0024577　414/66
上虞詩選四卷　（清）徐幹輯　清光緒八年

（1882）上虞徐氏刻本　四册

430000－2401－0024578　414/169

吳興詩存初集八卷　（清）陸心源輯　清光緒
十六年（1890）刻潛園總集本　二册

430000－2401－0024579　414/174

國朝湖州詩錄三十四卷　（清）陳焯輯　**續錄
十六卷**　（清）鄭佶輯　**補編二卷**　（清）鄭祖
琛輯　清道光十年（1830）小谷口刻本　二
十册

430000－2401－0024580　414/72

縉雲文徵二十卷補編一卷　（清）湯成烈編
清光緒二年（1876）刻本　八册

430000－2401－0024581　△414/6

宛雅初編八卷　（明）梅鼎祚輯　**宛雅二編八
卷**　（清）施閏章　（清）蔡蓁春輯　**宛雅三編
二十四卷**　（清）施念曾　（清）張汝霖輯　清
乾隆十四年（1749）西阪草堂刻本　十册

430000－2401－0024582　412/218

廬陽三賢集　（清）張樹聲輯　清光緒元年
（1875）合肥張氏毓秀堂刻本　四册

430000－2401－0024583　414/97

貴池二妙集四十七卷附錄二卷年譜二卷
（清）劉世珩纂輯　清光緒二十六年（1900）劉
氏唐石簃刻貴池先哲遺書本　十二册

430000－2401－0024584　414/97（1）

貴池二妙集四十七卷附錄二卷年譜二卷
（清）劉世珩纂輯　清光緒二十六年（1900）劉
氏唐石簃刻貴池先哲遺書本　十册

430000－2401－0024585　414/97（2）

貴池二妙集四十七卷附錄二卷年譜二卷
（清）劉世珩纂輯　清光緒二十六年（1900）劉
氏唐石簃刻貴池先哲遺書本　十册

430000－2401－0024586　414/97（3）

貴池二妙集四十七卷附錄二卷年譜二卷
（清）劉世珩纂輯　清光緒二十六年（1900）劉
氏唐石簃刻貴池先哲遺書本　十二册

430000－2401－0024587　414/97（4）

貴池二妙集四十七卷附錄二卷年譜二卷
（清）劉世珩纂輯　清光緒二十六年（1900）劉
氏唐石簃刻貴池先哲遺書本　四册　存二十
一卷（嶧桐文集四至十、詩集十卷、附錄四卷）

430000－2401－0024588　414/68

合肥三家詩錄二卷　（清）譚獻輯　清光緒十
二年（1886）安慶刻本　一册

430000－2401－0024589　412/132

柘浦詩鈔四卷文鈔四卷　（清）朱秉鑒　（清）
朱秉錞輯　清嘉慶十六年（1811）茹古堂刻本
四册

430000－2401－0024590　414/144

雲谷圖詩一卷　（清）馬秉良輯　清咸豐三年
（1853）楊鴻文堂刻本　一册

430000－2401－0024591　413/306

榕南夢影錄二卷　（清）何振岱輯　清光緒八
年（1882）福州刻本　二册

430000－2401－0024592　414/42

閩詩錄五集四十一卷　（清）鄭杰原輯　陳衍
補訂　清宣統三年（1911）刻本　八册

430000－2401－0024593　414/197

章門萍約詩選　（清）徐凝續輯　清道光二年
（1822）章門刻本　六册

430000－2401－0024594　416/199

錦江詩穎四卷　（清）評梅山人輯　清宣統三
年（1911）鉛印本　一册

430000－2401－0024595　414/3

江西詩徵九十四卷補遺一卷　（清）曾燠輯
清光緒五年（1879）棣華書屋重印嘉慶九年
（1804）刻本　六十二册　缺三卷（七十三至
七十四、八十四）

430000－2401－0024596　414/3（1）

江西詩徵九十四卷補遺一卷　（清）曾燠輯
清光緒五年（1879）棣華書屋重印嘉慶九年
（1804）刻本　三十五册　缺四十三卷（三至
十、二十二至二十三、三十九至四十二、四十
四、四十八至五十三、五十九至六十、六十三

至六十七、七十至七十一、七十四至七十六、八十一至八十六、九十一至九十四)

430000－2401－0024597　414/105
江右古文選四十卷　（清）應麟輯　清乾隆三十一年(1766)屏山堂刻本　二十冊

430000－2401－0024598　414/40
盧山詩錄四卷　易順鼎等撰　清光緒十九年(1893)刻本　一冊

430000－2401－0024599　414/40(1)
盧山詩錄四卷　易順鼎等撰　清光緒十九年(1893)刻本　一冊

430000－2401－0024600　414/40(2)
盧山詩錄四卷　易順鼎等撰　清光緒十九年(1893)刻本　一冊

430000－2401－0024601　414/40－2
盧山詩錄四卷　易順鼎等撰　清光緒三十四年(1908)影印琴志樓叢鈔本　一冊

430000－2401－0024602　414/118
清江詩萃二十卷補遺一卷　裴汝欽輯　民國八年(1919)南昌刻本　十冊

430000－2401－0024603　414/151
東武詩存十卷　（清）王賡言輯　清嘉慶二十五年(1820)化香閣刻本　十冊

430000－2401－0024604　414/71
曲阜詩鈔八卷　（清）孔憲彝輯　清道光二十三年(1843)刻本　二冊

430000－2401－0024605　414/60
國朝山左詩續鈔三十二卷　（清）張鵬展輯　清嘉慶十八年(1813)四照樓刻本　十六冊

430000－2401－0024606　414/60(1)
國朝山左詩續鈔三十二卷　（清）張鵬展輯　清嘉慶十八年(1813)四照樓刻本　十六冊

430000－2401－0024607　△411.2/20
國朝山左詩鈔六十卷　（清）盧見曾輯　清乾隆二十三年(1758)德州盧氏雅雨堂刻本　二十冊

430000－2401－0024608　414/204
中州名賢文表三十卷　（明）劉昌編　清光緒三十年(1904)鴻文書局石印本　六冊

430000－2401－0024609　271/295
中州名賢文表三十卷　（明）劉昌編　續六十八卷　（清）邵松年編　清光緒三十年(1904)上海鴻文書局石印本　二十八冊

430000－2401－0024610　413/1
國朝中州名賢集十卷首一卷末一卷　（清）黃舒昺編　清光緒十九年(1893)中州明道書院刻本　十二冊

430000－2401－0024611　414/75
國朝中州文徵五十四卷首一卷　（清）蘇源生輯　清道光二十三年(1843)刻本　二十八冊

430000－2401－0024612　414/75(1)
國朝中州文徵五十四卷首一卷　（清）蘇源生輯　清道光二十三年(1843)刻本　二十八冊

430000－2401－0024613　414/57
鄂渚同聲集初編七卷正編二十卷三編八卷　（清）胡鳳丹輯　清光緒二年(1876)退補齋刻本　五冊

430000－2401－0024614　414/150
竟陵詩選十三卷續刻一卷補遺一卷　（清）熊士鵬輯　清道光三年(1823)鵠山小隱刻本　三冊

430000－2401－0024615　414/55－2
新刻黃鶴樓銘楹聯詩賦一卷　（清）□□輯　清光緒二年(1876)山左自修山人刻本　一冊

430000－2401－0024616　414/55
新刻黃鶴樓銘楹聯詩賦一卷　（清）□□輯　清光緒五年(1879)刻本　一冊

430000－2401－0024617　△291.2/13
湖南歷代山水祠院散文選輯一卷　（唐）元吉等撰　清鈔本　一冊

430000－2401－0024618　414/175
近躍軒楚南長郡古蹟韻語略一卷　（清）王畿輯　清末鈔本　一冊

430000－2401－0024619　414/6

湘鄉潘劉孝烈婦徵詩啟一卷　（清）王龍文等撰　清光緒活字本　一冊

430000－2401－0024620　414/76

湖南女士詩鈔所見初集十一卷詞鈔所見初集一卷　（清）毛國姬輯　清道光十四年(1834)刻本　四冊

430000－2401－0024621　414/76(1)

湖南女士詩鈔所見初集十一卷詞鈔所見初集一卷　（清）毛國姬輯　清道光十四年(1834)刻本　四冊

430000－2401－0024622　414/76(2)

湖南女士詩鈔所見初集十一卷詞鈔所見初集一卷　（清）毛國姬輯　清道光十四年(1834)刻本　四冊

430000－2401－0024623　414/76(3)

湖南女士詩鈔所見初集十一卷詞鈔所見初集一卷　（清）毛國姬輯　清道光十四年(1834)刻本　四冊　缺四卷(九至十二)

430000－2401－0024624　416/108

湘英文捃四卷　（清）朱逌然輯　清光緒五年(1879)湖南學院刻本　四冊

430000－2401－0024625　416/108(1)

湘英文捃四卷　（清）朱逌然輯　清光緒五年(1879)湖南學院刻本　四冊

430000－2401－0024626　416/108(2)

湘英文捃四卷　（清）朱逌然輯　清光緒五年(1879)湖南學院刻本　四冊

430000－2401－0024627　416/108(3)

湘英文捃四卷　（清）朱逌然輯　清光緒五年(1879)湖南學院刻本　二冊

430000－2401－0024628　416/108(4)

湘英文捃四卷　（清）朱逌然輯　清光緒五年(1879)湖南學院刻本　四冊

430000－2401－0024629　416/518

白水紀勝二卷首一卷　（清）李厚培輯　清光緒十七年(1891)刻本　一冊

430000－2401－0024630　414/192

岳陽詩傳四卷　（清）李嶠　（清）李嵊編輯　清同治九年(1870)趣園李氏刻本　三冊　缺一卷(二)

430000－2401－0024631　414/28

鹿鳴雅詠四卷首一卷　（清）吳大澂等輯　清光緒二十一年(1895)長沙綠蔭堂刻本　二冊

430000－2401－0024632　416/744

湘雅扶輪集十二卷　（清）吳樹梅輯　清光緒二十六年(1900)長沙刻本　二冊

430000－2401－0024633　414/93

衡山九老會詩稿四卷首一卷　（清）吳獬輯　清光緒二十六年(1900)衡山四書院主刻本　一冊

430000－2401－0024634　414/31

廣湖南詩題尋源三卷　（清）吟香居士編　清末刻本　四冊

430000－2401－0024635　414/146

玉潭詩選四卷　（清）何煥評選　清嘉慶十三年(1808)太乙堂刻本　四冊

430000－2401－0024636　414/146(1)

玉潭詩選四卷　（清）何煥評選　清嘉慶十三年(1808)太乙堂刻本　二冊

430000－2401－0024637　414/249

楚南先賢志吟五卷　（清）易煥選撰　（清）易文萱註　清道光十九年(1839)碧園刻本　二冊

430000－2401－0024638　414/105

資江輿頌續集三卷　（清）周代炳　（清）袁肇齡合輯　清咸豐六年(1856)三亦堂刻本　一冊

430000－2401－0024639　414/102

常寧詩文存十二卷　（清）唐訓方輯　清光緒十七年(1891)歸吾廬刻本　六冊

430000－2401－0024640　414/102(1)

常寧詩文存十二卷　（清）唐訓方輯　清光緒十七年(1891)歸吾廬刻本　六冊

430000－2401－0024641　414/125

湘繫三十五卷　（清）唐開韶輯　清道光十四年(1834)刻本　一冊　缺十九卷(六至七、九至十一、十三、十六、十九至二十五、二十七至二十八、三十二至三十四)

430000－2401－0024642　414/101

湘湄驪唱一卷續刻一卷附刻一卷　（清）夏獻雲輯　清光緒十二年(1886)刻本　一冊

430000－2401－0024643　414/101(1)

湘湄驪唱一卷續刻一卷附刻一卷　（清）夏獻雲輯　清光緒十二年(1886)刻本　一冊

430000－2401－0024644　414/101(2)

湘湄驪唱一卷續刻一卷附刻一卷　（清）夏獻雲輯　清光緒十二年(1886)刻本　一冊

430000－2401－0024645　414/131

頹璧重賡一卷　（清）徐棻輯　清綠陰草堂刻本　一冊

430000－2401－0024646　414/46

銅官感舊集四卷　（清）章壽麟輯　清宣統二年(1910)長沙章氏盋山舊館石印本　二冊

430000－2401－0024647　414/46(1)

銅官感舊集四卷　（清）章壽麟輯　清宣統二年(1910)長沙章氏盋山舊館石印本　二冊

430000－2401－0024648　414/46(2)

銅官感舊集四卷　（清）章壽麟輯　清宣統二年(1910)長沙章氏盋山舊館石印本　二冊

430000－2401－0024649　414/46(3)

銅官感舊集四卷　（清）章壽麟輯　清宣統二年(1910)長沙章氏盋山舊館石印本　二冊　存二卷(一至二)

430000－2401－0024650　416/517

沅陵輿頌一卷　（清）張開先等輯　清光緒五年(1879)沅陵刻本　一冊

430000－2401－0024651　413/6

沅湘攬秀集六卷　（清）陸寶忠輯　清光緒十四年(1888)湖南學院刻本　六冊

430000－2401－0024652　413/6(1)

沅湘攬秀集六卷　（清）陸寶忠輯　清光緒十四年(1888)湖南學院刻本　五冊

430000－2401－0024653　413/6(2)

沅湘攬秀集六卷　（清）陸寶忠輯　清光緒十四年(1888)湖南學院刻本　六冊

430000－2401－0024654　413/6(3)

沅湘攬秀集六卷　（清）陸寶忠輯　清光緒十四年(1888)湖南學院刻本　五冊

430000－2401－0024655　413/6(4)

沅湘攬秀集六卷　（清）陸寶忠輯　清光緒十四年(1888)湖南學院刻本　五冊

430000－2401－0024656　414/158

淥江詩存二十四卷　（清）陳昌廣等輯　清光緒二十年(1894)淥江聽竹笑樓刻本　八冊

430000－2401－0024657　414/124

湘鄉成烈婦徵詩啓一卷　（清）曾廣江等撰　清光緒刻本　一冊

430000－2401－0024658　414/156

黃朱二先生詩錄二卷　（清）黃道讓　（清）朱先敏撰　（清）朱夢庚編　清光緒十八年(1892)百漢碑齋刻本　一冊

430000－2401－0024659　414/194

高塘龍眠集七卷　（清）黃昭白選　清同治八年(1869)昭潭李氏愛晚樓刻本　二冊

430000－2401－0024660　414/160

攸輿詩鈔不分卷　（清）賀德宗輯　清道光十年(1830)養雲吟榭刻本　四冊

430000－2401－0024661　414/160(1)

攸輿詩鈔不分卷　（清）賀德宗輯　清道光十年(1830)養雲吟榭刻本　一冊

430000－2401－0024662　414/198

湘東七子詩鈔　（清）喻式泉輯　清光緒三十一年(1905)長沙蜨社刻本　一冊

430000－2401－0024663　414/16

客吟隨意錄一卷　（清）楊雲泉輯　清宣統三年(1911)邵東四蓮堂木活字本　一冊

430000－2401－0024664　414/88

武陵文徵二卷　(清)楊彝珍輯　清同治七年
(1868)刻本　二冊

430000－2401－0024665　414/88(1)

武陵文徵二卷　(清)楊彝珍輯　清同治七年
(1868)刻本　一冊

430000－2401－0024666　△414/13

楚風補四十八卷前編一卷末編一卷　(清)廖
元度輯　清乾隆十四年(1749)際恆堂刻本
十六冊

430000－2401－0024667　△414/13(1)

楚風補四十八卷前編一卷末編一卷　(清)廖
元度輯　清乾隆十四年(1749)際恆堂刻本
十五冊

430000－2401－0024668　414/114

楚詩紀二十二卷　(清)廖元度輯　清乾隆十
四年(1749)長沙際恆堂刻本　五冊

430000－2401－0024669　414/114(1)

楚詩紀二十二卷　(清)廖元度輯　清乾隆十
四年(1749)長沙際恆堂刻本　一冊　存六卷
(六至十一)

430000－2401－0024670　414/231

沅湘采風錄初集二卷二編二卷　(清)醉古墨
室主人輯　清光緒二十八年(1902)湖南書局
刻本　四冊

430000－2401－0024671　414/231(1)

沅湘采風錄初集二卷二編二卷　(清)醉古墨
室主人輯　清光緒二十八年(1902)湖南書局
刻本　四冊

430000－2401－0024672　414/111

嶽麓文鈔十八卷　(清)歐陽厚均輯　清道光
刻本　三冊

430000－2401－0024673　414/111(1)

嶽麓文鈔十八卷　(清)歐陽厚均輯　清道光
刻本　三冊

430000－2401－0024674　414/111(2)

嶽麓文鈔十八卷　(清)歐陽厚均輯　清道光

刻本　三冊

430000－2401－0024675　414/111(3)

嶽麓文鈔十八卷　(清)歐陽厚均輯　清道光
刻本　三冊

430000－2401－0024676　414/110

嶽麓詩鈔三十五卷詞鈔一卷賦鈔三卷　(清)
歐陽厚均輯　清道光十年(1830)刻本　六冊

430000－2401－0024677　414/110(1)

嶽麓詩鈔三十五卷詞鈔一卷賦鈔三卷　(清)
歐陽厚均輯　清道光十年(1830)刻本　七冊

430000－2401－0024678　414/110(2)

嶽麓詩鈔三十五卷詞鈔一卷賦鈔三卷　(清)
歐陽厚均輯　清道光十年(1830)刻本　二冊
存十三卷(一至十三)

430000－2401－0024679　414/104

資江輿頌四卷首一卷末一卷　(清)鄧庭柟
(清)郭光奎輯　清咸豐六年(1856)光華堂刻
本　二冊

430000－2401－0024680　414/106

資江耆舊集六十卷資江盛事一卷　(清)鄧顯
鶴輯　清道光二十年(1840)刻本　十六冊

430000－2401－0024681　414/106(1)

資江耆舊集六十卷資江盛事一卷　(清)鄧顯
鶴輯　清道光二十年(1840)刻本　十六冊

430000－2401－0024682　414/106(2)

資江耆舊集六十卷資江盛事一卷　(清)鄧顯
鶴輯　清道光二十年(1840)刻本　十四冊

430000－2401－0024683　414/106(3)

資江耆舊集六十卷資江盛事一卷　(清)鄧顯
鶴輯　清道光二十年(1840)刻本　三冊　存
十八卷(二十至二十四、三十七至四十九)

430000－2401－0024684　414/106(4)

資江耆舊集六十卷資江盛事一卷　(清)鄧顯
鶴輯　清道光二十年(1840)刻本　二冊　存
十一卷(三十七至四十一、四十四至四十九)

430000－2401－0024685　414/2

沅湘耆舊集二百卷前編四十卷　(清)鄧顯鶴

輯　清道光二十三年至二十四年（1843 – 1844）新化鄧氏南村草堂刻本　六十六冊

430000 – 2401 – 0024686　414/79
常德文徵四十八卷首一卷　（清）應先烈輯
（清）陳楷禮彙稿　清嘉慶十九年（1814）鼎雅堂刻本　二十冊

430000 – 2401 – 0024687　414/79（1）
常德文徵四十八卷首一卷　（清）應先烈輯
（清）陳楷禮彙稿　清嘉慶十九年（1814）鼎雅堂刻本　二十冊

430000 – 2401 – 0024688　414/79（2）
常德文徵四十八卷首一卷　（清）應先烈輯
（清）陳楷禮彙稿　清嘉慶十九年（1814）鼎雅堂刻本　二十冊

430000 – 2401 – 0024689　414/79（3）
常德文徵四十八卷首一卷　（清）應先烈輯
（清）陳楷禮彙稿　清嘉慶十九年（1814）鼎雅堂刻本　二十冊

430000 – 2401 – 0024690　414/17
昭陵賦鈔七卷　（清）藍昺輯　清光緒七年（1881）刻本　二冊　存五卷（一至二、五至七）

430000 – 2401 – 0024691　△414/11
湖南文徵例言一卷　（清）羅汝懷撰　清稿本　一冊

430000 – 2401 – 0024692　414/65
湖南文徵元明文五十四卷國朝文百三十六卷首一卷目錄六卷姓氏傳四卷　（清）羅汝懷輯
清同治八年至十年（1869 – 1871）刻本　一百冊

430000 – 2401 – 0024693　414/65（1）
湖南文徵元明文五十四卷國朝文百三十六卷首一卷目錄六卷姓氏傳四卷　（清）羅汝懷輯
清同治八年至十年（1869 – 1871）刻本　一百冊

430000 – 2401 – 0024694　414/65（2）
湖南文徵元明文五十四卷國朝文百三十六卷

首一卷目錄六卷姓氏傳四卷　（清）羅汝懷輯
清同治八年至十年（1869 – 1871）刻本　一百冊

430000 – 2401 – 0024695　414/65（3）
湖南文徵元明文五十四卷國朝文百三十六卷首一卷目錄六卷姓氏傳四卷　（清）羅汝懷輯
清同治八年至十年（1869 – 1871）刻本　一百冊

430000 – 2401 – 0024696　414/65（4）
湖南文徵元明文五十四卷國朝文百三十六卷首一卷目錄六卷姓氏傳四卷　（清）羅汝懷輯
清同治八年至十年（1869 – 1871）刻本　一百冊

430000 – 2401 – 0024697　414/78
湖南四先生詩鈔四卷　吳恭亨輯　清光緒十八年（1892）刻本　一冊

430000 – 2401 – 0024698　414/78（1）
湖南四先生詩鈔四卷　吳恭亨輯　清光緒十八年（1892）刻本　二冊

430000 – 2401 – 0024699　414/78（2）
湖南四先生詩鈔四卷　吳恭亨輯　清光緒十八年（1892）刻本　二冊

430000 – 2401 – 0024700　414/78（3）
湖南四先生詩鈔四卷　吳恭亨輯　清光緒十八年（1892）刻本　一冊　存二卷（一至二）

430000 – 2401 – 0024701　414/53
湘社集四卷　易順鼎　程頌萬編　清光緒十七年（1891）長沙蛻園刻本　二冊

430000 – 2401 – 0024702　414/53（1）
湘社集四卷　易順鼎　程頌萬編　清光緒十七年（1891）長沙蛻園刻本　二冊

430000 – 2401 – 0024703　414/53（2）
湘社集四卷　易順鼎　程頌萬編　清光緒十七年（1891）長沙蛻園刻本　二冊

430000 – 2401 – 0024704　414/53（3）
湘社集四卷　易順鼎　程頌萬編　清光緒十七年（1891）長沙蛻園刻本　二冊

430000－2401－0024705　414/53(4)

湘社集四卷　易順鼎　程頌萬編　清光緒十七年(1891)長沙蛻園刻本　一冊

430000－2401－0024706　414/53(5)

湘社集四卷　易順鼎　程頌萬編　清光緒十七年(1891)長沙蛻園刻本　一冊

430000－2401－0024707　416/276

漣水漚思□□卷　清光緒三十年(1904)湘鄉刻本　一冊　存一卷(一)

430000－2401－0024708　414/121

南園前五先生詩五卷首一卷　(明)陳暹輯(明)葛徵奇重訂　**南園後五先生詩二十五卷首一卷附南園花信詩一卷**　(清)熊繹祖輯清同治九年(1870)南海陳氏刻本　八冊

430000－2401－0024709　414/121(1)

南園前五先生詩五卷首一卷　(明)陳暹輯(明)葛徵奇重訂　**南園後五先生詩二十五卷首一卷附南園花信詩一卷**　(清)熊繹祖輯清同治九年(1870)南海陳氏刻本　八冊

430000－2401－0024710　414/121(2)

南園前五先生詩五卷首一卷　(明)陳暹輯(明)葛徵奇重訂　**南園後五先生詩二十五卷首一卷附南園花信詩一卷**　(清)熊繹祖輯清同治九年(1870)南海陳氏刻本　八冊

430000－2401－0024711　414/121(6)

南園前五先生詩五卷首一卷　(明)陳暹輯(明)葛徵奇重訂　**南園後五先生詩二十五卷首一卷附南園花信詩一卷**　(清)熊繹祖輯清同治九年(1870)南海陳氏刻本　八冊

430000－2401－0024712　414/121(3)

南園前五先生詩五卷首一卷　(明)陳暹輯(明)葛徵奇重訂　**南園後五先生詩二十五卷首一卷附南園花信詩一卷**　(清)熊繹祖輯清同治九年(1870)南海陳氏刻本　八冊

430000－2401－0024713　414/121(4)

南園前五先生詩五卷首一卷　(明)陳暹輯(明)葛徵奇重訂　**南園後五先生詩二十五卷首一卷附南園花信詩一卷**　(清)熊繹祖輯

清同治九年(1870)南海陳氏刻本　八冊

430000－2401－0024714　414/121(5)

南園前五先生詩五卷首一卷　(明)陳暹輯(明)葛徵奇重訂　**南園後五先生詩二十五卷首一卷附南園花信詩一卷**　(清)熊繹祖輯清同治九年(1870)南海陳氏刻本　四冊

430000－2401－0024715　414/61

嶺南三大家詩選二十四卷　(清)王隼輯　清嘉慶十七年(1812)廣州刻本　四冊

430000－2401－0024716　414/61(1)

嶺南三大家詩選二十四卷　(清)王隼輯　清嘉慶十七年(1812)廣州刻本　四冊

430000－2401－0024717　414/61－2

嶺南三大家詩選二十四卷　(清)王隼輯　清同治七年(1868)南海陳氏刻本　五冊

430000－2401－0024718　414/61－2(1)

嶺南三大家詩選二十四卷　(清)王隼輯　清同治七年(1868)南海陳氏刻本　五冊

430000－2401－0024719　414/61－2(2)

嶺南三大家詩選二十四卷　(清)王隼輯　清同治七年(1868)南海陳氏刻本　五冊

430000－2401－0024720　414/61－2(3)

嶺南三大家詩選二十四卷　(清)王隼輯　清同治七年(1868)南海陳氏刻本　五冊

430000－2401－0024721　414/61－2(4)

嶺南三大家詩選二十四卷　(清)王隼輯　清同治七年(1868)南海陳氏刻本　五冊

430000－2401－0024722　414/61－2(5)

嶺南三大家詩選二十四卷　(清)王隼輯　清同治七年(1868)南海陳氏刻本　六冊

430000－2401－0024723　414/109

國朝嶺南文鈔十八卷　(清)陳在謙輯　清富文齋刻本　六冊

430000－2401－0024724　414/109(1)

國朝嶺南文鈔十八卷　(清)陳在謙輯　清富文齋刻本　五冊　缺四卷(十五至十八)

430000－2401－0024725　437/1788

粵東三子詩鈔十四卷　（清）黃玉階輯　清道光二十二年(1842)廣州刻本　四冊

430000－2401－0024726　414/177

電陽輿頌一卷　（清）楊蓉浦選輯　清同治七年(1868)蓮峰書院刻本　一冊

430000－2401－0024727　△414/14

嶺南群雅初集三卷二集三卷　（清）劉彬華輯　清嘉慶十八年(1813)玉壺山房刻本　十二冊

430000－2401－0024728　414/187

廣東文獻初集十八卷二集九卷三集十七卷　（清）羅學鵬輯　清同治二年(1863)春暉堂刻本　十六冊　缺十一卷(三集六、八至十七)

430000－2401－0024729　413/332

岡州遺稿六卷　（清）顧嗣協輯　清道光二十三年(1843)松溪精舍刻本　三冊

430000－2401－0024730　413/333

續岡州遺稿八卷　（清）言良鈺輯　清道光二十二年(1842)松溪精舍刻本　四冊

430000－2401－0024731　△414/5

補續全蜀藝文志五十六卷　（明）杜應芳（明）胡承詔輯　明萬曆刻本　二十冊

430000－2401－0024732　414/203

全蜀藝文志六十四卷首一卷　（明）楊慎輯（清）譚言藹重校　清嘉慶二十二年(1817)讀月草堂刻本　十六冊

430000－2401－0024733　414/203(1)

全蜀藝文志六十四卷首一卷　（明）楊慎輯（清）譚言藹重校　清嘉慶二十二年(1817)讀月草堂刻本　十六冊

430000－2401－0024734　414/203－2

全蜀藝文志六十四卷首一卷　（明）楊慎輯清光緒十七年(1891)刻本　十二冊

430000－2401－0024735　414/168

蜀雅二十卷　（清）李調元選　清乾隆四十六年(1781)億書樓刻本　四冊

430000－2401－0024736　414/248

三水關紀事和詩三卷　（清）高維寅輯　清光緒三十年(1904)朱印本　三冊

430000－2401－0024737　414/132

續刻三水關紀事和詩一卷　（清）高維寅輯清光緒三十一年(1905)刻本　一冊

430000－2401－0024738　414/74

國朝全蜀詩鈔六十四卷　（清）孫桐生輯　清光緒五年(1879)長沙刻本　二十冊

430000－2401－0024739　414/74(1)

國朝全蜀詩鈔六十四卷　（清）孫桐生輯　清光緒五年(1879)長沙刻本　二十冊

430000－2401－0024740　414/74(2)

國朝全蜀詩鈔六十四卷　（清）孫桐生輯　清光緒五年(1879)長沙刻本　二十冊

430000－2401－0024741　414/29－2

蜀秀集九卷　（清）譚宗濬編　清光緒五年(1879)成都試院刻本　五冊　存五卷(一、五、七至九)

430000－2401－0024742　414/29

蜀秀集九卷　（清）譚宗濬編　清重刻光緒五年(1879)成都試院本　十冊

430000－2401－0024743　414/89

烏尤山詩三卷附錄一卷　（清）釋傳度輯　清光緒三年(1877)嘉定烏尤寺刻本　一冊

430000－2401－0024744　414/251

普安詩鈔　（清）余愔編　清光緒十一年(1885)稿本　一冊

430000－2401－0024745　414/117

貞豐詩萃五卷　（清）陶煦輯　清咸豐十一年至同治三年(1861－1864)儀一堂刻本　二冊

430000－2401－0024746　414/230

黔風舊聞錄六卷鳴盛錄十八卷　（清）傅玉書等輯　清道光二十六年(1846)刻本　十二冊

430000－2401－0024747　414/182

播雅二十四卷　（清）鄭珍輯　清宣統三年(1911)貴陽文通書局鉛印本　八冊

430000－2401－0024748　414/73

黔詩紀略三十三卷　（清）黎兆勳輯　清同治十二年（1873）遵義唐氏夢研齋金陵刻本　八冊

430000－2401－0024749　414/73（1）

黔詩紀略三十三卷　（清）黎兆勳輯　清同治十二年（1873）遵義唐氏夢研齋金陵刻本　八冊

430000－2401－0024750　414/136

雲南風土紀事詩一卷　（清）彭崧毓撰　清同治二年（1863）刻本　一冊

430000－2401－0024751　414/30

滇海雪鴻集一卷　（清）嚴錫康輯　清同治八年（1869）刻本　一冊

430000－2401－0024752　△414/12

雍音四卷　（明）胡纘宗輯　明嘉靖二十七年（1548）清渭草堂刻本　四冊

430000－2401－0024753　△414/12（1）

雍音四卷　（明）胡纘宗輯　明嘉靖二十七年（1548）清渭草堂刻本　四冊

430000－2401－0024754　△414/12（2）

雍音四卷　（明）胡纘宗輯　明嘉靖二十七年（1548）清渭草堂刻本　四冊

430000－2401－0024755　414/115

臺灣雜詠合刻一卷　（清）楊希閔輯　清光緒七年（1881）刻本　一冊

430000－2401－0024756　△413/96

竇氏聯珠集一卷　（唐）竇常等撰　清述古堂影宋鈔本　一冊

430000－2401－0024757　415/35

沈氏三先生文集　（宋）沈遘等撰　清光緒二十二年（1896）浙江書局刻本　十冊

430000－2401－0024758　411/58

晉二俊文集　（宋）徐民瞻輯　清光緒四年（1878）長沙寄生草堂刻本　四冊

430000－2401－0024759　411/58（1）

晉二俊文集　（宋）徐民瞻輯　清光緒四年

（1878）長沙寄生草堂刻本　四冊

430000－2401－0024760　411/58（2）

晉二俊文集　（宋）徐民瞻輯　清光緒四年（1878）長沙寄生草堂刻本　四冊　存十卷（陸士衡集一至五、陸士龍集六至十）

430000－2401－0024761　411/58（3）

晉二俊文集　（宋）徐民瞻輯　清光緒四年（1878）長沙寄生草堂刻本　二冊　存十卷（陸士龍集一至十）

430000－2401－0024762　415/40

三蘇全集　（宋）蘇洵等撰　清道光十二年（1832）眉州三蘇祠刻本　八十冊

430000－2401－0024763　415/40（1）

三蘇全集　（宋）蘇洵等撰　清道光十二年（1832）眉州三蘇祠刻本　八十冊

430000－2401－0024764　415/40（2）

三蘇全集　（宋）蘇洵等撰　清道光十二年（1832）眉州三蘇祠刻本　八十五冊

430000－2401－0024765　415/40（3）

三蘇全集　（宋）蘇洵等撰　清道光十二年（1832）眉州三蘇祠刻本　八十四冊

430000－2401－0024766　415/40（4）

三蘇全集　（宋）蘇洵等撰　清道光十二年（1832）眉州三蘇祠刻本　四十冊

430000－2401－0024767　415/40（5）

三蘇全集　（宋）蘇洵等撰　清道光十二年（1832）眉州三蘇祠刻本　七十九冊

430000－2401－0024768　△415/1

三蘇文集七十卷　（宋）蘇洵　（宋）蘇軾（宋）蘇轍撰　明刻本　一冊　存七卷（四十四至五十）

430000－2401－0024769　△415/2

三蘇先生文集七十卷　（宋）蘇洵　（宋）蘇軾　（宋）蘇轍撰　明刻本　一冊　存三卷（一至三）

430000－2401－0024770　△415/3

三蘇先生文粹七十卷　（宋）蘇洵　（宋）蘇軾

（宋）蘇轍撰　明刻本　七冊　存四十九卷
（一至二十八、三十六至五十六）

430000－2401－0024771　415/15

舊德集十四卷　（元）繆鑒等撰　清光緒二十
二年（1896）繆氏刻本　四冊

430000－2401－0024772　415/15（1）

舊德集十四卷　（元）繆鑒等撰　清光緒二十
二年（1896）繆氏刻本　四冊

430000－2401－0024773　△415/5

合刻范文正公忠宣公全集二十九卷　（明）毛
一鷺輯　明萬曆三十六年（1608）毛一鷺刻本
十六冊

430000－2401－0024774　△415/4

春星堂詩集十卷　（明）汪師韓輯　清鈔本
四冊

430000－2401－0024775　415/72

三蘇文定九卷　（明）陳仁錫評選　明刻本
四冊

430000－2401－0024776　415/17

山澗詩集合編十二卷　（明）藍仁　（明）藍智
合撰　（清）藍禮寅編　清光緒二十二年
（1896）崇邑九經堂木活字本　四冊

430000－2401－0024777　415/78

湘陰丁氏文集　（清）丁一槐等撰　清鈔本
一冊

430000－2401－0024778　415/67

樏隱庵賸稿一卷　（清）王世耀等撰　清光緒
三十二年（1906）龍樹精舍刻本　一冊

430000－2401－0024779　415/26

狄雲行館偶刊不分卷　（清）王家璧等撰　清
末刻王氏家集本　二冊

430000－2401－0024780　415/26（1）

狄雲行館偶刊不分卷　（清）王家璧等撰　清
末刻王氏家集本　一冊

430000－2401－0024781　△415/7

孟津詩十九卷　（清）王鐸　（清）王鑨撰　**續
一卷**　（清）王無忝等撰　清康熙五年（1666）

王允明刻本　葉啟發題識　八冊

430000－2401－0024782　415/11

闕里孔氏詩鈔十四卷　（清）孔憲彝纂輯　清
道光二十二年（1842）刻本　四冊

430000－2401－0024783　415/5

慈雲閣詩鈔　（清）左孝威輯　清同治十二年
（1873）刻本　四冊

430000－2401－0024784　415/5（1）

慈雲閣詩鈔　（清）左孝威輯　清同治十二年
（1873）刻本　四冊

430000－2401－0024785　415/5（2）

慈雲閣詩鈔　（清）左孝威輯　清同治十二年
（1873）刻本　四冊

430000－2401－0024786　415/5（3）

慈雲閣詩鈔　（清）左孝威輯　清同治十二年
（1873）刻本　四冊

430000－2401－0024787　415/5（4）

慈雲閣詩鈔　（清）左孝威輯　清同治十二年
（1873）刻本　四冊

430000－2401－0024788　415/5（5）

慈雲閣詩鈔　（清）左孝威輯　清同治十二年
（1873）刻本　四冊

430000－2401－0024789　415/36

左氏雙忠集　（清）左輝春輯　清道光二十六
年至二十七年（1846－1847）湘鄉左氏詠史齋
刻本　十冊

430000－2401－0024790　415/18

朱氏傳芳集八卷首一卷　（清）朱子襄　（清）
朱宜城合編　清末刻本　四冊

430000－2401－0024791　415/56

新安先集二十卷附錄一卷　（清）朱之榛輯
清同治十三年（1874）蘇州刻本　七冊

430000－2401－0024792　415/56（1）

新安先集二十卷附錄一卷　（清）朱之榛輯
清同治十三年（1874）蘇州刻本　六冊

430000－2401－0024793　415/56（2）

新安先集二十卷附錄一卷　（清）朱之榛輯
清同治十三年（1874）蘇州刻本　八冊

430000－2401－0024794　415/28
金陵朱氏家集十卷　（清）朱廷佐等撰　清道
光二十年（1840）金陵劉文楷家刻本　四冊

430000－2401－0024795　415/12
戴氏三俊集三卷　（清）汪曰楨輯　清光緒四
年（1878）烏程汪氏會稽學署刻本　一冊

430000－2401－0024796　414/184
餘園叢稿三卷　（清）汪述祖輯　清末刻本
一冊

430000－2401－0024797　437/2010
雪鴻堂全集二十四卷　（清）李蕃　（清）李鍾
壁　（清）李鍾峨撰　清康熙五十七年（1718）
刻本　四冊

430000－2401－0024798　415/54
湘陰李氏遺詩彙存一卷　（清）李翰宣輯　清
光緒三十四年（1908）持敬山房刻本　一冊

430000－2401－0024799　415/41
寧都三魏全集　（清）林時益輯　清道光二十
五年（1845）寧都謝庭綏綵園書塾刻本　五
十冊

430000－2401－0024800　415/41（1）
寧都三魏全集　（清）林時益輯　清道光二十
五年（1845）寧都謝庭綏綵園書塾刻本　五
十冊

430000－2401－0024801　415/41（2）
寧都三魏全集　（清）林時益輯　清道光二十
五年（1845）寧都謝庭綏綵園書塾刻本　五
十冊

430000－2401－0024802　415/41（3）
寧都三魏全集　（清）林時益輯　清道光二十五
年（1845）寧都謝庭綏綵園書塾刻本　五十冊

430000－2401－0024803　415/41（4）
寧都三魏全集　（清）林時益輯　清道光二十
五年（1845）寧都謝庭綏綵園書塾刻本　五
十冊

430000－2401－0024804　415/21
昭文邵氏聯珠集五卷　（清）邵淵耀輯　清咸
豐刻本　一冊

430000－2401－0024805　415/53
蔣氏遺編　（清）胡兆春輯　清同治十一年
（1872）黃陵磯從善堂刻本　二冊

430000－2401－0024806　415/27
祖氏遺編十卷　（清）祖之望編　清皆山草堂
刻本　四冊

430000－2401－0024807　411/62
湘潭郭氏閨秀集　（清）郭潤玉輯　清道光十
七年（1837）刻本　二冊

430000－2401－0024808　411/62（1）
湘潭郭氏閨秀集　（清）郭潤玉輯　清道光十
七年（1837）刻本　二冊

430000－2401－0024809　411/62（2）
湘潭郭氏閨秀集　（清）郭潤玉輯　清道光十
七年（1837）刻本　二冊

430000－2401－0024810　411/62（3）
湘潭郭氏閨秀集　（清）郭潤玉輯　清道光十
七年（1837）刻本　二冊

430000－2401－0024811　411/62（4）
湘潭郭氏閨秀集　（清）郭潤玉輯　清道光十
七年（1837）刻本　一冊

430000－2401－0024812　411/62（5）
湘潭郭氏閨秀集　（清）郭潤玉輯　清道光十
七年（1837）刻本　一冊

430000－2401－0024813　411/62（6）
湘潭郭氏閨秀集　（清）郭潤玉輯　清道光十
七年（1837）刻本　一冊

430000－2401－0024814　415/20
谷口三張遺集三卷附一卷　（清）張先棠編
清光緒十五年（1889）序東草堂刻本　一冊

430000－2401－0024815　415/13－2
講筵四世詩鈔十卷　（清）張英等撰　清嘉慶
三年（1798）刻本　二冊

430000－2401－0024816　415/13

講筵四世詩鈔十卷　（清）張英等撰　清光緒
十八年(1892)刻本　四冊

430000－2401－0024817　415/13（1）

講筵四世詩鈔十卷　（清）張英等撰　清光緒
十八年(1892)刻本　一冊　存三卷(一至三)

430000－2401－0024818　415/10

陸氏傳家集四卷　（清）陸文衡等撰　清同治
十一年(1872)陸氏義經堂刻本　四冊

430000－2401－0024819　415/10（1）

陸氏傳家集四卷　（清）陸文衡等撰　清同治
十一年(1872)陸氏義經堂刻本　五冊

430000－2401－0024820　411/82

常氏遺草合編　（清）常景森輯　清同治十二
年(1873)刻本　二冊

430000－2401－0024821　411/82（1）

常氏遺草合編　（清）常景森輯　清同治十二
年(1873)刻本　二冊

430000－2401－0024822　415/9

柈華館駢體文四卷　（清）董基誠　（清）董祐
誠撰　清光緒十四年(1888)陽湖刻本　一冊

430000－2401－0024823　415/38

海虞三陶先生集刻　（清）楊沂孫輯　清光緒
七年(1881)海虞楊同福貴池縣署刻本　八冊

430000－2401－0024824　415/38（1）

海虞三陶先生集刻　（清）楊沂孫輯　清光緒
七年(1881)海虞楊同福貴池縣署刻本　八冊

430000－2401－0024825　415/38（2）

海虞三陶先生集刻　（清）楊沂孫輯　清光緒
七年(1881)海虞楊同福貴池縣署刻本　八冊

430000－2401－0024826　415/38（3）

海虞三陶先生集刻　（清）楊沂孫輯　清光緒
七年(1881)海虞楊同福貴池縣署刻本　六冊

430000－2401－0024827　415/37

三朱遺編　（清）楊伯潤輯　清光緒十五年
(1889)嘉興楊氏刻本　一冊

430000－2401－0024828　415/59

楊氏先媺錄存四卷首一卷　（清）楊基善輯
清光緒十七年(1891)善化楊氏益清堂刻本
四冊

430000－2401－0024829　414/41（1）

趙氏淵源集十卷　（清）趙紹祖輯　清嘉慶古
墨齋刻本　二冊

430000－2401－0024830　414/41（2）

趙氏淵源集十卷　（清）趙紹祖輯　清光緒十
三年(1887)刻本　二冊　存四卷(五至六、九
至十)

430000－2401－0024831　414/41

趙氏淵源集十卷　（清）趙紹祖輯　清光緒十
三年(1887)刻本　八冊

430000－2401－0024832　414/33

二熊君詩二卷　（清）熊其光　（清）熊其英撰
　清光緒十七年(1891)刻本　一冊

430000－2401－0024833　415/63

富察氏硃卷彙存一卷　（清）鳳墀輯　清光緒
三十一年(1905)滿洲富察氏刻本　一冊

430000－2401－0024834　415/7

莫如樓詩選合刻六卷　（清）蔣湘培等撰　清
同治六年(1867)金穀園刻本　三冊

430000－2401－0024835　415/7（1）

莫如樓詩選合刻六卷　（清）蔣湘培等撰　清
同治六年(1867)金穀園刻本　三冊

430000－2401－0024836　415/7（2）

莫如樓詩選合刻六卷　（清）蔣湘培等撰　清
同治六年(1867)金穀園刻本　三冊

430000－2401－0024837　415/7（3）

莫如樓詩選合刻六卷　（清）蔣湘培等撰　清
同治六年(1867)金穀園刻本　三冊

430000－2401－0024838　415/7－2

莫如樓詩選合刻六卷　（清）蔣湘培等撰　清
末刻本　一冊　存二卷(一至二)

430000－2401－0024839　414/166

莫如樓時義合稿四集不分卷　（清）蔣湘培等

撰　清嘉慶二十四年(1819)長沙馬玉龍堂刻本　六冊

430000－2401－0024840　414/166－2

莫如樓時義合稿四集不分卷　（清）蔣湘培等撰　清同治五年(1866)粵東撫署刻本　六冊

430000－2401－0024841　415/48－2

陶村鄧氏家稿甄存　（清）鄧淲等撰　清鈔本　一冊

430000－2401－0024842　415/58

新喻三劉文集六卷首一卷　劉敞等撰　清乾隆十五年(1750)水西劉氏刻本　四冊

430000－2401－0024843　415/6

清芬集十卷　（清）劉寶楠輯　清道光十八年(1838)刻本　四冊

430000－2401－0024844　415/34

二藍集　（清）藍蔚雯輯　清光緒十六年(1890)金匱宣敬熙補刻咸豐七年(1857)定海藍氏刻本　六冊

430000－2401－0024845　415/62

戴氏家稿輯略詩略五卷　（清）戴仁宇輯　清光緒二十一年(1895)刻本　二冊

430000－2401－0024846　414/181

勤斯堂詩彙編十卷　（清）顧森書輯　清光緒二十二年(1896)刻本　二冊

430000－2401－0024847　413/495

選評歷科程墨十卷　（明）潘曾紘選評　清初朱墨套印本　十冊

430000－2401－0024848　413/497

經義模範一卷　（明）□□輯　清光緒二十七年(1901)吳門刻本　一冊

430000－2401－0024849　413/497(1)

經義模範一卷　（明）□□輯　清光緒二十七年(1901)吳門刻本　一冊

430000－2401－0024850　414/14

考卷清華不分卷　（清）八溪釣叟輯　清同治七年(1868)鳴鳳樓刻本　二冊

430000－2401－0024851　416/505

葵園校士錄存不分卷　（清）王先慎等輯　清光緒二十二年(1896)刻本　十冊

430000－2401－0024852　416/364

程墨所見集六三卷　（清）王步青輯評　清刻本　一冊　存一卷(上)

430000－2401－0024853　413/458

秋吟獨步試帖不分卷　（清）王溶輯　清光緒元年(1875)京師琉璃廠刻本　二冊

430000－2401－0024854　416/426

格致書院課藝不分卷　（清）王韜編輯　清光緒十二年至二十年(1886－1894)韜園鉛印本　十三冊

430000－2401－0024855　416/426(1)

格致書院課藝不分卷　（清）王韜編輯　清光緒十二年至二十年(1886－1894)韜園鉛印本　十三冊

430000－2401－0024856　413/9

清芬精舍小集三卷　（清）王岳蓮輯　清刻本　一冊

430000－2401－0024857　416/329

利試新編四卷　（清）天菊遁叟輯　清光緒二十七年(1901)刻本　四冊

430000－2401－0024858　416/313

經心書院集四卷　（清）左紹佐輯　清光緒十四年(1888)湖北官書處刻本　四冊

430000－2401－0024859　416/188

順天鄉試錄一卷　（清）戈泰徵等撰　清咸豐八年(1858)刻本　一冊

430000－2401－0024860　416/189

順天鄉試錄一卷　（清）安文瀾等撰　清光緒十五年(1889)刻本　一冊

430000－2401－0024861　416/92

小題文府不分卷　（清）同文書局編　清光緒十三年(1887)上海同文書局石印本　二十冊

430000－2401－0024862　416/92(1)

小題文府不分卷　（清）同文書局編　清光緒

十三年(1887)上海同文書局石印本　二十冊

430000－2401－0024863　416/93

大題文府不分卷　(清)同文書局編　清光緒
十四年(1888)上海同文書局石印本　三十
二冊

430000－2401－0024864　416/101

試律精粹八卷　(清)朱銓　(清)高鳳臺輯
清道光五年(1825)刻本　四冊

430000－2401－0024865　416/111

新選臨場——見能截搭文法度鍼一卷　(清)
伍煜選　(清)金玉麟評　清青靜軒鈔本
一冊

430000－2401－0024866　416/331

金陵校士館新政課選四卷　(清)伍殿麒等撰
清光緒二十八年(1902)鐘阜別墅刻本
四冊

430000－2401－0024867　416/118

五經文府不分卷　(清)伊立勳輯　清光緒十
四年(1888)同文書局石印本　二十冊

430000－2401－0024868　416/451

正續經藝繆琳合刻不分卷　(清)汪承元輯
清光緒九年(1883)書業堂刻本　八冊

430000－2401－0024869　413/331

駢體南鍼十六卷　(清)汪傳懿輯　清同治五
年(1866)刻本　八冊

430000－2401－0024870　413/331(1)

駢體南鍼十六卷　(清)汪傳懿輯　清同治五
年(1866)刻本　八冊

430000－2401－0024871　413/331(2)

駢體南鍼十六卷　(清)汪傳懿輯　清同治五
年(1866)刻本　八冊

430000－2401－0024872　413/349

目耕齋讀本不分卷目耕齋二刻不分卷目耕齋
小題不分卷　(清)沈叔眉編　清道光十年
(1830)學庫山房刻本　六冊

430000－2401－0024873　416/349－3

目耕齋讀本不分卷目耕齋二刻不分卷目耕齋

小題不分卷　(清)沈叔眉編　(清)徐楷評註
清同治六年(1867)朱墨套印本　八冊

430000－2401－0024874　416/349(1)

目耕齋讀本不分卷目耕齋二刻不分卷目耕齋
小題不分卷　(清)沈叔眉編　清益元書局刻
本　四冊　缺目耕齋小題

430000－2401－0024875　416/349－2

目耕齋讀本不分卷目耕齋二刻不分卷目耕齋
小題不分卷　(清)沈叔眉編　(清)徐楷評註
清光緒二十年(1894)澹雅書局刻本　六冊

430000－2401－0024876　413/471

小題文藪不分卷　(清)沈荷汀編　清光緒九
年(1883)上海點石齋縮印本　六冊

430000－2401－0024877　413/523

小題搭芥編初集不分卷二集不分卷　(清)宋
清壽　(清)吳鍾駿編　清道光十二年(1832)
文光堂刻本　四冊

430000－2401－0024878　413/30－5

小題正鵠三集　(清)李元度輯　清道光二十
六年(1846)長沙道生堂刻本　四冊　缺第一集

430000－2401－0024879　413/30－4

塾課小題正鵠三集　(清)李元度輯　清道光
二十七年(1847)刻本　一冊　存(第三集截
上、截下)

430000－2401－0024880　413/30

塾課小題正鵠三集　(清)李元度輯　清光緒
三年(1877)四明茹古齋石印本　二冊

430000－2401－0024881　413/30－2

塾課小題正鵠三集　(清)李元度輯　清光緒
八年(1882)文昌書局刻本　六冊

430000－2401－0024882　413/30－3

硃批小題正鵠三集　(清)李元度輯　清光緒
十四年至十五年(1888－1889)刻本　三冊

430000－2401－0024883　416/429

湘省課藝初集四卷　(清)求是主人輯　清光
緒二十八年(1902)刻本　二冊

430000－2401－0024884　416/302

求實書院學規續鈔不分卷　（清）求實書院輯
清光緒二十六年（1900）求實書院刻本
二冊

430000－2401－0024885　416/73
詁經精舍文集十四卷　（清）阮元輯　清嘉慶
六年(1801)揚州阮氏琅環仙館刻本　六冊

430000－2401－0024886　416/73－2
詁經精舍文集十四卷　（清）阮元輯　清末揚
州阮氏琅環仙館刻本　八冊

430000－2401－0024887　413/407
試帖扶輪集八卷　（清）吳烺　（清）程夢元輯
註　清乾隆二十五年（1760）刻本　四冊

430000－2401－0024888　416/452
增訂讀墨一隅不分卷　（清）吳懋政評註　清
乾隆五十七年（1792）刻本　四冊

430000－2401－0024889　416/411
制義約鈔不分卷　（清）何文綺輯　清道光二
十八年(1848)粵秀書院刻本　四冊

430000－2401－0024890　416/86
試律標准二卷　（清）何桂清輯　清同治五年
(1866)刻本　二冊

430000－2401－0024891　416/192
館閣試律說註釋二卷　（清）何湘　（清）何汾
輯釋　清嘉慶六年(1801)刻本　四冊

430000－2401－0024892　416/168
紫陽書院課藝五編不分卷　（清）何熔　（清）
許郊編　清光緒八年(1882)刻本　四冊

430000－2401－0024893　413/103
三十科同館賦鈔三十二卷　（清）法世善輯
清嘉慶十七年(1812)刻本　二十九冊　缺一
卷(二十七)

430000－2401－0024894　411/52
同館試律三鈔　（清）法世善編　清嘉慶十七
年(1812)刻本　二十四冊

430000－2401－0024895　413/381
館課賦鈔二十卷　（清）林召棠等輯　清小蓬
萊山館刻本　二十冊

430000－2401－0024896　413/381（1）
館課賦鈔二十卷　（清）林召棠等輯　清小蓬
萊山館刻本　二十冊

430000－2401－0024897　416/431
增廣大題文府初二集合編不分卷　（清）味潛
齋主人編　清光緒十三年(1887)石印本　三
十二冊

430000－2401－0024898　416/208
嶽麓書院課藝不分卷　（清）周玉麒輯　清同
治十一年(1872)長沙嶽麓書院刻本　六冊

430000－2401－0024899　416/208(1)
嶽麓書院課藝不分卷　（清）周玉麒輯　清同
治十一年(1872)長沙嶽麓書院刻本　六冊

430000－2401－0024900　413/374
國朝名家試帖　（清）周壽昌輯　（清）王紹曾
註釋　清末長沙王先謙刻本　六冊

430000－2401－0024901　416/537
館律分韻初編六卷　（清）延子澄編輯　清光
緒十八年(1892)錦官堂石印本　六冊

430000－2401－0024902　416/190
潙水校經堂課藝第一集一卷　（清）岳翰東等
撰　清光緒十九年(1893)木活字本　一冊

430000－2401－0024903　416/378
湖北闈墨：同治丁卯科不分卷　（清）炳元等
撰　清同治刻本　二冊

430000－2401－0024904　413/463
授經籐課集一卷　（清）胡元玉輯　清光緒十
七年(1891)長沙梁益智書局刻本　一冊

430000－2401－0024905　416/71
授經籐課集一卷　（清）胡元玉輯　清光緒十
七年(1891)刻本　一冊

430000－2401－0024906　416/26
東山書院課集一卷　（清）胡元玉編　清光緒
十八年(1892)長沙益智書局刻本　一冊

430000－2401－0024907　413/251
研經書院課集不分卷　（清）胡元玉編　清光
緒二十一年(1895)長沙益智書局刻本　一冊

430000 - 2401 - 0024908   416/239

沅水校經堂課集一卷   （清）胡元玉輯   清光緒二十三年(1897)長沙益智書局刻本   一冊

430000 - 2401 - 0024909   416/450

國朝歷科元墨正宗不分卷   （清）胡先琅編   清乾隆末年刻本   十二冊

430000 - 2401 - 0024910   416/90

敬修堂詞賦課鈔十六卷附金臺課藝一卷   （清）胡敬輯   清道光二十二年(1842)刻本   四冊

430000 - 2401 - 0024911   416/446

愛月軒遺稿一卷愛月軒試帖一卷愛月軒雜體一卷   （清）胡凱姒撰   清光緒十四年(1888)刻本   一冊

430000 - 2401 - 0024912   416/354

墨商五編:道光乙未科不分卷   （清）郁鼎鐘編   清道光十六年(1836)心香閣刻本   二冊

430000 - 2401 - 0024913   416/75

詁經精舍三集二卷   （清）俞樾編   清同治九年(1870)刻本   一冊

430000 - 2401 - 0024914   416/76

詁經精舍四集十六卷續集一卷   （清）俞樾編   清光緒五年(1879)刻本   六冊

430000 - 2401 - 0024915   416/200

湖南優貢試卷:宣統己酉一卷   （清）弇州山人輯   清末鉛印本   一冊

430000 - 2401 - 0024916   413/468

制藝約編不分卷   （清）馬恩溥編   清同治元年(1862)刻本   二冊

430000 - 2401 - 0024917   416/413

崇文書院課藝不分卷續編不分卷試帖不分卷   （清）高人驥等輯   清同治六年(1867)刻本   六冊

430000 - 2401 - 0024918   416/412

東坡講舍課藝不分卷   （清）高均儒輯   清同治八年(1869)刻本   四冊

430000 - 2401 - 0024919   416/169

紫雲仙館試帖八卷二集八卷三集八卷   （清）高敏輯   清嘉慶二十五年至道光八年(1820－1828)姑蘇愛蓮室周宜和刻本   十一冊

430000 - 2401 - 0024920   416/37

敷文書院課藝不分卷   （清）高鵬年   （清）吳同塂編   清同治九年(1870)刻本   四冊

430000 - 2401 - 0024921   416/415

新科墨商四編:道光甲午科不分卷   （清）席珍輯   清道光十五年(1835)心香閣刻本   二冊

430000 - 2401 - 0024922   416/221

小題文觳二集不分卷   （清）唐雲甫輯   清光緒十八年(1892)古華家塾刻本   四冊

430000 - 2401 - 0024923   416/457

經藝選腋四編不分卷   （清）浣溪主人輯   清咸豐七年至同治十二年(1857－1873)浣溪草堂刻本   四十冊

430000 - 2401 - 0024924   416/330

敬敷書院課藝不分卷   （清）馬雨農評選   清同治三年(1864)文墨齋刻本   四冊

430000 - 2401 - 0024925   416/330(1)

敬敷書院課藝不分卷   （清）馬雨農評選   清同治三年(1864)文墨齋刻本   四冊

430000 - 2401 - 0024926   416/330(2)

敬敷書院課藝不分卷   （清）馬雨農評選   清同治三年(1864)文墨齋刻本   四冊

430000 - 2401 - 0024927   416/355

房考酌雅集八卷   （清）夏之蓉編   清乾隆三十年(1765)三讓堂刻本   八冊

430000 - 2401 - 0024928   416/743

湘中校士錄六卷   （清）夏獻雲輯   清光緒八年(1882)宜園刻本   六冊

430000 - 2401 - 0024929   416/439

三十科會墨回瀾八卷   （清）孫桐生輯   清同治三年(1864)刻本   八冊

430000 - 2401 - 0024930   413/294

經正書院小課四卷   （清）徐幹輯   清光緒七

年（1881）刻本　四冊

430000－2401－0024931　416/344

江西試牘不分卷　（清）徐郙編　清同治九年
（1870）刻本　四冊

430000－2401－0024932　416/534

浙江校士錄不分卷　（清）徐樹銘輯　清同治
九年（1870）定香亭刻本　六冊

430000－2401－0024933　416/410

直省墨選精詣：道光乙未恩科一卷　（清）徐
耀輯　（清）梁葆慶重定　清道光十六年
（1836）三讓堂刻本　一冊

430000－2401－0024934　414/170

廣西試牘不分卷　（清）孫欽昂輯　清同治六
年（1867）提風閣刻本　二冊

430000－2401－0024935　416/421

五科鄉會墨大觀四卷　（清）許球評選　清道
光十八年（1838）刻本　六冊

430000－2401－0024936　413/521

詠史集成試帖詳註四卷　（清）許紹沅輯註
清同治九年（1870）刻本　二冊

430000－2401－0024937　416/312

成均課士錄第九集十六卷　（清）張百熙輯
清光緒二十三年（1897）刻本　八冊

430000－2401－0024938　416/201

湖南校士錄四卷　（清）張亨嘉輯　清光緒十
七年（1891）湖南學院刻本　五冊

430000－2401－0024939　416/201（1）

湖南校士錄四卷　（清）張亨嘉輯　清光緒十
七年（1891）湖南學院刻本　五冊

430000－2401－0024940　416/201（2）

湖南校士錄四卷　（清）張亨嘉輯　清光緒十
七年（1891）湖南學院刻本　五冊

430000－2401－0024941　416/201（3）

湖南校士錄四卷　（清）張亨嘉輯　清光緒十
七年（1891）湖南學院刻本　四冊

430000－2401－0024942　416/201－2

湖南校士錄四卷　（清）張亨嘉輯　清末刻本
一冊　存一卷（三）

430000－2401－0024943　416/353

浙江闈墨不分卷　（清）張祥椿等撰　清同治
聚奎堂刻本　二冊

430000－2401－0024944　416/238－7

硃批增註七家詩選七卷　（清）張熙宇輯評
清咸豐七年（1857）雙門底朱墨套印本　二冊

430000－2401－0024945　416/238－6

套版增註七家詩選七卷　（清）張熙宇輯評
清咸豐九年（1859）醉經堂刻朱墨套印本
二冊

430000－2401－0024946　416/238－6（1）

套版增註七家詩選七卷　（清）張熙宇輯評
清咸豐九年（1859）醉經堂刻朱墨套印本　二冊

430000－2401－0024947　416/238－6（2）

套版增註七家詩選七卷　（清）張熙宇輯評
清咸豐九年（1859）醉經堂刻朱墨套印本
二冊

430000－2401－0024948　416/238－6（3）

套版增註七家詩選七卷　（清）張熙宇輯評
清咸豐九年（1859）醉經堂刻朱墨套印本
一冊　缺四卷（一至四）

430000－2401－0024949　416/238－6（4）

套版增註七家詩選七卷　（清）張熙宇輯評
清咸豐九年（1859）醉經堂刻朱墨套印本
一冊

430000－2401－0024950　416/238

七家試帖輯註彙鈔九卷　（清）張熙宇輯評
（清）王植桂輯註　清同治九年（1870）京師琉
璃廠刻本　八冊

430000－2401－0024951　416/238（1）

七家試帖輯註彙鈔九卷　（清）張熙宇輯評
（清）王植桂輯註　清同治九年（1870）京師琉
璃廠刻本　八冊

430000－2401－0024952　416/238（2）

七家試帖輯註彙鈔九卷　（清）張熙宇輯評

（清）王植桂輯註　清同治九年(1870)京師琉
璃廠刻本　八冊

430000 － 2401 － 0024953　416/238（3）
七家試帖輯註彙鈔九卷　（清）張熙宇輯評
（清）王植桂輯註　清同治九年(1870)京師琉
璃廠刻本　八冊

430000 － 2401 － 0024954　416/238 － 2
七家試帖輯註彙鈔九卷　（清）張熙宇輯評
（清）王植桂輯註　清光緒六年(1880)京師琉
璃廠朱墨套印本　八冊

430000 － 2401 － 0024955　416/238 － 3
七家試帖輯註彙鈔九卷　（清）張熙宇輯評
（清）王植桂輯註　清光緒十六年(1890)石渠
山房刻本　八冊

430000 － 2401 － 0024956　416/238 － 3（1）
七家試帖輯註彙鈔九卷　（清）張熙宇輯評
（清）王植桂輯註　清光緒十六年(1890)石渠
山房刻本　八冊

430000 － 2401 － 0024957　416/238 － 4
七家試帖輯註彙鈔九卷　（清）張熙宇輯評
（清）王植桂輯註　清光緒十八年(1892)益元
書局刻本　八冊

430000 － 2401 － 0024958　416/238 － 4（1）
七家試帖輯註彙鈔九卷　（清）張熙宇輯評
（清）王植桂輯註　清光緒十八年(1892)益元
書局刻本　八冊

430000 － 2401 － 0024959　416/238 － 5
七家試帖輯註彙鈔九卷　（清）張熙宇輯評
（清）王植桂輯註　清光緒二十二年(1896)經
綸元記刻本　八冊

430000 － 2401 － 0024960　416/238 － 8
七家詩詳註七卷　（清）張熙宇輯評　（清）張
昶註釋　清道光十二年(1832)刻本　二冊

430000 － 2401 － 0024961　416/238 － 9
劉註七家詩十二卷　（清）張熙宇輯評　（清）
劉培棠　（清）劉鐘英輯註　清光緒十五年
(1889)天津李文煥刻本　十二冊

430000 － 2401 － 0024962　414/172
山左校士錄不分卷　（清）陸潤庠編　清光緒
十四年(1888)吳門刻本　六冊

430000 － 2401 － 0024963　416/482
湖南試牘不分卷　（清）曹鴻勛輯　清光緒十
一年(1885)湖南學院刻本　八冊

430000 － 2401 － 0024964　416/482（1）
湖南試牘不分卷　（清）曹鴻勛輯　清光緒十
一年(1885)湖南學院刻本　二冊

430000 － 2401 － 0024965　416/509
江西校士錄六卷　（清）盛炳緯編　清光緒二
十年(1894)刻本　六冊

430000 － 2401 － 0024966　416/202
直省鄉墨精萃不分卷　（清）陳引之評選　清
同治六年(1867)寶仁堂刻本　四冊

430000 － 2401 － 0024967　416/414
城南書院課藝七卷　（清）陳本欽輯　清咸豐
四年(1854)長沙陳文蔚堂刻本　四冊

430000 － 2401 － 0024968　416/423
時文規範不分卷　（清）陳兆崙評選　清同治
六年(1867)南皮張氏刻本　二冊

430000 － 2401 － 0024969　416/187
欽取朝考卷不分卷　（清）陳遹聲等撰　清末
刻本　四冊

430000 － 2401 － 0024970　416/187（1）
欽取朝考卷不分卷　（清）陳遹聲等撰　清末
刻本　二冊

430000 － 2401 － 0024971　413/104
同館賦鈔:癸丑科不分卷　（清）陳蘭彬等撰
清刻本　一冊

430000 － 2401 － 0024972　416/366
聽雨軒讀本前集不分卷今集不分卷　（清）陳
鍾麟選　清道光二年(1822)刻本　四冊

430000 － 2401 － 0024973　414/44
衡州試牘一卷　（清）陶易輯　清乾隆二十八
年(1763)衡陽崇文閣刻本　一冊

430000－2401－0024974　416/506

河南鄉試錄不分卷：同治九年庚午科　（清）崇綺　（清）王憲曾等輯　清同治九年(1870)刻本　一冊

430000－2401－0024975　416/708－2

時務學堂初集三卷　（清）時務學堂編　清光緒二十四年(1898)刻本　一冊　存一卷(二)

430000－2401－0024976　416/98

塾課古文彙選八卷　（清）温承惠評選　清嘉慶十八年(1813)刻本　八冊

430000－2401－0024977　416/191

欽定殿試策不分卷　（清）馮文蔚等撰　清光緒刻本　二冊

430000－2401－0024978　416/367

應元書院課藝不分卷　（清）馮譽驥輯　清同治十年(1871)刻本　二冊

430000－2401－0024979　414/200

豫章書院課藝不分卷　（清）黃爵滋輯　清道光二十五年(1845)刻本　四冊

430000－2401－0024980　416/504

江左校士錄不分卷　（清）黃體芳輯　清光緒十一年(1885)刻本　六冊

430000－2401－0024981　416/504－2

江左校士錄不分卷　（清）黃體芳輯　清光緒十二年(1886)上洋石印本　四冊

430000－2401－0024982　416/84

增廣試律大觀彙編四卷　（清）補蠧書屋主人輯　清光緒十二年(1886)石印本　四冊

430000－2401－0024983　416/365

學海堂課藝不分卷　（清）楊昌濬輯　清同治九年(1870)刻本　四冊

430000－2401－0024984　416/281－2

青雲集分韻試帖詳註四卷　（清）楊逢春（清）蕭應榯輯　（清）沈品華等註　清道光八年(1828)刻本　四冊

430000－2401－0024985　416/281

青雲集分韻試帖詳註四卷　（清）楊逢春

（清）蕭應榯輯　（清）沈品華等註　清道光竹秀山房刻本　四冊

430000－2401－0024986　416/442

仁在堂全集十一集不分卷續編不分卷　（清）路德評選　清道光十五年至二十年(1835－1840)刻本　二十四冊

430000－2401－0024987　416/80

增廣試帖詩海三十二卷　（清）經訓堂主人選輯　清光緒十九年(1893)上海積山書局石印本　八冊

430000－2401－0024988　413/473

經訓書院課藝四卷經訓書院課藝第三集四卷　（清）經訓書院輯　清光緒十九年(1893)江西書局刻本　五冊　缺一卷(經訓書院課藝第三集癸巳二)

430000－2401－0024989　416/99

湖南試牘四卷　（清）廖壽恆編　清同治十二年(1873)刻本　六冊

430000－2401－0024990　416/454

萬斛珠璣六十五卷　（清）夢栩山人輯　清光緒八年(1882)共賞齋木活字本　六十四冊缺一卷(五十)

430000－2401－0024991　416/265

玉堂試帖振采集六卷　（清）潘曾瑩輯　（清）王熙源　（清）潘霨註　清道光二十三年(1843)聚錦堂刻本　二冊

430000－2401－0024992　416/337

闈墨斯盛集不分卷　（清）蔣攸銛輯　清嘉慶二十五年(1820)刻本　八冊

430000－2401－0024993　416/298

試帖精萃二卷　（清）蔣攸銛輯　清道光鳳覽堂刻本　二冊

430000－2401－0024994　415/346

江南闈墨：同治甲子科不分卷　（清）劉平編　清末衡鑒堂刻本　一冊

430000－2401－0024995　416/343

江西試牘四卷　（清）龍湛霖編　清光緒十七

年(1891)刻本　六冊

430000－2401－0024996　416/422
晴川書院課藝不分卷　（清）蕭子錫編選
清同治七年（1868）漢陽府晴川書院刻本
四冊

430000－2401－0024997　413/105
同館經進賦鈔不分卷　（清）翰林院編　清光
緒十二年（1886）京都琉璃廠松竹齋刻本
一冊

430000－2401－0024998　416/726
漣璧書院課藝　（清）謝鍾枏等撰　清末稿本
一冊

430000－2401－0024999　416/405
佩離集一卷　（清）蟄雲雷齋主人輯　清光緒
二十三年（1897）兩湖書院刻本　一冊

430000－2401－0025000　416/424
尊經書院課藝不分卷　（清）薛慰農編選　清
同治九年（1870）兩江督署刻本　四冊

430000－2401－0025001　414/27
四川試牘不分卷　（清）鍾駿聲輯　清同治八
年（1869）刻本　三冊

430000－2401－0025002　414/173
黔中校士錄不分卷　（清）黎培敬選　清同治
六年（1867）刻本　二冊

430000－2401－0025003　416/440
慎餘堂制藝一卷　（清）戴恬園輯　清道光二
年（1822）刻本　一冊

430000－2401－0025004　416/328
致用書院文集不分卷　（清）魏起等撰　清光
緒三年至二十二年（1877－1896）致用堂惟半
室刻本　四冊

430000－2401－0025005　416/328（1）
致用書院文集不分卷　（清）魏起等撰　清光
緒三年至二十二年（1877－1896）致用堂惟半
室刻本　五冊

430000－2401－0025006　416/74
詁經精舍文續集八卷　（清）羅文俊輯　清同

治十二年（1873）錦江書院刻本　四冊

430000－2401－0025007　416/327
新政應試必讀六卷　（清）顧厚焜輯　清光緒
二十七年（1901）刻本　六冊

430000－2401－0025008　413/427
狀元策不分卷　清康熙六十年（1721）京都琉
璃廠榮錦堂刻本　十冊

430000－2401－0025009　413/426
狀元策不分卷　清刻本　九冊

430000－2401－0025010　413/171
思賢講舍月課一卷　（清）□□撰　清末刻本
一冊

430000－2401－0025011　414/225
湖南鄉試硃卷：道光丙午科　清道光刻本
一冊

430000－2401－0025012　416/732
湖南鄉試硃卷：道光甲辰科、丙午科不分卷
（清）□□輯　清道光刻本　二冊

430000－2401－0025013　416/733
湖南鄉試硃卷：咸豐戊午科一卷　（清）□□
輯　清咸豐衡鑒堂刻本　一冊

430000－2401－0025014　416/734
湖南鄉試硃卷：同治庚午科不分卷　（清）
□□輯　清同治九年（1870）刻本　四冊

430000－2401－0025015　416/735
湖南闈墨：光緒壬午科不分卷　（清）□□輯
清光緒八年（1882）刻本　一冊

430000－2401－0025016　416/736
湖南鄉試硃卷：光緒辛卯科一卷　（清）□□
輯　清光緒刻本　四冊

430000－2401－0025017　416/737
湖南闈墨：光緒甲午科一卷　（清）□□輯
清光緒衡鑒堂刻本　一冊

430000－2401－0025018　416/737－2
湖南闈墨：光緒甲午科一卷　（清）□□輯
清光緒刻本　一冊

430000 – 2401 – 0025019   416/738

湖南闈墨:光緒補行庚子、辛丑恩正并科不分卷   (清)□□輯   清光緒衡鑒堂刻本   二冊

430000 – 2401 – 0025020   416/739

湖南闈墨:光緒癸卯科一卷   (清)□□輯   清光緒琅環館刻本   一冊

430000 – 2401 – 0025021   416/740

湖南鄉試闈墨:光緒癸卯科一卷   (清)□□輯   清光緒刻本   一冊

430000 – 2401 – 0025022   416/647

湖南官場應酬稟帖款式   清光緒楊潛鈔本   一冊

430000 – 2401 – 0025023   414/199

貴州闈墨:光緒癸卯科一卷   清光緒衡鑒堂刻本   一冊

430000 – 2401 – 0025024   414/8

甘肅鄉試硃卷不分卷   清光緒刻本   五冊

430000 – 2401 – 0025025   414/8(1)

甘肅鄉試硃卷不分卷   清光緒刻本   一冊

430000 – 2401 – 0025026   416/261

菊坡精舍集不分卷   (清)□□輯   清光緒刻本   二冊

430000 – 2401 – 0025027   416/91

皖城試錄不分卷   (清)□□輯   清光緒三十年(1904)安慶正誼書局鉛印本   二冊

430000 – 2401 – 0025028   416/712

欽取朝考卷不分卷   清光緒刻本   二冊

430000 – 2401 – 0025029   416/357

會試硃卷一卷:光緒己丑科   (清)□□輯   清光緒刻本   一冊

430000 – 2401 – 0025030   416/407

德公園鄉墨不分卷   (清)□□輯   清乾隆刻本   三十五冊

430000 – 2401 – 0025031   416/626

三臺齋簡摩試帖百首不分卷   清同治鈔本   一冊

430000 – 2401 – 0025032   414/195

關中書院課士詩第八卷一卷   (清)關中書院輯   清同文堂刻本   一冊

430000 – 2401 – 0025033   413/142

采風集□□卷   清刻本   一冊

430000 – 2401 – 0025034   416/32

近科分韻館詩十八卷   王先謙編   清光緒上海精一閣刻本   八冊   存十五卷(初集二至九,二集一至四、七至九)

430000 – 2401 – 0025035   413/501

近科館課分韻詩鈔二卷   王先謙編   (清)范多珏重編   (清)陳漢章增註   清同治十三年(1874)刻本   四冊

430000 – 2401 – 0025036   416/289

甲戌會試同門錄□□卷   王先謙等撰   清末刻本   一冊   存一卷(二)

430000 – 2401 – 0025037   416/173

船山書院課藝初集八卷   王闓運輯   清光緒二十六年(1900)東洲刻本   四冊

430000 – 2401 – 0025038   413/385

尊經書院初集十二卷   王闓運輯   清光緒十四年(1888)志遠堂刻本   十二冊

430000 – 2401 – 0025039   413/385(1)

尊經書院初集十二卷   王闓運輯   清光緒十四年(1888)志遠堂刻本   十二冊

430000 – 2401 – 0025040   413/385(2)

尊經書院初集十二卷   王闓運輯   清光緒十四年(1888)志遠堂刻本   十一冊   缺二卷(一、八)

430000 – 2401 – 0025041   416/292

求忠書院經課卷一卷   徐崇立撰   稿本   一冊

430000 – 2401 – 0025042   416/153

龍象山徐氏四科試卷合裝一卷   徐崇立輯   清光緒刻本   一冊

430000 – 2401 – 0025043   416/307

時務學堂第二班學生考卷一卷   梁焕均等撰

清光緒末鉛印本　一冊

430000 – 2401 – 0025044　416/742

湖南校士錄存真不分卷　龍瑞麟等撰　清刻本　一冊　存錄六至錄十一補遺

430000 – 2401 – 0025045　414/180

越嶲采風錄四卷　瞿鴻禨輯　清光緒十四年(1888)刻本　四冊

430000 – 2401 – 0025046　416/145

胡氏榮哀錄二卷　（明）胡初被編　清遞修明刻本　一冊

430000 – 2401 – 0025047　413/183

忠孝錄一卷　（清）王庭楨輯　清同治七年(1868)刻本　一冊

430000 – 2401 – 0025048　416/729

廣陵縣王光昇旌孝錄二卷　（清）王韻芳等撰　清道光三年(1823)刻本　一冊

430000 – 2401 – 0025049　416/197

魁果肅公榮哀錄一卷　（清）扎勒哈哩輯　清光緒三十四年(1908)刻本　一冊

430000 – 2401 – 0025050　416/285

孝思集二十七卷　（清）左欽敏撰輯　清末湘陰左氏刻本　四冊

430000 – 2401 – 0025051　416/360

鶯簫集一卷補編一卷　（清）沈同芳輯　清光緒二十二年(1896)羊城成文堂刻本　一冊

430000 – 2401 – 0025052　416/56

枕干錄贈言一卷　（清）李元度等撰　清光緒五年(1879)水繪園刻本　一冊

430000 – 2401 – 0025053　416/503

書謝貞烈婦彭氏降筆事一卷　（清）李元度等撰　清末刻本　一冊

430000 – 2401 – 0025054　416/481

潛齋尚書賜壽圖一卷附序一卷詩一卷楹牓一卷　（清）李伯至輯　清光緒三十三年(1907)京師官書局鉛印本　一冊

430000 – 2401 – 0025055　416/287

李忠武公閣學公誄詞彙編一卷　（清）李前普輯　清光緒二十六年(1900)刻恐廬文集本　一冊

430000 – 2401 – 0025056　416/622

李增榮紀績錄一卷　（清）李增榮編　清光緒刻本　一冊

430000 – 2401 – 0025057　416/502

瀏陽李公[興銳]榮哀錄一卷　（清）李謨光輯　清光緒三十年(1904)刻本　一冊

430000 – 2401 – 0025058　416/520

挽曾惠敏公聯語祭文二卷　（清）李瀚章輯　清末鉛印本　一冊

430000 – 2401 – 0025059　416/251

曾文正公六十壽言二卷　（清）李鴻章等撰　清同治十二年(1873)湖南文元書坊刻本　二冊

430000 – 2401 – 0025060　416/251 – 2

曾文正公六十壽言二卷　（清）李鴻章等撰　清同治十二年(1873)湖南陶氎勤齋刻本　二冊

430000 – 2401 – 0025061　416/251 – 2(1)

曾文正公六十壽言二卷　（清）李鴻章等撰　清同治十二年(1873)湖南陶氎勤齋刻本　二冊

430000 – 2401 – 0025062　416/251 – 2(2)

曾文正公六十壽言二卷　（清）李鴻章等撰　清同治十二年(1873)湖南陶氎勤齋刻本　二冊

430000 – 2401 – 0025063　416/100

曾文正公榮錄四卷　（清）□□輯　清同治十二年(1873)湖南省辜集慶堂刻本　四冊

430000 – 2401 – 0025064　416/217

齪詞集成一卷補遺一卷　（清）吳仲輔輯　清光緒二十四年(1898)長沙朱氏煥章閣刻本　一冊

430000 – 2401 – 0025065　416/305

何文安公行述祭文挽聯一卷　（清）何紹基等撰　清道光刻本　二冊

430000－2401－0025066　416/305(1)

何文安公行述祭文挽聯一卷　（清）何紹基等
撰　清道光刻本　一冊

430000－2401－0025067　416/305(2)

何文安公行述一卷　（清）何紹基等撰　清刻
本　一冊

430000－2401－0025068　416/39

易紫礀榮哀錄一卷　（清）易文奉輯　清光緒
三十四年(1908)聚英堂刻本　一冊

430000－2401－0025069　416/729

石城縣胡陳氏貞節詩一卷　（清）周克達等撰
　清末刻本　一冊

430000－2401－0025070　416/55

續香山九老壽言錄一卷　（清）胡景瑗等撰
清光緒二十六年(1900)三樂堂刻本　一冊

430000－2401－0025071　416/521

合肥李傅相壽言不分卷　（清）袁昶等撰　清
末刻本　五冊

430000－2401－0025072　416/303

合肥相國七十賜壽圖一卷附李傅相壽言不分
卷　（清）□□輯　清光緒鉛印本　四冊

430000－2401－0025073　416/303(1)

合肥相國七十賜壽圖一卷附壽言不分卷
（清）□□輯　清光緒石印本　五冊　存壽言

430000－2401－0025074　416/255

曇陽遺韻六卷首一卷　（清）梁煥奎輯　清光
緒十七年(1891)刻本　二冊

430000－2401－0025075　416/718

輿頌錄□□卷　（清）許乃文輯　清同治五年
(1866)浙江東甌郭煥春博古齋刻本　一冊
存一卷(一)

430000－2401－0025076　416/458

玉池老人挽詞彙編三卷　（清）郭焯瑩輯　清
光緒十九年(1893)養知書屋刻本　一冊

430000－2401－0025077　416/319

江漢炳靈集第一二卷　（清）張之洞輯　清同
治九年(1870)刻本　四冊

430000－2401－0025078　416/391(1)

江漢炳靈集第一二卷　（清）張之洞輯　清光
緒八年(1882)文昌書局刻本　四冊

430000－2401－0025079　416/166

彭剛直公挽聯一卷　（清）張之洞等撰　清光
緒十九年(1893)刻本　一冊

430000－2401－0025080　416/110

彭剛直公榮哀錄不分卷　清光緒十六年
(1890)衡州茹古齋刻本　二冊

430000－2401－0025081　416/110(1)

彭剛直公榮哀錄不分卷　清光緒十六年
(1890)衡州茹古齋刻本　二冊

430000－2401－0025082　416/110(2)

彭剛直公榮哀錄不分卷　清光緒十六年
(1890)衡州茹古齋刻本　二冊

430000－2401－0025083　416/110(3)

彭剛直公榮哀錄不分卷　清光緒十六年
(1890)衡州茹古齋刻本　一冊　存上冊

430000－2401－0025084　416/149

劉忠誠公榮哀錄二卷　（清）張之洞等撰　清
光緒三十年(1904)刻本　二冊

430000－2401－0025085　416/402

傷心曲一卷　（清）陳岱霖輯　清同治刻本
一冊

430000－2401－0025086　416/178

馮母俞太恭人七十壽言一卷　（清）馮恕輯
清光緒三十四年(1908)京華印書局鉛印本
一冊

430000－2401－0025087　416/348

唐昌攀轅集二卷　（清）曾福謙撰并輯　清光
緒成都昌福公司鉛印本　一冊

430000－2401－0025088　416/419

長沙余公兩澍攀轅集一卷附提督澍江全省水
陸軍門去思碑記一卷　（清）董大華輯　清光
緒二十八年(1902)刻本　一冊

430000－2401－0025089　416/293

儷白妃黃冊一卷　（清）董恂輯　清同治十二

年(1873)同文館鉛印本　一册

430000－2401－0025090　416/317

挽聯合編六卷　（清）管窺居士輯　清光緒十
年(1884)寧鄉謝萃珍堂刻本　一册　存二卷
(一至二)

430000－2401－0025091　416/170

象州壽詩不分卷　（清）蔣兆奎編　清光緒七
年(1881)刻本　二册

430000－2401－0025092　416/326

澓寧烈婦劉母胡孺人詩記二卷　（清）劉有洪
輯　清乾隆二十三年(1758)劉氏刻本　一册

430000－2401－0025093　416/681

圖開勝迹六卷　（清）劉厚基輯　清光緒元年
(1875)刻本　三册　存三卷(二、五至六)

430000－2401－0025094　416/291

律樵鈔存一卷　（清）劉律樵輯　清末木活字
本　一册

430000－2401－0025095　416/291(1)

律樵鈔存一卷　（清）劉律樵輯　清末木活字
本　一册

430000－2401－0025096　416/291(1)

律樵鈔存一卷　（清）劉律樵輯　清末木活字
本　一册

430000－2401－0025097　416/532

光孝集二卷　（清）練水同人編　清道光刻本
　一册

430000－2401－0025098　416/716

耕心錄一卷附壽言　（清）謝廷恩撰　清咸豐
刻本　一册

430000－2401－0025099　416/688

景謳彙紀　（清）藍蔚等撰　清刻本　一册

430000－2401－0025100　416/49

郭嵩燾挽詞彙編三卷　（清）龔尚毅　（清）郭
兆芳合編　清光緒十九年(1893)養知書屋刻
本　一册

430000－2401－0025101　416/49(1)

郭嵩燾挽詞彙編三卷　（清）龔尚毅　（清）郭
兆芳合編　清光緒十九年(1893)養知書屋刻
本　一册

430000－2401－0025102　416/49(2)

郭嵩燾挽詞彙編三卷　（清）龔尚毅　（清）郭
兆芳合編　清光緒十九年(1893)養知書屋刻
本　一册

430000－2401－0025103　416/49(3)

郭嵩燾挽詞彙編三卷　（清）龔尚毅　（清）郭
兆芳合編　清光緒十九年(1893)養知書屋刻
本　一册

430000－2401－0025104　416/49(4)

郭嵩燾挽詞彙編三卷　（清）龔尚毅　（清）郭
兆芳合編　清光緒十九年(1893)養知書屋刻
本　一册

430000－2401－0025105　416/49(5)

郭嵩燾挽詞彙編三卷　（清）龔尚毅　（清）郭
兆芳合編　清光緒十九年(1893)養知書屋刻
本　一册

430000－2401－0025106　413/411

蓉湖草堂贈言錄不分卷　（清）麟慶輯　清道
光十六年(1836)刻本　二册

430000－2401－0025107　416/715

表中錄不分卷　清道光刻本　一册

430000－2401－0025108　416/531

惠文胡公[仁楷]挽言一卷　（清）□□編　清
咸豐五年(1855)韞玉山房刻本　一册

430000－2401－0025109　416/490

彤史貞孝錄一卷續編一卷　清光緒二十年
(1894)京師刻本　二册

430000－2401－0025110　416/300

左文襄公榮哀錄不分卷　（清）□□輯　清光
緒刻本　四册

430000－2401－0025111　416/300(1)

左文襄公榮哀錄不分卷　（清）□□輯　清光
緒刻本　四册

430000－2401－0025112　416/164

長沙張文達公榮哀錄四卷　陳毅輯　清宣統
元年(1909)北京德興堂印字局鉛印本　一冊

430000－2401－0025113　416/164(1)

長沙張文達公榮哀錄四卷　陳毅輯　清宣統
元年(1909)北京德興堂印字局鉛印本　一冊

430000－2401－0025114　413/476

抱樹圖題辭六卷　(清)文曙亭輯　清道光二
十五年(1845)雲桂書屋刻本　四冊

430000－2401－0025115　416/388

寶印集六卷附二卷　(清)王之佐輯　清道光
十一年(1831)刻本　一冊

430000－2401－0025116　416/263

晴窗賞古圖題詠集一卷　(清)朱養儒輯　清
光緒影印本　一冊

430000－2401－0025117　416/87

萬松圖題詞一卷　(清)朱巖泉輯　清道光刻
本　一冊

430000－2401－0025118　416/140

蔗亭梅花集句不分卷　(清)汪麟輯　清鈔本
二冊

430000－2401－0025119　413/303

湘潭泛灑圖題詠集一卷　(清)李邕庚輯　清
光緒十三年(1887)刻本　一冊

430000－2401－0025120　413/71

石笋山房圖題詠集六卷　(清)吳德襄輯　清
光緒二十年(1894)寶慶府學東齋刻本　一冊

430000－2401－0025121　413/71(1)

石笋山房圖題詠集六卷　(清)吳德襄輯　清
光緒二十年(1894)寶慶府學東齋刻本　一冊

430000－2401－0025122　413/71(2)

石笋山房圖題詠集六卷　(清)吳德襄輯　清
光緒二十年(1894)寶慶府學東齋刻本　一冊

430000－2401－0025123　413/70

石笋山房圖題詠集二卷　(清)何爕　(清)楊
書霖合編　清光緒三年(1877)城步學署刻本
一冊

430000－2401－0025124　413/70(1)

石笋山房圖題詠集二卷　(清)何爕　(清)楊
書霖合編　清光緒三年(1877)城步學署刻本
一冊

430000－2401－0025125　413/70(2)

石笋山房圖題詠集二卷　(清)何爕　(清)楊
書霖合編　清光緒三年(1877)城步學署刻本
一冊

430000－2401－0025126　416/218

邱園八詠一卷　(清)邱諮桐輯　清光緒十九
年(1893)邱園刻本　一冊

430000－2401－0025127　416/218(1)

邱園八詠一卷　(清)邱諮桐輯　清光緒十九
年(1893)邱園刻本　一冊

430000－2401－0025128　416/536

虁一足題詞一卷　(清)胡錫吉編輯　清光緒
二十六年(1900)刻本　一冊

430000－2401－0025129　414/139

疏勒望雲圖題詠一卷　(清)侯名貴輯　清光
緒十二年(1886)三山寓齋刻本　一冊

430000－2401－0025130　413/368

讀書秋樹根圖題詠一卷　(清)郭慶藩輯　清
光緒八年(1882)湘陰郭氏刻本　一冊

430000－2401－0025131　413/368(1)

讀書秋樹根圖題詠一卷　(清)郭慶藩輯　清
光緒八年(1882)湘陰郭氏刻本　一冊

430000－2401－0025132　413/368(2)

讀書秋樹根圖題詠一卷　(清)郭慶藩輯　清
光緒八年(1882)湘陰郭氏刻本　二冊

430000－2401－0025133　△437/545

讀書秋樹根圖題詠一卷　(清)郭慶藩輯　鈔
本　一冊

430000－2401－0025134　413/414

滄浪亭圖題詠二卷　(清)張師誠輯　清道光
五年(1825)刻本　一冊

430000－2401－0025135　414/141

秦淮八艷圖詠一卷　(清)張景祁等撰　(清)

葉衍蘭繪　清光緒十八年（1892）羊城越華講院刻本　一冊

430000－2401－0025136　416/387

泛槎圖六卷　（清）張寶繪輯　清嘉慶二十四年至道光十一年（1819－1831）羊城張氏尚古齋刻本　六冊

430000－2401－0025137　413/253

麓雲仙館圖題詠集一卷　（清）陳守如輯　清光緒八年（1882）寧鄉刻本　一冊

430000－2401－0025138　413/451

五湖漁莊圖題詞四卷　（清）葉承桂輯　清咸豐三年（1853）姑蘇吳青霞齋刻本　二冊

430000－2401－0025139　413/311

雙清亭題詠三卷雙清亭雅集唱和詩一卷雙清亭再集唱和詩一卷　（清）魏仲青輯　清光緒二十一年（1895）魏氏意園刻本　一冊

430000－2401－0025140　413/309

鯉庭獻壽圖題詠集二卷　（清）蘇輿輯　清光緒平江蘇氏朱印本　一冊

430000－2401－0025141　413/318

靜園八景圖題詠集一卷　（清）龔鎮湘等編　清宣統元年（1909）武昌鉛印本　一冊

430000－2401－0025142　413/318（1）

靜園八景圖題詠集一卷　（清）龔鎮湘等編　清宣統元年（1909）武昌鉛印本　一冊

430000－2401－0025143　414/135

疏勒望雲圖題詠五卷　袁緒欽輯　清光緒十九年（1893）望雲山館刻本　一冊

430000－2401－0025144　414/135（1）

疏勒望雲圖題詠五卷　袁緒欽輯　清光緒十九年（1893）望雲山館刻本　一冊

430000－2401－0025145　416/372

石雲館詩稿題詞一卷紫佩軒詩稿題詞一卷冷香樓詩稿題詞一卷苕華閣詩稿題詞一卷　清刻本　一冊

430000－2401－0025146　413/396

影北宋本二李唱和集一卷　（宋）李昉　（宋）李至撰　清光緒十五年（1889）貴陽陳氏影刻貴陽陳氏所刊書本　一冊

430000－2401－0025147　413/396－2

二李唱和集一卷　（宋）李昉　（宋）李至撰　清光緒十五年（1889）貴陽陳氏影宋刻宣統二年（1910）羅振玉補刻宸翰樓叢書本　一冊

430000－2401－0025148　433/193

坡門酬唱二十三卷　（宋）邵浩輯　清宣統二年至三年（1910－1911）貴池劉氏玉海堂影宋紹熙刻本　八冊

430000－2401－0025149　△413/20

西崑酬唱集二卷　（宋）楊億編　清康熙四十七年（1708）朱俊升刻本　二冊

430000－2401－0025150　416/278

且園賡唱集三卷　（清）方鼎銳等撰輯　清同治十三年（1874）且園刻本　一冊

430000－2401－0025151　416/97

煎茶閑錄一卷　（清）王錫誥等撰　清同治六年（1867）刻本　一冊

430000－2401－0025152　413/323

龍城贈言二卷首一卷　（清）江遠曧等撰　清光緒三十四年（1908）半學齋活字本　一冊

430000－2401－0025153　413/355

南華九老會唱和詩譜一卷　（清）莊宇逵輯　清光緒二十年（1894）刻本　一冊

430000－2401－0025154　413/355（1）

南華九老會唱和詩譜一卷　（清）莊宇逵輯　清光緒二十年（1894）刻本　一冊

430000－2401－0025155　414/140

澧槎唱和詩集二卷　（清）安佩蓮輯　清嘉慶二十四年（1819）刻本　二冊

430000－2401－0025156　413/348

落花酬唱集初編不分卷　（清）沈宗疇等撰　清光緒二十四年（1898）拜鴛樓刻本　二冊

430000－2401－0025157　413/13

本朝應制和聲集六卷首三卷二集三卷首一卷二集補編一卷　（清）沈德潛　（清）王居正輯

評　清乾隆九年(1744)京都琉璃廠鴻遠堂刻本　十四冊

430000－2401－0025158　413/13(1)

本朝應制和聲集六卷首三卷二集三卷首一卷二集補編一卷　(清)沈德潛　(清)王居正輯評　清乾隆九年(1744)京都琉璃廠鴻遠堂刻本　十冊　缺五卷(四至五、二集二至三、二集補編一)

430000－2401－0025159　413/13－2

本朝應制和聲集六卷首三卷二集三卷首一卷二集補編一卷　(清)沈德潛　(清)王居正輯評　清乾隆二十四年(1759)京都琉璃廠鴻遠堂刻本　六冊

430000－2401－0025160　413/13－2(1)

本朝應制和聲集六卷首三卷二集三卷首一卷二集補編一卷　(清)沈德潛　(清)王居正輯評　清乾隆二十四年(1759)京都琉璃廠鴻遠堂刻本　六冊　存九卷(本朝應制和聲集六卷、首三卷)

430000－2401－0025161　413/168

摘輯李邑侯紀事唱酬諸作一卷　(清)李增榮輯　清刻本　一冊

430000－2401－0025162　413/335

梧笙唱和初集二卷　(清)李星沅　(清)郭潤玉撰　清道光十七年(1837)刻本　二冊

430000－2401－0025163　413/335(1)

梧笙唱和初集二卷　(清)李星沅　(清)郭潤玉撰　清道光十七年(1837)刻本　二冊

430000－2401－0025164　413/335(2)

梧笙唱和初集二卷　(清)李星沅　(清)郭潤玉撰　清道光十七年(1837)刻本　二冊

430000－2401－0025165　413/335(3)

梧笙唱和初集二卷　(清)李星沅　(清)郭潤玉撰　清道光十七年(1837)刻本　二冊

430000－2401－0025166　413/335(4)

梧笙唱和初集二卷　(清)李星沅　(清)郭潤玉撰　清道光十七年(1837)刻本　二冊

430000－2401－0025167　413/335(5)

梧笙唱和初集二卷　(清)李星沅　(清)郭潤玉撰　清道光十七年(1837)刻本　二冊

430000－2401－0025168　413/292

塵思唱和集一卷　(清)余絫輯　清宣統三年(1911)鉛印本　一冊

430000－2401－0025169　416/277

冰泉唱和集一卷續和一卷再續和一卷附錄一卷　金武祥輯　清光緒十五年(1889)刻粟香室叢書本　一冊

430000－2401－0025170　413/395

西泠酬唱集五卷二集五卷三集五卷　(清)秦緗業等撰　清光緒四年至九年(1878－1883)刻本　六冊

430000－2401－0025171　413/395(1)

西泠酬唱集五卷二集五卷三集五卷　(清)秦緗業等撰　清光緒四年至九年(1878－1883)刻本　二冊

430000－2401－0025172　416/216

瘴癘魂一卷　(清)夏時濟等撰　清光緒三十三年(1907)木活字本　一冊

430000－2401－0025173　416/216(1)

瘴癘魂一卷　(清)夏時濟等撰　清光緒三十三年(1907)木活字本　一冊

430000－2401－0025174　413/312

雙溪倡和詩六卷　(清)徐倬編　清光緒壺廬刻本　二冊

430000－2401－0025175　413/316

題襟館倡和集四卷　(清)許奉恩輯　清同治十一年(1872)兩淮運署刻本　二冊

430000－2401－0025176　416/386

詒燁集五卷　(清)許振禕輯　清光緒十八年(1892)東河節署刻本　一冊

430000－2401－0025177　416/386－2

詒燁集五卷侍香集一卷　(清)許振禕輯　清光緒二十三年(1897)廣州節署刻本　二冊

430000－2401－0025178　413/383

碧聲吟館倡酬錄一卷續錄一卷　(清)許善長

輯　清光緒四年至十二年(1878－1886)仁和
許氏碧聲吟館刻本　二冊

430000－2401－0025179　413/219

清華唱和集一卷　(清)許應鑅等撰　清光緒
九年(1883)刻本　一冊

430000－2401－0025180　437/335

旬宣興誦一卷　(清)章鋆等撰　清廣州富文
齋刻本　一冊

430000－2401－0025181　414/32

廣陵酬唱集一卷　(清)郭慶藩輯　清光緒二
十年(1894)揚州刻本　一冊

430000－2401－0025182　416/397

晨鐙酬唱集一卷　(清)張金鏞輯　清同治十
年(1871)刻本　一冊

430000－2401－0025183　413/124

門存倡和詩鈔十卷續刻三卷　(清)陳伯韜等
撰　清末刻本　二冊

430000－2401－0025184　413/124(1)

門存倡和詩鈔十卷續刻三卷　(清)陳伯韜等
撰　清末刻本　二冊

430000－2401－0025185　413/124(2)

門存倡和詩鈔十卷續刻三卷　(清)陳伯韜等
撰　清末刻本　二冊

430000－2401－0025186　416/256

圍爐集一卷　(清)陳宗濂輯　清光緒十四年
(1888)金陵文斗齋刻本　一冊

430000－2401－0025187　416/280

印心石屋詩薈四卷　(清)陶澍等撰　清道光
十二年(1832)海州石室書院刻本　一冊

430000－2401－0025188　413/62

邗上題襟續集不分卷　(清)曾燠輯　清嘉慶
二年(1797)兩淮官署刻本　二冊

430000－2401－0025189　416/299

東湖酬唱詩略二卷　(清)曾燠　(清)鄧顯鶴
撰　清光緒十三年(1887)刻本　一冊

430000－2401－0025190　413/72

四明酬倡集二卷　(清)黃家鼎編　清光緒二
十九年(1903)勾東譯書局鉛印本　二冊

430000－2401－0025191　413/319

融州送別詩鈔一卷　(清)盛錫蕃輯　清同治
十一年(1872)刻本　一冊

430000－2401－0025192　413/299

扶桑驪唱集一卷　(清)葉煒輯　清光緒十七
年(1891)白下刻本　一冊

430000－2401－0025193　413/327

贈言集三卷　(清)董友篔輯　清道光十一年
(1831)湘潭清德堂刻本　一冊

430000－2401－0025194　413/337

嶽游唱和集一卷　(清)釋敬安　(清)吳嘉瑞
合撰　清光緒十四年(1888)刻本　一冊

430000－2401－0025195　413/337(1)

嶽游唱和集一卷　(清)釋敬安　(清)吳嘉瑞
合撰　清光緒十四年(1888)刻本　一冊

430000－2401－0025196　413/337(2)

嶽游唱和集一卷　(清)釋敬安　(清)吳嘉瑞
合撰　清光緒十四年(1888)刻本　一冊

430000－2401－0025197　416/304

守高贈言一卷　(清)楊中訥等撰　清刻本
一冊

430000－2401－0025198　416/301

樂游聯唱集二卷　(清)楊芳燦輯錄　清末刻
本　一冊

430000－2401－0025199　416/724

隴闈唱和集一卷　(清)楊頤等撰　清光緒八
年(1882)木活字本　一冊

430000－2401－0025200　416/41

宣南鴻雪集二卷　(清)潘椒坡輯　清同治十
年(1871)刻本　一冊

430000－2401－0025201　413/362

雪堂倡和集三卷　(清)鄧琛等撰　清光緒刻
本　一冊

430000－2401－0025202　413/408

城南唱和集一卷附錄一卷 （清）鄧顯鶴等撰
清道光二十九年（1849）邵州濂溪精舍刻本
一冊

430000－2401－0025203　413/276

銅江唱和草一卷續刊一卷 （清）劉秉彝等輯
清道光四年（1824）刻本　一冊

430000－2401－0025204　416/543

三十初度倡和詩 （清）劉端亮輯　清光緒二
十九年（1903）鈔本　一冊

430000－2401－0025205　413/324

龍塘唱和詩彙鈔三卷 （清）龍塘詩社輯　清
光緒十七年（1891）安化龍塘詩社刻本　二冊

430000－2401－0025206　416/551

高涼贈行錄一卷 （清）聶爾康編　清同治刻
本　一冊

430000－2401－0025207　413/74

仙緣留詠集一卷續集一卷別集一卷 （清）龔
鎮湘輯　清光緒三十四年（1908）武昌曇華林
社鉛印本　一冊

430000－2401－0025208　413/74(1)

仙緣留詠集一卷續集一卷別集一卷 （清）龔
鎮湘輯　清光緒三十四年（1908）武昌曇華林
社鉛印本　一冊

430000－2401－0025209　413/74(2)

仙緣留詠集一卷續集一卷別集一卷 （清）龔
鎮湘輯　清光緒三十四年（1908）武昌曇華林
社鉛印本　一冊

430000－2401－0025210　413/74(3)

仙緣留詠集一卷續集一卷別集一卷 （清）龔
鎮湘輯　清光緒三十四年（1908）武昌曇華林
社鉛印本　一冊

430000－2401－0025211　413/393

己庚消寒倡和集一卷 王闓運等撰　清宣統
二年（1910）鉛印本　一冊

430000－2401－0025212　413/393(1)

己庚消寒倡和集一卷 王闓運等撰　清宣統
二年（1910）鉛印本　一冊

430000－2401－0025213　413/382

辟園唱和集一卷 王闓運等撰　清末湖南機
器印刷局鉛印本　一冊

430000－2401－0025214　413/120

玉虛齋牡丹唱和詩一卷吳社集四卷 易順鼎
輯　清光緒十一年（1885）百梅亭刻本　一冊

430000－2401－0025215　413/363

籬笆屋唱酬錄一卷周母鄒孺人壽聯一卷
（清）□□輯　清末木活字本　一冊

430000－2401－0025216　413/465

瑤篆四卷 （明）郁濬紫輯　清光緒十四年
（1888）鉛印本　四冊

430000－2401－0025217　416/417

瀚海十二卷 （明）陳繼儒 （明）沈佳允輯
清光緒二年（1876）上海申報館鉛印本　四冊

430000－2401－0025218　416/231

歷代名賢手札八卷 （明）蕭士珂輯　清光緒
二十二年（1896）學古齋石印本　八冊

430000－2401－0025219　416/351

明人尺牘選四卷 （清）王元勛 （清）程化騄
編　清康熙四十四年（1705）刻本　二冊

430000－2401－0025220　416/36

明賢尺牘四卷 （清）王元勛 （清）程化騄輯
清光緒二十六年（1900）鄒氏榆園刻本
二冊

430000－2401－0025221　△437/14

李家驥等致歐陽述詩文信札 （清）李家驥等
撰　稿本　一冊

430000－2401－0025222　416/224－5

歷代名人書札二卷 吳曾祺輯　清光緒三十
四年（1908）上海商務印書館鉛印本　二冊

430000－2401－0025223　416/224－4

歷代名人書札二卷 吳曾祺輯　清宣統三年
（1911）上海商務印書館鉛印本　二冊

430000－2401－0025224　416/233

國朝名人小簡二卷 吳曾祺輯　清宣統元年
（1909）上海商務印書館鉛印本　二冊

430000－2401－0025225　416/232

國朝名人書札二卷　吳曾祺輯　清宣統元年
(1909)上海商務印書館鉛印本　四冊

430000－2401－0025226　416/232(1)

國朝名人書札二卷　吳曾祺輯　清宣統元年
(1909)上海商務印書館鉛印本　四冊

430000－2401－0025227　416/232－2

國朝名人書札二卷　吳曾祺輯　清宣統三年
(1911)上海商務印書館鉛印本　四冊

430000－2401－0025228　416/12

三名臣書牘　(清)何天柱編　清光緒三十四
年(1908)上海廣智書局鉛印本　四冊

430000－2401－0025229　416/107

賴古堂名賢尺牘新鈔十二卷　(清)周在浚輯
　清宣統三年(1911)上海國學扶輪社石印本
　六冊

430000－2401－0025230　△412/102

賴古堂尺牘新鈔二選藏弄集十六卷　(清)周
在浚等輯　清康熙六年(1667)情話軒刻本
佚名批校圈點　四冊

430000－2401－0025231　△412/102(1)

賴古堂尺牘新鈔二選藏弄集十六卷　(清)周
在浚等輯　清康熙六年(1667)情話軒刻本
十冊

430000－2401－0025232　416/106

賴古堂尺牘新鈔二選藏弄集十六卷　(清)周
在浚等輯　清宣統三年(1911)上海國學扶輪
社石印本　五冊

430000－2401－0025233　416/106(1)

賴古堂尺牘新鈔二選藏弄集十六卷　(清)周
在浚等輯　清宣統三年(1911)上海國學扶輪
社石印本　五冊

430000－2401－0025234　416/85

重刻賴古堂尺牘新鈔三選結鄰集十五卷
(清)周在浚輯　清光緒十二年(1886)沅陵成
人書院刻本　八冊

430000－2401－0025235　416/85－2

重刻賴古堂尺牘新鈔三選結鄰集十五卷
(清)周在浚等輯　清宣統三年(1911)上海國
學扶輪社石印本　四冊　缺三卷(十三至十
五)

430000－2401－0025236　△437/18

周壽昌左宗棠等信札　(清)周壽昌等撰　稿
本　一冊

430000－2401－0025237　△437/57

致劉坤一書　(清)周壽昌等撰　稿本　一冊

430000－2401－0025238　△437/16

清代名賢手札不分卷　(清)周銑詒等撰　稿
本　一冊

430000－2401－0025239　△437/53

致曾履初手札　(清)唐炬蓮等撰　稿本
一冊

430000－2401－0025240　416/435

分類尺牘備覽正集八卷續集八卷　(清)柴冕
英輯　清光緒三十年(1904)上海廣益書局石
印本　八冊

430000－2401－0025241　△437/24

翁同爵等致斗南書信　(清)翁同爵等撰　稿
本　三冊

430000－2401－0025242　△437/17

徐樹鍔等致竹溪信札　(清)徐樹鍔等撰　稿
本　一冊

430000－2401－0025243　△437/69

清代名賢手札不分卷　(清)郭嵩燾等撰　稿
本　一冊

430000－2401－0025244　416/11

名賢手札不分卷　(清)郭慶藩輯　清光緒十
年(1884)湘陰郭氏岵瞻堂摹刻本　四冊

430000－2401－0025245　416/11(1)

名賢手札不分卷　(清)郭慶藩輯　清光緒十
年(1884)湘陰郭氏岵瞻堂摹刻本　四冊

430000－2401－0025246　416/11(2)

名賢手札不分卷　(清)郭慶藩輯　清光緒十
年(1884)湘陰郭氏岵瞻堂摹刻本　四冊

430000－2401－0025247　416/11（3）

名賢手札不分卷　（清）郭慶藩輯　清光緒十年(1884)湘陰郭氏峴瞻堂摹刻本　四冊

430000－2401－0025248　416/11（4）

名賢手札不分卷　（清）郭慶藩輯　清光緒十年(1884)湘陰郭氏峴瞻堂摹刻本　四冊

430000－2401－0025249　416/11（5）

名賢手札不分卷　（清）郭慶藩輯　清光緒十年(1884)湘陰郭氏峴瞻堂摹刻本　四冊

430000－2401－0025250　416/11－2

名賢手札不分卷　（清）郭慶藩輯　清光緒十一年(1885)上海同文書局石印本　二冊

430000－2401－0025251　△437/245

和松菴存札不分卷　（清）張仁熙輯　清宋韋金鈔本　清張仁熙題識　二冊

430000－2401－0025252　△437/23

陳士杰陳寶善等信札　（清）陳士杰等撰　稿本　一冊

430000－2401－0025253　△412/118

歷朝名媛尺牘二卷　（清）陳逵輯　清陳氏水鏡山房刻本　二冊

430000－2401－0025254　416/179

襄碧齋篋中書四卷　（清）陳鈞輯　清宣統三年(1911)鉛印本　二冊

430000－2401－0025255　416/391

五十名家書札一卷　（清）陸心源輯　清光緒二十年(1894)上海復古齋石印本　一冊

430000－2401－0025256　△437/43

清代名臣手札　（清）曾國荃等撰　稿本　七冊

430000－2401－0025257　△437/58

致劉坤一信札　（清）曾國藩等撰　稿本　一冊

430000－2401－0025258　△437/29

清曾國藩楊昌濬等書信　（清）曾國藩等撰　稿本　一冊

430000－2401－0025259　△437/27

晚清名人手札　（清）曾國藩　（清）左宗棠等撰　稿本　二冊

430000－2401－0025260　△437/42

曾國藩左宗棠等致胡林翼手札　（清）曾國藩等撰　稿本　四冊

430000－2401－0025261　△437/44

曾麟綬致丙湖等書信　（清）曾麟綬等撰　稿本　二冊

430000－2401－0025262　△437/30

彭舒蕚等信札　（清）彭舒蕚等撰　手稿　一冊

430000－2401－0025263　△437/26

清代名賢手札　（清）黃兆枚等撰　稿本　一冊

430000－2401－0025264　416/381

詳註分類飲香尺牘四卷　（清）飲香居士編　（清）慵隱子註　清光緒五年(1879)起鳳樓刻本　四冊

430000－2401－0025265　△437/69

致虞紹南信札　（清）楊岳斌等撰　稿本　二冊

430000－2401－0025266　△437/81

磐園藏牋一卷　（清）虞紹南輯　稿本　一冊

430000－2401－0025267　416/314

金鷄談薈十四卷首一卷　（清）歐陽利見輯　清光緒十五年(1889)四明節署鉛印本　八冊

430000－2401－0025268　△437/33

寒香館收藏手札　（清）鄧顯鶴等撰　稿本　二冊

430000－2401－0025269　△437/51

清代名臣致曾國藩信　（清）劉傳瑩等撰　稿本　十一冊

430000－2401－0025270　△437/47

譚氏家書　（清）譚嗣同　（清）譚嗣棨等撰　稿本　一冊

430000－2401－0025271　416/332

留茆盦尺牘叢殘四卷 （清）嚴籀撰 清咸豐
八年(1858)刻本 二冊

430000－2401－0025272 △438/7

致徐藝仙詩文信札 左宗澍 徐崇立等撰
稿本 一冊

430000－2401－0025273 416/46

昭代名人尺牘續集二十四卷 陶湘輯 清宣
統三年(1911)天寶石印局石印本 二十四冊

430000－2401－0025274 416/46(1)

昭代名人尺牘續集二十四卷 陶湘輯 清宣
統三年(1911)天寶石印局石印本 五冊

430000－2401－0025275 416/669

分類古今尺牘不分卷 清光緒十六年(1890)
鈔本 一冊

430000－2401－0025276 416/699

劉尚毅等致陳浴新信札 清宣統三年(1911)
稿本 一冊

430000－2401－0025277 416/430

峰抱樓楹帖二卷 （清）沈鏗撰輯 清光緒二
十九年(1903)漢皋刻本 一冊

430000－2401－0025278 416/702

春帖遺墨題詞一卷 （清）李其滋輯 清咸豐
八年(1858)刻本 一冊

430000－2401－0025279 416/234

衲蘇集二卷 （清）何栻輯 清同治元年
(1862)章門刻本 二冊

430000－2401－0025280 416/408－4

格言聯璧一卷 （清）金纓輯 清咸豐十年
(1860)長沙道生堂刻本 一冊

430000－2401－0025281 416/408－4(1)

格言聯璧一卷 （清）金纓輯 清咸豐十年
(1860)長沙道生堂刻本 一冊

430000－2401－0025282 416/408

格言聯璧一卷 （清）金纓輯 清同治二年
(1863)長沙道生堂刻本 二冊

430000－2401－0025283 416/408－9

格言聯璧一卷 （清）金纓輯 清光緒六年
(1880)刻本 一冊

430000－2401－0025284 416/408－8

格言聯璧一卷 （清）金纓輯 清光緒七年
(1881)刻本 一冊

430000－2401－0025285 416/408－7

格言聯璧二卷 （清）金纓輯 清光緒二十六
年(1900)夔州研思館刻本 二冊

430000－2401－0025286 416/408－6

格言聯璧二卷 （清）金纓輯 清光緒三十二
年(1906)研思館刻本 二冊

430000－2401－0025287 416/408－5

格言聯璧二卷附一卷 （清）金纓輯 清光緒
三十三年(1907)刻本 二冊

430000－2401－0025288 416/408－5(1)

格言聯璧二卷附一卷 （清）金纓輯 清光緒
三十三年(1907)刻本 二冊

430000－2401－0025289 416/408－5(2)

格言聯璧二卷附一卷 （清）金纓輯 清光緒
三十三年(1907)刻本 二冊

430000－2401－0025290 416/120

對聯匯海十四卷 （清）邱日虹編 清同治六
年(1867)廬陵周氏刻本 四冊

430000－2401－0025291 416/120－4

對聯匯海十四卷 （清）邱日虹編 清同治六
年(1867)益元堂刻本 三冊

430000－2401－0025292 416/120－2

對聯匯海十四卷 （清）邱日虹編 清同治七
年(1868)刻本 四冊

430000－2401－0025293 416/120－3

對聯匯海十四卷 （清）邱日虹編 清光緒二
十一年(1895)養雲山房刻本 四冊

430000－2401－0025294 416/120－3(1)

對聯匯海十四卷 （清）邱日虹編 清光緒二
十一年(1895)養雲山房刻本 二冊 存六卷
(一至六)

430000－2401－0025295　416/325

鴛水聯吟五集五卷　（清）岳鴻慶等輯　清道光十九年(1839)刻本　一冊

430000－2401－0025296　416/369

雙魚罍齋錄莫子偲集漢碑聯一卷　（清）莫友芝輯　清末刻本　一冊

430000－2401－0025297　416/83

楹聯集韻二卷　（清）常麟輯　清宣統元年(1909)刻本　二冊

430000－2401－0025298　416/83(1)

楹聯集韻二卷　（清）常麟輯　清宣統元年(1909)刻本　二冊

430000－2401－0025299　416/83(2)

楹聯集韻二卷　（清）常麟輯　清宣統元年(1909)刻本　二冊

430000－2401－0025300　416/83(3)

楹聯集韻二卷　（清）常麟輯　清宣統元年(1909)刻本　二冊

430000－2401－0025301　416/83(4)

楹聯集韻二卷　（清）常麟輯　清宣統元年(1909)刻本　二冊

430000－2401－0025302　416/83(5)

楹聯集韻二卷　（清）常麟輯　清宣統元年(1909)刻本　二冊

430000－2401－0025303　416/119

新刻對聯不俗十卷　（清）得得齋輯　清末經元堂刻本　二冊

430000－2401－0025308　416/393

莫愁湖楹聯便覽一卷　（清）釋壽安編　清光緒五年(1879)刻本　一冊

430000－2401－0025309　416/393(1)

莫愁湖楹聯便覽一卷　（清）釋壽安編　清光緒五年(1879)刻本　一冊

430000－2401－0025310　416/393(2)

莫愁湖楹聯便覽一卷　（清）釋壽安編　清光緒五年(1879)刻本　一冊

430000－2401－0025311　416/105

璧合珠聯集十卷　（清）翰緣齋主人輯　清光緒二十三年(1897)長沙刻本　十冊

430000－2401－0025312　416/105(1)

璧合珠聯集十卷　（清）翰緣齋主人輯　清光緒二十三年(1897)長沙刻本　十冊

430000－2401－0025313　416/105(2)

璧合珠聯集十卷　（清）翰緣齋主人輯　清光緒二十三年(1897)長沙刻本　六冊

430000－2401－0025314　416/105(3)

璧合珠聯集十卷　（清）翰緣齋主人輯　清光緒二十三年(1897)長沙刻本　六冊

430000－2401－0025315　416/105(4)

璧合珠聯集十卷　（清）翰緣齋主人輯　清光緒二十三年(1897)長沙刻本　六冊

430000－2401－0025316　416/105(5)

璧合珠聯集十卷　（清）翰緣齋主人輯　清光緒二十三年(1897)長沙刻本　六冊

430000－2401－0025317　416/105(6)

璧合珠聯集十卷　（清）翰緣齋主人輯　清光緒二十三年(1897)長沙刻本　六冊

430000－2401－0025318　416/25

西湖楹聯四卷　（清）□□編　清光緒十五年(1889)知止軒刻本　四冊

430000－2401－0025319　416/25(1)

西湖楹聯四卷　（清）□□編　清光緒十五年(1889)知止軒刻本　四冊

430000－2401－0025320　416/627

秋影山房聯語集選不分卷　清鈔本　二冊

430000－2401－0025321　416/638

挽聯合編不分卷　清光緒十年(1884)萃珍書屋鈔本　一冊

430000－2401－0025322　416/89

楹聯集錦八卷　（清）□□輯　清光緒五年(1879)刻本　二冊

430000－2401－0025323　416/89(1)

楹聯集錦八卷 （清）□□輯 清光緒五年(1879)刻本 二冊

430000－2401－0025324 416/89(2)

楹聯集錦八卷 （清）□□輯 清光緒五年(1879)刻本 二冊

430000－2401－0025325 416/89(3)

楹聯集錦八卷 （清）□□輯 清光緒五年(1879)刻本 二冊

430000－2401－0025326 416/89(4)

楹聯集錦八卷 （清）□□輯 清光緒五年(1879)刻本 一冊 存四卷(一至四)

430000－2401－0025327 △413/95

蘭言集二十四卷 （清）王晫輯 清康熙霞舉堂自刻本 二冊

430000－2401－0025328 416/154

胭脂牡丹六卷 （清）王德寬輯 清咸豐六年(1856)京都琉璃廠刻本 六冊

430000－2401－0025329 416/306

美人揉碎梅花回文圖讀法一卷 （清）沈士瑛撰 清道光十年(1830)種香山館刻本 一冊

430000－2401－0025330 413/466

篷窗隨筆十四卷續錄二卷 （清）沈兆雲輯 清光緒二十年(1894)刻本 十二冊

430000－2401－0025331 416/309

憂盛編一卷 （清）沈祖燕撰 清光緒三十二年(1906)刻本 一冊

430000－2401－0025332 416/309(1)

憂盛編一卷 （清）沈祖燕撰 清光緒三十二年(1906)刻本 一冊

430000－2401－0025333 416/78

詠古賦鈔六卷 （清）辛聯瑋等撰 清光緒十三年(1887)煥六齋刻本 六冊

430000－2401－0025334 416/350

叩鉢齋纂行厨集十八卷 （清）李之澎 （清）汪建封輯 （清）汪志瑞註釋 清刻本 十六冊

430000－2401－0025335 416/539

朋貽小錄一卷 （清）李佳繼昌輯 清光緒三十年(1904)刻朱印本 一冊

430000－2401－0025336 416/434

陟屺清吟錄一卷 （清）侯名貴撰 清光緒十六年(1890)刻本 一冊

430000－2401－0025337 416/467

竹居錄存一卷 （清）張士玧輯 清光緒二十三年(1897)竹居刻本 一冊

430000－2401－0025338 416/701

花潭集詠一卷勸學說一卷粥譜一卷廣粥譜一卷 （清）黃雲鵠輯 清光緒五年至十二年(1879－1886)刻本 一冊

430000－2401－0025339 416/441

禮文匯十四卷 （清）愚谷居士編輯 清光緒十二年(1886)黎匯源堂刻本 八冊

430000－2401－0025340 416/334

禮文摘要不分卷 （清）象儀堂主人編 清宣統三年(1911)寶慶詳隆書鋪刻本 二冊

430000－2401－0025341 416/370

蓮湖吟社稿二卷 （清）楊高德 （清）朱庭珍輯 清光緒十四年(1888)集翠軒刻本 一冊

430000－2401－0025342 416/296

幻墨後編一卷 （清）楊蘭湄輯 清光緒二十年(1894)石印本 一冊

430000－2401－0025343 416/322

花間閑談三十二圖十六卷 （清）葉夢草繪圖 （清）張維屏等撰詩 清道光二十年(1840)廣州富文齋刻本 四冊

430000－2401－0025344 416/322(1)

花間閑談三十二圖十六卷 （清）葉夢草繪圖 （清）張維屏等撰詩 清道光二十年(1840)廣州富文齋刻本 四冊

430000－2401－0025345 416/466

漁磯漫鈔十卷 （清）雷琳等輯 清同治十年(1871)刻本 六冊

430000－2401－0025346 413/467

金蘭隨筆不分卷　(清)鄒斌　(清)陶揩輯
清光緒三十三年(1907)刻本　一冊

430000－2401－0025347　416/456

藝林類擷十六卷　(清)謝輔坫輯　清咸豐五
年(1855)循陔書屋刻本　十六冊

430000－2401－0025348　△437/404

絕妙好辭一卷　(清)羅錦濤輯　清光緒二十
六年(1900)羅錦濤鈔本　一冊

430000－2401－0025349　416/684

夢迹圖并詩一卷　(清)寶琳編　清末上海點
石齋石印本　二冊

430000－2401－0025350　413/505

湘報類纂六集　(清)覺睡齋主人編　清光緒
二十八年(1902)上海中華編譯印書館鉛印本
八冊

430000－2401－0025351　416/697

勸戒纏足鴉片歌一卷　二酉居士編　清宣統
二年(1910)長沙甘松竹齋木活字本　一冊

430000－2401－0025352　△42/12

楚辭二卷　(戰國)屈原撰　明萬曆四十八年
(1620)閔齊伋刻三色套印本　四冊

430000－2401－0025353　△42/4－2

楚辭二卷　(戰國)屈原撰　明吳勉學刻本
二冊

430000－2401－0025354　△42/4

楚辭二卷　(戰國)屈原撰　明刻本　二冊

430000－2401－0025355　△42/14－2

楚辭章句十七卷　(漢)王逸撰　明正德十三
年(1518)黃省曾、高第刻本　六冊

430000－2401－0025356　△42/15

楚辭章句十七卷疑字直音補一卷　(漢)王逸
撰　明隆慶五年(1571)豫章夫容館刻本
六冊

430000－2401－0025357　△42/14

楚辭章句十七卷　(漢)王逸撰　明萬曆四十
七年(1619)劉廣刻本　六冊

430000－2401－0025358　△42/8

楚辭十卷　(漢)王逸註　明萬曆十四年
(1586)俞初刻本　六冊

430000－2401－0025359　△42/9

楚辭十七卷　(漢)王逸章句　(宋)洪興祖補
註　清末長沙聚德堂刻本　王闓運批註　黃
俊、黃紓題識　六冊

430000－2401－0025360　△42/10－2

楚辭十七卷附錄一卷　(漢)王逸註　(明)陳
深批點　明萬曆十四年(1586)三樂齋刻本
六冊

430000－2401－0025361　△42/10

楚辭十七卷附錄一卷　(漢)王逸註　(明)陳
深批點　明淩毓枏刻套印本　三冊

430000－2401－0025362　42/1－5

楚辭十七卷　(漢)劉向集　(漢)王逸章句
清刻本　一冊　存四卷(十四至十七)

430000－2401－0025363　42/1－10

楚辭十七卷　(漢)劉向集　(漢)王逸章句
(宋)洪興祖補註　清初毛氏汲古閣刻本
六冊

430000－2401－0025364　42/1－10(1)

楚辭十七卷　(漢)劉向集　(漢)王逸章句
(宋)洪興祖補註　清初毛氏汲古閣刻本
六冊

430000－2401－0025365　42/1

楚辭十七卷　(漢)劉向集　(漢)王逸章句
(宋)洪興祖補註　清同治十一年(1872)金陵
書局刻本　四冊

430000－2401－0025366　42/1(1)

楚辭十七卷　(漢)劉向集　(漢)王逸章句
(宋)洪興祖補註　清同治十一年(1872)金陵
書局刻本　四冊

430000－2401－0025367　42/1(2)

楚辭十七卷　(漢)劉向集　(漢)王逸章句
(宋)洪興祖補註　清同治十一年(1872)金陵
書局刻本　四冊

430000 – 2401 – 0025368　42/1(3)

楚辭十七卷 （漢）劉向集　（漢）王逸章句 （宋）洪興祖補註　清同治十一年(1872)金陵 書局刻本　四冊

430000 – 2401 – 0025369　42/1(4)

楚辭十七卷 （漢）劉向集　（漢）王逸章句 （宋）洪興祖補註　清同治十一年(1872)金陵 書局刻本　四冊

430000 – 2401 – 0025370　42/1 – 2

楚辭十七卷 （漢）劉向集　（漢）王逸章句 （宋）洪興祖補註　清光緒九年(1883)長沙書 堂山館刻本　四冊

430000 – 2401 – 0025371　42/1 – 2(1)

楚辭十七卷 （漢）劉向集　（漢）王逸章句 （宋）洪興祖補註　清光緒九年(1883)長沙書 堂山館刻本　四冊

430000 – 2401 – 0025372　42/1 – 2(2)

楚辭十七卷 （漢）劉向集　（漢）王逸章句 （宋）洪興祖補註　清光緒九年(1883)長沙書 堂山館刻本　四冊

430000 – 2401 – 0025373　42/1 – 2(3)

楚辭十七卷 （漢）劉向集　（漢）王逸章句 （宋）洪興祖補註　清光緒九年(1883)長沙書 堂山館刻本　四冊

430000 – 2401 – 0025374　42/1 – 2(4)

楚辭十七卷 （漢）劉向集　（漢）王逸章句 （宋）洪興祖補註　清光緒九年(1883)長沙書 堂山館刻本　四冊

430000 – 2401 – 0025375　42/1 – 3

楚辭十七卷 （漢）劉向集　（漢）王逸章句 （宋）洪興祖補註　清光緒二十一年(1895)昭 陵經畬堂刻本　六冊

430000 – 2401 – 0025376　42/1 – 3(1)

楚辭十七卷 （漢）劉向集　（漢）王逸章句 （宋）洪興祖補註　清光緒二十一年(1895)昭 陵經畬堂刻本　五冊

430000 – 2401 – 0025377　42/1 – 3(2)

楚辭十七卷 （漢）劉向集　（漢）王逸章句 （宋）洪興祖補註　清光緒二十一年(1895)昭 陵經畬堂刻本　一冊

430000 – 2401 – 0025378　42/1 – 3(3)

楚辭十七卷 （漢）劉向集　（漢）王逸章句 （宋）洪興祖補註　清光緒二十一年(1895)昭 陵經畬堂刻本　二冊

430000 – 2401 – 0025379　42/1 – 9

楚辭十七卷 （漢）劉向集　（漢）王逸章句 （宋）洪興祖補註　清刻本　二冊

430000 – 2401 – 0025380　42/1 – 9(1)

楚辭十七卷 （漢）劉向集　（漢）王逸章句 （宋）洪興祖補註　清刻本　二冊

430000 – 2401 – 0025381　△42/19

楚辭八卷辯證二卷後語六卷 （宋）朱熹撰 明正德十四年(1519)沈圻刻本　四冊

430000 – 2401 – 0025382　△42/19(1)

楚辭八卷辯證二卷後語六卷 （宋）朱熹撰 明正德十四年(1519)沈圻刻本　六冊

430000 – 2401 – 0025383　△42/7

楚辭八卷辯證二卷後語八卷附覽二卷總評一 卷 （宋）朱熹撰　（明）蔣之翹輯并評校　明 天啟六年(1626)蔣之翹刻本　佚名朱墨筆批 點　五冊

430000 – 2401 – 0025384　△42/7(1)

楚辭八卷辯證二卷後語八卷附覽二卷總評一 卷 （宋）朱熹撰　（明）蔣之翹輯并評校　明 天啟六年(1626)蔣之翹刻本　四冊

430000 – 2401 – 0025385　△42/7(2)

楚辭八卷辯證二卷後語八卷附覽二卷總評一 卷 （宋）朱熹撰　（明）蔣之翹輯并評校　明 天啟六年(1626)蔣之翹刻本　六冊

430000 – 2401 – 0025386　△42/19 – 2

楚辭八卷辯證二卷後語六卷 （宋）朱熹撰 明刻本　三冊

430000 – 2401 – 0025387　△42/18

楚辭集註八卷 （宋）朱熹撰　清乾隆五十三

年(1788)聽雨齋朱墨套印本　佚名批校
四冊

430000－2401－0025388　42/2
楚辭集註八卷　（宋）朱熹撰　清乾隆五十三
年(1788)聽雨齋朱墨套印本　四冊

430000－2401－0025389　42/2(1)
楚辭集註八卷　（宋）朱熹撰　清乾隆五十三
年(1788)聽雨齋朱墨套印本　四冊

430000－2401－0025390　42/2(2)
楚辭集註八卷　（宋）朱熹撰　清乾隆五十三
年(1788)聽雨齋朱墨套印本　四冊

430000－2401－0025391　42/2(3)
楚辭集註八卷　（宋）朱熹撰　清乾隆五十三
年(1788)聽雨齋朱墨套印本　四冊

430000－2401－0025392　42/2(4)
楚辭集註八卷　（宋）朱熹撰　清乾隆五十三
年(1788)聽雨齋朱墨套印本　四冊

430000－2401－0025393　42/2－3
楚辭八卷首一卷　（宋）朱熹集註　清光緒元
年(1875)湖北崇文書局刻本　二冊

430000－2401－0025394　42/2－2
楚辭八卷首一卷　（宋）朱熹集註　清光緒三
年(1877)湖北崇文書局刻本　二冊

430000－2401－0025395　42/2－2(1)
楚辭八卷首一卷　（宋）朱熹集註　清光緒三
年(1877)湖北崇文書局刻本　二冊

430000－2401－0025396　42/2－2(2)
楚辭八卷首一卷　（宋）朱熹集註　清光緒三
年(1877)湖北崇文書局刻本　二冊

430000－2401－0025397　42/2－2(3)
楚辭八卷首一卷　（宋）朱熹集註　清光緒三
年(1877)湖北崇文書局刻本　二冊

430000－2401－0025398　42/2－2(4)
楚辭八卷首一卷　（宋）朱熹集註　清光緒三
年(1877)湖北崇文書局刻本　二冊

430000－2401－0025399　42/2－4

楚辭八卷首一卷　（宋）朱熹集註　清光緒二
十二年(1896)新化三味堂刻本　二冊

430000－2401－0025400　42/3
楚辭集註八卷辯證二卷後語六卷　（宋）朱熹
撰　清光緒八年(1882)江蘇書局刻本　四冊

430000－2401－0025401　42/3(1)
楚辭集註八卷辯證二卷後語六卷　（宋）朱熹
撰　清光緒八年(1882)江蘇書局刻本　二冊

430000－2401－0025402　42/3(2)
楚辭集註八卷辯證二卷後語六卷　（宋）朱熹
撰　清光緒八年(1882)江蘇書局刻本　二冊
存八卷(集註一至八)

430000－2401－0025403　42/3－3
楚辭集註八卷辯證二卷後語六卷　（宋）朱熹
撰　清宣統三年(1911)上海掃葉山房石印本
四冊

430000－2401－0025404　42/4
楚辭辯證二卷　（宋）朱熹撰　清光緒元年
(1875)湖北崇文書局刻本　一冊

430000－2401－0025405　42/4(1)
楚辭辯證二卷　（宋）朱熹撰　清光緒元年
(1875)湖北崇文書局刻本　一冊

430000－2401－0025406　42/4－2
楚辭辯證二卷　（宋）朱熹撰　清光緒三年
(1877)湖北崇文書局刻本　一冊

430000－2401－0025407　42/4－2(1)
楚辭辯證二卷　（宋）朱熹撰　清光緒三年
(1877)湖北崇文書局刻本　一冊

430000－2401－0025408　42/4－2(2)
楚辭辯證二卷　（宋）朱熹撰　清光緒三年
(1877)湖北崇文書局刻本　一冊

430000－2401－0025409　42/4－2(3)
楚辭辯證二卷　（宋）朱熹撰　清光緒三年
(1877)湖北崇文書局刻本　一冊

430000－2401－0025410　42/4－2(4)
楚辭辯證二卷　（宋）朱熹撰　清光緒三年
(1877)湖北崇文書局刻本　一冊

430000－2401－0025411　42/4－2(5)

楚辭辯證二卷　(宋)朱熹撰　清光緒三年(1877)湖北崇文書局刻本　一冊

430000－2401－0025412　△42/13

楚辭後語六卷　(宋)朱熹撰　明嘉靖刻本六冊

430000－2401－0025413　42/38

楚辭評林八卷　(宋)朱熹撰　(清)古與堂訂輯　清初刻本　四冊

430000－2401－0025414　42/21

離騷草木疏四卷　(宋)吳仁傑撰　清光緒元年(1875)湖北崇文書局刻本　一冊

430000－2401－0025415　42/21(1)

離騷草木疏四卷　(宋)吳仁傑撰　清光緒元年(1875)湖北崇文書局刻本　一冊

430000－2401－0025416　42/21－2

離騷草木疏四卷　(宋)吳仁傑撰　清光緒三年(1877)湖北崇文書局刻本　一冊

430000－2401－0025417　42/21－2(1)

離騷草木疏四卷　(宋)吳仁傑撰　清光緒三年(1877)湖北崇文書局刻本　一冊

430000－2401－0025418　42/21－2(2)

離騷草木疏四卷　(宋)吳仁傑撰　清光緒三年(1877)湖北崇文書局刻本　一冊

430000－2401－0025419　42/21－2(3)

離騷草木疏四卷　(宋)吳仁傑撰　清光緒三年(1877)湖北崇文書局刻本　一冊

430000－2401－0025420　42/21－2(4)

離騷草木疏四卷　(宋)吳仁傑撰　清光緒三年(1877)湖北崇文書局刻本　一冊

430000－2401－0025421　42/5－2

楚辭補註十七卷　(宋)洪興祖撰　清光緒二十二年(1896)長沙刻本　六冊

430000－2401－0025422　42/5

楚辭補註十七卷　(宋)洪興祖撰　清道光二十六年(1846)宏道書院刻本　六冊

430000－2401－0025423　42/5(1)

楚辭補註十七卷　(宋)洪興祖撰　清道光二十六年(1846)宏道書院刻本　四冊

430000－2401－0025424　42/26－2

離騷集傳一卷　(宋)錢杲之撰　清光緒元年(1875)湖北崇文書局刻本　一冊

430000－2401－0025425　42/26－2(1)

離騷集傳一卷　(宋)錢杲之撰　清光緒元年(1875)湖北崇文書局刻本　一冊

430000－2401－0025426　42/26－3(1)

離騷集傳一卷　(宋)錢杲之撰　清光緒三年(1877)湖北崇文書局刻本　一冊

430000－2401－0025427　42/26

離騷集傳一卷　(宋)錢杲之撰　清光緒三十年(1904)南陵徐氏影宋刻隨庵徐氏叢書本一冊

430000－2401－0025428　△42/22

楚騷綺語六卷　(明)張之象輯　明萬曆四年(1576)刻本　四冊

430000－2401－0025429　42/23

楚騷綺語六卷　(明)張之象輯　清光緒二十年(1894)上洋寶善局石印本　一冊

430000－2401－0025430　42/23－2

楚騷綺語六卷　(明)張之象輯　清光緒二十年(1894)上洋鴻寶齋石印本　一冊

430000－2401－0025431　△42/11

楚辭十九卷附錄二卷　(明)陸時雍疏　明末緝柳齋刻本　八冊

430000－2401－0025432　△42/21

楚辭聽直八卷合論一卷　(明)黃文煥撰　明崇禎十六年(1643)刻清順治十四年(1657)續刻本　六冊

430000－2401－0025433　42/18

楚辭天問箋一卷　(清)丁晏撰　清光緒廣雅書局刻本　一冊

430000－2401－0025434　42/18(1)

楚辭天問箋一卷　(清)丁晏撰　清光緒廣雅

書局刻本　一冊

430000－2401－0025435　42/18（2）
楚辭天問箋一卷　（清）丁晏撰　清光緒廣雅
書局刻本　一冊

430000－2401－0025436　192.3/191
屈子正音三卷　（清）方績撰　清光緒六年
（1880）網舊聞齋刻本　一冊

430000－2401－0025437　△42/1
王氏楚詞釋一卷　（清）王夫之撰　清鈔本
佚名批註　一冊

430000－2401－0025438　△42/16
楚辭通釋十四卷　（清）王夫之撰　清康熙四
十八年（1709）刻本　二冊

430000－2401－0025439　42/8－2
楚辭通釋不分卷　（清）王夫之撰　清道光二
十八年（1848）補刻船山遺書本　二冊

430000－2401－0025440　42/11
楚辭評註十卷　（清）王萌撰　清乾隆刻本
王九溪、方廷珪、思貽堂、黃善長批校　二冊

430000－2401－0025441　42/11（1）
楚辭評註十卷　（清）王萌撰　清乾隆刻本
一冊

430000－2401－0025442　△42/17
楚辭評註十卷　（清）王萌撰　清乾隆刻本
佚名批校圈點　二冊

430000－2401－0025443　△42/20
楚辭疏八卷　（清）吳世尚撰　清雍正五年
（1727）尚友堂刻本　六冊

430000－2401－0025444　42/9－4
楚辭燈四卷楚懷襄二王在位事蹟考一卷
（清）林雲銘撰　清康熙刻本　二冊

430000－2401－0025445　42/9－2
楚辭燈四卷楚懷襄二王在位事蹟考一卷
（清）林雲銘撰　清經國堂刻本　二冊

430000－2401－0025446　42/9
楚辭燈四卷楚懷襄二王在位事蹟考一卷

（清）林雲銘撰　清三讓堂刻本　佚名題註
二冊

430000－2401－0025447　42/9（1）
楚辭燈四卷楚懷襄二王在位事蹟考一卷
（清）林雲銘撰　清三讓堂刻本　二冊

430000－2401－0025448　42/9（2）
楚辭燈四卷楚懷襄二王在位事蹟考一卷
（清）林雲銘撰　清三讓堂刻本　二冊

430000－2401－0025449　42/9（3）
楚辭燈四卷楚懷襄二王在位事蹟考一卷
（清）林雲銘撰　清三讓堂刻本　二冊

430000－2401－0025450　42/9（4）
楚辭燈四卷楚懷襄二王在位事蹟考一卷
（清）林雲銘撰　清三讓堂刻本　四冊

430000－2401－0025451　42/9（5）
楚辭燈四卷楚懷襄二王在位事蹟考一卷
（清）林雲銘撰　清三讓堂刻本　一冊

430000－2401－0025452　42/9－3
楚辭燈四卷楚懷襄二王在位事蹟考一卷
（清）林雲銘撰　清刻本　二冊

430000－2401－0025453　42/6
楚辭八卷末一卷　（清）屈復集註　（清）屈啟
賢編　楚懷襄二王在位事蹟考一卷　（清）林
雲銘撰　清乾隆三年（1738）居易堂刻本
二冊

430000－2401－0025454　42/6（1）
楚辭八卷末一卷　（清）屈復集註　（清）屈啟賢
編　楚懷襄二王在位事蹟考一卷　（清）林雲銘
撰　清乾隆三年（1738）居易堂刻本　四冊

430000－2401－0025455　42/6（2）
楚辭八卷末一卷　（清）屈復集註　（清）屈啟
賢編　楚懷襄二王在位事蹟考一卷　（清）林
雲銘撰　清乾隆三年（1738）居易堂刻本
二冊

430000－2401－0025456　42/6（3）
楚辭八卷末一卷　（清）屈復集註　（清）屈啟
賢編　楚懷襄二王在位事蹟考一卷　（清）林

雲銘撰　清乾隆三年（1738）居易堂刻本
四冊

430000－2401－0025457　42/6（4）
楚辭八卷末一卷　（清）屈復集註　（清）屈啟
賢編　楚懷襄二王在位事蹟考一卷　（清）林
雲銘撰　清乾隆三年（1738）居易堂刻本
二冊

430000－2401－0025458　42/22
離騷草木史十卷離騷拾細一卷　（清）周拱辰
撰　清光緒元年（1875）補刻周孟侯先生全書
本　三冊

430000－2401－0025459　△42/3
屈騷心印五卷首一卷　（清）夏大霖撰　清乾
隆三十九年（1774）一本堂刻本　二冊

430000－2401－0025460　42/19
讀騷大例一卷　（清）郭焯瑩撰　清光緒郭氏
易俟堂鉛印本　葉德輝題記　一冊

430000－2401－0025461　42/19（1）
讀騷大例一卷　（清）郭焯瑩撰　清光緒郭氏
易俟堂鉛印本　一冊

430000－2401－0025462　42/19（2）
讀騷大例一卷　（清）郭焯瑩撰　清光緒郭氏
易俟堂鉛印本　一冊

430000－2401－0025463　42/17
離騷九歌釋一卷　（清）畢大琛撰　清光緒十
八年（1892）補學齋刻本　一冊

430000－2401－0025464　42/17（1）
離騷九歌釋一卷　（清）畢大琛撰　清光緒十
八年（1892）補學齋刻本　一冊

430000－2401－0025465　42/17（2）
離騷九歌釋一卷　（清）畢大琛撰　清光緒十
八年（1892）補學齋刻本　一冊

430000－2401－0025466　42/17（3）
離騷九歌釋一卷　（清）畢大琛撰　清光緒十
八年（1892）補學齋刻本　一冊

430000－2401－0025467　42/17（4）
離騷九歌釋一卷　（清）畢大琛撰　清光緒十

八年（1892）補學齋刻本　一冊

430000－2401－0025468　42/41
楚辭註辯正序　（清）彭申甫撰　清光緒七年
（1881）鈔本　一冊

430000－2401－0025469　42/36
屈子意逆二卷　（清）賈構集解　清乾隆五十
年（1785）刻本　二冊

430000－2401－0025470　△42/5
楚辭六卷首一卷　（清）蔣驥註　楚辭餘論二
卷楚辭說韻一卷　（清）蔣驥撰　鈔本　四冊

430000－2401－0025471　42/37
屈子章句七卷　（清）劉夢鵬撰　清乾隆五十
四年（1789）藜青堂刻本　二冊

430000－2401－0025472　△42/2
屈原賦註七卷通釋二卷　（清）戴震撰　音義
三卷　（清）汪梧鳳撰　清乾隆二十五年
（1760）刻本　四冊

430000－2401－0025473　42/39
屈原賦註七卷屈原賦通釋二卷屈原賦音義三
卷　（清）戴震撰　清光緒十七年（1891）廣雅
書局刻本　一冊

430000－2401－0025474　42/39（1）
屈原賦註七卷屈原賦通釋二卷屈原賦音義三
卷　（清）戴震撰　清光緒十七年（1891）廣雅
書局刻本　二冊

430000－2401－0025475　42/16
離騷箋二卷　（清）龔景瀚撰　清光緒元年
（1875）湖北崇文書局刻本　一冊

430000－2401－0025476　42/32
離騷註一卷　王樹枬撰　清文莫室刻本
一冊

430000－2401－0025477　42/7
楚辭釋十一卷　王闓運撰　清光緒十二年
（1886）成都尊經書院刻本　二冊

430000－2401－0025478　42/7（1）
楚辭釋十一卷　王闓運撰　清光緒十二年
（1886）成都尊經書院刻本　二冊

430000－2401－0025479　42/7－2

楚辭釋十卷　王闓運撰　清光緒二十一年（1895）儀徵李氏刻朱印本　一冊

430000－2401－0025480　42/7－2（1）

楚辭釋十卷　王闓運撰　清光緒二十一年（1895）儀徵李氏刻朱印本　一冊

430000－2401－0025481　42/7－3

楚辭釋十一卷　王闓運撰　清光緒二十七年（1901）衡陽刻本　一冊

430000－2401－0025482　42/7－3（1）

楚辭釋十一卷　王闓運撰　清光緒二十七年（1901）衡陽刻本　一冊

430000－2401－0025483　42/7－3（2）

楚辭釋十一卷　王闓運撰　清光緒二十七年（1901）衡陽刻本　一冊

430000－2401－0025484　42/7－3（3）

楚辭釋十一卷　王闓運撰　清光緒二十七年（1901）衡陽刻本　一冊

430000－2401－0025485　42/7－3（4）

楚辭釋十一卷　王闓運撰　清光緒二十七年（1901）衡陽刻本　一冊

430000－2401－0025486　42/7－3（5）

楚辭釋十一卷　王闓運撰　清光緒二十七年（1901）衡陽刻本　一冊

430000－2401－0025487　42/33

屈賦微二卷　馬其昶撰　清光緒三十二年（1906）集虛草堂校刻集虛草堂叢書本　佚名題註　一冊

430000－2401－0025488　△431/24

董膠西集一卷　（漢）董仲舒撰　明刻本　一冊

430000－2401－0025489　△431/19

漢蔡中郎集六卷　（漢）蔡邕撰　明嘉靖二十七年（1548）楊賢刻本　五冊

430000－2401－0025490　△431/18

蔡中郎集八卷　（漢）蔡邕撰　明汪士賢校刻本　二冊

430000－2401－0025491　431/32

蔡中郎集六卷補遺一卷　（漢）蔡邕撰　清康熙刻本　三冊

430000－2401－0025492　431/32（1）

蔡中郎集六卷補遺一卷　（漢）蔡邕撰　清雍正五年（1727）耆英堂刻本　四冊

430000－2401－0025493　431/33

蔡中郎集十卷外集四卷外紀一卷末一卷　（漢）蔡邕撰　清咸豐二年至三年（1852－1853）東郡楊氏海源閣刻本　十冊

430000－2401－0025494　431/33（1）

蔡中郎集十卷外集四卷外紀一卷末一卷　（漢）蔡邕撰　清咸豐二年至三年（1852－1853）東郡楊氏海源閣刻本　六冊

430000－2401－0025495　431/33（2）

蔡中郎集十卷外集四卷外紀一卷末一卷　（漢）蔡邕撰　清咸豐二年至三年（1852－1853）東郡楊氏海源閣刻本　六冊

430000－2401－0025496　431/33（3）

蔡中郎集十卷外集四卷外紀一卷末一卷　（漢）蔡邕撰　清咸豐二年至三年（1852－1853）東郡楊氏海源閣刻本　六冊

430000－2401－0025497　431/33（4）

蔡中郎集十卷外集四卷外紀一卷末一卷　（漢）蔡邕撰　清咸豐二年至三年（1852－1853）東郡楊氏海源閣刻本　六冊　存十卷（蔡中郎集十卷）

430000－2401－0025498　431/33（5）

蔡中郎集十卷外集四卷外紀一卷末一卷　（漢）蔡邕撰　清咸豐二年至三年（1852－1853）東郡楊氏海源閣刻本　六冊

430000－2401－0025499　431/33－2

蔡中郎集十卷外集四卷外紀一卷末一卷　（漢）蔡邕撰　清光緒十六年（1890）番禺陶氏愛廬刻本　五冊

430000－2401－0025500　431/33－2（1）

蔡中郎集十卷外集四卷外紀一卷末一卷

(漢)蔡邕撰　清光緒十六年(1890)番禺陶氏愛廬刻本　五冊

430000－2401－0025501　431/33－2(2)
蔡中郎集十卷外集四卷外紀一卷末一卷
(漢)蔡邕撰　清光緒十六年(1890)番禺陶氏愛廬刻本　四冊

430000－2401－0025502　△431/17
蔡中郎集十卷外紀一卷外集四卷末一卷
(漢)蔡邕撰　清鈔本　賈恩綏跋并圈點　顧廣圻跋　傅增湘校　四冊

430000－2401－0025503　431/22
阮嗣宗集二卷　(三國魏)阮籍撰　明程榮刻本　一冊

430000－2401－0025504　431/22－2
阮嗣宗集二卷　(三國魏)阮籍撰　明刻本　佚名題註　一冊

430000－2401－0025505　△431/20
曹子建集十卷　(三國魏)曹植撰　(明)李夢陽　(明)王世貞等評　明天啟元年(1621)凌惺德刻朱墨套印本　二冊　存八卷(一至八)

430000－2401－0025506　431/42
陳思王集二卷　(三國魏)曹植撰　(明)張溥評閱　清朝宗書室木活字本　二冊

430000－2401－0025507　431/42(1)
陳思王集二卷　(三國魏)曹植撰　(明)張溥評閱　清朝宗書室木活字本　二冊

430000－2401－0025508　431/42－2
陳思王集二卷　(三國魏)曹植撰　(明)張溥評閱　清善化藍田章氏重刻本　一冊

430000－2401－0025509　431/3
曹集銓評十卷　(三國魏)曹植撰　(清)丁晏編纂　曹集逸文一卷魏陳思王年譜一卷
(清)丁晏編　清同治十一年(1872)金陵書局刻本　二冊

430000－2401－0025510　431/3(1)
曹集銓評十卷　(三國魏)曹植撰　(清)丁晏編纂　曹集逸文一卷魏陳思王年譜一卷

(清)丁晏編　清同治十一年(1872)金陵書局刻本　二冊

430000－2401－0025511　431/3(2)
曹集銓評十卷　(三國魏)曹植撰　(清)丁晏編纂　曹集逸文一卷魏陳思王年譜一卷
(清)丁晏編　清同治十一年(1872)金陵書局刻本　二冊

430000－2401－0025512　431/3(3)
曹集銓評十卷　(三國魏)曹植撰　(清)丁晏編纂　曹集逸文一卷魏陳思王年譜一卷
(清)丁晏編　清同治十一年(1872)金陵書局刻本　二冊

430000－2401－0025513　△431/22
嵇中散集十卷　(三國魏)嵇康撰　明汪士賢刻本　二冊

430000－2401－0025514　△431/22－2
嵇中散集十卷　(三國魏)嵇康撰　明程榮校刻本　二冊

430000－2401－0025515　431/26
諸葛武侯集四卷首一卷　(三國蜀)諸葛亮撰　清同治七年(1868)楚醴景萊書室刻本　佚名題註　四冊

430000－2401－0025516　431/26(1)
諸葛武侯集四卷首一卷　(三國蜀)諸葛亮撰　清同治七年(1868)楚醴景萊書室刻本　四冊

430000－2401－0025517　431/26(2)
諸葛武侯集四卷首一卷　(三國蜀)諸葛亮撰　清同治七年(1868)楚醴景萊書室刻本　四冊

430000－2401－0025518　431/26(3)
諸葛武侯集四卷首一卷　(三國蜀)諸葛亮撰　清同治七年(1868)楚醴景萊書室刻本　四冊

430000－2401－0025519　431/26(4)
諸葛武侯集四卷首一卷　(三國蜀)諸葛亮撰　清同治七年(1868)楚醴景萊書室刻本　四冊

430000－2401－0025520　431/25

諸葛忠武侯文集六卷首一卷　（三國蜀）諸葛亮撰　清末茶陵譚福壽堂刻本　四冊

430000－2401－0025521　431/25(1)

諸葛忠武侯文集六卷首一卷　（三國蜀）諸葛亮撰　清末茶陵譚福壽堂刻本　四冊

430000－2401－0025522　431/25(2)

諸葛忠武侯文集六卷首一卷　（三國蜀）諸葛亮撰　清末茶陵譚福壽堂刻本　四冊

430000－2401－0025523　△431/460

諸葛丞相集四卷續附一卷　（三國蜀）諸葛亮撰　（清）朱璘輯　清康熙萬卷堂刻本　一冊　存四卷(一、三至四、續附)

430000－2401－0025524　431/30

忠武侯諸葛孔明先生全集二十卷　（三國蜀）諸葛亮撰　（清）張澍纂輯　清同治元年(1862)聚珍齋活字本　十四冊

430000－2401－0025525　431/30(1)

忠武侯諸葛孔明先生全集二十卷　（三國蜀）諸葛亮撰　（清）張澍纂輯　清同治元年(1862)聚珍齋活字本　十四冊

430000－2401－0025526　431/30(2)

忠武侯諸葛孔明先生全集二十卷　（三國蜀）諸葛亮撰　（清）張澍纂輯　清同治元年(1862)聚珍齋活字本　一冊　存二卷(一至二)

430000－2401－0025527　431/28

諸葛忠武侯文集六卷首一卷　（三國蜀）諸葛亮撰　（清）張澍編　清末刻本　二冊

430000－2401－0025528　431/28－2

諸葛忠武侯文集六卷首一卷　（三國蜀）諸葛亮撰　（清）張澍編　清末刻本　一冊　存三卷(一至二、首一卷)

430000－2401－0025529　431/27

武侯全書二十卷首一卷　（三國蜀）諸葛亮撰　（清）趙承恩編　清光緒十年(1884)紅杏山房刻本　十三冊

430000－2401－0025530　△431/14

夏侯常侍集一卷　（晉）夏侯湛撰　明末刻本　一冊

430000－2401－0025531　△431/12

陸士龍文集十卷　（晉）陸雲撰　（明）汪士賢校　明刻本　二冊

430000－2401－0025532　431/5－2

陸士衡文集十卷　（晉）陸機撰　清光緒四年(1878)金山錢氏重刻小萬卷樓叢書本　二冊

430000－2401－0025533　431/5

陸士衡集十卷　（晉）陸機撰　清宣統三年(1911)上海文明書局鉛印本　一冊

430000－2401－0025534　431/12

陶淵明文集十卷　（晉）陶潛撰　清康熙三十三年(1694)汲古閣毛扆刻本　三冊

430000－2401－0025535　431/12(1)

陶淵明文集十卷　（晉）陶潛撰　清康熙三十三年(1694)汲古閣毛扆刻本　四冊

430000－2401－0025536　431/12(2)

陶淵明文集十卷　（晉）陶潛撰　清康熙三十三年(1694)汲古閣毛扆刻本　四冊

430000－2401－0025537　431/12－3

陶淵明文集十卷　（晉）陶潛撰　清同治二年(1863)何氏篤慶堂影宋刻本　二冊

430000－2401－0025538　431/12－3(1)

陶淵明文集十卷　（晉）陶潛撰　清同治二年(1863)何氏篤慶堂影宋刻本　二冊

430000－2401－0025539　431/12－3(2)

陶淵明文集十卷　（晉）陶潛撰　清同治二年(1863)何氏篤慶堂影宋刻本　二冊

430000－2401－0025540　431/12－2

陶淵明文集十卷　（晉）陶潛撰　清光緒五年(1879)湘潭胡氏刻本　三冊

430000－2401－0025541　431/12－2(1)

陶淵明文集十卷　（晉）陶潛撰　清光緒五年(1879)湘潭胡氏刻本　三冊

430000－2401－0025542　431/12－2(2)

陶淵明文集十卷　（晉）陶潛撰　清光緒五年
(1879)湘潭胡氏刻本　三冊

430000－2401－0025543　431/12－4

陶淵明文集十卷　（晉）陶潛撰　清宣統元年
(1909)上海著易堂書局石印本　四冊

430000－2401－0025544　431/12－4(1)

陶淵明文集十卷　（晉）陶潛撰　清宣統元年
(1909)上海著易堂書局石印本　四冊

430000－2401－0025545　431/12－4(2)

陶淵明文集十卷　（晉）陶潛撰　清宣統元年
(1909)上海著易堂書局石印本　四冊

430000－2401－0025546　△431/10

陶淵明集八卷　（晉）陶潛撰　明刻本　一冊
　　存四卷(一至四)

430000－2401－0025547　431/17

陶淵明集十卷　（晉）陶潛撰　清光緒二年
(1876)刻本　六冊

430000－2401－0025548　431/11

陶淵明集八卷首一卷末一卷　（晉）陶潛撰
清光緒五年(1879)廣州翰墨園朱墨套印本
瀛荄題註　四冊

430000－2401－0025549　431/11(1)

陶淵明集八卷首一卷末一卷　（晉）陶潛撰
清光緒五年(1879)廣州翰墨園朱墨套印本
二冊

430000－2401－0025550　431/11(2)

陶淵明集八卷首一卷末一卷　（晉）陶潛撰　清
光緒五年(1879)廣州翰墨園朱墨套印本　二冊

430000－2401－0025551　431/11－2

陶淵明集八卷首一卷末一卷　（晉）陶潛撰
清光緒六年(1880)四色套印本　四冊

430000－2401－0025552　431/11－2(1)

陶淵明集八卷首一卷末一卷　（晉）陶潛撰
清光緒六年(1880)四色套印本　合訂一冊

430000－2401－0025553　431/11－3

陶淵明集八卷首一卷末一卷　（晉）陶潛撰

清末三色套印本　四冊

430000－2401－0025554　431/11－3(1)

陶淵明集八卷首一卷末一卷　（晉）陶潛撰
清末三色套印本　四冊

430000－2401－0025555　431/11－3(2)

陶淵明集八卷首一卷末一卷　（晉）陶潛撰
清末三色套印本　二冊

430000－2401－0025556　431/11－3(3)

陶淵明集八卷首一卷末一卷　（晉）陶潛撰
清末三色套印本　二冊

430000－2401－0025557　431/11－3(4)

陶淵明集八卷首一卷末一卷　（晉）陶潛撰
清末三色套印本　二冊

430000－2401－0025558　431/13

陶淵明詩一卷陶淵明雜文一卷　（晉）陶潛撰
　清光緒元年(1875)影刻宋紹熙三年刻本
二冊

430000－2401－0025559　431/13(1)

陶淵明詩一卷陶淵明雜文一卷　（晉）陶潛撰
清光緒元年(1875)影刻宋紹熙三年刻本　二冊

430000－2401－0025560　431/13(2)

陶淵明詩一卷陶淵明雜文一卷　（晉）陶潛撰
　清光緒元年(1875)影刻宋紹熙三年刻本
一冊

430000－2401－0025561　△431/7

陶靖節集八卷　（晉）陶潛撰　明萬曆三十一
年(1603)吳興凌氏朱墨套印本　一冊　存三
卷(一至三)

430000－2401－0025562　△431/6

陶靖節集八卷附錄一卷　（晉）陶潛撰　**附錄**
（明）楊時偉輯　**蘇東坡和陶詩二卷**　（宋）
蘇軾撰　明萬曆四十七年(1619)楊時偉刻本
三冊

430000－2401－0025563　△431/4

陶靖節集二卷　（晉）陶潛撰　明何湛之刻陶
韋合刻本　二冊

430000－2401－0025564　△431/5

陶靖節集八卷附錄一卷 （晉）陶潛撰 **附錄**
（宋）顏延之撰 明刻本 佚名批校圈點
三冊

430000－2401－0025565 431/10
陶靖節集八卷附錄一卷末一卷 （晉）陶潛撰
清光緒五年（1879）傳忠書舍刻本 二冊

430000－2401－0025566 431/10（1）
陶靖節集八卷附錄一卷末一卷 （晉）陶潛撰
清光緒五年（1879）傳忠書舍刻本 合訂
一冊

430000－2401－0025567 431/10（2）
陶靖節集八卷附錄一卷末一卷 （晉）陶潛撰
清光緒五年（1879）傳忠書舍刻本 二冊

430000－2401－0025568 431/10（3）
陶靖節集八卷附錄一卷末一卷 （晉）陶潛撰
清光緒五年（1879）傳忠書舍刻本 合訂
一冊

430000－2401－0025569 431/10（4）
陶靖節集八卷附錄一卷末一卷 （晉）陶潛撰
清光緒五年（1879）傳忠書舍刻本 二冊

430000－2401－0025570 △431/8－2
陶靖節集十卷 （晉）陶潛撰 （宋）湯漢等箋
註 明萬曆四年（1576）周敬松刻本 四冊

430000－2401－0025571 △431/8
陶靖節集十卷 （晉）陶潛撰 （宋）湯漢等箋
註 明萬曆十五年（1587）休陽程氏刻本
二冊

430000－2401－0025572 △431/8－3
陶靖節集十卷 （晉）陶潛撰 （宋）湯漢等箋
註 明密娛齋刻本 四冊

430000－2401－0025573 431/16
箋註陶淵明集十卷 （晉）陶潛撰 （宋）湯漢
等箋註 **補註陶淵明集總論一卷** （宋）李公
煥輯 清宣統三年（1911）貴池劉氏玉海堂影
宋刻本 四冊

430000－2401－0025574 431/16（1）
箋註陶淵明集十卷 （晉）陶潛撰 （宋）湯漢

等箋註 **補註陶淵明集總論一卷** （宋）李公
煥輯 清宣統三年（1911）貴池劉氏玉海堂影
宋刻本 四冊

430000－2401－0025575 431/16（2）
箋註陶淵明集十卷 （晉）陶潛撰 （宋）湯漢
等箋註 **補註陶淵明集總論一卷** （宋）李公
煥輯 清宣統三年（1911）貴池劉氏玉海堂影
宋刻本 四冊

430000－2401－0025576 △431/9
陶靖節集不分卷 （晉）陶潛撰 （明）毛晉重
訂 明天啟毛氏綠君亭刻本 二冊

430000－2401－0025577 431/18－5
陶詩彙評四卷首一卷末一卷 （晉）陶潛撰
（清）吳瞻泰輯 清康熙四十四年（1705）雲門
精舍刻本 佚名題註 二冊

430000－2401－0025578 431/18－3
陶詩彙評四卷 （晉）陶潛撰 （清）溫汝能纂
清嘉慶十一年（1806）刻本 二冊

430000－2401－0025579 431/18－3（1）
陶詩彙評四卷 （晉）陶潛撰 （清）溫汝能纂
清嘉慶十一年（1806）刻本 二冊

430000－2401－0025580 431/18
陶詩彙評四卷 （晉）陶潛撰 （清）溫汝能纂
清光緒十八年（1892）上海五彩公司石印本
二冊

430000－2401－0025581 431/18（1）
陶詩彙評四卷 （晉）陶潛撰 （清）溫汝能纂
清光緒十八年（1892）上海五彩公司石印本
二冊 存二卷（一至二）

430000－2401－0025582 431/18－4
陶詩彙評四卷 （晉）陶潛撰 （清）溫汝能纂
清宣統元年（1909）上海掃葉山房石印本
二冊

430000－2401－0025583 431/9
靖節先生集十卷首一卷末一卷 （晉）陶潛撰
（清）陶澍集註 清道光二十年（1840）金陵
惜陰書舍刻本 四冊

430000－2401－0025584　431/9（1）

靖節先生集十卷首一卷末一卷　（晉）陶潛撰
　（清）陶澍集註　清道光二十年(1840)金陵
惜陰書舍刻本　四冊

430000－2401－0025585　431/9（2）

靖節先生集十卷首一卷末一卷　（晉）陶潛撰
　（清）陶澍集註　清道光二十年(1840)金陵
惜陰書舍刻本　四冊

430000－2401－0025586　431/9（3）

靖節先生集十卷首一卷末一卷　（晉）陶潛撰
　（清）陶澍集註　清道光二十年(1840)金陵
惜陰書舍刻本　四冊

430000－2401－0025587　431/9（4）

靖節先生集十卷首一卷末一卷　（晉）陶潛撰
　（清）陶澍集註　清道光二十年(1840)金陵
惜陰書舍刻本　四冊

430000－2401－0025588　431/9－2

靖節先生集十卷首一卷末一卷　（晉）陶潛撰
　（清）陶澍集註　清光緒九年(1883)江蘇書
局刻本　佚名題註　四冊

430000－2401－0025589　431/9－2（1）

靖節先生集十卷首一卷末一卷　（晉）陶潛撰
　（清）陶澍集註　清光緒九年(1883)江蘇書
局刻本　四冊

430000－2401－0025590　431/9－2（2）

靖節先生集十卷首一卷末一卷　（晉）陶潛撰
　（清）陶澍集註　清光緒九年(1883)江蘇書
局刻本　四冊

430000－2401－0025591　△431/11

陶靖節集十卷首一卷　（晉）陶潛撰　（清）陶
澍集註　清鈔本　佚名批校　二冊　存二卷
（三至四）

430000－2401－0025592　431/15

陶靖節集四卷　（晉）陶潛撰　（清）董廢翁選
評　清刻本　二冊

430000－2401－0025593　431/8

陶淵明詩集十卷　（晉）陶潛撰　（清）楊霈輯

南村輟耕錄所載陶氏二譜一卷　（清）楊霈
輯　清道光二十一年(1841)刻本　四冊

430000－2401－0025594　431/14－2

陶靖節詩集四卷　（晉）陶潛撰　（清）蔣薰評
　清同文山房刻本　二冊

430000－2401－0025595　431/14－2（1）

陶靖節詩集四卷　（晉）陶潛撰　（清）蔣薰評
　清同文山房刻本　二冊

430000－2401－0025596　431/14

陶靖節詩集四卷　（晉）陶潛撰　（清）蔣薰評
　（清）周文焜訂　清乾隆二年(1737)最樂堂
刻本　一冊

430000－2401－0025597　431/14（1）

陶靖節詩集四卷　（晉）陶潛撰　（清）蔣薰評
　（清）周文焜訂　清乾隆二年(1737)最樂堂
刻本　二冊

430000－2401－0025598　431/38

傅鶉觚集五卷補遺一卷　（晉）傅玄撰　（清）
方濬師校集　清光緒二年(1876)廣州書局刻
本　二冊

430000－2401－0025599　431/38（1）

傅鶉觚集五卷補遺一卷　（晉）傅玄撰　（清）
方濬師校集　清光緒二年(1876)廣州書局刻
本　二冊

430000－2401－0025600　431/41

晉司隸校尉傅玄集三卷　（晉）傅玄撰　葉德
輝輯　清光緒二十八年(1902)長沙葉氏觀古
堂刻本　一冊

430000－2401－0025601　431/41（1）

晉司隸校尉傅玄集三卷　（晉）傅玄撰　葉德
輝輯　清光緒二十八年(1902)長沙葉氏觀古
堂刻本　一冊

430000－2401－0025602　431/39

潘黃門集六卷　（晉）潘岳撰　明萬曆、天啟
新安汪氏刻漢魏諸名家集本　一冊

430000－2401－0025603　431/53

謝康樂集四卷　（南朝宋)謝靈運撰　（明）焦

竑校　**謝惠連傳一卷謝惠連集一卷**　（南朝宋）謝惠連撰　（明）汪士賢校　明萬曆、天啟新安汪氏刻漢魏諸名家集本　一册

430000－2401－0025604　431/35

謝宣城詩集五卷　（南朝齊）謝朓撰　清末刻本　一册

430000－2401－0025605　431/1

江文通集四卷　（南朝梁）江淹撰　（清）梁賓輯　清乾隆二十四年(1759)考城安愚堂刻本　四册

430000－2401－0025606　431/2

江文通集十卷　（南朝梁）江淹撰　明末刻本　二册

430000－2401－0025607　△431/23

醴陵集十卷　（南朝梁）江淹撰　清乾隆江昉群雅堂刻本　二册

430000－2401－0025608　431/31

醴陵集十卷　（南朝梁）江淹撰　清刻本　二册

430000－2401－0025609　△431/1

任彥升集六卷　（南朝梁）任昉撰　（明）呂兆禧校　明萬曆十八年(1590)呂兆禧刻本　一册

430000－2401－0025610　△431/51

華陽陶隱居集二卷　（南朝梁）陶弘景撰　**華陽陶隱居內傳三卷**　（宋）賈嵩撰　清光緒二十九年(1903)長沙葉氏觀古堂刻本　一册

430000－2401－0025611　△431/16

梁陶貞白先生文集二卷　（南朝梁）陶弘景撰　（明）黃省曾輯　明嘉靖三十一年(1552)蕭斯馨刻本　一册

430000－2401－0025612　△431/3

陶貞白集二卷　（南朝梁）陶弘景撰　（明）黃省曾輯　明新安汪士賢校刻本　一册

430000－2401－0025613　431/40

徐僕射集二卷　（南朝陳）徐陵撰　清光緒十八年(1892)善化章經濟堂刻本　一册

430000－2401－0025614　431/24

徐孝穆全集六卷　（南朝陳）徐陵撰　（清）吳兆宜箋註　清光緒二年(1876)廣東翰墨園刻本　三册

430000－2401－0025615　431/24(1)

徐孝穆全集六卷　（南朝陳）徐陵撰　（清）吳兆宜箋註　清光緒二年(1876)廣東翰墨園刻本　三册

430000－2401－0025616　431/24(2)

徐孝穆全集六卷　（南朝陳）徐陵撰　（清）吳兆宜箋註　清光緒二年(1876)廣東翰墨園刻本　一册

430000－2401－0025617　431/24(3)

徐孝穆全集六卷　（南朝陳）徐陵撰　（清）吳兆宜箋註　清光緒二年(1876)廣東翰墨園刻本　三册

430000－2401－0025618　431/24(4)

徐孝穆全集六卷　（南朝陳）徐陵撰　（清）吳兆宜箋註　清光緒二年(1876)廣東翰墨園刻本　二册　缺二卷(三至四)

430000－2401－0025619　431/24(5)

徐孝穆全集六卷　（南朝陳）徐陵撰　（清）吳兆宜箋註　清光緒二年(1876)廣東翰墨園刻本　二册　缺二卷(三至四)

430000－2401－0025620　431/24－2

徐孝穆全集六卷　（南朝陳）徐陵撰　（清）吳兆宜箋註　清光緒四年(1878)西齋別墅刻本　二册

430000－2401－0025621　431/24－2(1)

徐孝穆全集六卷　（南朝陳）徐陵撰　（清）吳兆宜箋註　清光緒四年(1878)西齋別墅刻本　二册

430000－2401－0025622　431/24－2(2)

徐孝穆全集六卷　（南朝陳）徐陵撰　（清）吳兆宜箋註　清光緒四年(1878)西齋別墅刻本　二册

430000－2401－0025623　431/24－4

徐孝穆全集六卷 （南朝陳）徐陵撰 （清）吳兆宜箋註 清揚州藝古堂刻本 六冊

430000－2401－0025624 431/24－4(1)
徐孝穆全集六卷 （南朝陳）徐陵撰 （清）吳兆宜箋註 清揚州藝古堂刻本 四冊

430000－2401－0025625 431/24－4(2)
徐孝穆全集六卷 （南朝陳）徐陵撰 （清）吳兆宜箋註 清揚州藝古堂刻本 六冊

430000－2401－0025626 431/24－5
徐孝穆全集六卷 （南朝陳）徐陵撰 （清）吳兆宜箋註 清刻本 四冊

430000－2401－0025627 △431/2
徐孝穆全集六卷 （南朝陳）徐陵撰 （清）吳兆宜箋註 清善化經濟書堂刻本 陳銳題識 四冊

430000－2401－0025628 △431/2－2
徐孝穆全集六卷 （南朝陳）徐陵撰 （清）吳兆宜箋註 清刻本 三冊

430000－2401－0025629 431/24－3
徐孝穆全集六卷 （南朝陳）徐陵撰 （清）吳兆宜箋註 清末湖南善化濟書堂刻本 四冊

430000－2401－0025630 431/24－3(1)
徐孝穆全集六卷 （南朝陳）徐陵撰 （清）吳兆宜箋註 清末湖南善化濟書堂刻本 六冊

430000－2401－0025631 431/24－3(2)
徐孝穆全集六卷 （南朝陳）徐陵撰 （清）吳兆宜箋註 清末湖南善化濟書堂刻本 六冊

430000－2401－0025632 431/24－3(3)
徐孝穆全集六卷 （南朝陳）徐陵撰 （清）吳兆宜箋註 清末湖南善化濟書堂刻本 四冊

430000－2401－0025633 431/24－3(4)
徐孝穆全集六卷 （南朝陳）徐陵撰 （清）吳兆宜箋註 清末湖南善化濟書堂刻本 四冊

430000－2401－0025634 △431/13
庾開府集十二卷 （北周）庾信撰 （明）汪士賢校 明南城翁少麓刻本 四冊

430000－2401－0025635 431/19
庾子山全集十卷 （北周）庾信撰 （清）吳兆宜箋註 清初刻本 五冊

430000－2401－0025636 431/19－2
庾子山全集十卷 （北周）庾信撰 （清）吳兆宜箋註 清吳郡寶翰樓刻本 四冊

430000－2401－0025637 431/20
庾子山集十六卷 （北周）庾信撰 （清）倪璠註 **庾子山年譜一卷庾集總釋一卷** （清）倪璠撰 清光緒十六年(1890)廣州經史閣刻本 十二冊

430000－2401－0025638 431/20－3
庾子山集十六卷 （北周）庾信撰 （清）倪璠註 **庾子山年譜一卷庾集總釋一卷** （清）倪璠撰 清光緒十六年(1890)成都試院刻本 十二冊

430000－2401－0025639 431/20－5
庾子山集十六卷 （北周）庾信撰 （清）倪璠註 **庾子山年譜一卷庾集總釋一卷** （清）倪璠撰 清光緒二十年(1894)粤東儒雅堂刻本 十二冊

430000－2401－0025640 431/20－11
庾子山集十六卷 （北周）庾信撰 （清）倪璠註 **庾子山年譜一卷庾集總釋一卷** （清）倪璠撰 清金閶書業堂刻本 十二冊

430000－2401－0025641 431/20－8
庾子山集十六卷 （北周）庾信撰 （清）倪璠註 **庾子山年譜一卷庾集總釋一卷** （清）倪璠撰 清篤慶堂刻本 十二冊

430000－2401－0025642 431/20－10
庾子山集十六卷 （北周）庾信撰 （清）倪璠註 **庾子山年譜一卷庾集總釋一卷** （清）倪璠撰 清刻本 十二冊

430000－2401－0025643 431/20－9
庾子山集十六卷 （北周）庾信撰 （清）倪璠註 **庾子山年譜一卷庾集總釋一卷** （清）倪璠撰 清刻本 十二冊

430000－2401－0025644　432/174

元英先生詩集十卷　（唐）方干撰　清初刻本
　一冊　存五卷（六至十）

430000－2401－0025645　432/6

王子安集註二十卷首一卷末一卷　（唐）王勃
撰　（清）蔣清翊註　清光緒九年（1883）吳縣
蔣氏雙唐碑館刻本　六冊

430000－2401－0025646　432/6（1）

王子安集註二十卷首一卷末一卷　（唐）王勃
撰　（清）蔣清翊註　清光緒九年（1883）吳縣
蔣氏雙唐碑館刻本　四冊

430000－2401－0025647　432/7

麟角集一卷　（唐）王棨撰　清光緒七年
（1881）成都瀹雅齋刻本　一冊

430000－2401－0025648　432/7（1）

麟角集一卷　（唐）王棨撰　清光緒七年
（1881）成都瀹雅齋刻本　一冊

430000－2401－0025649　432/7（2）

麟角集一卷　（唐）王棨撰　清光緒七年
（1881）成都瀹雅齋刻本　一冊

430000－2401－0025650　432/2－4

王摩詰集六卷　（唐）王維撰　清初刻本
二冊

430000－2401－0025651　432/2

王摩詰集六卷　（唐）王維撰　清光緒十年
（1884）上海同文書局石印本　四冊

430000－2401－0025652　432/2－2

王摩詰集六卷　（唐）王維撰　清光緒十年
（1884）上海同文書局石印本　二冊

430000－2401－0025653　432/2－2（1）

王摩詰集六卷　（唐）王維撰　清光緒十年
（1884）上海同文書局石印本　二冊

430000－2401－0025654　432/2－2（2）

王摩詰集六卷　（唐）王維撰　清光緒十年
（1884）上海同文書局石印本　三冊

430000－2401－0025655　432/2－3

王摩詰集六卷　（唐）王維撰　清光緒十年
（1884）尚友山房石印本　四冊

430000－2401－0025656　△432/3

王摩詰詩集七卷　（唐）王維撰　（宋）劉辰翁
評　明吳興凌濛初朱墨套印本　四冊

430000－2401－0025657　432/3

王摩詰詩集七卷　（唐）王維撰　（宋）劉辰翁
評　（明）顧璘評　**孟浩然詩集二卷**　（唐）孟
浩然撰　（宋）劉辰翁評　（明）李夢陽參　清
光緒五年（1879）碧琳琅館朱墨套印本　四冊

430000－2401－0025658　432/3（1）

王摩詰詩集七卷　（唐）王維撰　（宋）劉辰翁
評　（明）顧璘評　**孟浩然詩集二卷**　（唐）孟
浩然撰　（宋）劉辰翁評　（明）李夢陽參　清
光緒五年（1879）碧琳琅館朱墨套印本　三冊

430000－2401－0025659　△432/66

唐王右丞詩集六卷　（唐）王維撰　（明）顧可
久註　明萬曆十八年（1590）吳氏漱玉齋刻本
　葉啟勳題識　二冊

430000－2401－0025660　△432/100

**類箋唐王右丞詩集十卷文集四卷外篇一卷年
譜一卷唐諸家同詠集一卷贈題集一卷歷朝諸
家評王右丞詩畫鈔一卷**　（唐）王維撰　（明）
顧起經註并輯　明嘉靖三十五年（1556）顧氏
奇字齋刻本　清弘瞻批校圈點　十冊

430000－2401－0025661　△432/100（1）

**類箋唐王右丞詩集十卷文集四卷外篇一卷年
譜一卷唐諸家同詠集一卷贈題集一卷歷朝諸
家評王右丞詩畫鈔一卷**　（唐）王維撰　（明）
顧起經註并輯　明嘉靖三十五年（1556）顧氏
奇字齋刻本　一冊　存三卷（三至五）

430000－2401－0025662　432/1

王右丞集二十八卷首一卷末一卷　（唐）王維
撰　（清）趙殿成箋註　清乾隆二年（1737）趙
氏刻本　十冊

430000－2401－0025663　432/1（1）

王右丞集二十八卷首一卷末一卷　（唐）王維
撰　（清）趙殿成箋註　清乾隆二年（1737）趙
氏刻本　八冊

430000－2401－0025664　432/1（2）

王右丞集二十八卷首一卷末一卷　（唐）王維撰　（清）趙殿成箋註　清乾隆二年（1737）趙氏刻本　十冊

430000－2401－0025665　432/1（3）

王右丞集二十八卷首一卷末一卷　（唐）王維撰　（清）趙殿成箋註　清乾隆二年（1737）趙氏刻本　八冊

430000－2401－0025666　432/1（4）

王右丞集二十八卷首一卷末一卷　（唐）王維撰　（清）趙殿成箋註　清乾隆二年（1737）趙氏刻本　六冊

430000－2401－0025667　△432/65

唐元次山文集十二卷　（唐）元結撰　明末刻本　二冊

430000－2401－0025668　△432/4

元氏長慶集六十卷補遺六卷　（唐）元稹撰　明萬曆三十二年（1604）馬元調魚樂軒刻元白長慶集本　十冊

430000－2401－0025669　△432/4（1）

元氏長慶集六十卷補遺六卷　（唐）元稹撰　明萬曆三十二年（1604）馬元調魚樂軒刻元白長慶集本　六冊

430000－2401－0025670　432/167

元氏長慶集六十卷補遺六卷　（唐）元稹撰　明婁聖元白合刻本　四冊　存二十六卷（一至二十六）

430000－2401－0025671　△432/67

唐皮日休文藪十卷　（唐）皮日休撰　明刻本　二冊　存五卷（一至二、六至八）

430000－2401－0025672　432/8

唐皮日休文藪十卷　（唐）皮日休撰　清光緒八年（1882）鄰城于氏影宋刻本　二冊

430000－2401－0025673　432/8（1）

唐皮日休文藪十卷　（唐）皮日休撰　清光緒八年（1882）鄰城于氏影宋刻本　二冊

430000－2401－0025674　432/8－2

唐皮日休文藪十卷　（唐）皮日休撰　清光緒二十一年（1895）合肥李氏蘭雪堂影宋刻本　二冊

430000－2401－0025675　432/8－2（1）

唐皮日休文藪十卷　（唐）皮日休撰　清光緒二十一年（1895）合肥李氏蘭雪堂影宋刻本　二冊

430000－2401－0025676　432/8－2（2）

唐皮日休文藪十卷　（唐）皮日休撰　清光緒二十一年（1895）合肥李氏蘭雪堂影宋刻本　二冊

430000－2401－0025677　△432/1

一鳴集存詩不分卷　（唐）司空圖撰　清鈔本　二冊

430000－2401－0025678　△432/68

唐司空文明詩集三卷　（唐）司空曙撰　明嘉靖刻本　一冊

430000－2401－0025679　△432/6

白氏文集七十一卷　（唐）白居易撰　明嘉靖十七年（1538）伍忠光龍池草堂刻錢應龍重修本　十六冊

430000－2401－0025680　△432/7

白香山詩長慶集二十卷後集十七卷別集一卷補遺二卷　（唐）白居易撰　白香山年譜舊本一卷　（宋）陳振孫撰　白香山年譜一卷（清）汪立名撰　清康熙四十一年至四十二年（1702－1703）汪立名一隅草堂刻本　十二冊

430000－2401－0025681　△432/7（1）

白香山詩長慶集二十卷後集十七卷別集一卷補遺二卷　（唐）白居易撰　白香山年譜舊本一卷　（宋）陳振孫撰　白香山年譜一卷（清）汪立名撰　清康熙四十一年至四十二年（1702－1703）汪立名一隅草堂刻本　十二冊

430000－2401－0025682　△432/7（2）

白香山詩長慶集二十卷後集十七卷別集一卷補遺二卷　（唐）白居易撰　白香山年譜舊本一卷　（宋）陳振孫撰　白香山年譜一卷（清）汪立名撰　清康熙四十一年至四十二年

(1702－1703)汪立名一隅草堂刻本　十冊

430000－2401－0025683　432/44－2

白香山詩長慶集二十卷後集十七卷別集一卷補遺二卷　（唐）白居易撰　清末影印汪立名一隅草堂刻本　三冊　存十一卷(一至四,後集一至三、七至十)

430000－2401－0025684　432/46

新雕校證大字白氏諷諫一卷　（唐）白居易撰　清光緒十九年(1893)吳門徐元圃影宋刻本　一冊

430000－2401－0025685　432/46(1)

新雕校證大字白氏諷諫一卷　（唐）白居易撰　清光緒十九年(1893)吳門徐元圃影宋刻本　一冊

430000－2401－0025686　432/46(2)

新雕校證大字白氏諷諫一卷　（唐）白居易撰　清光緒十九年(1893)吳門徐元圃影宋刻本　一冊

430000－2401－0025687　432/131

香山詩選六卷　（唐）白居易撰　（清）曹文埴選　清光緒十七年(1891)金陵書局刻本　二冊

430000－2401－0025688　432/131(1)

香山詩選六卷　（唐）白居易撰　（清）曹文埴選　清光緒十七年(1891)金陵書局刻本　一冊

430000－2401－0025689　432/131(2)

香山詩選六卷　（唐）白居易撰　（清）曹文埴選　清光緒十七年(1891)金陵書局刻本　一冊

430000－2401－0025690　432/131(3)

香山詩選六卷　（唐）白居易撰　（清）曹文埴選　清光緒十七年(1891)金陵書局刻本　二冊

430000－2401－0025691　432/139

沈下賢文集十二卷　（唐）沈亞之撰　清光緒刻本　二冊

430000－2401－0025692　432/139(1)

沈下賢文集十二卷　（唐）沈亞之撰　清光緒刻本　二冊

430000－2401－0025693　432/139(2)

沈下賢文集十二卷　（唐）沈亞之撰　清光緒刻本　二冊

430000－2401－0025694　432/139(3)

沈下賢文集十二卷　（唐）沈亞之撰　清光緒刻本　二冊

430000－2401－0025695　△432/30

沈下賢集十二卷　（唐）沈亞之撰　清影宋鈔本　四冊　存八卷(一至三、八至十二)

430000－2401－0025696　△432/11

重雕老杜詩史押韻八卷　（唐）杜甫撰　元初刻本　清嘉慶黃丕烈題識　二冊

430000－2401－0025697　△432/84－5

集千家註杜工部詩集二十卷文集二卷　（唐）杜甫撰　明刻本　十二冊

430000－2401－0025698　△432/84－5(2)

集千家註杜工部詩集二十卷文集二卷　（唐）杜甫撰　明刻本　一冊　存二卷(十九至二十)

430000－2401－0025699　432/47－2

杜工部集二十卷首一卷　（唐）杜甫撰　清乾隆五十年(1785)玉勾草堂刻本　八冊

430000－2401－0025700　432/47

杜工部集二十卷首一卷　（唐）杜甫撰　清同治十一年(1872)致一齋刻本　十冊

430000－2401－0025701　432/47(1)

杜工部集二十卷首一卷　（唐）杜甫撰　清同治十一年(1872)致一齋刻本　十冊

430000－2401－0025702　432/47(2)

杜工部集二十卷首一卷　（唐）杜甫撰　清同治十一年(1872)致一齋刻本　五冊

430000－2401－0025703　△432/31

杜工部集十八卷　（唐）杜甫撰　清杭世駿鈔本　清杭世駿錄清王士禎　屈復批　葉德

輝、葉啟發跋　六冊

430000－2401－0025704　△432/34
杜工部詩集二十卷附集外詩一卷　（唐）杜甫
撰　清鈔本　四冊

430000－2401－0025705　432/181
杜詩鈔一卷　（唐）杜甫撰　鈔本　一冊

430000－2401－0025706　△432/83
集千家註分類杜工部詩集二十五卷文集二卷
　（唐）杜甫撰　（宋）徐居仁輯　（宋）黃鶴
補註　明刻本　十二冊

430000－2401－0025707　△432/83(1)
集千家註分類杜工部詩集二十五卷文集二卷
　（唐）杜甫撰　（宋）徐居仁輯　（宋）黃鶴
補註　明刻本　三冊　存十卷(十二至十四、
十七至二十三)

430000－2401－0025708　432/60
九家集註杜詩三十六卷　（唐）杜甫撰　（宋）
郭知達編註　清刻本　十六冊

430000－2401－0025709　△432/84－3
集千家註杜工部詩集二十卷文集二卷　（唐）
杜甫撰　（宋）黃鶴補註　明嘉靖十五年
(1536)玉几山人刻本　十二冊

430000－2401－0025710　△432/84－3(1)
集千家註杜工部詩集二十卷文集二卷　（唐）
杜甫撰　（宋）黃鶴補註　明嘉靖十五年
(1536)玉几山人刻本　十二冊

430000－2401－0025711　△432/84－3(2)
集千家註杜工部詩集二十卷文集二卷　（唐）
杜甫撰　（宋）黃鶴補註　明嘉靖十五年
(1536)玉几山人刻本　六冊　存十二卷(四
至五、八至九、十四至十五、十八至二十,文集
二卷附錄一卷)

430000－2401－0025712　△432/84－3(3)
集千家註杜工部詩集二十卷文集二卷　（唐）
杜甫撰　（宋）黃鶴補註　明嘉靖十五年
(1536)玉几山人刻本　二冊　存三卷(文集
一至二、附錄一卷)

430000－2401－0025713　△432/84－3(4)
集千家註杜工部詩集二十卷文集二卷　（唐）
杜甫撰　（宋）黃鶴補註　明嘉靖十五年
(1536)玉几山人刻本　一冊　存三卷(文集
二卷、附錄一卷)

430000－2401－0025714　△432/84
集千家註杜工部詩集二十卷文集二卷　（唐）
杜甫撰　（宋）黃鶴補註　明萬曆三十年
(1602)許自昌刻李杜全集本　八冊

430000－2401－0025715　△432/84－2
集千家註杜工部詩集二十卷文集二卷　（唐）
杜甫撰　（宋）黃鶴補註　明萬曆黃隆刻本
二十四冊

430000－2401－0025716　△432/84－5(1)
集千家註杜工部詩集二十卷文集二卷　（唐）
杜甫撰　（宋）黃鶴補註　明刻本　民國陳兆
奎圈點　十五冊　存十六卷(一至三、八至二
十)

430000－2401－0025717　432/63
黃氏集千家註杜工部詩史補遺十卷　（唐）杜
甫撰　（宋）黃鶴集註　清末影元刻本　三冊

430000－2401－0025718　432/59
王狀元集百家註編年杜陵詩史三十二卷
(唐)杜甫撰　（宋）魯訔編并註　（宋）王十
朋集註　清宣統三年(1911)貴池劉氏玉海堂
影宋刻本　十二冊

430000－2401－0025719　432/59(1)
王狀元集百家註編年杜陵詩史三十二卷
(唐)杜甫撰　（宋）魯訔編并註　（宋）王十
朋集註　清宣統三年(1911)貴池劉氏玉海堂
影宋刻本　十二冊

430000－2401－0025720　432/58
杜工部草堂詩箋二十二卷　（唐）杜甫撰
(宋)魯訔編　（宋）蔡夢弼會箋　清光緒元年
(1875)巴陵方氏碧琳琅館刻本　四冊

430000－2401－0025721　432/58(1)
杜工部草堂詩箋二十二卷　（唐）杜甫撰
(宋)魯訔編　（宋）蔡夢弼會箋　清光緒元年

（1875）巴陵方氏碧琳琅館刻本　五冊

430000－2401－0025722　432/58（2）
杜工部草堂詩箋二十二卷　（唐）杜甫撰
（宋）魯訔編　（宋）蔡夢弼會箋　清光緒元年
（1875）巴陵方氏碧琳琅館刻本　四冊

430000－2401－0025723　432/58（3）
杜工部草堂詩箋二十二卷　（唐）杜甫撰
（宋）魯訔編　（宋）蔡夢弼會箋　清光緒元年
（1875）巴陵方氏碧琳琅館刻本　六冊

430000－2401－0025724　432/58（4）
杜工部草堂詩箋二十二卷　（唐）杜甫撰
（宋）魯訔編　（宋）蔡夢弼會箋　清光緒元年
（1875）巴陵方氏碧琳琅館刻本　四冊

430000－2401－0025725　△432/36
杜子美詩集二十卷　（唐）杜甫撰　（宋）劉辰
翁評點　明末刻本　十冊

430000－2401－0025726　△432/38
杜律七言註解二卷　（唐）杜甫撰　（元）虞集
註　明嘉靖七年（1528）穆相刻杜律註解本
一冊

430000－2401－0025727　432/57
杜工部集二十卷首一卷　（唐）杜甫撰　（明）
王世貞等評　清道光十四年（1834）芸葉盦刻
五色套印本　八冊

430000－2401－0025728　432/57（1）
杜工部集二十卷首一卷　（唐）杜甫撰　（明）
王世貞等評　清道光十四年（1834）芸葉盦刻
五色套印本　八冊

430000－2401－0025729　432/57（2）
杜工部集二十卷首一卷　（唐）杜甫撰　（明）
王世貞等評　清道光十四年（1834）芸葉盦刻
五色套印本　八冊

430000－2401－0025730　432/57（3）
杜工部集二十卷首一卷　（唐）杜甫撰　（明）
王世貞等評　清道光十四年（1834）芸葉盦刻
五色套印本　五冊

430000－2401－0025731　432/57（4）

杜工部集二十卷首一卷　（唐）杜甫撰　（明）
王世貞等評　清道光十四年（1834）芸葉盦刻
五色套印本　六冊

430000－2401－0025732　432/57（5）
杜工部集二十卷首一卷　（唐）杜甫撰　（明）
王世貞等評　清道光十四年（1834）芸葉盦刻
五色套印本　十二冊　缺十卷（十一至二十）

430000－2401－0025733　432/57（6）
杜工部集二十卷首一卷　（唐）杜甫撰　（明）
王世貞等評　清道光十四年（1834）芸葉盦刻
五色套印本　八冊

430000－2401－0025734　432/57－2
杜工部集二十卷首一卷　（唐）杜甫撰　（明）
王世貞等評　清光緒二年（1876）廣東翰墨園
五色套印本　十冊

430000－2401－0025735　432/57－2（1）
杜工部集二十卷首一卷　（唐）杜甫撰　（明）
王世貞等評　清光緒二年（1876）廣東翰墨園
五色套印本　十冊

430000－2401－0025736　432/57－2（2）
杜工部集二十卷首一卷　（唐）杜甫撰　（明）
王世貞等評　清光緒二年（1876）廣東翰墨園
五色套印本　十冊

430000－2401－0025737　432/57－2（3）
杜工部集二十卷首一卷　（唐）杜甫撰　（明）
王世貞等評　清光緒二年（1876）廣東翰墨園
五色套印本　十冊

430000－2401－0025738　432/57－2（4）
杜工部集二十卷首一卷　（唐）杜甫撰　（明）
王世貞等評　清光緒二年（1876）廣東翰墨園
五色套印本　十冊

430000－2401－0025739　△432/35
杜子美七言律不分卷　（唐）杜甫撰　（明）郭
正域批點　明烏程閔齊伋三色套印本　二冊

430000－2401－0025741　△432/37
刻杜少陵先生詩分類集註二十三卷目錄一卷
（唐）杜甫撰　（明）邵寶集註　（明）過棟

参箋 明萬曆二十年(1592)周子文刻本 四十冊

430000－2401－0025742 432/64(1)
邵二泉先生分類集註杜詩二十三卷 （唐）杜甫撰 （明）邵寶集註 （明）過棟箋 清琅琊王氏刻本 十三冊

430000－2401－0025743 432/64
邵二泉先生分類集註杜詩二十三卷 （唐）杜甫撰 （明）邵寶集註 （明）過棟箋 清刻本 十二冊

430000－2401－0025744 432/50－3
杜詩詳註二十五卷首一卷附編二卷 （唐）杜甫撰 （清）仇兆鰲輯註 清初刻本 十四冊

430000－2401－0025745 432/50－3(1)
杜詩詳註二十五卷首一卷附編二卷 （唐）杜甫撰 （清）仇兆鰲輯註 清初刻本 二十六冊

430000－2401－0025746 432/50－3(2)
杜詩詳註二十五卷首一卷附編二卷 （唐）杜甫撰 （清）仇兆鰲輯註 清初刻本 十四冊

430000－2401－0025747 432/50－3(3)
杜詩詳註二十五卷首一卷附編二卷 （唐）杜甫撰 （清）仇兆鰲輯註 清初刻本 十三冊 缺二卷(十六至十七)

430000－2401－0025748 432/50－3(4)
杜詩詳註二十五卷首一卷附編二卷 （唐）杜甫撰 （清）仇兆鰲輯註 清初刻本 二十三冊 缺五卷(四、十一至十二、十九、二十四)

430000－2401－0025749 432/50
杜詩詳註二十五卷首一卷附編二卷 （唐）杜甫撰 （清）仇兆鰲輯註 清康熙大文堂刻本 十四冊

430000－2401－0025750 432/50(1)
杜詩詳註二十五卷首一卷附編二卷 （唐）杜甫撰 （清）仇兆鰲輯註 清康熙大文堂刻本 二十八冊

430000－2401－0025751 432/50(2)

杜詩詳註二十五卷首一卷附編二卷 （唐）杜甫撰 （清）仇兆鰲輯註 清康熙大文堂刻本 十四冊

430000－2401－0025752 432/50(3)
杜詩詳註二十五卷首一卷附編二卷 （唐）杜甫撰 （清）仇兆鰲輯註 清康熙大文堂刻本 二十八冊

430000－2401－0025753 432/50(4)
杜詩詳註二十五卷首一卷附編二卷 （唐）杜甫撰 （清）仇兆鰲輯註 清康熙大文堂刻本 二十四冊

430000－2401－0025754 432/50－2
杜詩詳註二十五卷首一卷附編二卷 （唐）杜甫撰 （清）仇兆鰲輯註 清刻本 二十四冊

430000－2401－0025755 432/50－2(1)
杜詩詳註二十五卷首一卷附編二卷 （唐）杜甫撰 （清）仇兆鰲輯註 清刻本 十四冊

430000－2401－0025756 432/50－2(2)
杜詩詳註二十五卷首一卷附編二卷 （唐）杜甫撰 （清）仇兆鰲輯註 清刻本 二十五冊 缺附編二卷

430000－2401－0025757 432/65
杜詩集說二十卷末一卷 （清）江浩然纂輯 清乾隆四十三年(1778)刻本 十二冊

430000－2401－0025758 432/65(1)
杜詩集說二十卷末一卷 （清）江浩然纂輯 清乾隆四十三年(1778)刻本 二十冊

430000－2401－0025759 432/74(1)
杜工部詩集二十卷集外詩一卷文集二卷 （唐）杜甫撰 （清）朱鶴齡輯註 清康熙金陵葉永茹萬卷樓刻本 佚名題註 十二冊

430000－2401－0025760 △432/40
杜詩偶評四卷 （清）沈德潛撰 清乾隆十二年(1747)潘承松賦閑草堂刻本 一冊

430000－2401－0025761 △432/40(1)
杜詩偶評四卷 （清）沈德潛撰 清乾隆十二年(1747)潘承松賦閑草堂刻本 一冊

430000－2401－0025762　432/73

樹人堂讀杜詩二十五卷首一卷　（清）汪灝輯
清道光十二年(1832)銀城麥浪園刻本　八冊

430000－2401－0025763　△432/108

杜律通解四卷　（清）李文煒撰　清康熙六十年(1721)李文煒刻本　佚名批校圈點　一冊

430000－2401－0025764　△432/42－2

杜詩論文五十六卷　（清）吳見思撰　（清）潘眉評　清康熙十一年(1672)常州岱淵堂刻本　佚名錄清徐昂發、王士禎、查慎行、朱鶴齡批校　十冊

430000－2401－0025765　△432/42

杜詩論文五十六卷　（清）吳見思撰　清康熙吳郡寶翰樓刻本　十六冊

430000－2401－0025766　432/173

杜詩提要十四卷　（唐）杜甫撰　（清）吳瞻泰評選　清乾隆刻本　五冊　存十卷(二至九、十三至十四)

430000－2401－0025767　432/41

杜詩提要十四卷　（唐）杜甫撰　（清）吳瞻泰註　清乾隆二十六年(1761)羅挺刻本　六冊

430000－2401－0025768　432/41(1)

杜詩提要十四卷　（唐）杜甫撰　（清）吳瞻泰註　清乾隆二十六年(1761)羅挺刻本　四冊

430000－2401－0025769　432/41(2)

杜詩提要十四卷　（唐）杜甫撰　（清）吳瞻泰註　清乾隆二十六年(1761)羅挺刻本　四冊

430000－2401－0025770　△432/109

唱經堂杜詩解四卷　（清）金聖嘆撰　清順治十六年(1659)刻本　佚名題識批校　二冊

430000－2401－0025771　432/177

歲寒堂讀杜二十卷　（唐）杜甫撰　（清）范蘷雲輯　清道光二十四年(1844)蘇州范氏家祠刻本　十冊

430000－2401－0025772　432/51

讀杜心解六卷首二卷　（清）浦起龍撰　清雍正二年至三年(1724－1725)浦氏寧我齋刻本

六冊

430000－2401－0025773　432/51(1)

讀杜心解六卷首二卷　（清）浦起龍撰　清雍正二年至三年(1724－1725)浦氏寧我齋刻本　十二冊

430000－2401－0025774　432/51(2)

讀杜心解六卷首二卷　（清）浦起龍撰　清雍正二年至三年(1724－1725)浦氏寧我齋刻本　十冊

430000－2401－0025775　432/51(3)

讀杜心解六卷首二卷　（清）浦起龍撰　清雍正二年至三年(1724－1725)浦氏寧我齋刻本　八冊

430000－2401－0025776　432/51(4)

讀杜心解六卷首二卷　（清）浦起龍撰　清雍正二年至三年(1724－1725)浦氏寧我齋刻本　八冊

430000－2401－0025777　432/78

杜詩培風讀本不分卷　（唐）杜甫撰　（清）席樹馨編　清末刻本　二冊

430000－2401－0025778　432/78(1)

杜詩培風讀本不分卷　（唐）杜甫撰　（清）席樹馨編　清末刻本　一冊

430000－2401－0025779　432/76

杜詩註釋二十四卷首一卷　（唐）杜甫撰（清）許寶善編　清光緒三年(1877)吳縣朱氏補刻本　十二冊

430000－2401－0025780　△432/104

讀書堂杜工部文集註解二卷詩集註解二十卷　（唐）杜甫撰　（清）張溍詳註　清康熙三十七年(1698)張氏讀書堂刻本　十二冊

430000－2401－0025781　△432/104(1)

讀書堂杜工部文集註解二卷詩集註解二十卷　（唐）杜甫撰　（清）張溍詳註　清康熙三十七年(1698)張氏讀書堂刻本　七冊　存十三卷(詩集五至十一、十五至二十)

430000－2401－0025782　432/75

杜工部詩說十二卷 （清）黃生撰 清康熙三
十五年（1696）一木堂刻本 六冊

430000－2401－0025783 432/49
杜詩鏡銓二十卷附諸家論杜一卷 （清）楊倫
編輯 清乾隆九柏山房刻本 八冊

430000－2401－0025784 432/49（1）
杜詩鏡銓二十卷附諸家論杜一卷 （清）楊倫
編輯 清乾隆九柏山房刻本 八冊

430000－2401－0025785 432/49（2）
杜詩鏡銓二十卷附諸家論杜一卷 （清）楊倫
編輯 清乾隆九柏山房刻本 七冊 缺二卷
（十九至二十）

430000－2401－0025786 432/48
杜詩鏡銓二十卷附諸家論杜一卷 （清）楊倫
編輯 讀書堂杜工部文集註解二卷 （清）張
溍撰 清同治十一年（1872）望三益齋刻本
十冊

430000－2401－0025787 432/48（1）
杜詩鏡銓二十卷附諸家論杜一卷 （清）楊倫
編輯 讀書堂杜工部文集註解二卷 （清）張
溍撰 清同治十一年（1872）望三益齋刻本
二十四冊

430000－2401－0025788 432/48（2）
杜詩鏡銓二十卷附諸家論杜一卷 （清）楊倫
編輯 讀書堂杜工部文集註解二卷 （清）張
溍撰 清同治十一年（1872）望三益齋刻本
十冊

430000－2401－0025789 432/48（3）
杜詩鏡銓二十卷附諸家論杜一卷 （清）楊倫
編輯 讀書堂杜工部文集註解二卷 （清）張
溍撰 清同治十一年（1872）望三益齋刻本
十冊

430000－2401－0025790 432/48（4）
杜詩鏡銓二十卷附諸家論杜一卷 （清）楊倫
編輯 讀書堂杜工部文集註解二卷 （清）張
溍撰 清同治十一年（1872）望三益齋刻本
十冊

430000－2401－0025791 432/48－3
杜詩鏡銓二十卷附諸家論杜一卷 （清）楊倫
編輯 讀書堂杜工部文集註解二卷 （清）張
溍撰 清光緒十八年（1892）上海著易堂書
局鉛印本 六冊

430000－2401－0025792 432/48－3（1）
杜詩鏡銓二十卷附諸家論杜一卷 （清）楊倫
編輯 讀書堂杜工部文集註解二卷 （清）張
溍撰 清光緒十八年（1892）上海著易堂書
局鉛印本 六冊

430000－2401－0025793 432/48－2
杜詩鏡銓二十卷附諸家論杜一卷 （清）楊倫
編輯 讀書堂杜工部文集註解二卷 （清）張
溍撰 民國二年（1913）廣州登雲閣刻本
十冊

430000－2401－0025794 432/48－2（1）
杜詩鏡銓二十卷附諸家論杜一卷 （清）楊倫
編輯 讀書堂杜工部文集註解二卷 （清）張
溍撰 民國二年（1913）廣州登雲閣刻本
十冊

430000－2401－0025795 432/71
藝蘭書屋精選杜詩評註十一卷 （清）鄧獻璋
撰 清興立堂刻本 二冊

430000－2401－0025796 432/70
杜詩闡三十三卷 （清）盧元昌撰 清康熙刻
本 八冊

430000－2401－0025797 △432/107
杜詩胥鈔十五卷 （唐）杜甫撰 （明）盧世㴶
輯 大凡一卷餘論一卷 （明）盧世㴶撰 明
崇禎七年（1634）盧氏尊水園刻本 六冊

430000－2401－0025798 432/53
杜工部集二十卷附錄一卷 （唐）杜甫撰
（清）錢謙益箋註 清康熙六年（1667）季氏靜
思堂刻本 八冊

430000－2401－0025799 432/53（1）
杜工部集二十卷附錄一卷 （唐）杜甫撰
（清）錢謙益箋註 清康熙六年（1667）季氏靜
思堂刻本 十二冊

430000－2401－0025800　432/53（2）

杜工部集二十卷附錄一卷　（唐）杜甫撰
（清）錢謙益箋註　清康熙六年（1667）季氏靜
思堂刻本　六冊

430000－2401－0025801　432/53（3）

杜工部集二十卷附錄一卷　（唐）杜甫撰
（清）錢謙益箋註　清康熙六年（1667）季氏靜
思堂刻本　五冊

430000－2401－0025802　432/53（4）

杜工部集二十卷附錄一卷　（唐）杜甫撰
（清）錢謙益箋註　清康熙六年（1667）季氏靜
思堂刻本　十二冊

430000－2401－0025803　432/53（5）

杜工部集二十卷附錄一卷　（唐）杜甫撰
（清）錢謙益箋註　清康熙六年（1667）季氏靜
思堂刻本　五冊　存十八卷（三至二十）

430000－2401－0025804　△432/32

杜工部集二十卷　（唐）杜甫撰　（清）錢謙益
箋註　清康熙六年（1667）季氏靜思堂刻本
佚名批校　四冊

430000－2401－0025805　△432/32（1）

杜工部集二十卷　（唐）杜甫撰　（清）錢謙益
箋註　清康熙六年（1667）季氏靜思堂刻本
佚名批校圈點　八冊

430000－2401－0025806　432/54－2

杜工部集二十卷附錄一卷　（唐）杜甫撰
（清）錢謙益箋註　（清）何焯評點　清宣統二
年（1910）上海神州國光社鉛印本　八冊

430000－2401－0025807　432/55

杜工部集二十卷附錄一卷　（唐）杜甫撰
（清）錢謙益箋註　（清）時中書局輯評　清宣
統三年（1911）上海時中書局石印本　八冊

430000－2401－0025808　432/56

讀杜小箋二卷二箋二卷　（唐）杜甫撰　（清）
錢謙益撰　清宣統三年（1911）上海國學扶輪
社石印本　一冊

430000－2401－0025809　△432/39

杜律啟蒙十二卷年譜一卷　（唐）杜甫撰
（清）邊連寶集註　清乾隆三十二年（1767）刻
本　八冊

430000－2401－0025810　432/66

杜律啟蒙十二卷　（清）邊連寶集註　清乾隆
四十二年（1777）刻本　四冊

430000－2401－0025811　432/67

辟疆園杜詩註解五言律十二卷七言律五卷
（唐）杜甫撰　（清）顧宸註　清康熙二年
（1663）顧氏辟疆園刻本　十二冊

430000－2401－0025812　432/67（1）

辟疆園杜詩註解五言律十二卷七言律五卷
（唐）杜甫撰　（清）顧宸註　清康熙二年
（1663）顧氏辟疆園刻本　十二冊

430000－2401－0025813　△432/90

樊川文集二十卷外集一卷別集一卷　（唐）杜
牧撰　明刻本　八冊

430000－2401－0025814　△432/90－2

樊川文集二十卷外集一卷別集一卷　（唐）杜
牧撰　明刻本　二冊

430000－2401－0025815　432/41

樊川文集二十卷外集一卷別集一卷　（唐）杜
牧撰　清光緒二十二年（1896）成都楊氏景蘇
園影宋刻本　六冊

430000－2401－0025816　432/41（1）

樊川文集二十卷外集一卷別集一卷　（唐）杜
牧撰　清光緒二十二年（1896）成都楊氏景蘇
園影宋刻本　四冊

430000－2401－0025817　432/41（2）

樊川文集二十卷外集一卷別集一卷　（唐）杜
牧撰　清光緒二十二年（1896）成都楊氏景蘇
園影宋刻本　四冊

430000－2401－0025818　△432/45

杜樊川集十七卷別集一卷外集一卷　（唐）杜
牧撰　（明）朱一是等評　清鈔本　四冊

430000－2401－0025819　△432/44

杜樊川集十七卷　（唐）杜牧撰　（明）朱一是

（明）吴璇評　明末吳氏西爽堂刻本　六冊

430000 - 2401 - 0025820　△432/90 - 3
樊川文集二十卷外集一卷別集一卷　（唐）杜牧撰　（明）鄭郱評　明崇禎昭質堂刻本
十冊

430000 - 2401 - 0025821　432/40 - 2
樊川詩集四卷外集一卷別集一卷詩補遺一卷
（唐）杜牧撰　（清）馮集梧註　清光緒十六年(1890)湘南書局刻本　四冊

430000 - 2401 - 0025822　432/40 - 2(1)
樊川詩集四卷外集一卷別集一卷詩補遺一卷
（唐）杜牧撰　（清）馮集梧註　清光緒十六年(1890)湘南書局刻本　五冊

430000 - 2401 - 0025823　432/40 - 2(2)
樊川詩集四卷外集一卷別集一卷詩補遺一卷
（唐）杜牧撰　（清）馮集梧註　清光緒十六年(1890)湘南書局刻本　五冊

430000 - 2401 - 0025824　432/40 - 2(3)
樊川詩集四卷外集一卷別集一卷詩補遺一卷
（唐）杜牧撰　（清）馮集梧註　清光緒十六年(1890)湘南書局刻本　五冊

430000 - 2401 - 0025825　432/40 - 2(4)
樊川詩集四卷外集一卷別集一卷詩補遺一卷
（唐）杜牧撰　（清）馮集梧註　清光緒十六年(1890)湘南書局刻本　五冊

430000 - 2401 - 0025826　432/40
樊川詩集四卷外集一卷別集一卷詩補遺一卷
（唐）杜牧撰　（清）馮集梧註　清德裕堂刻本　三冊

430000 - 2401 - 0025827　432/40(1)
樊川詩集四卷外集一卷別集一卷詩補遺一卷
（唐）杜牧撰　（清）馮集梧註　清德裕堂刻本　六冊

430000 - 2401 - 0025828　432/40(2)
樊川詩集四卷外集一卷別集一卷詩補遺一卷
（唐）杜牧撰　（清）馮集梧註　清德裕堂刻本　四冊

430000 - 2401 - 0025829　432/40(3)
樊川詩集四卷外集一卷別集一卷詩補遺一卷
（唐）杜牧撰　（清）馮集梧註　清德裕堂刻本　四冊

430000 - 2401 - 0025830　432/40(4)
樊川詩集四卷外集一卷別集一卷詩補遺一卷
（唐）杜牧撰　（清）馮集梧註　清德裕堂刻本　四冊

430000 - 2401 - 0025831　△432/81
唐翰林李白詩類編十二卷　（唐）李白撰　明刻本　六冊　存五卷(四至六、十一至十二)

430000 - 2401 - 0025832　△432/28
李翰林集十卷　（唐）李白撰　明刻本　一冊

430000 - 2401 - 0025833　△432/18(1)
李太白文集三十卷　（唐）李白撰　清康熙五十六年(1717)繆日芑雙泉草堂刻本　二冊

430000 - 2401 - 0025834　△432/18(2)
李太白文集三十卷　（唐）李白撰　清康熙五十六年(1717)繆日芑雙泉草堂刻本　十五冊

430000 - 2401 - 0025835　△432/18(3)
李太白文集三十卷　（唐）李白撰　清康熙五十六年(1717)繆日芑雙泉草堂刻本　四冊

430000 - 2401 - 0025836　△432/18(4)
李太白文集三十卷　（唐）李白撰　清康熙五十六年(1717)繆日芑雙泉草堂刻本　六冊

430000 - 2401 - 0025837　432/18 - 7
李太白文集三十卷　（唐）李白撰　清光緒元年(1875)湖北崇文書局刻本　四冊

430000 - 2401 - 0025838　432/18 - 2
李太白文集三十卷　（唐）李白撰　清光緒十四年(1888)湖北官書局刻本　四冊

430000 - 2401 - 0025839　432/18 - 2(1)
李太白文集三十卷　（唐）李白撰　清光緒十四年(1888)湖北官書局刻本　四冊

430000 - 2401 - 0025840　432/18 - 2(2)
李太白文集三十卷　（唐）李白撰　清光緒十四年(1888)湖北官書局刻本　四冊

430000－2401－0025841　432/18－2(3)

李太白文集三十卷　(唐)李白撰　清光緒十四年(1888)湖北官書局刻本　四冊

430000－2401－0025842　432/18－2(4)

李太白文集三十卷　(唐)李白撰　清光緒十四年(1888)湖北官書局刻本　四冊

430000－2401－0025843　432/21－3

李翰林集三十卷　(唐)李白撰　清光緒三十二年(1906)吳隱影宋刻本　六冊

430000－2401－0025844　432/21－3(1)

李翰林集三十卷　(唐)李白撰　清光緒三十二年(1906)吳隱影宋刻本　六冊

430000－2401－0025845　432/21－3(2)

李翰林集三十卷　(唐)李白撰　清光緒三十二年(1906)吳隱影宋刻本　六冊

430000－2401－0025846　432/21

李翰林集三十卷　(唐)李白撰　清光緒三十四年(1908)貴池劉氏影刊宋咸淳刻本　八冊

430000－2401－0025847　△432/19－2

分類補註李太白詩二十五卷　(唐)李白撰　(宋)楊齊賢集註　(元)蕭士贇補註　明正德十五年(1520)安正書堂刻本　葉啟勳跋　十六冊

430000－2401－0025848　△432/19－4

分類補註李太白詩二十五卷　(唐)李白撰　(宋)楊齊賢集註　(元)蕭士贇補註　**年譜一卷**　(宋)薛仲邕撰　明嘉靖二十五年(1546)玉几山人刻本　十六冊

430000－2401－0025849　△432/19－5

分類補註李太白詩二十五卷　(唐)李白撰　(宋)楊齊賢集註　(元)蕭士贇補註　明嘉靖刻本　五冊　存十六卷(八至二十三)

430000－2401－0025850　△432/19－3

分類補註李太白詩二十五卷　(唐)李白撰　(宋)楊齊賢集註　(元)蕭士贇補註　**年譜一卷**　(宋)薛仲邕撰　明萬曆三十年(1602)許

自昌刻本　二十冊

430000－2401－0025851　△432/19

分類補註李太白詩二十五卷　(唐)李白撰　(宋)楊齊賢集註　(元)蕭士贇補註　**年譜一卷**　(宋)薛仲邕撰　明刻本　十冊

430000－2401－0025852　△432/29

李詩通二十一卷　(明)胡震亨註　(明)朱茂時訂　明萬曆九年(1581)秀水朱茂時刻本　六冊

430000－2401－0025853　432/17

李太白文集三十六卷　(唐)李白撰　(清)王琦輯註　清乾隆二十五年(1760)錢塘王氏寶笏樓刻本　十二冊

430000－2401－0025854　432/17(1)

李太白文集三十六卷　(唐)李白撰　(清)王琦輯註　清乾隆二十五年(1760)錢塘王氏寶笏樓刻本　十四冊

430000－2401－0025855　432/17(2)

李太白文集三十六卷　(唐)李白撰　(清)王琦輯註　清乾隆二十五年(1760)錢塘王氏寶笏樓刻本　十八冊

430000－2401－0025856　432/17(3)

李太白文集三十六卷　(唐)李白撰　(清)王琦輯註　清乾隆二十五年(1760)錢塘王氏寶笏樓刻本　十一冊

430000－2401－0025857　432/17(4)

李太白文集三十六卷　(唐)李白撰　(清)王琦輯註　清乾隆二十五年(1760)錢塘王氏寶笏樓刻本　八冊

430000－2401－0025858　432/17－2

李太白文集三十六卷　(唐)李白撰　(清)王琦輯註　清道光文聚堂刻本　十六冊

430000－2401－0025859　432/17－2(1)

李太白文集三十六卷　(唐)李白撰　(清)王琦輯註　清道光文聚堂刻本　十冊

430000－2401－0025860　432/17－2(2)

李太白文集三十六卷　(唐)李白撰　(清)王

琦輯註　清道光文聚堂刻本　十六冊

430000－2401－0025861　432/17－2(3)

李太白文集三十六卷　(唐)李白撰　(清)王
琦輯註　清道光文聚堂刻本　十四冊

430000－2401－0025862　432/17－2(4)

李太白文集三十六卷　(唐)李白撰　(清)王
琦輯註　清道光文聚堂刻本　十四冊

430000－2401－0025863　432/19

李太白全集十六卷　(唐)李白撰　(清)李調
元　(清)鄧在珩編　清同治六年(1867)刻本
六冊

430000－2401－0025864　432/19(1)

李太白全集十六卷　(唐)李白撰　(清)李調
元　(清)鄧在珩編　清同治六年(1867)刻本
五冊　缺二卷(一至二)

430000－2401－0025865　432/20

李翰林姑孰遺蹟題詠類鈔六卷首二卷　(唐)
李白撰　(清)曹笙南輯　清光緒八年(1882)
謫仙樓木活字本　二冊

430000－2401－0025866　432/38

唐李推官披沙集六卷　(唐)李咸用撰　清影
宋臨安府棚刻本　一冊

430000－2401－0025867　△432/23

李邕文五卷　(唐)李邕撰　鈔本　一冊

430000－2401－0025868　432/28

李義山集三卷　(唐)李商隱撰　**碧雲集三卷**
(南唐)李中撰　明崇禎十二年(1639)海虞
毛氏汲古閣刻唐人八家詩本　二冊

430000－2401－0025869　△432/25

李義山集三卷　(唐)李商隱撰　明刻本
二冊

430000－2401－0025870　432/29

東澗寫校李商隱詩集三卷　(唐)李商隱撰
清宣統元年(1909)影印錢謙益手寫本　二冊

430000－2401－0025871　432/24

李義山詩集三卷　(唐)李商隱撰　(清)朱鶴
齡箋註　清順治十六年(1659)刻本　四冊

430000－2401－0025872　432/26

李義山詩集三卷　(唐)李商隱撰　(清)朱鶴
齡箋註　(清)沈厚塽輯評　清同治九年
(1870)廣州萃文堂刻三色套印本　四冊

430000－2401－0025873　432/26(1)

李義山詩集三卷　(唐)李商隱撰　(清)朱鶴
齡箋註　(清)沈厚塽輯評　清同治九年
(1870)廣州萃文堂刻三色套印本　四冊

430000－2401－0025874　432/26(2)

李義山詩集三卷　(唐)李商隱撰　(清)朱鶴
齡箋註　(清)沈厚塽輯評　清同治九年
(1870)廣州萃文堂刻三色套印本　四冊

430000－2401－0025875　432/26(3)

李義山詩集三卷　(唐)李商隱撰　(清)朱鶴
齡箋註　(清)沈厚塽輯評　清同治九年
(1870)廣州萃文堂刻三色套印本　四冊

430000－2401－0025876　432/26(4)

李義山詩集三卷　(唐)李商隱撰　(清)朱鶴
齡箋註　(清)沈厚塽輯評　清同治九年
(1870)廣州萃文堂刻三色套印本　四冊

430000－2401－0025877　432/26－2

李義山詩集三卷　(唐)李商隱撰　(清)朱鶴
齡箋註　(清)沈厚塽輯評　清同治九年
(1870)廣州萃文堂刻本　四冊

430000－2401－0025878　432/26－3

李義山詩集三卷　(唐)李商隱撰　(清)朱鶴
齡箋註　(清)沈厚塽輯評　清光緒二十四年
(1898)聶氏刻本　四冊

430000－2401－0025879　△432/26

重訂李義山詩集箋註三卷集外詩箋註一卷
(唐)李商隱撰　(清)朱鶴齡箋註　(清)程
夢星刪補　**年譜一卷詩話一卷**　(清)程夢星
輯　清乾隆八年(1743)程夢星今有堂刻本
清劉喜海批校圈點　八冊

430000－2401－0025880　432/25－2

重訂李義山詩集箋註三卷集外詩箋註一卷
(唐)李商隱撰　(清)朱鶴齡箋註　(清)程
夢星刪補　清乾隆十一年(1746)東柯草堂刻

本　四冊

430000－2401－0025881　432/25－2(1)

重訂李義山詩集箋註三卷集外詩箋註一卷
(唐)李商隱撰　(清)朱鶴齡箋註　(清)程
夢星刪補　清乾隆十一年(1746)東柯草堂刻
本　四冊

430000－2401－0025882　432/25－2(2)

重訂李義山詩集箋註三卷集外詩箋註一卷
(唐)李商隱撰　(清)朱鶴齡箋註　(清)程
夢星刪補　清乾隆十一年(1746)東柯草堂刻
本　四冊　缺二卷(集外詩箋註一卷、詩話一
卷)

430000－2401－0025883　432/178

玉溪生詩意八卷　(唐)李商隱撰　(清)屈復
箋註　清同治十二年(1873)屈汝駱刻本
六冊

430000－2401－0025884　432/27

李義山詩集十六卷　(唐)李商隱撰　(清)姚
培謙箋　清乾隆五年(1740)姚氏松桂讀書堂
刻本　二冊

430000－2401－0025885　△432/24

李義山文集十卷　(唐)李商隱撰　(清)徐樹
穀箋　(清)徐綱註　清康熙四十七年(1708)
徐氏花谿草堂刻本　四冊

430000－2401－0025886　△432/24(1)

李義山文集十卷　(唐)李商隱撰　(清)徐樹
穀箋　(清)徐綱註　清康熙四十七年(1708)
徐氏花谿草堂刻本　六冊

430000－2401－0025887　432/31

樊南文集箋註八卷　(唐)李商隱撰　(清)馮
浩輯訂　清德聚堂刻本　四冊

430000－2401－0025888　432/31(1)

樊南文集詳註八卷　(唐)李商隱撰　(清)馮
浩編訂　清同治七年(1868)刻本　四冊

430000－2401－0025889　432/31(2)

樊南文集箋註八卷　(唐)李商隱撰　(清)馮
浩輯訂　清德聚堂刻本　四冊

430000－2401－0025890　432/31(3)

樊南文集箋註八卷　(唐)李商隱撰　(清)馮
浩輯訂　清德聚堂刻本　四冊

430000－2401－0025891　432/31(4)

樊南文集箋註八卷　(唐)李商隱撰　(清)馮
浩輯訂　清德聚堂刻本　四冊

430000－2401－0025892　432/31(5)

樊南文集箋註八卷　(唐)李商隱撰　(清)馮
浩輯訂　清德聚堂刻本　四冊

430000－2401－0025893　432/31(6)

樊南文集箋註八卷　(唐)李商隱撰　(清)馮
浩輯訂　清德聚堂刻本　四冊

430000－2401－0025894　432/31(7)

樊南文集箋註八卷　(唐)李商隱撰　(清)馮
浩輯訂　清德聚堂刻本　四冊

430000－2401－0025895　432/33

玉谿生詩詳註三卷　(唐)李商隱撰　(清)馮
浩編訂　清德聚堂刻本　四冊

430000－2401－0025896　432/33(1)

玉谿生詩詳註三卷　(唐)李商隱撰　(清)馮
浩編訂　清德聚堂刻本　四冊

430000－2401－0025897　432/33(2)

玉谿生詩詳註三卷　(唐)李商隱撰　(清)馮
浩編訂　清德聚堂刻本　四冊

430000－2401－0025898　432/33(3)

玉谿生詩詳註三卷　(唐)李商隱撰　(清)馮
浩編訂　清德聚堂刻本　四冊

430000－2401－0025899　432/33(4)

玉谿生詩詳註三卷　(唐)李商隱撰　(清)馮
浩編訂　清德聚堂刻本　四冊

430000－2401－0025900　432/32

樊南文集補編十二卷首一卷　(唐)李商隱撰
　(清)錢振倫箋　(清)錢振常註　清同治五
年(1866)望三益齋刻本　四冊

430000－2401－0025901　432/32(1)

樊南文集補編十二卷首一卷　(唐)李商隱撰
　(清)錢振倫箋　(清)錢振常註　清同治五

年(1866)望三益齋刻本　四冊

430000－2401－0025902　432/32(2)
樊南文集補編十二卷首一卷　(唐)李商隱撰
　(清)錢振倫箋　(清)錢振常註　清同治五
年(1866)望三益齋刻本　四冊

430000－2401－0025903　432/32(3)
樊南文集補編十二卷首一卷　(唐)李商隱撰
　(清)錢振倫箋　(清)錢振常註　清同治五
年(1866)望三益齋刻本　四冊

430000－2401－0025904　432/32(4)
樊南文集補編十二卷首一卷　(唐)李商隱撰
　(清)錢振倫箋　(清)錢振常註　清同治五
年(1866)望三益齋刻本　四冊

430000－2401－0025905　432/12
李長吉歌詩四卷外集一卷　(唐)李賀撰
(宋)吳正子箋註　(宋)劉辰翁評點　明刻本
　二冊

430000－2401－0025906　△432/21
李長吉歌詩四卷外集一卷　(唐)李賀撰
(宋)吳正子箋註　(宋)劉辰翁評點　明末刻
本　四冊

430000－2401－0025907　△432/21(1)
李長吉歌詩四卷外集一卷　(唐)李賀撰
(宋)吳正子箋註　(宋)劉辰翁評點　明末刻
本　四冊

430000－2401－0025908　△432/22
李長吉歌詩四卷外集一卷　(唐)李賀撰
(宋)劉辰翁評　明凌濛初、凌毓枬朱墨套印
本　二冊

430000－2401－0025909　432/13
李長吉集四卷外集一卷　(唐)李賀撰　(明)
黃淳耀評點　(清)金惟駿輯　清雍正九年
(1731)金惟駿漁書樓刻本　一冊

430000－2401－0025910　432/13－2
李長吉集四卷外集一卷　(唐)李賀撰　(明)
黃淳耀評點　(清)金惟駿輯　清末影印雍正
漁書樓刻本　民國四年(1915)徐恭懋圈點

一冊　缺二卷(一至二)

430000－2401－0025911　432/14
李長吉集四卷外集一卷　(唐)李賀撰　(明)
黃淳耀評點　(清)黎二樵批點　清光緒十八
年(1892)羊城葉衍蘭朱墨套印本　二冊

430000－2401－0025912　432/14(1)
李長吉集四卷外集一卷　(唐)李賀撰　(明)
黃淳耀評點　(清)黎二樵批點　清光緒十八
年(1892)羊城葉衍蘭朱墨套印本　二冊

430000－2401－0025913　432/14(2)
李長吉集四卷外集一卷　(唐)李賀撰　(明)
黃淳耀評點　(清)黎二樵批點　清光緒十八
年(1892)羊城葉衍蘭朱墨套印本　二冊

430000－2401－0025914　432/9
李長吉歌詩四卷首一卷外集一卷　(唐)李賀
撰　(清)王琦彙解　清乾隆二十五年(1760)
錢塘王氏寶笏樓刻本　二冊

430000－2401－0025915　432/9(1)
李長吉歌詩四卷首一卷外集一卷　(唐)李賀
撰　(清)王琦彙解　清乾隆二十五年(1760)
錢塘王氏寶笏樓刻本　二冊

430000－2401－0025916　432/9(2)
李長吉歌詩四卷首一卷外集一卷　(唐)李賀
撰　(清)王琦彙解　清乾隆二十五年(1760)
錢塘王氏寶笏樓刻本　二冊

430000－2401－0025917　432/9(3)
李長吉歌詩四卷首一卷外集一卷　(唐)李賀
撰　(清)王琦彙解　清乾隆二十五年(1760)
錢塘王氏寶笏樓刻本　四冊

430000－2401－0025918　432/9－2
李長吉歌詩四卷首一卷外集一卷　(唐)李賀
撰　(清)王琦彙解　清光緒四年(1878)宏達
堂刻宏達堂叢書本　四冊

430000－2401－0025919　432/9－2(1)
李長吉歌詩四卷首一卷外集一卷　(唐)李賀
撰　(清)王琦彙解　清光緒四年(1878)宏達
堂刻宏達堂叢書本　四冊

430000－2401－0025920　432/9－2(2)

李長吉歌詩四卷首一卷外集一卷　（唐）李賀
撰　（清）王琦彙解　清光緒四年(1878)宏達
堂刻宏達堂叢書本　四冊

430000－2401－0025921　432/9－2(3)

李長吉歌詩四卷首一卷外集一卷　（唐）李賀
撰　（清）王琦彙解　清光緒四年(1878)宏達
堂刻宏達堂叢書本　四冊

430000－2401－0025922　432/9－2(4)

李長吉歌詩四卷首一卷外集一卷　（唐）李賀
撰　（清）王琦彙解　清光緒四年(1878)宏達
堂刻宏達堂叢書本　四冊

430000－2401－0025923　432/9－3

李長吉歌詩四卷首一卷外集一卷　（唐）李賀
撰　（清）王琦彙解　清宣統元年(1909)掃葉
山房石印本　四冊

430000－2401－0025924　432/11

昌谷集四卷　（唐）李賀撰　（清）姚文燮註
清康熙五年(1666)建陽同文書院刻本·二冊

430000－2401－0025925　△432/20

唐李文山詩集三卷　（唐）李群玉撰　清同治
十三年(1874)刻本　一冊

430000－2401－0025926　432/36

李文山詩集三卷　（唐）李群玉撰　清光緒十
八年(1892)慈利朱氏百漢碑齋刻本　一冊

430000－2401－0025927　△432/17

李文饒公文集二十卷別集十卷外集四卷
（唐）李德裕撰　明刻萬曆鄭惇典重修本
一冊

430000－2401－0025928　432/164

**李衛公文集二十卷別集十卷外集四卷補遺一
卷**　（唐）李德裕撰　清光緒十六年(1890)常
慊齋刻本　六冊

430000－2401－0025929　432/37

李元賓文集六卷　（唐）李觀撰　（唐）陸希聲
編　清嘉慶二十三年(1818)秦氏石研齋刻本
一冊

430000－2401－0025930　432/37(1)

李元賓文集六卷　（唐）李觀撰　（唐）陸希聲
編　清嘉慶二十三年(1818)秦氏石研齋刻本
一冊

430000－2401－0025931　432/37(2)

李元賓文集六卷　（唐）李觀撰　（唐）陸希聲
編　清嘉慶二十三年(1818)秦氏石研齋刻本
一冊

430000－2401－0025932　432/146

呂衡州文集十卷　（唐）呂溫撰　清道光七年
(1827)秦氏石研齋刻本　二冊

430000－2401－0025933　432/146(1)

呂衡州文集十卷　（唐）呂溫撰　清道光七年
(1827)秦氏石研齋刻本　二冊

430000－2401－0025934　432/146(2)

呂衡州文集十卷　（唐）呂溫撰　清道光七年
(1827)秦氏石研齋刻本　二冊

430000－2401－0025935　432/146(3)

呂衡州文集十卷　（唐）呂溫撰　清道光七年
(1827)秦氏石研齋刻本　一冊

430000－2401－0025936　△432/16

呂衡州文集十卷　（唐）呂溫撰　清吳興沈德
壽抱經樓鈔本　四冊

430000－2401－0025937　△432/82

純陽呂真人文集八卷　（唐）呂嵒撰　清鈔本
二冊　存三卷(一至三)

430000－2401－0025938　△432/46

孟東野集十卷　（唐）孟郊撰　明楊鶴刻本
四冊

430000－2401－0025939　△432/46－2

孟東野集十卷　（唐）孟郊撰　清佚名摹鈔淩
濛初朱墨套印本　二冊

430000－2401－0025940　△432/47

孟東野集十卷　（唐）孟郊撰　（宋）國材
(宋)劉辰翁評　明吳興淩濛初朱墨套印本
四冊

430000－2401－0025941　432/86

孟浩然集四卷 （唐）孟浩然撰 清光緒十年
(1884)上海同文書局二次石印本 二冊

430000－2401－0025942 432/86（1）
孟浩然集四卷 （唐）孟浩然撰 清光緒十年
(1884)上海同文書局二次石印本 二冊

430000－2401－0025943 △432/48
孟浩然詩集二卷 （唐）孟浩然撰 （宋）劉辰
翁 （明）李夢陽評 明吳興淩濛初朱墨套印
本 二冊

430000－2401－0025944 432/87－2
孟浩然詩集二卷 （唐）孟浩然撰 （宋）劉辰
翁 （明）李夢陽評 明淩濛初朱墨套印本
一冊 存一卷(下)

430000－2401－0025945 432/87
孟浩然詩集二卷 （唐）孟浩然撰 （宋）劉辰
翁 （明）李夢陽評 清光緒六年(1880)巴陵
方氏碧琳琅館朱墨套印本 二冊

430000－2401－0025946 432/87（1）
孟浩然詩集二卷 （唐）孟浩然撰 （宋）劉辰
翁 （明）李夢陽評 清光緒六年(1880)巴陵
方氏碧琳琅館朱墨套印本 二冊

430000－2401－0025947 △432/53
柳文二十二卷 （唐）柳宗元撰 明萬曆二十
年(1592)葉萬景永州刻本 二十冊

430000－2401－0025948 △432/54－2
柳文四十三卷別集二卷外集二卷 （唐）柳宗
元撰 明刻本 四冊 存十四卷(一、二十二
至二十五、二十七至三十二、四十一至四十
三)

430000－2401－0025949 432/123－3
柳柳州外集一卷附錄一卷 （唐）柳宗元撰
清光緒四年(1878)合肥蒯氏影刻宋乾道永州
刻本 一冊

430000－2401－0025950 432/120
河東先生文集六卷 （唐）柳宗元撰 清宣統
二年(1910)上海會文堂石印本 六冊

430000－2401－0025951 432/120（1）

河東先生文集六卷 （唐）柳宗元撰 清宣統
二年(1910)上海會文堂石印本 六冊

430000－2401－0025952 432/120（2）
河東先生文集六卷 （唐）柳宗元撰 清宣統
二年(1910)上海會文堂石印本 三冊

430000－2401－0025953 432/116
柳河東集四十三卷別集二卷外集二卷 （唐）
柳宗元撰 清刻本 十冊

430000－2401－0025954 △432/54
柳文四十三卷別集二卷外集二卷附錄一卷
（唐）柳宗元撰 （唐）劉禹錫編 明嘉靖三十
五年(1556)莫如士刻本 二十冊

430000－2401－0025955 △432/54（1）
柳文四十三卷別集二卷外集二卷附錄一卷
（唐）柳宗元撰 （唐）劉禹錫編 明嘉靖三十
五年(1556)莫如士刻本 六冊 存二十五卷
(一至八、十八至三十、三十六至三十九)

430000－2401－0025956 432/113
柳文四十三卷別集二卷外集二卷附錄一卷
（唐）柳宗元撰 （唐）劉禹錫編 清同治七年
(1868)楊氏春星閣補刻本 八冊

430000－2401－0025957 432/113（1）
柳文四十三卷別集二卷外集二卷附錄一卷
（唐）柳宗元撰 （唐）劉禹錫編 清同治七年
(1868)楊氏春星閣補刻本 八冊

430000－2401－0025958 432/113（2）
柳文四十三卷別集二卷外集二卷附錄一卷
（唐）柳宗元撰 （唐）劉禹錫編 清同治七年
(1868)楊氏春星閣補刻本 八冊

430000－2401－0025959 432/113（3）
柳文四十三卷別集二卷外集二卷附錄一卷
（唐）柳宗元撰 （唐）劉禹錫編 清同治七年
(1868)楊氏春星閣補刻本 八冊

430000－2401－0025960 432/113（4）
柳文四十三卷別集二卷外集二卷附錄一卷
（唐）柳宗元撰 （唐）劉禹錫編 清同治七年
(1868)楊氏春星閣補刻本 八冊

430000－2401－0025961　432/113（5）

柳文四十三卷別集二卷外集二卷附錄一卷
（唐）柳宗元撰　（唐）劉禹錫編　清同治七年
(1868)楊氏春星閣補刻本　十二冊

430000－2401－0025962　△432/71

**增廣註釋音辯唐柳先生集四十三卷別集二卷
外集二卷附錄一卷**　（唐）柳宗元撰　（宋）童
宗說註釋　（宋）張敦頤音辯　（宋）潘緯音義
明正統十三年(1448)善敬堂刻遞修本　十
二冊

430000－2401－0025963　△432/71（1）

**增廣註釋音辯唐柳先生集四十三卷別集二卷
外集二卷附錄一卷**　（唐）柳宗元撰　（宋）童
宗說註釋　（宋）張敦頤音辯　（宋）潘緯音義
明正統十三年(1448)善敬堂刻遞修本
八冊

430000－2401－0025964　△432/70

**京本校正音釋唐柳先生集四十三卷別集一卷
外集一卷附錄一卷**　（唐）柳宗元撰　（宋）童
宗說音註　（宋）張敦頤音辯　（宋）潘緯音義
明刻本　十二冊

430000－2401－0025965　△432/70（1）

**京本校正音釋唐柳先生集四十三卷別集一卷
外集一卷附錄一卷**　（唐）柳宗元撰　（宋）童
宗說音註　（宋）張敦頤音辯　（宋）潘緯音義
明刻本　二十三冊　存四十一卷（一至四
十、四十三）

430000－2401－0025966　△432/71－3

**增廣註釋音辯唐柳先生集四十三卷別集二卷
外集二卷**　（唐）柳宗元撰　（宋）童宗說音註
（宋）張敦頤音辯　（宋）潘緯音義　明刻本
二冊　存二十二卷（十九至四十）

430000－2401－0025967　△432/71－2

**增廣註釋音辯唐柳先生集四十三卷別集一卷
外集一卷附錄一卷**　（唐）柳宗元撰　（宋）童
宗說音註　（宋）張敦頤音辯　（宋）潘緯音義
明刻本　十六冊

430000－2401－0025968　△432/49

**河東先生集四十五卷外集二卷附錄二卷龍城
錄二卷**　（唐）柳宗元撰　（宋）廖瑩中校正
明郭雲鵬濟美堂刻本　十二冊

430000－2401－0025969　△432/52

柳文七卷　（唐）柳宗元撰　（明）茅坤評　明
刻朱墨套印本　十三冊

430000－2401－0025970　△432/62

唐大家柳柳州文鈔十二卷　（唐）柳宗元撰
（明）茅坤評　明末刻本　二冊

430000－2401－0025971　432/115

**唐柳河東集四十五卷外集五卷附錄一卷遺文
一卷**　（唐）柳宗元撰　（明）蔣之翹輯註　清
嘉慶十三年(1808)楊廷理刻本　十九冊　缺
二卷(四十四至四十五)

430000－2401－0025972　432/115（1）

**唐柳河東集四十五卷外集五卷附錄一卷遺文
一卷**　（唐）柳宗元撰　（明）蔣之翹輯註　清
嘉慶十三年(1808)楊廷理刻本　一冊　存三
卷(十六至十八)

430000－2401－0025973　432/117

柳河東集不分卷　（唐）柳宗元撰　（清）潘錦
校閱　清木活字本　二冊

430000－2401－0025974　432/126

柳河東集不分卷　（唐）柳宗元撰　（清）潘錦
校閱　清刻本　十冊

430000－2401－0025975　432/149

唐姚鵠詩集一卷　（唐）姚鵠撰　**姚少監詩集
十卷**　（唐）姚合撰　**梨岳集一卷**　（唐）李頻
撰　清康熙四十一年(1702)洞庭席氏琴川書
屋刻唐詩百名家全集本　一冊

430000－2401－0025976　432/166

高常侍集十卷　（唐）高適撰　清光緒十年
(1884)上海同文書局石印本　二冊

430000－2401－0025977　432/166（1）

高常侍集十卷　（唐）高適撰　清光緒十年
(1884)上海同文書局石印本　二冊

430000－2401－0025978　432/129－2

孫可之文集二卷　（唐）孫樵撰　清光緒二十二年(1896)遂園重刻在陸草堂本　一冊

430000－2401－0025979　432/129－2(1)

孫可之文集二卷　（唐）孫樵撰　清光緒二十二年(1896)遂園重刻在陸草堂本　一冊

430000－2401－0025980　432/129－2(2)

孫可之文集二卷　（唐）孫樵撰　清光緒二十二年(1896)遂園重刻在陸草堂本　一冊

430000－2401－0025981　432/129－2(3)

孫可之文集二卷　（唐）孫樵撰　清光緒二十二年(1896)遂園重刻在陸草堂本　一冊

430000－2401－0025982　432/129－2(4)

孫可之文集二卷　（唐）孫樵撰　清光緒二十二年(1896)遂園重刻在陸草堂本　一冊

430000－2401－0025983　432/127

唐孫樵集十卷　（唐）孫樵撰　（明）吳馡重訂　明天啟五年(1625)吳馡石香館刻本　一冊

430000－2401－0025984　432/128

可之先生全集錄二卷　（唐）孫樵撰　（清）儲欣錄　清刻本　一冊

430000－2401－0025985　△432/56

韋蘇州十卷拾遺一卷總論一卷　（唐）韋應物撰　明朱墨套印本　四冊

430000－2401－0025986　△432/56(1)

韋蘇州十卷拾遺一卷總論一卷　（唐）韋應物撰　明朱墨套印本　六冊

430000－2401－0025987　△432/57(1)

韋蘇州集十卷拾遺一卷　（唐）韋應物撰　明刻本　六冊

430000－2401－0025988　△432/57

韋蘇州集十卷拾遺一卷　（唐）韋應物撰　韋刺史傳一卷　（宋）沈明遠撰　明刻本　四冊

430000－2401－0025989　△432/58－2

韋蘇州詩集二卷　（唐）韋應物撰　清康熙三十四年(1695)汪立名刻唐四家詩本　徐崇立題識　二冊

430000－2401－0025990　432/91

韋蘇州集十卷　（唐）韋應物撰　清宣統三年(1911)石印本　六冊

430000－2401－0025991　432/91(1)

韋蘇州集十卷　（唐）韋應物撰　清宣統三年(1911)石印本　六冊

430000－2401－0025992　432/91(2)

韋蘇州集十卷　（唐）韋應物撰　清宣統三年(1911)石印本　五冊

430000－2401－0025993　△432/55

韋蘇州集十卷　（唐）韋應物撰　清刻本　八冊

430000－2401－0025994　△432/2－2

丁卯集二卷　（唐）許渾撰　明末刻本　四冊

430000－2401－0025995　△432/2

重刻丁卯集二卷　（唐）許渾撰　（明）雷起劍評　清順治十三年(1656)刻本　四冊

430000－2401－0025996　△432/10

曲江張文獻先生文集十二卷附錄一卷　（唐）張九齡撰　明萬曆四十四年(1616)謝正蒙刻本　一冊　存三卷(七至九)

430000－2401－0025997　432/132

唐丞相曲江張文獻公集十二卷附錄一卷　（唐）張九齡撰　清雍正十三年(1735)張世緯等刻本　二冊　存四卷(一、十一至十二,附錄一卷)

430000－2401－0025998　432/132－2

唐丞相曲江張文獻公集十二卷首一卷附錄一卷千秋金鑑錄五卷　（唐）張九齡撰　清光緒十六年(1890)鏡芙精舍刻本　四冊

430000－2401－0025999　432/132－2(1)

唐丞相曲江張文獻公集十二卷首一卷附錄一卷千秋金鑑錄五卷　（唐）張九齡撰　清光緒十六年(1890)鏡芙精舍刻本　四冊

430000－2401－0026000　432/132－2(2)

唐丞相曲江張文獻公集十二卷首一卷附錄一卷千秋金鑑錄五卷　（唐）張九齡撰　清光緒

十六年（1890）鏡芙精舍刻本　五冊

430000－2401－0026001　432/132－3
唐丞相曲江張文獻公集十二卷首一卷附錄一卷千秋金鑑錄五卷　（唐）張九齡撰　清光緒十八年（1892）刻本　六冊

430000－2401－0026002　432/132－3(1)
唐丞相曲江張文獻公集十二卷首一卷附錄一卷千秋金鑑錄五卷　（唐）張九齡撰　清光緒十八年（1892）刻本　四冊　缺七卷（首一卷、附錄一卷、千秋金鑑錄五卷）

430000－2401－0026003　432/132－3(2)
唐丞相曲江張文獻公集十二卷首一卷附錄一卷千秋金鑑錄五卷　（唐）張九齡撰　清光緒十八年（1892）刻本　一冊　存三卷（四至六）

430000－2401－0026004　432/147
張燕公集二十五卷　（唐）張說撰　清同治十三年（1874）江西書局刻武英殿聚珍版書本五冊　缺四卷（二十二至二十五）

430000－2401－0026005　432/92
陳伯玉文集三卷詩集二卷首一卷附錄一卷（唐）陳子昂撰　清咸豐四年（1854）刻本四冊

430000－2401－0026006　432/92(1)
陳伯玉文集三卷詩集二卷首一卷附錄一卷（唐）陳子昂撰　清咸豐四年（1854）刻本四冊

430000－2401－0026007　432/92(2)
陳伯玉文集三卷詩集二卷首一卷附錄一卷（唐）陳子昂撰　清咸豐四年（1854）刻本四冊

430000－2401－0026008　432/92(3)
陳伯玉文集三卷詩集二卷首一卷附錄一卷（唐）陳子昂撰　清咸豐四年（1854）刻本四冊

430000－2401－0026009　432/92－2
陳伯玉文集三卷詩集二卷首一卷附錄一卷（唐）陳子昂撰　清道光春林柯氏刻本　四冊

430000－2401－0026010　432/92－2(1)
陳伯玉文集三卷詩集二卷首一卷附錄一卷（唐）陳子昂撰　清道光春林柯氏刻本　四冊

430000－2401－0026011　432/92－2(2)
陳伯玉文集三卷詩集二卷首一卷附錄一卷（唐）陳子昂撰　清道光春林柯氏刻本　四冊

430000－2401－0026012　△432/61
陳伯玉文集十卷附錄一卷　（唐）陳子昂撰（明）楊春輯　明弘治四年（1491）楊澄刻本二冊

430000－2401－0026013　△432/61(1)
陳伯玉文集十卷附錄一卷　（唐）陳子昂撰（明）楊春輯　明弘治四年（1491）楊澄刻本八冊

430000－2401－0026014　△432/61－2
陳伯玉文集十卷　（唐）陳子昂撰　（明）楊春輯　明隆慶五年（1571）邵廉刻萬曆二年（1574）楊沂補刻本　四冊

430000－2401－0026015　△432/61－3
陳伯玉文集十卷附錄一卷　（唐）陳子昂撰（明）楊春輯　明萬曆三十七年（1609）舒其志刻李嶸慈印本　清袁芳瑛批校　四冊

430000－2401－0026016　432/79－2
唐陸宣公集二十二卷　（唐）陸贄撰　明萬曆三十四年（1606）吳繼武光裕堂刻本　六冊

430000－2401－0026017　432/79－3
陸宣公集二十四卷　（唐）陸贄撰　明末文萃堂刻本　五冊

430000－2401－0026018　432/79
唐陸宣公集二十二卷附錄一卷　（唐）陸贄撰　明末刻本　一冊　存二卷（二十一至二十二）

430000－2401－0026019　432/79－4
唐陸宣公集二十二卷　（唐）陸贄撰　清初刻本　八冊

430000－2401－0026020　432/79－4(1)
唐陸宣公集二十二卷　（唐）陸贄撰　清初刻

本　三冊　存七卷(一至七)

唐陸宣公集二十二卷　（唐）陸贄撰　清初刻本　四冊

430000－2401－0026022　432/79－5(1)
唐陸宣公集二十二卷　（唐）陸贄撰　清初刻本　六冊

430000－2401－0026023　△432/73
唐陸宣公集二十二卷　（唐）陸贄撰　清雍正元年(1723)年羹堯刻本　十冊

430000－2401－0026024　△432/73(1)
唐陸宣公集二十二卷　（唐）陸贄撰　清雍正元年(1723)年羹堯刻本　十冊

430000－2401－0026025　△432/73(2)
唐陸宣公集二十二卷　（唐）陸贄撰　清雍正元年(1723)年羹堯刻本　十冊

430000－2401－0026026　△432/73(3)
唐陸宣公集二十二卷　（唐）陸贄撰　清雍正元年(1723)年羹堯刻本　十冊

430000－2401－0026027　△432/73(4)
唐陸宣公集二十二卷　（唐）陸贄撰　清雍正元年(1723)年羹堯刻本　十冊

430000－2401－0026028　432/79－8
唐陸宣公集二十二卷　（唐）陸贄撰　清嘉慶二十三年(1818)春暉堂刻本　四冊

430000－2401－0026029　432/79－9
唐陸宣公集二十二卷　（唐）陸贄撰　清道光四年(1824)留餘堂刻本　六冊

430000－2401－0026030　432/79－9(1)
唐陸宣公集二十二卷　（唐）陸贄撰　清道光四年(1824)留餘堂刻本　五冊　缺二卷(二十一至二十二)

430000－2401－0026031　432/79－10
唐陸宣公集二十四卷　（唐）陸贄撰　清道光二十七年(1847)刻本　八冊

430000－2401－0026032　432/79－10(1)

唐陸宣公集二十四卷　（唐）陸贄撰　清道光二十七年(1847)刻本　八冊

430000－2401－0026033　432/79－10(2)
唐陸宣公集二十四卷　（唐）陸贄撰　清道光二十七年(1847)刻本　八冊

430000－2401－0026034　432/79－10(3)
唐陸宣公集二十四卷　（唐）陸贄撰　清道光二十七年(1847)刻本　八冊

430000－2401－0026035　432/79－10(4)
唐陸宣公集二十四卷　（唐）陸贄撰　清道光二十七年(1847)刻本　八冊

430000－2401－0026036　432/79－11
唐陸宣公集二十二卷　（唐）陸贄撰　清同治五年(1866)善化楊氏問竹軒家塾刻本　八冊

430000－2401－0026037　432/79－11(1)
唐陸宣公集二十二卷　（唐）陸贄撰　清同治五年(1866)善化楊氏問竹軒家塾刻本　六冊

430000－2401－0026038　432/79－11(2)
唐陸宣公集二十二卷　（唐）陸贄撰　清同治五年(1866)善化楊氏問竹軒家塾刻本　六冊

430000－2401－0026039　432/79－11(3)
唐陸宣公集二十二卷　（唐）陸贄撰　清同治五年(1866)善化楊氏問竹軒家塾刻本　六冊

430000－2401－0026040　432/79－11(4)
唐陸宣公集二十二卷　（唐）陸贄撰　清同治五年(1866)善化楊氏問竹軒家塾刻本　六冊

430000－2401－0026041　432/79－13
唐陸宣公集二十二卷首一卷增輯一卷附錄一卷　（唐）陸贄撰　清光緒二年(1876)江蘇書局刻本　六冊

430000－2401－0026042　432/79－13(1)
唐陸宣公集二十二卷首一卷增輯一卷附錄一卷　（唐）陸贄撰　清光緒二年(1876)江蘇書局刻本　六冊

430000－2401－0026043　432/79－14
唐陸宣公集二十二卷　（唐）陸贄撰　清光緒十二年(1886)公善堂影宋刻本　六冊

430000 – 2401 – 0026044　432/79 – 14（1）

唐陸宣公集二十二卷　（唐）陸贄撰　清光緒十二年（1886）公善堂影宋刻本　六冊

430000 – 2401 – 0026045　432/82 – 3

唐陸宣公翰苑集二十四卷　（唐）陸贄撰　清光緒十七年（1891）日照丁氏刻本　六冊

430000 – 2401 – 0026046　432/79 – 16

唐陸宣公集二十二卷　（唐）陸贄撰　清光緒二十四年（1898）上海著易堂石印本　四冊

430000 – 2401 – 0026047　432/79 – 17

唐陸宣公集二十二卷　（唐）陸贄撰　清光緒二十七年（1901）上海煥文書局石印本　四冊

430000 – 2401 – 0026048　432/79 – 6

陸宣公文集二十二卷　（唐）陸贄撰　清忠州祠刻本　佚名題註　一冊　存四卷（十九至二十二）

430000 – 2401 – 0026049　432/82 – 4

唐陸宣公翰苑集二十二卷　（唐）陸贄撰　清刻本　六冊

430000 – 2401 – 0026050　432/80

評註陸宣公全集二十六卷首一卷　（唐）陸贄撰　（宋）郎曄註　（清）馬傳庚評　清光緒成都望海堂書局刻本　二冊

430000 – 2401 – 0026051　△432/74

陸宣公文選十五卷　（唐）陸贄撰　（明）葉秉敬評　明萬曆三十八年（1610）刻本　四冊

430000 – 2401 – 0026052　432/79 – 12

唐陸宣公奏議全集四卷首一卷唐陸宣公制誥續集十卷　（唐）陸贄撰　（清）汪銘謙（清）潘六鰲輯　清同治十一年（1872）長沙楊氏文彬閣刻本　五冊　缺一卷（奏議全集四）

430000 – 2401 – 0026053　432/82

唐陸宣公翰苑集二十四卷　（唐）陸贄撰（清）張佩芳註　清乾隆張氏希音堂刻本八冊

430000 – 2401 – 0026054　△432/69

唐甫里先生集二十卷　（唐）陸龜蒙撰　明萬曆許自昌校刻合刻陸魯望皮襲美二先生本二冊　存十卷（一至十）

430000 – 2401 – 0026055　△432/60 – 2

重刊校正笠澤叢書四卷補遺詩一卷　（唐）陸龜蒙撰　清雍正九年（1731）陸鍾輝水雲漁屋刻本　二冊

430000 – 2401 – 0026056　△432/59

笠澤叢書七卷補遺一卷續補遺一卷　（唐）陸龜蒙撰　附考一卷　（清）許槤訂　清嘉慶二十四年（1819）海昌許氏古韻閣刻本　二冊

430000 – 2401 – 0026057　△432/60 – 3

重刊校正笠澤叢書四卷補遺詩一卷　（唐）陸龜蒙撰　清大疊山房刻本　二冊

430000 – 2401 – 0026058　△432/60 – 4

重刊校正笠澤叢書四卷遺詩一卷　（唐）陸龜蒙撰　清東山草堂刻本　二冊

430000 – 2401 – 0026059　△432/60

重刊校正笠澤叢書四卷補遺詩一卷續補遺一卷　（唐）陸龜蒙撰　清顧氏碧筠草堂刻本　二冊

430000 – 2401 – 0026060　432/170

重刊校正笠澤叢書四卷補遺詩一卷續補遺一卷　（唐）陸龜蒙撰　清刻本　二冊

430000 – 2401 – 0026061　432/170（1）

重刊校正笠澤叢書四卷補遺詩一卷續補遺一卷　（唐）陸龜蒙撰　清刻本　二冊

430000 – 2401 – 0026062　△432/64

唐女郎魚玄機詩一卷　（唐）魚玄機撰　明刻本　一冊

430000 – 2401 – 0026063　432/88

唐女郎魚玄機詩一卷附錄一卷　（唐）魚玄機撰　清光緒二十五年（1899）影宋刻本　一冊

430000 – 2401 – 0026064　432/88（1）

唐女郎魚玄機詩一卷附錄一卷　（唐）魚玄機撰　清光緒二十五年（1899）影宋刻本　一冊

430000 – 2401 – 0026065　432/88（2）

唐女郎魚玄機詩一卷附錄一卷　（唐）魚玄機撰　清光緒二十五年（1899）影宋刻本　一冊

430000－2401－0026066　432/88（3）
唐女郎魚玄機詩一卷附錄一卷　（唐）魚玄機
撰　清光緒二十五年(1899)影宋刻本　一冊

430000－2401－0026067　432/88（4）
唐女郎魚玄機詩一卷附錄一卷　（唐）魚玄機
撰　清光緒二十五年(1899)影宋刻本　一冊

430000－2401－0026068　432/88－6
唐女郎魚玄機詩　（唐）魚玄機撰　鈔本
一冊

430000－2401－0026069　△432/85
溫飛卿詩集七卷別集一卷集外詩一卷　（唐）
溫庭筠撰　（明）曾益註　（清）顧予咸補註
(清)顧嗣立續註　清康熙三十六年(1697)顧
氏秀野草堂刻本　四冊

430000－2401－0026070　432/90（1）
溫飛卿詩集七卷別集一卷集外詩一卷　（唐）
溫庭筠撰　（明）曾益註　（清）顧予咸補註
(清)顧嗣立續註　清乾隆刻本　一冊

430000－2401－0026071　432/90（2）
溫飛卿詩集七卷別集一卷集外詩一卷　（唐）
溫庭筠撰　（明）曾益註　（清）顧予咸補註
(清)顧嗣立續註　清乾隆刻本　六冊

430000－2401－0026072　432/90（3）
溫飛卿詩集七卷別集一卷集外詩一卷　（唐）
溫庭筠撰　（明）曾益註　（清）顧予咸補註
(清)顧嗣立續註　清乾隆刻本　二冊

430000－2401－0026073　432/90（4）
溫飛卿詩集七卷別集一卷集外詩一卷　（唐）
溫庭筠撰　（明）曾益註　（清）顧予咸補註
(清)顧嗣立續註　清乾隆刻本　二冊

430000－2401－0026074　432/90（5）
溫飛卿詩集七卷別集一卷集外詩一卷　（唐）
溫庭筠撰　（明）曾益註　（清）顧予咸補註
(清)顧嗣立續註　清乾隆刻本　二冊

430000－2401－0026075　432/90（6）
溫飛卿詩集七卷別集一卷集外詩一卷　（唐）
溫庭筠撰　（明）曾益註　（清）顧予咸補註

(清)顧嗣立續註　清乾隆刻本　二冊

430000－2401－0026076　432/90－2
溫飛卿詩集七卷別集一卷集外詩一卷　（唐）
溫庭筠撰　（明）曾益註　（清）顧予咸補註
(清)顧嗣立續註　清光緒八年(1882)萬軸山
房刻本　二冊

430000－2401－0026077　432/90－2（1）
溫飛卿詩集七卷別集一卷集外詩一卷　（唐）
溫庭筠撰　（明）曾益註　（清）顧予咸補註
(清)顧嗣立續註　清光緒八年(1882)萬軸山
房刻本　二冊

430000－2401－0026078　432/90－2（2）
溫飛卿詩集七卷別集一卷集外詩一卷　（唐）
溫庭筠撰　（明）曾益註　（清）顧予咸補註
(清)顧嗣立續註　清光緒八年(1882)萬軸山
房刻本　一冊

430000－2401－0026079　432/90－2（3）
溫飛卿詩集七卷別集一卷集外詩一卷　（唐）
溫庭筠撰　（明）曾益註　（清）顧予咸補註
(清)顧嗣立續註　清光緒八年(1882)萬軸山
房刻本　二冊

430000－2401－0026080　432/90－2（4）
溫飛卿詩集七卷別集一卷集外詩一卷　（唐）
溫庭筠撰　（明）曾益註　（清）顧予咸補註
(清)顧嗣立續註　清光緒八年(1882)萬軸山
房刻本　一冊

430000－2401－0026081　432/90－3
溫飛卿詩集七卷別集一卷集外詩一卷　（唐）
溫庭筠撰　（明）曾益註　（清）顧予咸補註
(清)顧嗣立續註　清光緒八年(1882)泉唐汪
氏刻本　二冊

430000－2401－0026082　432/90－3（1）
溫飛卿詩集七卷別集一卷集外詩一卷　（唐）
溫庭筠撰　（明）曾益註　（清）顧予咸補註
(清)顧嗣立續註　清光緒八年(1882)泉唐汪
氏刻本　二冊

430000－2401－0026083　432/90－6
溫飛卿詩集七卷別集一卷集外詩一卷　（唐）

温庭筠撰　（明）曾益註　（清）顧予咸補註
（清）顧嗣立續註　清宣統二年(1910)石印本
　四册

430000－2401－0026084　432/90
温飛卿詩集七卷別集一卷集外詩一卷　（唐）
温庭筠撰　（明）曾益註　（清）顧予咸補註
（清）顧嗣立續註　清刻本　四册

430000－2401－0026085　△432/86
寒山子詩集一卷　（唐）釋寒山撰　**豐干拾得**
詩附一卷　（唐）釋豐干　（唐）釋拾得撰　明
萬曆刻本　葉啟勳題識　一册

430000－2401－0026086　△432/75
唐黄先生文集八卷附錄一卷　（唐）黄滔撰
明萬曆三十四年(1606)葉向高曹學佺等刻本
　一册

430000－2401－0026087　432/145
莆陽黄御史集二秩　（唐）黄滔撰　清光緒十
年(1884)福山王氏天壤閣刻本　二册

430000－2401－0026088　432/145(1)
莆陽黄御史集二秩　（唐）黄滔撰　清光緒十
年(1884)福山王氏天壤閣刻本　二册

430000－2401－0026089　△432/78
唐賈浪仙長江集十卷　（唐）賈島撰　明刻本
　二册

430000－2401－0026090　△432/88
賈浪仙詩四卷　（唐）賈島撰　（明）楊鶴校
清鈔本　一册

430000－2401－0026091　△432/93
劉隨州詩集十卷補遺一卷　（唐）劉長卿撰
清康熙席氏琴川書屋刻本　四册

430000－2401－0026092　△432/76
唐劉賓客詩集六卷　（唐）劉禹錫撰　明刻本
　二册

430000－2401－0026093　△432/77
劉賓客詩集九卷　（唐）劉禹錫撰　清雍正元
年(1723)趙氏涵碧齋刻本　四册

430000－2401－0026094　△432/89

劉賓客文集三十卷外集十卷　（唐）劉禹錫撰
清鈔本　六册

430000－2401－0026095　△432/96－2
駱賓王集二卷　（唐）駱賓王撰　明嘉靖三十
一年(1552)晉安鄭能刻本　二册

430000－2401－0026096　△432/96
駱賓王集二卷　（唐）駱賓王撰　明江都黄埻
刻本　一册

430000－2401－0026097　432/93
駱賓王文集十卷　（唐）駱賓王撰　清宣統三
年(1911)上海文瑞樓石印本　二册

430000－2401－0026098　432/93－2
駱丞集四卷　（唐）駱賓王撰　清星渚項氏刻
本　二册

430000－2401－0026099　432/93－3
駱丞集四卷　（唐）駱賓王撰　清末鄒氏叢雅
居刻本　二册

430000－2401－0026100　432/93－4
駱賓王集二卷　（唐）駱賓王撰　清刻本
　一册

430000－2401－0026101　△432/80
唐駱先生集八卷　（唐）駱賓王撰　（明）王衡
等評釋　明淩毓柟刻朱墨套印本　六册

430000－2401－0026102　△432/94
新刊駱子集註四卷　（唐）駱賓王撰　（明）陳
魁士註釋　明萬曆七年(1579)劉大烈等刻本
　四册

430000－2401－0026103　△432/95
駱丞集註四卷　（唐）駱賓王撰　（明）顧文選
補註　明萬曆四十三年(1615)顧氏刻本
　四册

430000－2401－0026104　432/93－5
駱臨海集十卷　（唐）駱賓王撰　（清）吳霖
（清）趙忠輯　清康熙四十六年(1707)黄之琦
覺非齋刻本　二册

430000－2401－0026105　432/93－7
駱臨海集十卷首一卷末一卷　（唐）駱賓王撰

(清)陳熙晉箋註　清咸豐三年(1853)駱祖攀校刻本　八冊

430000－2401－0026106　△432/106
靈隱子六卷　(唐)駱賓王撰　(明)陳魁士註
明萬曆二十四年(1596)陳大科刻本　六冊

430000－2401－0026107　△432/8
玉川子詩集五卷　(唐)盧仝撰　(清)孫之騄
註　清初刻晴川八識本　五冊

430000－2401－0026108　432/171
玉川子詩集五卷　(唐)盧仝撰　(清)孫之騄
註　清刻本　二冊

430000－2401－0026109　△432/99
盧照鄰集二卷　(唐)盧照鄰撰　明嘉靖三十
一年(1552)晉安鄭能重刻本　二冊

430000－2401－0026110　△432/98
毗陵集二十卷補遺一卷附錄一卷　(唐)獨孤
及撰　清乾隆五十六年(1791)武進趙氏亦有
生齋校刻本　四冊

430000－2401－0026111　△432/51
毗陵集二十卷　(唐)獨孤及撰　清鈔本　清
光緒二十四年(1898)熙元題識批校　二冊

430000－2401－0026112　432/138
翰林集四卷附錄一卷　(唐)韓偓撰　清嘉慶
十五年(1810)長溪王氏麟後山房刻本　一冊

430000－2401－0026113　△432/97
翰林集四卷　(唐)韓偓撰　清鈔本　三冊

430000－2401－0026114　△432/101－2
韓文四十卷外集十卷遺集一卷　(唐)韓愈撰
明嘉靖十六年(1537)游居敬刻韓柳文本
九冊　存三十六卷(韓文一、十至四十,外集
一至四)

430000－2401－0026115　△432/101
韓文四十卷外集十卷遺集一卷　(唐)韓愈撰
明嘉靖三十五年(1556)莫如士韓柳文刻本
八冊

430000－2401－0026116　△432/101(1)
韓文四十卷外集十卷遺集一卷　(唐)韓愈撰

明嘉靖三十五年(1556)莫如士韓柳文刻本
六冊

430000－2401－0026117　△432/63－2
唐大家韓文公文鈔十六卷　(唐)韓愈撰　明
刻本　八冊

430000－2401－0026118　432/94－7
昌黎先生集四十卷遺文一卷　(唐)韓愈撰
(唐)李漢編　清光緒十五年(1889)廣州萃文
堂刻本　八冊

430000－2401－0026119　432/94－8
昌黎先生集四十卷外集十卷遺集一卷　(唐)
韓愈撰　(唐)李漢編　清光緒十九年(1893)
慈利朱氏刻本　八冊

430000－2401－0026120　432/94－8(1)
昌黎先生集四十卷外集十卷遺集一卷　(唐)
韓愈撰　(唐)李漢編　清光緒十九年(1893)
慈利朱氏刻本　八冊

430000－2401－0026121　432/94－8(2)
昌黎先生集四十卷外集十卷遺集一卷　(唐)
韓愈撰　(唐)李漢編　清光緒十九年(1893)
慈利朱氏刻本　八冊

430000－2401－0026122　432/94－8(3)
昌黎先生集四十卷外集十卷遺集一卷　(唐)
韓愈撰　(唐)李漢編　清光緒十九年(1893)
慈利朱氏刻本　八冊

430000－2401－0026123　432/94－8(4)
昌黎先生集四十卷外集十卷遺集一卷　(唐)
韓愈撰　(唐)李漢編　清光緒十九年(1893)
慈利朱氏刻本　四冊

430000－2401－0026124　432/94－8(5)
昌黎先生集四十卷外集十卷遺集一卷　(唐)
韓愈撰　(唐)李漢編　清光緒十九年(1893)
慈利朱氏刻本　八冊

430000－2401－0026125　432/99
朱文公校昌黎先生文集四十卷外集十卷遺文
一卷　(唐)韓愈撰　(唐)李漢編　(宋)朱
熹考異　(宋)王伯大音釋　(明)朱吾弼重編

明刻本　劉源淋題跋　十冊

430000－2401－0026126　432/94
昌黎先生集四十卷外集十卷遺文一卷　（唐）
韓愈撰　（唐）李漢編　（宋）廖瑩中校正　明
徐氏東雅堂刻本　十冊

430000－2401－0026127　432/94－2
昌黎先生集四十卷外集十卷遺文一卷　（唐）
韓愈撰　（唐）李漢編　（宋）廖瑩中校正　明
徐氏東雅堂刻本清初冠山堂重修本　十六冊

430000－2401－0026128　432/94－2(1)
昌黎先生集四十卷外集十卷遺文一卷　（唐）
韓愈撰　（唐）李漢編　（宋）廖瑩中校正　明
徐氏東雅堂刻本清初冠山堂重修本　十二冊

430000－2401－0026129　432/94－3
昌黎先生集四十卷外集十卷遺文一卷　（唐）
韓愈撰　（唐）李漢編　（宋）廖瑩中校正　清
乾隆六年(1741)補修明末葛氏永懷堂刻本　
六冊

430000－2401－0026130　432/94－3(1)
昌黎先生集四十卷外集十卷遺文一卷　（唐）
韓愈撰　（唐）李漢編　（宋）廖瑩中校正　清
乾隆六年(1741)補修明末葛氏永懷堂刻本
十冊

430000－2401－0026131　432/94－4
昌黎先生集四十卷外集十卷遺文一卷　（唐）
韓愈撰　（唐）李漢編　（宋）廖瑩中校正　清
同治八年至九年(1869－1870)江蘇書局刻本
十冊

430000－2401－0026132　432/94－4(1)
昌黎先生集四十卷外集十卷遺文一卷　（唐）
韓愈撰　（唐）李漢編　（宋）廖瑩中校正　清
同治八年至九年(1869－1870)江蘇書局刻本
十一冊

430000－2401－0026133　432/94－4(2)
昌黎先生集四十卷外集十卷遺文一卷　（唐）
韓愈撰　（唐）李漢編　（宋）廖瑩中校正　清
同治八年至九年(1869－1870)江蘇書局刻本
十一冊

430000－2401－0026134　432/94－4(3)
昌黎先生集四十卷外集十卷遺文一卷　（唐）
韓愈撰　（唐）李漢編　（宋）廖瑩中校正　清
同治八年至九年(1869－1870)江蘇書局刻本
十一冊

430000－2401－0026135　432/94－4(4)
昌黎先生集四十卷外集十卷遺文一卷　（唐）
韓愈撰　（唐）李漢編　（宋）廖瑩中校正　清
同治八年至九年(1869－1870)江蘇書局刻本
十一冊

430000－2401－0026136　432/94－5
昌黎先生集四十卷遺文一卷　（唐）韓愈撰
（唐）李漢編　（宋）廖瑩中校正　清同治九年
(1870)廣東述古堂刻本　八冊

430000－2401－0026137　432/94－6
昌黎先生集四十卷外集十卷遺文一卷　（唐）
韓愈撰　（唐）李漢編　（宋）廖瑩中校正　清
宣統二年(1910)上海掃葉山房石印本　十
二冊

430000－2401－0026138　432/94－6(1)
昌黎先生集四十卷外集十卷遺文一卷　（唐）
韓愈撰　（唐）李漢編　（宋）廖瑩中校正　清
宣統二年(1910)上海掃葉山房石印本　十
二冊

430000－2401－0026139　432/94－6(2)
昌黎先生集四十卷外集十卷遺文一卷　（唐）
韓愈撰　（唐）李漢編　（宋）廖瑩中校正　清
宣統二年(1910)上海掃葉山房石印本　十
二冊

430000－2401－0026140　432/94－13
昌黎先生集四十卷外集十卷遺文一卷　（唐）
韓愈撰　（唐）李漢編　（宋）廖瑩中校正　清
宣統三年(1911)石印本　十冊

430000－2401－0026141　△432/14
昌黎先生集考異十卷　（宋）朱熹撰　明刻本
五冊

430000－2401－0026142　432/102－2
昌黎先生集考異十卷　（宋）朱熹撰　清光緒

十一年(1885)新陽趙氏刻本　二冊

430000－2401－0026143　432/102－2(1)
昌黎先生集考異十卷　(宋)朱熹撰　清光緒
十一年(1885)新陽趙氏刻本　二冊

430000－2401－0026144　△432/12－3
朱文公校昌黎先生文集四十卷外集十卷
(唐)韓愈撰　(宋)朱熹考異　**傳一卷**　明光
裕堂刻本　六冊

430000－2401－0026145　△432/12－5
**朱文公校昌黎先生文集四十卷外集十卷遺文
一卷**　(唐)韓愈撰　(宋)朱熹考異　(宋)
王伯大音釋　**傳一卷**　明刻萬曆三年(1575)
重修本　十二冊

430000－2401－0026146　△432/12－5(1)
**朱文公校昌黎先生文集四十卷外集十卷遺文
一卷**　(唐)韓愈撰　(宋)朱熹考異　(宋)
王伯大音釋　**傳一卷**　明刻萬曆三年(1575)
重修本　六冊　存二十五卷(文集一至十四、
二十至二十三、三十四至四十)

430000－2401－0026147　△432/12
**朱文公校昌黎先生文集四十卷外集十卷遺文
一卷**　(唐)韓愈撰　(宋)朱熹考異　(宋)
王伯大音釋　**傳一卷**　明萬曆朱崇沐刻本
十二冊

430000－2401－0026148　△432/12(1)
**朱文公校昌黎先生文集四十卷外集十卷遺文
一卷**　(唐)韓愈撰　(宋)朱熹考異　(宋)
王伯大音釋　**傳一卷**　明萬曆朱崇沐刻本
七冊

430000－2401－0026149　△432/12(2)
**朱文公校昌黎先生文集四十卷外集十卷遺文
一卷**　(唐)韓愈撰　(宋)朱熹考異　(宋)
王伯大音釋　**傳一卷**　明萬曆朱崇沐刻本
八冊

430000－2401－0026150　△432/12(3)
**朱文公校昌黎先生文集四十卷外集十卷遺文
一卷**　(唐)韓愈撰　(宋)朱熹考異　(宋)
王伯大音釋　**傳一卷**　明萬曆朱崇沐刻本

十三冊

430000－2401－0026151　△432/12(4)
**朱文公校昌黎先生文集四十卷外集十卷遺文
一卷**　(唐)韓愈撰　(宋)朱熹考異　(宋)
王伯大音釋　**傳一卷**　明萬曆朱崇沐刻本
八冊

430000－2401－0026152　△432/12－4
**朱文公校昌黎先生文集四十卷外集十卷遺文
一卷**　(唐)韓愈撰　(宋)朱熹考異　(宋)
王伯大音釋　**傳一卷**　明寶翰樓重刻萬曆朱
崇沐本　十二冊

430000－2401－0026153　△432/12－2
**朱文公校昌黎先生文集四十卷外集十卷遺文
一卷**　(唐)韓愈撰　(宋)朱熹考異　(宋)
王伯大音釋　**傳一卷**　清初天德堂重刻明萬
曆朱崇沐刻本　佚名批校圈點　十二冊

430000－2401－0026154　△432/13－2
昌黎先生集四十卷外集十卷遺文一卷　(唐)
韓愈撰　(宋)廖瑩中校正　**朱子校昌黎先生
集傳一卷**　(宋)朱熹撰　明徐氏東雅堂刻清
初冠山堂重修本　十六冊

430000－2401－0026155　△432/13－2(1)
昌黎先生集四十卷外集十卷遺文一卷　(唐)
韓愈撰　(宋)廖瑩中校正　**朱子校昌黎先生
集傳一卷**　(宋)朱熹撰　明徐氏東雅堂刻清
初冠山堂重修本　十四冊

430000－2401－0026156　△432/13－2(2)
昌黎先生集四十卷外集十卷遺文一卷　(唐)
韓愈撰　(宋)廖瑩中校正　**朱子校昌黎先生
集傳一卷**　(宋)朱熹撰　明徐氏東雅堂刻清
初冠山堂重修本　葉啟勳題識　十二冊　存
三十六卷(昌黎先生集一至四、七至八、十一
至十六、二十七至四十、外集十卷)

430000－2401－0026157　△432/13
昌黎先生集四十卷外集十卷遺文一卷　(唐)
韓愈撰　(宋)廖瑩中校正　**朱子校昌黎先生
集傳一卷**　(宋)朱熹撰　明徐氏東雅堂刻本
葉啟勳題識　八冊

430000－2401－0026158　432/95

新刊五百家註音辯昌黎先生文集四十卷
(唐)韓愈撰　(宋)魏仲舉輯註　清乾隆四十
九年(1784)刻本　十二冊

430000－2401－0026159　432/95(1)

新刊五百家註音辯昌黎先生文集四十卷
(唐)韓愈撰　(宋)魏仲舉輯註　清乾隆四十
九年(1784)刻本　十二冊

430000－2401－0026160　432/95(2)

新刊五百家註音辯昌黎先生文集四十卷
(唐)韓愈撰　(宋)魏仲舉輯註　清乾隆四十
九年(1784)刻本　十冊

430000－2401－0026161　432/95(3)

新刊五百家註音辯昌黎先生文集四十卷
(唐)韓愈撰　(宋)魏仲舉輯註　清乾隆四十
九年(1784)刻本　十冊

430000－2401－0026162　432/95(4)

新刊五百家註音辯昌黎先生文集四十卷
(唐)韓愈撰　(宋)魏仲舉輯註　清乾隆四十
九年(1784)刻本　三冊　存五卷(五至六、十
至十二)

430000－2401－0026163　432/95－2

新刊五百家註音辯昌黎先生文集四十卷
(唐)韓愈撰　(宋)魏仲舉輯註　清刻本
十冊

430000－2401－0026164　432/95－2(1)

新刊五百家註音辯昌黎先生文集四十卷
(唐)韓愈撰　(宋)魏仲舉輯註　清刻本　十
二冊

430000－2401－0026165　432/95－2(2)

新刊五百家註音辯昌黎先生文集四十卷
(唐)韓愈撰　(宋)魏仲舉輯註　清刻本　十
二冊

430000－2401－0026166　432/95－2(3)

新刊五百家註音辯昌黎先生文集四十卷
(唐)韓愈撰　(宋)魏仲舉輯註　清刻本
十冊

430000－2401－0026167　432/95－2(4)

新刊五百家註音辯昌黎先生文集四十卷
(唐)韓愈撰　(宋)魏仲舉輯註　清刻本　十
六冊

430000－2401－0026168　432/95－2(5)

新刊五百家註音辯昌黎先生文集四十卷
(唐)韓愈撰　(宋)魏仲舉輯註　清刻本
一冊

430000－2401－0026169　432/95－3

重刊五百家註音辯昌黎先生文集四十卷
(唐)韓愈撰　(宋)魏仲舉輯註　清兩儀堂刻
本　十二冊

430000－2401－0026170　△432/5

王荊石先生批評韓文十卷　(唐)韓愈撰
(明)王錫爵評　明刻王荊石先生批評韓柳文
本　十冊

430000－2401－0026171　△432/63－2

唐大家韓文公文鈔十六卷　(唐)韓愈撰
(明)茅坤評　明萬曆七年(1579)金閶黃玉堂
刻本　一冊　存二卷(一至二)

430000－2401－0026172　△432/79

唐韓昌黎集四十卷遺文一卷外集十卷　(唐)
韓愈撰　(明)蔣之翹輯註　明崇禎六年
(1633)蔣氏三徑草堂刻韓柳全集本　清郭嵩
燾批註　十二冊

430000－2401－0026173　△432/79(1)

唐韓昌黎集四十卷遺文一卷外集十卷　(唐)
韓愈撰　(明)蔣之翹輯註　明崇禎六年
(1633)蔣氏三徑草堂刻韓柳全集本　十三冊
　　存四十卷(一至四十)

430000－2401－0026174　△432/102

韓昌黎詩集編年箋註十二卷　(唐)韓愈撰
(清)方世舉撰　清乾隆二十三年(1758)盧見
曾雅雨堂刻本　佚名過錄清查慎行、朱彝尊
等人批校　六冊

430000－2401－0026175　432/103

韓昌黎詩集編年箋註十二卷　(唐)韓愈撰
(清)方世舉考訂　清刻本　六冊

430000－2401－0026176　432/103（1）

韓昌黎詩集編年箋註十二卷　（唐）韓愈撰
（清）方世舉考訂　清刻本　八冊

430000－2401－0026177　432/103（2）

韓昌黎詩集編年箋註十二卷　（唐）韓愈撰
（清）方世舉考訂　清刻本　六冊

430000－2401－0026178　432/103（3）

韓昌黎詩集編年箋註十二卷　（唐）韓愈撰
（清）方世舉考訂　清刻本　十二冊

430000－2401－0026179　432/103（4）

韓昌黎詩集編年箋註十二卷　（唐）韓愈撰
（清）方世舉考訂　清刻本　五冊

430000－2401－0026180　432/107

韓子粹言不分卷　（唐）韓愈撰　（清）李光地
輯　清刻本　三冊

430000－2401－0026181　432/107－2

韓子粹言不分卷　（唐）韓愈撰　（清）李光地
輯　清康熙五十二年(1713)刻本　佚名題註
二冊

430000－2401－0026182　432/107－2（1）

韓子粹言不分卷　（唐）韓愈撰　（清）李光地
輯　清康熙五十二年(1713)刻本　二冊

430000－2401－0026183　432/107－2（2）

韓子粹言不分卷　（唐）韓愈撰　（清）李光地
輯　清康熙五十二年(1713)刻本　二冊

430000－2401－0026184　432/104－2

韓文起十二卷　（唐）韓愈撰　（清）林雲銘評
註　清康熙三十二年(1693)林氏建陽刻本
六冊

430000－2401－0026185　432/104－2（1）

韓文起十二卷　（唐）韓愈撰　（清）林雲銘評
註　清康熙三十二年(1693)林氏建陽刻本
四冊

430000－2401－0026186　432/105

韓集點勘四卷　（清）陳景雲撰　清同治九年
(1870)江蘇書局刻本　一冊

430000－2401－0026187　432/105（1）

韓集點勘四卷　（清）陳景雲撰　清同治九年
(1870)江蘇書局刻本　一冊

430000－2401－0026188　432/105（2）

韓集點勘四卷　（清）陳景雲撰　清同治九年
(1870)江蘇書局刻本　一冊

430000－2401－0026189　432/101

韓文百篇編年三卷　（唐）韓愈撰　（清）劉成
忠選評　清光緒二十六年(1900)食舊堂石印
本　三冊

430000－2401－0026190　432/111

昌黎先生集錄八卷　（唐）韓愈撰　（清）儲欣
錄　清初刻本　十一冊

430000－2401－0026191　432/110

韓筆酌蠡三十卷　（唐）韓愈撰　（清）盧軒編
清雍正八年(1730)刻本　八冊

430000－2401－0026192　432/97

昌黎先生詩集註十一卷　（唐）韓愈撰　（清）
顧嗣立刪補　清康熙三十八年(1699)顧氏秀
野草堂刻本　佚名題註　八冊

430000－2401－0026193　432/97（1）

昌黎先生詩集註十一卷　（唐）韓愈撰　（清）
顧嗣立刪補　清康熙三十八年(1699)顧氏秀
野草堂刻本　六冊

430000－2401－0026194　432/97（2）

昌黎先生詩集註十一卷　（唐）韓愈撰　（清）
顧嗣立刪補　清康熙三十八年(1699)顧氏秀
野草堂刻本　六冊

430000－2401－0026195　432/97（3）

昌黎先生詩集註十一卷　（唐）韓愈撰　（清）
顧嗣立刪補　清康熙三十八年(1699)顧氏秀
野草堂刻本　三冊

430000－2401－0026196　432/97（4）

昌黎先生詩集註十一卷　（唐）韓愈撰　（清）
顧嗣立刪補　清康熙三十八年(1699)顧氏秀
野草堂刻本　三冊

430000－2401－0026197　432/98

昌黎先生詩集註十一卷　（唐）韓愈撰　（清）

顧嗣立删補　（清）朱彝尊　（清）何焯合評
清道光十六年（1836）膺德堂朱墨套印本
四冊

430000－2401－0026198　432/98（1）
昌黎先生詩集註十一卷　（唐）韓愈撰　（清）
顧嗣立删補　（清）朱彝尊　（清）何焯合評
清道光十六年（1836）膺德堂朱墨套印本
四冊

430000－2401－0026199　432/98（2）
昌黎先生詩集註十一卷　（唐）韓愈撰　（清）
顧嗣立删補　（清）朱彝尊　（清）何焯合評
清道光十六年（1836）膺德堂朱墨套印本
四冊

430000－2401－0026200　432/98（3）
昌黎先生詩集註十一卷　（唐）韓愈撰　（清）
顧嗣立删補　（清）朱彝尊　（清）何焯合評
清道光十六年（1836）膺德堂朱墨套印本
四冊

430000－2401－0026201　432/98（4）
昌黎先生詩集註十一卷　（唐）韓愈撰　（清）
顧嗣立删補　（清）朱彝尊　（清）何焯合評
清道光十六年（1836）膺德堂朱墨套印本
四冊

430000－2401－0026202　432/98－2
昌黎先生詩集註十一卷　（唐）韓愈撰　（清）
顧嗣立删補　（清）朱彝尊　（清）何焯合評
清光緒九年（1883）廣州翰墨園刻三色套印本
四冊

430000－2401－0026203　432/98－2（1）
昌黎先生詩集註十一卷　（唐）韓愈撰　（清）
顧嗣立删補　（清）朱彝尊　（清）何焯合評
清光緒九年（1883）廣州翰墨園刻三色套印本
四冊

430000－2401－0026204　432/98－2（2）
昌黎先生詩集註十一卷　（唐）韓愈撰　（清）
顧嗣立删補　（清）朱彝尊　（清）何焯合評
清光緒九年（1883）廣州翰墨園刻三色套印本
四冊

430000－2401－0026205　432/98－2（3）
昌黎先生詩集註十一卷　（唐）韓愈撰　（清）
顧嗣立删補　（清）朱彝尊　（清）何焯合評
清光緒九年（1883）廣州翰墨園刻三色套印本
四冊

430000－2401－0026206　432/98－2（4）
昌黎先生詩集註十一卷　（唐）韓愈撰　（清）
顧嗣立删補　（清）朱彝尊　（清）何焯合評
清光緒九年（1883）廣州翰墨園刻三色套印本
四冊

430000－2401－0026207　432/108
昌黎先生詩增註證訛十一卷　（唐）韓愈撰
（清）顧嗣立删補　（清）黃鉞增註證訛　清咸
豐七年（1857）刻本　六冊

430000－2401－0026208　432/108（1）
昌黎先生詩增註證訛十一卷　（唐）韓愈撰
（清）顧嗣立删補　（清）黃鉞增註證訛　清咸
豐七年（1857）刻本　四冊

430000－2401－0026209　432/108（2）
昌黎先生詩增註證訛十一卷　（唐）韓愈撰
（清）顧嗣立删補　（清）黃鉞增註證訛　清咸
豐七年（1857）刻本　二冊

430000－2401－0026210　432/108（3）
昌黎先生詩增註證訛十一卷　（唐）韓愈撰
（清）顧嗣立删補　（清）黃鉞增註證訛　清咸
豐七年（1857）刻本　四冊

430000－2401－0026211　432/108（4）
昌黎先生詩增註證訛十一卷　（唐）韓愈撰
（清）顧嗣立删補　（清）黃鉞增註證訛　清咸
豐七年（1857）刻本　六冊

430000－2401－0026212　△432/92
魯公文集十二卷補遺一卷　（唐）顏真卿撰
明萬曆二十四年（1596）顏胤祚刻本　四冊

430000－2401－0026213　432/89－2
顏魯公文集十五卷補遺一卷附錄一卷　（唐）
顏真卿撰　清嘉慶七年（1802）顏崇榘刻本
六冊

430000－2401－0026214　432/89－2(1)

顏魯公文集十五卷補遺一卷附錄一卷　（唐）
顏真卿撰　清嘉慶七年(1802)顏崇榘刻本
一冊

430000－2401－0026215　432/140

儲御史詩集四卷　（唐）儲光羲撰　清光緒十
年(1884)遂寧書局刻本　一冊

430000－2401－0026216　△432/103

羅昭諫江東集五卷　（唐）羅隱撰　明萬曆屠
中孚刻本　二冊

430000－2401－0026217　432/142－2

羅昭諫集八卷　（唐）羅隱撰　清道光三十年
(1850)渤海張氏刻本　二冊

430000－2401－0026218　432/142

羅昭諫集八卷　（唐）羅隱撰　清同治六年
(1867)方氏餐秀書屋刻本　二冊

430000－2401－0026219　△432/9

甲乙集逸詩不分卷　（唐）羅隱撰　清鈔本　一冊

430000－2401－0026220　432/163

蘇許公文集十二卷首一卷　（唐）蘇環撰　清
道光二十三年(1843)蘇廷玉刻本　二冊

430000－2401－0026221　△432/105

顧華陽集三卷　（唐）顧況撰　**顧非熊詩一卷**
（唐）顧非熊撰　明萬曆四十一年(1613)顧
名端刻本　一冊

430000－2401－0026222　432/151

顧華陽集二卷補遺一卷　（唐）顧況撰　（明）
顧名端輯　（清）顧履成補輯　清咸豐五年
(1855)雙峰堂顧炳章刻本　二冊

430000－2401－0026223　432/137

新刊權載之文集五十卷補刻一卷　（唐）權德
輿撰　清嘉慶刻本　八冊

430000－2401－0026224　432/137(1)

新刊權載之文集五十卷補刻一卷　（唐）權德
輿撰　清嘉慶刻本　八冊

430000－2401－0026225　433/15

宋丞相文文山先生全集二十卷　（宋）文天祥

撰　清康熙十二年(1673)吉水曾弘刻本　十
一冊　缺三卷(一至三)

430000－2401－0026226　433/15(1)

宋丞相文文山先生全集二十卷　（宋）文天祥
撰　清康熙十二年(1673)吉水曾弘刻本
四冊

430000－2401－0026227　433/11

盧陵宋丞相信國公文忠烈先生全集十六卷
（宋）文天祥撰　清雍正三年(1725)文氏五桂
堂刻本　十二冊

430000－2401－0026228　433/11(1)

盧陵宋丞相信國公文忠烈先生全集十六卷
（宋）文天祥撰　清雍正三年(1725)文氏五桂
堂刻本　十六冊

430000－2401－0026229　433/11(2)

盧陵宋丞相信國公文忠烈先生全集十六卷
（宋）文天祥撰　清雍正三年(1725)文氏五桂
堂刻本　八冊

430000－2401－0026230　433/11(3)

盧陵宋丞相信國公文忠烈先生全集十六卷
（宋）文天祥撰　清雍正三年(1725)文氏五桂
堂刻本　八冊

430000－2401－0026231　433/11(4)

盧陵宋丞相信國公文忠烈先生全集十六卷
（宋）文天祥撰　清雍正三年(1725)文氏五桂
堂刻本　十二冊

430000－2401－0026232　433/11－5

盧陵宋丞相信國公文忠烈先生全集十六卷
（宋）文天祥撰　清道光十年(1830)刻本
六冊

430000－2401－0026233　433/11－2

盧陵宋丞相信國公文忠烈先生全集十六卷
（宋）文天祥撰　清道光二十三年(1843)
重印雍正三年(1725)文氏五桂堂刻本
十冊

430000－2401－0026234　433/11－3

盧陵宋丞相信國公文忠烈先生全集十六卷

（宋）文天祥撰　清道光二十八年(1848)刻本
　　十冊

430000－2401－0026235　433/11－3(1)
盧陵宋丞相信國公文忠烈先生全集十六卷
（宋）文天祥撰　清道光二十八年(1848)刻本
　　十冊

430000－2401－0026236　433/11－4
盧陵宋丞相信國公文忠烈先生全集十六卷
（宋）文天祥撰　清光緒十三年(1887)刻本
　　十冊

430000－2401－0026237　433/11－4(1)
盧陵宋丞相信國公文忠烈先生全集十六卷
（宋）文天祥撰　清光緒十三年(1887)刻本
　　十冊

430000－2401－0026238　433/11－4(2)
盧陵宋丞相信國公文忠烈先生全集十六卷
（宋）文天祥撰　清光緒十三年(1887)刻本
　　十冊

430000－2401－0026239　433/12
重刊文信國公全集十七卷首一卷　（宋）文天
祥撰　清道光二十五年(1845)文柱刻本　十
二冊

430000－2401－0026240　433/14
文信國公集二十卷首一卷　（宋）文天祥撰
清同治七年(1868)楚醴景萊書室校刻康熙十
二年(1673)吉水曾弘刻本　十冊

430000－2401－0026241　433/14(1)
文信國公集二十卷首一卷　（宋）文天祥撰
清同治七年(1868)楚醴景萊書室校刻康熙十
二年(1673)吉水曾弘刻本　十冊

430000－2401－0026242　433/14(2)
文信國公集二十卷首一卷　（宋）文天祥撰
清同治七年(1868)楚醴景萊書室校刻康熙十
二年(1673)吉水曾弘刻本　九冊

430000－2401－0026243　433/14(3)
文信國公集二十卷首一卷　（宋）文天祥撰
清同治七年(1868)楚醴景萊書室校刻康熙十

二年(1673)吉水曾弘刻本　十四冊

430000－2401－0026244　433/14(4)
文信國公集二十卷首一卷　（宋）文天祥撰
清同治七年(1868)楚醴景萊書室校刻康熙十
二年(1673)吉水曾弘刻本　十五冊

430000－2401－0026245　433/14(5)
文信國公集二十卷首一卷　（宋）文天祥撰
清同治七年(1868)楚醴景萊書室校刻康熙十
二年(1673)吉水曾弘刻本　十冊

430000－2401－0026246　433/42
指南後錄三卷　（宋）文天祥撰　清光緒六年
(1880)刻本　一冊

430000－2401－0026247　△433/4
文山先生全集二十卷　（宋）文天祥撰　（明）
張元論編校　明嘉靖三十九年(1560)刻本
十六冊

430000－2401－0026248　433/10
宋文文山先生全集二十一卷　（宋）文天祥撰
　（明）鍾越評　明崇禎二年(1629)武林博溪
鍾氏刻本　八冊

430000－2401－0026249　433/13
宋少保信國公文文山先生全集十六卷首一卷
　（宋）文天祥撰　（清）文攀丹等原輯
（清）文晟等重校　清道光二十五年(1845)文
氏刻本　十冊

430000－2401－0026250　433/237
文文山文集一卷　（宋）文天祥撰　（清）葛鼐
評　清吳門葉碧山刻本　一冊

430000－2401－0026251　△433/72
陳眉公先生訂正丹淵集四十卷拾遺二卷
（宋）文同撰　**石室先生年譜一卷**　（宋）家城
之輯　**附錄一卷**　（明）李應魁輯　明萬曆三
十八年(1610)吳一標刻崇禎四年(1631)毛晉
重修本　六冊

430000－2401－0026252　△433/65
秋崖先生小稿文集四十五卷詩集三十八卷
（宋）方岳撰　明嘉靖五年(1526)祁門方氏刻

本　二十二册

430000－2401－0026253　△433/65(1)
秋崖先生小稿文集四十五卷詩集三十八卷
(宋)方岳撰　明嘉靖五年(1526)祁門方氏刻
本　五册

430000－2401－0026254　433/90－2
秋崖先生小稿三十八卷　(宋)方岳撰　清刻
本　八册

430000－2401－0026255　433/90－3
秋崖先生小稿詩集三十八卷文集四十五卷
(宋)方岳撰　(清)方顯編　清光緒二十一年
(1895)工部草堂刻本　十册

430000－2401－0026256　433/90－3(1)
秋崖先生小稿詩集三十八卷文集四十五卷
(宋)方岳撰　(清)方顯編　清光緒二十一年
(1895)工部草堂刻本　六册

430000－2401－0026257　433/118－2
宋王忠公文集五十卷目錄四卷　(宋)王十朋
撰　(清)唐傳鉎編　清道光十二年(1832)王
氏刻本　十六册

430000－2401－0026258　433/118－2(1)
宋王忠公文集五十卷目錄四卷　(宋)王十朋
撰　(清)唐傳鉎編　清道光十二年(1832)王
氏刻本　九册　存五十卷(一至五十)

430000－2401－0026259　433/118
宋王忠公文集五十卷目錄四卷　(宋)王十朋
撰　(清)唐傳鉎編　清雍正六年(1728)刻本
十六册

430000－2401－0026260　433/118(1)
宋王忠公文集五十卷目錄四卷　(宋)王十朋
撰　(清)唐傳鉎編　清雍正六年(1728)刻本
十六册

430000－2401－0026261　433/118(2)
宋王忠公文集五十卷目錄四卷　(宋)王十朋
撰　(清)唐傳鉎編　清雍正六年(1728)刻本
二册　存六卷(二十三至二十五、三十二至
三十四)

430000－2401－0026262　433/119
王龜齡文集不分卷　(宋)王十朋撰　(清)葛
肅等評選　清吳門周氏刻本　二册

430000－2401－0026263　△433/111－2
臨川先生文集一百卷目錄二卷　(宋)王安石
撰　宋紹興二十一年(1151)兩浙西路轉運司
王珏刻元明遞修本　葉德輝、葉啟發、葉啟勳
題跋　二十册

430000－2401－0026264　△433/111
臨川先生文集一百卷目錄二卷　(宋)王安石
撰　明刻本　十册

430000－2401－0026265　△433/111(1)
臨川先生文集一百卷目錄二卷　(宋)王安石
撰　明刻本　四十册

430000－2401－0026266　△433/111(2)
臨川先生文集一百卷目錄二卷　(宋)王安石
撰　明刻本　十二册　存五十七卷(八至十
四、二十八至五十八、七十九至九十五,目錄
二卷)

430000－2401－0026267　433/122－2
王臨川全集一百卷目錄二卷　(宋)王安石
撰　清光緒九年(1883)溧陽繆氏刻本　十
六册

430000－2401－0026268　433/122－2(1)
王臨川全集一百卷目錄二卷　(宋)王安石撰
清光緒九年(1883)溧陽繆氏刻本　十册

430000－2401－0026269　433/122－2(2)
王臨川全集一百卷目錄二卷　(宋)王安石
撰　清光緒九年(1883)溧陽繆氏刻本　十
六册

430000－2401－0026270　433/122－2(3)
王臨川全集一百卷目錄二卷　(宋)王安石撰
清光緒九年(1883)溧陽繆氏刻本　十六册

430000－2401－0026271　433/122－2(4)
王臨川全集一百卷目錄二卷　(宋)王安石撰
清光緒九年(1883)溧陽繆氏刻本　二十册

430000－2401－0026272　433/122

王臨川全集一百卷目錄二卷　（宋）王安石撰
清光緒九年(1883)聽香館刻本　十六冊

430000－2401－0026273　433/122(1)
王臨川全集一百卷目錄二卷　（宋）王安石撰
清光緒九年(1883)聽香館刻本　十六冊

430000－2401－0026274　433/122(2)
王臨川全集一百卷目錄二卷　（宋）王安石撰
清光緒九年(1883)聽香館刻本　十六冊

430000－2401－0026275　433/122(3)
王臨川全集一百卷目錄二卷　（宋）王安石撰
清光緒九年(1883)聽香館刻本　十六冊

430000－2401－0026276　433/122(4)
王臨川全集一百卷目錄二卷　（宋）王安石撰
清光緒九年(1883)聽香館刻本　十六冊

430000－2401－0026277　433/124
王臨川文集四卷　（宋）王安石撰　清宣統二
年(1910)上海會文堂石印本　四冊

430000－2401－0026278　433/124(1)
王臨川文集四卷　（宋）王安石撰　清宣統二
年(1910)上海會文堂石印本　四冊

430000－2401－0026279　433/124(2)
王臨川文集四卷　（宋）王安石撰　清宣統二
年(1910)上海會文堂石印本　四冊

430000－2401－0026280　433/124(3)
王臨川文集四卷　（宋）王安石撰　清宣統二
年(1910)上海會文堂石印本　四冊

430000－2401－0026281　433/124(4)
王臨川文集四卷　（宋）王安石撰　清宣統二
年(1910)上海會文堂石印本　四冊

430000－2401－0026282　△433/3
王荊文公詩五十卷　（宋）王安石撰　（宋）李
壁箋註　清乾隆六年(1741)張氏清綺齋刻本
五冊

430000－2401－0026283　△433/3(1)
王荊文公詩五十卷　（宋）王安石撰　（宋）李
壁箋註　清乾隆六年(1741)張氏清綺齋刻本
四冊

430000－2401－0026284　△433/3(2)
王荊文公詩五十卷　（宋）王安石撰　（宋）李
壁箋註　清乾隆六年(1741)張氏清綺齋刻本
八冊

430000－2401－0026285　437/121
王荊文公詩五十卷補遺一卷　（宋）王安石撰
（宋）李壁箋註　清乾隆六年(1741)武原張
氏校刻本　六冊

430000－2401－0026286　△433/112
新刻臨川王介甫先生詩文集一百卷　（宋）王
安石撰　（明）李光祚校　明萬曆四十年
(1612)王鳳翔光啟堂刻本　十六冊

430000－2401－0026287　△433/24
宋大家王文公文鈔十六卷　（宋）王安石撰
（明）茅坤評　明萬曆刻本　二冊　存七卷
（一至三、十三至十六）

430000－2401－0026288　433/127
臨川先生全集錄四卷　（宋）王安石撰　（清）
儲欣錄　清末刻本　五冊

430000－2401－0026289　433/79
吾汶全稿九卷末一卷　（宋）王炎午撰　清光
緒三十三年(1907)湘鄉王龍文重印明正德二
年(1507)劉天澤刻本　二冊

430000－2401－0026290　433/79(1)
吾汶全稿九卷末一卷　（宋）王炎午撰　清光
緒三十三年(1907)湘鄉王龍文重印明正德二
年(1507)劉天澤刻本　四冊

430000－2401－0026291　433/79－2
吾汶稿十卷　（宋）王炎午撰　鄧實校錄　清
光緒三十四年(1908)上海國學保存會鉛印國
粹叢書本　一冊

430000－2401－0026292　433/94
宋魯齋王文憲公遺集十二卷補遺一卷　（宋）
王柏撰　清順治十一年(1654)涵古堂刻本
四冊

430000－2401－0026293　△433/108
盧溪先生文集五十卷　（宋）王庭珪撰　明嘉

靖五年(1526)刻本　五冊　存四十七卷(四至五十)

430000－2401－0026294　433/155
盧溪先生文集五十卷　(宋)王庭珪撰　(宋)劉江編　清末鈔本　五冊　缺二十一卷(十七至二十四、三十二至四十四)

430000－2401－0026295　△433/93
廣陵先生文集二十卷拾遺一卷附錄一卷
(宋)王逢原撰　(清)吳說輯　清鈔本　清張仲批校　三冊

430000－2401－0026296　△433/88
道山清話一卷　(宋)王暐撰　清鈔本　一冊

430000－2401－0026297　433/248
鈍齋文集□□卷　(宋)王德明撰　舊鈔本　三冊　存二十八卷(十三至四十)

430000－2401－0026298　433/63
河南先生文集二十七卷附錄一卷　(宋)尹洙撰　清嘉慶十三年(1808)晉堂陳氏刻本二冊

430000－2401－0026299　433/63(1)
河南先生文集二十七卷附錄一卷　(宋)尹洙撰　清嘉慶十三年(1808)晉堂陳氏刻本　二冊

430000－2401－0026300　433/63－2
河南先生文集二十七卷附錄一卷　(宋)尹洙撰　清光緒七年(1881)巴陵方功惠刻本三冊

430000－2401－0026301　△433/52
和靖先生文集五卷　(宋)尹焞撰　明末刻本清王禮培批校　四冊

430000－2401－0026302　433/203－2
尹和靖先生集一卷　(宋)尹焞撰　清康熙四十七年(1708)榕城正誼堂刻本　一冊

430000－2401－0026303　433/80
石徂徠先生集二卷　(宋)石介撰　清康熙四十九年(1710)石維巖刻本　二冊

430000－2401－0026304　△433/53
祖徠石先生全集二十卷附錄一卷　(宋)石介

撰　清康熙五十六年(1717)石鍵刻本　四冊

430000－2401－0026305　△433/53(1)
祖徠石先生全集二十卷附錄一卷　(宋)石介撰　清康熙五十六年(1717)石鍵刻本　四冊

430000－2401－0026306　△433/53(2)
祖徠石先生全集二十卷附錄一卷　(宋)石介撰　清康熙五十六年(1717)石鍵刻本　四冊

430000－2401－0026307　△433/10－2
司馬文正公集略三十一卷詩集七卷　(宋)司馬光撰　明嘉靖四年(1525)呂柟刻本　二十四冊

430000－2401－0026308　△433/10
司馬文正公集略三十一卷詩集七卷　(宋)司馬光撰　明嘉靖十八年(1539)江西虔州俞文峰刻本　十二冊

430000－2401－0026309　△433/93
司馬溫公文集八十二卷目錄一卷　(宋)司馬光撰　明崇禎元年(1628)吳時亮刻本　二十四冊

430000－2401－0026310　433/132
司馬溫公文集八十二卷　(宋)司馬光撰　清康熙四十七年(1708)校印明崇禎元年(1628)吳時亮刻本　二十八冊

430000－2401－0026311　433/132(1)
司馬溫公文集八十二卷　(宋)司馬光撰　清康熙四十七年(1708)校印明崇禎元年(1628)吳時亮刻本　二十四冊

430000－2401－0026312　433/132(2)
司馬溫公文集八十二卷　(宋)司馬光撰　清康熙四十七年(1708)校印明崇禎元年(1628)吳時亮刻本　二十四冊

430000－2401－0026313　433/132(3)
司馬溫公文集八十二卷　(宋)司馬光撰　清康熙四十七年(1708)校印明崇禎元年(1628)吳時亮刻本　二十四冊

430000－2401－0026314　433/132(4)
司馬溫公文集八十二卷　(宋)司馬光撰　清

康熙四十七年(1708)校印明崇禎元年(1628)
吳時亮刻本　二十四冊

430000－2401－0026315　433/133－3

司馬溫公文集十四卷首一卷　（宋）司馬光撰
　清光緒七年(1881)紅杏山房刻本　八冊

430000－2401－0026316　433/134

司馬文正公集八十二卷首一卷目錄二卷
（宋）司馬光撰　（清）徐昆等重訂　清乾隆五
十五年(1790)刻本　十六冊

430000－2401－0026317　433/133

司馬溫公文集十四卷　（宋）司馬光撰　（清）
張伯行重訂　清康熙四十八年(1709)刻本
三冊　缺三卷(三至五)

430000－2401－0026318　△433/11

司馬文正公傳家集八十卷目錄二卷　（宋）司
馬光撰　（清）陳弘謀重訂　**附錄一卷年譜一
卷**　（清）陳弘謀輯　清乾隆六年(1741)陳氏
培遠堂刻本　十六冊

430000－2401－0026319　△433/11(1)

司馬文正公傳家集八十卷目錄二卷　（宋）司
馬光撰　（清）陳弘謀重訂　**附錄一卷年譜一
卷**　（清）陳弘謀輯　清乾隆六年(1741)陳氏
培遠堂刻本　二十四冊

430000－2401－0026320　△433/137

寶晉英光集六卷　（宋）米芾撰　清鈔本　葉
啟勳、葉啟發題識　二冊

430000－2401－0026321　433/91－2

韋齋集十二卷　（宋）朱松撰　清道光元年
(1821)新安月潭宗祠刻本　四冊

430000－2401－0026322　433/91

韋齋集十二卷　（宋）朱松撰　**玉瀾集一卷**
（宋）朱槔撰　清刻本　四冊

430000－2401－0026323　433/255

新註朱淑真斷腸詩集十卷後集七卷補遺一卷
　（宋）朱淑真撰　（宋）鄭元佐註　清光緒二
十三年(1897)翠螺閣刻本　一冊

430000－2401－0026324　433/255－3

朱淑真斷腸詩詞集十九卷　（宋）朱淑真撰
（宋）鄭元佐註　鈔本　一冊

430000－2401－0026325　△433/82－2

**晦庵先生朱文公文集一百卷續集十一卷目錄
二卷**　（宋）朱熹撰　宋咸淳元年(1265)建寧
府建安書院刻宋元明遞修本　一百〇九冊
缺十九卷(二十七至四十四、五十三)

430000－2401－0026326　△433/82

**晦庵先生朱文公文集一百卷目錄二卷續集十
一卷別集十卷**　（宋）朱熹撰　明嘉靖十一年
(1532)張大輪、胡岳等刻本　二十八冊　存
九十二卷(一至十四、十八至二十九、三十三
至五十一、五十六至五十七、六十至六十一、
六十七至八十五、九十至一百,續集七至十
一,別集一至六,目錄二卷)

430000－2401－0026327　433/179－3

**晦庵先生朱文公文集一百卷續集五卷別集七
卷目錄二卷**　（宋）朱熹撰　清康熙刻本　四
十八冊

430000－2401－0026328　433/179－3(1)

**晦庵先生朱文公文集一百卷續集五卷別集七
卷目錄二卷**　（宋）朱熹撰　清康熙刻本　二
十四冊

430000－2401－0026329　433/179－3(2)

**晦庵先生朱文公文集一百卷續集五卷別集七
卷目錄二卷**　（宋）朱熹撰　清康熙刻本　二
十四冊

430000－2401－0026330　433/179－3(3)

**晦庵先生朱文公文集一百卷續集五卷別集七
卷目錄二卷**　（宋）朱熹撰　清康熙刻本　四
十冊

430000－2401－0026331　433/179－3(4)

**晦庵先生朱文公文集一百卷續集五卷別集七卷
目錄二卷**　（宋）朱熹撰　清康熙刻本　四十冊

430000－2401－0026332　433/179－3(5)

**晦庵先生朱文公文集一百卷續集五卷別集七
卷目錄二卷**　（宋）朱熹撰　清康熙刻本　二
十八冊

430000－2401－0026333　433/178

朱子集一百〇四卷目錄二卷　（宋）朱熹撰
清咸豐十年（1860）紫霞洲祠堂刻本　四十
八冊

430000－2401－0026334　433/178(1)

朱子集一百〇四卷目錄二卷　（宋）朱熹撰
清咸豐十年（1860）紫霞洲祠堂刻本　四十冊

430000－2401－0026335　433/178(2)

朱子集一百〇四卷目錄二卷　（宋）朱熹撰
清咸豐十年（1860）紫霞洲祠堂刻本　四十冊

430000－2401－0026336　433/178(3)

朱子集一百〇四卷目錄二卷　（宋）朱熹撰
清咸豐十年（1860）紫霞洲祠堂刻本　四十冊

430000－2401－0026337　433/178(4)

朱子集一百〇四卷目錄二卷　（宋）朱熹撰
清咸豐十年（1860）紫霞洲祠堂刻本　四十冊

430000－2401－0026338　433/178(5)

朱子集一百〇四卷目錄二卷　（宋）朱熹撰
清咸豐十年（1860）紫霞洲祠堂刻本　四十冊

430000－2401－0026339　433/179

**晦庵先生朱文公文集一百卷續集十一卷別集
十卷目錄二卷**　（宋）朱熹撰　清同治十二年
（1873）六安涂氏求我齋刻本　二十四冊

430000－2401－0026340　433/179(1)

**晦庵先生朱文公文集一百卷續集十一卷別集
十卷目錄二卷**　（宋）朱熹撰　清同治十二年
（1873）六安涂氏求我齋刻本　二十四冊

430000－2401－0026341　433/179(2)

**晦庵先生朱文公文集一百卷續集十一卷別集
十卷目錄二卷**　（宋）朱熹撰　清同治十二年
（1873）六安涂氏求我齋刻本　十九冊　缺二
十卷（目錄二卷,文集三十一至四十三、九十
六至一百）

430000－2401－0026342　433/179－2

**朱子大全文集一百卷續集五卷別集七卷目錄
二卷**　（宋）朱熹撰　清光緒二年（1876）傳經
堂刻本　五十冊

430000－2401－0026343　433/175

朱子文鈔二十卷　（宋）朱熹撰　（清）杜庭珠
選　清初采山亭刻本　五冊

430000－2401－0026344　433/175(1)

朱子文鈔二十卷　（宋）朱熹撰　（清）杜庭珠選
清初采山亭刻本　一冊　存三卷（十至十二）

430000－2401－0026345　433/176

朱子詩鈔四卷　（宋）朱熹撰　（清）杜庭珠選
清初采山亭刻本　一冊

430000－2401－0026346　433/177

朱子論定文鈔二十一卷　（宋）朱熹撰　（清）
吳震方輯　清康熙刻本　十冊

430000－2401－0026347　433/174

朱子古文讀本六卷　（宋）朱熹撰　（清）周大
璋編　清道光十五年（1835）貴州彭昭文堂刻
本　六冊

430000－2401－0026348　433/174－2

朱子古文六卷　（宋）朱熹撰　（清）周大璋編
清道光二十八年（1848）長沙小琅嬛山館刻
本　六冊

430000－2401－0026349　433/174－2(1)

朱子古文六卷　（宋）朱熹撰　（清）周大璋編
清道光二十八年（1848）長沙小琅嬛山館刻
本　六冊

430000－2401－0026350　433/174－2(2)

朱子古文六卷　（宋）朱熹撰　（清）周大璋編
清道光二十八年（1848）長沙小琅嬛山館刻
本　五冊　缺一卷（三）

430000－2401－0026351　433/41

朱子大全不分卷　（宋）朱熹撰　（清）葛鼏
（清）葛鼐評輯　清吳門周氏刻本　四冊

430000－2401－0026352　△433/68

浮山集十卷　（宋）仲并撰　清鈔本　二冊

430000－2401－0026353　433/57

沈忠敏公龜谿集十二卷附錄一卷　（宋）沈與
求撰　清吳興劉氏嘉業堂刻本　四冊

430000－2401－0026354　433/239

稼軒集鈔存四卷雜錄詩一卷雜錄文一卷
（宋）辛棄疾撰　（清）辛啟泰編　清嘉慶十六
年（1811）刻本　二冊

430000－2401－0026355　433/72

杜清獻公集十九卷首一卷末一卷　（宋）杜範
撰　清同治九年（1870）吳縣孫氏刻本　四冊

430000－2401－0026356　433/72（1）

杜清獻公集十九卷首一卷末一卷　（宋）杜範
撰　清同治九年（1870）吳縣孫氏刻本　四冊

430000－2401－0026357　433/72（2）

杜清獻公集十九卷首一卷末一卷　（宋）杜範
撰　清同治九年（1870）吳縣孫氏刻本　一冊
　　存四卷（一至三、首一卷）

430000－2401－0026358　△433/69

校註橘山四六二十卷　（宋）李廷忠撰　（明）
孫雲翼註　明萬曆三十五年（1607）刻本　二
冊　存四卷（一、九至十一）

430000－2401－0026359　433/149

梁溪先生文集一百八十卷附錄三卷　（宋）李
綱撰　清初刻本　二十六冊

430000－2401－0026360　433/17

李忠定集八十卷年譜一卷　（宋）李綱撰　清
光緒二十九年（1903）湖南愛日堂校刻本　二
十一冊

430000－2401－0026361　433/17（1）

李忠定集八十卷年譜一卷　（宋）李綱撰　清
光緒二十九年（1903）湖南愛日堂校刻本　二
十一冊

430000－2401－0026362　433/17（2）

李忠定集八十卷年譜一卷　（宋）李綱撰　清
光緒二十九年（1903）湖南愛日堂校刻本
七冊

430000－2401－0026363　433/17（3）

李忠定集八十卷年譜一卷　（宋）李綱撰　清
光緒二十九年（1903）湖南愛日堂校刻本　十
八冊

430000－2401－0026364　433/16

宋李忠定文集三十九卷　（宋）李綱撰　清
光緒三十四年（1908）湖南愛日堂校刻本
八冊

430000－2401－0026365　433/16（1）

宋李忠定文集三十九卷　（宋）李綱撰　清光
緒三十四年（1908）湖南愛日堂校刻本　八冊

430000－2401－0026366　433/16（2）

宋李忠定文集三十九卷　（宋）李綱撰　清光
緒三十四年（1908）湖南愛日堂校刻本　八冊

430000－2401－0026367　433/16（3）

宋李忠定文集三十九卷　（宋）李綱撰　清光
緒三十四年（1908）湖南愛日堂校刻本　八冊

430000－2401－0026368　433/16（4）

宋李忠定文集三十九卷　（宋）李綱撰　清光
緒三十四年（1908）湖南愛日堂校刻本　八冊

430000－2401－0026369　433/16（5）

宋李忠定文集三十九卷　（宋）李綱撰　清光
緒三十四年（1908）湖南愛日堂校刻本　八冊

430000－2401－0026370　433/16（6）

宋李忠定文集三十九卷　（宋）李綱撰　清光
緒三十四年（1908）湖南愛日堂校刻本　八冊

430000－2401－0026371　433/16（7）

宋李忠定文集三十九卷　（宋）李綱撰　清光
緒三十四年（1908）湖南愛日堂校刻本　八冊

430000－2401－0026372　433/16（8）

宋李忠定文集三十九卷　（宋）李綱撰　清光
緒三十四年（1908）湖南愛日堂校刻本　八冊

430000－2401－0026373　△433/75

梁溪先生文集一百八十卷附錄一卷　（宋）李
綱撰　清鈔本　三十二冊

430000－2401－0026374　433/19

李忠定公集選四十四卷首四卷　（宋）李綱撰
　（明）左光先選　（明）李春熙輯　（明）李
嗣玄評定　明崇禎十二年（1639）刻本　二
十冊

430000－2401－0026375　433/18

李忠定公集選四十四卷首四卷　（宋）李綱撰

（明）左光先選　（明）李春熙輯　（明）李
嗣玄評定　清康熙八年(1669)建寧崇本堂刻
本　長沙廖鴻題校　八冊

430000－2401－0026376　433/18（1）
李忠定公集選四十四卷首四卷　（宋）李綱撰
　　（明）左光先選　（明）李春熙輯　（明）李
嗣玄評定　清康熙八年(1669)建寧崇本堂刻
本　十六冊

430000－2401－0026377　433/18（2）
李忠定公集選四十四卷首四卷　（宋）李綱撰
　　（明）左光先選　（明）李春熙輯　（明）李
嗣玄評定　清康熙八年(1669)建寧崇本堂刻
本　二十冊

430000－2401－0026378　433/18（3）
李忠定公集選四十四卷首四卷　（宋）李綱撰
　　（明）左光先選　（明）李春熙輯　（明）李
嗣玄評定　清康熙八年(1669)建寧崇本堂刻
本　十五冊　缺三卷(奏議一至三)

430000－2401－0026379　433/18（4）
李忠定公集選四十四卷首四卷　（宋）李綱撰
　　（明）左光先選　（明）李春熙輯　（明）李
嗣玄評定　清康熙八年(1669)建寧崇本堂刻
本　二冊

430000－2401－0026380　△433/96
箋釋梅亭先生四六標準四十卷　（宋）李劉撰
　　（明）孫雲翼箋　明萬曆四十四年(1616)金
陵唐鯉飛刻本　十二冊

430000－2401－0026381　433/148
箋釋梅亭先生四六標準四十卷　（宋）李劉撰
　　（明）孫雲翼箋　清乾隆六年(1741)刻本
二十冊

430000－2401－0026382　433/148（1）
箋釋梅亭先生四六標準四十卷　（宋）李劉撰
　　（明）孫雲翼箋　清乾隆六年(1741)刻本
二十冊

430000－2401－0026383　433/148（2）
箋釋梅亭先生四六標準四十卷　（宋）李劉撰
（明）孫雲翼箋　清乾隆六年(1741)刻本　八冊

430000－2401－0026384　433/202
盱江先生全集三十七卷外集三卷　（宋）李覯
撰　清雍正五年(1727)招棨刻本　八冊

430000－2401－0026385　433/202－2
盱江先生全集三十七卷　（宋）李覯撰　清光
緒十九年(1893)盱江書院刻本　十冊

430000－2401－0026386　433/28
李盱江文集不分卷　（宋）李覯撰　**鄒道鄉文
集選**　（宋）鄒浩撰　清吳門葉顯吾刻本
四冊

430000－2401－0026387　433/243
剪綃集二卷　（宋）李龏輯　**石湖詩集一卷**
（宋）范成大撰　明汲古閣刻本　一冊

430000－2401－0026388　△433/22
竹洲文集十卷附錄一卷　（宋）吳儆撰　明萬
曆吳繼良刻本　葉德輝、葉啟勳題跋　四冊

430000－2401－0026389　△433/49
東萊呂太史別集十六卷附錄四卷　（宋）呂祖
謙撰　清鈔本　四冊

430000－2401－0026390　433/235
呂東萊先生文集二十卷　（宋）呂祖謙撰
（清）王崇炳輯　清雍正元年(1723)刻本
十冊

430000－2401－0026391　433/95
淨德集三十八卷　（宋）呂陶撰　清乾隆武英
殿木活字本　八冊

430000－2401－0026392　433/95（1）
淨德集三十八卷　（宋）呂陶撰　清乾隆武英
殿木活字本　一冊　存四卷(十四至十七)

430000－2401－0026393　433/103
武溪集二十卷首一卷　（宋）余靖撰　清康熙
三十六年(1697)刻本　八冊

430000－2401－0026394　433/76－3
宋宗忠簡公集八卷　（宋）宗澤撰　清康熙三
十年(1691)刻本　二冊

430000－2401－0026395　433/76
宋宗忠簡公集七卷　（宋）宗澤撰　清同治四

年(1865)鳩江成罋刻本 二冊

430000－2401－0026396 433/76(1)
宋宗忠簡公集七卷 （宋)宗澤撰 清同治四
年(1865)鳩江成罋刻本 二冊

430000－2401－0026397 433/76(2)
宋宗忠簡公集七卷 （宋)宗澤撰 清同治四
年(1865)鳩江成罋刻本 二冊

430000－2401－0026398 433/76(3)
宋宗忠簡公集七卷 （宋)宗澤撰 清同治四
年(1865)鳩江成罋刻本 二冊

430000－2401－0026399 433/76(4)
宋宗忠簡公集七卷 （宋)宗澤撰 清同治四
年(1865)鳩江成罋刻本 二冊

430000－2401－0026400 433/76－2
宋宗忠簡公集四卷首一卷補遺一卷遺事二卷
（宋)宗澤撰 清同治十二年(1873)刻本 四冊

430000－2401－0026401 △433/38
林和靖先生詩集四卷省心錄一卷 （宋)林逋
撰 清康熙四十七年(1708)吳調元刻本
二冊

430000－2401－0026402 433/71
林和靖詩集四卷拾遺一卷 （宋)林逋撰 清
同治十二年(1873)長洲朱氏校刻抱經堂刻本
二冊

430000－2401－0026403 433/71(1)
林和靖詩集四卷拾遺一卷 （宋)林逋撰 清
同治十二年(1873)長洲朱氏校刻抱經堂刻本
二冊

430000－2401－0026404 433/71－2
林和靖詩集四卷拾遺一卷 （宋)林逋撰 清
宣統二年(1910)上海文瑞樓石印本 一冊

430000－2401－0026405 433/71－2(1)
林和靖詩集四卷拾遺一卷 （宋)林逋撰 清
宣統二年(1910)上海文瑞樓石印本 一冊

430000－2401－0026406 433/71－2(2)
林和靖詩集四卷拾遺一卷 （宋)林逋撰 清
宣統二年(1910)上海文瑞樓石印本 一冊

430000－2401－0026407 433/71－2(3)
林和靖詩集四卷拾遺一卷 （宋)林逋撰 清
宣統二年(1910)上海文瑞樓石印本 二冊

430000－2401－0026408 △433/35
邵康節先生詩鈔一卷 （宋)邵雍撰 **楊慈湖**
先生詩鈔一卷 （宋)楊簡撰 明新安胡正言
十竹齋刻本 一冊

430000－2401－0026409 △433/18
伊川擊壤集二十卷 （宋)邵雍撰 清刻本
六冊

430000－2401－0026410 △433/18(1)
伊川擊壤集二十卷 （宋)邵雍撰 清刻本
四冊

430000－2401－0026411 △433/18(1)
伊川擊壤集二十卷 （宋)邵雍撰 清刻本
一冊 存三卷(二至四)

430000－2401－0026412 433/241
仁山先生金文安公文集五卷 （宋)金履祥撰
（清)董遵編輯 清雍正九年(1731)刻本
二冊

430000－2401－0026413 433/74
方泉先生詩集三卷 （宋)周文璞撰 清宣統
元年(1909)國光社影印本 一冊

430000－2401－0026414 433/74(1)
方泉先生詩集三卷 （宋)周文璞撰 清宣統
元年(1909)國光社影印本 一冊

430000－2401－0026415 433/147
周益國文忠公集一百六十二卷首一卷 （宋)
周必大撰 清道光二十八年(1848)瀛塘別墅
刻本 三十二冊

430000－2401－0026416 433/147(1)
周益國文忠公集一百六十二卷首一卷 （宋)
周必大撰 清道光二十八年(1848)瀛塘別墅
刻本 三十二冊

430000－2401－0026417 433/147(2)
周益國文忠公集一百六十二卷首一卷 （宋)
周必大撰 清道光二十八年(1848)瀛塘別墅

刻本 四十冊

430000 - 2401 - 0026418 433/147 - 2
周益國文忠公集一百六十二卷首一卷 (宋)
周必大撰 清咸豐元年(1851)續刻本 二十
冊 缺五十八卷(玉堂稿五至二十、政府應制
稿一卷、曆官表奏十二卷、奏議十二卷、奉詔
錄七卷、承明集十卷)

430000 - 2401 - 0026419 △433/138
蠹齋先生鉛刀編三十二卷目錄二卷 (宋)周
孚撰 清鈔本 三冊

430000 - 2401 - 0026420 433/91
草窗韻語六卷 (宋)周密撰 清影宋刻本
四冊

430000 - 2401 - 0026421 △433/34
宋濂溪周元公先生集十卷 (宋)周敦頤撰
明萬曆四十二年(1614)周與爵刻本 二冊

430000 - 2401 - 0026422 △433/34 - 3
宋濂溪周元公先生集十卷 (宋)周敦頤撰
明萬曆刻本 六冊

430000 - 2401 - 0026423 △433/34 - 2
宋濂溪周元公先生集十卷 (宋)周敦頤撰
明刻本 二冊

430000 - 2401 - 0026424 △433/33
宋濂溪周元公先生集十三卷 (宋)周敦頤撰
(明)李嶸慈輯 明天啟四年(1624)李嶸慈
刻本 四冊

430000 - 2401 - 0026425 433/77
宋岳忠武王集八卷末一卷 (宋)岳飛撰 清
同治四年(1865)鳩江成鍏刻本 二冊

430000 - 2401 - 0026426 433/77(1)
宋岳忠武王集八卷末一卷 (宋)岳飛撰 清
同治四年(1865)鳩江成鍏刻本 二冊

430000 - 2401 - 0026427 433/77(2)
宋岳忠武王集八卷末一卷 (宋)岳飛撰 清
同治四年(1865)鳩江成鍏刻本 二冊

430000 - 2401 - 0026428 433/77(3)
宋岳忠武王集八卷末一卷 (宋)岳飛撰 清
同治四年(1865)鳩江成鍏刻本 二冊

430000 - 2401 - 0026429 433/77 - 4
岳忠武王集八卷首一卷末一卷 (宋)岳飛撰
(清)黃邦寧輯 清乾隆三十七年(1772)刻
本 四冊

430000 - 2401 - 0026430 433/77 - 5
岳忠武王集八卷首一卷末一卷 (宋)岳飛撰
(清)黃邦寧輯 清嘉慶二十二年(1817)重
修本 六冊

430000 - 2401 - 0026431 433/77 - 5(2)
岳忠武王集八卷首一卷末一卷 (宋)岳飛撰
(清)黃邦寧輯 清嘉慶二十二年(1817)重
修本 二冊

430000 - 2401 - 0026432 433/77 - 6
岳忠武王集八卷首一卷末一卷 (宋)岳飛撰
(清)黃邦寧輯 清同治三年(1864)湘潭唐
氏刻本 三冊

430000 - 2401 - 0026433 433/77 - 6(1)
岳忠武王集八卷首一卷末一卷 (宋)岳飛撰
(清)黃邦寧輯 清同治三年(1864)湘潭唐
氏刻本 三冊

430000 - 2401 - 0026434 433/77 - 6(2)
岳忠武王集八卷首一卷末一卷 (宋)岳飛撰
(清)黃邦寧輯 清同治三年(1864)湘潭唐
氏刻本 一冊

430000 - 2401 - 0026435 433/77 - 7
岳忠武王集八卷首一卷末一卷 (宋)岳飛撰
(清)黃邦寧輯 清同治十二年(1873)三原
劉質慧刻本 四冊

430000 - 2401 - 0026436 433/77 - 7(1)
岳忠武王集八卷首一卷末一卷 (宋)岳飛撰
(清)黃邦寧輯 清同治十二年(1873)三原
劉質慧刻本 二冊

430000 - 2401 - 0026437 433/77 - 8
岳忠武王集八卷首一卷末一卷 (宋)岳飛撰
(清)黃邦寧輯 清刻本 四冊

430000 - 2401 - 0026438 433/77 - 3

岳忠武王集八卷首一卷末一卷　（宋）岳飛撰
（清）黃邦寧輯　清刻本　四冊

430000－2401－0026439　433/106

青非集二卷補遺一卷　（宋）洪朋撰　清光緒
二年(1876)涇縣黃田朱氏惜分陰齋校刻本
一冊

430000－2401－0026440　433/251

平齋文集三十二卷　（宋）洪諮夔撰　清同治
十一年(1872)杉直懷清之館刻本　十二冊

430000－2401－0026441　433/251(1)

平齋文集三十二卷　（宋）洪諮夔撰　清同治
十一年(1872)杉直懷清之館刻本　四冊

430000－2401－0026442　433/276－2

盤洲文集八十卷　（宋）洪适撰　清嘉慶十八
年(1813)三瑞堂刻本　十六冊

430000－2401－0026443　433/276

盤洲文集八十卷首一卷末一卷　（宋）洪适撰
清光緒十年(1884)晦木齋刻本　十二冊

430000－2401－0026444　△433/110

盤洲文集八十一卷　（宋）洪适撰　清鈔本
清彭元瑞、陳浴新跋　八冊

430000－2401－0026445　433/26

老圃集二卷補遺一卷遺文一卷　（宋）洪芻撰
清光緒二年(1876)涇縣朱氏惜分陰齋刻本
一冊

430000－2401－0026446　433/157

鄱陽集四卷首一卷拾遺一卷附錄一卷　（宋）
洪皓撰　清同治九年(1870)三瑞堂刻本
二冊

430000－2401－0026447　433/157(1)

鄱陽集四卷首一卷拾遺一卷附錄一卷　（宋）
洪皓撰　清同治九年(1870)三瑞堂刻本
一冊

430000－2401－0026448　433/157(2)

鄱陽集四卷首一卷拾遺一卷附錄一卷　（宋）
洪皓撰　清同治九年(1870)三瑞堂刻本
二冊

430000－2401－0026449　△433/14

白石詩集一卷詞集一卷　（宋）姜夔撰　清康
熙五十七年(1718)曾時燦刻雍正五年(1727)
華苹書屋印本　一冊

430000－2401－0026450　433/24

白石詩詞二卷　（宋）姜夔撰　清雍正五年
(1727)刻本　一冊

430000－2401－0026451　433/23

白石道人詩集二卷集外詩一卷歌曲四卷歌曲
別集一卷　（宋）姜夔撰　清乾隆八年(1743)
知不足齋刻本　二冊

430000－2401－0026452　433/23(1)

白石道人詩集二卷集外詩一卷歌曲四卷歌曲
別集一卷　（宋）姜夔撰　清乾隆八年(1743)
知不足齋刻本　二冊

430000－2401－0026453　433/23(2)

白石道人詩集二卷集外詩一卷歌曲四卷歌曲
別集一卷　（宋）姜夔撰　清乾隆八年(1743)
知不足齋刻本　二冊

430000－2401－0026454　433/23(3)

白石道人詩集二卷集外詩一卷歌曲四卷歌曲
別集一卷　（宋）姜夔撰　清乾隆八年(1743)
知不足齋刻本　二冊

430000－2401－0026455　△433/54

姜白石集九卷附錄一卷　（宋）姜夔撰　清鮑
氏知不足齋刻本　四冊

430000－2401－0026456　433/21－2

白石道人詩集二卷集外詩一卷詩說一卷白石
道人歌曲四卷別集一卷續書譜一卷　（宋）姜
夔撰　清乾隆二十一年(1756)刻本　四冊

430000－2401－0026457　433/21－2(1)

白石道人詩集二卷集外詩一卷詩說一卷白石
道人歌曲四卷別集一卷續書譜一卷　（宋）姜
夔撰　清乾隆二十一年(1756)刻本　二冊

430000－2401－0026458　433/21

白石道人詩集二卷集外詩一卷詩說一卷歌曲
四卷歌曲別集一卷續書譜一卷　（宋）姜夔撰

清同治十年(1871)野水閑鷗館刻本　二冊

430000－2401－0026459　433/21(1)

白石道人詩集二卷集外詩一卷詩說一卷歌曲
四卷歌曲別集一卷續書譜一卷　(宋)姜夔撰
　清同治十年(1871)野水閑鷗館刻本　二冊

430000－2401－0026460　433/23－2

白石道人詩集二卷首一卷集外詩一卷附錄一
卷詩說一卷歌曲四卷　(宋)姜夔撰　清宣統
二年(1910)掃葉山房石印本　二冊

430000－2401－0026461　433/22

白石道人詩集二卷集外詩一卷附錄一卷
(宋)姜夔撰　清刻本　二冊

430000－2401－0026462　△433/133

鐔津文集二十二卷　(宋)釋契嵩撰　明永樂
八年(1410)刻本　葉德輝、葉德勳題識
八冊

430000－2401－0026463　433/48

鐔津文集十九卷首一卷　(宋)釋契嵩撰　清
光緒二十八年(1902)揚州藏經院刻本　四冊

430000－2401－0026464　433/48(1)

鐔津文集十九卷首一卷　(宋)釋契嵩撰　清
光緒二十八年(1902)揚州藏經院刻本　四冊

430000－2401－0026465　433/48－2

鐔津文集十九卷首一卷　(宋)釋契嵩撰　清
鈔本　一冊　存五卷(六至十)

430000－2401－0026466　△433/13

石湖居士詩集三十四卷　(宋)范成大撰
(清)顧嗣協等重訂　清康熙二十七年(1688)
顧氏依園刻本　六冊

430000－2401－0026467　△433/58

范文正公集二十卷別集四卷政府奏議二卷
(宋)范仲淹撰　年譜一卷　(宋)樓鑰撰　年
譜補遺一卷祭文一卷義莊規矩一卷褒賢祠記二
卷鄱陽遺事錄一卷遺迹一卷言行拾遺事錄四卷
　元天曆、至正褒賢世家家塾歲寒堂刻本　四
冊　存四卷(五、九,奏議上,褒賢祠記一)

430000－2401－0026468　△433/57

范文正公集二十四卷　(宋)范仲淹撰　年譜
一卷　(宋)樓鑰撰　附錄一卷　明萬曆三十
七年(1609)康丕揚刻韓范二公集本　十冊

430000－2401－0026469　△433/55

范文正公集十二卷　(宋)范仲淹撰　年譜一
卷　(宋)樓鑰編　年譜補遺一卷言行拾遺事
錄一卷義莊規矩一卷鄱陽遺事錄一卷褒賢祠
錄二卷　(明)毛一鷺編　明萬曆三十六年
(1608)毛一鷺刻本　二十冊

430000－2401－0026470　△433/55(1)

范文正公集十二卷　(宋)范仲淹撰　年譜一
卷　(宋)樓鑰編　年譜補遺一卷言行拾遺事
錄一卷義莊規矩一卷鄱陽遺事錄一卷褒賢祠
錄二卷　(明)毛一鷺編　明萬曆三十六年
(1608)毛一鷺刻本　佚名批校　十冊　存十
四卷(集十二卷、褒賢詞錄二卷)

430000－2401－0026471　△433/56

范文正公集二十卷別集四卷政府奏議二卷尺
牘三卷　(宋)范仲淹撰　年譜一卷　(宋)樓
鑰撰　年譜補遺一卷言行拾遺事錄四卷鄱陽
遺事錄一卷遺迹一卷義莊規矩一卷褒賢集五
卷補編五卷　(明)毛一鷺輯　清康熙刻本
十六冊

430000－2401－0026472　433/33

范文正公全集四十八卷　(宋)范仲淹撰　清
康熙歲寒堂刻本　八冊

430000－2401－0026473　433/33(1)

范文正公全集四十八卷　(宋)范仲淹撰　清
康熙歲寒堂刻本　八冊

430000－2401－0026474　433/33(2)

范文正公全集四十八卷　(宋)范仲淹撰　清
康熙歲寒堂刻本　十冊

430000－2401－0026475　433/33(3)

范文正公全集四十八卷　(宋)范仲淹撰　清
康熙歲寒堂刻本　十冊

430000－2401－0026476　433/33(4)

范文正公全集四十八卷　(宋)范仲淹撰　清
康熙歲寒堂刻本　十冊

430000－2401－0026477　433/33（5）

范文正公全集四十八卷　（宋）范仲淹撰　清
康熙歲寒堂刻本　十冊

430000－2401－0026478　433/33－2

范文正公全集四十八卷　（宋）范仲淹撰　清
道光十年（1830）重印康熙歲寒堂刻本　六冊

430000－2401－0026479　433/33－2（1）

范文正公全集四十八卷　（宋）范仲淹撰　清
道光十年（1830）重印康熙歲寒堂刻本　十
四冊

430000－2401－0026480　433/33－2（2）

范文正公全集四十八卷　（宋）范仲淹撰　清
道光十年（1830）重印康熙歲寒堂刻本　十
二冊

430000－2401－0026481　433/33－3

范文正公全集四十八卷　（宋）范仲淹撰　清
宣統二年（1910）刻本　十冊

430000－2401－0026482　433/33－4

范文正公全集十七卷　（宋）范仲淹撰　（明）
毛一鷺彙編　明刻本　十五冊

430000－2401－0026483　△433/60

范忠宣公集二十卷　（宋）范純仁撰　范文正
公褒賢祠錄二卷　明刻本　八冊　存八卷
（五至十、褒賢祠錄二卷）

430000－2401－0026484　△433/59

范忠宣公集二十卷奏議二卷遺文一卷補編一
卷附錄一卷　（宋）范純仁撰　清康熙四十六
年（1707）歲寒堂刻本　八冊

430000－2401－0026485　△433/59（1）

范忠宣公集二十卷奏議二卷遺文一卷補編一
卷附錄一卷　（宋）范純仁撰　清康熙四十六
年（1707）歲寒堂刻本　六冊

430000－2401－0026486　433/32－2

范忠宣公集二十卷奏議二卷遺文一卷附錄一
卷補編一卷　（宋）范純仁撰　清道光十年
（1830）刻本　七冊

430000－2401－0026487　433/32－3

范忠宣公集二十卷奏議二卷遺文一卷附錄一
卷補編一卷　（宋）范純仁撰　清宣統二年
（1910）刻本　六冊

430000－2401－0026488　△433/5

文恭集四十卷　（宋）胡宿撰　（清）紀昀　（清）
陸錫熊輯　清乾隆武英殿木活字本　十冊

430000－2401－0026489　433/3－2

文恭集四十卷　（宋）胡宿撰　清光緒重刻武
英殿木活字本　十二冊

430000－2401－0026490　433/258

胡少師總集六卷首一卷　（宋）胡舜陟撰
（清）胡培翬編輯　清同治二年（1863）刻本
二冊

430000－2401－0026491　433/39

胡澹庵先生文集三十二卷　（宋）胡銓撰　清
道光十三年（1833）歷原讀書堂刻本　八冊

430000－2401－0026492　433/143

河東先生集十五卷　（宋）柳開撰　（宋）張景
編　清乾隆六十年（1795）刻本　四冊

430000－2401－0026493　433/141

恥堂存稿八卷　（宋）高斯得撰　清同治八年
（1869）刻本　三冊　缺二卷（七至八）

430000－2401－0026494　△433/67

唐眉山詩集十卷文集十四卷　（宋）唐庚撰
清雍正三年（1725）汪亮采南陔草堂活字本
六冊

430000－2401－0026495　△433/67（1）

唐眉山詩集十卷文集十四卷　（宋）唐庚撰
清雍正三年（1725）汪亮采南陔草堂活字本
六冊

430000－2401－0026496　△433/76

淮海集四十卷後集六卷長短句三卷　（宋）秦
觀撰　明嘉靖二十四年（1545）胡民表刻本
六冊

430000－2401－0026497　△433/76（1）

淮海集四十卷後集六卷長短句三卷　（宋）秦觀
撰　明嘉靖二十四年（1545）胡民表刻本　五冊

430000－2401－0026498　△433/76－2

淮海集四十卷後集六卷長短句三卷　（宋）秦觀撰　明萬曆四十六年(1618)李之藻刻本　八冊

430000－2401－0026499　△433/76－2(1)

淮海集四十卷後集六卷長短句三卷　（宋）秦觀撰　明萬曆四十六年(1618)李之藻刻本　十冊

430000－2401－0026500　433/116

淮海集十七卷後集二卷淮海詞一卷　（宋）秦觀撰　清道光十七年至二十一年(1837－1841)王敬之刻本　四冊

430000－2401－0026501　433/116－2

淮海集四十卷首一卷附錄一卷後集六卷長短句三卷首一卷　（宋）秦觀撰　（明）徐渭評　清同治十二年(1873)秦氏家塾刻本　六冊

430000－2401－0026502　433/116－2(1)

淮海集四十卷首一卷附錄一卷後集六卷長短句三卷首一卷　（宋）秦觀撰　（明）徐渭評　清同治十二年(1873)秦氏家塾刻本　六冊

430000－2401－0026503　433/116－2(2)

淮海集四十卷首一卷附錄一卷後集六卷長短句三卷首一卷　（宋）秦觀撰　（明）徐渭評　清同治十二年(1873)秦氏家塾刻本　六冊

430000－2401－0026504　433/116－2(3)

淮海集四十卷首一卷附錄一卷後集六卷長短句三卷首一卷　（宋）秦觀撰　（明）徐渭評　清同治十二年(1873)秦氏家塾刻本　六冊

430000－2401－0026505　433/116－2(4)

淮海集四十卷首一卷附錄一卷後集六卷長短句三卷首一卷　（宋）秦觀撰　（明）徐渭評　清同治十二年(1873)秦氏家塾刻本　八冊

430000－2401－0026506　433/116－2(5)

淮海集四十卷首一卷附錄一卷後集六卷長短句三卷首一卷　（宋）秦觀撰　（明）徐渭評　清同治十二年(1873)秦氏家塾刻本　八冊

430000－2401－0026507　433/151－2

絜齋集二十四卷　（宋）袁燮撰　清乾隆四十年(1775)武英殿聚珍版本　十冊

430000－2401－0026508　433/151－2(1)

絜齋集二十四卷　（宋）袁燮撰　清乾隆四十年(1775)武英殿聚珍版本　十冊

430000－2401－0026509　433/151－2(2)

絜齋集二十四卷　（宋）袁燮撰　清乾隆四十年(1775)武英殿聚珍版本　十冊

430000－2401－0026510　433/151

絜齋集二十四卷　（宋）袁燮撰　清同治十年(1871)刻本　六冊

430000－2401－0026511　△433/92

絜齋文集二十四卷　（宋）袁燮撰　清光緒元年(1875)鈔本　一冊

430000－2401－0026512　△433/16

西山先生真文忠公文集五十五卷目錄二卷　（宋）真德秀撰　明萬曆二十六年(1598)金學曾景賢堂刻崇禎十一年(1638)重修本　二十冊

430000－2401－0026513　433/129－2

西山先生真文忠公讀書記四十卷　（宋）真德秀撰　清刻本　十五冊　存二十二卷(十九至四十)

430000－2401－0026514　433/129

西山先生真文忠公文集五十五卷目錄二卷　（宋）真德秀撰　（明）楊鶚重修　清雍正元年(1723)拱極堂刻本　十六冊

430000－2401－0026515　433/129(1)

西山先生真文忠公文集五十五卷目錄二卷　（宋）真德秀撰　（明）楊鶚重修　清雍正元年(1723)拱極堂刻本　十八冊

430000－2401－0026516　433/129(2)

西山先生真文忠公文集五十五卷目錄二卷　（宋）真德秀撰　（明）楊鶚重修　清雍正元年(1723)拱極堂刻本　二十冊

430000－2401－0026517　433/129(3)

西山先生真文忠公文集五十五卷目錄二卷

（宋）真德秀撰　（明）楊鶚重修　清雍正元年(1723)拱極堂刻本　二十七冊

430000－2401－0026518　433/130
真西山文忠公集不分卷　（宋）真德秀撰
(清)吳薦等評輯　清吳門周氏刻本　六冊

430000－2401－0026519　433/51
鴻慶居士文集四十二卷　（宋）孫覿撰　清光緒二十一年(1895)武進盛氏思惠齋刻本　四冊

430000－2401－0026520　433/51－2
鴻慶居士集四十二卷　（宋）孫覿撰　鈔本　二冊　存八卷(十至十三、二十三至二十六)

430000－2401－0026521　△433/71
孫尚書內簡尺牘編註十卷　（宋）孫覿撰
(宋)李祖堯註　明嘉靖三十六年(1557)顧名儒刻本　五冊

430000－2401－0026522　△433/71－2
孫尚書內簡尺牘編註十卷　（宋）孫覿撰
(宋)李祖堯註　明萬曆八年(1580)廬州府知府葉逢春刻本　二冊

430000－2401－0026523　433/287
宋孫仲益內簡尺牘十卷首一卷　（宋）孫覿撰
（宋）李祖堯編註　清乾隆十二年(1747)刻本　四冊

430000－2401－0026524　433/287(1)
宋孫仲益內簡尺牘十卷首一卷　（宋）孫覿撰
（宋）李祖堯編註　清乾隆十二年(1747)刻本　二冊

430000－2401－0026525　△433/73
晁具茨先生詩集十五卷　（宋）晁沖之撰　清張慧華、程覃叔鈔本　清道光翁心存、翁同書題識　二冊

430000－2401－0026526　△433/113
濟北晁先生雞肋集七十卷　（宋）晁補之撰
明崇禎八年(1635)顧凝遠詩瘦閣刻本　八冊

430000－2401－0026527　433/117
徐騎省集三十卷徐集補遺一卷徐集附錄一卷

（宋）徐鉉撰　清光緒十六年至十七年(1890－1891)黔南李氏校刻本　八冊

430000－2401－0026528　433/117(1)
徐騎省集三十卷徐集補遺一卷徐集附錄一卷
（宋）徐鉉撰　清光緒十六年至十七年(1890－1891)黔南李氏校刻本　八冊

430000－2401－0026529　433/117(2)
徐騎省集三十卷徐集補遺一卷徐集附錄一卷
（宋）徐鉉撰　清光緒十六年至十七年(1890－1891)黔南李氏校刻本　八冊

430000－2401－0026530　433/117(3)
徐騎省集三十卷徐集補遺一卷徐集附錄一卷
（宋）徐鉉撰　清光緒十六年至十七年(1890－1891)黔南李氏校刻本　八冊

430000－2401－0026531　433/117(4)
徐騎省集三十卷徐集補遺一卷徐集附錄一卷
（宋）徐鉉撰　清光緒十六年至十七年(1890－1891)黔南李氏校刻本　八冊

430000－2401－0026532　433/117(5)
徐騎省集三十卷徐集補遺一卷徐集附錄一卷
（宋）徐鉉撰　清光緒十六年至十七年(1890－1891)黔南李氏校刻本　七冊

430000－2401－0026533　△433/74
徐公文集三十卷　（宋）徐鉉撰　清末楊蒲藪傳鈔黃丕烈校刻本　王禮培題跋　五冊

430000－2401－0026534　△433/91
節孝先生文集三十卷　（宋）徐積撰　清康熙六十年(1721)錫山王邦采刻本　五冊

430000－2401－0026535　433/273
節孝先生文集三十卷　（宋）徐積撰　清宣統三年(1911)刻本　十冊

430000－2401－0026536　△433/50
忠愍公詩集三卷　（宋）寇準撰　明嘉靖十四年(1535)蔣鏊刻本　葉啟勳跋　五冊

430000－2401－0026537　433/146
寇忠愍公詩集三卷　（宋）寇準撰　清宣統三年(1911)中華圖書館影印本　二冊

430000－2401－0026538　　433/146(1)

寇忠愍公詩集三卷　（宋）寇準撰　清宣統三
年(1911)中華圖書館影印本　二冊

430000－2401－0026539　　△433/37

宛陵先生集六十卷拾遺一卷　（宋）梅堯臣撰
　附錄一卷　（清）梅枝鳳等輯　**附錄補遺二
卷**　（清）梅時　（清）梅歷輯　明萬曆四年
(1576)姜奇方刻清康熙二十六年(1687)梅枝
鳳重修本　十二冊　缺九卷(一至四、十九至
二十三)

430000－2401－0026540　　△433/37(1)

宛陵先生集六十卷拾遺一卷　（宋）梅堯臣撰
　附錄一卷　（清）梅枝鳳等輯　**附錄補遺二
卷**　（清）梅時　（清）梅歷輯　明萬曆四年
(1576)姜奇方刻清康熙二十六年(1687)梅枝
鳳重修本　八冊　缺三十三卷(一至三十三)

430000－2401－0026541　　△433/36

宛陵先生文集六十卷　（宋）梅堯臣撰　清康
熙四十一年(1702)徐惇復白華書屋刻本
十冊

430000－2401－0026542　　433/37

**宛陵先生文集六十卷附錄三卷續金鍼詩格一
卷**　（宋）梅堯臣撰　清道光七年(1827)夜吟
樓刻本　十二冊

430000－2401－0026543　　433/37－2

宛陵先生文集六十卷　（宋）梅堯臣撰　清宣
統二年(1910)上海刻本　十冊

430000－2401－0026544　　433/37－2(1)

宛陵先生文集六十卷　（宋）梅堯臣撰　清宣
統二年(1910)上海刻本　十冊

430000－2401－0026545　　433/37－2(2)

宛陵先生文集六十卷　（宋）梅堯臣撰　清宣
統二年(1910)上海刻本　十冊

430000－2401－0026546　　433/37－2(3)

宛陵先生文集六十卷　（宋）梅堯臣撰　清宣
統二年(1910)上海刻本　十冊

430000－2401－0026547　　433/37－2(4)

宛陵先生文集六十卷　（宋）梅堯臣撰　清宣
統二年(1910)上海刻本　十冊

430000－2401－0026548　　433/37－2(5)

宛陵先生文集六十卷　（宋）梅堯臣撰　清宣
統二年(1910)上海刻本　十冊

430000－2401－0026549　　433/37－2(6)

宛陵先生文集六十卷　（宋）梅堯臣撰　清宣
統二年(1910)上海刻本　五冊

430000－2401－0026550　　△433/81

張右史文集六十卷　（宋）張耒撰　清初鈔本
　清翁方綱題識　葉啟發、葉啟勳題識
六冊

430000－2401－0026551　　433/73

乖崖先生文集十二卷末一卷　（宋）張詠撰
　清光緒八年(1882)獨山莫氏刻本　二冊

430000－2401－0026552　　433/55

嘉禾百詠一卷　（宋）張堯同撰　清道光元年
(1821)陸費氏刻本　一冊

430000－2401－0026553　　433/36

南軒文集八卷詩集四卷　（宋）張栻撰　清道
光十六年(1836)四益堂刻本　三冊

430000－2401－0026554　　433/36(1)

南軒文集八卷詩集四卷　（宋）張栻撰　清道
光十六年(1836)四益堂刻本　二冊

430000－2401－0026555　　433/36(2)

南軒文集八卷詩集四卷　（宋）張栻撰　清道
光十六年(1836)四益堂刻本　二冊

430000－2401－0026556　　433/35

南軒文集四十四卷論語解十卷孟子說七卷
(宋)張栻撰　清道光二十五年(1845)刻本
十二冊

430000－2401－0026557　　433/35(1)

南軒文集四十四卷論語解十卷孟子說七卷
(宋)張栻撰　清道光二十五年(1845)刻本
六冊

430000－2401－0026558　　433/35－2

南軒文集四十四卷南軒先生論語解十卷孟子

說七卷　（宋）張栻撰　清咸豐四年(1854)刻本　十二冊

430000－2401－0026559　433/35－2(1)

南軒文集四十四卷南軒先生論語解十卷孟子說七卷　（宋）張栻撰　清咸豐四年(1854)刻本　十六冊

430000－2401－0026560　433/35－2(2)

南軒文集四十四卷南軒先生論語解十卷孟子說七卷　（宋）張栻撰　清咸豐四年(1854)刻本　十七冊

430000－2401－0026561　433/35－2(3)

南軒文集四十四卷南軒先生論語解十卷孟子說七卷　（宋）張栻撰　清咸豐四年(1854)刻本　十二冊

430000－2401－0026562　433/35－2(4)

南軒文集四十四卷南軒先生論語解十卷孟子說七卷　（宋）張栻撰　清咸豐四年(1854)刻本　四冊

430000－2401－0026563　433/35－3

南軒文集四十四卷論語解十卷孟子說七卷（宋）張栻撰　清光緒十七年(1891)刻本　十六冊

430000－2401－0026564　433/35－4

南軒文集四十四卷　（宋）張栻撰　清刻本　八冊

430000－2401－0026565　△433/62

南軒先生文集四十四卷　（宋）張栻撰　清鈔本　四冊

430000－2401－0026566　△433/61

南軒文集節要八卷　（宋）張栻撰　（明）聶豹輯　明嘉靖十年(1531)聶氏刻本　四冊

430000－2401－0026567　△433/87

象山先生全集三十六卷　（宋）陸九淵撰　明嘉靖四十年(1561)刻清補修本　八冊

430000－2401－0026568　△433/87(1)

象山先生全集三十六卷　（宋）陸九淵撰　明嘉靖四十年(1561)刻清補修本　三冊　存十

三卷(一至十三)

430000－2401－0026569　433/86

陸象山先生文集三十六卷　（宋）陸九淵撰　清雍正二年(1724)金谿青田書院刻本　四冊

430000－2401－0026570　433/86－3

陸象山先生文集三十六卷　（宋）陸九淵撰（清）李紱評點　清道光三年(1823)金谿槐堂書屋刻本　八冊

430000－2401－0026571　433/86－3(1)

陸象山先生文集三十六卷　（宋）陸九淵撰（清）李紱評點　清道光三年(1823)金谿槐堂書屋刻本　十冊

430000－2401－0026572　433/86－3(2)

陸象山先生文集三十六卷　（宋）陸九淵撰（清）李紱評點　清道光三年(1823)金谿槐堂書屋刻本　十一冊

430000－2401－0026573　433/86－2

象山先生全集三十六卷　（宋）陸九淵撰（清）李紱評點　清同治十年(1871)刻光緒七年(1881)義里素位堂補刻本　十冊

430000－2401－0026574　433/86－2(1)

象山先生全集三十六卷　（宋）陸九淵撰（清）李紱評點　清同治十年(1871)刻光緒七年(1881)義里素位堂補刻本　十二冊

430000－2401－0026575　433/86－5

陸象山集不分卷　（宋）陸九淵撰　（清）葛鼎等評　清吳門周交甫刻本　三冊

430000－2401－0026576　433/246

陸象山先生集節要六卷首一卷　（宋）陸九淵撰　（清）方宗誠輯　清同治七年(1868)皖城撫署刻半畝園叢書本　三冊

430000－2401－0026577　△433/70

陸放翁全集一百五十七卷　（宋）陸游撰　明毛氏汲古閣刻本　四十八冊

430000－2401－0026578　433/67

渭南文集五十卷首一卷　（宋）陸游撰　清養雲書屋木活字本　十二冊

430000－2401－0026579　433/67－2

渭南文集五十卷首一卷　（宋）陸游撰　清刻本　十二冊

430000－2401－0026580　433/69

放翁逸稿二卷齋居紀事一卷家世舊聞一卷（宋）陸游撰　清光緒五年（1879）養雲書屋刻本　三十冊

430000－2401－0026581　433/66－10

劍南詩稿不分卷　（宋）陸游撰　清鈔本　八冊

430000－2401－0026582　433/66

劍南詩鈔不分卷　（宋）陸游撰　（宋）楊大鶴選　清康熙二十四年（1685）刻本　八冊

430000－2401－0026583　433/66（1）

劍南詩鈔不分卷　（宋）陸游撰　（宋）楊大鶴選　清康熙二十四年（1685）刻本　八冊

430000－2401－0026584　433/66（2）

劍南詩鈔不分卷　（宋）陸游撰　（宋）楊大鶴選　清康熙二十四年（1685）刻本　八冊

430000－2401－0026585　433/66（3）

劍南詩鈔不分卷　（宋）陸游撰　（宋）楊大鶴選　清康熙二十四年（1685）刻本　六冊

430000－2401－0026586　433/66（4）

劍南詩鈔不分卷　（宋）陸游撰　（宋）楊大鶴選　清康熙二十四年（1685）刻本　六冊

430000－2401－0026587　433/66－6

劍南詩鈔不分卷　（宋）陸游撰　（宋）楊大鶴選　清道光二十一年（1841）單如宓鈔本　六冊

430000－2401－0026588　433/66－2

劍南詩鈔不分卷　（宋）陸游撰　（宋）楊大鶴選　清同治六年（1867）廣東金谷園刻本　六冊

430000－2401－0026589　433/66－3

劍南詩鈔不分卷　（宋）陸游撰　（宋）楊大鶴選　清同治八年（1869）文選樓刻本　漱芸民國六年（1917）題識　六冊

430000－2401－0026590　433/66－4

劍南詩鈔不分卷　（宋）陸游撰　（宋）楊大鶴選　清光緒五年（1879）善成堂刻本　六冊

430000－2401－0026591　433/66－5

劍南詩鈔不分卷　（宋）陸游撰　（宋）楊大鶴選　清光緒八年（1882）文苑山房刻本　十二冊

430000－2401－0026592　433/295

劍南詩摘鈔　（宋）陸游撰　清羅信南鈔本　一冊

430000－2401－0026593　△433/29

宋陳少陽先生文集十卷　（宋）陳東撰　（明）孫雲翼輯　明天啟五年（1625）賀懋忠刻本　二冊

430000－2401－0026594　433/299

陳同甫集三十卷　（宋）陳亮撰　清道光五年（1825）壽經堂刻本　八冊

430000－2401－0026595　△433/114

龍川文集三十卷　（宋）陳亮撰　明崇禎六年（1633）鄒質士刻本　十二冊

430000－2401－0026596　433/98（1）

龍川文集三十卷　（宋）陳亮撰　清同治七年（1868）退補齋刻本　八冊

430000－2401－0026597　433/98（2）

龍川文集三十卷　（宋）陳亮撰　清同治七年（1868）退補齋刻本　八冊

430000－2401－0026598　433/98

龍川文集三十卷　（宋）陳亮撰　清同治七年（1868）退補齋刻本　八冊

430000－2401－0026599　433/98－2

龍川文集三十卷補遺一卷附錄二卷札記一卷（宋）陳亮撰　清同治八年（1869）永康應氏刻本　十冊

430000－2401－0026600　433/98－3

龍川文集三十卷辨譌考異二卷　（宋）陳亮撰　清光緒元年（1875）湖北崇文書局刻本　十冊

430000－2401－0026601　433/98－3（1）

龍川文集三十卷辨謌考異二卷 （宋）陳亮撰
清光緒元年（1875）湖北崇文書局刻本
十冊

430000－2401－0026602　433/98－3（2）
龍川文集三十卷辨謌考異二卷 （宋）陳亮撰
清光緒元年（1875）湖北崇文書局刻本
十冊

430000－2401－0026603　433/98－3（3）
龍川文集三十卷辨謌考異二卷 （宋）陳亮撰
清光緒元年（1875）湖北崇文書局刻本
十冊

430000－2401－0026604　433/98－3（4）
龍川文集三十卷辨謌考異二卷 （宋）陳亮撰
清光緒元年（1875）湖北崇文書局刻本
十冊

430000－2401－0026605　433/98－3（5）
龍川文集三十卷辨謌考異二卷 （宋）陳亮撰
清光緒元年（1875）湖北崇文書局刻本
十冊

430000－2401－0026606　433/98－5
陳同甫龍川文集不分卷 （宋）陳亮撰 （清）
葛蕭等評 清刻本 四冊

430000－2401－0026607　△433/21
自堂存稿十三卷 （宋）陳杰撰 清鈔本 葉
啟勳題跋 二冊

430000－2401－0026608　433/215
後山先生集二十四卷首一卷 （宋）陳師道撰
清光緒十一年（1885）廣州萃文堂刻本
六冊

430000－2401－0026609　433/215（1）
後山先生集二十四卷首一卷 （宋）陳師道撰
清光緒十一年（1885）廣州萃文堂刻本
六冊

430000－2401－0026610　433/215（2）
後山先生集二十四卷首一卷 （宋）陳師道撰
清光緒十一年（1885）廣州萃文堂刻本
四冊

430000－2401－0026611　△433/17－3
後山詩註十二卷 （宋）陳師道撰 （宋）任淵
註 明弘治十年（1497）袁宏刻本 六冊

430000－2401－0026612　△433/17－2
後山詩註十二卷 （宋）陳師道撰 （宋）任淵
註 明嘉靖十年（1531）遼藩朱寵瀤梅南書屋
刻本 四冊

430000－2401－0026613　△433/17
後山詩註十二卷 （宋）陳師道撰 （宋）任淵
註 清鈔本 十二冊

430000－2401－0026614　△433/15
江湖長翁文集四十卷 （宋）陳造撰 明萬曆
四十六年（1618）李之藻刻本 二十二冊

430000－2401－0026615　△433/15（1）
江湖長翁文集四十卷 （宋）陳造撰 明萬曆
四十六年（1618）李之藻刻本 二冊 存八卷
（一至四、三十七至四十）

430000－2401－0026616　433/87
宋陳文節公詩集五卷首一卷文集十九卷末一
卷 （宋）陳傅良撰 清道光十四年（1834）刻
本 八冊

430000－2401－0026617　433/87（1）
宋陳文節公詩集五卷首一卷文集十九卷末一
卷 （宋）陳傅良撰 清道光十四年（1834）刻
本 八冊

430000－2401－0026618　433/164
陶邕州小集一卷 （宋）陶弼撰 清鈔本
一冊

430000－2401－0026619　433/78
平塘陶先生詩三卷 （宋）陶夢桂撰 （明）陶
文章輯 清雍正十二年（1734）刻本 二冊

430000－2401－0026620　433/206
游定夫先生集六卷首一卷末一卷 （宋）游酢
撰 游默齋先生集一卷 （宋）游九言撰 清
同治六年至七年（1867－1868）和州官舍刻本
二冊

430000－2401－0026621　433/206（1）

游定夫先生集六卷首一卷末一卷　（宋）游酢撰　游默齋先生集一卷　（宋）游九言撰　清同治六年至七年(1867－1868)和州官舍刻本　二冊

430000－2401－0026622　433/206(2)
游定夫先生集六卷首一卷末一卷　（宋）游酢撰　游默齋先生集一卷　（宋）游九言撰　清同治六年至七年(1867－1868)和州官舍刻本　二冊

430000－2401－0026623　433/206(3)
游定夫先生集六卷首一卷末一卷　（宋）游酢撰　游默齋先生集一卷　（宋）游九言撰　清同治六年至七年(1867－1868)和州官舍刻本　二冊

430000－2401－0026624　433/206(4)
游定夫先生集六卷首一卷末一卷　（宋）游酢撰　游默齋先生集一卷　（宋）游九言撰　清同治六年至七年(1867－1868)和州官舍刻本　二冊

430000－2401－0026625　433/207
游薦山先生集八卷　（宋）游酢撰　清同治九年(1870)刻本　四冊

430000－2401－0026626　433/88
茶山集八卷茶山集拾遺一卷　（宋）曾幾撰　清光緒二十年(1894)翻刻武英殿聚珍版本　二冊

430000－2401－0026627　433/88(1)
茶山集八卷茶山集拾遺一卷　（宋）曾幾撰　清光緒二十年(1894)翻刻武英殿聚珍版本　一冊

430000－2401－0026628　433/88(2)
茶山集八卷茶山集拾遺一卷　（宋）曾幾撰　清光緒二十年(1894)翻刻武英殿聚珍版本　一冊

430000－2401－0026629　433/88－2
茶山集八卷　（宋）曾幾撰　清翻刻武英殿聚珍版本　一冊

430000－2401－0026630　433/88－3
茶山集八卷　（宋）曾幾撰　清翻刻武英殿聚珍版本　二冊

430000－2401－0026631　433/88－3(1)
茶山集八卷　（宋）曾幾撰　清翻刻武英殿聚珍版本　二冊

430000－2401－0026632　433/88－3(2)
茶山集八卷　（宋）曾幾撰　清翻刻武英殿聚珍版本　二冊

430000－2401－0026633　△433/63
南豐先生元豐類稿五十卷續附錄一卷　（宋）曾鞏撰　明成化曾文受刻遞修本　二十冊

430000－2401－0026634　△433/63－2
南豐先生元豐類稿五十卷　（宋）曾鞏撰　明萬曆二十五年(1597)曾敏才等刻本　十六冊

430000－2401－0026635　△433/64
南豐先生元豐類稿五十一卷　（宋）曾鞏撰　明崇禎曾懋爵刻本　八冊

430000－2401－0026636　433/82－6
元豐類稿五十卷首一卷　（宋）曾鞏撰　清康熙三十九年(1700)查溪特祠刻本　十二冊

430000－2401－0026637　433/82
元豐類稿五十卷首一卷　（宋）曾鞏撰　清康熙四十九年(1710)長嶺西爽堂刻本　十二冊

430000－2401－0026638　433/82(1)
元豐類稿五十卷首一卷　（宋）曾鞏撰　清康熙四十九年(1710)長嶺西爽堂刻本　八冊

430000－2401－0026639　433/82(2)
元豐類稿五十卷首一卷　（宋）曾鞏撰　清康熙四十九年(1710)長嶺西爽堂刻本　八冊

430000－2401－0026640　433/82(3)
元豐類稿五十卷首一卷　（宋）曾鞏撰　清康熙四十九年(1710)長嶺西爽堂刻本　四冊　存十六卷(一至二、十三至十六、三十七至四十二、四十七至五十)

430000－2401－0026641　433/82－2
南豐先生元豐類稿五十卷集外文二卷續一卷

（宋）曾鞏撰　清康熙五十六年(1717)長洲
顧氏刻本　十二冊

430000－2401－0026642　433/82－2(1)
南豐先生元豐類稿五十卷集外文二卷續一卷
　（宋）曾鞏撰　清康熙五十六年(1717)長洲
顧氏刻本　十二冊

430000－2401－0026643　433/82－2(2)
南豐先生元豐類稿五十卷集外文二卷續一卷
　（宋）曾鞏撰　清康熙五十六年(1717)長洲
顧氏刻本　十冊

430000－2401－0026644　433/82－2(3)
南豐先生元豐類稿五十卷集外文二卷續一卷
　（宋）曾鞏撰　清康熙五十六年(1717)長洲
顧氏刻本　十五冊

430000－2401－0026645　433/82－3
元豐類稿五十卷首一卷　（宋）曾鞏撰　清乾
隆二十八年(1763)刻本　十二冊

430000－2401－0026646　433/82－3(1)
元豐類稿五十卷首一卷　（宋）曾鞏撰　清乾
隆二十八年(1763)刻本　十二冊

430000－2401－0026647　433/82－3(2)
元豐類稿五十卷首一卷　（宋）曾鞏撰　清乾
隆二十八年(1763)刻本　十二冊

430000－2401－0026648　433/82－3(3)
元豐類稿五十卷首一卷　（宋）曾鞏撰　清乾
隆二十八年(1763)刻本　十二冊

430000－2401－0026649　433/82－3(4)
元豐類稿五十卷首一卷　（宋）曾鞏撰　清乾
隆二十八年(1763)刻本　八冊

430000－2401－0026650　433/82－4
元豐類稿五十卷首一卷　（宋）曾鞏撰　清光
緒十六年(1890)慈利漁浦書院刻本　十冊

430000－2401－0026651　433/82－4(1)
元豐類稿五十卷首一卷　（宋）曾鞏撰　清光
緒十六年(1890)慈利漁浦書院刻本　十冊

430000－2401－0026652　433/82－4(2)
元豐類稿五十卷首一卷　（宋）曾鞏撰　清光

緒十六年(1890)慈利漁浦書院刻本　十冊

430000－2401－0026653　433/82－4(3)
元豐類稿五十卷首一卷　（宋）曾鞏撰　清光
緒十六年(1890)慈利漁浦書院刻本　十冊

430000－2401－0026654　433/82－4(4)
元豐類稿五十卷首一卷　（宋）曾鞏撰　清光
緒十六年(1890)慈利漁浦書院刻本　十冊

430000－2401－0026655　433/200
隆平集二十卷　（宋）曾鞏撰　清康熙四十年
(1701)七業堂刻本　六冊

430000－2401－0026656　433/200(1)
隆平集二十卷　（宋）曾鞏撰　清康熙四十年
(1701)七業堂刻本　一冊　存六卷(五至十)

430000－2401－0026657　433/200－2
隆平集二十卷　（宋）曾鞏撰　清康熙五十五
年(1716)長嶺西爽堂刻本　四冊

430000－2401－0026658　433/84
南豐曾先生文粹十卷　（宋）曾鞏撰　清無錫
安如石刻本　四冊

430000－2401－0026659　433/83
宋大家曾文定公文鈔十卷　（宋）曾鞏撰
(明)茅坤評點　清刻本　五冊

430000－2401－0026660　433/81
曾文定公全集二十卷首一卷末一卷　（宋）曾
鞏撰　（清）彭期編訂　清康熙三十一年
(1692)七業堂刻本　九冊

430000－2401－0026661　433/81(1)
曾文定公全集二十卷首一卷末一卷　（宋）曾
鞏撰　（清）彭期編訂　清康熙三十一年
(1692)七業堂刻本　十六冊

430000－2401－0026662　433/81(2)
曾文定公全集二十卷首一卷末一卷　（宋）曾
鞏撰　（清）彭期編訂　清康熙三十一年
(1692)七業堂刻本　十六冊

430000－2401－0026663　433/81(3)
曾文定公全集二十卷首一卷末一卷　（宋）曾
鞏撰　（清）彭期編訂　清康熙三十一年

(1692)七業堂刻本　十冊

430000－2401－0026664　433/85
南豐先生全集錄三卷　（宋）曾鞏撰　（清）儲
欣錄　清刻本　二冊

430000－2401－0026665　433/109
緣督集十二卷附錄一卷　（宋）曾豐撰　（清）
鄒嶧賢編　清咸豐元年（1851）善和培德堂刻
本　四冊

430000－2401－0026666　△433/84
參寥子詩集十二卷　（宋）釋道潛撰　**東坡稱
賞道潛之詩一卷**　（宋）蘇軾撰　（明）汪汝謙
校　**秦少游集摘一卷**　（宋）秦觀撰　（明）陳
繼儒校　明崇禎十五年（1642）汪汝謙刻本
清王禮培題識　二冊

430000－2401－0026667　△433/80
莆陽知稼翁集二卷　（宋）黃公度撰　明天啟
五年（1625）黃崇翰刻本　二冊

430000－2401－0026668　△433/80－2
莆陽知稼翁集二卷　（宋）黃公度撰　清鈔本
清綏琪題識　四冊

430000－2401－0026669　△433/1
山谷老人刀筆二十卷　（宋）黃庭堅撰　明弘
治十二年（1499）張汝舟刻本　八冊

430000－2401－0026670　433/113
山谷老人刀筆二十卷　（宋）黃庭堅撰　清同
治十二年（1873）刻本　四冊

430000－2401－0026671　△433/78－2
重刻黃文節山谷先生文集三十卷　（宋）黃庭
堅撰　明王鳳翔光啟堂刻清振業堂遞修本
八冊

430000－2401－0026672　△433/32
宋黃文節公文集正集三十二卷外集二十四卷
別集十九卷首四卷　（宋）黃庭堅撰　**伐檀集
二卷**　（宋）黃庶撰　清乾隆三十年（1765）寧
州緝香堂刻本　十四冊

430000－2401－0026673　△433/107
豫章先生遺文十二卷　（宋）黃庭堅撰　清乾

隆四十五年（1780）汪大本刻本　十二冊

430000－2401－0026674　433/111－2
宋黃文節公文集正集三十二卷首四卷外集二
十四卷首一卷續集十卷首一卷別集十九卷首
一卷附刻大臨詞一卷　（宋）黃庭堅撰　清光
緒二十年（1894）義寧州署刻本　二十八冊

430000－2401－0026675　433/111－2(1)
宋黃文節公文集正集三十二卷首四卷外集二
十四卷首一卷續集十卷首一卷別集十九卷首
一卷附刻大臨詞一卷　（宋）黃庭堅撰　清光
緒二十年（1894）義寧州署刻本　二十八冊

430000－2401－0026676　433/111－2(2)
宋黃文節公文集正集三十二卷首四卷外集二
十四卷首一卷續集十卷首一卷別集十九卷首
一卷附刻大臨詞一卷　（宋）黃庭堅撰　清光
緒二十年（1894）義寧州署刻本　二十八冊

430000－2401－0026677　433/111－2(3)
宋黃文節公文集正集三十二卷首四卷外集二
十四卷首一卷續集十卷首一卷別集十九卷首
一卷附刻大臨詞一卷　（宋）黃庭堅撰　清光
緒二十年（1894）義寧州署刻本　二十八冊

430000－2401－0026678　△433/79
類編增廣黃先生大全文集五十卷　（宋）黃庭
堅撰　清影宋鈔本　一冊　存一卷(五十)

430000－2401－0026679　433/290
山谷題跋三卷　（宋）黃庭堅撰　（清）溫一貞
錄　清同治十一年（1872）補刻乾隆本　一冊

430000－2401－0026680　433/144
黃詩全集五十八卷附錄一卷　（宋）黃庭堅撰
（宋）任淵等註　清乾隆五十三年（1788）樹
經堂刻本　二十冊

430000－2401－0026681　433/144(1)
黃詩全集五十八卷附錄一卷　（宋）黃庭堅撰
（宋）任淵等註　清乾隆五十三年（1788）樹
經堂刻本　二十冊

430000－2401－0026682　433/144(2)
黃詩全集五十八卷附錄一卷　（宋）黃庭堅撰

（宋）任淵等註　清乾隆五十三年（1788）樹經堂刻本　二十冊

430000－2401－0026683　433/144（3）

黃詩全集五十八卷附錄一卷　（宋）黃庭堅撰　（宋）任淵等註　清乾隆五十三年（1788）樹經堂刻本　二十冊

430000－2401－0026684　433/144（4）

黃詩全集五十八卷附錄一卷　（宋）黃庭堅撰　（宋）任淵等註　清乾隆五十三年（1788）樹經堂刻本　十八冊

430000－2401－0026685　433/144－6

山谷詩內集註二十卷外集註十七卷外集補四卷別集註二卷別集補一卷　（宋）黃庭堅撰（宋）任淵等註　清光緒二年（1876）叙郡山谷祠刻本　二十八冊

430000－2401－0026686　433/144－4

山谷詩集註二十卷外集詩註十七卷別集詩註二卷　（宋）黃庭堅撰　（宋）任淵等註　清光緒二十一年至二十五年（1895－1899）義寧陳氏四覺草堂刻本　二十冊

430000－2401－0026687　433/144－4（1）

山谷詩集註二十卷外集詩註十七卷別集詩註二卷　（宋）黃庭堅撰　（宋）任淵等註　清光緒二十一年至二十五年（1895－1899）義寧陳氏四覺草堂刻本　二十冊

430000－2401－0026688　433/144－4（2）

山谷詩集註二十卷外集詩註十七卷別集詩註二卷　（宋）黃庭堅撰　（宋）任淵等註　清光緒二十一年至二十五年（1895－1899）義寧陳氏四覺草堂刻本　二十冊

430000－2401－0026689　433/144－4（3）

山谷詩集註二十卷外集詩註十七卷別集詩註二卷　（宋）黃庭堅撰　（宋）任淵等註　清光緒二十一年至二十五年（1895－1899）義寧陳氏四覺草堂刻本　二十冊

430000－2401－0026690　433/144－4（4）

山谷詩集註二十卷外集詩註十七卷別集詩註二卷　（宋）黃庭堅撰　（宋）任淵等註　清

緒二十一年至二十五年（1895－1899）義寧陳氏四覺草堂刻本　十二冊

430000－2401－0026691　△433/2

山谷黃先生大全詩註三十九卷　（宋）黃庭堅撰　（宋）任淵等註　鈔本　清諸襄七刪註定并批校圈點　葉啟發、葉啟勳跋　六冊

430000－2401－0026692　△433/78

重刻黃文節山谷先生文集三十卷　（宋）黃庭堅撰　（明）周希令輯　明萬曆三十二年（1604）方沆周希令刻本　四冊

430000－2401－0026693　△433/78（1）

重刻黃文節山谷先生文集三十卷　（宋）黃庭堅撰　（明）周希令輯　明萬曆三十二年（1604）方沆周希令刻本　八冊

430000－2401－0026694　433/244

宋黃文節公詩正集十一卷別集一卷外集十一卷　（宋）黃庭堅撰　（清）陳守誠編　清刻本　五冊　缺四卷（外集卷八至十一）

430000－2401－0026695　△433/31

宋儒文肅公黃勉齋先生文集四十卷年譜一卷　（宋）黃榦撰　清乾隆九年（1744）刻本　四冊　缺十二卷（二十九至四十）

430000－2401－0026696　△433/77

黃勉齋先生文集八卷　（宋）黃榦撰　（清）張伯行輯　清康熙四十八年（1709）正誼堂刻本　八冊

430000－2401－0026697　433/229

黃青社先生伐檀集二卷　（宋）黃庶撰　明緝香堂刻本　二冊

430000－2401－0026698　433/229－2

黃青社先生伐檀集二卷　（宋）黃庶撰　清光緒刻本　一冊

430000－2401－0026699　433/89

祠部集三十五卷　（宋）強至撰　清武英殿聚珍版本　十冊

430000－2401－0026700　433/89（1）

祠部集三十五卷　（宋）強至撰　清武英殿聚

珍版本　十册

430000－2401－0026701　433/89（2）

祠部集三十五卷　（宋）强至撰　清武英殿聚
珍版本　八册

430000－2401－0026702　433/158

伊川文集八卷　（宋）程頤撰　清康熙刻本
二册

430000－2401－0026703　433/158（1）

伊川文集八卷　（宋）程頤撰　清康熙刻本
二册

430000－2401－0026704　△433/134

龜山先生集三十五卷　（宋）楊時撰　**年譜一
卷**　（宋）黃去疾撰　明正德十二年（1517）沈
暉刻本　十二册

430000－2401－0026705　△433/134（1）

龜山先生集三十五卷　（宋）楊時撰　**年譜一
卷**　（宋）黃去疾撰　明正德十二年（1517）沈
暉刻本　五册　存二十八卷（一至十一、十九
至三十五）

430000－2401－0026706　△433/135

龜山先生集四十二卷　（宋）楊時撰　明萬曆
十九年（1591）林熙春刻本　二册

430000－2401－0026707　△433/136

龜山先生全集四十二卷　（宋）楊時撰　明刻
本　十五册

430000－2401－0026708　△433/90

楊龜山先生集四十二卷首一卷　（宋）楊時撰
清康熙四十六年（1707）楊氏刻本　五册

430000－2401－0026709　433/62

楊龜山先生集四十二卷首一卷　（宋）楊時撰
清康熙四十六年（1707）刻本　十册

430000－2401－0026710　433/62（1）

楊龜山先生集四十二卷首一卷　（宋）楊時撰
清光緒五年（1879）補修康熙四十六年
（1707）刻本　十册

430000－2401－0026711　433/62（2）

楊龜山先生集四十二卷首一卷　（宋）楊時撰

清光緒五年（1879）補修康熙四十六年
（1707）刻本　十册

430000－2401－0026712　433/62（3）

楊龜山先生集四十二卷首一卷　（宋）楊時撰
清光緒五年（1879）補修康熙四十六年
（1707）刻本　九册

430000－2401－0026713　433/62－3

楊龜山先生集四十二卷首一卷　（宋）楊時撰
清光緒五年至七年（1879－1881）刻本
十册

430000－2401－0026714　433/62－3（1）

楊龜山先生集四十二卷首一卷　（宋）楊時撰
清光緒五年至七年（1879－1881）刻本　十册

430000－2401－0026715　433/62－3（2）

楊龜山先生集四十二卷首一卷　（宋）楊時撰
清光緒五年至七年（1879－1881）刻本　十册

430000－2401－0026716　433/62－3（3）

楊龜山先生集四十二卷首一卷　（宋）楊時撰
清光緒五年至七年（1879－1881）刻本
十册

430000－2401－0026717　433/62－3（4）

楊龜山先生集四十二卷首一卷　（宋）楊時撰
清光緒五年至七年（1879－1881）刻本
十册

430000－2401－0026718　433/62－3（5）

楊龜山先生集四十二卷首一卷　（宋）楊時撰
清光緒五年至七年（1879－1881）刻本
十册

430000－2401－0026719　433/62－4

楊龜山先生集四十二卷首一卷　（宋）楊時撰
清光緒九年（1883）延平府古燕張氏刻本
十册

430000－2401－0026720　433/62－4（1）

楊龜山先生集四十二卷首一卷　（宋）楊時撰
清光緒九年（1883）延平府古燕張氏刻本
十册

430000－2401－0026721　433/62－2

宋儒楊龜山先生通紀五卷續通紀四卷　（宋）
楊時撰　清光緒十四年（1888）福州道南祠刻
本　四冊　缺一卷（續通紀四）

430000－2401－0026722　433/61

楊龜山文集一卷　（宋）楊時撰　（清）葛蕭
（清）葛鼎評輯　清吳門葉碧山刻本　一冊

430000－2401－0026723　433/152

楊文節公文集四十二卷首一卷末一卷　（宋）
楊萬里撰　清乾隆五十九年（1794）帶經軒刻
本　十五冊

430000－2401－0026724　433/152（1）

楊文節公文集四十二卷首一卷末一卷　（宋）
楊萬里撰　清乾隆五十九年（1794）帶經軒刻
本　十一冊

430000－2401－0026725　433/245

楊文節公詩集四十二卷　（宋）楊萬里撰　清
乾隆六十年（1795）帶經軒刻本　九冊

430000－2401－0026726　△433/89

楊大年先生武夷新集二十卷　（宋）楊億撰
清康熙四十四年（1705）陳璋校刻本　八冊

430000－2401－0026727　433/93

武夷新集二十卷楊文公逸詩文一卷　（宋）楊
億撰　清嘉慶十六年（1811）祝氏留香室刻本
八冊

430000－2401－0026728　△433/8

水心文集二十九卷　（宋）葉適撰　明末刻本
八冊

430000－2401－0026729　△433/8－2

水心文集二十九卷　（宋）葉適撰　清乾隆二
十年（1755）刻本　佚名批校　八冊

430000－2401－0026730　△433/139

石林居士建康集八卷　（宋）葉夢得撰　明鈔
本　葉德輝、葉啟發題識　四冊

430000－2401－0026731　△433/66

海瓊玉蟾先生文集六卷續集二卷　（宋）葛長
庚撰　（明）朱權輯　明新安劉懋賢等校刻本

六冊　存六卷（文集一至四、續集二卷）

430000－2401－0026732　△433/66（1）

海瓊玉蟾先生文集六卷續集二卷　（宋）葛長
庚撰　（明）朱權輯　明新安劉懋賢等校刻本
八冊

430000－2401－0026733　433/150

詹元善先生遺集二卷　（宋）詹體仁撰　（清）
朱秉鑒輯　清嘉慶十九年（1814）浦城祝氏留
香室刻本　二冊

430000－2401－0026734　433/201

道鄉先生文集四十卷補遺一卷附錄一卷
（宋）鄒浩撰　清同治九年（1870）南海鄒氏永
誃堂刻本　八冊

430000－2401－0026735　△433/95

趙清獻公集十卷目錄二卷　（宋）趙抃撰　明
萬曆十六年（1588）成都知府詹思謙刻本
四冊

430000－2401－0026736　△433/95（1）

趙清獻公集十卷目錄二卷　（宋）趙抃撰　明
萬曆十六年（1588）成都知府詹思謙刻本
三冊

430000－2401－0026737　△433/95－2

趙清獻公集十卷目錄二卷　（宋）趙抃撰　明
刻本　十冊

430000－2401－0026738　433/45－3

趙清獻公集十卷目錄二卷　（宋）趙抃撰　清
光緒三年（1877）刻本　四冊

430000－2401－0026739　433/45－3（1）

趙清獻公集十卷目錄二卷　（宋）趙抃撰　清
光緒三年（1877）刻本　二冊　缺五卷（二至
四、九至十）

430000－2401－0026740　433/38－3

南陽集六卷　（宋）趙湘撰　清乾隆武英殿木
活字本　二冊

430000－2401－0026741　433/102

忠正德文集十卷附錄一卷　（宋）趙鼎撰　清
道光十一年（1831）吳傑刻本　二冊

430000 – 2401 – 0026742　433/102 – 2

忠正德文集十卷附錄一卷　（宋）趙鼎撰　清
光緒二年(1876)山陰謝氏刻本　八冊

430000 – 2401 – 0026743　△433/6

心史七卷附錄一卷　（宋）鄭思肖撰　明崇禎
十三年(1640)新安汪駿聲刻本　二冊

430000 – 2401 – 0026744　433/142 – 2

宋鄭所南先生心史二卷　（宋）鄭思肖撰　清
光緒二十年(1894)種竹書屋刻本　四冊

430000 – 2401 – 0026745　433/142 – 3

心史二卷　（宋）鄭思肖撰　清刻本　四冊

430000 – 2401 – 0026746　433/156

西塘先生文集九卷　（宋）鄭俠撰　清光緒十
年(1884)公善堂刻本　四冊

430000 – 2401 – 0026747　△433/141

攻媿集一百十二卷　（宋）樓鑰撰　清鈔本
一冊　存三卷(五十四至五十六)

430000 – 2401 – 0026748　△433/99

歐陽文忠公文集一百五十三卷附錄五卷
（宋）歐陽修撰　**年譜一卷**　（宋）胡柯撰　明
天順六年(1462)吉州府程宗刻本　葉德輝、
葉啟勳題識　四十冊

430000 – 2401 – 0026749　△433/101

歐陽文忠公集一百五十三卷附錄五卷　（宋）
歐陽修撰　明天順六年(1462)程宗刻弘治正
德嘉靖遞修本　二十四冊

430000 – 2401 – 0026750　△433/103

歐陽文集五十卷　（宋）歐陽修撰　明嘉靖二
十二年(1543)李冕刻本　八冊　存四十四卷
(七至五十)

430000 – 2401 – 0026751　△433/100

**歐陽文忠公集一百三十卷目錄十二卷附錄四
卷**　（宋）歐陽修撰　明萬曆四十三年(1615)
王鳳翔刻本　二十四冊

430000 – 2401 – 0026752　433/163 – 5

歐陽文忠公全集一百○五卷　（宋）歐陽修撰
清康熙焉文堂刻本　二十冊

430000 – 2401 – 0026753　433/163 – 5(1)

歐陽文忠公全集一百○五卷　（宋）歐陽修撰
清康熙焉文堂刻本　二十冊

430000 – 2401 – 0026754　433/163 – 5(2)

歐陽文忠公全集一百○五卷　（宋）歐陽修撰
清康熙焉文堂刻本　四冊

430000 – 2401 – 0026755　433/163

歐陽文忠公全集一百五十三卷附錄五卷
（宋）歐陽修撰　清乾隆十一年(1746)孝思堂
刻本　三十二冊

430000 – 2401 – 0026756　433/163(1)

歐陽文忠公全集一百五十三卷附錄五卷
（宋）歐陽修撰　清乾隆十一年(1746)孝思堂
刻本　三十二冊

430000 – 2401 – 0026757　433/163(2)

歐陽文忠公全集一百五十三卷附錄五卷
（宋）歐陽修撰　清乾隆十一年(1746)孝思堂
刻本　三十二冊

430000 – 2401 – 0026758　433/163(3)

歐陽文忠公全集一百五十三卷附錄五卷
（宋）歐陽修撰　清乾隆十一年(1746)孝思堂
刻本　二十四冊

430000 – 2401 – 0026759　433/163(4)

歐陽文忠公全集一百五十三卷附錄五卷
（宋）歐陽修撰　清乾隆十一年(1746)孝思堂
刻本　二十四冊

430000 – 2401 – 0026760　433/163(5)

歐陽文忠公全集一百五十三卷附錄五卷
（宋）歐陽修撰　清乾隆十一年(1746)孝思堂
刻本　六冊

430000 – 2401 – 0026761　433/163 – 4

**歐陽文忠公全集一百五十三卷首一卷附錄五
卷**　（宋）歐陽修撰　清嘉慶二十四年(1819)
歐陽衡刻本　二十四冊

430000 – 2401 – 0026762　433/163 – 4(1)

**歐陽文忠公全集一百五十三卷首一卷附錄五
卷**　（宋）歐陽修撰　清嘉慶二十四年(1819)

歐陽衡刻本　二十四冊

430000－2401－0026763　433/163－4（2）
歐陽文忠公全集一百五十三卷首一卷附錄五卷　（宋）歐陽修撰　清嘉慶二十四年(1819)歐陽衡刻本　二十四冊

430000－2401－0026764　433/163－4（3）
歐陽文忠公全集一百五十三卷首一卷附錄五卷　（宋）歐陽修撰　清嘉慶二十四年(1819)歐陽衡刻本　二十四冊

430000－2401－0026765　433/163－4（4）
歐陽文忠公全集一百五十三卷首一卷附錄五卷　（宋）歐陽修撰　清嘉慶二十四年(1819)歐陽衡刻本　二十四冊

430000－2401－0026766　433/163－4（5）
歐陽文忠公全集一百五十三卷首一卷附錄五卷　（宋）歐陽修撰　清嘉慶二十四年(1819)歐陽衡刻本　四十冊

430000－2401－0026767　433/163－3
歐陽文忠公全集一百五十三卷首一卷附錄五卷　（宋）歐陽修撰　清光緒十九年(1893)澹雅書局刻本　三十二冊

430000－2401－0026768　433/163－3（1）
歐陽文忠公全集一百五十三卷首一卷附錄五卷　（宋）歐陽修撰　清光緒十九年(1893)澹雅書局刻本　三十冊

430000－2401－0026769　433/9
六一居士全集錄五卷六一居士外集二卷（宋）歐陽修撰　（清）儲欣錄　清刻本　九冊

430000－2401－0026770　△433/7
六一題跋十一卷　（宋）歐陽修撰　明末毛氏汲古閣刻本　六冊

430000－2401－0026771　△433/104
歐陽先生文粹二十卷　（宋）歐陽修撰　（宋）陳亮輯　**遺粹十卷**　（明）郭雲鵬輯　明嘉靖二十六年(1547)郭雲鵬寶善堂刻本　三冊

430000－2401－0026772　△433/102
歐陽文忠公詩集六卷　（宋）歐陽修撰　（清）

彭期輯訂　明末刻本　四冊

430000－2401－0026773　△433/97
歐陽文忠公文鈔十卷　（宋）歐陽修撰　（明）茅坤評　明刻朱墨套印本　四冊

430000－2401－0026774　△433/97（1）
歐陽文忠公文鈔十卷　（宋）歐陽修撰　（明）茅坤評　明刻朱墨套印本　五冊

430000－2401－0026775　△433/98
宋大家歐陽文忠公文鈔三十二卷　（宋）歐陽修撰　（明）茅坤評　明茅一桂刻本　十二冊

430000－2401－0026776　△433/98－2
宋大家歐陽文忠公文鈔三十二卷　（宋）歐陽修撰　（明）茅坤評　明刻本　十二冊

430000－2401－0026777　△433/28
宋大家歐陽文忠公文鈔三十二卷　（宋）歐陽修撰　（明）茅坤評　明末刻本　四冊　存十七卷(四至七、十六至二十四、二十九至三十二)

430000－2401－0026778　433/162
宋大家歐陽文忠公文鈔三十二卷　（宋）歐陽修撰　（明）茅坤評　清刻本　十冊

430000－2401－0026779　433/162－2
宋大家歐陽文忠公文鈔三十二卷　（宋）歐陽修撰　（明）茅坤評　清刻本　八冊

430000－2401－0026780　△433/105
歐陽永叔集選十六卷　（宋）歐陽修撰　（明）陸夢龍評選　明末刻本　十冊

430000－2401－0026781　433/40
屏山集二十卷首一卷　（宋）劉子翬撰　清康熙六十年(1721)刻本　十冊

430000－2401－0026782　433/40－2
屏山全集二十卷　（宋）劉子翬撰　清道光十八年(1838)秋柯草堂刻本　六冊

430000－2401－0026783　433/40－2（1）
屏山全集二十卷　（宋）劉子翬撰　清道光十八年(1838)秋柯草堂刻本　十二冊

430000 – 2401 – 0026784　433/40 – 2(2)

屏山全集二十卷　（宋）劉子翬撰　清道光十
八年(1838)秋柯草堂刻本　十冊

430000 – 2401 – 0026785　433/40 – 3

屏山先生文集二十卷　（宋）劉子翬撰　清光
緒十二年(1886)三餘書室鉛印本　四冊

430000 – 2401 – 0026786　433/40 – 4

**宋劉文靖公屏山全集二十卷首一卷末一卷屏
山集考異一卷**　（宋）劉子翬撰　清光緒二十
七年(1901)武夷雲屏山房潘氏刻本　六冊

430000 – 2401 – 0026787　△433/106

劉須溪先生記鈔八卷　（宋）劉辰翁撰　明天
啟三年(1623)楊識西刻本　一冊

430000 – 2401 – 0026788　433/64

彭城集四十卷　（宋）劉攽撰　清武英殿聚珍
版本　八冊

430000 – 2401 – 0026789　433/64(1)

彭城集四十卷　（宋）劉攽撰　清武英殿聚珍
版本　八冊

430000 – 2401 – 0026790　433/64 – 2(1)

彭城集四十卷　（宋）劉攽撰　清刻本　九冊

430000 – 2401 – 0026791　433/64 – 2(2)

彭城集四十卷　（宋）劉攽撰　清刻本　一冊
存五卷(三十至三十四)

430000 – 2401 – 0026792　433/56

學易集八卷　（宋）劉跂撰　清木活字本
二冊

430000 – 2401 – 0026793　433/101

忠肅集二十卷　（宋）劉摯撰　清乾隆武英殿
木活字本　六冊

430000 – 2401 – 0026794　433/101(1)

忠肅集二十卷　（宋）劉摯撰　清乾隆武英殿
木活字本　四冊　存十四卷(一至十四)

430000 – 2401 – 0026795　433/59

穆參軍集三卷附錄遺事一卷　（宋）穆修撰
(宋)祖無擇編　清光緒六年(1880)韓江官署
刻本　一冊

430000 – 2401 – 0026796　433/252

**謝疊山公文集五卷首一卷末一卷謝疊山公外
集三卷**　（宋）謝枋得撰　清嘉慶蘊德堂刻本
四冊

430000 – 2401 – 0026797　433/253

謝疊山先生文集九卷首一卷　（宋）謝枋得撰
（清）陳喬樅編　清道光二十九年(1849)刻
本　四冊

430000 – 2401 – 0026798　433/253(1)

謝疊山先生文集九卷首一卷　（宋）謝枋得撰
（清）陳喬樅編　清道光二十九年(1849)刻
本　四冊

430000 – 2401 – 0026799　433/279

謝幼槃文集十卷　（宋）謝薖撰　清光緒十年
(1884)楊守敬影印宋刻本　二冊

430000 – 2401 – 0026800　△433/83

晞髮遺集二卷補一卷　（宋）謝翱撰　**天地間
集一卷**　（宋）謝翱輯　**登西臺慟哭記註一卷
冬青樹引註一卷**　（宋）謝翱撰　（明）張丁註
清康熙四十一年(1702)陸大業刻本　三冊

430000 – 2401 – 0026801　433/268

晞髮遺集二卷補一卷　（宋）謝翱撰　**天地間
集一卷**　（宋）謝翱輯　**冬青樹引註一卷登西
臺慟哭記註一卷**　（宋）謝翱撰　清末石印本
一冊

430000 – 2401 – 0026802　433/49

艮齋先生薛常州浪語集三十五卷　（宋）薛季
宣撰　清同治十年(1871)金陵書局刻本
六冊

430000 – 2401 – 0026803　433/49(1)

艮齋先生薛常州浪語集三十五卷　（宋）薛季
宣撰　清同治十年(1871)金陵書局刻本
六冊

430000 – 2401 – 0026804　433/49(2)

艮齋先生薛常州浪語集三十五卷　（宋）薛季
宣撰　清同治十年(1871)金陵書局刻本
六冊

430000－2401－0026805　433/145－2

安陽集五十卷　（宋）韓琦撰　清乾隆刻本
十六冊

430000－2401－0026806　433/145－2（1）

安陽集五十卷　（宋）韓琦撰　清乾隆刻本
一冊

430000－2401－0026807　433/145

安陽集五十卷附錄一卷　（宋）韓琦撰　（清）
黃邦寧重修　清乾隆三十七年（1772）書錦堂
刻本　十冊

430000－2401－0026808　433/145（1）

安陽集五十卷附錄一卷　（宋）韓琦撰　（清）
黃邦寧重修　清乾隆三十七年（1772）書錦堂
刻本　十二冊

430000－2401－0026809　433/145－3

安陽集五十卷　（宋）韓琦撰　（清）黃邦寧重
修　清晚香書屋刻本　八冊

430000－2401－0026810　433/58

韓魏公集二十卷　（宋）韓琦撰　（清）張伯行
重訂　清康熙四十八年（1709）正誼堂刻本
六冊

430000－2401－0026811　433/46

鶴山文鈔三十二卷　（宋）魏了翁撰　清宣統
二年（1910）官印刷局重修望三益齋刻本　十
二冊

430000－2401－0026812　433/46（1）

鶴山文鈔三十二卷　（宋）魏了翁撰　清宣統
二年（1910）官印刷局重修望三益齋刻本　十
二冊

430000－2401－0026813　433/46（2）

鶴山文鈔三十二卷　（宋）魏了翁撰　清宣統
二年（1910）官印刷局重修望三益齋刻本　十
二冊

430000－2401－0026814　433/46（3）

鶴山文鈔三十二卷　（宋）魏了翁撰　清宣統
二年（1910）官印刷局重修望三益齋刻本
十冊

430000－2401－0026815　433/46（4）

鶴山文鈔三十二卷　（宋）魏了翁撰　清宣統
二年（1910）官印刷局重修望三益齋刻本
十冊

430000－2401－0026816　433/46（5）

鶴山文鈔三十二卷　（宋）魏了翁撰　清宣統
二年（1910）官印刷局重修望三益齋刻本
十冊

430000－2401－0026817　433/271

魏鶴山先生渠陽詩一卷　（宋）魏了翁撰
（宋）王德文註　清光緒二十八年（1902）貴池
劉氏玉海堂刻玉海堂影宋叢書本　一冊

430000－2401－0026818　433/231

苔石效顰集一卷附錄一卷　（宋）繆鑒撰　清
光緒十七年（1891）刻雲自在龕叢書本　一冊

430000－2401－0026819　433/53

顏延年集四卷　（宋）顏延之撰　清宣統三年
（1911）上海文明書局鉛印本　一冊

430000－2401－0026820　△433/12

石屏詩集六卷　（宋）戴復古撰　（明）潘是仁
輯　明潘氏刻本　三冊

430000－2401－0026821　433/171－5

羅豫章先生集十卷　（宋）羅從彥撰　（清）張
伯行重訂　清康熙正誼堂刻本　二冊

430000－2401－0026822　433/171

羅豫章先生集十二卷首一卷末一卷　（宋）羅
從彥撰　（清）黃植京訂補　清乾隆十一年
（1746）刻本　四冊

430000－2401－0026823　433/171－4

羅豫章先生集十二卷首一卷末一卷　（宋）羅
從彥撰　清光緒八年（1882）盯江刻本　六冊

430000－2401－0026824　433/171－4（1）

羅豫章先生集十二卷首一卷末一卷　（宋）羅
從彥撰　清光緒八年（1882）盯江刻本　四冊

430000－2401－0026825　433/171－2

羅豫章先生集十二卷首一卷末一卷　（宋）羅
從彥撰　清光緒九年（1883）延平府古燕張國

正刻本　四册

430000－2401－0026826　△433/115

羅鄂州小集五卷 （宋）羅願撰　**羅郢州遺文一卷** （宋）羅頌撰　明洪武二年(1369)羅宣明刻本　葉啟勳、葉啟發題識　二册

430000－2401－0026827　△433/116

羅鄂州小集六卷 （宋）羅願撰　**羅郢州遺文一卷** （宋）羅頌撰　清康熙五十二年(1713)程哲七略書堂刻本　六册

430000－2401－0026828　433/257

羅鄂州小集六卷 （宋）羅願撰　清光緒十九年(1893)黟縣李氏刻本　二册

430000－2401－0026829　△433/94

重刊嘉祐集十五卷 （宋）蘇洵撰　明嘉靖十一年(1532)太原府刻本　侯鴻鑒題識批點　二册

430000－2401－0026830　△433/122

蘇老泉先生全集二十卷 （宋）蘇洵撰　**附錄二卷** （宋）沈斐輯　清康熙三十七年(1698)邵仁泓安樂居刻本　八册

430000－2401－0026831　△433/122(1)

蘇老泉先生全集二十卷 （宋）蘇洵撰　**附錄二卷** （宋）沈斐輯　清康熙三十七年(1698)邵仁泓安樂居刻本　六册

430000－2401－0026832　433/292

嘉祐集二十卷 （宋）蘇洵撰　清道光十二年(1832)眉州三蘇祠刻本　三册

430000－2401－0026833　△433/25

宋大家蘇文公文鈔十卷 （宋）蘇洵撰　（明）茅坤批評　明萬曆刻本　四册

430000－2401－0026834　△433/121

蘇文嗜六卷 （宋）蘇洵撰　（明）茅坤集評　明凌雲刻三色套印本　清張世堯題識　六册

430000－2401－0026835　433/196

蘇老泉先生全集二十卷 （宋）蘇洵撰　（清）邵仁泓輯　清康熙三十七年(1698)吳郡邵氏刻本　四册

430000－2401－0026836　433/29

老泉先生全集錄五卷 （宋）蘇洵撰　（清）儲欣錄　清刻本　五册

430000－2401－0026837　△433/85

斜川集六卷附錄二卷 （宋）蘇過撰　**訂誤一卷** （清）吳辰元撰　清乾隆五十三年(1788)趙懷玉亦有生齋刻本　葉啟勳題識　一册

430000－2401－0026838　△433/85(1)

斜川集六卷附錄二卷 （宋）蘇過撰　**訂誤一卷** （清）吳辰元撰　清乾隆五十三年(1788)趙懷玉亦有生齋刻本　葉啟勳題識　一册

430000－2401－0026839　433/107

斜川集六卷 （宋）蘇過撰　清道光七年(1827)眉州三蘇祠刻本　三册

430000－2401－0026840　433/107(1)

斜川集六卷 （宋）蘇過撰　清道光七年(1827)眉州三蘇祠刻本　二册

430000－2401－0026841　△433/132

蘇學士文集十六卷 （宋）蘇舜欽撰　清康熙三十七年(1698)徐惇孝、徐惇復白華書屋刻本　四册

430000－2401－0026842　△433/132(1)

蘇學士文集十六卷 （宋）蘇舜欽撰　清康熙三十七年(1698)徐惇孝、徐惇復白華書屋刻本　八册

430000－2401－0026843　433/199－2

蘇學士集十六卷 （宋）蘇舜欽撰　清鈔本　佚名鈔錄何焯題註　一册　存二卷(九至十)

430000－2401－0026844　433/198

蘇子美集十卷 （宋）蘇舜欽撰　清同治六年(1867)中江賓興會刻本　四册

430000－2401－0026845　△433/44

東坡集四十卷 （宋）蘇軾撰　明初刻本　一册　存六卷(三十五至四十)

430000－2401－0026846　△433/47

東坡應詔集十卷 （宋）蘇軾撰　明初刻本

一册　存九卷(一至九)

430000－2401－0026847　△433/41
東坡先生全集七十五卷　(宋)蘇軾撰　**宋史本傳一卷**　(元)脫脫撰　**東坡先生墓志銘一卷**　(宋)蘇轍撰　**東坡先生年譜一卷**　(宋)王宗稷撰　明萬曆三十四年(1606)茅維刻本　三十册

430000－2401－0026848　△433/41(1)
東坡先生全集七十五卷　(宋)蘇軾撰　**宋史本傳一卷**　(元)脫脫撰　**東坡先生墓志銘一卷**　(宋)蘇轍撰　**東坡先生年譜一卷**　(宋)王宗稷撰　明萬曆三十四年(1606)茅維刻本　二十二册　存五十三卷(一至二十二、二十八至四十四、五十至五十二、六十二至六十八、七十二至七十五)

430000－2401－0026849　433/138
東坡先生全集七十五卷　(宋)蘇軾撰　明末文盛堂刻本　三十四册

430000－2401－0026850　433/138(1)
東坡先生全集七十五卷　(宋)蘇軾撰　明末文盛堂刻本　三十二册

430000－2401－0026851　433/138(2)
東坡先生全集七十五卷　(宋)蘇軾撰　明末文盛堂刻本　十四册

430000－2401－0026852　433/138(3)
東坡先生全集七十五卷　(宋)蘇軾撰　明末文盛堂刻本　二十一册

430000－2401－0026853　△433/43
東坡集十六卷　(宋)蘇軾撰　明萬曆刻本　五册

430000－2401－0026854　△433/120
蘇文忠公集三十卷　(宋)蘇軾撰　明刻本　十册

430000－2401－0026855　△433/30
宋版蘇文忠公十策不分卷　(宋)蘇軾撰　明刻本　一册

430000－2401－0026856　△433/39

東坡文集二卷　(宋)蘇軾撰　明刻本　二册

430000－2401－0026857　433/137
東坡全集一百十五卷目錄七卷　(宋)蘇軾撰　清康熙蔡士英刻本　十七册

430000－2401－0026858　433/166
東坡集選五十卷首一卷　(宋)蘇軾撰　清中期刻本　十二册

430000－2401－0026859　433/139－2
東坡集四十卷後集二十卷奏議十五卷外制集三卷內制集十卷樂語一卷應詔集十卷續集十二卷　(宋)蘇軾撰　清光緒三十四年至宣統元年(1908－1909)寶華盦重刻明成化本　四十八册

430000－2401－0026860　433/139－2(1)
東坡集四十卷後集二十卷奏議十五卷外制集三卷內制集十卷樂語一卷應詔集十卷續集十二卷　(宋)蘇軾撰　清光緒三十四年至宣統元年(1908－1909)寶華盦刻本　四十册

430000－2401－0026861　433/139－2(2)
東坡集四十卷後集二十卷奏議十五卷外制集三卷內制集十卷樂語一卷應詔集十二卷　(宋)蘇軾撰　清光緒三十四年至宣統元年(1908－1909)寶華盦刻本　四十册

430000－2401－0026862　433/139－2(3)
東坡集四十卷後集二十卷奏議十五卷外制集三卷內制集十卷樂語一卷應詔集十卷續集十二卷　(宋)蘇軾撰　清光緒三十四年至宣統元年(1908－1909)寶華盦刻本　四十八册

430000－2401－0026863　433/139－2(4)
東坡集四十卷後集二十卷奏議十五卷外制集三卷內制集十卷樂語一卷應詔集十卷續集十二卷　(宋)蘇軾撰　清光緒三十四年至宣統元年(1908－1909)寶華盦刻本　十八册

430000－2401－0026864　433/139－2(5)
東坡集四十卷後集二十卷奏議十五卷外制集三卷內制集十卷樂語一卷應詔集十卷續集十二卷　(宋)蘇軾撰　清光緒三十四年至宣統元年(1908－1909)寶華盦刻本　三十册　缺

五十三卷(後集二十卷、奏議十五卷、外制集三卷、内制集一至二、應詔集十卷、續集九、東坡校記二卷)

430000－2401－0026865　433/297
蘇東坡詩摘鈔不分卷　(宋)蘇軾撰　清羅信南鈔本　二冊

430000－2401－0026866　433/168
東坡詩選一卷　(宋)蘇軾撰　**清人詩選一卷**　□□輯　清鈔本　一冊

430000－2401－0026867　433/296
蘇詩分類註釋不分卷　(宋)蘇軾撰　鈔本　一冊

430000－2401－0026868　△433/42－2
東坡先生詩集註三十二卷　(宋)蘇軾撰　(宋)王十朋註　明初刻本　一冊　存一卷(二十一)

430000－2401－0026869　△433/42
東坡先生詩集註三十二卷　(宋)蘇軾撰　(宋)王十朋註　**東坡墓志銘一卷**　(宋)蘇轍撰　明刻本　十五冊　存十六卷(十七至三十二)

430000－2401－0026870　△433/46
蘇東坡詩集註四卷　(宋)蘇軾撰　(宋)王十朋輯註　清康熙三十七年(1698)刻本　二冊

430000－2401－0026871　433/185－2
蘇東坡詩集註三十二卷目錄一卷失編一卷　(宋)蘇軾撰　(宋)朱翠庭註　(宋)王十朋輯註　清乾隆四十七年(1782)重定文蔚堂刻本　十四冊

430000－2401－0026872　433/185
蘇東坡詩集註三十二卷目錄一卷失編一卷　(宋)蘇軾撰　(宋)呂祖謙編　(宋)王十朋纂輯　清康熙三十七年(1698)文蔚堂刻本　十六冊

430000－2401－0026873　433/185(1)
蘇東坡詩集註三十二卷目錄一卷失編一卷　(宋)蘇軾撰　(宋)呂祖謙編　(宋)王十朋纂輯　清康熙三十七年(1698)文蔚堂刻本

九冊　存二十六卷(一至四、九至十一、十四至三十二)

430000－2401－0026874　433/185(2)
蘇東坡詩集註三十二卷目錄一卷失編一卷　(宋)蘇軾撰　(宋)呂祖謙編　(宋)王十朋纂輯　清康熙三十七年(1698)文蔚堂刻本　四冊　存八卷(十五至十七、二十一至二十五)

430000－2401－0026875　△433/124
蘇東坡詩集註三十二卷　(宋)蘇軾撰　(宋)呂祖謙編　(宋)王十朋輯　**年譜一卷**　(宋)王宗稷編　清康熙三十七年(1698)朱從延文蔚堂刻本　十二冊

430000－2401－0026876　△433/124(1)
蘇東坡詩集註三十二卷　(宋)蘇軾撰　(宋)呂祖謙編　(宋)王十朋輯　**年譜一卷**　(宋)王宗稷編　清康熙三十七年(1698)朱從延文蔚堂刻本　八冊

430000－2401－0026877　△433/124(2)
蘇東坡詩集註三十二卷　(宋)蘇軾撰　(宋)呂祖謙編　(宋)王十朋輯　**年譜一卷**　(宋)王宗稷編　清康熙三十七年(1698)朱從延文蔚堂刻本　十冊

430000－2401－0026878　△433/124(3)
蘇東坡詩集註三十二卷　(宋)蘇軾撰　(宋)呂祖謙編　(宋)王十朋輯　**年譜一卷**　(宋)王宗稷編　清康熙三十七年(1698)朱從延文蔚堂刻本　十冊

430000－2401－0026879　433/185－4
蘇東坡詩集註三十二卷　(宋)蘇軾撰　(宋)呂祖謙編　(宋)王十朋纂輯　清同治十年(1871)忠實堂刻本　十六冊

430000－2401－0026880　△433/131
施註蘇詩四十二卷總目錄二卷　(宋)蘇軾撰　(宋)施元之　(宋)顏禧註　(清)邵長蘅等刪補　**續補遺二卷**　(清)馮景補註　**東坡先生年譜一卷**　(宋)王宗稷編　**王註正譌一卷**　(清)邵長蘅撰　清康熙三十八年(1699)

宋犖刻本　十六冊

430000－2401－0026881　△433/131（1）
施註蘇詩四十二卷總目錄二卷　（宋）蘇軾撰
　（宋）施元之　（宋）顏禧註　（清）邵長蘅
等刪補　**續補遺二卷**　（清）馮景補註　**東坡**
先生年譜一卷　（宋）王宗稷編　**王註正譌一**
卷　（清）邵長蘅撰　清康熙三十八年（1699）
宋犖刻本　十冊

430000－2401－0026882　△433/131（2）
施註蘇詩四十二卷總目錄二卷　（宋）蘇軾撰
　（宋）施元之　（宋）顏禧註　（清）邵長蘅
等刪補　**續補遺二卷**　（清）馮景補註　**東坡**
先生年譜一卷　（宋）王宗稷編　**王註正譌一**
卷　（清）邵長蘅撰　清康熙三十八年（1699）
宋犖刻本　佚名批校圈點　九冊　存二十四
卷（一至三、二十四至四十二，總目錄二卷）

430000－2401－0026883　△433/131（3）
施註蘇詩四十二卷總目錄二卷　（宋）蘇軾撰
　（宋）施元之　（宋）顏禧註　（清）邵長蘅
等刪補　**續補遺二卷**　（清）馮景補註　**東坡**
先生年譜一卷　（宋）王宗稷編　**王註正譌一**
卷　（清）邵長蘅撰　清康熙三十八年（1699）
宋犖刻本　十四冊

430000－2401－0026884　433/181－3
施註蘇詩四十二卷總目二卷　（宋）蘇軾撰
（宋）施元之註　（清）邵長蘅補　清康熙三十
九年（1700）刻本　十冊

430000－2401－0026885　433/181－3（1）
施註蘇詩四十二卷總目二卷　（宋）蘇軾撰
（宋）施元之註　（清）邵長蘅補　清康熙三十
九年（1700）刻本　十六冊

430000－2401－0026886　433/181－3（2）
施註蘇詩四十二卷總目二卷　（宋）蘇軾撰
（宋）施元之註　（清）邵長蘅補　清康熙三十
九年（1700）刻本　二冊　存十卷（十二殘至
二十一）

430000－2401－0026887　433/181－3（3）
施註蘇詩四十二卷總目二卷　（宋）蘇軾撰

（宋）施元之註　（清）邵長蘅補　清康熙三十
九年（1700）刻本　一冊　存六卷（十九至二
十四殘）

430000－2401－0026888　433/181－3（4）
施註蘇詩四十二卷總目二卷　（宋）蘇軾撰
（宋）施元之註　（清）邵長蘅補　清康熙三十
九年（1700）刻本　一冊　存六卷（三十七至
四十二）

430000－2401－0026889　△433/131－2
施註蘇詩四十二卷　（宋）蘇軾撰　（宋）施元
之註　（清）邵長蘅等刪補　**續補遺二卷**
（清）馮景補註　**王註正譌一卷**　（清）邵長蘅
撰　清康熙刻本　佚名批校圈點　二冊　存
十二卷（二至十一、補遺二卷）

430000－2401－0026890　433/181－4
施註蘇詩四十二卷總目二卷　（宋）蘇軾撰
（宋）施元之註　（清）邵長蘅等刪補　清康熙
三十九年（1700）刻本　二十冊

430000－2401－0026891　433/181－4（1）
施註蘇詩四十二卷總目二卷　（宋）蘇軾撰
（宋）施元之註　（清）邵長蘅等刪補　清康熙
刻本　十二冊

430000－2401－0026892　433/181－4（2）
施註蘇詩四十二卷總目二卷　（宋）蘇軾撰
（宋）施元之註　（清）邵長蘅等刪補　清康熙
刻本　十六冊

430000－2401－0026893　433/181－2
施註蘇詩四十二卷總目二卷　（宋）蘇軾撰
（宋）施元之註　（清）邵長蘅等刪補　清康熙
三十九年（1700）大文堂刻本　二十冊

430000－2401－0026894　433/181－2（1）
施註蘇詩四十二卷總目二卷　（宋）蘇軾撰
（宋）施元之註　（清）邵長蘅等刪補　清康熙
三十九年（1700）大文堂刻本　十六冊

430000－2401－0026895　433/181－2（2）
施註蘇詩四十二卷總目二卷　（宋）蘇軾撰
（宋）施元之註　（清）邵長蘅等刪補　清康熙
三十九年（1700）大文堂刻本　十二冊

430000－2401－0026896　433/181

施註蘇詩四十二卷總目二卷　（宋）蘇軾撰
（宋）施元之註　（清）邵長蘅等删補　清康熙
三十九年(1700)金閶步月樓刻本　十二冊

430000－2401－0026897　433/181(1)

施註蘇詩四十二卷總目二卷　（宋）蘇軾撰
（宋）施元之註　（清）邵長蘅等删補　清康熙
三十九年(1700)金閶步月樓刻本　十二冊

430000－2401－0026898　433/181(2)

施註蘇詩四十二卷總目二卷　（宋）蘇軾撰
（宋）施元之註　（清）邵長蘅等删補　清康熙
三十九年(1700)金閶步月樓刻本　十二冊

430000－2401－0026899　433/181(3)

施註蘇詩四十二卷總目二卷　（宋）蘇軾撰
（宋）施元之註　（清）邵長蘅等删補　清康熙
三十九年(1700)金閶步月樓刻本　十二冊

430000－2401－0026900　433/181(4)

施註蘇詩四十二卷總目二卷　（宋）蘇軾撰
（宋）施元之註　（清）邵長蘅等删補　清康熙
三十九年(1700)金閶步月樓刻本　十冊

430000－2401－0026901　433/181－5

古香齋鑒賞袖珍施註蘇詩四十二卷總目二卷
（宋）蘇軾撰　（宋）施元之註　（清）邵長
蘅等删補　清古香齋刻本　十八冊

430000－2401－0026902　△433/123

蘇東坡詩集二十五卷　（宋）蘇軾撰　（宋）劉
辰翁批點　明天啟刻本　二冊　存二十卷
(六至二十五)

430000－2401－0026903　△433/126

蘇長公小品二卷　（宋）蘇軾撰　（明）王納諫
編　明萬曆三十九年(1611)章萬椿心遠軒刻
本　四冊

430000－2401－0026904　△433/51－2

坡仙集十六卷　（宋）蘇軾撰　（明）李贄評輯
明萬曆四十七年(1619)程明善刻本　六冊

430000－2401－0026905　△433/51

坡仙集十六卷　（宋）蘇軾撰　（明）李贄評輯

明末刻本　七冊

430000－2401－0026906　△433/51(1)

坡仙集十六卷　（宋）蘇軾撰　（明）李贄評輯
明末刻本　五冊　存九卷(一、四至六、九
至十、十四至十六)

430000－2401－0026907　△433/129

蘇長公表三卷蘇長公啟二卷　（宋）蘇軾撰
（明）李卓吾等評　明萬曆淩濛初刻朱墨套印
本　五冊

430000－2401－0026908　△433/130

蘇長公密語十六卷首一卷　（宋）蘇軾撰
（明）吳京輯　明天啟四年(1624)刻朱墨套印
本　四冊

430000－2401－0026909　△433/117

蘇文六卷　（宋）蘇軾撰　（明）茅坤等評　明
閔爾容刻三色套印本　六冊

430000－2401－0026910　△433/27－2

宋大家蘇文忠公文鈔二十八卷　（宋）蘇軾撰
（明）茅坤批評　明刻本　二冊　存五卷
(十七至十九、二十三至二十四)

430000－2401－0026911　△433/27

宋大家蘇文忠公文鈔二十八卷　（宋）蘇軾撰
（明）茅坤評　明刻本　九冊　存二十三卷
(一至十、十四至二十、二十三至二十八)

430000－2401－0026912　△433/20

合刻三先生東坡文匯四十卷　（宋）蘇軾撰
（明）茅坤等評　明末刻本　四冊　存二十七
卷(十四至四十)

430000－2401－0026913　△433/119

蘇文忠公策論選十二卷　（宋）蘇軾撰　（明）
茅坤　（明）鍾惺評選　明天啟元年(1621)刻
三色套印本　八冊

430000－2401－0026914　△433/127

蘇長公合作八卷補二卷附錄一卷　（宋）蘇軾
撰　（明）高啟等批點　明萬曆四十八年
(1620)淩啟康三色套印本　八冊　存七卷
(二至七、補下)

430000－2401－0026915　△433/127（1）

蘇長公合作八卷補二卷附錄一卷　（宋）蘇軾撰　（明）高啟等批點　明萬曆四十八年(1620)淩啟康三色套印本　十冊　存五卷（一至五）

430000－2401－0026916　△433/75

陶石簣精選蘇長公合作□□卷　（宋）蘇軾撰　（明）陶望齡選輯　明萬曆二十八年(1600)刻本　四冊　存二卷（上二、下二）

430000－2401－0026917　△433/128

蘇長公合作内外篇不分卷　（宋）蘇軾撰　（明）鄭圭輯　明萬曆三十一年(1603)書林余氏萃慶堂刻本　佚名批校圈點　三冊

430000－2401－0026918　△433/140

新刻陶顧二會元類編蘇長公全集四十卷首一卷　（宋）蘇軾撰　（明）陶望齡輯　（明）顧起九補訂　明末刻本　十六冊

430000－2401－0026919　△433/45

東坡集選五十卷集餘一卷　（宋）蘇軾撰　（明）陳夢槐選　（明）陳繼儒定　**年譜一卷**　（宋）王宗稷撰　**外紀二卷**　（明）王世貞輯　**外紀逸編一卷**　（明）璩之璞補　明刻本　八冊

430000－2401－0026920　△433/125

蘇長公二妙集二十二卷　（宋）蘇軾撰　（明）焦竑批點　明天啟元年(1621)徐象橒曼山館刻本　八冊　存十三卷（東坡先生尺牘十三卷）

430000－2401－0026921　△433/40

東坡文選二十卷　（宋）蘇軾撰　（明）鍾惺評選　明萬曆四十八年(1620)閔氏刻朱墨套印本　四冊

430000－2401－0026922　433/140

東坡詩選十二卷　（宋）蘇軾撰　（明）譚元春選　明末文盛堂刻本　三冊

430000－2401－0026923　433/140（1）

東坡詩選十二卷　（宋）蘇軾撰　（明）譚元春選　明末文盛堂刻本　六冊

430000－2401－0026924　433/140（2）

東坡詩選十二卷　（宋）蘇軾撰　（明）譚元春選　明末文盛堂刻本　二冊

430000－2401－0026925　433/170

蘇文忠公詩編註集成一百〇三卷　（宋）蘇軾撰　（清）王文誥輯　清嘉慶二十四年(1819)武林韻山堂刻本　二十四冊

430000－2401－0026926　433/170（1）

蘇文忠公詩編註集成一百〇三卷　（宋）蘇軾撰　（清）王文誥輯　清嘉慶二十四年(1819)武林韻山堂刻本　二十四冊

430000－2401－0026927　433/170（2）

蘇文忠公詩編註集成一百〇三卷　（宋）蘇軾撰　（清）王文誥輯　清嘉慶二十四年(1819)武林韻山堂刻本　二冊　存十四卷（十八至二十六、三十三至三十七）

430000－2401－0026928　433/170－2

蘇文忠公詩編註集成一百〇三卷　（宋）蘇軾撰　（清）王文誥輯　清光緒十四年(1888)浙江書局刻本　二十四冊

430000－2401－0026929　433/170－2（1）

蘇文忠公詩編註集成一百〇三卷　（宋）蘇軾撰　（清）王文誥輯　清光緒十四年(1888)浙江書局刻本　二十四冊

430000－2401－0026930　433/170－2（2）

蘇文忠公詩編註集成一百〇三卷　（宋）蘇軾撰　（清）王文誥輯　清光緒十四年(1888)浙江書局刻本　二十四冊

430000－2401－0026931　433/170－2（3）

蘇文忠公詩編註集成一百〇三卷　（宋）蘇軾撰　（清）王文誥輯　清光緒十四年(1888)浙江書局刻本　三冊　存五卷（古今體詩二十至二十三、總案）

430000－2401－0026932　433/170－2（4）

蘇文忠公詩編註集成一百〇三卷　（宋）蘇軾撰　（清）王文誥輯　清光緒十四年(1888)浙江書局刻本　一冊　存卷首、目錄

430000－2401－0026933　433/238

蘇文忠公海外集四卷　（宋）蘇軾撰　（清）王時宇校　清乾隆王時宇重校本　四冊

430000－2401－0026934　433/188

蘇詩查註補正四卷　（宋）蘇軾撰　（清）沈欽韓補正　清心矩齋校刻本　四冊

430000－2401－0026935　433/191

東坡寓惠集註釋四卷　（清）邵長蘅　（清）顧嗣立補釋　清道光十六年（1836）歸善黃天秩、黃應槐匯刻本　四冊

430000－2401－0026936　433/221

東坡先生翰墨尺牘八卷　（宋）蘇軾撰　（清）周心如輯　清道光八年（1828）周氏刻紛欣閣叢書本　四冊

430000－2401－0026937　433/167

東坡先生編年詩五十卷目錄二卷　（宋）蘇軾撰　（清）查慎行補註　清乾隆二十六年（1761）香雨齋刻本　二十冊

430000－2401－0026938　433/167（1）

東坡先生編年詩五十卷目錄二卷　（宋）蘇軾撰　（清）查慎行補註　清乾隆二十六年（1761）香雨齋刻本　二十冊

430000－2401－0026939　433/167（2）

東坡先生編年詩五十卷目錄二卷　（宋）蘇軾撰　（清）查慎行補註　清乾隆二十六年（1761）香雨齋刻本　十六冊

430000－2401－0026940　433/167（3）

東坡先生編年詩五十卷目錄二卷　（宋）蘇軾撰　（清）查慎行補註　清乾隆二十六年（1761）香雨齋刻本　十六冊

430000－2401－0026941　433/167（4）

東坡先生編年詩五十卷目錄二卷　（宋）蘇軾撰　（清）查慎行補註　清乾隆二十六年（1761）香雨齋刻本　十冊

430000－2401－0026942　433/165

蘇文忠公詩集擇粹十八卷續錄一卷　（宋）蘇軾撰　（清）查慎行註　（清）紀昀批點

（清）趙古農輯　清嘉慶二十二年（1817）刻本　六冊

430000－2401－0026943　433/136

蘇文忠公詩集五十卷目錄二卷　（宋）蘇軾撰　（清）紀昀評點　清道光十四年（1834）兩廣節署朱墨套印本　十二冊

430000－2401－0026944　433/136（1）

蘇文忠公詩集五十卷目錄二卷　（宋）蘇軾撰　（清）紀昀評點　清道光十四年（1834）兩廣節署朱墨套印本　十二冊

430000－2401－0026945　433/136（2）

蘇文忠公詩集五十卷目錄二卷　（宋）蘇軾撰　（清）紀昀評點　清道光十四年（1834）兩廣節署朱墨套印本　十二冊

430000－2401－0026946　433/136（3）

蘇文忠公詩集五十卷目錄二卷　（宋）蘇軾撰　（清）紀昀評點　清道光十四年（1834）兩廣節署朱墨套印本　十二冊

430000－2401－0026947　433/136（4）

蘇文忠公詩集五十卷目錄二卷　（宋）蘇軾撰　（清）紀昀評點　清道光十四年（1834）兩廣節署朱墨套印本　十二冊

430000－2401－0026948　433/136－2

蘇文忠公詩集五十卷目錄二卷　（宋）蘇軾撰　（清）紀昀評點　清同治八年（1869）韞玉山房朱墨套印本　十二冊

430000－2401－0026949　433/136－2（1）

蘇文忠公詩集五十卷目錄二卷　（宋）蘇軾撰　（清）紀昀評點　清同治八年（1869）韞玉山房朱墨套印本　十二冊

430000－2401－0026950　433/136－2（2）

蘇文忠公詩集五十卷目錄二卷　（宋）蘇軾撰　（清）紀昀評點　清同治八年（1869）韞玉山房朱墨套印本　十二冊

430000－2401－0026951　433/136－2（3）

蘇文忠公詩集五十卷目錄二卷　（宋）蘇軾撰　（清）紀昀評點　清同治八年（1869）韞玉山

房朱墨套印本　十二冊

430000－2401－0026952　433/136－2（4）
蘇文忠公詩集五十卷目錄二卷　（宋）蘇軾撰
（清）紀昀評點　清同治八年（1869）韞玉山
房朱墨套印本　十二冊

430000－2401－0026953　433/187
蘇詩補註八卷　（宋）蘇軾撰　（清）翁方綱補
註　**志道集一卷**　（宋）顧禧撰　清刻本
二冊

430000－2401－0026954　433/182
東坡和陶合箋四卷　（宋）蘇軾撰　（清）溫汝
能箋註　清嘉慶十一年（1806）溫若璣等校刻
本　二冊

430000－2401－0026955　433/182－2
東坡和陶合箋四卷　（宋）蘇軾撰　（清）溫汝
能箋註　清光緒十八年（1892）上海五彩公司
石印本　二冊

430000－2401－0026956　433/182－2（1）
東坡和陶合箋四卷　（宋）蘇軾撰　（清）溫汝
能箋註　清光緒十八年（1892）上海五彩公司
石印本　一冊　存二卷（一至二）

430000－2401－0026957　433/182－3
東坡和陶合箋四卷　（宋）蘇軾撰　（清）溫汝
能箋註　清宣統二年（1910）上海掃葉山房石
印本　一冊

430000－2401－0026958　433/182－3（1）
東坡和陶合箋四卷　（宋）蘇軾撰　（清）溫汝
能箋註　清宣統二年（1910）上海掃葉山房石
印本　二冊

430000－2401－0026959　433/169
蘇文忠詩合註五十卷首一卷　（宋）蘇軾撰
（清）馮應榴輯　清乾隆五十八年（1793）馮氏
刻本　二十冊

430000－2401－0026960　433/169（1）
蘇文忠詩合註五十卷首一卷　（宋）蘇軾撰
（清）馮應榴輯　清乾隆五十八年（1793）馮氏
刻本　二十冊

430000－2401－0026961　433/169（2）
蘇文忠詩合註五十卷首一卷　（宋）蘇軾撰
（清）馮應榴輯　清乾隆五十八年（1793）馮氏
刻本　二十冊

430000－2401－0026962　433/169（3）
蘇文忠詩合註五十卷首一卷　（宋）蘇軾撰
（清）馮應榴輯　清乾隆五十八年（1793）馮氏
刻本　二十冊

430000－2401－0026963　433/169（4）
蘇文忠詩合註五十卷首一卷　（宋）蘇軾撰
（清）馮應榴輯　清乾隆五十八年（1793）馮氏
刻本　二十冊

430000－2401－0026964　433/169－2
蘇文忠詩合註五十卷首一卷　（宋）蘇軾撰
（清）馮應榴輯　清同治九年（1870）馮寶圻補
刻乾隆五十八年（1793）本　二十冊

430000－2401－0026965　433/169－2（1）
蘇文忠詩合註五十卷首一卷　（宋）蘇軾撰
（清）馮應榴輯　清同治九年（1870）馮寶圻補
刻乾隆五十八年（1793）本　二十冊

430000－2401－0026966　433/169－2（2）
蘇文忠詩合註五十卷首一卷　（宋）蘇軾撰
（清）馮應榴輯　清同治九年（1870）馮寶圻補
刻乾隆五十八年（1793）本　十六冊

430000－2401－0026967　433/169－2（3）
蘇文忠詩合註五十卷首一卷　（宋）蘇軾撰
（清）馮應榴輯　清同治九年（1870）馮寶圻補
刻乾隆五十八年（1793）本　二十四冊

430000－2401－0026968　433/169－2（4）
蘇文忠詩合註五十卷首一卷　（宋）蘇軾撰
（清）馮應榴輯　清同治九年（1870）馮寶圻補
刻乾隆五十八年（1793）本　二十冊

430000－2401－0026969　433/169－3
蘇文忠詩合註五十卷首一卷　（宋）蘇軾撰
（清）馮應榴輯　清光緒九年（1883）眉山三蘇
祠刻本　二十冊

430000－2401－0026970　433/186

蘇詩選二卷 （宋）蘇軾撰 （清）萬廷蘭選
清乾隆四十二年(1777)刻本 二冊

430000－2401－0026971 433/250

角山樓蘇詩評註彙鈔二十卷目錄二卷 （宋）
蘇軾撰 （清）趙克宜輯訂 清咸豐二年
(1852)刻本 十冊

430000－2401－0026972 △433/48

東坡禪喜集十四卷 （宋）蘇軾撰 （明）凌濛
初輯 明天啟元年(1621)刻朱墨套印本
六冊

430000－2401－0026973 433/192

坡仙三昧□□卷 （宋）蘇軾撰 清刻本 四
冊 存十卷(禪喜集三至十、食飲錄四至五)

430000－2401－0026974 △433/26

宋大家蘇文定公文鈔二十卷 （宋）蘇轍撰
（明）茅坤批評 明刻本 三冊

430000－2401－0026975 △433/118

欒城集五十卷後集二十四卷三集十卷應詔集
十卷 （宋）蘇轍撰 明清夢軒刻本 葉啟勳
題識 十八冊

430000－2401－0026976 △433/118(1)

欒城集五十卷後集二十四卷三集十卷應詔集
十二卷 （宋）蘇轍撰 明清夢軒刻本 二十
三冊 缺七卷(三集四至十)

430000－2401－0026977 433/262

欒城集五十卷後集二十四卷第三集十卷應詔
集十二卷 （宋）蘇轍撰 清道光十二年
(1832)眉州三蘇祠刻本 十四冊 缺十三卷
(欒城集一至七、四十五至五十)

430000－2401－0026978 433/52

欒城先生全集錄六卷 （宋）蘇轍撰 （清）儲
欣錄 清刻本 五冊

430000－2401－0026979 △434/2－2

遺山先生詩集二十卷 （金）元好問撰 明末
毛氏汲古閣刻元人十種詩本 四冊

430000－2401－0026980 △434/2－2(1)

遺山先生詩集二十卷 （金）元好問撰 明末

毛氏汲古閣刻元人十種詩本 四冊

430000－2401－0026981 △434/2－2(2)

遺山先生詩集二十卷 （金）元好問撰 明末
毛氏汲古閣刻元人十種詩本 四冊

430000－2401－0026982 434/2

元遺山詩集八卷 （金）元好問撰 清乾隆四
十三年(1778)南昌萬廷蘭刻本 二冊

430000－2401－0026983 434/2(1)

元遺山詩集八卷 （金）元好問撰 清乾隆四
十三年(1778)南昌萬廷蘭刻本 二冊

430000－2401－0026984 434/2(2)

元遺山詩集八卷 （金）元好問撰 清乾隆四
十三年(1778)南昌萬廷蘭刻本 二冊

430000－2401－0026985 434/3－2

遺山先生詩集二十卷 （金）元好問撰 遺山
詩集考異一卷 （清）黎維樅輯 清光緒六年
(1880)刻本 八冊

430000－2401－0026986 434/3－2(1)

遺山先生詩集二十卷 （金）元好問撰 遺山
詩集考異一卷 （清）黎維樅輯 清光緒六年
(1880)刻本 六冊

430000－2401－0026987 434/3

遺山先生詩集二十卷 （金）元好問撰 清宣
統二年(1910)刻本 六冊

430000－2401－0026988 434/3(1)

遺山先生詩集二十卷 （金）元好問撰 清宣
統二年(1910)刻本 四冊

430000－2401－0026989 434/3(2)

遺山先生詩集二十卷 （金）元好問撰 清宣
統二年(1910)刻本 一冊

430000－2401－0026990 434/4

遺山詩鈔三卷 （金）元好問撰 清刻本 二
冊 存二卷(中下)

430000－2401－0026991 △434/2

遺山先生文集十四卷 （金）元好問撰 清鈔
本 清姚世鈺、何焯批校題跋 王禮培題識
三冊 存十卷(一至六、十一至十四)

430000－2401－0026992　434/5

元遺山詩集箋註十四卷首一卷末一卷　（金）
元好問撰　（元）張德輝編　（清）施國祁箋補
清道光二年(1822)南潯蔣氏瑞松堂刻本
四冊

430000－2401－0026993　434/5(1)

元遺山詩集箋註十四卷首一卷末一卷　（金）
元好問撰　（元）張德輝編　（清）施國祁箋補
清道光二年(1822)南潯蔣氏瑞松堂刻本
二冊

430000－2401－0026994　434/5(2)

元遺山詩集箋註十四卷首一卷末一卷　（金）
元好問撰　（元）張德輝編　（清）施國祁箋補
清道光二年(1822)南潯蔣氏瑞松堂刻本
六冊

430000－2401－0026995　434/5(3)

元遺山詩集箋註十四卷首一卷末一卷　（金）
元好問撰　（元）張德輝編　（清）施國祁箋補
清道光二年(1822)南潯蔣氏瑞松堂刻本
六冊

430000－2401－0026996　434/5(4)

元遺山詩集箋註十四卷首一卷末一卷　（金）
元好問撰　（元）張德輝編　（清）施國祁箋補
清道光二年(1822)南潯蔣氏瑞松堂刻本
四冊

430000－2401－0026997　434/5－2

元遺山詩集箋註十四卷首一卷末一卷　（金）
元好問撰　（元）張德輝編　（清）施國祁箋補
清道光七年(1827)校刻苕溪吳氏醉六堂本
三冊

430000－2401－0026998　434/1

莊靖先生遺集十卷　（金）李俊民撰　清刻本
六冊

430000－2401－0026999　△434/3

閑閑老人滏水文集二十卷　（金）趙秉文撰
明周浩若鈔本　四冊

430000－2401－0027000　434/7

閑閑老人滏水文集二十卷　（金）趙秉文撰

清刻朱印本　六冊

430000－2401－0027001　434/7(1)

閑閑老人滏水文集二十卷　（金）趙秉文撰
清刻朱印本　六冊

430000－2401－0027002　434/6

閑閑老人詩集十卷目錄二卷　（金）趙秉文撰
清光緒十三年(1887)文莫室刻本　四冊

430000－2401－0027003　△435/10

秋澗先生大全文集一百卷　（元）王惲撰　清
張穆家鈔本　葉啟發題跋　四冊　存二十七
卷(四十七至六十一、八十至八十三、九十三
至一百)

430000－2401－0027004　△435/14

清河集七卷　（元）元明善撰　清鈔本　二冊

430000－2401－0027005　△435/27

鄱陽俟菴先生文集三十卷附錄一卷　（元）李
存撰　（明）夏霖校編　清初鈔本　八冊

430000－2401－0027006　435/34

雲陽集四卷　（元）李祁撰　（明）李東陽校定
清嘉慶十九年(1814)茶陵劉之屏刻本
二冊

430000－2401－0027007　△435/19

聞過齋集四卷　（元）吳海撰　清鈔本　六冊

430000－2401－0027008　△435/4

淵穎吳先生集十二卷　（元）吳萊撰　（明）宋
濂編　明嘉靖元年(1522)祝鑾刻本　八冊

430000－2401－0027009　△435/5

吳淵穎先生集十二卷　（元）吳萊撰　（清）王
邦采註　清康熙六十年(1721)裕思堂刻本
四冊

430000－2401－0027010　435/5－2

**草廬吳文正公集四十九卷首一卷外集三卷易
經纂言不分卷書經纂言四卷**　（元）吳澄撰
清乾隆二十一年(1756)仁讓齋刻本　二十冊

430000－2401－0027011　435/5－2(1)

**草廬吳文正公集四十九卷首一卷外集三卷易
經纂言不分卷書經纂言四卷**　（元）吳澄撰

清乾隆二十一年(1756)仁讓齋刻本　二十冊

430000－2401－0027012　435/5－2(2)

草廬吳文正公集四十九卷首一卷外集三卷易
經纂言不分卷書經纂言四卷　(元)吳澄撰
清乾隆二十一年(1756)仁讓齋刻本　三十
六冊

430000－2401－0027013　435/5

草廬吳文正公集四十九卷首一卷　(元)吳澄
撰　清刻本　十二冊

430000－2401－0027014　435/5(1)

草廬吳文正公集四十九卷首一卷　(元)吳澄
撰　清刻本　四冊

430000－2401－0027015　△435/7

青陽先生文集六卷　(元)余闕撰　明嘉靖十
七年(1538)鄭錫麒刻本　葉啟勳、葉啟發題
識　二冊

430000－2401－0027016　435/40

余忠宣青陽山房集五卷附錄一卷　(元)余闕
撰　清光緒元年(1875)合肥張氏毓秀堂刻廬
陽三賢集本　一冊

430000－2401－0027017　435/40(1)

余忠宣青陽山房集五卷附錄一卷　(元)余闕
撰　清光緒元年(1875)合肥張氏毓秀堂刻廬
陽三賢集本　一冊

430000－2401－0027018　△435/3

余忠宣集六卷　(元)余闕撰　(明)郭奎輯
明嘉靖三十三年(1554)雷逵洪大濱刻本　清
固菴批校　葉啟發題識　五冊

430000－2401－0027019　435/4

余忠宣公文集六卷　(元)余闕撰　(明)郭奎
輯　(清)余秉剛編　清同治六年(1867)皖江
皋署刻本　二冊

430000－2401－0027020　435/4(1)

余忠宣公文集六卷　(元)余闕撰　(明)郭奎
輯　(清)余秉剛編　清同治六年(1867)皖江
皋署刻本　二冊

430000－2401－0027021　435/4(2)

余忠宣公文集六卷　(元)余闕撰　(明)郭奎
輯　(清)余秉剛編　清同治六年(1867)皖江
皋署刻本　二冊

430000－2401－0027022　435/4(3)

余忠宣公文集六卷　(元)余闕撰　(明)郭奎
輯　(清)余秉剛編　清同治六年(1867)皖江
皋署刻本　四冊

430000－2401－0027023　△435/6

牧庵集三十六卷　(元)姚燧撰　清傳鈔武英
殿聚珍本　八冊

430000－2401－0027024　△435/9

郝文忠公陵川文集三十九卷附錄一卷　(元)
郝經撰　明正德二年(1507)李翰刻本　十冊

430000－2401－0027025　△435/9－2

郝文忠公陵川文集三十九卷附錄一卷　(元)
郝經撰　清乾隆三年(1738)刻本　十冊

430000－2401－0027026　435/26

郝文忠公陵川文集三十九卷附錄一卷　(元)
郝經撰　(清)王鏐編訂　清嘉慶三年(1798)
刻本　九冊

430000－2401－0027027　435/26(1)

郝文忠公陵川文集三十九卷附錄一卷　(元)
郝經撰　(清)王鏐編訂　清嘉慶三年(1798)
刻本　十冊

430000－2401－0027028　△435/16

清閟閣遺稿十五卷　(元)倪瓚撰　**雲林世系**
圖一卷　(明)倪卓撰　明萬曆二十八年
(1600)倪珵刻本　六冊

430000－2401－0027029　△435/15－2

清閟閣全集十二卷　(元)倪瓚撰　清康熙五
十二年(1713)曹培廉城書室刻本　四冊

430000－2401－0027030　△435/15

清閟閣全集十二卷　(元)倪瓚撰　清康熙刻
本　六冊

430000－2401－0027031　△435/12

倪雲林先生詩集六卷附錄一卷　(元)倪瓚撰
(明)蹇曦輯　明萬曆十九年(1591)倪珵刻

本　葉啓勳題識　四冊

430000－2401－0027032　△435/2

石門集不分卷　（元）梁寅孟撰　清馬氏玲瓏
山館鈔本　黃丕烈、戴光曾、金錫爵、葉啓勳
題識　二冊

430000－2401－0027033　435/2

至正集八十一卷附錄一卷　（元）許有壬撰
清宣統三年（1911）河南教育總會石印本
十冊

430000－2401－0027034　△435/31

魯齋遺書十四卷　（元）許衡撰　明萬曆怡愉
江學詩刻清雍正增刻本　五冊　存十卷（一、
五至十二、十四）

430000－2401－0027035　435/13

許文正公遺書十二卷首一卷末一卷　（元）許
衡撰　清乾隆五十五年（1790）刻本　八冊

430000－2401－0027036　435/13（1）

許文正公遺書十二卷首一卷末一卷　（元）許
衡撰　清乾隆五十五年（1790）刻本　八冊

430000－2401－0027037　△435/13－2

許白雲先生文集四卷　（元）許謙撰　清震無
咎齋鈔本　二冊

430000－2401－0027038　△435/13

許白雲先生文集四卷附錄一卷　（元）許謙撰
清末鈔本　三冊

430000－2401－0027039　435/1

元張文忠公歸田類稿二十卷附錄一卷　（元）
張養浩撰　清乾隆五十五年（1790）周氏刻本
六冊

430000－2401－0027040　435/14

所安遺集一卷補錄一卷　（元）陳泰撰　清光
緒六年（1880）武林節署刻本　一冊

430000－2401－0027041　△435/11

陳定宇先生文集十六卷別集一卷　（元）陳櫟
撰　清康熙陳嘉基刻本　二冊　存六卷（九
至十四）

430000－2401－0027042　435/32

元集賢院學士馮公海粟諱子振梅花百詠詩一
卷　（元）馮子振撰　清嘉慶十九年（1814）山
田刻本　一冊

430000－2401－0027043　△435/8

重刊黃文獻公文集十卷　（元）黃溍撰　（明）
張維樞輯　明萬曆刻清康熙三十年（1691）王
廷曾重修本　八冊

430000－2401－0027044　△435/17

揭文安公全集十四卷附錄一卷　（元）揭曼碩
撰　清鈔本　四冊

430000－2401－0027045　435/7

貞素齋集八卷首一卷附錄一卷　（元）舒頔撰
清道光十八年（1838）刻本　五冊

430000－2401－0027046　435/8

貞素齋家藏集四卷首一卷附錄二卷　（元）舒
頔撰　（清）舒正儀增補　（清）汪澤重編　清
道光二十六年（1846）徽城湯文光齋刻本
三冊

430000－2401－0027047　△435/26

楚國文憲公雪樓程先生文集三十卷附錄一卷
（元）程鉅夫撰　年譜一卷　（元）程世京撰
清宣統二年（1910）陶氏涉園影刻明洪武本
十冊

430000－2401－0027048　△435/18

朝野新聲太平樂府四卷　（元）楊朝英撰　清
初鈔本　葉啓勳題跋　一冊

430000－2401－0027049　△435/28

翰林楊仲弘詩八卷　（元）楊載撰　明嘉靖十
五年（1536）遼藩朱寵瀼刻本　葉啓勳題識
四冊

430000－2401－0027050　△435/21

楊鐵崖先生文集十卷　（元）楊維禎撰　明天
啓馬宏道鈔本　葉啓勳題識　佚名批校圈點
六冊

430000－2401－0027051　△435/20

楊鐵崖文集五卷古樂府八卷古賦三卷　（元）
楊維禎撰　清鈔本　十二冊

430000－2401－0027052　△435/30

鐵崖先生古樂府十六卷 （元）楊維楨撰
（元）吳復編　明初刻本　葉德輝、葉啟勳、葉
啟發題識　四冊

430000－2401－0027053　435/35

鐵崖詩集三種 （元）楊維楨撰　（元）吳復編
（清）樓卜瀍註　清光緒十四年(1888)諸暨
樓氏崇德堂補刻本　六冊

430000－2401－0027054　435/35(1)

鐵崖詩集三種 （元）楊維楨撰　（元）吳復編
（清）樓卜瀍註　清光緒十四年(1888)諸暨
樓氏崇德堂補刻本　六冊

430000－2401－0027055　435/35－2

鐵厓三種 （元）楊維楨撰　（元）吳復編
（清）樓卜瀍註　清宣統二年(1910)上海掃葉
山房石印本　十冊

430000－2401－0027056　435/35－2(1)

鐵厓三種 （元）楊維楨撰　（元）吳復編
（清）樓卜瀍註　清宣統二年(1910)上海掃葉
山房石印本　二冊

430000－2401－0027057　△435/22

楊鐵崖詠史古樂府一卷 （元）楊維楨撰
（明）顧亮輯錄　明成化刻本　葉啟發題識
一冊

430000－2401－0027058　435/38

楊鐵崖先生詠史古樂府四卷 （元）楊維楨撰
（清）王榮絃編　清乾隆三十七年(1772)刻
本　二冊

430000－2401－0027059　435/38(1)

楊鐵崖先生詠史古樂府四卷 （元）楊維楨撰
（清）王榮絃編　清德清傅氏味腴山館刻本
二冊

430000－2401－0027060　435/37

鐵厓詠史八卷小樂府一卷 （元）楊維楨撰
（清）宋澤元校訂　清光緒十二年(1886)懺華
庵刻本　三冊

430000－2401－0027061　△435/23

道園學古錄五十卷 （元）虞集撰　明嘉靖四
年(1525)刻本　十二冊

430000－2401－0027062　△435/23(1)

道園學古錄五十卷 （元）虞集撰　明嘉靖四
年(1525)陶諧虞茂刻本　二冊　存三卷(二
十八至二十九、目錄)

430000－2401－0027063　435/17

道園學古錄不分卷 （元）虞集撰　清乾隆六
年(1741)刻本　六冊

430000－2401－0027064　435/17－2

道園學古錄不分卷 （元）虞集撰　清乾隆六
年(1741)聚墨齋刻本　十冊

430000－2401－0027065　435/17－3

道園學古錄五十卷 （元）虞集撰　（清）甘揚
聲訂　清嘉慶勤約堂刻本　六冊

430000－2401－0027066　435/17－3(1)

道園學古錄五十卷 （元）虞集撰　（清）甘揚
聲訂　清嘉慶勤約堂刻本　十六冊

430000－2401－0027067　435/17－3(2)

道園學古錄五十卷 （元）虞集撰　（清）甘揚
聲訂　清嘉慶勤約堂刻本　十六冊

430000－2401－0027068　435/17－4

道園學古錄五十卷 （元）虞集撰　（清）陳兆
履訂　清嘉慶二十年(1815)重訂乾隆四十一
年(1776)賜書堂刻本　六冊

430000－2401－0027069　△435/25

虞文靖公詩集十卷 （元）虞集撰　清嘉慶十
一年(1806)賞雨茅屋刻本　四冊

430000－2401－0027070　435/16

虞文靖公道園全集六十卷 （元）虞集撰　清
道光十七年(1837)古棠書屋刻本　十四冊

430000－2401－0027071　435/41

虞道園文集一卷 （元）虞集撰　**劉靜修文集
一卷** （元）劉因撰　清吳門葉碧山刻本
一冊

430000－2401－0027072　435/41－2

道園類集一卷 （元）虞集撰　（清）葛鱐等評

清吳門周交甫刻本　一冊

430000－2401－0027073　△435/24
道園續稿六卷　（元）虞集撰　清鈔本　四冊

430000－2401－0027074　435/9
趙徵君東山先生存稿七卷附錄一卷　（元）趙
汸撰　清康熙二十年(1681)揚州刻本　四冊

430000－2401－0027075　435/19(1)
趙文敏公松雪齋全集十卷外集一卷續集一卷
　（元）趙孟頫撰　（清）曹培廉校　清康熙五
十二年(1713)海上曹氏城書室刻本　十二冊

430000－2401－0027076　435/19(2)
趙文敏公松雪齋全集十卷外集一卷續集一卷
　（元）趙孟頫撰　（清）曹培廉校　清康熙五
十二年(1713)海上曹氏城書室刻本　六冊

430000－2401－0027077　435/19(3)
趙文敏公松雪齋全集十卷外集一卷續集一卷
　（元）趙孟頫撰　（清）曹培廉校　清康熙五
十二年(1713)海上曹氏城書室刻本　二冊

430000－2401－0027078　435/19
趙文敏公松雪齋全集十卷外集一卷續集一卷
　（元）趙孟頫撰　（清）曹培廉校　清康熙五
十二年(1713)海上曹氏城書室刻本　四冊

430000－2401－0027079　435/19－2
趙文敏公松雪齋全集十卷外集一卷續集一卷
　（元）趙孟頫撰　（清）曹培廉校　清嘉慶五
年(1800)刻本　四冊

430000－2401－0027080　435/19－3
趙文敏公松雪齋全集十卷外集一卷續集一卷
　（元）趙孟頫撰　（清）曹培廉校　清光緒八
年(1882)洞庭楊氏校刻康熙五十二年(1713)
城書室本　四冊

430000－2401－0027081　435/21
歐陽文公圭齋集十五卷首一卷附錄一卷
（元）歐陽玄撰　清道光十四年(1834)廬陵歐
陽傑、歐陽榮校刻本　六冊

430000－2401－0027082　435/21(1)
歐陽文公圭齋集十五卷首一卷附錄一卷

（元）歐陽玄撰　清道光十四年(1834)廬陵歐
陽傑、歐陽榮校刻本　六冊

430000－2401－0027083　435/21(2)
歐陽文公圭齋集十五卷首一卷附錄一卷
（元）歐陽玄撰　清道光十四年(1834)廬陵歐
陽傑、歐陽榮校刻本　六冊

430000－2401－0027084　435/21(3)
歐陽文公圭齋集十五卷首一卷附錄一卷
（元）歐陽玄撰　清道光十四年(1834)廬陵歐
陽傑、歐陽榮校刻本　六冊

430000－2401－0027085　435/21－2
歐陽文公圭齋集十六卷首一卷末一卷　（元）
歐陽玄撰　（清）鄧顯鶴增訂　清道光二十六
年(1846)新化鄧氏南邨草堂刻本　六冊

430000－2401－0027086　435/21－2(1)
歐陽文公圭齋集十六卷首一卷末一卷　（元）
歐陽玄撰　（清）鄧顯鶴增訂　清道光二十六
年(1846)新化鄧氏南邨草堂刻本　六冊

430000－2401－0027087　435/21－2(2)
歐陽文公圭齋集十六卷首一卷末一卷　（元）
歐陽玄撰　（清）鄧顯鶴增訂　清道光二十六
年(1846)新化鄧氏南邨草堂刻本　五冊

430000－2401－0027088　435/21－2(6)
歐陽文公圭齋集十六卷首一卷末一卷　（元）
歐陽玄撰　（清）鄧顯鶴增訂　清道光二十六
年(1846)新化鄧氏南邨草堂刻本　六冊

430000－2401－0027089　435/21－2(6)
歐陽文公圭齋集十六卷首一卷末一卷　（元）
歐陽玄撰　（清）鄧顯鶴增訂　清道光二十六
年(1846)新化鄧氏南邨草堂刻本　六冊

430000－2401－0027090　435/15
吉永豐鸞溪劉楚奇先生惟實本集四卷　（元）
劉鶚撰　清乾隆二十年(1755)劉氏宸章樓刻
本　四冊

430000－2401－0027091　△435/1
九靈山房集三十卷補編二卷　（元）戴良撰　清
乾隆三十七年(1772)戴氏傳經書屋刻本　八冊

430000 – 2401 – 0027092　435/43

剡源佚文二卷佚詩六卷　（元）戴表元撰　清
光緒二十一年（1895）刻本　一冊

430000 – 2401 – 0027093　△435/29

薩天錫詩集三卷　（元）薩都剌撰　明末毛氏
汲古閣刻元人集十種本　佚名批點　二冊

430000 – 2401 – 0027094　△435/29（1）

薩天錫詩集三卷　（元）薩都剌撰　明末毛氏
汲古閣刻元人集十種本　一冊

430000 – 2401 – 0027095　435/33

雁門集十四卷附錄一卷　（元）薩都剌撰　清
嘉慶十二年（1807）榕城刻本　六冊

430000 – 2401 – 0027096　435/33（1）

雁門集十四卷附錄一卷　（元）薩都剌撰　清
嘉慶十二年（1807）榕城刻本　六冊

430000 – 2401 – 0027097　△436/158

穀城山館詩集二十卷　（明）于慎行撰　明萬
曆三十二年（1604）自刻本　二冊　存五卷
（一至五）

430000 – 2401 – 0027098　436/257

穀城山館詩集二十卷　（明）于慎行撰　明刻
本　一冊　存五卷（十六至二十）

430000 – 2401 – 0027099　△436/9

卞郎中詩集七卷　（明）卞榮撰　明成化十六
年（1480）吳綖刻本　一冊　存一卷（一）

430000 – 2401 – 0027100　436/230

甫田集三十六卷　（明）文徵明撰　明刻本
佚名批註　三冊

430000 – 2401 – 0027101　436/230 – 2

甫田集三十五卷附錄一卷　（明）文徵明撰
清宣統三年（1911）上海千頃堂書莊鉛印本
十二冊

430000 – 2401 – 0027102　△436/8

方簡肅公文集十卷附錄一卷　（明）方良永撰
　明萬曆八年（1580）方攸續刻本　四冊

430000 – 2401 – 0027103　△436/6

方正學先生遜志齋集二十四卷　（明）方孝孺
撰　明萬曆四十年（1612）丁賓等刻本　十
二冊

430000 – 2401 – 0027104　436/5

方正學先生遜志齋集七卷首一卷　（明）方孝
孺撰　清同治三年（1864）刻本　七冊

430000 – 2401 – 0027105　436/1 – 2

方正學先生遜志齋集二十四卷拾遺一卷
（明）方孝孺撰　（明）張紹謙纂　清康熙刻
本　十六冊

430000 – 2401 – 0027106　436/1 – 2（1）

方正學先生遜志齋集二十四卷拾遺一卷
（明）方孝孺撰　（明）張紹謙纂　清康熙刻本
　二十冊

430000 – 2401 – 0027107　436/1

方正學先生遜志齋集二十四卷拾補一卷
（明）方孝孺撰　（明）張紹謙纂　清同治十二
年（1873）吳縣孫喜權重刻續台州叢書本　十
六冊

430000 – 2401 – 0027108　436/1（1）

方正學先生遜志齋集二十四卷拾補一卷
（明）方孝孺撰　（明）張紹謙纂　清同治十二
年（1873）吳縣孫喜權刻續台州叢書本　十
六冊

430000 – 2401 – 0027109　436/1（2）

方正學先生遜志齋集二十四卷拾補一卷
（明）方孝孺撰　（明）張紹謙纂　清同治十二
年（1873）吳縣孫喜權刻續台州叢書本　十
六冊

430000 – 2401 – 0027110　436/1（3）

方正學先生遜志齋集二十四卷拾補一卷
（明）方孝孺撰　（明）張紹謙纂　清同治十二
年（1873）吳縣孫喜權刻續台州叢書本　十
六冊

430000 – 2401 – 0027111　436/1（4）

方正學先生遜志齋集二十四卷拾補一卷
（明）方孝孺撰　（明）張紹謙纂　清同治十二
年（1873）吳縣孫喜權刻續台州叢書本　十
六冊

430000 – 2401 – 0027112　436/1(5)

方正學先生遜志齋集二十四卷拾補一卷
(明)方孝孺撰　(明)張紹謙纂　清同治十二年(1873)吳縣孫喜權刻續台州叢書本　十六冊

430000 – 2401 – 0027113　△436/7

方正學先生遜志齋集二十四卷拾補一卷外紀一卷年譜一卷　(明)方孝孺撰　(明)張紹謙(明)盧演輯　(清)俞化鵬　(清)趙予信重輯　清康熙刻本　十六冊

430000 – 2401 – 0027114　436/4

方孜未先生集十六卷　(明)方震孺撰　(清)李兆洛編　清嘉慶二十二年(1817)樹德堂刻本　四冊

430000 – 2401 – 0027115　436/4(1)

方孜未先生集十六卷　(明)方震孺撰　(清)李兆洛編　清嘉慶二十二年(1817)樹德堂刻本　一冊　存四卷(五至八)

430000 – 2401 – 0027116　436/4 – 2

方孜未先生集十六卷　(明)方震孺撰　(清)李兆洛編　清同治七年(1868)樹德堂刻本　六冊

430000 – 2401 – 0027117　△436/140

渼陂集二十七卷　(明)王九思撰　明嘉靖十二年(1533)王獻等刻嘉靖二十四年(1545)翁萬達刻崇禎十三年(1640)張宗孟刻合印本　十六冊

430000 – 2401 – 0027118　△436/140

渼陂集二十七卷　(明)王九思撰　明嘉靖十二年(1533)王獻等刻嘉靖二十四年(1545)翁萬達刻崇禎十三年(1640)張宗孟刻合印本　十冊

430000 – 2401 – 0027119　△436/92

弇州山人四部稿一百七十四卷目錄十二卷
(明)王世貞撰　明萬曆五年(1577)王氏世經堂刻本　佚名批校　二十冊　存一百〇五卷(一至六、十三至三十三、三十七至三十九、四十六至五十四、七十三至一百〇二、一百三十

三至一百四十四、一百五十一至一百七十四)

430000 – 2401 – 0027120　△436/92(1)

弇州山人四部稿一百七十四卷目錄十二卷
(明)王世貞撰　明萬曆五年(1577)王氏世經堂刻本　十五冊　存六十二卷(七至十四、二十七至五十八、六十七至七十四、七十九至八十五、一百十七至一百二十三)

430000 – 2401 – 0027121　△436/92(2)

弇州山人四部稿一百七十四卷目錄十二卷
(明)王世貞撰　明萬曆五年(1577)王氏世經堂刻本　二十冊　存一百十三卷(一至三十、四十五至四十九、六十一至七十二、七十九至九十六、一百〇三至一百二十、一百二十七至一百三十八、一百五十七至一百七十四)

430000 – 2401 – 0027122　△436/93

弇州山人續稿二百〇七卷目錄十卷　(明)王世貞撰　明刻本　十二冊　存七十二卷(八至十三、二十至二十四、四十四至四十八、六十一至七十三、九十一至一百二十八、一百五十三至一百五十七)

430000 – 2401 – 0027123　△436/94

弇州山人讀書後八卷　(明)王世貞撰　明刻本　四冊

430000 – 2401 – 0027124　△436/94(1)

弇州山人讀書後八卷　(明)王世貞撰　明刻本　二冊

430000 – 2401 – 0027125　436/208

讀書後八卷　(明)王世貞撰　清末味菜廬活字本　四冊

430000 – 2401 – 0027126　436/208(1)

讀書後八卷　(明)王世貞撰　清末味菜廬活字本　二冊

430000 – 2401 – 0027127　△436/15

王文成公全書三十八卷　(明)王守仁撰　明隆慶六年(1572)謝廷傑刻本　清王鼎襄題識批校圈點　四十八冊

430000 – 2401 – 0027128　△436/15(1)

王文成公全書三十八卷 （明）王守仁撰 明
隆慶六年(1572)謝廷傑刻本 二十四冊

430000－2401－0027129 △436/19
王陽明先生文集二卷 （明）王守仁撰 明萬
曆十三年(1585)孔學易刻本 二冊

430000－2401－0027130 △436/20
王陽明先生全集二十卷首一卷 （明）王守仁
撰 清康熙十二年(1673)刻本 十六冊

430000－2401－0027131 436/10
陽明先生文集十六卷目錄二卷 （明）王守仁
撰 清道光六年(1826)刻本 十六冊

430000－2401－0027132 436/10(1)
陽明先生文集十六卷目錄二卷 （明）王守仁
撰 清道光六年(1826)刻本 十六冊

430000－2401－0027133 436/10(2)
陽明先生文集十六卷目錄二卷 （明）王守仁
撰 清道光六年(1826)刻本 十六冊

430000－2401－0027134 436/10(3)
陽明先生文集十六卷目錄二卷 （明）王守仁
撰 清道光六年(1826)刻本 十六冊

430000－2401－0027135 436/10(4)
陽明先生文集十六卷目錄二卷 （明）王守仁
撰 清道光六年(1826)刻本 十六冊

430000－2401－0027136 436/10(5)
陽明先生文集十六卷目錄二卷 （明）王守仁
撰 清道光六年(1826)刻本 十八冊

430000－2401－0027137 △436/133
陽明先生文錄十七卷外集九卷 （明）王守仁
撰 明嘉靖二十六年(1547)范廉刻本 十冊
存十八卷(文錄一至二、五至十七,外集一
至二、九)

430000－2401－0027138 △436/134
陽明先生別錄十二卷 （明）王守仁撰 明嘉
靖刻本 八冊 存八卷(二至六、八至十)

430000－2401－0027139 △436/135
陽明先生詩集不分卷附邵鄩邵剌史論附 （明）
王守仁撰 清咸豐二年(1852)刻本 一冊

430000－2401－0027140 △436/132
陽明先生文粹十一卷 （明）王守仁撰 （明）
宋儀望輯 明隆慶六年(1572)宋儀望閩中刻
本 六冊

430000－2401－0027141 436/13
陽明先生集要三編十五卷年譜一卷 （明）王
守仁撰 （清）施邦曜評輯 清乾隆二十二年
(1757)濟美堂刻本 十冊

430000－2401－0027142 436/13(1)
陽明先生集要三編十五卷年譜一卷 （明）王
守仁撰 （清）施邦曜評輯 清乾隆二十二年
(1757)濟美堂刻本 十冊

430000－2401－0027143 436/13(2)
陽明先生集要三編十五卷年譜一卷 （明）王
守仁撰 （清）施邦曜評輯 清乾隆二十二年
(1757)濟美堂刻本 一冊 存二卷(集要理
學編目錄二至三)

430000－2401－0027144 436/13－3
陽明先生集要三編十五卷年譜一卷 （明）王
守仁撰 （清）施邦曜評輯 清光緒三十一年
(1905)桂林書局刻本 十冊

430000－2401－0027145 436/13－2
陽明先生集要三編十五卷 （明）王守仁撰
（清）施邦曜評輯 清刻本 十冊

430000－2401－0027146 436/13－2(1)
陽明先生集要三編十五卷 （明）王守仁撰
（清）施邦曜評輯 清刻本 二冊

430000－2401－0027147 436/11
王陽明先生全集二十二卷首一卷 （明）王守
仁撰 （清）俞嶙編 清刻本 十二冊

430000－2401－0027148 436/12
王陽明先生文鈔二十卷 （明）王守仁撰
（清）張問達編 清致和堂刻本 十六冊

430000－2401－0027149 436/12(1)
王陽明先生文鈔二十卷 （明）王守仁撰
（清）張問達編 清致和堂刻本 十六冊

430000－2401－0027150 436/290

東浯家乘□□卷 （明）王廷坦撰 明留園居刻本 一冊 存二卷(三至四)

430000－2401－0027151 △436/14

王氏家藏集三十三卷 （明）王廷相撰 明嘉靖十五年(1536)鄒紳等校刻本 十冊

430000－2401－0027152 △436/147

敬所王先生集一卷 （明）王宗沐撰 思玄集一卷 （明）桑悅撰 清鈔本 一冊

430000－2401－0027153 436/16

西昌王抑庵集四十卷首一卷 （明）王直撰 清同治六年(1867)忠清堂刻本 八冊

430000－2401－0027154 △436/164

毅齋王先生文集八卷附錄一卷 （明）王洪撰 明成化十一年(1475)刻本 王禮培題識 二冊 存三卷(六至八)

430000－2401－0027155 436/35

疑雨集四卷 （明）王彥泓撰 清光緒三十一年(1905)長沙郎園葉氏刻本 二冊

430000－2401－0027156 436/35(1)

疑雨集四卷 （明）王彥泓撰 清光緒三十一年(1905)長沙郎園葉氏刻本 二冊

430000－2401－0027157 436/35(2)

疑雨集四卷 （明）王彥泓撰 清光緒三十一年(1905)長沙郎園葉氏刻本 二冊

430000－2401－0027158 436/35(3)

疑雨集四卷 （明）王彥泓撰 清光緒三十一年(1905)長沙郎園葉氏刻本 二冊

430000－2401－0027159 436/35(4)

疑雨集四卷 （明）王彥泓撰 清光緒三十一年(1905)長沙郎園葉氏刻本 二冊

430000－2401－0027160 436/35(5)

疑雨集四卷 （明）王彥泓撰 清光緒三十一年(1905)長沙郎園葉氏刻本 二冊

430000－2401－0027161 △436/10

王季重先生文集十三卷 （明）王思任撰 明末刻本 王禮培題跋 六冊

430000－2401－0027162 436/44

塘南王先生友慶堂合稿七卷首一卷末一卷 （明）王時槐撰 （明）賀沚編 清光緒三十三年(1907)刻本 六冊

430000－2401－0027163 436/26

王端毅公文集六卷續文集二卷 （明）王恕撰 明刻本 四冊

430000－2401－0027164 △436/150

端溪先生集八卷 （明）王崇慶撰 明嘉靖三十一年(1552)張蘊刻本 八冊

430000－2401－0027165 436/258

剪桐載筆一卷 （明）王象晉撰 清康熙刻王漁洋遺書本 一冊

430000－2401－0027166 △436/172

新刊遵巖王先生集二十五卷 （明）王慎中撰 明隆慶五年(1571)嚴鎡刻本 佚名批校圈點 六冊 存三卷(一至三)

430000－2401－0027167 436/231

遵巖先生文集四十二卷 （明）王慎中撰 （清）李光墺 （清）李光型編 清道光二十九年(1849)刻本 十六冊

430000－2401－0027168 △436/18

王忠文公文集二十四卷 （明）王褘撰 （明）劉傑輯 明嘉靖元年(1522)張齊刻本 十二冊

430000－2401－0027169 △436/59

克齋集二卷 （明）王暐撰 明刻本 二冊

430000－2401－0027170 △436/13

王氏存笥稿二十卷 （明）王維楨撰 明嘉靖三十七年(1558)刻本 七冊 存十六卷(一至四、九至二十)

430000－2401－0027171 436/197

五公山人集十六卷 （明）王餘佑撰 （清）李興祖編 清康熙三十四年(1695)枕鈞齋刻本 四冊

430000－2401－0027172 436/39

王龍谿先生全集二十卷 （明）王畿撰 清道

光二年(1822)會稽莫晉校刻本　十二冊

430000－2401－0027173　436/39(1)
王龍谿先生全集二十卷　(明)王畿撰　清道
光二年(1822)會稽莫晉校刻本　十二冊

430000－2401－0027174　436/39(2)
王龍谿先生全集二十卷　(明)王畿撰　清道
光二年(1822)會稽莫晉校刻本　八冊　缺二
卷(十九至二十)

430000－2401－0027175　△436/174
龍谿王先生全集二十二卷　(明)王畿撰
(明)丁賓輯　明萬曆四十三年(1615)黃承玄
張汝霖校刻本　十六冊　存十八卷(三至二
十)

430000－2401－0027176　436/40
龍谿王先生全集二十二卷附一卷　(明)王畿
撰　(明)丁賓編　清光緒八年(1882)刻本
十二冊

430000－2401－0027177　436/40(1)
龍谿王先生全集二十二卷附一卷　(明)王畿
撰　(明)丁賓編　清光緒八年(1882)刻本
十二冊

430000－2401－0027178　436/40(2)
龍谿王先生全集二十二卷附一卷　(明)王畿
撰　(明)丁賓編　清光緒八年(1882)刻本
十二冊

430000－2401－0027179　436/40(3)
龍谿王先生全集二十二卷附一卷　(明)王畿
撰　(明)丁賓編　清光緒八年(1882)刻本
三冊　存九卷(三至五、九至十一、十七至十
九)

430000－2401－0027180　△436/17
王文肅公牘草十八卷　(明)王錫爵撰　明萬
曆四十三年(1615)王時敏刻本　二冊　存四
卷(三至四、十五至十六)

430000－2401－0027181　△436/171
謀野集十卷　(明)王穉登撰　明萬曆江陰郁
氏玉樹堂刻本　佚名圈點批校　四冊

430000－2401－0027182　△436/16
王文恪公集三十六卷　(明)王鏊撰　**鵑音一
卷白社詩草一卷**　(明)王禹聲撰　明萬曆震
澤王氏三槐堂刻本　二十四冊

430000－2401－0027183　△436/16(1)
王文恪公集三十六卷　(明)王鏊撰　**鵑音一
卷白社詩草一卷**　(明)王禹聲撰　明萬曆震
澤王氏三槐堂刻本　十六冊

430000－2401－0027184　△436/166
震澤先生集三十六卷　(明)王鏊撰　明嘉靖
刻本　六冊

430000－2401－0027185　△436/148
雅宜山人集十卷　(明)王寵撰　明嘉靖十六
年(1537)董宜陽朱浚明刻本　三冊　存八卷
(一至八)

430000－2401－0027186　△436/91
欽定洞麓堂集十卷　(明)尹臺撰　清尹啟殷
刻本　六冊

430000－2401－0027187　436/81
洞麓堂續集二十八卷首一卷　(明)尹臺撰
清嘉慶刻本　七冊

430000－2401－0027188　△436/30
左忠毅公集五卷　(明)左光斗撰　清康熙噉
椒堂刻本　四冊

430000－2401－0027189　436/24
左忠毅公集二卷　(明)左光斗撰　清道光十
八年(1838)刻本　二冊

430000－2401－0027190　436/24(1)
左忠毅公集二卷　(明)左光斗撰　清道光十
八年(1838)刻本　二冊

430000－2401－0027191　436/24(2)
左忠毅公集二卷　(明)左光斗撰　清道光十
八年(1838)刻本　二冊

430000－2401－0027192　△436/30－2
左忠毅公集五卷　(明)左光斗撰　清道光二
十六年(1846)湘鄉左輝春詠史齋刻本　四冊

430000－2401－0027193　436/25

左忠毅公集三卷年譜二卷 （明）左光斗撰
左侍御公集一卷 （明）左光先撰 清道光二
十九年（1849）刻本 五冊

430000 – 2401 – 0027194 436/25（1）
左忠毅公集三卷年譜二卷 （明）左光斗撰
左侍御公集一卷 （明）左光先撰 清道光二
十九年（1849）刻本 六冊

430000 – 2401 – 0027195 △436/33
石比部集八卷 （明）石英中撰 （明）石應魁
輯 明刻本 一冊 存四卷（五至八）

430000 – 2401 – 0027196 436/32 – 3
史忠正公集四卷首一卷末一卷 （明）史可法
撰 清同治七年（1868）楚醴景萊書室校刻本
二冊

430000 – 2401 – 0027197 436/32 – 3（1）
史忠正公集四卷首一卷末一卷 （明）史可法
撰 清同治七年（1868）楚醴景萊書室校刻本
二冊

430000 – 2401 – 0027198 436/32 – 3（2）
史忠正公集四卷首一卷末一卷 （明）史可法
撰 清同治七年（1868）楚醴景萊書室校刻本
二冊

430000 – 2401 – 0027199 436/32 – 3（3）
史忠正公集四卷首一卷末一卷 （明）史可法
撰 清同治七年（1868）楚醴景萊書室校刻本
二冊

430000 – 2401 – 0027200 436/32 – 3（4）
史忠正公集四卷首一卷末一卷 （明）史可法
撰 清同治七年（1868）楚醴景萊書室校刻本
一冊 缺二卷（三至四）

430000 – 2401 – 0027201 436/32 – 5
史忠正公集四卷首一卷末一卷 （明）史可法
撰 （清）史山清輯 清乾隆五十三年（1788）
史氏家刻本 二冊

430000 – 2401 – 0027202 436/32 – 6
史忠正公集四卷首一卷末一卷 （明）史可法
撰 （清）史山清輯 清道光二十九年（1849）

刻本 四冊

430000 – 2401 – 0027203 436/32 – 6（1）
史忠正公集四卷首一卷末一卷 （明）史可法
撰 （清）史山清輯 清道光二十九年（1849）
刻本 四冊

430000 – 2401 – 0027204 436/32 – 6（2）
史忠正公集四卷首一卷末一卷 （明）史可法
撰 （清）史山清輯 清道光二十九年（1849）
刻本 四冊

430000 – 2401 – 0027205 436/32 – 6（3）
史忠正公集四卷首一卷末一卷 （明）史可法
撰 （清）史山清輯 清道光二十九年（1849）
刻本 四冊

430000 – 2401 – 0027206 436/32 – 6（4）
史忠正公集四卷首一卷末一卷 （明）史可法
撰 （清）史山清輯 清道光二十九年（1849）
刻本 四冊

430000 – 2401 – 0027207 436/32 – 6（5）
史忠正公集四卷首一卷末一卷 （明）史可法
撰 （清）史山清輯 清道光二十九年（1849）
刻本 四冊

430000 – 2401 – 0027208 436/32 – 6（6）
史忠正公集四卷首一卷末一卷 （明）史可法
撰 （清）史山清輯 清道光二十九年（1849）
刻本 四冊

430000 – 2401 – 0027209 436/32 – 6（7）
史忠正公集四卷首一卷末一卷 （明）史可法
撰 （清）史山清輯 清道光二十九年（1849）
刻本 四冊

430000 – 2401 – 0027210 436/32
史忠正公集四卷首一卷末一卷 （明）史可法
撰 （清）史山清輯 清道光三十年（1850）六
安典室刻本 四冊

430000 – 2401 – 0027211 436/32 – 2
史忠正公集四卷首一卷末一卷 （明）史可法
撰 （清）史山清輯 清咸豐六年（1856）史兆
霖刻本 二冊

430000－2401－0027212　436/32－2(1)

史忠正公集四卷首一卷末一卷　（明）史可法
撰　（清）史山清輯　清咸豐六年(1856)史兆
霖刻本　二冊

430000－2401－0027213　436/221

重編瓊臺會稿詩文集二十四卷　（明）丘濬撰
　瓊臺紀事錄一卷　（清）雲茂濟輯　清光緒
五年(1879)瓊山曾慕顏刻本　十三冊

430000－2401－0027214　△436/48

丘文莊公集十卷　（明）丘濬撰　（清）焦映漢
輯　清康熙四十七年(1708)刻丘海二公文集
合編本　六冊

430000－2401－0027215　436/22－2

丘文莊公集十卷　（明）丘濬撰　（明）丘敦等
編　清同治十年(1871)丘氏可繼堂刻丘海二
公文集合編本　六冊

430000－2401－0027216　△436/50

江止庵遺集八卷首一卷　（明）江天一撰　清
康熙祭書草堂刻本　四冊

430000－2401－0027217　△436/11

天傭子集二十卷首一卷末一卷　（明）艾南英
撰　清康熙三十四年(1695)張符驤刻本　一
冊　存二卷(一至二)

430000－2401－0027218　△436/12

新刻天傭子全集十卷　（明）艾南英撰　清康
熙三十八年(1699)艾爲珫刻本　五冊

430000－2401－0027219　436/20

重刻天傭子全集十卷首一卷末一卷　（明）艾
南英撰　（清）蔡元鳳等評點　（清）艾爲珫等
編　清道光十六年(1836)舊學山房刻本
十冊

430000－2401－0027220　436/20(1)

重刻天傭子全集十卷首一卷末一卷　（明）艾
南英撰　（清）蔡元鳳等評點　（清）艾爲珫等
編　清道光十六年(1836)舊學山房刻本
十冊

430000－2401－0027221　436/20－2

重刻天傭子全集十卷首一卷末一卷　（明）艾
南英撰　（清）蔡元鳳等評點　（清）艾爲珫等
編　清末刻本　十冊

430000－2401－0027222　436/101

艾熙亭先生文集十卷　（明）艾穆撰　清咸豐
八年(1858)三德堂刻本　六冊

430000－2401－0027223　436/101(1)

艾熙亭先生文集十卷　（明）艾穆撰　清咸豐
八年(1858)三德堂刻本　六冊

430000－2401－0027224　△436/55

朱楓林集十卷　（明）朱升撰　明萬曆刻本
二冊

430000－2401－0027225　△436/183

覆瓿集八卷　（明）朱同撰　明萬曆四十四年
(1616)歙邑朱氏刻本　二冊

430000－2401－0027226　△436/84

重鐫兩厓集八卷　（明）朱廷立撰　明朱之楫
等刻本　佚名題識　三冊

430000－2401－0027227　436/247

認真子集三卷附錄三卷　（明）朱英撰　清乾
隆十六年(1751)刻本　四冊

430000－2401－0027228　436/27

朱陽仲詩選五卷　（明）朱陽仲撰　明末刻本
二冊

430000－2401－0027229　△436/23

太函集一百二十卷目錄六卷　（明）汪道昆撰
　明萬曆刻本　二十一冊　存八十三卷(一
至四、十八至三十二、四十一至一百、一百十
七至一百二十)

430000－2401－0027230　△436/129

副墨八卷　（明）汪道昆撰　明刻本　一冊
存一卷(一)

430000－2401－0027231　436/153

鳳池吟稿十卷　（明）汪廣洋撰　清刻本
一冊

430000－2401－0027232　436/240

青湖先生文集十四卷首一卷末一卷　（明）汪

應軫撰　清同治十三年（1874）廣州刻本
六冊

430000－2401－0027233　△436/35
石田先生集不分卷　（明）沈周撰　清汪昉鈔
本　六冊

430000－2401－0027234　△436/125
清權堂集二十二卷　（明）沈德符撰　明刻本
明沈際升、沈純祉、周文麟批校并跋　四冊

430000－2401－0027235　△436/74
青霞集十一卷年譜一卷　（明）沈鍊撰　清顧
沅藝海樓傳鈔四庫全書本　二冊　存六卷
（一至六）

430000－2401－0027236　△436/56－2
新刊宋學士全集三十三卷　（明）宋濂撰　明
嘉靖三十年（1551）韓叔陽刻本　二十四冊

430000－2401－0027237　△436/56
新刊宋學士全集三十三卷　（明）宋濂撰
（明）韓叔陽輯　清順治九年（1652）周日燦刻
本　二十七冊　存二十九卷（一至六、八至
十、十三至十八、二十至三十三）

430000－2401－0027238　436/173
宋學士全集三十二卷附錄一卷　（明）宋濂撰
清康熙四十八年（1709）南陽彭始搏校刻本
十二冊

430000－2401－0027239　436/173（1）
宋學士全集三十二卷附錄一卷　（明）宋濂撰
清康熙四十八年（1709）南陽彭始搏校刻本
十六冊

430000－2401－0027240　436/173（2）
宋學士全集三十二卷附錄一卷　（明）宋濂撰
清康熙四十八年（1709）南陽彭始搏校刻本
十二冊

430000－2401－0027241　△436/57
宋學士文集七十五卷　（明）宋濂撰　明正德
九年（1514）張縉刻嘉靖四十四年（1565）劉祜
重修本　十四冊　存五十五卷（三至七、十一
至六十）

430000－2401－0027242　436/174
重刊宋文憲公集三十卷　（明）宋濂撰　（清）
楊汝穀輯　（清）查遴編　清康熙五十一年
（1712）刻本　十六冊

430000－2401－0027243　436/72
來禽館集二十九卷　（明）邢侗撰　清道光九
年（1829）刻本　十冊

430000－2401－0027244　437/72（1）
來禽館集二十九卷　（明）邢侗撰　清光緒十
七年（1891）補修道光九年（1829）刻本　十
二冊

430000－2401－0027245　△436/178
濠梁集一卷高齋集一卷　（明）李先芳撰　明
萬曆五年（1577）刻本　一冊

430000－2401－0027246　△436/180
擬古樂府二卷　（明）李東陽撰　（明）謝鐸
（明）潘辰評　（明）何孟春解　明魏椿刻本
二冊

430000－2401－0027247　△436/180（1）
擬古樂府二卷　（明）李東陽撰　（明）謝鐸
（明）潘辰評　（明）何孟春解　明魏椿刻本
一冊　存一卷（下）

430000－2401－0027248　△436/181
擬古樂府二卷批評補遺記夢一卷　（明）李東
陽撰　清順治十五年（1658）李鈺三麓堂刻本
佚名圈點　一冊

430000－2401－0027249　△436/51
西涯先生擬古樂府二卷　（明）李東陽撰
（明）何孟春註　清康熙三十七年（1698）李泰
石濂汕刻本　一冊

430000－2401－0027250　436/234
西涯先生擬古樂府二卷　（明）李東陽撰
（明）何孟春音註　（清）黃鶴巖辨註　（清）
李上林輯　清康熙三十八年（1699）刻本
一冊

430000－2401－0027251　436/183－3
懷麓堂全集一百卷　（明）李東陽撰　（清）廖

方達輯　清康熙二十一年(1682)廖氏刻本
十九冊

430000－2401－0027252　436/183－3(1)
懷麓堂全集一百卷　（明)李東陽撰　（清)廖
方達輯　清康熙二十一年(1682)廖氏刻本
十八冊

430000－2401－0027253　436/183
懷麓堂全集一百卷　（明)李東陽撰　**明李文
正公年譜七卷**　（清)法式善輯　（清)唐仲冕
增補　清嘉慶八年(1803)茶陵刻本　二十
二冊

430000－2401－0027254　436/183(1)
懷麓堂全集一百卷　（明)李東陽撰　**明李文
正公年譜七卷**　（清)法式善輯　（清)唐仲冕
增補　清嘉慶八年(1803)茶陵刻本　二十
二冊

430000－2401－0027255　436/183(2)
懷麓堂全集一百卷　（明)李東陽撰　**明李文
正公年譜七卷**　（清)法式善輯　（清)唐仲冕
增補　清嘉慶八年(1803)茶陵刻本　二十
二冊

430000－2401－0027256　436/183(3)
懷麓堂全集一百卷　（明)李東陽撰　**明李文
正公年譜七卷**　（清)法式善輯　（清)唐仲冕
增補　清嘉慶八年(1803)茶陵刻本　二十
二冊

430000－2401－0027257　436/183(4)
懷麓堂全集一百卷　（明)李東陽撰　**明李文
正公年譜七卷**　（清)法式善輯　（清)唐仲冕
增補　清嘉慶八年(1803)茶陵刻本　二十冊

430000－2401－0027258　△436/189－2
**懷麓堂詩稿二十卷文稿三十卷詩後稿十卷文
後稿三十卷文後續稿十卷**　（明)李東陽撰
明崇禎鈔本　十四冊　存七十卷(詩稿一至
十四,文稿六至十一、十八至二十二、二十六
至三十,詩後稿十卷,文後稿一至十五、二十
六至三十,文後續稿十卷)

430000－2401－0027259　△436/189

**懷麓堂詩稿二十卷文稿三十卷詩後稿十卷文
後稿三十卷文後續稿十卷**　（明)李東陽撰
清初鈔本　十八冊　缺六卷(文後稿一至四、
文後續稿九至十)

430000－2401－0027260　△436/32
古廉李先生詩集十一卷　（明)李明勉撰　明
景泰七年(1456)姚堂刻本　清孫星衍、葉志
詵、葉啟勳跋　四冊

430000－2401－0027261　△436/149
運甓漫稿七卷　（明)李禎撰　明天順三年
(1459)鄭鋼刻本(四庫全書底本)　葉啟勳題
識　二冊　存三卷(五至七)

430000－2401－0027262　△436/71
空同子集六十六卷目錄三卷附錄二卷　（明)
李夢陽撰　明萬曆三十年(1602)鄧雲霄刻本
十四冊

430000－2401－0027263　436/241
李空同詩集三十三卷附錄一卷　（明)李夢陽
撰　清宣統二年(1910)上海掃葉山房石印本
十冊

430000－2401－0027264　436/241(1)
李空同詩集三十三卷附錄一卷　（明)李夢陽
撰　清宣統二年(1910)上海掃葉山房石印本
五冊

430000－2401－0027265　436/136
落落齋遺集十卷附錄一卷　（明)李應昇撰
清光緒二十二年(1896)武進盛氏思惠齋刻朱
印本　六冊

430000－2401－0027266　△436/60
李氏焚書六卷　（明)李贄撰　明萬曆刻本
六冊

430000－2401－0027267　436/236－2
李氏焚書六卷　（明)李贄撰　明萬曆刻本
四冊

430000－2401－0027268　△436/64
李溫陵集二十卷　（明)李贄撰　明顧大韶校
刻本　四冊

430000－2401－0027269　△436/145－2

滄溟先生集三十卷附錄一卷　（明）李攀龍撰
　　明隆慶刻本　四冊　存十四卷（一至十四）

430000－2401－0027270　436/145－3

滄溟先生集三十卷附錄一卷　（明）李攀龍撰
　　明刻本　十四冊　存二十八卷（一至二十、
二十三至三十）

430000－2401－0027271　436/227

李滄溟集六卷　（明）李攀龍撰　（清）張汝瑚
評選　清康熙二十一年（1682）鄖雪書林刻本
四冊

430000－2401－0027272　△436/145

滄溟先生集三十卷　（明）李攀龍撰　清王禮
培紫荊精舍鈔本　王禮培題識　四冊　存十
四卷（一至十四）

430000－2401－0027273　436/171

滄溟先生集三十卷附錄一卷　（明）李攀龍撰
　　清道光二十七年（1847）景福堂翻刻本
八冊

430000－2401－0027274　436/171（1）

滄溟先生集三十卷附錄一卷　（明）李攀龍撰
　　清道光二十七年（1847）景福堂翻刻本
八冊

430000－2401－0027275　436/171－2

滄溟先生集十四卷附錄一卷　（明）李攀龍撰
　　清光緒二十一年（1895）長沙張氏湘雨樓刻
本　四冊

430000－2401－0027276　436/171－2（1）

滄溟先生集十四卷附錄一卷　（明）李攀龍撰
　　清光緒二十一年（1895）長沙張氏湘雨樓刻
本　四冊

430000－2401－0027277　436/171－2（2）

滄溟先生集十四卷附錄一卷　（明）李攀龍撰
　　清光緒二十一年（1895）長沙張氏湘雨樓刻
本　四冊

430000－2401－0027278　436/171－2（3）

滄溟先生集十四卷附錄一卷　（明）李攀龍撰

清光緒二十一年（1895）長沙張氏湘雨樓刻
本　四冊

430000－2401－0027279　436/176

李文莊公全集十卷　（明）李騰芳撰　清光緒
二年（1876）湘潭高塘李氏刻本　十冊

430000－2401－0027280　436/176（1）

李文莊公全集十卷　（明）李騰芳撰　清光緒
二年（1876）湘潭高塘李氏刻本　十冊

430000－2401－0027281　436/176（2）

李文莊公全集十卷　（明）李騰芳撰　清光緒
二年（1876）湘潭高塘李氏刻本　十冊

430000－2401－0027282　436/176（3）

李文莊公全集十卷　（明）李騰芳撰　清光緒
二年（1876）湘潭高塘李氏刻本　十冊

430000－2401－0027283　436/176（4）

李文莊公全集十卷　（明）李騰芳撰　清光緒
二年（1876）湘潭高塘李氏刻本　十冊

430000－2401－0027284　△436/62

李宮保湘洲先生集十二卷　（明）李騰芳撰
清刻本　十四冊

430000－2401－0027285　△436/63

李宮保湘洲先生集一卷　（明）李騰芳撰　清
鈔本　清朱脩批校并跋　一冊

430000－2401－0027286　436/177

李宮保湘洲先生集十二卷　（明）李騰芳撰
（明）李馭芳　（清）李宗岠編　清刻本　十
六冊

430000－2401－0027287　436/177（1）

李宮保湘洲先生集十二卷　（明）李騰芳撰
（明）李馭芳　（清）李宗岠編　清刻本　十
六冊

430000－2401－0027288　436/177（2）

李宮保湘洲先生集十二卷　（明）李騰芳撰
（明）李馭芳　（清）李宗岠編　清刻本　九冊

430000－2401－0027289　436/29

吳疎山先生遺集十二卷　（明）吳悌撰　清咸
豐二年（1852）頤園刻本　四冊

430000 – 2401 – 0027290　△436/176

瓿甊洞稿五十四卷目錄二卷續稿詩部十二卷文部十五卷目錄二卷　（明）吳國倫撰　明萬曆三十一年(1603)王同軌、方尚贇校刻本　七冊　存十五卷(瓿甊洞稿十三至十五、四十一至四十二、四十五至五十,續稿詩部四至五、十二,續稿文部一)

430000 – 2401 – 0027291　436/106

吳竹坡先生詩集二十八卷　（明）吳節撰　清雍正二年(1724)吳琦重刻本　一冊　存四卷(一至四)

430000 – 2401 – 0027292　△436/124

康齋先生文集十二卷附錄一卷　（明）吳與弼撰　明嘉靖五年(1526)林維德刻本　六冊

430000 – 2401 – 0027293　436/28

康齋先生集十二卷首一卷　（明）吳與弼撰　清道光十五年(1835)山左王楷刻本　六冊

430000 – 2401 – 0027294　436/28(1)

康齋先生集十二卷首一卷　（明）吳與弼撰　清道光十五年(1835)山左王楷刻本　六冊

430000 – 2401 – 0027295　436/28(2)

康齋先生集十二卷首一卷　（明）吳與弼撰　清道光十五年(1835)山左王楷刻本　五冊　缺三卷(八至十)

430000 – 2401 – 0027296　436/66

樓山堂集二十七卷　（明）吳應箕撰　清同治六年(1867)永寧官廨校刻樓山堂遺書本　六冊

430000 – 2401 – 0027297　436/66(1)

樓山堂集二十七卷　（明）吳應箕撰　清同治六年(1867)永寧官廨校刻樓山堂遺書本　六冊

430000 – 2401 – 0027298　436/66(2)

樓山堂集二十七卷　（明）吳應箕撰　清同治六年(1867)永寧官廨校刻樓山堂遺書本　一冊

430000 – 2401 – 0027299　436/66 – 2

樓山堂集二十六卷　（明）吳應箕撰　（明）張自烈訂　清末刻本　六冊

430000 – 2401 – 0027300　436/21

呂新吾先生去偽齋文集十卷　（明）呂坤著　清刻本　十二冊

430000 – 2401 – 0027301　436/21(1)

呂新吾先生去偽齋文集十卷　（明）呂坤著　清刻本　十冊

430000 – 2401 – 0027302　△436/100

涇野先生文集三十六卷　（明）呂柟撰　明嘉靖三十四年(1555)于德昌刻本　十六冊

430000 – 2401 – 0027303　△436/100(1)

涇野先生文集三十六卷　（明）呂柟撰　明嘉靖三十四年(1555)于德昌刻本　三冊　存十六卷(六至七、二十至二十一、二十三至三十四)

430000 – 2401 – 0027304　△436/58

汲古堂集二十八卷　（明）何白撰　清乾隆刻本　一冊　存三卷(二十六至二十八)

430000 – 2401 – 0027305　436/217

燕泉何先生遺稿十卷　（明）何孟春撰　清乾隆二十四年(1759)世讀軒刻本　二冊

430000 – 2401 – 0027306　436/217(1)

燕泉何先生遺稿十卷　（明）何孟春撰　清乾隆二十四年(1759)世讀軒刻本　一冊　存四卷(四至七)

430000 – 2401 – 0027307　436/217 – 2

燕泉何先生遺稿十卷　（明）何孟春撰　清光緒六年(1880)刻本　四冊

430000 – 2401 – 0027308　△436/67

何大復先生集三十八卷　（明）何景明撰　明刻本　五冊　存三十四卷(一至三十四)

430000 – 2401 – 0027309　△436/67 – 2

何大復先生集三十八卷附錄一卷　（明）何景明撰　清乾隆十五年(1750)賜策堂刻本　八冊

430000 – 2401 – 0027310　△436/67 – 2(1)

何大復先生集三十八卷附錄一卷　（明）何景

明撰　清乾隆十五年（1750）賜策堂刻本
八冊

430000 – 2401 – 0027311　436/18 – 2
何大復先生集三十八卷附錄一卷　（明）何景
明撰　清宣統元年（1909）厚生印書館石印本
八冊

430000 – 2401 – 0027312　436/19
何大復詩集二十六卷附錄一卷　（明）何景明
撰　清光緒二十一年（1895）長沙張氏湘雨樓
刻本　六冊

430000 – 2401 – 0027313　△436/69
何氏集二十六卷　（明）何景明撰　明嘉靖刻
本　一冊　存七卷（詩集十四至二十）

430000 – 2401 – 0027314　△436/138
椒丘文集四十卷　（明）何喬新撰　明嘉靖元
年（1522）刻本　一冊　存四卷（十二至十五）

430000 – 2401 – 0027315　△436/68
何文定公文集十一卷首一卷　（明）何瑭撰
明刻本　一冊　存三卷（九至十一）

430000 – 2401 – 0027316　△436/198
栢齋文集十卷　（明）何瑭撰　明嘉靖刻本
二冊　存七卷（一至二、五至六、八至十）

430000 – 2401 – 0027317　△436/26
少司馬谷公文集二卷　（明）谷中虛撰　明天
啟元年（1621）葛如麟刻本　二冊

430000 – 2401 – 0027318　436/41
晚聞堂集十六卷　（明）余紹祉撰　（清）余龍
光輯　清道光十七年（1837）和源單士修刻本
五冊

430000 – 2401 – 0027319　△436/73
宗子相先生集二十五卷　（明）宗臣撰　明天
華閣刻本　四冊

430000 – 2401 – 0027320　436/218
南川冰蘗全集十二卷首一卷末一卷　（明）林
光撰　清咸豐元年（1851）刻本　八冊

430000 – 2401 – 0027321　△436/65
邵半江存稿四卷　（明）邵珪撰　明萬曆四十

六年（1618）邵維禎等刻本　一冊

430000 – 2401 – 0027322　436/211
孟我疆先生集六卷　（明）孟秋撰　清康熙五
年（1666）茌平張愚刻本　三冊　存三卷（一、
五至六）

430000 – 2401 – 0027323　△436/102
高皇帝御製文集二十卷　（明）太祖朱元璋撰
明萬曆刻本　八冊

430000 – 2401 – 0027324　△436/83
金文靖公集十卷外集一卷　（明）金幼孜撰
明成化金昭伯刻弘治六年（1493）盧淵重修本
五冊　存六卷（三至四、七至十）

430000 – 2401 – 0027325　436/260
金文靖公集十卷　（明）金幼孜撰　明金昭伯
刻本　一冊　存二卷（五至六）

430000 – 2401 – 0027326　436/74
金忠節公文集八卷　（明）金聲撰　清道光七
年（1827）嘉魚官署刻本　四冊

430000 – 2401 – 0027327　436/74 – 2
金忠節公文集八卷　（明）金聲撰　清光緒十
四年（1888）黟邑李氏刻本　四冊

430000 – 2401 – 0027328　436/74 – 2(1)
金忠節公文集八卷　（明）金聲撰　清光緒十
四年（1888）黟邑李氏刻本　四冊

430000 – 2401 – 0027329　436/74 – 2(2)
金忠節公文集八卷　（明）金聲撰　清光緒十
四年（1888）黟邑李氏刻本　四冊

430000 – 2401 – 0027330　436/152
熊南文集六卷　（明）周之龍撰　（清）周翼高
編　清光緒二十一年（1895）靜諳家塾刻本
四冊

430000 – 2401 – 0027331　436/216
問魚篇二卷附錄一卷　（明）周拱辰撰　清光
緒元年（1875）補刻周孟侯先生全書本　二冊

430000 – 2401 – 0027332　436/53
邱邦士文集十八卷　（清）邱維屏撰　清道光
十七年（1837）誰謂小齋刻本　六冊

430000－2401－0027333　436/53（1）

邱邦士文集十八卷　（清）邱維屏撰　清道光
十七年(1837)誰謂小齋刻本　六冊

430000－2401－0027334　436/53（2）

邱邦士文集十八卷　（清）邱維屏撰　清道光
十七年(1837)誰謂小齋刻本　六冊

430000－2401－0027335　436/54

邱邦士文鈔二卷　（清）邱維屏撰　清末刻本
　一冊

430000－2401－0027336　△436/128

雪浪集二卷　（明）釋洪恩撰　明萬曆釋通澤
刻本　二冊

430000－2401－0027337　△436/86

祝氏集略三十卷　（明）祝允明撰　明嘉靖三
十六年(1557)張景賢刻本　十冊

430000－2401－0027338　436/78

懷星堂全集三十卷　（明）祝允明撰　清宣統
二年(1910)中國書畫會鉛印本　八冊

430000－2401－0027339　436/77

枝山文集四卷　（明）祝允明撰　（清）李文楷編
校　清同治十三年(1874)元和祝氏刻本　二冊

430000－2401－0027340　△436/197

岣嶁書堂集一卷　（明）祝完撰　（明）祝鳴盛
輯　明萬曆元年(1573)刻本　一冊

430000－2401－0027341　436/497

敬亭集十卷補遺一卷附錄一卷　（明）姜垛撰
　清光緒十五年(1889)山東書局刻本　四冊

430000－2401－0027342　△436/88

茅鹿門先生文集三十六卷　（明）茅坤撰　明
萬曆刻本　二十冊

430000－2401－0027343　△436/45

白華樓藏稿十一卷　（明）茅坤撰　（明）姚翼
翔輯　明刻本　謝國楨題識　三冊

430000－2401－0027344　436/8

文敬胡先生集三卷胡敬齋先生居業錄十二卷
　（明）胡居仁撰　（明）余祐輯　清乾隆二十
二年(1757)刻本　六冊

430000－2401－0027345　436/8（1）

文敬胡先生集三卷胡敬齋先生居業錄十二卷
　（明）胡居仁撰　（明）余祐輯　清乾隆二十
二年(1757)刻本　一冊　存二卷(二至三)

430000－2401－0027346　436/8－2

文敬胡先生集三卷胡敬齋先生居業錄十二卷
　（明）胡居仁撰　清光緒三十二年(1906)南
昌胡廷幹刻本　六冊

430000－2401－0027347　436/8－2（1）

文敬胡先生集三卷胡敬齋先生居業錄十二卷
　（明）胡居仁撰　清光緒三十二年(1906)南
昌胡廷幹刻本　六冊

430000－2401－0027348　△436/106

唐雅八卷　（明）胡纘宗輯　明嘉靖二十八年
(1549)文斗山堂刻本　四冊

430000－2401－0027349　△436/106（1）

唐雅八卷　（明）胡纘宗輯　明嘉靖二十八年
(1549)文斗山堂刻本　四冊

430000－2401－0027350　△436/85

**鳥鼠山人小集十六卷後集二卷願學篇二卷可
泉擬涯翁擬古樂府二卷擬漢樂府八卷**　（明）
胡纘宗撰　明嘉靖刻清順治十三年(1656)周
盛時補修本　十二冊　缺一卷(願學篇上)

430000－2401－0027351　△436/85（1）

**鳥鼠山人小集十六卷後集二卷願學篇二卷可
泉擬涯翁擬古樂府二卷擬漢樂府八卷**　（明）
胡纘宗撰　明嘉靖刻清順治十三年(1656)周
盛時補修本　七冊　存十卷(小集五至九、十
一、十四至十六,後集二)

430000－2401－0027352　436/262

鳥鼠山人小集四卷　（明）胡纘宗撰　（明）歸
仁編　明嘉靖刻清遞修本　一冊

430000－2401－0027353　△436/182

擬漢樂府八卷附錄一卷　（明）胡纘宗撰　明
嘉靖十八年(1539)楊祐、李人龍刻本　二冊

430000－2401－0027354　△436/182（1）

擬漢樂府八卷附錄一卷　（明）胡纘宗撰　明

嘉靖十八年(1539)楊祐、李人龍刻本　二册

430000－2401－0027355　△436/196
可泉擬涯翁擬古樂府二卷　(明)胡纘宗撰
(明)張光孝評　(明)胡統宗註　明嘉靖三十
六年(1557)馮惟訥刻本　一册

430000－2401－0027356　436/244
竹巖集十八卷補遺一卷續補遺一卷附錄一卷
　(明)柯潛撰　(清)柯維騏等校編　清光緒
十四年(1888)擢英書院刻本　三册　缺五卷
(十一至十五)

430000－2401－0027357　436/244(1)
竹巖集十八卷補遺一卷續補遺一卷附錄一卷
　(明)柯潛撰　(清)柯維騏等校編　清光緒
十四年(1888)擢英書院刻本　四册

430000－2401－0027358　436/158－2
毅齋查先生闡道集十卷末一卷　(明)查鐸撰
　清乾隆二十五年(1760)涇川查氏濟陽家塾
刻本　四册

430000－2401－0027359　436/158
毅齋查先生闡道集十卷末一卷　(明)查鐸撰
　清光緒十六年(1890)集文齋刻本　四册

430000－2401－0027360　△436/80
來恩草堂十六卷　(明)姚舜牧撰　明刻清康
熙十二年(1673)姚淳顯補修本　四册

430000－2401－0027361　△436/95
逃虛子詩集十一卷　(明)姚廣孝撰　清鈔本
　佚名錄黃丕烈題識　二册　存八卷(四至
十一)

430000－2401－0027362　436/149
鷺股詩集不分卷　(明)段所原撰　清道光二
十四年(1844)一經山房刻本　二册

430000－2401－0027363　436/243
花王閣賸稿一卷　(明)紀坤撰　清嘉慶九年
(1804)樂叙堂刻本　一册

430000－2401－0027364　436/47
高季迪先生大全集十八卷　(明)高啟撰　清
初竹素園刻本　六册

430000－2401－0027365　436/47(1)
高季迪先生大全集十八卷　(明)高啟撰　清
初竹素園刻本　六册

430000－2401－0027366　436/47－2
高季迪先生大全集十八卷　(明)高啟撰　清
末鉛印本　六册

430000－2401－0027367　436/48－2
**青邱高季迪先生詩集十八卷首一卷附錄一卷
遺詩一卷扣舷集一卷鳧藻集五卷**　(明)高啟
撰　(清)金檀輯註　清初墨華沁館刻本
十册

430000－2401－0027368　436/48
**青邱高季迪先生詩集十八卷首一卷附錄一卷
遺詩一卷扣舷集一卷鳧藻集五卷**　(明)高啟
撰　(清)金檀輯註　清雍正六年(1728)上海
文瑞樓刻本　十册

430000－2401－0027369　436/48(1)
**青邱高季迪先生詩集十八卷首一卷附錄一卷
遺詩一卷扣舷集一卷鳧藻集五卷**　(明)高啟
撰　(清)金檀輯註　清雍正六年(1728)上海
文瑞樓刻本　八册

430000－2401－0027370　436/48(2)
**青邱高季迪先生詩集十八卷首一卷附錄一卷
遺詩一卷扣舷集一卷鳧藻集五卷**　(明)高啟
撰　(清)金檀輯註　清雍正六年(1728)上海
文瑞樓刻本　八册

430000－2401－0027371　436/48(3)
**青邱高季迪先生詩集十八卷首一卷附錄一卷
遺詩一卷扣舷集一卷鳧藻集五卷**　(明)高啟
撰　(清)金檀輯註　清雍正六年(1728)上海
文瑞樓刻本　八册

430000－2401－0027372　436/48(4)
**青邱高季迪先生詩集十八卷首一卷附錄一卷
遺詩一卷扣舷集一卷鳧藻集五卷**　(明)高啟
撰　(清)金檀輯註　清雍正六年(1728)上海
文瑞樓刻本　十二册

430000－2401－0027373　436/48(5)
青邱高季迪先生詩集十八卷首一卷附錄一卷

遺詩一卷扣舷集一卷鳧藻集五卷 （明）高啟
撰 （清）金檀輯註 清雍正六年(1728)上海
文瑞樓刻本 七冊

430000－2401－0027374 436/48（6）

青邱高季迪先生詩集十八卷首一卷附錄一卷
遺詩一卷扣舷集一卷鳧藻集五卷 （明）高啟
撰 （清）金檀輯註 清雍正六年(1728)上海
文瑞樓刻本 六冊

430000－2401－0027375 436/246

高子遺書十二卷附錄一卷 （明）高攀龍撰
（明）陳龍正輯 清光緒二年(1876)無錫東林
書院刻本 八冊

430000－2401－0027376 436/246（1）

高子遺書十二卷附錄一卷 （明）高攀龍撰
（明）陳龍正輯 清光緒二年(1876)無錫東林
書院刻本 八冊

430000－2401－0027377 436/246（2）

高子遺書十二卷附錄一卷 （明）高攀龍撰
（明）陳龍正輯 清光緒二年(1876)無錫東林
書院刻本 八冊

430000－2401－0027378 436/246（3）

高子遺書十二卷附錄一卷 （明）高攀龍撰
（明）陳龍正輯 清光緒二年(1876)無錫東林
書院刻本 八冊

430000－2401－0027379 436/246（4）

高子遺書十二卷附錄一卷 （明）高攀龍撰
（明）陳龍正輯 清光緒二年(1876)無錫東林
書院刻本 八冊

430000－2401－0027380 △436/101

高子文集六卷 （明）高攀龍撰 （清）華希閔
校 清乾隆刻本 六冊 存五卷(文集一至
二、四至六)

430000－2401－0027381 △436/104

唐伯虎先生集二卷 （明）唐寅撰 明何大成
校刻本 一冊

430000－2401－0027382 △436/109

袁中郎先生批評唐伯虎彙集四卷 （明）唐寅

撰 （明）袁宏道評 唐六如先生畫譜三卷
（明）唐寅輯 外集一卷 （明）祝允明撰 紀
事一卷傳贊一卷 明刻本 四冊

430000－2401－0027383 436/31

六如居士全集七卷補遺一卷外集六卷制義一
卷 （明）唐寅撰 （清）唐仲冕編 清嘉慶六
年(1801)長沙唐氏刻本 九冊

430000－2401－0027384 436/31（1）

六如居士全集七卷補遺一卷外集六卷制義一
卷 （明）唐寅撰 （清）唐仲冕編 清嘉慶六
年(1801)長沙唐氏刻本 六冊

430000－2401－0027385 436/31（2）

六如居士全集七卷補遺一卷外集六卷制義一
卷 （明）唐寅撰 （清）唐仲冕編 清嘉慶六
年(1801)長沙唐氏刻本 三冊

430000－2401－0027386 436/31（3）

六如居士全集七卷補遺一卷外集六卷制義一
卷 （明）唐寅撰 （清）唐仲冕編 清嘉慶六
年(1801)長沙唐氏刻本 一冊

430000－2401－0027387 436/31－2

六如居士全集七卷補遺一卷 （明）唐寅撰
（清）唐仲冕編 清光緒十一年(1885)鎮江文
成堂校刻本 四冊

430000－2401－0027388 436/31－2（1）

六如居士全集七卷補遺一卷 （明）唐寅撰
（清）唐仲冕編 清光緒十一年(1885)鎮江文
成堂校刻本 二冊

430000－2401－0027389 436/31－3

六如居士外集五卷 （明）唐寅等撰 （清）唐
仲冕編 清光緒十六年(1890)刻本 一冊

430000－2401－0027390 436/31－3（1）

六如居士外集五卷 （明）唐寅等撰 （清）唐
仲冕編 清光緒十六年(1890)刻本 一冊

430000－2401－0027391 △436/105－2

唐荊川先生文集十二卷 （明）唐順之撰 明
唐國達刻本 六冊

430000－2401－0027392 436/116

重刊校正唐荆川先生文集十二卷荆川集補遺
五卷新刊荆川先生外集三卷附録一卷　（明）
唐順之撰　清光緒三十年(1904)江南書局刻
本　十冊

430000－2401－0027393　436/116(1)
重刊校正唐荆川先生文集十二卷荆川集補遺
五卷新刊荆川先生外集三卷附録一卷　（明）
唐順之撰　清光緒三十年(1904)江南書局刻
本　十冊

430000－2401－0027394　436/116(2)
重刊校正唐荆川先生文集十二卷荆川集補遺
五卷新刊荆川先生外集三卷附録一卷　（明）
唐順之撰　清光緒三十年(1904)江南書局刻
本　八冊

430000－2401－0027395　△436/114
荆川文集十八卷　（明）唐順之撰　清康熙五
十一年(1712)唐執玉刻本　八冊

430000－2401－0027396　△436/70
紗遠堂全集四十卷　（明）馬之駿撰　明天啟
七年(1627)刻本　九冊　存十二集(詩：天、
地、玄、黃、宇、宙、洪、荒、呂，文：宇、露、結)

430000－2401－0027397　△436/89
馬東田漫稿六卷　（明）馬中錫撰　（明）孫緒
評　明嘉靖十七年(1538)文三畏校刻本　二
冊　存二卷(一至二)

430000－2401－0027398　436/114
梨雲館類定袁中郎先生全集二十四卷　（明）
袁宏道撰　清道光九年(1829)培原書屋刻本
十六冊

430000－2401－0027399　436/114(1)
梨雲館類定袁中郎先生全集二十四卷　（明）
袁宏道撰　清道光九年(1829)培原書屋刻本
十六冊

430000－2401－0027400　436/114(2)
梨雲館類定袁中郎先生全集二十四卷　（明）
袁宏道撰　清道光九年(1829)培原書屋刻本
十六冊

430000－2401－0027401　436/114(3)
梨雲館類定袁中郎先生全集二十四卷　（明）
袁宏道撰　清道光九年(1829)培原書屋刻本
十六冊

430000－2401－0027402　436/114(4)
梨雲館類定袁中郎先生全集二十四卷　（明）
袁宏道撰　清道光九年(1829)培原書屋刻本
十六冊

430000－2401－0027403　△436/195
瀟碧堂集二十卷　（明）袁宏道撰　明萬曆三
十六年(1608)袁氏書種堂刻本　二冊

430000－2401－0027404　△436/110
袁中郎全集四十卷　（明）袁宏道撰　（明）鍾
惺閱定　明崇禎二年(1629)武林佩蘭居刻本
八冊　存三十六卷(一至三十六)

430000－2401－0027405　△436/47
白蘇齋類集二十二卷　（明）袁宗道撰　明刻
本　八冊　存十八卷(一至十八)

430000－2401－0027406　436/58
白蘇齋類集十八卷　（明）袁宗道撰　清光緒
七年(1881)公安袁氏繼善堂刻本　四冊

430000－2401－0027407　△436/111
海叟詩集四卷附録一卷集外詩一卷　（明）袁
凱撰　清康熙六十一年(1722)曹炳曾城書室
刻本　四冊

430000－2401－0027408　436/190
海叟詩集四卷附録一卷集外詩一卷　（明）袁
凱撰　（清）曹炳曾重輯　清康熙六十一年
(1722)城書室刻宣統三年(1911)重印本
二冊

430000－2401－0027409　436/190(1)
海叟詩集四卷附録一卷集外詩一卷　（明）袁
凱撰　（清）曹炳曾重輯　清康熙六十一年
(1722)城書室刻宣統三年(1911)重印本
二冊

430000－2401－0027410　△436/108
夏節愍全集十卷首一卷末一卷補遺一卷續補

遺一卷　（明）夏完淳撰　清嘉慶十二年
(1807)修竹廬刻本　二冊

430000－2401－0027411　436/120

夏節愍全集十卷首一卷末一卷補遺二卷
（明）夏完淳撰　（清）莊師洛輯　清光緒二十
九年(1903)成都刻本　二冊

430000－2401－0027412　436/242

夏忠靖公集六卷首一卷末一卷　（明）夏原吉
撰　清光緒八年(1882)養知書屋刻本　二冊

430000－2401－0027413　436/242－2

夏忠靖公集六卷　（明）夏原吉撰　（清）詹士
懿輯　清光緒三十二年(1906)木活字本
四冊

430000－2401－0027414　△436/22

太白山人詩五卷附錄一卷　（明）孫一元撰
明刻本　葉啟勳題識　二冊

430000－2401－0027415　△436/103

高陽詩文集二十卷　（明）孫承宗撰　清嘉慶
十二年(1807)刻本　十二冊

430000－2401－0027416　436/94

高陽集二十卷　（明）孫承宗撰　清嘉慶十二
年(1807)刻本　十六冊

430000－2401－0027417　436/93

西庵集八卷首一卷　（明）孫蕡撰　清道光十
年(1830)刻姑蘇葉初春本　四冊

430000－2401－0027418　436/157

夢墨稿十卷首一卷補遺一卷　（明）時銘撰
清光緒十八年(1892)尚友書屋校刻本　二冊

430000－2401－0027419　△436/87

春草齋詩集五卷文集六卷　（明）烏斯道撰
清鈔本　二冊

430000－2401－0027420　△436/170

牗景錄二卷　（明）徐三重撰　清鈔本　佚名
題跋　一冊

430000－2401－0027421　△436/10

天目先生集二十一卷　（明）徐中行撰　明刻
本　四冊

430000－2401－0027422　436/30

可經堂集十二卷　（明）徐石麒撰　清娛園刻
本　六冊

430000－2401－0027423　436/135

增訂徐文定公集五卷首二卷　（明）徐光啟撰
　李之藻文稿一卷　（明）李之藻撰　清宣統
元年(1909)上海慈母堂鉛印本　徐崇立題註
四冊

430000－2401－0027424　△436/120－3

徐文長文集三十卷四聲猿一卷　（明）徐渭撰
　（明）袁宏道評點　明萬曆四十二年(1614)
鍾人傑刻本　四冊

430000－2401－0027425　△436/120

徐文長文集三十卷　（明）徐渭撰　（明）袁宏
道評點　明刻本　九冊

430000－2401－0027426　△436/120(1)

徐文長文集三十卷　（明）徐渭撰　（明）袁宏
道評點　明刻本　四冊

430000－2401－0027427　△436/120－2

徐文長文集三十卷補遺一卷　（明）徐渭撰
（明）袁宏道評點　明刻本　四冊

430000－2401－0027428　436/175

徐文長文集二十九卷徐文長四聲猿一卷
（明）徐渭撰　（明）袁宏道評點　明刻本
六冊

430000－2401－0027429　△436/122

徐文長逸稿二十四卷畸譜一卷　（明）徐渭撰
　明天啟三年(1623)張維城刻本　六冊

430000－2401－0027430　△436/122

徐文長逸稿二十四卷畸譜一卷　（明）徐渭撰
　明天啟三年(1623)張維城刻本　四冊

430000－2401－0027431　△436/121

徐文長評方正學十一卷　（明）徐渭撰　明刻
本　三冊

430000－2401－0027432　△436/155

翠娛閣評選徐文長文集二卷　（明）徐渭撰
（明）鍾惺選　（明）陸雲龍等評　明崇禎五年

(1632)陸雲龍刻本　一冊

430000－2401－0027433　△436/139
絡緯吟十二卷　(明)徐媛撰　明萬曆四十一年(1613)范允臨刻本　二冊　存八卷(三至六、九至十二)

430000－2401－0027434　436/155
徐文靖公謙齋文錄四卷　(明)徐溥撰　清刻本　二冊　存二十八卷(一至二十、二十三至三十)

430000－2401－0027435　△436/107
海隅集一卷　(明)徐學謨撰　清鈔本　一冊

430000－2401－0027436　436/210
徐氏海隅集五卷續一卷　(明)徐學謨撰　明刻本　四冊

430000－2401－0027437　△436/190
蘭汀存稿八卷附錄一卷　(明)梁有譽撰　清康熙二十四年(1685)嶺海梁氏詒燕堂刻本　二冊

430000－2401－0027438　436/172
新喻梁石門先生集十卷首一卷末一卷　(明)梁寅撰　清光緒十五年(1889)新喻縣知縣射洪鍾體志刻本　六冊

430000－2401－0027439　436/172(1)
新喻梁石門先生集十卷首一卷末一卷　(明)梁寅撰　清光緒十五年(1889)新喻射洪鍾刻本　六冊

430000－2401－0027440　436/49
青螺公遺書合編三十五卷首一卷　(明)郭子章撰　(清)郭子仁編　清光緒七年(1881)冠朝三樂堂刻本　十六冊

430000－2401－0027441　436/49(1)
青螺公遺書合編三十五卷首一卷　(明)郭子章撰　(清)郭子仁編　清光緒七年(1881)冠朝三樂堂刻本　十四冊

430000－2401－0027442　△436/34－2
石村文集二卷　(明)郭金臺撰　清康熙岸花亭刻本　二冊

430000－2401－0027443　△436/34
石村詩集三卷文集二卷　(明)郭金臺撰　清康熙二十四年(1685)陳鵬年刻本　五冊

430000－2401－0027444　△436/96
郭都賢南嶽詩文稿一卷　(明)郭都賢撰　稿本　一卷

430000－2401－0027445　436/45
些庵詩鈔十五卷首一卷　(明)郭都賢撰　(清)胡達滔編　清咸豐十一年(1861)抑亦山房刻本　五冊

430000－2401－0027446　436/45(1)
些庵詩鈔十五卷首一卷　(明)郭都賢撰　(清)胡達滔編　清咸豐十一年(1861)抑亦山房刻本　五冊

430000－2401－0027447　△436/188
鯤溟先生詩集四卷奏疏一卷　(明)郭諫臣撰　清嘉慶七年(1802)刻本　二冊

430000－2401－0027448　△436/162
對山集十九卷　(明)康海撰　明嘉靖二十四年(1545)吳孟祺刻本　十冊

430000－2401－0027449　436/59
康對山先生文集十卷附錄一卷　(明)康海撰　清乾隆二十六年(1761)刻本　六冊

430000－2401－0027450　436/59(1)
康對山先生文集十卷附錄一卷　(明)康海撰　清乾隆二十六年(1761)刻本　六冊

430000－2401－0027451　△136/123
康對山先生集四十六卷　(明)康海撰　清湘鄉王氏紫荊精舍鈔本　王禮培題識　十冊

430000－2401－0027452　436/279
無欲齋詩鈔一卷　(明)鹿善繼撰　清道光四年(1824)刻本　一冊

430000－2401－0027453　436/107
鹿忠節公集二十一卷　(明)鹿善繼撰　清刻本　六冊

430000－2401－0027454　436/107(1)
鹿忠節公集二十一卷　(明)鹿善繼撰　清刻

本　四冊

430000－2401－0027455　436/92

堵文忠公集十卷附錄一卷　（明）堵胤錫撰
清光緒十三年(1887)刻本　六冊

430000－2401－0027456　436/92(1)

堵文忠公集十卷附錄一卷　（明）堵胤錫撰
清光緒十三年(1887)刻本　六冊

430000－2401－0027457　436/100

止止堂集五卷　（明）戚繼光撰　清光緒十四
年(1888)山東書局刻本　四冊

430000－2401－0027458　△436/127

梅花草堂集十六卷　（明）張大復撰　明崇禎
刻本　六冊

430000－2401－0027459　△436/25

不二齋文選一卷　（明）張元忭撰　清鈔本
一冊

430000－2401－0027460　△436/31

古城文集六卷首一卷　（明）張吉撰　清康熙
三十年(1691)楊榆刻本　三冊

430000－2401－0027461　△436/31(1)

古城文集六卷首一卷　（明）張吉撰　清康熙
三十年(1691)楊榆刻本　二冊

430000－2401－0027462　△436/137

張龍湖先生文集十五卷　（明）張治撰　清雍
正四年(1726)彭思眷刻本　四冊

430000－2401－0027463　436/99

張龍湖先生文集十五卷　（明）張治撰　清雍
正四年(1726)刻本　四冊

430000－2401－0027464　△436/136

新刻張太岳先生詩文集四十七卷　（明）張居
正撰　明萬曆四十年(1612)唐國達刻本　二
十冊

430000－2401－0027465　△436/136(1)

新刻張太岳先生詩文集四十七卷　（明）張居
正撰　明萬曆四十年(1612)唐國達刻本　十
六冊

430000－2401－0027466　436/266－2

重刻張太岳先生全集四十八卷　（明）張居正
撰　清道光八年(1828)安陸李廷錫刻本　十
六冊

430000－2401－0027467　436/266－2(1)

重刻張太岳先生全集四十八卷　（明）張居正
撰　清道光八年(1828)安陸李廷錫刻本　十
六冊

430000－2401－0027468　436/266－2(2)

重刻張太岳先生全集四十八卷　（明）張居正
撰　清道光八年(1828)安陸李廷錫刻本　十
六冊

430000－2401－0027469　436/266－2(3)

重刻張太岳先生全集四十八卷　（明）張居正撰
清道光八年(1828)安陸李廷錫刻本　八冊

430000－2401－0027470　436/266－2(4)

重刻張太岳先生全集四十八卷　（明）張居正
撰　清道光八年(1828)安陸李廷錫刻本　十
四冊

430000－2401－0027471　436/266

江陵張文忠公全集四十七卷　（明）張居正撰
清唐國達刻本　十六冊

430000－2401－0027472　436/266(1)

江陵張文忠公全集四十七卷　（明）張居正撰
清唐國達刻本　十六冊

430000－2401－0027473　436/266(2)

江陵張文忠公全集四十七卷　（明）張居正撰
清唐國達刻本　十六冊

430000－2401－0027474　436/266(3)

江陵張文忠公全集四十七卷　（明）張居正撰
清唐國達刻本　十六冊

430000－2401－0027475　436/266－3

明張文忠公全集四十八卷　（明）張居正撰
清光緒二十七年(1901)紅藤碧樹山館刻本
十五冊

430000－2401－0027476　436/266－3(1)

明張文忠公全集四十八卷　（明）張居正撰

清光緒二十七年(1901)紅藤碧樹山館刻本
十六冊

430000－2401－0027477　436/266－3(2)
明張文忠公全集四十八卷　(明)張居正撰
清光緒二十七年(1901)紅藤碧樹山館朱印本
十六冊

430000－2401－0027478　436/223
明張文忠公文集十一卷詩集六卷　(明)張居
正撰　清宣統三年(1911)醉古堂石印本　四冊

430000－2401－0027479　436/89
新刻張太岳先生詩集六卷　(明)張居正撰
湖南官書報局鉛印本　一冊

430000－2401－0027480　436/89(1)
新刻張太岳先生詩集六卷　(明)張居正撰
湖南官書報局鉛印本　一冊

430000－2401－0027481　△436/3
小山類稿選二十卷　(明)張岳撰　**張襄惠公
輯略一卷**　明刻重修本　十二冊

430000－2401－0027482　436/127
瑯嬛文集六卷　(明)張岱撰　清光緒三年
(1877)刻本　六冊

430000－2401－0027483　436/288
張弘山先生集四卷　(明)張後覺撰　清康熙
五年(1666)茌平張愚刻本道光重印本　一冊

430000－2401－0027484　436/17
月鹿堂文集八卷　(明)張師繹撰　清道光六
年(1826)蝶花樓刻本　四冊

430000－2401－0027485　436/17(1)
月鹿堂文集八卷　(明)張師繹撰　清道光六
年(1826)蝶花樓刻本　六冊

430000－2401－0027486　△436/66
牡丹百詠集一卷　(明)張淮撰　明鈔本　葉
啟發、葉啟勳題識　一冊

430000－2401－0027487　436/91
張忠敏公遺集十卷首一卷附錄六卷　(明)張
國維撰　清光緒五年(1879)江蘇書局刻本
六冊

430000－2401－0027488　436/91(1)
張忠敏公遺集十卷首一卷附錄六卷　(明)張
國維撰　清光緒五年(1879)江蘇書局刻本
六冊

430000－2401－0027489　△436/2
七錄齋集六卷論略一卷　(明)張溥撰　明崇
禎刻本　葉啟發跋　三冊

430000－2401－0027490　436/256
張蒼水全集十二卷附錄四卷補遺一卷　(明)
張煌言撰　清宣統元年(1909)國學保存會鉛
印國粹叢書本　三冊

430000－2401－0027491　436/256(1)
張蒼水全集十二卷附錄四卷補遺一卷　(明)
張煌言撰　清宣統元年(1909)國學保存會鉛
印國粹叢書本　三冊

430000－2401－0027492　436/125
意苕山館詩稿十六卷　(明)陸嵩撰　清光緒
十八年(1892)京師刻本　四冊

430000－2401－0027493　△436/193
儼山文集一百卷目錄二卷外集四十卷　(明)
陸深撰　明嘉靖二十五年至三十年(1546－
1551)陸楫刻本　十四冊

430000－2401－0027494　436/109－2
陳忠裕全集三十卷首一卷末一卷　(明)陳子
龍撰　(清)王昶編　清嘉慶八年(1803)簳山
草堂刻本　十二冊

430000－2401－0027495　436/109－2(1)
陳忠裕全集三十卷首一卷末一卷　(明)陳子
龍撰　(清)王昶編　清嘉慶八年(1803)簳山
草堂刻本　十二冊

430000－2401－0027496　436/109－2(2)
陳忠裕全集三十卷首一卷末一卷　(明)陳子
龍撰　(清)王昶編　清嘉慶八年(1803)簳山
草堂刻本　十二冊

430000－2401－0027497　436/109－2(3)
陳忠裕全集三十卷首一卷末一卷　(明)陳子
龍撰　(清)王昶編　清嘉慶八年(1803)簳山

草堂刻本　八冊

430000－2401－0027498　436/109
陳忠裕公集十五卷首一卷　（明）陳子龍撰
清道光五年(1825)醇懟堂刻本　八冊

430000－2401－0027499　436/191－2
陳臥子先生安雅堂稿十五卷　（明）陳子龍撰
　清宣統元年(1909)上海時中書局鉛印本
六冊

430000－2401－0027500　436/191
陳臥子先生安雅堂稿十五卷兵垣奏議二卷
（明）陳子龍撰　清宣統二年(1910)上海時中
書局鉛印本　六冊

430000－2401－0027501　436/191(1)
陳臥子先生安雅堂稿十五卷兵垣奏議二卷
（明）陳子龍撰　清宣統二年(1910)上海時中
書局鉛印本　五冊　存十二卷(一至二、六至
十五)

430000－2401－0027502　43/263
選寒光集三卷　（明）陳函輝撰　明刻本
一冊

430000－2401－0027503　436/104
布衣陳先生遺集四卷　（明）陳晟撰　（清）游
光繹重訂　清道光六年(1826)東山書院刻本
　一冊

430000－2401－0027504　436/287
陳登雲集□□卷　（明）陳登雲撰　明萬曆刻
本　三冊　存三卷(三至四、六)

430000－2401－0027505　△436/81
芳洲文集十卷附錄一卷　（明）陳循撰　明萬
曆三十五年(1607)刻本　六冊

430000－2401－0027506　△436/21
太乙山房文集十五卷　（明）陳際泰撰　明崇
禎六年(1633)李士奇刻本　七冊　存十二卷
(一至五、九至十五)

430000－2401－0027507　△436/42
白沙子八卷　（明）陳獻章撰　明嘉靖十二年
(1533)卞萊刻本　八冊

430000－2401－0027508　△436/43
白沙子全集九卷附錄一卷　（明）陳獻章撰
明萬曆四十年(1612)何上新刻本　十冊

430000－2401－0027509　△436/43－2
白沙子全集九卷附錄一卷　（明）陳獻章撰
明刻本　十一冊

430000－2401－0027510　436/56
**白沙子全集十卷首一卷末一卷白沙子古詩教
解二卷**　（明）陳獻章撰　清乾隆三十六年
(1771)刻本　十冊

430000－2401－0027511　436/56(1)
**白沙子全集十卷首一卷末一卷白沙子古詩教
解二卷**　（明）陳獻章撰　清乾隆三十六年
(1771)刻本　十冊

430000－2401－0027512　436/56(2)
**白沙子全集十卷首一卷末一卷白沙子古詩教
解二卷**　（明）陳獻章撰　清乾隆三十六年
(1771)刻本　十冊

430000－2401－0027513　436/56(3)
**白沙子全集十卷首一卷末一卷白沙子古詩教
解二卷**　（明）陳獻章撰　清乾隆三十六年
(1771)刻本　十冊

430000－2401－0027514　436/56(4)
**白沙子全集十卷首一卷末一卷白沙子古詩教
解二卷**　（明）陳獻章撰　清乾隆三十六年
(1771)刻本　十冊

430000－2401－0027515　△436/44
白沙先生詩近稿十卷　（明）陳獻章撰　明弘
治九年(1496)吳廷舉刻本　二冊

430000－2401－0027516　436/55
白沙子全集六卷首一卷　（明）陳獻章撰
(清)何九疇編　清康熙四十九年(1710)刻本
　六冊

430000－2401－0027517　436/55(1)
白沙子全集六卷首一卷　（明）陳獻章撰
(清)何九疇編　清康熙四十九年(1710)刻本
　六冊

430000 – 2401 – 0027518　436/55(20

白沙子全集六卷首一卷　（明）陳獻章撰
（清）何九疇編　清康熙四十九年(1710)刻本
　六冊

430000 – 2401 – 0027519　△436/117

陳學士先生初集三十六卷　（明）陳懿典撰
明萬曆四十八年(1620)曹憲末刻本　二十冊

430000 – 2401 – 0027520　△436/119

陶學士先生文集二十卷　（明）陶安撰　明弘
治十三年(1500)項經刻遞修本　二冊　存七
卷(二至四、十二至十五)

430000 – 2401 – 0027521　436/118

陶學士先生文集二十卷　（明）陶安撰　（清）
張祐校編　清同治六年(1867)永寧刻本
六冊

430000 – 2401 – 0027522　△436/155

翠娛閣評選屠赤水先生文集二卷　（明）屠隆
撰　（明）鍾惺選　（明）陸雲龍等評　明崇禎
五年(1632)陸雲龍刻本　一冊

430000 – 2401 – 0027523　△436/173

學古緒言二十五卷補遺一卷　（明）婁堅撰
明末刻本　六冊

430000 – 2401 – 0027524　436/42

湛甘泉先生文集三十二卷　（明）湛若水撰
清資政堂刻本　十冊

430000 – 2401 – 0027525　436/42(1)

湛甘泉先生文集三十二卷　（明）湛若水撰
清資政堂刻本　一冊　存三卷(十五至十七)

430000 – 2401 – 0027526　436/42 – 2

湛甘泉先生文集三十二卷　（明）湛若水撰
清刻本　十冊

430000 – 2401 – 0027527　△436/37

甘泉先生續編大全三十三卷　（明）湛若水撰
　明嘉靖刻萬曆二十一年(1593)重修本　十
六冊

430000 – 2401 – 0027528　△436/29 – 2

玉茗堂全集四十六卷　（明）湯顯祖撰　明天

啟刻本　二十冊

430000 – 2401 – 0027529　△436/29

玉茗堂全集四十六卷　（明）湯顯祖撰　清康
熙三十三年(1694)阮峴刻本　十四冊

430000 – 2401 – 0027530　△436/29(1)

玉茗堂全集四十六卷　（明）湯顯祖撰　清康
熙三十三年(1694)阮峴刻本　十八冊

430000 – 2401 – 0027531　△436/52

西墅殘集二卷　（明）曾棨撰　清康熙五十二
年(1713)刻本　一冊

430000 – 2401 – 0027532　436/284

紫園草二十二卷　（明）曾朝節撰　明萬曆二
十五年(1597)吳楷刻本　六頁

430000 – 2401 – 0027533　△436/126

馮少墟集二十二卷續集不分卷　（明）馮從吾
撰　清康熙十二年(1673)洪琮刻本　十二冊

430000 – 2401 – 0027534　△436/155

翠娛閣評選黃貞父先生文集二卷　（明）黃汝
亨撰　（明）鍾惺選　（明）陸雲龍等評　明崇
禎五年(1632)陸雲龍刻本　一冊

430000 – 2401 – 0027535　△436/113

泰泉集六十卷　（明）黃佐撰　明萬曆元年
(1573)黃在中、黃在素等刻本　葉啟勳題識
　二十四冊

430000 – 2401 – 0027536　△436/113(1)

泰泉集六十卷　（明）黃佐撰　明萬曆元年
(1573)黃在中黃在素等刻本　葉啟勳題識
四冊　存十三卷(二十八至三十三、四十五至
五十一)

430000 – 2401 – 0027537　436/117

**陶庵文集七卷首一卷文補遺一卷詩集八卷詩
補遺一卷吾師錄一卷自監錄四卷**　（明）黃淳
耀撰　（清）陶應鯤輯　清乾隆二十六年
(1761)刻本　六冊

430000 – 2401 – 0027538　436/117(1)

**陶庵文集七卷首一卷文補遺一卷詩集八卷詩
補遺一卷吾師錄一卷自監錄四卷**　（明）黃淳

耀撰 （清）陶應鯤輯 清乾隆二十六年
(1761)刻本 六冊

430000－2401－0027539 436/117－3
陶庵自監録四卷陶庵語録一卷 （明）黄淳耀
撰 鈔本 一冊

430000－2401－0027540 △436/130
黄石齋先生文集十三卷 （明）黄道周撰 清
康熙五十三年(1714)刻本 六冊

430000－2401－0027541 436/82
黄漳浦集五十卷首一卷目録二卷 （明）黄道
周撰 清道光刻本 二十四冊

430000－2401－0027542 436/82(1)
黄漳浦集五十卷首一卷目録二卷 （明）黄道
周撰 清道光刻本 二十四冊

430000－2401－0027543 436/82(2)
黄漳浦集五十卷首一卷目録二卷 （明）黄道
周撰 清道光刻本 三十冊

430000－2401－0027544 436/82(3)
黄漳浦集五十卷首一卷目録二卷 （明）黄道
周撰 清道光刻本 十二冊

430000－2401－0027545 △436/194
巖居稿八卷 （明）華察撰 明嘉靖三十五年
(1556)王懋明刻本 四冊

430000－2401－0027546 △436/38
由拳集二十三卷 （明）屠隆撰 明刻本 一
冊 存三卷(六至八)

430000－2401－0027547 △436/46
白榆集二十卷 （明）屠隆撰 明刻本 八冊

430000－2401－0027548 436/33
甲秀園文集二十八卷 （明）費元禄撰 清道
光四年(1824)刻本 六冊

430000－2401－0027549 △436/141
巽隱程先生文集四卷 （明）程本立撰 明嘉
靖吳昂刻本 黄丕烈跋 葉啟發、葉啟勳題
識 二冊

430000－2401－0027550 436/254

巽隱程先生詩集二卷 （明）程本立撰 （清）
金檀編刻 清康熙五十八年(1719)刻本
一冊

430000－2401－0027551 436/206
明遼府左長史程節愍公貞白遺稿十卷首一卷
（明）程通撰 清嘉慶十一年(1806)刻本
四冊

430000－2401－0027552 436/71
松圓浪淘集十八卷松圓偈庵集二卷 （明）程
嘉燧撰 清刻本 四冊 缺一卷(偈庵集上)

430000－2401－0027553 436/71
丘隅集十九卷 （明）喬世寧撰 明嘉靖刻本
十冊

430000－2401－0027554 436/199
後綸扉尺牘十卷 （明）葉向高撰 明天啟刻
本 四冊

430000－2401－0027555 △436/160
蒼霞草十二卷 （明）葉向高撰 明萬曆三十
四年(1606)刻本 二十二冊

430000－2401－0027556 436/108
**會稽董文簡公中峰集十一卷首一卷附録三卷
中峰制藝一卷** （明）董玘撰 （清）董金鑒輯
清光緒三十二年(1906)會稽董氏取斯家塾
刻董氏叢書本 四冊

430000－2401－0027557 △436/155
翠娛閣評選董思白文集二卷 （明）董其昌撰
（明）鍾惺選 （明）陸雲龍等評 明崇禎五
年(1632)陸雲龍刻本 一冊

430000－2401－0027558 △436/191
鐔墟堂摘稿二十卷 （明）雷禮撰 明刻本
十冊

430000－2401－0027559 △436/36
石淙詩稿二十卷 （明）楊一清撰 明嘉靖刻
本 十冊

430000－2401－0027560 △436/77
東里詩集三卷 （明）楊士奇撰 明正統刻重
修本 黄丕烈、葉啟勳題識 四冊

430000－2401－0027561 △436/79

東里文集二十五卷續編六十二卷 （明）楊士
奇撰 明嘉靖二十八年(1549)黄如桂刻本
八冊 缺三十五卷(續編二十八至六十二)

430000－2401－0027562 △436/79(1)

東里文集二十五卷續編六十二卷 （明）楊士
奇撰 明嘉靖二十八年(1549)黄如桂刻本
一冊 存六卷(文集七至十二)

430000－2401－0027563 △436/78

東里文集二十五卷 （明）楊士奇撰 明萬曆
刻遞修本 四冊 存十八卷(一至十八)

430000－2401－0027564 436/50

東里文集二十五卷 （明）楊士奇撰 清康熙
十八年(1679)刻本 八冊

430000－2401－0027565 436/50－3

東里文集二十五卷別集三卷年譜一卷 （明）
楊士奇撰 清光緒二年(1876)西昌楊敦本堂
刻本 八冊

430000－2401－0027566 436/50－2

東里文集二十五卷 （明）楊士奇撰 清楊覲
光刻本 六冊

430000－2401－0027567 △436/27

升菴先生文集八十一卷目錄四卷 （明）楊慎
撰 明萬曆二十九年(1601)王藩臣、蕭如松
刻本 十六冊

430000－2401－0027568 436/180

太史升菴全集八十一卷目錄二卷 （明）楊慎
撰 清乾隆六十年(1795)新都周參元刻本
二十四冊

430000－2401－0027569 436/180(1)

太史升菴全集八十一卷目錄二卷 （明）楊慎
撰 清乾隆六十年(1795)新都周參元刻本
三十冊

430000－2401－0027570 436/180(2)

太史升菴全集八十一卷目錄二卷 （明）楊慎
撰 清乾隆六十年(1795)新都周參元刻本
二十四冊

430000－2401－0027571 436/180(3)

太史升菴全集八十一卷目錄二卷 （明）楊慎
撰 清乾隆六十年(1795)新都周參元刻本
二十八冊

430000－2401－0027572 436/180(4)

太史升菴全集八十一卷目錄二卷 （明）楊慎
撰 清乾隆六十年(1795)新都周參元刻本
二十二冊

430000－2401－0027573 436/179

升菴詩集十卷首一卷 （明）楊慎撰 清末鉛
印本 五冊

430000－2401－0027574 △436/61

李卓吾先生讀升菴集二十卷 （明）楊慎撰
(明)李贄輯并評 明刻本 四冊

430000－2401－0027575 436/182

太史升菴遺集二十六卷 （明）楊慎撰 （明）
孫金吾輯 清道光二十四年(1844)影刻本
四冊

430000－2401－0027576 436/182－2

太史升菴遺集二十六卷 （明）楊慎撰 （明）
孫金吾輯 清道光二十八年(1848)刻本
六冊

430000－2401－0027577 △436/28

升菴外集一百卷 （明）楊慎撰 （明）焦竑輯
明萬曆四十五年(1617)刻本 四冊

430000－2401－0027578 436/181

升菴外集一百卷 （明）楊慎撰 （明）焦竑輯
清道光二十四年(1844)影刻本 二十八冊

430000－2401－0027579 436/181(1)

升菴外集一百卷 （明）楊慎撰 （明）焦竑輯
清道光二十四年(1844)影刻本 二十四冊

430000－2401－0027580 436/181(2)

升菴外集一百卷 （明）楊慎撰 （明）焦竑輯
清道光二十四年(1844)影刻本 三十二冊

430000－2401－0027581 436/181(3)

升菴外集一百卷 （明）楊慎撰 （明）焦竑輯
清道光二十四年(1844)影刻本 二十四冊

430000 – 2401 – 0027582　436/181(4)

升菴外集一百卷 （明）楊慎撰 （明）焦竑輯
　清道光二十四年(1844)影刻本　二十四册

430000 – 2401 – 0027583　436/181(5)

升菴外集一百卷 （明）楊慎撰 （明）焦竑輯
　清道光二十四年(1844)影刻本　三十一册

430000 – 2401 – 0027584　436/76

總纂升菴合集二百四十卷 （明）楊慎撰
（清）鄭寶琛輯 （清）王文彬編　清光緒八年
(1882)刻本　一百册

430000 – 2401 – 0027585　436/69

楊忠烈公文集三卷 （明）楊漣撰　清順治十
八年(1661)楊苞刻本　六册

430000 – 2401 – 0027586　436/69 – 2

楊忠烈公文集十卷末一卷表忠錄一卷 （明）
楊漣撰　清道光十三年(1833)世美堂刻本
十二册

430000 – 2401 – 0027587　436/69 – 2(1)

楊忠烈公文集十卷末一卷表忠錄一卷 （明）
楊漣撰　清道光十三年(1833)世美堂刻本
十二册

430000 – 2401 – 0027588　436/69 – 2(2)

楊忠烈公文集十卷末一卷表忠錄一卷 （明）
楊漣撰　清道光十三年(1833)世美堂刻本
十二册

430000 – 2401 – 0027589　436/69 – 2(3)

楊忠烈公文集十卷末一卷表忠錄一卷 （明）
楊漣撰　清道光十三年(1833)世美堂刻本
八册

430000 – 2401 – 0027590　436/69 – 3

楊忠烈公文集五卷 （明）楊漣撰　清宣統三
年(1911)文盛書局石印本　五册

430000 – 2401 – 0027591　436/73

忠介公集十三卷首一卷 （明）楊爵撰　清光
緒十九年(1893)張履誠堂刻本　六册

430000 – 2401 – 0027592　△436/143

明椒山楊忠愍公文集一卷詩集一卷奏疏二卷

年譜一卷 （明）楊繼盛撰　**敕賜楊忠愍公旌**
忠祠碑記一卷 （明）吳時來撰　**明椒山楊忠**
愍公行狀一卷 （明）王世貞撰　明杜士雅刻
本　葉啟勳、葉啟發題識　二册

430000 – 2401 – 0027593　436/67

楊忠愍公集四卷 （明）楊繼盛撰　清康熙十
二年(1673)楊聰福校刻本　二册

430000 – 2401 – 0027594　436/67(1)

楊忠愍公集四卷 （明）楊繼盛撰　清康熙十
二年(1673)楊聰福校刻本　四册

430000 – 2401 – 0027595　△436/144

楊忠愍公集四卷 （明）楊繼盛撰　清康熙五
十三年(1714)刻本　二册

430000 – 2401 – 0027596　436/67 – 3

楊忠愍公集四卷首一卷末一卷 （明）楊繼盛
撰　清同治十一年(1872)刻本　三册

430000 – 2401 – 0027597　436/67 – 3(1)

楊忠愍公集五卷首一卷末一卷 （明）楊繼盛
撰　清同治七年(1868)楚醴景萊書室校刻本
　三册

430000 – 2401 – 0027598　436/67 – 3(2)

楊忠愍公集四卷首一卷末一卷 （明）楊繼盛
撰　清同治十一年(1872)刻本　二册

430000 – 2401 – 0027599　436/67 – 3(3)

楊忠愍公集四卷首一卷末一卷 （明）楊繼盛
撰　清同治十一年(1872)刻本　二册

430000 – 2401 – 0027600　436/67 – 3(4)

楊忠愍公集四卷首一卷末一卷 （明）楊繼盛
撰　清同治十一年(1872)刻本　二册

430000 – 2401 – 0027601　436/67 – 3(5)

楊忠愍公集四卷首一卷末一卷 （明）楊繼盛
撰　清同治十一年(1872)刻本　二册

430000 – 2401 – 0027602　436/67 – 3(6)

楊忠愍公集四卷首一卷末一卷 （明）楊繼盛
撰　清同治十一年(1872)刻本　二册

430000 – 2401 – 0027603　436/67 – 5

楊忠愍公集四卷 （明）楊繼盛撰　清光緒九

年(1883)甘肅藩署刻本　四冊

430000－2401－0027604　436/67－5(1)

楊忠愍公集四卷　(明)楊繼盛撰　清光緒九年(1883)甘肅藩署刻本　四冊

430000－2401－0027605　436/67－5(2)

楊忠愍公集四卷　(明)楊繼盛撰　清光緒九年(1883)甘肅藩署刻本　四冊

430000－2401－0027606　436/67－5(3)

楊忠愍公集四卷　(明)楊繼盛撰　清光緒九年(1883)甘肅藩署刻本　四冊

430000－2401－0027607　436/67－2

楊忠愍公全集四卷　(明)楊繼盛撰　(清)章鈺輯　清康熙刻本　四冊

430000－2401－0027608　436/68

楊椒山先生文集二卷　(明)楊繼盛撰　清嘉慶十一年(1806)榕城正誼堂刻本　一冊

430000－2401－0027609　436/282

傳家寶書三卷　(明)楊繼盛撰　清咸豐三年(1853)曾氏郁文堂刻本　一冊

430000－2401－0027610　436/67－10

楊忠愍公集六卷首一卷　(明)楊繼盛撰　(清)章鈺輯　清道光三十年(1850)刻本　四冊

430000－2401－0027611　436/67－8

楊忠愍公全集四卷　(明)楊繼盛撰　(清)章鈺輯　清大興堂刻本　二冊

430000－2401－0027612　436/67－7

楊忠愍公全集四卷　(明)楊繼盛撰　(清)章鈺輯　清善成堂刻本　四冊

430000－2401－0027613　436/67－9

楊忠愍公全集四卷　(明)楊繼盛撰　(清)章鈺輯　清敬一齋刻本　四冊

430000－2401－0027614　436/67－6

楊忠愍公全集四卷　(明)楊繼盛撰　(清)章鈺輯　清通國堂刻本　一冊

430000－2401－0027615　△436/156

夢山存家詩稿八卷　(明)楊巍撰　明萬曆三十年(1602)楊岑刻本　二冊

430000－2401－0027616　△436/159

虞德園先生集二十五卷　(明)虞淳熙撰　明崇禎刻本　十二冊

430000－2401－0027617　436/105

浮槎閣集十七卷附錄三卷　(明)鄔鳴雷撰　清光緒二十三年(1897)環江書屋木活字本　六冊

430000－2401－0027618　436/133

東廓鄒先生文集十二卷首一卷　(明)鄒守益撰　(明)劉佃選　(明)董燧編　清刻本　十冊

430000－2401－0027619　436/133－2

東廓鄒先生文集十二卷首一卷　(明)鄒守益撰　(明)劉佃選　(明)董燧編　清刻本　十冊

430000－2401－0027620　436/133－2(1)

東廓鄒先生文集十二卷首一卷　(明)鄒守益撰　(明)劉佃選　(明)董燧編　清刻本　十冊

430000－2401－0027621　436/102－2

達觀樓集二十四卷　(明)鄒維璉撰　清道光二十六年(1846)四始堂刻本　八冊

430000－2401－0027622　436/102－2(1)

達觀樓集二十四卷　(明)鄒維璉撰　清道光二十六年(1846)四始堂刻本　八冊　缺一卷(二)

430000－2401－0027623　436/102－2(2)

達觀樓集二十四卷　(明)鄒維璉撰　清道光二十六年(1846)四始堂刻本　七冊　缺九卷(七至十五)

430000－2401－0027624　436/102

達觀樓集二十四卷　(明)鄒維璉撰　清刻本　八冊　缺三卷(二十二至二十四)

430000－2401－0027625　436/132

鄒大史文集八卷　(明)鄒德溥撰　清刻本　六冊

430000－2401－0027626　436/132（1）
鄒大史文集八卷　（明）鄒德溥撰　清刻本
六冊

430000－2401－0027627　436/189
解學士文毅公全集十卷　（明）解縉撰　清康
熙五十七年(1718)鑑湖解悅刻本　五冊　存
五卷(一至二、四至五、七)

430000－2401－0027628　436/139
蓉川集四卷首一卷　（明）齊之鸞撰　清光緒
二十三年(1897)桐城徐氏刻本　二冊

430000－2401－0027629　436/134
趙文肅公文集二十三卷　（明）趙大洲撰　清
道光十九年(1839)刻本　十冊

430000－2401－0027630　436/134（1）
趙文肅公文集二十三卷　（明）趙大洲撰　清
道光十九年(1839)刻本　十冊

430000－2401－0027631　436/129
目前集二卷　（明）趙南星撰　明刻本　二冊

430000－2401－0027632　△436/157
夢白先生集三卷　（明）趙南星撰　明萬曆四
十五年(1617)刻本　二冊

430000－2401－0027633　436/156
夢白先生集三卷　（明）趙南星撰　清光緒高
邑趙氏刻本　一冊　存一卷(二)

430000－2401－0027634　△436/152
趙忠毅公詩文集二十卷　（明）趙南星撰　清
鈔本　十三冊

430000－2401－0027635　436/141－2
碩薖園全集十卷　（明）蒲秉權撰　清光緒元
年(1875)桂林周文遠堂刻本　四冊

430000－2401－0027636　436/169
熊襄愍公集十卷首一卷末一卷　（明）熊廷弼
撰　清嘉慶十七年(1812)刻本　十冊

430000－2401－0027637　436/169（1）
熊襄愍公集十卷首一卷末一卷　（明）熊廷弼
撰　清嘉慶十七年(1812)刻本　十冊

430000－2401－0027638　436/169（2）
熊襄愍公集十卷首一卷末一卷　（明）熊廷弼
撰　清嘉慶十七年(1812)刻本　十冊

430000－2401－0027639　436/169（3）
熊襄愍公集十卷首一卷末一卷　（明）熊廷弼
撰　清嘉慶十七年(1812)刻本　九冊　缺一
卷(二)

430000－2401－0027640　436/169－2
熊襄愍公集十卷首一卷末一卷　（明）熊廷弼
撰　清同治三年(1864)刻本　十冊

430000－2401－0027641　436/169－2（1）
熊襄愍公集十卷首一卷末一卷　（明）熊廷弼
撰　清同治三年(1864)刻本　十冊

430000－2401－0027642　436/169－2（2）
熊襄愍公集十卷首一卷末一卷　（明）熊廷弼
撰　清同治三年(1864)刻本　十冊

430000－2401－0027643　436/169－2（3）
熊襄愍公集十卷首一卷末一卷　（明）熊廷弼
撰　清同治三年(1864)刻本　十冊

430000－2401－0027644　436/169－2（4）
熊襄愍公集十卷首一卷末一卷　（明）熊廷弼
撰　清同治三年(1864)刻本　四冊　缺六卷
(二至七)

430000－2401－0027645　436/169－3
熊襄愍公集十卷首一卷末一卷　（明）熊廷弼
撰　清同治十一年(1872)廈門印心書屋刻本
八冊　缺二卷(七、末一卷)

430000－2401－0027646　436/170
熊襄愍公集四卷首一卷　（明）熊廷弼撰
(清)朱澤楠輯　清同治二年(1863)綿州孫氏
校刻本　一冊

430000－2401－0027647　△436/163
熊襄愍公集四卷　（明）熊廷弼撰　（清）朱澤
楠輯　清末鈔本　二冊

430000－2401－0027648　436/151
熊漁山文集二卷　（明）熊開元撰　清光緒十
年(1884)鉛印本　二冊

430000－2401－0027649　437/2489

棗林詩集一卷　（明）談遷撰　清宣統三年
（1911）上海國學扶輪社鉛印張氏適園叢書本
一冊

430000－2401－0027650　△436/161

鄭少谷先生全集二十卷　（明）鄭善夫撰　**附**
錄二卷　（明）邵捷春輯　明崇禎八年（1635）
鄭奎光刻本　陳繼訓題跋　六冊　存十六卷
（一至十六）

430000－2401－0027651　436/214

鄭少谷先生全集二十四卷首一卷　（明）鄭善
夫撰　（清）鄭炳文校　清道光四年（1824）刻
本　十冊

430000－2401－0027652　436/214（1）

鄭少谷先生全集二十四卷首一卷　（明）鄭善
夫撰　（清）鄭炳文校　清道光四年（1824）刻
本　十冊

430000－2401－0027653　△436/90

崧陽草堂詩集二十卷　（明）鄭鄤撰　清康熙
刻本　葉啟勳題識　四冊　存十九卷（一至
十二、十四至二十）

430000－2401－0027654　△436/2

天啟宮詞不分卷　（明）蔣之翹撰　清道光十
一年（1831）六安晁氏學海類編木活字本
一冊

430000－2401－0027655　△436/153

蔣道林先生文粹九卷　（明）蔣信撰　清傳鈔
明萬曆新安姚氏刻本　四冊

430000－2401－0027656　436/232

重刻蔣文定公湘皋集四十卷　（明）蔣冕撰
（清）俞廷舉編　清嘉慶二十一年（1816）忠雅
堂刻本　十二冊

430000－2401－0027657　△436/54

自知堂集一卷　（明）蔡汝南撰　清鈔本
一冊

430000－2401－0027658　436/65

蔡忠烈公遺集不分卷　（明）蔡道憲撰　（清）

鄧顯鶴編　清道光十一年（1831）胡鈞等刻本
二冊

430000－2401－0027659　436/65－2

蔡忠烈公遺集不分卷續編不分卷　（明）蔡道
憲撰　（清）鄧顯鶴編　清道光十一年（1831）
胡鈞等刻十六年（1836）增刻本　四冊

430000－2401－0027660　436/65－3

蔡忠烈公遺集四卷　（明）蔡道憲撰　（清）鄧
顯鶴編　（清）夏獻雲重輯　清光緒六年
（1880）閩館蓬萊山房刻本　四冊

430000－2401－0027662　436/202

潛學稿十九卷　（明）鄧元錫撰　清乾隆八年
（1743）刻本　八冊

430000－2401－0027663　△436/75

坦齋劉先生文集二卷　（明）劉三吾撰　明萬
曆六年（1578）賈緣刻本　四冊

430000－2401－0027664　437/1560

劉坦齋先生文集十五卷補編一卷　（明）劉三
吾撰　清道光七年（1827）補刻本　四冊

430000－2401－0027665　△436/76

東山存稿不分卷　（明）劉大夏撰　清嘉慶二
十一年（1816）刻本　一冊

430000－2401－0027666　436/213

劉忠宣公遺集六卷　（明）劉大夏撰　（清）劉
乙燃輯　清光緒元年（1875）劉氏家刻本
六冊

430000－2401－0027667　436/213（1）

劉忠宣公遺集六卷　（明）劉大夏撰　（清）劉
乙燃輯　清光緒元年（1875）劉氏家刻本
六冊

430000－2401－0027668　436/213（2）

劉忠宣公遺集六卷　（明）劉大夏撰　（清）劉
乙燃輯　清光緒元年（1875）劉氏家刻本
六冊

430000－2401－0027669　436/213（3）

劉忠宣公遺集六卷　（明）劉大夏撰　（清）劉
乙燃輯　清光緒元年（1875）劉氏家刻本　六冊

430000－2401－0027670　436/213（4）

劉忠宣公遺集六卷　（明）劉大夏撰　（清）劉乙燃輯　清光緒元年（1875）劉氏家刻本　四冊

430000－2401－0027671　436/226

執齋集二十卷　（明）劉玉撰　清道光十年（1830）劉孝友堂刻本　四冊

430000－2401－0027672　436/63

劉蕺山先生集二十四卷首一卷　（明）劉宗周撰　清乾隆十八年（1753）證人堂刻本　十二冊

430000－2401－0027673　436/63－2

劉蕺山先生集二十四卷首一卷　（明）劉宗周撰　清乾隆十八年（1753）證人堂刻道光二年（1822）增修　十一冊　缺一卷（看譜下）

430000－2401－0027674　436/64

劉蕺山文粹二卷　（明）劉宗周撰　清光緒二十二年（1896）刻本　一冊　存一卷（下）

430000－2401－0027675　436/248－2

劉子全書四十卷　（明）劉宗周撰　（明）董瑒編　清道光四年至十五年（1824－1835）刻本　二十冊

430000－2401－0027676　436/248－2（1）

劉子全書四十卷　（明）劉宗周撰　（明）董瑒編　清道光四年至十五年（1824－1835）刻本　二十四冊

430000－2401－0027677　436/251

劉子全書遺編二十四卷首一卷　（明）劉宗周撰　（清）沈復粲編輯　清道光三十年（1850）刻光緒十八年（1892）重修本　一冊　存二卷（一、首一卷）

430000－2401－0027678　436/248

劉子全書四十卷　（明）劉宗周撰　（清）陳廣寧校刊　清嘉慶十三年（1808）益善堂刻本　二十四冊

430000－2401－0027679　436/248（1）

劉子全書四十卷　（明）劉宗周撰　（清）陳廣寧校刊　清嘉慶十三年（1808）益善堂刻本　十六冊　存二十三卷（一至二十三）

430000－2401－0027680　436/60

劉文安公文集十五卷首一卷詩集六卷劉文安公呆齋先生策略十卷　（明）劉定之撰　清咸豐三年（1853）劉氏家刻本　十六冊

430000－2401－0027681　436/83

十科策略箋釋十卷　（明）劉定之撰　（清）劉作梁註釋　清雍正七年（1729）刻本　三冊

430000－2401－0027682　436/83－2

十科策略箋釋十卷　（明）劉定之撰　清刻本　六冊

430000－2401－0027683　△436/146（2）

誠意伯劉先生文集二十卷　（明）劉基撰　明正德十四年（1519）林富刻嘉靖七年（1528）方遠宜增修本　三冊　存五卷（二至四、十七至十八）

430000－2401－0027684　△436/146

誠意伯劉先生文集二十卷　（明）劉基撰　明正德十四年（1519）林富刻嘉靖七年（1528）方遠宜增修本　十六冊

430000－2401－0027685　△436/146（1）

誠意伯劉先生文集二十卷　（明）劉基撰　明正德十四年（1519）林富刻嘉靖七年（1528）方遠宜增修本　二十冊

430000－2401－0027686　436/23

太師誠意伯劉文成公集二十卷首一卷　（明）劉基撰　清栝芝南田果育堂刻本　十二冊

430000－2401－0027687　436/23（1）

太師誠意伯劉文成公集二十卷首一卷　（明）劉基撰　清栝芝南田果育堂刻本　十二冊

430000－2401－0027688　436/23（2）

太師誠意伯劉文成公集二十卷首一卷　（明）劉基撰　清栝芝南田果育堂刻本　十冊

430000－2401－0027689　436/23（3）

太師誠意伯劉文成公集二十卷首一卷　（明）劉基撰　清栝芝南田果育堂刻本　十冊

430000－2401－0027690　436/23（4）

太師誠意伯劉文成公集二十卷首一卷　（明）劉基撰　清栝芝南田果育堂刻本　十冊

430000－2401－0027691　436/23（5）

太師誠意伯劉文成公集二十卷首一卷　（明）劉基撰　清栝芝南田果育堂刻本　十六冊

430000－2401－0027692　△436/168

劉文成公全集十二卷　（明）劉基撰　（明）鍾惺輯評　明刻本　三冊

430000－2401－0027693　436/62

劉槎翁先生集十八卷　（明）劉崧撰　清同治三年（1864）劉覃九刻本　八冊

430000－2401－0027694　436/62（1）

劉槎翁先生詩選十二卷　（明）劉崧撰　清同治三年（1864）刻本　四冊　存十二卷（一至十二）

430000－2401－0027695　△436/169

劉堯誨先生全集十六卷　（明）劉堯誨撰（明）劉心忠輯　清鈔本　六冊　存七卷（南垣疏稿一卷、撫閩疏稿一卷、虛籟集一至五）

430000－2401－0027696　436/61

劉大司成文集十二卷　（明）劉應秋撰　明刻清修本　六冊

430000－2401－0027697　436/7

憨山老人夢遊集五十五卷　（明）釋德清撰（明）釋福善錄　（明）釋通炯輯　清末吳門釋秉光等集資刻本　十冊　缺九卷（一至五、四十三至四十六）

430000－2401－0027698　436/38

重刊綸㴩文集二十七卷首一卷詩集十九卷末一卷附先集搜遺二卷外集三卷　（明）龍膺撰（清）龍正楷等輯　清光緒十三年（1887）刻本　十冊

430000－2401－0027699　436/38（1）

重刊綸㴩文集二十七卷首一卷詩集十九卷末一卷附先集搜遺二卷外集三卷　（明）龍膺撰（清）龍正楷等輯　清光緒十三年（1887）刻本　十四冊

430000－2401－0027700　436/38（2）

重刊綸㴩文集二十七卷首一卷詩集十九卷末一卷附先集搜遺二卷外集三卷　（明）龍膺撰（清）龍正楷等輯　清光緒十三年（1887）刻本　十四冊

430000－2401－0027701　436/38（3）

重刊綸㴩文集二十七卷首一卷詩集十九卷末一卷附先集搜遺二卷外集三卷　（明）龍膺撰（清）龍正楷等輯　清光緒十三年（1887）刻本　十四冊

430000－2401－0027702　436/38（4）

重刊綸㴩文集二十七卷首一卷詩集十九卷末一卷附先集搜遺二卷外集三卷　（明）龍膺撰（清）龍正楷等輯　清光緒十三年（1887）刻本　十三冊　缺三卷（外集三卷）

430000－2401－0027703　436/38（5）

重刊綸㴩文集二十七卷首一卷詩集十九卷末一卷附先集搜遺二卷外集三卷　（明）龍膺撰（清）龍正楷等輯　清光緒十三年（1887）刻本　二冊　存五卷（十二至十六、首一卷）

430000－2401－0027704　436/80

春浮園文集二卷　（明）蕭士瑋撰　清光緒十八年（1892）蕭氏閑餘軒刻本　一冊

430000－2401－0027705　436/252

蟻蝝集五卷　（明）盧楠撰　明萬曆三十年（1602）濬縣張其忠重刻清乾隆十年（1745）李輔德補修同治四年（1865）劉太平補刻本　五冊

430000－2401－0027706　436/167－2

明大司馬盧公奏議十卷附一卷　（明）盧象昇撰　清道光九年（1829）刻本　七冊

430000－2401－0027707　436/167

盧忠肅公集十卷附一卷　（明）盧象昇撰　清嘉慶十八年（1813）木活字本　八冊

430000－2401－0027708　436/167－3

盧忠肅公集十二卷首一卷　（明）盧象昇撰

清光緒元年(1875)刻本　八冊

430000－2401－0027709　436/167－3(1)
盧忠肅公集十二卷首一卷　(明)盧象昇撰
清光緒元年(1875)刻本　八冊

430000－2401－0027710　436/167－4
盧忠肅公集十二卷首一卷　(明)盧象昇撰
清光緒三十四年(1908)重修刻本　八冊

430000－2401－0027711　436/167－4(1)
盧忠肅公集十二卷首一卷　(明)盧象昇撰
清光緒三十四年(1908)重修刻本　八冊

430000－2401－0027712　436/167－4(2)
盧忠肅公集十二卷首一卷　(明)盧象昇撰
清光緒三十四年(1908)重修刻本　八冊

430000－2401－0027713　436/168
盧忠烈公集三卷補遺　(明)盧象昇撰　(清)
盧安節編　(清)盧師等註　清乾隆二十七年
(1762)惠震刻本　一冊

430000－2401－0027714　△436/115
荊南詩二卷附錄一卷　(明)錢希言撰　明萬
曆二十八年(1600)吳趙賦湘樓刻本　二冊

430000－2401－0027715　△436/167
樟亭集三卷附錄一卷　(明)錢希言撰　明萬
曆二十八年(1600)吳趙雕霞館刻本　二冊

430000－2401－0027716　△436/1
二蕭篇一卷附錄一卷　(明)錢希言撰　明萬
曆三十三年(1605)刻本　二冊

430000－2401－0027717　△436/99
討桂篇二十卷　(明)錢希言撰　明萬曆四十
一年(1613)錢氏翠幄草堂刻本　十四冊　存
十九卷(一至十九)

430000－2401－0027718　△436/112
桐薪三卷　(明)錢希言撰　明萬曆四十一年
(1613)刻本　三冊

430000－2401－0027719　436/97
雪鴻堂詩蒐逸三卷附錄一卷　(明)謝三秀撰
清咸豐元年(1851)遵義刻本　一冊

430000－2401－0027720　436/184
謝程山先生全書六十卷　(明)謝文洊撰　清
道光三十年(1850)劉煜徵刻本　四十冊

430000－2401－0027721　△436/77
謝茂秦集一卷　(明)謝榛撰　明嘉靖刻盛明
百家詩本　一冊

430000－2401－0027722　△436/40－2
四溟山人全集二十四卷　(明)謝榛撰　明萬
曆二十四年(1596)趙府冰玉堂刻本　十冊

430000－2401－0027723　△436/40
四溟山人全集二十四卷　(明)謝榛撰　清鈔
本　十冊

430000－2401－0027724　436/215
四溟山人詩集十卷　(明)謝榛撰　清宣統元
年(1909)問影樓鉛印本　一冊

430000－2401－0027725　△436/41
四溟山人詩十卷詩家直說二卷　(明)謝榛撰
　(明)盛以進輯　明萬曆四十年(1612)盛以
進刻本　六冊

430000－2401－0027726　436/200
嶠雅二卷　(明)鄺露撰　清順治扶南海雪堂
精刻本　二冊

430000－2401－0027727　△436/177
薛文清公全集四十卷　(明)薛瑄撰　明嘉靖
刻本　十一冊　存三十六卷(一至二十六、三
十一至四十)

430000－2401－0027728　△436/5(1)
文清公薛先生文集二十四卷　(明)薛瑄撰
(明)張鼎輯　明萬曆四十二年(1614)薛士弘
刻本　十二冊

430000－2401－0027729　△436/5
文清公薛先生文集二十四卷　(明)薛瑄撰
(明)張鼎輯　明刻本　十二冊

430000－2401－0027730　△436/5(2)
文清公薛先生文集二十四卷　(明)薛瑄撰
(明)張鼎輯　明萬曆四十二年(1614)薛士弘
刻本　十二冊

430000－2401－0027731　△436/5(3)

文清公薛先生文集二十四卷　（明）薛瑄撰
（明）張鼎輯　明萬曆四十二年(1614)薛士弘
刻本　十二冊

430000－2401－0027732　436/237

文清公薛先生文集二十四卷目錄一卷　（明）
薛瑄撰　明張鼎刻本　三冊　存六卷(一至
二、十三至十四、十七至十八)

430000－2401－0027733　436/6

文清公薛先生文集二十四卷　（明）薛瑄撰
（明）張鼎編　清雍正十二年(1734)刻本　十
二冊

430000－2401－0027734　436/6(1)

文清公薛先生文集二十四卷　（明）薛瑄撰
（明）張鼎編　清雍正十二年(1734)刻本　十
二冊

430000－2401－0027735　436/6(2)

文清公薛先生文集二十四卷　（明）薛瑄撰
（明）張鼎編　清雍正十二年(1734)刻本
十冊

430000－2401－0027736　436/6(3)

文清公薛先生文集二十四卷　（明）薛瑄撰
（明）張鼎編　清雍正十二年(1734)刻本
三冊

430000－2401－0027737　436/6(4)

文清公薛先生文集二十四卷　（明）薛瑄撰
（明）張鼎編　清雍正十二年(1734)刻本
十冊

430000－2401－0027738　436/6(5)

文清公薛先生文集二十四卷　（明）薛瑄撰
（明）張鼎編　清雍正十二年(1734)刻本
二十冊

430000－2401－0027739　436/6(6)

文清公薛先生文集二十四卷　（明）薛瑄撰
（明）張鼎編　清雍正十二年(1734)刻本　十
三冊

430000－2401－0027740　436/121

韓五泉詩集二卷附錄一卷　（明）韓邦靖撰
韓安人遺詩一卷　（明）屈氏撰　清嘉慶元年
(1796)是政堂刻本　一冊

430000－2401－0027741　437/112

崇雅堂集十五卷　（明）鍾羽正撰　清順治十
五年(1658)刻本　四冊

430000－2401－0027742　△436/175

鍾伯敬先生遺稿四卷　（明）鍾惺撰　**浪齋新
舊詩一卷**　（明）徐波撰　明天啟七年(1627)
徐波刻本　二冊

430000－2401－0027743　△436/154

**翠娛閣評選鍾伯敬先生合集文集十一卷詩集
五卷**　（明）鍾惺撰　（明）陸雲龍評　**附錄一
卷**　（明）譚元春撰　明崇禎九年(1636)陸雲
龍刻本　八冊

430000－2401－0027744　436/88

繆文貞試卷一卷　（明）繆昌期撰　鈔本
一冊

430000－2401－0027745　436/212

瞿忠宣公集十卷　（明）瞿式耜撰　清光緒十
三年(1887)瞿廷韶刻本　四冊

430000－2401－0027746　△436/534

邊華泉集八卷集稿六卷　（明）邊貢撰　清康
熙四十四年(1705)刻本　四冊

430000－2401－0027747　436/192

邊華泉詩集七卷　（明）邊貢撰　清刻本　一
冊　存一卷(一)

430000－2401－0027748　△436/39

四留堂雜著二卷　（明）魏浣初撰　清咸豐鈔
本　四冊

430000－2401－0027749　△436/118

柴墟文集十五卷　（明）儲巏撰　明萬曆四十
二年(1614)儲燿刻本　葉啟勳題識　四冊

430000－2401－0027750　△436/165

震川先生文集二十卷　（明）歸有光撰　明萬
曆二年(1574)歸道傳刻本　六冊

430000－2401－0027751　△436/184

歸先生文集三十二卷附錄一卷　（明）歸有光
撰　（明）王執禮校　明崇禎八年(1635)雨金
堂刻本　佚名批校　六冊

430000－2401－0027752　△436/184（1）

歸先生文集三十二卷附錄一卷　（明）歸有光
撰　（明）王執禮校　明崇禎八年(1635)雨金
堂刻本　六冊　存三十卷(一至三十)

430000－2401－0027753　436/162

震川大全集三十卷別集十卷補編十二卷附錄
一卷　（明）歸有光撰　（清）蕭國琛重訂　清
道光二十三年(1843)廬陵王氏刻本　十四冊

430000－2401－0027754　436/160

震川先生集三十卷別集十卷　（明）歸有光撰
（清）歸玠輯　清康熙十四年(1675)歸氏刻
本　十冊

430000－2401－0027755　436/160（1）

震川先生集三十卷別集十卷　（明）歸有光撰
（清）歸玠輯　清康熙十四年(1675)歸氏刻
本　十六冊

430000－2401－0027756　436/160（2）

震川先生集三十卷別集十卷　（明）歸有光撰
（清）歸玠輯　清康熙十四年(1675)歸氏刻
本　五冊　缺二十八卷(四至十一、十四至二
十五,別集一至八)

430000－2401－0027757　436/160（3）

震川先生集三十卷別集十卷　（明）歸有光撰
（清）歸玠輯　清康熙十四年(1675)歸氏刻
本　三冊　缺二十五卷(一至八、十八至三
十,別集一至四)

430000－2401－0027758　436/160－2

震川先生集三十卷外集十卷附錄一卷　（明）
歸有光撰　（清）歸玠輯　清光緒元年(1875)
常熟歸氏刻本　八冊

430000－2401－0027759　436/160－2（1）

震川先生集三十卷外集十卷附錄一卷　（明）
歸有光撰　（清）歸玠輯　清光緒元年(1875)
常熟歸氏刻本　十六冊

430000－2401－0027760　436/160－3

震川先生集三十卷外集十卷附錄一卷　（明）
歸有光撰　（清）歸玠輯　清光緒六年(1880)
常熟歸氏刻本　十六冊

430000－2401－0027761　436/160－3（1）

震川先生集三十卷外集十卷附錄一卷　（明）
歸有光撰　（清）歸玠輯　清光緒六年(1880)
常熟歸氏刻本　十六冊

430000－2401－0027762　436/160－3（2）

震川先生集三十卷外集十卷附錄一卷　（明）
歸有光撰　（清）歸玠輯　清光緒六年(1880)
常熟歸氏刻本　十六冊

430000－2401－0027763　436/160－3（3）

震川先生集三十卷外集十卷附錄一卷　（明）
歸有光撰　（清）歸玠輯　清光緒六年(1880)
常熟歸氏刻本　十六冊

430000－2401－0027764　436/160－3（4）

震川先生集三十卷外集十卷附錄一卷　（明）
歸有光撰　（清）歸玠輯　清光緒六年(1880)
常熟歸氏刻本　十二冊

430000－2401－0027765　436/160－3（5）

震川先生集三十卷外集十卷附錄一卷　（明）
歸有光撰　（清）歸玠輯　清光緒六年(1880)
常熟歸氏刻本　二十冊

430000－2401－0027766　436/161

震川大全集三十卷別集十卷補集八卷餘集八
卷　（明）歸有光撰　（清）歸朝煦編　清嘉慶
四年(1799)刻本　十六冊

430000－2401－0027767　436/161（1）

震川大全集三十卷別集十卷補集八卷餘集八
卷　（明）歸有光撰　（清）歸朝煦編　清嘉慶
四年(1799)刻本　十六冊

430000－2401－0027768　433/223

歸震川書牘一卷　（明）歸有光撰　清宣統三
年(1911)上海商務印書館鉛印本　二冊

430000－2401－0027769　436/164

歸震川先生尺牘二卷　（明）歸有光撰　（清）

顧栻編　清康熙三十八年(1699)虞山顧氏如月樓精刻本　二冊

430000－2401－0027770　△436/185

新刻譚友夏合集二十三卷　(明)譚元春撰　明崇禎六年(1633)張澤刻本　六冊　存十八卷(一至十八)

430000－2401－0027771　△436/179

嶽歸堂合集十卷　(明)譚元春撰　明刻本　四冊　存五卷(一至五)

430000－2401－0027772　436/283

譚襄敏公遺集三卷首一卷末一卷　(明)譚綸撰　清嘉慶二十四年(1819)刻本　二冊

430000－2401－0027773　△436/186

羅圭峰先生文集三十卷首一卷　(明)羅玘撰　明崇禎七年(1634)刻本　六冊

430000－2401－0027774　△436/186(1)

羅圭峰先生文集三十卷首一卷　(明)羅玘撰　明崇禎七年(1634)刻本　六冊

430000－2401－0027775　△436/187

翰林羅圭峰先生文集十八卷　(明)羅玘撰　明刻本　八冊

430000－2401－0027776　436/145

羅圭峰先生文集三十卷首一卷　(明)羅玘撰　(清)黃端伯訂　清康熙二十九年(1690)刻本　十四冊

430000－2401－0027777　436/159

念庵羅先生文集二十二卷　(明)羅洪先撰　清雍正元年(1723)羅繼洪刻本　十二冊

430000－2401－0027778　436/147

羅念庵先生文錄十八卷附錄一卷續編二卷　(明)羅洪先撰　(清)喻震孟編　清光緒十二年(1886)安齋刻本　十冊

430000－2401－0027779　436/147(1)

羅念庵先生文錄十八卷附錄一卷續編二卷　(明)羅洪先撰　(清)喻震孟編　清光緒十二年(1886)安齋刻本　八冊　存十五卷(一至十一、十四至十七)

430000－2401－0027780　436/146

羅念庵先生文錄補遺二卷　(明)羅洪先撰　(清)喻震孟編　清光緒二十一年(1895)新建蔡氏刻本　一冊

430000－2401－0027781　436/148

重刻一峰先生集十卷首一卷補編一卷附編一卷　(明)羅倫撰　清道光三十年(1850)刻本　七冊

430000－2401－0027782　436/122

整庵先生存稿二十卷　(明)羅欽順撰　清乾隆二十一年(1756)刻本嘉慶四年(1799)闕城房補刻本　六冊

430000－2401－0027783　△436/142

鈐山堂集四十卷　(明)嚴嵩撰　明嘉靖三十八年(1559)刻本　十冊

430000－2401－0027784　436/70

鈐山堂集四十卷　(明)嚴嵩撰　清嘉慶十一年(1806)刻本　十冊

430000－2401－0027785　436/70(1)

鈐山堂集四十卷　(明)嚴嵩撰　清嘉慶十一年(1806)刻本　十冊

430000－2401－0027786　436/70(2)

鈐山堂集四十卷　(明)嚴嵩撰　清嘉慶十一年(1806)刻本　十冊

430000－2401－0027787　436/70(3)

鈐山堂集四十卷　(明)嚴嵩撰　清嘉慶十一年(1806)刻本　十冊

430000－2401－0027788　436/70(4)

鈐山堂集四十卷　(明)嚴嵩撰　清嘉慶十一年(1806)刻本　五冊

430000－2401－0027789　436/198

炳燭齋文集初刻一卷續刻一卷　(明)顧大韶撰　清宣統元年(1909)國學扶輪社鉛印本　二冊

430000－2401－0027790　436/198(1)

炳燭齋文集初刻一卷續刻一卷　(明)顧大韶撰　清宣統元年(1909)國學扶輪社鉛印本　二冊

430000－2401－0027791　△436/192

顧文康公文草十卷首一卷詩草六卷續稿六卷
（明）顧鼎臣撰　明崇禎十三年至清順治二
年(1640－1645)顧晉璠等刻本　四冊

430000－2401－0027792　436/286

息園存稿十四卷又九卷近言一卷國寶新編一
卷緩慟集一卷憑几集五卷山中集四卷浮湘稿
四卷　（明）顧璘撰　明嘉靖十七年(1538)刻
本　十冊

430000－2401－0027793　△436/151

憑几集一卷　（明）顧璘撰　清鈔本　一冊

430000－2401－0027794　294.6/7

憑几集目錄　（明）顧璘撰　清鈔本　一冊

430000－2401－0027795　294.6/1

山中集目錄　（明）顧璘撰　清鈔本　一冊

430000－2401－0027796　294.6/6

浮湘稿目錄一卷　（明）顧璘撰　清鈔本
一冊

430000－2401－0027797　294.6/4

春明稿目錄填郿續稿目錄　（明）顧璘撰　清
鈔本　一冊

430000－2401－0027798　294.6/5

海隅集目錄　（明）顧璘撰　清鈔本　一冊

430000－2401－0027799　294.6/2

息園存稿目錄緩慟集目錄國寶新編目錄
（明）顧璘撰　清鈔本　一冊

430000－2401－0027800　436/150

充然子集二卷　（明）顧懋撰　清雍正八年
(1730)顧國璉刻本　一冊

430000－2401－0027801　436/103

龔安節公野古集三卷附錄一卷　（明）龔詡撰
（清）李繼貞選訂　（清）龔挺校輯　清光緒
二十八年(1902)新陽趙氏刻本　一冊

430000－2401－0027802　437/2437

三塘漁唱三卷　（清）丁丙撰　清光緒元年
(1875)泉唐丁氏刻本　一冊

430000－2401－0027803　437/2466

松夢寮詩稿六卷　（清）丁丙撰　清光緒二十
五年(1899)刻本　二冊

430000－2401－0027804　437/2366

曠視山房小題文不分卷　（清）丁守存撰　清
同治三年(1864)楚北文秀堂刻本　二冊

430000－2401－0027805　437/914

頤志齋九藝一卷續九藝一卷後九藝一卷
（清）丁晏撰　清同治刻本　一冊

430000－2401－0027806　△437/415

滌新齋詩草一卷覺覺覺齋詩草一卷　（清）丁
鼎撰　清鈔本　二冊

430000－2401－0027807　437/977

蕉雨山房詩鈔八卷集唐酌存四卷集句附編一
卷　（清）丁堯臣撰　清光緒七年(1881)家刻
本　五冊

430000－2401－0027808　437/2120

問山詩集十卷文集八卷　（清）丁焯撰　清咸
豐四年(1854)刻本　三冊　缺二卷(文集一
至二)

430000－2401－0027809　437/1676

硯林詩集四卷　（清）丁敬撰　清嘉慶十二年
(1807)當歸草堂刻本　一冊

430000－2401－0027810　437/879

磨綺室詩存一卷　（清）丁蓉綏撰　壽梅山房
詩存一卷　（清）李謨撰　清光緒十年(1884)
長沙王氏刻本　一冊

430000－2401－0027811　437/879(1)

磨綺室詩存一卷　（清）丁蓉綏撰　壽梅山房
詩存一卷　（清）李謨撰　清光緒十年(1884)
長沙王氏刻本　一冊

430000－2401－0027812　437/2891

丁傳璐鄉試硃卷　（清）丁傳璐撰　清光緒十
五年(1889)刻本　一冊

430000－2401－0027813　437/171

睦州存稿八卷台垣疏稿一卷　（清）丁壽昌撰
清同治五年(1866)刻本　四冊

430000 – 2401 – 0027814　437/1584

十五弗齋詩存一卷文存一卷　（清）丁寶楨撰
清光緒二十年(1894)京師刻本　一冊

430000 – 2401 – 0027815　437/1584(1)

十五弗齋詩存一卷文存一卷　（清）丁寶楨撰
清光緒二十年(1894)京師刻本　一冊

430000 – 2401 – 0027816　437/640

潛莊文鈔六卷　（清）卜起元撰　清光緒五年
(1879)刻本　一冊　存二卷(四至五)

430000 – 2401 – 0027817　437/2894

于雲贊選拔貢卷　（清）于雲贊撰　清光緒十
一年(1885)刻本　一冊

430000 – 2401 – 0027818　437/1531

一粟廬詩一稿四卷二稿二卷　（清）于源撰
清道光二十五年(1845)刻本　三冊

430000 – 2401 – 0027819　437/112

都梁草二卷補遺一卷和竹如意齋唱和集一卷
（清）于養源撰　清光緒十九年(1893)刻本
四冊

430000 – 2401 – 0027820　437/405

弢塵館詩存四卷　（清）卞維城撰　清道光二
十七年(1847)揚州刻本　一冊

430000 – 2401 – 0027821　437/285

文虎存稿一卷　（清）文虎撰　清同治稿本
一冊

430000 – 2401 – 0027822　437/1902

嘯劍山房詩鈔十四卷試帖秋鐙課草一卷
(清)文星瑞撰　清同治九年至十年(1870 –
1871)羊城刻本　四冊

430000 – 2401 – 0027823　437/2889

文俊鐸鄉試硃卷　（清）文俊鐸撰　清光緒十
七年(1891)刻本　一冊

430000 – 2401 – 0027824　437/2948

感懷詩一卷　（清）文悌撰　清光緒十九年
(1893)刻本　一冊

430000 – 2401 – 0027825　437/2252

湘雲集二卷　（清）文彩焰撰　清嘉慶十九年

(1814)樹芝堂刻本　二冊

430000 – 2401 – 0027826　437/1445

雙竹齋詩草四卷　（清）文敏撰　清咸豐元年
(1851)刻本　二冊

430000 – 2401 – 0027827　437/1445(1)

雙竹齋詩草四卷　（清）文敏撰　清咸豐元年
(1851)刻本　二冊

430000 – 2401 – 0027828　437/1445(2)

雙竹齋詩草四卷　（清）文敏撰　清咸豐元年
(1851)刻本　二冊

430000 – 2401 – 0027829　437/1445(3)

雙竹齋詩草四卷　（清）文敏撰　清咸豐元年
(1851)刻本　二冊

430000 – 2401 – 0027830　437/2233

嶽麓摘稿一卷曉霞詩集一卷　（清）釋文惺撰
（清）毛際可評　清刻本

430000 – 2401 – 0027831　437/24

柏堂集前編十四卷後編二十二卷次編十三卷
續編二十二卷外編十二卷　（清）方宗誠撰
清光緒六年至七年(1880 – 1881)刻柏堂遺書
本　十八冊

430000 – 2401 – 0027832　437/24(1)

柏堂集前編十四卷後編二十二卷次編十三卷
續編二十二卷外編十二卷　（清）方宗誠撰
清光緒六年至七年(1880 – 1881)刻柏堂遺書
本　十六冊

430000 – 2401 – 0027833　437/2528

考槃集三卷　（清）方東樹撰　清光緒二十年
(1894)刻方植之全集本　一冊　存一卷(三)

430000 – 2401 – 0027834　437/2057

考槃集文錄十二卷　（清）方東樹撰　清光緒
二十年(1894)刻本　四冊

430000 – 2401 – 0027835　437/1869

儀衛軒文集十二卷外集一卷附錄一卷詩集五
卷遺書三卷大意尊聞三卷　（清）方東樹撰
清同治七年(1868)刻本　十二冊

430000 – 2401 – 0027836　437/1869(1)

儀衛軒文集十二卷外集一卷附錄一卷詩集五卷遺書三卷大意尊聞三卷 （清）方東樹撰 清同治七年(1868)刻本 八冊

430000－2401－0027837 437/1869(2)

儀衛軒文集十二卷外集一卷附錄一卷詩集五卷遺書三卷大意尊聞三卷 （清）方東樹撰 清同治七年(1868)刻本 八冊

430000－2401－0027838 437/1869(3)

儀衛軒文集十二卷外集一卷附錄一卷詩集五卷遺書三卷大意尊聞三卷 （清）方東樹撰 清同治七年(1868)刻本 六冊

430000－2401－0027839 437/1869(4)

儀衛軒文集十二卷外集一卷附錄一卷詩集五卷遺書三卷大意尊聞三卷 （清）方東樹撰 清同治七年(1868)刻本 六冊

430000－2401－0027840 437/2272

儀衛軒詩集五卷 （清）方東樹撰 清同治七年(1868)刻本 二冊

430000－2401－0027841 437/596

望溪先生文偶鈔一卷 （清）方苞撰 清乾隆十一年(1746)刻抗希堂十六種本 一冊

430000－2401－0027842 437/598－3

望溪文集補遺一卷 （清）方苞撰 清光緒二十九年(1903)刻本 一冊

430000－2401－0027843 437/1884

方望溪文鈔六卷首一卷 （清）方苞撰 清宣統二年(1910)上海國學扶輪社鉛印本 二冊

430000－2401－0027844 △437/125

方文別鈔不分卷 （清）方苞撰 清鈔本 一冊

430000－2401－0027845 437/597

望溪集不分卷 （清）方苞撰 （清）王兆符（清）程崟輯 清乾隆十一年(1746)刻抗希堂十六種本 五冊

430000－2401－0027846 437/597(1)

望溪集不分卷 （清）方苞撰 （清）王兆符（清）程崟輯 清乾隆十一年(1746)刻本 八冊

430000－2401－0027847 437/597(2)

望溪集不分卷 （清）方苞撰 （清）王兆符（清）程崟輯 清乾隆十一年(1746)刻本 一冊

430000－2401－0027848 437/598

望溪先生文集十八卷集外文十卷集外文補遺二卷 （清）方苞撰 （清）戴鈞衡編 清咸豐元年至二年(1851－1852)刻本 十七冊

430000－2401－0027849 437/598(1)

望溪先生文集十八卷集外文十卷集外文補遺二卷 （清）方苞撰 （清）戴鈞衡編 清咸豐元年至二年(1851－1852)刻本 十四冊

430000－2401－0027850 437/598(2)

望溪先生文集十八卷集外文十卷集外文補遺二卷 （清）方苞撰 （清）戴鈞衡編 清咸豐元年至二年(1851－1852)刻本 十四冊

430000－2401－0027851 437/598(3)

望溪先生文集十八卷集外文十卷集外文補遺二卷 （清）方苞撰 （清）戴鈞衡編 清咸豐元年至二年(1851－1852)刻本 十四冊

430000－2401－0027852 437/598(4)

望溪先生文集十八卷集外文十卷集外文補遺二卷 （清）方苞撰 （清）戴鈞衡編 清咸豐元年至二年(1851－1852)刻本 十四冊

430000－2401－0027853 437/598(5)

望溪先生文集十八卷集外文十卷集外文補遺二卷 （清）方苞撰 （清）戴鈞衡編 清咸豐元年至二年(1851－1852)刻本 十四冊

430000－2401－0027854 437/598(6)

望溪先生文集十八卷集外文十卷集外文補遺二卷 （清）方苞撰 （清）戴鈞衡編 清咸豐元年至二年(1851－1852)刻本 十四冊

430000－2401－0027855 437/598(7)

望溪先生文集十八卷集外文十卷集外文補遺二卷 （清）方苞撰 （清）戴鈞衡編 清咸豐

元年至二年(1851－1852)刻本 十二冊

430000－2401－0027856 437/598－4

望溪先生文集十八卷集外文十卷集外文補遺二卷 （清）方苞撰 （清）戴鈞衡編 清宣統二年(1910)上海集成圖書公司鉛印本 十冊

430000－2401－0027857 437/1186

方貞觀詩集六卷 （清）方貞觀撰 清乾隆三年(1738)刻本 二冊

430000－2401－0027858 437/2368

暖春書屋詩刪三卷 （清）方俊撰 清咸豐十年(1860)秦中刻本 一冊

430000－2401－0027859 437/1031

暖春書屋試律偶存一卷時文略一卷鄉試硃卷一卷滄浪軒小稿一卷 （清）方俊撰 清同治四年至五年（1865－1866）宏運書院刻本 三冊

430000－2401－0027860 437/1165

枕經堂文鈔二卷駢體文三卷詩鈔八卷金石書畫題跋三卷 （清）方朔撰 清同治三年(1864)濟南刻本 四冊 缺六卷(詩鈔一至六)

430000－2401－0027861 437/2876

方朝治鄉試硃卷 （清）方朝治撰 清光緒八年(1882)刻本 一冊

430000－2401－0027862 437/1632

集虛齋學古文十卷離騷經解略一卷 （清）方椒如撰 清乾隆十九年(1754)佩古堂刻本 四冊

430000－2401－0027863 437/1732

萬善花室文稿六卷續編一卷附錄一卷 （清）方履籛撰 清光緒十二年(1886)溧陽繆氏小峽山館刻本 四冊

430000－2401－0027864 437/756

二知軒詩鈔十四卷詩續鈔十六卷 （清）方濬頤撰 清同治五年至八年（1866－1869）廣州刻本 十二冊

430000－2401－0027865 437/756(1)

二知軒詩鈔十四卷詩續鈔十六卷 （清）方濬頤撰 清同治五年至八年（1866－1869）廣州刻本 十二冊

430000－2401－0027866 437/756(2)

二知軒詩鈔十四卷詩續鈔十六卷 （清）方濬頤撰 清同治五年至八年（1866－1869）廣州刻本 十二冊 缺六卷(十三至十八)

430000－2401－0027867 437/756(3)

二知軒詩鈔十四卷詩續鈔十六卷 （清）方濬頤撰 清同治五年至八年（1866－1869）廣州刻本 十二冊 缺八卷(續鈔十一至十八)

430000－2401－0027868 437/756(4)

二知軒詩鈔十四卷詩續鈔十六卷 （清）方濬頤撰 清同治五年至八年（1866－1869）廣州刻本 十冊 缺十卷(續鈔九至十八)

430000－2401－0027869 437/102

看蠶詞一卷 （清）方觀承撰 清光緒十一年(1885)刻本 一冊

430000－2401－0027870 △437/336

黃湄詩選十卷 （清）王又旦撰 清康熙旌邑湯復旦刻本 三冊

430000－2401－0027871 △437/106

丁辛老屋集十二卷 （清）王又曾撰 清乾隆五十二年(1787)鄢陵官舍刻本 二冊

430000－2401－0027872 437/940(2)

椒生詩草六卷續草九卷 （清）王之春撰 清光緒十年(1884)上洋文藝齋刻本 一冊 缺十二卷(詩草四至六、續草一至九)

430000－2401－0027873 437/940

椒生詩草六卷續草九卷 （清）王之春撰 清光緒刻本 五冊

430000－2401－0027874 437/940(1)

椒生詩草六卷續草九卷 （清）王之春撰 清光緒刻本 四冊 缺三卷(續草七至九)

430000－2401－0027875 437/2270

考功集選四卷 （清）王士祿撰 （清）王士禎批點 清初刻王漁洋遺集本 二冊

430000 – 2401 – 0027876　437/1253
漁洋山人詩集二十二卷續集十六卷　（清）王
士禛撰　清康熙八年（1669）吳郡沂詠堂刻王
漁洋遺集本　十冊

430000 – 2401 – 0027877　437/1253（1）
漁洋山人詩集二十二卷續集十六卷　（清）王
士禛撰　清康熙八年（1669）吳郡沂詠堂刻王
漁洋遺集本　七冊　缺四卷（續集九至十二）

430000 – 2401 – 0027878　437/1253（2）
漁洋山人詩集二十二卷續集十六卷　（清）王
士禛撰　清康熙八年（1669）吳郡沂詠堂刻王
漁洋遺集本　四冊

430000 – 2401 – 0027879　437/1253（3）
漁洋山人詩集二十二卷續集十六卷　（清）王
士禛撰　清康熙八年（1669）吳郡沂詠堂刻王
漁洋遺集本　四冊

430000 – 2401 – 0027880　437/1253（4）
漁洋山人詩集二十二卷續集十六卷　（清）王
士禛撰　清康熙八年（1669）吳郡沂詠堂刻王
漁洋遺集本　四冊

430000 – 2401 – 0027881　437/1061
王氏漁洋詩鈔十二卷　（清）王士禛撰　清康
熙三十四年（1695）刻本　三冊

430000 – 2401 – 0027882　△437/299
帶經堂集九十二卷　（清）王士禛撰　清乾隆
十二年（1747）七略書堂刻本　二十冊

430000 – 2401 – 0027883　△437/299（1）
帶經堂集九十二卷　（清）王士禛撰　清乾隆
十二年（1747）七略書堂刻本　二十四冊

430000 – 2401 – 0027884　△437/299 – 2
帶經堂集九十二卷　（清）王士禛撰　清康熙
四十九年至五十年（1710 – 1711）程氏七略書
堂刻本　二十冊

430000 – 2401 – 0027885　△437/299 – 2（1）
帶經堂集九十二卷　（清）王士禛撰　清康熙
四十九年至五十年（1710 – 1711）程氏七略書
堂刻本　六冊　存二十八卷（六十五至九十二）

430000 – 2401 – 0027886　437/1254
漁洋山人文略十四卷　（清）王士禛撰　清康
熙刻王漁洋遺書本　四冊

430000 – 2401 – 0027887　437/1254（1）
漁洋山人文略十四卷　（清）王士禛撰　清康
熙刻王漁洋遺書本　五冊

430000 – 2401 – 0027888　437/1254（2）
漁洋山人文略十四卷　（清）王士禛撰　清康
熙刻王漁洋遺書本　五冊

430000 – 2401 – 0027889　437/1254（3）
漁洋山人文略十四卷　（清）王士禛撰　清康
熙刻王漁洋遺書本　四冊

430000 – 2401 – 0027890　437/1254（4）
漁洋山人文略十四卷　（清）王士禛撰　清康
熙刻王漁洋遺書本　四冊

430000 – 2401 – 0027891　437/1254（5）
漁洋山人文略十四卷　（清）王士禛撰　清康
熙刻王漁洋遺書本　二冊　缺五卷（五至九）

430000 – 2401 – 0027892　△437/441
漁洋山人文略十四卷　（清）王士禛撰　清康
熙刻本　五冊　存十二卷（三至十四）

430000 – 2401 – 0027893　437/1257
蠶尾文八卷　（清）王士禛撰　清康熙刻帶經
堂集本　四冊

430000 – 2401 – 0027894　437/1256
蠶尾集十卷續集二卷後集二卷　（清）王士禛
撰　清康熙刻王漁洋遺書本　五冊

430000 – 2401 – 0027895　437/1256（1）
蠶尾集十卷續集二卷後集二卷　（清）王士禛
撰　清康熙刻王漁洋遺書本　四冊

430000 – 2401 – 0027896　437/2664
帶經堂全集九十二卷　（清）王士禛撰　清乾
隆十二年（1747）刻本　十九冊

430000 – 2401 – 0027897　437/2664（1）
帶經堂全集九十二卷　（清）王士禛撰　清乾
隆十二年（1747）刻本　三十二冊

430000－2401－0027898　437/2664（2）

帶經堂全集九十二卷　（清）王士禛撰　清乾隆十二年（1747）刻本　二十冊

430000－2401－0027899　437/2664（3）

帶經堂全集九十二卷　（清）王士禛撰　清乾隆十二年（1747）刻本　十八冊　缺三十九卷（一至十、六至二十二、二十八至三十二、四十三至四十七、五十三至五十四）

430000－2401－0027900　437/1250－4

漁洋山人精華錄箋註摘鈔　（清）王士禛撰　清鈔本　一冊

430000－2401－0027901　437/1255

漁洋山人精華錄會心偶筆六卷　（清）王士禛撰　（清）伊應鼎編　清乾隆二十四年（1759）刻本　四冊

430000－2401－0027902　437/1252

漁洋山人精華錄十卷　（清）王士禛撰　（清）林佶輯　清康熙三十九年（1700）精刻王漁洋遺書本　四冊

430000－2401－0027903　437/1252（1）

漁洋山人精華錄十卷　（清）王士禛撰　（清）林佶輯　清康熙三十九年（1700）精刻王漁洋遺書本　四冊

430000－2401－0027904　437/1252（2）

漁洋山人精華錄十卷　（清）王士禛撰　（清）林佶輯　清康熙三十九年（1700）精刻王漁洋遺書本　四冊

430000－2401－0027905　437/1252（4）

漁洋山人精華錄十卷　（清）王士禛撰　（清）林佶輯　清康熙三十九年（1700）精刻王漁洋遺書本　一冊　存三卷（六至八）

430000－2401－0027906　437/1250

漁洋山人精華錄箋註十二卷補一卷年譜一卷　（清）王士禛撰　（清）金榮註　（清）徐準輯　清康熙五十一年（1712）鳳翙堂精刻本　十二冊

430000－2401－0027907　437/1250（1）

漁洋山人精華錄箋註十二卷補一卷年譜一卷　（清）王士禛撰　（清）金榮註　（清）徐準輯　清康熙五十一年（1712）鳳翙堂精刻本　六冊

430000－2401－0027908　437/1250（2）

漁洋山人精華錄箋註十二卷補一卷年譜一卷　（清）王士禛撰　（清）金榮註　（清）徐準輯　清康熙五十一年（1712）鳳翙堂精刻本　六冊

430000－2401－0027909　437/1250（3）

漁洋山人精華錄箋註十二卷補一卷年譜一卷　（清）王士禛撰　（清）金榮註　（清）徐準輯　清康熙五十一年（1712）鳳翙堂精刻本　六冊

430000－2401－0027910　437/1250（4）

漁洋山人精華錄箋註十二卷補一卷年譜一卷　（清）王士禛撰　（清）金榮註　（清）徐準輯　清康熙五十一年（1712）鳳翙堂精刻本　六冊

430000－2401－0027911　437/1250（5）

漁洋山人精華錄箋註十二卷補一卷年譜一卷　（清）王士禛撰　（清）金榮註　（清）徐準輯　清康熙五十一年（1712）鳳翙堂精刻本　八冊

430000－2401－0027912　437/1250（6）

漁洋山人精華錄箋註十二卷補一卷年譜一卷　（清）王士禛撰　（清）金榮註　（清）徐準輯　清康熙五十一年（1712）鳳翙堂精刻本　八冊

430000－2401－0027913　437/1250（7）

漁洋山人精華錄箋註十二卷補一卷年譜一卷　（清）王士禛撰　（清）金榮註　（清）徐準輯　清康熙五十一年（1712）鳳翙堂精刻本　十冊

430000－2401－0027914　437/1250－3

漁洋山人精華錄箋註十二卷補一卷年譜一卷　（清）王士禛撰　（清）金榮註　（清）徐準輯　清寶華順刻本　八冊

430000－2401－0027915　437/1250－3(1)

漁洋山人精華錄箋註十二卷補一卷年譜一卷
（清）王士禛撰　（清）金榮註　（清）徐淮
輯　清寶華順刻本　十冊

430000－2401－0027916　437/1251－2

漁洋山人精華錄訓纂十卷目錄二卷漁洋山人
自撰年譜二卷　（清）王士禛撰　（清）惠棟編
　訓纂補十卷年譜一卷金氏精華錄箋註辯訛
一卷　（清）惠棟撰　清光緒十七年(1891)會
稽徐氏述史樓刻本　十三冊

430000－2401－0027917　437/1251－2(1)

漁洋山人精華錄訓纂十卷目錄二卷漁洋山人
自撰年譜二卷　（清）王士禛撰　（清）惠棟編
　訓纂補十卷年譜一卷金氏精華錄箋註辯訛
一卷　（清）惠棟撰　清光緒十七年(1891)會
稽徐氏述史樓刻本　十四冊

430000－2401－0027918　437/1251

漁洋山人精華錄訓纂十卷目錄二卷　（清）王
士禛撰　（清）惠棟編　清紅豆齋精刻本　十
一冊

430000－2401－0027919　437/473

哀生閣初稿四卷續稿三卷　（清）王大經撰
清光緒十一年(1885)刻本　六冊

430000－2401－0027920　△437/272

宦拾錄十八卷　（清）王子音撰　清嘉慶十一
年(1806)京師琉璃廠文會堂穆春園刻本
十冊

430000－2401－0027921　437/1682

後村詩集七卷吳越游草一卷　（清）王文治撰
　清康熙四十六年(1707)刻本　四冊

430000－2401－0027922　△437/446

夢樓詩集二十四卷　（清）王文治撰　清乾隆
六十年(1795)食舊堂刻本　十二冊

430000－2401－0027923　△437/446(1)

夢樓詩集二十四卷　（清）王文治撰　清乾隆
六十年(1795)食舊堂刻本　六冊

430000－2401－0027924　△437/446(2)

夢樓詩集二十四卷　（清）王文治撰　清乾隆
六十年(1795)食舊堂刻本　六冊

430000－2401－0027925　△437/446(3)

夢樓詩集二十四卷　（清）王文治撰　清乾隆
六十年(1795)食舊堂刻本　十二冊

430000－2401－0027926　437/2678

夢樓詩集二十四卷　（清）王文治撰　清道光
二十九年(1849)刻本　六冊

430000－2401－0027927　437/2457

九溪文稿□□卷　（清）王文清撰　清末刻本
　一冊　存六卷(三至八)

430000－2401－0027928　437/1963

志隱齋詩鈔八卷　（清）王文瑋撰　清咸豐六
年(1856)刻本　二冊

430000－2401－0027929　437/1071

韻山堂詩集七卷補遺一卷　（清）王文誥撰
清光緒十四年(1888)浙江書局刻本　一冊

430000－2401－0027930　△437/118

夕堂戲墨七種七卷　（清）王夫之撰　清康熙
王敔湘西草堂刻本　一冊

430000－2401－0027931　437/2076

經義一卷　（清）王夫之撰　清同治四年
(1865)湘鄉曾氏刻船山遺書本　一冊

430000－2401－0027932　437/2076

經義一卷　（清）王夫之撰　清光緒二十七年
(1901)湘鄉曾氏金陵節署刻本　一冊

430000－2401－0027933　437/2076(1)

經義一卷　（清）王夫之撰　清光緒二十七年
(1901)湘鄉曾氏金陵節署刻本　一冊

430000－2401－0027934　437/2210

惜餘鬢賦　（清）王夫之撰　清光緒二十三年
(1897)邵陽曾氏菜香山館刻本　一冊

430000－2401－0027935　△437/521

雙佩齋詩集八卷駢體文集一卷文集四卷金陵
雜詠一卷　（清）王友亮撰　補梅書屋詩草一
卷　（清）王麟生撰　清嘉慶刻本　四冊

430000－2401－0027936　△437/242

金陵雜詠一卷　（清）王友亮撰　清嘉慶九年
(1804)雙佩齋刻本　一冊

430000－2401－0027937　437/1064

王文簡公遺集八卷　（清）王引之撰　清咸豐
七年(1857)刻本　一冊　缺一卷(八)

430000－2401－0027938　437/387

法京紀事詩一卷　（清）王以宣撰　清光緒二
十一年(1895)刻湘漊館叢書本　一冊

430000－2401－0027939　437/387(1)

法京紀事詩一卷　（清）王以宣撰　清光緒二
十一年(1895)刻湘漊館叢書本　一冊

430000－2401－0027940　437/387(2)

法京紀事詩一卷　（清）王以宣撰　清光緒二
十一年(1895)刻湘漊館叢書本　一冊

430000－2401－0027941　437/2399

檗塢詩存十二卷詞存一卷末一卷　（清）王以
敏撰　清光緒十七年(1891)刻本　四冊

430000－2401－0027942　437/2399

檗塢詩存十二卷詞存一卷末一卷　（清）王以
敏撰　清光緒十七年(1891)刻本　二冊　缺
十一卷(詩存一至八、十至十二)

430000－2401－0027943　437/2399－2

檗塢詩存續集八卷　（清）王以敏撰　清宣統
二年(1910)刻本　四冊

430000－2401－0027944　△437/515

檗塢詩存別集四十五卷末一卷　（清）王以敏
撰　清鈔本　六冊

430000－2401－0027945　437/2827

王介祺鄉試硃卷　（清）王介祺撰　清同治九
年(1870)刻本　一冊

430000－2401－0027946　437/2851

王必名會試硃卷　（清）王必名撰　清同治七
年(1868)刻本　一冊

430000－2401－0027947　437/2595

養拙齋詩十四卷附錄一卷　（清）王必達撰　清
光緒十六年至十九年(1890－1893)刻本　四冊

430000－2401－0027948　437/2967

王正學文華書院課卷　（清）王正學撰　清稿
本　一冊

430000－2401－0027949　437/2823

王丕釐鄉試硃卷　（清）王丕釐撰　清光緒六
年(1880)刻本　一冊

430000－2401－0027950　437/424

味諫果齋集六卷別集二卷外集一卷　（清）王
汝金撰　（清）戴元謙編　清光緒八年(1882)
錢江刻本　八冊

430000－2401－0027951　437/1425

銅梁山人詩集二十五卷　（清）王汝璧撰　清
光緒二十年(1894)京師刻本　四冊

430000－2401－0027952　437/1057

王文肅公遺文一卷　（清）王安國撰　清咸豐
六年(1856)刻本　一冊

430000－2401－0027953　△437/482

樓邨詩集二十五卷　（清）王式丹撰　清雍正
四年(1726)刻本　十冊

430000－2401－0027954　437/1567

萬壑松風樓詩十四卷　（清）王吉人撰　清同
治九年(1870)刻本　四冊

430000－2401－0027955　437/2352

唒觚齋詩錄一卷文錄二卷　（清）王兆涵撰
清光緒二十八年(1902)長沙刻本　一冊

430000－2401－0027956　437/1905

閩嶠游草二卷　（清）王成瑞撰　清光緒三十
一年(1905)花雲閣鉛印本　一冊

430000－2401－0027957　437/784

澹香齋詠史詩一卷　（清）王廷紹撰　清光緒
十七年(1891)桂林桂垣書局刻本　一冊

430000－2401－0027958　437/784(1)

澹香齋詠史詩一卷　（清）王廷紹撰　清光緒
十七年(1891)桂林桂垣書局刻本　一冊

430000－2401－0027959　437/2850

王良弼殿試卷　（清）王良弼撰　清光緒刻本
一冊

430000－2401－0027960　437/2324

悔生文集八卷詩鈔六卷　（清）王灼撰　清嘉慶刻本　四冊

430000－2401－0027961　437/1173

淵雅堂全集五十八卷　（清）王芑孫撰　清嘉慶刻本　二十冊

430000－2401－0027962　△437/406

淵雅堂全集五十八卷　（清）王芑孫撰　清嘉慶八年至二十五年(1803－1820)刻本　三十八冊

430000－2401－0027963　437/2564

已山太史存稿不分卷　（清）王步青撰　清乾隆二年(1737)刻本　二冊

430000－2401－0027964　△437/110

已山先生文集十卷別集四卷傳一卷　清乾隆十七年(1752)敦復堂刻本　四冊

430000－2401－0027965　437/1924

蓮友齋詩鈔二卷詩餘一卷　（清）王希曾撰　清宣統二年(1910)漢口書局振華印書館鉛印本　二冊

430000－2401－0027966　437/2137

雲海樓詩稿四卷　（清）王治模撰　清光緒元年(1875)長沙荷池書局刻本　一冊

430000－2401－0027967　437/2066

晚聞居士遺集九卷首一卷　（清）王宗炎撰　清道光十至十一年(1830－1831)杭州愛日軒刻本　四冊

430000－2401－0027968　437/1523

願學堂詩鈔二十八卷　（清）王宗燿撰　清咸豐十年(1860)刻本　六冊

430000－2401－0027969　437/1628

塞垣集六卷　（清）王定安撰　清宣統三年(1911)京師京華印書局鉛印本　一冊

430000－2401－0027970　437/1628(1)

塞垣集六卷　（清）王定安撰　清宣統三年(1911)京師京華印書局鉛印本　一冊

430000－2401－0027971　437/1658

椒園居士集六卷　（清）王定柱撰　清光緒三十二年(1906)泰州寓宅龍樹精舍刻本　二冊

430000－2401－0027972　437/1158

鈍翁吟草二卷　（清）王芷庭撰　清宣統元年(1909)鉛印本　二冊

430000－2401－0027973　437/2675(1)

葆淳閣集二十六卷　（清）王傑撰　清嘉慶二十年(1815)刻本　十二冊

430000－2401－0027974　△437/405

葆淳閣集二十四卷易說二卷　（清）王傑撰
年譜一卷　（清）阮元撰　清嘉慶刻本　五冊　缺五卷(十一至十五)

430000－2401－0027975　437/2675

葆淳閣集二十四卷易說二卷　（清）王傑撰　清刻本　十二冊

430000－2401－0027976　437/2867

王明德會試硃卷　（清）王明德撰　清光緒九年(1883)刻本　一冊

430000－2401－0027977　437/2083

長離閣集一卷　（清）王采薇撰　清光緒十一年(1885)長沙王氏刻本　一冊

430000－2401－0027978　437/1580

讀選樓詩稿十一卷　（清）王采蘋撰　清光緒二十年(1894)東河督署刻本　二冊

430000－2401－0027979　437/1580－2

讀選樓詩稿十卷　（清）王采蘋撰　清光緒二十七年(1901)湘省師述堂刻本　一冊　存四卷(一至四)

430000－2401－0027980　437/1058

王光祿遺文集六卷　（清）王念孫撰　清咸豐七年(1857)刻本　一冊

430000－2401－0027981　437/2031

節慎齋制義一卷　（清）王延年撰　清道光二十九年(1849)敬業堂刻本　一冊

430000－2401－0027982　△437/107

了庵文集九卷　（清）王岱撰　清康熙四年

(1665)刻本　五冊

430000－2401－0027983　△437/108
了庵詩集不分卷　（清）王岱撰　清康熙刻本
　　三冊

430000－2401－0027984　△437/109
了庵詩十卷　（清）王岱撰　清康熙刻本
　　二冊

430000－2401－0027985　△437/280
浮槎文集十一卷　（清）王岱撰　清刻本
　　一冊

430000－2401－0027986　△437/176
旭華堂文集十四卷補遺一卷續編一卷　（清）
王煥曾撰　清乾隆十六年(1751)趙熟典刻本
　　四冊

430000－2401－0027987　437/2801
王施海鄉試卷　（清）王施海撰　清光緒二十
八年(1902)刻本　一冊

430000－2401－0027988　437/2034
述庵詩鈔十二卷　（清）王昶撰　清乾隆五十
五年(1790)刻本　四冊

430000－2401－0027989　437/2471
漆室吟八卷　（清）王柏心撰　清咸豐七年
(1857)刻本　二冊　存六卷(一至六)

430000－2401－0027990　437/2471－2
漆室吟八卷　（清）王柏心撰　清同治三年
(1864)監利王氏刻本　二冊

430000－2401－0027991　437/263
百柱堂詩稿八卷　（清）王柏心撰　清同治十
二年(1873)監利王氏刻本　二冊

430000－2401－0027992　437/263－2
百柱堂全集五十二卷首一卷　（清）王柏心撰
　　清光緒十九年(1893)刻本　二十冊

430000－2401－0027993　437/263－3
百柱堂全集內集三十四卷外集十九卷　（清）
王柏心撰　清光緒二十四年(1898)成山唐氏
貴陽刻本　十四冊

430000－2401－0027994　437/263－3（1）
百柱堂全集內集三十四卷外集十九卷　（清）
王柏心撰　清光緒二十四年(1898)成山唐氏
貴陽刻本　十六冊

430000－2401－0027995　437/263－3（2）
百柱堂全集內集三十四卷外集十九卷　（清）
王柏心撰　清光緒二十四年(1898)成山唐氏
貴陽刻本　十六冊

430000－2401－0027996　437/970
龍壁山房詩草十二卷　（清）王拯撰　清咸豐
九年(1859)京師刻本　四冊

430000－2401－0027997　437/970（1）
龍壁山房詩草十二卷　（清）王拯撰　清咸豐
九年(1859)京師刻本　一冊　存六卷(一至
六)

430000－2401－0027998　437/972
龍壁山房文集八卷　（清）王拯撰　清光緒七
年(1881)河北分守道署刻本　四冊

430000－2401－0027999　437/972（1）
龍壁山房文集八卷　（清）王拯撰　清光緒七
年(1881)河北分守道署刻本　四冊

430000－2401－0028007　437/2944
王香倬策問　（清）王香倬撰　鈔本　一冊

430000－2401－0028008　437/496
政餘書屋文鈔二十卷　（清）王泉之撰　清道
光十年(1830)刻本　十冊

430000－2401－0028009　437/496（1）
政餘書屋文鈔二十卷　（清）王泉之撰　清道
光十年(1830)刻本　十冊

430000－2401－0028010　437/496（2）
政餘書屋文鈔二十卷　（清）王泉之撰　清道
光十年(1830)刻本　十冊

430000－2401－0028011　437/496（3）
政餘書屋文鈔二十卷　（清）王泉之撰　清道
光十年(1830)刻本　五冊　缺九卷(一至九)

430000－2401－0028012　437/457
佩珊珊室詩存一卷　（清）王紉佩撰　清光緒

十九年(1893)刻本　一册

430000－2401－0028013　437/2069

彤雲閣遺詩二卷絳雪齋文稿一卷　（清）王家
仕撰　清同治十一年(1872)監利王氏刻本
一册

430000－2401－0028014　437/337

伊蒿室文集六卷詩集二卷附詩餘一卷　（清）
王效成撰　清咸豐五年(1855)望三益齋刻本
三册

430000－2401－0028015　437/337(1)

伊蒿室文集六卷詩集二卷附詩餘一卷　（清）
王效成撰　清咸豐五年(1855)望三益齋刻本
三册

430000－2401－0028016　437/802

湘東草堂詩集二卷　（清）王晉撰　（清）賀嘉
齡編　清同治十年(1871)賀氏刻本　二册

430000－2401－0028017　437/802(1)

湘東草堂詩集二卷　（清）王晉撰　（清）賀嘉
齡編　清同治十年(1871)賀氏刻本　二册

430000－2401－0028018　437/802(2)

湘東草堂詩集二卷　（清）王晉撰　（清）賀嘉
齡編　清同治十年(1871)賀氏刻本　二册

430000－2401－0028019　437/1063

王艮齋詩集十卷文集四卷　（清）王峻撰　清
乾隆十八年(1753)玉照堂刻本　三册

430000－2401－0028020　437/1063(1)

王艮齋詩集十卷文集四卷　（清）王峻撰　清
乾隆十八年(1753)玉照堂刻本　一册

430000－2401－0028021　437/1892

天香樓遺稿四卷　（清）王望霖撰　清道光二
十八年(1848)刻本　一册

430000－2401－0028022　437/539

拾遺詩鈔一卷　（清）王國甲撰　（清）王夢勳
（清）王夢熊輯　清嘉慶十二年(1807)詠梅
軒刻本　一册

430000－2401－0028023　△437/217

青箱堂文集十二卷遺稿續刻一卷年譜一卷

（清）王崇簡撰　清康熙二十八年(1689)王燕
刻本　六册

430000－2401－0028024　437/2332

青箱堂文集十二卷　（清）王崇簡撰　清康熙
二十八年(1689)刻本　六册

430000－2401－0028025　437/2330

函雅堂集四十卷　（清）王詠霓撰　清光緒二
十二年(1896)刻本　十册

430000－2401－0028026　437/1392

縵雅堂駢體文八卷　（清）王詒壽撰　清光緒
六年(1880)刻本　四册

430000－2401－0028027　437/1392(1)

縵雅堂駢體文八卷　（清）王詒壽撰　清光緒
六年(1880)刻本　四册

430000－2401－0028028　437/1392(2)

縵雅堂駢體文八卷　（清）王詒壽撰　清光緒
六年(1880)刻本　三册

430000－2401－0028029　437/1392(3)

縵雅堂駢體文八卷　（清）王詒壽撰　清光緒
六年(1880)刻本　四册

430000－2401－0028030　△437/277

秋塍書屋詩鈔八卷文鈔二卷　（清）王斯年撰
清嘉慶十七年(1812)刻本　二册

430000－2401－0028031　437/2320

石壺詩鈔二卷　（清）王朝瑞撰　清光緒二十
五年(1899)多文堂木活字本　一册

430000－2401－0028032　437/2055

崇雅堂稿八卷　（清）王植撰　清乾隆二十四
年(1759)刻本　八册

430000－2401－0028033　437/789

琳齋詩稿□□卷　（清）王景彝撰　清光緒刻
本　一册　存一卷(二)

430000－2401－0028034　437/625

茗韻軒遺詩一卷　（清）王翊稙撰　清同治四
年(1865)紫琅寓館刻本　一册

430000－2401－0028035　437/2244

青原餘集五卷　（清）王爲壖撰　清刻本
一冊

430000－2401－0028036　437/2826

王象乾貢卷　（清）王象乾撰　清光緒九年
(1883)刻本　一冊

430000－2401－0028037　△437/230

居業堂文集二十卷　（清）王源撰　（清）管繩
萊編訂　清道光十一年(1831)讀雪山房刻本
佚名題識批點題跋　四冊

430000－2401－0028038　437/2122

居業堂文集二十卷　（清）王源撰　清光緒五年
(1879)定州王氏謙德堂刻畿輔叢書本　四冊

430000－2401－0028039　437/225

冬榮室詩鈔一卷　（清）王煥崧撰　清光緒三
十三年(1907)時中書局鉛印本　一冊

430000－2401－0028040　△437/437

愛日堂詩一卷虛室詩一卷小書巢詩一卷所宜
軒詩一卷枕善居詩一卷三十六湖漁唱删存三
集　（清）王敬之撰　清道光二十一年(1841)
刻本　二冊

430000－2401－0028041　△437/129

王文靖公集二十四卷　（清）王熙撰　年譜一
卷附錄一卷　清康熙四十六年(1707)王克昌
刻本　五冊

430000－2401－0028042　437/128

聽園詩鈔十六卷　（清）王楷撰　清光緒五年
(1879)長沙刻本　四冊

430000－2401－0028043　437/128(1)

聽園詩鈔十六卷　（清）王楷撰　清光緒五年
(1879)長沙刻本　四冊

430000－2401－0028044　437/1307

隴首集一卷　（清）王與胤撰　清康熙、雍正
刻王漁洋遺書本　一冊

430000－2401－0028045　△437/262

映然子吟紅集三十卷　（清）王端淑撰　清刻
本　二冊

430000－2401－0028046　437/2155

容膝軒文稿七卷　（清）王榮商撰　清光緒二
十一年(1895)刻本　一冊

430000－2401－0028047　437/353

自鳴稿二卷　（清）王壽康撰　清咸豐八年
(1858)刻本　一冊

430000－2401－0028048　437/2579

冰壺山館詩鈔十四卷　（清）王夢庚撰　清道
光刻本　七冊

430000－2401－0028049　437/2286

抱泉山館詩集十一卷文集三卷　（清）王蒔蕙
撰　清光緒二十七年(1901)寧波鈞和公司鉛
印本　四冊

430000－2401－0028050　437/1454

嗣雅堂詩存五卷　（清）王嘉祿撰　清道光二
十六年(1846)彭蘊章刻本　一冊

430000－2401－0028051　437/2019

西沚居士集二十四卷　（清）王鳴盛撰　清道
光三年(1823)南翔文默齋刻本　四冊

430000－2401－0028052　△437/528

鶴溪文稿不分卷　（清）王鳴韶撰　稿本　錢
大昕、朱春生、葉德輝、葉啟勳等題識　王蘭
泉批校　四冊

430000－2401－0028053　437/2500

彝經堂詩鈔六卷賦鈔一卷駢文一卷　（清）王
維翰撰　清光緒七年(1881)梅梨小隱半繭園
刻本　二冊

430000－2401－0028054　437/1486

蘭雪堂詩稿不分卷　（清）王廣心撰　清道光
二十七年(1847)王承淮刻本　二冊

430000－2401－0028055　437/1516

蟪廬詩鈔十卷　（清）王蔭槐撰　清光緒七年
(1881)刻本　二冊

430000－2401－0028056　437/1694

玉屏集十六卷　（清）王德基撰　清光緒二十
六年(1900)武岡學署朱印本　六冊

430000－2401－0028057　437/401

孟亭詩集四卷　（清）王箴輿撰　清同治十二

年(1873)福建撫署刻本　二册

430000－2401－0028058　437/1897
平養堂文編十卷　（清）王龍文撰　清宣統三年(1911)思賢書局刻本　四册

430000－2401－0028059　437/1897（1）
平養堂文編十卷　（清）王龍文撰　清宣統三年(1911)思賢書局刻本　四册

430000－2401－0028060　437/1897（2）
平養堂文編十卷　（清）王龍文撰　清宣統三年(1911)思賢書局刻本　四册

430000－2401－0028061　437/1897（3）
平養堂文編十卷　（清）王龍文撰　清宣統三年(1911)思賢書局刻本　四册

430000－2401－0028062　437/1897（4）
平養堂文編十卷　（清）王龍文撰　清宣統三年(1911)思賢書局刻本　四册

430000－2401－0028063　437/1897（5）
平養堂文編十卷　（清）王龍文撰　清宣統三年(1911)思賢書局刻本　四册

430000－2401－0028064　437/1897－2
平養堂文稿　（清）王龍文撰　清宣統三年(1911)稿本　一册

430000－2401－0028065　437/1838
烟霞萬古樓文集六卷　（清）王曇撰　清道光二十年(1840)刻本　二册

430000－2401－0028066　437/1838（1）
烟霞萬古樓文集六卷　（清）王曇撰　清道光二十年(1840)刻本　二册

430000－2401－0028067　437/1838（2）
烟霞萬古樓文集六卷　（清）王曇撰　清道光二十年(1840)刻本　二册

430000－2401－0028068　437/1838－2
烟霞萬古樓文集六卷　（清）王曇撰　清光緒二十一年(1895)鴻文書局刻粤雅堂叢書本　三册

430000－2401－0028069　△437/416
烟霞萬古樓文集六卷　（清）王曇撰　（清）葉

三緘註　稿本　二册

430000－2401－0028070　437/1839
烟霞萬古樓詩選二卷　（清）王曇撰　清道光二十年(1840)刻本　一册

430000－2401－0028071　437/1840
烟霞萬古樓詩殘稿一卷　（清）王曇撰　清光緒二十六年(1900)寒松閣刻本　一册

430000－2401－0028072　437/2648
王壯武公遺集二十四卷首一卷　（清）王鑫撰　清光緒十八年(1892)湘鄉王氏江寧刻本　十二册

430000－2401－0028073　437/2648（1）
王壯武公遺集二十四卷首一卷　（清）王鑫撰　清光緒十八年(1892)湘鄉王氏江寧刻本　十二册

430000－2401－0028074　437/2648（2）
王壯武公遺集二十四卷首一卷　（清）王鑫撰　清光緒十八年(1892)湘鄉王氏江寧刻本　十二册

430000－2401－0028075　437/2648（3）
王壯武公遺集二十四卷首一卷　（清）王鑫撰　清光緒十八年(1892)湘鄉王氏江寧刻本　十二册

430000－2401－0028076　437/2648（4）
王壯武公遺集二十四卷首一卷　（清）王鑫撰　清光緒十八年(1892)湘鄉王氏江寧刻本　十二册

430000－2401－0028077　437/2648（5）
王壯武公遺集二十四卷首一卷　（清）王鑫撰　清光緒十八年(1892)湘鄉王氏江寧刻本　十二册

430000－2401－0028078　437/2648（6）
王壯武公遺集二十四卷首一卷　（清）王鑫撰　清光緒十八年(1892)湘鄉王氏江寧刻本　十二册

430000－2401－0028079　437/2833
清暉閣贈貽尺牘二卷　（清）王鞏撰　清宣統

三年(1911)順德鄧氏鉛印風雨樓叢書本
一冊

430000－2401－0028080　437/323
扶荔生覆瓿集十卷　（清）王濟撰　清同治十
二年(1873)巴陵方氏碧琳琅館刻本　　五冊

430000－2401－0028081　437/1326
闕存齋古今體詩一卷詞鈔一卷　（清）王韺撰
　　清光緒二十九年(1903)長沙葉氏刻本
一冊

430000－2401－0028082　△437/156
白田草堂存稿二十四卷　（清）王懋竑撰　清
乾隆刻本　　六冊

430000－2401－0028083　437/203－2
白田草堂存稿八卷　（清）王懋竑撰　清光緒
二十年(1894)廣雅書局刻本　二冊

430000－2401－0028084　437/203－2(1)
白田草堂存稿八卷　（清）王懋竑撰　清光緒
二十年(1894)廣雅書局刻本　二冊

430000－2401－0028085　437/1207
望古遙集詩存一卷　（·清）王璞撰　（清）王福
曾註　清光緒四年(1878)刻本　一冊

430000－2401－0028086　437/1126
竹庵詩錄五卷　（清）王簡撰　清刻本　一冊
　　存一卷（五）

430000－2401－0028087　437/2633
黃甲草廬家世錄三卷　（清）王鎮興撰　清光
緒二十四年(1898)刻本　三冊

430000－2401－0028088　437/2633(1)
黃甲草廬家世錄三卷　（清）王鎮興撰　清光
緒二十四年(1898)刻本　三冊

430000－2401－0028089　437/1274
慎其餘齋文集二十卷　（清）王贈芳撰　清咸
豐四年(1854)留香書屋刻本　六冊

430000－2401－0028090　437/1274(1)
慎其餘齋文集二十卷　（清）王贈芳撰　清咸
豐四年(1854)留香書屋刻本　四冊

430000－2401－0028091　437/1274(2)
慎其餘齋文集二十卷　（清）王贈芳撰　清咸
豐四年(1854)留香書屋刻本　四冊

430000－2401－0028092　437/1336(1)
蘅華館詩錄五卷　（清）王韜撰　清光緒六年
(1880)天南遯窟鉛印弢園叢書本　二冊

430000－2401－0028093　437/1336(2)
蘅華館詩錄六卷　（清）王韜撰　清光緒十六
年(1890)遯叟鉛印弢園叢書本　二冊

430000－2401－0028094　437/1336
蘅華館詩錄六卷　（清）王韜撰　清光緒十六
年(1890)遯叟鉛印弢園叢書本　二冊

430000－2401－0028095　437/1614
試畯堂文鈔一卷　（清）王蘇撰　清道光二十
六年(1846)太平院署刻本　一冊

430000－2401－0028096　437/187
聽桐廬殘草一卷　（清）王繼穀撰　清光緒七
年(1881)刻本　一冊

430000－2401－0028097　437/2280
石堂集十卷近稿一卷金臺隨筆一卷　（清）釋
元玉撰　清光緒刻本　三冊

430000－2401－0028098　437/2280(1)
石堂集十卷近稿一卷金臺隨筆一卷　（清）釋
元玉撰　清光緒刻本　二冊

430000－2401－0028099　△437/184
完玉堂詩集十卷　（清）釋元璟撰　清刻本
二冊

430000－2401－0028100　437/1175
西堂秋夢錄一卷　（清）尤侗撰　清康熙刻西
堂全集本　一冊

430000－2401－0028101　△437/166
西堂詩歌一卷　（清）尤侗撰　清鈔本　清周
鴻賓批校圈點　一冊

430000－2401－0028102　△437/105
二娛小廬詩鈔五卷詞鈔二卷詩鈔補編一卷
（清）尤維熊撰　清嘉慶十七年(1812)錢唐陳
鴻壽刻本　二冊

430000－2401－0028103　△437/358

湖海集十三卷　（清）孔尚任撰　清康熙二十八年(1689)介安堂刻本　四冊

430000－2401－0028104　437/1671

隨安詩鈔二卷　（清）孔昭德撰　清光緒二十一年(1895)長沙刻本　一冊

430000－2401－0028105　437/1524

韻香閣詩草一卷　（清）孔祥淑撰　清光緒十二年(1886)刻本　二冊

430000－2401－0028106　437/281

存樸山房詩鈔八卷　（清）孔廣仁撰　清光緒二十一年(1895)刻本　四冊

430000－2401－0028107　437/2318

儀鄭堂駢儷文三卷　（清）孔廣森撰　卷施閣文乙集八卷續一卷更生齋文乙集四卷　（清）洪亮吉撰　清光緒二十二年(1896)善化章氏經濟堂刻本　六冊

430000－2401－0028108　437/2318(1)

儀鄭堂駢儷文三卷　（清）孔廣森撰　卷施閣文乙集八卷續一卷更生齋文乙集四卷　（清）洪亮吉撰　清光緒二十二年(1896)善化章氏經濟堂刻本　一冊

430000－2401－0028109　437/2412

省香齋詩集六卷　（清）孔慶鏞撰　清光緒十七年(1891)青門刻本　二冊

430000－2401－0028110　437/2828

孔憲教鄉試硃卷　（清）孔憲教撰　清光緒十一年(1885)刻本　一冊

430000－2401－0028111　437/2894

孔憲教鄉試硃卷　（清）孔憲教撰　清光緒十二年(1886)刻本　一冊

430000－2401－0028112　437/2249

對嶽樓詩續錄四卷　（清）孔憲彝撰　清咸豐七年(1857)刻本　一冊

430000－2401－0028113　437/2249(1)

對嶽樓詩續錄四卷　（清）孔憲彝撰　清咸豐七年(1857)刻本　一冊

430000－2401－0028114　437/1014

心嚮往齋詩集二卷　（清）孔繼鑅撰　清道光二十九年(1849)刻本　一冊

430000－2401－0028115　437/1898

心白日齋集六卷　（清）尹耕雲撰　清光緒二十一年(1895)刻本　四冊

430000－2401－0028116　437/1898(1)

心白日齋集六卷　（清）尹耕雲撰　清光緒二十一年(1895)刻本　四冊

430000－2401－0028117　437/2058

抱膝山房詩稿二卷又四卷散體文二卷駢體文二卷駢文二卷駢體文續稿二卷又二卷　（清）尹恭保撰　清光緒刻本　四冊

430000－2401－0028118　437/2910

兩俟居學古初稿一卷　（清）尹鋆慧撰　清同治稿本　一冊

430000－2401－0028119　437/2011

鼎吉堂文鈔初編八卷續編八卷詩鈔五卷　（清）尹繼美撰　清光緒四年(1878)有鄰書舍刻本　四冊

430000－2401－0028120　437/1630

尹文端公詩集十卷　（清）尹繼善撰　清嘉慶五年(1800)刻本　六冊

430000－2401－0028121　437/1459

暫留軒詩鈔八卷　（清）尹繼隆撰　清咸豐四年(1854)尹氏暫留軒刻本　三冊

430000－2401－0028122　437/1460

暫留軒文鈔八卷　（清）尹繼隆撰　清光緒五年(1879)移荆書屋刻本　四冊

430000－2401－0028123　△437/204

空山堂集十二卷　（清）牛運震撰　清刻本　一冊　存六卷(一至六)

430000－2401－0028124　437/2012

牛氏家言二卷　（清）牛樹梅纂　清道光三十年(1850)刻本　一冊

430000－2401－0028125　437/2893

毛宗典鄉試硃卷　（清）毛宗典撰　清光緒十

五年(1889)刻本　一冊

430000－2401－0028126　437/1855

麋園詩鈔八卷　(清)毛國翰撰　清道光二十六年(1846)長沙篤雅堂刻本　二冊

430000－2401－0028127　437/1855(1)

麋園詩鈔八卷　(清)毛國翰撰　清道光二十六年(1846)長沙篤雅堂刻本　二冊

430000－2401－0028128　437/1855(2)

麋園詩鈔八卷　(清)毛國翰撰　清道光二十六年(1846)長沙篤雅堂刻本　二冊

430000－2401－0028129　437/1855－3

麋園詩鈔一卷　(清)毛國翰撰　清光緒十六年(1890)長沙王先謙刻本　一冊

430000－2401－0028130　437/248

西垣詩鈔二卷西垣黔苗竹枝詞一卷　(清)毛貴銘撰　清咸豐十年(1860)刻本　二冊

430000－2401－0028131　437/248(1)

西垣詩鈔二卷西垣黔苗竹枝詞一卷　(清)毛貴銘撰　清咸豐十年(1860)刻本　二冊

430000－2401－0028132　437/248(2)

西垣詩鈔二卷西垣黔苗竹枝詞一卷　(清)毛貴銘撰　清咸豐十年(1860)刻本　二冊

430000－2401－0028133　437/248(3)

西垣詩鈔二卷西垣黔苗竹枝詞一卷　(清)毛貴銘撰　清咸豐十年(1860)刻本　二冊

430000－2401－0028134　437/248(4)

西垣詩鈔二卷西垣黔苗竹枝詞一卷　(清)毛貴銘撰　清咸豐十年(1860)刻本　二冊

430000－2401－0028135　437/248－2

西垣詩鈔二卷西垣黔苗竹枝詞一卷　(清)毛貴銘撰　清光緒十年(1884)長沙王氏刻本　一冊

430000－2401－0028136　437/248－2(1)

西垣詩鈔二卷西垣黔苗竹枝詞一卷　(清)毛貴銘撰　清光緒十年(1884)長沙王氏刻本　一冊

430000－2401－0028137　437/248－2(2)

西垣詩鈔二卷西垣黔苗竹枝詞一卷　(清)毛貴銘撰　清光緒十年(1884)長沙王氏刻本　一冊

430000－2401－0028138　437/248－3

西垣遺詩一卷　(清)毛貴銘撰　清鈔本　一冊

430000－2401－0028139　437/613

桐𪩘吟餘一卷　(清)毛雋章撰　清同治六年(1867)木活字本　一冊

430000－2401－0028140　437/1991

小栗山房詩鈔十卷　(清)殳慶源撰　清道光十二年(1832)刻本　二冊

430000－2401－0028141　437/1352

詒晉齋集八卷後集一卷隨筆一卷　(清)永瑆撰　清道光二十八年(1848)載銳刻本　二冊

430000－2401－0028142　437/1462

耕煙草堂詩鈔二卷　(清)平疇撰　清同治十年(1871)安越堂刻本　一冊

430000－2401－0028143　437/1227

甘莊恪公全集十六卷　(清)甘汝來撰　清乾隆五十六年(1791)刻本　二冊

430000－2401－0028144　437/1313

焚餘小草一卷　(清)甘啟華撰　清道光十二年(1832)種香山館刻本　一冊

430000－2401－0028145　437/2198

柳塘詩鈔二卷　(清)左世昌撰　清同治十三年(1874)刻本　二冊

430000－2401－0028146　437/2639

左宗植鄉試卷一卷　(清)左宗植撰　稿本　一冊

430000－2401－0028147　437/1473

慎盦文鈔二卷詩鈔二卷　(清)左宗植撰　清光緒元年(1875)左氏刻本　四冊

430000－2401－0028148　△437/147

左文襄公文稿不分卷　(清)左宗棠撰　稿本　一冊

430000－2401－0028149　△437/5

左宗棠致李續宜信札　（清）左宗棠撰　稿本
一冊

430000－2401－0028150　△437/3

左宗棠致陳湜信札不分卷　（清）左宗棠撰
稿本　三冊

430000－2401－0028151　△437/4

左宗棠信札　（清）左宗棠撰　稿本　一冊

430000－2401－0028152　△437/148

左宗棠鄉試卷一卷　（清）左宗棠撰　清朱筆
鈔本　一冊

430000－2401－0028153　437/540

恪靖侯盾鼻餘瀋一卷　（清）左宗棠撰　清光
緒七年(1881)長沙刻本　一冊

430000－2401－0028154　437/540（1）

恪靖侯盾鼻餘瀋一卷　（清）左宗棠撰　清光
緒七年(1881)長沙刻本　二冊

430000－2401－0028155　437/540（2）

恪靖侯盾鼻餘瀋一卷　（清）左宗棠撰　清光
緒七年(1881)長沙刻本　二冊

430000－2401－0028156　437/540（3）

恪靖侯盾鼻餘瀋一卷　（清）左宗棠撰　清光
緒七年(1881)長沙刻本　二冊

430000－2401－0028157　437/540（4）

恪靖侯盾鼻餘瀋一卷　（清）左宗棠撰　清光
緒七年(1881)長沙刻本　二冊

430000－2401－0028158　437/540（5）

恪靖侯盾鼻餘瀋一卷　（清）左宗棠撰　清光
緒七年(1881)長沙刻本　二冊

430000－2401－0028159　437/540（6）

恪靖侯盾鼻餘瀋一卷　（清）左宗棠撰　清光
緒七年(1881)長沙刻本　二冊

430000－2401－0028160　437/540（7）

恪靖侯盾鼻餘瀋一卷　（清）左宗棠撰　清光
緒七年(1881)長沙刻本　二冊

430000－2401－0028161　437/821

湘陰相國文鈔一卷　（清）左宗棠撰　清光緒
十二年(1886)黃雲鵠蜀中刻本　黃侃題識
一冊

430000－2401－0028162　437/2624

左太傅與陳少保書一卷　（清）左宗棠撰　清
光緒三十四年(1908)石印本　二冊

430000－2401－0028163　437/2624（1）

左太傅與陳少保書一卷　（清）左宗棠撰　清
光緒三十四年(1908)石印本　二冊

430000－2401－0028164　437/2624（2）

左太傅與陳少保書一卷　（清）左宗棠撰　清
光緒三十四年(1908)石印本　二冊

430000－2401－0028165　437/1097

左文襄公書牘二十六卷家書二卷　（清）左宗
棠撰　清光緒刻本　二十八冊

430000－2401－0028166　△437/146

左孟辛詩文集二卷　（清）左桂撰　稿本　清
方駿謨、孫齊、徐江旭批註題識　二冊

430000－2401－0028167　437/2824

左肇南鄉試硃卷　（清）左肇南撰　清光緒八
年(1882)刻本　一冊

430000－2401－0028168　△437/519

歸來集不分卷　（清）左樞撰　清稿本　一冊

430000－2401－0028169　437/290

冷吟儡館詩稿八卷詩餘一卷文存一卷　（清）
左錫嘉撰　清光緒十六年(1890)左氏刻本
三冊　存七卷(詩稿二至四、七至八,詩餘一
卷,文存一卷)

430000－2401－0028170　437/2888

左學易鄉試硃卷　（清）左學易撰　清光緒十
一年(1885)刻本　一冊

430000－2401－0028171　437/1675

待輈集一卷且甌歌一卷　（清）石方洛撰　清
光緒三十年(1904)刻本　一冊

430000－2401－0028172　437/2713

九疑行一卷　（清）石光陛撰　清同治拓本
一冊

430000－2401－0028173　437/616

桐葉山房詩草十六卷 （清）石承藻撰　清道光九年（1829）刻本　一冊

430000－2401－0028174　437/616（1）

桐葉山房詩草十六卷 （清）石承藻撰　清道光九年（1829）刻本　一冊

430000－2401－0028175　437/616（2）

桐葉山房詩草十六卷 （清）石承藻撰　清道光九年（1829）刻本　一冊

430000－2401－0028176　437/2890

石家鑒鄉試硃卷 （清）石家鑒撰　清光緒十四年（1888）刻本　一冊

430000－2401－0028177　437/2234

誦清閣集四卷首一卷 （清）石景芬撰　清同治十年（1871）刻本　四冊

430000－2401－0028178　437/2234（1）

誦清閣集四卷首一卷 （清）石景芬撰　清同治十年（1871）刻本　四冊

430000－2401－0028179　△437/503

獨學廬初稿詩八卷文三卷讀左卮言一卷漢書刊訛一卷 （清）石韞玉撰　清乾隆六十年（1795）長沙官舍刻本　八冊

430000－2401－0028180　△437/503

獨學廬初稿詩八卷文三卷讀左卮言一卷漢書刊訛一卷 （清）石韞玉撰　清乾隆六十年（1795）長沙官舍刻本　四冊

430000－2401－0028181　437/120

獨學廬初稿詩八卷文三卷 （清）石韞玉撰　清乾隆刻獨學廬全稿本　三冊

430000－2401－0028182　437/1749

獨學廬外集一卷 （清）石韞玉撰　清中刻本　一冊

430000－2401－0028183　437/60

亦園詩鈔六卷 （清）石廣均撰　**借綠軒遺草二卷** （清）石繩幹撰　清咸豐三年（1853）刻本　二冊

430000－2401－0028184　437/644

師伏堂駢文四卷詩草六卷詠史一卷詞一卷 （清）皮錫瑞撰　清光緒三十年（1904）刻本　六冊

430000－2401－0028185　437/644（1）

師伏堂駢文四卷詩草六卷詠史一卷詞一卷 （清）皮錫瑞撰　清光緒三十年（1904）刻本　六冊

430000－2401－0028186　437/644（2）

師伏堂駢文四卷詩草六卷詠史一卷詞一卷 （清）皮錫瑞撰　清光緒三十年（1904）刻本　六冊

430000－2401－0028187　437/644（3）

師伏堂駢文四卷詩草六卷詠史一卷詞一卷 （清）皮錫瑞撰　清光緒三十年（1904）刻本　六冊

430000－2401－0028188　437/644（4）

師伏堂駢文四卷詩草六卷詠史一卷詞一卷 （清）皮錫瑞撰　清光緒三十年（1904）刻本　三冊

430000－2401－0028189　437/2616

古歡堂集三十七卷長河志籍考十卷 （清）田雯撰　清乾隆刻本　十冊

430000－2401－0028190　437/2616（1）

古歡堂集三十七卷長河志籍考十卷 （清）田雯撰　清乾隆刻本　五冊

430000－2401－0028191　437/891

碧山堂詩鈔十六卷黔苗竹枝詞一卷 （清）田榕撰　（清）洪其哲編　清乾隆十八年（1753）精刻本　四冊

430000－2401－0028192　437/891（1）

碧山堂詩鈔十六卷黔苗竹枝詞一卷 （清）田榕撰　（清）洪其哲編　清乾隆十八年（1753）精刻本　二冊　存八卷（五至十二）

430000－2401－0028193　437/2005

聰山詩選八卷文集三卷荊園小語一卷荊園進語一卷 （清）申涵光撰　（清）劉佑選　清康熙刻本　六冊

430000－2401－0028194　437/2805

申鼎勳鄉試卷　（清）申鼎勳撰　清光緒二十八年(1902)刻本　一冊

430000－2401－0028195　437/1511

麝塵集一卷　（清）史久榕撰　清光緒十六年(1890)刻剪秋篆叢書本　一冊

430000－2401－0028196　438/830

靜香書屋詩鈔一卷　（清）史汝楫撰　民國元年(1912)花嶼讀書堂刻本　一冊

430000－2401－0028197　437/1691

俞俞齋文稿四卷詩稿二卷　（清）史念祖撰　清光緒十六年(1890)黔南藩署刻本　六冊

430000－2401－0028198　437/1691－2

俞俞齋文稿初集四卷詩稿初集二卷　（清）史念祖撰　清光緒十八年(1892)滇南刻本　六冊

430000－2401－0028199　437/693

眠琴閣詩鈔七卷詞鈔一卷　（清）史悠咸撰　清光緒二十年(1894)廣州廣雅書局刻本　一冊

430000－2401－0028200　437/2166

全史宮詞二十卷　（清）史夢蘭撰　清咸豐六年(1856)刻本　八冊

430000－2401－0028201　437/2166(1)

全史宮詞二十卷　（清）史夢蘭撰　清咸豐六年(1856)刻本　九冊

430000－2401－0028202　437/2166(2)

全史宮詞二十卷　（清）史夢蘭撰　清咸豐六年(1856)刻本　四冊

430000－2401－0028203　437/2166(3)

全史宮詞二十卷　（清）史夢蘭撰　清咸豐六年(1856)刻本　三冊　存十七卷(一至十七)

430000－2401－0028204　437/2166(4)

全史宮詞二十卷　（清）史夢蘭撰　清咸豐六年(1856)刻本　三冊　存七卷(一至三、十二至十三、十六至十七)

430000－2401－0028205　437/2166(5)

全史宮詞二十卷　（清）史夢蘭撰　清咸豐六年(1856)刻本　四冊

430000－2401－0028206　437/2408

爾爾書屋詩草六卷　（清）史夢蘭撰　清光緒元年(1875)刻本　三冊

430000－2401－0028207　437/925

管情三義賦三卷詩三卷　（清）包世臣撰　清同治十一年(1872)包緘刻安吳四種本　一冊　存四卷(賦三卷、詩一)

430000－2401－0028208　437/1615

補園膡稿二卷　（清）包履吉舞　清光緒三十一年(1905)讀我書廬刻本　二冊

430000－2401－0028209　437/2820

包舉貢卷　（清）包舉撰　清光緒二十七年(1901)刻本　一冊

430000－2401－0028210　437/990

質盦集二卷　（清）白作霖撰　清光緒二十四年(1898)鉛印本　一冊

430000－2401－0028211　437/990(1)

質盦集二卷　（清）白作霖撰　清光緒二十四年(1898)鉛印本　一冊

430000－2401－0028212　437/990(2)

質盦集二卷　（清）白作霖撰　清光緒二十四年(1898)鉛印本　一冊

430000－2401－0028213　437/202

白圭堂詩鈔八卷續鈔六卷　（清）江之紀撰　清同治三年(1864)刻本　二冊

430000－2401－0028214　437/202－2

白圭堂詩鈔六卷續鈔六卷　（清）江之紀撰　清光緒十九年(1893)刻本　四冊

430000－2401－0028215　437/202－2(1)

白圭堂詩鈔六卷續鈔六卷　（清）江之紀撰　清光緒十九年(1893)刻本　四冊

430000－2401－0028216　437/2404

待園詩鈔六卷　（清）江有蘭撰　清同治五年(1866)刻本　二冊

430000－2401－0028217　437/1631

翁園詩存一卷文存一卷　（清）江孝棠撰　清光緒十年(1884)湘陰郭氏岵瞻堂刻本　一冊

430000－2401－0028218　437/1631（1）

翁園詩存一卷文存一卷　（清）江孝棠撰　清光緒十年(1884)湘陰郭氏岵瞻堂刻本　一冊

430000－2401－0028219　437/1631（2）

翁園詩存一卷文存一卷　（清）江孝棠撰　清光緒十年(1884)湘陰郭氏岵瞻堂刻本　一冊

430000－2401－0028220　437/2816

江宗漢鄉試硃卷　（清）江宗漢撰　清光緒十五年(1889)刻本　一冊

430000－2401－0028221　437/207

江忠烈公遺集一卷　（清）江忠源撰　清咸豐六年(1856)長沙刻本　一冊

430000－2401－0028222　437/207－2

江忠烈公遺集二卷　（清）江忠源撰　清同治三年(1864)四川藩署刻本　一冊

430000－2401－0028223　437/207－2（1）

江忠烈公遺集二卷　（清）江忠源撰　清同治三年(1864)四川藩署刻本　一冊

430000－2401－0028224　437/207－2（2）

江忠烈公遺集二卷　（清）江忠源撰　清同治三年(1864)四川藩署刻本　一冊

430000－2401－0028225　437/207－2（3）

江忠烈公遺集二卷　（清）江忠源撰　清同治三年(1864)四川藩署刻本　一冊

430000－2401－0028226　437/207－2（4）

江忠烈公遺集二卷　（清）江忠源撰　清同治三年(1864)四川藩署刻本　一冊

430000－2401－0028227　437/207－3

江忠烈公遺集二卷　（清）江忠源撰　清同治十二年(1873)刻本　三冊

430000－2401－0028228　437/207－3（1）

江忠烈公遺集二卷　（清）江忠源撰　清同治十二年(1873)刻本　三冊

430000－2401－0028229　437/207－3（2）

江忠烈公遺集二卷　（清）江忠源撰　清同治十二年(1873)刻本　三冊

430000－2401－0028230　437/207－3（3）

江忠烈公遺集二卷　（清）江忠源撰　清同治十二年(1873)刻本　三冊

430000－2401－0028231　437/207－3（4）

江忠烈公遺集二卷　（清）江忠源撰　清同治十二年(1873)刻本　二冊

430000－2401－0028232　437/207－3（5）

江忠烈公遺集二卷　（清）江忠源撰　清同治十二年(1873)刻本　二冊

430000－2401－0028233　437/207－3（6）

江忠烈公遺集二卷首一卷附錄一卷　（清）江忠源撰　清光緒十四年(1888)楊溪草堂木活字本　二冊

430000－2401－0028234　437/207－5

江忠烈公遺集一卷　（清）江忠源撰　清鈔本　一冊

430000－2401－0028235　437/2002

松泉詩集六卷　（清）江昱撰　清乾隆二十六年(1761)小束軒刻本　一冊

430000－2401－0028236　437/2002（1）

松泉詩集六卷　（清）江昱撰　清乾隆二十六年(1761)小束軒刻本　二冊

430000－2401－0028237　437/2869

江峰青會試硃卷　（清）江峰青撰　清光緒十二年(1886)刻本　一冊

430000－2401－0028238　437/2884

江國霖殿試策　（清）江國霖撰　清道光十八年(1838)刻本　一冊

430000－2401－0028239　437/2405

夢蘇齋詩集七卷海上寓公草一卷館課詩檢存一卷　（清）江國霖撰　清咸豐十年(1860)萃文堂刻本　三冊

430000－2401－0028240　437/2205

巢溪詩草四卷　（清）江紹華撰　清同治五年(1866)刻本　一冊

430000－2401－0028241　437/2205（1）

巢溪詩草四卷　（清）江紹華撰　清同治五年

(1866)刻本 一冊

430000－2401－0028242 437/2205(2)

巢溪詩草四卷 （清）江紹華撰 清同治五年
(1866)刻本 一冊

430000－2401－0028243 437/2205(3)

巢溪詩草四卷 （清）江紹華撰 清同治五年
(1866)刻本 一冊

430000－2401－0028244 437/338

伏敔堂詩錄十五卷續錄四卷首一卷附錄一卷
　（清）江湜撰 清同治元年(1862)福州刻本
四冊

430000－2401－0028245 437/338(1)

伏敔堂詩錄十五卷續錄四卷首一卷附錄一卷
　（清）江湜撰 清同治元年(1862)福州刻本
四冊

430000－2401－0028246 437/42

浩然堂詩集六卷 （清）江開撰 清道光二十
九年(1849)蘭玉堂刻本 三冊

430000－2401－0028247 437/42(1)

浩然堂詩集六卷 （清）江開撰 清道光二十
九年(1849)蘭玉堂刻本 三冊

430000－2401－0028248 437/2323

**梓園詩鈔八卷補編一卷續刊二卷梓園山房又
次稿七卷古今列女題詞一卷** （清）釋江叡撰
　清光緒二十九年至三十四年(1903－1908)
湘鄉刻本 八冊

430000－2401－0028249 437/472

艮庭小慧一卷 （清）江聲撰 清乾隆近市居
刻本 一冊

430000－2401－0028250 437/1458

蔭園詩鈔十二卷補遺二卷 （清）江觀濤撰
清同治八年(1869)刻本 八冊

430000－2401－0028251 437/1181

夢蝶吟初稿一卷續稿一卷 （清）冰天吏隱撰
　清光緒十五年(1889)刻本 一冊

430000－2401－0028252 437/1929

飛香圃詩集四卷 （清）安詩撰 清嘉慶二十

四年(1819)刻本 一冊

430000－2401－0028253 437/2772

吳會題襟集一卷湘瑟秋雅一卷 （清）成本璞
著 清光緒石印本 一冊

430000－2401－0028254 437/1882

通雅齋叢稿八卷 （清）成本璞著 清宣統元
年(1909)武林刻本 四冊

430000－2401－0028255 437/1882(1)

通雅齋叢稿八卷 （清）成本璞著 清宣統元
年(1909)武林刻本 四冊

430000－2401－0028256 437/1882(2)

通雅齋叢稿八卷 （清）成本璞著 清宣統元
年(1909)武林刻本 四冊

430000－2401－0028257 437/2786

成克襄詩文稿 （清）成克襄撰 清稿本
一冊

430000－2401－0028258 437/2787

坐嘯廬詩草二卷 （清）成克襄撰 鈔本 一
冊(存七頁)

430000－2401－0028259 437/1273

聽松濤齋詩鈔一卷 （清）成傳道撰 （清）羅
春駬編 清光緒二十六年(1900)湘鄉羅氏和
州園刻羅氏和州園叢刊本 一冊

430000－2401－0028260 437/1273(1)

聽松濤齋詩鈔一卷 （清）成傳道撰 （清）羅
春駬編 清光緒二十六年(1900)湘鄉羅氏和
州園刻羅氏和州園叢刊本 一冊

430000－2401－0028261 437/1273(2)

聽松濤齋詩鈔一卷 （清）成傳道撰 （清）羅
春駬編 清光緒二十六年(1900)湘鄉羅氏和
州園刻羅氏和州園叢刊本 一冊

430000－2401－0028262 437/1273(3)

聽松濤齋詩鈔一卷 （清）成傳道撰 （清）羅
春駬編 清光緒二十六年(1900)湘鄉羅氏和
州園刻羅氏和州園叢刊本 一冊

430000－2401－0028263 437/1273(4)

聽松濤齋詩鈔一卷 （清）成傳道撰 （清）羅

春騄編　清光緒二十六年(1900)湘鄉羅氏和州園刻羅氏和州園叢刊本　一冊

430000－2401－0028264　437/1273(5)
聽松濤齋詩鈔一卷　(清)成傳道撰　(清)羅春騄編　清光緒二十六年(1900)湘鄉羅氏和州園刻羅氏和州園叢刊本　一冊

430000－2401－0028265　437/315
求在我齋文存八卷示子弟帖一卷　(清)成毅撰　清咸豐八年(1858)邵州濂溪講院刻本　五冊

430000－2401－0028266　437/315(1)
求在我齋文存八卷示子弟帖一卷　(清)成毅撰　清咸豐八年(1858)邵州濂溪講院刻本　五冊

430000－2401－0028267　437/315(2)
求在我齋文存八卷示子弟帖一卷　(清)成毅撰　清咸豐八年(1858)邵州濂溪講院刻本　五冊

430000－2401－0028268　437/315(3)
求在我齋文存八卷示子弟帖一卷　(清)成毅撰　清咸豐八年(1858)邵州濂溪講院刻本　五冊

430000－2401－0028269　437/315(4)
求在我齋文存八卷示子弟帖一卷　(清)成毅撰　清咸豐八年(1858)邵州濂溪講院刻本　四冊

430000－2401－0028270　437/315(5)
求在我齋文存八卷示子弟帖一卷　(清)成毅撰　清咸豐八年(1858)邵州濂溪講院刻本　二冊

430000－2401－0028271　437/315(6)
求在我齋文存八卷示子弟帖一卷　(清)成毅撰　清咸豐八年(1858)邵州濂溪講院刻本　四冊

430000－2401－0028272　△437/188
求在我齋詩存五卷　(清)成毅撰　清道光二十七年(1847)稿本　清佚名批校　一冊　存三卷(一至三)

430000－2401－0028273　437/2200
含薰室文集五卷詩集二卷　(清)吉鍾穎撰　清同治十二年(1873)吉正堂刻本　四冊

430000－2401－0028274　437/2583
古愚遺稿四集四卷　(清)艾文雋撰　清光緒十三年(1887)莨垣書屋刻本　四冊

430000－2401－0028275　437/2071
冷紅軒詩集二卷詞一卷　(清)百保友蘭撰　清光緒八年(1882)葆真齋刻本　一冊

430000－2401－0028276　437/992
稼墨軒文集一卷詩集十卷外集二卷　(清)光聰諧撰　清道光刻本　四冊

430000－2401－0028277　437/223
句餘土音三卷　(清)全祖望撰　清乾隆二十年(1755)刻本　二冊

430000－2401－0028278　437/223－2
句餘土音三卷全謝山先生遺詩一卷　(清)全祖望撰　清宣統三年(1911)上海國學扶輪社鉛印張氏適園叢書本　一冊

430000－2401－0028279　437/223－2(1)
句餘土音三卷全謝山先生遺詩一卷　(清)全祖望撰　清宣統三年(1911)上海國學扶輪社鉛印張氏適園叢書本　一冊

430000－2401－0028280　△437/150
句餘土音三卷　(清)全祖望撰　清末鈔本　一冊

430000－2401－0028281　437/2547－2
鮚埼亭詩集十卷　(清)全祖望撰　清道光十四年(1834)篆經閣刻本　二冊

430000－2401－0028282　437/2547
鮚埼亭詩集十卷　(清)全祖望撰　清光緒慈溪童氏大鄞山館刻本　四冊

430000－2401－0028283　437/2546
鮚埼亭集三十八卷首一卷全謝山先生經史問答十卷鮚埼亭集外編五十卷　(清)全祖望撰　清同治十一年(1872)姚江借樹山房刻本

二十八册

430000－2401－0028284 437/2546（1）
鮚埼亭集三十八卷首一卷全謝山先生經史問答十卷鮚埼亭集外編五十卷 （清）全祖望撰 清同治十一年（1872）姚江借樹山房刻本二十冊

430000－2401－0028285 437/2546（2）
鮚埼亭集三十八卷首一卷全謝山先生經史問答十卷鮚埼亭集外編五十卷 （清）全祖望撰 清同治十一年（1872）姚江借樹山房刻本二十四冊

430000－2401－0028286 437/2546（3）
鮚埼亭集三十八卷首一卷全謝山先生經史問答十卷鮚埼亭集外編五十卷 （清）全祖望撰 清同治十一年（1872）姚江借樹山房刻本十二冊

430000－2401－0028287 437/2546（4）
鮚埼亭集三十八卷首一卷全謝山先生經史問答十卷鮚埼亭集外編五十卷 （清）全祖望撰 清同治十一年（1872）姚江借樹山房刻本十二冊

430000－2401－0028288 437/2546（5）
鮚埼亭集三十八卷首一卷全謝山先生經史問答十卷鮚埼亭集外編五十卷 （清）全祖望撰 清同治十一年（1872）姚江借樹山房刻本十冊

430000－2401－0028289 437/325
全謝山文鈔十六卷 （清）全祖望撰 清宣統二年（1910）上海中新書局鉛印本 八冊

430000－2401－0028290 437/325（1）
全謝山文鈔十六卷 （清）全祖望撰 清宣統二年（1910）上海中新書局鉛印本 八冊

430000－2401－0028291 437/325（2）
全謝山文鈔十六卷 （清）全祖望撰 清宣統二年（1910）上海中新書局鉛印本 八冊

430000－2401－0028292 437/2347
拙庵叢稿二十卷 （清）朱一新撰 清光緒二

十二年（1896）順德龍氏葆真堂刻本 十一冊

430000－2401－0028293 437/826
佩弦齋文存二卷首一卷雜存二卷 （清）朱一新撰 清光緒二十二年（1896）順德龍氏葆真堂刻拙庵叢稿本 三冊

430000－2401－0028294 437/630
義烏朱氏論學遺札一卷 （清）朱一新撰 葉德輝輯 清末長沙葉氏觀古堂刻本 一冊

430000－2401－0028295 437/306
朱文定公集十卷 （清）朱士彥撰 清嘉慶刻本 二冊

430000－2401－0028296 437/1482
繞竹山房詩稿十卷詩餘一卷 （清）朱文治撰 清嘉慶二十三年（1818）刻本 二冊

430000－2401－0028297 437/1482（1）
繞竹山房詩稿十卷詩餘一卷 （清）朱文治撰 清嘉慶二十三年（1818）刻本 二冊

430000－2401－0028298 437/1483
繞竹山房續詩稿十四卷 （清）朱文治撰 清咸豐五年（1855）刻本 四冊

430000－2401－0028299 437/2427
小雲廬晚學文稿八卷 （清）朱壬林撰 清光緒二十六年（1900）朱氏刻本 二冊

430000－2401－0028300 437/56
柏廬外集四卷 （清）朱用純撰 清光緒八年（1882）津河廣仁堂刻津河廣仁堂所刻書本二冊

430000－2401－0028301 437/1612
愧訥集十二卷 （清）朱用純撰 清光緒八年（1882）津河廣仁堂刻本 四冊

430000－2401－0028302 437/14－2
梅崖居士文集三十八卷外集八卷 （清）朱仕琇撰 清乾隆二十四年（1759）刻本 六冊

430000－2401－0028303 △437/331
梅崖居士文集三十卷外集八卷首一卷 （清）朱仕琇撰 清乾隆四十七年（1782）刻本 十二冊 存三十六卷（文集一至二十七、外集八

卷、首一卷）

430000－2401－0028304　437/14
梅崖居士文集三十卷外集八卷首一卷　（清）
朱仕琇撰　清道光五年（1825）補修乾隆四十
七年（1782）松穀刻本　十二冊

430000－2401－0028305　437/1627
蛩吟小草二卷　（清）朱光昭撰　清道光十八
年（1838）刻本　二冊

430000－2401－0028306　437/2822
朱先輝鄉試硃卷　（清）朱先輝撰　清光緒十
九年（1893）刻本　一冊

430000－2401－0028307　△437/267
俟寧居偶詠二卷　（清）朱休度撰　清嘉慶十
七年（1812）刻本　一冊

430000－2401－0028308　△437/289
海愚詩鈔十二卷　（清）朱孝純撰　清乾隆五
十九年（1794）刻本　二冊

430000－2401－0028309　437/2450
眠庵詩錄一卷　（清）朱克敬撰　清同治九年
（1870）長沙刻本　一冊

430000－2401－0028310　437/2479
眠庵詩錄一卷　（清）朱克敬撰　清光緒三年
（1877）刻本　一冊

430000－2401－0028311　437/1475
眠庵叢稿一卷　（清）朱克敬撰　清光緒十二
年（1886）長沙刻本　佚名題識　一冊

430000－2401－0028312　437/1050
**古月軒詩存五卷文存二卷西江泛宅集二卷試
帖偶存一卷**　（清）朱伸林撰　清光緒十年
（1884）棸川書屋刻本　七冊

430000－2401－0028313　437/307
邵東朱芝堂詩集五卷　（清）朱芝堂撰　清鈔
本　一冊

430000－2401－0028314　437/2232
清芬閣集十二卷　（清）朱采撰　清光緒三十
四年（1908）上海商務印書館鉛印本　三冊
存五卷（一至二、六至七、十）

430000－2401－0028315　437/2685
晚翠樓詩鈔二卷　（清）朱炳清撰　清光緒十
六年（1890）禾郡崔錦昌刻本　一冊

430000－2401－0028316　437/2874
朱美燊鄉試硃卷　（清）朱美燊撰　清光緒二
年（1876）刻本　一冊

430000－2401－0028317　437/2878
**茉聲館文集八卷首一卷蕉聲館詩集二十卷詩
補遺四卷詩續補一卷**　（清）朱爲弼撰　清咸
豐九年（1859）陶氏刻本　十冊

430000－2401－0028318　437/453
**知足齋詩集二十卷續集四卷文集六卷進呈文
稿二卷**　（清）朱珪撰　清嘉慶十年（1805）刻
本　十八冊

430000－2401－0028319　437/453（1）
**知足齋詩集二十卷續集四卷文集六卷進呈文
稿二卷**　（清）朱珪撰　清嘉慶十年（1805）刻
本　十四冊

430000－2401－0028320　437/1123
小萬卷齋詩稿三十二卷續稿四卷經進稿四卷
　（清）朱琦撰　清道光六年至九年（1826－
1829）精刻本　十冊

430000－2401－0028321　437/1123（1）
小萬卷齋詩稿三十二卷續稿四卷經進稿四卷
　（清）朱琦撰　清道光六年至九年（1826－
1829）精刻本　十冊

430000－2401－0028322　437/1123（2）
小萬卷齋詩稿三十二卷續稿四卷經進稿四卷
　（清）朱琦撰　清道光六年至九年（1826－
1829）精刻本　十二冊

430000－2401－0028323　437/1123－2
小萬卷齋詩稿三十二卷續稿十二卷末一卷
（清）朱琦撰　清光緒十一年（1885）刻本　十
冊　缺五卷（續稿九至十二、末一卷）

430000－2401－0028324　437/1123－2（1）
小萬卷齋詩稿三十二卷續稿十二卷末一卷
（清）朱琦撰　清光緒十一年（1885）刻本　八

冊 缺十二卷(詩稿二十一至三十二)

430000 – 2401 – 0028325　437/648
晚香亭初集一卷浪游草一卷　（清）朱振鏴撰
　清道光十八年(1838)周華翰堂刻本　二冊

430000 – 2401 – 0028326　437/1619
適園文錄一卷　（清）朱振鏴撰　清刻本
一冊

430000 – 2401 – 0028327　437/305
朱杜溪先生集十二卷　（清）朱書撰　清道光
三十年(1850)清眙館刻本　四冊

430000 – 2401 – 0028328　437/2888
朱恩綬鄉試硃卷　（清）朱恩綬撰　清光緒十
一年(1885)刻本　一冊

430000 – 2401 – 0028329　437/2823
朱恩綬鄉試硃卷　（清）朱恩綬撰　清光緒十
四年(1888)刻本　一冊

430000 – 2401 – 0028330　437/2880
朱益藩鄉試硃卷　（清）朱益藩撰　清光緒十
五年(1889)刻本　一冊

430000 – 2401 – 0028331　437/445
自怡軒遺稿一卷　（清）朱清撰　清光緒二十
二年(1896)刻本　一冊

430000 – 2401 – 0028332　437/2201
遊道堂集四卷　（清）朱彬撰　清同治七年
(1868)袁浦刻本　二冊

430000 – 2401 – 0028333　437/2201(1)
遊道堂集四卷　（清）朱彬撰　清同治七年
(1868)袁浦刻本　二冊

430000 – 2401 – 0028334　437/2201(2)
遊道堂集四卷　（清）朱彬撰　清同治七年
(1868)袁浦刻本　二冊

430000 – 2401 – 0028335　437/2201(3)
遊道堂集四卷　（清）朱彬撰　清同治七年
(1868)袁浦刻本　二冊

430000 – 2401 – 0028336　437/2201(4)
遊道堂集四卷　（清）朱彬撰　清同治七年

(1868)袁浦刻本　二冊

430000 – 2401 – 0028337　437/2201(5)
遊道堂集四卷　（清）朱彬撰　清同治七年
(1868)袁浦刻本　二冊

430000 – 2401 – 0028338　437/2201 – 2
遊道堂集四卷　（清）朱彬撰　清光緒二年
(1876)寶應朱氏刻本　二冊

430000 – 2401 – 0028339　437/2073
怡志堂詩初編八卷文初編六卷　（清）朱琦撰
　清咸豐七年至同治四年(1857 – 1865)刻本
徐崇立題識　四冊

430000 – 2401 – 0028340　437/2073(1)
怡志堂詩初編八卷文初編六卷　（清）朱琦撰
　清咸豐七年至同治四年(1857 – 1865)刻本
徐崇立題識　四冊

430000 – 2401 – 0028341　437/2073(2)
怡志堂詩初編八卷文初編六卷　（清）朱琦撰
　清咸豐七年至同治四年(1857 – 1865)刻本
徐崇立題識　二冊

430000 – 2401 – 0028342　437/2073 – 2
怡志堂詩初編八卷文初編六卷　（清）朱琦撰
　清光緒十八年(1892)刻本　四冊

430000 – 2401 – 0028343　△437/212
抱山堂集十四卷　（清）朱彭撰　清刻本
四冊

430000 – 2401 – 0028344　437/787
抱山堂集十四卷　（清）朱彭撰　清宣統二年
(1910)刻本　二冊

430000 – 2401 – 0028345　437/2191
**畚經堂文集八卷詩集六卷詩續集四卷詩三集
五卷西園于嚪集一卷海東札記四卷**　（清）朱
景英撰　清乾隆四十二年(1777)刻本　十
二冊

430000 – 2401 – 0028346　437/1386
雙清閣袖中詩本二卷　（清）朱福清撰　清光
緒十九年(1893)刻本　一冊

430000 – 2401 – 0028347　437/309

朱文端公文集四卷 （清）朱軾撰 清乾隆刻本 四冊

430000－2401－0028348 437/309－2
朱文端公文集二卷附錄一卷 （清）朱軾撰 清乾隆刻本 二冊

430000－2401－0028349 437/2799
朱馳範優貢卷 （清）朱馳範撰 清宣統元年（1909）活字本 一冊

430000－2401－0028350 437/2670
笥河文集十六卷首一卷 （清）朱筠撰 清嘉慶二十年（1815）朱錫庚刻本 十二冊

430000－2401－0028351 437/2670（1）
笥河文集十六卷首一卷 （清）朱筠撰 清嘉慶二十年（1815）朱錫庚刻本 二冊 存七卷（六至八、十四至十七）

430000－2401－0028352 437/2670
笥河詩集二十卷 （清）朱筠撰 清嘉慶八年（1803）朱錫庚刻本 十二冊 缺四卷（十七至二十）

430000－2401－0028353 437/391
妙吉祥室詩鈔十三卷詩餘一卷詞餘一卷雜存一卷 （清）朱葵之撰 清光緒十年（1884）古義安郡署刻本 六冊

430000－2401－0028354 437/2248
歸硯齋詩存四卷文存一卷 （清）朱瑋撰 清道光二十六年（1846）本齋刻本 二冊

430000－2401－0028355 437/7
望嶽樓詩二卷 （清）朱霱撰 清嘉慶六年（1801）刻本 二冊

430000－2401－0028356 △437/424
楓香集一卷 （清）朱緗撰 清康熙三十三年（1694）刻本 一冊

430000－2401－0028357 △437/179
朱止泉先生文集八卷 （清）朱澤澐撰 清乾隆顧天齋刻本 佚名批校圈點 四冊

430000－2401－0028358 437/2338
東水詩集不分卷 （清）朱戩撰 清道光九年

（1829）刻本 二冊

430000－2401－0028359 437/1428
二亭詩鈔六卷 （清）朱篔撰 清嘉慶十三年（1808）刻本 一冊 存二卷（一至二）

430000－2401－0028360 437/1643
疏蘭僊館詩集四卷續集六卷再續集四卷 （清）朱錫綬撰 清光緒三年（1877）刻本 四冊

430000－2401－0028361 437/2627
結一廬遺文二卷 （清）朱學勤撰 清光緒三十四年（1908）朱印本 一冊

430000－2401－0028362 437/512
南車草一卷薇堂和章一卷 （清）朱彝尊撰 清嘉慶二十三年（1818）刻本 一冊

430000－2401－0028363 △437/529
曝書亭集八十卷 （清）朱彝尊撰 笛漁小稿十卷 （清）朱昆田撰 清康熙五十三年（1714）朱稻孫刻本 十六冊

430000－2401－0028364 △437/529（1）
曝書亭集十八卷 （清）朱彝尊撰 笛漁小稿十卷 （清）朱昆田撰 清康熙五十三年（1714）朱稻孫刻本 十七冊 存七十五卷（一至二十五、三十一至八十）

430000－2401－0028365 437/1419
曝書亭集八十卷附錄一卷 （清）朱彝尊撰 笛漁小稿十卷 （清）朱昆田撰 清康熙刻本 十二冊

430000－2401－0028366 437/1419（1）
曝書亭集八十卷附錄一卷 （清）朱彝尊撰 笛漁小稿十卷 （清）朱昆田撰 清康熙刻本 十二冊

430000－2401－0028367 437/1419（2）
曝書亭集八十卷附錄一卷 （清）朱彝尊撰 笛漁小稿十卷 （清）朱昆田撰 清康熙刻本 二十冊

430000－2401－0028368 437/1419（3）
曝書亭集八十卷附錄一卷 （清）朱彝尊撰

笛漁小稿十卷 （清）朱昆田撰 清康熙刻本
二十冊

430000－2401－0028369 437/1419(4)
曝書亭集八十卷附錄一卷 （清）朱彝尊撰
笛漁小稿十卷 （清）朱昆田撰 清康熙刻本
二十冊

430000－2401－0028370 437/1419(5)
曝書亭集八十卷附錄一卷 （清）朱彝尊撰
笛漁小稿十卷 （清）朱昆田撰 清康熙刻本
十一冊

430000－2401－0028371 437/1419(6)
曝書亭集八十卷附錄一卷 （清）朱彝尊撰
笛漁小稿十卷 （清）朱昆田撰 清康熙刻本
十一冊

430000－2401－0028372 437/1419(7)
曝書亭集八十卷附錄一卷 （清）朱彝尊撰
笛漁小稿十卷 （清）朱昆田撰 清康熙刻本
十四冊

430000－2401－0028373 437/1419－2
曝書亭集八十卷附錄一卷 （清）朱彝尊撰
笛漁小稿十卷 （清）朱昆田撰 清雍正刻本
十四冊

430000－2401－0028374 437/1419－3
曝書亭集八十卷 （清）朱彝尊撰 笛漁小稿
十卷 （清）朱昆田撰 清光緒十五年(1889)
會稽陶氏朱印本 十九冊 缺四卷(十三至
十六)

430000－2401－0028375 437/1419－4
曝書亭集八十卷附錄一卷 （清）朱彝尊撰
笛漁小稿十卷 （清）朱昆田撰 清光緒十五
年(1889)寒梅館刻本 十六冊

430000－2401－0028376 437/1424
曝書亭詩箋註十二卷 （清）朱彝尊撰 （清）
江浩然箋註 清乾隆惇裕堂刻本 徐崇立題
識 六冊

430000－2401－0028377 437/1424(1)
曝書亭詩箋註十二卷 （清）朱彝尊撰 （清）

江浩然箋註 清乾隆惇裕堂刻本 六冊

430000－2401－0028378 437/1423
曝書亭集箋註二十三卷 （清）朱彝尊撰
（清）孫銀槎輯註 清嘉慶五年(1800)三有堂
刻本 十二冊

430000－2401－0028379 437/1423(1)
曝書亭集箋註二十三卷 （清）朱彝尊撰
（清）孫銀槎輯註 清嘉慶五年(1800)三有堂
刻本 八冊

430000－2401－0028380 437/1423(2)
曝書亭集箋註二十三卷 （清）朱彝尊撰
（清）孫銀槎輯註 清嘉慶五年(1800)三有堂
刻本 二冊 存五卷(十九至二十三)

430000－2401－0028381 437/1222
曝書亭集外稿八卷 （清）朱彝尊撰 （清）馮
登府輯 清道光二年(1822)刻本 二冊

430000－2401－0028382 437/1420
曝書亭集外詩五卷集外詞一卷集外文二卷
（清）朱彝尊撰 （清）馮登府 （清）朱墨林
輯 清道光二年(1822)刻本 二冊

430000－2401－0028383 437/1420(1)
曝書亭集外詩五卷集外詞一卷集外文二卷
（清）朱彝尊撰 （清）馮登府 （清）朱墨林
輯 清道光二年(1822)刻本 二冊

430000－2401－0028384 437/1422
曝書亭集詩註二十二卷 （清）朱彝尊撰
（清）楊謙註 清乾隆木山閣刻本 八冊

430000－2401－0028385 437/1422(1)
曝書亭集詩註二十二卷 （清）朱彝尊撰
（清）楊謙註 清乾隆木山閣刻本 八冊

430000－2401－0028386 437/1422(2)
曝書亭集詩註二十二卷 （清）朱彝尊撰
（清）楊謙註 清乾隆木山閣刻本 八冊

430000－2401－0028387 437/1422(3)
曝書亭集詩註二十二卷 （清）朱彝尊撰
（清）楊謙註 清乾隆木山閣刻本 八冊

430000－2401－0028388 437/1422(4)

曝書亭集詩註二十二卷　（清）朱彝尊撰
（清）楊謙註　清乾隆木山閣刻本　六冊

430000－2401－0028389　437/1677
紅粟山莊詩續六卷詩餘一卷補遺一卷　（清）
朱寶善撰　清同治四年（1865）朱崇官校刻本
二冊

430000－2401－0028390　437/2828
伍兆鰲會試硃卷　（清）伍兆鰲撰　清光緒六
年（1880）刻本　一冊

430000－2401－0028391　437/1323
餐鞠軒詩草一卷　（清）伍淡如撰　清光緒十
四年（1888）刻本　一冊

430000－2401－0028392　437/1570
愛山詩集八卷　（清）伍朝贊撰　清道光九年
（1829）文光堂刻本　三冊　缺二卷（三至四）

430000－2401－0028393　437/2416
補石草堂詩草一卷　（清）伍麐撰　清光緒鉛
印本　一冊

430000－2401－0028394　437/2264
蟬雪吟三卷　（清）自修居士撰　清光緒二十
四年（1898）刻本　一冊

430000－2401－0028395　437/2160
留春草堂詩鈔七卷　（清）伊秉綬撰　清嘉慶
十九年（1814）廣州刻本　二冊

430000－2401－0028396　437/2160（1）
留春草堂詩鈔七卷　（清）伊秉綬撰　清嘉慶
十九年（1814）廣州刻本　二冊

430000－2401－0028397　437/2160（2）
留春草堂詩鈔七卷　（清）伊秉綬撰　清嘉慶
十九年（1814）廣州刻本　二冊

430000－2401－0028398　437/2160（3）
留春草堂詩鈔七卷　（清）伊秉綬撰　清嘉慶
十九年（1814）廣州刻本　二冊

430000－2401－0028399　437/2160－2
留春草堂詩鈔七卷　（清）伊秉綬撰　清光緒
二十三年（1897）刻本　四冊

430000－2401－0028400　△437/549
大谷山人集□□卷　（清）向文奎撰　清末刻
本　一冊　存二卷（五至六）

430000－2401－0028401　437/135
愛古堂文稿二卷詩稿四卷　（清）向曾賢撰
清道光十五年（1835）永州蔣文友堂刻本
一冊

430000－2401－0028402　437/135（1）
愛古堂文稿二卷詩稿四卷　（清）向曾賢撰
清道光十五年（1835）永州蔣文友堂刻本
一冊

430000－2401－0028403　437/135（2）
愛古堂文稿二卷詩稿四卷　（清）向曾賢撰
清道光十五年（1835）永州蔣文友堂刻本
一冊

430000－2401－0028404　437/2871
向禮耕鄉試硃卷　（清）向禮耕撰　清同治三
年（1864）刻本　一冊

430000－2401－0028405　437/1496
蘭貞刪餘詩草一卷　（清）向蘭貞撰　清宣統
三年（1911）木活字本　一冊

430000－2401－0028406　437/2194
向蘭皋先生小題文不分卷　（清）向蘭皋撰
（清）左史　（清）魯質評　清刻本　四冊

430000－2401－0028407　437/2089
有竹居集十六卷　（清）任兆麟撰　清嘉慶二
十四年（1819）兩廣節署刻本　七冊　缺一卷
（十六）

430000－2401－0028408　437/2876
任佑觀鄉試硃卷　（清）任佑觀撰　清光緒五
年（1879）刻本　一冊

430000－2401－0028409　437/1161
香杜草二卷二集四卷三集一卷　（清）任昌運
撰　清光緒二十一年（1895）刻本　四冊

430000－2401－0028410　437/761
清芬樓遺稿四卷　（清）任啓運撰　清嘉慶、
道光刻本　一冊　存二卷（三至四）

430000 – 2401 – 0028411　437/761 – 2

清芬樓遺稿四卷　（清）任啟運撰　清光緒十四年(1888)家塾刻本　一冊

430000 – 2401 – 0028412　437/761 – 2（1）

清芬樓遺稿四卷　（清）任啟運撰　清光緒十四年(1888)家塾刻本　一冊

430000 – 2401 – 0028413　437/2018

鳴鶴堂文集十卷　（清）任源祥撰　清光緒十五年(1889)刻本　五冊

430000 – 2401 – 0028414　437/2018（1）

鳴鶴堂文集十卷　（清）任源祥撰　清光緒十五年(1889)刻本　五冊

430000 – 2401 – 0028415　437/2018（2）

鳴鶴堂文集十卷　（清）任源祥撰　清光緒十五年(1889)刻本　四冊

430000 – 2401 – 0028416　437/1771

公餘集一卷續編二卷窗課存稿一卷　（清）如許齋主人撰　清光緒十一年至十七年(1885－1891)刻本　五冊

430000 – 2401 – 0028417　△437/505

學福齋詩集三十七卷首一卷文集二十卷（清）沈大成撰　清乾隆刻本　十冊

430000 – 2401 – 0028418　437/898

棠谿文鈔八卷　（清）沈用增撰　清光緒四年(1878)鄂城刻本　四冊

430000 – 2401 – 0028419　437/2824

沈世培鄉試硃卷　（清）沈世培撰　清光緒八年(1882)刻本　一冊

430000 – 2401 – 0028420　437/2603（1）

公言集三卷續編一卷　（清）沈同芳撰　清宣統三年(1911)鉛印萬物炊累室類稿本　一冊

430000 – 2401 – 0028421　437/1731 – 2

萬物炊累室文乙集二卷　（清）沈同芳撰　清光緒二十二年(1896)廣州文堂刻本　一冊

430000 – 2401 – 0028422　437/1731

萬物炊累室駢文一卷　（清）沈同芳撰　清光緒木活字本　一冊

430000 – 2401 – 0028423　437/2734

萬物炊累室類稿　（清）沈同芳撰　清宣統三年(1911)鉛印本　三冊

430000 – 2401 – 0028424　437/277

沈文忠公集十卷　（清）沈兆霖撰　清同治八年(1869)刻本　四冊

430000 – 2401 – 0028425　437/277（1）

沈文忠公集十卷　（清）沈兆霖撰　清同治八年(1869)刻本　四冊

430000 – 2401 – 0028426　437/277（2）

沈文忠公集十卷　（清）沈兆霖撰　清同治八年(1869)刻本　四冊

430000 – 2401 – 0028427　437/2889

沈克剛鄉試硃卷　（清）沈克剛撰　清光緒十七年(1891)刻本　一冊

430000 – 2401 – 0028428　437/411

果堂集十二卷　（清）沈彤撰　清乾隆十四年(1749)本堂刻本　二冊

430000 – 2401 – 0028429　437/1492

蘭韻堂詩集十二卷文集五卷　（清）沈初撰　清乾隆五十九年(1794)刻本　六冊

430000 – 2401 – 0028430　437/1492（1）

蘭韻堂詩集十二卷文集五卷　（清）沈初撰　清乾隆五十九年(1794)刻本　六冊

430000 – 2401 – 0028431　437/1492（2）

蘭韻堂詩集十二卷文集五卷　（清）沈初撰　清乾隆五十九年(1794)刻本　一冊　存三卷（詩集七至九）

430000 – 2401 – 0028432　437/2605

頤綵堂文集十六卷劍舟律賦二卷　（清）沈叔埏撰　清嘉慶二十三年(1818)刻本　六冊

430000 – 2401 – 0028433　437/2605

頤綵堂詩鈔十卷　（清）沈叔埏撰　清道光二十八年(1848)刻本　二冊

430000 – 2401 – 0028434　437/1332

鋈山賸稿二卷　（清）沈昌世撰　清同治六年(1867)刻本　二冊

430000－2401－0028435　△437/157

白漊集十二卷　（清）沈受宏撰　清康熙四十四年（1705）刻增修本　二冊

430000－2401－0028436　437/2511

蠶桑樂府一卷　（清）沈炳震撰　清光緒刻本　一冊

430000－2401－0028437　437/1289

聖禾鄉農詩鈔四卷　（清）沈珏撰　清光緒九年（1883）刻本　二冊

430000－2401－0028438　437/1791

落颿樓文稿四卷　（清）沈堯撰　清道光二十七年（1847）靈石楊氏刻連筠簃叢書本　一冊

430000－2401－0028439　437/1138

槐卿遺稿六卷附錄一卷政蹟六卷　（清）沈衍慶撰　清同治元年（1862）刻本　五冊

430000－2401－0028440　437/1138（1）

槐卿遺稿六卷附錄一卷政蹟六卷　（清）沈衍慶撰　清同治元年（1862）刻本　四冊

430000－2401－0028441　437/1138（2）

槐卿遺稿六卷附錄一卷政蹟六卷　（清）沈衍慶撰　清同治元年（1862）刻本　二冊

430000－2401－0028442　437/448

知非齋駢文錄一卷知非齋古文錄一卷　（清）沈湛鈞撰　（清）劉明祺編　清光緒三十二年（1906）木活字本　二冊

430000－2401－0028443　437/448（1）

知非齋駢文錄一卷知非齋古文錄一卷　（清）沈湛鈞撰　（清）劉明祺編　清光緒三十二年（1906）木活字本　二冊

430000－2401－0028444　△437/153

幼學堂詩稿十卷文集四卷　（清）沈欽韓撰　清嘉慶十八年（1813）刻本　四冊

430000－2401－0028445　437/1795

話山草堂遺集十卷　（清）沈道寬撰　清光緒三年（1877）潤州權廨刻本　二冊

430000－2401－0028446　437/1906

蒙廬詩存四卷外集一卷　（清）沈景脩撰　清

光緒二十年（1894）杭州刻本　一冊

430000－2401－0028447　437/1390－2

兼山堂文集一卷詩集三卷湘夢詞一卷讀經心解四卷　（清）沈楳撰　清光緒十二年（1886）會稽沈氏刻沈氏三代家言本　二冊

430000－2401－0028448　437/1390－2（1）

兼山堂文集一卷詩集三卷湘夢詞一卷讀經心解四卷　（清）沈楳撰　清光緒十二年（1886）會稽沈氏刻沈氏三代家言本　二冊

430000－2401－0028449　437/1390

兼山堂詩集三卷湘夢詞一卷　（清）沈楳撰　清道光十一年（1831）刻本　二冊

430000－2401－0028450　437/2505

十經齋文集四卷　（清）沈濤撰　清嘉慶十九年（1814）刻本　一冊　存二卷（一至二）

430000－2401－0028451　437/1765

玉笙樓詩錄十二卷　（清）沈壽榕撰　清光緒九年（1883）刻本　六冊

430000－2401－0028452　△437/520

歸愚詩鈔二十卷餘集六卷歸愚文鈔二十卷餘集六卷　（清）沈德潛撰　清乾隆十六年（1751）刻本　十八冊

430000－2401－0028453　437/1887

歸愚詩鈔二十卷餘集十卷詩餘一卷文鈔二十卷餘集八卷　（清）沈德潛撰　清乾隆十八年至三十二年（1753－1767）教忠堂刻本　三十冊

430000－2401－0028454　437/1888

歸愚文續十二卷　（清）沈德潛撰　（清）屬鶚評點　清乾隆三年（1738）精刻本　五冊　缺二卷（六至七）

430000－2401－0028455　437/1532

一角園詩存一卷　（清）沈瑤撰　清末刻本　一冊

430000－2401－0028456　△437/124

文詠樓詩鈔五卷　（清）沈璧璉撰　清刻本　一冊

430000－2401－0028457　437/276－2

沈四山人詩錄六卷附錄一卷　(清)沈謹學撰
清光緒三年(1877)八喜齋刻本　一冊

430000－2401－0028458　437/280

滇南沈健庵先生遺詩鈔一卷　(清)沈繩撰
清嘉慶七年(1802)集賢書院刻本　一冊

430000－2401－0028459　437/280－2

滇南沈健庵先生遺詩鈔一卷　(清)沈繩撰
清道光十五年(1835)刻本　一冊

430000－2401－0028460　437/2828

沈纘文鄉試硃卷　(清)沈纘文撰　清同治六
年(1867)刻本　一冊

430000－2401－0028461　△437/350

巢林集七卷　(清)汪士慎撰　清乾隆九年
(1744)刻本　葉德輝題識　二冊

430000－2401－0028462　437/1544

悔翁筆記六卷詩鈔十五卷補遺一卷詩餘五卷
　(清)汪士鐸撰　清光緒七年至九年(1881
－1883)合肥張氏味古齋刻本　十二冊

430000－2401－0028463　437/2062

汪梅村先生集十二卷文外集一卷　(清)汪士
鐸撰　清光緒七年(1881)刻本　四冊

430000－2401－0028464　437/2260

詠史集八卷　(清)汪元慎撰　清咸豐二年
(1852)吳下刻本　三冊　缺二卷(七至八)

430000－2401－0028465　△437/255－2

述學內篇三卷外篇一卷補遺一卷別錄一卷
(清)汪中撰　清嘉慶二十年(1815)刻本
一冊

430000－2401－0028466　△437/255－2(1)

述學內篇三卷外篇一卷補遺一卷別錄一卷
(清)汪中撰　清嘉慶二十年(1815)刻本
二冊

430000－2401－0028467　437/393－2

**述學內篇三卷補遺一卷外篇一卷別錄一卷附
錄一卷校勘記一卷**　(清)汪中撰　清同治六
年(1867)成都志古堂刻志古堂叢書本　二冊

430000－2401－0028468　437/393－2(1)

**述學內篇三卷補遺一卷外篇一卷別錄一卷附
錄一卷校勘記一卷**　(清)汪中撰　清同治六
年(1867)成都志古堂刻志古堂叢書本　二冊

430000－2401－0028469　△437/255

述學內篇三卷外篇一卷補遺一卷別錄一卷
(清)汪中撰　清同治八年(1869)揚州書局刻
本　王禮培跋　二冊

430000－2401－0028470　437/393

**述學內篇三卷補遺一卷外篇一卷別錄一卷附
錄一卷校勘記一卷**　(清)汪中撰　清同治八
年(1869)揚州書局刻本　一冊

430000－2401－0028471　437/393(1)

**述學內篇三卷補遺一卷外篇一卷別錄一卷附
錄一卷校勘記一卷**　(清)汪中撰　清同治八
年(1869)揚州書局刻本　一冊

430000－2401－0028472　437/393(2)

**述學內篇三卷補遺一卷外篇一卷別錄一卷附
錄一卷校勘記一卷**　(清)汪中撰　清同治八
年(1869)揚州書局刻本　一冊

430000－2401－0028473　437/393(3)

**述學內篇三卷補遺一卷外篇一卷別錄一卷附
錄一卷校勘記一卷**　(清)汪中撰　清同治八
年(1869)揚州書局刻本　一冊

430000－2401－0028474　437/393(4)

**述學內篇三卷補遺一卷外篇一卷別錄一卷附
錄一卷校勘記一卷**　(清)汪中撰　清同治八
年(1869)揚州書局刻本　一冊

430000－2401－0028475　437/393(5)

**述學內篇三卷補遺一卷外篇一卷別錄一卷附
錄一卷校勘記一卷**　(清)汪中撰　清同治八
年(1869)揚州書局刻本　一冊

430000－2401－0028476　437/393(6)

**述學內篇三卷補遺一卷外篇一卷別錄一卷附
錄一卷校勘記一卷**　(清)汪中撰　清同治八
年(1869)揚州書局刻本　一冊

430000－2401－0028477　437/393(7)

述學内篇三卷補遺一卷外篇一卷別錄一卷附
錄一卷校勘記一卷 （清）汪中撰 清同治八
年(1869)揚州書局刻本 一冊

430000－2401－0028478 437/393－3
述學内篇三卷補遺一卷外篇一卷別錄一卷附
錄一卷校勘記一卷 （清）汪中撰 清光緒二
十三年(1897)豐城余氏寶墨齋刻本 二冊

430000－2401－0028479 437/393－3(1)
述學内篇三卷補遺一卷外篇一卷別錄一卷附
錄一卷校勘記一卷 （清）汪中撰 清光緒二
十三年(1897)豐城余氏寶墨齋刻本 二冊

430000－2401－0028480 437/393－3(2)
述學内篇三卷補遺一卷外篇一卷別錄一卷附
錄一卷校勘記一卷 （清）汪中撰 清光緒二
十三年(1897)豐城余氏寶墨齋刻本 一冊

430000－2401－0028481 437/393－3(3)
述學内篇三卷補遺一卷外篇一卷別錄一卷附
錄一卷校勘記一卷 （清）汪中撰 清光緒二
十三年(1897)豐城余氏寶墨齋刻本 二冊

430000－2401－0028482 437/393－3(4)
述學内篇三卷補遺一卷外篇一卷別錄一卷
附錄一卷校勘記一卷 （清）汪中撰 清光
緒二十三年(1897)豐城余氏寶墨齋刻本
二冊

430000－2401－0028483 437/393－3(5)
述學内篇三卷補遺一卷外篇一卷別錄一卷附
錄一卷校勘記一卷 （清）汪中撰 清光緒二
十三年(1897)豐城余氏寶墨齋刻本 二冊

430000－2401－0028484 437/393－4
述學内篇三卷補遺一卷外篇一卷別錄一卷
（清）汪中撰 清精刻本 二冊

430000－2401－0028485 437/1651
容甫先生遺詩五卷 （清）汪中撰 清光緒十
一年(1885)維揚述古齋木活字本 一冊

430000－2401－0028486 437/1651(1)
容甫先生遺詩五卷 （清）汪中撰 清光緒十
一年(1885)維揚述古齋木活字本 一冊

430000－2401－0028487 437/1651(2)
容甫先生遺詩五卷 （清）汪中撰 清光緒十
一年(1885)維揚述古齋木活字本 二冊

430000－2401－0028488 437/1651－2
容甫先生遺詩五卷 （清）汪中撰 清宣統二
年(1910)上海國光印刷所鉛印本 一冊

430000－2401－0028489 437/1651－2(1)
容甫先生遺詩五卷 （清）汪中撰 清宣統二
年(1910)上海國光印刷所鉛印本 一冊

430000－2401－0028490 437/1651－2(2)
容甫先生遺詩五卷 （清）汪中撰 清宣統二
年(1910)上海國光印刷所鉛印本 一冊

430000－2401－0028491 437/1651－2(3)
容甫先生遺詩五卷 （清）汪中撰 清宣統二
年(1910)上海國光印刷所鉛印本 一冊

430000－2401－0028492 437/1651－2(4)
容甫先生遺詩五卷 （清）汪中撰 清宣統二
年(1910)上海國光印刷所鉛印本 一冊

430000－2401－0028493 437/502
松泉詩集二十六卷 （清）汪由敦撰 清刻本
二冊 存十卷(五至九、十八至二十二)

430000－2401－0028494 437/1202
綠夫容閣詩集四卷 （清）汪存撰 清光緒五
年(1879)秀水汪氏家刻本 二冊

430000－2401－0028495 437/2301
實事求是齋遺稿四卷 （清）汪廷珍撰 清道
光維揚柏氏刻本 四冊

430000－2401－0028496 437/1017
心知堂詩稿十八卷 （清）汪仲洋撰 清道光
六年(1826)刻本 四冊

430000－2401－0028497 437/1017(1)
心知堂詩稿十八卷 （清）汪仲洋撰 清道光
六年(1826)刻本 四冊

430000－2401－0028498 437/1017(2)
心知堂詩稿十八卷 （清）汪仲洋撰 清道光
六年(1826)刻本 四冊

430000－2401－0028499　437/615

桐石草堂集九卷　（清）汪仲鈖撰　清乾隆二十年(1755)刻本　一冊

430000－2401－0028500　437/2312

汪雲璽稿一卷　（清）汪如洋撰　清光緒二十四年(1898)鏡湖書屋刻本　一冊

430000－2401－0028501　437/2392

稼門文鈔七卷詩鈔十卷　（清）汪志伊撰　清嘉慶十五年(1810)刻本　二冊

430000－2401－0028502　437/663

茶磨山人詩鈔八卷　（清）汪芑撰　清光緒十一年(1885)刻本　八冊

430000－2401－0028503　437/1263

墨壽閣詩集四卷　（清）汪承慶撰　清光緒二十七年(1901)刻本　二冊

430000－2401－0028504　△437/248

厚石齋詩集十二卷　（清）汪孟鋗撰　清刻本　二冊

430000－2401－0028505　437/1117

德卿詩鈔一卷　（清）汪忠廉撰　清咸豐五年(1855)衡州餘慶堂刻本　一冊

430000－2401－0028506　437/537

柏井集六卷　（清）汪昶撰　清同治九年(1870)葉根書屋刻本　二冊

430000－2401－0028507　437/537(1)

柏井集六卷　（清）汪昶撰　清同治九年(1870)葉根書屋刻本　二冊

430000－2401－0028508　437/537(2)

柏井集六卷　（清）汪昶撰　清同治九年(1870)葉根書屋刻本　二冊

430000－2401－0028509　437/2780

松生文集□□卷　（清）汪昶撰　清鈔本　一冊　存一卷(一)

430000－2401－0028510　437/2109

東里生燼餘集三卷　（清）汪家禧撰　清嘉慶二十五年(1820)武林愛日軒刻本　一冊

430000－2401－0028511　437/51

品華草堂詩草一卷　（清）汪祖望撰　清光緒三十年(1904)刻本　一冊

430000－2401－0028512　437/1461

蝸隱廬詩鈔二卷　（清）汪貢撰　清宣統三年(1911)鉛印本　一冊

430000－2401－0028513　437/1461(1)

蝸隱廬詩鈔二卷　（清）汪貢撰　清宣統三年(1911)鉛印本　一冊

430000－2401－0028514　437/2842

如登堂稿引之集四卷　（清）汪晉勳撰　清光緒寧鄉汪氏家祠刻本　三冊

430000－2401－0028515　437/762

求福居詩鈔一卷　（清）汪清撰　清光緒二十九年(1903)刻本　一冊

430000－2401－0028516　437/2503

雙池文集十卷　（清）汪紱撰　清道光十四年(1834)一經堂刻本　六冊

430000－2401－0028517　437/2503(1)

雙池文集十卷　（清）汪紱撰　清道光十四年(1834)一經堂刻本　四冊

430000－2401－0028518　437/2503(2)

雙池文集十卷　（清）汪紱撰　清道光十四年(1834)一經堂刻本　四冊

430000－2401－0028519　437/2892

汪詒書鄉試硃卷　（清）汪詒書撰　清光緒十四年(1888)刻本　一冊

430000－2401－0028520　437/455

堯峰文鈔四十卷詩十卷　（清）汪琬撰　（清）林佶編　清初刻本　八冊

430000－2401－0028521　437/455(1)

堯峰文鈔四十卷詩十卷　（清）汪琬撰　（清）林佶編　清初刻本　八冊

430000－2401－0028522　△437/383

堯峰文鈔四十卷詩十卷　（清）汪琬撰　清康熙三十二年(1693)刻本　十二冊

430000－2401－0028523　△437/383（1）

堯峰文鈔四十卷詩十卷　（清）汪琬撰　清康熙三十二年（1693）刻本　十二冊

430000－2401－0028524　437/1842

鈍翁續稿五十六卷　（清）汪琬撰　清康熙二十四年（1685）刻本　十二冊

430000－2401－0028525　437/2490

鈍翁文錄十六卷　（清）汪琬撰　清光緒十三年（1887）鋤月種梅室木活字本　六冊

430000－2401－0028526　437/1670

隨山館詩簡編四卷　（清）汪璹撰　清光緒十七年（1891）刻本　二冊

430000－2401－0028527　437/1670（1）

隨山館詩簡編四卷　（清）汪璹撰　清光緒十七年（1891）刻本　一冊

430000－2401－0028528　437/715

借閑生詩三卷詞一卷　（清）汪遠孫撰　清道光二十年（1840）錢塘振綺堂刻本　一冊

430000－2401－0028529　437/715（1）

借閑生詩三卷詞一卷　（清）汪遠孫撰　清道光二十年（1840）錢塘振綺堂刻本　二冊

430000－2401－0028530　437/886

澹餘詩略三卷　（清）汪㻋撰　清咸豐八年（1858）葉氏敦夙好齋刻本　一冊

430000－2401－0028531　437/886（1）

澹餘詩略三卷　（清）汪㻋撰　清咸豐八年（1858）葉氏敦夙好齋刻本　一冊

430000－2401－0028532　437/362

自然好學齋詩鈔十卷　（清）汪端撰　清同治十三年（1874）刻本　二冊

430000－2401－0028533　437/2824

汪棨會試硃卷　（清）汪棨撰　清光緒六年（1880）刻本　一冊

430000－2401－0028534　437/2001

振綺堂詩存一卷　（清）汪憲撰　清光緒十五年（1889）泉唐汪氏振綺堂刻本　一冊

430000－2401－0028535　△437/186

汪子遺書二錄三卷三錄三卷　（清）汪縉撰　清嘉慶十年（1805）王芑孫揚山刻本　一冊

430000－2401－0028536　437/2557－2

汪子二錄二卷三錄三卷　（清）汪縉撰　清同治元年（1862）謝氏成都刻本　二冊

430000－2401－0028537　437/2557－2（1）

汪子二錄二卷三錄三卷　（清）汪縉撰　清同治元年（1862）謝氏成都刻本　二冊

430000－2401－0028538　△437/185

汪子文錄十卷　（清）汪縉撰　清道光三年（1823）刻本　二冊

430000－2401－0028539　437/2557

汪子文錄十卷　（清）汪縉撰　清光緒八年（1882）刻本　六冊

430000－2401－0028540　△437/293

容安齋詩集八卷　（清）汪應銓撰　（清）盧見曾輯　清乾隆鐵琴銅劍樓刻本　二冊

430000－2401－0028541　437/2000

松聲池館詩存四卷　（清）汪璐撰　清光緒十五年（1889）泉唐汪氏振綺堂刻本　一冊

430000－2401－0028542　437/2000（1）

松聲池館詩存四卷　（清）汪璐撰　清光緒十五年（1889）泉唐汪氏振綺堂刻本　一冊

430000－2401－0028543　437/2000（2）

松聲池館詩存四卷　（清）汪璐撰　清光緒十五年（1889）泉唐汪氏振綺堂刻本　一冊

430000－2401－0028544　△437/170

百尺梧桐閣集文十卷　（清）汪懋麟撰　清康熙十七年（1678）自刻增修本　一冊　存二卷（一至二）

430000－2401－0028545　437/2690

吉石齋集一卷　（清）汪彝銘撰　清嘉慶九年（1804）刻本　一冊

430000－2401－0028546　437/456

秋影樓詩集九卷　（清）汪繹撰　清初刻本　一冊

430000 – 2401 – 0028547　437/2889

沙上鑄鄉試硃卷　（清）沙上鑄撰　清光緒十七年(1891)刻本　一冊

430000 – 2401 – 0028548　437/733

江泠閣文集四卷續編二卷補遺一卷詩集十二卷詩餘小令一卷續編十二卷　（清）冷士嵋撰　清咸豐十年(1860)橫山草堂刻本　四冊

430000 – 2401 – 0028549　437/123

緯蕭草堂詩存三卷　（清）宋至撰　清康熙二十七年(1688)刻本　一冊

430000 – 2401 – 0028550　△437/488

緯蕭草堂詩六卷　（清）宋至撰　清康熙刻本　四冊

430000 – 2401 – 0028551　437/1548

蓼溪文集二卷續編一卷　（清）宋生撰　清康熙四十三年(1704)刻本　一冊

430000 – 2401 – 0028552　437/2167

賦梅書屋詩初集六卷二集三卷三集二卷四集一卷五集一卷　（清）宋廷樑撰　清光緒十七年至二十七年(1891 – 1901)西江刻本　二冊

430000 – 2401 – 0028553　437/2167(1)

賦梅書屋詩初集六卷二集三卷三集二卷四集一卷五集一卷　（清）宋廷樑撰　清光緒十七年至二十七年(1891 – 1901)西江刻本　一冊

430000 – 2401 – 0028554　437/2558

紅杏樓詩賸稿一卷梅笛庵詞賸稿一卷　（清）宋志沂撰　（清）劉履芬輯　清同治十年(1871)刻本　一冊

430000 – 2401 – 0028555　437/2445

樸學廬詩初鈔五卷文鈔一卷　（清）宋祖駿撰　清同治刻本　三冊

430000 – 2401 – 0028556　437/1775

水流雲在館詩鈔六卷　（清）宋晉撰　清光緒十二年至十三年(1886 – 1887)刻本　二冊

430000 – 2401 – 0028557　437/1775(1)

水流雲在館詩鈔六卷　（清）宋晉撰　清光緒十二年至十三年(1886 – 1887)刻本　一冊

存四卷(一至四)

430000 – 2401 – 0028558　437/475

洞蕭樓詩紀十八卷　（清）宋翔鳳撰　清道光江寧劉文楷刻本　二冊

430000 – 2401 – 0028559　437/2459

湖東第一山詩鈔五卷　（清）宋棠撰　清同治八年(1869)刻本　一冊

430000 – 2401 – 0028560　437/1930

安雅堂文集二卷詩一卷未刻稿八卷入蜀集二卷　（清）宋琬撰　清乾隆三十一年(1766)刻本　八冊

430000 – 2401 – 0028561　△437/165

西陂類稿五十卷　（清）宋犖撰　清康熙毛扆宋懷全高岑刻本　十六冊

430000 – 2401 – 0028562　△437/165(1)

西陂類稿五十卷　（清）宋犖撰　清康熙毛扆宋懷全高岑刻本　四冊　存二十六卷(一至二十六)

430000 – 2401 – 0028563　△437/165 – 2

西陂類稿五十卷　（清）宋犖撰　清刻本　十五冊　存四十四卷(一至三十五、四十至四十一、四十四至五十)

430000 – 2401 – 0028564　△437/165 – 2(1)

西陂類稿五十卷　（清）宋犖撰　清刻本　二冊　存五卷(四十六至五十)

430000 – 2401 – 0028565　△437/450

綿津山人詩集二十四卷楓香詞一卷　（清）宋犖撰　清康熙二十七年(1688)刻本　八冊

430000 – 2401 – 0028566　437/1140

綿津山人詩集二十七卷　（清）宋犖撰　清康熙四十二年(1703)精刻本　四冊

430000 – 2401 – 0028567　437/273

宋氏綿津詩鈔八卷　（清）宋犖撰　（清）邵長蘅選　清康熙三十四年(1695)刻二家詩鈔本　二冊

430000 – 2401 – 0028568　437/1018

心鐵石齋存稿四十卷聯句詩一卷年譜一卷
（清）宋鳴琦撰　清道光十二年(1832)誦梅堂
刻本　八冊

430000－2401－0028569　437/1018(1)

心鐵石齋存稿四十卷聯句詩一卷年譜一卷
（清）宋鳴琦撰　清道光十二年(1832)誦梅堂
刻本　八冊　缺四卷(三十七至四十)

430000－2401－0028570　437/923

維揚游草二卷　（清）宋鳴琦　（清）譚錫洪撰
　清光緒刻本　一冊

430000－2401－0028571　437/422

味經齋存稿四卷　（清）宋鳴璜撰　清嘉慶十
七年(1812)刻本　二冊

430000－2401－0028572　437/422(1)

味經齋存稿四卷　（清）宋鳴璜撰　清嘉慶十
七年(1812)刻本　一冊　存二卷(一至二)

430000－2401－0028573　437/2303

寄思齋藏稿十四卷補遺一卷　（清）辛從益撰
　清咸豐元年(1851)江西集文齋刻本　九冊

430000－2401－0028574　437/1603

琴源山房遺詩六卷　（清）言友恂撰　清同治
七年(1868)刻本　二冊

430000－2401－0028575　437/1603(1)

琴源山房遺詩六卷　（清）言友恂撰　清同治
七年(1868)刻本　二冊

430000－2401－0028576　437/1603(2)

琴源山房遺詩六卷　（清）言友恂撰　清同治
七年(1868)刻本　二冊

430000－2401－0028577　437/1603(3)

琴源山房遺詩六卷　（清）言友恂撰　清同治
七年(1868)刻本　二冊

430000－2401－0028578　437/402

孟晉齋詩集四卷首一卷　（清）言朝標撰　清
光緒十年(1884)刻本　一冊

430000－2401－0028579　437/1890－2

天瘦閣詩卷一卷　（清）李士棻撰　清光緒十
年(1884)刻本　一冊

430000－2401－0028580　437/1890－2(1)

天瘦閣詩卷一卷　（清）李士棻撰　清光緒十
年(1884)刻本　一冊

430000－2401－0028581　437/1890－2(2)

天瘦閣詩卷一卷　（清）李士棻撰　清光緒十
年(1884)刻本　一冊

430000－2401－0028582　437/1890

天瘦閣詩半六卷天補樓行記一卷　（清）李士
棻撰　清光緒十一年(1885)木活字本　二冊

430000－2401－0028583　437/104

荷莊檢存稿一卷入關草稿一卷　（清）李大成
撰　清嘉慶二十四年(1819)陝西省城南京紙
店唐正益刻本　一冊

430000－2401－0028584　437/2556

鶴壽山房詩集四卷　（清）李子榮撰　清光緒
元年(1875)成都刻本　一冊

430000－2401－0028585　437/1517

鶴壽山房四六文四卷詩集四卷　（清）李子榮
撰　清光緒二十五年至二十六年(1899－
1900)刻本　四冊

430000－2401－0028586　437/1517(1)

鶴壽山房四六文四卷詩集四卷　（清）李子榮
撰　清光緒二十五年至二十六年(1899－
1900)刻本　四冊

430000－2401－0028587　437/22

恆齋文集七卷詩集三卷雜錄二卷附錄一卷
（清）李文炤撰　清乾隆四爲堂刻本　五冊

430000－2401－0028588　437/22(1)

恆齋文集七卷詩集三卷雜錄二卷附錄一卷
（清）李文炤撰　清乾隆四爲堂刻本　三冊
缺三卷(文集三至五)

430000－2401－0028589　437/22(2)

恆齋文集七卷詩集三卷雜錄二卷附錄一卷
（清）李文炤撰　清乾隆四爲堂刻本　三冊
缺五卷(文集一、詩集三、雜錄二卷、附錄一
卷)

430000－2401－0028590　437/22(3)

恆齋文集七卷詩集三卷雜錄二卷附錄一卷
（清）李文炤撰　清乾隆四爲堂刻本　四冊

430000－2401－0028591　437/1104
南澗文集二卷　（清）李文藻撰　清光緒吳縣
潘氏刻功順堂叢書本　一冊

430000－2401－0028592　437/2563
澄川制藝不分卷　（清）李天旭撰　清乾隆二
十四年(1759)澄川草亭刻本　四冊

430000－2401－0028593　437/2589
敝帚集不分卷敝帚集續不分卷　（清）李天昶
撰　清乾隆五十一年(1786)香萃草堂刻本
八冊

430000－2401－0028594　437/196
容齋千首詩一卷　（清）李天馥撰　清康熙刻
本　一冊

430000－2401－0028595　437/196－2
容齋千首詩一卷　（清）李天馥撰　清光緒二
十年(1894)鉛印本　一冊

430000－2401－0028596　437/2822
李元音鄉試硃卷　（清）李元音撰　清光緒十
九年(1893)刻本　一冊

430000－2401－0028597　437/2666
天岳山館文鈔四十卷　（清）李元度撰　清光
緒六年(1880)爽谿精舍刻本　十六冊

430000－2401－0028598　437/2666(1)
天岳山館文鈔四十卷　（清）李元度撰　清光
緒六年(1880)爽谿精舍刻本　十六冊

430000－2401－0028599　437/2666(2)
天岳山館文鈔四十卷　（清）李元度撰　清光
緒六年(1880)爽谿精舍刻本　十六冊

430000－2401－0028600　437/2666(3)
天岳山館文鈔四十卷　（清）李元度撰　清光
緒六年(1880)爽谿精舍刻本　十六冊

430000－2401－0028601　437/2666(4)
天岳山館文鈔四十卷　（清）李元度撰　清光
緒六年(1880)爽谿精舍刻本　十六冊

430000－2401－0028602　437/2666(5)
天岳山館文鈔四十卷　（清）李元度撰　清光
緒六年(1880)爽谿精舍刻本　二十冊

430000－2401－0028603　437/2666(6)
天岳山館文鈔四十卷　（清）李元度撰　清光
緒六年(1880)爽谿精舍刻本　八冊

430000－2401－0028604　437/2666(7)
天岳山館文鈔四十卷　（清）李元度撰　清光
緒六年(1880)爽谿精舍刻本　七冊

430000－2401－0028605　437/316－2
侯鯖集十卷　（清）李友棠撰　清光緒六年
(1880)紅杏山房刻本　四冊

430000－2401－0028606　△437/273
侯鯖集十卷　（清）李友棠撰　清靜香閣刻本
四冊

430000－2401－0028607　437/316
侯鯖集十卷　（清）李友棠撰　清繡谷趙氏刻
本　二冊

430000－2401－0028608　437/316(1)
侯鯖集十卷　（清）李友棠撰　清繡谷趙氏刻
本　一冊　存四卷(一至二、六至七)

430000－2401－0028609　437/1380
靜觀齋詩一卷　（清）李仁元撰　（清）王開運
錄　清咸豐四年(1854)刻本　一冊

430000－2401－0028610　437/2826
李仁洪鄉試硃卷　（清）李仁洪撰　清同治元
年(1862)刻本　一冊

430000－2401－0028611　437/2299
寒支初集十卷二集四卷　（清）李世熊撰　清
同治十三年(1874)刻本　十四冊

430000－2401－0028612　437/2299(1)
寒支初集十卷二集四卷　（清）李世熊撰　清
同治十三年(1874)刻本　十四冊

430000－2401－0028613　437/705
見山樓詩鈔二卷　（清）李本仁撰　清光緒十
一年(1885)刻本　一冊

430000－2401－0028614　437/2435

榕村全集四十卷別集五卷　（清）李光地撰
清乾隆元年(1736)刻本　十冊

430000－2401－0028615　437/897

養一齋文集二十卷詩集四卷賦一卷詩餘一卷
（清）李兆洛撰　清光緒四年至八年(1878
－1882)江陰刻本　十冊

430000－2401－0028616　437/897(1)

養一齋文集二十卷詩集四卷賦一卷詩餘一卷
（清）李兆洛撰　清光緒四年至八年(1878
－1882)江陰刻本　十二冊

430000－2401－0028617　437/897(2)

養一齋文集二十卷詩集四卷賦一卷詩餘一卷
（清）李兆洛撰　清光緒四年至八年(1878
－1882)江陰刻本　十二冊

430000－2401－0028618　437/897(3)

養一齋文集二十卷詩集四卷賦一卷詩餘一卷
（清）李兆洛撰　清光緒四年至八年(1878
－1882)江陰刻本　十二冊

430000－2401－0028619　437/897(4)

養一齋文集二十卷詩集四卷賦一卷詩餘一卷
（清）李兆洛撰　清光緒四年至八年(1878
－1882)江陰刻本　八冊

430000－2401－0028620　437/897(5)

養一齋文集二十卷詩集四卷賦一卷詩餘一卷
（清）李兆洛撰　清光緒四年至八年(1878
－1882)江陰刻本　八冊

430000－2401－0028621　437/1953

受祺堂詩十五卷　（清）李因篤撰　清刻本
四冊

430000－2401－0028622　437/1812

種玉山房詩草一卷　（清）李廷榮撰　**香雪先
生遺詩一卷**　（清）時銘撰　清光緒十五年
(1889)刻本　一冊

430000－2401－0028623　△437/342

野香亭集十三卷　（清）李孚青撰　清康熙刻
本　四冊

430000－2401－0028624　437/2054－2

野香亭集十三卷　（清）李孚青撰　（清）王士
禛批點　清光緒鉛印本　六冊

430000－2401－0028625　437/823

雁影齋詩存一卷　（清）李希聖撰　清光緒三
十一年(1905)京師刻本　一冊

430000－2401－0028626　437/823(1)

雁影齋詩存一卷　（清）李希聖撰　清光緒三
十一年(1905)京師刻本　一冊

430000－2401－0028627　437/823(2)

雁影齋詩存一卷　（清）李希聖撰　清光緒三
十一年(1905)京師刻本　一冊

430000－2401－0028628　437/823(3)

雁影齋詩存一卷　（清）李希聖撰　清光緒三
十一年(1905)京師刻本　一冊

430000－2401－0028629　437/823(4)

雁影齋詩存一卷　（清）李希聖撰　清光緒三
十一年(1905)京師刻本　一冊

430000－2401－0028630　437/904

聞妙香室詩集十二卷文集十九卷黔記四卷
（清）李宗昉撰　清道光十五年(1835)山陽李
氏刻本　九冊

430000－2401－0028631　△437/420

聞妙香室詩鈔八卷　（清）李宗昉撰　清刻本
四冊

430000－2401－0028632　437/2203

寄鴻堂文集四卷　（清）李宗傳撰　清同治三
年(1864)刻本　二冊

430000－2401－0028633　437/2203(1)

寄鴻堂文集四卷　（清）李宗傳撰　清同治三
年(1864)刻本　二冊

430000－2401－0028634　437/2152

杉湖酬唱詩略二卷　（清）李宗瀚撰　清道光
二年(1822)刻本　一冊

430000－2401－0028635　437/811

靜娛室偶存稿二卷首一卷末一卷　（清）李宗
瀚撰　清道光十六年(1836)恩養堂刻本　二冊

430000－2401－0028636　437/811（1）

靜娛室偶存稿二卷首一卷末一卷　（清）李宗瀚撰　清道光十六年（1836）恩養堂刻本　二冊

430000－2401－0028637　437/2823

李長鬱鄉試硃卷　（清）李長鬱撰　清光緒十四年（1888）刻本　一冊

430000－2401－0028638　437/1979

崇實堂詩集十四卷　（清）李長鬱撰　清光緒三十三年（1907）刻本　三冊

430000－2401－0028639　437/1979（1）

崇實堂詩集十四卷　（清）李長鬱撰　清光緒三十三年（1907）刻本　三冊

430000－2401－0028640　437/2907

崇實堂詩集　（清）李長鬱撰　清光緒、宣統稿本　一冊

430000－2401－0028641　437/1139

小芋香館遺集十二卷　（清）李杭撰　清咸豐元年（1851）刻本　二冊

430000－2401－0028642　437/1139（1）

小芋香館遺集十二卷　（清）李杭撰　清咸豐元年（1851）刻本　四冊

430000－2401－0028643　437/1139（2）

小芋香館遺集十二卷　（清）李杭撰　清咸豐元年（1851）刻本　四冊

430000－2401－0028644　437/1139（3）

小芋香館遺集十二卷　（清）李杭撰　清咸豐元年（1851）刻本　四冊

430000－2401－0028645　437/1139（4）

小芋香館遺集十二卷　（清）李杭撰　清咸豐元年（1851）刻本　四冊

430000－2401－0028646　437/1139（5）

小芋香館遺集十二卷　（清）李杭撰　清咸豐元年（1851）刻本　四冊

430000－2401－0028647　437/254

西雲詩鈔四卷　（清）李枝青撰　清咸豐元年（1851）刻本　二冊

430000－2401－0028648　437/440

易園文集四卷詩集二卷詞集一卷　（清）李林松撰　清光緒二十九年（1903）重印道光濟寧州署刻本　六冊

430000－2401－0028649　437/657

嵩游草一卷紫雲書院三十六詠一卷新城王氏西城別墅十三詠一卷鎖闈雜詠一卷　（清）李來章撰　（清）耿介選　清初刻本　一冊

430000－2401－0028650　437/1986

自怡軒隨筆偶存二卷　（清）李承銜撰　清光緒十年（1884）刻本

430000－2401－0028651　437/2884

李承霖殿試策　（清）李承霖撰　清道光二十年（1840）刻本　一冊

430000－2401－0028652　△437/355

詠歸亭詩鈔八卷　（清）李果撰　清乾隆十七年（1752）養雲亭刻本　二冊

430000－2401－0028653　△437/171

在亭叢稿十二卷　（清）李果撰　清乾隆刻本　六冊

430000－2401－0028654　437/551

韋廬詩內集四卷首一卷末一卷外集四卷首一卷末一卷韋廬賸稿一卷　（清）李秉禮撰　清嘉慶刻本　四冊

430000－2401－0028655　437/551（1）

韋廬詩內集四卷首一卷末一卷外集四卷首一卷末一卷韋廬賸稿一卷　（清）李秉禮撰　清嘉慶刻本　四冊

430000－2401－0028656　437/551（2）

韋廬詩內集四卷首一卷末一卷外集四卷首一卷末一卷韋廬賸稿一卷　（清）李秉禮撰　清嘉慶刻本　二冊

430000－2401－0028657　437/551－2

韋廬詩內集四卷外集四卷　（清）李秉禮撰　清道光十年（1830）知稼堂刻本　四冊

430000－2401－0028658　437/551－2（1）

韋廬詩內集四卷外集四卷　（清）李秉禮撰

清道光十年(1830)知稼堂刻本　八冊

430000－2401－0028659　437/551－3

韋廬詩外集四卷 （清）李秉禮撰　清光緒十三年(1887)江陽官舍刻本　二冊

430000－2401－0028660　437/73

筠僊詩存一卷 （清）李佩璋撰　清同治二年(1863)刻本　一冊

430000－2401－0028661　437/1189－2

談詩追錄一卷 （清）李洽撰　清道光二十三年(1843)刻本　一冊

430000－2401－0028662　437/1189

夜談追錄二卷 （清）李洽撰　清光緒六年(1880)刻本　一冊

430000－2401－0028663　437/1189(1)

夜談追錄二卷 （清）李洽撰　清光緒六年(1880)刻本　一冊

430000－2401－0028664　437/2344

松窗餘事草八卷 （清）李洵撰　清光緒九年(1883)春陵學署刻本　二冊

430000－2401－0028665　437/2596

榕園詩鈔十六卷首一卷 （清）李彥章撰　清道光二十年(1840)刻榕園全集本　七冊　缺二卷(十五至十六)

430000－2401－0028666　437/2946

李彥彬詩鈔 （清）李彥彬撰　鈔本　一冊

430000－2401－0028667　437/2954

日知堂文集□□卷 （清）李春泉撰　清乾隆刻本　一冊

430000－2401－0028668　437/2854

李郁華會試硃卷 （清）李郁華撰　清同治七年(1868)刻本　一冊

430000－2401－0028669　△437/134

太白山人槲葉集五卷南游草一卷 （清）李柏撰　清康熙三十四年(1695)刻本　五冊

430000－2401－0028670　437/73

滄香閣詩鈔一卷 （清）李星池撰　（清）楊書

霖編校　清光緒四年(1878)刻本　一冊

430000－2401－0028671　437/73(1)

滄香閣詩鈔一卷 （清）李星池撰　（清）楊書霖編校　清光緒四年(1878)刻本　一冊

430000－2401－0028672　437/73(2)

滄香閣詩鈔一卷 （清）李星池撰　（清）楊書霖編校　清光緒四年(1878)刻本　一冊

430000－2401－0028673　437/73(3)

滄香閣詩鈔一卷 （清）李星池撰　（清）楊書霖編校　清光緒四年(1878)刻本　一冊

430000－2401－0028674　437/73(4)

滄香閣詩鈔一卷 （清）李星池撰　（清）楊書霖編校　清光緒四年(1878)刻本　一冊

430000－2401－0028675　437/73(5)

滄香閣詩鈔一卷 （清）李星池撰　（清）楊書霖編校　清光緒四年(1878)刻本　一冊

430000－2401－0028676　437/73(6)

滄香閣詩鈔一卷 （清）李星池撰　（清）楊書霖編校　清光緒四年(1878)刻本　一冊

430000－2401－0028677　437/73(7)

滄香閣詩鈔一卷 （清）李星池撰　（清）楊書霖編校　清光緒四年(1878)刻本　一冊

430000－2401－0028678　437/480

李文恭公遺集四十六卷 （清）李星沅撰　清同治芋香山館刻本　三十二冊

430000－2401－0028679　437/480(1)

李文恭公遺集四十六卷 （清）李星沅撰　清同治芋香山館刻本　三十二冊

430000－2401－0028680　437/480(2)

李文恭公遺集四十六卷 （清）李星沅撰　清同治芋香山館刻本　三十二冊

430000－2401－0028681　437/480(3)

李文恭公遺集四十六卷 （清）李星沅撰　清同治芋香山館刻本　三十二冊

430000－2401－0028682　437/480(4)

李文恭公遺集四十六卷 （清）李星沅撰　清

同治芋香山館刻本　三十二冊

430000－2401－0028683　437/1297
觀香室遺稿四卷　(清)李星漁撰　清同治十三年(1874)刻本　一冊

430000－2401－0028684　437/1297(1)
觀香室遺稿四卷　(清)李星漁撰　清同治十三年(1874)刻本　一冊

430000－2401－0028685　437/1297(2)
觀香室遺稿四卷　(清)李星漁撰　清同治十三年(1874)刻本　一冊

430000－2401－0028686　437/1297(3)
觀香室遺稿四卷　(清)李星漁撰　清同治十三年(1874)刻本　一冊

430000－2401－0028687　437/1297(4)
觀香室遺稿四卷　(清)李星漁撰　清同治十三年(1874)刻本　一冊

430000－2401－0028688　437/2824
李修意鄉試硃卷　(清)李修意撰　清光緒八年(1882)刻本　一冊

430000－2401－0028689　437/1456
邁堂文略一卷　(清)李祖陶撰　清道光十五年(1835)刻本　一冊

430000－2401－0028690　437/1456－2
邁堂文略四卷　(清)李祖陶撰　清同治四年(1865)刻本　四冊

430000－2401－0028691　437/1536
二水樓文集二十卷首一卷詩集十八卷　(清)李茹旻撰　清光緒十七年(1891)味憩廬刻本　十冊

430000－2401－0028692　437/1536(1)
二水樓文集二十卷首一卷詩集十八卷　(清)李茹旻撰　清光緒十七年(1891)味憩廬刻本　十冊

430000－2401－0028693　△437/536
寶章齋類稿□□卷　(清)李桓撰　清鈔本　一冊　存二卷(六十五至六十六)

430000－2401－0028694　437/287
莕華閣詩稿一卷　(清)李淑撰　清光緒二十二年(1896)梓文閣刻本　一冊

430000－2401－0028695　437/2456
織齋文集八卷　(清)李煥章撰　清光緒十三年(1887)尚志堂刻本　二冊

430000－2401－0028696　437/2886
李盛湘鄉試硃卷　(清)李盛湘撰　清光緒八年(1882)刻本　一冊

430000－2401－0028697　437/2813
李登雲鄉試硃卷　(清)李登雲撰　清光緒十四年(1888)刻本　一冊

430000－2401－0028698　437/1699
萬山草堂詩集六卷　(清)李登雲撰　清光緒三十三年(1907)武林刻本　二冊

430000－2401－0028699　437/1699(1)
萬山草堂詩集六卷　(清)李登雲撰　清光緒三十三年(1907)武林刻本　二冊

430000－2401－0028700　437/1699(2)
萬山草堂詩集六卷　(清)李登雲撰　清光緒三十三年(1907)武林刻本　二冊

430000－2401－0028701　437/1699(3)
萬山草堂詩集六卷　(清)李登雲撰　清光緒三十三年(1907)武林刻本　二冊

430000－2401－0028702　437/1699(4)
萬山草堂詩集六卷　(清)李登雲撰　清光緒三十三年(1907)武林刻本　二冊

430000－2401－0028703　437/1699(5)
萬山草堂詩集六卷　(清)李登雲撰　清光緒三十三年(1907)武林刻本　二冊

430000－2401－0028704　437/1328
爐餘詩草五卷　(清)李國榮撰　清光緒二十五年(1899)長沙求是齋刻本　一冊

430000－2401－0028705　437/840
香草居集七卷目錄二卷　(清)李符撰　清康熙刻本　二冊

430000 - 2401 - 0028706　△437/286

海門詩鈔十三卷　（清）李符清撰　清嘉慶五年(1800)李氏鏡古堂刻本　佚名批校圈點　四冊

430000 - 2401 - 0028707　△437/286 - 2

海門詩鈔十六卷　（清）李符清撰　清嘉慶二十年(1815)刻本　四冊

430000 - 2401 - 0028708　437/1711

穆堂初稿五十卷　（清）李紱撰　清道光十一年(1831)無恕軒刻本　二十冊

430000 - 2401 - 0028709　437/1711（1）

穆堂初稿五十卷　（清）李紱撰　清道光十一年(1831)無恕軒刻本　十九冊　存三卷(二至四)

430000 - 2401 - 0028710　437/1711（2）

穆堂初稿五十卷　（清）李紱撰　清道光十一年(1831)無恕軒刻本　五冊　存七卷(十七至二十二、三十九)

430000 - 2401 - 0028711　437/1711 - 2

穆堂初稿五十卷　（清）李紱撰　清乾隆五年(1740)無恕軒刻本　十六冊

430000 - 2401 - 0028712　437/1711 - 2（1）

穆堂初稿五十卷　（清）李紱撰　清乾隆五年(1740)無恕軒刻本　十冊

430000 - 2401 - 0028713　437/1711 - 2（2）

穆堂初稿五十卷　（清）李紱撰　清乾隆五年(1740)無恕軒刻本　十冊

430000 - 2401 - 0028714　437/1710

穆堂初稿五十卷別稿五十卷　（清）李紱撰　清道光十一年(1831)刻本　三十六冊

430000 - 2401 - 0028715　437/1710（2）

穆堂初稿五十卷別稿五十卷　（清）李紱撰　清道光十一年(1831)刻本　十六冊

430000 - 2401 - 0028716　437/1710（1）

穆堂初稿五十卷別稿五十卷　（清）李紱撰　清道光十一年(1831)刻本　十冊

430000 - 2401 - 0028717　437/1709

穆堂詩文鈔十一卷　（清）李紱撰　清道光元年(1821)臨川李氏容軒刻本　四冊

430000 - 2401 - 0028718　437/612

校經廎文稿十八卷　（清）李富孫撰　清道光元年(1821)刻本　六冊

430000 - 2401 - 0028719　437/2009

西漚全集十卷外集八卷　（清）李惺撰　清同治七年(1868)刻本　十八冊

430000 - 2401 - 0028720　437/1845

舒嘯樓詩稿四卷　（清）李曾裕撰　清同治九年(1870)刻本　二冊

430000 - 2401 - 0028721　437/185

韞真詩草二卷拾遺一卷　（清）李雲麟撰　清光緒十年(1884)刻本　一冊　缺一卷(下)

430000 - 2401 - 0028722　437/753

居易草堂詩集三卷　（清）李發甲撰　清同治九年(1870)湖南撫署刻本　二冊

430000 - 2401 - 0028723　437/753（1）

居易草堂詩集三卷　（清）李發甲撰　清同治九年(1870)湖南撫署刻本　一冊

430000 - 2401 - 0028724　437/753（2）

居易草堂詩集三卷　（清）李發甲撰　清同治九年(1870)湖南撫署刻本　一冊

430000 - 2401 - 0028725　437/753（3）

居易草堂詩集三卷　（清）李發甲撰　清同治九年(1870)湖南撫署刻本　一冊　存一卷(一)

430000 - 2401 - 0028726　437/2007

李文清公遺書八卷志節編二卷　（清）李棠階撰　清光緒八年(1882)河北分守道署刻本　四冊

430000 - 2401 - 0028727　437/2515

攬青閣詩鈔二卷　（清）李貽德撰　清同治六年(1867)刻本　一冊

430000 - 2401 - 0028728　437/2515（1）

攬青閣詩鈔二卷　（清）李貽德撰　清同治六年(1867)刻本　一冊

430000 - 2401 - 0028729　437/2931

洞庭湖賦 （清）李暘撰　清鈔本　一冊

430000 - 2401 - 0028730　437/420

味閑齋遺草五卷 （清）李象鵠撰　清嘉慶十年(1805)家塾刻本　一冊

430000 - 2401 - 0028731　437/420（1）

味閑齋遺草五卷 （清）李象鵠撰　清嘉慶十年(1805)家塾刻本　一冊

430000 - 2401 - 0028732　437/420 - 2

味閑齋遺草五卷 （清）李象鵠撰　清光緒三年(1877)刻本　一冊

430000 - 2401 - 0028733　437/2346

棣懷堂隨筆十一卷雙圃同館賦鈔一卷 （清）李象鵠撰　清道光二十五年(1845)刻本　八冊

430000 - 2401 - 0028734　437/2346（1）

棣懷堂隨筆十一卷雙圃同館賦鈔一卷 （清）李象鵠撰　清道光二十五年(1845)刻本　八冊

430000 - 2401 - 0028735　437/2346（2）

棣懷堂隨筆十一卷雙圃同館賦鈔一卷 （清）李象鵠撰　清道光二十五年(1845)刻本　八冊

430000 - 2401 - 0028736　437/2346（3）

棣懷堂隨筆十一卷雙圃同館賦鈔一卷 （清）李象鵠撰　清道光二十五年(1845)刻本　八冊

430000 - 2401 - 0028737　437/2346（4）

棣懷堂隨筆十一卷雙圃同館賦鈔一卷 （清）李象鵠撰　清道光二十五年(1845)刻本　八冊

430000 - 2401 - 0028738　437/2346（5）

棣懷堂隨筆十一卷雙圃同館賦鈔一卷 （清）李象鵠撰　清道光二十五年(1845)刻本　四冊　存十一卷(隨筆十一卷)

430000 - 2401 - 0028739　437/2346（6）

棣懷堂隨筆十一卷雙圃同館賦鈔一卷 （清）

李象鵠撰　清道光二十五年(1845)刻本　五冊　存八卷(隨筆一至六、十至十一)

430000 - 2401 - 0028740　437/2346（7）

棣懷堂隨筆十一卷雙圃同館賦鈔一卷 （清）李象鵠撰　清道光二十五年(1845)刻本　三冊　存六卷(隨筆一至六)

430000 - 2401 - 0028741　437/2346 - 2

棣懷堂隨筆十一卷首一卷末一卷雙圃同館賦鈔一卷 （清）李象鵠撰　清同治十三年(1874)刻本　八冊

430000 - 2401 - 0028742　437/2346 - 2

棣懷堂隨筆十一卷首一卷末一卷雙圃同館賦鈔一卷 （清）李象鵠撰　清同治十三年(1874)刻本　八冊

430000 - 2401 - 0028743　437/2574

李舍人遺集一卷 （清）李結撰　清光緒二十二年(1896)宗鄴堂刻本　一冊

430000 - 2401 - 0028744　437/288

冷香樓詩稿一卷 （清）李源撰　清光緒二十二年(1896)吳門梓文閣刻本　一冊

430000 - 2401 - 0028745　437/288（1）

冷香樓詩稿一卷 （清）李源撰　清光緒二十二年(1896)吳門梓文閣刻本　一冊

430000 - 2401 - 0028746　437/2820

李詩貢卷 （清）李詩撰　清光緒十五年(1889)刻本　一冊

430000 - 2401 - 0028747　437/1278

白華絳柎閣詩集十卷 （清）李慈銘撰　清光緒十六年(1890)刻本　一冊

430000 - 2401 - 0028748　437/1278（1）

白華絳柎閣詩集十卷 （清）李慈銘撰　清光緒十六年(1890)刻本　一冊

430000 - 2401 - 0028749　437/2386

湖唐林館駢體文二卷 （清）李慈銘撰　清光緒十年(1884)刻本　二冊

430000 - 2401 - 0028750　437/2386（1）

湖唐林館駢體文二卷 （清）李慈銘撰　清光

緒十年(1884)刻本　二冊

430000－2401－0028751　437/2386(2)

湖唐林館駢體文二卷　(清)李慈銘撰　清光緒十年(1884)刻本　一冊

430000－2401－0028752　437/1282

越縵堂駢體文四卷散體文一卷　(清)李慈銘撰　清光緒二十三年(1897)刻虛霩居叢書本　四冊

430000－2401－0028753　437/2148

畹蘭齋文集四卷　(清)李楨撰　清光緒十八年(1892)刻本　二冊

430000－2401－0028754　437/2148(1)

畹蘭齋文集四卷　(清)李楨撰　清光緒十八年(1892)刻本　二冊

430000－2401－0028755　437/2148(2)

畹蘭齋文集四卷　(清)李楨撰　清光緒十八年(1892)刻本　二冊

430000－2401－0028756　437/2148(3)

畹蘭齋文集四卷　(清)李楨撰　清光緒十八年(1892)刻本　二冊

430000－2401－0028757　437/2148(4)

畹蘭齋文集四卷　(清)李楨撰　清光緒十八年(1892)刻本　二冊

430000－2401－0028758　437/2148(5)

畹蘭齋文集四卷　(清)李楨撰　清光緒十八年(1892)刻本　二冊

430000－2401－0028759　437/1965

希古山房詩草五卷　(清)李揚清撰　清光緒三十三年(1907)刻本　一冊

430000－2401－0028760　437/1965(1)

希古山房詩草五卷　(清)李揚清撰　清光緒三十三年(1907)刻本　一冊

430000－2401－0028761　437/2375

靜觀樓制藝三卷　(清)李熙齡撰　清道光二十五年(1845)刻本　二冊　存二卷(一至二)

430000－2401－0028762　437/1927

璇璣碎錦三卷　(清)李暘撰　清乾隆五十六年(1791)刻本　一冊

430000－2401－0028763　437/1927(1)

璇璣碎錦三卷　(清)李暘撰　清乾隆五十六年(1791)刻本　一冊

430000－2401－0028764　△437/310

師竹齋集十四卷　(清)李鼎元撰　清嘉慶刻本　二冊

430000－2401－0028765　437/2340

白雲村文集四卷臥象山房詩正集七卷　(清)李澄中撰　清康熙四十四年(1705)刻本　四冊

430000－2401－0028766　437/2584

笠翁別集□□卷　(清)李漁撰　清康熙三年(1664)芥子園刻本　二冊　存二卷(九至十)

430000－2401－0028767　△437/352－2

笠翁一家言全集十六卷　(清)李漁撰　清康熙十七年(1678)世德堂刻本　二十冊

430000－2401－0028768　△437/352

笠翁一家言全集十六卷　(清)李漁撰　清雍正芥子園刻本　十六冊

430000－2401－0028769　△437/352(1)

笠翁一家言全集十六卷　(清)李漁撰　清雍正芥子園刻本　十六冊

430000－2401－0028770　437/1660

琴語堂雜體文續一卷　(清)李肇增撰　清同治三年(1864)刻本　一冊

430000－2401－0028771　437/2831

厚岡文集二十卷　(清)李榮陛撰　清亙古齋刻本　一冊　存二卷(一至二)

430000－2401－0028772　437/740

恕谷後集十三卷　(清)李塨撰　清雍正十年(1732)刻本　三冊

430000－2401－0028773　437/2212

仿潛齋詩鈔十五卷　(清)李嘉樂撰　清光緒十五年(1889)刻本　四冊

430000－2401－0028774　437/1925

歎夫文稿四卷古體詩七卷粵東雜詩五卷冊子四卷　（清）李夢松撰　清嘉慶四年（1799）裕遠堂刻本　六冊

430000－2401－0028775　437/2824

李夢瑩鄉試硃卷　（清）李夢瑩撰　清光緒八年（1882）衡鑒堂刻本　一冊

430000－2401－0028776　437/2828

李夢瑩會試硃卷　（清）李夢瑩撰　清光緒九年（1883）刻本　一冊

430000－2401－0028777　437/1851

薜荔村舍遺詩一卷　（清）李夢瑩撰　清光緒二十七年（1901）麓山精舍刻本　一冊

430000－2401－0028778　437/1851（1）

薜荔村舍遺詩一卷　（清）李夢瑩撰　清光緒二十七年（1901）麓山精舍刻本　一冊

430000－2401－0028779　437/1851（2）

薜荔村舍遺詩一卷　（清）李夢瑩撰　清光緒二十七年（1901）麓山精舍刻本　一冊

430000－2401－0028780　437/2163

十三峰書屋文稿一卷詩集二卷書札四卷批牘二卷　（清）李榕撰　清光緒十六年（1890）龍安書院刻本　八冊

430000－2401－0028781　437/2163（1）

十三峰書屋文稿一卷詩集二卷書札四卷批牘二卷　（清）李榕撰　清光緒十六年（1890）龍安書院刻本　八冊

430000－2401－0028782　437/2163（2）

十三峰書屋文稿一卷詩集二卷書札四卷批牘二卷　（清）李榕撰　清光緒十六年（1890）龍安書院刻本　八冊

430000－2401－0028783　437/2163（3）

十三峰書屋文稿一卷詩集二卷書札四卷批牘二卷　（清）李榕撰　清光緒十六年（1890）龍安書院刻本　八冊

430000－2401－0028784　437/2163（4）

十三峰書屋文稿一卷詩集二卷書札四卷批牘二卷　（清）李榕撰　清光緒十六年（1890）龍安書院刻本　八冊

430000－2401－0028785　437/2163（5）

十三峰書屋文稿一卷詩集二卷書札四卷批牘二卷　（清）李榕撰　清光緒十六年（1890）龍安書院刻本　八冊

430000－2401－0028786　437/1060

日慎齋詩草六卷外集一卷　（清）李嗣元撰　清同治十年（1871）刻本　二冊

430000－2401－0028787　437/2886

李鳳端鄉試硃卷　（清）李鳳端撰　清光緒八年（1882）刻本　一冊

430000－2401－0028788　438/921

燕游日記二卷　（清）李慶豐撰　清末刻本　一冊　存一卷（二）

430000－2401－0028789　437/2551

童山詩集四十二卷詞二卷文集二十卷補遺一卷粵東皇華集四卷淡墨錄十六卷羅江縣志十卷　（清）李調元撰　清乾隆綿州李氏萬卷樓刻嘉慶十四年（1809）李鼎元重校函海本　二十冊

430000－2401－0028790　437/2841

粵東皇華集四卷　（清）李調元撰　清光緒八年（1882）樂道齋刻函海本　一冊

430000－2401－0028791　437/635

闇壇文稿三卷　（清）李德騫撰　清咸豐五年（1855）百果山房木活字本　二冊

430000－2401－0028792　437/751－2

李文忠尺牘分類選錄　（清）李鴻章撰　鈔本　一冊　存第四冊

430000－2401－0028793　437/2183

李文忠公朋僚函稿二十四卷　（清）李鴻章撰　（清）吳汝綸編輯　清光緒二十八年（1902）蓮池書社鉛印本　十二冊

430000－2401－0028794　437/2183（1）

李文忠公朋僚函稿二十四卷　（清）李鴻章撰　（清）吳汝綸編輯　清光緒二十八年（1902）

蓮池書社鉛印本　十二冊

430000－2401－0028795　437/2183（2）
李文忠公朋僚函稿二十四卷　（清）李鴻章撰
（清）吳汝綸編輯　清光緒二十八年（1902）
蓮池書社鉛印本　十二冊

430000－2401－0028796　437/2738
李文忠公遺集八卷　（清）李鴻章撰　（清）李
國杰編　清光緒三十年（1904）合肥李氏刻合
肥李氏三世遺集本　四冊

430000－2401－0028797　437/1487
蘇鄰遺詩二卷　（清）李鴻裔撰　清光緒十四
年（1888）遵義黎氏日本東京刻本　一冊

430000－2401－0028798　437/1487（1）
蘇鄰遺詩二卷　（清）李鴻裔撰　清光緒十四
年（1888）遵義黎氏日本東京刻本　一冊

430000－2401－0028799　437/1487（2）
蘇鄰遺詩二卷　（清）李鴻裔撰　清光緒十四
年（1888）遵義黎氏日本東京刻本　一冊

430000－2401－0028800　437/1487（3）
蘇鄰遺詩二卷　（清）李鴻裔撰　清光緒十四
年（1888）遵義黎氏日本東京刻本　一冊

430000－2401－0028801　437/1513
蘇鄰遺詩續集一卷　（清）李鴻裔撰　清光緒
十七年（1891）中江李氏上海石印本　一冊

430000－2401－0028802　日437/484
髯仙詩舫遺稿二卷　（清）李鴻裔撰　清光緒
十四年（1888）遵義黎庶昌日本刻本　王禮培
題識　一冊

430000－2401－0028803　437/2845
李鴻儀鄉試硃卷　（清）李鴻儀撰　清光緒十
九年（1893）刻本　一冊

430000－2401－0028804　437/1145
**少鶴內集十卷鶴再南飛集一卷龍城集一卷賓
山續集一卷**　（清）李憲喬撰　（清）單金召選
訂　清光緒十二年（1886）西安郡齋刻本
二冊

430000－2401－0028805　437/2143
好雲樓初集二十八卷首一卷二集十六卷
（清）李聯琇撰　清咸豐十一年（1861）思養堂
刻本　十二冊

430000－2401－0028806　437/2143（1）
好雲樓初集二十八卷首一卷二集十六卷
（清）李聯琇撰　清咸豐十一年（1861）思養堂
刻本　十二冊

430000－2401－0028807　437/2957
李學鼎制藝一卷　（清）李學鼎校　清鈔本
一冊

430000－2401－0028808　437/241
守拙齋詩鈔二卷　（清）李寨臣撰　清同治三
年（1864）刻本　一冊

430000－2401－0028809　437/1959
貳友山房詩賸一卷　（清）李璨華撰　**留春閣
遺草一卷**　（清）黃婉琳撰　**筠仙詩存一卷**
（清）李佩璋撰　清光緒十七年（1891）長沙刻
本　一冊

430000－2401－0028810　437/2826
李燾會試卷　（清）李燾撰　清光緒二年
（1876）刻本　一冊

430000－2401－0028811　437/2888
李鎮元鄉試硃卷　（清）李鎮元撰　清光緒十
一年（1885）刻本　一冊

430000－2401－0028812　437/1512
覘顏室詩稿四卷　（清）李瀚昌撰　清宣統元
年（1909）石印本　二冊

430000－2401－0028813　437/1512（1）
覘顏室詩稿四卷　（清）李瀚昌撰　清宣統元
年（1909）石印本　二冊

430000－2401－0028814　437/1084
二曲集二十六卷　（清）李顒撰　清道光八年
（1828）雲蔭堂刻本　八冊

430000－2401－0028815　437/1084（1）
二曲集二十六卷　（清）李顒撰　清道光八年
（1828）雲蔭堂刻本　八冊

430000－2401－0028816　437/1085

二曲集四十六卷 （清）李顒撰 清光緒三年
(1877)信述堂刻本 十六冊

430000－2401－0028817 437/1086

二曲集二十八卷四書反身錄十四卷 （清）李
顒撰 清光緒八年至九年(1882－1883)刻本
八冊

430000－2401－0028818 437/1084－2

二曲全集二十六卷 （清）李顒撰 清光緒二
十六年(1900)長沙小瑯環山館刻本 六冊

430000－2401－0028819 437/2173

吳門集八卷 （清）李黼平撰 清道光七年
(1827)著花庵刻李綉子全書本 二冊

430000－2401－0028820 437/2247

著花庵集八卷 （清）李黼平撰 清嘉慶羊城
以文堂刻本 二冊

430000－2401－0028821 437/1172

李忠武公書牘二卷奏疏一卷 （清）李續賓撰
清光緒十七年(1891)甌江巡署刻本 四冊

430000－2401－0028822 437/1172(1)

李忠武公書牘二卷奏疏一卷 （清）李續賓撰
清光緒十七年(1891)甌江巡署刻本 四冊

430000－2401－0028823 437/1172(2)

李忠武公書牘二卷奏疏一卷 （清）李續賓撰
清光緒十七年(1891)甌江巡署刻本 三冊
缺一卷（褒節錄一）

430000－2401－0028824 △437/398

尋古齋集六卷 （清）李繼聖撰 清鈔本
四冊

430000－2401－0028825 437/1782－2

天籟閣詩鈔五卷詩餘一卷文鈔一卷補集一卷
（清）李鶴雲撰 清光緒二十八年(1902)鄂
城刻本 二冊

430000－2401－0028826 437/2894

杜本崇選拔貢卷 （清）杜本崇撰 清光緒十
一年(1885)刻本 一冊

430000－2401－0028827 437/2887

杜本崇鄉試硃卷 （清）杜本崇撰 清光緒十

一年(1885)刻本 一冊

430000－2401－0028828 437/1003

元穆文鈔一卷黃陵詩鈔一卷 杜俞撰 清光
緒十四年至十七年(1888－1891)成都刻本
二冊

430000－2401－0028829 437/1003(1)

元穆文鈔一卷黃陵詩鈔一卷 杜俞撰 清光
緒十四年至十七年(1888－1891)成都刻本
一冊

430000－2401－0028830 437/1003－2

元穆文鈔二卷 杜俞撰 清光緒二十六年
(1900)申江鉛印海嶽軒叢刻本 一冊

430000－2401－0028831 437/1003－2(1)

元穆文鈔二卷 杜俞撰 清光緒二十六年
(1900)申江鉛印海嶽軒叢刻本 一冊

430000－2401－0028832 437/1003－2(2)

元穆文鈔二卷 杜俞撰 清光緒二十六年
(1900)申江鉛印海嶽軒叢刻本 一冊

430000－2401－0028833 437/1783

出塞吟一卷後出塞吟一卷 杜俞撰 清宣統
二年(1910)警務公所印刷局鉛印本 二冊

430000－2401－0028834 437/2700

采菽堂書牘二卷 杜俞撰 清光緒二十六年
(1900)申江鉛印海嶽軒叢刻本 一冊

430000－2401－0028835 437/2700(1)

采菽堂書牘二卷 杜俞撰 清光緒三十三年
(1907)姑蘇鉛印本 一冊

430000－2401－0028836 437/124

黃陵書牘二卷 杜俞撰 清光緒二十六年
(1900)申江鉛印海嶽軒叢刻本 一冊

430000－2401－0028837 437/125

黃陵詩鈔一卷 杜俞撰 清光緒十七年
(1891)刻本 一冊

430000－2401－0028838 437/125(1)

黃陵詩鈔一卷 杜俞撰 清光緒十七年
(1891)刻本 一冊

430000－2401－0028839　437/125（2）

黃陵詩鈔一卷　杜俞撰　清光緒十七年（1891）刻本　一冊

430000－2401－0028840　437/125（3）

黃陵詩鈔一卷　杜俞撰　清光緒十七年（1891）刻本　一冊

430000－2401－0028841　437/125（4）

黃陵詩鈔一卷　杜俞撰　清光緒十七年（1891）刻本　一冊

430000－2401－0028842　437/125（5）

黃陵詩鈔一卷　杜俞撰　清光緒十七年（1891）刻本　一冊

430000－2401－0028843　437/125－2

黃陵詩鈔一卷　杜俞撰　清光緒二十六年（1900）申江鉛印海嶽軒叢刻本　一冊

430000－2401--0028844　437/628

桐華閣文集十二卷　（清）杜貴墀撰　清光緒三十一年（1905）刻本　四冊

430000－2401－0028845　437/628（1）

桐華閣文集十二卷　（清）杜貴墀撰　清光緒三十一年（1905）刻本　四冊

430000－2401－0028846　437/628（2）

桐華閣文集十二卷　（清）杜貴墀撰　清光緒三十一年（1905）刻本　四冊

430000－2401－0028847　437/628（3）

桐華閣文集十二卷　（清）杜貴墀撰　清光緒三十一年（1905）刻本　四冊

430000－2401－0028848　437/628（4）

桐華閣文集十二卷　（清）杜貴墀撰　清光緒三十一年（1905）刻本　四冊

430000－2401－0028849　437/2431

湄湖吟十一卷聽松軒遺文一卷　（清）杜淶撰　（清）魏憲等評閱　清道光刻本　四冊

430000－2401－0028850　437/2825

杜嗣程鄉試硃卷　（清）杜嗣程撰　清光緒十九年（1893）刻本　一冊

430000－2401－0028851　437/1976

古柏軒詩草一卷　（清）杜夢玉撰　（清）杜蘊玉評　清光緒四年（1878）湖南辰溪官廨刻本　一冊

430000－2401－0028852　437/1976（1）

古柏軒詩草一卷　（清）杜夢玉撰　（清）杜蘊玉評　清光緒四年（1878）湖南辰溪官廨刻本　一冊

430000－2401－0028853　437/327

杜茶村詩鈔八卷　（清）杜濬撰　（清）彭湘懷（清）陳師晉輯　清乾隆八年（1743）刻本　二冊

430000－2401－0028854　437/1226

變雅堂文集四卷詩集十卷補遺一卷　（清）杜濬撰　清同治九年（1870）鄂垣刻本　八冊

430000－2401－0028855　437/1226（1）

變雅堂文集四卷詩集十卷補遺一卷　（清）杜濬撰　清同治九年（1870）鄂垣刻本　八冊

430000－2401－0028856　437/942

變雅堂遺集文八卷詩十卷附錄二卷　（清）杜濬撰　清光緒二十年（1894）黃岡沈氏刻本　六冊

430000－2401－0028857　437/942（1）

變雅堂遺集文八卷詩十卷附錄二卷　（清）杜濬撰　清光緒二十年（1894）黃岡沈氏刻本　五冊　缺二卷（一至二）

430000－2401－0028858　437/1734

石臼前集九卷後集七卷　（清）邢昉撰　清順治刻本　六冊

430000－2401－0028859　437/1734（1）

石臼前集九卷後集七卷　（清）邢昉撰　清順治刻本　六冊

430000－2401－0028860　437/1734（2）

石臼前集九卷後集七卷　（清）邢昉撰　清順治刻本　六冊

430000－2401－0028861　437/1525

懷園集李詩八卷集杜詩八卷　（清）車萬育撰　清康熙二十八年（1689）刻本　二冊

430000 – 2401 – 0028862　437/955

澤古齋文鈔三卷補遺一卷　（清）吳士模撰
清光緒十九年(1893)刻本　一冊

430000 – 2401 – 0028863　437/1131

**小酉腴山館文鈔七卷集外文三卷詩鈔二卷詩
補錄一卷詩續編二卷詩三編二卷**　（清）吳大
廷撰　清同治三年(1864)刻本　六冊　缺一
卷(三編下)

430000 – 2401 – 0028864　437/1131(1)

**小酉腴山館文鈔七卷集外文三卷詩鈔二卷詩
補錄一卷詩續編二卷詩三編二卷**　（清）吳大
廷撰　清同治三年(1864)刻本　六冊　缺一
卷(三編下)

430000 – 2401 – 0028865　437/1131－2

小酉腴山館文鈔九卷集外文三卷　（清）吳大
廷撰　清同治三年(1864)杭州刻本　四冊

430000 – 2401 – 0028866　437/1130

**小酉腴山館文集十二卷詩集八卷自著年譜二
卷**　（清）吳大廷撰　清光緒五年(1879)刻本
八冊

430000 – 2401 – 0028867　437/2329

吳文節公遺集八十卷　（清）吳文鎔撰　清咸
豐七年(1857)刻本　十七冊

430000 – 2401 – 0028868　437/2216

黃葉村莊詩集八卷續集一卷後集一卷　（清）
吳之振撰　清光緒四年(1878)刻本　四冊

430000 – 2401 – 0028869　437/2216(1)

黃葉村莊詩集八卷續集一卷後集一卷　（清）
吳之振撰　清光緒四年(1878)刻本　四冊

430000 – 2401 – 0028870　437/556

退思齋詩草　（清）吳中彥撰　清光緒二十一
年(1895)退思齋刻本　二冊

430000 – 2401 – 0028871　437/1335

**攜雪堂文集一卷詩集一卷對聯一卷罔極編一
卷家訓一卷時文一卷試帖一卷**　（清）吳可讀
撰　清光緒十九年(1893)家刻本　四冊

430000 – 2401 – 0028872　437/1335－2

攜雪堂文集四卷　（清）吳可讀撰　清光緒二
十六年(1900)浙江書局刻本　二冊

430000 – 2401 – 0028873　437/2418

香亭文稿十二卷　（清）吳玉綸撰　清乾隆六
十年(1795)滋德堂刻本　四冊

430000 – 2401 – 0028874　437/617

桐城吳先生文集四卷附集一卷　（清）吳汝綸
撰　清光緒三十年(1904)吳氏家刻桐城吳先
生全書本　四冊

430000 – 2401 – 0028875　437/617(1)

桐城吳先生文集四卷附集一卷　（清）吳汝綸
撰　清光緒三十年(1904)吳氏家刻桐城吳先
生全書本　四冊

430000 – 2401 – 0028876　437/617(2)

桐城吳先生文集四卷附集一卷　（清）吳汝綸
撰　清光緒三十年(1904)吳氏家刻桐城吳先
生全書本　四冊

430000 – 2401 – 0028877　437/617(3)

桐城吳先生文集四卷附集一卷　（清）吳汝綸
撰　清光緒三十年(1904)吳氏家刻桐城吳先
生全書本　一冊　缺四卷(文集四卷)

430000 – 2401 – 0028878　437/617(4)

桐城吳先生文集四卷附集一卷　（清）吳汝綸
撰　清光緒三十年(1904)吳氏家刻桐城吳先
生全書本　五冊

430000 – 2401 – 0028879　437/617(5)

桐城吳先生文集四卷附集一卷　（清）吳汝綸
撰　清光緒三十年(1904)吳氏家刻桐城吳先
生全書本　五冊

430000 – 2401 – 0028880　437/357

吳摯甫文集四卷深州風土記四篇一卷　（清）
吳汝綸撰　清宣統二年(1910)上海國學扶輪
社石印本　二冊

430000 – 2401 – 0028881　437/357(1)

吳摯甫文集四卷深州風土記四篇一卷　（清）
吳汝綸撰　清宣統二年(1910)上海國學扶輪
社石印本　四冊

430000 - 2401 - 0028882　437/358 - 2

吳摯甫詩集一卷　（清）吳汝綸撰　清光緒三十年（1904）桐城吳氏家刻桐城吳先生全書本　一冊

430000 - 2401 - 0028883　437/358

吳摯甫詩集一卷　（清）吳汝綸撰　清宣統二年（1910）上海國學扶輪社石印本　一冊

430000 - 2401 - 0028884　437/358（1）

吳摯甫詩集一卷　（清）吳汝綸撰　清宣統二年（1910）上海國學扶輪社石印本　一冊

430000 - 2401 - 0028885　437/358（2）

吳摯甫詩集一卷　（清）吳汝綸撰　清宣統二年（1910）上海國學扶輪社石印本　一冊

430000 - 2401 - 0028886　437/358（3）

吳摯甫詩集一卷　（清）吳汝綸撰　清宣統二年（1910）上海國學扶輪社石印本　一冊

430000 - 2401 - 0028887　437/609

桐城吳先生尺牘五卷補遺一卷諭兒書一卷（清）吳汝綸撰　清光緒二十九年（1903）吳氏家刻桐城吳先生全書本　三冊

430000 - 2401 - 0028888　437/609（1）

桐城吳先生尺牘五卷補遺一卷諭兒書一卷（清）吳汝綸撰　清光緒二十九年（1903）吳氏家刻桐城吳先生全書本　一冊　存一卷（一）

430000 - 2401 - 0028889　437/2221

榴實山莊詩鈔六卷試律二卷詞鈔一卷文稿一卷　（清）吳存義撰　清同治九年（1870）刻本　四冊

430000 - 2401 - 0028890　437/2221（1）

榴實山莊詩鈔六卷試律二卷詞鈔一卷文稿一卷　（清）吳存義撰　清同治九年（1870）刻本　六冊

430000 - 2401 - 0028891　437/328

居易樓遺稿二卷　（清）吳光熊撰　清光緒二十九年（1903）湘鄉刻本　二冊

430000 - 2401 - 0028892　437/2472

鐵花山館詩稿八卷　（清）吳兆麟撰　清光緒

六年（1880）刻本　四冊

430000 - 2401 - 0028893　△437/275

秋茄集八卷　（清）吳兆騫撰　清康熙徐乾學刻雍正四年（1726）吳振臣增修本　四冊

430000 - 2401 - 0028894　437/583

秋茄集八卷　（清）吳兆騫撰　清雍正四年（1726）刻本　二冊

430000 - 2401 - 0028895　437/2697

吳徵士遺詩一卷遺文一卷　（清）吳廷香撰　清同治二年（1863）刻本　一冊

430000 - 2401 - 0028896　437/2697（1）

吳徵士遺詩一卷遺文一卷　（清）吳廷香撰　清同治二年（1863）刻本　一冊

430000 - 2401 - 0028897　437/2697（2）

吳徵士遺詩一卷遺文一卷　（清）吳廷香撰　清同治二年（1863）刻本　一冊

430000 - 2401 - 0028898　437/2697（3）

吳徵士遺詩一卷遺文一卷　（清）吳廷香撰　清同治二年（1863）刻本　一冊

430000 - 2401 - 0028899　437/2697（4）

吳徵士遺詩一卷遺文一卷　（清）吳廷香撰　清同治二年（1863）刻本　一冊

430000 - 2401 - 0028900　437/691

拙修集十卷　（清）吳廷棟撰　清同治十年（1871）六安求我齋刻本　四冊

430000 - 2401 - 0028901　437/691（1）

拙修集十卷　（清）吳廷棟撰　清同治十年（1871）六安求我齋刻本　四冊

430000 - 2401 - 0028902　437/691（2）

拙修集十卷　（清）吳廷棟撰　清同治十年（1871）六安求我齋刻本　四冊

430000 - 2401 - 0028903　437/691（3）

拙修集十卷　（清）吳廷棟撰　清同治十年（1871）六安求我齋刻本　四冊

430000 - 2401 - 0028904　437/691（4）

拙修集十卷　（清）吳廷棟撰　清同治十年

（1871）六安求我齋刻本　四冊

430000－2401－0028905　437/691（5）
拙修集十卷　（清）吳廷棟撰　清同治十年
（1871）六安求我齋刻本　四冊

430000－2401－0028906　437/691（6）
拙修集十卷　（清）吳廷棟撰　清同治十年
（1871）六安求我齋刻本　四冊

430000－2401－0028907　△437/224
拙修集十卷　（清）吳廷棟撰　（清）方宗誠輯
　（清）楊德亨重編　清鈔本　六冊

430000－2401－0028908　437/1467
滄園詩草八卷　（清）吳仲輔撰　清光緒二十
二年（1896）刻本　三冊

430000－2401－0028909　437/2333
真種子閒吟初存二卷　（清）吳良秀撰　清宣
統元年（1909）刻本　一冊　存一卷（上）

430000－2401－0028910　437/2179
臥雲山房詩草一卷　（清）吳邦治撰　清同治
元年（1862）刻本　一冊

430000－2401－0028911　437/798
紫石泉山房文集十二卷詩鈔三卷　（清）吳定
撰　清光緒十三年（1887）黟縣李氏刻本
五冊

430000－2401－0028912　437/798（1）
紫石泉山房文集十二卷詩鈔三卷　（清）吳定
撰　清光緒十三年（1887）黟縣李氏刻本
五冊

430000－2401－0028913　437/2360
吳赤溟先生文集一卷　（清）吳炎撰　清光緒
三十二年（1906）上海國學保存會鉛印國粹叢
書本　一冊

430000－2401－0028914　437/1713
三恥齋初稿八卷　（清）吳坤修撰　清同治四
年（1865）鳩江戎幄刻本　二冊

430000－2401－0028915　437/1129
小羅浮山館詩鈔十五卷　（清）吳昇撰　清同
治四年（1865）京師刻本　四冊

430000－2401－0028916　437/250
西橋詩草六卷首一卷　（清）吳英樾撰　清道
光三十年（1850）西泠寓舍刻本　二冊

430000－2401－0028917　437/250（1）
西橋詩草六卷首一卷　（清）吳英樾撰　清道
光三十年（1850）西泠寓舍刻本　二冊

430000－2401－0028918　437/250（2）
西橋詩草六卷首一卷　（清）吳英樾撰　清道
光三十年（1850）西泠寓舍刻本　二冊

430000－2401－0028919　437/364
北山樓集一卷師友緒餘一卷　（清）吳保初撰
　清光緒二十五年（1899）鉛印本　一冊

430000－2401－0028920　437/1777－2
北山樓詩一卷　（清）吳保初撰　清光緒二十
七年（1901）上海商務印書館鉛印本　一冊

430000－2401－0028921　437/212
白華前稿六十卷後稿四十卷　（清）吳省欽撰
　清嘉慶十五年（1810）刻本　十四冊

430000－2401－0028922　437/211
白華詩鈔不分卷　（清）吳省欽撰　清刻本
一冊　存西笑集、雲棧集、劍外集一至三

430000－2401－0028923　437/99
十國宮詞一百卷首一卷　（清）吳省蘭撰　清
同治十二年（1873）淮南書局刻本　一冊

430000－2401－0028924　437/99（1）
十國宮詞一百卷首一卷　（清）吳省蘭撰　清
刻本　一冊

430000－2401－0028925　437/1022
聽彝堂偶存稿二十一卷　（清）吳省蘭撰　清
嘉慶四年（1799）刻本　二冊

430000－2401－0028926　△437/439
榮性堂文集八卷　（清）吳俊撰　清刻本　二冊

430000－2401－0028927　437/1701
筠齋詩錄十卷　（清）吳振勃撰　清道光二十
八年（1848）挹韻軒刻本　二冊

430000－2401－0028928　437/2060

花宜館詩鈔甲乙稿二卷 (清)吳振棫撰 清道光二十五年(1845)刻本 一冊

430000－2401－0028929 437/2192
花宜館詩鈔十六卷續存一卷無腔村笛二卷 (清)吳振棫撰 清同治四年(1865)刻本 六冊

430000－2401－0028930 437/2822
吳桂森鄉試硃卷 (清)吳桂森撰 清光緒十九年(1893)刻本 一冊

430000－2401－0028931 437/708
笏庵詩鈔十卷 (清)吳清鵬撰 清刻本 二冊

430000－2401－0028932 437/1124
小山山房詩存二卷 (清)吳淞撰 清宣統二年(1910)鉛印本 一冊

430000－2401－0028933 437/1124(1)
小山山房詩存二卷 (清)吳淞撰 清宣統二年(1910)鉛印本 一冊

430000－2401－0028934 437/884
愚村詩鈔一卷 (清)吳淮撰 清咸豐三年(1853)刻本 一冊

430000－2401－0028935 437/884(1)
愚村詩鈔一卷 (清)吳淮撰 清咸豐三年(1853)刻本 一冊

430000－2401－0028936 437/2147
曼陀羅花室文三卷詩三卷詞一卷清溪惆悵集二卷 (清)吳翊寅撰 清光緒十九年至二十年(1893－1894)廣州廣雅書局刻本 五冊

430000－2401－0028937 437/2147(1)
曼陀羅花室文三卷詩三卷詞一卷清溪惆悵集二卷 (清)吳翊寅撰 清光緒十九年至二十年(1893－1894)廣州廣雅書局刻本 一冊

430000－2401－0028938 △437/438
與稽齋叢稿十八卷 (清)吳翌鳳撰 清嘉慶刻本 五冊

430000－2401－0028939 437/458
佩秋閣詩稿二卷詞稿一卷駢文稿一卷 (清)

吳莒撰 清光緒元年(1875)刻本 一冊

430000－2401－0028940 437/458(1)
佩秋閣詩稿二卷詞稿一卷駢文稿一卷 (清)吳莒撰 清光緒元年(1875)刻本 一冊

430000－2401－0028941 △437/193
吳敏樹詩稿 (清)吳敏樹撰 稿本 一冊

430000－2401－0028942 437/1992
東游草一卷 (清)吳敏樹撰 清同治七年(1868)朝宗書室木活字本 一冊

430000－2401－0028943 437/1992(1)
東游草一卷 (清)吳敏樹撰 清同治七年(1868)朝宗書室木活字本 一冊

430000－2401－0028944 437/544
柈湖詩錄六卷首一卷釣者風一卷 (清)吳敏樹撰 清同治八年(1869)長沙刻本 四冊

430000－2401－0028945 437/544(1)
柈湖詩錄六卷首一卷釣者風一卷 (清)吳敏樹撰 清同治八年(1869)長沙刻本 四冊

430000－2401－0028946 437/544(2)
柈湖詩錄六卷首一卷釣者風一卷 (清)吳敏樹撰 清同治八年(1869)長沙刻本 四冊

430000－2401－0028947 437/544(3)
柈湖詩錄六卷首一卷釣者風一卷 (清)吳敏樹撰 清同治八年(1869)長沙刻本 四冊

430000－2401－0028948 437/544(4)
柈湖詩錄六卷首一卷釣者風一卷 (清)吳敏樹撰 清同治八年(1869)長沙刻本 四冊

430000－2401－0028949 437/544(5)
柈湖詩錄六卷首一卷釣者風一卷 (清)吳敏樹撰 清同治八年(1869)長沙刻本 四冊

430000－2401－0028950 437/543
柈湖文錄八卷首一卷 (清)吳敏樹撰 清同治八年(1869)長沙刻本 四冊

430000－2401－0028951 437/543(1)
柈湖文錄八卷首一卷 (清)吳敏樹撰 清同治八年(1869)長沙刻本 四冊

430000 – 2401 – 0028952　437/543（2）

𥐥湖文錄八卷首一卷　（清）吳敏樹撰　清同治八年（1869）長沙刻本　四冊

430000 – 2401 – 0028953　437/543（3）

𥐥湖文錄八卷首一卷　（清）吳敏樹撰　清同治八年（1869）長沙刻本　四冊

430000 – 2401 – 0028954　437/543（4）

𥐥湖文錄八卷首一卷　（清）吳敏樹撰　清同治八年（1869）長沙刻本　四冊

430000 – 2401 – 0028955　437/543（5）

𥐥湖文錄八卷首一卷　（清）吳敏樹撰　清同治八年（1869）長沙刻本　四冊

430000 – 2401 – 0028956　437/542

𥐥湖文集十二卷首一卷　（清）吳敏樹撰　清光緒十九年（1893）思賢講舍刻本　四冊

430000 – 2401 – 0028957　437/542（1）

𥐥湖文集十二卷首一卷　（清）吳敏樹撰　清光緒十九年（1893）思賢講舍刻本　四冊

430000 – 2401 – 0028958　437/542（2）

𥐥湖文集十二卷首一卷　（清）吳敏樹撰　清光緒十九年（1893）思賢講舍刻本　四冊

430000 – 2401 – 0028959　437/542（3）

𥐥湖文集十二卷首一卷　（清）吳敏樹撰　清光緒十九年（1893）思賢講舍刻本　四冊

430000 – 2401 – 0028960　437/542（4）

𥐥湖文集十二卷首一卷　（清）吳敏樹撰　清光緒十九年（1893）思賢講舍刻本　四冊

430000 – 2401 – 0028961　437/542（5）

𥐥湖文集十二卷首一卷　（清）吳敏樹撰　清光緒十九年（1893）思賢講舍刻本　四冊

430000 – 2401 – 0028962　437/542（6）

𥐥湖文集十二卷首一卷　（清）吳敏樹撰　清光緒十九年（1893）思賢講舍刻本　四冊

430000 – 2401 – 0028963　437/2144

湘輶叢刻十三卷　（清）吳樹梅撰　清光緒二十六年（1900）長沙節署刻奉鞠齋叢書本　六冊

430000 – 2401 – 0028964　437/2144（1）

湘輶叢刻十三卷　（清）吳樹梅撰　清光緒二十六年（1900）長沙節署刻奉鞠齋叢書本　六冊

430000 – 2401 – 0028965　437/2144（2）

湘輶叢刻十三卷　（清）吳樹梅撰　清光緒二十六年（1900）長沙節署刻奉鞠齋叢書本　六冊

430000 – 2401 – 0028966　△437/330

梅村先生詩集二十卷文集四十卷目錄二卷　（清）吳偉業撰　清順治十七年（1660）刻本　佚名批校圈點　八冊

430000 – 2401 – 0028967　△437/195

吳詩七言律一卷　（清）吳偉業撰　清鈔本　一冊

430000 – 2401 – 0028968　437/675 – 5

梅村詩集箋註十八卷　（清）吳偉業撰　（清）吳翌鳳箋註　清嘉慶十九年（1814）滄浪吟榭主人嚴榮刻本　十二冊

430000 – 2401 – 0028969　437/675 – 5（1）

梅村詩集箋註十八卷　（清）吳偉業撰　（清）吳翌鳳箋註　清嘉慶十九年（1814）滄浪吟榭主人嚴榮刻本　八冊

430000 – 2401 – 0028970　437/675 – 5（2）

梅村詩集箋註十八卷　（清）吳偉業撰　（清）吳翌鳳箋註　清嘉慶十九年（1814）滄浪吟榭主人嚴榮刻本　八冊

430000 – 2401 – 0028971　437/675 – 5（3）

梅村詩集箋註十八卷　（清）吳偉業撰　（清）吳翌鳳箋註　清嘉慶十九年（1814）滄浪吟榭主人嚴榮刻本　十冊

430000 – 2401 – 0028972　437/675 – 2

梅村詩集箋註十八卷　（清）吳偉業撰　（清）吳翌鳳箋註　清光緒九年（1883）四川善成堂刻本　十冊

430000 – 2401 – 0028973　437/675 – 2（1）

梅村詩集箋註十八卷　（清）吳偉業撰　（清）

吳翌鳳箋註　清光緒九年(1883)四川善成堂刻本　九冊　缺二卷(十七至十八)

430000－2401－0028974　437/675－3
梅村詩集箋註十八卷　（清）吳偉業撰　（清）吳翌鳳箋註　清光緒十年(1884)湖北官書處刻本　十二冊

430000－2401－0028975　437/675－3(1)
梅村詩集箋註十八卷　（清）吳偉業撰　（清）吳翌鳳箋註　清光緒十年(1884)湖北官書處刻本　十二冊

430000－2401－0028976　437/675－3(2)
梅村詩集箋註十八卷　（清）吳偉業撰　（清）吳翌鳳箋註　清光緒十年(1884)湖北官書處刻本　十二冊

430000－2401－0028977　437/675－3(3)
梅村詩集箋註十八卷　（清）吳偉業撰　（清）吳翌鳳箋註　清光緒十年(1884)湖北官書處刻本　十二冊

430000－2401－0028978　437/675－3(4)
梅村詩集箋註十八卷　（清）吳偉業撰　（清）吳翌鳳箋註　清光緒十年(1884)湖北官書處刻本　六冊

430000－2401－0028979　437/675－3(5)
梅村詩集箋註十八卷　（清）吳偉業撰　（清）吳翌鳳箋註　清光緒十年(1884)湖北官書處刻本　十冊

430000－2401－0028980　437/675－4
梅村詩集箋註十八卷　（清）吳偉業撰　（清）吳翌鳳箋註　清光緒二十二年(1896)新化三味堂刻本　十二冊

430000－2401－0028981　437/675－4(1)
梅村詩集箋註十八卷　（清）吳偉業撰　（清）吳翌鳳箋註　清光緒二十二年(1896)新化三味堂刻本　十二冊

430000－2401－0028982　437/675－4(2)
梅村詩集箋註十八卷　（清）吳偉業撰　（清）吳翌鳳箋註　清光緒二十二年(1896)新化三

味堂刻本　十二冊

430000－2401－0028983　437/675－4(3)
梅村詩集箋註十八卷　（清）吳偉業撰　（清）吳翌鳳箋註　清光緒二十二年(1896)新化三味堂刻本　十二冊

430000－2401－0028984　437/675－4(4)
梅村詩集箋註十八卷　（清）吳偉業撰　（清）吳翌鳳箋註　清光緒二十二年(1896)新化三味堂刻本　十二冊

430000－2401－0028985　437/675－4(5)
梅村詩集箋註十八卷　（清）吳偉業撰　（清）吳翌鳳箋註　清光緒二十二年(1896)新化三味堂刻本　十冊

430000－2401－0028986　437/675－4(6)
梅村詩集箋註十八卷　（清）吳偉業撰　（清）吳翌鳳箋註　清光緒二十二年(1896)新化三味堂刻本　十冊

430000－2401－0028987　437/675－4(7)
梅村詩集箋註十八卷　（清）吳偉業撰　（清）吳翌鳳箋註　清光緒二十二年(1896)新化三味堂刻本　六冊

430000－2401－0028988　437/399
吳詩集覽二十卷談藪二卷　（清）吳偉業撰（清）靳榮藩輯註　清乾隆四十年(1775)凌雲亭刻本　十六冊

430000－2401－0028989　437/399(1)
吳詩集覽二十卷談藪二卷　（清）吳偉業撰（清）靳榮藩輯註　清乾隆四十年(1775)凌雲亭刻本　十四冊

430000－2401－0028990　437/399(2)
吳詩集覽二十卷談藪二卷　（清）吳偉業撰（清）靳榮藩輯註　清乾隆四十年(1775)凌雲亭刻本　二十冊

430000－2401－0028991　437/399(3)
吳詩集覽二十卷談藪二卷　（清）吳偉業撰（清）靳榮藩輯註　清乾隆四十年(1775)凌雲亭刻本　二十冊

430000－2401－0028992　437/399(4)

吳詩集覽二十卷談藪二卷　（清）吳偉業撰
（清）靳榮藩輯註　清乾隆四十年(1775)凌雲
亭刻本　十六冊

430000－2401－0028993　437/399(5)

吳詩集覽二十卷談藪二卷　（清）吳偉業撰
（清）靳榮藩輯註　清乾隆四十年(1775)凌雲
亭刻本　十冊

430000－2401－0028994　437/399(6)

吳詩集覽二十卷談藪二卷　（清）吳偉業撰
（清）靳榮藩輯註　清乾隆四十年(1775)凌雲
亭刻本　十七冊

430000－2401－0028995　437/676

梅村集四十卷　（清）吳偉業撰　（清）顧湄
（清）周瓚編　清康熙八年(1669)刻本　十二冊

430000－2401－0028996　△437/507

翼堂文集不分卷　（清）吳華孫撰　清鈔本
六冊

430000－2401－0028997　△437/506

匱慧山房詩草□□卷　（清）吳超然撰　稿本
　一冊　存一卷(二)

430000－2401－0028998　437/1331

匱慧山房詩集四卷　（清）吳超然撰　清光緒
二十九年(1903)清泉學署刻本　一冊

430000－2401－0028999　437/1331(1)

匱慧山房詩集四卷　（清）吳超然撰　清光緒
二十九年(1903)清泉學署刻本　一冊

430000－2401－0029000　437/1331(2)

匱慧山房詩集四卷　（清）吳超然撰　清光緒
二十九年(1903)清泉學署刻本　一冊

430000－2401－0029001　437/1331(3)

匱慧山房詩集四卷　（清）吳超然撰　清光緒
二十九年(1903)清泉學署刻本　一冊

430000－2401－0029002　437/1331(4)

匱慧山房詩集四卷　（清）吳超然撰　清光緒
二十九年(1903)清泉學署刻本　一冊

430000－2401－0029003　437/1331(5)

匱慧山房詩集四卷　（清）吳超然撰　清光緒
二十九年(1903)清泉學署刻本　一冊

430000－2401－0029004　437/366

吳徵君蓮洋詩鈔不分卷　（清）吳雯撰　清乾
隆三十二年(1767)刻本　二冊

430000－2401－0029005　437/2729

兩罍軒尺牘十二卷　（清）吳雲撰　清宣統二
年(1910)上海時中書局石印本　二冊　缺四
卷(九至十二)

430000－2401－0029006　△437/472－2

蓮洋集一卷　（清）吳雯撰　（清）王士禎評點
　清乾隆十四年(1749)劉組曾刻本　一冊

430000－2401－0029007　437/1850

蓮洋集選十二卷　（清）吳雯撰　清乾隆十五
年(1750)夢鶴草堂刻本　四冊　缺四卷(七
至十)

430000－2401－0029008　△437/472

蓮洋集十二卷補遺一卷附錄一卷　（清）吳雯
撰　清乾隆十七年(1752)刻本　佚名批校圈
點　六冊

430000－2401－0029009　△437/472(1)

蓮洋集十二卷補遺一卷附錄一卷　（清）吳雯
撰　清乾隆十七年(1752)刻本　佚名批校圈
點　六冊

430000－2401－0029010　437/1850－2

蓮洋集二十卷　（清）吳雯撰　清乾隆三十九
年(1774)荆圃草堂刻本　八冊

430000－2401－0029011　437/1781

只且園詩存二卷　（清）吳棠撰　清宣統三年
(1911)長沙鉛印本　一冊

430000－2401－0029012　437/781

望三益齋爐餘吟草二卷詞草一卷公餘吟草二
卷歸田詩草一卷謝恩摺子一卷雜體文四卷
（清）吳棠撰　清同治十三年至光緒七年
(1874－1881)成都使署刻本　六冊

430000－2401－0029013　437/2224

岑華居士蘭鯨錄八卷外集詩二卷鳳巢山樵求

是錄六卷二錄四卷續錄一卷外集文二卷
（清）吳慈鶴撰　清嘉慶十五年至道光四年
（1810－1824）蘇州刻本　八冊

430000－2401－0029014　△437/194
吳氏家誡二卷　（清）吳煊撰　清鈔本　佚名
圈點　一冊

430000－2401－0029015　437/771
勉不足齋詩草十八卷　（清）吳照撰　清道光
二十一年（1841）刻本　六冊

430000－2401－0029016　437/770
勉不足齋文集四卷　（清）吳照撰　清道光二
十四年（1844）刻本　二冊

430000－2401－0029017　437/591－2
香蘇山館古體詩鈔十七卷今體詩十九卷
（清）吳嵩梁撰　清木犀軒漢皋榷署刻本
十冊

430000－2401－0029018　437/591
香蘇山館古體詩鈔十七卷今體詩十九卷
（清）吳嵩梁撰　清刻本　八冊

430000－2401－0029019　437/591（1）
香蘇山館古體詩鈔十七卷今體詩十九卷
（清）吳嵩梁撰　清刻本　二冊

430000－2401－0029020　437/591（2）
香蘇山館古體詩鈔十七卷今體詩十九卷
（清）吳嵩梁撰　清刻本　四冊

430000－2401－0029021　437/322
求自得之室文鈔十二卷尚絅廬詩存二卷
（清）吳嘉賓撰　清同治五年（1866）廣州刻本
六冊

430000－2401－0029022　437/322（1）
求自得之室文鈔十二卷尚絅廬詩存二卷
（清）吳嘉賓撰　清同治五年（1866）廣州刻本
六冊

430000－2401－0029023　437/322（2）
求自得之室文鈔十二卷尚絅廬詩存二卷
（清）吳嘉賓撰　清同治五年（1866）廣州刻本
五冊

430000－2401－0029024　437/322（3）
求自得之室文鈔十二卷尚絅廬詩存二卷
（清）吳嘉賓撰　清同治五年（1866）廣州刻本
五冊

430000－2401－0029025　437/322（4）
求自得之室文鈔十二卷尚絅廬詩存二卷
（清）吳嘉賓撰　清同治五年（1866）廣州刻本
五冊

430000－2401－0029026　437/409
陋軒詩十二卷續二卷　（清）吳嘉紀撰　（清）
夏荃輯　清道光夏嘉謨刻本　六冊

430000－2401－0029027　437/2238
古雪山民詩後八卷　（清）吳銘道撰　清初刻
本　一冊　存二卷（一至二）

430000－2401－0029028　437/2240
也是園詩鈔五卷　（清）吳毓芬撰　清光緒二
十四年（1898）刻本　二冊

430000－2401－0029029　437/2285
林蕙堂全集二十六卷　（清）吳綺撰　清康熙
三十九年（1700）刻本　六冊　存十二卷（一
至十二）

430000－2401－0029030　437/2285－2
林蕙堂全集四種二十六卷　（清）吳綺撰　清
乾隆三十九年至四十一年（1774－1776）裘白
堂刻本　十四冊

430000－2401－0029031　437/1594
補松廬詩錄六卷　（清）吳慶坻撰　清宣統三
年（1911）湖南學務公所鉛印本　二冊

430000－2401－0029032　437/1594（1）
補松廬詩錄六卷　（清）吳慶坻撰　清宣統三
年（1911）湖南學務公所鉛印本　二冊

430000－2401－0029033　437/666
荃石居類鈔九卷　（清）吳頡鴻撰　清光緒十
六年（1890）浙江刻本　一冊　存四卷（一至
四）

430000－2401－0029034　△437/122
文翼三卷　（清）吳鋌撰　清鈔本　二冊

430000 - 2401 - 0029035　437/297 - 2

初月樓詩鈔三卷　（清）吳德旋撰　清道光刻本　一冊

430000 - 2401 - 0029036　437/1216

初月樓文鈔十卷詩鈔四卷　（清）吳德旋撰　清光緒十年(1884)刻本　四冊

430000 - 2401 - 0029037　437/297 - 3

初月樓詩鈔四卷　（清）吳德旋撰　清光緒刻本　一冊

430000 - 2401 - 0029038　437/1804

石筍山房詩鈔六卷　（清）吳德襄撰　清光緒二十二年(1896)刻本　一冊

430000 - 2401 - 0029039　437/1804(1)

石筍山房詩鈔六卷　（清）吳德襄撰　清光緒二十二年(1896)刻本　一冊

430000 - 2401 - 0029040　△437/142

石筍山房尺牘　（清）吳德襄撰　鈔本　一冊

430000 - 2401 - 0029041　437/359

吳學士文集四卷詩集五卷　（清）吳翌撰　清光緒八年(1882)江寧藩署刻本　六冊

430000 - 2401 - 0029042　437/359(1)

吳學士文集四卷詩集五卷　（清）吳翌撰　清光緒八年(1882)江寧藩署刻本　六冊

430000 - 2401 - 0029043　437/359(2)

吳學士文集四卷詩集五卷　（清）吳翌撰　清光緒八年(1882)江寧藩署刻本　五冊

430000 - 2401 - 0029044　437/359(3)

吳學士文集四卷詩集五卷　（清）吳翌撰　清光緒八年(1882)江寧藩署刻本　六冊

430000 - 2401 - 0029045　437/359(4)

吳學士文集四卷詩集五卷　（清）吳翌撰　清光緒八年(1882)江寧藩署刻本　六冊

430000 - 2401 - 0029046　437/359(5)

吳學士文集四卷詩集五卷　（清）吳翌撰　清光緒八年(1882)江寧藩署刻本　二冊

430000 - 2401 - 0029047　437/1394

薛帷文鈔十四卷　（清）吳龍見撰　清乾隆十三年(1748)頤慶堂刻本　五冊

430000 - 2401 - 0029048　437/268 - 2

有正味齋詩集十六卷駢體文二十四卷詞集八卷外集五卷　（清）吳錫麒撰　清嘉慶十三年(1808)刻本　十六冊

430000 - 2401 - 0029049　437/268 - 2(1)

有正味齋詩集十六卷駢體文二十四卷詞集八卷外集五卷　（清）吳錫麒撰　清嘉慶十三年(1808)刻本　六冊

430000 - 2401 - 0029050　437/268 - 2(2)

有正味齋詩集十六卷駢體文二十四卷詞集八卷外集五卷　（清）吳錫麒撰　清嘉慶十三年(1808)刻本　十冊

430000 - 2401 - 0029051　437/268 - 2(3)

有正味齋詩集十六卷駢體文二十四卷詞集八卷外集五卷　（清）吳錫麒撰　清嘉慶十三年(1808)刻本　十二冊

430000 - 2401 - 0029052　437/268 - 4

有正味齋詩集十六卷續集八卷駢體文二十四卷續集八卷詞集八卷詞續集二卷詞外集一卷外集五卷　（清）吳錫麒撰　清文德堂刻本　十六冊

430000 - 2401 - 0029053　437/268 - 4(1)

有正味齋詩集十六卷續集八卷駢體文二十四卷續集八卷詞集八卷詞續集二卷詞外集一卷外集五卷　（清）吳錫麒撰　清文德堂刻本　十二冊

430000 - 2401 - 0029054　437/268 - 4(2)

有正味齋詩集十六卷續集八卷駢體文二十四卷續集八卷詞集八卷詞續集二卷詞外集一卷外集五卷　（清）吳錫麒撰　清文德堂刻本　七冊　缺三卷(外集三至五)

430000 - 2401 - 0029055　437/268

有正味齋詩集十六卷駢體文二十四卷詞集八卷外集五卷　（清）吳錫麒撰　清菁華樓刻本　十二冊

430000－2401－0029056　437/268(1)

有正味齋詩集十六卷駢體文二十四卷詞集八卷外集五卷　（清）吳錫麒撰　清菁華樓刻本　八冊

430000－2401－0029057　437/268－5

有正味齋詩集十六卷駢體文二十四卷續集八卷詞集八卷詞續集二卷詞外集一卷外集五卷　（清）吳錫麒撰　清光緒十一年(1885)五鳳樓刻本　十二冊

430000－2401－0029058　437/268－5(1)

有正味齋詩集十六卷駢體文二十四卷續集八卷詞集八卷詞續集二卷詞外集一卷外集五卷　（清）吳錫麒撰　清光緒十一年(1885)五鳳樓刻本　十六冊

430000－2401－0029059　437/268－5(2)

有正味齋詩集十六卷駢體文二十四卷續集八卷詞集八卷詞續集二卷詞外集一卷外集五卷　（清）吳錫麒撰　清光緒十一年(1885)五鳳樓刻本　二十冊

430000－2401－0029060　437/268－6

有正味齋詩集十六卷駢體文二十四卷詞集八卷外集五卷　（清）吳錫麒撰　清刻本　八冊

430000－2401－0029061　437/915－2

有正味齋賦稿一卷　（清）吳錫麒撰　清咸豐三年(1853)誦芬堂刻本　一冊

430000－2401－0029062　437/915

有正味齋賦稿一卷　（清）吳錫麒撰　清光緒三年(1877)綿竹官舍刻本　一冊

430000－2401－0029063　437/268－3

有正味齋集十六卷　（清）吳錫麒撰　清刻本　二冊

430000－2401－0029064　437/268－3(1)

有正味齋集十六卷　（清）吳錫麒撰　清刻本　四冊

430000－2401－0029065　437/269

有正味齋駢體文二十四卷　（清）吳錫麒撰（清）王廣業箋　清咸豐九年(1859)青箱塾刻本　八冊

430000－2401－0029066　437/269(1)

有正味齋駢體文二十四卷　（清）吳錫麒撰（清）王廣業箋　清咸豐九年(1859)青箱塾刻本　六冊

430000－2401－0029067　437/269(2)

有正味齋駢體文二十四卷　（清）吳錫麒撰（清）王廣業箋　清咸豐九年(1859)青箱塾刻本　八冊

430000－2401－0029068　437/269(3)

有正味齋駢體文二十四卷　（清）吳錫麒撰（清）王廣業箋　清咸豐九年(1859)青箱塾刻本　八冊

430000－2401－0029069　437/269(4)

有正味齋駢體文二十四卷　（清）吳錫麒撰（清）王廣業箋　清咸豐九年(1859)青箱塾刻本　六冊

430000－2401－0029070　437/269－3

有正味齋駢體文二十四卷首一卷　（清）吳錫麒撰（清）王廣業箋（清）葉聯芬註　清光緒十五年(1889)上海蜚英館石印本　四冊

430000－2401－0029071　437/257－2

有正味齋試帖詩註五卷　（清）吳錫麒撰（清）吳皋等註　清道光四年(1824)令德堂刻本　二冊

430000－2401－0029072　437/257

有正味齋試帖詩註五卷　（清）吳錫麒撰（清）吳掄（清）吳敬恆註　清道光十二年(1832)三讓堂刻本　二冊

430000－2401－0029073　437/269－2

有正味齋駢文十六卷　（清）吳錫麒撰（清）葉聯芬箋註　清同治七年(1868)慈北葉氏刻本　六冊

430000－2401－0029074　437/269－2(1)

有正味齋駢文十六卷　（清）吳錫麒撰（清）葉聯芬箋註　清同治七年(1868)慈北葉氏刻本　八冊

430000－2401－0029075　437/269－2（2）

有正味齋駢文十六卷　（清）吳錫麒撰　（清）葉聯芬箋註　清同治七年（1868）慈北葉氏刻本　八冊

430000－2401－0029076　437/269－2（3）

有正味齋駢文十六卷　（清）吳錫麒撰　（清）葉聯芬箋註　清同治七年（1868）慈北葉氏刻本　八冊

430000－2401－0029077　437/269－2（4）

有正味齋駢文十六卷　（清）吳錫麒撰　（清）葉聯芬箋註　清同治七年（1868）慈北葉氏刻本　八冊

430000－2401－0029078　437/269－4

有正味齋駢體文十六卷　（清）吳錫麒撰（清）葉聯芬箋註　清光緒十七年（1891）羊城文寶閣刻本　八冊

430000－2401－0029079　437/2306

吳雲巖稿一卷　（清）吳鴻撰　清光緒二十四年（1898）鏡湖書屋刻本　一冊

430000－2401－0029080　437/2646－2

八銘堂塾鈔八卷　（清）吳懋政編　清光緒三年（1877）京都寶珍堂書鋪刻本　四冊　存四卷（初集一至二、四，二集七）

430000－2401－0029081　437/2646

八銘堂塾鈔八卷　（清）吳懋政編　清光緒十五年（1889）竹素書局刻本　八冊

430000－2401－0029082　437/1852

松花菴詩草二卷　（清）吳鎮撰　清嘉慶十八年（1813）刻本　一冊

430000－2401－0029083　437/2384

松花菴全集十二卷　（清）吳鎮撰　清宣統二年（1910）刻本　十二冊

430000－2401－0029084　△437/466

寫韻樓詩集五卷首一卷　（清）吳瓊仙撰　清道光十二年（1832）刻本　一冊

430000－2401－0029085　437/1341

寫韻樓詩集五卷首一卷末一卷　（清）吳瓊仙

撰　清光緒二十二年（1896）烏程龐氏刻本二冊

430000－2401－0029086　437/83

圭盦詩錄一卷　（清）吳觀禮撰　清光緒五年（1879）賁齋刻本　一冊

430000－2401－0029087　437/83（1）

圭盦詩錄一卷　（清）吳觀禮撰　清光緒五年（1879）賁齋刻本　一冊

430000－2401－0029088　437/83（2）

圭盦詩錄一卷　（清）吳觀禮撰　清光緒五年（1879）賁齋刻本　一冊

430000－2401－0029089　437/83（3）

圭盦詩錄一卷　（清）吳觀禮撰　清光緒五年（1879）賁齋刻本　一冊

430000－2401－0029090　437/141

聽松濤館詩鈔十一卷　（清）阮文藻撰　清道光刻本　八冊

430000－2401－0029091　437/140

聽松濤館文鈔二十八卷　（清）阮文藻撰　清光緒八年（1882）刻本　八冊

430000－2401－0029092　△437/206

定香亭筆談四卷　（清）阮元撰　清嘉慶五年（1800）揚州阮氏琅環仙館刻本　二冊

430000－2401－0029093　437/2610

揅經室文集十八卷　（清）阮元撰　清嘉慶十二年（1807）自刻本　八冊

430000－2401－0029094　437/2141

揅經室一集十四卷二集八卷三集五卷四集二卷詩十一卷續集九卷再續集六卷外集五卷（清）阮元撰　清道光三年（1823）文選樓刻本二十四冊

430000－2401－0029095　437/2141（1）

揅經室一集十四卷二集八卷三集五卷四集二卷詩十一卷續集九卷再續集六卷外集五卷（清）阮元撰　清道光三年（1823）文選樓刻本十六冊　缺一卷（再續集七）

430000－2401－0029096　437/2141（2）

揅經室一集十四卷二集八卷三集五卷四集二卷詩十一卷續集九卷再續集六卷外集五卷
（清）阮元撰　清道光三年(1823)文選樓刻本　十四冊　缺三卷(續集一至三)

430000－2401－0029097　437/2141(3)
揅經室一集十四卷二集八卷三集五卷四集二卷詩十一卷續集九卷再續集六卷外集五卷
（清）阮元撰　清道光三年(1823)文選樓刻本　十六冊　缺三卷(續集一、十至十一)

430000－2401－0029098　437/2141(4)
揅經室一集十四卷二集八卷三集五卷四集二卷詩十一卷續集九卷再續集六卷外集五卷
（清）阮元撰　清道光三年(1823)文選樓刻本　十六冊

430000－2401－0029099　437/2141(5)
揅經室一集十四卷二集八卷三集五卷四集二卷詩十一卷續集九卷再續集六卷外集五卷
（清）阮元撰　清道光三年(1823)文選樓刻本　二十二冊　缺五卷(二集五至六、四集一至二、續集七)

430000－2401－0029100　437/2141(6)
揅經室一集十四卷二集八卷三集五卷四集二卷詩十一卷續集九卷再續集六卷外集五卷
（清）阮元撰　清道光三年(1823)文選樓刻本　二十三冊　缺四卷(一集一至三、再續集七)

430000－2401－0029101　437/1309
揅經室詩錄五卷　（清）阮元撰　清道光十三年(1833)汪瑩刻文選樓叢書本　一冊

430000－2401－0029102　437/1309(1)
揅經室詩錄五卷　（清）阮元撰　清道光十三年(1833)汪瑩刻文選樓叢書本　二冊

430000－2401－0029103　437/2258
楚中文筆二卷　（清）阮元撰　清同治七年(1868)鄂渚刻本　一冊

430000－2401－0029104　437/2258(1)
楚中文筆二卷　（清）阮元撰　清同治七年(1868)鄂渚刻本　一冊

430000－2401－0029105　437/2258(2)
楚中文筆二卷　（清）阮元撰　清同治七年(1868)鄂渚刻本　一冊

430000－2401－0029106　437/2258(3)
楚中文筆二卷　（清）阮元撰　清同治七年(1868)鄂渚刻本　一冊

430000－2401－0029107　437/2536
芸香館遺詩二卷　（清）那遜蘭保撰　清同治十三年(1874)盛昱精刻本　一冊

430000－2401－0029108　437/1874
愛吾廬文鈔一卷　（清）呂世宜撰　清光緒三年(1877)刻本　一冊

430000－2401－0029109　437/2468
如不及齋文鈔一卷　（清）呂完素撰　清嘉慶十六年(1811)古杭刻本　一冊

430000－2401－0029110　△437/197
呂晚村先生文集八卷續集四卷附錄一卷
（清）呂留良撰　清雍正三年(1725)呂氏天蓋樓刻本　三冊　存九卷(文集五至八、續集四卷、附錄一卷)

430000－2401－0029111　437/2708
呂用晦文集八卷續集四卷附錄一卷　（清）呂留良撰　清光緒三十四年(1908)國學保存會鉛印國粹叢書本　二冊

430000－2401－0029112　437/279
呂晚村先生文集八卷續集四卷　（清）呂留良撰　清南陽講習堂刻本　六冊

430000－2401－0029113　437/279－2
呂晚村先生文集八卷　（清）呂留良撰　清刻本　四冊

430000－2401－0029114　437/365
呂晚村詩集不分卷　（清）呂留良撰　清光緒十三年(1887)石印本　二冊

430000－2401－0029115　437/2111
東莊吟稿七卷　（清）呂留良撰　清宣統三年(1911)順德鄧氏鉛印風雨樓叢書本　一冊

430000－2401－0029116　△437/158

白雲草堂詩鈔三卷文鈔七卷首二卷　（清）呂
星垣撰　清嘉慶八年（1803）刻本　四冊

430000－2401－0029117　△437/158（1）

白雲草堂詩鈔三卷文鈔七卷首二卷　（清）呂
星垣撰　清嘉慶八年（1803）刻本　六冊

430000－2401－0029118　△437/158（1）

白雲草堂詩鈔三卷文鈔七卷首二卷　（清）呂
星垣撰　清嘉慶八年（1803）刻本　四冊

430000－2401－0029119　△437/214

青要集十二卷　（清）呂謙恆撰　（清）范咸輯
　清雍正十三年（1735）刻本　四冊

430000－2401－0029120　437/2409

染學齋詩集十卷　（清）余元遴撰　清咸豐二
年（1852）吳門湯晉苑刻本　四冊

430000－2401－0029121　437/1155

古硯香齋遺詩四卷　（清）余世松撰　清光緒
三十二年（1906）湘綺樓刻本　二冊

430000－2401－0029122　437/1155（1）

古硯香齋遺詩四卷　（清）余世松撰　清光緒
三十二年（1906）湘綺樓刻本　二冊

430000－2401－0029123　437/1155（2）

古硯香齋遺詩四卷　（清）余世松撰　清光緒
三十二年（1906）湘綺樓刻本　一冊

430000－2401－0029124　437/1155（3）

古硯香齋遺詩四卷　（清）余世松撰　清光緒
三十二年（1906）湘綺樓刻本　一冊

430000－2401－0029125　437/1155（4）

古硯香齋遺詩四卷　（清）余世松撰　清光緒
三十二年（1906）湘綺樓刻本　一冊

430000－2401－0029126　437/1155（5）

古硯香齋遺詩四卷　（清）余世松撰　清光緒
三十二年（1906）湘綺樓刻本　一冊

430000－2401－0029127　437/1588

十華小築詩鈔四卷　（清）余本愚撰　清光緒
十一年（1885）刻本　一冊

430000－2401－0029128　△437/483

醉雲樓詩草五卷　（清）余江撰　清刻本
一冊

430000－2401－0029129　437/258－2

存吾文稿四卷　（清）余廷燦撰　清嘉慶六年
（1801）雲香書屋刻本　四冊

430000－2401－0029130　437/258－2（1）

存吾文稿四卷　（清）余廷燦撰　清嘉慶六年
（1801）雲香書屋刻本　四冊

430000－2401－0029131　437/258

存吾文不分卷詒穀草堂詩集一卷　（清）余廷
燦撰　清咸豐五年（1855）雲香書屋刻本　四冊

430000－2401－0029132　437/258（1）

存吾文不分卷詒穀草堂詩集一卷　（清）余廷
燦撰　清咸豐五年（1855）雲香書屋刻本
四冊

430000－2401－0029133　437/258（2）

存吾文不分卷詒穀草堂詩集一卷　（清）余廷
燦撰　清咸豐五年（1855）雲香書屋刻本
四冊

430000－2401－0029134　437/258（3）

存吾文不分卷詒穀草堂詩集一卷　（清）余廷
燦撰　清咸豐五年（1855）雲香書屋刻本
四冊

430000－2401－0029135　437/258（4）

存吾文不分卷詒穀草堂詩集一卷　（清）余廷
燦撰　清咸豐五年（1855）雲香書屋刻本
四冊

430000－2401－0029136　437/258（5）

存吾文不分卷詒穀草堂詩集一卷　（清）余廷燦
撰　清咸豐五年（1855）雲香書屋刻本　四冊

430000－2401－0029137　437/2702

橫河草堂筆記一卷　（清）余宣撰　清同治四
年（1865）刻本　一冊

430000－2401－0029138　437/205

白雨湖莊詩鈔四卷　（清）余雲煥撰　清光緒
元年（1875）刻本　二冊

430000－2401－0029139　437/205（1）

白雨湖莊詩鈔四卷 （清）余雲煥撰　清光緒元年（1875）刻本　一冊

430000－2401－0029140　437/1900
大雷餘音一卷 （清）余棨撰　清宣統元年（1909）鉛印本　一冊

430000－2401－0029141　437/314
求實學齋文集四卷 （清）余愭撰　清光緒二十三年（1897）刻本　二冊

430000－2401－0029142　437/2886
余肇康鄉試硃卷 （清）余肇康撰　清光緒八年（1882）刻本　一冊

430000－2401－0029143　437/2894
余肇康會試硃卷 （清）余肇康撰　清光緒十二年（1886）刻本　一冊

430000－2401－0029144　437/2142
培園全集二十三卷 （清）余錫椿撰　清光緒六年（1880）家刻本　十冊

430000－2401－0029145　437/2824
何乃瑩會試硃卷 （清）何乃瑩撰　清光緒六年（1880）刻本　一冊

430000－2401－0029146　437/2686
存誠齋文集十二卷 （清）何曰愈撰　清同治五年（1866）皖江藩署刻本　四冊

430000－2401－0029147　437/320
汲古堂集二十八卷 （清）何白撰　清道光十六年（1836）守直堂刻本　六冊

430000－2401－0029148　437/712
古香閣餘稿四卷 （清）何希遜撰　清光緒二十三年（1897）永州安定書局刻本　四冊

430000－2401－0029149　437/2113
西溪偶錄一卷 （清）何彤文撰　清道光十八年（1838）刻本　一冊

430000－2401－0029150　437/1478
叢桂山莊詩存二卷 （清）何彤文撰　清刻本　一冊

430000－2401－0029151　437/2892
何承道優貢試卷 （清）何承道撰　清光緒十四年（1888）刻本　一冊

430000－2401－0029152　437/1875
通隱堂詩初集四卷 （清）何承道撰　清光緒二十四年（1898）瀘陽客舍刻本　一冊

430000－2401－0029153　437/1875（1）
通隱堂詩初集四卷 （清）何承道撰　清光緒二十四年（1898）瀘陽客舍刻本　一冊

430000－2401－0029154　437/1875（2）
通隱堂詩初集四卷 （清）何承道撰　清光緒二十四年（1898）瀘陽客舍刻本　一冊

430000－2401－0029155　437/2824
何卓英優貢卷 （清）何卓英撰　清光緒五年（1879）刻本　一冊

430000－2401－0029156　△437/372
湘雪詩鈔四卷 （清）何易撰　清嘉慶四年（1799）刻本　四冊

430000－2401－0029157　437/371
何子清先生遺文二卷附錄一卷 （清）何忠萬撰　清光緒八年（1882）金陵翁氏茹古閣刻本　一冊

430000－2401－0029158　437/382
我媿之集一卷 （清）何栻撰　清咸豐七年（1857）木活字本　一冊

430000－2401－0029159　437/2064
江風集五卷 （清）何栻撰　（清）袁翼評　清咸豐八年（1858）刻本　二冊

430000－2401－0029160　437/1294
悔餘庵文稿六卷詩稿八卷樂府四卷 （清）何栻撰　清同治四年（1865）鳩江戎幄刻本　八冊

430000－2401－0029161　437/1293
悔餘庵詩稿五卷樂府五卷 （清）何栻撰　（清）馮詢　（清）袁翼評　清咸豐七年（1857）刻本　四冊

430000－2401－0029162　437/2096
天根文鈔四卷文法一卷續集一卷詩鈔二卷 （清）何家琪撰　清光緒三十二年（1906）大梁

刻本　六冊

430000－2401－0029163　△437/203

何淩漢鄉試硃卷　（清）何淩漢撰　稿本　一卷

430000－2401－0029164　△437/202

何文安公會試硃卷　（清）何淩漢撰　清嘉慶
刻本　一冊

430000－2401－0029165　437/2632

雪樵詩草一卷　（清）何啟祥撰　清光緒十八
年(1892)家刻本　一冊

430000－2401－0029166　437/2428

梅莊詩鈔集二卷　（清）何焕撰　清嘉慶十一
年(1806)寧鄉刻本　一冊

430000－2401－0029167　437/2128

義門先生集十二卷家書四卷　（清）何焯撰
（清）韓崇等輯　清宣統元年(1909)平江吳氏
廣州刻本　六冊

430000－2401－0029168　437/2128（1）

義門先生集十二卷家書四卷　（清）何焯撰
（清）韓崇等輯　清宣統元年(1909)平江吳氏
廣州刻本　四冊

430000－2401－0029169　437/2128－2

義門先生集十二卷　（清）何焯撰　（清）韓崇
等輯　清宣統三年(1911)中華圖書館石印本
四冊

430000－2401－0029170　△437/200

何子貞文稿　（清）何紹基撰　稿本　一冊

430000－2401－0029171　△437/201

何紹基詩文稿　（清）何紹基撰　稿本　三冊

430000－2401－0029172　△437/12

蝯叟詩文書札　（清）何紹基撰　稿本　譚澤
闓跋　一冊

430000－2401－0029173　△437/199

何紹基詩信冊　（清）何紹基撰　稿本　一冊

430000－2401－0029174　△437/9

何紹基信書札　（清）何紹基撰　稿本　一冊

430000－2401－0029175　△437/13

何紹基致何紹祺信札　（清）何紹基撰　稿本
一冊

430000－2401－0029176　△437/11

何紹基家書　（清）何紹基撰　稿本　一冊

430000－2401－0029177　437/2021

使黔草三卷　（清）何紹基撰　清咸豐刻本
三冊

430000－2401－0029178　437/2021（1）

使黔草三卷　（清）何紹基撰　清咸豐刻本
三冊

430000－2401－0029179　437/2021（2）

使黔草三卷　（清）何紹基撰　清咸豐刻本
三冊

430000－2401－0029180　437/2021（3）

使黔草三卷　（清）何紹基撰　清咸豐刻本
二冊

430000－2401－0029181　437/2021（4）

使黔草三卷　（清）何紹基撰　清咸豐刻本
二冊

430000－2401－0029182　437/2021（5）

使黔草三卷　（清）何紹基撰　清咸豐刻本
二冊

430000－2401－0029183　437/2021（6）

使黔草三卷　（清）何紹基撰　清咸豐刻本
二冊

430000－2401－0029184　437/229－3

東洲草堂詩鈔三卷　（清）何紹基撰　清同治
六年(1867)長沙無園刻本　一冊

430000－2401－0029185　437/229

東洲草堂詩鈔二十七卷詩餘一卷　（清）何紹
基撰　清同治六年(1867)長沙無園刻本
八冊

430000－2401－0029186　437/229（1）

東洲草堂詩鈔二十七卷詩餘一卷　（清）何紹
基撰　清同治六年(1867)長沙無園刻本
八冊

430000－2401－0029187　437/229（2）

東洲草堂詩鈔二十七卷詩餘一卷　（清）何紹基撰　清同治六年（1867）長沙無園刻本　八冊

430000－2401－0029188　437/229（3）

東洲草堂詩鈔二十七卷詩餘一卷　（清）何紹基撰　清同治六年（1867）長沙無園刻本　八冊

430000－2401－0029189　437/229（4）

東洲草堂詩鈔二十七卷詩餘一卷　（清）何紹基撰　清同治六年（1867）長沙無園刻本　八冊

430000－2401－0029190　437/658

東洲草堂詩鈔三十卷詩餘一卷　（清）何紹基撰　清同治六年（1867）長沙無園刻本　八冊

430000－2401－0029191　437/658（1）

東洲草堂詩鈔三十卷詩餘一卷　（清）何紹基撰　清同治六年（1867）長沙無園刻本　八冊

430000－2401－0029192　437/658（2）

東洲草堂詩鈔三十卷詩餘一卷　（清）何紹基撰　清同治六年（1867）長沙無園刻本　八冊

430000－2401－0029193　437/658（3）

東洲草堂詩鈔三十卷詩餘一卷　（清）何紹基撰　清同治六年（1867）長沙無園刻本　六冊

430000－2401－0029194　437/658（4）

東洲草堂詩鈔三十卷詩餘一卷　（清）何紹基撰　清同治六年（1867）長沙無園刻本　七冊

430000－2401－0029195　437/230

東洲草堂文鈔二十卷　（清）何紹基撰　清光緒刻本　六冊

430000－2401－0029196　437/230（1）

東洲草堂文鈔二十卷　（清）何紹基撰　清光緒刻本　六冊

430000－2401－0029197　437/230（2）

東洲草堂文鈔二十卷　（清）何紹基撰　清光緒刻本　六冊

430000－2401－0029198　437/230（3）

東洲草堂文鈔二十卷　（清）何紹基撰　清光緒刻本　六冊

430000－2401－0029199　437/230（4）

東洲草堂文鈔二十卷　（清）何紹基撰　清光緒刻本　十二冊

430000－2401－0029200　437/1444

雙藤書屋詩集十二卷試帖二卷　（清）何道生撰　清道光元年（1821）刻本　四冊

430000－2401－0029201　437/2828

何煥章會試硃卷　（清）何煥章撰　清光緒三年（1877）刻本　一冊

430000－2401－0029202　437/910

潛穎詩十卷文四卷　（清）何維棣撰　清光緒二十七年（1901）刻本　二冊

430000－2401－0029203　437/910（1）

潛穎詩十卷文四卷　（清）何維棣撰　清光緒二十七年（1901）刻本　四冊

430000－2401－0029204　437/910（2）

潛穎詩十卷文四卷　（清）何維棣撰　清光緒二十七年（1901）刻本　四冊

430000－2401－0029205　437/910（3）

潛穎詩十卷文四卷　（清）何維棣撰　清光緒二十七年（1901）刻本　四冊

430000－2401－0029206　437/910（4）

潛穎詩十卷文四卷　（清）何維棣撰　清光緒二十七年（1901）刻本　四冊

430000－2401－0029207　437/911

潛穎詩二集十卷煮冰詞一集一卷　（清）何維棣撰　清宣統二年（1910）成都刻本　一冊

430000－2401－0029208　437/2894

何慶銛選拔貢卷　（清）何慶銛撰　清光緒十一年（1885）刻本　一冊

430000－2401－0029209　437/2548

鞮芬室近詩一卷　（清）何震彝撰　清宣統元年（1909）天津行館鉛印本　一冊

430000－2401－0029210　437/1001

甑峰先生遺稿二卷 （清）何輝寧撰 清嘉慶二十年(1815)刻本 一冊

430000－2401－0029211 437/1001（1）

甑峰先生遺稿二卷 （清）何輝寧撰 清嘉慶二十年(1815)刻本 一冊

430000－2401－0029212 437/245

守默齋詩稿一卷詩初稿一卷雜著不分卷 （清）何應祺撰 清光緒三十二年(1906)羊城何氏刻本 五冊

430000－2401－0029213 437/245（3）

守默齋詩稿一卷詩初稿一卷雜著不分卷 （清）何應祺撰 清光緒三十二年(1906)羊城何氏刻本 一冊

430000－2401－0029214 437/643

箇訓堂制藝不分卷 （清）但文恭撰 （清）程惠古 （清）胡林翼編 清光緒刻本 二冊

430000－2401－0029215 437/643（1）

箇訓堂制藝不分卷 （清）但文恭撰 （清）程惠古 （清）胡林翼編 清光緒刻本 二冊

430000－2401－0029216 437/643（2）

箇訓堂制藝不分卷 （清）但文恭撰 （清）程惠古 （清）胡林翼編 清光緒刻本 二冊

430000－2401－0029217 437/643（3）

箇訓堂制藝不分卷 （清）但文恭撰 （清）程惠古 （清）胡林翼編 清光緒刻本 二冊

430000－2401－0029218 437/1854

謙益堂詩集一卷 （清）延降撰 清同治七年(1868)報好音齋刻本 一冊

430000－2401－0029219 437/2259

迂齋學古編四卷 （清）法坤宏撰 清乾隆三十九年(1774)海上廬刻本 二冊

430000－2401－0029220 437/2015

四松草堂詩略四卷 （清）宗韶撰 清光緒三十年(1904)上海新昌書局鉛印本 四冊

430000－2401－0029221 437/743

躬恥齋文鈔二十卷後編六卷詩鈔十四卷後編七卷 （清）宗稷辰撰 清咸豐元年至六年

(1851－1856)越峴山館刻本 十二冊

430000－2401－0029222 437/743（1）

躬恥齋文鈔二十卷後編六卷詩鈔十四卷後編七卷 （清）宗稷辰撰 清咸豐元年至六年(1851－1856)越峴山館刻本 十七冊

430000－2401－0029223 437/743（2）

躬恥齋文鈔二十卷後編六卷詩鈔十四卷後編七卷 （清）宗稷辰撰 清咸豐元年至六年(1851－1856)越峴山館刻本 二十四冊

430000－2401－0029224 437/743（3）

躬恥齋文鈔二十卷後編六卷詩鈔十四卷後編七卷 （清）宗稷辰撰 清咸豐元年至六年(1851－1856)越峴山館刻本 三十一冊

430000－2401－0029225 437/1484

饅飢亭集三十二卷 （清）祁寯藻撰 清咸豐六年(1856)刻本 八冊

430000－2401－0029226 437/1484（1）

饅飢亭集三十二卷 （清）祁寯藻撰 清咸豐六年(1856)刻本 六冊

430000－2401－0029227 437/1484（2）

饅飢亭集三十二卷 （清）祁寯藻撰 清咸豐六年(1856)刻本 八冊

430000－2401－0029228 437/1484－2

饅飢亭集三十二卷 （清）祁寯藻撰 清刻本 一冊

430000－2401－0029229 437/251

西陲竹枝詞一卷 （清）祁韻士撰 清嘉慶十四年(1809)刻本 一冊

430000－2401－0029230 437/2074

授堂文鈔八卷 （清）武億撰 清嘉慶六年(1801)刻本 三冊

430000－2401－0029231 437/1562

澂霞閣詩略一卷 （清）武謙撰 清光緒五年(1879)疆學簃刻本 一冊

430000－2401－0029232 437/1579

聽香禪室詩集八卷 （清）釋芳圃撰 清光緒二十二年(1896)長沙刻本 二冊

430000－2401－0029233　437/1579（1）

聽香禪室詩集八卷　（清）釋芳圃撰　清光緒二十二年(1896)長沙刻本　二冊

430000－2401－0029234　437/1579（2）

聽香禪室詩集八卷　（清）釋芳圃撰　清光緒二十二年(1896)長沙刻本　二冊

430000－2401－0029235　437/1579（3）

聽香禪室詩集八卷　（清）釋芳圃撰　清光緒二十二年(1896)長沙刻本　二冊

430000－2401－0029236　437/1579（4）

聽香禪室詩集八卷　（清）釋芳圃撰　清光緒二十二年(1896)長沙刻本　二冊

430000－2401－0029237　437/1579（5）

聽香禪室詩集八卷　（清）釋芳圃撰　清光緒二十二年(1896)長沙刻本　一冊　存四卷（一至四）

430000－2401－0029238　437/2093

東游草二卷　（清）兩秋居士撰　清光緒二十年(1894)刻本　一冊

430000－2401－0029239　△437/183

全韻梅花詩不分卷　（清）杭世駿撰并書　稿本　一冊

430000－2401－0029240　△437/380

道古堂文集四十六卷　（清）杭世駿撰　清乾隆五十七年(1792)杭賓仁刻本　八冊

430000－2401－0029241　△437/379

道古堂文集四十八卷詩集二十六卷　（清）杭世駿撰　清乾隆刻本　二十四冊

430000－2401－0029242　437/2619

道古堂文集四十六卷詩集二十六卷　（清）杭世駿撰　清乾隆刻本　十六冊

430000－2401－0029243　437/2619（1）

道古堂文集四十六卷詩集二十六卷　（清）杭世駿撰　清乾隆刻本　十一冊

430000－2401－0029244　437/2619（2）

道古堂文集四十六卷詩集二十六卷　（清）杭世駿撰　清乾隆刻本　十四冊

430000－2401－0029245　437/2619（3）

道古堂文集四十六卷詩集二十六卷　（清）杭世駿撰　清乾隆刻本　五冊

430000－2401－0029246　437/2620

道古堂外集二十六卷　（清）杭世駿撰　清乾隆五十三年(1788)補史亭刻本　三冊　缺七卷(十六至二十二)

430000－2401－0029247　437/2619－2

道古堂文集四十八卷詩集二十六卷集外文一卷集外詩一卷　（清）杭世駿撰　清光緒十四年(1888)汪氏振綺堂刻本　十六冊

430000－2401－0029248　437/2619－2（1）

道古堂文集四十八卷詩集二十六卷集外文一卷集外詩一卷　（清）杭世駿撰　清光緒十四年(1888)汪氏振綺堂刻本　十六冊

430000－2401－0029249　437/2619－2（2）

道古堂文集四十八卷詩集二十六卷集外文一卷集外詩一卷　（清）杭世駿撰　清光緒十四年(1888)汪氏振綺堂刻本　十六冊

430000－2401－0029250　437/2619－2（3）

道古堂文集四十八卷詩集二十六卷集外文一卷集外詩一卷　（清）杭世駿撰　清光緒十四年(1888)汪氏振綺堂刻本　十六冊

430000－2401－0029251　437/2619－2（4）

道古堂文集四十八卷詩集二十六卷集外文一卷集外詩一卷　（清）杭世駿撰　清光緒十四年(1888)汪氏振綺堂刻本　十六冊

430000－2401－0029252　437/973

嶺南集八卷　（清）杭世駿撰　清光緒七年(1881)學海堂刻本　二冊

430000－2401－0029253　437/2890

林系尊鄉試硃卷　（清）林系尊撰　清光緒十四年(1888)刻本　一冊

430000－2401－0029254　437/1997

壯懷堂詩初稿十卷二集四卷三集十四卷　（清）林直撰　清咸豐六年至光緒三十一年(1856－1905)福州、廣州合刻本　六冊

430000－2401－0029255　437/2533

衣讔山房詩集八卷　（清）林昌彝撰　清同治
二年（1863）廣州刻本　四冊

430000－2401－0029256　437/1288

鴻雪聯吟一卷　（清）林昌彝等撰　清同治七
年（1868）廣州刻本　一冊

430000－2401－0029257　437/1409

雲左山房詩鈔八卷附卷一卷詩餘一卷試帖一
卷　（清）林則徐撰　清光緒十二年（1886）福
州林氏刻本　二冊

430000－2401－0029258　437/1409（1）

雲左山房詩鈔八卷附卷一卷詩餘一卷試帖一
卷　（清）林則徐撰　清光緒十二年（1886）福
州林氏刻本　二冊

430000－2401－0029259　437/1409（2）

雲左山房詩鈔八卷附卷一卷詩餘一卷試帖一
卷　（清）林則徐撰　清光緒十二年（1886）福
州林氏刻本　二冊

430000－2401－0029260　437/1409（3）

雲左山房詩鈔八卷附卷一卷詩餘一卷試帖一
卷　（清）林則徐撰　清光緒十二年（1886）福
州林氏刻本　二冊

430000－2401－0029261　437/618

挹奎樓選稿十二卷　（清）林雲銘撰　（清）仇
兆鰲選　清康熙三十五年（1696）刻本　四冊

430000－2401－0029262　437/418

味雪堂遺草一卷　（清）林賀峒撰　清光緒三
十三年（1907）鉛印本　一冊

430000－2401－0029263　437/462

中山紀游吟一卷　（清）林熙撰　侍椿吟一卷
（清）林桓修撰　清光緒十八年（1892）烏園
讀畫亭刻本　一冊

430000－2401－0029264　437/461

井窗蚤吟集二卷　（清）林熙撰　清光緒十八
年（1892）烏園讀畫亭刻本　二冊

430000－2401－0029265　437/2628

妙香菴詩存一卷　（清）林遇春撰　清同治十

二年（1873）古汲州刻本　一冊

430000－2401－0029266　437/1974

黃鵠山人詩初鈔十八卷　（清）林壽圖撰　清
光緒六年（1880）刻本　八冊

430000－2401－0029267　437/1450

謙受堂集十五卷　（清）邵大業撰　清同治二
年（1863）恭壽堂刻本　四冊

430000－2401－0029268　437/560

思復堂前集十卷附錄一卷　（清）邵廷采撰
清刻本　六冊

430000－2401－0029269　437/2014

願學堂詩存二十二卷　（清）邵亨豫撰　清光
緒十年（1884）琴川刻本　四冊

430000－2401－0029270　437/2269

青門籍稿十六卷旅稿六卷賸稿八卷　（清）邵
長蘅撰　（清）王士禛評　清康熙刻本　八冊

430000－2401－0029271　437/2165

南江文鈔十二卷札記四卷　（清）邵晉涵撰
清嘉慶、道光刻本　六冊

430000－2401－0029272　437/2165（1）

南江文鈔十二卷　（清）邵晉涵撰　清刻本
一冊　存一卷（十二）

430000－2401－0029273　437/1819

玉芝堂詩集三卷文集六卷　（清）邵齊燾撰
清乾隆三十四年（1769）吳門穆大展局刻本
二冊

430000－2401－0029274　437/1819－2

玉芝堂文集六卷詩集三卷　（清）邵齊燾撰
清光緒五年（1879）湘南節署刻本　四冊

430000－2401－0029275　437/1819－2（1）

玉芝堂文集六卷詩集三卷　（清）邵齊燾撰
清光緒五年（1879）湘南節署刻本　四冊

430000－2401－0029276　437/1819－2（2）

玉芝堂文集六卷詩集三卷　（清）邵齊燾撰
清光緒五年（1879）湘南節署刻本　三冊

430000－2401－0029277　437/1819－2（3）

玉芝堂文集六卷詩集三卷 （清）邵齊燾撰
清光緒五年（1879）湘南節署刻本　一冊　存
三卷（一至三）

430000－2401－0029278　437/2819
邵聲鎏鄉試硃卷 （清）邵聲鎏撰　清光緒十
四年（1888）刻本　一冊

430000－2401－0029279　437/1049
半巖廬遺文一卷 （清）邵懿辰撰　清光緒三
十四年（1908）刻本　二冊

430000－2401－0029280　437/1049（1）
半巖廬遺文一卷 （清）邵懿辰撰　清光緒三
十四年（1908）刻本　二冊

430000－2401－0029281　437/1049（2）
半巖廬遺文一卷 （清）邵懿辰撰　清光緒三
十四年（1908）刻本　二冊

430000－2401－0029282　437/1049（3）
半巖廬遺文一卷 （清）邵懿辰撰　清光緒三
十四年（1908）刻本　一冊

430000－2401－0029283　437/1049（4）
半巖廬遺文一卷 （清）邵懿辰撰　清光緒三
十四年（1908）刻本　一冊

430000－2401－0029284　437/330
邵位西遺文一卷 （清）邵懿辰撰　清同治四
年（1865）吳棠望三益齋刻本　一冊

430000－2401－0029285　437/330（1）
邵位西遺文一卷 （清）邵懿辰撰　清同治四
年（1865）吳棠望三益齋刻本　一冊

430000－2401－0029286　437/330（2）
邵位西遺文一卷 （清）邵懿辰撰　清同治四
年（1865）吳棠望三益齋刻本　一冊

430000－2401－0029287　437/330（3）
邵位西遺文一卷 （清）邵懿辰撰　清同治四
年（1865）吳棠望三益齋刻本　一冊

430000－2401－0029288　437/812
蕙西先生遺稿一卷 （清）邵懿辰撰　清同治
八年（1869）潘氏安順堂刻本　一冊

430000－2401－0029289　437/812（1）
蕙西先生遺稿一卷 （清）邵懿辰撰　清同治
八年（1869）潘氏安順堂刻本　一冊

430000－2401－0029290　437/812（2）
蕙西先生遺稿一卷 （清）邵懿辰撰　清同治
八年（1869）潘氏安順堂刻本　一冊

430000－2401－0029291　437/1529
翁山詩外二十卷文外十六卷 （清）屈大均撰
清宣統二年（1910）上海國學扶輪社鉛印本
十三冊　缺一卷（詩外二十）

430000－2401－0029292　437/1971
道援堂詩集十二卷詞一卷 （清）屈大均撰
清刻本　八冊

430000－2401－0029293　437/1971（1）
道援堂詩集十二卷詞一卷 （清）屈大均撰
清刻本　八冊

430000－2401－0029294　△437/308
弱水集二十二卷 （清）屈復撰　清乾隆七年
（1742）刻本　八冊

430000－2401－0029295　△437/308（1）
弱水集二十二卷 （清）屈復撰　清乾隆七年
（1742）刻本　六冊　存二十二卷（一至二十
二）

430000－2401－0029296　437/2086
弱水集二十二卷 （清）屈復撰　清乾隆信芳
閣刻本　一冊　存四卷（五至八）

430000－2401－0029297　437/2889
屈壽祺鄉試硃卷 （清）屈壽祺撰　清光緒十
七年（1891）刻本　一冊

430000－2401－0029298　437/2289
雨十詩鈔四卷 （清）居瑾撰　清光緒七年
（1881）刻本　二冊

430000－2401－0029299　437/1574
大小雅堂詩集一卷 （清）承齡撰　清光緒十
八年（1892）刻本　一冊

430000－2401－0029300　437/1162
天然和尚梅花詩一卷 （清）釋函昰撰　（清）

古鍵錄　清廣州刻本　一冊

430000－2401－0029301　437/1702

瓶菴居士文鈔四卷詩鈔四卷使粵日記二卷使蜀日記五卷　（清）孟超然撰　清嘉慶二十年（1815）亦園亭刻本　十冊

430000－2401－0029302　437/2820

易大年鄉試硃卷　（清）易大年撰　清光緒十九年（1893）刻本　一冊

430000－2401－0029303　437/2465

雪鴻園詩稿六卷文稿二卷　（清）易元鍵撰　（清）徐沅　（清）傅文峰編　清道光二年（1822）友于堂刻本　六冊

430000－2401－0029304　437/2977

易孔昭歸喪成服奠章一道　（清）易孔昭撰　清光緒鈔本　一冊

430000－2401－0029305　437/2928

致母信札　（清）易孔昭撰　清光緒鈔本　一冊

430000－2401－0029306　437/1048

半霞樓近稿四卷　（清）易宗涒撰　清康熙刻本　一冊

430000－2401－0029307　437/2032

函樓文鈔九卷奏稿一卷制義一卷詩鈔十六卷因遇詩一卷詞鈔四卷　（清）易佩紳撰　清光緒二十年（1894）刻本　十冊

430000－2401－0029308　437/2032（1）

函樓文鈔九卷奏稿一卷制義一卷詩鈔十六卷因遇詩一卷詞鈔四卷　（清）易佩紳撰　清光緒二十年（1894）刻本　十冊

430000－2401－0029309　437/2032（2）

函樓文鈔九卷奏稿一卷制義一卷詩鈔十六卷因遇詩一卷詞鈔四卷　（清）易佩紳撰　清光緒二十年（1894）刻本　十冊

430000－2401－0029310　437/2032（3）

函樓文鈔九卷奏稿一卷制義一卷詩鈔十六卷因遇詩一卷詞鈔四卷　（清）易佩紳撰　清光緒二十年（1894）刻本　十冊

430000－2401－0029311　437/1358

嶽游詩草一卷文草一卷　（清）易佩紳撰　清末刻本　一冊

430000－2401－0029312　437/2828

易炳奎會試硃卷　（清）易炳奎撰　清光緒三年（1877）刻本　一冊

430000－2401－0029313　437/1635

無咎詩草二卷　（清）易清照撰　清光緒十八年（1892）寧鄉潙水校經書院刻本　一冊

430000－2401－0029314　437/1635（1）

無咎詩草二卷　（清）易清照撰　清光緒十八年（1892）寧鄉潙水校經書院刻本　一冊

430000－2401－0029315　437/2827

易巽申鄉試硃卷　（清）易巽申撰　清同治六年（1867）刻本　一冊

430000－2401－0029316　437/2133

怡芬書屋詩草十卷　（清）易棠撰　清咸豐十一年（1861）刻本　一冊

430000－2401－0029317　437/379

怡芬書屋詩草十卷續稿一卷詞稿一卷試帖一卷　（清）易棠撰　清咸豐十一年至同治元年（1861－1862）刻本　四冊

430000－2401－0029318　437/345

仿建除體分句詩四卷　（清）易順豫撰　清光緒十二年（1886）刻本　四冊

430000－2401－0029319　437/345（1）

仿建除體分句詩四卷　（清）易順豫撰　清光緒十二年（1886）刻本　四冊

430000－2401－0029320　437/26

浣花綺合集一卷合二集一卷緪古集二卷蜉撼集一卷倩掻集一卷陵轂集一卷　（清）易鼎元撰　惛惛樓遺稿一卷　（清）常孝蕙撰　清光緒十七年至三十一年（1891－1905）刻本　四冊

430000－2401－0029321　437/26（1）

浣花綺合集一卷合二集一卷緪古集二卷蜉撼集一卷倩掻集一卷陵轂集一卷　（清）易鼎元

撰　惏惏樓遺稿一卷　（清）常孝蘐撰　清光
緒十七年至三十一年（1891－1905）刻本
三冊

430000－2401－0029322　437/26（2）
浣花綺合集一卷合二集一卷緪古集二卷蜉撼
集一卷倩搔集一卷陵轂集一卷　（清）易鼎元
撰　惏惏樓遺稿一卷　（清）常孝蘐撰　清光
緒十七年至三十一年（1891－1905）刻本
四冊

430000－2401－0029323　437/26（3）
浣花綺合集一卷合二集一卷緪古集二卷蜉撼
集一卷倩搔集一卷陵轂集一卷　（清）易鼎元
撰　惏惏樓遺稿一卷　（清）常孝蘐撰　清光
緒十七年至三十一年（1891－1905）刻本
四冊

430000－2401－0029324　437/1789
蕙廬全集二卷　（清）易夢枚撰　清光緒三十
二年（1906）蕙廬刻本　二冊

430000－2401－0029325　437/1789（1）
蕙廬全集二卷　（清）易夢枚撰　清光緒三十
二年（1906）蕙廬刻本　一冊　存一卷（下）

430000－2401－0029326　438/1119－2
茗香室詩存一卷　（清）易夢周撰　鈔本
一冊

430000－2401－0029327　437/1626
犀崖文集二十一卷　（清）易學實撰　清康熙
十一年（1672）鍔蓮山房刻本　六冊

430000－2401－0029328　437/1607
須學齋詩存八卷　（清）易燮堯撰　清光緒十
六年（1890）刻本　二冊

430000－2401－0029329　437/507
南嶽二刻一卷南嶽近草一卷　（清）釋明哲撰
　清刻本　一冊

430000－2401－0029330　437/507（1）
南嶽二刻一卷南嶽近草一卷　（清）釋明哲撰
　清刻本　一冊

430000－2401－0029331　437/1813

駕雲螭室詩錄六卷　（清）周文禾撰　清光緒
十四年（1888）滬上文藝齋刻本　一冊

430000－2401－0029332　437/2184
十誦齋集詩四卷詞一卷雜文一卷　（清）周天
度撰　清乾隆四十八年（1783）刻本　二冊

430000－2401－0029333　437/441
周文忠公尺牘二卷雜文附錄一卷　（清）周天
爵撰　清同治七年（1868）蘇松太道署刻本
一冊

430000－2401－0029334　437/1774
水流雲在館集蘇詩存一卷　（清）周天麟撰
清光緒十六年（1890）石印本　一冊

430000－2401－0029335　437/2887
周世樸鄉試硃卷　（清）周世樸撰　清光緒十
一年（1885）刻本　一冊

430000－2401－0029336　437/2758
詠史樂府一卷　（清）周在熾撰　鈔本　一冊

430000－2401－0029337　437/2138
東岡詩賸十四卷首一卷末一卷　（清）周有聲
撰　清嘉慶二十年（1815）刻本　二冊

430000－2401－0029338　437/2138（1）
東岡詩賸十四卷首一卷末一卷　（清）周有聲
撰　清嘉慶二十年（1815）刻本　二冊

430000－2401－0029339　437/2138（2）
東岡詩賸十四卷首一卷末一卷　（清）周有聲
撰　清嘉慶二十年（1815）刻本　二冊

430000－2401－0029340　437/2138（3）
東岡詩賸十四卷首一卷末一卷　（清）周有聲
撰　清嘉慶二十年（1815）刻本　二冊

430000－2401－0029341　437/2138（4）
東岡詩賸十四卷首一卷末一卷　（清）周有聲
撰　清嘉慶二十年（1815）刻本　二冊

430000－2401－0029342　437/2138（5）
東岡詩賸十四卷首一卷末一卷　（清）周有聲
撰　清嘉慶二十年（1815）刻本　二冊

430000－2401－0029343　437/2138（6）

東岡詩賸十四卷首一卷末一卷　（清）周有聲
撰　清嘉慶二十年（1815）刻本　二冊

430000－2401－0029344　437/687

恥白集一卷　（清）周光祖撰　清光緒五年
（1879）古虞連氏刻本　一冊

430000－2401－0029345　437/2812

周合戊鄉試卷　（清）周合戊撰　清光緒二十
八年（1902）刻本　一冊

430000－2401－0029346　437/589

香遠山房詩集不分卷詩話一卷文集一卷
（清）周合戊撰　清木活字本　四冊

430000－2401－0029347　437/1180

海粟居士集二卷　（清）周系英撰　清光緒二
十四年（1898）靜諮家塾刻本　二冊

430000－2401－0029348　437/100

十六國宮詞二卷　（清）周昇撰　清道光十四
年（1834）櫻西書屋刻本　一冊

430000－2401－0029349　437/100（1）

十六國宮詞二卷　（清）周昇撰　清道光十四
年（1834）櫻西書屋刻本　一冊

430000－2401－0029350　437/100（2）

十六國宮詞二卷　（清）周昇撰　清道光十四
年（1834）櫻西書屋刻本　一冊

430000－2401－0029351　437/1322

歷程紀游草一卷　（清）周忠信撰　清光緒二
十四年（1898）刻本　一冊

430000－2401－0029352　437/2824

周岳崑鄉試硃卷　（清）周岳崑撰　清同治九
年（1870）刻本　一冊

430000－2401－0029353　△437/499

賴古堂詩集四卷　（清）周亮工撰　清康熙刻
本　四冊

430000－2401－0029354　△437/499－2

賴古堂詩集四卷　（清）周亮工撰　（清）錢謙
益刪定　清康熙四十八年（1709）刻本　二冊

430000－2401－0029355　△437/498

賴古堂詩十二卷　（清）周亮工撰　清信芳閣
刻本　二冊

430000－2401－0029356　△437/497

賴古堂集二十四卷　（清）周亮工撰　清乾隆
二十一年（1756）懷德堂刻本　四冊

430000－2401－0029357　437/2436

聖雨齋詩文集十卷　（清）周拱辰撰　（清）顧
有孝　（清）王撰評點　清光緒元年（1875）刻
本　四冊

430000－2401－0029358　437/1088

小十誦寮詩存四卷　（清）周南撰　清嘉慶二
十五年（1820）刻本　一冊　存二卷（笳音集
一、海漚集一）

430000－2401－0029359　437/1114

九煙先生遺集六卷　（清）周星撰　清道光二
十九年（1849）揚州寓館刻本　四冊

430000－2401－0029360　437/1115

九煙先生集四卷補遺一卷別集二卷　（清）周
星撰　（清）周翼高編　清光緒二十三年
（1897）靜諮家塾刻本　四冊

430000－2401－0029361　437/1115（1）

九煙先生集四卷補遺一卷別集二卷　（清）周
星撰　（清）周翼高編　清光緒二十三年
（1897）靜諮家塾刻本　四冊

430000－2401－0029362　437/1115（2）

九煙先生集四卷補遺一卷別集二卷　（清）周
星撰　（清）周翼高編　清光緒二十三年
（1897）靜諮家塾刻本　四冊

430000－2401－0029363　437/442

周九煙集三卷外集三卷　（清）周星撰　清咸
豐三年（1853）唐昭儉刻本　二冊

430000－2401－0029364　437/442（1）

周九煙集三卷外集三卷　（清）周星撰　清咸
豐三年（1853）唐昭儉刻本　二冊

430000－2401－0029365　437/1790

楳坪詩鈔六卷詠物詩鈔一卷　（清）周思兼撰
　清道光五年（1825）我娛齋刻本　四冊

430000－2401－0029366　437/489

春酒堂文集一卷　（清）周容撰　清宣統二年
（1910）上海國學扶輪社鉛印本　一冊

430000－2401－0029367　437/614

桐埜詩集四卷　（清）周起渭撰　清咸豐二年
（1852）陳氏世恩堂刻本　一冊

430000－2401－0029368　437/614（1）

桐埜詩集四卷　（清）周起渭撰　清咸豐二年
（1852）陳氏世恩堂刻本　二冊

430000－2401－0029369　　△437/304

桐埜詩集四卷　（清）周起渭撰　清鈔本
二冊

430000－2401－0029370　437/443

周武壯公遺書九卷首一卷外集三卷別集一卷
　（清）周盛傳撰　（清）周家駒編　清光緒三
十一年（1905）金陵刻本　六冊

430000－2401－0029371　437/443（1）

周武壯公遺書九卷首一卷外集三卷別集一卷
　（清）周盛傳撰　（清）周家駒編　清光緒三
十一年（1905）金陵刻本　八冊

430000－2401－0029372　437/443（2）

周武壯公遺書九卷首一卷外集三卷別集一卷
　（清）周盛傳撰　（清）周家駒編　清光緒三
十一年（1905）金陵刻本　八冊

430000－2401－0029373　437/443（3）

周武壯公遺書九卷首一卷外集三卷別集一卷
　（清）周盛傳撰　（清）周家駒編　清光緒三
十一年（1905）金陵刻本　八冊

430000－2401－0029374　437/443（4）

周武壯公遺書九卷首一卷外集三卷別集一卷
　（清）周盛傳撰　（清）周家駒編　清光緒三
十一年（1905）金陵刻本　十冊

430000－2401－0029375　437/520

茅簷草堂詩草二卷　（清）周理椿撰　清光緒
三十年（1904）刻本　二冊

430000－2401－0029376　437/2845

周國光鄉試硃卷　（清）周國光撰　清光緒二

十年（1894）刻本　一冊

430000－2401－0029377　437/2846

周國光會試硃卷　（清）周國光撰　清光緒二
十四年（1898）刻本　一冊

430000－2401－0029378　437/2723

周紹邰鄉試卷　（清）周紹邰撰　清光緒二十
九年（1903）刻本　一冊

430000－2401－0029379　437/2820

周紹濂鄉試卷　（清）周紹濂撰　清光緒二十
九年（1903）刻本　一冊

430000－2401－0029380　437/1160

天啟宮詞百首一卷　（清）周絜撰　清咸豐二
年（1852）刻本　一冊

430000－2401－0029381　437/1160（1）

天啟宮詞百首一卷　（清）周絜撰　清咸豐二
年（1852）刻本　一冊

430000－2401－0029382　437/283

存餘草初集一卷續集一卷　（清）周森甲撰
清光緒石印本　一冊

430000－2401－0029383　437/2889

周植謙鄉試硃卷　（清）周植謙撰　清光緒十
七年（1891）刻本　一冊

430000－2401－0029384　437/272

汾湖草堂詩集二卷　（清）周開錫撰　清光緒
元年（1875）刻本　一冊

430000－2401－0029385　437/272（1）

汾湖草堂詩集二卷　（清）周開錫撰　清光緒
元年（1875）刻本　一冊　存一卷（上）

430000－2401－0029386　437/2193

海山存稿二十卷　（清）周煌撰　清乾隆五十
八年（1793）葆素家塾刻本　四冊

430000－2401－0029387　437/2810

周誠採鄉試卷　（清）周誠採撰　清光緒二十
八年（1902）刻本　一冊

430000－2401－0029388　437/2889

周榮期鄉試硃卷　（清）周榮期撰　清光緒十

七年(1891)刻本　一册

430000 - 2401 - 0029389　437/567

思益堂詩鈔六卷古文二卷詞鈔一卷日札十卷
　　(清)周壽昌撰　清光緒十四年(1888)刻本
　　六册

430000 - 2401 - 0029390　437/567(1)

思益堂詩鈔六卷古文二卷詞鈔一卷日札十卷
　　(清)周壽昌撰　清光緒十四年(1888)刻本
　　六册

430000 - 2401 - 0029391　437/567(2)

思益堂詩鈔六卷古文二卷詞鈔一卷日札十卷
　　(清)周壽昌撰　清光緒十四年(1888)刻本
　　六册

430000 - 2401 - 0029392　437/567(3)

思益堂詩鈔六卷古文二卷詞鈔一卷日札十卷
　　(清)周壽昌撰　清光緒十四年(1888)刻本
　　六册

430000 - 2401 - 0029393　437/567(4)

思益堂詩鈔六卷古文二卷詞鈔一卷日札十卷
　　(清)周壽昌撰　清光緒十四年(1888)刻本
　　六册

430000 - 2401 - 0029394　437/1622

雲臥山房集二卷詩餘一卷附年譜一卷　(清)
周嘉猷撰　清咸豐二年(1852)留耕堂刻本
二册

430000 - 2401 - 0029395　437/182

家蔭堂尺牘一卷家書一卷　(清)周際華撰

渭川劄存一卷　(清)陳璜撰　(清)周際華輯
　　清道光十九年(1839)黔築周氏家蔭堂刻本
　　一册

430000 - 2401 - 0029396　437/182(1)

家蔭堂尺牘一卷家書一卷　(清)周際華撰

渭川劄存一卷　(清)陳璜撰　(清)周際華輯
　　清道光十九年(1839)黔築周氏家蔭堂刻本
　　一册

430000 - 2401 - 0029397　437/2846

周廣詢鄉試卷　(清)周廣詢撰　清光緒二十

八年(1902)刻本　一册

430000 - 2401 - 0029398　437/661 - 2

壯學齋文集十二卷　(清)周樹槐撰　清咸豐
二年(1852)刻本　四册

430000 - 2401 - 0029399　437/661 - 2(1)

壯學齋文集十二卷　(清)周樹槐撰　清咸豐
二年(1852)刻本　四册

430000 - 2401 - 0029400　437/661

壯學齋文集十二卷　(清)周樹槐撰　清同治
十二年(1873)補刻咸豐二年(1852)刻本
四册

430000 - 2401 - 0029401　437/661(1)

壯學齋文集十二卷　(清)周樹槐撰　清同治
十二年(1873)補刻咸豐二年(1852)刻本
四册

430000 - 2401 - 0029402　437/661(2)

壯學齋文集十二卷　(清)周樹槐撰　清同治
十二年(1873)補刻咸豐二年(1852)刻本
四册

430000 - 2401 - 0029403　437/661(3)

壯學齋文集十二卷　(清)周樹槐撰　清同治
十二年(1873)補刻咸豐二年(1852)刻本
四册

430000 - 2401 - 0029404　437/661(4)

壯學齋文集十二卷　(清)周樹槐撰　清同治
十二年(1873)補刻咸豐二年(1852)刻本
四册

430000 - 2401 - 0029405　437/880

碧衡館文集一卷詩集一卷　(清)周蕃撰　清
宣統元年(1909)鉛印本　一册

430000 - 2401 - 0029406　437/880(1)

碧衡館文集一卷詩集一卷　(清)周蕃撰　清
宣統元年(1909)鉛印本　一册

430000 - 2401 - 0029407　437/153

傳魯堂駢體文二卷　(清)周錫恩撰　清光緒
二十年(1894)京師刻本　一册

430000 - 2401 - 0029408　437/239

安愚齋集四卷 （清）周錫溥撰 清光緒八年
(1882)養知書屋刻本 二冊

430000－2401－0029409 437/239（1）
安愚齋集四卷 （清）周錫溥撰 清光緒八年
(1882)養知書屋刻本 二冊

430000－2401－0029410 437/239（2）
安愚齋集四卷 （清）周錫溥撰 清光緒八年
(1882)養知書屋刻本 二冊

430000－2401－0029411 437/239（3）
安愚齋集四卷 （清）周錫溥撰 清光緒八年
(1882)養知書屋刻本 二冊

430000－2401－0029412 437/239（4）
安愚齋集四卷 （清）周錫溥撰 清光緒八年
(1882)養知書屋刻本 二冊

430000－2401－0029413 437/1767
玉池山樵遺稿二卷 （清）周燨祥撰 石帆遺
稿二卷 （清）周韞祥撰 清道光二十年
(1840)秦中官舍刻本 一冊

430000－2401－0029414 437/1767（1）
玉池山樵遺稿二卷 （清）周燨祥撰 石帆遺
稿二卷 （清）周韞祥撰 清道光二十年
(1840)秦中官舍刻本 一冊

430000－2401－0029415 437/2892
周聲洋優貢卷 （清）周聲洋撰 清光緒十四
年(1888)刻本 一冊

430000－2401－0029416 437/2893
周聲洋鄉試硃卷 （清）周聲洋撰 清光緒十
五年(1889)刻本 一冊

430000－2401－0029417 437/2582
周聲洋朝考卷 （清）周聲洋撰 清光緒刻
本 一冊

430000－2401－0029418 437/2893
周聲溢鄉試硃卷 （清）周聲溢撰 清光緒十
五年(1889)刻本 一冊

430000－2401－0029419 437/1949
聽雲山館詩鈔十卷 （清）周鍔撰 清道光刻
本 二冊

430000－2401－0029420 437/1889
方園樵唱詩鈔四卷 （清）周耀祥撰 清同治
六年(1867)刻本 二冊

430000－2401－0029421 437/1744
石帆遺稿二卷 （清）周韞祥撰 清道光二十
年(1840)秦中官舍刻本 一冊

430000－2401－0029422 437/1744（1）
石帆遺稿二卷 （清）周韞祥撰 清道光二十
年(1840)秦中官舍刻本 一冊

430000－2401－0029423 437/2305
周犢山稿一卷 （清）周鎬撰 清光緒二十四
年(1898)鏡湖書屋刻本 一冊

430000－2401－0029424 437/459
洗桐山館文鈔一卷 （清）周鏞撰 清光緒二
十四年(1898)漢川半古堂劉氏刻本 一冊

430000－2401－0029425 437/2766
周黼麟致仲九等詩稿 （清）周黼麟撰 清稿
本 一冊

430000－2401－0029426 437/2228
餐芍華館詩集八卷蕉心詞一卷 （清）周騰虎
撰 清光緒十九年(1893)木活字本 二冊

430000－2401－0029427 437/2732
餐芍華館遺文三卷隨筆二卷 （清）周騰虎撰
清光緒三十一年(1905)長沙刻本 二冊

430000－2401－0029428 △437/19
周鑾詒信札 （清）周鑾詒撰 稿本 三冊

430000－2401－0029429 437/2277
怡雲廬駢體文一卷詩鈔一卷 （清）金安瀾撰
清同治九年(1870)滬城刻本 一冊

430000－2401－0029430 △437/341
衛遠樓詩稿二卷 （清）金廷炳撰 清乾隆三
十九年(1774)刻本 一冊

430000－2401－0029431 437/757－2
能與集註釋不分卷 （清）金研香評 （清）李
秬香改本 清光緒十四年(1888)湖南文成書
局刻本 二冊

430000 – 2401 – 0029432　437/757

能與集註釋不分卷 （清）金研香評　（清）李 秬香改本　清光緒十六年(1890)湖南澄江書 屋校刻本　二冊

430000 – 2401 – 0029433　437/757 – 3

金評能與集不分卷 （清）金研香評　（清）李 秬香加評　清大德堂刻本　一冊

430000 – 2401 – 0029434　△453/5

吟紅閣詩鈔十二卷詞鈔三卷詞續鈔三卷 （清）金翀撰　**花語軒詩鈔一卷** （清）金若蘭 撰　清嘉慶十四年(1809)竹梧書屋刻本　十 一冊

430000 – 2401 – 0029435　437/435

金潛毅先生遺書五卷 （清）金雲五撰　清光 緒十五年(1889)東陵金氏刻本　五冊

430000 – 2401 – 0029436　437/1563

瘦吟樓詩稿四卷 （清）金逸撰　清嘉慶陳雪 蘭等三閨秀京師刻本　一冊　存二卷(一至 二)

430000 – 2401 – 0029437　437/1803

石泉詩集五卷 （清）金楹撰　清乾隆三十九 年(1774)刻本　二冊

430000 – 2401 – 0029438　△437/155

冬心先生集四卷 （清）金農撰　清雍正十一 年(1733)廣陵般若庵刻本　一冊

430000 – 2401 – 0029439　437/2674 – 3

冬心先生集四卷 （清）金農撰　清乾隆鈔本 二冊

430000 – 2401 – 0029440　437/2674 – 2

冬心先生集四卷 （清）金農撰　清宣統二年 (1910)上海京師書業公司影印雍正十一年 (1733)廣陵般若庵刻本　四冊

430000 – 2401 – 0029441　△437/475

播琴堂詩集十二卷文集六卷 （清）金學詩撰 清乾隆刻本　三冊

430000 – 2401 – 0029442　437/985

澹盦自娛草二卷 （清）金應澍撰　**仲安遺草**
一卷　（清）金和撰　清光緒十九年(1893)刻 本　一冊

430000 – 2401 – 0029443　437/1934

豸華堂文鈔八卷 （清）金應麟撰　清道光三 十年(1850)刻本　二冊

430000 – 2401 – 0029444　437/1934(1)

豸華堂文鈔八卷 （清）金應麟撰　清道光三 十年(1850)刻本　四冊

430000 – 2401 – 0029445　△437/448

碧螺山館詩鈔八卷 （清）金蘭撰　清光緒刻 本　四冊

430000 – 2401 – 0029446　437/2250

綠窗庭課吟卷一卷 （清）邱掌珠撰　清光緒 二十二年(1896)龍山丘園刻本　一冊

430000 – 2401 – 0029447　△437/431

瑞錦堂詩一卷 （清）丘開來撰　清乾隆鈔本 一冊

430000 – 2401 – 0029448　437/2968

丘壽齡文華書院課卷 （清）丘壽齡撰　清稿 本　一冊

430000 – 2401 – 0029449　437/2091

東山草堂文集二十卷詩集八卷詩集續編一卷 考定大學經傳解一卷原傳附錄一卷邇言六卷 （清）邱嘉穗撰　清光緒八年(1882)漢陽丘 氏刻本　十四冊

430000 – 2401 – 0029450　437/1785

丹魁堂外集四卷 （清）季芝昌撰　清咸豐十 一年(1861)崇川寓館刻本　二冊

430000 – 2401 – 0029451　437/1785(1)

丹魁堂外集四卷 （清）季芝昌撰　清咸豐十 一年(1861)崇川寓館刻本　一冊　存二卷 (一至二)

430000 – 2401 – 0029452　437/1784

丹魁堂詩集七卷 （清）季芝昌撰　清同治四 年(1865)紫瑯寓館刻本　三冊

430000 – 2401 – 0029453　437/1784(1)

丹魁堂詩集七卷 （清）季芝昌撰　清同治四

年（1865）紫瑯寓館刻本　三冊

430000－2401－0029454　437/1784（2）

丹魁堂詩集七卷　（清）季芝昌撰　清同治四
年（1865）紫瑯寓館刻本　六冊

430000－2401－0029455　437/439

易簡齋詩鈔四卷　（清）和瑛撰　清道光刻本
　二冊

430000－2401－0029456　437/1100

小容齋詩鈔十卷　（清）洪占銓撰　清嘉慶二
十三年（1818）刻本　二冊

430000－2401－0029457　437/966

龍岡山人文鈔十卷紫藤花室駢體文鈔四卷龍
岡山人詩鈔十八卷古今體詩鈔二卷　（清）洪
良品撰　清光緒四年至十八年（1878－1892）
刻本　十冊

430000－2401－0029458　437/966（1）

龍岡山人文鈔十卷紫藤花室駢體文鈔四卷龍
岡山人詩鈔十八卷古今體詩鈔二卷　（清）洪
良品撰　清光緒四年至十八年（1878－1892）
刻本　十冊

430000－2401－0029459　437/966（2）

龍岡山人文鈔十卷紫藤花室駢體文鈔四卷龍
岡山人詩鈔十八卷古今體詩鈔二卷　（清）洪
良品撰　清光緒四年至十八年（1878－1892）
刻本　十冊

430000－2401－0029460　△437/210

卷施閣集文甲集中卷稿　（清）洪亮吉撰　稿
本　葉德輝題識　葉啟勳跋　一冊

430000－2401－0029461　△437/207

卷施閣文乙集四卷　（清）洪亮吉撰　清乾隆
五十一年（1786）刻本　二冊

430000－2401－0029462　437/39

卷施閣文甲集十卷乙集八卷詩集二十卷附鮚
軒詩八卷　（清）洪亮吉撰　清乾隆六十年
（1795）貴陽節署刻本　十二冊

430000－2401－0029463　437/39（1）

卷施閣文甲集十卷乙集八卷詩集二十卷附鮚

軒詩八卷　（清）洪亮吉撰　清乾隆六十年
（1795）貴陽節署刻本　十四冊

430000－2401－0029464　437/39（2）

卷施閣文甲集十卷乙集八卷詩集二十卷附鮚
軒詩八卷　（清）洪亮吉撰　清乾隆六十年
（1795）貴陽節署刻本　四冊

430000－2401－0029465　437/39（3）

卷施閣文甲集十卷乙集八卷詩集二十卷附鮚
軒詩八卷　（清）洪亮吉撰　清乾隆六十年
（1795）貴陽節署刻本　八冊

430000－2401－0029466　437/39－2

卷施閣文甲集十卷補遺一卷續一卷乙集八卷
續編一卷詩集二十卷　（清）洪亮吉撰　清光
緒三年至五年（1877－1879）授經堂刻洪北江
全集本　十四冊

430000－2401－0029467　437/39－2（1）

卷施閣文甲集十卷補遺一卷續一卷乙集八卷
續編一卷詩集二十卷　（清）洪亮吉撰　清光
緒三年至五年（1877－1879）授經堂刻洪北江
全集本　十四冊

430000－2401－0029468　437/39－2（2）

卷施閣文甲集十卷補遺一卷續一卷乙集八卷
續編一卷詩集二十卷　（清）洪亮吉撰　清光
緒三年至五年（1877－1879）授經堂刻洪北江
全集本　十四冊

430000－2401－0029469　437/39－3

卷施閣文乙集八卷續編一卷更生齋文乙集四
卷　（清）洪亮吉撰　清光緒善化章氏經濟堂
刻本　六冊

430000－2401－0029470　437/39－3（1）

卷施閣文乙集八卷續編一卷更生齋文乙集四
卷　（清）洪亮吉撰　清光緒善化章氏經濟堂
刻本　四冊

430000－2401－0029471　437/299－2

更生齋文甲集四卷乙集四卷詩八卷詩餘二卷
　（清）洪亮吉撰　清嘉慶七年（1802）洋川書
院刻本　五冊

430000 – 2401 – 0029472　437/299 – 2（1）
更生齋文甲集四卷乙集四卷詩八卷詩餘二卷
（清）洪亮吉撰　清嘉慶七年(1802)洋川書院刻本　四冊

430000 – 2401 – 0029473　437/299 – 2（2）
更生齋文甲集四卷乙集四卷詩八卷詩餘二卷
（清）洪亮吉撰　清嘉慶七年(1802)洋川書院刻本　四冊

430000 – 2401 – 0029474　437/299
更生齋文甲集四卷乙集四卷續集二卷詩八卷詩續十卷　（清）洪亮吉撰　清光緒三年至四年(1877 – 1878)授經堂刻洪北江全集本　十二冊

430000 – 2401 – 0029475　437/299（1）
更生齋文甲集四卷乙集四卷續集二卷詩八卷詩續十卷　（清）洪亮吉撰　清光緒三年至四年(1877 – 1878)授經堂刻洪北江全集本　六冊　存十二卷(文續集二卷、詩續十卷)

430000 – 2401 – 0029476　437/2063
青埵山人詩十卷　（清）洪飴孫撰　清光緒十年(1884)閩縣陳氏西江使廨刻本　二冊

430000 – 2401 – 0029477　△437/175
改亭集文集十六卷詩集六卷　（清）計東撰
清乾隆十三年(1748)計濱刻本　四冊

430000 – 2401 – 0029478　437/321
改亭集十六卷　（清）計東撰　清刻本　四冊

430000 – 2401 – 0029479　437/1883
通雅堂詩鈔十卷　（清）施山撰　清光緒元年(1875)荆州刻本　二冊

430000 – 2401 – 0029480　437/1883（1）
通雅堂詩鈔十卷　（清）施山撰　清光緒元年(1875)荆州刻本　二冊

430000 – 2401 – 0029481　437/1883（2）
通雅堂詩鈔十卷　（清）施山撰　清光緒元年(1875)荆州刻本　三冊

430000 – 2401 – 0029482　437/2728
施愚山先生學餘文集七卷　（清）施閏章撰

清刻本　二冊

430000 – 2401 – 0029483　△437/328
施愚山先生文集摘鈔不分卷　（清）施閏章撰
清末鈔本　二冊

430000 – 2401 – 0029484　437/2637
澤雅堂文集八卷　（清）施補華撰　清光緒十九年(1893)刻本　二冊

430000 – 2401 – 0029485　437/1678
隨村先生遺集六卷　（清）施璠撰　清乾隆四年(1739)刻施愚山先生全集本　一冊

430000 – 2401 – 0029486　△437/400
剩圃詩集八卷首一卷　（清）施璠撰　清乾隆四年(1739)刻本　一冊

430000 – 2401 – 0029487　437/2518
拙修堂詩一卷　（清）施濙撰　清刻本　一冊

430000 – 2401 – 0029488　437/2278
聊復軒詩存一卷　（清）施贊唐撰　清宣統三年(1911)鉛印本　一冊

430000 – 2401 – 0029489　437/980
樂道堂文鈔五卷古近體詩二卷豳風詠一卷岵屺懷音一卷廣四時讀書樂詩試帖一卷正誼書屋試帖詩存二卷　（清）奕訢撰　清同治刻本　十二冊

430000 – 2401 – 0029490　437/980（1）
樂道堂文鈔五卷古近體詩二卷豳風詠一卷岵屺懷音一卷廣四時讀書樂詩試帖一卷正誼書屋試帖詩存二卷　（清）奕訢撰　清同治刻本　十三冊

430000 – 2401 – 0029491　437/1660
萃錦唫八卷　（清）奕訢撰　清光緒十八年(1892)廣東撫署刻本　四冊

430000 – 2401 – 0029492　437/1660（1）
萃錦唫八卷　（清）奕訢撰　清光緒十八年(1892)廣東撫署刻本　四冊

430000 – 2401 – 0029493　437/16602（2）
萃錦唫八卷　（清）奕訢撰　清光緒十八年(1892)廣東撫署刻本　四冊

430000－2401－0029494　437/1660（3）

萃錦唫十八卷　（清）奕訢撰　清刻本　九冊
缺九卷（一、三至四、八、十三、十五至十八）

430000－2401－0029495　△437/360－2

湛園未定稿不分卷　（清）姜宸英撰　清康熙
二十年（1681）刻本　二冊

430000－2401－0029496　△437/360

湛園未定稿六卷　（清）姜宸英撰　清康熙二
老閣刻本　葉啟勳題識　三冊

430000－2401－0029497　437/2296

湛園未定稿六卷　（清）姜宸英撰　清初刻本
四冊

430000－2401－0029498　437/2296（1）

湛園未定稿六卷　（清）姜宸英撰　清初刻本
四冊

430000－2401－0029499　437/2296（2）

湛園未定稿六卷　（清）姜宸英撰　清初刻本
四冊

430000－2401－0029500　437/1668

葦間詩集五卷　（清）姜宸英撰　清道光四年
（1824）葉元墀木活字本　四冊　缺一卷（五）

430000－2401－0029501　437/1668（1）

葦間詩集五卷　（清）姜宸英撰　清道光四年
（1824）葉元墀木活字本　六冊

430000－2401－0029502　437/1909

十七銘草堂睡餘一卷　（清）姜英撰　清同治
四年（1865）刻本　一冊

430000－2401－0029503　437/1215

章圃文蛻八卷首一卷末一卷　（清）姜曾撰
（清）姜應門編　清同治三年（1864）刻本　四冊

430000－2401－0029504　437/555

退思詩存四卷文存一卷　（清）范志熙撰　清
光緒十四年（1888）木榍香館刻本　四冊

430000－2401－0029505　437/2640

慎自怡園吟草□□卷雜草□□卷　（清）范希
蓮撰　清光緒三十一年（1905）慎自怡園刻本
五冊

430000－2401－0029506　437/1514

鶴影山人文集四卷　（清）范東叔撰　清鈔本
四冊

430000－2401－0029507　437/654

范忠貞公全集四卷首一卷　（清）范承謨撰
清光緒二十一年（1895）刻本　四冊

430000－2401－0029508　437/654（1）

范忠貞公全集四卷首一卷　（清）范承謨撰
清光緒二十一年（1895）刻本　四冊

430000－2401－0029509　437/2820

范寅韓貢卷　（清）范寅韓撰　清光緒十五年
（1889）刻本　一冊

430000－2401－0029510　437/404

孟和詩草二卷　（清）范鈞撰　清光緒十六年
（1890）梁溪華氏文苑閣刻本　一冊

430000－2401－0029511　437/522－3

范伯子詩集十九卷　（清）范當世撰　清光緒
三十四年（1908）刻本　四冊

430000－2401－0029512　437/2682

巢雲軒詩草二卷越吟草一卷　（清）范震薇撰
清光緒十年（1884）甬上范氏刻本　一冊

430000－2401－0029513　437/2814

胡子清鄉試卷　（清）胡子清撰　清光緒二十
八年（1902）刻本　一冊

430000－2401－0029514　437/1801－4

石笥山房文集六卷詩集四卷　（清）胡天游撰
清嘉慶十五年（1810）刻本　四冊

430000－2401－0029515　437/1801

石笥山房文集六卷詩集十一卷詩餘五卷
（清）胡天游撰　清道光二十六年（1846）博平
縣衙刻本　八冊

430000－2401－0029516　437/1801（1）

石笥山房文集六卷詩集十一卷詩餘五卷
（清）胡天游撰　清道光二十六年（1846）博平
縣衙刻本　八冊

430000－2401－0029517　437/1801－2

石笥山房文集六卷補遺一卷詩集十一卷詩餘

一卷補遺二卷續補遺二卷 （清）胡天游撰
清咸豐二年（1852）刻本　十冊

430000－2401－0029518　437/1801－2（1）
石笥山房文集六卷補遺一卷詩集十一卷詩餘
一卷補遺二卷續補遺二卷 （清）胡天游撰
清咸豐二年（1852）刻本　八冊

430000－2401－0029519　437/1801－3
石笥山房文集五卷補遺一卷 （清）胡天游撰
清宣統二年（1910）上海國學扶輪社鉛印本
二冊

430000－2401－0029520　△437/141
石笥山房文集六卷詩集四卷 （清）胡天游撰
清刻本　三冊

430000－2401－0029521　437/2892
胡元玉優貢卷 （清）胡元玉撰　清光緒十四
年（1888）刻本　一冊

430000－2401－0029522　437/169
璧沼集四卷 （清）胡元玉撰　清光緒十五年
（1889）長沙梁氏益智書局刻本　一冊

430000－2401－0029523　437/169（1）
璧沼集四卷 （清）胡元玉撰　清光緒十五年
（1889）長沙梁氏益智書局刻本　一冊

430000－2401－0029524　437/169（2）
璧沼集四卷 （清）胡元玉撰　清光緒十五年
（1889）長沙梁氏益智書局刻本　一冊

430000－2401－0029525　437/2894
胡元直選拔卷 （清）胡元直撰　清光緒十一
年（1885）刻本　一冊

430000－2401－0029526　437/525
癸甲試賦一卷 （清）胡元直撰　清末刻本
一冊

430000－2401－0029527　437/1823
皖游草四卷 （清）胡元煒撰　清道光二十八
年（1848）刻本　一冊

430000－2401－0029528　437/2894
胡元儀選拔卷 （清）胡元儀撰　清光緒十一
年（1885）刻本　一冊

430000－2401－0029529　△437/260
胡子威文鈔不分卷 （清）胡元儀撰　清鈔本
一冊

430000－2401－0029530　437/1348
感懷百詠一卷續唱百詠一卷 （清）胡月樵撰
清同治八年（1869）退補齋刻本　一冊

430000－2401－0029531　437/2891
胡汝霖鄉試硃卷 （清）胡汝霖撰　清光緒十
五年（1889）刻本　一冊

430000－2401－0029532　437/1321
獨秀軒文集一卷 （清）胡作傳撰　清刻本
一冊

430000－2401－0029533　437/101
長安宮詞一卷 （清）胡延撰　清光緒二十八
年（1902）刻本　一冊

430000－2401－0029534　437/101（1）
長安宮詞一卷 （清）胡延撰　清光緒二十八
年（1902）刻本　一冊

430000－2401－0029535　437/101（2）
長安宮詞一卷 （清）胡延撰　清光緒二十八
年（1902）刻本　一冊

430000－2401－0029536　437/101（3）
長安宮詞一卷 （清）胡延撰　清光緒二十八
年（1902）刻本　一冊

430000－2401－0029537　437/101（4）
長安宮詞一卷 （清）胡延撰　清光緒二十八
年（1902）刻本　一冊

430000－2401－0029538　△437/20
胡林翼信札 （清）胡林翼撰　稿本　一冊

430000－2401－0029539　△437/21
胡林翼信札 （清）胡林翼撰　稿本　一冊

430000－2401－0029540　437/2828
胡林翼鄉試硃卷 （清）胡林翼撰　清道光十
五年（1835）刻本　一冊

430000－2401－0029541　437/2896
胡文忠公手札不分卷 （清）胡林翼撰　清宣

統湘鄉李氏刻木拓本　四冊

430000－2401－0029542　437/501
胡文忠公遺集十卷首一卷　（清）胡林翼撰　（清）厲雲官等輯　清同治三年（1864）武昌節署刻本　八冊

430000－2401－0029543　437/501（1）
胡文忠公遺集十卷首一卷　（清）胡林翼撰　（清）厲雲官等輯　清同治三年（1864）武昌節署刻本　八冊

430000－2401－0029544　437/501（2）
胡文忠公遺集十卷首一卷　（清）胡林翼撰　（清）厲雲官等輯　清同治三年（1864）武昌節署刻本　八冊

430000－2401－0029545　437/501（3）
胡文忠公遺集十卷首一卷　（清）胡林翼撰　（清）厲雲官等輯　清同治三年（1864）武昌節署刻本　八冊

430000－2401－0029546　437/501（4）
胡文忠公遺集十卷首一卷　（清）胡林翼撰　（清）厲雲官等輯　清同治三年（1864）武昌節署刻本　八冊

430000－2401－0029547　437/501（5）
胡文忠公遺集十卷首一卷　（清）胡林翼撰　（清）厲雲官等輯　清同治三年（1864）武昌節署刻本　八冊

430000－2401－0029548　437/501－2
胡文忠公遺集十卷首一卷　（清）胡林翼撰　（清）厲雲官等輯　清光緒八年（1882）紅杏山房刻本（卷六至七鈔配）　八冊

430000－2401－0029549　437/500
胡文忠公遺集八十六卷首一卷　（清）胡林翼撰　（清）鄭敦謹　（清）曾國荃編　清同治三年（1864）武昌節署刻本　二十八冊

430000－2401－0029550　437/500（1）
胡文忠公遺集八十六卷首一卷　（清）胡林翼撰　（清）鄭敦謹　（清）曾國荃編　清同治三年（1864）武昌節署刻本　二十八冊

430000－2401－0029551　437/500（2）
胡文忠公遺集八十六卷首一卷　（清）胡林翼撰　（清）鄭敦謹　（清）曾國荃編　清同治三年（1864）武昌節署刻本　三十二冊

430000－2401－0029552　437/500（3）
胡文忠公遺集八十六卷首一卷　（清）胡林翼撰　（清）鄭敦謹　（清）曾國荃編　清同治三年（1864）武昌節署刻本　三十二冊

430000－2401－0029553　437/500（4）
胡文忠公遺集八十六卷首一卷　（清）胡林翼撰　（清）鄭敦謹　（清）曾國荃編　清同治三年（1864）武昌節署刻本　二十六冊

430000－2401－0029554　437/500－2
胡文忠公遺集八十六卷首一卷　（清）胡林翼撰　（清）鄭敦謹　（清）曾國荃編　清同治六年（1867）黃鶴樓刻本　三十二冊

430000－2401－0029555　437/500－2（1）
胡文忠公遺集八十六卷首一卷　（清）胡林翼撰　（清）鄭敦謹　（清）曾國荃編　清同治六年（1867）黃鶴樓刻本　三十二冊

430000－2401－0029556　437/500－2（2）
胡文忠公遺集八十六卷首一卷　（清）胡林翼撰　（清）鄭敦謹　（清）曾國荃編　清同治六年（1867）黃鶴樓刻本　三十二冊

430000－2401－0029557　437/500－2（3）
胡文忠公遺集八十六卷首一卷　（清）胡林翼撰　（清）鄭敦謹　（清）曾國荃編　清同治六年（1867）黃鶴樓刻本　三十二冊

430000－2401－0029558　437/500－2（4）
胡文忠公遺集八十六卷首一卷　（清）胡林翼撰　（清）鄭敦謹　（清）曾國荃編　清同治六年（1867）黃鶴樓刻本　三十二冊

430000－2401－0029559　437/500－2（5）
胡文忠公遺集八十六卷首一卷　（清）胡林翼撰　（清）鄭敦謹　（清）曾國荃編　清同治六年（1867）黃鶴樓刻本　十八冊

430000－2401－0029560　437/500－3

胡文忠公遺集八十六卷首一卷　（清）胡林翼
撰　（清）鄭敦謹　（清）曾國荃編　（清）胡
鳳丹重編　清光緒元年(1875)湖北崇文書局
刻本　三十二冊

430000－2401－0029561　437/500－3(1)

胡文忠公遺集八十六卷首一卷　（清）胡林翼
撰　（清）鄭敦謹　（清）曾國荃編　（清）胡
鳳丹重編　清光緒元年(1875)湖北崇文書局
刻本　三十二冊

430000－2401－0029562　437/500－3(2)

胡文忠公遺集八十六卷首一卷　（清）胡林翼
撰　（清）鄭敦謹　（清）曾國荃編　（清）胡
鳳丹重編　清光緒元年(1875)湖北崇文書局
刻本　三十二冊

430000－2401－0029563　437/500－3(3)

胡文忠公遺集八十六卷首一卷　（清）胡林翼
撰　（清）鄭敦謹　（清）曾國荃編　（清）胡
鳳丹重編　清光緒元年(1875)湖北崇文書局
刻本　三十二冊

430000－2401－0029564　437/500－3(4)

胡文忠公遺集八十六卷首一卷　（清）胡林翼
撰　（清）曾國荃輯　（清）胡鳳丹重編　清光
緒二十七年(1901)上海圖書集成印書局鉛印
本　八冊

430000－2401－0029565　437/500－4

胡文忠公遺集八十六卷首一卷　（清）胡林翼
撰　（清）曾國荃輯　（清）胡鳳丹重編　清光
緒二十七年(1901)上海圖書集成印書局鉛印
本　五冊　缺二十四卷(一至五、六十至六十
八、七十八至八十六,首一卷)

430000－2401－0029566　437/500－4(1)

430000－2401－0029567　△437/144

玉照集二卷　（清）胡承祝撰　清乾隆環水草
堂刻本　一冊

430000－2401－0029568　437/717

師竹山房詩鈔二十卷　（清）胡昌俞撰　清光
緒十八年(1892)刻本　四冊

430000－2401－0029569　437/2204

靈芝僊館詩鈔十二卷卷秋亭詞鈔二卷　（清）
胡念修撰　清光緒二十七年(1901)刻鵠齋刻
本　四冊

430000－2401－0029570　437/1656

培蔭軒詩集四卷文集二卷雜記一卷扈從木蘭
行程日記一卷　（清）胡季堂撰　清道光二年
(1822)刻本　二冊

430000－2401－0029571　437/1464

綠蔭軒遺集六卷　（清）胡佩芳撰　清刻本
二冊　缺二卷(一至二)

430000－2401－0029572　437/2823

胡若霖鄉試硃卷　（清）胡若霖撰　清光緒十
四年(1888)刻本　一冊

430000－2401－0029573　437/216

白下愚園集八卷首一卷　（清）胡思燮撰　清
光緒二十年(1894)刻本　六冊

430000－2401－0029574　437/2889

胡矩賢鄉試硃卷　（清）胡矩賢撰　清光緒十
七年(1891)刻本　一冊

430000－2401－0029575　437/996

綠蘿山莊文集二十四卷　（清）胡浚撰　清嘉
慶元年(1796)綠蘿山莊刻本　十二冊

430000－2401－0029576　437/996(1)

綠蘿山莊文集二十四卷　（清）胡浚撰　清嘉
慶元年(1796)綠蘿山莊刻本　十二冊

430000－2401－0029577　437/2884

胡家玉殿試策　（清）胡家玉撰　清道光二十
一年(1841)刻本　一冊

430000－2401－0029578　437/622

桂樓雜藝二卷　（清）胡祖復撰　清光緒三十
二年(1906)培桂軒木活字本　一冊

430000－2401－0029579　437/622(1)

桂樓雜藝二卷　（清）胡祖復撰　清光緒三十

二年(1906)培桂軒木活字本　二册

430000－2401－0029580　437/622（2）

桂樓雜藝二卷　（清）胡祖復撰　清光緒三十二年(1906)培桂軒木活字本　一册　存三卷（一至三）

430000－2401－0029581　437/622－2

桂樓雜藝六卷　（清）胡祖復撰　清光緒三十二年(1906)培桂軒木活字本　二册

430000－2401－0029582　437/550

研六室文鈔十卷　（清）胡培翬撰　清道光十七年(1837)涇川書院刻本　三册

430000－2401－0029583　437/550（1）

研六室文鈔十卷　（清）胡培翬撰　清道光十七年(1837)涇川書院刻本　五册

430000－2401－0029584　437/1978

楚頌齋詩集八卷詩餘一卷　（清）胡焯撰　清光緒十五年(1889)刻研經堂遺書本　二册

430000－2401－0029585　437/1978（1）

楚頌齋詩集八卷詩餘一卷　（清）胡焯撰　清光緒十五年(1889)刻研經堂遺書本　二册

430000－2401－0029586　437/1978（2）

楚頌齋詩集八卷詩餘一卷　（清）胡焯撰　清光緒十五年(1889)刻研經堂遺書本　二册

430000－2401－0029587　437/1978（3）

楚頌齋詩集八卷詩餘一卷　（清）胡焯撰　清光緒十五年(1889)刻研經堂遺書本　二册

430000－2401－0029588　437/2886

胡棣華鄉試硃卷　（清）胡棣華撰　清光緒五年(1879)刻本　一册

430000－2401－0029589　437/2889

胡棣鄂鄉試硃卷　（清）胡棣鄂撰　清光緒十七年(1891)刻本　一册

430000－2401－0029590　437/1208

肅藻遺書四卷　（清）胡發琅撰　清光緒十三年(1887)刻本　一册

430000－2401－0029591　437/1208（1）

肅藻遺書四卷　（清）胡發琅撰　清光緒十三年(1887)刻本　一册

430000－2401－0029592　437/1208（2）

肅藻遺書四卷　（清）胡發琅撰　清光緒十三年(1887)刻本　一册

430000－2401－0029593　437/2126

鋤經軒雜體詩草一卷　（清）胡景瑗撰　清光緒三十二年(1906)禮耕堂木活字本　一册

430000－2401－0029594　437/903

聞妙香軒集四卷　（清）胡達源撰　清光緒七年(1881)刻本　三册

430000－2401－0029595　437/903（1）

聞妙香軒集四卷　（清）胡達源撰　清光緒七年(1881)刻本　三册

430000－2401－0029596　437/903（2）

聞妙香軒集四卷　（清）胡達源撰　清光緒七年(1881)刻本　一册　存一卷（一）

430000－2401－0029597　△437/345

崇雅堂駢體文鈔四卷　（清）胡敬撰　清道光二十六年(1846)刻本　四册

430000－2401－0029598　△437/344

崇雅堂詩鈔四卷文鈔二卷　（清）胡敬撰　清陸氏愛日軒刻本　二册

430000－2401－0029599　437/1672

葆璞堂文集四卷詩集四卷　（清）胡煦撰　清乾隆三十七年(1772)葆璞堂刻本　四册

430000－2401－0029600　437/1672（1）

葆璞堂文集四卷詩集四卷　（清）胡煦撰　清乾隆三十七年(1772)葆璞堂刻本　四册

430000－2401－0029601　437/1491

鵬南文鈔十五卷　（清）胡嗣運撰　清光緒二十三年(1897)刻本　五册

430000－2401－0029602　437/38

修月山房詩集八卷　（清）胡嵩年撰　清咸豐十年(1860)善養堂刻本　四册

430000－2401－0029603　437/2828

胡壽嵩歲試廩卷 （清）胡壽嵩撰 清光緒九年(1883)刻本 一冊

430000－2401－0029604 437/559

退補齋詩鈔二十卷試帖詩存二卷賦存二卷鄂渚同聲集初編七卷鄂渚同聲集正編二十卷皖江同聲集十卷 （清）胡鳳丹撰 清同治四年至九年(1865－1870)退補齋刻本 九冊

430000－2401－0029605 437/559(1)

退補齋詩鈔二十卷試帖詩存二卷賦存二卷鄂渚同聲集初編七卷鄂渚同聲集正編二十卷皖江同聲集十卷 （清）胡鳳丹撰 清同治四年至九年(1865－1870)退補齋刻本 三冊

430000－2401－0029606 437/558

退補齋文存十二卷首一卷詩存十六卷首一卷末一卷 （清）胡鳳丹撰 清同治十二年(1873)鄂州寓廬刻本 六冊

430000－2401－0029607 437/558(1)

退補齋文存十二卷首一卷詩存十六卷首一卷末一卷 （清）胡鳳丹撰 清同治十二年(1873)鄂州寓廬刻本 八冊

430000－2401－0029608 437/754

尊生閣集十二卷 （清）胡增瑞撰 （清）胡增瑜編 清道光二十三年(1843)刻本 四冊

430000－2401－0029609 437/2662

聽香閣詩集八卷 （清）胡醇撰 清同治四年(1865)安仁縣署刻本 二冊

430000－2401－0029610 437/1764

玉津閣文略九卷 （清）胡薇元撰 清光緒十四年(1888)刻本 二冊

430000－2401－0029611 437/1764(1)

玉津閣文略九卷 （清）胡薇元撰 清光緒十四年(1888)刻本 二冊

430000－2401－0029612 437/692

峨眉山詩行記一卷 （清）胡薇元撰 清光緒刻本 一冊

430000－2401－0029613 437/167

嵩山文集一卷詩集十卷 （清）胡禮籛撰 清

道光十九年(1839)刻本 四冊

430000－2401－0029614 437/2868

柯逢時會試硃卷 （清）柯逢時撰 清光緒九年(1883)刻本 一冊

430000－2401－0029615 437/2271

詩禪室詩集二十八卷 （清）查冬榮撰 清同治三年(1864)刻本 一冊 存五卷(十一至十五)

430000－2401－0029616 △437/334

菽原堂初集十卷 （清）查初揆撰 清嘉慶刻本 四冊

430000－2401－0029617 △437/428

敬業堂詩集五十卷 （清）查慎行撰 清雍正增修清康熙五十八年(1719)刻本 十冊

430000－2401－0029618 437/1571

敬業堂詩集五十卷 （清）查慎行撰 清康熙刻本 十二冊

430000－2401－0029619 437/1571(1)

敬業堂詩集五十卷 （清）查慎行撰 清康熙刻本 十二冊

430000－2401－0029620 △437/429

敬業堂詩續集六卷 （清）查慎行撰 清查學查開刻本 一冊

430000－2401－0029621 △437/249

查浦詩鈔十二卷 （清）查嗣瑮撰 清刻本 四冊

430000－2401－0029622 437/1455

銅鼓書堂遺稿三十二卷 （清）查禮撰 清乾隆五十三年(1788)刻本 十冊

430000－2401－0029623 437/1455(1)

銅鼓書堂遺稿三十二卷 （清）查禮撰 清乾隆五十三年(1788)刻本 十冊

430000－2401－0029624 437/1455(2)

銅鼓書堂遺稿三十二卷 （清）查禮撰 清乾隆五十三年(1788)刻本 三冊 缺八卷(一至八)

430000－2401－0029625　△437/451

銅鼓書堂遺稿三十二卷　（清）查禮撰　清乾隆查淳刻本　四冊

430000－2401－0029626　437/2889

柳澤綏鄉試硃卷　（清）柳澤綏撰　清光緒十七年(1891)刻本　一冊

430000－2401－0029627　437/634

養餘齋詩集初集四卷二集四卷三集六卷（清）柳樹芳撰　清道光二十七年(1847)勝谿草堂刻本　四冊

430000－2401－0029628　437/634(1)

養餘齋詩集初集四卷二集四卷三集六卷（清）柳樹芳撰　清道光二十七年(1847)勝谿草堂刻本　二冊　缺六卷(三集六卷)

430000－2401－0029629　437/2916

郁崑殿試卷　（清）郁崑撰　清同治十年(1871)刻本　一冊

430000－2401－0029630　437/2348

經遺堂全集二十六卷　（清）韋佩金撰　清道光二十一年(1841)江都刻本　四冊

430000－2401－0029631　437/2824

俞成慶鄉試硃卷　（清）俞成慶撰　清光緒八年(1882)刻本　一冊

430000－2401－0029632　437/2862

俞成慶會試硃卷　（清）俞成慶撰　清光緒九年(1883)刻本　一冊

430000－2401－0029633　437/1200

高辛研齋雜稿一卷詩稿一卷　（清）俞承德撰　清咸豐五年(1855)平江木活字本　一冊

430000－2401－0029634　437/392

泖水鄉歌一卷　（清）俞金鼎撰　清宣統三年(1911)華雲閣鉛印本　一冊

430000－2401－0029635　437/1304

風懷鏡四卷　（清）俞國琛撰　清嘉慶二十二年(1817)家刻本　四冊

430000－2401－0029636　437/2893

俞萊慶鄉試硃卷　（清）俞萊慶撰　清光緒十

五年(1889)刻本　一冊

430000－2401－0029637　△437/177

曲園詩翰不分卷　（清）俞樾撰并書　稿本　楊圻題跋　一冊

430000－2401－0029638　437/118

春在堂詩編六卷　（清）俞樾撰　清同治七年(1868)杭州刻本　二冊

430000－2401－0029639　437/115

春在堂詩編六卷詞錄三卷　（清）俞樾撰　清同治七年至九年(1868－1870)杭州刻春在堂全書本　一冊

430000－2401－0029640　437/115(1)

春在堂詩編六卷詞錄三卷　（清）俞樾撰　清同治七年至九年(1868－1870)杭州刻春在堂全書本　三冊

430000－2401－0029641　437/117

春在堂詞錄三卷全書錄要一卷　（清）俞樾撰　清光緒刻春在堂全書本　一冊

430000－2401－0029642　437/23

俞樓雜纂五十卷　（清）俞樾撰　清光緒五年(1879)刻本　十冊

430000－2401－0029643　437/116

春在堂雜文二卷續編五卷詩編八卷詞錄三卷尺牘四卷　（清）俞樾撰　清光緒刻春在堂全書本　五冊

430000－2401－0029644　437/116(1)

春在堂雜文二卷續編五卷詩編八卷詞錄三卷尺牘四卷　（清）俞樾撰　清光緒刻春在堂全書本　二冊

430000－2401－0029645　437/114

春在堂楹聯錄三卷續編五卷附錄一卷尺牘續編一卷　（清）俞樾撰　清光緒十年至民國五年(1884－1916)成都志古堂刻本　八冊

430000－2401－0029646　437/2525

曲園四書文一卷曲園擬墨一卷　（清）俞樾撰　清光緒十八年(1892)浙江書局刻本　二冊

430000－2401－0029647　437/2196

蓼莫子集四卷雜識一卷　（清）俞興瑞撰　見聞近錄四卷　（清）俞超撰　清咸豐六年(1856)平江三德堂刻本　五冊

430000－2401－0029648　437/2196(1)

蓼莫子集四卷雜識一卷　（清）俞興瑞撰　見聞近錄四卷　（清）俞超撰　清咸豐六年(1856)平江三德堂刻本　三冊

430000－2401－0029649　437/1966

印雪軒詩鈔十六卷　（清）俞鴻漸撰　清同治十三年(1874)刻本　八冊

430000－2401－0029650　437/2825

俞鴻慶會試硃卷　（清）俞鴻慶撰　清光緒十八年(1892)刻本　一冊

430000－2401－0029651　437/491

春早堂詩集六卷　（清）俞灝撰　（清）吳陳琰評選　清乾隆刻本　二冊

430000－2401－0029652　437/2731

段錦毅所著書　（清）段永源撰　清道光咸豐、同治刻本　三冊

430000－2401－0029653　437/2013

經韻樓集十二卷　（清）段玉裁撰　清光緒十年(1884)秋樹根齋刻本　六冊

430000－2401－0029654　437/2013(1)

經韻樓集十二卷　（清）段玉裁撰　清光緒十年(1884)秋樹根齋刻本　六冊

430000－2401－0029655　437/2013(2)

經韻樓集十二卷　（清）段玉裁撰　清光緒十年(1884)秋樹根齋刻本　十冊

430000－2401－0029656　437/2013(3)

經韻樓集十二卷　（清）段玉裁撰　清光緒十年(1884)秋樹根齋刻本　二冊　存四卷(七至十)

430000－2401－0029657　437/2820

段修鈺選拔貢卷　（清）段修鈺撰　清光緒二十三年(1897)刻本　一冊

430000－2401－0029658　437/2406

咫聞軒詩草十卷賸稿四卷略識字編一卷

（清）帥方蔚撰　清同治元年(1862)刻本九冊

430000－2401－0029659　437/2406(1)

咫聞軒詩草十卷賸稿四卷略識字編一卷（清）帥方蔚撰　清同治元年(1862)刻本　四冊　存十卷(詩草十卷)

430000－2401－0029660　437/2565

紫雯軒經義稿一卷　（清）帥方蔚撰　清同治元年(1862)刻本　一冊

430000－2401－0029661　437/2255

紫雯軒館課錄存五卷　（清）帥方蔚撰　清同治元年(1862)刻本　二冊

430000－2401－0029662　437/2554

侯朝宗文鈔八卷　（清）侯方域撰　清康熙三十三年(1694)刻國朝三家文鈔本　二冊

430000－2401－0029663　437/2554(1)

侯朝宗文鈔八卷　（清）侯方域撰　清康熙三十三年(1694)刻國朝三家文鈔本　二冊

430000－2401－0029664　△437/196

壯悔堂文集十卷遺稿一卷　（清）侯方域撰　清刻本　九冊

430000－2401－0029665　△437/196－2

壯悔堂文集十卷　（清）侯方域撰　清鈔本四冊

430000－2401－0029666　437/660－5

壯悔堂文集十卷　（清）侯方域撰　（清）徐作肅等評點　清嘉慶十七年(1812)刻本　四冊

430000－2401－0029667　437/660－2

壯悔堂文集十卷遺稿一卷四憶堂詩集六卷遺稿一卷　（清）侯方域撰　（清）徐作肅等評點　清同治十一年(1872)刻本　八冊

430000－2401－0029668　437/660－2(1)

壯悔堂文集十卷遺稿一卷四憶堂詩集六卷遺稿一卷　（清）侯方域撰　（清）徐作肅等評點　清同治十一年(1872)刻本　八冊

430000－2401－0029669　437/660－2(2)

壯悔堂文集十卷遺稿一卷四憶堂詩集六卷遺

稿一卷　（清）侯方域撰　（清）徐作肅等評點
清同治十一年（1872）刻本　六冊

430000－2401－0029670　437/660－2(3)
**壯悔堂文集十卷遺稿一卷四憶堂詩集六卷遺
稿一卷**　（清）侯方域撰　（清）徐作肅等評點
清同治十一年（1872）刻本　六冊

430000－2401－0029671　437/660
壯悔堂文集十卷遺稿一卷四憶堂詩集六卷遺
稿一卷　（清）侯方域撰　（清）徐作肅等評點
清光緒十年（1884）刻本　六冊

430000－2401－0029672　437/660－4
壯悔堂文集十卷遺稿一卷四憶堂詩集六卷遺
稿一卷　（清）侯方域撰　（清）徐作肅等評點
清宣統元年（1909）中國圖書公司鉛印本
四冊

430000－2401－0029673　437/660－4(1)
**壯悔堂文集十卷遺稿一卷四憶堂詩集六卷遺
稿一卷**　（清）侯方域撰　（清）徐作肅等評點
清宣統元年（1909）中國圖書公司鉛印本
八冊

430000－2401－0029674　437/660－4(2)
壯悔堂文集十卷遺稿一卷四憶堂詩集六卷遺
稿一卷　（清）侯方域撰　（清）徐作肅等評點
清宣統元年（1909）中國圖書公司鉛印本
八冊

430000－2401－0029675　437/660－4(3)
壯悔堂文集十卷遺稿一卷四憶堂詩集六卷遺
稿一卷　（清）侯方域撰　（清）徐作肅等評點
清宣統元年（1909）中國圖書公司鉛印本
八冊

430000－2401－0029676　437/660－4(4)
壯悔堂文集十卷遺稿一卷四憶堂詩集六卷遺
稿一卷　（清）侯方域撰　（清）徐作肅等評點
清宣統元年（1909）中國圖書公司鉛印本
四冊

430000－2401－0029677　437/660－4(5)
壯悔堂文集十卷遺稿一卷四憶堂詩集六卷遺
稿一卷　（清）侯方域撰　（清）徐作肅等評點

清宣統元年（1909）中國圖書公司鉛印本
四冊

430000－2401－0029678　437/660－3
**壯悔堂文集十卷遺稿一卷四憶堂詩集六卷遺
稿一卷**　（清）侯方域撰　（清）徐作肅等評點
清宣統二年（1910）上海掃葉山房石印本
三冊　存九卷（文集三至八、詩集一至三）

430000－2401－0029679　437/660－6
壯悔堂文集十卷遺稿一卷　（清）侯方域撰
（清）徐作肅等評點　清刻本　六冊

430000－2401－0029680　437/1853－2
四憶堂詩集六卷　（清）侯方域撰　（清）賈開
宗等選註　清初刻本　二冊

430000－2401－0029681　437/1853－2(1)
四憶堂詩集六卷　（清）侯方域撰　（清）賈開
宗等選註　清初刻本　二冊

430000－2401－0029682　437/1853
四憶堂詩集六卷　（清）侯方域撰　（清）賈開
宗等選註　清康熙刻本　一冊

430000－2401－0029683　437/1853(1)
四憶堂詩集六卷　（清）侯方域撰　（清）賈開
宗等選註　清康熙刻本　二冊

430000－2401－0029684　437/1853(2)
四憶堂詩集六卷　（清）侯方域撰　（清）賈開
宗等選註　清康熙刻本　二冊

430000－2401－0029685　437/1853(3)
四憶堂詩集六卷　（清）侯方域撰　（清）賈開
宗等選註　清康熙刻本　二冊

430000－2401－0029686　△437/152
四憶堂詩集六卷　（清）侯方域撰　（清）賈開
宗等選註　清刻本　佚名題識圈點　二冊

430000－2401－0029687　437/952
邃雅堂集十卷文集續編一卷　（清）姚文田撰
清道光元年至八年（1821－1828）江陰學使
者署刻本　五冊

430000－2401－0029688　437/2434
鶴儕軒詩草八卷　（清）姚文彬撰　清光緒三

十四年(1908)古愚堂刻本　四冊

430000－2401－0029689　437/2302

虛直軒文集十卷外集六卷　（清）姚文然撰
清光緒十三年(1887)廣仁堂刻本　六冊

430000－2401－0029690　437/300

竹雨吟鈔二卷　（清）姚吉祥撰　清同治八年
(1869)滬城刻本　一冊

430000－2401－0029691　437/2189

詩民漫詠一卷　（清）姚承燕撰　清光緒八年
(1882)刻本　一冊

430000－2401－0029692　437/1457

賜墨齋詩二卷詞一卷　（清）姚念曾撰　清光
緒十九年(1893)俞樾重訂光緒七年(1881)金
山程氏補讀書齋刻本　一冊

430000－2401－0029693　437/1595

紅林禽館詩錄一卷詞錄一卷　（清）姚前樞撰
并眉居詩錄二卷　（清）姚前機撰　清光緒
二年(1876)松韻草堂刻本　一冊

430000－2401－0029694　437/1477

學聚堂初稿六卷　（清）姚祖泰等撰　清光緒
二十四年(1898)刻本　二冊

430000－2401－0029695　437/1477(1)

學聚堂初稿六卷　（清）姚祖泰等撰　清光緒
二十四年(1898)刻本　二冊

430000－2401－0029696　437/1477(2)

學聚堂初稿六卷　（清）姚祖泰撰　清光緒
二十四年(1898)刻本　一冊　缺詩集十至
十二

430000－2401－0029697　437/2523

弦詩塾詩六卷　（清）姚清華撰　清光緒六年
(1880)金山程氏補讀書齋刻本　二冊

430000－2401－0029698　437/1325

松桂讀書堂集七卷　（清）姚培謙撰　清乾隆
精刻本　三冊　缺二卷(二至三)

430000－2401－0029699　△437/307

通藝閣詩錄八卷　（清）姚椿撰　清道光十三
年(1833)刻本　二冊

430000－2401－0029700　△437/347

晚學齋文集十二卷　（清）姚椿撰　清咸豐二
年(1852)秀水楊象濟刻本　三冊

430000－2401－0029701　437/1720

補籬遺稿八卷　（清）姚福均撰　清光緒三十
一年(1905)木活字本　二冊

430000－2401－0029702　437/1320

中復堂遺稿五卷續編二卷　（清）姚瑩撰　清
同治六年(1867)姚濬昌安福縣署刻中復堂全
集本　三冊

430000－2401－0029703　437/1333－2

後湘詩集九卷二集五卷續集七卷　（清）姚瑩
撰　清嘉慶十九年(1814)刻本　五冊

430000－2401－0029704　437/1333

**後湘詩集九卷二集五卷續集七卷東溟文集六
卷外集四卷**　（清）姚瑩撰　清道光十三年
(1833)刻本　六冊

430000－2401－0029705　437/1237

惜抱軒詩鈔釋六卷　（清）姚鼐撰　（清）姚永
樸鈔釋　清同治五年(1866)活字本　二冊

430000－2401－0029706　△437/318

惜抱先生尺牘八卷　（清）姚鼐撰　（清）陳用
光輯　清道光三年(1823)郭汝聰刻本　葉啟
勳題識　二冊

430000－2401－0029707　437/1232

惜抱先生尺牘八卷　（清）姚鼐撰　（清）陳用
光編　清咸豐五年(1855)海源閣刻本　二冊

430000－2401－0029708　437/1232(1)

惜抱先生尺牘八卷　（清）姚鼐撰　（清）陳用
光編　清咸豐五年(1855)海源閣刻本　二冊

430000－2401－0029709　437/1232(2)

惜抱先生尺牘八卷　（清）姚鼐撰　（清）陳用
光編　清咸豐五年(1855)海源閣刻本　二冊

430000－2401－0029710　437/1232(3)

惜抱先生尺牘八卷　（清）姚鼐撰　（清）陳用
光編　清咸豐五年(1855)海源閣刻本　二冊

430000－2401－0029711　437/1232－2

惜抱先生尺牘八卷　（清）姚鼐撰　（清）陳用光編　清同治二年(1863)刻本　二册

430000－2401－0029712　437/1232－2(1)
惜抱先生尺牘八卷　（清）姚鼐撰　（清）陳用光編　清同治二年(1863)刻本　二册

430000－2401－0029713　437/1232－2(2)
惜抱先生尺牘八卷　（清）姚鼐撰　（清）陳用光編　清同治二年(1863)刻本　二册

430000－2401－0029714　437/1232－3
惜抱先生尺牘八卷　（清）姚鼐撰　（清）陳用光編　清宣統元年(1909)小萬柳堂刻本　四册

430000－2401－0029715　437/1232－3(1)
惜抱先生尺牘八卷　（清）姚鼐撰　（清）陳用光編　清宣統元年(1909)小萬柳堂刻本　四册

430000－2401－0029716　437/1233
惜抱先生尺牘補編二卷　（清）姚鼐撰　清光緒五年(1879)桐城徐宗亮刻惜抱軒遺書本　一册

430000－2401－0029717　437/939
景詹闇遺文不分卷　（清）姚諶撰　清光緒十二年(1886)刻本　二册

430000－2401－0029718　437/1641
援鶉堂詩集七卷文集六卷筆紀三十四卷　（清）姚範撰　清嘉慶十七年至二十四年(1812－1819)廣州聚英堂刻本　十二册

430000－2401－0029719　437/2491
復莊駢儷文榷八卷　（清）姚燮撰　清咸豐四年(1854)大梅山館刻大梅山館集本　三册

430000－2401－0029720　437/2351
復莊駢儷文榷二編八卷　（清）姚燮撰　清咸豐六年(1856)鎮海姚氏大梅山館刻大梅山館集本　四册

430000－2401－0029721　437/2491
復莊詩問三十四卷　（清）姚燮撰　清道光二十六年(1846)四明蔣氏刻大梅山館集本　八册

430000－2401－0029722　437/1593
紀文達公遺集文六十卷詩十六卷　（清）紀昀撰　清嘉慶十七年(1812)紀樹馨刻本　十四册

430000－2401－0029723　437/1593(1)
紀文達公遺集文六十卷詩十六卷　（清）紀昀撰　清嘉慶十七年(1812)紀樹馨刻本　十四册

430000－2401－0029724　437/1593(2)
紀文達公遺集文六十卷詩十六卷　（清）紀昀撰　清嘉慶十七年(1812)紀樹馨刻本　十二册

430000－2401－0029725　437/1593(3)
紀文達公遺集文六十卷詩十六卷　（清）紀昀撰　清嘉慶十七年(1812)紀樹馨刻本　五册

430000－2401－0029726　437/1593－2
紀文達公遺集文六十卷詩十六卷　（清）紀昀撰　清刻本　十六册

430000－2401－0029727　437/1305
靜用堂偶編十卷續編十卷　（清）涂天相撰　清康熙五十七年至雍正二年(1718－1724)道生堂刻本　六册

430000－2401－0029728　437/2146
臥知齋駢體文初稿一卷　（清）涂景濤撰　清光緒五年(1879)刻本　一册

430000－2401－0029729　437/2146(1)
臥知齋駢體文初稿一卷　（清）涂景濤撰　清光緒五年(1879)刻本　一册

430000－2401－0029730　437/2146(2)
臥知齋駢體文初稿一卷　（清）涂景濤撰　清光緒五年(1879)刻本　一册

430000－2401－0029731　437/2146(3)
臥知齋駢體文初稿一卷　（清）涂景濤撰　清光緒五年(1879)刻本　一册

430000－2401－0029732　437/2146(4)
臥知齋駢體文初稿一卷　（清）涂景濤撰　清光緒五年(1879)刻本　一册

430000－2401－0029733　437/2343

臥知齋駢體文二卷外集一卷　（清）涂景濤撰
清宣統元年(1909)藏山樓刻本　二冊

430000－2401－0029734　437/574

思無邪齋詩存八卷文存六卷　（清）宮爾鐸撰
清光緒十四年(1888)刻本　八冊

430000－2401－0029735　437/1113

味靈華館詩六卷　（清）商廷煥撰　清宣統二
年(1910)刻本　一冊

430000－2401－0029736　437/2560

質園詩集三十二卷　（清）商盤撰　清乾隆斟
雉山房刻本　八冊

430000－2401－0029737　437/2560（1）

質園詩集三十二卷　（清）商盤撰　清乾隆斟
雉山房刻本　八冊

430000－2401－0029738　437/2560（2）

質園詩集三十二卷　（清）商盤撰　清乾隆斟
雉山房刻本　二冊　缺二十六卷(一至二十
六)

430000－2401－0029739　437/775

**清吟堂集九卷神功聖德詩一卷皇帝親平漠
北頌一卷歸田集十四卷松亭行紀二卷**
（清）高士奇撰　清康熙三十七年至三十九
年(1698－1700)朗潤堂刻本　二冊　缺八
卷(歸田集一至八)

430000－2401－0029740　437/775（1）

**清吟堂集九卷神功聖德詩一卷皇帝親平漠北
頌一卷歸田集十四卷松亭行紀二卷**　（清）高
士奇撰　清康熙三十七年至三十九年(1698
－1700)朗潤堂刻本　一冊

430000－2401－0029741　437/524

苑西集十二卷　（清）高士奇撰　清康熙刻本
二冊　存十卷(一至十)

430000－2401－0029742　△437/291

高澹人集四十五卷　（清）高士奇撰　清雍正
刻本　七冊

430000－2401－0029743　△437/325

430000－2401－0029733　437/605

清吟堂集九卷　（清）高士奇撰　清刻本
一冊

430000－2401－0029744　437/605

陶堂志微錄五卷遺文一卷怊誦一卷碑扤一卷
（清）高心夔撰　清光緒八年(1882)經註經
齋刻本　四冊

430000－2401－0029745　437/605（1）

陶堂志微錄五卷遺文一卷怊誦一卷碑扤一卷
（清）高心夔撰　清光緒八年(1882)經註經
齋刻本　四冊

430000－2401－0029746　437/605（2）

陶堂志微錄五卷遺文一卷怊誦一卷碑扤一卷
（清）高心夔撰　清光緒八年(1882)經註經
齋刻本　四冊

430000－2401－0029747　437/605（3）

陶堂志微錄五卷遺文一卷怊誦一卷碑扤一卷
（清）高心夔撰　清光緒八年(1882)經註經
齋刻本　一冊

430000－2401－0029748　437/2079

怡怡樓遺稿一卷　（清）高以莊撰　清光緒元
年(1875)西充官廨刻本　一冊

430000－2401－0029749　437/1581

續東軒遺集三卷　（清）高均儒撰　清光緒七
年(1881)刻本　三冊

430000－2401－0029750　437/1581（1）

續東軒遺集三卷　（清）高均儒撰　清光緒七
年(1881)刻本　一冊

430000－2401－0029751　437/236

江湖夜雨續集一卷釣臺紀游草一卷　（清）高
岑撰　清嘉慶十六年(1811)刻本　一冊

430000－2401－0029752　△437/231

味和堂詩集六卷　（清）高其倬撰　清乾隆五
年(1740)高恪等刻本　二冊

430000－2401－0029753　437/423

味和堂詩集六卷　（清）高其倬撰　清乾隆刻
本　五冊

430000－2401－0029754　△437/300

棲雲閣詩十六卷詩拾遺三卷文集十五卷
(清)高珩撰　清乾隆四十二年(1777)刻本
十三冊

430000－2401－0029755　437/1878
效颦草六卷　(清)高峻撰　清道光五年
(1825)刻本　一冊

430000－2401－0029756　437/662
茶夢盦劫後詩稿十二卷　(清)高望曾撰　清
同治九年(1870)福州刻光緒十六年(1890)杭
州刻本　四冊

430000－2401－0029757　△437/232
固哉草亭文集二卷詩集四卷　(清)高斌撰
清嘉慶高廣興刻本　佚名圈點　二冊

430000－2401－0029758　△437/266
紅雪軒稿六卷　(清)高景芳撰　清康熙五十
八年(1719)高欽刻本　四冊

430000－2401－0029759　437/2424
拙吾詩稿四卷附錄一卷　(清)高鼎撰　清光
緒八年(1882)刻本　四冊

430000－2401－0029760　437/1865
閑山詩集二卷　(清)高嵩撰　清同治四年
(1865)刻本　一冊　存一卷(上)

430000－2401－0029761　437/1174
雪聲軒詩集十五卷　(清)高綱撰　清雍正十
一年(1733)刻本　五冊

430000－2401－0029762　437/2132
還粹集四卷　(清)高穎生撰　清光緒三年
(1877)環翠樓刻本　一冊

430000－2401－0029763　△437/281
悅親樓詩集三十卷　(清)祝德麟撰　清嘉慶
三年(1798)刻本　葉德輝題跋　四冊

430000－2401－0029764　437/2891
祖澤鴻鄉試硃卷　(清)祖澤鴻撰　清光緒十
五年(1889)刻本　一冊

430000－2401－0029765　437/2483
梵隱堂詩存十卷　(清)釋祖觀撰　清同治五
年(1866)通濟盦刻本　二冊

430000－2401－0029766　437/2026－2
長真閣集七卷詩餘一卷　(清)席佩蘭撰　清
嘉慶十七年(1812)刻本　二冊

430000－2401－0029767　437/2026－2(1)
長真閣集七卷詩餘一卷　(清)席佩蘭撰　清
嘉慶十七年(1812)刻本　一冊

430000－2401－0029768　437/2947
切指工文新訣賦　(清)唐永飛撰　鈔本
一冊

430000－2401－0029769　437/2451
環竹山房詩鈔七卷　(清)唐可久撰　(清)諶
瑤編集　清道光二十一年(1841)宜園刻本
一冊

430000－2401－0029770　437/575
唐魏子集四卷補遺一卷　(清)唐世徵撰　惺
莽詩存一卷　(清)唐昭淳撰　清道光二十一
年(1841)刻本　二冊

430000－2401－0029771　437/575(1)
唐魏子集四卷補遺一卷　(清)唐世徵撰　惺
莽詩存一卷　(清)唐昭淳撰　清道光二十一
年(1841)刻本　二冊

430000－2401－0029772　437/1617
欽月軒詩鈔五卷雜體文鈔一卷文鈔二卷
(清)唐廷詔撰　清道光二十一年(1841)刻本
五冊

430000－2401－0029773　437/752
陶山文錄十卷　(清)唐仲冕撰　清道光二年
(1822)刻本　六冊

430000－2401－0029774　437/713
陶山詩前錄二卷詩錄二十八卷露蟬吟詞鈔一
卷詞續鈔一卷　(清)唐仲冕撰　清嘉慶十六
年(1811)崇川酌民言堂刻本　八冊

430000－2401－0029775　437/713(1)
陶山詩前錄二卷詩錄二十八卷露蟬吟詞鈔一
卷詞續鈔一卷　(清)唐仲冕撰　清嘉慶十六
年(1811)崇川酌民言堂刻本　九冊

430000－2401－0029776　437/713(2)

陶山詩前錄二卷詩錄二十八卷露蟬吟詞鈔一卷詞續鈔一卷　（清）唐仲冕撰　清嘉慶十六年（1811）崇川酌民言堂刻本　七冊

430000－2401－0029777　△437/313

陶人心語五卷　（清）唐英撰　清乾隆刻本一冊　存三卷（一至二、五）

430000－2401－0029778　437/2606

唐中丞遺集二十八卷　（清）唐訓方撰　清光緒十七年（1891）歸吾廬刻本　二十冊

430000－2401－0029779　437/2606（1）

唐中丞遺集二十八卷　（清）唐訓方撰　清光緒十七年（1891）歸吾廬刻本　十冊　存十卷（首、奏稿一至四、條教一卷、文集上下、制藝一至二）

430000－2401－0029780　437/2606（2）

唐中丞遺集二十八卷　（清）唐訓方撰　清光緒十七年（1891）歸吾廬刻本　八冊　存八卷（首、奏稿一至四、條教一卷、文集上下）

430000－2401－0029781　437/312

企悟廬文稿四卷　（清）唐祖價撰　清光緒十五年（1889）鉛印本　二冊　存二卷（三至四）

430000－2401－0029782　437/1583

瓢餘小草二卷晉游草一卷粵游草二卷　（清）唐祖價撰　清光緒十五年（1889）鉛印本二冊

430000－2401－0029783　△437/382

萍草刪存一卷　（清）唐祖命撰　清康熙唐氏萍齋刻本　一冊

430000－2401－0029784　437/2960－2

唐桂芳求古書院課卷　（清）唐桂芳撰　清稿本　二份

430000－2401－0029785　437/2886

唐啟璠鄉試硃卷　（清）唐啟璠撰　清光緒八年（1882）刻本　一冊

430000－2401－0029786　437/1937

成山廬稿十卷　（清）唐炯撰　清光緒五年（1879）朱印本　四冊

430000－2401－0029787　437/1042

鐫愁山館詩草一卷詩餘一卷　（清）唐景堯撰　清光緒三十年（1904）刻本　二冊

430000－2401－0029788　437/1042（1）

鐫愁山館詩草一卷詩餘一卷　（清）唐景堯撰　清光緒三十年（1904）刻本　二冊

430000－2401－0029789　437/2803

唐實善鄉試卷　（清）唐實善撰　清光緒二十八年（1902）刻本　一冊

430000－2401－0029790　437/2618

志壑堂詩集十二卷文集十二卷詩後集五卷文後集三卷辛酉同游倡和詩餘後集二卷阮亭選志壑堂詩十五卷　（清）唐夢賚撰　清康熙刻配本　二十冊

430000－2401－0029791　437/783

女蘿亭詩稿五卷　（清）唐慶雲撰　清嘉慶十九年（1814）刻本　四冊

430000－2401－0029792　437/2496

夢硯齋遺稿八卷　（清）唐樹義撰　清同治四年（1865）綏定郡齋刻本　三冊

430000－2401－0029793　437/2467

浙游集一卷　（清）唐贊袞撰　清光緒十一年（1885）刻本　一冊

430000－2401－0029794　437/1815

唐確慎公集十卷首一卷末一卷　（清）唐鑑撰　清光緒元年（1875）善化賀瑗刻本　六冊

430000－2401－0029795　437/1815（1）

唐確慎公集十卷首一卷末一卷　（清）唐鑑撰　清光緒元年（1875）善化賀瑗刻本　六冊

430000－2401－0029796　437/1815（2）

唐確慎公集十卷首一卷末一卷　（清）唐鑑撰　清光緒元年（1875）善化賀瑗刻本　六冊

430000－2401－0029797　437/1815（3）

唐確慎公集十卷首一卷末一卷　（清）唐鑑撰　清光緒元年（1875）善化賀瑗刻本　六冊

430000－2401－0029798　437/1815（4）

唐確慎公集十卷首一卷末一卷　（清）唐鑑撰

清光緒元年(1875)善化賀瑗刻本　六冊

430000－2401－0029799　437/2136

馬徵君遺集六卷首一卷　（清）馬三俊撰　清同治三年(1864)刻本　一冊

430000－2401－0029800　437/2136（1）

馬徵君遺集六卷首一卷　（清）馬三俊撰　清同治三年(1864)刻本　二冊

430000－2401－0029801　437/2891

馬文錦鄉試硃卷　（清）馬文錦撰　清光緒十五年(1889)刻本　一冊

430000－2401－0029802　437/294

馬太史匡菴前集六卷　（清）馬世俊撰　清刻本　一冊

430000－2401－0029803　437/2823

馬先柄鄉試硃卷　（清）馬先柄撰　清光緒十四年(1888)刻本　一冊

430000－2401－0029804　437/226

磨盾餘墨一卷　（清）馬福祥撰　清光緒鉛印本　一冊

430000－2401－0029805　437/336

竹堂稿三卷　（清）馬慶蓉撰　**西湖櫂歌一卷**（清）陳祖昭撰　清光緒刻本　一冊　缺二卷(竹堂稿一至二)

430000－2401－0029806　437/767

淡園文集一卷附錄一卷　（清）馬徵麟撰　清思古書堂刻本　一冊

430000－2401－0029807　437/767（1）

淡園文集一卷附錄一卷　（清）馬徵麟撰　清思古書堂刻本　一冊

430000－2401－0029808　437/2311

秦磵泉稿一卷　（清）秦大士撰　清光緒二十四年(1898)鏡湖書屋刻本　一冊

430000－2401－0029809　△437/317

涵村詩集十卷　（清）秦文超撰　清康熙四十九年(1710)刻本　六冊

430000－2401－0029810　437/1211

涵村詩集十卷　（清）秦文超撰　清光緒六年(1880)刻本　五冊

430000－2401－0029811　437/1211（1）

涵村詩集十卷　（清）秦文超撰　清光緒六年(1880)刻本　五冊

430000－2401－0029812　437/1211（2）

涵村詩集十卷　（清）秦文超撰　清光緒六年(1880)刻本　五冊

430000－2401－0029813　437/1211（3）

涵村詩集十卷　（清）秦文超撰　清光緒六年(1880)刻本　四冊

430000－2401－0029814　437/1877

敦艮齋詩存三卷　（清）秦茂林撰　清光緒十三年(1887)刻本　一冊

430000－2401－0029815　437/1990

小睡足寮詩錄四卷續錄二卷補錄二卷附錄一卷　（清）秦敏樹撰　清光緒十三年(1887)刻本　二冊

430000－2401－0029816　437/513

南岡草堂文存二卷　（清）秦際唐撰　清光緒刻本　二冊

430000－2401－0029817　437/553－2

虹橋老屋遺集六卷　（清）秦緗業撰　清光緒十五年(1889)湘煙閣刻本　二冊　存四卷(一至四)

430000－2401－0029818　437/553

虹橋老屋遺稿文四卷詩五卷　（清）秦緗業撰　清光緒十五年(1889)刻本　四冊

430000－2401－0029819　437/553（1）

虹橋老屋遺稿文四卷詩五卷　（清）秦緗業撰　清光緒十五年(1889)刻本　二冊　缺二卷(文一至二)

430000－2401－0029820　437/1750

乖庵文錄二卷　（清）秦樹聲撰　清光緒三十四年(1908)石印本　一冊

430000－2401－0029821　437/1118

小峴山人文集六卷　（清）秦瀛撰　清嘉慶二

十二年(1817)刻本　六冊

430000－2401－0029822　△437/114
小峴山人詩集二十八卷　(清)秦瀛撰　清嘉
慶世恩堂刻本　六冊　存十卷(一至十)

430000－2401－0029823　437/1586
九面樓詩集二卷　(清)秦關撰　清道光十二
年(1832)刻本　一冊

430000－2401－0029824　437/2642
干支偶錄二卷　(清)秦關撰　清嘉慶十七年
(1812)刻本　一冊

430000－2401－0029825　437/2683
劍霜盦吟稿三卷詩餘一卷鴻影樓詩記一卷附
錄一卷補遺一卷　(清)秦寶鑒撰　清宣統元
年(1909)鉛印本　一冊

430000－2401－0029826　437/1608
椿蔭軒古近體詩鈔二卷綠雪堂古文鈔二卷
(清)敖冊賢撰　清末刻本　四冊

430000－2401－0029827　437/2872
荊廷琅鄉試硃卷　(清)荊廷琅撰　清道光二
十九年(1849)刻本　一冊

430000－2401－0029828　437/2696
習靜齋詩鈔二卷　(清)袁文光撰　清光緒三
十四年(1908)刻本　一冊

430000－2401－0029829　437/1379
蛾術山房詩鈔四卷　(清)袁文炤撰　淞逸詩
存一卷　(清)袁翟撰　清光緒十四年(1888)
邃懷堂刻袁氏家集本　二冊

430000－2401－0029830　437/136
說雲詩鈔五卷首一卷　(清)袁守定撰　清光
緒十三年(1887)袁氏家塾刻本　二冊

430000－2401－0029831　437/967
劍水袁叔論重訂時文不分卷　(清)袁守定撰
清光緒十年(1884)養正書屋刻本　四冊

430000－2401－0029832　437/2029
吾吾廬草存二卷　(清)袁名曜撰　清道光十
三年(1833)刻本　二冊

430000－2401－0029833　△437/298
袁漱六太史喜壽輓聯一卷　(清)袁芳瑛撰
清末鈔本　一冊

430000－2401－0029834　437/956
小倉山房文集三十五卷外集八卷詩集三十六
卷詩集補遺二卷　(清)袁枚撰　清乾隆刻本
二十四冊

430000－2401－0029835　437/956(1)
小倉山房文集三十五卷外集八卷詩集三十六
卷詩集補遺二卷　(清)袁枚撰　清乾隆刻本
十四冊

430000－2401－0029836　437/956(2)
小倉山房文集三十五卷外集八卷詩集三十六
卷詩集補遺二卷　(清)袁枚撰　清乾隆刻本
九冊

430000－2401－0029837　437/956(3)
小倉山房文集三十五卷外集八卷詩集三十六
卷詩集補遺二卷　(清)袁枚撰　清乾隆刻本
八冊　存二十二卷(一至二十二)

430000－2401－0029838　437/956－2
小倉山房文集三十五卷　(清)袁枚撰　清同
治五年(1866)三讓睦記刻隨園三十種本
八冊

430000－2401－0029839　437/956－6
小倉山房文集不分卷詩集三十一卷補遺一卷
附一卷　(清)袁枚撰　清積經堂刻本　六冊
缺十三卷(詩集十五至二十七)

430000－2401－0029840　437/956－7
小倉山房詩集三十一卷補遺一卷附一卷
(清)袁枚撰　清道光二十八年(1848)維新書
局刻本　六冊　存二十六卷(一至七、十三至
三十一)

430000－2401－0029841　△437/113
小倉山房詩集三十五卷補遺二卷　(清)袁枚
撰　清刻本　佚名批校圈點　八冊

430000－2401－0029842　△437/481
隨園詩稿一卷　(清)袁枚撰　清光緒七年

(1881)京江聽花館鈔本　一冊

430000－2401－0029843　437/2373
袁簡齋稿一卷　(清)袁枚撰　清光緒二十四年(1898)鏡湖書屋刻本　一冊

430000－2401－0029844　437/2373(1)
袁簡齋稿一卷　(清)袁枚撰　清光緒二十四年(1898)鏡湖書屋刻本　二冊

430000－2401－0029845　437/2373(2)
袁簡齋稿一卷　(清)袁枚撰　清光緒二十四年(1898)鏡湖書屋刻本　一冊　存二卷(一至二)

430000－2401－0029846　437/177
袁簡齋時文一卷　(清)袁枚撰　清光緒二十六年(1900)蘇山草堂刻本　一冊

430000－2401－0029847　437/958
小倉山房四六八卷　(清)袁枚撰　清刻本　二冊

430000－2401－0029848　437/958(1)
小倉山房四六八卷　(清)袁枚撰　清刻本　三冊　存二卷(五至六)

430000－2401－0029849　437/1135－6
袁文合箋十六卷　(清)袁枚撰　(清)王廣業集箋　清光緒八年(1882)青箱塾刻本　六冊

430000－2401－0029850　437/1135
袁文箋正十六卷補註一卷　(清)袁枚撰　(清)石韞玉箋　清嘉慶十七年(1812)鶴壽山堂刻本　四冊

430000－2401－0029851　437/1135(1)
袁文箋正十六卷補註一卷　(清)袁枚撰　(清)石韞玉箋　清嘉慶十七年(1812)鶴壽山堂刻本　四冊

430000－2401－0029852　437/1135－2
袁文箋正十六卷補註一卷　(清)袁枚撰　(清)石韞玉箋　清同治四年(1865)寶彝堂刻本　四冊

430000－2401－0029853　437/1135－4
袁文箋正十六卷補註一卷　(清)袁枚撰

(清)石韞玉箋　清光緒八年(1882)汗青簃刻本　八冊

430000－2401－0029854　437/1135－7
袁文箋正十六卷補註一卷　(清)袁枚撰　(清)石韞玉箋　清光緒十三年(1887)松壽山房本　四冊

430000－2401－0029855　437/1135－3
袁文箋正十六卷補註一卷　(清)袁枚撰　(清)石韞玉箋　清光緒十四年(1888)上海蜚英館石印本　二冊

430000－2401－0029856　437/959
小倉山房往還書札全集十八卷　(清)袁枚撰　(清)朱士俊　(清)沈錦垣編　清光緒十三年(1887)鉛印本　二冊

430000－2401－0029857　437/960－6
小倉山房尺牘六卷　(清)袁枚撰　(清)陳名金輯註　清同治二年(1863)文光堂刻本　二冊

430000－2401－0029858　437/960
音註小倉山房尺牘八卷補遺一卷　(清)袁枚撰　(清)胡光斗箋釋　清光緒四年(1878)蘭言書屋刻本　四冊

430000－2401－0029859　437/960－7
小倉山房尺牘六卷　(清)袁枚撰　清末鈔本　二冊

430000－2401－0029860　437/1135－5
增訂袁文箋註十六卷補註一卷　(清)袁枚撰　(清)魏大縉箋　清同治十三年(1874)石印本　一冊　存四卷(一至四)

430000－2401－0029861　437/1849
隨園文鈔二卷　(清)袁枚撰　清宣統二年(1910)上海國學扶輪社石印本　一冊

430000－2401－0029862　437/2336
安般簃集十卷　(清)袁昶撰　清光緒十六年(1890)小漚巢刻本　三冊

430000－2401－0029863　437/2336(1)
安般簃集十卷　(清)袁昶撰　清光緒十六年

（1890）小漚巢刻本　一冊　缺詩續甲至辛

430000－2401－0029864　437/2397

于湖小集六卷金陵雜事詩一卷漚簃擬墨一卷
（清）袁昶撰　清光緒二十年（1894）水明樓
刻本　三冊

430000－2401－0029865　437/1665

漸西村人初集詩十三卷　（清）袁昶撰　清光
緒二十年（1894）避舍盦公堂刻本　六冊

430000－2401－0029866　437/1665（1）

漸西村人初集詩十三卷　（清）袁昶撰　清光
緒二十年（1894）避舍盦公堂刻本　二冊

430000－2401－0029867　437/1665（2）

漸西村人初集詩十三卷　（清）袁昶撰　清光
緒二十年（1894）避舍盦公堂刻本　二冊

430000－2401－0029868　437/1107

水明樓集一卷朝隱卮衍二卷　（清）袁昶撰
清宣統元年（1909）鉛印本　一冊

430000－2401－0029869　437/1107（1）

水明樓集一卷朝隱卮衍二卷　（清）袁昶撰
清宣統元年（1909）鉛印本　一冊

430000－2401－0029870　437/1125

文誠公文稿拾遺一卷函牘一卷　（清）袁保恆
撰　清宣統三年（1911）清芬閣鉛印本　二冊

430000－2401－0029871　437/2432

畫延年室詩稿四卷詩餘三卷游吳草一卷新安
消夏唱酬草一卷牌舞燈詞一卷　（清）袁起撰
清咸豐六年至同治三年（1856－1864）刻本
四冊

430000－2401－0029872　437/1301

隨園圖說一卷　（清）袁起撰　清同治四年
（1865）刻本　一冊

430000－2401－0029873　437/2894

袁斌鄉試硃卷　（清）袁斌撰　清光緒十一年
（1885）刻本　一冊

430000－2401－0029874　437/2768

石公遺事錄七卷　（清）袁照輯　清同治八年
（1869）稿本　一冊

430000－2401－0029875　437/2391

臥雪堂詩草三卷校勘記一卷　（清）袁嘉穀撰
清光緒三十四年（1908）鉛印本　一冊

430000－2401－0029876　437/1340

瑤華閣詩草一卷閩南雜詠一卷瑤華閣詞一卷
補遺一卷　（清）袁綬撰　清同治六年（1867）
刻本　四冊

430000－2401－0029877　437/1606

強恕齋詩稿節鈔一卷　（清）袁徵楷撰　清光
緒十二年（1886）刻本　一冊

430000－2401－0029878　437/2888

袁緒欽鄉試硃卷　（清）袁緒欽撰　清光緒十
一年（1885）刻本　一冊

430000－2401－0029879　437/2894

袁緒欽優貢卷　（清）袁緒欽撰　清光緒十一
年（1885）刻本　一冊

430000－2401－0029880　437/1206

涵鑒齋文錄一卷　（清）袁緒欽撰　清光緒二
十五年（1899）長沙石氏刻本　一冊

430000－2401－0029881　437/1605

紅豆村人詩稿十四卷　（清）袁樹撰　清乾隆
二十七年（1762）刻本　二冊

430000－2401－0029882　437/1605－2

紅豆村人詩稿十四卷　（清）袁樹撰　清光緒
十八年（1892）勤裕堂鉛印隨園三十八種本
一冊

430000－2401－0029883　437/1605（1）

紅豆村人詩稿十四卷　（清）袁樹撰　清光緒
十九年（1893）倉山舊主石印本　二冊

430000－2401－0029884　437/714－2

邃懷堂詩鈔前編五卷後編四卷　（清）袁翼撰
清咸豐七年（1857）木活字本　四冊

430000－2401－0029885　437/714

邃懷堂文集四卷詩集前編六卷詩集後編六卷
小清容山館詞鈔二卷駢文箋註十六卷補箋一
卷哀忠集三卷　（清）袁翼撰　清光緒十三年
至十四年（1887－1888）刻本　二十二冊

430000－2401－0029886　437/714（1）

遂懷堂文集四卷詩集前編六卷詩集後編六卷
小清容山館詞鈔二卷駢文箋註十六卷補箋一
卷哀忠集三卷　（清）袁翼撰　清光緒十三年
至十四年（1887－1888）刻本　二十冊

430000－2401－0029887　437/714（2）

遂懷堂文集四卷詩集前編六卷詩集後編六卷
小清容山館詞鈔二卷駢文箋註十六卷補箋一
卷哀忠集三卷　（清）袁翼撰　清光緒十三年
至十四年（1887－1888）刻本　十六冊

430000－2401－0029888　437/714（3）

遂懷堂文集四卷詩集前編六卷詩集後編六卷
小清容山館詞鈔二卷駢文箋註十六卷補箋一
卷哀忠集三卷　（清）袁翼撰　清光緒十三年
至十四年（1887－1888）刻本　九冊

430000－2401－0029889　437/478

哀忠集一卷　（清）袁翼撰　清末活字印本
一冊

430000－2401－0029890　437/1547

遂懷堂文集箋註十六卷　（清）袁翼撰　（清）
朱紟箋註　清刻本　五冊　缺二卷（一至二）

430000－2401－0029891　437/1507

漱六山房文集十二卷詩集十二卷　（清）郝植
恭撰　清光緒六年（1880）刻本　十冊

430000－2401－0029892　437/936

曬書堂文集十二卷外集二卷別集一卷閨中文
存一卷筆記二卷筆錄六卷詩鈔二卷時文一卷
試帖一卷詩餘一卷和鳴集一卷　（清）郝懿行
撰　清光緒十年（1884）東路廳署刻本　十
六冊

430000－2401－0029893　437/2185

未谷詩集四卷　（清）桂馥撰　清乾隆六十年
（1795）曲阜刻本　一冊

430000－2401－0029894　△437/346

晚學集八卷未谷詩集四卷　（清）桂馥撰　清
道光二十一年（1841）刻本　一冊

430000－2401－0029895　437/1661

漸齋詩鈔一卷　（清）桂鴻撰　清咸豐七年
（1857）刻本　一冊

430000－2401－0029896　437/1661（1）

漸齋詩鈔一卷　（清）桂鴻撰　清咸豐七年
（1857）刻本　一冊

430000－2401－0029897　437/2190

敬恕堂文集紀年十卷紀事略一卷　（清）耿介
撰　清康熙四十八年（1709）寶容莊、寶容邃
刻本　八冊

430000－2401－0029898　437/1862

萸庵退叟詩賸一卷　（清）耿蒼齡撰　清光緒
三十年（1904）石印本　一冊

430000－2401－0029899　437/1485－3

少邰賦草四卷　（清）夏思沺撰　清同治七年
（1868）務本堂刻本　二冊

430000－2401－0029900　437/1485

重訂少邰賦草四卷　（清）夏思沺撰　（清）姜
兆蘭釋　清道光十五年（1835）三和堂刻本
二冊

430000－2401－0029901　437/1485－2

重訂少邰賦草四卷　（清）夏思沺撰　（清）姜
兆蘭釋　清道光十五年（1835）尚德堂刻本
一冊

430000－2401－0029902　437/2187

芙蓉山館詩鈔四卷　（清）夏紀釗撰　清光緒
十二年（1886）刻本　一冊　存一卷（一）

430000－2401－0029903　437/2172－2

夏仲子集六卷　（清）夏炯撰　清咸豐五年
（1855）番陽官廨刻本　三冊

430000－2401－0029905　437/2863

夏構章會試硃卷　（清）夏構章撰　清光緒九
年（1883）刻本　一冊

430000－2401－0029906　437/2855

夏聲喬會試硃卷　（清）夏聲喬撰　清光緒十
五年（1889）刻本　一冊

430000－2401－0029907　437/1357

嶽游草一卷　（清）夏獻雲撰　清光緒十二年

(1886)刻本　一冊

430000－2401－0029908　437/1357（1）

嶽游草一卷　（清）夏獻雲撰　清光緒十二年
（1886）刻本　一冊

430000－2401－0029909　437/2056

清嘯閣詩草十六卷湘湄驪唱一卷嶽游草一卷
　（清）夏獻雲撰　清光緒十八年（1892）尊德
堂刻本　六冊

430000－2401－0029910　437/835

復見心齋詩草六卷　（清）孫人鳳撰　清光緒
四年（1878）福州刻本　一冊

430000－2401－0029911　437/1308

遜學齋文鈔十卷詩鈔十卷　（清）孫衣言撰
清同治三年至十二年（1864－1873）刻本
八冊

430000－2401－0029912　437/1308（1）

遜學齋文鈔十卷詩鈔十卷　（清）孫衣言撰
清同治三年至十二年（1864－1873）刻本
二冊

430000－2401－0029913　437/1308（2）

遜學齋文鈔十卷詩鈔十卷　（清）孫衣言撰
清同治三年至十二年（1864－1873）刻本
二冊

430000－2401－0029914　437/1308（3）

遜學齋文鈔十卷詩鈔十卷　（清）孫衣言撰
清同治三年至十二年（1864－1873）刻本
二冊

430000－2401－0029915　437/1308（4）

遜學齋文鈔十卷詩鈔十卷　（清）孫衣言撰
清同治三年至十二年（1864－1873）刻本
二冊

430000－2401－0029916　437/1308（5）

遜學齋文鈔十卷詩鈔十卷　（清）孫衣言撰
清同治三年至十二年（1864－1873）刻本
二冊

430000－2401－0029917　437/1308（6）

遜學齋文鈔十卷詩鈔十卷　（清）孫衣言撰

清同治三年至十二年（1864－1873）刻本
一冊

430000－2401－0029918　437/723

師鄭堂駢體文存二卷　（清）孫同康撰　清光
緒二十一年（1895）刻師鄭叢書本　一冊

430000－2401－0029919　437/2473

嘯廬樵唱四卷　（清）孫竹生撰　（清）吳迪邦
評　清同治七年（1868）會元堂刻本　二冊

430000－2401－0029920　437/2473（1）

嘯廬樵唱四卷　（清）孫竹生撰　（清）吳迪邦
評　清同治七年（1868）會元堂刻本　二冊

430000－2401－0029921　437/2473（2）

嘯廬樵唱四卷　（清）孫竹生撰　（清）吳迪邦
評　清同治七年（1868）會元堂刻本　一冊
存二卷（一至二）

430000－2401－0029922　437/1070

麓門文續二卷　（清）孫良貴撰　清乾隆二十
六年（1761）刻本　一冊

430000－2401－0029923　437/683

夏峰先生集十四卷補遺二卷　（清）孫奇逢撰
　清道光二十五年（1845）大梁書院刻本
八冊

430000－2401－0029924　437/683（1）

夏峰先生集十四卷補遺二卷　（清）孫奇逢撰
清道光二十五年（1845）大梁書院刻本　十六冊

430000－2401－0029925　437/683（2）

夏峰先生集十四卷補遺二卷　（清）孫奇逢撰
　清道光二十五年（1845）大梁書院刻本　二
冊　存二卷（五、十三）

430000－2401－0029926　437/1430

孫芷鄰集十一卷首一卷　（清）孫承恩撰
（清）譚定元評點　清嘉慶元年（1796）聽松樓
刻本　五冊

430000－2401－0029927　437/1430（1）

孫芷鄰集十一卷首一卷　（清）孫承恩撰
（清）譚定元評點　清嘉慶元年（1796）聽松樓
刻本　三冊

430000－2401－0029928　△437/243

岱南集二卷嘉穀堂集一卷　（清）孫星衍撰　清嘉慶刻本　清孫星衍批校　一冊

430000－2401－0029929　437/2067

問字堂集六卷　（清）孫星衍撰　清光緒十年（1884）四明是亦軒刻本　二冊

430000－2401－0029930　437/2067（1）

問字堂集六卷　（清）孫星衍撰　清光緒十年（1884）四明是亦軒刻本　一冊

430000－2401－0029931　437/912

平津館文稿二卷五松園文稿一卷嘉穀堂集一卷　（清）孫星衍撰　清光緒十一年（1885）長沙王氏刻平津館叢書本　三冊

430000－2401－0029932　437/865

芳茂山人詩錄九卷　（清）孫星衍撰　長離閣詩集一卷　（清）王采薇撰　清光緒十一年（1885）長沙王氏刻本　三冊

430000－2401－0029933　437/860

孫淵如先生全集　（清）孫星衍撰　清光緒二十年（1894）湖南思賢書局刻本　十冊

430000－2401－0029934　437/860（1）

孫淵如先生全集　（清）孫星衍撰　清光緒二十年（1894）湖南思賢書局刻本　十冊

430000－2401－0029935　437/860（2）

孫淵如先生全集　（清）孫星衍撰　清光緒二十年（1894）湖南思賢書局刻本　十冊

430000－2401－0029936　437/860（3）

孫淵如先生全集　（清）孫星衍撰　清光緒二十年（1894）湖南思賢書局刻本　十冊

430000－2401－0029937　437/860（4）

孫淵如先生全集　（清）孫星衍撰　清光緒二十年（1894）湖南思賢書局刻本　十二冊

430000－2401－0029938　437/860（5）

孫淵如先生全集　（清）孫星衍撰　清光緒二十年（1894）湖南思賢書局刻本　十一冊

430000－2401－0029939　△437/126

天真閣集五十四卷外集六卷　（清）孫原湘撰

墓志銘一卷行述一卷　清光緒十七年（1891）刻本　九冊

430000－2401－0029940　437/1020

天真閣外集六卷　（清）孫原湘撰　清嘉慶五年（1800）刻本　二冊

430000－2401－0029941　437/1948

林庵詩鈔七卷　（清）孫牲撰　清嘉慶四年（1799）松石山房刻本　二冊

430000－2401－0029942　437/343

竹嬾山房吟稿四卷　（清）孫清載撰　清光緒十五年（1889）木活字本　一冊

430000－2401－0029943　437/531

柳簡堂存稿一卷　（清）孫理撰　清嘉慶七年（1802）柳簡堂刻本　一冊

430000－2401－0029944　437/1944

好深湛思室詩存二十二卷　（清）孫義鈞撰　清同治十二年（1873）刻本　四冊

430000－2401－0029945　437/650

蒼莨初集詩集十卷文集六卷詞一卷附錄四卷　（清）孫鼎臣撰　清咸豐刻蒼莨集本　三冊

430000－2401－0029946　437/650（1）

蒼莨初集詩集十卷文集六卷詞一卷附錄四卷　（清）孫鼎臣撰　清咸豐刻蒼莨集本　六冊

430000－2401－0029947　437/650（2）

蒼莨初集詩集十卷文集六卷詞一卷附錄四卷　（清）孫鼎臣撰　清咸豐刻蒼莨集本　四冊　缺五卷（詞一卷、附錄四卷）

430000－2401－0029948　437/2361

泿民叢稿一卷　（清）孫傳鳳撰　清光緒二十二年（1896）味經廬刻本　一冊

430000－2401－0029949　437/2587

泿民遺文一卷　（清）孫傳鳳撰　清光緒二十一年（1895）江氏師郷室刻本　一冊

430000－2401－0029950　△437/257

春雨樓詩略八卷　（清）孫韶撰　清嘉慶顧晴崖刻本　一冊

430000－2401－0029951　△437/547

孫文定公制義一卷　（清）孫嘉淦撰　清乾隆
敦和堂刻本　二冊

430000－2401－0029952　437/2425

泰雲堂文集二卷駢體文集二卷詩集十八卷詞
集三卷　（清）孫爾準撰　清道光十三年
(1833)刻本　六冊

430000－2401－0029953　437/685

泰雲堂文集二卷駢體文集二卷詩集十八卷詞
集三卷　（清）孫爾準撰　清同治九年(1870)
刻本　四冊

430000－2401－0029954　437/796

寄龕文存四卷　（清）孫德祖撰　清光緒十年
(1884)鄞翰墨林刻本　四冊

430000－2401－0029955　△437/172

在原詩鈔五卷　（清）孫諤撰　清乾隆刻本
二冊

430000－2401－0029957　437/2030

始有廬詩稿八卷瓣月樓詞稿一卷　（清）孫潚
撰　清道光二十三年(1843)刻本　二冊

430000－2401－0029958　437/1190

治書堂詩存五卷　（清）孫繩武撰　清咸豐七
年(1857)刻本　一冊

430000－2401－0029959　437/1190(1)

治書堂詩存五卷　（清）孫繩武撰　清咸豐七
年(1857)刻本　一冊

430000－2401－0029960　437/109

弢甫集三十卷續集二十卷五嶽集二十卷洞庭
集二卷　（清）桑調元撰　清乾隆修汲堂刻本
十二冊

430000－2401－0029961　437/1968

弢甫集二十五卷　（清）桑調元撰　清乾隆十
八年(1753)蘭陔草堂刻本　四冊

430000－2401－0029962　437/1296

悔初廬詩稿十一卷別集一卷明史雜詠二卷
（清）柴文杰撰　清咸豐刻本　四冊

430000－2401－0029963　437/1296(1)

悔初廬詩稿十一卷別集一卷明史雜詠二卷
（清）柴文杰撰　清咸豐刻本　四冊

430000－2401－0029964　437/2123

楚蒙山房集不分卷　（清）晏斯盛撰　清乾隆
八年(1743)刻本　四冊

430000－2401－0029965　437/1967

求真是齋詩草二卷　（清）恩華撰　清咸豐十
一年(1861)刻本　二冊

430000－2401－0029966　437/1799

槐雲館試帖一卷　（清）恩錫撰　清同治十年
(1871)蘊蘭吟館刻本　一冊

430000－2401－0029967　437/1799(1)

槐雲館試帖一卷　（清）恩錫撰　清同治十年
(1871)蘊蘭吟館刻本　一冊

430000－2401－0029968　437/2087

養源山房詩鈔六卷　（清）徐士霖撰　清光緒
三十四年(1908)武林刻本　二冊

430000－2401－0029969　437/2087(1)

養源山房詩鈔六卷　（清）徐士霖撰　清光緒
三十四年(1908)武林刻本　一冊　存四卷
(一至四)

430000－2401－0029970　437/600

敦艮吉齋文存四卷詩存二卷　（清）徐子苓撰
　清光緒十二年(1886)刻本　六冊

430000－2401－0029971　437/600(1)

敦艮吉齋文鈔四卷　（清）徐子苓撰　清光緒
三十二年(1906)集虛草堂刻集虛草堂叢書本
　一冊　存一卷(一)

430000－2401－0029972　437/600－2

敦艮吉齋詩存二卷　（清）徐子苓撰　清刻本
　一冊　存一卷(一)

430000－2401－0029973　437/2288

晚香閣詩集二卷　（清）徐文炳撰　清光緒十
三年(1887)刻本　一冊

430000－2401－0029974　437/2935

徐元棟硃試卷　（清）徐元棟撰　清稿本
一冊

遁齋文集二十卷首一卷拾遺詩草出塞集十二卷 （清）徐世佐撰 清同治七年(1868)誦芬堂木活字本 十四冊

430000－2401－0029976 437/1552（1）

遁齋文集二十卷首一卷拾遺詩草出塞集十二卷 （清）徐世佐撰 清同治七年(1868)誦芬堂木活字本 九冊 缺二卷（七至八）

430000－2401－0029977 437/1087

拾遺詩草山居集八卷 （清）徐世佐撰 清同治七年(1868)誦芬堂木活字本 二冊

430000－2401－0029978 437/471

客游集八卷 （清）徐世佐撰 （清）徐鳳猷編 清同治七年(1868)誦芬堂木活字本 二冊

430000－2401－0029979 437/18

梅花山館詩鈔一卷 （清）徐光發撰 清光緒三十一年(1905)鐵沙徐氏怡安堂石印本 二冊

430000－2401－0029980 437/1534

一規八棱硯齋詩鈔六卷類鈔一卷詞鈔一卷文鈔一卷時文一卷 （清）徐廷華撰 清光緒九年(1883)武昌寓齋刻本 四冊

430000－2401－0029981 437/2915

萬壽賦二卷 （清）徐如澍 （清）李宗昉撰 清嘉慶稿本 二冊

430000－2401－0029982 437/1940

慎思堂文存二卷附錄一卷 （清）徐芝撰 清道光二十七年(1847)刻本 一冊

430000－2401－0029983 437/1940

善思齋文鈔九卷續鈔四卷 （清）徐宗亮撰 清光緒刻本 二冊

430000－2401－0029984 437/862

養花軒詩集一卷 （清）徐官海撰 清宣統元年(1909)鉛印本 一冊

430000－2401－0029985 437/862（1）

養花軒詩集一卷 （清）徐官海撰 清宣統元年(1909)鉛印本 一冊

430000－2401－0029986 437/725

徐詩二卷 （清）徐夜撰 （清）王士禛批點 清康熙三十七年(1698)刻本 一冊

430000－2401－0029987 437/1349

詠物集陶一卷 （清）徐其相輯 清嘉慶三年(1798)中湘周文運堂刻本 一冊

430000－2401－0029988 △437/229

居易堂集二十卷 （清）徐枋撰 清康熙二十三年(1684)刻本 六冊

430000－2401－0029989 437/2263

海宗詩草八卷 （清）徐受撰 清同治十一年(1872)古松書屋刻本 二冊

430000－2401－0029990 437/2263（1）

海宗詩草八卷 （清）徐受撰 清同治十一年(1872)古松書屋刻本 一冊

430000－2401－0029991 437/2263（2）

海宗詩草八卷 （清）徐受撰 清同治十一年(1872)古松書屋刻本 一冊

430000－2401－0029992 437/2263（3）

海宗詩草八卷 （清）徐受撰 清同治十一年(1872)古松書屋刻本 一冊

430000－2401－0029993 437/2263（4）

海宗詩草八卷 （清）徐受撰 清同治十一年(1872)古松書屋刻本 一冊 缺四卷（五至八）

430000－2401－0029994 437/49

黃村草堂詩鈔八卷 （清）徐受撰 清刻本 一冊 存六卷（一至六）

430000－2401－0029995 △437/329

教經堂詩集十四卷 （清）徐書受撰 清嘉慶四年(1799)刻本 四冊

430000－2401－0029996 △437/329－2

教經堂詩集十四卷 （清）徐書受撰 清刻本 四冊 存十二卷（一至十二）

430000－2401－0029997 437/794

寄青齋詩稿一卷詞稿一卷 （清）徐虔復撰 清光緒十三年(1887)留餘堂刻本 一冊

430000－2401－0029998　△437/252

南州草堂續集四卷　（清）徐釚撰　清鈔本
一冊

430000－2401－0029999　437/2797

徐崇立鄉試墨卷　徐崇立撰　清光緒二十九
年(1903)刻本　一冊

430000－2401－0030000　△437/312

徐紹楨稿一卷　（清）徐紹楨撰　稿本　一冊

430000－2401－0030001　437/228

冬日百詠一卷　（清）徐琪撰　清光緒元年
(1875)刻本　一冊

430000－2401－0030002　437/2824

徐琪會試硃卷　（清）徐琪撰　清光緒六年
(1880)刻本　一冊

430000－2401－0030003　437/1045

南齋紀事詩一卷　（清）徐琪撰　清光緒二十
四年(1898)刻本　一冊

430000－2401－0030004　△437/492

憺園文集三十六卷　（清）徐乾學撰　清康熙
刻本　十冊

430000－2401－0030005　△437/492(1)

憺園文集三十六卷　（清）徐乾學撰　清康熙
刻本　十二冊　存二十七卷(一至九、十三至
十九、二十三至二十五、二十八至三十二、三
十四至三十六)

430000－2401－0030006　△437/492(2)

憺園文集三十六卷　（清）徐乾學撰　清康熙
刻本　五冊　存二十二卷(一至二十二)

430000－2401－0030007　437/1984

憺園全集三十六卷　（清）徐乾學撰　清光緒
九年(1883)嘉興金吳瀾刻本　十六冊

430000－2401－0030008　437/1298

鸒寄園賦草一卷首一卷末一卷　（清）徐廉玉
撰　清同治元年(1862)刻本　一冊

430000－2401－0030009　437/2545

澹宜草四卷澹宜雜著一卷　（清）徐楫秋撰
清光緒六年(1880)江西永寧官廨葉湛元校刻

本　四冊

430000－2401－0030010　437/1520

懷古田舍詩節鈔六卷　（清）徐榮撰　清同治
三年(1864)錦城刻本　六冊

430000－2401－0030011　437/2645

酌雅堂駢體文集二卷　（清）徐壽基撰　清光
緒刻本　二冊

430000－2401－0030012　437/427

味靜齋詩存八卷　（清）徐嘉撰　清光緒十三
年(1887)刻本　二冊

430000－2401－0030013　437/1893

天韻堂詩略四卷　（清）徐維城撰　清咸豐四
年(1854)杭州刻本　二冊

430000－2401－0030014　437/704

村居賦草一卷　（清）徐維城撰　（清）姚伯昂
評點　清道光二十一年(1841)刻本　一冊

430000－2401－0030015　437/220

白鶴山房詩選四卷挂笠吟一卷駢體文鈔二卷
　（清）徐熊飛撰　清嘉慶二十年(1815)刻本
　三冊

430000－2401－0030016　437/2080

不懍齋漫存七卷　（清）徐賡陛撰　清光緒八
年(1882)南海官署刻本　五冊

430000－2401－0030017　437/2080(1)

不懍齋漫存七卷　（清）徐賡陛撰　清光緒八
年(1882)南海官署刻本　六冊

430000－2401－0030018　437/2080－2

不懍齋漫存十二卷　（清）徐賡陛撰　清光緒
三十一年(1905)大通醼廨刻本　十二冊

430000－2401－0030019　△437/537

寶鴨齋詩草不分卷　（清）徐樹鈞撰　稿本
一冊

430000－2401－0030020　438/1167

蜨景山房草一卷　（清）徐樹鈞撰　稿本　一冊

430000－2401－0030021　△437/462

澂園尚書遺墨詩冊　（清）徐樹銘撰并書　手

迹 汪鍾霖、馮臼跋 二冊

430000－2401－0030022　437/2781
詠梅山房小草 （清）徐樹銘撰 清同治稿本
一冊

430000－2401－0030023　437/2824
徐樹璟鄉試硃卷 （清）徐樹璟撰 清光緒八
年(1882)刻本 一冊

430000－2401－0030024　437/2887
徐樹鍔鄉試硃卷 （清）徐樹鍔撰 清光緒十
一年(1885)刻本 一冊

430000－2401－0030025　437/1127
六十自述俚吟一卷 （清）徐樹鍔撰 清光緒
三十二年(1906)鉛印本 一冊

430000－2401－0030026　437/1787
未灰齋文集八卷 （清）徐鼐撰 清末鉛印本
四冊

430000－2401－0030027　437/2513
悟雪樓詩存二十六卷初集六卷二集六卷
(清)徐謙撰 清嘉慶十六年(1811)刻本 八
冊 缺八卷(詩存一至四、二集三至六)

430000－2401－0030028　437/2570
悟雪樓詩存三十四卷 （清）徐謙撰 （清）汪
廷珍等批點 清道光二十九年(1849)四香草
堂刻本 八冊

430000－2401－0030029　437/1824
壺園詩鈔選十卷五代新樂府一卷詩外集六卷
（清）徐寶善撰 清道光十八年(1838)北京
精華齋刻壺園全集本 四冊

430000－2401－0030030　△437/283
淩雪軒詩六卷 （清）徐爕撰 清乾隆刻本
二冊

430000－2401－0030031　437/138
靈洲山人詩錄六卷 （清）徐灝撰 清同治三
年(1864)廣州萃文堂刻本 三冊

430000－2401－0030032　437/138(1)
靈洲山人詩錄六卷 （清）徐灝撰 清同治三
年(1864)廣州萃文堂刻本 三冊

430000－2401－0030033　437/138(2)
靈洲山人詩錄六卷 （清）徐灝撰 清同治三
年(1864)廣州萃文堂刻本 三冊

430000－2401－0030034　437/138(3)
靈洲山人詩錄六卷 （清）徐灝撰 清同治三
年(1864)廣州萃文堂刻本 三冊

430000－2401－0030035　437/138(4)
靈洲山人詩錄六卷 （清）徐灝撰 清同治三
年(1864)廣州萃文堂刻本 一冊 存三卷
(一至三)

430000－2401－0030036　437/830
復初齋文集三十五卷 （清）翁方綱撰 清光
緒三年(1877)重校道光十六年(1836)李氏刻
本 十二冊

430000－2401－0030037　437/830(1)
復初齋文集三十五卷 （清）翁方綱撰 清光
緒三年(1877)重校道光十六年(1836)李氏刻
本 十冊

430000－2401－0030038　437/830(2)
復初齋文集三十五卷 （清）翁方綱撰 清光
緒三年(1877)重校道光十六年(1836)李氏刻
本 十冊

430000－2401－0030039　437/830(3)
復初齋文集三十五卷 （清）翁方綱撰 清光
緒三年(1877)重校道光十六年(1836)李氏刻
本 十冊

430000－2401－0030040　437/830(4)
復初齋文集三十五卷 （清）翁方綱撰 清光
緒三年(1877)重校道光十六年(1836)李氏刻
本 八冊

430000－2401－0030041　△437/401
復初齋詩集十二卷 （清）翁方綱撰 稿本
清何紹基批註 葉啟勳、葉啟發跋 六冊

430000－2401－0030042　437/831
復初齋詩集七十卷 （清）翁方綱撰 清道光
二十五年(1845)漢陽葉志詵刻本 十四冊

430000－2401－0030043　△437/402

復初齋詩集七十卷　（清）翁方綱撰　清刻本
十四冊

430000 － 2401 － 0030044　437/446

知止齋詩集十六卷　（清）翁心存撰　清光緒
三年（1877）常熟毛文彬刻書局刻本　四冊

430000 － 2401 － 0030045　△437/485

賜書堂詩稿四卷文稿六卷　（清）翁照撰　清
乾隆刻本　四冊

430000 － 2401 － 0030046　437/2090

杉蔭橋邊舊草堂詩鈔二卷　（清）翁壽廣撰
清咸豐三年（1853）刻本　二冊

430000 － 2401 － 0030047　437/2090（1）

杉蔭橋邊舊草堂詩鈔二卷　（清）翁壽廣撰
清咸豐三年（1853）刻本　二冊

430000 － 2401 － 0030048　437/2090（2）

杉蔭橋邊舊草堂詩鈔二卷　（清）翁壽廣撰
清咸豐三年（1853）刻本　二冊

430000 － 2401 － 0030049　437/2090（3）

杉蔭橋邊舊草堂詩鈔二卷　（清）翁壽廣撰
清咸豐三年（1853）刻本　三冊

430000 － 2401 － 0030050　437/34

師文毅公遺集五卷　（清）師遠燡撰　清光緒
二十三年（1897）黃梅縣署刻本　二冊

430000 － 2401 － 0030051　437/34（1）

師文毅公遺集五卷　（清）師遠燡撰　清光緒
二十三年（1897）黃梅縣署刻本　二冊

430000 － 2401 － 0030052　437/34（2）

師文毅公遺集五卷　（清）師遠燡撰　清光緒
二十三年（1897）黃梅縣署刻本　二冊

430000 － 2401 － 0030053　437/34（3）

師文毅公遺集五卷　（清）師遠燡撰　清光緒
二十三年（1897）黃梅縣署刻本　二冊

430000 － 2401 － 0030054　437/34（4）

師文毅公遺集五卷　（清）師遠燡撰　清光緒
二十三年（1897）黃梅縣署刻本　二冊

430000 － 2401 － 0030055　437/34（5）

師文毅公遺集五卷　（清）師遠燡撰　清光緒
二十三年（1897）黃梅縣署刻本　二冊

430000 － 2401 － 0030056　437/701 － 2

倭文端公遺書八卷首二卷末一卷續刊四卷
（清）倭仁撰　清光緒元年（1875）六安求我齋
刻本　六冊

430000 － 2401 － 0030057　437/701 － 3

倭文端公遺書十一卷首二卷　（清）倭仁撰
清光緒二十年（1894）山東書局刻本　四冊

430000 － 2401 － 0030058　437/701 － 3（1）

倭文端公遺書十一卷首二卷　（清）倭仁撰
清光緒二十年（1894）山東書局刻本　八冊

430000 － 2401 － 0030059　437/2389

兩疆勉齋試帖詩存一卷館課賦存一卷文存二
卷古今體詩存四卷　（清）倪文蔚撰　清光緒
九年至十一年（1883 － 1885）刻　五冊

430000 － 2401 － 0030060　437/2313

兩疆勉齋文存二卷　（清）倪文蔚撰　清光緒
十一年（1885）羊城節署刻本　二冊

430000 － 2401 － 0030061　437/2127

畬香草存六卷續刻一卷　（清）倪元坦撰　清
嘉慶、道光刻本　三冊

430000 － 2401 － 0030062　437/2127（1）

畬香草存六卷續刻一卷　（清）倪元坦撰　清
嘉慶、道光刻本　三冊

430000 － 2401 － 0030063　437/2647

二初齋讀書記十卷　（清）倪思寬撰　清光緒
三十四年（1908）刻本　一冊

430000 － 2401 － 0030064　437/1766

幻庵詩略一卷詞略一卷　（清）倪師旦撰　清
同治十年（1871）刻本　一冊

430000 － 2401 － 0030065　△437/256

春及堂詩集四十三卷　（清）倪國璉撰　清乾
隆刻本　四冊

430000 － 2401 － 0030066　437/557

退遂齋詩鈔八卷　（清）倪鴻撰　清光緒七年
（1881）泉州刻本　三冊

430000－2401－0030067　437/777

翰香閣詩草一卷蔭柏軒詩草一卷凝翠軒詩草一卷　（清）殷文宜撰　清光緒三十三年（1907）陽湖呂氏刻本　一冊

430000－2401－0030068　437/1726

閩游集一卷哀鳴集一卷續集一卷緯餘吟詞草一卷　（清）殷文宜撰　清末陽湖呂氏刻本　一冊

430000－2401－0030069　437/1835

片雲行草一卷　（清）釋純謙撰　清道光二十七年（1847）刻本　一冊

430000－2401－0030070　437/2362

康解元外集三卷　（清）康永祥撰　清光緒二十一年（1895）淡吾廬齋刻本　一冊

430000－2401－0030071　437/2157

韻軒試帖編年四卷　（清）康受鏞撰　清道光五年（1825）長沙懷德堂刻本　二冊

430000－2401－0030072　437/1704

環谿草堂遺集一卷　（清）康祖澤撰　清光緒十八年（1892）家塾刻本　一冊

430000－2401－0030073　437/2099

伯山詩鈔癸巳集七卷詩話後集四卷續集二卷再續集二卷三續二卷望雲集七卷三國志補義十二卷　（清）康發祥撰　清道光、咸豐刻本　十三冊

430000－2401－0030074　437/1072

雙桂齋詩集四卷　（清）康鎔撰　清宣統三年（1911）木活字本　一冊　存三卷（一至三上）

430000－2401－0030075　411/108

碧聲吟館叢書　（清）許善長撰　清光緒碧聲吟館刻本　十二冊

430000－2401－0030076　437/1327

藏暉閣詩十卷　（清）釋惟虛撰　清光緒九年（1883）刻本　二冊

430000－2401－0030077　437/75

邵亭遺文八卷　（清）莫友芝撰　清光緒元年（1875）莫繩孫刻影山草堂六種本　一冊

430000－2401－0030078　437/75（1）

邵亭遺文八卷　（清）莫友芝撰　清光緒元年（1875）莫繩孫刻影山草堂六種本　一冊

430000－2401－0030079　437/76

邵亭詩鈔六卷　（清）莫友芝撰　清光緒元年（1875）莫繩孫刻影山草堂六種本　二冊

430000－2401－0030080　437/76（1）

邵亭詩鈔六卷　（清）莫友芝撰　清光緒元年（1875）莫繩孫刻影山草堂六種本　二冊

430000－2401－0030081　437/74

邵亭詩鈔六卷　（清）莫友芝撰　清咸豐二年（1852）遵義湘川講舍刻影山草堂六種本　二冊

430000－2401－0030082　437/74（1）

邵亭詩鈔六卷　（清）莫友芝撰　清咸豐二年（1852）遵義湘川講舍刻影山草堂六種本　二冊

430000－2401－0030083　437/74（2）

邵亭詩鈔六卷　（清）莫友芝撰　清咸豐二年（1852）遵義湘川講舍刻影山草堂六種本　二冊

430000－2401－0030084　437/74－2

邵亭詩鈔六卷　（清）莫友芝撰　清同治五年（1866）江寧三山客舍補修咸豐二年（1852）遵義湘川講舍刻影山草堂六種本　一冊

430000－2401－0030085　437/74－2（1）

邵亭詩鈔六卷　（清）莫友芝撰　清同治五年（1866）江寧三山客舍補修咸豐二年（1852）遵義湘川講舍刻影山草堂六種本　一冊

430000－2401－0030086　437/74－2（2）

邵亭詩鈔六卷　（清）莫友芝撰　清同治五年（1866）江寧三山客舍補修咸豐二年（1852）遵義湘川講舍刻影山草堂六種本　一冊

430000－2401－0030087　437/74－2（3）

邵亭詩鈔六卷　（清）莫友芝撰　清同治五年（1866）江寧三山客舍補修咸豐二年（1852）遵義湘川講舍刻影山草堂六種本　一冊

430000－2401－0030088　437/74－2（4）

郘亭詩鈔六卷 （清）莫友芝撰 清同治五年(1866)江寧三山客舍補修咸豐二年(1852)遵義湘川講舍刻影山草堂六種本 一冊

430000 – 2401 – 0030089 437/74 – 2(5)

郘亭詩鈔六卷 （清）莫友芝撰 清同治五年(1866)江寧三山客舍補修咸豐二年(1852)遵義湘川講舍刻影山草堂六種本 一冊

430000 – 2401 – 0030090 437/2088

悟園叢刻文一卷挽聯雜文二卷 （清）莫浚等撰 清宣統二年(1910)木活字本 一冊

430000 – 2401 – 0030091 437/1916

貞定先生遺集四卷 （清）莫與儔撰 清光緒刻影山草堂六種本 一冊

430000 – 2401 – 0030092 437/1916(1)

貞定先生遺集四卷 （清）莫與儔撰 清光緒刻影山草堂六種本 一冊

430000 – 2401 – 0030093 △437/151

四焉齋詩集六卷 （清）曹一士撰 梯仙閣餘課一卷 （清）陸鳳池撰 清乾隆十四年(1749)曹錫端等刻本 一冊

430000 – 2401 – 0030094 △437/151(1)

四焉齋詩集六卷 （清）曹一士撰 梯仙閣餘課一卷 （清）陸鳳池撰 清乾隆十四年(1749)曹錫端等刻本 三冊 存六卷(詩集六卷)

430000 – 2401 – 0030095 △437/151 – 2

四焉齋詩集六卷 （清）曹一士撰 梯仙閣餘課一卷 （清）陸鳳池撰 清宣統二年(1910)活字本 二冊

430000 – 2401 – 0030096 437/2310

曹寅谷稿一卷 （清）曹之升撰 清光緒二十四年(1898)鏡湖書屋刻本 一冊

430000 – 2401 – 0030097 △437/395

鳴春集一卷 （清）曹仁虎撰 清鈔本 一冊

430000 – 2401 – 0030098 437/1719

補石山房文集四卷 （清）曹光詔撰 清光緒二十一年(1895)長沙刻本 四冊

430000 – 2401 – 0030099 437/1078

遜庵詩稿一卷補一卷團綠山房詩餘一卷 （清）曹希璨撰 清宣統三年(1911)刻本 一冊

430000 – 2401 – 0030100 437/1171

海圓詩殘一卷 （清）曹佑熙撰 清光緒二十五年(1899)刻舜琴閣叢書本 一冊

430000 – 2401 – 0030101 437/899

紫荆吟館詩集四卷 （清）曹秉哲撰 清光緒二十五年(1899)刻本 二冊

430000 – 2401 – 0030102 437/2793

十四層啟蒙捷訣二卷 （清）曹原亮著 清同治八年(1869)星沙群玉閣刻本 一冊 存一卷(上)

430000 – 2401 – 0030103 437/2151

花月連環詩百篇一卷 （清）曹原亮撰 （清）心園癡子註釋 清光緒長沙文運堂刻本 一冊

430000 – 2401 – 0030104 437/2447

儀鄭堂殘稿二卷 （清）曹埔撰 賜硯齋題畫偶錄一卷 （清）戴熙撰 清同治八年(1869)刻本 一冊

430000 – 2401 – 0030105 437/2447(1)

儀鄭堂殘稿二卷 （清）曹埔撰 賜硯齋題畫偶錄一卷 （清）戴熙撰 清同治八年(1869)刻本 一冊

430000 – 2401 – 0030106 437/2847

曹詒孫殿試策 （清）曹詒孫撰 清光緒六年(1880)刻本 一冊

430000 – 2401 – 0030107 437/2824

曹詒孫會試硃卷鄉試硃卷 （清）曹詒孫撰 清光緒六年(1880)刻本 一冊

430000 – 2401 – 0030108 △437/494

靜惕堂詩集四十四卷 （清）曹溶撰 清雍正三年(1725)刻本 八冊

430000 – 2401 – 0030109 437/2227

疊雲閣詩集八卷附錄一卷外集一卷詞鈔一卷

（清）曹楙堅撰　清光緒三年(1877)曼陀羅館刻本　四冊

430000－2401－0030110　437/534

桂軺紀程集一卷　（清）曹福元撰　清光緒三十一年(1905)刻本　一冊

430000－2401－0030111　△437/54

致李虞陔書札　（清）曹夢弼撰　稿本　一冊

430000－2401－0030112　437/2033

曼志堂遺稿二卷　（清）曹壽銘撰　清同治九年(1870)刻本　一冊

430000－2401－0030113　437/573

星湖詩集十六卷　（清）曹龍樹撰　（清）史英（清）李廷實評註　清嘉慶七松園刻本六冊

430000－2401－0030114　437/2916

曹鴻勛殿試卷　（清）曹鴻勛撰　清光緒二年(1876)刻本　一冊

430000－2401－0030115　437/1021

聽濤園古文四卷　（清）曹耀珩撰　清道光六年(1826)南村刻本　四冊

430000－2401－0030116　437/1021(1)

聽濤園古文四卷　（清）曹耀珩撰　清道光六年(1826)南村刻本　四冊

430000－2401－0030117　437/1843

楓南山館遺集七卷末一卷　（清）莊受祺撰清光緒元年(1875)刻本　二冊

430000－2401－0030118　437/2326

珍埶宦詩鈔二卷　（清）莊述祖撰　清光緒十八年(1892)鄂州鉛印本　一冊

430000－2401－0030119　437/2423

虛一齋集五卷　（清）莊培因撰　清光緒九年(1883)刻本　二冊

430000－2401－0030120　437/1572

蓼原山房詩鈔八卷　（清）莊楷撰　清光緒十年(1884)刻本　二冊

430000－2401－0030121　△437/513

續學堂詩鈔四卷首一卷　（清）梅文鼎撰　清乾隆梅毅成刻本　二冊

430000－2401－0030122　437/1168

臥雲樓詩草二卷補編一卷雜詠一卷　（清）梅焯雲撰　清宣統三年(1911)長沙刻本　一冊

430000－2401－0030123　437/2858

梅森春會試硃卷　（清）梅森春撰　清同治十三年(1874)刻本　一冊

430000－2401－0030124　437/738－2

柏梘山房文集十六卷文續集一卷　（清）梅曾亮撰　清咸豐五年(1855)刻本　四冊

430000－2401－0030125　△437/250

柏梘山房文集十六卷文續集一卷詩集十卷詩續集二卷駢體文二卷　（清）梅曾亮撰　清咸豐六年(1856)刻本　清曾國藩題識　三冊

430000－2401－0030126　437/738

柏梘山房文集十六卷文續集一卷詩集十卷詩續集二卷駢體文二卷　（清）梅曾亮撰　清同治三年(1864)補刻咸豐六年(1856)本　八冊

430000－2401－0030127　437/738(1)

柏梘山房文集十六卷文續集一卷詩集十卷詩續集二卷駢體文二卷　（清）梅曾亮撰　清同治三年(1864)補刻咸豐六年(1856)本　八冊

430000－2401－0030128　437/738(2)

柏梘山房文集十六卷文續集一卷詩集十卷詩續集二卷駢體文二卷　（清）梅曾亮撰　清同治三年(1864)補刻咸豐六年(1856)本　八冊

430000－2401－0030129　437/738(3)

柏梘山房文集十六卷文續集一卷詩集十卷詩續集二卷駢體文二卷　（清）梅曾亮撰　清同治三年(1864)補刻咸豐六年(1856)本　八冊

430000－2401－0030130　437/738(4)

柏梘山房文集十六卷文續集一卷詩集十卷詩續集二卷駢體文二卷　（清）梅曾亮撰　清同治三年(1864)補刻咸豐六年(1856)本　十冊

430000－2401－0030131　437/738(5)

柏梘山房文集十六卷文續集一卷詩集十卷詩

續集二卷駢體文二卷　（清）梅曾亮撰　清同治三年(1864)補刻咸豐六年(1856)本　六冊

430000 – 2401 – 0030132　437/738 – 3

柏梘山房文集十六卷文續集一卷詩集十卷詩續集二卷駢體文二卷　（清）梅曾亮撰　清光緒二十七年(1901)鉛印本　六冊

430000 – 2401 – 0030133　437/738 – 3(1)

柏梘山房文集十六卷文續集一卷詩集十卷詩續集二卷駢體文二卷　（清）梅曾亮撰　清光緒二十七年(1901)鉛印本　六冊

430000 – 2401 – 0030134　437/2003

借菴詩鈔十二卷　（清）釋清恆撰　清道光十八年(1838)刻本　四冊

430000 – 2401 – 0030135　437/2514

御製詩集八卷文集二卷　（清）文宗奕詝撰　清同治許彭壽等校刻本　六冊

430000 – 2401 – 0030136　△437/268

皇考聖德神功全韻詩不分卷　（清）仁宗顒琰撰　清嘉慶內府刻本　二冊

430000 – 2401 – 0030137　437/2705

御製全史詩六十四卷首二卷　（清）仁宗顒琰撰　（清）張師誠註　清刻本　十五冊　存三十卷(三十三至三十四、三十七至六十四)

430000 – 2401 – 0030138　437/429

味餘書室全集定本四十卷目錄四卷隨筆二卷　（清）仁宗顒琰撰　（清）慶桂等編　清嘉慶刻本　三十二冊

430000 – 2401 – 0030139　△437/161

世宗憲皇帝御製文集三十卷目錄四卷　（清）世宗胤禛撰　交輝園遺稿一卷　（清）允祥撰　清乾隆三年(1738)內府刻本　二十冊

430000 – 2401 – 0030140　437/2779

養正書屋全集定本四十卷目錄四卷　（清）宣宗旻寧撰　清道光二年(1822)內府刻本　二十四冊

430000 – 2401 – 0030141　△437/119 – 2

御製文　（清）高宗弘曆撰　清鈔本　十四冊

存第二、三集

430000 – 2401 – 0030142　437/2024

御製文初集三十卷目錄二卷　（清）高宗弘曆撰　清乾隆二十九年(1764)刻本　十五冊

430000 – 2401 – 0030143　437/2024(1)

御製文初集三十卷目錄二卷　（清）高宗弘曆撰　清乾隆二十九年(1764)刻本　四冊　存十六卷(一至十六)

430000 – 2401 – 0030144　437/2025

御製文二集四十四卷　（清）高宗弘曆撰　清乾隆五十一年(1786)刻本　十二冊

430000 – 2401 – 0030145　△437/136

御製文二集四十四卷　（清）高宗弘曆撰　清刻本　三冊　存十八卷(九至十四、二十二至二十八、四十至四十四)

430000 – 2401 – 0030146　△437/408

御製詩集八卷文集二卷　（清）高宗弘曆撰　清劉權之書　一冊

430000 – 2401 – 0030147　△437/182

御製全韻詩不分卷　（清）高宗弘曆撰　清乾隆劉墉寫刻本　五冊

430000 – 2401 – 0030148　△437/412

御製詩初集四十四卷目錄四卷　（清）高宗弘曆撰　清乾隆十四年(1749)內府刻本　二十四冊

430000 – 2401 – 0030149　△437/412(1)

御製詩初集四十四卷目錄四卷　（清）高宗弘曆撰　清乾隆十四年(1749)內府刻本　十二冊

430000 – 2401 – 0030150　437/428

御製詩初集四十四卷目錄四卷二集三十卷目錄三卷　（清）高宗弘曆撰　清乾隆刻本　三十九冊

430000 – 2401 – 0030151　437/428 – 3

御製詩初集四十八卷目錄六卷　（清）高宗弘曆撰　清嘉慶刻本　三十冊

430000 – 2401 – 0030152　437/428 – 2

御製詩二集九十卷 （清）高宗弘曆撰 清刻本 四冊 存十四卷（十一至十四、十七至二十一、四十八至四十九、七十五至七十七）

430000－2401－0030153 △437/432
御製圓明園詩二卷 （清）高宗弘曆撰 （清）鄂爾泰 （清）張廷玉註 清乾隆內府刻朱墨套印本 二冊

430000－2401－0030154 △437/432－2
御製圓明園詩二卷 （清）高宗弘曆撰 （清）鄂爾泰 （清）張廷玉註 清乾隆內府刻本 二冊

430000－2401－0030155 437/2023
御製圓明園詩二卷 （清）高宗弘曆撰 清光緒十三年(1887)天津石印書屋石印本 二冊

430000－2401－0030156 437/2733
御製盛京賦：垂露篆轉宿篆一卷 （清）高宗弘曆撰 清刻本 二冊

430000－2401－0030157 437/1159
樂善堂全集四十四卷目錄四卷 （清）高宗弘曆撰 清乾隆內府刻本 十二冊

430000－2401－0030158 437/1159(1)
樂善堂全集四十四卷目錄四卷 （清）高宗弘曆撰 清乾隆內府刻本 十二冊

430000－2401－0030159 437/1159(2)
樂善堂全集四十四卷目錄四卷 （清）高宗弘曆撰 清乾隆內府刻本 一冊 存卷首

430000－2401－0030160 437/1159－2
樂善堂全集定本二十二卷 （清）高宗弘曆撰 清乾隆二十三年(1758)刻本 六冊

430000－2401－0030161 437/1879
樂善堂全集定本三十卷 （清）高宗弘曆撰 清乾隆二十四年(1759)刻本 十冊

430000－2401－0030162 △437/411
御製詩初集十卷二集十卷三集八卷 （清）聖祖玄燁撰 清康熙四十二年(1703)宋犖刻本 七冊

430000－2401－0030163 △437/120

御製文集四十卷總目五卷二集五十卷總目六卷三集五十卷總目六卷 （清）聖祖玄燁撰 （清）張玉書等編 清康熙五十三年(1714)內府刻本 三十八冊 缺二卷(文集三十五至三十六)

430000－2401－0030164 △437/119
御製文第四集三十六卷總目四卷 （清）聖祖玄燁撰 （清）允祿等輯 清雍正內府刻本 十冊

430000－2401－0030165 △437/509
御製避暑山莊詩二卷 （清）聖祖玄燁撰 清康熙內府刻朱墨套印本 二冊

430000－2401－0030166 △437/509(1)
御製避暑山莊詩二卷 （清）聖祖玄燁撰 清康熙內府刻朱墨套印本 二冊

430000－2401－0030167 437/2022
御製避暑山莊詩一卷 （清）聖祖玄燁撰 御製圓明園詩一卷 （清）高宗弘曆撰 清末大同書局石印本 二冊

430000－2401－0030168 437/2022(1)
御製避暑山莊詩一卷 （清）聖祖玄燁撰 御製圓明園詩一卷 （清）高宗弘曆撰 清末大同書局石印本 一冊

430000－2401－0030169 437/1184
聖祖仁皇帝御製詩一卷 （清）聖祖玄燁撰 高宗純皇帝御製詩二卷/（清）高宗弘曆撰 清光緒八年(1882)刻本 一冊

430000－2401－0030170 △437/296
校禮堂文集三十六卷詩集十四卷燕樂考原六卷 （清）凌廷堪撰 清嘉慶十八年(1813)張其錦刻本 十六冊

430000－2401－0030171 437/410
莘廬遺詩六卷遺著一卷 （清）凌泗撰 清宣統三年(1911)刻本 二冊

430000－2401－0030172 437/1903
翠螺閣詩稿四卷詞稿一卷 （清）凌祉媛撰 清咸豐四年(1854)于氏延慶堂刻本 二冊

430000 - 2401 - 0030173　437/106

海雅堂全集　（清）凌揚藻撰　清道光十年
(1830)番愚狎鷗亭刻本　十冊

430000 - 2401 - 0030174　437/1339

損窆詩鈔二卷　（清）凌煥撰　清光緒十八年
(1892)清馨榭刻本　一冊

430000 - 2401 - 0030175　437/2438

綠筠軒詩鈔四卷　（清）梁文鈺撰　清同治十
二年(1873)刻本　二冊

430000 - 2401 - 0030176　△437/324

清白士集二十八卷　（清）梁玉繩撰　庭立記
聞四卷　（清）梁學昌輯　清嘉慶五年(1800)
刻本　清何紹基書寫書根和書箋　五冊

430000 - 2401 - 0030177　△437/500

頻羅庵遺集十六卷　（清）梁同書撰　清嘉慶
二十二年(1817)陸貞一刻本　六冊

430000 - 2401 - 0030178　△437/500(1)

頻羅庵遺集十六卷　（清）梁同書撰　清嘉慶
二十二年(1817)陸貞一刻本　五冊

430000 - 2401 - 0030179　437/2549

頻羅庵遺集十六卷　（清）梁同書撰　清光緒
十三年(1887)蛟川修綆山莊刻本　六冊

430000 - 2401 - 0030180　437/2549(1)

頻羅庵遺集十六卷　（清）梁同書撰　清光緒
十三年(1887)蛟川修綆山莊刻本　八冊

430000 - 2401 - 0030181　△437/527

懷葛堂文集不分卷　（清）梁份撰　清雍正刻
本　二冊

430000 - 2401 - 0030182　437/2508

懷葛堂文集八卷外集附錄一卷　（清）梁份撰
　清光緒十三年(1887)劉良弼校木活字本
四冊

430000 - 2401 - 0030183　437/412

果泉山房詩稿十卷　（清）梁春湘著　清光緒
十六年(1890)育德軒木活字本　四冊

430000 - 2401 - 0030184　437/2175

桐花館詩鈔十卷詞鈔一卷己巳北游草五卷螺

430000 - 2401 - 0030184

溧竹窗稿一卷歸吾廬吟草一卷　（清）梁信芳
撰　清道光二十九年至咸豐元年(1849 -
1851)刻本　四冊

430000 - 2401 - 0030185　437/1535

一枝山館遺草一卷　（清）梁貢墠撰　清光緒
十三年(1887)木活字本　一冊

430000 - 2401 - 0030186　437/21

蕉林詩集不分卷　（清）梁清標撰　清康熙十
七年(1678)秋碧堂刻本　八冊

430000 - 2401 - 0030187　437/1069

藤花吟館詩鈔十卷　（清）梁章鉅撰　清道光
五年(1825)蘇州青霞齋吳氏刻本　二冊

430000 - 2401 - 0030188　437/1962

兩般秋雨盦詩選不分卷　（清）梁紹壬撰　清
道光二十年(1840)刻本　四冊

430000 - 2401 - 0030189　△437/154

矢音集十卷　（清）梁詩正撰　清乾隆二十年
(1755)刻本　三冊

430000 - 2401 - 0030190　437/2822

梁煥奎鄉試硃卷　（清）梁煥奎撰　清光緒十
九年(1893)刻本　一冊

430000 - 2401 - 0030191　437/1204

梁稚非遺詩一卷遺文一卷　（清）梁賡陶撰
清光緒二十五年(1899)長沙徐氏盍簪館刻本
　一冊

430000 - 2401 - 0030192　437/1204(1)

梁稚非遺詩一卷遺文一卷　（清）梁賡陶撰
清光緒二十五年(1899)長沙徐氏盍簪館刻本
　一冊

430000 - 2401 - 0030193　437/1204(2)

梁稚非遺詩一卷遺文一卷　（清）梁賡陶撰
清光緒二十五年(1899)長沙徐氏盍簪館刻本
　一冊

430000 - 2401 - 0030194　437/1204(3)

梁稚非遺詩一卷遺文一卷　（清）梁賡陶撰
清光緒二十五年(1899)長沙徐氏盍簪館刻本
　一冊

430000－2401－0030195　437/1204（4）

梁稚非遺詩一卷遺文一卷　（清）梁賡陶撰
清光緒二十五年（1899）長沙徐氏盍簪館刻本
一冊

430000－2401－0030196　437/2827

梁慶冠鄉試硃卷　（清）梁慶冠撰　清光緒二
年（1876）刻本　一冊

430000－2401－0030197　437/1047

古春軒詩鈔二卷　（清）梁德繩撰　清咸豐二
年（1852）鳳城刻本　一冊

430000－2401－0030198　437/1047（1）

古春軒詩鈔二卷　（清）梁德繩撰　清咸豐二
年（1852）鳳城刻本　一冊

430000－2401－0030199　437/1047（2）

古春軒詩鈔二卷　（清）梁德繩撰　清咸豐二
年（1852）鳳城刻本　一冊

430000－2401－0030200　437/1047（3）

古春軒詩鈔二卷　（清）梁德繩撰　清咸豐二
年（1852）鳳城刻本　一冊

430000－2401－0030201　437/1047（4）

古春軒詩鈔二卷　（清）梁德繩撰　清咸豐二
年（1852）鳳城刻本　一冊

430000－2401－0030202　437/2845

梁鵬矞鄉試硃卷　（清）梁鵬矞撰　清光緒二
十年（1894）刻本　一冊

430000－2401－0030203　437/2827

梁寶湘鄉試硃卷　（清）梁寶湘撰　清同治十
二年（1873）刻本　一冊

430000－2401－0030204　437/2526

章雲李四書文一卷　（清）章金牧撰　清刻本
一冊

430000－2401－0030205　437/2906

章金牧文集　（清）章金牧撰　清末鈔本
一冊

430000－2401－0030206　437/289

冠璞齋吟草四卷　（清）章綏撰　清同治十二
年（1873）刻本　一冊

430000－2401－0030207　437/1218

望雲館文稿一卷詩稿一卷　（清）章鋆撰　清
光緒十四年（1888）刻本　一冊

430000－2401－0030208　437/1218（1）

望雲館文稿一卷詩稿一卷　（清）章鋆撰　清
光緒十四年（1888）刻本　一冊

430000－2401－0030209　437/637

章實齋先生遺書六卷附錄一卷　（清）章學誠
撰　清宣統二年（1910）鉛印本　四冊

430000－2401－0030210　437/637（1）

章實齋先生遺書六卷附錄一卷　（清）章學誠
撰　清宣統二年（1910）鉛印本　三冊　缺二
卷（一至二）

430000－2401－0030211　437/566（4）

思綺堂文集十卷　（清）章藻功撰註　清康熙
元年（1662）耕禮堂刻本　八冊　缺二卷（九
至十）

430000－2401－0030212　437/566

思綺堂文集十卷　（清）章藻功撰註　清康熙
六十一年（1722）刻本　十冊

430000－2401－0030213　437/566（1）

思綺堂文集十卷　（清）章藻功撰註　清康熙
六十一年（1722）刻本　十冊

430000－2401－0030214　437/566（2）

思綺堂文集十卷　（清）章藻功撰註　清聚錦
堂刻本　十冊

430000－2401－0030215　437/566（3）

思綺堂文集十卷　（清）章藻功撰註　清康熙
六十一年（1722）刻本　十冊

430000－2401－0030216　437/817

靜觀書屋詩集七卷首一卷末一卷　（清）章鶴
齡撰　清同治十三年至光緒元年（1874－
1875）皖城刻本　二冊

430000－2401－0030217　437/817（1）

靜觀書屋詩集七卷首一卷末一卷　（清）章鶴
齡撰　清同治十三年至光緒元年（1874－
1875）皖城刻本　二冊

430000－2401－0030218　437/1821

瑞芍軒詩鈔四卷詞稿一卷　（清）許乃穀撰
清同治七年（1868）刻本　二冊

430000－2401－0030219　437/1821（1）

瑞芍軒詩鈔四卷詞稿一卷　（清）許乃穀撰
清同治七年（1868）刻本　二冊

430000－2401－0030220　437/1821（2）

瑞芍軒詩鈔四卷詞稿一卷　（清）許乃穀撰
清同治七年（1868）刻本　二冊

430000－2401－0030221　437/2502

夢雲樓分體詩鈔二卷夢雲樓詩鈔一卷　（清）
許兆桂撰　清刻本　一冊

430000－2401－0030222　437/1258

鑑止水齋集二十卷　（清）許宗彥撰　清嘉慶
刻本　五冊

430000－2401－0030223　437/1258（1）

鑑止水齋集二十卷　（清）許宗彥撰　清嘉慶
刻本　六冊

430000－2401－0030224　437/1258－2

鑑止水齋集二十卷　（清）許宗彥撰　清咸豐
六年（1856）刻本　六冊

430000－2401－0030225　437/1258－3

鑑止水齋集二十卷　（清）許宗彥撰　清咸豐
八年（1858）刻本　六冊

430000－2401－0030226　437/1258－3（1）

鑑止水齋集二十卷　（清）許宗彥撰　清咸豐
八年（1858）刻本　六冊

430000－2401－0030227　437/1258－3（2）

鑑止水齋集二十卷　（清）許宗彥撰　清咸豐
八年（1858）刻本　六冊

430000－2401－0030228　437/1258－3（3）

鑑止水齋集二十卷　（清）許宗彥撰　清咸豐
八年（1858）刻本　六冊

430000－2401－0030229　437/1258－3（4）

鑑止水齋集二十卷　（清）許宗彥撰　清咸豐
八年（1858）刻本　六冊

430000－2401－0030230　437/1258－3（5）

鑑止水齋集二十卷　（清）許宗彥撰　清咸豐
八年（1858）刻本　七冊

430000－2401－0030231　437/1693

玉井山館文略五卷文續二卷詩十五卷詩餘一
卷西行日記一卷　（清）許宗衡撰　清同治四
年至九年（1865－1870）刻本　五冊

430000－2401－0030232　437/1693（1）

玉井山館文略五卷文續二卷詩十五卷詩餘一
卷西行日記一卷　（清）許宗衡撰　清同治四
年至九年（1865－1870）刻本　五冊

430000－2401－0030233　437/1693（2）

玉井山館文略五卷文續二卷詩十五卷詩餘一
卷西行日記一卷　（清）許宗衡撰　清同治四
年至九年（1865－1870）刻本　五冊

430000－2401－0030234　437/1693（3）

玉井山館文略五卷文續二卷詩十五卷詩餘一
卷西行日記一卷　（清）許宗衡撰　清同治四
年至九年（1865－1870）刻本　四冊　缺七卷
（詩十至十五、詩餘一卷）

430000－2401－0030235　437/1693－2

玉井山館詩十五卷詩餘一卷　（清）許宗衡撰
清末四川官印刷局鉛印本　一冊

430000－2401－0030236　437/2822

許秉彝鄉試硃卷　（清）許秉彝撰　清光緒十
九年（1893）刻本　一冊

430000－2401－0030237　437/348

槐墅詩鈔四卷　（清）許迎年撰　清康熙四十
九年（1710）精刻本　一冊

430000－2401－0030238　437/470

度嶺草一卷　（清）許振褘撰　清光緒二十三
年（1897）廣州節署刻本　一冊

430000－2401－0030239　437/737

養雲山館試帖四卷　（清）許球撰　（清）王榮
紱註釋　清道光二十七年（1847）火神廟義善
堂刻本　三冊　缺一卷（四）

430000－2401－0030240　437/1431

選樓集句二卷首一卷 （清）許祥光集 清道光二十年（1840）刻本 一冊

430000－2401－0030241 437/1431（1）

選樓集句二卷首一卷 （清）許祥光集 清道光二十年（1840）刻本 一冊

430000－2401－0030242 437/1431（2）

選樓集句二卷首一卷 （清）許祥光集 清道光二十年（1840）刻本 一冊

430000－2401－0030243 △437/218

青岩集十二卷 （清）許楚撰 清康熙五十四年（1715）白華堂刻本 四冊

430000－2401－0030244 437/690

許玉峰先生集三卷附錄一卷 （清）許鼎撰 （清）劉元佐 （清）方宗誠輯 清同治五年（1866）金陵張鴻茂刻本 一冊

430000－2401－0030245 437/690（1）

許玉峰先生集三卷附錄一卷 （清）許鼎撰 （清）劉元佐 （清）方宗誠輯 清同治五年（1866）金陵張鴻茂刻本 一冊

430000－2401－0030246 437/1994

雪門詩草十四卷 （清）許瑤光撰 清同治十三年（1874）刻本 六冊

430000－2401－0030247 437/1994（1）

雪門詩草十四卷 （清）許瑤光撰 清同治十三年（1874）刻本 六冊

430000－2401－0030248 437/1994（2）

雪門詩草十四卷 （清）許瑤光撰 清同治十三年（1874）刻本 六冊

430000－2401－0030249 437/1994（3）

雪門詩草十四卷 （清）許瑤光撰 清同治十三年（1874）刻本 六冊

430000－2401－0030250 437/1994（4）

雪門詩草十四卷 （清）許瑤光撰 清同治十三年（1874）刻本 六冊

430000－2401－0030251 437/1994（5）

雪門詩草十四卷 （清）許瑤光撰 清同治十三年（1874）刻本 六冊

430000－2401－0030252 437/1994（6）

雪門詩草十四卷 （清）許瑤光撰 清同治十三年（1874）刻本 六冊

430000－2401－0030253 437/2411

春池文鈔十卷 （清）許鯉躍撰 清道光二十六年（1846）刻本 四冊

430000－2401－0030254 437/2698

許印林遺著一卷 （清）許瀚撰 清光緒三年（1877）吳縣潘氏京師刻滂喜齋叢書本 一冊

430000－2401－0030255 437/2826

許鐩壽鄉試硃卷 （清）許鐩壽撰 清同治十二年（1873）刻本 一冊

430000－2401－0030256 437/2822

郭申綏鄉試卷 （清）郭申綏撰 清光緒十九年（1893）刻本 一冊

430000－2401－0030257 △437/169

吉皆公遺著不分卷 （清）郭家彪撰 鈔本 二冊

430000－2401－0030258 437/1164

日知堂筆記三卷剩集一卷試帖一卷 （清）郭沛霖撰 清光緒刻本 二冊

430000－2401－0030259 437/859

郭明經遺集四卷 （清）郭志正撰 清光緒三十三年（1907）王允猷刻本 二冊

430000－2401－0030260 437/859（1）

郭明經遺集四卷 （清）郭志正撰 清光緒三十三年（1907）王允猷刻本 二冊

430000－2401－0030261 437/859（2）

郭明經遺集四卷 （清）郭志正撰 清光緒三十三年（1907）王允猷刻本 二冊

430000－2401－0030262 437/859（3）

郭明經遺集四卷 （清）郭志正撰 清光緒三十三年（1907）王允猷刻本 二冊

430000－2401－0030263 437/859（4）

郭明經遺集四卷 （清）郭志正撰 清光緒三十三年（1907）王允猷刻本 一冊 存二卷（一至二）

430000－2401－0030264　437/1136

天開圖書樓文稿四卷試帖四卷　（清）郭柏蔭
撰　清同治二年(1863)刻本　四冊

430000－2401－0030265　437/1136(1)

天開圖書樓文稿四卷試帖四卷　（清）郭柏蔭
撰　清同治二年(1863)刻本　三冊

430000－2401－0030266　437/2623

擊鉢吟存稿四卷　（清）郭柏蔭撰　清刻本
一冊

430000－2401－0030267　437/1768

雨福山房遺稿四卷　（清）郭祖翼撰　清道光
十九年(1839)大梁官舍刻本　一冊

430000－2401－0030268　437/1768(1)

雨福山房遺稿四卷　（清）郭祖翼撰　清道光
十九年(1839)大梁官舍刻本　一冊

430000－2401－0030269　437/1772

介石堂詩集十卷　（清）郭起元撰　清乾隆十
八年(1753)刻本　二冊

430000－2401－0030270　437/2721

郭振墉鄉試硃卷　（清）郭振墉撰　清光緒十
九年(1893)金陵王乾興號刻本　一冊

430000－2401－0030271　437/150

食笋齋遺稿二卷附筱筠試草一卷　（清）郭剛
基撰　清同治九年(1870)郭氏養知書屋刻本
二冊

430000－2401－0030272　437/150(1)

食笋齋遺稿二卷附筱筠試草一卷　（清）郭剛
基撰　清同治九年(1870)郭氏養知書屋刻本
二冊

430000－2401－0030273　437/1530

羅洋文集一卷詩草一卷　（清）郭焌撰　（清）
郭燦編　清嘉慶十八年(1813)思貽草堂刻本
二冊

430000－2401－0030274　437/1530(1)

羅洋文集一卷詩草一卷　（清）郭焌撰　（清）
郭燦編　清嘉慶十八年(1813)思貽草堂刻本
二冊

430000－2401－0030275　437/1530(2)

羅洋文集一卷詩草一卷　（清）郭焌撰　（清）
郭燦編　清嘉慶十八年(1813)思貽草堂刻本
二冊

430000－2401－0030276　437/1530(3)

羅洋文集一卷詩草一卷　（清）郭焌撰　（清）
郭燦編　清嘉慶十八年(1813)思貽草堂刻本
一冊

430000－2401－0030277　437/1530(4)

羅洋文集一卷詩草一卷　（清）郭焌撰　（清）
郭燦編　清嘉慶十八年(1813)思貽草堂刻本
一冊

430000－2401－0030278　△437/386

雲臥山莊文存二卷　（清）郭崑燾撰　稿本
一冊

430000－2401－0030279　△437/386－2

雲臥山莊文存二卷附錄一卷　（清）郭崑燾撰
稿本　一冊　存一卷(上)

430000－2401－0030280　△437/387

雲臥山莊試帖一卷　（清）郭崑燾撰　清同治
十二年(1873)稿本　一卷

430000－2401－0030281　△437/320

郭崑燾詩稿　（清）郭崑燾撰　稿本　五冊

430000－2401－0030282　△437/389

雲臥山莊詩集十七卷　（清）郭崑燾撰　稿本
二冊

430000－2401－0030283　△437/390

雲臥山莊詩集□□卷　（清）郭崑燾撰　稿本
一冊　存一卷(一)

430000－2401－0030284　△437/388

雲臥山莊詩稿九卷　（清）郭崑燾撰　稿本
清吳敏樹批校　一冊

430000－2401－0030285　△437/391

雲臥山莊遺詩四卷　（清）郭崑燾撰　清鈔本
二冊

430000－2401－0030286　437/1410

雲臥山莊詩集八卷家訓二卷首一卷末一卷

（清）郭崑燾撰　清光緒十一年(1885)湘陰郭
氏岵瞻堂刻本　　五冊

430000－2401－0030287　437/1410（1）
雲臥山莊詩集八卷家訓二卷首一卷末一卷
（清）郭崑燾撰　清光緒十一年(1885)湘陰郭
氏岵瞻堂刻本　　五冊

430000－2401－0030288　437/1410（2）
雲臥山莊詩集八卷家訓二卷首一卷末一卷
（清）郭崑燾撰　清光緒十一年(1885)湘陰郭
氏岵瞻堂刻本　　五冊

430000－2401－0030289　437/1410（3）
雲臥山莊詩集八卷家訓二卷首一卷末一卷
（清）郭崑燾撰　清光緒十一年(1885)湘陰郭
氏岵瞻堂刻本　　四冊

430000－2401－0030290　437/1410（4）
雲臥山莊詩集八卷家訓二卷首一卷末一卷
（清）郭崑燾撰　清光緒十一年(1885)湘陰郭
氏岵瞻堂刻本　　四冊

430000－2401－0030291　437/1410（5）
雲臥山莊詩集八卷家訓二卷首一卷末一卷
（清）郭崑燾撰　清光緒十一年(1885)湘陰郭
氏岵瞻堂刻本　　三冊

430000－2401－0030292　437/1857
雲臥山莊別集五卷　（清）郭崑燾撰　清光緒
十年(1884)湘陰郭氏岵瞻堂刻本　一冊

430000－2401－0030293　△437/385－4
雲臥山莊尺牘八卷　（清）郭崑燾撰　稿本
八冊

430000－2401－0030294　△437/385－2
雲臥山莊尺牘八卷　（清）郭崑燾撰　稿本
四冊

430000－2401－0030295　△437/385－3
雲臥山莊尺牘八卷　（清）郭崑燾撰　稿本　四冊

430000－2401－0030296　△437/385
雲臥山莊尺牘八卷　（清）郭崑燾撰　清鈔本
　何澤翰題跋　五冊

430000－2401－0030297　437/945

蘿華山館遺集五卷　（清）郭崙燾撰　清光緒
十年(1884)刻本　四冊

430000－2401－0030298　437/945（1）
蘿華山館遺集五卷　（清）郭崙燾撰　清光緒
十年(1884)刻本　四冊

430000－2401－0030299　437/945（2）
蘿華山館遺集五卷　（清）郭崙燾撰　清光緒
十年(1884)刻本　四冊

430000－2401－0030300　437/945（3）
蘿華山館遺集五卷　（清）郭崙燾撰　清光緒
十年(1884)刻本　四冊

430000－2401－0030301　△437/321
郭焯瑩遺著稿　（清）郭焯瑩撰　稿本　二十
八冊

430000－2401－0030302　△437/495
耘桂先生尺牘一卷　（清）郭焯瑩撰　稿本
一冊

430000－2401－0030303　437/1440
鵑唬集一卷　（清）郭焯瑩撰　清宣統元年
(1909)長沙刻本　一冊

430000－2401－0030304　437/1440（1）
鵑唬集一卷　（清）郭焯瑩撰　清宣統元年
(1909)長沙刻本　一冊

430000－2401－0030305　437/2904
更生雜記□□卷　（清）郭階撰　清光緒稿本
　一冊　存一卷(一)

430000－2401－0030306　437/2893
郭敬說鄉試硃卷　（清）郭敬說撰　清光緒十
五年(1889)刻本　一冊

430000－2401－0030307　△437/551
郭嵩燾信札　（清）郭嵩燾撰　稿本　一冊

430000－2401－0030308　437/28
養知書屋文集二十八卷詩集十五卷奏議十二
卷　（清）郭嵩燾撰　清光緒十八年(1892)刻
本　二十八冊

430000－2401－0030309　437/28（1）

養知書屋文集二十八卷詩集十五卷奏議十二卷　（清）郭嵩燾撰　清光緒十八年（1892）刻本　二十八冊

430000－2401－0030310　437/28（2）

養知書屋文集二十八卷詩集十五卷奏議十二卷　（清）郭嵩燾撰　清光緒十八年（1892）刻本　二十八冊

430000－2401－0030311　437/28（3）

養知書屋文集二十八卷詩集十五卷奏議十二卷　（清）郭嵩燾撰　清光緒十八年（1892）刻本　二十八冊

430000－2401－0030312　437/28（4）

養知書屋文集二十八卷詩集十五卷奏議十二卷　（清）郭嵩燾撰　清光緒十八年（1892）刻本　二十八冊

430000－2401－0030313　437/28（5）

養知書屋文集二十八卷詩集十五卷奏議十二卷　（清）郭嵩燾撰　清光緒十八年（1892）刻本　二十八冊

430000－2401－0030314　437/28（6）

養知書屋文集二十八卷詩集十五卷奏議十二卷　（清）郭嵩燾撰　清光緒十八年（1892）刻本　二十八冊

430000－2401－0030315　437/28（7）

養知書屋文集二十八卷詩集十五卷奏議十二卷　（清）郭嵩燾撰　清光緒十八年（1892）刻本　二十八冊

430000－2401－0030316　437/28（8）

養知書屋文集二十八卷詩集十五卷奏議十二卷　（清）郭嵩燾撰　清光緒十八年（1892）刻本　二十八冊

430000－2401－0030317　437/2782

郭中丞寄沅師函等　（清）郭嵩燾等撰　清鈔本　一冊

430000－2401－0030318　△437/463

養知書屋詩集十五卷　（清）郭嵩燾撰　清末鈔本　二冊　存七卷（一至二、四至八）

430000－2401－0030319　437/1284

藝芳館詩集一卷　（清）郭筠撰　清宣統元年（1909）中國圖書公司鉛印本　一冊

430000－2401－0030320　437/1284（1）

藝芳館詩集一卷　（清）郭筠撰　清宣統元年（1909）中國圖書公司鉛印本　一冊

430000－2401－0030321　437/1284（2）

藝芳館詩集一卷　（清）郭筠撰　清宣統元年（1909）中國圖書公司鉛印本　一冊

430000－2401－0030322　437/1284（3）

藝芳館詩集一卷　（清）郭筠撰　清宣統元年（1909）中國圖書公司鉛印本　一冊

430000－2401－0030323　437/1284（4）

藝芳館詩集一卷　（清）郭筠撰　清宣統元年（1909）中國圖書公司鉛印本　一冊

430000－2401－0030324　437/1284（5）

藝芳館詩集一卷　（清）郭筠撰　清宣統元年（1909）中國圖書公司鉛印本　一冊

430000－2401－0030325　437/1284（6）

藝芳館詩集一卷　（清）郭筠撰　清宣統元年（1909）中國圖書公司鉛印本　一冊

430000－2401－0030326　437/1283

藝芳老人詩存二卷　（清）郭筠撰　清宣統二年（1910）長沙鴻飛機器局鉛印本　一冊

430000－2401－0030327　437/1283（1）

藝芳老人詩存二卷　（清）郭筠撰　清宣統二年（1910）長沙鴻飛機器局鉛印本　一冊

430000－2401－0030328　437/1283（2）

藝芳老人詩存二卷　（清）郭筠撰　清宣統二年（1910）長沙鴻飛機器局鉛印本　一冊

430000－2401－0030329　437/1283（3）

藝芳老人詩存二卷　（清）郭筠撰　清宣統二年（1910）長沙鴻飛機器局鉛印本　一冊

430000－2401－0030330　437/1283（4）

藝芳老人詩存二卷　（清）郭筠撰　清宣統二年（1910）長沙鴻飛機器局鉛印本　一冊

430000－2401－0030331　437/1283（5）

藝芳老人詩存二卷　（清）郭篔撰　清宣統二年（1910）長沙鴻飛機器局鉛印本　一冊

430000－2401－0030332　437/726

金峨山館文甲集不分卷乙集不分卷　（清）郭傳璞撰　清光緒刻本　四冊

430000－2401－0030333　437/1038

簪花閣詩一卷遺稿一卷　（清）郭潤玉撰　**紅薇吟館遺草一卷**　（清）郭秉慧撰　清光緒二十五年（1899）刻本　一冊

430000－2401－0030334　437/1038（1）

簪花閣詩一卷遺稿一卷　（清）郭潤玉撰　**紅薇吟館遺草一卷**　（清）郭秉慧撰　清光緒二十五年（1899）刻本　一冊

430000－2401－0030335　437/1038（2）

簪花閣詩一卷遺稿一卷　（清）郭潤玉撰　**紅薇吟館遺草一卷**　（清）郭秉慧撰　清光緒二十五年（1899）刻本　一冊

430000－2401－0030336　△437/237

岵瞻詩草一卷　（清）郭慶藩撰　稿本　一冊

430000－2401－0030337　△437/430

敬齋詩稿不分卷　（清）郭慶藩撰　稿本　佚名朱墨批註　五冊

430000－2401－0030338　437/2929

郭慶藩書札　（清）郭慶藩撰　清光緒稿本　一冊

430000－2401－0030339　437/999

十二梅花書屋詩六卷　（清）郭慶藩撰　清光緒十五年（1889）湘陰郭氏泊然庵刻本　二冊

430000－2401－0030340　437/999（1）

十二梅花書屋詩六卷　（清）郭慶藩撰　清光緒十五年（1889）湘陰郭氏泊然庵刻本　二冊

430000－2401－0030341　437/999（2）

十二梅花書屋詩六卷　（清）郭慶藩撰　清光緒十五年（1889）湘陰郭氏泊然庵刻本　二冊

430000－2401－0030342　437/999（3）

十二梅花書屋詩六卷　（清）郭慶藩撰　清光緒十五年（1889）湘陰郭氏泊然庵刻本　二冊

430000－2401－0030343　437/866

誦芬堂詩鈔十卷首一卷二集六卷三集六卷四集四卷五集四卷文稿二卷　（清）郭儀霄撰　清道光五年（1825）經訓書院刻本　八冊

430000－2401－0030344　437/948

靈芬館雜著二卷　（清）郭麐撰　清光緒九年（1883）蛟川張氏刻本　二冊

430000－2401－0030345　437/1908

蒙泉文集四卷柟芝詩集二卷　（清）張九思撰　清咸豐八年（1858）長沙刻本　四冊

430000－2401－0030346　437/1908（1）

蒙泉文集四卷柟芝詩集二卷　（清）張九思撰　清咸豐八年（1858）長沙刻本　二冊

430000－2401－0030347　437/175－2

陶園文集八卷詩集二十二卷詩餘二卷　（清）張九鉞撰　清道光七年（1827）賜錦樓刻本　十冊

430000－2401－0030348　437/175－2（1）

陶園文集八卷詩集二十二卷詩餘二卷　（清）張九鉞撰　清道光七年（1827）賜錦樓刻本　九冊

430000－2401－0030349　437/175－2（2）

陶園文集八卷詩集二十二卷詩餘二卷　（清）張九鉞撰　清道光七年（1827）賜錦樓刻本　十二冊

430000－2401－0030350　437/175－2（3）

陶園文集八卷詩集二十二卷詩餘二卷　（清）張九鉞撰　清道光七年（1827）賜錦樓刻本　九冊

430000－2401－0030351　437/175

陶園文集八卷詩集二十四卷詩餘二卷六如亭二卷　（清）張九鉞撰　清道光二十三年（1843）賜錦樓刻本　十六冊

430000－2401－0030352　437/175（1）

陶園文集八卷詩集二十四卷詩餘二卷六如亭二卷　（清）張九鉞撰　清道光二十三年

(1843)賜錦樓刻本　十六冊

430000－2401－0030353　437/175(2)
陶園文集八卷詩集二十四卷詩餘二卷六如亭二卷　（清）張九鉞撰　清道光二十三年(1843)賜錦樓刻本　十冊

430000－2401－0030354　437/175(3)
陶園文集八卷詩集二十四卷詩餘二卷六如亭二卷　（清）張九鉞撰　清道光二十三年(1843)賜錦樓刻本　十四冊

430000－2401－0030355　437/175(4)
陶園文集八卷詩集二十四卷詩餘二卷六如亭二卷　（清）張九鉞撰　清道光二十三年(1843)賜錦樓刻本　一冊　存六卷(文集六至八、詩集一至三)

430000－2401－0030356　437/45－2
紫硯山人詩集二十六卷文集十二卷六如亭傳奇二卷　（清）張九鉞撰　清咸豐元年(1851)刻本　十六冊

430000－2401－0030357　437/45
紫硯山人詩集二十六卷詩餘二卷文集十二卷六如亭傳奇二卷外集十二卷　（清）張九鉞撰　清光緒十五年(1889)湘潭張氏刻本　二十冊

430000－2401－0030358　437/45(1)
紫硯山人詩集二十六卷詩餘二卷文集十二卷六如亭傳奇二卷外集十二卷　（清）張九鉞撰　清光緒十五年(1889)湘潭張氏刻本　十冊

430000－2401－0030359　437/45(2)
紫硯山人詩集二十六卷詩餘二卷文集十二卷六如亭傳奇二卷外集十二卷　（清）張九鉞撰　清光緒十五年(1889)湘潭張氏刻本　十冊

430000－2401－0030360　437/45(3)
紫硯山人詩集二十六卷詩餘二卷文集十二卷六如亭傳奇二卷外集十二卷　（清）張九鉞撰　清光緒十五年(1889)湘潭張氏刻本　十二冊

430000－2401－0030361　437/45(4)

紫硯山人詩集二十六卷詩餘二卷文集十二卷六如亭傳奇二卷外集十二卷　（清）張九鉞撰　清光緒十五年(1889)湘潭張氏刻本　十六冊

430000－2401－0030362　437/45(5)
紫硯山人詩集二十六卷詩餘二卷文集十二卷六如亭傳奇二卷外集十二卷　（清）張九鉞撰　清光緒十五年(1889)湘潭張氏刻本　十六冊

430000－2401－0030363　437/2068
笙雅堂文集四卷詩集十四卷　（清）張九鐔撰　清嘉慶十七年(1812)賜錦樓刻本　七冊缺一卷(二)

430000－2401－0030364　437/2068
笙雅堂文集四卷詩集十四卷　（清）張九鐔撰　清嘉慶十七年(1812)賜錦樓刻本　四冊

430000－2401－0030365　437/2068－2
笙雅堂文集四卷詩集十四卷竹南賦略一卷易通一卷竹書紀年考證一卷　（清）張九鐔撰　清光緒十三年(1887)刻本　十冊　缺四卷(詩集一至四)

430000－2401－0030366　437/301
竹南賦略一卷　（清）張九鐔撰　（清）張世濂編　清嘉慶十七年(1812)賜錦樓刻本　一冊

430000－2401－0030367　437/2811
張之易貢卷　（清）張之易撰　清宣統元年(1909)活字本　一冊

430000－2401－0030368　437/1246
廣雅碎金四卷附錄一卷　（清）張之洞撰　清光緒二十三年(1897)刻本　二冊

430000－2401－0030369　437/1246(1)
廣雅碎金四卷附錄一卷　（清）張之洞撰　清光緒二十三年(1897)刻本　二冊

430000－2401－0030370　437/1247
廣雅堂詩集不分卷　（清）張之洞撰　清光緒順德龍鳳鑣刻本　二冊

430000－2401－0030371　437/1247(1)

廣雅堂詩集不分卷 （清）張之洞撰 清光緒
順德龍鳳鑣刻本 二冊

430000－2401－0030372 437/1247（2）
廣雅堂詩集不分卷 （清）張之洞撰 清光緒
順德龍鳳鑣刻本 一冊

430000－2401－0030373 437/1247（3）
廣雅堂詩集不分卷 （清）張之洞撰 清光緒
順德龍鳳鑣刻本 一冊

430000－2401－0030374 437/1247（4）
廣雅堂詩集不分卷 （清）張之洞撰 清光緒
順德龍鳳鑣刻本 一冊

430000－2401－0030375 437/1247（5）
廣雅堂詩集不分卷 （清）張之洞撰 清光緒
順德龍鳳鑣刻本 一冊

430000－2401－0030376 437/2053－2
張文襄公詩集四卷 （清）張之洞撰 清宣統
二年（1910）鉛印本 二冊

430000－2401－0030377 437/2053－3
張文襄公手札不分卷 （清）張之洞撰 清宣
統二年（1910）石印本 二冊

430000－2401－0030378 △437/315
陶雲詩鈔十五卷 （清）張大緒撰 清康熙五
十三年（1714）刻本 二冊

430000－2401－0030379 437/2444
嘉樹山房集二十卷外集二卷續集二卷 （清）
張士元撰 清光緒四年（1878）重印同治修補
嘉慶道光震澤張氏刻本 六冊

430000－2401－0030380 437/842
寒松晚翠堂初集一卷 （清）張元度撰 清光
緒十七年（1891）陽湖千秋里刻本 一冊

430000－2401－0030381 437/920
潛園詩存四卷 （清）張天翔撰 眷仙遺稿一
卷刻翠集一卷 （清）章韻清撰 清光緒二十
五年（1899）刻本 二冊

430000－2401－0030382 437/2886
張天澤貢卷 （清）張天澤撰 清光緒八年
（1882）刻本 一冊

430000－2401－0030383 437/541
荷塘詩集十二卷 （清）張五典撰 清乾隆友
恭堂刻本 二冊 缺六卷（七至十二）

430000－2401－0030384 △437/333
荷塘詩集十六卷 （清）張五典撰 清乾隆刻
本 二冊

430000－2401－0030385 437/2819
張中蠙貢卷 （清）張中蠙撰 清光緒九年
（1883）刻本 一冊

430000－2401－0030386 437/2379
太史張素存先生全稿不分卷 （清）張玉書撰
清乾隆十三年（1748）文茂堂刻本 二冊

430000－2401－0030387 437/1132
文貞公集十二卷 （清）張玉書撰 清乾隆五
十七年（1792）松蔭堂刻本 六冊

430000－2401－0030388 437/1132（1）
文貞公集十二卷 （清）張玉書撰 清乾隆五
十七年（1792）松蔭堂刻本 六冊

430000－2401－0030389 437/1132（2）
文貞公集十二卷 （清）張玉書撰 清乾隆五
十七年（1792）松蔭堂刻本 六冊

430000－2401－0030390 437/1132（3）
文貞公集十二卷 （清）張玉書撰 清乾隆五
十七年（1792）松蔭堂刻本 六冊

430000－2401－0030391 437/1132（4）
文貞公集十二卷 （清）張玉書撰 清乾隆五
十七年（1792）松蔭堂刻本 六冊

430000－2401－0030392 437/1132（5）
文貞公集十二卷 （清）張玉書撰 清乾隆五
十七年（1792）松蔭堂刻本 一冊 存二卷
（十一至十二）

430000－2401－0030393 437/1132－2
文貞公集十二卷首一卷 （清）張玉書撰 清
光緒二十七年（1901）木活字本 十三冊

430000－2401－0030394 437/1132－2（1）
文貞公集十二卷首一卷 （清）張玉書撰 清
光緒二十七年（1901）木活字本 十三冊

430000 – 2401 – 0030395　△437/121

文貞公集十二卷　（清）張玉書撰　清鈔本
六冊

430000 – 2401 – 0030396　△437/67

張世準致劉坤一書信　（清）張世準撰　稿本
一冊

430000 – 2401 – 0030397　437/194

夢因閣詩鈔六卷　（清）張本先撰　清光緒元
年(1875)辰州虎溪精舍刻本　二冊

430000 – 2401 – 0030398　437/194(1)

夢因閣詩鈔六卷　（清）張本先撰　清光緒元
年(1875)辰州虎溪精舍刻本　二冊

430000 – 2401 – 0030399　437/194(2)

夢因閣詩鈔六卷　（清）張本先撰　清光緒元
年(1875)辰州虎溪精舍刻本　二冊

430000 – 2401 – 0030400　437/1707

大滌山房詩錄八卷試帖一卷　（清）張吉安撰
清道光十四年(1834)刻本　四冊

430000 – 2401 – 0030401　437/2891

張百均鄉試硃卷　（清）張百均撰　清光緒十
五年(1889)刻本　一冊

430000 – 2401 – 0030402　437/2884

張百揆殿試策　（清）張百揆撰　清道光二十
年(1840)刻本　一冊

430000 – 2401 – 0030403　437/2916

張百熙殿試卷　（清）張百熙撰　清同治十三
年(1874)刻本　一冊

430000 – 2401 – 0030404　437/554

退思軒詩集六卷補遺一卷　（清）張百熙撰
清宣統三年(1911)武昌刻本　二冊

430000 – 2401 – 0030405　437/554(1)

退思軒詩集六卷補遺一卷　（清）張百熙撰
清宣統三年(1911)武昌刻本　二冊

430000 – 2401 – 0030406　437/554(2)

退思軒詩集六卷補遺一卷　（清）張百熙撰
清宣統三年(1911)武昌刻本　二冊

430000 – 2401 – 0030407　437/554(3)

退思軒詩集六卷補遺一卷　（清）張百熙撰
清宣統三年(1911)武昌刻本　二冊

430000 – 2401 – 0030408　437/554(4)

退思軒詩集六卷補遺一卷　（清）張百熙撰
清宣統三年(1911)武昌刻本　二冊

430000 – 2401 – 0030409　437/554 – 2

退思軒詩集六卷補遺一卷　（清）張百熙撰
清宣統三年(1911)京師鉛印本　一冊

430000 – 2401 – 0030410　437/554 – 2(1)

退思軒詩集六卷補遺一卷　（清）張百熙撰
清宣統三年(1911)京師鉛印本　一冊

430000 – 2401 – 0030411　437/554 – 2(2)

退思軒詩集六卷補遺一卷　（清）張百熙撰
清宣統三年(1911)京師鉛印本　一冊

430000 – 2401 – 0030412　437/554 – 2(3)

退思軒詩集六卷補遺一卷　（清）張百熙撰
清宣統三年(1911)京師鉛印本　一冊

430000 – 2401 – 0030413　437/554 – 2(4)

退思軒詩集六卷補遺一卷　（清）張百熙撰
清宣統三年(1911)京師鉛印本　一冊

430000 – 2401 – 0030414　437/2149

嘯松樓詩集八卷　（清）張邦柱撰　清乾隆四
十一年(1776)刻本　四冊

430000 – 2401 – 0030415　437/916

澄懷園詩選十二卷　（清）張廷玉撰　清光緒
十八年(1892)張紹棠金陵刻本　四冊

430000 – 2401 – 0030416　437/535

桂馨堂集　（清）張廷濟撰　清道光十九年
(1839)刻本　七冊

430000 – 2401 – 0030417　437/535(1)

桂馨堂集　（清）張廷濟撰　清道光十九年
(1839)刻本　一冊

430000 – 2401 – 0030418　437/535(2)

桂馨堂集　（清）張廷濟撰　清道光十九年
(1839)刻本　一冊

430000 - 2401 - 0030419　437/2390

清儀閣雜詠一卷　（清）張廷濟撰　清道光十九年(1839)刻靜園叢書本　一冊

430000 - 2401 - 0030420　437/536

順安詩草八卷　（清）張廷濟撰　清道光二十八年(1848)清儀閣刻本　四冊

430000 - 2401 - 0030421　437/536(1)

順安詩草八卷　（清）張廷濟撰　清道光二十八年(1848)清儀閣刻本　二冊

430000 - 2401 - 0030422　437/536(2)

順安詩草八卷　（清）張廷濟撰　清道光二十八年(1848)清儀閣刻本　四冊

430000 - 2401 - 0030423　437/69

前川樓文集二卷詩集一卷附圖書秘典一卷　（清）張沐撰　清康熙刻本　五冊

430000 - 2401 - 0030424　437/1551

磐那室詩存一卷　（清）張亨嘉撰　清宣統三年(1911)平江蘇氏鉛印本　一冊

430000 - 2401 - 0030425　437/1551(1)

磐那室詩存一卷　（清）張亨嘉撰　清宣統三年(1911)平江蘇氏鉛印本　一冊

430000 - 2401 - 0030426　437/10

望山堂文集四卷　（清）張扶翼撰　清光緒十二年(1886)黔陽黃忠浩刻本　二冊

430000 - 2401 - 0030427　437/10(1)

望山堂文集四卷　（清）張扶翼撰　清光緒十二年(1886)黔陽黃忠浩刻本　二冊

430000 - 2401 - 0030428　437/10(2)

望山堂文集四卷　（清）張扶翼撰　清光緒十二年(1886)黔陽黃忠浩刻本　二冊

430000 - 2401 - 0030429　437/10(3)

望山堂文集四卷　（清）張扶翼撰　清光緒十二年(1886)黔陽黃忠浩刻本　二冊

430000 - 2401 - 0030430　437/1834 - 3

正誼堂集五卷　（清）張伯行撰　清光緒五年(1879)鉛印三賢政書本　四冊

430000 - 2401 - 0030431　437/1834

正誼堂文集十二卷　（清）張伯行撰　清乾隆三年(1738)刻本　四冊

430000 - 2401 - 0030432　437/1834 - 2

正誼堂文集十二卷續集八卷　（清）張伯行撰　清同治福州正誼書院刻正誼堂叢書本　五冊

430000 - 2401 - 0030433　437/2966

張官湖文華書院課卷　（清）張官湖撰　清稿本　一份

430000 - 2401 - 0030434　437/2486

通隱堂詩存四卷　（清）張京度撰　清同治六年(1867)百梅花草堂刻本　一冊

430000 - 2401 - 0030435　437/2419

從吾所好齋詩鈔三卷　（清）張其昌撰　（清）張鑫莘編　清光緒十六年(1890)月波軒木活字本　一冊

430000 - 2401 - 0030436　437/2419(1)

從吾所好齋詩鈔三卷　（清）張其昌撰　（清）張鑫莘編　清光緒十六年(1890)月波軒木活字本　一冊

430000 - 2401 - 0030437　437/1955

怡雲詩草二卷　（清）張其祿撰　清光緒十五年(1889)張繼淑等刻本　一冊

430000 - 2401 - 0030438　437/1955 - 2

怡雲詩草二卷　（清）張其祿撰　清道光二十三年(1843)刻本　二冊

430000 - 2401 - 0030439　437/2629

張亟齋遺集六卷　（清）張弨撰　清同治四年(1865)望三益齋刻本　一冊

430000 - 2401 - 0030440　△437/423

膝嘯詩集十卷文集不分卷集唐詩不分卷　（清）張叔珽撰　清康熙刻本　四冊

430000 - 2401 - 0030441　437/2541

曇華遺稿一卷　（清）張呆撰　清刻本　一冊

430000 - 2401 - 0030442　437/742

躬厚堂詩錄十卷詩初錄四卷詞錄三卷雜文八

卷 （清）張金鏞撰　清同治三年至光緒四年（1864－1878）刻本　六冊

430000－2401－0030443　437/742（1）
躬厚堂詩錄十卷詩初錄四卷詞錄三卷雜文八卷　（清）張金鏞撰　清同治三年至光緒四年（1864－1878）刻本　六冊

430000－2401－0030444　437/742（2）
躬厚堂詩錄十卷詩初錄四卷詞錄三卷雜文八卷　（清）張金鏞撰　清同治三年至光緒四年（1864－1878）刻本　六冊

430000－2401－0030445　437/742（3）
躬厚堂詩錄十卷詩初錄四卷詞錄三卷雜文八卷　（清）張金鏞撰　清同治三年至光緒四年（1864－1878）刻本　六冊

430000－2401－0030446　437/742（4）
躬厚堂詩錄十卷詩初錄四卷詞錄三卷雜文八卷　（清）張金鏞撰　清同治三年至光緒四年（1864－1878）刻本　六冊

430000－2401－0030447　437/742（5）
躬厚堂詩錄十卷詩初錄四卷詞錄三卷雜文八卷　（清）張金鏞撰　清同治三年至光緒四年（1864－1878）刻本　四冊

430000－2401－0030448　437/159
筠心堂文集十卷詩集四卷外集三卷　（清）張岳崧撰　清道光二十四年（1844）刻本　四冊

430000－2401－0030449　437/1029
鐵瓶東游草一卷　（清）張岳齡撰　清光緒四年（1878）刻本　一冊

430000－2401－0030450　437/1037
鐵瓶詩鈔九卷雜存二卷　（清）張岳齡撰　清光緒五年（1879）刻本　四冊

430000－2401－0030451　437/1037（1）
鐵瓶詩鈔九卷雜存二卷　（清）張岳齡撰　清光緒五年（1879）刻本　四冊

430000－2401－0030452　437/1037（2）
鐵瓶詩鈔九卷雜存二卷　（清）張岳齡撰　清光緒五年（1879）刻本　二冊　缺四卷（六至九）

430000－2401－0030453　437/1037（3）
鐵瓶詩鈔九卷雜存二卷　（清）張岳齡撰　清光緒五年（1879）刻本　三冊　存五卷（詩鈔一至三、雜存二卷）

430000－2401－0030454　437/1037（4）
鐵瓶詩鈔九卷雜存二卷　（清）張岳齡撰　清光緒五年（1879）刻本　一冊　存三卷（一至三）

430000－2401－0030455　△437/174
存誠堂詩集二十五卷應制詩五卷　（清）張英撰　清康熙四十三年（1704）刻本　六冊

430000－2401－0030456　△437/502
篤素堂文集十六卷詩集七卷　（清）張英撰　清康熙刻本　六冊

430000－2401－0030457　437/809－3
篤素堂集鈔三卷　（清）張英撰　清光緒十四年（1888）湘鄉蔣氏求實齋刻本　一冊

430000－2401－0030458　437/809
篤素堂集鈔三卷　（清）張英撰　清光緒十七年（1891）江蘇書局刻本　一冊

430000－2401－0030459　437/809－2
篤素堂集鈔三卷　（清）張英撰　清上海掃葉山房石印德育叢書本　一冊

430000－2401－0030460　437/808－2
篤素堂詩集七卷文集十六卷　（清）張英撰　清光緒二十三年（1897）桐城張氏刻張文端集本　九冊

430000－2401－0030461　437/810
篤素堂文集四卷　（清）張英撰　清光緒邵陽毅氏湖南學庫刻本　一冊

430000－2401－0030462　437/810（1）
篤素堂文集四卷　（清）張英撰　清光緒邵陽毅氏湖南學庫刻本　一冊

430000－2401－0030463　437/810（2）
篤素堂文集四卷　（清）張英撰　清光緒邵陽毅氏湖南學庫刻本　一冊

430000－2401－0030464　437/808

篤素堂詩集七卷文集十六卷　（清）張英撰
清刻本　六冊

430000 – 2401 – 0030465　437/808（1）
篤素堂詩集七卷文集十六卷　（清）張英撰
清刻本　一冊　存三卷（四至六）

430000 – 2401 – 0030466　437/810 – 2
篤素堂文集四卷　（清）張英撰　清末善化章
經濟堂刻本　一冊

430000 – 2401 – 0030467　437/2363
庸書二十卷睡居隨錄四卷玉山遺響六卷
（清）張貞生撰　清康熙講學山房刻本　十
五冊

430000 – 2401 – 0030468　△437/538
露香書屋詩集十卷　（清）張映辰撰　清嘉慶
十年（1805）錢塘張氏刻本　二冊

430000 – 2401 – 0030469　437/340
仰蕭樓文集一卷國朝經學名儒記一卷　（清）
張星鑒撰　清光緒六年至八年（1880 – 1882）
刻本　一冊

430000 – 2401 – 0030470　△437/397
集唐詩一卷　（清）張思閌撰　清乾隆劉氏兩
間書屋刻本　一冊

430000 – 2401 – 0030471　437/197
溪州官牘四集　（清）張修府撰　清同治四年
（1865）刻本　四冊

430000 – 2401 – 0030472　437/197（1）
溪州官牘四集　（清）張修府撰　清同治四年
（1865）刻本　四冊

430000 – 2401 – 0030473　437/27
小琅環園詩錄七卷又一卷詞錄一卷　（清）張
修府撰　清光緒七年（1881）長沙刻本　二冊

430000 – 2401 – 0030474　437/27（1）
小琅環園詩錄七卷又一卷詞錄一卷　（清）張
修府撰　清光緒七年（1881）長沙刻本　二冊

430000 – 2401 – 0030475　437/27（2）
小琅環園詩錄七卷又一卷詞錄一卷　（清）張
修府撰　清光緒七年（1881）長沙刻本　二冊

430000 – 2401 – 0030476　437/27（3）
小琅環園詩錄七卷又一卷詞錄一卷　（清）張
修府撰　清光緒七年（1881）長沙刻本　二冊

430000 – 2401 – 0030477　437/27（4）
小琅環園詩錄七卷又一卷詞錄一卷　（清）張
修府撰　清光緒七年（1881）長沙刻本　二冊

430000 – 2401 – 0030478　437/2555
蓉裳詩鈔八卷　（清）張家矩撰　清道光十三
年（1833）刻本　一冊

430000 – 2401 – 0030479　437/2555（1）
蓉裳詩鈔八卷　（清）張家矩撰　清道光十三
年（1833）刻本　二冊

430000 – 2401 – 0030480　437/2916
張祖綸殿試卷　（清）張祖綸撰　清光緒十二
年（1886）刻本　一冊

430000 – 2401 – 0030481　437/1954
巢睫吟稿二卷　（清）張烜撰　清光緒十五年
（1889）張繼淑等刻本　一冊

430000 – 2401 – 0030482　437/85
三十二百福草堂詩集四卷　（清）張珣撰　清
末鉛印本　四冊

430000 – 2401 – 0030483　437/85（1）
三十二百福草堂詩集四卷　（清）張珣撰　清
末鉛印本　四冊

430000 – 2401 – 0030484　437/2807
張茯年鄉試卷　（清）張茯年撰　清光緒二十
八年（1902）刻本　一冊

430000 – 2401 – 0030485　437/1739
介軒文鈔八卷詩鈔十卷外集二卷　（清）張振
夔撰　清同治九年（1870）家刻本　八冊

430000 – 2401 – 0030486　437/155
閩楛先生集三十卷　（清）張望撰　清嘉慶十
六年（1811）陽下山莊刻本　十冊

430000 – 2401 – 0030487　437/156
閩楛先生集三十卷外集八卷鸕花岡集八卷
（清）張望撰　清同治三年（1864）義寧鴻文齋
刻本　十六冊

430000 – 2401 – 0030488　437/156（1）

閏楮先生集三十卷外集八卷羃花岡集八卷
（清）張望撰　清同治三年（1864）義寧鴻文齋
刻本　十六冊

430000 – 2401 – 0030489　437/156（2）

閏楮先生集三十卷外集八卷羃花岡集八卷
（清）張望撰　清同治三年（1864）義寧鴻文齋
刻本　十四冊

430000 – 2401 – 0030490　437/156（3）

閏楮先生集三十卷外集八卷羃花岡集八卷
（清）張望撰　清同治三年（1864）義寧鴻文齋
刻本　十二冊

430000 – 2401 – 0030491　437/1120

**小重山房初稿詩十六卷詞三卷試帖一卷文二卷
賦二卷**　（清）張祥河撰　**霞閣小稿一卷**　（清）
張昌緒撰　清道光八年（1828）刻本　四冊

430000 – 2401 – 0030492　437/2498

詩龕詩錄六卷　（清）張祥河撰　清道光十八
年（1838）松風草堂刻本　二冊

430000 – 2401 – 0030493　437/2499

詩龕詩外四卷　（清）張祥河撰　清道光十八
年（1838）松風草堂刻本　二冊

430000 – 2401 – 0030494　437/1121

小重山房詩續錄十二卷　（清）張祥河撰　清
光緒元年（1875）刻本　四冊

430000 – 2401 – 0030495　437/2600

怡園集一卷福祿鴛鴦集一卷　（清）張祥河撰
清末刻本　一冊

430000 – 2401 – 0030496　437/1166

芸陔遺集十四卷附一卷　（清）張啟祚撰　清
光緒三十四年（1908）木活字本　二冊

430000 – 2401 – 0030497　437/20

梅墅詩鈔八卷　（清）張啟鵬撰　清道光二十
八年（1848）友石山房刻本　二冊

430000 – 2401 – 0030498　437/20（1）

梅墅詩鈔八卷　（清）張啟鵬撰　清道光二十
八年（1848）友石山房刻本　二冊

430000 – 2401 – 0030499　437/20（2）

梅墅詩鈔八卷　（清）張啟鵬撰　清道光二十
八年（1848）友石山房刻本　二冊

430000 – 2401 – 0030500　437/2580

無垢瀞室時藝四卷　（清）張啟鵬撰　清同治
九年（1870）刻本　四冊

430000 – 2401 – 0030501　437/436

金粟山房詩草六卷　（清）張培仁撰　清道光
刻本　一冊

430000 – 2401 – 0030502　437/437

金粟山房詩鈔二集六卷首一卷　（清）張培
仁撰　清同治七年（1868）刻本　六冊

430000 – 2401 – 0030503　437/437（1）

金粟山房詩鈔二集六卷首一卷　（清）張培
仁撰　清同治七年（1868）刻本　六冊

430000 – 2401 – 0030504　437/438

金粟山房駢體文二卷　（清）張培仁撰　清同
治八年（1869）刻本　二冊

430000 – 2401 – 0030505　437/438（1）

金粟山房駢體文二卷　（清）張培仁撰　清同
治八年（1869）刻本　二冊

430000 – 2401 – 0030506　437/438（2）

金粟山房駢體文二卷　（清）張培仁撰　清同
治八年（1869）刻本　二冊

430000 – 2401 – 0030507　437/1818

亥白詩草八卷　（清）張問安撰　清嘉慶二十
一年（1816）刻本　二冊

430000 – 2401 – 0030508　437/1995 – 4

船山詩選六卷　（清）張問陶撰　清嘉慶二十
二年（1817）刻士禮居黃氏叢書本　一冊

430000 – 2401 – 0030509　437/1995

船山詩草二十卷　（清）張問陶撰　清嘉慶二
十年（1815）刻本　八冊

430000 – 2401 – 0030510　437/1995（1）

船山詩草二十卷　（清）張問陶撰　清嘉慶二
十年（1815）刻本　八冊

430000－2401－0030511　437/1995（2）

船山詩草二十卷　（清）張問陶撰　清嘉慶二十年(1815)刻本　八冊

430000－2401－0030512　437/1995（3）

船山詩草二十卷　（清）張問陶撰　清嘉慶二十年(1815)刻本　八冊

430000－2401－0030513　437/1995（4）

船山詩草二十卷　（清）張問陶撰　清嘉慶二十年(1815)刻本　八冊

430000－2401－0030514　437/1995－3

船山詩草二十卷　（清）張問陶撰　清刻本　五冊

430000－2401－0030515　437/1995－3（1）

船山詩草二十卷　（清）張問陶撰　清刻本　三冊

430000－2401－0030516　△437/284

逃禪閣集八卷　（清）張崟撰　清刻本　三冊

430000－2401－0030517　437/2047

芙蓉館詩鈔四卷　（清）張紹齡撰　清宣統三年(1911)鉛印本　一冊

430000－2401－0030518　437/2047（1）

芙蓉館詩鈔四卷　（清）張紹齡撰　清宣統三年(1911)鉛印本　一冊

430000－2401－0030519　437/1024

日鋤齋詩集八卷缶音一卷洵皓一卷　（清）張琛撰　清道光四年(1824)刻本　九冊

430000－2401－0030520　437/2327

宛鄰文二卷詩二卷　（清）張琦撰　蓬室偶吟一卷　（清）湯瑤卿撰　清光緒十七年(1891)宛鄰書屋鉛印本　二冊

430000－2401－0030521　437/1401

三影閣叢書　（清）張雲璈撰　清道光孫之杲刻本　十八冊

430000－2401－0030522　437/1402

簡松草堂詩集二十卷　（清）張雲璈撰　清嘉慶十二年至二十四年（1807－1819）刻本　四冊

430000－2401－0030523　437/1402（1）

簡松草堂詩集二十卷　（清）張雲璈撰　清嘉慶十二年至二十四年（1807－1819）刻本　八冊

430000－2401－0030524　437/1402（2）

簡松草堂詩集二十卷　（清）張雲璈撰　清嘉慶十二年至二十四年（1807－1819）刻本　四冊　存九卷(一至九)

430000－2401－0030525　437/652－3

茗柯文初編一卷二編二卷三編一卷四編一卷　（清）張惠言撰　清道光三年(1823)刻受經堂匯稿本　二冊

430000－2401－0030526　437/652

茗柯文初編一卷二編二卷三編一卷四編一卷　（清）張惠言撰　清光緒七年(1881)刻本　二冊

430000－2401－0030527　437/652（1）

茗柯文初編一卷二編二卷三編一卷四編一卷　（清）張惠言撰　清光緒七年(1881)刻本　二冊

430000－2401－0030528　437/652（2）

茗柯文初編一卷二編二卷三編一卷四編一卷　（清）張惠言撰　清光緒七年(1881)刻本　二冊

430000－2401－0030529　437/652（3）

茗柯文初編一卷二編二卷三編一卷四編一卷　（清）張惠言撰　清光緒七年(1881)刻本　二冊

430000－2401－0030530　437/652（4）

茗柯文初編一卷二編二卷三編一卷四編一卷　（清）張惠言撰　清光緒七年(1881)刻本　二冊

430000－2401－0030531　△437/302

茗柯文初編一卷二編二卷三編一卷四編一卷詞一卷　（清）張惠言撰　清鈔本　二冊

430000－2401－0030532　437/2927

張斯桂文鈔　（清）張斯桂撰　清光緒鈔本　二冊

430000－2401－0030533　437/1105

小寄園詩鈔聽鯨吟二卷　（清）張開先撰　清
同治十二年（1873）刻本　一冊

430000－2401－0030534　437/1753

石莊詩集六卷　（清）張開霽撰　清同治元年
（1862）鄂城寓館木活字本　三冊

430000－2401－0030535　437/2535

鄂匏集二卷　（清）張開霽撰　清同治三年
（1864）刻本　一冊

430000－2401－0030536　437/893

研雅堂詩八卷　（清）張景祁撰　清光緒二十
三年（1897）福州吳玉田刻本　二冊

430000－2401－0030537　437/995－2

濂亭文集八卷　（清）張裕釗撰　清光緒八年
（1882）查氏木漸齋蘇州刻本　二冊

430000－2401－0030538　437/995－2（1）

濂亭文集八卷　（清）張裕釗撰　清光緒八年
（1882）查氏木漸齋蘇州刻本　二冊

430000－2401－0030539　437/995－2（2）

濂亭文集八卷　（清）張裕釗撰　清光緒八年
（1882）查氏木漸齋蘇州刻本　二冊

430000－2401－0030540　437/995－2（3）

濂亭文集八卷　（清）張裕釗撰　清光緒八年
（1882）查氏木漸齋蘇州刻本　一冊

430000－2401－0030541　437/995

濂亭文集八卷　（清）張裕釗撰　清光緒二十
四年（1898）大冶黃氏關中刻本　二冊

430000－2401－0030542　437/995（1）

濂亭文集八卷　（清）張裕釗撰　清光緒二十
四年（1898）大冶黃氏關中刻本　二冊

430000－2401－0030543　437/993

濂亭遺詩二卷遺文五卷　（清）張裕釗撰　清
光緒二十一年（1895）遵義黎氏刻本　一冊

430000－2401－0030544　437/993（1）

濂亭遺詩二卷遺文五卷　（清）張裕釗撰　清
光緒二十一年（1895）遵義黎氏刻本　一冊

430000－2401－0030545　437/994

濂亭遺文五卷遺詩二卷　（清）張裕釗撰　清
宣統二年（1910）鄂城刻本　二冊

430000－2401－0030546　437/1616

皖游吟一卷　（清）張運秋撰　清光緒六年
（1880）活字印本　一冊

430000－2401－0030547　437/1541

悔不讀齋詩集六卷　（清）張運秋撰　清光緒
二十年（1894）麋城學署刻本　二冊

430000－2401－0030548　437/1541（1）

悔不讀齋詩集六卷　（清）張運秋撰　清光緒
二十年（1894）麋城學署刻本　二冊

430000－2401－0030549　△437/180

竹葉庵文集三十三卷　（清）張塤撰　清乾隆
五十一年（1786）自刻本　四冊

430000－2401－0030550　437/935

漁浦草堂詩集四卷補遺一卷影香詞一卷雪煩
詞一卷　（清）張道撰　清同治六年（1867）刻
本　二冊

430000－2401－0030551　437/935（1）

漁浦草堂詩集四卷補遺一卷影香詞一卷雪煩
詞一卷　（清）張道撰　清同治六年（1867）刻
本　一冊

430000－2401－0030552　437/1770

水屋賸稿二卷　（清）張道渥撰　清同治十一
年至十三年（1872－1874）神山官舍刻本
二冊

430000－2401－0030553　437/2566

潛虬齋續刻大小題稿不分卷　（清）張瑷撰
清康熙刻本　四冊

430000－2401－0030554　437/2845

張達萬鄉試硃卷　（清）張達萬撰　清光緒二
十年（1894）刻本　一冊

430000－2401－0030555　437/934

花洋山館詩鈔十二卷文鈔四卷　（清）張熙宇
撰　清光緒七年（1881）叙州汗青簃刻本
六冊

430000－2401－0030556　437/934(1)

花洋山館詩鈔十二卷文鈔四卷　（清）張熙宇撰　清光緒七年(1881)叙州汗青簃刻本　一冊　存三卷(詩鈔七至九)

430000－2401－0030557　437/2822

張熙焞鄉試硃卷　（清）張熙焞撰　清光緒十九年(1893)刻本　一冊

430000－2401－0030558　437/1687

崇蘭堂詩初存十卷　（清）張預撰　清光緒二十年(1894)刻腹廬類集本　二冊

430000－2401－0030559　437/1687(1)

崇蘭堂詩初存十卷　（清）張預撰　清光緒二十年(1894)刻腹廬類集本　二冊

430000－2401－0030560　437/1687(2)

崇蘭堂詩初存十卷　（清）張預撰　清光緒二十年(1894)刻腹廬類集本　二冊

430000－2401－0030561　437/1687(3)

崇蘭堂詩初存十卷　（清）張預撰　清光緒二十年(1894)刻腹廬類集本　二冊

430000－2401－0030562　437/1687(4)

崇蘭堂詩初存十卷　（清）張預撰　清光緒二十年(1894)刻腹廬類集本　二冊

430000－2401－0030563　437/1686

崇蘭堂駢體文初存二卷　（清）張預撰　清光緒三十四年(1908)湖北官印刷局鉛印本　一冊

430000－2401－0030564　437/1686(1)

崇蘭堂駢體文初存二卷　（清）張預撰　清光緒三十四年(1908)湖北官印刷局鉛印腹廬類集本　一冊

430000－2401－0030565　437/1121

羅浮山房詩存八卷　（清）張雋撰　清光緒二十四年(1898)刻本　四冊

430000－2401－0030566　437/252

西廬文集四卷　（清）張雋撰　清宣統二年(1910)上海國學扶輪社鉛印本　二冊

430000－2401－0030567　437/2359

留硯堂集五卷　（清）張漢撰　清刻本　五冊

430000－2401－0030568　437/1569

敬恕齋遺稿二卷　（清）張夢元撰　清光緒二十四年(1898)本宅刻本　二冊

430000－2401－0030569　437/1625

舫廬文存四卷首一卷外集一卷餘集一卷　（清）張壽榮撰　清光緒九年(1883)蛟川張氏樹棠齋刻本　四冊

430000－2401－0030570　437/1625(1)

舫廬文存四卷首一卷外集一卷餘集一卷　（清）張壽榮撰　清光緒九年(1883)蛟川張氏樹棠齋刻本　四冊

430000－2401－0030571　437/2889

張壽衡鄉試硃卷　（清）張壽衡撰　清光緒十七年(1891)刻本　一冊

430000－2401－0030572　437/1683(1)

潡詩存一卷　（清）張嘉顯撰　（清）鄧萬里編　清光緒十九年(1893)木活字本　一冊

430000－2401－0030573　437/1683

潡詩存一卷　（清）張嘉顯撰　（清）鄧萬里編　清光緒二十年(1894)木活字本　一冊

430000－2401－0030574　437/664

寒松閣詩四卷詞三卷駢體文一卷　（清）張鳴珂撰　清光緒十至三十年(1884－1904)刻本　一冊

430000－2401－0030575　437/2102

張亨甫全集詩集二十七卷文集六卷　（清）張際亮撰　清同治六年(1867)刻本　十二冊

430000－2401－0030576　△437/263

思伯子堂詩集三十二卷　（清）張際亮撰　清同治八年(1869)刻本　十冊

430000－2401－0030577　437/2103

張亨甫詩選二卷　（清）張際亮撰　（清）王景崧選　清光緒二十六年(1900)武岡州學署刻本　一冊

430000－2401－0030578　437/274

亨甫詩選八卷　（清）張際亮撰　（清）徐榦選

清光緒八年(1882)邵武徐氏刻本　八冊

430000－2401－0030579　437/274(1)

亨甫詩選八卷 （清）張際亮撰　（清）徐幹選
清光緒八年(1882)邵武徐氏刻本　八冊

430000－2401－0030580　△437/445

蒿庵集三卷附錄一卷 （清）張爾岐撰　清乾
隆三十八年(1773)聽泉齋刻本　一冊

430000－2401－0030581　△437/445－2

蒿庵集三卷蒿庵詩集附錄一卷 （清）張爾岐
撰　清鈔本　三冊

430000－2401－0030582　437/1797

蒿庵文集三卷拾遺一卷附錄一卷 （清）張爾
岐撰　清光緒十五年(1889)山東書局刻本
二冊

430000－2401－0030583　△437/440

漁村詩稿六卷 （清）張鳳翔撰　清嘉慶九年
(1804)刻本　二冊

430000－2401－0030584　437/1137

鏡真山房詩鈔六卷試帖二卷 （清）張鳳翔撰
清同治二年(1863)皖上軍幕刻本　四冊

430000－2401－0030585　437/1993

聽松廬詩鈔十六卷 （清）張維屏撰　清嘉慶
十八年(1813)刻本　四冊

430000－2401－0030586　△437/540

聽松廬詩鈔六卷 （清）張維屏撰　（清）黃喬
松編　清道光刻本　四冊

430000－2401－0030587　437/638

荀先詩草不分卷續南游日記二卷 （清）張維
烺撰　清宣統二年(1910)刻本　四冊

430000－2401－0030588　437/988

綠槐書屋詩稿三卷 （清）張綸英撰　清同治
七年(1868)嘉平刻本　一冊

430000－2401－0030589　437/2531

養素堂文集三十五卷 （清）張澍撰　清道光
十七年(1837)棗華書屋刻本　八冊

430000－2401－0030590　437/2531(1)

養素堂文集三十五卷 （清）張澍撰　清道光
十七年(1837)棗華書屋刻本　十六冊

430000－2401－0030591　△437/279

奚囊寸錦三卷 （清）張潮撰　清乾隆二十九
年(1764)羅興堂清遠閣刻本　三冊

430000－2401－0030592　437/1389

蕭亭詩選六卷 （清）張實居撰　（清）王士禛
批點　清康熙刻本　二冊

430000－2401－0030593　437/2267

祈園詩集一卷 （清）張廣楠撰　清宣統二年
(1910)刻本　一冊

430000－2401－0030594　437/2891

張廣榮鄉試硃卷 （清）張廣榮撰　清光緒十
五年(1889)刻本　一冊

430000－2401－0030595　437/1036

鐵畫樓詩續鈔二卷 （清）張蔭桓撰　清光緒
二十八年(1902)高州福文堂刻本　一冊

430000－2401－0030596　437/2439

彩雲百詠二卷 （清）張履程撰　清嘉慶雲南
會文堂刻本　一冊

430000－2401－0030597　437/1365

嬰山小園晚年手定稿五卷 （清）張誠撰　清
光緒元年(1875)刻本　一冊

430000－2401－0030598　437/1364

嬰山小園文集六卷 （清）張誠撰　清光緒二
十一年(1895)刻本　二冊

430000－2401－0030599　437/129

聽園文存八卷 （清）張學尹撰　清同治十一
年(1872)師白山房刻本　四冊

430000－2401－0030600　437/129(1)

聽園文存八卷 （清）張學尹撰　清同治十一
年(1872)師白山房刻本　四冊

430000－2401－0030601　437/2834

味經書屋詩稿十二卷 （清）張燮撰　清道光
十一年(1831)奉勤堂刻本　四冊

430000－2401－0030602　△437/340

張湘門先生詩稿二卷　（清）張璨撰　稿本
二冊

430000－2401－0030603　437/2134

大墅草堂詩八卷白癡詞二卷　（清）張邁撰
清光緒三十年(1904)刻本　一冊

430000－2401－0030604　437/2230

淡藕軒詩初稿四卷詞一卷　（清）張綰英撰
清道光二十年(1840)宛鄰書屋刻本　一冊

430000－2401－0030605　437/2027

謙庵詩鈔十一卷　（清）張禮撰　清道光九年
(1829)澹如山房刻本　八冊

430000－2401－0030606　437/688

擁書堂詩集四卷　（清）張璇撰　傳硯堂詩存
一卷　（清）張允垂　清光緒二十四年(1898)
刻本　一冊

430000－2401－0030607　437/2791

尚友堂文稿　（清）張璵撰　清末稿本　一冊

430000－2401－0030608　437/2892

張鎮鄉試硃卷　（清）張鎮撰　清光緒十四年
(1888)刻本　一冊

430000－2401－0030609　437/1996

白水堂詩集二十六卷　（清）張瓊英撰　清刻
本　六冊

430000－2401－0030610　437/1429

南華山房詩鈔八卷南華山人詩鈔七卷　（清）
張鵬翀撰　清乾隆刻本　六冊

430000－2401－0030611　437/900

紫硯山房詩稿初集一卷續集一卷　（清）張瀓
撰　清道光三十年(1850)羊城刻本　二冊

430000－2401－0030612　437/779

求益齋全集二十卷　（清）强汝詢撰　清光緒
二十四年(1898)江蘇書局刻本　八冊

430000－2401－0030613　437/779(1)

求益齋全集二十卷　（清）强汝詢撰　清光緒
二十四年(1898)江蘇書局刻本　八冊

430000－2401－0030614　△437/241

牧雲和尚嬾齋別集十四卷　（清）釋通門撰
清初毛氏汲古閣刻本　八冊

430000－2401－0030615　437/2973

陳乙蕃城南書院課卷　（清）陳乙蕃撰　清稿
本　一份

430000－2401－0030616　437/736

島孫集鈔十二卷　（清）陳之馻撰　（清）陳杰
編　清乾隆四十年(1775)刻本　五冊

430000－2401－0030617　437/736(1)

島孫集鈔十二卷　（清）陳之馻撰　（清）陳杰
編　清乾隆四十年(1775)刻本　一冊　存一
卷(八)

430000－2401－0030618　437/40

補拙齋詩集一卷　（清）陳士元撰　清光緒十
六年(1890)京師刻本　一冊

430000－2401－0030619　437/1192

雨花山房詩鈔二卷　（清）陳士杜撰　清道光
五年(1825)刻本　一冊

430000－2401－0030620　437/1654

逸剩詩草二卷　（清）陳士松撰　（清）陳士杜
評　清嘉慶元年(1796)寸耕堂刻本　二冊

430000－2401－0030621　437/1695

逸剩詩草二卷續鑴一卷　（清）陳士松撰
（清）陳士杜評　清嘉慶二十年(1815)寸耕堂
刻本　三冊

430000－2401－0030622　437/2890

陳于夏鄉試硃卷　（清）陳于夏撰　清光緒十
四年(1888)刻本　一冊

430000－2401－0030623　437/872

陳文肅公遺集一卷年譜一卷清芬錄二卷
（清）陳大受撰　（清）陳文騄輯　清光緒十六
年(1890)素園刻本　四冊

430000－2401－0030624　437/872(1)

陳文肅公遺集一卷年譜一卷清芬錄二卷
（清）陳大受撰　（清）陳文騄輯　清光緒十六
年(1890)素園刻本　二冊

430000－2401－0030625　437/91

據梧集一卷　（清）陳子言撰　清光緒二十九年(1903)上海商務印書館鉛印本　一冊

430000－2401－0030626　△437/476

頤道堂詩選十九卷文鈔九卷　（清）陳文述撰　清道光五年(1825)刻本　十二冊

430000－2401－0030627　437/696-2

秣陵集六卷圖考一卷金陵歷代紀年事表一卷　（清）陳文述撰　清道光二年(1822)刻本　三冊

430000－2401－0030628　437/696

秣陵集六卷圖考一卷金陵歷代紀年事表一卷　（清）陳文述撰　清光緒十年(1884)淮南書局刻本　三冊

430000－2401－0030629　437/696（1）

秣陵集六卷圖考一卷金陵歷代紀年事表一卷　（清）陳文述撰　清光緒十年(1884)淮南書局刻本　三冊

430000－2401－0030630　437/696（2）

秣陵集六卷圖考一卷金陵歷代紀年事表一卷　（清）陳文述撰　清光緒十年(1884)淮南書局刻本　三冊

430000－2401－0030631　437/696（3）

秣陵集六卷圖考一卷金陵歷代紀年事表一卷　（清）陳文述撰　清光緒十年(1884)淮南書局刻本　三冊

430000－2401－0030632　437/696（4）

秣陵集六卷圖考一卷金陵歷代紀年事表一卷　（清）陳文述撰　清光緒十年(1884)淮南書局刻本　三冊

430000－2401－0030633　437/696（5）

秣陵集六卷圖考一卷金陵歷代紀年事表一卷　（清）陳文述撰　清光緒十年(1884)淮南書局刻本　三冊

430000－2401－0030634　437/696（6）

秣陵集六卷圖考一卷金陵歷代紀年事表一卷　（清）陳文述撰　清光緒十年(1884)淮南書局刻本　四冊

430000－2401－0030635　437/2594

西泠閨詠十六卷　（清）陳文述撰　（清）龍玉晨等編　清光緒十三年(1887)西泠翠螺閣刻本　四冊

430000－2401－0030636　437/2641（2）

碧城僊館詩鈔八卷　（清）陳文述撰　清光緒二十二年(1896)元和江氏湖南使院刊本　一冊　存二卷(七至八)

430000－2401－0030637　437/2641

碧城僊館詩鈔十卷岱游集一卷附錄一卷　（清）陳文述撰　清宣統三年(1911)上海國學扶輪社鉛印本　五冊

430000－2401－0030638　437/2861

陳文銳會試硃卷　（清）陳文銳撰　清光緒六年(1880)刻本　一冊

430000－2401－0030639　437/2727

陳元田試卷　（清）陳元田撰　清末嶽麓書院稿本　一冊

430000－2401－0030640　△437/436

愛日堂詩二十八卷　（清）陳元龍撰　清乾隆刻本　六冊

430000－2401－0030641　437/1370

歸樸堂詩存四卷　（清）陳戊撰　清光緒十一年(1885)刻本　四冊

430000－2401－0030642　437/1370（1）

歸樸堂詩存四卷　（清）陳戊撰　清光緒十一年(1885)刻本　二冊

430000－2401－0030643　437/1370（2）

歸樸堂詩存四卷　（清）陳戊撰　清光緒十一年(1885)刻本　二冊

430000－2401－0030644　437/1370（3）

歸樸堂詩存四卷　（清）陳戊撰　清光緒十一年(1885)刻本　二冊

430000－2401－0030645　437/1736

簠齋尺牘不分卷　（清）陳介祺撰　清末影印本　三冊

430000－2401－0030646　437/1736（1）

簠齋尺牘不分卷　（清）陳介祺撰　清末影印本　三冊

430000－2401－0030647　437/1736（2）

簠齋尺牘不分卷　（清）陳介祺撰　清末影印本　三冊

430000－2401－0030648　437/1736（3）

簠齋尺牘不分卷　（清）陳介祺撰　清末影印本　一冊

430000－2401－0030649　437/1495

蘭墅詩存二卷　（清）陳允頤撰　清光緒三十二年（1906）杭州刻本　一冊

430000－2401－0030650　437/1601

琴海集二卷　（清）陳玉鄰撰　清光緒二十一年（1895）刻本　一冊

430000－2401－0030651　437/1988

求志居集三十六卷外集一卷　（清）陳世鎔撰　清道光二十五年（1845）獨秀山莊刻本　八冊

430000－2401－0030652　437/1988（1）

求志居集三十六卷外集一卷　（清）陳世鎔撰　清道光二十五年（1845）獨秀山莊刻本　八冊

430000－2401－0030653　437/1820

太乙舟文集八卷　（清）陳用光撰　清道光二十三年（1843）武昌刻本　十冊

430000－2401－0030654　437/1820（1）

太乙舟文集八卷　（清）陳用光撰　清道光二十三年（1843）武昌刻本　四冊

430000－2401－0030655　437/1820－2

太乙舟文集八卷　（清）陳用光撰　清光緒八年（1882）刻本　六冊

430000－2401－0030656　437/1820－3

太乙舟文集八卷　（清）陳用光撰　清光緒二十一年（1895）長沙刻本　五冊

430000－2401－0030657　437/1820－3（1）

太乙舟文集八卷　（清）陳用光撰　清光緒二十一年（1895）長沙刻本　八冊

430000－2401－0030658　437/1820－4

太乙舟文集八卷　（清）陳用光撰　清光緒三十二年（1906）刻本　七冊

430000－2401－0030659　437/2886

陳守晟鄉試硃卷　（清）陳守晟撰　清光緒五年（1879）刻本　一冊

430000－2401－0030660　437/2529

秋水山房賦詠詩鈔一卷　（清）陳圭撰　清末刻本　一冊

430000－2401－0030661　437/901

紫竹山房詩集十二卷文集二十卷　（清）陳兆崙撰　清乾隆刻本　十冊

430000－2401－0030662　437/901（1）

紫竹山房詩集十二卷文集二十卷　（清）陳兆崙撰　清乾隆刻本　十二冊

430000－2401－0030663　437/901（2）

紫竹山房詩集十二卷文集二十卷　（清）陳兆崙撰　清乾隆刻本　十二冊

430000－2401－0030664　437/902

紫竹山房塾課文稿一卷文稿二刻不分卷　（清）陳兆崙撰　清乾隆二十四年（1759）陳氏刻本　四冊

430000－2401－0030665　△437/140

午亭文編五十卷　（清）陳廷敬撰　清康熙四十七年（1708）林佶寫刻本　十六冊

430000－2401－0030666　△437/140（1）

午亭文編五十卷　（清）陳廷敬撰　清康熙四十七年（1708）林佶寫刻本　十六冊

430000－2401－0030667　△437/140（2）

午亭文編五十卷　（清）陳廷敬撰　清康熙四十七年（1708）林佶寫刻本　二十四冊

430000－2401－0030668　437/2124

午亭文編五十卷午亭山人第二集三卷　（清）陳廷敬撰　（清）林佶輯錄　清乾隆四十三年（1778）刻本　十六冊

430000－2401－0030669　437/2124（1）

午亭文編五十卷午亭山人第二集三卷　（清）

陳廷敬撰　（清）林佶輯錄　清乾隆四十三年
(1778）刻本　十六冊

430000－2401－0030670　437/2124（2）
午亭文編五十卷午亭山人第二集三卷　（清）
陳廷敬撰　（清）林佶輯錄　清乾隆四十三年
(1778）刻本　十六冊

430000－2401－0030671　437/2124（3）
午亭文編五十卷午亭山人第二集三卷　（清）
陳廷敬撰　（清）林佶輯錄　清乾隆四十三年
(1778）刻本　十六冊

430000－2401－0030672　437/2124（4）
午亭文編五十卷午亭山人第二集三卷　（清）
陳廷敬撰　（清）林佶輯錄　清乾隆四十三年
(1778）刻本　九冊　缺二十卷（四至七、二十
四至二十九、三十五至四十、四十七至五十）

430000－2401－0030673　437/2124（5）
午亭文編五十卷午亭山人第二集三卷　（清）
陳廷敬撰　（清）林佶輯錄　清乾隆四十三年
(1778）刻本　三冊　存二十卷（四十一至四
十四、十八至二十、二十四至二十九、三十五
至四十、四百五十）

430000－2401－0030674　437/769－6
培遠堂偶存稿手札節要三卷　（清）陳弘謀撰
　清道光十七年（1837）刻本　三冊

430000－2401－0030675　437/769－10
陳文恭公手札節要三卷　（清）陳弘謀撰　清
同治元年（1862）長沙刻本　一冊

430000－2401－0030676　437/769－10（1）
陳文恭公手札節要三卷　（清）陳弘謀撰　清
同治元年（1862）長沙刻本　一冊

430000－2401－0030677　437/769－9
陳文恭公手札節要三卷　（清）陳弘謀撰　清
同治七年（1868）楚北崇文書局刻本　三冊

430000－2401－0030678　437/769－8
陳文恭公手札節要三卷　（清）陳弘謀撰　清
光緒八年（1882）合肥張氏刻本　一冊

430000－2401－0030679　437/769－5

培遠堂偶存稿三卷　（清）陳弘謀撰　清同治
八年（1869）王之春刻本　一冊

430000－2401－0030680　437/769－7
培遠堂手札節存三卷　（清）陳弘謀撰　清同
治九年（1870）貽經堂刻本　一冊

430000－2401－0030681　437/769
培遠堂手札節存三卷　（清）陳弘謀撰　清同
治十一年（1872）江蘇書局刻本　一冊

430000－2401－0030682　437/769－4
培遠堂手札節存三卷　（清）陳弘謀撰　清同
治十三年（1874）桂林唐濟刻本　三冊

430000－2401－0030683　437/769－4
培遠堂手札節存三卷　（清）陳弘謀撰　清同
治十三年（1874）桂林唐濟刻本　三冊

430000－2401－0030684　437/769－4（1）
培遠堂手札節存三卷　（清）陳弘謀撰　清同
治十三年（1874）桂林唐濟刻本　三冊

430000－2401－0030685　437/769－3
培遠堂手札節存三卷　（清）陳弘謀撰　清光
緒二十五年（1899）浙江官書局朱墨套印本
三冊

430000－2401－0030686　437/769－2
培遠堂手札二卷　（清）陳弘謀撰　清宣統二
年（1910）上海掃葉山房石印本　二冊

430000－2401－0030687　437/768－2
培遠堂偶存稿四十八卷　（清）陳弘謀撰　清
光緒二十二年（1896）鄂藩署鉛印本　二十四冊

430000－2401－0030688　437/1823
蓬萊閣詩錄四卷　（清）陳克家撰　清同治二
年至八年（1863－1869）刻本　一冊

430000－2401－0030689　△437/356
敦拙堂詩集十三卷　（清）陳奉茲撰　清乾隆
六十年（1795）刻本　四冊

430000－2401－0030690　437/1355
敦拙堂詩集十三卷　（清）陳奉茲撰　清光緒
二年（1876）漢皋榷署刻本　一冊　存四卷
（一至四）

430000－2401－0030691　437/107

嶺南雜事詩鈔八卷　（清）陳坤撰　清光緒三年(1877)廣州藝苑樓刻本　六冊

430000－2401－0030692　437/2886

陳長樋鄉試硃卷　（清）陳長樋撰　清光緒八年(1882)刻本　一冊

430000－2401－0030693　437/1414

雲石詩存四卷　（清）陳岱霖撰　清道光二十八年(1848)持半偈齋刻本　二冊

430000－2401－0030694　437/2865

陳阜嘉會試硃卷　（清）陳阜培撰　清光緒九年(1883)刻本　一冊

430000－2401－0030695　437/1522

寶綸堂集十卷拾遺一卷　（清）陳洪綬撰　清光緒十四年(1888)會稽董氏取斯堂木活字本　八冊

430000－2401－0030696　437/1522(1)

寶綸堂集十卷拾遺一卷　（清）陳洪綬撰　清光緒十四年(1888)會稽董氏取斯堂木活字本　八冊

430000－2401－0030697　437/1522(3)

寶綸堂集十卷拾遺一卷　（清）陳洪綬撰　清光緒十四年(1888)會稽董氏取斯堂木活字本　八冊

430000－2401－0030698　437/1522(2)

寶綸堂集十卷拾遺一卷　（清）陳洪綬撰　清光緒十四年(1888)會稽董氏取斯堂木活字本　八冊

430000－2401－0030699　437/1015

心潛書屋詩存一卷詞賸一卷　（清）陳亮疇撰　清光緒三十二年(1906)杭州刻本　一冊

430000－2401－0030700　437/2542

靈峰草堂集三卷　（清）陳矩撰　清光緒十九年(1893)刻本　一冊

430000－2401－0030701　437/2760

讀書商齋集三十二卷　（清）陳保真撰　鈔本　一冊　存卷首，陳沅雯集：文類、碑、跋、附傳

430000－2401－0030702　437/2458

讀書商齋集詩類七集二十三卷　（清）陳保真撰　清光緒二十年(1894)長沙刻本　四冊　存十三卷(沅澧集一至五、江河集四卷、湖湘集四卷)

430000－2401－0030703　437/2825

陳保彝鄉試硃卷　（清）陳保彝撰　清光緒十九年(1893)刻本　一冊

430000－2401－0030704　437/2150

陳司業集十一卷　（清）陳祖范撰　清乾隆二十九年(1764)刻本　六冊

430000－2401－0030705　437/2417

西湖棹歌一卷鑒湖棹歌一卷　（清）陳祖昭撰　清光緒十三年(1887)刻本　一冊

430000－2401－0030706　437/46

撼山草堂遺稿三卷補錄一卷　（清）陳起書撰　清同治五年(1866)刻本　一冊

430000－2401－0030707　437/46(1)

撼山草堂遺稿三卷補錄一卷　（清）陳起書撰　清同治五年(1866)刻本　一冊

430000－2401－0030708　437/46(2)

撼山草堂遺稿三卷補錄一卷　（清）陳起書撰　清同治五年(1866)刻本　一冊

430000－2401－0030709　437/46(3)

撼山草堂遺稿三卷補錄一卷　（清）陳起書撰　清同治五年(1866)刻本　一冊

430000－2401－0030710　437/46(4)

撼山草堂遺稿三卷補錄一卷　（清）陳起書撰　清同治五年(1866)刻本　一冊

430000－2401－0030711　437/46(5)

撼山草堂遺稿三卷補錄一卷　（清）陳起書撰　清同治五年(1866)刻本　一冊

430000－2401－0030712　437/1223

靜存草堂集七卷　（清）陳龍璋撰　清同治二年(1863)刻本　三冊

430000－2401－0030713　437/619

麻田詩草八卷　（清）陳啟疇撰　清嘉慶二十

四年(1819)刻本　二冊

430000－2401－0030714　437/619(1)

麻田詩草八卷　(清)陳啟疇撰　清嘉慶二十
四年(1819)刻本　一冊　缺四卷(五至八)

430000－2401－0030715　437/619(2)

麻田詩草八卷　(清)陳啟疇撰　清嘉慶二十
四年(1819)刻本　一冊　缺四卷(五至八)

430000－2401－0030716　437/1342

詠史擬古樂府二卷　(清)陳啟疇撰　清嘉慶
十六年(1811)刻本　一冊

430000－2401－0030717　437/377

**刪後文集十六卷詩存十卷四書質疑五卷經義
質疑八卷一齋雜著六卷**　(清)陳梓撰　清嘉
慶二十年(1815)敬義堂刻本　十冊

430000－2401－0030718　437/1034

鷗汀漁隱詩集四卷　(清)陳偕燦撰　清道光
九年(1829)刻本　一冊

430000－2401－0030719　437/2828

陳萃禮鄉試硃卷擬取優貢卷　(清)陳萃禮撰
清光緒八年(1882)刻本　一冊

430000－2401－0030720　437/2590

翼亭雜記一卷　(清)陳雅琛撰　清康熙刻本
一冊

430000－2401－0030721　437/885

綠蕉館詩鈔四卷　(清)陳景高撰　清同治十
三年(1874)刻本　一冊

430000－2401－0030722　437/2621

香草堂叢集二卷　(清)陳智開等撰　清光緒
二十一年(1895)香草堂刻本　一冊

430000－2401－0030723　437/2828

陳運鵾鄉試硃卷　(清)陳運鵾撰　清光緒十
一年(1885)刻本　一冊

430000－2401－0030724　437/184

凝齋先生遺集十卷末一卷　(清)陳道撰　清
乾隆二十七年(1762)集思堂刻本　四冊

430000－2401－0030725　437/2891

陳達寅鄉試硃卷　(清)陳達寅撰　清光緒十
五年(1889)刻本　一冊

430000－2401－0030726　437/1262

碻庵先生詩鈔八卷　(清)陳瑚撰　(清)葉裕
仁編　清光緒二年(1876)合肥蒯德模安道書
院刻本　三冊

430000－2401－0030727　437/1697

玉屏草堂詩集四卷　(清)陳瑞球撰　清道光
二十六年(1846)鄂渚刻本　一冊

430000－2401－0030728　437/1714

三香吟館詩鈔五卷　(清)陳萬全撰　清道光
九年(1829)刻本　一冊

430000－2401－0030729　437/2487

陳薑畬集十卷　(清)陳鼎撰　清光緒三十二
年(1906)刻本　一冊

430000－2401－0030730　437/529

捫燭脞存十二卷首一卷　(清)陳僅撰　清咸
豐四年(1854)繼雅堂木活字本　六冊

430000－2401－0030731　437/665

繼雅堂詩集三十四卷　(清)陳僅撰　清道光
二十七年(1847)刻本　六冊

430000－2401－0030732　437/665(1)

繼雅堂詩集三十四卷　(清)陳僅撰　清道光
二十七年(1847)刻本　六冊

430000－2401－0030733　437/921

綴學堂初稿四卷　(清)陳漢章撰　清光緒十
九年(1893)刻本　一冊

430000－2401－0030734　437/224

冬暄草堂遺詩二卷　(清)陳豪撰　清宣統三
年(1911)刻本　二冊

430000－2401－0030735　437/918

澄懷堂詩集十四卷　(清)陳裴之撰　清道光
九年(1829)漢上題襟館刻本　四冊

430000－2401－0030736　437/2413

東觀存稿一卷　(清)陳壽祺撰　清道光刻左
海全集本　一冊

430000－2401－0030737　437/816

靜遠堂集三卷首一卷　（清）陳壽熊撰　清光
緒十八年（1892）蘇州五畝園刻本　二冊

430000－2401－0030738　437/25

**春江詩集六卷文集六卷時文二卷擬墨一卷鄉
墨一卷會墨一卷外編一卷暗齋初編一卷杓稿
一卷雙江別稿一卷**　（清）陳夢元撰　清道光
刻本　八冊

430000－2401－0030739　△437/116

**小瓊海詩初集三卷二集六卷三集八卷四集四
卷**　（清）陳赫家撰　清道光二十三年（1843）
刻本　八冊

430000－2401－0030740　437/139

聽松樓遺稿四卷附錄一卷　（清）陳爾士撰
清道光元年（1821）刻本　一冊

430000－2401－0030741　437/139（1）

聽松樓遺稿四卷附錄一卷　（清）陳爾士撰
清道光元年（1821）刻本　二冊

430000－2401－0030742　437/414

湖海樓全集五十一卷　（清）陳維崧撰　清乾
隆六十年（1795）浩然堂刻本　十六冊

430000－2401－0030743　437/414（1）

湖海樓全集五十一卷　（清）陳維崧撰　清乾
隆六十年（1795）浩然堂刻本　十六冊

430000－2401－0030744　437/414（2）

湖海樓全集五十一卷　（清）陳維崧撰　清乾
隆六十年（1795）浩然堂刻本　十六冊

430000－2401－0030745　437/414－2

湖海樓全集五十一卷　（清）陳維崧撰　清光
緒十八年（1892）夼山鐸署刻本　十五冊　缺
三卷（詞集七至九）

430000－2401－0030746　△437/359

湖海樓詩集八卷　（清）陳維崧撰　清康熙二
十八年（1689）陳氏患立堂刻本　一冊

430000－2401－0030747　437/415

**湖海樓詩集八卷陳迦陵文集六卷儷體文集十
卷迦陵詞全集三十卷**　（清）陳維崧撰　清康

熙二十八年（1689）陳宗石患立堂刻本　十
四冊

430000－2401－0030748　437/415（1）

**湖海樓詩集八卷陳迦陵文集六卷儷體文集十
卷迦陵詞全集三十卷**　（清）陳維崧撰　清康
熙二十八年（1689）陳宗石患立堂刻本　十
四冊

430000－2401－0030749　437/415（2）

**湖海樓詩集八卷陳迦陵文集六卷儷體文集十
卷迦陵詞全集三十卷**　（清）陳維崧撰　清康
熙二十八年（1689）陳宗石患立堂刻本　十
一冊

430000－2401－0030750　437/415（3）

**湖海樓詩集八卷陳迦陵文集六卷儷體文集十
卷迦陵詞全集三十卷**　（清）陳維崧撰　清康
熙二十八年（1689）陳宗石患立堂刻本　十
四冊

430000－2401－0030751　437/417

湖海樓詩稿十二卷　（清）陳維崧撰　清光緒
二年（1876）重印清康熙春生堂刻本　六冊

430000－2401－0030752　437/2036

婦人集註一卷　（清）陳維崧撰　（清）冒褒註
　婦人集補一卷　（清）冒丹書撰　清宣統元
年（1909）刻冒氏叢書本　一冊

430000－2401－0030753　437/2036（1）

婦人集註一卷　（清）陳維崧撰　（清）冒褒註
　婦人集補一卷　（清）冒丹書撰　清宣統元
年（1909）刻冒氏叢書本　一冊

430000－2401－0030754　△437/339

陳檢討集二十卷　（清）陳維崧撰　（清）程師
恭註　清康熙三十三年（1694）刻本　清乾隆
三十年（1765）張源朱筆過錄佚名批校識并跋
四冊

430000－2401－0030755　437/599

陳檢討集二十卷　（清）陳維崧撰　（清）程師
恭註　清道光二年（1822）金閶步月樓刻本
六冊

430000－2401－0030756　437/599－2

陳檢討集二十卷　（清）陳維崧撰　（清）程師恭註　清同治十三年（1874）大文堂刻本　八冊

430000－2401－0030757　437/599－2（1）

陳檢討集二十卷　（清）陳維崧撰　（清）程師恭註　清同治十三年（1874）大文堂刻本　八冊

430000－2401－0030758　437/599－2（2）

陳檢討集二十卷　（清）陳維崧撰　（清）程師恭註　清同治十三年（1874）大文堂刻本　六冊

430000－2401－0030759　437/599－2（3）

陳檢討集二十卷　（清）陳維崧撰　（清）程師恭註　清同治十三年（1874）大文堂刻本　七冊

430000－2401－0030760　437/599－2（4）

陳檢討集二十卷　（清）陳維崧撰　（清）程師恭註　清同治十三年（1874）大文堂刻本　五冊

430000－2401－0030761　437/599－2（5）

陳檢討集二十卷　（清）陳維崧撰　（清）程師恭註　清同治十三年（1874）大文堂刻本　四冊

430000－2401－0030762　437/599－2（6）

陳檢討集二十卷　（清）陳維崧撰　（清）程師恭註　清同治十三年（1874）大文堂刻本　八冊

430000－2401－0030763　437/1723

補愚詩存一卷　（清）陳慶甲撰　清宣統三年（1911）刻本　一冊

430000－2401－0030764　437/1437

籀經堂類稿二十四卷　（清）陳慶鏞撰　清光緒九年（1883）精刻本　十一冊

430000－2401－0030765　437/2829

陳增玉會試硃卷　（清）陳增玉撰　清光緒九年（1883）刻本　一冊

430000－2401－0030766　437/2822

陳銳鄉試硃卷　（清）陳銳撰　清光緒十九年（1893）刻本　一冊

430000－2401－0030767　437/1244

袌碧齋詩集一卷詞一卷　（清）陳銳撰　清光緒十二年（1886）京師刻本　一冊

430000－2401－0030768　437/1244（1）

袌碧齋詩集一卷詞一卷　（清）陳銳撰　清光緒十二年（1886）京師刻本　一冊

430000－2401－0030769　437/1244（12）

袌碧齋詩集一卷詞一卷　（清）陳銳撰　清光緒十二年（1886）京師刻本　一冊

430000－2401－0030770　437/1244（3）

袌碧齋詩集一卷詞一卷　（清）陳銳撰　清光緒十二年（1886）京師刻本　一冊

430000－2401－0030771　437/1240

袌碧齋詩五卷詞一卷雜文一卷　（清）陳銳撰　清光緒二十一年（1895）揚州刻本　二冊

430000－2401－0030772　437/1240（1）

袌碧齋詩五卷詞一卷雜文一卷　（清）陳銳撰　清光緒二十一年（1895）揚州刻本　二冊

430000－2401－0030773　437/1240（2）

袌碧齋詩五卷詞一卷雜文一卷　（清）陳銳撰　清光緒二十一年（1895）揚州刻本　二冊

430000－2401－0030774　437/1240（3）

袌碧齋詩五卷詞一卷雜文一卷　（清）陳銳撰　清光緒二十一年（1895）揚州刻本　二冊

430000－2401－0030775　437/1240（4）

袌碧齋詩五卷詞一卷雜文一卷　（清）陳銳撰　清光緒二十一年（1895）揚州刻本　二冊

430000－2401－0030776　437/1240（5）

袌碧齋詩五卷詞一卷雜文一卷　（清）陳銳撰　清光緒二十一年（1895）揚州刻本　二冊

430000－2401－0030777　437/874

陳學士文集十八卷　（清）陳儀撰　清乾隆五年（1740）蘭雪齋刻本　九冊

430000－2401－0030778　437/2070

東塾集六卷申范一卷　（清）陳澧撰　清光緒
十八年(1892)菊坡精舍刻本　四冊

430000－2401－0030779　437/2070（1）

東塾集六卷申范一卷　（清）陳澧撰　清光緒
十八年(1892)菊坡精舍刻本　四冊

430000－2401－0030780　437/2070（2）

東塾集六卷申范一卷　（清）陳澧撰　清光緒
十八年(1892)菊坡精舍刻本　三冊

430000－2401－0030781　437/2070（3）

東塾集六卷申范一卷　（清）陳澧撰　清光緒
十八年(1892)菊坡精舍刻本　三冊

430000－2401－0030782　437/2070（4）

東塾集六卷申范一卷　（清）陳澧撰　清光緒
十八年(1892)菊坡精舍刻本　二冊

430000－2401－0030783　△437/258

春柳草堂集四卷　（清）陳澤泰撰　清乾隆五
十八年(1793)刻本　二冊

430000－2401－0030784　437/2892

陳龍光鄉試硃卷　（清）陳龍光撰　清光緒十
四年(1888)刻本　一冊

430000－2401－0030785　437/2890

陳翰霄鄉試硃卷　（清）陳翰霄撰　清光緒十
四年(1888)刻本　一冊

430000－2401－0030786　437/1718

補勤詩存二十四卷　（清）陳錦撰　清光緒三
年(1877)橘蔭軒刻本　八冊

430000－2401－0030787　437/2893

陳鴻甲鄉試硃卷　（清）陳鴻甲撰　清光緒十
五年(1889)刻本　一冊

430000－2401－0030788　437/2857

陳鴻作會試硃卷　（清）陳鴻作撰　清咸豐九
年(1859)刻本　一冊

430000－2401－0030789　437/2520

囊翠樓詩稿二卷　（清）陳鴻逵撰　清光緒二
十一年(1895)刻本　一冊

430000－2401－0030790　437/2926

子良駢體文鈔　（清）陳駿撰　清鈔本　一冊

430000－2401－0030791　437/449

知非齋詩鈔一卷　（清）陳鍾英撰　清同治十
一年(1872)杭州刻本　一冊

430000－2401－0030792　437/2886

陳鍾岳鄉試硃卷　（清）陳鍾岳撰　清光緒八
年(1882)刻本　一冊

430000－2401－0030793　437/2309

陳厚甫稿一卷　（清）陳鍾麟撰　清光緒二十
四年(1898)鏡湖書屋刻本　一冊

430000－2401－0030794　437/396

自樹廬詩集二卷　（清）陳謨撰　清宣統三年
(1911)鉛印本　一冊

430000－2401－0030795　437/2353

陳清端文集十卷　（清）陳璸撰　清同治七年
(1868)羊城富文齋刻本　四冊

430000－2401－0030796　437/2353（1）

陳清端文集十卷　（清）陳璸撰　清同治七年
(1868)羊城富文齋刻本　四冊

430000－2401－0030797　437/2796

陳熔舉人試卷　（清）陳熔撰　清宣統二年
(1910)刻本　一冊

430000－2401－0030798　437/1786

集翠軒詩稿二卷　（清）陳鷗撰　**好湖山樓詩
鈔一卷**　（清）陳霖撰　清光緒二十一年
(1895)刻本　二冊

430000－2401－0030799　437/157

道榮堂文集六卷滄州近詩十卷首一卷　（清）
陳鵬年撰　清乾隆二十七年(1762)刻本
十冊

430000－2401－0030800　437/157（1）

道榮堂文集六卷滄州近詩十卷首一卷　（清）
陳鵬年撰　清乾隆二十七年(1762)刻本　十
四冊

430000－2401－0030801　437/157（2）

道榮堂文集六卷滄州近詩十卷首一卷　（清）

陳鵬年撰　清乾隆二十七年（1762）刻本　十四冊

430000－2401－0030802　437/157（3）
道榮堂文集六卷滄州近詩十卷首一卷　（清）陳鵬年撰　清乾隆二十七年（1762）刻本　十四冊

430000－2401－0030803　437/157（4）
道榮堂文集六卷滄州近詩十卷首一卷　（清）陳鵬年撰　清乾隆二十七年（1762）刻本　十四冊

430000－2401－0030804　437/157（5）
道榮堂文集六卷滄州近詩十卷首一卷　（清）陳鵬年撰　清乾隆二十七年（1762）刻本　十四冊

430000－2401－0030805　△437/418
陳恪勤公詩集三十九卷　（清）陳鵬年撰　清刻本　二冊　存十三卷（水東集三卷、蒿廬集三卷、浮石集七卷）

430000－2401－0030806　437/2140
小迦陵館文集一卷　（清）陳寶撰　清宣統二年（1910）浙江官報印刷局鉛印本　一冊

430000－2401－0030807　437/649
茸香詩草二卷　（清）釋覺慧撰　**岸花送客詩一卷**　（清）陳增德等撰　清嘉慶十六年（1811）文成堂刻本　二冊

430000－2401－0030808　437/2602
觀象居詩鈔二卷　（清）陳蘭瑞撰　清道光二十三年（1843）刻本　一冊

430000－2401－0030809　437/1441
簡莊文鈔六卷續編二卷河莊詩鈔一卷　（清）陳鱣撰　清光緒十四年（1888）德昌羊氏粵東刻本　二冊

430000－2401－0030810　437/1447
餘園詩稿四卷　（清）陸文鍵撰　清光緒十四年（1888）樂志堂刻本　一冊

430000－2401－0030811　437/730
儀顧堂集十六卷　（清）陸心源撰　清同治十三年（1874）福州刻本　四冊

430000－2401－0030812　437/730（1）
儀顧堂集十六卷　（清）陸心源撰　清同治十三年（1874）福州刻本　四冊

430000－2401－0030813　437/730（2）
儀顧堂集十六卷　（清）陸心源撰　清同治十三年（1874）福州刻本　四冊

430000－2401－0030814　437/730（3）
儀顧堂集十六卷　（清）陸心源撰　清同治十三年（1874）福州刻本　四冊

430000－2401－0030815　437/730（4）
儀顧堂集十六卷　（清）陸心源撰　清同治十三年（1874）福州刻本　四冊

430000－2401－0030816　437/731
儀顧堂集二十卷　（清）陸心源撰　清光緒二十四年（1898）刻本　六冊

430000－2401－0030817　437/731（1）
儀顧堂集二十卷　（清）陸心源撰　清光緒二十四年（1898）刻本　六冊

430000－2401－0030818　437/731（2）
儀顧堂集二十卷　（清）陸心源撰　清光緒二十四年（1898）刻本　六冊

430000－2401－0030819　437/731（3）
儀顧堂集二十卷　（清）陸心源撰　清光緒二十四年（1898）刻本　四冊　缺六卷（十五至二十）

430000－2401－0030820　437/730－2
儀顧堂集十六卷　（清）陸心源撰　清刻本　一冊　存四卷（一至四）

430000－2401－0030821　437/582
秋畦詩鈔二卷　（清）陸世埰撰　清嘉慶十一年（1806）刻本　一冊

430000－2401－0030822　437/1073
懷白軒詩鈔十卷詞鈔二卷文鈔二卷駢體一卷賦鈔一卷　（清）陸初望撰　清同治五年（1866）皖城刻本　四冊

430000－2401－0030823　437/2891

陸承宗鄉試硃卷　（清）陸承宗撰　清光緒十五年(1889)刻本　一冊

430000－2401－0030824　437/869

陸堂詩集十六卷續集六卷　（清）陸奎勛撰　清雍正小瀛山閣刻本　四冊

430000－2401－0030825　437/355

角西吟榭詩鈔一卷　（清）陸超升撰　清宣統三年(1911)華雲閣鉛印本　一冊

430000－2401－0030826　437/355（1）

角西吟榭詩鈔一卷　（清）陸超升撰　清宣統三年(1911)華雲閣鉛印本　一冊

430000－2401－0030827　△437/332

梯仙閣餘課一卷　（清）陸鳳池撰　清乾隆刻本　一冊

430000－2401－0030828　437/780

清燕堂詩存一卷　（清）陸潢撰　清宣統三年(1911)刻本　一冊

430000－2401－0030829　437/2916

陸潤庠殿試卷　（清）陸潤庠撰　清同治十三年(1874)刻本　一冊

430000－2401－0030830　△437/535

寶奎堂集十二卷　（清）陸錫熊撰　清嘉慶十五年(1810)松江無求安居刻本　四冊

430000－2401－0030831　437/1076

寶奎堂集十二卷　（清）陸錫熊撰　清道光二十九年(1849)刻本　四冊

430000－2401－0030832　437/1074

蘊真居詩集六卷詩餘一卷　（清）陸學欽撰　清光緒十三年(1887)長沙刻本　一冊

430000－2401－0030833　437/1074（1）

蘊真居詩集六卷詩餘一卷　（清）陸學欽撰　清光緒十三年(1887)長沙刻本　一冊

430000－2401－0030834　437/1074（2）

蘊真居詩集六卷詩餘一卷　（清）陸學欽撰　清光緒十三年(1887)長沙刻本　一冊

430000－2401－0030835　437/1074（3）

蘊真居詩集六卷詩餘一卷　（清）陸學欽撰　清光緒十三年(1887)長沙刻本　一冊

430000－2401－0030836　437/2206

抱真書屋詩鈔九卷詩餘一卷　（清）陸應穀撰　清光緒二十三年(1897)刻本　四冊

430000－2401－0030837　437/1270

讀秋水齋詩十六卷補遺一卷　（清）陸黻恩撰　清同治七年(1868)毗陵楊翰雲齋刻本　三冊

430000－2401－0030838　437/1011

讀秋水齋文六卷　（清）陸黻恩撰　清光緒十六年(1890)木活字本　一冊

430000－2401－0030839　437/1983－2

善卷堂四六十卷　（清）陸繁弨撰　（清）吳自高註　清同治十二年(1873)濟經堂刻本　四冊

430000－2401－0030840　437/1983－2（1）

善卷堂四六十卷　（清）陸繁弨撰　（清）吳自高註　清同治十二年(1873)濟經堂刻本　四冊

430000－2401－0030841　437/1983－3

善卷堂四六十卷　（清）陸繁弨撰　（清）吳自高註　清同治十三年(1874)大文堂刻本　三冊

430000－2401－0030842　437/1983

善卷堂四六十卷　（清）陸繁弨撰　（清）吳自高註　清刻本　四冊

430000－2401－0030843　437/1983（1）

善卷堂四六十卷　（清）陸繁弨撰　（清）吳自高註　清刻本　三冊　存二卷(一至二)

430000－2401－0030844　437/747－2

三魚堂文集十二卷外集六卷附錄一卷　（清）陸隴其撰　清康熙三十三年(1694)嘉會堂刻本　八冊

430000－2401－0030845　437/747

三魚堂文集十二卷外集六卷附錄一卷　（清）

陸隴其撰　清康熙四十年(1701)琴川書屋刻
本　六冊

430000－2401－0030846　437/747(1)
三魚堂文集十二卷外集六卷附錄一卷　(清)
陸隴其撰　清康熙四十年(1701)琴川書屋刻
本　六冊

430000－2401－0030847　437/747(2)
三魚堂文集十二卷外集六卷附錄一卷　(清)
陸隴其撰　清康熙四十年(1701)琴川書屋刻
本　六冊

430000－2401－0030848　437/747(3)
三魚堂文集十二卷外集六卷附錄一卷　(清)
陸隴其撰　清康熙四十年(1701)琴川書屋刻
本　六冊

430000－2401－0030849　437/747(4)
三魚堂文集十二卷外集六卷附錄一卷　(清)
陸隴其撰　清康熙四十年(1701)琴川書屋刻
本　八冊

430000－2401－0030850　437/747(5)
三魚堂文集十二卷外集六卷附錄一卷　(清)
陸隴其撰　清康熙四十年(1701)琴川書屋刻
本　八冊

430000－2401－0030851　437/747－3
三魚堂文集十二卷外集六卷附錄一卷　(清)
陸隴其撰　清康熙四十年(1701)刻老掃葉山
房印本　八冊

430000－2401－0030852　437/747－3(1)
三魚堂文集十二卷外集六卷附錄一卷　(清)
陸隴其撰　清康熙四十年(1701)刻老掃葉山
房印本　八冊

430000－2401－0030853　437/747－3(2)
三魚堂文集十二卷外集六卷附錄一卷　(清)
陸隴其撰　清康熙四十年(1701)刻老掃葉山
房印本　八冊

430000－2401－0030854　437/747－3(3)
三魚堂文集十二卷外集六卷附錄一卷　(清)
陸隴其撰　清康熙四十年(1701)刻老掃葉山

房印本　三冊　缺九卷(文集七至十二、外集
一至三)

430000－2401－0030855　437/747－4
**三魚堂文集十二卷外集六卷附錄一卷賸言十
二卷**　(清)陸隴其撰　清同治七年(1868)武
陵薇署刻本　七冊

430000－2401－0030856　△437/133
切問齋集十六卷　(清)陸燿撰　清乾隆五十
七年(1792)輝吉堂刻本　八冊

430000－2401－0030857　437/84
切問齋集十二卷首一卷　(清)陸燿撰　清光
緒十八年(1892)江蘇書局刻本　四冊

430000－2401－0030858　437/84(1)
切問齋集十二卷首一卷　(清)陸燿撰　清光
緒十八年(1892)江蘇書局刻本　四冊

430000－2401－0030859　437/1378
雙白燕堂集唐詩二卷　(清)陸耀遹撰　清道
光二十二年(1842)刻本　一冊

430000－2401－0030860　437/1377
雙白燕堂文集二卷外集八卷　(清)陸耀遹撰
清光緒四年(1878)興國州署刻本　四冊

430000－2401－0030861　△437/522
雙白燕堂詩集八卷　(清)陸耀遹撰　清鈔本
二冊

430000－2401－0030862　437/2358
**崇百藥齋文集二十卷續集四卷三集十二卷合
肥學舍札記十二卷**　(清)陸繼輅撰　清光緒
四年(1878)興國州署刻本　十六冊

430000－2401－0030863　437/2358(1)
**崇百藥齋文集二十卷續集四卷三集十二卷合
肥學舍札記十二卷**　(清)陸繼輅撰　清光緒
四年(1878)興國州署刻本　十六冊

430000－2401－0030864　437/2358(2)
**崇百藥齋文集二十卷續集四卷三集十二卷合
肥學舍札記十二卷**　(清)陸繼輅撰　清光緒
四年(1878)興國州署刻本　十六冊

430000－2401－0030865　437/2358(3)

崇百藥齋文集二十卷續集四卷三集十二卷合肥學舍札記十二卷 （清）陸繼輅撰 清光緒四年(1878)興國州署刻本 十二冊

430000－2401－0030866 437/2358（4）

崇百藥齋文集二十卷續集四卷三集十二卷合肥學舍札記十二卷 （清）陸繼輅撰 清光緒四年(1878)興國州署刻本 十二冊

430000－2401－0030867 437/2358（5）

崇百藥齋文集二十卷續集四卷三集十二卷合肥學舍札記十二卷 （清）陸繼輅撰 清光緒四年(1878)興國州署刻本 七冊 存二十一卷(文集一至八、十五至十六,續集三至四,三集一至三、七至十二)

430000－2401－0030869 437/2497

漢孳室文鈔四卷補遺一卷 （清）陶方琦撰 清光緒十八年(1892)會稽徐氏鑄學齋刻本 二冊

430000－2401－0030870 437/819

湘麋閣遺詩四卷 （清）陶方琦撰 蘭當詞二卷 （清）陶子縝撰 清光緒十六年(1890)鄂局刻本 一冊

430000－2401－0030871 437/819（1）

湘麋閣遺詩四卷 （清）陶方琦撰 蘭當詞二卷 （清）陶子縝撰 清光緒十六年(1890)鄂局刻本 一冊

430000－2401－0030872 437/819（2）

湘麋閣遺詩四卷 （清）陶方琦撰 蘭當詞二卷 （清）陶子縝撰 清光緒十六年(1890)鄂局刻本 一冊

430000－2401－0030873 437/386

泊鷗山房集三十八卷 （清）陶元藻撰 清嘉慶十八年(1813)衡河草堂刻本 八冊

430000－2401－0030874 437/386（1）

泊鷗山房集三十八卷 （清）陶元藻撰 清嘉慶十八年(1813)衡河草堂刻本 八冊

430000－2401－0030875 437/651

萸江古文存四卷詩存三卷 （清）陶必銓撰 （清）陶澍編 清嘉慶二十一年(1816)愛吾廬刻本 一冊

430000－2401－0030876 437/651（1）

萸江古文存四卷詩存三卷 （清）陶必銓撰 （清）陶澍編 清嘉慶二十一年(1816)愛吾廬刻本 二冊

430000－2401－0030877 437/651（2）

萸江古文存四卷詩存三卷 （清）陶必銓撰 （清）陶澍編 清嘉慶二十一年(1816)愛吾廬刻本 四冊

430000－2401－0030878 437/1302

萸江制義不分卷 （清）陶必銓撰 （清）陶澍輯 清嘉慶二十一年(1816)愛吾廬刻本 二冊

430000－2401－0030879 437/1610

頤巢類稿三卷 （清）陶邵學撰 清宣統三年(1911)廣州瀚雲樓刻本 一冊

430000－2401－0030880 △437/181

舟車集二十卷後集十卷附集唐一卷 （清）陶季撰 清康熙刻本 四冊

430000－2401－0030881 437/1650

嘉樹堂詩鈔八卷 （清）陶章潙撰 清道光二年(1822)刻本 二冊

430000－2401－0030882 437/1497

蘭舫詩遺一卷 （清）陶森藻撰 清同治七年(1868)績溪官廨刻本 張重眉批點 一冊

430000－2401－0030883 △437/22

陶澍致李星沅信札 （清）陶澍撰 手稿 一冊

430000－2401－0030884 437/1827

印心石屋詩鈔初集四卷二集三卷 （清）陶澍撰 清嘉慶刻本 二冊

430000－2401－0030885 437/1826

印心石屋文鈔三十五卷　（清）陶澍撰　清道
光十四年(1834)刻本　四冊

430000－2401－0030886　437/1826（1）

印心石屋文鈔三十五卷　（清）陶澍撰　清道
光十四年(1834)刻本　四冊

430000－2401－0030887　437/1826（2）

印心石屋文鈔三十五卷　（清）陶澍撰　清道
光十四年(1834)刻本　三冊

430000－2401－0030888　437/1826（3）

印心石屋文鈔三十五卷　（清）陶澍撰　清道
光十四年(1834)刻本　一冊　存十四卷（十
四至二十七）

430000－2401－0030889　437/2649

陶文毅公全集六十四卷首一卷末一卷　（清）
陶澍撰　清道光二十年(1840)淮北士民公刻
本　二十四冊

430000－2401－0030890　437/2649（1）

陶文毅公全集六十四卷首一卷末一卷　（清）
陶澍撰　清道光二十年(1840)淮北士民公刻
本　二十四冊

430000－2401－0030891　437/2649（2）

陶文毅公全集六十四卷首一卷末一卷　（清）
陶澍撰　清道光二十年(1840)淮北士民公刻
本　二十四冊

430000－2401－0030892　437/2649（3）

陶文毅公全集六十四卷首一卷末一卷　（清）
陶澍撰　清道光二十年(1840)淮北士民公刻
本　二十四冊

430000－2401－0030893　437/2649（4）

陶文毅公全集六十四卷首一卷末一卷　（清）
陶澍撰　清道光二十年(1840)淮北士民公刻
本　二十四冊

430000－2401－0030894　437/2649（5）

陶文毅公全集六十四卷首一卷末一卷　（清）
陶澍撰　清道光二十年(1840)淮北士民公刻
本　二十四冊

430000－2401－0030895　437/1451

撫吳草四卷　（清）陶澍撰　清道光刻本
一冊

430000－2401－0030896　437/1451（1）

撫吳草四卷　（清）陶澍撰　清道光刻本
一冊

430000－2401－0030897　437/1451－2

撫吳草四卷　（清）陶澍撰　鈔本　一冊

430000－2401－0030898　437/1828

印心石屋試律四卷　（清）陶澍撰　清刻本
一冊

430000－2401－0030899　437/1901

皇華草箋註三卷　（清）陶澍撰　（清）鄭際昌
箋註　（清）謝元淮補註　（清）趙宜梅補箋
清嘉慶二十一年(1816)印心石屋刻本　一冊

430000－2401－0030900　△437/269

皇華草箋註三卷　（清）陶澍撰　（清）鄭際昌
箋註　（清）謝元淮補註　（清）趙宜梅補箋
清道光九年(1829)吳門刻本　一冊

430000－2401－0030901　437/2170

紅豆樹館詩稿十四卷補遺一卷　（清）陶樑撰
清咸豐七年(1857)刻本　四冊

430000－2401－0030902　437/2887

陶覲儀鄉試硃卷　（清）陶覲儀撰　清光緒十
一年(1885)刻本　一冊

430000－2401－0030903　437/1236

惜陰書屋遺稿三卷　（清）陶鏡瑩撰　清光緒
九年(1883)刻本　二冊

430000－2401－0030904　△437/348

常氏詩集一卷　（清）常大淳撰　稿本　一冊

430000－2401－0030905　437/2894

常牧會試硃卷　（清）常牧撰　清光緒十二年
(1886)刻本　一冊

430000－2401－0030906　437/2316

鉢中草二卷　（清）釋常亮撰　清道光十四年
(1834)木活字本　二冊

430000－2401－0030907　437/2889

常家鈺鄉試硃卷 （清）常家鈺撰 清光緒十七年(1891)刻本 一冊

430000－2401－0030908 437/2100

芸香閣詩集二卷 （清）常颸撰 清同治十一年(1872)刻本 二冊

430000－2401－0030909 437/2100（1）

芸香閣詩集二卷 （清）常颸撰 清同治十一年(1872)刻本 二冊

430000－2401－0030910 437/2100（2）

困知堂詩集二卷樂府題解一卷 （清）常澤葵撰 清同治十一年(1872)刻本 二冊

430000－2401－0030911 437/375

困知堂詩集二卷樂府題解一卷 （清）常澤葵撰 清同治十一年(1872)刻本 二冊

430000－2401－0030912 437/375（1）

困知堂詩集二卷樂府題解一卷 （清）常澤葵撰 清同治十一年(1872)刻本 一冊

430000－2401－0030913 437/375（2）

常鶴儔課藝 （清）常鶴儔撰 清光緒稿本 十八冊

430000－2401－0030914 437/2975

幽芳草堂詩集八卷 （清）常麟撰 清末刻本 二冊

430000－2401－0030915 437/2016

幽芳草堂詩集八卷 （清）常麟撰 清末刻本 二冊

430000－2401－0030916 437/2016（1）

幽芳草堂詩集八卷 （清）常麟撰 清末刻本 二冊

430000－2401－0030917 437/2016（2）

幽芳草堂詩集八卷 （清）常麟撰 清末刻本 二冊

430000－2401－0030918 437/2016（3）

幽芳草堂詩集八卷 （清）常麟撰 清末刻本 二冊

430000－2401－0030919 437/2016（4）

幽芳草堂詩集八卷 （清）常麟撰 清末刻本 二冊

430000－2401－0030920 437/2016（5）

幽芳草堂詩集八卷 （清）常麟撰 清末刻本 二冊

430000－2401－0030921 437/503

南峰詩集五卷文集九卷 （清）畢光祖撰 清刻本 四冊

430000－2401－0030922 437/1300

靈巖山人詩集四十卷 （清）畢沅撰 清嘉慶刻本 十冊

430000－2401－0030923 437/782

清抱居詩稿一卷 （清）畢庭杰撰 清光緒二十四年(1898)刻本 一冊

430000－2401－0030924 437/2886

畢榮元鄉試硃卷 （清）畢榮元撰 清光緒五年(1879)刻本 一冊

430000－2401－0030925 △437/504

學忍堂詩詞小草二卷 （清）崔文煥撰 （清）陳謙光編 （清）鄒玉藻評 清乾隆三十九年(1774)陳謙光鈔本 二冊

430000－2401－0030926 437/2415

禹輿詩九卷 （清）崔暕撰 清同治三年(1864)長沙刻本 二冊

430000－2401－0030927 437/2614

述懷詩三十卷首一卷 （清）笙伯等撰 清末鈔本 一冊

430000－2401－0030928 437/526

癸丑懷人詩一卷 （清）符葆森撰 清光緒十四年(1888)刻本 一冊

430000－2401－0030929 437/17

寄鷗館梅花百詠一卷 （清）符葆森撰 清光緒十九年(1893)刻本 一冊

430000－2401－0030930 437/2974

曾一士連濱坐齋課卷 （清）曾一士撰 清稿本 一份

430000 – 2401 – 0030931　437/2828

曾丙熙鄉試卷　（清）曾丙熙撰　清光緒二年（1876）刻本　一冊

430000 – 2401 – 0030932　437/1685

蓉穀詩鈔十一卷駢文一卷　（清）曾旭撰　清同治五年（1866）湘潭曾氏聽香吟舫刻本　四冊

430000 – 2401 – 0030933　437/1685（1）

蓉穀詩鈔十一卷駢文一卷　（清）曾旭撰　清同治五年（1866）湘潭曾氏聽香吟舫刻本　四冊

430000 – 2401 – 0030934　437/1685（2）

蓉穀詩鈔十一卷駢文一卷　（清）曾旭撰　清同治五年（1866）湘潭曾氏聽香吟舫刻本　四冊

430000 – 2401 – 0030935　437/1685（3）

蓉穀詩鈔十一卷駢文一卷　（清）曾旭撰　清同治五年（1866）湘潭曾氏聽香吟舫刻本　四冊

430000 – 2401 – 0030936　437/2846

曾沂春鄉試硃卷　（清）曾沂春撰　清光緒十九年（1893）刻本　一冊

430000 – 2401 – 0030937　437/2848

曾希文鄉試硃卷　（清）曾希文撰　清光緒十四年（1888）刻本　一冊

430000 – 2401 – 0030938　437/1980

瓣香遺稿一卷　（清）曾泮撰　清道光二十二年（1842）刻本　一冊

430000 – 2401 – 0030939　△437/301

茶陵州學正曾宗逵存稿一卷　（清）曾宗逵撰　清鈔本　一冊

430000 – 2401 – 0030940　437/384

寸草詩鈔一卷　（清）曾春昂撰　清末刻本　一冊

430000 – 2401 – 0030941　437/384（1）

寸草詩鈔一卷　（清）曾春昂撰　清末刻本　一冊

430000 – 2401 – 0030942　△437/39

曾紀澤信札　（清）曾紀澤撰　稿本　一冊

430000 – 2401 – 0030943　△437/35

曾紀澤信札　（清）曾紀澤撰　稿本　一冊

430000 – 2401 – 0030944　△437/36

曾紀澤書信集一卷　（清）曾紀澤撰　稿本　一冊

430000 – 2401 – 0030945　△437/37

曾紀澤致曾國荃書集　（清）曾紀澤撰　稿本　一冊

430000 – 2401 – 0030946　△437/78

曾紀澤書信　（清）曾紀澤撰　鈔本　一冊

430000 – 2401 – 0030947　△437/38

曾紀鴻致曾國藩書信　（清）曾紀鴻撰　稿本　一冊

430000 – 2401 – 0030948　437/2846

曾純陽鄉試卷　（清）曾純陽撰　清光緒二十八年（1902）刻本　一冊

430000 – 2401 – 0030949　437/868

求闕齋文鈔八卷　（清）曾國藩撰　清同治十二年（1873）刻本　二冊

430000 – 2401 – 0030950　437/868 – 2

求闕齋文鈔不分卷　（清）曾國藩撰　清末刻本　二冊

430000 – 2401 – 0030951　437/868 – 2（1）

求闕齋文鈔不分卷　（清）曾國藩撰　清末刻本　二冊

430000 – 2401 – 0030952　△437/187

求闕齋讀書錄□□卷　（清）曾國藩撰　鈔本　一冊　存一卷（三）

430000 – 2401 – 0030953　437/846

曾文正公文集四卷　（清）曾國藩撰　（清）李瀚章編　清同治十三年（1874）長沙傳忠書局刻曾文正公全集本　三冊

430000 – 2401 – 0030954　437/846（1）

曾文正公文集四卷　（清）曾國藩撰　（清）李

瀚章編　清同治十三年(1874)長沙傳忠書局
刻曾文正公全集本　四冊

430000－2401－0030955　437/846(2)
曾文正公文集四卷　（清）曾國藩撰　（清）李
瀚章編　清同治十三年(1874)長沙傳忠書局
刻曾文正公全集本　四冊

430000－2401－0030956　437/846(3)
曾文正公文集四卷　（清）曾國藩撰　（清）李
瀚章編　清同治十三年(1874)長沙傳忠書局
刻曾文正公全集本　五冊

430000－2401－0030957　437/846－2
曾文正公文集四卷　（清）曾國藩撰　清光緒
二年(1876)長沙傳忠書局刻曾文正公全集本
三冊

430000－2401－0030958　437/846－2(1)
曾文正公文集四卷　（清）曾國藩撰　清光緒
二年(1876)長沙傳忠書局刻曾文正公全集本
四冊

430000－2401－0030959　437/846－2(2)
曾文正公文集四卷　（清）曾國藩撰　清光緒
二年(1876)長沙傳忠書局刻曾文正公全集本
四冊

430000－2401－0030960　437/846－2(3)
曾文正公文集四卷　（清）曾國藩撰　清光緒
二年(1876)長沙傳忠書局刻曾文正公全集本
四冊

430000－2401－0030961　437/846－2(4)
曾文正公文集四卷　（清）曾國藩撰　清光緒
二年(1876)長沙傳忠書局刻曾文正公全集本
五冊

430000－2401－0030962　△437/376
曾文正公文集四卷　（清）曾國藩撰　鈔本
佚名批校　八冊

430000－2401－0030963　437/845－2
曾文正公文鈔四卷　（清）曾國藩撰　（清）張
瑛編　清同治十一年(1872)蘇郡刻本　四冊

430000－2401－0030964　437/845－2(1)

曾文正公文鈔四卷　（清）曾國藩撰　（清）張
瑛編　清同治十一年(1872)蘇郡刻本　四冊

430000－2401－0030965　437/845－2(2)
曾文正公文鈔四卷　（清）曾國藩撰　（清）張
瑛編　清同治十一年(1872)蘇郡刻本　四冊

430000－2401－0030966　437/845－2(3)
曾文正公文鈔四卷　（清）曾國藩撰　（清）張
瑛編　清同治十一年(1872)蘇郡刻本　二冊

430000－2401－0030967　437/845
曾文正公文鈔四卷附刻一卷　（清）曾國藩撰
　（清）張瑛編　清同治十二年(1873)補刻本
四冊

430000－2401－0030968　437/845(1)
曾文正公文鈔四卷附刻一卷　（清）曾國藩撰
（清）張瑛編　清同治十二年(1873)補刻本　四冊

430000－2401－0030969　△437/373
曾文正公文鈔不分卷　（清）曾國藩撰　清鈔
本　三冊

430000－2401－0030970　437/844
曾文正公詩稿四卷　（清）曾國藩撰　清同治
十二年(1873)長沙夔勤齋刻本　二冊

430000－2401－0030971　437/844(1)
曾文正公詩稿四卷　（清）曾國藩撰　清同治
十二年(1873)長沙夔勤齋刻本　二冊

430000－2401－0030972　437/844(2)
曾文正公詩稿四卷　（清）曾國藩撰　清同治
十二年(1873)長沙夔勤齋刻本　二冊

430000－2401－0030973　△437/377
曾文正公詩集三卷　（清）曾國藩撰　鈔本
三冊

430000－2401－0030974　△437/378
曾國藩軍情文牘不分卷　（清）曾國藩撰　稿
本　一冊

430000－2401－0030975　△437/41
曾國藩家書　（清）曾國藩撰　稿本　二冊

430000－2401－0030976　△437/40

曾國藩信札　（清）曾國藩撰　稿本　一冊

430000－2401－0030977　△437/77

曾國藩書信稿　（清）曾國藩撰　鈔本　一百四十六冊

430000－2401－0030978　△437/75

曾國藩家信　（清）曾國藩撰　鈔本　二十一冊

430000－2401－0030979　△437/74

曾國藩書信　（清）曾國藩撰　鈔本　十一冊

430000－2401－0030980　△437/72

曾國藩書信稿　（清）曾國藩撰　稿本　三十二冊

430000－2401－0030981　△437/76

曾國藩書信稿　（清）曾國藩撰　稿本　六十四冊

430000－2401－0030982　△437/71

曾國藩書信　（清）曾國藩撰　鈔本　十四冊

430000－2401－0030983　△437/73

曾國藩致李元度函　（清）曾國藩撰　鈔本　一冊

430000－2401－0030984　437/2741

曾國藩致劉傳瑩信札　（清）曾國藩撰　劉人龍鈔本　一冊

430000－2401－0030985　437/848

曾文正公書札三十三卷　（清）曾國藩撰　清同治刻本　九冊　存十一卷（十七至二十七）

430000－2401－0030986　437/848－2

曾文正公書札三十三卷　（清）曾國藩撰　清光緒二年(1876)長沙傳忠書局刻曾文正公全集本　十六冊

430000－2401－0030987　437/848－2(1)

曾文正公書札三十三卷　（清）曾國藩撰　清光緒二年(1876)長沙傳忠書局刻曾文正公全集本　十六冊

430000－2401－0030988　437/848－2(2)

曾文正公書札三十三卷　（清）曾國藩撰　清光緒二年(1876)長沙傳忠書局刻曾文正公全集本　十六冊

430000－2401－0030989　437/848－2(3)

曾文正公書札三十三卷　（清）曾國藩撰　清光緒二年(1876)長沙傳忠書局刻曾文正公全集本　十六冊

430000－2401－0030990　437/848－3

曾文正公書札三十三卷　（清）曾國藩撰　清末刻本　十六冊

430000－2401－0030991　437/849

曾文正公手札不分卷　（清）曾國藩撰并書　清末金匱張瑞木刻拓印本　八冊

430000－2401－0030992　437/849(1)

曾文正公手札不分卷　（清）曾國藩撰并書　清末金匱張瑞木刻拓印本　八冊

430000－2401－0030993　△437/375

曾文正公制藝　（清）曾國藩撰　鈔本　二冊

430000－2401－0030994　437/847

曾文正公家書十卷家訓二卷　（清）曾國藩撰　清光緒五年(1879)長沙傳忠書局刻曾文正公全集本　十四冊

430000－2401－0030995　437/847(1)

曾文正公家書十卷家訓二卷　（清）曾國藩撰　清光緒五年(1879)長沙傳忠書局刻曾文正公全集本　十四冊

430000－2401－0030996　437/847(2)

曾文正公家書十卷家訓二卷　（清）曾國藩撰　清光緒五年(1879)長沙傳忠書局刻曾文正公全集本　十四冊

430000－2401－0030997　437/847(3)

曾文正公家書十卷家訓二卷　（清）曾國藩撰　清光緒五年(1879)長沙傳忠書局刻曾文正公全集本　十二冊

430000－2401－0030998　437/847(4)

曾文正公家書十卷家訓二卷　（清）曾國藩撰　清光緒五年(1879)長沙傳忠書局刻曾文正公全集本　十二冊

430000－2401－0030999　437/2037－2

曾文正公楹聯一卷雜著五歌一卷　（清）曾國藩撰　清同治十二年(1873)湖南陶氆勤齋刻本　一冊

430000－2401－0031000　437/376

曾文正公雜著四卷　（清）曾國藩撰　清同治十三年(1874)湖南傳忠書局刻本　二冊

430000－2401－0031001　437/376(1)

曾文正公雜著四卷　（清）曾國藩撰　清同治十三年(1874)湖南傳忠書局刻本　一冊　存二卷(一至二)

430000－2401－0031002　437/376(2)

曾文正公雜著四卷　（清）曾國藩撰　清同治十三年(1874)湖南傳忠書局刻本　一冊

430000－2401－0031003　△437/32

曾國荃信札　（清）曾國荃撰　稿本　二冊

430000－2401－0031004　437/378

我山草堂文集四卷詩集四卷詩集後一卷　（清）曾紹孔撰　清宣統二年(1910)刻本　四冊

430000－2401－0031005　437/372

吟雲仙館詩稿一卷　（清）曾詠撰　清光緒十七年(1891)定襄官署刻本　一冊

430000－2401－0031006　437/1103

小壺天集九卷　（清）曾傳贊撰　清光緒十一年(1885)刻本　二冊

430000－2401－0031007　437/2795

曾福謙會試硃卷　（清）曾福謙撰　清光緒十二年(1886)刻本　一冊

430000－2401－0031008　437/1481

錦匣偶存□□卷　（清）曾毓璋撰　清刻本　一冊　存三卷(三至五)

430000－2401－0031009　437/1800

湖山隨在吟詩稿□□卷　（清）曾廣照撰　清末木活字本　一冊　存一卷(二)

430000－2401－0031010　437/1436

賞雨茅屋詩集十五卷外集一卷　（清）曾燠撰　清嘉慶二十年(1815)刻本　六冊

430000－2401－0031011　437/1436－2

賞雨茅屋詩集十五卷外集一卷　（清）曾燠撰　清道光三年(1823)刻本　五冊　缺三卷(一至三)

430000－2401－0031012　437/2553

天門山館文存一卷詩存一卷　（清）曾魴撰　清光緒三十四年(1908)梓園山房刻本　一冊

430000－2401－0031013　437/2553(1)

天門山館文存一卷詩存一卷　（清）曾魴撰　清光緒三十四年(1908)梓園山房刻本　一冊

430000－2401－0031014　437/2553(2)

天門山館文存一卷詩存一卷　（清）曾魴撰　清光緒三十四年(1908)梓園山房刻本　一冊

430000－2401－0031015　437/2553(3)

天門山館文存一卷詩存一卷　（清）曾魴撰　清光緒三十四年(1908)梓園山房刻本　一冊

430000－2401－0031016　437/2845

曾樹楠鄉試硃卷　（清）曾樹楠撰　清光緒二十年(1894)刻本　一冊

430000－2401－0031017　437/927

潛園文稿一卷制藝一卷剩稿一卷　（清）曾錫華撰　清咸豐十年(1860)家塾刻本　三冊

430000－2401－0031018　437/927(1)

潛園文稿一卷制藝一卷剩稿一卷　（清）曾錫華撰　清咸豐十年(1860)家塾刻本　三冊

430000－2401－0031019　437/1466

樂山堂文鈔八卷詩鈔四卷　（清）曾興仁撰　清道光二十年(1840)刻本　三冊

430000－2401－0031020　437/1466(1)

樂山堂文鈔八卷詩鈔四卷　（清）曾興仁撰　清道光二十年(1840)刻本　一冊　存四卷(文鈔五至八)

430000－2401－0031021　437/837

復齋文集二十一卷詩集四卷末一卷　（清）曾鏞撰　清嘉慶二十二年至二十五年(1817－1820)刻本　十二冊

430000－2401－0031022　437/837(1)

復齋文集二十一卷詩集四卷末一卷　（清）曾
鏞撰　清嘉慶二十二年至二十五年（1817 -
1820）刻本　十四冊

430000 - 2401 - 0031023　437/837（2）
復齋文集二十一卷詩集四卷末一卷　（清）曾
鏞撰　清嘉慶二十二年至二十五年（1817 -
1820）刻本　四冊　缺十八卷（文集一至二、
五至十二、十五至二十,詩集三至四）

430000 - 2401 - 0031024　437/1228
古歡室詩集三卷詞集一卷　（清）曾懿撰　清
光緒二十九年（1903）刻本　二冊

430000 - 2401 - 0031025　437/989
綠雲山房詩草二卷首一卷終一卷　（清）勞蓉
君撰　清光緒四年（1878）橘蔭軒刻本　二冊

430000 - 2401 - 0031026　437/2889
勞鼎勛鄉試硃卷　（清）勞鼎勛撰　清光緒十
七年（1891）刻本　一冊

430000 - 2401 - 0031027　△437/49
游智開致朝鮮名臣手札　（清）游智開撰　稿
本　二冊

430000 - 2401 - 0031028　437/1359
藏園詩鈔一卷　（清）游智開撰　清光緒九年
（1883）朝鮮吉雲館活字本　一冊

430000 - 2401 - 0031029　437/1359（1）
藏園詩鈔一卷　（清）游智開撰　清光緒九年
（1883）朝鮮吉雲館活字本　一冊

430000 - 2401 - 0031030　437/1359 - 3
藏園詩鈔一卷　（清）游智開撰　清光緒十二
年（1886）刻本　一冊

430000 - 2401 - 0031031　437/1359 - 5
藏園詩鈔一卷　（清）游智開撰　清光緒十六
年（1890）刻本　一冊

430000 - 2401 - 0031032　437/1359 - 4
藏園詩鈔一卷　（清）游智開撰　清光緒二十
年（1894）刻本　一冊

430000 - 2401 - 0031033　437/1359 - 4（1）
藏園詩鈔一卷　（清）游智開撰　清光緒二十

年（1894）刻本　一冊

430000 - 2401 - 0031034　437/1359 - 2
藏園詩鈔一卷　（清）游智開撰　清光緒二十
五年（1899）刻本　一冊

430000 - 2401 - 0031035　437/1359 - 2（1）
藏園詩鈔一卷　（清）游智開撰　清光緒二十
五年（1899）刻本　一冊

430000 - 2401 - 0031036　437/1359 - 2（2）
藏園詩鈔一卷　（清）游智開撰　清光緒二十
五年（1899）刻本　一冊

430000 - 2401 - 0031037　437/1359 - 2（3）
藏園詩鈔一卷　（清）游智開撰　清光緒二十
五年（1899）刻本　一冊

430000 - 2401 - 0031038　437/1359 - 2（4）
藏園詩鈔一卷　（清）游智開撰　清光緒二十
五年（1899）刻本　一冊

430000 - 2401 - 0031039　437/1359 - 2（5）
藏園詩鈔一卷　（清）游智開撰　清光緒二十
五年（1899）刻本　一冊

430000 - 2401 - 0031040　△437/526
懷清堂集二十卷首一卷　（清）湯右曾撰　清
乾隆十一年（1746）刻本　四冊

430000 - 2401 - 0031041　437/2005
梅隱庵集蘇橼帖一卷　（清）湯成彥撰　清光
緒十九年（1893）貴築高氏資州官署刻本
一冊

430000 - 2401 - 0031042　437/186
聽雲仙館儷體文集四卷補編一卷續集二卷
（清）湯成彥撰　清咸豐刻本　三冊

430000 - 2401 - 0031043　437/1759
寸心知室全書正編六卷首一卷續編二卷
（清）湯金釗撰　清同治七年（1868）刻本
六冊

430000 - 2401 - 0031044　437/913
槃邁文甲三卷文乙二卷　（清）湯紀尚撰　清
光緒刻本　二冊

430000－2401－0031045　437/913（1）
槃邁文甲三卷文乙二卷　（清）湯紀尚撰　清光緒刻本　二冊

430000－2401－0031046　437/929－3
湯子遺書十卷　（清）湯斌撰　清康熙四十二年（1703）精刻本　四冊

430000－2401－0031047　437/929－3（1）
湯子遺書十卷　（清）湯斌撰　清康熙四十二年（1703）精刻本　四冊

430000－2401－0031048　437/929
湯子遺書十二卷　（清）湯斌撰　清乾隆六年（1741）樹德堂刻本　十二冊

430000－2401－0031049　437/929（1）
湯子遺書十二卷　（清）湯斌撰　清乾隆六年（1741）樹德堂刻本　十二冊

430000－2401－0031050　437/929（2）
湯子遺書十二卷　（清）湯斌撰　清乾隆六年（1741）樹德堂刻本　八冊　缺五卷（一至四、行略祭文一卷）

430000－2401－0031051　△437/469
潛庵先生遺稿五卷　（清）湯斌撰　清乾隆九年（1744）刻本　二冊　存二卷（一至二）

430000－2401－0031052　437/929－2
湯子遺書十卷首一卷續編二卷　（清）湯斌撰　清同治九年（1870）睢州宗祠刻本　十八冊

430000－2401－0031053　437/929－2（1）
湯子遺書十卷首一卷續編二卷　（清）湯斌撰　清同治九年（1870）睢州宗祠刻本　一冊　存二卷（續編二卷）

430000－2401－0031054　437/2714
湯文正公全集三十九集　（清）湯斌撰　清同治九年（1870）刻本　八冊　缺二十五卷（首、湯子遺書十卷續二卷,潛庵先生擬明史稿一至十二）

430000－2401－0031055　437/2042
湯子遺書節編十八卷　（清）湯斌撰　清光緒二十六年（1900）長沙求實書院刻本　六冊

430000－2401－0031056　△437/468
潛庵文正公家書一卷　（清）湯斌撰　清乾隆十七年（1752）刻本　一冊

430000－2401－0031057　437/930
潛庵先生遺稿五卷志學會約一卷　（清）湯斌撰　（清）閻興邦評　清康熙三十四年（1695）刻湯文正公遺書本　四冊

430000－2401－0031058　437/930（1）
潛庵先生遺稿五卷志學會約一卷　（清）湯斌撰　（清）閻興邦評　清康熙三十四年（1695）刻湯文正公遺書本　二冊　缺二卷（一至二）

430000－2401－0031059　437/930－2
潛庵先生遺稿五卷文正公家書一卷疏稿一卷洛學編五卷　（清）湯斌撰　（清）閻興邦評　清乾隆、嘉慶、道光遞修湯文正公遺書本　七冊

430000－2401－0031060　437/2730
潛庵先生全集五卷疏稿一卷困學錄一卷志學會約一卷　（清）湯斌撰　（清）閻興邦評　清同治十二年（1873）紅杏山房刻本　十冊

430000－2401－0031061　437/1596
琴隱園詩集三十六卷詞集四卷　（清）湯貽汾撰　清光緒元年（1875）刻本　八冊

430000－2401－0031062　437/434
金源紀事詩八卷　（清）湯運泰撰　（清）湯顯業　（清）湯顯幹註　清嘉慶刻本　二冊

430000－2401－0031063　437/434－2
金源紀事詩八卷　（清）湯運泰撰　（清）湯顯業　（清）湯顯幹註　清同治十二年（1873）淮南書局刻本　四冊

430000－2401－0031064　437/803
湘中草六卷　（清）湯傳楹撰　清康熙刻西堂全集本　二冊

430000－2401－0031065　437/803（1）
湘中草六卷　（清）湯傳楹撰　清康熙刻西堂全集本　二冊

430000－2401－0031066　437/803（2）

湘中草六卷　(清)湯傳楣撰　清康熙刻西堂
全集本　二冊

430000－2401－0031067　437/803－2

湘中草六卷　(清)湯傳楣撰　清刻本　二冊

430000－2401－0031068　437/803－2(1)

湘中草六卷　(清)湯傳楣撰　清刻本　二冊

430000－2401－0031069　437/213

白首晦吟一卷　(清)湯橘農撰　清同治三年
(1864)刻本　一冊

430000－2401－0031070　437/1762

海秋稿初集一卷二集一卷　(清)湯鵬撰　清
末文盛書局石印本　一冊

430000－2401－0031071　△437/46

湯鵬書札　(清)湯鵬撰　稿本　一冊

430000－2401－0031072　437/2663

翼雲閣制藝初集不分卷　(清)湯鵬撰　清道
光七年(1827)刻本　四冊

430000－2401－0031073　437/389

海秋制藝前集一卷後集一卷　(清)湯鵬撰
清道光十七年(1837)刻本　四冊

430000－2401－0031074　437/389(1)

海秋制藝前集一卷後集一卷　(清)湯鵬撰
清道光十七年(1837)刻本　四冊

430000－2401－0031075　437/389(1)

海秋制藝前集一卷後集一卷　(清)湯鵬撰
清道光十七年(1837)刻本　四冊

430000－2401－0031076　437/388

海秋詩集二十六卷附評跋一卷　(清)湯鵬撰
　清道光十八年(1838)刻本　十四冊

430000－2401－0031077　437/388(1)

海秋詩集二十六卷附評跋一卷　(清)湯鵬撰
　清道光十八年(1838)刻本　八冊

430000－2401－0031078　437/388－2

海秋詩集二十六卷後集一卷　(清)湯鵬撰
清同治十二年(1873)湯氏金陵補刻清道光十
八年(1838)本　十冊

430000－2401－0031079　437/388－2(1)

海秋詩集二十六卷後集一卷　(清)湯鵬撰
清同治十二年(1873)湯氏金陵補刻清道光十
八年(1838)本　十冊

430000－2401－0031080　437/388－2(2)

海秋詩集二十六卷後集一卷　(清)湯鵬撰
清同治十二年(1873)湯氏金陵補刻清道光十
八年(1838)本　十冊

430000－2401－0031081　437/388－2(3)

海秋詩集二十六卷後集一卷　(清)湯鵬撰
清同治十二年(1873)湯氏金陵補刻清道光十
八年(1838)本　十冊

430000－2401－0031082　437/388－2(4)

海秋詩集二十六卷後集一卷　(清)湯鵬撰
清同治十二年(1873)湯氏金陵補刻清道光十
八年(1838)本　十冊

430000－2401－0031083　437/388－2(5)

海秋詩集二十六卷後集一卷　(清)湯鵬撰
清同治十二年(1873)湯氏金陵補刻清道光十
八年(1838)本　十冊

430000－2401－0031084　437/1361

鍾山草堂遺稿八卷　(清)溫肇江撰　清光緒
元年(1875)刻本　五冊

430000－2401－0031085　437/2916

馮文蔚殿試卷　(清)馮文蔚撰　清光緒二年
(1876)刻本　一冊

430000－2401－0031086　437/793

馮舍人遺詩六卷　(清)馮廷櫆撰　清光緒三
十四年(1908)京師鉛印本　一冊

430000－2401－0031087　437/793(1)

馮舍人遺詩六卷　(清)馮廷櫆撰　清光緒三
十四年(1908)京師鉛印本　一冊

430000－2401－0031088　437/585

秋水集十六卷　(清)馮如京撰　(清)馮雲驤
輯　(清)馮士標評　清乾隆五年(1740)清輝
堂刻本　四冊　缺四卷(五至八)

430000－2401－0031089　437/166

微尚齋詩集初編四卷續集一卷適適齋文集二卷　（清）馮志沂撰　清咸豐十一年至同治八年(1861－1869)洪洞董文煥刻本　二冊

430000－2401－0031090　437/166(1)

微尚齋詩初集四卷續集一卷　（清）馮志沂撰　清同治三年(1864)廣州郡齋刻本　一冊

430000－2401－0031091　437/166(2)

微尚齋詩初集四卷續集一卷　（清）馮志沂撰　清同治三年(1864)廣州郡齋刻本　一冊

430000－2401－0031092　437/166(3)

微尚齋詩初集四卷續集一卷　（清）馮志沂撰　清同治三年(1864)廣州郡齋刻本　一冊

430000－2401－0031093　△437/449

既樓詩集十卷書法論義一卷贈言隨錄一卷　（清）馮卓懷撰　清鈔本　八冊

430000－2401－0031094　△437/353

鈍吟老人遺稿二十二卷　（清）馮班撰　清初毛氏汲古閣康熙七年(1668)陸貽典、四十五年(1706)馮行貞等遞刻本　四冊

430000－2401－0031095　437/741

顯志堂稿十二卷夢奈詩稿一卷　（清）馮桂芬撰　清光緒二年(1876)校邠廬刻本　八冊

430000－2401－0031096　437/741(1)

顯志堂稿十二卷夢奈詩稿一卷　（清）馮桂芬撰　清光緒二年(1876)校邠廬刻本　八冊

430000－2401－0031097　437/741(2)

顯志堂稿十二卷夢奈詩稿一卷　（清）馮桂芬撰　清光緒二年(1876)校邠廬刻本　六冊

430000－2401－0031098　437/741(3)

顯志堂稿十二卷夢奈詩稿一卷　（清）馮桂芬撰　清光緒二年(1876)校邠廬刻本　六冊

430000－2401－0031099　437/741(4)

顯志堂稿十二卷夢奈詩稿一卷　（清）馮桂芬撰　清光緒二年(1876)校邠廬刻本　六冊

430000－2401－0031100　437/741(5)

顯志堂稿十二卷夢奈詩稿一卷　（清）馮桂芬撰　清光緒二年(1876)校邠廬刻本　六冊

430000－2401－0031101　437/572

拜竹詩堪詩存二卷釣船笛譜一卷　（清）馮登府撰　清道光九年(1829)閩中刻本　一冊

430000－2401－0031102　437/1122－2

小羅浮草堂詩集四十卷　（清）馮敏昌撰　清嘉慶十六年(1811)刻本　八冊　缺一卷(四十)

430000－2401－0031103　437/1122

小羅浮草堂文集九卷詩集四十卷首一卷　（清）馮敏昌撰　清光緒二十年(1894)補修刻本　二十冊

430000－2401－0031104　437/2376

馮夔揚稿一卷　（清）馮詠撰　清光緒二十四年(1898)鏡湖書屋刻本　一冊

430000－2401－0031105　437/1871

解春集文鈔十二卷補遺二卷詩鈔三卷　（清）馮景撰　清乾隆抱經堂刻本　四冊

430000－2401－0031106　437/1871(1)

解春集文鈔十二卷補遺二卷詩鈔三卷　（清）馮景撰　清乾隆抱經堂刻本　一冊

430000－2401－0031107　437/463

佳山堂詩集十卷　（清）馮溥撰　清初古吳朱士儒刻本　四冊

430000－2401－0031108　437/465

佳山堂詩二集九卷　（清）馮溥撰　清初古吳朱士儒刻本　四冊

430000－2401－0031109　437/464

佳山堂詩集七卷　（清）馮溥撰　清初刻本　一冊

430000－2401－0031110　437/1746

石溪詩存二卷　（清）馮鉷撰　清光緒二十八年(1902)刻本　一冊

430000－2401－0031111　437/2161

倚松閣詩鈔十五卷附錄一卷　（清）馮錫鏞撰　清同治九年(1870)刻本　四冊

430000－2401－0031112　437/1225

惲遜庵先生遺集一卷　（清）惲日初撰　清道

光八年(1828)雲蔭堂刻本　一冊

430000 - 2401 - 0031113　437/674 - 3
甌香館集十二卷補遺一卷附錄一卷　(清)惲格撰　清道光二十六年(1846)海昌蔣氏宜年堂刻本　六冊

430000 - 2401 - 0031114　437/674
甌香館集十二卷補遺詩一卷補遺畫跋一卷附錄一卷　(清)惲格撰　(清)蔣光煦輯　清光緒元年(1875)湖北崇文書局刻本　四冊

430000 - 2401 - 0031115　437/674(1)
甌香館集十二卷補遺詩一卷補遺畫跋一卷附錄一卷　(清)惲格撰　(清)蔣光煦輯　清光緒元年(1875)湖北崇文書局刻本　四冊

430000 - 2401 - 0031116　437/674 - 2
甌香館集十二卷補遺詩一卷補遺畫跋一卷附錄一卷　(清)惲格撰　(清)蔣光煦輯　清光緒七年(1881)刻本　四冊

430000 - 2401 - 0031117　437/674 - 2(1)
甌香館集十二卷補遺詩一卷補遺畫跋一卷附錄一卷　(清)惲格撰　(清)蔣光煦輯　清光緒七年(1881)刻本　四冊

430000 - 2401 - 0031118　437/674 - 2(2)
甌香館集十二卷補遺詩一卷補遺畫跋一卷附錄一卷　(清)惲格撰　(清)蔣光煦輯　清光緒七年(1881)刻本　四冊

430000 - 2401 - 0031119　437/2162 - 2
大雲山房文稿初集四卷二集四卷　(清)惲敬撰　清嘉慶二十至二十一年(1815 - 1816)盧旬宣、宋楊光刻本　八冊

430000 - 2401 - 0031120　437/2162 - 2(1)
大雲山房文稿初集四卷二集四卷　(清)惲敬撰　清嘉慶二十至二十一年(1815 - 1816)盧旬宣宋楊光刻本　四冊　存五卷(初集一、二集四卷)

430000 - 2401 - 0031121　437/2162
大雲山房文稿初集四卷　(清)惲敬撰　清嘉慶刻本　二冊

430000 - 2401 - 0031122　437/2162 - 3
大雲山房文稿初集四卷二集四卷言事二卷　(清)惲敬撰　清同治二年(1863)惲世臨湖南刻本　十冊

430000 - 2401 - 0031123　437/2162 - 3(1)
大雲山房文稿初集四卷二集四卷言事二卷　(清)惲敬撰　清同治二年(1863)惲世臨湖南刻本　十冊

430000 - 2401 - 0031124　437/2162 - 3(2)
大雲山房文稿初集四卷二集四卷言事二卷　(清)惲敬撰　清同治二年(1863)惲世臨湖南刻本　十冊

430000 - 2401 - 0031125　437/2162 - 3(3)
大雲山房文稿初集四卷二集四卷言事二卷　(清)惲敬撰　清同治二年(1863)惲世臨湖南刻本　十冊

430000 - 2401 - 0031126　437/2162 - 3(4)
大雲山房文稿初集四卷二集四卷言事二卷　(清)惲敬撰　清同治二年(1863)惲世臨湖南刻本　十冊

430000 - 2401 - 0031127　437/2162 - 3(5)
大雲山房文稿初集四卷二集四卷言事二卷　(清)惲敬撰　清同治二年(1863)惲世臨湖南刻本　十冊

430000 - 2401 - 0031128　437/2162 - 3(6)
大雲山房文稿初集四卷二集四卷言事二卷　(清)惲敬撰　清同治二年(1863)惲世臨湖南刻本　六冊

430000 - 2401 - 0031129　437/2162 - 4
大雲山房文稿初集四卷二集四卷　(清)惲敬撰　清光緒十四年(1888)官書處刻本　八冊

430000 - 2401 - 0031130　437/2162 - 4(1)
大雲山房文稿初集四卷二集四卷　(清)惲敬撰　清光緒十四年(1888)官書處刻本　八冊

430000 - 2401 - 0031131　437/2162 - 4(2)
大雲山房文稿初集四卷二集四卷　(清)惲敬撰　清光緒十四年(1888)官書處刻本　八冊

430000 – 2401 – 0031132　437/2162 – 4(3)

大雲山房文稿初集四卷二集四卷　（清）惲敬
撰　清光緒十四年(1888)官書處刻本　八冊

430000 – 2401 – 0031133　437/2162 – 4(4)

大雲山房文稿初集四卷二集四卷　（清）惲
敬撰　清光緒十四年(1888)官書處刻本
八冊

430000 – 2401 – 0031134　437/1350

惲子居文鈔四卷　（清）惲敬撰　清宣統二年
(1910)上海國學扶輪社石印本　二冊

430000 – 2401 – 0031135　437/1350(1)

惲子居文鈔四卷　（清）惲敬撰　清宣統二年
(1910)上海國學扶輪社石印本　二冊

430000 – 2401 – 0031136　437/2676

童溫處公遺書六卷首一卷　（清）童兆蓉撰
清末寧鄉童氏刻本　六冊

430000 – 2401 – 0031137　437/2676(1)

童溫處公遺書六卷首一卷　（清）童兆蓉撰
清末寧鄉童氏刻本　六冊

430000 – 2401 – 0031138　437/2676(2)

童溫處公遺書六卷首一卷　（清）童兆蓉撰
清末寧鄉童氏刻本　六冊

430000 – 2401 – 0031139　437/2676(3)

童溫處公遺書六卷首一卷　（清）童兆蓉撰
清末寧鄉童氏刻本　六冊

430000 – 2401 – 0031140　437/2676(4)

童溫處公遺書六卷首一卷　（清）童兆蓉撰
清末寧鄉童氏刻本　六冊

430000 – 2401 – 0031141　437/19

梅溪詩草二卷　（清）童先及撰　清乾隆二十
年(1755)刻本　一冊

430000 – 2401 – 0031142　437/2806

童錫燾鄉試卷　（清）童錫燾撰　清光緒二十
八年(1902)刻本　一冊

430000 – 2401 – 0031143　437/694

眠雲山館詩稿一卷　（清）童菖撰　清道光刻
本　一冊

430000 – 2401 – 0031144　437/86

修潔堂集略□□卷　（清）甯楷撰　清刻本
一冊　存三卷(詩三至五)

430000 – 2401 – 0031145　437/2575

抱沖齋詩集三十六卷眠琴仙館詞一卷　（清）
斌良撰　清光緒五年(1879)湘南薇垣官署刻
本　十二冊

430000 – 2401 – 0031146　437/2575(1)

抱沖齋詩集三十六卷眠琴仙館詞一卷　（清）
斌良撰　清光緒五年(1879)湘南薇垣官署刻
本　八冊　缺十二卷(一至五、九至十一、十
四至十七)

430000 – 2401 – 0031147　△437/309

㕙堂集五十卷補遺二卷續集八卷冬錄一卷
（清）黃之雋撰　清乾隆刻本　十六冊

430000 – 2401 – 0031148　437/70

香屑集十八卷首一卷末一卷　（清）黃之雋撰
　（清）陳邦直校註　清雍正十二年(1734)海
寧陳氏刻本　四冊

430000 – 2401 – 0031149　437/70(1)

香屑集十八卷首一卷末一卷　（清）黃之雋撰
　（清）陳邦直校註　清雍正十二年(1734)海
寧陳氏刻本　二冊

430000 – 2401 – 0031150　437/70 – 4

香屑集十八卷首一卷末一卷　（清）黃之雋撰
　（清）陳邦直校註　清宣統二年(1910)上海
掃葉山房石印本　四冊

430000 – 2401 – 0031151　437/70 – 5

香屑集十八卷首一卷末一卷　（清）黃之雋撰
　（清）陳邦直校註　清宣統二年(1910)上海
文瑞樓石印本　四冊

430000 – 2401 – 0031152　437/70 – 3

香屑集十八卷首一卷末一卷　（清）黃之雋撰
　（清）陳邦直校註　清鈔本　一冊　缺十卷
(十至十八、末一卷)

430000 – 2401 – 0031153　437/2257

廬山詩草二卷　（清）黃士綺撰　清道光二十

八年(1848)刻本　一册

430000－2401－0031154　437/1178
思貽堂詩集十二卷　（清）黄文琛撰　清咸豐元年(1851)刻本　吳德襄題跋　二册

430000－2401－0031155　437/569
思貽堂詩集八卷詩續存八卷詩第三集四卷書簡八卷後永州集八卷　（清）黄文琛撰　清同治十二年(1873)刻本　十二册

430000－2401－0031156　437/569(1)
思貽堂詩集八卷詩續存八卷詩第三集四卷書簡八卷後永州集八卷　（清）黄文琛撰　清同治十二年(1873)刻本　十二册

430000－2401－0031157　437/569(2)
思貽堂詩集八卷詩續存八卷詩第三集四卷書簡八卷後永州集八卷　（清）黄文琛撰　清同治十二年(1873)刻本　十二册

430000－2401－0031158　437/569(3)
思貽堂詩集八卷詩續存八卷詩第三集四卷書簡八卷後永州集八卷　（清）黄文琛撰　清同治十二年(1873)刻本　十二册

430000－2401－0031159　437/569(4)
思貽堂詩集八卷詩續存八卷詩第三集四卷書簡八卷後永州集八卷　（清）黄文琛撰　清同治十二年(1873)刻本　十册

430000－2401－0031160　437/1664
熙春閣詩草九卷　（清）黄仁政撰　清同治八年(1869)益疇堂刻本　四册

430000－2401－0031161　437/2964
黄升庭文華書院課卷　（清）黄升庭撰　稿本　一份

430000－2401－0031162　437/2568
奉使集一卷靜子日記一卷　（清）黄永年撰　清乾隆二十年(1755)希文祠補刻本　一册

430000－2401－0031163　437/209
白雲詩鈔一卷　（清）黄永年撰　清乾隆二十年(1755)希文祠補刻本　一册

430000－2401－0031164　437/2154
南莊類稿八卷　（清）黄永年撰　清乾隆二十年(1755)希文祠補刻本　四册

430000－2401－0031165　437/2724
黄可權鄉試卷　（清）黄可權撰　清光緒二十九年(1903)刻本　一册

430000－2401－0031166　437/126
三十六灣草廬稿十卷　（清）黄本驥撰　清道光十六年(1836)刻三長物齋叢書本　三册

430000－2401－0031167　437/126(1)
三十六灣草廬稿十卷　（清）黄本驥撰　清道光十六年(1836)刻三長物齋叢書本　四册

430000－2401－0031168　437/331
三長物齋詩略五卷文略六卷　（清）黄本驥撰　清道光二十七年(1847)教澤堂刻三長物齋叢書本　三册

430000－2401－0031169　437/331(1)
三長物齋詩略五卷文略六卷　（清）黄本驥撰　清道光二十七年(1847)教澤堂刻三長物齋叢書本　三册　缺二卷(詩略四至五)

430000－2401－0031170　437/331(2)
三長物齋詩略五卷文略六卷　（清）黄本驥撰　清道光二十七年(1847)教澤堂刻三長物齋叢書本　一册　存三卷(一至三)

430000－2401－0031171　437/2671
竹溪詩存一卷　（清）黄申元撰　清光緒二十年(1894)刻本　一册

430000－2401－0031172　437/2223
學箕初稿二卷　（清）黄百家撰　清康熙箭山鐵鐙軒刻本　一册

430000－2401－0031173　437/1344
第六弦溪文鈔四卷　（清）黄廷鑒撰　清光緒十年(1884)虞山後知不足齋刻本　二册

430000－2401－0031174　437/1344(1)
第六弦溪文鈔四卷　（清）黄廷鑒撰　清光緒十年(1884)虞山後知不足齋刻本　二册

430000－2401－0031175　437/521

厚園小草三卷 （清）黄旭永撰 清刻本
三冊

430000－2401－0031176 437/2885

黄自元殿試策 （清）黄自元撰 清同治七年
(1868)刻本 一冊

430000－2401－0031177 437/9

醉山草堂詩集二卷 （清）黄仲騏撰 清光緒
三年(1877)寧鄉學署刻本 二冊

430000－2401－0031178 437/9(1)

醉山草堂詩集二卷 （清）黄仲騏撰 清光緒
三年(1877)寧鄉學署刻本 二冊

430000－2401－0031179 437/9(2)

醉山草堂詩集二卷 （清）黄仲騏撰 清光緒
三年(1877)寧鄉學署刻本 二冊

430000－2401－0031180 437/9－2

醉山草堂詩集二卷 （清）黄仲騏撰 清光緒
六年(1880)寧鄉學署刻本 二冊

430000－2401－0031181 437/584

秋江集註六卷 （清）黄任撰 （清）王元麟註
清道光二十三年(1843)東山家塾刻本
六冊

430000－2401－0031182 437/584(1)

秋江集註六卷 （清）黄任撰 （清）王元麟註
清道光二十三年(1843)東山家塾刻本
六冊

430000－2401－0031183 437/584(2)

秋江集註六卷 （清）黄任撰 （清）王元麟註
清道光二十三年(1843)東山家塾刻本
五冊

430000－2401－0031184 437/588

香草齋詩註六卷 （清）黄任撰 （清）陳應魁
註 清嘉慶十九年(1814)刻本 六冊

430000－2401－0031185 437/2888

黄希尚鄉試硃卷 （清）黄希尚撰 清光緒十
一年(1885)刻本 一冊

430000－2401－0031186 437/444

知止庵詩錄六卷補遺一卷續補遺一卷附錄一

卷 （清）黄宗起撰 清宣統二年(1910)刻本
一冊

430000－2401－0031187 △437/254

南雷文定前集十一卷後集四卷 （清）黄宗羲
撰 清康熙二十七年(1688)靳治荊刻本 佚
名批校 六冊

430000－2401－0031188 437/656

南雷文定前集十一卷後集四卷三集三卷四集
四卷 （清）黄宗羲撰 清耕餘樓刻本 八冊

430000－2401－0031189 437/659

黄梨洲先生南雷文約四卷 （清）黄宗羲撰
清乾隆刻本 四冊

430000－2401－0031190 437/659(1)

黄梨洲先生南雷文約四卷 （清）黄宗羲撰
清乾隆刻本 四冊

430000－2401－0031191 437/655

南雷文案十卷外卷一卷吾悔集四卷撰杖集一
卷 （清）黄宗羲撰 清康熙刻後人鈔補本
四冊

430000－2401－0031192 437/655(1)

南雷文案十卷外卷一卷吾悔集四卷撰杖集一
卷 （清）黄宗羲撰 清康熙刻後人鈔補本
一冊 存二卷(吾悔集四、撰杖集一卷)

430000－2401－0031193 437/1489

鶴窠村人初稿一卷賓紅閣艷體詩一卷 （清）
黄協塤撰 清光緒三十四年(1908)上海國光
書局鉛印本 一冊

430000－2401－0031194 437/2835

夢陔堂詩集三十五卷 （清）黄承吉撰 清道
光十二年至十三年(1832－1833)刻本 八冊

430000－2401－0031195 437/2892

黄忠浩優貢卷 （清）黄忠浩撰 清光緒十四
年(1888)刻本 一冊

430000－2401－0031196 437/1981

木鷄書屋文鈔四卷二集六卷三集八卷四集六
卷五集六卷 （清）黄臺灣撰 清道光六年至
同治十年(1826－1871)刻本 八冊

430000 – 2401 – 0031197　437/1938

墨齋詩錄一卷　（清）黃季翰撰　清光緒二十四年(1898)築垣刻本　一冊

430000 – 2401 – 0031198　437/2900

瀟湘八景詩　（清）黃周星撰　清舊鈔本　一冊

430000 – 2401 – 0031199　437/2829

黃岱鍾鄉試硃卷優貢卷　（清）黃岱鍾撰　清光緒十一年(1885)刻本　一冊

430000 – 2401 – 0031200　437/16

梅花百詠一卷　（清）黃洛書撰　清道光二十七年(1847)培元堂刻本　一冊

430000 – 2401 – 0031201　437/2231

誦芬詩略三卷自述百韻詩一卷　（清）黃炳垕撰　清同治九年(1870)刻本　一冊

430000 – 2401 – 0031202　437/2965

黃春台文華書院課卷　（清）黃春台撰　清稿本　一份

430000 – 2401 – 0031203　437/1191

黃孝子遺集三卷　（清）黃則有撰　九岩遺詩一卷　（清）黃紹英撰　清咸豐六年(1856)邵陽橫舍刻本　二冊

430000 – 2401 – 0031204　437/2785

黃玄龍先生詩集四卷　（清）黃奐撰　清刻本　一冊

430000 – 2401 – 0031205　437/2182

止齋遺書十六卷　（清）黃俊苑撰　清光緒元年(1875)福州刻本　八冊

430000 – 2401 – 0031206　437/1346

補不足齋詩鈔三卷　（清）黃家鼎撰　清光緒末稿本　一冊

430000 – 2401 – 0031207　437/2050

瓦缶雷鳴四卷欵乃餘曲二卷三隧劇談一卷　（清）黃家驥撰　清光緒二十三年(1897)上海紹文書局石印本　六冊

430000 – 2401 – 0031208　437/1170

拙公詩鈔二卷　（清）黃益增撰　清光緒十八年(1892)木活字本　一冊

430000 – 2401 – 0031209　437/1269

讀白華草堂詩初集九卷二集十二卷首蓍集八卷　（清）黃釗撰　清道光刻本　八冊

430000 – 2401 – 0031210　437/1920

介園遺集四卷　（清）黃倬撰　清光緒十五年(1889)刻本　四冊

430000 – 2401 – 0031211　437/1858

臺灣雜記一卷　（清）黃逢昶撰　清光緒十一年(1885)刻本　一冊

430000 – 2401 – 0031212　437/1858(1)

臺灣雜記一卷　（清）黃逢昶撰　清光緒十一年(1885)刻本　一冊

430000 – 2401 – 0031213　296.4/1 – 2

臺灣雜記一卷　（清）黃逢昶撰　清末刻本　一冊

430000 – 2401 – 0031214　296.4/1 – 3

臺灣雜記一卷　（清）黃逢昶撰　鈔本　一冊

430000 – 2401 – 0031215　437/1311

遠寄齋詩存一卷　（清）黃教熔撰　藝華詩草一卷　（清）黃嗣東輯　清光緒刻本　一冊

430000 – 2401 – 0031216　437/2824

黃習溶鄉試硃卷　（清）黃習溶撰　清光緒五年(1879)刻本　一冊

430000 – 2401 – 0031217　437/871

訓真書屋詩存二卷　（清）黃國瑾撰　清光緒三十二年(1906)貴築黃氏家塾刻本　一冊

430000 – 2401 – 0031218　437/871(1)

訓真書屋詩存二卷　（清）黃國瑾撰　清光緒三十二年(1906)貴築黃氏家塾刻本　一冊

430000 – 2401 – 0031219　437/871(2)

訓真書屋詩存二卷　（清）黃國瑾撰　清光緒三十二年(1906)貴築黃氏家塾刻本　一冊

430000 – 2401 – 0031220　437/2357

茶香閣遺草一卷附錄一卷　（清）黃婉璚撰　清道光十年(1830)刻本　一冊

430000 – 2401 – 0031221　437/2268

大潙山房遺稿九卷　（清）黃湘南撰　（清）諶瑤編　清道光二十二年(1842)刻本　三冊

430000 – 2401 – 0031222　437/92

禮部遺集　（清）黃富民撰　清同治九年(1870)刻本　二冊

430000 – 2401 – 0031223　437/2963

黃敦頤文華書院課卷　（清）黃敦頤撰　稿本　一份

430000 – 2401 – 0031224　437/2969

黃敦濟文華書院課卷　（清）黃敦濟撰　稿本　一份

430000 – 2401 – 0031225　△437/101

一樓集二十卷　（清）黃達撰　清乾隆刻本　六冊

430000 – 2401 – 0031226　437/2958

黃忠端公明誠堂十四札疏證一卷題詞一卷　（清）黃彭年撰　清光緒十五年(1889)貴築黃氏刻陶樓雜著本　一冊

430000 – 2401 – 0031227　437/2440

繚蘅閣詩鈔一卷　（清）黃雯撰　清光緒三十三年(1907)刻本　一冊

430000 – 2401 – 0031228　437/953

實其文齋文鈔初集八卷詩鈔六卷制藝一卷記一卷完貞伏虎一卷兵部公牘一卷　（清）黃雲鵠撰　清同治十一年(1872)刻本　十六冊

430000 – 2401 – 0031229　437/953(1)

實其文齋文鈔初集八卷詩鈔六卷制藝一卷記一卷完貞伏虎一卷兵部公牘一卷　（清）黃雲鵠撰　清同治十一年(1872)刻本　八冊

430000 – 2401 – 0031230　437/953(2)

實其文齋文鈔初集八卷詩鈔六卷制藝一卷記一卷完貞伏虎一卷兵部公牘一卷　（清）黃雲鵠撰　清同治十一年(1872)刻本　十六冊

430000 – 2401 – 0031231　437/333

兩當軒詩鈔十四卷悔存詞鈔二卷　（清）黃景仁撰　清嘉慶二十二年(1817)兩儀堂刻本　四冊

430000 – 2401 – 0031232　437/333（1）

兩當軒詩鈔十四卷悔存詞鈔二卷　（清）黃景仁撰　清嘉慶二十二年(1817)兩儀堂刻本　二冊

430000 – 2401 – 0031233　437/333（2）

兩當軒詩鈔十四卷悔存詞鈔二卷　（清）黃景仁撰　清嘉慶二十二年(1817)兩儀堂刻本　四冊

430000 – 2401 – 0031234　437/333（3）

兩當軒詩鈔十四卷悔存詞鈔二卷　（清）黃景仁撰　清嘉慶二十二年(1817)兩儀堂刻本　四冊

430000 – 2401 – 0031235　△437/219

兩當軒詩鈔十四卷悔存詞鈔二卷　（清）黃景仁撰　清嘉慶二十二年(1817)南河高堰廳署刻本　清何紹基、徐廷華、王運長批校圈點　雷愷跋　一冊

430000 – 2401 – 0031236　△437/219（1）

兩當軒詩鈔十四卷悔存詞鈔二卷　（清）黃景仁撰　清嘉慶二十二年(1817)南河高堰廳署刻本　一冊

430000 – 2401 – 0031237　437/333 – 2

兩當軒詩鈔十四卷竹眠詞鈔二卷　（清）黃景仁撰　清道光十三年(1833)廣州刻本　四冊

430000 – 2401 – 0031238　437/333 – 2（1）

兩當軒詩鈔十四卷竹眠詞鈔二卷　（清）黃景仁撰　清道光十三年(1833)廣州刻本　四冊

430000 – 2401 – 0031239　437/333 – 2（2）

兩當軒詩鈔十四卷竹眠詞鈔二卷　（清）黃景仁撰　清道光十三年(1833)廣州刻本　四冊

430000 – 2401 – 0031240　437/333 – 2（3）

兩當軒詩鈔十四卷竹眠詞鈔二卷　（清）黃景仁撰　清道光十三年(1833)廣州刻本　一冊

430000 – 2401 – 0031241　437/332

兩當軒集二十卷考異二卷附錄六卷　（清）黃景仁撰　清同治十二年(1873)集珍齋木活字本　六冊

430000 – 2401 – 0031242　437/332（1）
兩當軒集二十卷考異二卷附錄六卷　（清）黃景仁撰　清同治十二年(1873)集珍齋木活字本　八冊　缺考異

430000 – 2401 – 0031243　437/332 – 2
兩當軒集二十卷考異二卷附錄四卷　（清）黃景仁撰　清光緒二年(1876)家塾刻本　八冊

430000 – 2401 – 0031244　437/332 – 2（1）
兩當軒集二十卷考異二卷附錄四卷　（清）黃景仁撰　清光緒二年(1876)家塾刻本　八冊

430000 – 2401 – 0031245　437/332 – 2（2）
兩當軒集二十卷考異二卷附錄四卷　（清）黃景仁撰　清光緒二年(1876)家塾刻本　四冊

430000 – 2401 – 0031246　437/332 – 2（3）
兩當軒集二十卷考異二卷附錄四卷　（清）黃景仁撰　清光緒二年(1876)家塾刻本　六冊

430000 – 2401 – 0031247　437/332 – 3
兩當軒集二十二卷考異二卷附錄四卷　（清）黃景仁撰　清宣統二年(1910)掃葉山房石印本　六冊

430000 – 2401 – 0031248　437/413
明道書院鈔存五卷續編四卷附晚悔菴詩草一卷　（清）黃舒昺撰　清光緒二十五年(1899)刻本　四冊

430000 – 2401 – 0031249　437/2829
黃運藩鄉試硃卷　（清）黃運藩撰　清光緒五年(1879)刻本　一冊

430000 – 2401 – 0031250　437/2827
黃道藩選拔貢卷　（清）黃道藩撰　清同治十二年(1873)刻本　一冊

430000 – 2401 – 0031251　437/2045
雪竹樓詩稿十四卷文稿一卷　（清）黃道讓撰　清光緒臨澧澧蘭石印局石印本　六冊

430000 – 2401 – 0031252　437/2045（1）
雪竹樓詩稿十四卷文稿一卷　（清）黃道讓撰　清光緒臨澧澧蘭石印局石印本　六冊

430000 – 2401 – 0031253　437/2045（2）

雪竹樓詩稿十四卷文稿一卷　（清）黃道讓撰　清光緒臨澧澧蘭石印局石印本　一冊　缺四卷(四至七)

430000 – 2401 – 0031254　437/2778
聽蕉雨樓外集不分卷　（清）黃勤業撰　清咸豐元年(1851)刻本　一冊　存蜀游日記

430000 – 2401 – 0031255　437/2219
壹齋詩集四十卷賦一卷二十四畫品一卷畫友錄一卷游黃山記一卷泛漿錄二卷蕭湯二老遺詩合編二卷奏禦集二卷兩朝恩賚記一卷　（清）黃鉞撰　清咸豐九年至同治二年(1859 – 1863)許氏廣東南海刻本　十冊

430000 – 2401 – 0031256　437/758
壹齋集四十卷賦一卷二十四畫品一卷畫友錄一卷游黃山記一卷泛漿錄二卷蕭湯二老遺詩合編一卷　（清）黃鉞撰　清同治二年(1863)蕉湖許氏刻本　八冊

430000 – 2401 – 0031257　437/2197
淇園詩集四卷　（清）黃雋永撰　清同治四年(1865)刻本　一冊

430000 – 2401 – 0031258　437/681
報輝草堂詩集八卷續集二卷三集一卷　（清）黃維申撰　清同治十年至光緒三年(1871 – 1877)省垣刻本　六冊

430000 – 2401 – 0031259　437/681（1）
報輝草堂詩集八卷續集二卷三集一卷　（清）黃維申撰　清同治十年至光緒三年(1871 – 1877)省垣刻本　五冊　缺二卷(續集二、三集一卷)

430000 – 2401 – 0031260　437/681（2）
報輝草堂詩集八卷續集二卷三集一卷　（清）黃維申撰　清同治十年至光緒三年(1871 – 1877)省垣刻本　十二冊

430000 – 2401 – 0031261　437/1769
報輝堂集三十卷　（清）黃維申撰　清光緒十八年(1892)刻本　六冊

430000 – 2401 – 0031262　437/1769（1）

報輝堂集三十卷　（清）黃維申撰　清光緒十八年(1892)刻本　六冊

430000－2401－0031263　437/1769(2)
報輝堂集三十卷　（清）黃維申撰　清光緒十八年(1892)刻本　六冊

430000－2401－0031264　437/2281
松月山房詩存四卷　（清）黃賢寶撰　清道光十六年(1836)黃冕刻本　一冊

430000－2401－0031265　△437/496
壽花堂詩集八卷　（清）黃横撰　清嘉慶二十四年(1819)錢塘祝德風刻本　二冊

430000－2401－0031266　437/2887
黃履初鄉試硃卷　（清）黃履初撰　清光緒十一年(1885)刻本　一冊

430000－2401－0031267　437/2894
黃履初選拔貢卷　（清）黃履初撰　清光緒十一年(1885)刻本　一冊

430000－2401－0031268　437/1019
日本雜事詩二卷　（清）黃遵憲撰　清光緒五年(1879)同文館鉛印本　四冊

430000－2401－0031269　437/1590
人境廬詩草十一卷　（清）黃遵憲撰　清宣統三年(1911)黃遵楷鉛印本　四冊

430000－2401－0031270　437/1590(1)
人境廬詩草十一卷　（清）黃遵憲撰　清宣統三年(1911)黃遵楷鉛印本　四冊

430000－2401－0031271　437/1829
四百三十二峰草堂詩歸粤草三卷　（清）黃璟撰　清光緒三年(1877)羊城鴻文堂木活字本　一冊

430000－2401－0031272　437/2889
黃篤志優貢卷　（清）黃篤志撰　清光緒十七年(1891)刻本　一冊

430000－2401－0031273　437/2882
黃錫圭選拔貢卷　（清）黃錫圭撰　清同治十二年(1873)刻本　一冊

430000－2401－0031274　437/293
芝霞莊詩存五卷　（清）黃錫彤撰　清光緒九年(1883)黃氏刻本　二冊

430000－2401－0031275　437/293(1)
芝霞莊詩存五卷　（清）黃錫彤撰　清光緒九年(1883)黃氏刻本　二冊

430000－2401－0031276　437/700
倚晴樓詩集十二卷續集四卷詩餘四卷　（清）黃燮清撰　清咸豐七年至同治九年(1857－1870)刻本　四冊

430000－2401－0031277　437/700(1)
倚晴樓詩集十二卷續集四卷詩餘四卷　（清）黃燮清撰　清咸豐七年至同治九年(1857－1870)刻本　二冊　存十卷(詩集一至六、詩餘四卷)

430000－2401－0031278　437/700(2)
倚晴樓詩集十二卷續集四卷詩餘四卷　（清）黃燮清撰　清咸豐七年至同治九年(1857－1870)刻本　四冊

430000－2401－0031279　437/1763
玉堂課草十二卷　（清）黃爵滋撰　清道光十二年(1832)刻本　四冊

430000－2401－0031280　437/35
胈餘集四卷　（清）黃鐸撰　清宣統三年(1911)鉛印本　二冊

430000－2401－0031281　437/2661
頤情書屋試帖三卷　（清）黃灝撰　清光緒十九年(1893)刻本　一冊　存二卷(一至二)

430000－2401－0031282　△437/384
彭衡陬文集一卷　（清）彭士商撰　清乾隆刻本　一冊

430000－2401－0031283　437/673
樹廬文鈔十卷　（清）彭士望撰　清道光四年(1824)彭玉雯刻本　四冊

430000－2401－0031284　437/673(1)
樹廬文鈔十卷　（清）彭士望撰　清道光四年(1824)彭玉雯刻本　四冊

430000－2401－0031285　437/673（2）

樹廬文鈔十卷　（清）彭士望撰　清道光四年（1824）彭玉雯刻本　六冊

430000－2401－0031286　437/686

恥躬堂文鈔十卷詩鈔十六卷　（清）彭士望撰　清咸豐二年（1852）刻本　八冊

430000－2401－0031287　437/686（1）

恥躬堂文鈔十卷詩鈔十六卷　（清）彭士望撰　清咸豐二年（1852）刻本　六冊

430000－2401－0031288　437/105

萬壽衢歌樂章六卷　（清）彭元瑞撰　清乾隆武英殿木活字本　二冊

430000－2401－0031289　△437/31

彭玉麟信札　（清）彭玉麟撰　稿本　一冊

430000－2401－0031290　437/824

彭剛直公詩集八卷　（清）彭玉麟撰　清光緒十七年（1891）俞樾吳下刻本　二冊

430000－2401－0031291　437/824（1）

彭剛直公詩集八卷　（清）彭玉麟撰　清光緒十七年（1891）俞樾吳下刻本　二冊

430000－2401－0031292　437/824（2）

彭剛直公詩集八卷　（清）彭玉麟撰　清光緒十七年（1891）俞樾吳下刻本　二冊

430000－2401－0031293　437/824（3）

彭剛直公詩集八卷　（清）彭玉麟撰　清光緒十七年（1891）俞樾吳下刻本　二冊

430000－2401－0031294　437/824（4）

彭剛直公詩集八卷　（清）彭玉麟撰　清光緒十七年（1891）俞樾吳下刻本　二冊

430000－2401－0031295　437/824（5）

彭剛直公詩集八卷　（清）彭玉麟撰　清光緒十七年（1891）俞樾吳下刻本　二冊

430000－2401－0031296　437/824（6）

彭剛直公詩集八卷　（清）彭玉麟撰　清光緒十七年（1891）俞樾吳下刻本　二冊

430000－2401－0031297　437/1698

平莊小庵詩存一卷　（清）彭永思撰　清道光二十二年（1842）刻本　一冊

430000－2401－0031298　437/1111

朵園文集五卷詩集二卷詩集補遺一卷　（清）彭申甫撰　清木活字本　五冊

430000－2401－0031299　437/1108

小謨觴館詩集八卷詩續集二卷詩餘一卷文集四卷文續集二卷　（清）彭兆蓀撰　清同治十三年（1874）刻本　六冊

430000－2401－0031300　437/1108（1）

小謨觴館詩集八卷詩續集二卷詩餘一卷文集四卷文續集二卷　（清）彭兆蓀撰　清同治十三年（1874）刻本　五冊　缺二卷（文續集二卷）

430000－2401－0031301　437/1108（2）

小謨觴館詩集八卷詩續集二卷詩餘一卷文集四卷文續集二卷　（清）彭兆蓀撰　清同治十三年（1874）刻本　四冊

430000－2401－0031302　437/1109（2）

小謨觴館詩集註八卷文集註四卷文續集註二卷詩續集註二卷詩餘附錄註一卷　（清）彭兆蓀撰　（清）孫元培　（清）孫長熙輯　清光緒十九年（1893）苕溪佟氏吳門寓齋刻本　四冊

430000－2401－0031303　437/1109

小謨觴館詩集註八卷詩餘附錄註一卷文集註四卷詩續集註二卷詩餘續附錄註一卷文續集註二卷　（清）彭兆蓀撰　（清）孫元培（清）孫長熙輯　清光緒二十年（1894）泉唐汪氏刻本　八冊

430000－2401－0031304　437/1109（1）

小謨觴館詩集註八卷詩餘附錄註一卷文集註四卷詩續集註二卷詩餘續附錄註一卷文續集註二卷　（清）彭兆蓀撰　（清）孫元培（清）孫長熙輯　清光緒二十年（1894）泉唐汪氏刻本　四冊

430000－2401－0031305　437/1109（3）

小謨觴館詩集註八卷詩餘附錄註一卷文集註四卷詩續集註二卷詩餘續附錄註一卷文續集註二卷　（清）彭兆蓀撰　（清）孫元培

（清）孫長熙輯　清光緒二十年（1894）泉唐汪氏刻本　四冊　缺五卷（詩集註四至八）

430000－2401－0031306　437/1023

讀史亭詩集十六卷　（清）彭而述撰　清康熙刻本　六冊

430000－2401－0031307　437/2208

松華雙研齋賦鈔一卷　（清）彭邦疇撰　清道光二十九年（1849）刻本　一冊

430000－2401－0031308　△437/135

瓦卮集六卷　（清）彭坊撰　清乾隆四十年（1775）刻本　二冊

430000－2401－0031309　△437/135（1）

瓦卮集六卷　（清）彭坊撰　清乾隆四十年（1775）刻本　二冊

430000－2401－0031310　437/208

白雲篇不分卷　（清）彭孚撰　清嘉慶四年（1799）述古堂刻本　四冊

430000－2401－0031311　437/208（1）

白雲篇不分卷　（清）彭孚撰　清嘉慶四年（1799）述古堂刻本　二冊

430000－2401－0031312　437/1375

簡緣詩草一卷　（清）彭希洛撰　清光緒九年（1883）刻本　一冊

430000－2401－0031313　437/2845

彭作潤鄉試硃卷　（清）彭作潤撰　清光緒十一年（1885）刻本　一冊

430000－2401－0031314　437/1498

蘭臺遺稿二卷附錄一卷續編一卷　（清）彭希涑撰　清光緒九年（1883）惠州郡齋刻本　三冊

430000－2401－0031315　△437/253

南畇文稿十二卷　（清）彭定求撰　清乾隆三十九年（1774）刻本　五冊

430000－2401－0031316　437/516

南畇文稿十二卷詩稿二十七卷南畇老人自訂年譜一卷　（清）彭定求撰　清光緒七年（1881）刻本　十二冊

430000－2401－0031317　437/516（1）

南畇文稿十二卷詩稿二十七卷南畇老人自訂年譜一卷　（清）彭定求撰　清光緒七年（1881）刻本　十二冊

430000－2401－0031318　437/516－2

南畇文稿十二卷詩稿二十七卷小題文稿一卷南畇老人自訂年譜一卷　（清）彭定求撰　清光緒七年（1881）刻長洲彭氏家集本　十四冊

430000－2401－0031319　437/729

南畇先生文錄二卷　（清）彭定求撰　清刻本　一冊

430000－2401－0031320　437/2246

硯食齋詩鈔四卷　（清）彭定瀾撰　清同治二年（1863）刻本　二冊

430000－2401－0031321　437/2890

彭承洪鄉試硃卷　（清）彭承洪撰　清光緒十四年（1888）刻本　一冊

430000－2401－0031322　437/1083

古香山館存稿十六卷　（清）彭洋中撰　（清）曾紀鳳編　清同治十三年（1874）湘鄉彭氏思詒堂刻本　六冊

430000－2401－0031323　437/1083（1）

古香山館存稿十六卷　（清）彭洋中撰　（清）曾紀鳳編　清同治十三年（1874）湘鄉彭氏思詒堂刻本　六冊

430000－2401－0031324　437/1083（2）

古香山館存稿十六卷　（清）彭洋中撰　（清）曾紀鳳編　清同治十三年（1874）湘鄉彭氏思詒堂刻本　六冊

430000－2401－0031325　437/1083（3）

古香山館存稿十六卷　（清）彭洋中撰　（清）曾紀鳳編　清同治十三年（1874）湘鄉彭氏思詒堂刻本　六冊

430000－2401－0031326　437/1083（4）

古香山館存稿十六卷　（清）彭洋中撰　（清）曾紀鳳編　清同治十三年（1874）湘鄉彭氏思詒堂刻本　三冊

430000 – 2401 – 0031327　437/1083（5）
古香山館存稿十六卷　（清）彭洋中撰　（清）
曾紀鳳編　清同治十三年(1874)湘鄉彭氏思
詒堂刻本　一冊　存三卷（十至十二）

430000 – 2401 – 0031328　437/2888
彭述鄉試硃卷　（清）彭述撰　清光緒十一年
(1885)刻本　一冊

430000 – 2401 – 0031329　437/2894
彭述選拔貢卷　（清）彭述撰　清光緒十一年
(1885)刻本　一冊

430000 – 2401 – 0031330　437/2894
彭述會試硃卷　（清）彭述撰　清光緒十二年
(1886)刻本　一冊

430000 – 2401 – 0031331　437/1453
賜硯堂詩集不分卷萬壽詩冊不分卷　（清）彭
浚撰　清嘉慶、道光刻本　四冊

430000 – 2401 – 0031332　437/1452
賜硯堂文集一卷　（清）彭浚撰　清道光彭宅
刻本　一冊

430000 – 2401 – 0031333　437/1942
玉屏山館詩草四卷　（清）彭祖潤撰　清光緒
十三年(1887)刻本　二冊

430000 – 2401 – 0031334　437/2085
松桂堂全集三十七卷南浤集三卷延露詞三卷
　（清）彭孫遹撰　清宣統三年(1911)上海掃
葉山房石印本　九冊

430000 – 2401 – 0031335　437/2866
彭清藜會試硃卷　（清）彭清藜撰　清光緒九
年(1883)刻本　一冊

430000 – 2401 – 0031336　437/1638
無近名齋文鈔四卷雜著二卷文鈔二編二卷雜
著二編一卷外編一卷　（清）彭翊撰　清道光
二十七年(1847)刻本　四冊

430000 – 2401 – 0031337　437/1638（1）
無近名齋文鈔四卷雜著二卷文鈔二編二卷雜
著二編一卷外編一卷　（清）彭翊撰　清道光
二十七年(1847)刻本　四冊

430000 – 2401 – 0031338　437/1638 – 2
無近名齋文鈔四卷二編二卷雜著二卷雜著二
編一卷外編一卷　（清）彭翊撰　清光緒十年
(1884)刻本　四冊

430000 – 2401 – 0031339　437/295
芝庭先生集十八卷附錄一卷　（清）彭啟豐撰
　清光緒二年(1876)惠州官署刻本　六冊

430000 – 2401 – 0031340　437/295（1）
芝庭先生集十八卷附錄一卷　（清）彭啟豐撰
　清光緒二年(1876)惠州官署刻本　六冊

430000 – 2401 – 0031341　437/295（2）
芝庭先生集十八卷附錄一卷　（清）彭啟豐撰
　清光緒二年(1876)惠州官署刻本　六冊

430000 – 2401 – 0031342　437/295（3）
芝庭先生集十八卷附錄一卷　（清）彭啟豐撰
　清光緒二年(1876)惠州官署刻本　六冊

430000 – 2401 – 0031343　437/295（4）
芝庭先生集十八卷附錄一卷　（清）彭啟豐撰
　清光緒二年(1876)惠州官署刻本　四冊

430000 – 2401 – 0031344　437/1 – 2
一行居集八卷附一卷　（清）彭紹升撰　清道
光五年(1825)刻本　四冊

430000 – 2401 – 0031345　△437/104
二林居集二十四卷　（清）彭紹升撰　清嘉慶
四年(1799)味初堂刻本　四冊

430000 – 2401 – 0031346　437/1911 – 2
二林居集二十四卷　（清）彭紹升撰　清光緒
七年(1881)蘇州振新書社刻本　六冊

430000 – 2401 – 0031347　437/1911 – 2（1）
二林居集二十四卷　（清）彭紹升撰　清光緒
七年(1881)蘇州振新書社刻本　六冊

430000 – 2401 – 0031348　437/1911 – 2（2）
二林居集二十四卷　（清）彭紹升撰　清光緒
七年(1881)蘇州振新書社刻本　六冊

430000 – 2401 – 0031349　437/1911 – 2（3）
二林居集二十四卷　（清）彭紹升撰　清光緒
七年(1881)蘇州振新書社刻本　八冊

430000－2401－0031350　△437/357

測海集六卷　（清）彭紹升撰　清嘉慶二十四年(1819)刻本　一冊

430000－2401－0031351　473/2593－2

測海集六卷　（清）彭紹升撰　清同治四年(1865)刻本　二冊

430000－2401－0031352　437/2593－3

測海集六卷　（清）彭紹升撰　清光緒二年(1876)成都刻本　二冊

430000－2401－0031353　437/2593－3(1)

測海集六卷　（清）彭紹升撰　清光緒二年(1876)成都刻本　二冊

430000－2401－0031354　△437/546

觀河集四卷　（清）彭紹升撰　清道光三年(1823)刻本　一冊

430000－2401－0031355　437/943

觀河集四卷　（清）彭紹升撰　清光緒四年(1878)刻本　一冊

430000－2401－0031356　437/943(1)

觀河集四卷　（清）彭紹升撰　清光緒四年(1878)刻本　一冊

430000－2401－0031357　437/943(2)

觀河集四卷　（清）彭紹升撰　清光緒四年(1878)刻本　一冊

430000－2401－0031358　437/119

獨持集十卷　（清）彭湘懷撰　清刻本　四冊

430000－2401－0031359　437/2826

彭琨生鄉試硃卷　（清）彭琨生撰　清同治三年(1864)刻本　一冊

430000－2401－0031360　437/504

南楚詩紀四卷外編一卷　（清）彭開勛撰　清咸豐元年(1851)述古堂刻本　四冊

430000－2401－0031361　437/504(1)

南楚詩紀四卷外編一卷　（清）彭開勛撰　清咸豐元年(1851)述古堂刻本　二冊

430000－2401－0031362　437/2889

彭煌鄉試硃卷　（清）彭煌撰　清光緒十七年(1891)刻本　一冊

430000－2401－0031363　437/221

白鶴堂稿不分卷　（清）彭端淑撰　（清）胡天游評　清刻本　二冊

430000－2401－0031364　437/2887

彭壽綏鄉試硃卷　（清）彭壽綏撰　清光緒十一年(1885)刻本　一冊

430000－2401－0031365　437/2943

樹德堂詩稿　（清）彭熙榘撰　清鄧顯鶴鈔本　一冊

430000－2401－0031366　437/1479

墨香閣集十三卷首一卷末一卷　（清）彭維新撰　清道光二年(1822)彭氏家刻本　六冊

430000－2401－0031367　437/1479(1)

墨香閣集十三卷首一卷末一卷　（清）彭維新撰　清道光二年(1822)彭氏家刻本　六冊

430000－2401－0031368　437/1479(2)

墨香閣集十三卷首一卷末一卷　（清）彭維新撰　清道光二年(1822)彭氏家刻本　六冊

430000－2401－0031369　437/1479(3)

墨香閣集十三卷首一卷末一卷　（清）彭維新撰　清道光二年(1822)彭氏家刻本　六冊

430000－2401－0031370　437/1479(4)

墨香閣集十三卷首一卷末一卷　（清）彭維新撰　清道光二年(1822)彭氏家刻本　四冊

430000－2401－0031371　437/1479(5)

墨香閣集十三卷首一卷末一卷　（清）彭維新撰　清道光二年(1822)彭氏家刻本　六冊

430000－2401－0031372　437/222

仙心閣詩鈔四卷　（清）彭慰高撰　清光緒三年(1877)羊城刻本　二冊

430000－2401－0031373　437/722

師矩齋詩錄三卷　（清）彭翰孫撰　清光緒十七年(1891)刻本　二冊

430000－2401－0031374　437/722(1)

師矩齋詩錄三卷 （清）彭翰孫撰 清光緒十
七年(1891)刻本 二冊

430000－2401－0031375 437/576

秋士先生遺集六卷 （清）彭績撰 清光緒七
年(1881)刻本 一冊

430000－2401－0031376 437/576(1)

秋士先生遺集六卷 （清）彭績撰 清光緒七
年(1881)刻本 一冊

430000－2401－0031377 437/822

彭文敬公全集四十六卷 （清）彭蘊章撰 清
同治刻長洲彭氏家集本 十五冊

430000－2401－0031378 437/822(1)

彭文敬公全集四十六卷 （清）彭蘊章撰 清
同治刻長洲彭氏家集本 十五冊

430000－2401－0031379 437/822(2)

彭文敬公全集四十六卷 （清）彭蘊章撰 清
同治刻長洲彭氏家集本 十五冊

430000－2401－0031380 437/822(3)

彭文敬公全集四十六卷 （清）彭蘊章撰 清
同治刻長洲彭氏家集本 八冊

430000－2401－0031381 437/822(4)

彭文敬公全集四十六卷 （清）彭蘊章撰 清
同治刻長洲彭氏家集本 八冊

430000－2401－0031382 437/822(5)

彭文敬公全集四十六卷 （清）彭蘊章撰 清
同治刻長洲彭氏家集本 二冊 存五卷(年
譜一卷、松楓閣詩鈔五至八)

430000－2401－0031383 437/2195

老學庵讀書記四卷 （清）彭蘊章撰 清同治
五年(1866)刻本 一冊

430000－2401－0031384 437/2463

松風閣詩鈔八卷 （清）彭蘊章撰 清道光二
十六年(1846)刻本 一冊 存四卷(一至四)

430000－2401－0031385 437/2463－2

松風閣詩鈔二十六卷 （清）彭蘊章撰 清同
治三年(1864)刻本 八冊

430000－2401－0031386 437/1372－2

歸樸龕叢稿十二卷 （清）彭蘊章撰 清道光
刻本 三冊

430000－2401－0031387 437/1372

歸樸龕叢稿十二卷續編四卷 （清）彭蘊章撰
清同治刻長洲彭氏家集本 四冊

430000－2401－0031388 437/1372(1)

歸樸龕叢稿十二卷續編四卷 （清）彭蘊章撰
清同治刻長洲彭氏家集本 三冊 缺四卷
(續編四卷)

430000－2401－0031389 437/1372(2)

歸樸龕叢稿十二卷續編四卷 （清）彭蘊章撰
清同治刻長洲彭氏家集本 三冊

430000－2401－0031390 437/827

滋蘭堂詩卷初編一卷二編一卷三編一卷
（清）彭顯榮撰 （清）劉鳳苞 （清）陳壽倫
評 民國二十一年(1932)鉛印本 一冊

430000－2401－0031391 437/827(1)

滋蘭堂詩卷初編一卷二編一卷三編一卷
（清）彭顯榮撰 （清）劉鳳苞 （清）陳壽倫
評 民國二十一年(1932)鉛印本 一冊

430000－2401－0031392 437/827(2)

滋蘭堂詩卷初編一卷二編一卷三編一卷
（清）彭顯榮撰 （清）劉鳳苞 （清）陳壽倫
評 民國二十一年(1932)鉛印本 一冊

430000－2401－0031393 437/827(3)

滋蘭堂詩卷初編一卷二編一卷三編一卷
（清）彭顯榮撰 （清）劉鳳苞 （清）陳壽倫
評 民國二十一年(1932)鉛印本 一冊

430000－2401－0031394 437/827(4)

滋蘭堂詩卷初編一卷二編一卷三編一卷
（清）彭顯榮撰 （清）劉鳳苞 （清）陳壽倫
評 民國二十一年(1932)鉛印本 一冊

430000－2401－0031395 437/2538

鑒歊書屋遺草二卷 （清）華良顯撰 清同治
三年(1864)刻本 一冊

430000－2401－0031396 437/632

荔雨軒文集六卷 （清）華翼綸撰 清光緒九年（1883）刻本 二冊

430000－2401－0031397 437/2562

項太史全稿不分卷 （清）項煜撰 （清）項應鋐編 清刻本 四冊

430000－2401－0031398 437/1780

且甌集九卷 （清）項霶撰 清咸豐三年（1853）刻本 二冊

430000－2401－0031399 437/1345

雲水集一卷 （清）雲溪撰 清光緒十一年（1885）刻本 一冊

430000－2401－0031400 437/2107－2

郁華閣遺集四卷 （清）盛昱撰 清光緒二十八年（1902）武昌朱印本 一冊

430000－2401－0031401 437/2107

郁華閣遺集四卷 （清）盛昱撰 清光緒三十一年（1905）精刻本 一冊

430000－2401－0031402 437/2107（1）

郁華閣遺集四卷 （清）盛昱撰 清光緒三十一年（1905）精刻本 一冊

430000－2401－0031403 437/2107（2）

郁華閣遺集四卷 （清）盛昱撰 清光緒三十一年（1905）精刻本 一冊

430000－2401－0031404 437/2107（3）

郁華閣遺集四卷 （清）盛昱撰 清光緒三十一年（1905）精刻本 一冊

430000－2401－0031405 437/2345

意園文略二卷事略一卷 （清）盛昱撰 （清）楊鍾羲編 清宣統二年（1910）刻本 一冊

430000－2401－0031406 437/2345（1）

意園文略二卷事略一卷 （清）盛昱撰 （清）楊鍾羲編 清宣統二年（1910）朱印本 一冊

430000－2401－0031407 △437/215

青嶁遺稿二卷 （清）盛錦撰 清乾隆二十六年（1761）刻本 二冊

430000－2401－0031408 437/2608

治經齋稿一卷 （清）費庚吉撰 清同治二年（1863）保陽郡署刻本 一冊

430000－2401－0031409 437/706

耐庵奏議存稿十二卷首一卷耐庵公牘存稿四卷文存六卷詩存三卷 （清）賀長齡撰 清咸豐十一年至光緒八年（1861－1882）刻本 十二冊

430000－2401－0031410 437/706（1）

耐庵奏議存稿十二卷首一卷耐庵公牘存稿四卷文存六卷詩存三卷 （清）賀長齡撰 清咸豐十一年至光緒八年（1861－1882）刻本 十二冊

430000－2401－0031411 437/706（2）

耐庵奏議存稿十二卷首一卷耐庵公牘存稿四卷文存六卷詩存三卷 （清）賀長齡撰 清咸豐十一年至光緒八年（1861－1882）刻本 十二冊

430000－2401－0031412 437/706（3）

耐庵奏議存稿十二卷首一卷耐庵公牘存稿四卷文存六卷詩存三卷 （清）賀長齡撰 清咸豐十一年至光緒八年（1861－1882）刻本 十一冊

430000－2401－0031413 437/706（4）

耐庵奏議存稿十二卷首一卷耐庵公牘存稿四卷文存六卷詩存三卷 （清）賀長齡撰 清咸豐十一年至光緒八年（1861－1882）刻本 九冊

430000－2401－0031414 437/256

有真意齋詩稿六卷香奩二十四詠一卷 （清）賀祥麟撰 清同治六年（1867）桐蔭山房刻本 四冊

430000－2401－0031415 437/256（5）

有真意齋詩稿六卷香奩二十四詠一卷 （清）賀祥麟撰 清同治六年（1867）桐蔭山房刻本 四冊

430000－2401－0031416 437/256（1）

有真意齋詩稿六卷香奩二十四詠一卷 （清）賀祥麟撰 清同治六年（1867）桐蔭山房刻本 四冊

430000－2401－0031417　437/256(2)

有真意齋詩稿六卷香奩二十四詠一卷 （清）
賀祥麟撰　清同治六年(1867)桐蔭山房刻本
　四冊

430000－2401－0031418　437/256(3)

有真意齋詩稿六卷香奩二十四詠一卷 （清）
賀祥麟撰　清同治六年(1867)桐蔭山房刻本
　四冊

430000－2401－0031419　437/256(4)

有真意齋詩稿六卷香奩二十四詠一卷 （清）
賀祥麟撰　清同治六年(1867)桐蔭山房刻本
　二冊　存四卷(一至四)

430000－2401－0031420　△437/167

有真意齋詩稿六卷 （清）賀祥麟撰　清同治
七年(1868)瀏陽賀宏勛等刻本　一冊

430000－2401－0031421　437/256－2

有真意齋詩集六卷 （清）賀祥麟撰　清光緒
八年(1882)南昌縣署刻本　二冊

430000－2401－0031422　437/2826

賀弼試卷 （清）賀弼撰　清光緒十二年
(1886)刻本　一冊

430000－2401－0031423　437/1802－2

水田居文集五卷存詩三卷詩餘一卷 （清）賀
貽孫撰　清嘉慶敕書樓刻本　十七冊

430000－2401－0031424　437/1802

水田居文集五卷 （清）賀貽孫撰　清嘉慶敕
書樓刻本　十冊

430000－2401－0031425　437/1802(1)

水田居文集五卷 （清）賀貽孫撰　清嘉慶敕
書樓刻本　五冊

430000－2401－0031426　437/1802(2)

水田居文集五卷 （清）賀貽孫撰　清嘉慶敕
書樓刻本　六冊

430000－2401－0031427　437/1802(3)

水田居文集五卷 （清）賀貽孫撰　清嘉慶敕
書樓刻本　六冊

430000－2401－0031428　437/839

寒香館文鈔八卷詩鈔四卷 （清）賀熙齡撰
清道光二十七年(1847)刻本　四冊

430000－2401－0031429　437/839(1)

寒香館文鈔八卷詩鈔四卷 （清）賀熙齡撰
清道光二十七年(1847)刻本　四冊

430000－2401－0031430　437/839(2)

寒香館文鈔八卷詩鈔四卷 （清）賀熙齡撰
清道光二十七年(1847)刻本　四冊

430000－2401－0031431　437/839(3)

寒香館文鈔八卷詩鈔四卷 （清）賀熙齡撰
清道光二十七年(1847)刻本　四冊

430000－2401－0031432　437/839(4)

寒香館文鈔八卷詩鈔四卷 （清）賀熙齡撰
清道光二十七年(1847)刻本　四冊

430000－2401－0031433　437/2826

賀聯珍貢卷 （清）賀聯珍撰　清光緒八年
(1882)刻本　一冊

430000－2401－0031434　437/548

是程堂集十四卷 （清）屠倬撰　清嘉慶十九
年(1814)真州官舍刻本　二冊

430000－2401－0031435　437/296

六百日通□□卷 （清）隆觀易撰　清光緒刻
本　一冊　存二卷(二十一至二十二)

430000－2401－0031436　437/2527

西征後集一卷 （清）隆觀易撰　（清）庾南範
編　清光緒五年(1879)刻本　一冊

430000－2401－0031437　437/2527(1)

西征後集一卷 （清）隆觀易撰　（清）庾南範
編　清光緒五年(1879)刻本　一冊

430000－2401－0031438　437/499

罘罳草堂詩集四卷 （清）隆觀易撰　清光緒
五年(1879)長沙刻本　二冊

430000－2401－0031439　437/499(1)

罘罳草堂詩集四卷 （清）隆觀易撰　清光緒
五年(1879)長沙刻本　二冊

430000－2401－0031440　437/499(2)

罘罳草堂詩集四卷　（清）隆觀易撰　清光緒
五年（1879）長沙刻本　二冊

430000－2401－0031441　437/499（3）

罘罳草堂詩集四卷　（清）隆觀易撰　清光緒
五年（1879）長沙刻本　二冊

430000－2401－0031442　437/499（4）

罘罳草堂詩集四卷　（清）隆觀易撰　清光緒
五年（1879）長沙刻本　二冊

430000－2401－0031443　437/1910

八指詩存二卷　（清）閔萃祥撰　清光緒三十
四年（1908）上海刻本　二冊

430000－2401－0031444　437/108

佚餘詩草四卷　（清）單銓撰　清光緒七年
（1881）面山樓刻本　二冊

430000－2401－0031445　437/255

面山樓集二卷　（清）單銓撰　清光緒七年
（1881）面山樓刻本　二冊

430000－2401－0031446　△437/394

鄂文端公遺稿六卷　（清）鄂爾泰撰　清乾隆
三十九年（1774）葆真堂刻本　二冊

430000－2401－0031447　437/2673

師石軒文稿二卷　（清）喻光容撰　清光緒五
年（1879）寧靈廳署刻本　一冊

430000－2401－0031448　437/96

靈石山房詩草一卷續吟草一卷　（清）貴成撰
清同治七年（1868）刻本　一冊

430000－2401－0031449　437/2025

亦有秋齋詩鈔四卷詞鈔二卷　（清）鈕福疇撰
清道光二十七年（1847）舒城縣署刻本
二冊

430000－2401－0031450　437/1012

鈕非石遺文一卷　（清）鈕樹玉撰　清光緒三
年（1877）吳縣潘氏京師刻滂喜齋叢書本
一冊

430000－2401－0031451　437/298

夏柯堂詩草□□卷　（清）舒正撰　清嘉慶稿
本　二冊　存四卷（五至八）

430000－2401－0031452　437/746

瓶水齋詩集十七卷別集二卷詩話一卷　（清）
舒位撰　清光緒十二年（1886）刻本　八冊

430000－2401－0031453　△437/337

莄園詩集五卷　（清）舒其鍈撰　清鈔本
五冊

430000－2401－0031454　437/106

綠猗軒文鈔二卷駢體文鈔一卷詩鈔二卷
（清）舒燾撰　清同治四年（1865）長沙刻本
二冊

430000－2401－0031455　437/106（1）

綠猗軒文鈔二卷駢體文鈔一卷詩鈔二卷
（清）舒燾撰　清同治四年（1865）長沙刻本
二冊

430000－2401－0031456　437/106（2）

綠猗軒文鈔二卷駢體文鈔一卷詩鈔二卷
（清）舒燾撰　清同治四年（1865）長沙刻本
二冊

430000－2401－0031457　437/106（3）

綠猗軒文鈔二卷駢體文鈔一卷詩鈔二卷
（清）舒燾撰　清同治四年（1865）長沙刻本
二冊

430000－2401－0031458　437/106（4）

綠猗軒文鈔二卷駢體文鈔一卷詩鈔二卷
（清）舒燾撰　清同治四年（1865）長沙刻本
二冊

430000－2401－0031459　437/106（5）

綠猗軒文鈔二卷駢體文鈔一卷詩鈔二卷
（清）舒燾撰　清同治四年（1865）長沙刻本
二冊

430000－2401－0031460　437/106－2

綠猗軒詩鈔二卷詞鈔一卷　（清）舒燾撰　清
光緒二十三年（1897）刻本　一冊

430000－2401－0031461　437/106－3

綠猗軒詩草□□卷　（清）舒燾撰　鈔本
一冊

430000－2401－0031462　437/1741

盤轂詩集二卷 （清）釋智樸撰 清康熙刻本
一冊

430000－2401－0031463 △437/198
轂聲一卷 （清）釋智眸撰 清康熙十年
（1671）刻本 一冊

430000－2401－0031464 437/928
維周詩鈔十六卷 （清）程之楨撰 清同治十
一年（1872）確園刻本 四冊

430000－2401－0031465 437/163
曼殊沙館初集五卷 （清）程士經撰 民國十
五年（1926）鹿川閣補刻清光緒三十三年
（1907）石巢刻十發庵類稿本 一冊

430000－2401－0031466 437/163（1）
曼殊沙館初集五卷 （清）程士經撰 民國十
五年（1926）鹿川閣補刻清光緒三十三年
（1907）石巢刻十發庵類稿本 一冊

430000－2401－0031467 437/163（2）
曼殊沙館初集五卷 （清）程士經撰 民國十
五年（1926）鹿川閣補刻清光緒三十三年
（1907）石巢刻十發庵類稿本 一冊

430000－2401－0031468 437/1998
在山堂集三十卷 （清）程大中撰 清道光十
四年（1834）刻本 八冊

430000－2401－0031469 437/490
閑閑草五言排律不分卷 （清）程大閎撰 清
道光刻本 二冊

430000－2401－0031470 △437/138
尺木樓詩集四卷 （清）程世繩撰 清乾隆二
十五年（1760）刻本 二冊

430000－2401－0031471 437/2337
海日堂集詩五卷補遺一卷文二卷 （清）程可
則撰 清道光五年（1825）刻本 四冊

430000－2401－0031472 437/2254
金陵賦一卷 （清）程先甲撰 清刻本 一冊

430000－2401－0031473 437/1093
程一夔文乙集四卷 （清）程先甲撰 清宣統
二年（1910）刻本 二冊

430000－2401－0031474 △437/285
海右陳人集二卷 （清）程先貞撰 清順治刻
本 南公題識 二冊

430000－2401－0031475 437/2800
程希洛鄉試卷 （清）程希洛撰 清光緒二十
八年（1902）刻本 一冊

430000－2401－0031476 437/1881
梅花三百首五卷 （清）程思樂撰 清嘉慶五
年（1800）對山堂刻本 一冊

430000－2401－0031477 437/2153
北湖酬唱詩略二卷 （清）程恩澤撰 清道光
八年（1828）刻本 一冊

430000－2401－0031478 △437/403
程侍郎遺集初編十卷 （清）程恩澤撰 清道
光二十六年（1846）凳喜齋刻本 二冊

430000－2401－0031479 437/877
碧腴詩草一卷詞一卷 （清）程珮琳撰 清光
緒元年（1875）刻本 一冊

430000－2401－0031480 437/875
芸輝堂詩集四卷賦稿二卷 （清）程烈光撰
清道光二十七年（1847）刻本 四冊

430000－2401－0031481 437/275
初桄齋詩集二卷 （清）程梯功撰 清同治二
年（1863）刻本 二冊

430000－2401－0031482 437/275（1）
初桄齋詩集二卷 （清）程梯功撰 清同治二
年（1863）刻本 二冊

430000－2401－0031483 437/2822
程榮鄉試硃卷 （清）程榮撰 清光緒十九年
（1893）刻本 一冊

430000－2401－0031484 437/2321
棣華書屋詩集十二卷試帖二卷 （清）程鈺撰
清道光三十年（1850）潁上縣署刻本 四冊

430000－2401－0031485 437/545
南歸集一卷 （清）程虞卿撰 清末刻本
一冊

430000－2401－0031486　437/1891

嘯雲軒詩集五卷　（清）程畹撰　清光緒刻本
二冊

430000－2401－0031487　437/2824

程頌芳鄉試硃卷　（清）程頌芳撰　清光緒八
年(1882)刻本　一冊

430000－2401－0031488　437/2828

程錫昌貢卷　（清）程錫昌撰　清光緒九年
(1883)刻本　一冊

430000－2401－0031489　437/876

淡廬軒存稿一卷試帖一卷　（清）程鶴輪撰
損齋吟草一卷　（清）程履益撰　清同治十三
年(1874)刻本　二冊

430000－2401－0031490　437/2543

聽春館集四卷首一卷　（清）嵇文醇撰　清同
治三年(1864)長沙錫山書屋刻本　二冊

430000－2401－0031491　437/2625

筆花書屋詩鈔二卷　（清）嵇文駿撰　清同治
九年(1870)刻本　一冊　存一卷（下）

430000－2401－0031492　△437/213

抱犢山房集六卷　（清）嵇永仁撰　清雍正刻
本　二冊

430000－2401－0031493　437/2443

錫慶堂詩集八卷　（清）嵇璜撰　（清）嵇文駿
編　清咸豐九年(1859)刻本　二冊

430000－2401－0031494　437/55

陔南池館遺集二卷　（清）喬重禧撰　清咸豐
元年(1851)刻春暉堂叢書本　一冊

430000－2401－0031495　△437/244

使粵集一卷使粵日記一卷應制集一卷歸田集
一卷　（清）喬萊撰　清康熙刻本　七冊

430000－2401－0031496　△437/178

此木軒文集十卷　（清）焦袁熹撰　清懷舊樓
鈔本　四冊

430000－2401－0031497　437/2129

雕菰集二十四卷　（清）焦循撰　蜜梅花館文
錄一卷詩錄一卷　（清）焦廷琥撰　清道光四

年(1824)阮福嶺南節署刻本　十冊

430000－2401－0031498　437/2129(1)

雕菰集二十四卷　（清）焦循撰　蜜梅花館文
錄一卷詩錄一卷　（清）焦廷琥撰　清道光四
年(1824)阮福嶺南節署刻本　六冊

430000－2401－0031499　△437/399

傅徵君霜紅龕詩鈔不分卷　（清）傅山撰　清
乾隆三十二年(1767)刻本　二冊

430000－2401－0031500　△437/508

霜紅龕集十二卷　（清）傅山撰　清何紹基鈔
本　葉啟勳題識　一冊

430000－2401－0031501　437/2879

霜紅龕文四卷　（清）傅山撰　清光緒三十三
年(1907)刻本　一冊

430000－2401－0031502　437/2508

傅徵君霜紅龕詩鈔一卷附錄一卷冷雲齋冰燈
詩一卷　（清）傅山撰　清宣統三年(1911)上
海國學扶輪社鉛印張氏適園叢書本　一冊

430000－2401－0031503　437/1885

寶彝堂文存二卷　（清）傅澤鴻撰　清宣統元
年(1910)壺天傅氏刻本　一冊

430000－2401－0031504　437/1885(1)

寶彝堂文存二卷　（清）傅澤鴻撰　清宣統元
年(1910)壺天傅氏刻本　一冊

430000－2401－0031505　437/1885(2)

寶彝堂文存二卷　（清）傅澤鴻撰　清宣統元
年(1910)壺天傅氏刻本　一冊

430000－2401－0031506　437/1885(3)

寶彝堂文存二卷　（清）傅澤鴻撰　清宣統元
年(1910)壺天傅氏刻本　一冊

430000－2401－0031507　437/1885(4)

寶彝堂文存二卷　（清）傅澤鴻撰　清宣統元
年(1910)壺天傅氏刻本　一冊

430000－2401－0031508　△391.1/71

御製盛京賦三十二卷附篆書緣起一卷　（清）
高宗弘曆撰　（清）傅恆等輯　清乾隆十三年
(1748)內府篆文刻本　三十二冊

430000－2401－0031509　△391.1/71（1）

御製盛京賦三十二卷附篆書緣起一卷　（清）高宗弘曆撰　（清）傅恆等輯　清乾隆十三年（1748）内府篆文刻本　二十册　缺九卷（鐘鼎篆一卷、轉宿篆一卷、賁書篆一卷、剪刀一卷、玉箸篆一卷、小篆一卷、縣鍼篆一卷、鵠頭篆一卷、龍爪篆一卷）

430000－2401－0031510　△437/190

酉樵山房文集五卷詩鈔二卷　（清）猶法賢撰　清道光九年（1829）刻本　五册

430000－2401－0031511　437/759

勉益齋偶存稿八卷續存稿五卷　（清）裕謙撰　清道光十二年（1832）武昌勉益齋刻本　七册

430000－2401－0031512　437/1470

醉月居詩鈔一卷詞鈔一卷　（清）葉世熊撰　清光緒三十年（1904）刻本　一册

430000－2401－0031513　437/1470（1）

醉月居詩鈔一卷詞鈔一卷　（清）葉世熊撰　清光緒三十年（1904）刻本　一册

430000－2401－0031514　437/1919

介石山房文集不分卷　（清）葉兆蘭撰　清末校鈔本　二册

430000－2401－0031515　437/1868

敦夙好齋詩初編十二卷首一卷續編十一卷首一卷　（清）葉名澧撰　清光緒十六年（1890）刻本　八册

430000－2401－0031516　437/238

江上小蓬萊吟舫詩存十八卷詩餘二卷　（清）葉坤厚撰　清光緒九年（1883）陝西藩署刻本　二十册

430000－2401－0031517　437/1629

葉忠節公遺稿十二卷　（清）葉映榴撰　清乾隆十年（1745）刻本　四册

430000－2401－0031518　437/219

白鶴山房詩鈔四卷　（清）葉紹本撰　清嘉慶十二年（1807）榕城使院刻本　二册

430000－2401－0031519　437/1886

歸庵文稿八卷　（清）葉裕仁撰　清光緒八年（1882）刻本　三册　缺二卷（七至八）

430000－2401－0031520　△437/419

葉學山先生詩稿十卷　（清）葉舒穎撰　清嘉慶十七年（1812）葉耕雲鈔本　清葉去病題跋　二册

430000－2401－0031521　437/2484

煮藥漫鈔二卷　（清）葉煒撰　清光緒十七年（1891）金陵刻本　一册

430000－2401－0031522　△437/159

己畦詩集十卷附殘餘一卷　（清）葉燮撰　清乾隆二十八年（1763）二弃草堂刻本　四册

430000－2401－0031523　437/495

計樹園詩存紀年草一卷儷紫軒偶存一卷筠陽游草一卷棲槃草一卷依園草一卷計樹園剩稿一卷詩餘一卷古文一卷　（清）萬廷蘭撰　清光緒五年（1879）萬青刻本　六册

430000－2401－0031524　437/568

思不辱齋廣揚集四卷文集四卷外集三卷詩集四卷　（清）萬承風撰　清嘉慶二十一年（1816）古瓦山房刻本　十二册

430000－2401－0031525　437/568（1）

思不辱齋廣揚集四卷文集四卷外集三卷詩集四卷　（清）萬承風撰　清嘉慶二十一年（1816）古瓦山房刻本　七册

430000－2401－0031526　437/568（2）

思不辱齋廣揚集四卷文集四卷外集三卷詩集四卷　（清）萬承風撰　清嘉慶二十一年（1816）古瓦山房刻本　四册

430000－2401－0031527　437/727

孺廬全集十四卷　（清）萬承蒼撰　清道光三年（1823）桂林刻本　六册

430000－2401－0031528　437/727（1）

孺廬全集十四卷　（清）萬承蒼撰　清道光三年（1823）桂林刻本　六册

430000－2401－0031529　437/2843

祝英台近山房詩集二卷詞集一卷 （清）萬貢珍
撰 清木活字本 一冊 缺一卷(詩集一)

430000－2401－0031530 437/1519

鶴磵詩龕集八卷蘋波詞一卷 （清）萬釗撰
清光緒十九年(1893)刻本 二冊

430000－2401－0031531 437/1945

尉山堂稿十四卷 （清）萬斛泉撰 清光緒三
十二年(1906)疊山書院刻萬清軒全書本
四冊

430000－2401－0031532 437/1733

新樂府詞一卷 （清）萬斯同撰 清同治八年
(1869)刻本 一冊

430000－2401－0031533 437/2453

隴西草堂詩集五卷文集三卷遁渚唱和集一卷
（清）萬壽祺撰 （清）孫運錦輯 清道光四
年(1824)刻本 二冊

430000－2401－0031534 437/2856

萬際軒鄉試硃卷 （清）萬際軒撰 清光緒元
年(1875)刻本 二冊

430000－2401－0031535 437/2856

萬際軒會試硃卷 （清）萬際軒撰 清光緒二
年(1876)刻本 二冊

430000－2401－0031536 437/981

淡香樓詩草一卷 （清）葛秀英撰 淡香樓詩
鈔題辭七卷續刻一卷 （清）秦鰲輯 清嘉慶
刻本 十冊

430000－2401－0031537 437/2273

傳樸堂詩稿四卷補遺一卷 （清）葛金烺撰
戣華館詩稿一卷 （清）葛嗣溁撰 清光緒二
十一年(1895)刻本 二冊

430000－2401－0031538 437/2875

葛堯臣鄉試硃卷 （清）葛堯臣撰 清光緒五
年(1879)刻本 一冊

430000－2401－0031539 437/232

東旋詩草一卷 （清）葛瑋撰 清同治十年
(1871)怡雲山館刻本 一冊

430000－2401－0031540 437/1224

葛中翰遺集十二卷首一卷 （明）葛麟撰
（清）葛培義輯 清光緒十六年(1890)刻本
六冊

430000－2401－0031541 437/1224（1）

葛中翰遺集十二卷首一卷 （明）葛麟撰
（清）葛培義輯 清光緒十六年(1890)刻本
五冊

430000－2401－0031542 437/1367

舊雨草堂詩八卷詩餘一卷 （清）董元度撰
清乾隆四十三年(1778)刻本 二冊

430000－2401－0031543 437/684

秦川焚餘草六卷補遺一卷 （清）董平章撰
清光緒二十七年(1901)容齋刻本 六冊

430000－2401－0031544 437/1188

正誼堂文集二十四卷 （清）董沛撰 清光緒
中刻正誼堂全集本 五冊 缺三卷(十七至
十九)

430000－2401－0031545 437/1133

六一山房詩集十卷續集十卷 （清）董沛撰
清同治十三年至光緒十年(1874－1884)刻本
四冊

430000－2401－0031546 437/1133（1）

六一山房詩集十卷續集十卷 （清）董沛撰
清同治十三年至光緒十年(1874－1884)刻本
二冊

430000－2401－0031547 437/2482

荻芬書屋文稿不分卷 （清）董恂撰 清末刻
本 二冊

430000－2401－0031548 437/2256

荻芬書屋賦稿一卷 （清）董醇撰 清咸豐九
年(1859)刻本 一冊

430000－2401－0031549 437/2174

自知室文集四卷 （清）董桂敷撰 清道光十
四年(1834)刻本 二冊

430000－2401－0031550 437/735

偶存集一卷援守井研記略一卷 （清）董貽清
撰 清同治十一年(1872)刻本 一冊

430000－2401－0031551　437/2020

浈陽詩集十卷　（清）董榕撰　清咸豐三年
(1853)繁露樓木活字本　一冊

430000－2401－0031552　437/2020（1）

浈陽詩集十卷　（清）董榕撰　清咸豐三年
(1853)繁露樓木活字本　二冊

430000－2401－0031553　437/2819

董樹人鄉試硃卷　（清）董樹人撰　清光緒十
四年(1888)刻本　一冊

430000－2401－0031554　437/2279

養素居詩稿初編一卷續編一卷　（清）董燿撰
　清光緒十八年(1892)刻本　二冊

430000－2401－0031555　437/1505

嚼梅吟二卷　（清）釋敬安撰　（清）白雲禪窟
道人評　清光緒七年(1881)紫榴山房刻本
二冊

430000－2401－0031556　437/1505（1）

嚼梅吟二卷　（清）釋敬安撰　（清）白雲禪窟
道人評　清光緒七年(1881)紫榴山房刻本
一冊

430000－2401－0031557　437/1742－2

八指頭陀詩集十卷補遺一卷詞附存一卷雜文
一卷　（清）釋敬安撰　清光緒二十四年
(1898)葉德輝刻本　二冊

430000－2401－0031558　437/1742－2（1）

八指頭陀詩集十卷補遺一卷詞附存一卷雜文
一卷　（清）釋敬安撰　清光緒二十四年
(1898)葉德輝刻本　二冊

430000－2401－0031559　437/1742－2（2）

八指頭陀詩集十卷補遺一卷詞附存一卷雜文
一卷　（清）釋敬安撰　清光緒二十四年
(1898)葉德輝刻本　二冊

430000－2401－0031560　437/1742－2（3）

八指頭陀詩集十卷補遺一卷詞附存一卷雜文
一卷　（清）釋敬安撰　清光緒二十四年
(1898)葉德輝刻本　二冊

430000－2401－0031561　437/1742－2（4）

八指頭陀詩集十卷補遺一卷詞附存一卷雜文
一卷　（清）釋敬安撰　清光緒二十四年
(1898)葉德輝刻本　二冊

430000－2401－0031562　437/1742－2（5）

八指頭陀詩集十卷補遺一卷詞附存一卷雜文
一卷　（清）釋敬安撰　清光緒二十四年
(1898)葉德輝刻本　一冊　存六卷(詩集一
至六)

430000－2401－0031563　437/1742－2（6）

八指頭陀詩集十卷補遺一卷詞附存一卷雜文
一卷　（清）釋敬安撰　清光緒二十四年
(1898)葉德輝刻本　一冊　存六卷(詩集一
至六)

430000－2401－0031564　437/1374

瀛仙閣詩集四卷　（清）釋敬安撰　清光緒二
十三年(1897)刻本　一冊

430000－2401－0031565　△437/452

綠溪初稿不分卷綠溪詩四卷綠溪語二卷詠史
偶稿一卷綠溪詞一卷　（清）靳榮藩撰　清乾
隆刻本　四冊

430000－2401－0031566　437/2889

靳德淦鄉試硃卷　（清）靳德淦撰　清光緒十
七年(1891)刻本　一冊

430000－2401－0031567　△437/421

博齋詩稿一卷　（清）博齋撰　清光緒三年
(1877)博齋手稿　一冊

430000－2401－0031568　437/2213

一枝山房詩鈔一卷文鈔一卷　（清）楊三鼎撰
　清光緒七年(1881)刻本　一冊

430000－2401－0031569　437/2585

希賢齋未定文鈔二卷　（清）楊世猷撰　清光
緒二十年(1894)刻本　二冊

430000－2401－0031570　437/1866

木荬詩草十二卷　（清）楊先鐸撰　清道光元
年(1821)刻本　三冊

430000－2401－0031571　437/1866（1）

木荬詩草十二卷　（清）楊先鐸撰　清道光元

年(1821)刻本　三册

430000－2401－0031572　437/2689

榕陰日課十卷　(清)楊希閔撰　清光緒二年
(1876)福州刻本　四册

430000－2401－0031573　437/1144

月塘書屋詩存十一卷　(清)楊延亮撰　清同
治十二年(1873)娜環別館刻本　二册

430000－2401－0031574　437/1144(1)

月塘書屋詩存十一卷　(清)楊延亮撰　清同
治十二年(1873)娜環別館刻本　二册

430000－2401－0031575　437/1144(2)

月塘書屋詩存十一卷　(清)楊延亮撰　清同
治十二年(1873)娜環別館刻本　二册

430000－2401－0031576　437/1144(3)

月塘書屋詩存十一卷　(清)楊延亮撰　清同
治十二年(1873)娜環別館刻本　一册　存六
卷(一至六)

430000－2401－0031577　△437/223

芙蓉山館文鈔一卷　(清)楊芳燦撰　清嘉慶
十年(1805)刻本　清何紹基、顧植批校評點
　一册

430000－2401－0031578　437/2159

**芙蓉山館詩鈔八卷補鈔一卷詞鈔二卷文鈔一
卷**　(清)楊芳燦撰　清嘉慶十年至十二年
(1805－1807)刻本　八册

430000－2401－0031579　437/2159－2

**芙蓉山館詩鈔八卷補鈔一卷詞鈔二卷文鈔一
卷**　(清)楊芳燦撰　清道光二十三年(1843)
刻本　二册

430000－2401－0031580　437/1642

插花窗詩草六卷　(清)楊昌光撰　清嘉慶十
七年(1812)刻本　一册

430000－2401－0031581　437/1652

插花窗賦草二卷補遺一卷　(清)楊昌光撰
清刻本　一册

430000－2401－0031582　437/1652(1)

插花窗賦草二卷補遺一卷　(清)楊昌光撰

清刻本　一册

430000－2401－0031583　437/1652(2)

插花窗賦草二卷補遺一卷　(清)楊昌光撰
清刻本　一册　缺一卷(一)

430000－2401－0031584　△437/427

楊昌浚詩稿一卷　(清)楊昌浚撰　清稿本
一册

430000－2401－0031585　437/1009

五好山房詩稿四卷　(清)楊昌浚撰　清光緒
三十一年(1905)刻本　二册

430000－2401－0031586　437/1009(1)

五好山房詩稿四卷　(清)楊昌浚撰　清光緒
三十一年(1905)刻本　一册　存二卷(三至
四)

430000－2401－0031587　437/1008

五好山房詩稿四卷　(清)楊昌浚撰　清末刻
本　一册

430000－2401－0031588　437/2890

楊昀鄉試硃卷　(清)楊昀撰　清光緒十四年
(1888)刻本　一册

430000－2401－0031589　△437/425

楊妙泉詩集二卷　(清)楊秉植撰　清鈔本
二册

430000－2401－0031590　437/488

春星閣詩鈔十五卷附一卷　(清)楊季鸞撰
清道光十年(1830)刻本　二册

430000－2401－0031591　437/488(1)

春星閣詩鈔十五卷附一卷　(清)楊季鸞撰
清道光十年(1830)刻本　二册

430000－2401－0031592　437/488(2)

春星閣詩鈔十五卷附一卷　(清)楊季鸞撰
清道光十年(1830)刻本　四册

430000－2401－0031593　437/488(3)

春星閣詩鈔十五卷附一卷　(清)楊季鸞撰
清道光十年(1830)刻本　四册

430000－2401－0031594　437/488(4)

春星閣詩鈔十五卷附一卷　（清）楊季鸞撰
清道光十年（1830）刻本　一冊　存七卷（一至七）

430000－2401－0031595　437/604

楊勇愨公奏議十六卷首一卷　（清）楊岳斌撰　清光緒二十一年（1895）問竹軒刻本　十七冊

430000－2401－0031596　437/604（1）

楊勇愨公詩存一卷　（清）楊岳斌撰　清光緒二十一年（1895）問竹軒刻本　十七冊

430000－2401－0031597　437/604（2）

楊勇愨公詩存一卷　（清）楊岳斌撰　清光緒二十一年（1895）問竹軒刻本　十六冊

430000－2401－0031598　437/604（3）

楊勇愨公詩存一卷　（清）楊岳斌撰　清光緒二十一年（1895）問竹軒刻本　一冊

430000－2401－0031599　437/604（4）

楊勇愨公詩存一卷　（清）楊岳斌撰　清光緒二十一年（1895）問竹軒刻本　一冊　存首卷

430000－2401－0031600　437/604（5）

楊勇愨公詩存一卷　（清）楊岳斌撰　清光緒二十一年（1895）問竹軒刻本　一冊　存首卷

430000－2401－0031601　437/1416

雲逗樓集不分卷　（清）楊度汪撰　清光緒六年（1880）刻本　二冊

430000－2401－0031602　437/400

問鸝山館詩鈔一卷試帖一卷詞餘一卷詞鈔一卷　（清）楊炳勛撰　清同治二年（1863）羊城富文齋刻柳堂詩友詩錄初編本　一冊

430000－2401－0031603　437/919

澄川子遺稿四卷　（清）楊炳萬撰　清光緒十一年（1885）木活字本　四冊

430000－2401－0031604　437/766

清聽軒遺稿一卷　（清）楊建堂撰　清道光三十年（1850）刻本　一冊

430000－2401－0031605　437/1735

楊季睿詩集□□卷　（清）楊思撰　清末木活字本　一冊　存一卷（一）

430000－2401－0031606　△437/517

覆瓿齋試帖二卷　（清）楊書霖撰　王先謙評選　（清）楊彬註釋　稿本　二冊

430000－2401－0031607　437/1330

覆瓿齋試帖二卷　（清）楊書霖撰　（清）楊彬註釋　清光緒十七年（1891）刻本　二冊

430000－2401－0031608　437/1806

臺灣游草一卷　（清）楊恩壽撰　清光緒長沙楊氏坦園刻本　一冊

430000－2401－0031609　437/528

桂管游草二卷　（清）楊恩壽撰　清同治末長沙楊氏坦園刻本　一冊

430000－2401－0031610　437/528（1）

桂管游草二卷　（清）楊恩壽撰　清同治末長沙楊氏坦園刻本　一冊

430000－2401－0031611　437/2890

楊恩瓚鄉試硃卷　（清）楊恩瓚撰　清光緒十四年（1888）刻本　一冊

430000－2401－0031612　437/1434

遲鴻軒詩存一卷文存一卷　（清）楊峴撰　清光緒二年（1876）吳門刻本　一冊

430000－2401－0031613　437/1435

遲鴻軒詩弃四卷文弃二卷詩續一卷文續一卷　（清）楊峴撰　清光緒十一年（1885）刻本　三冊

430000－2401－0031614　437/1435（1）

遲鴻軒詩弃四卷文弃二卷詩續一卷文續一卷　（清）楊峴撰　清光緒十一年（1885）刻本　三冊

430000－2401－0031615　437/1585

九柏山房詩十六卷　（清）楊倫撰　清嘉慶十七年（1812）遂初堂刻本　四冊

430000－2401－0031616　437/2220

蝶庵詩鈔八卷賦鈔二卷　（清）楊棨撰　清咸豐十年至同治二年（1860－1863）刻本　四冊

430000 – 2401 – 0031617　437/2104

蝶庵賦鈔二卷　(清)楊棨撰　(清)包國璋註
　清咸豐十年(1860)刻本　二冊

430000 – 2401 – 0031618　437/1183

望雲寄廬讀史記臆說五卷帶星草堂詩鈔一卷
　(清)楊琪光撰　清光緒十年(1884)刻本
　一冊

430000 – 2401 – 0031619　437/1663

博約堂文鈔十一卷瑞芝室家傳一卷百子辨正
　一卷　(清)楊琪光撰　清光緒刻本　八冊

430000 – 2401 – 0031620　437/1663(1)

博約堂文鈔十一卷瑞芝室家傳一卷經義尋中
　十二卷　(清)楊琪光撰　清光緒刻本　六冊
　缺十卷(經義尋中一、四至十二)

430000 – 2401 – 0031621　437/1663(2)

博約堂文鈔十一卷瑞芝室家傳一卷經義尋中
　十二卷　(清)楊琪光撰　清光緒刻本　六冊
　缺十卷(經義尋中一、四至十二)

430000 – 2401 – 0031622　437/302

竹舫小草四卷　(清)楊雲松撰　清咸豐五年
　(1855)刻本　二冊

430000 – 2401 – 0031623　437/2716

錦江寓懷錄二卷　(清)楊登訓撰　清道光三
　年(1823)袖雲山房刻本　一冊

430000 – 2401 – 0031624　437/240

汲庵文存六卷　(清)楊象濟撰　清光緒七年
　(1881)杭州刻本　四冊

430000 – 2401 – 0031625　437/240(1)

汲庵文存六卷　(清)楊象濟撰　清光緒七年
　(1881)杭州刻本　三冊

430000 – 2401 – 0031626　437/750

易鶴軒燼餘草三卷　(清)楊象濟撰　清咸豐
　十一年(1861)刻本　一冊

430000 – 2401 – 0031627　437/1515

蘇庵文錄二卷駢文錄五卷詩錄八卷詞錄一卷
　(清)楊葆光撰　清光緒九年(1883)杭州刻
　本　五冊

430000 – 2401 – 0031628　437/1515(1)

蘇庵文錄二卷駢文錄五卷詩錄八卷詞錄一卷
　(清)楊葆光撰　清光緒九年(1883)杭州刻
　本　五冊

430000 – 2401 – 0031629　437/1515(2)

蘇庵文錄二卷駢文錄五卷詩錄八卷詞錄一卷
　(清)楊葆光撰　清光緒九年(1883)杭州刻
　本　五冊

430000 – 2401 – 0031630　437/1515(3)

蘇庵文錄二卷駢文錄五卷詩錄八卷詞錄一卷
　(清)楊葆光撰　清光緒九年(1883)杭州刻
　本　一冊　存三卷(詩錄卷四至六)

430000 – 2401 – 0031631　437/2082

秋室集十卷　(清)楊鳳苞撰　清光緒十一年
　(1885)湖州陸氏刻本　三冊

430000 – 2401 – 0031632　△437/251

研堂詩十卷附一卷續稿二卷附一卷晚稿二卷
　拾遺一卷花外散吟一卷　(清)楊維坤撰　清
　乾隆刻本　四冊

430000 – 2401 – 0031633　437/1415

雲悅山房偶存稿六卷　(清)楊維屏撰　清宣
　統二年(1910)福州鼓樓前陳良輔坊刻本
　一冊

430000 – 2401 – 0031634　437/1805

石汸詩略十四卷　(清)楊潛撰　清同治二年
　至三年(1863 – 1864)寧遠小潛園刻本　四冊

430000 – 2401 – 0031635　437/1805(1)

石汸詩略十四卷　(清)楊潛撰　清同治二年
　至三年(1863 – 1864)寧遠小潛園刻本　四冊

430000 – 2401 – 0031636　437/1805(2)

石汸詩略十四卷　(清)楊潛撰　清同治二年
　至三年(1863 – 1864)寧遠小潛園刻本　四冊

430000 – 2401 – 0031637　437/2892

楊瀚先鄉試硃卷　(清)楊瀚先撰　清光緒十
　四年(1888)刻本　一冊

430000 – 2401 – 0031638　437/2961

楊賢慶文華書院課卷　(清)楊賢慶撰　清稿

本　一份

430000－2401－0031639　437/2962

楊賢疇文華書院課卷　（清）楊賢疇撰　清稿
本　一份

430000－2401－0031640　437/162

說經堂詩草一卷　（清）楊銳撰　清光緒刻本
　一冊

430000－2401－0031641　437/162（1）

說經堂詩草一卷　（清）楊銳撰　清光緒刻本
　一冊

430000－2401－0031642　△437/235

尚志居稿一卷　（清）楊德亨撰　清鈔本
一冊

430000－2401－0031643　437/2604

四知堂文集三十六卷　（清）楊錫紱撰　清嘉
慶十一年(1806)刻本　十六冊

430000－2401－0031644　437/2402

峰青館詩鈔七卷　（清）錢國珍撰　清同治六
年(1867)刻本　二冊

430000－2401－0031645　437/2452

籜石齋詩集四十九卷　（清）錢載撰　清乾隆
刻本　六冊

430000－2401－0031646　437/2550

勤有書堂剩稿一卷　（清）錢熙輔撰　**蕉鹿居
遺稿一卷**　（清）錢銘圭撰　清光緒二年
(1876)文墨齋沈松亭刻本　一冊

430000－2401－0031647　437/2550（1）

勤有書堂剩稿一卷　（清）錢熙輔撰　**蕉鹿居
遺稿一卷**　（清）錢銘圭撰　清光緒二年
(1876)文墨齋沈松亭刻本　一冊

430000－2401－0031648　△437/162

江上峰青館詩存不分卷　（清）錢矩撰　清鈔
本　一冊

430000－2401－0031649　437/1312

蕉鹿居遺稿一卷　（清）錢銘圭撰　清光緒二
年(1876)刻本　一冊

430000－2401－0031650　437/2615

田間詩集二十八卷　（清）錢澄之撰　清康熙
斟雉堂刻本　一冊　存六卷(二十三至二十
八)

430000－2401－0031651　437/1776－3

衍石齋記事續稿十卷　（清）錢儀吉撰　清咸
豐四年(1854)海昌蔣光濟刻本　二冊

430000－2401－0031652　437/1776－3（1）

衍石齋記事續稿十卷　（清）錢儀吉撰　清咸
豐四年(1854)海昌蔣光濟刻本　五冊

430000－2401－0031653　437/1776

衍石齋記事稿十卷續稿十卷刻楮集四卷旅逸
小稿二卷續良吏述一卷　（清）錢儀吉撰　清
光緒六年至七年(1880－1881)廣州學源堂刻
本　十六冊

430000－2401－0031654　437/1776（1）

衍石齋記事稿十卷續稿十卷刻楮集四卷旅逸
小稿二卷續良吏述一卷　（清）錢儀吉撰　清
光緒六年至七年(1880－1881)廣州學源堂刻
本　十二冊

430000－2401－0031655　437/1776（2）

衍石齋記事稿十卷續稿十卷刻楮集四卷旅逸
小稿二卷續良吏述一卷　（清）錢儀吉撰　清
光緒六年至七年(1880－1881)廣州學源堂刻
本　十冊

430000－2401－0031656　437/1776－2

衍石齋記事稿十卷續稿十卷　（清）錢儀吉撰
　清道光十四年(1834)刻本　十冊

430000－2401－0031657　437/1776－2（1）

衍石齋記事稿十卷續稿十卷　（清）錢儀吉撰
　清道光十四年(1834)刻本　六冊

430000－2401－0031658　437/1776－2（2）

衍石齋記事稿十卷續稿十卷　（清）錢儀吉撰
　清道光十四年(1834)刻本　五冊

430000－2401－0031659　△437/461

澄碧齋詩鈔十二卷別集二卷　（清）錢琦撰
清乾隆刻本　二冊

430000 - 2401 - 0031660　437/905

聞妙香室詩稿五卷　（清）錢錫采撰　清宣統
二年(1910)石印本　一冊

430000 - 2401 - 0031661　△437/240

牧齋初學集一百十卷目錄二卷　（清）錢謙益
撰　明崇禎十六年(1643)瞿式耜刻本　徐湯
殷題識　五十冊

430000 - 2401 - 0031662　△437/238

牧齋有學集五十卷　（清）錢謙益撰　清康熙
刻本　八冊

430000 - 2401 - 0031663　437/66

錢牧齋文鈔四卷　（清）錢謙益撰　清宣統元
年(1909)上海國學扶輪社鉛印本　四冊

430000 - 2401 - 0031664　437/66(1)

錢牧齋文鈔四卷　（清）錢謙益撰　清宣統元
年(1909)上海國學扶輪社鉛印本　二冊

430000 - 2401 - 0031665　437/627

牧齋晚年家乘文一卷　（清）錢謙益撰　**錢牧
翁先生年譜一卷**　（清）彭城退士撰　清宣統
三年(1911)上海國學扶輪社鉛印本　一冊

430000 - 2401 - 0031666　437/797

錢牧齋尺牘三卷補遺一卷　（清）錢謙益撰
清宣統順德鄧氏鉛印本　一冊　缺二卷(一
至二)

430000 - 2401 - 0031667　△437/189

投筆集二卷　（清）錢謙益撰　清鈔本　一冊

430000 - 2401 - 0031668　△437/189 - 2

投筆集二卷　（清）錢謙益撰　民國徐崇立鈔
本　徐崇立批校題識　一冊

430000 - 2401 - 0031669　437/1939

投筆集箋註二卷　（清）錢謙益撰　（清）錢曾
註　清宣統二年(1910)上海神州國光社鉛印
本　一冊

430000 - 2401 - 0031670　△437/239

牧齋有學集詩註十四卷　（清）錢謙益撰
（清）錢曾註　清初朱梅刻本　清石承藻、王
禮培題識批校圈點　四冊

430000 - 2401 - 0031671　437/64

牧齋初學集詩註二十卷有學集詩註十四卷
（清）錢謙益撰　（清）錢曾箋註　清乾隆春暉
堂刻本　十二冊　缺十一卷(初學集詩註十
至二十)

430000 - 2401 - 0031672　437/64(1)

牧齋初學集詩註二十卷有學集詩註十四卷
（清）錢謙益撰　（清）錢曾箋註　清乾隆春暉
堂刻本　四冊

430000 - 2401 - 0031673　437/64 - 3

牧齋初學集詩註二十卷　（清）錢謙益撰
（清）錢曾箋註　清宣統二年(1910)江都吳氏
刻本　四冊　存四卷(一至四)

430000 - 2401 - 0031674　437/67

初學集二十卷　（清）錢謙益撰　（清）錢曾箋
註　清宣統三年(1911)上海國學扶輪社鉛印
本　十二冊

430000 - 2401 - 0031675　437/67(1)

初學集二十卷　（清）錢謙益撰　（清）錢曾箋
註　清宣統三年(1911)上海國學扶輪社鉛印
本　十二冊

430000 - 2401 - 0031676　437/67(2)

初學集二十卷　（清）錢謙益撰　（清）錢曾箋
註　清宣統三年(1911)上海國學扶輪社鉛印
本　十一冊

430000 - 2401 - 0031677　437/63

牧齋全集一百六十三卷　（清）錢謙益撰
（清）錢曾箋註　清宣統二年(1910)邃漢齋鉛
印本　四十冊

430000 - 2401 - 0031678　437/63(1)

牧齋全集一百六十三卷　（清）錢謙益撰
（清）錢曾箋註　清宣統二年(1910)邃漢齋鉛
印本　四十冊

430000 - 2401 - 0031679　437/1859

南園詩存二卷補遺一卷　（清）錢灃撰　清嘉
慶八年(1803)小停雲館刻本　一冊

430000 - 2401 - 0031680　437/2507

南園文存一卷　（清）錢灃撰　清道光十五年（1835）玉成書屋刻本　一冊

430000－2401－0031681　437/2665

錢南園先生遺集五卷　（清）錢灃撰　清同治十一年（1872）刻本　二冊

430000－2401－0031682　437/2665（1）

錢南園先生遺集五卷　（清）錢灃撰　清同治十一年（1872）刻本　二冊

430000－2401－0031683　437/2665（2）

錢南園先生遺集五卷　（清）錢灃撰　清同治十一年（1872）刻本　二冊

430000－2401－0031684　437/2665（3）

錢南園先生遺集五卷　（清）錢灃撰　清同治十一年（1872）刻本　二冊

430000－2401－0031685　437/2665（4）

錢南園先生遺集五卷　（清）錢灃撰　清同治十一年（1872）刻本　二冊

430000－2401－0031686　437/2665（5）

錢南園先生遺集五卷　（清）錢灃撰　清同治十一年（1872）刻本　二冊

430000－2401－0031687　437/2665－2

錢南園先生遺集五卷　（清）錢灃撰　清光緒十九年（1893）浙江書局刻本　二冊

430000－2401－0031688　437/2665（3）

錢南園先生遺集五卷　（清）錢灃撰　清刻本　二冊

430000－2401－0031689　437/2297

存素堂詩稿十四卷文稿四卷補遺一卷奏疏四卷頤壽老人年譜二卷　（清）錢寶琛撰　清同治七年至光緒六年（1868－1880）刻本　九冊

430000－2401－0031690　437/2297（1）

存素堂詩稿十四卷文稿四卷補遺一卷奏疏四卷頤壽老人年譜二卷　（清）錢寶琛撰　清同治七年至光緒六年（1868－1880）刻本　九冊

430000－2401－0031691　437/2297（2）

存素堂詩稿十四卷文稿四卷補遺一卷奏疏四卷頤壽老人年譜二卷　（清）錢寶琛撰　清同治七年至光緒六年（1868－1880）刻本　四冊

430000－2401－0031692　437/2297（3）

存素堂詩稿十四卷文稿四卷補遺一卷奏疏四卷頤壽老人年譜二卷　（清）錢寶琛撰　清同治七年至光緒六年（1868－1880）刻本　四冊

430000－2401－0031693　△437/137

止園詩草□□卷　（清）鍾昌言撰　清稿本　一冊　存二卷（一、對聯一卷）

430000－2401－0031694　437/668

止園尺牘六卷　（清）鍾昌言撰　清道光二十七年（1847）補蘿軒刻本　三冊

430000－2401－0031695　437/668－2

止園尺牘六卷　（清）鍾昌言撰　清光緒刻本　二冊

430000－2401－0031696　437/2374

道生堂稿不分卷　（清）鍾聲撰　清同治六年（1867）三益堂刻本　二冊

430000－2401－0031697　437/2059－2

道生堂全稿三卷　（清）鍾聲撰　清光緒五年（1879）霽月山房刻本　六冊

430000－2401－0031698　437/2059

道生堂全稿三卷　（清）鍾聲撰　清光緒十五年（1889）文湘書局刻本　六冊

430000－2401－0031699　437/2792

嚶求集四卷　（清）繆艮撰　清刻本　二冊

430000－2401－0031700　△437/487

餘園詩鈔六卷　（清）繆沅撰　清乾隆葆素堂刻本　四冊

430000－2401－0031701　437/1388

繆武烈公遺集六卷首一卷　（清）繆梓撰　清光緒七年（1881）小岯山館刻本　四冊

430000－2401－0031702　437/374

吟秋閣詩草一卷　（清）繆寶娟撰　清光緒十八年（1892）刻本　一冊

430000－2401－0031703　437/1082

百美新詠一卷集詠一卷圖傳不分卷　（清）顏

希源撰　清嘉慶十年(1805)刻本　八冊

430000－2401－0031704　437/1082(1)

百美新詠一卷集詠一卷圖傳不分卷　(清)顏
希源撰　清嘉慶十年(1805)刻本　四冊

430000－2401－0031705　437/1082(2)

百美新詠一卷集詠一卷圖傳不分卷　(清)顏
希源撰　清嘉慶十年(1805)刻本　四冊

430000－2401－0031706　437/1082(3)

百美新詠一卷集詠一卷圖傳不分卷　(清)顏
希源撰　清嘉慶十年(1805)刻本　三冊　缺
圖傳二十四至一百

430000－2401－0031707　437/2845

顏澤周鄉試硃卷　(清)顏澤周撰　清光緒五
年(1879)刻本　一冊

430000－2401－0031708　△437/246

延禧堂詩鈔一卷　(清)豐紳殷德撰　清嘉慶
刻本　一冊

430000－2401－0031709　437/510－2

南山全集十六卷　(清)戴名世撰　清道光三
十年(1850)秀野軒木活字本　八冊

430000－2401－0031710　437/510－2(1)

南山全集十六卷　(清)戴名世撰　清道光三
十年(1850)秀野軒木活字本　八冊

430000－2401－0031711　437/510－2(2)

南山全集十六卷　(清)戴名世撰　清道光三
十年(1850)秀野軒木活字本　八冊

430000－2401－0031712　437/510－2(3)

南山全集十六卷　(清)戴名世撰　清道光三
十年(1850)秀野軒木活字本　八冊

430000－2401－0031713　437/510－2(4)

南山全集十六卷　(清)戴名世撰　清道光三
十年(1850)秀野軒木活字本　八冊

430000－2401－0031714　437/510－4

南山全集十六卷　(清)戴名世撰　清光緒十
六年(1890)刻本　八冊

430000－2401－0031716　437/510－6

南山全集十六卷　(清)戴名世撰　清光緒十
六年(1890)木活字本　八冊

430000－2401－0031717　437/510－3

南山全集十六卷　(清)戴名世撰　清光緒十
九年(1893)昆鴻堂刻本　八冊

430000－2401－0031718　437/510－4

南山集十四卷補遺三卷　(清)戴名世撰　清
光緒二十八年(1902)桐城張氏刻本　八冊

430000－2401－0031719　437/510－4(1)

南山集十四卷補遺三卷　(清)戴名世撰　清
光緒二十八年(1902)桐城張氏刻本　八冊

430000－2401－0031720　437/510－5

潛虛先生文集十四卷　(清)戴名世撰　清光
緒十一年(1885)木活字本　八冊

430000－2401－0031721　437/510－5(1)

潛虛先生文集十四卷　(清)戴名世撰　清光
緒十一年(1885)木活字本　一冊　存二卷
(二至三)

430000－2401－0031722　△437/470

潛虛先生文集十四卷年譜一卷　(清)戴名世
撰　清姚瑩鈔本　九冊　缺一卷(十四)

430000－2401－0031723　△437/471

潛虛先生文集十四卷補遺一卷年譜一卷
(清)戴名世撰　清鈔本　十一冊

430000－2401－0031724　△437/343

崧山集不分卷　(清)戴名世撰　清鈔本
四冊

430000－2401－0031725　437/419

味雪齋詩鈔八卷　(清)戴綱孫撰　清道光二
十七年(1847)京師刻本　二冊

430000－2401－0031726　437/1396

謫麈堂遺集文二卷詩二卷　(清)戴望撰　清
光緒元年(1875)會稽趙之謙刻本　一冊

430000－2401－0031715　437/510－4

430000－2401－0031727　437/1396－2

謫麚堂遺集文二卷詩二卷　（清）戴望撰　清宣統三年(1911)歸安陸氏刻本　一冊

430000－2401－0031728　437/1396－2(1)

謫麚堂遺集文二卷詩二卷　（清）戴望撰　清宣統三年(1911)歸安陸氏刻本　二冊

430000－2401－0031729　437/1396－3

謫麚堂遺集文二卷詩二卷補遺一卷　（清）戴望撰　清宣統三年(1911)上海神州國光社會鉛印風雨樓叢書本　一冊

430000－2401－0031730　△437/512

戴簡恪公遺集八卷　（清）戴敦元撰　清道光二十六年(1846)吳鍾駿刻本　二冊

430000－2401－0031731　437/2888

戴朝普鄉試硃卷　（清）戴朝普撰　清光緒十一年(1885)刻本　一冊

430000－2401－0031732　437/2236

蓉洲初集六卷　（清）戴鈞衡撰　清道光十九年(1839)香月山房刻本　一冊

430000－2401－0031733　437/2171

味經山館文鈔四卷詩鈔六卷　（清）戴衡撰　清咸豐三年(1853)刻本　三冊

430000－2401－0031734　437/2171(1)

味經山館文鈔四卷詩鈔六卷　（清）戴衡撰　清咸豐三年(1853)刻本　二冊

430000－2401－0031735　△437/511

戴鈞衡集十一卷　（清）戴鈞衡撰　清鈔本　六冊

430000－2401－0031736　437/2156

道林詩草八卷　（清）戴煥南撰　清光緒十六年(1890)刻本　四冊

430000－2401－0031737　437/2860

戴輔衢會試硃卷　（清）戴輔衢撰　清光緒六年(1880)刻本　一冊

430000－2401－0031738　437/2334

習苦齋詩集八卷古文四卷　（清）戴熙撰　清同治五年(1866)刻本　六冊

430000－2401－0031739　△437/510－2

戴東原集十二卷　（清）戴震撰　**戴東原年譜一卷**　（清）段玉裁撰　清乾隆五十七年(1792)經韻樓刻本　六冊

430000－2401－0031740　437/1914

戴東原集十二卷　（清）戴震撰　（清）段玉裁編　清乾隆五十七年(1792)經韻樓刻本　四冊

430000－2401－0031741　437/1914(1)

戴東原集十二卷　（清）戴震撰　（清）段玉裁編　清乾隆五十七年(1792)經韻樓刻本　四冊

430000－2401－0031742　437/1914(2)

戴東原集十二卷　（清）戴震撰　（清）段玉裁編　清乾隆五十七年(1792)經韻樓刻本　四冊

430000－2401－0031743　437/1914(3)

戴東原集十二卷　（清）戴震撰　（清）段玉裁編　清乾隆五十七年(1792)經韻樓刻本　四冊

430000－2401－0031744　437/1914－2

戴東原集十二卷　（清）戴震撰　清光緒十年(1884)蛟川秋樹根齋刻本　四冊

430000－2401－0031745　437/1914－2(1)

戴東原集十二卷　（清）戴震撰　清光緒十年(1884)蛟川秋樹根齋刻本　四冊

430000－2401－0031746　437/1914－3

戴東原集十二卷　（清）戴震撰　清宣統二年(1910)渭南嚴氏成都刻本　六冊

430000－2401－0031747　437/1914－3(1)

戴東原集十二卷　（清）戴震撰　清宣統二年(1910)渭南嚴氏成都刻本　六冊

430000－2401－0031748　437/1914－3(2)

戴東原集十二卷　（清）戴震撰　清宣統二年(1910)渭南嚴氏成都刻本　三冊

430000－2401－0031749　437/1914－3(3)

戴東原集十二卷　（清）戴震撰　清宣統二年

(1910)渭南嚴氏成都刻本　四冊

430000－2401－0031750　437/1914－3(4)
戴東原集十二卷　(清)戴震撰　清宣統二年
(1910)渭南嚴氏成都刻本　二冊　存四卷
(一至二、十一至十二)

430000－2401－0031751　437/1705
禮耕堂詩草一卷　(清)戴澤三撰　清同治二
年(1863)木活字本　一冊

430000－2401－0031752　437/1987
西游詩草一卷　(清)藍炳璋撰　清光緒十二
年(1886)刻本　一冊

430000－2401－0031753　437/592
香岩詩鈔十一卷香岩詩鈔物問一卷　(清)藍
昺撰　清光緒三十三年(1907)翕園刻本　四冊

430000－2401－0031754　△437/322
鹿洲全集　(清)藍鼎元撰　清光緒五年
(1879)藍謙補修本　二十四冊

430000－2401－0031755　437/11
鹿洲初集二十卷　(清)藍鼎元撰　(清)曠敏
本譯　清雍正刻本　八冊

430000－2401－0031756　437/791
寄懷草詩二卷　(清)聶心瓶撰　清道光九年
(1829)匯江書室刻本　一冊

430000－2401－0031757　437/577
秋水芙蓉集詩二卷　(清)聶有儀撰　清光緒
五年(1879)長沙刻本　一冊

430000－2401－0031758　437/577(1)
秋水芙蓉集詩二卷　(清)聶有儀撰　清光緒
五年(1879)長沙刻本　一冊

430000－2401－0031759　437/2949
聶銑敏文集　(清)聶銑敏撰　清鈔本　一冊

430000－2401－0031760　437/799
寄嶽雲齋初稿十卷補遺一卷回文賦一卷二集
一卷　(清)聶銑敏撰　清嘉慶十年(1805)文
德堂刻本　五冊

430000－2401－0031761　437/800(5)

寄嶽雲齋試體詩選二卷　(清)聶銑敏撰　清
刻本　一冊

430000－2401－0031762　437/800(2)
寄嶽雲齋試體詩選二卷　(清)聶銑敏撰　清
刻本　一冊

430000－2401－0031763　437/800(4)
寄嶽雲齋試體詩選二卷　(清)聶銑敏撰　清
刻本　一冊

430000－2401－0031764　437/800－2
寄嶽雲齋試體詩選詳註四卷　(清)聶銑敏撰
　(清)張學蘇箋　清三讓堂刻本　一冊　存
二卷(一至二)

430000－2401－0031765　437/800(1)
寄嶽雲齋試體詩選詳註四卷　(清)聶銑敏撰
　(清)張學蘇箋　清益和堂刻本　二冊

430000－2401－0031766　437/800－3
寄嶽雲齋試體詩選詳註四卷　(清)聶銑敏撰
　(清)張學蘇箋　清會文堂刻本　二冊

430000－2401－0031767　437/800－4
寄嶽雲齋試體詩選詳註四卷　(清)聶銑敏撰
　(清)張學蘇箋　清經元堂刻本　二冊

430000－2401－0031768　437/800
寄嶽雲齋試體詩選詳註四卷　(清)聶銑敏撰
　(清)張學蘇箋　清綉穀書屋刻本　二冊

430000－2401－0031769　437/800(3)
寄嶽雲齋試體詩選詳註四卷　(清)聶銑敏撰
　(清)張學蘇箋　清寶翰樓刻本　一冊　存
二卷(一至二)

430000－2401－0031770　437/2828
聶興禮鄉試硃卷　(清)聶興禮撰　清同治六
年(1867)刻本　一冊

430000－2401－0031771　437/2828
聶興禮會試硃卷　(清)聶興禮撰　清光緒二
年(1876)刻本　一冊

430000－2401－0031772　△437/532
環溪草堂文集四卷　(清)聶燾撰　清乾隆三
十七年(1772)光裕書林刻本　四冊

430000 – 2401 – 0031773　437/2119

松心居士詩集十二卷二集二卷　（清）聶鎬敏
撰　清道光家刻本　四冊

430000 – 2401 – 0031774　437/1030

鐫恥集五卷　（清）聶瀠撰　清光緒二十四年
（1898）刻聶氏叢書本　一冊

430000 – 2401 – 0031775　437/1030（1）

鐫恥集五卷　（清）聶瀠撰　清光緒二十四年
（1898）刻聶氏叢書本　一冊

430000 – 2401 – 0031776　437/1573 – 2

也居山房文集八卷詩集十卷補錄一卷　（清）
魏承祝撰　清同治九年（1870）茹古齋刻本
四冊

430000 – 2401 – 0031777　437/1573 – 2（1）

也居山房文集八卷詩集十卷補錄一卷　（清）
魏承祝撰　清同治九年（1870）茹古齋刻本
四冊

430000 – 2401 – 0031778　437/1573 – 2（2）

也居山房文集八卷詩集十卷補錄一卷　（清）
魏承祝撰　清同治九年（1870）茹古齋刻本
二冊

430000 – 2401 – 0031779　437/1573 – 2（3）

也居山房文集八卷詩集十卷補錄一卷　（清）
魏承祝撰　清同治九年（1870）茹古齋刻本
二冊

430000 – 2401 – 0031780　437/1573

也居山房文集八卷詩集十卷補錄一卷　（清）
魏承祝撰　清同治九年（1870）慶餘堂刻本
五冊

430000 – 2401 – 0031781　437/1573（1）

也居山房文集八卷詩集十卷補錄一卷　（清）
魏承祝撰　清同治九年（1870）慶餘堂刻本
五冊

430000 – 2401 – 0031782　437/1573（2）

也居山房文集八卷詩集十卷補錄一卷　（清）
魏承祝撰　清同治九年（1870）慶餘堂刻本
四冊

430000 – 2401 – 0031783　△437/361

寒松堂全集十二卷　（清）魏象樞撰　清康熙
刻本　十二冊

430000 – 2401 – 0031784　△437/361（1）

寒松堂全集十二卷　（清）魏象樞撰　清康熙
刻本　九冊　存九卷（一至七、九至十）

430000 – 2401 – 0031785　△437/361（2）

寒松堂全集十二卷　（清）魏象樞撰　清康熙
刻本　十二冊　存十卷（一至十）

430000 – 2401 – 0031786　437/841 – 2

寒松堂全集十二卷　（清）魏象樞撰　清嘉慶
十六年（1811）刻本　十二冊

430000 – 2401 – 0031787　437/841 – 2（1）

寒松堂全集十二卷　（清）魏象樞撰　清嘉慶
十六年（1811）刻本　十二冊

430000 – 2401 – 0031788　437/841 – 2（2）

寒松堂全集十二卷　（清）魏象樞撰　清嘉慶
十六年（1811）刻本　十三冊

430000 – 2401 – 0031789　437/607

兼濟堂文集二十四卷　（清）魏裔介撰　（清）
魏荔彤等編　清康熙三十九年（1700）刻本
十冊　缺七卷（十七至二十三）

430000 – 2401 – 0031790　437/606

兼濟堂文集選二十卷　（清）魏裔介撰　（清）
魏荔彤編　清龍江書院刻本　十六冊

430000 – 2401 – 0031791　437/608

兼濟堂詩集八卷　（清）魏裔介撰　（清）魏荔
彤等編　清康熙五十七年（1718）刻本　三冊

430000 – 2401 – 0031792　437/1151 – 2

古微堂詩集十卷　（清）魏源撰　清同治九年
（1870）長沙寶慶郡館刻本　二冊

430000 – 2401 – 0031793　437/1151 – 2（1）

古微堂詩集十卷　（清）魏源撰　清同治九年
（1870）長沙寶慶郡館刻本　二冊

430000 – 2401 – 0031794　437/1152

古微堂内集三卷外集七卷　（清）魏源撰　清
光緒四年（1878）淮南書局刻本　四冊

430000－2401－0031795　437/1152（1）

古微堂内集三卷外集七卷　（清）魏源撰　清光緒四年（1878）淮南書局刻本　四冊

430000－2401－0031796　437/1152（2）

古微堂内集三卷外集七卷　（清）魏源撰　清光緒四年（1878）淮南書局刻本　四冊

430000－2401－0031797　437/1152（3）

古微堂内集三卷外集七卷　（清）魏源撰　清光緒四年（1878）淮南書局刻本　四冊

430000－2401－0031798　437/1152（4）

古微堂内集三卷外集七卷　（清）魏源撰　清光緒四年（1878）淮南書局刻本　四冊

430000－2401－0031799　437/1152（5）

古微堂内集三卷外集七卷　（清）魏源撰　清光緒四年（1878）淮南書局刻本　四冊

430000－2401－0031800　437/1153

古微堂内集二卷外集七卷　（清）魏源撰　清光緒二十三年（1897）豐城余氏寶墨齋刻本　四冊

430000－2401－0031801　437/1153（1）

古微堂内集二卷外集七卷　（清）魏源撰　清光緒二十三年（1897）豐城余氏寶墨齋刻本　四冊

430000－2401－0031802　437/1153（2）

古微堂内集二卷外集七卷　（清）魏源撰　清光緒二十三年（1897）豐城余氏寶墨齋刻本　四冊

430000－2401－0031803　437/1154

古微堂内集二卷外集八卷　（清）魏源撰　清宣統元年（1909）上海國學扶輪社鉛印本　六冊

430000－2401－0031804　437/1154（1）

古微堂内集二卷外集八卷　（清）魏源撰　清宣統元年（1909）上海國學扶輪社鉛印本　一冊　缺六卷(外集二至七)

430000－2401－0031805　△437/143

古微堂文集不分卷　（清）魏源撰　清何氏小蓬萊仙館鈔本　一冊

430000－2401－0031806　437/642

四此堂稿十卷　（清）魏際瑞撰　清康熙刻本　六冊

430000－2401－0031807　437/642－2

四此堂稿十卷　（清）魏際瑞撰　清光緒三十三年（1907）四川成都文綸書局鉛印本　四冊

430000－2401－0031808　437/2818

魏綸先鄉試硃卷　（清）魏綸先撰　清同治十二年（1873）刻本　一冊

430000－2401－0031809　△437/524

魏叔子日録三卷　（清）魏禧撰　清唐景宋校刻本　一冊

430000－2401－0031810　437/2635

魏叔子文鈔十二卷　（清）魏禧撰　（清）宋犖（清）許汝霖輯　清康熙三十三年（1694）刻國朝三家文鈔本　四冊

430000－2401－0031811　437/2635（1）

魏叔子文鈔十二卷　（清）魏禧撰　（清）宋犖（清）許汝霖輯　清康熙三十三年（1694）刻國朝三家文鈔本　三冊

430000－2401－0031812　△437/525

魏叔子詩集八卷首一卷　（清）魏禧撰　清歐陽士杰校刻本　一冊

430000－2401－0031813　△437/523

魏季子文集十六卷　（清）魏禮撰　清初刻本　一冊　存二卷(九至十)

430000－2401－0031814　437/1303

菲蘺山房詩集八卷文集五卷　（清）魏瀚撰　清末刻本　二冊

430000－2401－0031815　437/1303（1）

菲蘺山房詩集八卷文集五卷　（清）魏瀚撰　清末刻本　二冊

430000－2401－0031816　437/1303（2）

菲蘺山房詩集八卷文集五卷　（清）魏瀚撰　清末刻本　一冊

430000－2401－0031817　437/1950

秋蟲吟稿一卷　（清）雙黛愁人撰　清光緒八

年(1882)刻本　一册

430000－2401－0031818　437/262
存研樓文集十六卷　（清）儲大文撰　清光緒
元年(1875)靜遠堂刻本　十二册

430000－2401－0031819　437/262(1)
存研樓文集十六卷　（清）儲大文撰　清光緒
元年(1875)靜遠堂刻本　八册

430000－2401－0031820　437/262(2)
存研樓文集十六卷　（清）儲大文撰　清光緒
元年(1875)靜遠堂刻本　九册

430000－2401－0031821　437/1391
儲遁庵文集十二卷　（清）儲方慶撰　清光緒
二年(1876)刻本　四册

430000－2401－0031822　437/1391(1)
儲遁庵文集十二卷　（清）儲方慶撰　清光緒
二年(1876)刻本　四册

430000－2401－0031823　437/1391(2)
儲遁庵文集十二卷　（清）儲方慶撰　清光緒
二年(1876)刻本　四册

430000－2401－0031824　437/1391(3)
儲遁庵文集十二卷　（清）儲方慶撰　清光緒
二年(1876)刻本　四册

430000－2401－0031825　437/1391(4)
儲遁庵文集十二卷　（清）儲方慶撰　清光緒
二年(1876)刻本　六册

430000－2401－0031826　437/2077
在陸草堂文集六卷　（清）儲欣撰　清光緒十
七年(1891)刻本　六册

430000－2401－0031827　437/2077(1)
在陸草堂文集六卷　（清）儲欣撰　清光緒十
七年(1891)刻本　六册

430000－2401－0031828　437/447
知止齋詩集三卷　（清）儲實撰　清末木活字
本　一册

430000－2401－0031829　437/1371
歸宮詹集四卷　（清）歸允肅撰　清嘉慶十年

(1805)玉鈴堂刻本　二册

430000－2401－0031830　437/1649
疏野堂集十卷　（清）歸令瑜撰　清咸豐六年
(1856)刻本　一册

430000－2401－0031831　437/2046
希古堂文甲集二卷二集六卷　（清）譚宗浚撰
清光緒十六年(1890)羊城刻本　四册

430000－2401－0031832　437/2046(1)
希古堂文甲集二卷二集六卷　（清）譚宗浚撰
清光緒十六年(1890)羊城刻本　四册

430000－2401－0031833　437/2046(2)
希古堂文甲集二卷二集六卷　（清）譚宗浚撰
清光緒十六年(1890)羊城刻本　四册

430000－2401－0031834　437/2046(3)
希古堂文甲集二卷二集六卷　（清）譚宗浚撰
清光緒十六年(1890)羊城刻本　四册

430000－2401－0031835　437/2561
涉園文集五卷詩集不分卷　（清）譚紹琬撰
（清）譚熙士等輯　清初刻本　六册　缺二卷
（文集一、五）

430000－2401－0031836　437/2889
譚紹裳貢卷　（清）譚紹裳撰　清光緒十七年
(1891)刻本　一册

430000－2401－0031837　437/2889
譚紹裳鄉試硃卷　（清）譚紹裳撰　清光緒十
七年(1891)刻本　一册

430000－2401－0031838　437/716
四照堂詩集十五卷詞集一卷文集一卷　（清）
譚溥撰　清咸豐八年(1858)武昌刻本　四册

430000－2401－0031839　437/716(1)
四照堂詩集十五卷詞集一卷文集一卷　（清）
譚溥撰　清咸豐八年(1858)武昌刻本　四册

430000－2401－0031840　437/716－2
四照堂詩集十五卷　（清）譚溥撰　清同治三
年(1864)越中刻本　四册

430000－2401－0031841　437/716－2(1)

四照堂詩集十五卷　（清）譚溥撰　清同治三年(1864)越中刻本　四冊

430000－2401－0031842　437/716－2(2)

四照堂詩集十五卷　（清）譚溥撰　清同治三年(1864)越中刻本　四冊

430000－2401－0031843　437/716－2(3)

四照堂詩集十五卷　（清）譚溥撰　清同治三年(1864)越中刻本　四冊

430000－2401－0031844　437/716－2(4)

四照堂詩集十五卷　（清）譚溥撰　清同治三年(1864)越中刻本　四冊

430000－2401－0031845　437/716－2(5)

琴堂詩略四卷　（清）譚廉治撰　清咸豐七年(1857)刻本　二冊

430000－2401－0031846　437/1597

琴堂詩略四卷　（清）譚廉治撰　清咸豐七年(1857)刻本　二冊　存十一卷(一至十一)

430000－2401－0031847　437/1597(1)

譚筠鄉試硃卷　（清）譚筠撰　清光緒十五年(1889)刻本　一冊

430000－2401－0031848　437/2845

琴餘遺草一卷　（清）譚傳禘撰　清同治十三年(1874)刻本　一冊

430000－2401－0031849　437/2430

譚福泉會試硃卷　（清）譚福泉撰　清光緒九年(1883)刻本　一冊

430000－2401－0031850　437/2862

寥天一閣文二卷　（清）譚嗣同撰　清光緒二十三年(1897)金陵刻東海褰冥氏三十以前舊學四種本　一冊

430000－2401－0031851　437/1275

寥天一閣文二卷　（清）譚嗣同撰　清光緒二十三年(1897)金陵刻東海褰冥氏三十以前舊學四種本　一冊

430000－2401－0031852　437/1275(1)

寥天一閣文二卷　（清）譚嗣同撰　清光緒二十三年(1897)金陵刻東海褰冥氏三十以前舊學四種本　一冊

430000－2401－0031853　437/1275(2)

寥天一閣文二卷　（清）譚嗣同撰　清光緒二十三年(1897)金陵刻東海褰冥氏三十以前舊學四種本　一冊

430000－2401－0031854　437/1275(3)

寥天一閣文二卷　（清）譚嗣同撰　清光緒二十三年(1897)金陵刻東海褰冥氏三十以前舊學四種本　一冊

430000－2401－0031855　437/1275(4)

寥天一閣文二卷　（清）譚嗣同撰　清光緒二十三年(1897)金陵刻東海褰冥氏三十以前舊學四種本　一冊

430000－2401－0031856　437/890

遠遺堂集外文初編一卷續編一卷　（清）譚嗣同撰　清光緒二十三年(1897)金陵刻東海褰冥氏三十以前舊學四種本　一冊

430000－2401－0031857　437/890(1)

遠遺堂集外文初編一卷續編一卷　（清）譚嗣同撰　清光緒二十三年(1897)金陵刻東海褰冥氏三十以前舊學四種本　一冊

430000－2401－0031858　437/890(2)

遠遺堂集外文初編一卷續編一卷　（清）譚嗣同撰　清光緒二十三年(1897)金陵刻東海褰冥氏三十以前舊學四種本　一冊

430000－2401－0031859　437/890(3)

遠遺堂集外文初編一卷續編一卷　（清）譚嗣同撰　清光緒二十三年(1897)金陵刻東海褰冥氏三十以前舊學四種本　一冊

430000－2401－0031860　437/2476

莽蒼蒼齋詩二卷　（清）譚嗣同撰　清光緒二十三年(1897)金陵刻東海褰冥氏三十以前舊學四種本　一冊

430000－2401－0031861　437/2476－2

莽蒼蒼齋詩二卷　（清）譚嗣同撰　清宣統三年(1911)譚氏刻東海褰冥氏三十以前舊學四種本　一冊

430000－2401－0031862　437/1474

樂志堂文集十八卷續集二卷詩集十二卷詩略
一卷文略四卷 （清）譚瑩撰 清咸豐九年至
十年(1859－1860)吏隱園刻本 十二冊

430000－2401－0031863 437/1474(1)
樂志堂文集十八卷續集二卷詩集十二卷詩
略一卷文略四卷 （清）譚瑩撰 清咸豐九
年至十年（1859－1860）吏隱園刻本 十
二冊

430000－2401－0031864 437/1474(2)
樂志堂文集十八卷續集二卷詩集十二卷詩略
一卷文略四卷 （清）譚瑩撰 清咸豐九年至
十年(1859－1860)吏隱園刻本 十一冊 缺
三卷(詩集十至十二)

430000－2401－0031865 437/1474(3)
樂志堂文集十八卷續集二卷詩集十二卷詩略
一卷文略四卷 （清）譚瑩撰 清咸豐十年
(1860)吏隱園刻本 十冊

430000－2401－0031866 437/1474(4)
樂志堂文集十八卷續集二卷詩集十二卷詩略
一卷文略四卷 （清）譚瑩撰 清咸豐至十年
(1860)吏隱園刻本 四冊

430000－2401－0031867 437/1540
一甌睡足詩草二卷淡園文集一卷 （清）譚龍
驤撰 清宣統元年(1909)刻本 三冊

430000－2401－0031868 437/168
淡園文集一卷 （清）譚龍驤撰 清宣統二年
(1910)刻本 一冊

430000－2401－0031869 437/1751
古譚詩鈔六卷 （清）譚鐘鈞撰 清光緒元年
(1875)刻本 二冊

430000－2401－0031870 437/1751(1)
古譚詩鈔六卷 （清）譚鐘鈞撰 清光緒元年
(1875)刻本 二冊

430000－2401－0031871 437/1752
古譚詩錄二卷 （清）譚鐘鈞撰 清光緒十九
年(1893)譚鐘麟刻本 一冊

430000－2401－0031872 437/1752(1)

古譚詩錄二卷 （清）譚鐘鈞撰 清光緒十九
年(1893)譚鐘麟刻本 一冊

430000－2401－0031873 437/1752(2)
古譚詩錄二卷 （清）譚鐘鈞撰 清光緒十九
年(1893)譚鐘麟刻本 一冊

430000－2401－0031874 437/1752(3)
古譚詩錄二卷 （清）譚鐘鈞撰 清光緒十九
年(1893)譚鐘麟刻本 一冊

430000－2401－0031875 437/732
復堂詩三卷詞一卷 （清）譚獻撰 清咸豐九
年(1859)福州刻本 一冊

430000－2401－0031876 437/832(1)
復堂類集二十一卷 （清）譚獻撰 清光緒刻
本 六冊 缺六卷(日記一至六)

430000－2401－0031877 437/832－2
復堂類集二十三卷 （清）譚獻撰 清光緒刻
本 六冊

430000－2401－0031878 437/2916
譚鑫振殿試卷 （清）譚鑫振撰 清光緒六年
(1880)刻本 一冊

430000－2401－0031879 437/2377
遺安老人文存一卷 （清）龐君錫撰 清光緒
十年(1884)湘南節署刻本 一冊

430000－2401－0031880 437/2308
龐浚卿遺文初編一卷 （清）龐際咸撰 清光
緒十年(1884)湘南節署刻本 一冊

430000－2401－0031881 437/2607
十五芝山房時文不分卷 （清）龐際雲撰 清
光緒十年(1884)湘南節署刻本 四冊

430000－2401－0031882 437/2135
海桐吟館詩集二卷 （清）龐霖撰 清刻本
一冊

430000－2401－0031883 437/2135(1)
海桐吟館詩集二卷 （清）龐霖撰 清刻本
一冊

430000－2401－0031884 437/2135(2)

海桐吟館詩集二卷　（清）龐霖撰　清刻本
一冊

430000－2401－0031885　437/148

岣嶁集不分卷　（清）曠敏本撰　清乾隆舜洞
山房刻本　二冊

430000－2401－0031886　437/146

岣嶁文草雜著一卷　（清）曠敏本撰　清乾隆
定性山房刻岣嶁叢書本　一冊

430000－2401－0031887　437/146(1)

岣嶁文草雜著一卷　（清）曠敏本撰　清乾隆
定性山房刻岣嶁叢書本　一冊

430000－2401－0031888　437/143

岣嶁刪餘文草不分卷　（清）曠敏本撰　清乾
隆定性山房刻岣嶁叢書本　二冊

430000－2401－0031889　437/143(1)

岣嶁刪餘文草不分卷　（清）曠敏本撰　清乾
隆定性山房刻岣嶁叢書本　二冊

430000－2401－0031890　437/143(2)

岣嶁刪餘文草不分卷　（清）曠敏本撰　清乾
隆定性山房刻岣嶁叢書本　二冊

430000－2401－0031891　437/143(3)

岣嶁刪餘文草不分卷　（清）曠敏本撰　清乾
隆定性山房刻岣嶁叢書本　二冊

430000－2401－0031892　437/143(4)

岣嶁刪餘文草不分卷　（清）曠敏本撰　清乾
隆定性山房刻岣嶁叢書本　二冊

430000－2401－0031893　437/142

岣嶁刪餘詩草不分卷　（清）曠敏本撰　清乾
隆定性山房刻岣嶁叢書本　二冊

430000－2401－0031894　437/142(1)

岣嶁刪餘詩草不分卷　（清）曠敏本撰　清乾
隆定性山房刻岣嶁叢書本　二冊

430000－2401－0031895　437/147

岣嶁韻語一卷　（清）曠敏本撰　清乾隆定性
山房刻岣嶁叢書本　一冊

430000－2401－0031896　437/144

岣嶁仿古一卷　（清）曠敏本撰　清乾隆定性
山房刻岣嶁叢書本　一冊

430000－2401－0031897　437/144(1)

岣嶁仿古一卷　（清）曠敏本撰　清乾隆定性
山房刻岣嶁叢書本　一冊

430000－2401－0031898　437/145

岣嶁仿古吟定本一卷外編定本一卷　（清）曠
敏本撰　清刻本　一冊

430000－2401－0031899　437/2699

岣嶁時藝一卷　（清）曠敏本撰　清刻本
一冊

430000－2401－0031900　437/2899

岣嶁集補□□卷　（清）曠敏本撰　清鈔本
一冊

430000－2401－0031901　437/2815

曠超一鄉試硃卷　（清）曠超一撰　清同治十
二年(1873)刻本　一冊

430000－2401－0031902　437/1334

最古園集□□卷　（清）羅人琮撰　清石印本
三冊　存十卷(十二至二十一)

430000－2401－0031903　437/2544

觀我生室賸稿一卷　（清）羅士琳撰　清道光
二十九年(1849)刻本　一冊

430000－2401－0031904　△437/25

通議公遺墨書信　（清）羅汝懷撰　稿本
二冊

430000－2401－0031905　△437/453

綠漪草堂文集三十卷　（清）羅汝懷撰　清稿
本　一冊　存三卷(十七至十九)

430000－2401－0031906　437/2145

綠漪草堂文集三十卷外集二卷別集二卷詩集
二十卷研華館詞三卷　（清）羅汝懷撰　清光
緒九年(1883)長沙刻本　十六冊

430000－2401－0031907　437/2145(1)

綠漪草堂文集三十卷外集二卷別集二卷詩集
二十卷研華館詞三卷　（清）羅汝懷撰　清光
緒九年(1883)長沙刻本　十六冊

430000－2401－0031908　437/2145（2）

綠漪草堂文集三十卷外集二卷別集二卷詩集二十卷研華館詞三卷　（清）羅汝懷撰　清光緒九年(1883)長沙刻本　十六冊

430000－2401－0031909　437/2145（3）

綠漪草堂文集三十卷外集二卷別集二卷詩集二十卷研華館詞三卷　（清）羅汝懷撰　清光緒九年(1883)長沙刻本　十六冊

430000－2401－0031910　437/2145（4）

綠漪草堂文集三十卷外集二卷別集二卷詩集二十卷研華館詞三卷　（清）羅汝懷撰　清光緒九年(1883)長沙刻本　十六冊

430000－2401－0031911　437/2145（5）

綠漪草堂文集三十卷外集二卷別集二卷詩集二十卷研華館詞三卷　（清）羅汝懷撰　清光緒九年(1883)長沙刻本　十六冊

430000－2401－0031912　437/2145（6）

綠漪草堂文集三十卷外集二卷別集二卷詩集二十卷研華館詞三卷　（清）羅汝懷撰　清光緒九年(1883)長沙刻本　十六冊

430000－2401－0031913　△437/454

綠漪草堂文稿一卷　（清）羅汝懷撰　稿本　一冊

430000－2401－0031914　437/1653－2

尊聞居士集八卷　（清）羅有高撰　清道光十八年(1838)陳氏刻本　二冊

430000－2401－0031915　437/1653

尊聞居士集八卷　（清）羅有高撰　清光緒八年(1882)刻本　三冊

430000－2401－0031916　437/1653（1）

尊聞居士集八卷　（清）羅有高撰　清光緒八年(1882)刻本　三冊

430000－2401－0031917　437/2365

羅臺山先生四書文一卷　（清）羅有高撰　胡稚威先生四書文一卷　（清）胡天游撰　清刻本　一冊

430000－2401－0031918　437/974

嶺南集六卷　（清）羅含章撰　清道光元年(1821)刻本　二冊

430000－2401－0031919　437/2825

羅廷幹鄉試硃卷　（清）羅廷幹撰　清光緒十九年(1893)刻本　一冊

430000－2401－0031920　437/563

思兄樓文稿一卷纍餘稿一卷　（清）羅長袌撰　清末刻本　一冊

430000－2401－0031921　437/563（1）

思兄樓文稿一卷纍餘稿一卷　（清）羅長袌撰　清末刻本　一冊

430000－2401－0031922　437/563（2）

思兄樓文稿一卷纍餘稿一卷　（清）羅長袌撰　清末刻本　一冊

430000－2401－0031923　437/563（3）

思兄樓文稿一卷纍餘稿一卷　（清）羅長袌撰　清末刻本　一冊

430000－2401－0031924　437/792

寄傲軒詩草二卷　（清）羅長袌撰　清光緒十二年(1886)刻本　一冊

430000－2401－0031925　437/792（1）

寄傲軒詩草二卷　（清）羅長袌撰　清光緒十二年(1886)刻本　一冊

430000－2401－0031926　437/792（2）

寄傲軒詩草二卷　（清）羅長袌撰　清光緒十二年(1886)刻本　一冊

430000－2401－0031927　437/2846

羅長袌鄉試硃卷　（清）羅長袌撰　清光緒十五年(1889)刻本　一冊

430000－2401－0031928　437/2846

羅長袌殿試卷　（清）羅長袌撰　清光緒二十年(1894)刻本　一冊

430000－2401－0031929　437/215

白門小草一卷　（清）羅長袌撰　清光緒刻本　一冊

430000－2401－0031930　437/2829

羅承祺鄉試硃卷　（清）羅承祺撰　清同治十二年（1873）刻本　一冊

430000－2401－0031931　437/2950

羅明遠課藝　（清）羅明遠撰　清光緒稿本三冊

430000－2401－0031932　437/2889

羅宣溶鄉試硃卷　（清）羅宣溶撰　清光緒十七年（1891）刻本　一冊

430000－2401－0031933　437/1163

攻易錄四卷　（清）羅信北撰　清光緒十八年（1892）刻本　二冊

430000－2401－0031934　437/1163（1）

攻易錄四卷　（清）羅信北撰　清光緒十八年（1892）刻本　二冊

430000－2401－0031935　437/1163（2）

攻易錄四卷　（清）羅信北撰　清光緒十八年（1892）刻本　一冊

430000－2401－0031936　437/547

公餘拾唾七卷聯語一卷　（清）羅信北撰　清光緒二十年（1894）刻本　四冊

430000－2401－0031937　437/547（1）

公餘拾唾七卷聯語一卷　（清）羅信北撰　清光緒二十年（1894）刻本　四冊

430000－2401－0031938　437/547（2）

公餘拾唾七卷聯語一卷　（清）羅信北撰　清光緒二十年（1894）刻本　四冊

430000－2401－0031939　437/505

闈鑒撮記詩草一卷　（清）羅信北撰　清光緒二十一年（1895）湘鄉羅氏家刻本　一冊

430000－2401－0031940　437/310

求自立齋文稿八卷詩稿八卷　（清）羅信北撰　清光緒二十六年（1900）刻本　八冊

430000－2401－0031941　437/310（1）

求自立齋文稿八卷詩稿八卷　（清）羅信北撰　清光緒二十六年（1900）刻本　八冊

430000－2401－0031942　437/310（2）

求自立齋文稿八卷詩稿八卷　（清）羅信北撰　清光緒二十六年（1900）刻本　五冊

430000－2401－0031943　437/310（3）

求自立齋文稿八卷詩稿八卷　（清）羅信北撰　清光緒二十六年（1900）刻本　四冊

430000－2401－0031944　△437/160

白鷺灣草堂詩稿初稿八卷　（清）羅信南撰　稿本　二冊

430000－2401－0031945　△437/160－2

白鷺灣草堂詩稿二稿十二卷　（清）羅信南撰　稿本　二冊

430000－2401－0031946　△437/160－3

白鷺灣草堂詩稿二稿十二卷　（清）羅信南撰　清范大楷鈔本　四冊

430000－2401－0031947　437/217

白鷺灣草堂詩存十二卷　（清）羅信南撰　清同治十一年（1872）刻本　四冊

430000－2401－0031948　437/217（1）

白鷺灣草堂詩存十二卷　（清）羅信南撰　清同治十一年（1872）刻本　四冊

430000－2401－0031949　437/217（2）

白鷺灣草堂詩存十二卷　（清）羅信南撰　清同治十一年（1872）刻本　一冊　存三卷（一至三）

430000－2401－0031950　△437/314

陶龕詩草不分卷　（清）羅信南撰　稿本五冊

430000－2401－0031951　437/173

陶龕詩鈔八卷　（清）羅信南撰　清光緒十八年（1892）武昌刻本　四冊

430000－2401－0031952　437/173（1）

陶龕詩鈔八卷　（清）羅信南撰　清光緒十八年（1892）武昌刻本　四冊

430000－2401－0031953　437/173（2）

陶龕詩鈔八卷　（清）羅信南撰　清光緒十八年（1892）武昌刻本　四冊

430000 – 2401 – 0031954　437/173（3）

陶龕詩鈔八卷 （清）羅信南撰　清光緒十八年（1892）武昌刻本　四冊

430000 – 2401 – 0031955　437/173（4）

陶龕詩鈔八卷 （清）羅信南撰　清光緒十八年（1892）武昌刻本　四冊

430000 – 2401 – 0031956　437/174

陶龕居士諭蒙書二種二卷 （清）羅信南撰（清）彭壽春箋　清光緒十八年（1892）武昌刻本　一冊

430000 – 2401 – 0031957　437/173 – 3

陶龕詩鈔八卷 （清）羅信南撰　清鈔本　一冊　存一卷（一）

430000 – 2401 – 0031958　437/1471

蓼花齋詩存四卷附錄一卷詩餘一卷詩帖二卷 （清）羅萱撰　清光緒三年（1877）荷花精舍刻本　二冊

430000 – 2401 – 0031959　437/1471（1）

蓼花齋詩存四卷附錄一卷詩餘一卷詩帖二卷 （清）羅萱撰　清光緒三年（1877）荷花精舍刻本　二冊

430000 – 2401 – 0031960　437/1471（2）

蓼花齋詩存四卷附錄一卷詩餘一卷詩帖二卷 （清）羅萱撰　清光緒三年（1877）荷花精舍刻本　一冊

430000 – 2401 – 0031961　437/1471（3）

蓼花齋詩存四卷附錄一卷詩餘一卷詩帖二卷 （清）羅萱撰　清光緒三年（1877）荷花精舍刻本　一冊

430000 – 2401 – 0031962　437/2905

羅萬藻文 （明）羅萬藻撰　清鈔本　一冊

430000 – 2401 – 0031963　437/951

樗伴山房詩草三卷 （清）羅熙典撰　清光緒十二年（1886）家刻本　三冊

430000 – 2401 – 0031964　437/951（1）

樗伴山房詩草三卷 （清）羅熙典撰　清光緒十二年（1886）家刻本　三冊

430000 – 2401 – 0031965　437/595

香葉草堂詩存一卷 （清）羅聘撰　清道光十四年（1834）刻本　一冊

430000 – 2401 – 0031966　437/2893

羅維垣鄉試硃卷 （清）羅維垣撰　清光緒十五年（1889）刻本　一冊

430000 – 2401 – 0031967　437/454

和州集一卷 （清）羅錫疇撰　清光緒十九年（1893）刻本　一冊

430000 – 2401 – 0031968　437/454（1）

和州集一卷 （清）羅錫疇撰　清光緒十九年（1893）刻本　一冊

430000 – 2401 – 0031969　437/454（2）

和州集一卷 （清）羅錫疇撰　清光緒十九年（1893）刻本　一冊

430000 – 2401 – 0031970　437/454（3）

和州集一卷 （清）羅錫疇撰　清光緒十九年（1893）刻本　一冊

430000 – 2401 – 0031971　437/454（4）

和州集一卷 （清）羅錫疇撰　清光緒十九年（1893）刻本　一冊

430000 – 2401 – 0031972　437/454（5）

和州集一卷 （清）羅錫疇撰　清光緒十九年（1893）刻本　一冊

430000 – 2401 – 0031973　437/454（6）

和州集一卷 （清）羅錫疇撰　清光緒十九年（1893）刻本　一冊

430000 – 2401 – 0031974　437/454（7）

和州集一卷 （清）羅錫疇撰　清光緒十九年（1893）刻本　一冊

430000 – 2401 – 0031975　437/1755

下學寮匯稿四卷 （清）羅鎮嵩撰　清光緒三十三年（1907）長沙刻本　二冊

430000 – 2401 – 0031976　437/1755（1）

下學寮匯稿四卷 （清）羅鎮嵩撰　清光緒三十三年（1907）長沙刻本　二冊

430000－2401－0031977　437/1755（2）

下學寮匯稿四卷　（清）羅鎮嵩撰　清光緒三十三年（1907）長沙刻本　一冊　缺二卷（一至二）

430000－2401－0031978　437/452

知養恬齋全集六種四十卷　（清）羅繞典撰　清道光二十一年至二十四年（1841－1844）刻本　十冊

430000－2401－0031979　437/2873

羅瀛美鄉試硃卷　（清）羅瀛美撰　清同治十二年（1873）刻本　一冊

430000－2401－0031980　437/695

健修堂詩集二十二卷　（清）邊浴禮撰　清咸豐十一年（1861）刻本　七冊

430000－2401－0031981　△437/480

隨園詩草八卷附禪家公案頌一卷　（清）邊連寶撰　清乾隆四十年（1775）刻本　四冊

430000－2401－0031982　437/1179

庭聞憶略二卷竹坡先生遺文一卷　（清）寶廷撰　清光緒二十二年（1896）刻富陽夏氏叢刻本　一冊

430000－2401－0031983　437/421

味經書屋詩存不分卷　（清）寶珣撰　清光緒二十七年（1901）刻本　二冊

430000－2401－0031984　437/451

知足知不足齋詩存一卷　（清）寶琳撰　**清故定州直隸州知州馬佳君祠碑一卷**　（清）張之洞撰　清光緒二十七年（1901）刻本　一冊

430000－2401－0031985　437/748

佩蘅詩鈔八卷　（清）寶鋆撰　清咸豐九年（1859）刻本　四冊

430000－2401－0031986　437/242

守柔齋詩鈔初集四卷續集四卷　（清）蘇廷魁撰　清同治三年（1864）都門刻本　二冊

430000－2401－0031987　437/2832

紅韻閣學吟小草一卷　（清）闞壽坤撰　清光緒五年（1879）金閶刻本　一冊

430000－2401－0031988　437/1681

紉蘭室詩鈔三卷　（清）嚴永華撰　清光緒二十二年（1896）耦園刻本　一冊

430000－2401－0031989　437/580

秋湄詩鈔一卷續鈔一卷　（清）楊篤撰　清同治十二年（1873）宏州東川書院刻本　一冊

430000－2401－0031990　437/1872

亂字草一卷　（清）楊彝珍撰　清咸豐五年（1855）刻本　一冊

430000－2401－0031991　437/2335

移芝室古文十三卷續編一卷詩鈔三卷　（清）楊彝珍撰　清同治七年（1868）刻本　五冊

430000－2401－0031992　437/2335（1）

移芝室古文十三卷續編一卷詩鈔三卷　（清）楊彝珍撰　清同治七年（1868）刻本　五冊

430000－2401－0031993　437/2335（2）

移芝室古文十三卷續編一卷詩鈔三卷　（清）楊彝珍撰　清同治七年（1868）刻本　五冊

430000－2401－0031994　437/2335（3）

移芝室古文十三卷續編一卷詩鈔三卷　（清）楊彝珍撰　清同治七年（1868）刻本　二卷存三卷（詩鈔三卷）

430000－2401－0031995　437/2335（4）

移芝室古文十三卷續編一卷詩鈔三卷　（清）楊彝珍撰　清同治七年（1868）刻本　六冊詩鈔三卷

430000－2401－0031996　437/2335－2

移芝室古文十三卷續編一卷詩鈔三卷　（清）楊彝珍撰　清刻本　四冊　存六卷（古文一至三、詩鈔三卷）

430000－2401－0031997　437/2335－2（1）

移芝室古文十三卷續編一卷詩鈔三卷　（清）楊彝珍撰　清刻本　四冊　存四卷（古文一至二、詩鈔二卷）

430000－2401－0031998　437/2235－4

移芝室詩集讀本三卷　（清）楊彝珍撰　（清）劉鳳苞編輯　清光緒十五年（1889）刻本　二冊

430000－2401－0031999　437/2335－3

移芝室古文讀本十三卷詩集讀本三卷外集一卷首一卷思舊集一卷芟餘草一卷　（清）楊彝珍撰　清光緒二十二年(1896)刻本　十冊

430000－2401－0032000　437/2335－3(1)

移芝室古文讀本十三卷詩集讀本三卷外集一卷首一卷思舊集一卷芟餘草一卷　（清）楊彝珍撰　清光緒二十二年(1896)刻本　八冊 缺一卷(十二上)

430000－2401－0032001　437/2335－3(2)

移芝室古文讀本十三卷詩集讀本三卷外集一卷首一卷思舊集一卷芟餘草一卷　（清）楊彝珍撰　清光緒二十二年(1896)刻本　十冊

430000－2401－0032002　437/2335－3(3)

移芝室古文讀本十三卷詩集讀本三卷外集一卷首一卷思舊集一卷芟餘草一卷　（清）楊彝珍撰　清光緒二十二年(1896)刻本　八冊

430000－2401－0032003　437/703

吟香室詩草二卷　（清）楊蘊輝撰　清光緒二十三年(1897)南海縣署刻本　二冊

430000－2401－0032004　437/351

自春堂詩十二卷　（清）楊鑄撰　清道光九年(1829)石瓢仙館刻本　二冊

430000－2401－0032005　437/172

裘文達公文集六卷補遺一卷詩集十二卷又詩集六卷奏議二卷　（清）裘曰修撰　清嘉慶七年(1802)刻本　十冊

430000－2401－0032006　437/172(1)

裘文達公文集六卷補遺一卷詩集十二卷又詩集六卷奏議二卷　（清）裘曰修撰　清嘉慶七年(1802)刻本　十冊

430000－2401－0032007　△437/493

靜宜室詩集八卷　（清）裘行簡撰　清嘉慶十七年(1812)刻本　二冊

430000－2401－0032008　437/2176

雨香書屋詩鈔二卷續鈔四卷　（清）雷以諴撰　清同治五年至七年(1866－1868)江漢書院

刻本　六冊

430000－2401－0032009　437/2294

道福堂詩集四卷　（清）雷浚撰　清光緒二十年(1894)刻本　一冊

430000－2401－0032010　437/1961

乃有廬雜著一卷　（清）雷浚撰　清光緒二十一年(1895)刻本　一冊

430000－2401－0032011　△437/444

愷仲詩文集　（清）虞紹南撰　稿本　二冊

430000－2401－0032012　△437/80

虞紹南家書　（清）虞紹南撰　稿本　一冊

430000－2401－0032013　△437/48

虞紹南信札　（清）虞紹南撰　稿本　一冊

430000－2401－0032014　437/1405

檉華館文集六卷駢體文一卷詩集四卷雜錄一卷　（清）路德撰　清光緒七年(1881)解梁刻本　十冊

430000－2401－0032015　437/1405(1)

檉華館文集六卷駢體文一卷詩集四卷雜錄一卷　（清）路德撰　清光緒七年(1881)解梁刻本　十冊

430000－2401－0032016　437/1405(2)

檉華館文集六卷駢體文一卷詩集四卷雜錄一卷　（清）路德撰　清光緒七年(1881)解梁刻本　九冊

430000－2401－0032017　437/633

聊園詩存十卷詞存一卷　（清）蜀西樵也撰　清光緒十六年(1890)韓城刻本　二冊

430000－2401－0032018　437/2495

一硯樓詩草一卷　（清）鄔同壽撰　清宣統元年(1909)星垣刻本　一冊

430000－2401－0032019　437/1167

景山遺集一卷　（清）鄒文蘇撰　清光緒八年(1882)刻本　一冊

430000－2401－0032020　437/2824

鄒彥鄉試硃卷　（清）鄒彥撰　清光緒八年

（1882）刻本　一冊

430000－2401－0032021　437/181

聽竹廬集二卷　（清）鄒南英撰　清光緒十九年（1893）冠山容園刻本　一冊

430000－2401－0032022　437/2959

鄒星平蘭山書院課卷　（清）鄒星平撰　清稿本　五份

430000－2401－0032023　437/894

雅雪園詩鈔六卷　（清）鄒湘倜撰　清同治八年（1869）新化鄒氏刻本　二冊

430000－2401－0032024　437/894（1）

雅雪園詩鈔六卷　（清）鄒湘倜撰　清同治八年（1869）新化鄒氏刻本　二冊

430000－2401－0032025　437/894（2）

雅雪園詩鈔六卷　（清）鄒湘倜撰　清同治八年（1869）新化鄒氏刻本　二冊

430000－2401－0032026　437/894（3）

雅雪園詩鈔六卷　（清）鄒湘倜撰　清同治八年（1869）新化鄒氏刻本　二冊

430000－2401－0032027　437/894（4）

雅雪園詩鈔六卷　（清）鄒湘倜撰　清同治八年（1869）新化鄒氏刻本　二冊

430000－2401－0032028　437/894（5）

雅雪園詩鈔六卷　（清）鄒湘倜撰　清同治八年（1869）新化鄒氏刻本　二冊

430000－2401－0032029　437/161

濱竹山房文存一卷詩存三卷詩餘一卷春秋說一卷六合一卷　（清）鄒漢池撰　清光緒元年（1875）刻本　二冊

430000－2401－0032030　437/924

叔子文存一卷詩存一卷　（清）鄒漢章撰　清末刻本　一冊

430000－2401－0032031　437/2130

學藝齋文存八卷詩存二卷詩餘一卷　（清）鄒漢勛撰　清光緒八年（1882）刻鄒叔子遺書本　四冊

430000－2401－0032032　437/946

蘿谷詩六卷南癸詞一卷　（清）鄒漢潢撰　清光緒八年（1882）刻本　二冊

430000－2401－0032033　437/2794

鄒福保殿試卷　（清）鄒福保撰　清光緒十二年（1886）刻本　一冊

430000－2401－0032034　437/1831

世忠堂文集六卷守城善後紀略一卷家傳一卷　（清）鄒鳴鶴撰　清同治二年（1863）錫山鄒寓刻本　八冊

430000－2401－0032035　437/2660

寶素堂時文不分卷　（清）鄒鳴鶴撰　清道光十八年（1838）刻本　二冊

430000－2401－0032036　437/2889

鄒銘恩鄉試硃卷　（清）鄒銘恩撰　清光緒十七年（1891）刻本　一冊

430000－2401－0032037　437/317

志遠堂文集十卷　（清）鄒鍾撰　清光緒十二年（1886）濟南王少南德華堂刻本　六冊

430000－2401－0032038　437/2261

林阜間集古文六卷古今體詩五卷常語二卷（清）潘諮撰　清道光十六年（1836）京師琉璃廠刻本　四冊

430000－2401－0032039　437/2469

西圃集十卷續集四卷補遺一卷詞續一卷詞三續一卷題畫詩一卷續一卷文集四卷補遺一卷　（清）潘遵祁撰　清光緒二十三年（1897）刻本　六冊

430000－2401－0032040　437/2469（1）

西圃集十卷續集四卷補遺一卷詞續一卷詞三續一卷題畫詩一卷續一卷文集四卷補遺一卷　（清）潘遵祁撰　清光緒二十三年（1897）刻本　二冊　存十卷（西圃集十卷）

430000－2401－0032041　437/2339

十竹齋東山詩草四卷　（清）褚廷樞撰　清乾隆二十八年（1763）刻本　一冊

430000－2401－0032042　△437/434

筠心書屋詩鈔十二卷　（清）褚廷璋撰　清嘉慶十一年（1806）鑒湖亭刻本　四冊

430000 – 2401 – 0032043　437/1338 – 2

筠心書屋詩鈔十二卷　（清）褚廷璋撰　清同治七年（1868）刻本　三冊　存七卷（一至七）

430000 – 2401 – 0032044　437/1528

寶書堂詩鈔八卷水蜜桃譜一卷　（清）褚華撰　清嘉慶十六年（1811）刻本　一冊

430000 – 2401 – 0032045　△437/265

耕餘居士詩集二十四卷　（清）鄭世元撰　清乾隆刻本　二冊

430000 – 2401 – 0032046　437/2888

鄭先亨鄉試硃卷　（清）鄭先亨撰　清光緒十一年（1885）刻本　一冊

430000 – 2401 – 0032047　437/2186

求是齋詩草二卷　（清）鄭先樸撰　清光緒十一年（1885）刻本　一冊

430000 – 2401 – 0032048　437/2870

鄭先懋鄉試硃卷　（清）鄭先懋撰　清同治三年（1864）刻本　一冊

430000 – 2401 – 0032049　437/2889

鄭沅鄉試硃卷　（清）鄭沅撰　清光緒十七年（1891）刻本　一冊

430000 – 2401 – 0032050　437/1214

忠烈詩草前集二卷後集一卷　（清）鄭昌運撰　清光緒七年（1881）刻本　二冊

430000 – 2401 – 0032051　437/2158

曉園吟一卷　（清）鄭岳撰　得閑山館文集二卷附錄一卷　（清）鄭佶撰　清嘉慶二年（1797）刻本　二冊

430000 – 2401 – 0032052　437/2517

巢經巢遺文五卷詩鈔後集四卷鳬氏爲鍾圖說一卷　（清）鄭珍撰　清光緒十九年至二十年（1893 – 1894）貴築高氏資州官署刻本　六冊

430000 – 2401 – 0032053　437/2217 – 2

巢經巢詩鈔九卷後集四卷　（清）鄭珍撰　清光緒二十三年（1897）遵義黎氏五羊城刻本　四冊

430000 – 2401 – 0032054　437/2217 – 2（1）

巢經巢詩鈔九卷後集四卷　（清）鄭珍撰　清光緒二十三年（1897）遵義黎氏五羊城刻本　四冊

430000 – 2401 – 0032055　437/2217

巢經巢詩鈔九卷後集四卷　（清）鄭珍撰　清光緒鄭知同寫刻本　二冊

430000 – 2401 – 0032056　437/2403

虹玉堂文集十八卷　（清）鄭相如撰　（清）鄭維屏輯　清道光十三年（1833）青虹閣刻本　八冊

430000 – 2401 – 0032057　437/44

紅葉山房集十二卷　（清）鄭祖球撰　清道光八年（1828）寶研齋刻本　四冊

430000 – 2401 – 0032058　437/2718

小谷口紀事畫引一卷　（清）鄭祖琛撰　清道光二十七年（1847）桂林官廨刻本　一冊

430000 – 2401 – 0032059　437/2298

寒村詩文集三十六卷　（清）鄭梁撰　清康熙二老閣刻本　二十冊

430000 – 2401 – 0032060　437/814

樹蕙背遺詩一卷　（清）鄭淑昭撰　清光緒二十年（1894）京師刻本　一冊

430000 – 2401 – 0032061　437/1101

小隱岩詩稿五卷　（清）鄭敦覺撰　清同治六年（1867）刻本　二冊

430000 – 2401 – 0032062　437/1214

焚餘詩草一卷　（清）鄭雲龍撰　清道光二十三年（1843）刻本　一冊

430000 – 2401 – 0032063　437/2442

藏密廬文稿四卷　（清）鄭喬遷撰　清道光十四年（1834）刻本　一冊

430000 – 2401 – 0032064　437/2887

鄭業敬鄉試硃卷　（清）鄭業敬撰　清光緒十一年（1885）刻本　一冊

430000 – 2401 – 0032065　437/2894

鄭業敬選拔貢卷　（清）鄭業敬撰　清光緒十一年(1885)刻本　一冊

430000 – 2401 – 0032066　437/2888

鄭業綸鄉試硃卷　（清）鄭業綸撰　清光緒十一年(1885)刻本　一冊

430000 – 2401 – 0032067　437/2890

鄭業鴻鄉試硃卷　（清）鄭業鴻撰　清光緒十四年(1888)刻本　一冊

430000 – 2401 – 0032068　437/1090

久芬室詩集六卷　（清）鄭襄撰　清光緒二十一年(1895)石門官廨刻本　二冊

430000 – 2401 – 0032069　437/1090(1)

久芬室詩集六卷　（清）鄭襄撰　清光緒二十一年(1895)石門官廨刻本　二冊

430000 – 2401 – 0032070　437/1090(2)

久芬室詩集六卷　（清）鄭襄撰　清光緒二十一年(1895)石門官廨刻本　二冊

430000 – 2401 – 0032071　437/1090(3)

久芬室詩集六卷　（清）鄭襄撰　清光緒二十一年(1895)石門官廨刻本　二冊

430000 – 2401 – 0032072　△437/222 – 2

板橋詩鈔三卷家書一卷題畫一卷詞鈔一卷　（清）鄭燮撰　清乾隆十四年(1749)刻本　四冊

430000 – 2401 – 0032073　△437/222

板橋詩鈔三卷家書一卷題畫一卷詞鈔一卷　（清）鄭燮撰　清清輝書屋刻本　四冊

430000 – 2401 – 0032074　437/864 – 3(3)

板橋詩鈔三卷詞鈔一卷小唱一卷題畫一卷家書一卷　（清）鄭燮撰　清翻刻清輝書屋刻本　四冊

430000 – 2401 – 0032075　437/864 – 3(2)

板橋詩鈔三卷詞鈔一卷小唱一卷題畫一卷家書一卷　（清）鄭燮撰　清翻刻清輝書屋刻本　二冊

430000 – 2401 – 0032076　437/864 – 3(1)

板橋詩鈔三卷詞鈔一卷小唱一卷題畫一卷家書一卷　（清）鄭燮撰　清翻刻清輝書屋刻本　四冊

430000 – 2401 – 0032077　437/864 – 3

板橋詩鈔三卷詞鈔一卷小唱一卷題畫一卷家書一卷　（清）鄭燮撰　清宣統元年(1909)湖南益元書局刻本　四冊

430000 – 2401 – 0032078　437/864 – 5

板橋詩鈔三卷詞鈔一卷小唱一卷題畫一卷家書一卷　（清）鄭燮撰　清楚北漢口鎮森寶齋刻本　一冊

430000 – 2401 – 0032079　437/864 – 5(1)

板橋詩鈔三卷詞鈔一卷小唱一卷題畫一卷家書一卷　（清）鄭燮撰　清楚北漢口鎮森寶齋刻本　一冊

430000 – 2401 – 0032080　437/1717

補學軒詩集八卷　（清）鄭獻甫撰　清咸豐十一年(1861)采菽堂刻本　四冊

430000 – 2401 – 0032081　437/1717 – 2

補學軒詩集十二卷文集外編四卷　（清）鄭獻甫撰　清光緒五年至八年(1879 – 1882)黔南節署刻本　八冊

430000 – 2401 – 0032082　437/1717 – 2(1)

補學軒詩集十二卷文集外編四卷　（清）鄭獻甫撰　清光緒五年至八年(1879 – 1882)黔南節署刻本　四冊　缺三卷(文集一至三)

430000 – 2401 – 0032083　437/1922

蓮因室詩集二卷詞一卷　（清）鄭蘭孫撰　清光緒元年(1875)刻本　二冊

430000 – 2401 – 0032084　412/4

蔣氏四種六十五卷　（清）蔣士銓撰　清同治朱墨套印本　三十二冊

430000 – 2401 – 0032085　△437/234

忠雅堂全集三十卷詩集補遺二卷　（清）蔣士銓撰　清嘉慶三年(1798)揚州刻本　七冊

430000 – 2401 – 0032086　437/433

忠雅堂文集三十卷　（清）蔣士銓撰　清刻本
　八冊

430000－2401－0032087　437/430

忠雅堂文集十二卷　（清）蔣士銓撰　清嘉慶
二十一年(1816)刻本　四冊

430000－2401－0032088　437/430－2

忠雅堂文集十二卷　（清）蔣士銓撰　清道光
二十三年(1843)刻本　六冊

430000－2401－0032089　437/430－3

忠雅堂文集十二卷　（清）蔣士銓撰　清同治
九年(1870)益州薇署刻本　六冊

430000－2401－0032090　437/430－3(1)

忠雅堂文集十二卷　（清）蔣士銓撰　清同治
九年(1870)益州薇署刻本　六冊

430000－2401－0032091　437/430－5

忠雅堂文集十二卷　（清）蔣士銓撰　清末刻
本　四冊　缺四卷(五至六、九至十)

430000－2401－0032092　437/431－2

忠雅堂詩集二十七卷補遺二卷詞集二卷
（清）蔣士銓撰　清嘉慶二十二年(1817)桂林
刻本　六冊

430000－2401－0032093　437/431－2(1)

忠雅堂詩集二十七卷補遺二卷詞集二卷
（清）蔣士銓撰　清嘉慶二十二年(1817)桂林
刻本　六冊

430000－2401－0032094　437/431－3

忠雅堂詩集二十七卷補遺二卷詞集二卷
（清）蔣士銓撰　清道光二十三年(1843)刻本
　八冊

430000－2401－0032095　437/431－5

忠雅堂詩集二十七卷補遺二卷詞集二卷
（清）蔣士銓撰　清同治九年(1870)益州薇署
刻本　八冊

430000－2401－0032096　437/431

忠雅堂詩集二十七卷補遺二卷詞集二卷
（清）蔣士銓撰　清紅杏山房刻本　八冊

430000－2401－0032097　437/431(1)

忠雅堂詩集二十七卷補遺二卷詞集二卷
（清）蔣士銓撰　清紅杏山房刻本　七冊

430000－2401－0032098　437/431－4

忠雅堂詩集二十七卷補遺二卷詞集二卷
（清）蔣士銓撰　清揚州刻本　六冊　存二十
卷(一至二十)

430000－2401－0032099　437/432

忠雅堂集三十卷　（清）蔣士銓撰　清末刻本
　八冊

430000－2401－0032100　437/1315

焚餘草一卷　（清）蔣永端撰　清光緒石印本
　一冊

430000－2401－0032101　437/1306

烏目山房詩存六卷　（清）蔣因培撰　清光緒
十年(1884)平江張氏大雅堂刻本　二冊

430000－2401－0032102　437/1306(1)

烏目山房詩存六卷　（清）蔣因培撰　清光緒
十年(1884)平江張氏大雅堂刻本　一冊　缺
三卷(四至六)

430000－2401－0032103　437/1982

石閭集一卷　（清）蔣易撰　五湖游謝一卷
余懷撰　清宣統二年(1910)京師晨風閣刻本
　一冊

430000－2401－0032104　437/1982(1)

石閭集一卷　（清）蔣易撰　五湖游謝一卷
余懷撰　清宣統二年(1910)京師晨風閣刻本
　一冊

430000－2401－0032105　437/1757

三徑草堂詩鈔四卷　（清）蔣師軾撰　清光緒
十六年(1890)刻本　一冊

430000－2401－0032106　437/282

阮嗣宗詠懷詩註四卷　（清）蔣師爚撰　清嘉
慶四年(1799)敦艮堂刻本　二冊

430000－2401－0032107　437/2823

蔣國鎣鄉試硃卷　（清）蔣國鎣撰　清光緒十
四年(1888)刻本　一冊

430000－2401－0032108　437/487

春暉閣詩鈔選六卷　（清）蔣湘南撰　清道光
十六年（1836）刻本　二冊

430000－2401－0032109　437/1591

七經樓文鈔六卷　（清）蔣湘南撰　清道光二
十七年（1847）刻本　四冊

430000－2401－0032110　437/2168

垂金蔭綠軒詩鈔二卷　（清）蔣超伯撰　清同
治七年（1868）刻本　一冊

430000－2401－0032111　437/2322

通齋集五卷外集一卷文集二卷南行紀程一卷
　（清）蔣超伯撰　清同治三年（1864）高凉郡
齋刻本　三冊

430000－2401－0032113　437/2274

居東集二卷　（清）蔣智由撰　清宣統二年
（1910）上海文明書局鉛印本　一冊

430000－2401－0032114　437/1028

友竹草堂文集不分卷　（清）蔣慶第撰　清光
緒刻本　四冊

430000－2401－0032115　437/313

求實齋類稿十二卷續編六卷　（清）蔣德鈞撰
　清光緒刻本　六冊

430000－2401－0032116　437/313(1)

求實齋類稿十二卷續編六卷　（清）蔣德鈞撰
　清光緒刻本　六冊

430000－2401－0032117　437/313(2)

求實齋類稿十二卷續編六卷　（清）蔣德鈞撰
　清光緒刻本　六冊

430000－2401－0032118　437/313(3)

求實齋類稿十二卷續編六卷　（清）蔣德鈞撰
　清光緒刻本　一冊　存六卷(一至六)

430000－2401－0032119　437/858

容川詩鈔四卷　（清）蔣澤澐撰　清光緒二十
年（1894）湘鄉忠雅堂刻本　二冊

430000－2401－0032120　437/858(1)

容川詩鈔四卷　（清）蔣澤澐撰　清光緒二十
年（1894）湘鄉忠雅堂刻本　二冊

430000－2401－0032121　△437/292

容川詩鈔四卷　（清）蔣澤澐撰　清鈔本
三冊

430000－2401－0032122　437/1285

懷亭詩錄六卷續錄六卷三錄一卷　（清）蔣學
堅撰　清光緒二十一年至民國三年（1895－
1914）刻本　四冊

430000－2401－0032123　437/1285(1)

懷亭詩錄六卷續錄六卷三錄一卷　（清）蔣學
堅撰　清光緒二十一年至民國三年（1895－
1914）刻本　四冊

430000－2401－0032124　437/2819

蔣耀珪鄉試卷　（清）蔣耀珪撰　清光緒八年
（1882）刻本　一冊

430000－2401－0032125　437/1476－2

賜綺堂集十五卷　（清）詹應甲撰　清嘉慶十
年（1805）讀我書齋刻本　四冊

430000－2401－0032126　△437/486

賜綺堂集十五卷外集二卷續集四卷　（清）詹
應甲撰　清嘉慶讀我書齋刻本　五冊　缺四
卷(十二至十五)

430000－2401－0032127　437/1476

賜綺堂集二十卷續詩四卷外編六卷　（清）詹
應甲撰　清嘉慶十九年至道光十年（1814－
1830）止園刻本　十冊

430000－2401－0032128　437/1476(1)

賜綺堂集二十八卷　（清）詹應甲撰　清道光
八年（1828）刻本　六冊

430000－2401－0032129　437/2292

異域風謠一卷　（清）寥園主人撰　清末刻本
　一冊

430000－2401－0032130　437/2687

太鶴山人集十三卷　（清）端木國瑚撰　清道
光二十年（1840）瑞安洪氏刻本　一冊　存二
卷(九至十)

430000－2401－0032131　437/1521

寶綸堂文鈔八卷　（清）齊召南撰　清嘉慶二

年(1797)秦瀛校刻本　八冊

430000－2401－0032132　437/1521－2
寶綸堂文鈔八卷詩鈔六卷　（清）齊召南撰
清光緒十三年(1887)金峨山館刻本　四冊

430000－2401－0032133　437/370
佳想軒詩鈔二卷　（清）廖文錦撰　清光緒十
二年(1886)杭州刻本　一冊

430000－2401－0032134　437/973
鑄鐵齋詩遺稿八卷　（清）廖可受撰　清光緒
五年(1879)刻本　二冊

430000－2401－0032135　437/2265
容齋詩錄三卷　（清）廖可受撰　清光緒十八
年(1892)慈利學舍刻本　一冊

430000－2401－0032136　437/2722
廖先堂鄉試卷　（清）廖先堂撰　清光緒二十
九年(1903)刻本　一冊

430000－2401－0032137　437/1075
繹雅堂詩錄二卷　（清）廖基瑜撰　清宣統二
年(1910)長沙刻本　一冊

430000－2401－0032138　437/2893
廖雲漢鄉試硃卷　（清）廖雲漢撰　清光緒十
五年(1889)刻本　一冊

430000－2401－0032139　437/2849
廖載鄉試硃卷　（清）廖載撰　清咸豐元年
(1851)刻本　一冊(殘)

430000－2401－0032140　437/2804
廖楚璜鄉試卷　（清）廖楚璜撰　清光緒二十
八年(1902)刻本　一冊

430000－2401－0032141　437/671
芺源銀場詩錄一卷　（清）廖潤鴻等撰　**題珠
泉草廬圖詩一卷**　（清）李寶淦等撰　清宣統
三年(1911)刻本　一冊

430000－2401－0032142　437/671(1)
芺源銀場詩錄一卷　（清）廖潤鴻等撰　**題珠
泉草廬圖詩一卷**　（清）李寶淦等撰　清宣統
三年(1911)刻本　一冊

430000－2401－0032143　437/601－2
珠泉草廬詩鈔四卷　（清）廖樹蘅撰　清光緒
二十三年(1897)衡州刻本　二冊

430000－2401－0032144　437/601
珠泉草廬詩鈔四卷　（清）廖樹蘅撰　清光緒
二十七年(1901)蒸陽刻本　二冊

430000－2401－0032145　437/601(1)
珠泉草廬詩鈔四卷　（清）廖樹蘅撰　清光緒
二十七年(1901)蒸陽刻本　二冊

430000－2401－0032146　437/601(2)
珠泉草廬詩鈔四卷　（清）廖樹蘅撰　清光緒
二十七年(1901)蒸陽刻本　二冊

430000－2401－0032147　437/601(3)
珠泉草廬詩鈔四卷　（清）廖樹蘅撰　清光緒
二十七年(1901)蒸陽刻本　二冊

430000－2401－0032148　437/601(4)
珠泉草廬詩鈔四卷　（清）廖樹蘅撰　清光緒
二十七年(1901)蒸陽刻本　二冊

430000－2401－0032149　437/603
珠泉草廬文錄二卷　（清）廖樹蘅撰　清宣統
二年(1910)長沙刻本　二冊

430000－2401－0032150　437/603(1)
珠泉草廬文錄二卷　（清）廖樹蘅撰　清宣統
二年(1910)長沙刻本　二冊

430000－2401－0032151　437/603(2)
珠泉草廬文錄二卷　（清）廖樹蘅撰　清宣統
二年(1910)長沙刻本　二冊

430000－2401－0032152　437/603(3)
珠泉草廬文錄二卷　（清）廖樹蘅撰　清宣統
二年(1910)長沙刻本　二冊

430000－2401－0032153　437/603(4)
珠泉草廬文錄二卷　（清）廖樹蘅撰　清宣統
二年(1910)長沙刻本　二冊

430000－2401－0032154　437/2307
守拙齋詩稿四卷首一卷　（清）蒲伊漢撰　清
同治五年(1866)蒲氏刻本　一冊

430000－2401－0032155　437/1249

聊齋先生文集二卷　（清）蒲松齡撰　清宣統元年(1909)上海國學扶輪社鉛印本　二冊

430000－2401－0032156　437/1249(1)

聊齋先生文集二卷　（清）蒲松齡撰　清宣統元年(1909)上海國學扶輪社鉛印本　二冊

430000－2401－0032157　437/1249(2)

聊齋先生文集二卷　（清）蒲松齡撰　清宣統元年(1909)上海國學扶輪社鉛印本　一冊

430000－2401－0032158　437/1249(3)

聊齋先生文集二卷　（清）蒲松齡撰　清宣統元年(1909)上海國學扶輪社鉛印本　一冊

430000－2401－0032159　437/1052

讀書堂彩衣全集四十六卷　（清）趙士麟撰　清康熙三十六年(1697)刻本　八冊　存十七卷(一至十七)

430000－2401－0032160　437/1052－2

讀書堂彩衣全集四十六卷　（清）趙士麟撰　清光緒十九年(1893)浙江書局刻雲南叢書本　十二冊

430000－2401－0032161　437/1833

悲庵居士詩賸一卷　（清）趙之謙撰　清光緒十一年(1885)刻本　一冊

430000－2401－0032162　437/887

悲庵居士文存一卷　（清）趙之謙撰　清光緒十六年(1890)刻本　一冊

430000－2401－0032163　△437/261

勇盧閒詰一卷　（清）趙之謙撰　清光緒徐崇立鈔本　徐崇立題識批校　一冊

430000－2401－0032164　437/1743

石柏山房詩存八卷首一卷　（清）趙文楷撰　清咸豐七年(1857)惠潮嘉道署刻本　二冊

430000－2401－0032165　437/1743(1)

石柏山房詩存八卷首一卷　（清）趙文楷撰　清咸豐七年(1857)惠潮嘉道署刻本　四冊

430000－2401－0032166　437/1046

小松石齋集五卷　（清）趙允懷撰　清道光二

十三年(1843)雙弓樓刻本　二冊

430000－2401－0032167　437/1046－2

小松石齋詩集五卷文集五卷　（清）趙允懷撰　清光緒十五年(1889)刻本　四冊

430000－2401－0032168　437/1907

入雲編四卷　（清）趙世鈵撰　清光緒二十三年(1897)常熟趙氏承啟堂刻本　一冊

430000－2401－0032169　437/1926

趙恭毅公賸稿八卷　趙裘萼公賸稿四卷　（清）趙申喬撰　（清）趙熊詔撰　清乾隆六年(1741)刻本　六冊

430000－2401－0032170　437/1926(1)

趙恭毅公賸稿八卷　趙裘萼公賸稿四卷　（清）趙申喬撰　（清）趙熊詔撰　清乾隆六年(1741)刻本　四冊　缺四卷(趙恭毅公賸稿一至四)

430000－2401－0032171　△437/447

趙恭毅公賸稿八卷　趙裘萼公賸稿四卷　（清）趙申喬撰　（清）趙熊詔撰　清乾隆二十年(1755)趙侗敩刻本　五冊

430000－2401－0032172　437/1926－2

趙恭毅公賸稿八卷　（清）趙申喬撰　清光緒十八年(1892)浙江書局刻本　四冊

430000－2401－0032173　437/1926－2(1)

趙恭毅公賸稿八卷　（清）趙申喬撰　清光緒十八年(1892)浙江書局刻本　四冊

430000－2401－0032174　437/2475

獄燈小稿三卷　（清）趙光祖撰　清光緒十四年(1888)刻本　一冊

430000－2401－0032175　437/1648

趙侍御時文一卷古文一卷　（清）趙先雅撰　清刻本　二冊

430000－2401－0032176　437/1729

肖岩詩鈔十二卷文鈔四卷補遺一卷　（清）趙良澍撰　清嘉慶五年(1800)刻本　三冊　存九卷(詩鈔一至三、七至十二)

430000－2401－0032177　437/1830

四百三十二峰草堂詩鈔三十卷　（清）趙希璜
撰　清乾隆五十八年(1793)安陽縣署刻本
一冊　存六卷(十七至二十二)

430000－2401－0032178　△437/326
清獻堂集十卷　（清）趙佑撰　清刻本　十
二冊

430000－2401－0032179　437/1870
漱芳居文鈔八卷二集八卷　（清）趙于藜撰
（清）翟灝評　清嘉慶精刻本　八冊

430000－2401－0032180　437/1758
三硯齋詩賸一卷　（清）趙彥修撰　清光緒八
年(1882)刻本　一冊

430000－2401－0032181　437/2881
趙炳煥拔貢卷　（清）趙炳煥撰　清宣統元年
(1909)刻本　一冊

430000－2401－0032182　437/645
遂園詩律詩鈔四卷　（清）趙昀撰　清咸豐十
一年(1861)刻本　一冊

430000－2401－0032183　437/645(1)
遂園詩律詩鈔四卷　（清）趙昀撰　清咸豐十
一年(1861)刻本　二冊

430000－2401－0032184　437/2008
遂園詩鈔六卷　（清）趙昀撰　清光緒二年
(1876)金陵刻本　一冊

430000－2401－0032185　437/1408
雲石軒求是草十八卷　（清）趙時桐撰　清光
緒十八年(1892)四明趙氏雲石軒刻本　三冊

430000－2401－0032186　437/1408(1)
雲石軒求是草十八卷　（清）趙時桐撰　清光
緒十八年(1892)四明趙氏雲石軒刻本　一冊
　　　存三卷(一至三)

430000－2401－0032187　437/1408(2)
雲石軒求是草十八卷　（清）趙時桐撰　清光
緒十八年(1892)四明趙氏雲石軒刻本　一冊
　　　存四卷(一至四)

430000－2401－0032188　△437/274
秋谷詞翰一卷　（清）趙執信撰　稿本　一冊

430000－2401－0032189　△437/433
飴山詩集二十卷文集十二卷禮欲權衡二卷聲
調譜三卷談龍錄一卷　（清）趙執信撰　清乾
隆十七年(1752)因園刻本　十冊

430000－2401－0032190　△437/433(1)
飴山詩集二十卷文集十二卷禮欲權衡二卷聲
調譜三卷談龍錄一卷　（清）趙執信撰　清乾
隆十七年(1752)因園刻本　四冊　缺十四卷
(文集十二卷、禮欲權衡二卷)

430000－2401－0032191　437/745
青草堂集十二卷二集十六卷三集十六卷
（清）趙國華撰　清同治十一年至光緒十八年
(1872－1892)濟南刻本　十四冊

430000－2401－0032192　437/745(1)
青草堂集十二卷二集十六卷三集十六卷
（清）趙國華撰　清同治十一年至光緒十八年
(1872－1892)濟南刻本　十四冊

430000－2401－0032193　437/745(2)
青草堂集十二卷二集十六卷三集十六卷
（清）趙國華撰　清同治十一年至光緒十八年
(1872－1892)濟南刻本　十四冊

430000－2401－0032194　437/2644
竹岡詩草一卷詩話一卷　（清）趙敬襄撰
（清）龔耀南編　清光緒刻竹岡齋九種本
一冊

430000－2401－0032195　437/991
綠野漫吟二卷續編一卷　（清）趙嗣卓撰　清
嘉慶七年(1802)養正堂刻本　三冊

430000－2401－0032196　437/991(1)
綠野漫吟二卷續編一卷　（清）趙嗣卓撰　清
嘉慶七年(1802)養正堂刻本　二冊

430000－2401－0032197　437/701
古香書屋詩鈔十二卷文鈔二卷　（清）趙輝璧
撰　清光緒十八年(1892)刻本　六冊

430000－2401－0032198　437/701(1)
古香書屋詩鈔十二卷文鈔二卷　（清）趙輝璧
撰　清光緒十八年(1892)刻本　四冊

430000 - 2401 - 0032199　437/701(2)

古香書屋詩鈔十二卷文鈔二卷　(清)趙輝璧
撰　清光緒十八年(1892)刻本　四冊

430000 - 2401 - 0032200　437/701(3)

古香書屋詩鈔十二卷文鈔二卷　(清)趙輝璧
撰　清光緒十八年(1892)刻本　一冊

430000 - 2401 - 0032201　437/701(4)

古香書屋詩鈔十二卷文鈔二卷　(清)趙輝璧
撰　清光緒十八年(1892)刻本　四冊

430000 - 2401 - 0032202　437/2422

叙異齋文草三卷　(清)趙衡撰　清光緒三十
四年(1908)京師北新書局鉛印本　一冊

430000 - 2401 - 0032203　437/1960

一鶴山房詩鈔六卷　(清)趙璘撰　清光緒十
二年(1886)潙寧趙氏長沙刻本　一冊

430000 - 2401 - 0032204　△437/477

甌北集五十三卷　(清)趙翼撰　清乾隆五十
年(1785)刻本　十六冊

430000 - 2401 - 0032205　437/950

甌北集五十三卷　(清)趙翼撰　清嘉慶十七
年(1812)湛貽堂刻本　六冊　存三十一卷
(一至二十三、三十七至四十四)

430000 - 2401 - 0032206　437/760 - 2

甌北詩鈔十卷　(清)趙翼撰　清乾隆五十六
年(1791)湛貽堂刻本　十冊

430000 - 2401 - 0032207　437/760 - 2(1)

甌北詩鈔十卷　(清)趙翼撰　清乾隆五十六
年(1791)湛貽堂刻本　八冊

430000 - 2401 - 0032208　437/760 - 2(2)

甌北詩鈔十卷　(清)趙翼撰　清乾隆五十六
年(1791)湛貽堂刻本　六冊

430000 - 2401 - 0032209　437/760 - 2(3)

甌北詩鈔十卷　(清)趙翼撰　清乾隆五十六
年(1791)湛貽堂刻本　六冊

430000 - 2401 - 0032210　437/1421

紉佩仙館文鈔一卷吟鈔一卷　(清)趙瀛撰
清光緒十三年(1887)刻本　二冊

430000 - 2401 - 0032211　437/2317

亦有生齋集文二十卷詩三十二卷樂府二卷詞
五卷　(清)趙懷玉撰　清嘉慶二十年至道光
元年(1815 - 1821)刻本　二十冊

430000 - 2401 - 0032212　437/778

行餘草堂詩鈔四卷文鈔一卷　(清)趙瓊撰
(清)顧朗山選　清嘉慶十二年(1807)俊儀堂
刻本　四冊

430000 - 2401 - 0032213　437/354

向湖村舍詩初集十二卷　(清)趙藩撰　清光
緒十四年(1888)長沙刻本　二冊

430000 - 2401 - 0032214　437/1655

夢喜堂詩六卷　(清)夢麟撰　清乾隆近文齋
精刻本　二冊

430000 - 2401 - 0032215　△437/396

無不宜齋未定稿四卷　(清)翟灝撰　清乾隆
十七年(1752)刻本　四冊

430000 - 2401 - 0032216　437/1728

臧鏞堂雜著一卷　(清)臧庸撰　清末漢陽葉
氏石印本　一冊

430000 - 2401 - 0032217　437/2783

金陵述難全詩　(清)臧濟之撰　鈔本　一冊

430000 - 2401 - 0032218　437/820

河海昆侖錄四卷　(清)裴景福撰　清宣統元
年(1909)鉛印本　四冊

430000 - 2401 - 0032219　437/1102

小畫山房詩鈔十二卷　(清)團維壚撰　清嘉
慶十二年(1807)刻本　二冊

430000 - 2401 - 0032220　437/1912

韞山堂詩集十六卷　(清)管世銘撰　清嘉慶
六年(1801)讀雪山房刻本　四冊

430000 - 2401 - 0032221　437/1913

韞山堂時文初集一卷二集二卷三集一卷
(清)管世銘撰　清道光三年(1823)粵西撫署
刻本　四冊

430000 - 2401 - 0032222　437/1913 - 3

韞山堂時文集一集一卷二集二卷三集一卷

（清）管世銘撰　清同治二年（1863）群玉閣刻
本　四冊

430000－2401－0032223　437/1913－2
韞山堂時文初集一卷二集二卷三集一卷
（清）管世銘撰　清光緒六年（1880）湖南書局
刻本　四冊

430000－2401－0032224　437/1913－2（1）
韞山堂時文初集一卷二集二卷三集一卷
（清）管世銘撰　清光緒六年（1880）湖南書局
刻本　四冊

430000－2401－0032225　437/1913－2（2）
韞山堂時文初集一卷二集二卷三集一卷
（清）管世銘撰　清光緒六年（1880）湖南書局
刻本　四冊

430000－2401－0032226　437/1913－2（3）
韞山堂時文初集一卷二集二卷三集一卷
（清）管世銘撰　清光緒六年（1880）湖南書局
刻本　四冊

430000－2401－0032227　437/1913－2（4）
韞山堂時文初集一卷二集二卷三集一卷
（清）管世銘撰　清光緒六年（1880）湖南書局
刻本　四冊

430000－2401－0032228　437/324
因寄軒文初集十卷二集六卷補遺一卷　（清）管
同撰　清道光十三年（1833）管氏刻本　二冊

430000－2401－0032229　437/324－2
因寄軒文初集十卷二集六卷補遺一卷　（清）
管同撰　清光緒五年（1879）刻本　二冊

430000－2401－0032230　437/324－2（1）
因寄軒文初集十卷二集六卷補遺一卷　（清）
管同撰　清光緒五年（1879）刻本　四冊

430000－2401－0032231　437/324－2（2）
因寄軒文初集十卷二集六卷補遺一卷　（清）
管同撰　清光緒五年（1879）刻本　四冊

430000－2401－0032232　437/324－2（3）
因寄軒文初集十卷二集六卷補遺一卷　（清）
管同撰　清光緒五年（1879）刻本　二冊

430000－2401－0032233　437/324－2（4）
因寄軒文初集十卷二集六卷補遺一卷　（清）
管同撰　清光緒五年（1879）刻本　二冊

430000－2401－0032234　△437/459
管松厓詩不分卷　（清）管幹珍撰　稿本
一冊

430000－2401－0032235　437/1727
翠筠館詩存二卷　（清）魁玉撰　清同治七年
（1868）刻本　一冊

430000－2401－0032236　437/1727（1）
翠筠館詩存二卷　（清）魁玉撰　清同治七年
（1868）刻本　二冊

430000－2401－0032237　437/1727（2）
翠筠館詩存二卷　（清）魁玉撰　清同治七年
（1868）刻本　二冊

430000－2401－0032238　437/2401
雪堂先生集選十一卷　（清）熊文舉撰　（清）
楊昌齡訂　清順治十一年（1654）刻本　五冊

430000－2401－0032239　437/1054
讀書延年堂詩鈔三十卷詩餘一卷文鈔十卷補
存文鈔一卷試帖輯註四卷賦存一卷駢體文存
二卷詩續集十二卷　（清）熊少牧撰　（清）胡
中容註　清道光二十一年至光緒三年（1841
－1877）洞泉草堂刻本　二十四冊

430000－2401－0032240　437/1054（1）
讀書延年堂詩鈔三十卷詩餘一卷文鈔十卷補
存文鈔一卷試帖輯註四卷賦存一卷駢體文存
二卷詩續集十二卷　（清）熊少牧撰　（清）胡
中容註　清道光二十一年至光緒三年（1841
－1877）洞泉草堂刻本　二十冊

430000－2401－0032241　437/1054（2）
讀書延年堂詩鈔三十卷詩餘一卷文鈔十卷補
存文鈔一卷試帖輯註四卷賦存一卷駢體文存
二卷詩續集十二卷　（清）熊少牧撰　（清）胡
中容註　清道光二十一年至光緒三年（1841
－1877）洞泉草堂刻本　二十冊

430000－2401－0032242　437/1054（3）

讀書延年堂詩鈔三十卷詩餘一卷文鈔十卷補
存文鈔一卷試帖輯註四卷賦存一卷駢體文存
二卷詩續集十二卷 （清）熊少牧撰 （清）胡
中容註 清道光二十一年至光緒三年（1841
－1877）洞泉草堂刻本 十八冊

430000－2401－0032243 437/1054（4）
讀書延年堂詩鈔三十卷詩餘一卷文鈔十卷補
存文鈔一卷試帖輯註四卷賦存一卷駢體文存
二卷詩續集十二卷 （清）熊少牧撰 （清）胡
中容註 清道光二十一年至光緒三年（1841
－1877）洞泉草堂刻本 十四冊 缺十五卷
（詩鈔十六至三十）

430000－2401－0032244 437/1054（5）
讀書延年堂詩鈔三十卷詩餘一卷文鈔十卷補
存文鈔一卷試帖輯註四卷賦存一卷駢體文存
二卷詩續集十二卷 （清）熊少牧撰 （清）胡
中容註 清道光二十一年至光緒三年（1841
－1877）洞泉草堂刻本 六冊

430000－2401－0032245 437/1055
讀書延年堂古今體詩十七卷 （清）熊少牧撰
清咸豐七年（1857）長沙刻本 五冊

430000－2401－0032246 437/1055（1）
讀書延年堂古今體詩十七卷 （清）熊少牧撰
清咸豐七年（1857）長沙刻本 五冊 全訂
一冊

430000－2401－0032247 437/1502
鶴村三集一卷 （清）熊兆松撰 清光緒十一
年（1885）刻本 一冊

430000－2401－0032248 437/2886
熊廷鈞鄉試硃卷 （清）熊廷鈞撰 清光緒八
年（1882）刻本 一冊

430000－2401－0032249 437/2369
熊鍾陵先生稿一卷 （清）熊伯龍撰 清刻本
一冊

430000－2401－0032250 437/785
淡吟稅賦鈔四卷試帖一卷 （清）熊傳策撰
清道光二十九年（1849）小蓬萊山館刻本
二冊

430000－2401－0032251 437/987
淡仙詩鈔四卷詞鈔四卷賦鈔一卷文鈔一卷
（清）熊璉撰 清嘉慶二年（1797）茹雪山房刻
本 二冊

430000－2401－0032252 437/134
經義齋集十八卷 （清）熊賜履撰 清康熙二
十九年（1690）刻本 十冊

430000－2401－0032253 437/134（1）
經義齋集十八卷 （清）熊賜履撰 清康熙二
十九年（1690）刻本 十冊

430000－2401－0032254 437/2892
熊聯甲鄉試硃卷 （清）熊聯甲撰 清光緒十
四年（1888）刻本 一冊

430000－2401－0032255 437/2266
湖山墨緣二卷 （清）熊鑾鈞撰 清末刻本
二冊

430000－2401－0032256 437/1745
石溪詩集六卷 （清）潘元達撰 清光緒十二
年（1886）耕硯齋刻本 二冊

430000－2401－0032257 △437/407
遂初堂詩集十六卷文集二十卷別集四卷
（清）潘亦雋撰 清同治十一年（1872）刻本
十冊

430000－2401－0032258 437/1439
嚳文書屋集略八卷 （清）潘相撰 清乾隆四
十三年（1778）汲古閣刻本 五冊

430000－2401－0032259 437/304
竹山堂詩稿二卷詞一卷 （清）潘祖同撰 民
國七年（1918）刻本 一冊

430000－2401－0032260 437/2139
放猿集一卷桐江集一卷江山風月集一卷
（清）潘曾沂撰 清咸豐二年（1852）寫刻本
一冊

430000－2401－0032261 437/397
自鏡齋詩鈔一卷文鈔一卷試帖一卷芟閑雜錄
一卷詠花詞一卷 （清）潘曾瑋撰 清光緒十
三年（1887）刻本 一冊

430000 – 2401 – 0032262　437/2410

陔蘭書屋詩集六卷二集三卷補遺一卷睡香花
室詞一卷秋碧詞一卷同心室詞一卷憶佩居詞
一卷瀟碧詞一卷　（清）潘曾緩撰　清道光至
同治刻本　三冊　缺二卷（二集三、補遺一
卷）

430000 – 2401 – 0032263　437/629

小鷗波館詩鈔十卷詩補錄二卷詞鈔一卷
（清）潘曾瑩撰　清道光二十五年（1845）刻本
三冊

430000 – 2401 – 0032264　437/1578

聽香室遺稿一卷箋紅詞一卷　（清）潘誠貴撰
清光緒刻本　一冊

430000 – 2401 – 0032265　437/1142

養一齋集二十五卷首一卷　（清）潘德輿撰
清道光二十九年（1849）刻本　八冊

430000 – 2401 – 0032266　437/1264

二希堂文集十一卷首一卷　（清）蔡世遠撰
清雍正刻本　六冊

430000 – 2401 – 0032267　△437/103

二希堂文集十一卷首一卷　（清）蔡世遠撰
清乾隆二十二年（1757）刻本　四冊

430000 – 2401 – 0032268　437/1264 – 2

二希堂文集十一卷首一卷　（清）蔡世遠撰
清乾隆四十八年（1783）刻本　六冊

430000 – 2401 – 0032269　437/2211

儒雅堂詩集二卷　（清）蔡世璸撰　清同治元
年（1862）刻本　二冊

430000 – 2401 – 0032270　437/739

蔡氏九儒書九卷首一卷　（清）蔡有鵾輯　清
同治七年（1868）蔡氏三餘書屋刻本　六冊

430000 – 2401 – 0032271　437/739（1）

蔡氏九儒書九卷首一卷　（清）蔡有鵾輯　清
同治七年（1868）蔡氏三餘書屋刻本　六冊

430000 – 2401 – 0032272　437/739（2）

蔡氏九儒書九卷首一卷　（清）蔡有鵾輯　清
同治七年（1868）蔡氏三餘書屋刻本　六冊

430000 – 2401 – 0032273　437/739（3）

蔡氏九儒書九卷首一卷　（清）蔡有鵾輯　清
同治七年（1868）蔡氏三餘書屋刻本　六冊

430000 – 2401 – 0032274　437/1134

六分山房詩鈔四卷　（清）蔡序熏撰　清同治
五年（1866）家刻本　一冊

430000 – 2401 – 0032275　437/2692

放游錄一卷　（清）蔡希邠撰　清光緒二十五
年（1899）刻本　一冊

430000 – 2401 – 0032276　437/1947

西磧山房詩錄二卷文錄二卷　（清）蔡復午
撰　清道光十二年（1832）成都寓廬刻本
一冊

430000 – 2401 – 0032277　437/2449

燃藜閣詩鈔四卷　（清）蔡濤撰　清光緒七年
（1881）刻本　一冊

430000 – 2401 – 0032278　437/1091

六半樓詩鈔四卷　（清）蔡鵬飛撰　文杏堂詩
剩一卷　（清）趙青士撰　清光緒十年（1884）
刻本　一冊

430000 – 2401 – 0032279　△437/64

歐陽中鵠書札　（清）歐陽中鵠撰　稿本
一冊

430000 – 2401 – 0032280　437/1277

寥天一齋文稿一卷詩稿一卷　（清）歐陽兆熊
撰　清光緒二十三年（1897）刻本　一冊

430000 – 2401 – 0032281　437/1277（1）

寥天一齋文稿一卷詩稿一卷　（清）歐陽兆熊
撰　清光緒二十三年（1897）刻本　一冊

430000 – 2401 – 0032282　437/2828

歐陽杭鄉試硃卷　（清）歐陽杭撰　清光緒五
年（1879）刻本　一冊

430000 – 2401 – 0032283　437/1169

曼庵詩稿四卷首一卷　（清）歐陽述撰　清光
緒三十四年（1908）刻本　二冊

430000 – 2401 – 0032284　437/1169（1）

曼庵詩稿四卷首一卷　（清）歐陽述撰　清光

緒三十四年(1908)刻本　二册

430000－2401－0032285　437/1169(2)

曼庵詩稿四卷首一卷　(清)歐陽述撰　清光
緒三十四年(1908)刻本　二册

430000－2401－0032286　437/1169(3)

曼庵詩稿四卷首一卷　(清)歐陽述撰　清光
緒三十四年(1908)刻本　二册　存二卷(一
至二)

430000－2401－0032287　437/2767

歐陽述致尚志主人信稿一卷　(清)歐陽述撰
　清稿本　一册

430000－2401－0032288　437/2028

歐陽坦齋全集　(清)歐陽厚均撰　清同治四
年(1865)刻本　七册

430000－2401－0032289　437/1931

有方游草二卷　(清)歐陽厚均撰　清同治四
年(1865)刻本　一册

430000－2401－0032290　437/1143

**月到山房史詠詩鈔二卷古今體詩鈔四卷試帖
二卷賦鈔一卷**　(清)歐陽軒撰　(清)歐陽元
註　清咸豐十年(1860)刻本　三册

430000－2401－0032291　437/1143(1)

**月到山房史詠詩鈔二卷古今體詩鈔四卷試帖
二卷賦鈔一卷**　(清)歐陽軒撰　(清)歐陽元
註　清咸豐十年(1860)刻本　二册

430000－2401－0032292　437/2429

聊草詩集六卷　(清)歐陽書撰　清同治八年
(1869)敦本堂刻本　二册

430000－2401－0032293　437/1217

率舸錄八卷　(清)歐陽鈞撰　清光緒三十四
年(1908)武昌鉛印本　八册

430000－2401－0032294　437/1217(1)

率舸錄八卷　(清)歐陽鈞撰　清光緒三十四
年(1908)武昌鉛印本　一册　存一卷(詞類
一卷)

430000－2401－0032295　437/1703

碉東詩鈔二卷　(清)歐陽輅撰　**西垣詩鈔二**

卷西垣黔苗竹枝詞一卷　(清)毛貴銘撰　清
道光十年(1830)刻本　一册

430000－2401－0032296　437/1703(1)

碉東詩鈔二卷　(清)歐陽輅撰　**西垣詩鈔二
卷西垣黔苗竹枝詞一卷**　(清)毛貴銘撰　清
道光十年(1830)刻本　二册

430000－2401－0032297　437/1703(2)

碉東詩鈔二卷　(清)歐陽輅撰　**西垣詩鈔二
卷西垣黔苗竹枝詞一卷**　(清)毛貴銘撰　清
道光十年(1830)刻本　二册

430000－2401－0032298　437/1703(3)

碉東詩鈔二卷　(清)歐陽輅撰　**西垣詩鈔二
卷西垣黔苗竹枝詞一卷**　(清)毛貴銘撰　清
道光十年(1830)刻本　二册

430000－2401－0032299　437/1703(4)

碉東詩鈔二卷　(清)歐陽輅撰　**西垣詩鈔二
卷西垣黔苗竹枝詞一卷**　(清)毛貴銘撰　清
道光十年(1830)刻本　二册

430000－2401－0032300　437/1703(5)

碉東詩鈔二卷　(清)歐陽輅撰　**西垣詩鈔二
卷西垣黔苗竹枝詞一卷**　(清)毛貴銘撰　清
道光十年(1830)刻本　一册　存六卷(一至
六)

430000－2401－0032301　437/1703－4

碉東詩鈔二卷　(清)歐陽輅撰　**西垣詩鈔二
卷西垣黔苗竹枝詞一卷**　(清)毛貴銘撰　清
光緒十至十五年(1884－1889)長沙王氏刻本
　一册

430000－2401－0032302　437/1703－2

碉東詩鈔十卷　(清)歐陽輅撰　清光緒二十
二年(1896)新化三味堂刻本　二册

430000－2401－0032303　437/984

盤山詩草十卷補錄一卷　(清)歐陽輔之撰
清光緒刻本　二册

430000－2401－0032304　437/984(1)

盤山詩草十卷補錄一卷　(清)歐陽輔之撰
清光緒刻本　二册

430000－2401－0032305　437/984（2）
盤山詩草十卷補錄一卷　（清）歐陽輔之撰
清光緒刻本　一冊　有五卷（一至五）

430000－2401－0032306　437/984（3）
盤山詩草十卷補錄一卷　（清）歐陽輔之撰
清光緒刻本　二冊

430000－2401－0032307　437/586
秋聲館遺集八卷小題文鈔一卷賦鈔一卷
（清）歐陽勛撰　清咸豐九年（1859）刻本
三冊

430000－2401－0032308　437/586（1）
秋聲館遺集八卷小題文鈔一卷賦鈔一卷
（清）歐陽勛撰　清咸豐九年（1859）刻本
三冊

430000－2401－0032309　437/586（2）
秋聲館遺集八卷小題文鈔一卷賦鈔一卷
（清）歐陽勛撰　清咸豐九年（1859）刻本
一冊

430000－2401－0032310　437/586－2
秋聲館遺集八卷　（清）歐陽勛撰　清末刻本
二冊

430000－2401－0032311　437/214
白華山人詩集十六卷詩說二卷　（清）厲志撰
清光緒九年(1883)刻本　四冊

430000－2401－0032312　437/214（1）
白華山人詩集十六卷詩說二卷　（清）厲志撰
清光緒九年(1883)刻本　四冊

430000－2401－0032313　437/968－2
樊榭山房集十卷續集十卷文集八卷　（清）厲
鶚撰　清乾隆四十三年(1778)刻本　六冊

430000－2401－0032314　437/968－2（1）
樊榭山房集十卷續集十卷文集八卷　（清）厲
鶚撰　清乾隆四十三年(1778)刻本　四冊

430000－2401－0032315　△437/474
樊榭山房集十卷續集十卷　（清）厲鶚撰　清
乾隆刻本　清錢載批　葉啟勛題跋　四冊

430000－2401－0032316　437/968－3

樊榭山房集十卷續集十卷文集八卷　（清）厲
鶚撰　清光緒七年（1881）嶺南述軒刻本
六冊

430000－2401－0032317　437/968－3（1）
樊榭山房集十卷續集十卷文集八卷　（清）厲鶚
撰　清光緒七年(1881)嶺南述軒刻本　四冊

430000－2401－0032318　437/968
樊榭山房集十卷續集十卷文集八卷集外詩三
卷又一卷集外詞四卷集外曲一卷集外文一卷
　（清）厲鶚撰　清光緒十年(1884)錢塘汪氏
振綺堂刻本　八冊

430000－2401－0032319　437/968（1）
樊榭山房集十卷續集十卷文集八卷集外詩三
卷又一卷集外詞四卷集外曲一卷集外文一卷
　（清）厲鶚撰　清光緒十年(1884)錢塘汪氏
振綺堂刻本　十二冊

430000－2401－0032320　437/968（2）
樊榭山房集十卷續集十卷文集八卷集外詩三
卷又一卷集外詞四卷集外曲一卷集外文一卷
　（清）厲鶚撰　清光緒十年(1884)錢塘汪氏
振綺堂刻本　十一冊

430000－2401－0032321　437/968（3）
樊榭山房集十卷續集十卷文集八卷集外詩三
卷又一卷集外詞四卷集外曲一卷集外文一卷
　（清）厲鶚撰　清光緒十年(1884)錢塘汪氏
振綺堂刻本　十冊

430000－2401－0032322　437/968（4）
樊榭山房集十卷續集十卷文集八卷集外詩三
卷又一卷集外詞四卷集外曲一卷集外文一卷
　（清）厲鶚撰　清光緒十年(1884)錢塘汪氏
振綺堂刻本　十冊

430000－2401－0032323　437/968（5）
樊榭山房集十卷續集十卷文集八卷集外詩三
卷又一卷集外詞四卷集外曲一卷集外文一卷
　（清）厲鶚撰　清光緒十年(1884)錢塘汪氏
振綺堂刻本　十冊

430000－2401－0032324　△432/91
樊榭山房集外詩不分卷　（清）厲鶚撰　清刻

本　葉啟勳題識批校　一冊

430000－2401－0032325　437/2239
悔少集一卷續游仙百詠一卷耕烟草堂集一卷
（清）厲鶚撰　清刻本　葉啟勳識　一冊

430000－2401－0032326　437/2941
東軒文集全稿　（清）鄧大猷撰　清鈔本　一冊

430000－2401－0032327　437/2883
鄧光堅選拔貢卷　（清）鄧光堅撰　清宣統元年(1909)刻本　一冊

430000－2401－0032328　437/2825
鄧承鼎鄉試硃卷　（清）鄧承鼎撰　清光緒十九年(1893)刻本　一冊

430000－2401－0032329　437/133
矩業堂詩集遺稿一卷文集一卷附刻詩集一卷文集一卷　（清）鄧玲筠撰　清咸豐八年(1858)刻本　一冊

430000－2401－0032330　437/2824
鄧猶龍鄉試硃卷　（清）鄧猶龍撰　清光緒八年(1882)刻本　一冊

430000－2401－0032331　437/201
白香亭詩存一卷　（清）鄧輔綸撰　清咸豐七年(1857)洪州東湖行館刻本　一冊

430000－2401－0032332　437/201(1)
白香亭詩存一卷　（清）鄧輔綸撰　清咸豐七年(1857)洪州東湖行館刻本　一冊

430000－2401－0032333　437/201(2)
白香亭詩存一卷　（清）鄧輔綸撰　清咸豐七年(1857)洪州東湖行館刻本　一冊

430000－2401－0032334　437/201－2
白香亭詩三卷　（清）鄧輔綸撰　清光緒十九年(1893)東河督署刻本　二冊

430000－2401－0032335　437/201－2(1)
白香亭詩三卷　（清）鄧輔綸撰　清光緒十九年(1893)東河督署刻本　二冊

430000－2401－0032336　437/201－2(2)
白香亭詩三卷　（清）鄧輔綸撰　清光緒十九

年(1893)東河督署刻本　二冊

430000－2401－0032337　437/201－2(3)
白香亭詩三卷　（清）鄧輔綸撰　清光緒十九年(1893)東河督署刻本　二冊

430000－2401－0032338　437/201－2(4)
白香亭詩三卷　（清）鄧輔綸撰　清光緒十九年(1893)東河督署刻本　二冊

430000－2401－0032339　437/201－4
白香亭詩三卷　（清）鄧輔綸撰　清光緒二十二年(1896)廣雅書局刻本　二冊

430000－2401－0032340　437/201－4(1)
白香亭詩三卷　（清）鄧輔綸撰　清光緒二十二年(1896)廣雅書局刻本　二冊

430000－2401－0032341　437/493
扁善齋文存三卷　（清）鄧嘉緝撰　清光緒二十七年(1901)鄧嘉綱校刻本　三冊

430000－2401－0032342　437/493(1)
扁善齋文存三卷　（清）鄧嘉緝撰　清光緒二十七年(1901)鄧嘉綱校刻本　二冊　缺一卷(二)

430000－2401－0032343　437/494
扁善齋詩存二卷　（清）鄧嘉緝撰　清光緒二十七年(1901)鄧嘉綱校刻本　一冊

430000－2401－0032344　437/765
清足居集一卷蕉窗詞一卷　（清）鄧瑜撰　清光緒二十二年(1896)泉唐諸氏家刻本　一冊

430000－2401－0032345　437/765(1)
清足居集一卷蕉窗詞一卷　（清）鄧瑜撰　清光緒二十二年(1896)泉唐諸氏家刻本　一冊

430000－2401－0032346　437/870
雙梧山館文鈔二十四卷　（清）鄧瑤撰　清咸豐十年(1860)南村草堂刻本　六冊

430000－2401－0032347　437/870(1)
雙梧山館文鈔二十四卷　（清）鄧瑤撰　清咸豐十年(1860)南村草堂刻本　六冊

430000－2401－0032348　437/870(2)

雙梧山館文鈔二十四卷　（清）鄧瑤撰　清咸豐十年(1860)南村草堂刻本　六冊

430000－2401－0032349　437/870(3)

雙梧山館文鈔二十四卷　（清）鄧瑤撰　清咸豐十年(1860)南村草堂刻本　六冊

430000－2401－0032350　437/870(4)

雙梧山館文鈔二十四卷　（清）鄧瑤撰　清咸豐十年(1860)南村草堂刻本　六冊

430000－2401－0032351　437/870(5)

雙梧山館文鈔二十四卷　（清）鄧瑤撰　清咸豐十年(1860)南村草堂刻本　八冊

430000－2401－0032352　437/867

誦芬堂文存一卷　（清）鄧蓉鏡撰　清同治十三年(1874)東官鄧氏誦芬堂刻本　一冊

430000－2401－0032353　437/1577

藻川堂詩集選六卷　（清）鄧繹撰　清光緒四年(1878)刻本　二冊

430000－2401－0032354　437/1577(1)

藻川堂詩集選六卷　（清）鄧繹撰　清光緒四年(1878)刻本　一冊

430000－2401－0032355　437/1577(2)

藻川堂詩集選六卷　（清）鄧繹撰　清光緒四年(1878)刻本　一冊

430000－2401－0032356　437/1577(3)

藻川堂詩集選六卷　（清）鄧繹撰　清光緒四年(1878)刻本　一冊　存一卷(雨湖集一卷)

430000－2401－0032357　437/2828

鄧繼禹鄉試硃卷　（清）鄧繼禹撰　清道光十七年(1837)刻本　一冊

430000－2401－0032358　437/179

聽雨山房文鈔六卷　（清）鄧顯鶴撰　清咸豐二年(1852)刻本　二冊

430000－2401－0032359　437/2901

春雪軒雜文挽聯一卷　（清）嘯月癡子撰　清末稿本　一冊

430000－2401－0032360　437/1715

三湖漁人全集八卷　（清）劉士璋撰　清道光二年(1822)江陵劉氏刻本　四冊

430000－2401－0032361　437/1679

醉吟草六卷　（清）劉大容撰　清咸豐元年(1851)刻本　一冊

430000－2401－0032362　437/680

海峰詩集古體詩二卷今體詩六卷　（清）劉大櫆撰　清初刻本　一冊

430000－2401－0032363　437/679－2

海峰文集八卷　（清）劉大櫆撰　清乾隆刻本　六冊

430000－2401－0032364　437/678

海峰先生文十卷詩六卷　（清）劉大櫆撰　（清）徐宗亮編　清同治十三年(1874)刻本　六冊

430000－2401－0032365　437/679

海峰文集八卷古體詩五卷今體詩八卷劉海峰稿不分卷　（清）劉大櫆撰　清同治十三年至光緒二年(1874－1876)邢丘刻本　十冊

430000－2401－0032366　437/679(1)

海峰文集八卷古體詩五卷今體詩八卷劉海峰稿不分卷　（清）劉大櫆撰　清同治十三年至光緒二年(1874－1876)邢丘刻本　六冊

430000－2401－0032367　437/679(2)

海峰文集八卷古體詩五卷今體詩八卷劉海峰稿不分卷　（清）劉大櫆撰　清同治十三年至光緒二年(1874－1876)邢丘刻本　二冊

430000－2401－0032368　437/677

海峰先生文十卷補遺一卷制藝一卷詩集八卷　（清）劉大櫆撰　清光緒十四年(1888)桐城吳氏大有堂木活字本　八冊

430000－2401－0032369　437/680－2

海峰先生詩集十卷　（清）劉大櫆撰　清光緒二十五年(1899)蕭穆刻本　二冊

430000－2401－0032370　437/680－2(1)

海峰先生詩集十卷　（清）劉大櫆撰　清光緒二十五年(1899)蕭穆刻本　二冊

430000－2401－0032371　△437/288

海峰文集八卷詩集十一卷　（清）劉大櫆撰
清刻本　十二冊

430000－2401－0032372　△437/145

玉磬山房詩六卷　（清）劉大觀撰　清嘉慶刻
本　四冊

430000－2401－0032373　437/1928

屺思堂文集八卷　（清）劉子壯撰　清刻本　二冊

430000－2401－0032374　437/2370

劉稚川先生稿一卷　（清）劉子壯撰　（清）儲
中子評　清刻本　一冊

430000－2401－0032375　437/1193

聽訓堂詩草不分卷　（清）劉方瑚撰　清嘉慶
十四年(1809)刻本　二冊

430000－2401－0032376　437/2169

青溪舊屋文集十一卷　（清）劉文淇撰　清光
緒九年(1883)刻本　二冊

430000－2401－0032377　437/2169(1)

青溪舊屋文集十一卷　（清）劉文淇撰　清光
緒九年(1883)刻本　二冊

430000－2401－0032378　437/227

仙樵詩鈔十二卷補遺一卷　（清）劉文麟撰
清同治九年(1870)刻本　四冊

430000－2401－0032379　437/1556

十友草堂詩集四卷　（清）劉永滇撰　清光緒
三十四年(1908)刻本　二冊

430000－2401－0032380　437/1041

虁虁堂詩略一卷補遺一卷　（清）劉玉璋撰
清宣統二年(1910)鉛印本　一冊

430000－2401－0032381　437/1559

劉葆真太史遺稿二卷　（清）劉可毅撰　清宣
統二年(1910)刻本　一冊

430000－2401－0032382　437/2886

劉世嵩鄉試硃卷　（清）劉世嵩撰　清光緒八
年(1882)刻本　一冊

430000－2401－0032383　437/815

隱霞詩鈔七卷　（清）劉本杰撰　清同治六年
(1867)刻本　一冊

430000－2401－0032384　437/2178

知存恕台各體詩草一卷文一卷　（清）劉用中
撰　清咸豐二年(1852)家刻本　二冊

430000－2401－0032385　437/2970

劉安榮文華書院課卷　（清）劉安榮撰　清稿
本　一份

430000－2401－0032386　437/2893

劉式和鄉試硃卷　（清）劉式和撰　清光緒十
五年(1889)刻本　一冊

430000－2401－0032387　437/774

槐軒雜箸四卷　（清）劉沅撰　清同治七年
(1868)致福樓刻本　四冊

430000－2401－0032388　437/774

槐軒雜箸四卷　（清）劉沅撰　清同治七年
(1868)致福樓刻本　一冊　存一卷(一)

430000－2401－0032389　437/774－2

槐軒雜著四卷　（清）劉沅撰　清宣統二年
(1910)孫氏樂善堂刻本　四冊

430000－2401－0032390　437/1393－3

塤篪集十卷　（清）劉沅撰　清同治十二年
(1873)西充鮮于氏特園刻本　四冊

430000－2401－0032391　437/1393

塤篪集十卷　（清）劉沅撰　清末孫氏樂善堂
刻本　二冊

430000－2401－0032392　437/1798

槐雲閣詩鈔十五卷　（清）劉長華撰　清光緒
十五年(1889)素園刻本　四冊

430000－2401－0032393　437/1921

菇齋文集不分卷　（清）劉辰慶撰　清同治六
年(1867)敬恕齋刻本　三冊　存五集(甲、
丁、戊、庚、己)

430000－2401－0032394　437/233

江上草堂詩存十三卷附一卷　（清）劉均撰
清咸豐七年(1857)鉛印本　一冊

430000－2401－0032395　437/233（1）

江上草堂詩存十三卷附一卷　（清）劉均撰
清咸豐七年(1857)鉛印本　一冊

430000－2401－0032396　437/2825

劉邦霖鄉試硃卷　（清）劉邦霖撰　清光緒十
九年(1893)刻本　一冊

430000－2401－0032397　437/422

葛莊分類詩鈔不分卷　（清）劉廷璣撰　清康
熙刻本　二冊

430000－2401－0032398　437/422（1）

葛莊分類詩鈔不分卷　（清）劉廷璣撰　清康
熙刻本　一冊　存二卷(一至二)

430000－2401－0032399　437/1647

慊齋詩鈔二卷文鈔一卷　（清）劉廷枚撰　清
光緒十八年(1892)京師刻本　一冊

430000－2401－0032400　437/383

刪餘小草一卷　（清）劉定揚撰　清道光十四
年(1834)衡州德興堂刻本　一冊

430000－2401－0032401　437/2820

劉其安鄉試硃卷　（清）劉其安撰　清光緒十
五年(1889)刻本　一冊

430000－2401－0032402　437/1343

詠梅集古三十首一卷　（清）劉杰輯　清道光
陳效文堂刻本　二冊

430000－2401－0032403　437/2820

劉承孝鄉試硃卷　（清）劉承孝撰　清光緒二
十八年(1902)刻本　一冊

430000－2401－0032404　437/483

尚志堂文集二卷　（清）劉昌基撰　清光緒三
十三年(1907)木活字本　一冊

430000－2401－0032405　437/2809

劉明澍鄉試卷　（清）劉明澍撰　清光緒二十
年(1894)刻本　一冊

430000－2401－0032406　437/2097（1）

朔風吟略十一卷　（清）劉秉琳撰　清光緒二
年(1876)津門道署刻本　一冊　存四卷(一
至四)

430000－2401－0032407　437/2097

朔風吟略十一卷　（清）劉秉琳撰　清光緒十
年(1884)刻本　二冊

430000－2401－0032408　437/1933

亦政堂詩集十二卷　（清）劉珊撰　清嘉慶二
十三年(1818)石梁官舍刻本　四冊

430000－2401－0032409　437/2510

嶧桐文集十卷詩集十卷　（清）劉城撰　清光
緒十九年(1893)養雲山莊刻本　八冊

430000－2401－0032410　437/2845

劉思廉鄉試硃卷　（清）劉思廉撰　清光緒十
一年(1885)刻本　一冊

430000－2401－0032411　437/562

思補齋文集四卷　（清）劉星煒撰　清光緒二
十年(1894)刻本　四冊

430000－2401－0032412　437/2819

劉信申鄉試硃卷　（清）劉信申撰　清光緒二
年(1876)刻本　一冊

430000－2401－0032413　437/1604

紅樹山莊詩草四卷黔游草一卷　（清）劉家逵
撰　清光緒刻本　二冊

430000－2401－0032414　437/2177

校夫時文不分卷　（清）劉高閎撰　清光緒二
十二年(1896)衡西崇本堂刻本　五冊

430000－2401－0032415　437/2609

廣經室文鈔一卷　（清）劉恭冕撰　清光緒十
五年(1889)廣雅書局刻本　一冊

430000－2401－0032416　437/2222

錫穀堂詩五卷　（清）劉師恕撰　清同治元年
(1862)刻本　二冊

430000－2401－0032417　437/1412

雲中集六卷　（清）劉淳撰　清光緒九年
(1883)岳口李綽裕堂刻本　四冊

430000－2401－0032418　437/1412（1）

雲中集六卷　（清）劉淳撰　清光緒九年
(1883)岳口李綽裕堂刻本　六冊

430000－2401－0032419　437/1412（2）

雲中集六卷　（清）劉淳撰　清光緒九年（1883）岳口李綽裕堂刻本　二冊　存二卷（詩目:古體一卷、近體一卷）

430000－2401－0032420　△437/290

高陽山谷詩集二十卷補遺　（清）劉清藜撰　清康熙四十九年（1710）劉青震刻本　四冊

430000－2401－0032421　437/2826

劉翊忠試卷　（清）劉翊忠撰　清光緒十二年（1886）刻本　一冊

430000－2401－0032422　437/2845

劉翊忠鄉試硃卷　（清）劉翊忠撰　清光緒二十三年（1897）刻本　一冊

430000－2401－0032423　437/2493

復園編年詩選十四卷　（清）劉基定撰　清同治六年（1867）劉克庵刻本　四冊

430000－2401－0032424　437/998

損齋詩集十二卷　（清）劉授易撰　清康熙刻本　十冊

430000－2401－0032425　437/2164（1）

劉禮部集十二卷　（清）劉逢祿撰　清道光十年（1830）思誤齋刻本　六冊

430000－2401－0032426　437/2164

劉禮部集十二卷　（清）劉逢祿撰　清刻本　六冊

430000－2401－0032427　437/2164（2）

劉禮部集十二卷　（清）劉逢祿撰　清道光十年（1830）思誤齋刻本　六冊

430000－2401－0032428　437/2164（3）

劉禮部集十二卷　（清）劉逢祿撰　清道光十年（1830）思誤齋刻本　五冊

430000－2401－0032429　437/2164（4）

劉禮部集十二卷　（清）劉逢祿撰　清道光十年（1830）思誤齋刻本　四冊

430000－2401－0032430　437/2164－2

劉禮部集十二卷　（清）劉逢祿撰　鈔本　一冊　存一卷（六）

430000－2401－0032431　437/2817

劉淵鏡鄉試硃卷　（清）劉淵鏡撰　清光緒元年（1875）刻本　一冊

430000－2401－0032432　437/646

悅雲山房詩存六卷風泉館詞存一卷　（清）劉敦元撰　清光緒二十八年（1902）天津徐氏刻本　二冊

430000－2401－0032433　437/646（1）

悅雲山房詩存六卷風泉館詞存一卷　（清）劉敦元撰　清光緒二十八年（1902）天津徐氏刻本　二冊

430000－2401－0032434　437/2845

劉棫鄉試硃卷　（清）劉棫撰　清同治十二年（1873）刻本　一冊

430000－2401－0032435　437/407

孟塗前集十卷後集二十二卷文集十卷駢體文二卷　（清）劉開撰　清道光六年（1826）姚氏檗山草堂刻本　十冊

430000－2401－0032436　437/2892

劉鉅鄉試硃卷　（清）劉鉅撰　清光緒十四年（1888）刻本　一冊

430000－2401－0032437　437/2829

劉集勛會試硃卷　（清）劉集勛撰　清同治十三年（1874）刻本　一冊

430000－2401－0032438　437/2916

劉集勛殿試卷　（清）劉集勛撰　清同治十三年（1874）刻本　一冊

430000－2401－0032439　437/1756－2

三十二蘭亭室詩存八卷　（清）劉湞年撰　清同治十二年（1873）刻本　二冊

430000－2401－0032440　437/1756

三十二蘭亭詩存八卷續刻二卷　（清）劉湞年撰　清光緒元年至五年（1875－1879）刻本　三冊

430000－2401－0032441　437/1756（1）

三十二蘭亭詩存八卷續刻二卷　（清）劉湞年撰　清光緒元年至五年（1875－1879）刻本　二冊

430000－2401－0032442　437/2893

劉裔經鄉試硃卷　（清）劉裔經撰　清光緒十五年（1889）刻本　一冊

430000－2401－0032443　437/2971

劉載林漣濱坐齋課卷　（清）劉載林撰　清稿本　三份

430000－2401－0032444　437/1449

餘閑詩草二卷文草二卷　（清）劉聘璆撰　清宣統元年（1909）刻本　二冊

430000－2401－0032445　437/2972

劉萬杰漣濱坐齋課卷　（清）劉萬杰撰　清稿本　二份

430000－2401－0032446　437/2350

斯馨堂古文初集二卷詩集二卷　（清）劉暐澤撰　清光緒五年（1879）映藜書屋刻本　四冊

430000－2401－0032447　437/2598

緯蕭草堂吟草十二卷　（清）劉筠撰　清光緒二十年（1894）刻本　四冊

430000－2401－0032448　437/570

劉中丞集三十三卷　（清）劉蓉撰　清光緒三年至十一年（1877－1885）湖南思賢講舍刻本　十七冊

430000－2401－0032449　437/570（1）

劉中丞集三十三卷　（清）劉蓉撰　清光緒三年至十一年（1877－1885）湖南思賢講舍刻本　十六冊

430000－2401－0032450　437/570（2）

劉中丞集三十三卷　（清）劉蓉撰　清光緒三年至十一年（1877－1885）湖南思賢講舍刻本　十七冊

430000－2401－0032451　437/570（3）

劉中丞集三十三卷　（清）劉蓉撰　清光緒三年至十一年（1877－1885）湖南思賢講舍刻本　二冊　存四卷（一至四）

430000－2401－0032452　437/724

養晦堂文集十卷詩集二卷思辨錄疑義一卷　（清）劉蓉撰　清光緒三年（1877）思賢講舍刻本　七冊

430000－2401－0032453　437/724（1）

養晦堂文集十卷詩集二卷思辨錄疑義一卷　（清）劉蓉撰　清光緒三年（1877）思賢講舍刻本　七冊

430000－2401－0032454　437/724（2）

養晦堂文集十卷詩集二卷思辨錄疑義一卷　（清）劉蓉撰　清光緒三年（1877）思賢講舍刻本　六冊

430000－2401－0032455　437/724（3）

養晦堂文集十卷詩集二卷思辨錄疑義一卷　（清）劉蓉撰　清光緒三年（1877）思賢講舍刻本　六冊

430000－2401－0032456　437/724（4）

養晦堂文集十卷詩集二卷思辨錄疑義一卷　（清）劉蓉撰　清光緒三年（1877）思賢講舍刻本　六冊

430000－2401－0032457　437/724（5）

養晦堂文集十卷詩集二卷思辨錄疑義一卷　（清）劉蓉撰　清光緒三年（1877）思賢講舍刻本　六冊

430000－2401－0032458　437/724（6）

養晦堂文集十卷詩集二卷思辨錄疑義一卷　（清）劉蓉撰　清光緒三年（1877）思賢講舍刻本　六冊

430000－2401－0032459　437/724（7）

養晦堂文集十卷詩集二卷思辨錄疑義一卷　（清）劉蓉撰　清光緒三年（1877）思賢講舍刻本　六冊

430000－2401－0032460　437/724（8）

養晦堂文集十卷詩集二卷思辨錄疑義一卷　（清）劉蓉撰　清光緒三年（1877）思賢講舍刻本　一冊

430000－2401－0032461　437/724－2

養晦堂文集十卷　（清）劉蓉撰　清鈔本　一冊　存一卷（三）

430000－2401－0032462　437/724－3

養晦堂遺集不分卷　（清）劉蓉撰　清鈔本
一冊

430000－2401－0032463　437/2757

緝熙草稿一卷　（清）劉輔卿撰　清同治鈔本
一冊

430000－2401－0032464　△437/490

劉文清公遺集十七卷應制詩集三卷　（清）劉
墉撰　清道光六年（1826）東武劉氏味經書屋
刻本　四冊

430000－2401－0032465　437/408

尚絅堂詩集五十二卷詞集二卷駢體文二卷
（清）劉嗣綰撰　清道光六年（1826）大樹園刻
本　十二冊

430000－2401－0032466　437/408（1）

尚絅堂詩集五十二卷詞集二卷駢體文二卷
（清）劉嗣綰撰　清道光六年（1826）大樹園刻
本　十二冊

430000－2401－0032467　437/408－2

尚絅堂詩集五十二卷詞集二卷駢體文二卷
（清）劉嗣綰撰　清同治八年（1869）刻本
八冊

430000－2401－0032468　437/2703

王船山叢書校勘記二卷　（清）劉毓崧撰　清
同治四年（1865）湘鄉曾氏金陵節署刻本
一冊

430000－2401－0032469　437/1194

晚香堂賦集初編一卷二編一卷試帖一卷
（清）劉鳳苞撰　清光緒二十五年（1899）墨琴
軒刻本　四冊

430000－2401－0032470　437/1194（1）

晚香堂賦集初編一卷二編一卷試帖一卷
（清）劉鳳苞撰　清光緒二十五年（1899）墨琴
軒刻本　四冊

430000－2401－0032471　437/1194（2）

晚香堂賦集初編一卷二編一卷試帖一卷
（清）劉鳳苞撰　清光緒二十五年（1899）墨琴

軒刻本　一冊

430000－2401－0032472　437/1194（3）

晚香堂賦集初編一卷二編一卷試帖一卷
（清）劉鳳苞撰　清光緒二十五年（1899）墨琴
軒刻本　一冊

430000－2401－0032473　437/1195

晚香堂駢文一卷文鈔一卷詩鈔五卷　（清）劉
鳳苞撰　清光緒二十七年（1901）刻本　三冊

430000－2401－0032474　437/1195（1）

晚香堂駢文一卷文鈔一卷詩鈔五卷　（清）劉
鳳苞撰　清光緒二十七年（1901）刻本　三冊

430000－2401－0032475　437/260

存悔齋集二十八卷外集四卷　（清）劉鳳誥撰
清道光十年（1830）刻本　八冊

430000－2401－0032476　437/260（1）

存悔齋集二十八卷外集四卷　（清）劉鳳誥撰
清道光十年（1830）刻本　八冊

430000－2401－0032477　437/260（2）

存悔齋集二十八卷外集四卷　（清）劉鳳誥撰
清道光十年（1830）刻本　十冊

430000－2401－0032478　△437/173

存悔齋集鈔存十二卷　（清）劉鳳誥撰　清道
光二十七年（1847）刻本　五冊

430000－2401－0032479　437/1708

黻清齋試帖六卷　（清）劉鳳墀撰　（清）劉亮
藻輯評　清光緒十二年（1886）四色套印本
二冊

430000－2401－0032480　437/1708（1）

黻清齋試帖六卷　（清）劉鳳墀撰　（清）劉亮
藻輯評　清光緒十二年（1886）四色套印本
二冊

430000－2401－0032481　437/2827

劉澐會試硃卷　（清）劉澐撰　清同治四年
（1865）刻本　一冊

430000－2401－0032482　437/2283

西澗舊廬詩稿四卷　（清）劉樞鴻撰　清同治
十一年（1872）刻本　二冊

430000－2401－0032483　437/292

古紅梅閣集八卷 （清）劉履芬撰　清光緒六年(1880)蘇州刻本　二冊　缺二卷(七至八)

430000－2401－0032484　437/2819

劉鋒會試硃卷 （清）劉鋒撰　清光緒二年(1876)刻本　一冊

430000－2401－0032485　437/2886

劉澤榕武闈試卷 （清）劉澤榕撰　清光緒八年(1882)刻本　一冊

430000－2401－0032486　437/721

師竹軒詩集四卷 （清）劉樹堂撰　清光緒十四年(1888)刻本　一冊

430000－2401－0032487　437/721－2

師竹軒詩集四卷 （清）劉樹堂撰　清光緒十五年(1889)天津書局石印本　一冊

430000－2401－0032488　437/2891

劉樹義鄉試硃卷 （清）劉樹義撰　清光緒十五年(1889)刻本　一冊

430000－2401－0032489　437/2501

綠野齋文集四卷 （清）劉鴻翱撰　清道光七年(1827)李廷錫刻本　四冊

430000－2401－0032490　437/983

綠野齋前後合集六卷制藝一卷太湖詩草一卷　（清）劉鴻翱撰　清道光二十四年(1844)閩省宋鐘鳴刻本　八冊

430000－2401－0032491　437/983(1)

綠野齋前後合集六卷制藝一卷太湖詩草一卷　（清）劉鴻翱撰　清道光二十四年(1844)閩省宋鐘鳴刻本　八冊

430000－2401－0032492　437/983(2)

綠野齋前後合集六卷制藝一卷太湖詩草一卷　（清）劉鴻翱撰　清道光二十四年(1844)閩省宋鐘鳴刻本　六冊

430000－2401－0032493　437/983(3)

綠野齋前後合集六卷制藝一卷太湖詩草一卷　（清）劉鴻翱撰　清道光二十四年(1844)閩省宋鐘鳴刻本　二冊

430000－2401－0032494　437/983(4)

綠野齋前後合集六卷制藝一卷太湖詩草一卷　（清）劉鴻翱撰　清道光二十四年(1844)閩省宋鐘鳴刻本　一冊

430000－2401－0032495　△437/335

雪作饕眉詩鈔八卷 （清）劉謙吉撰　清康熙四十二年(1703)刻本　一冊

430000－2401－0032496　△393.3/19

食舊悳齋雜錄不分卷 （清）劉嶽雲撰　鈔本　四冊

430000－2401－0032497　437/578

秋懷詩草四卷補錄一卷 （清）劉皷撰　清光緒刻本　二冊

430000－2401－0032498　437/578(1)

秋懷詩草四卷補錄一卷 （清）劉皷撰　清光緒刻本　二冊

430000－2401－0032499　437/2464

青藜閣吟草六卷 （清）劉禮淞撰　清同治六年(1867)鳩江榷署刻本　二冊

430000－2401－0032500　437/259

存吾春齋詩鈔十二卷 （清）劉繹撰　清同治六年(1867)刻本　二冊

430000－2401－0032501　437/259－2

存吾春齋文鈔十卷 （清）劉繹撰　清同治八年(1869)刻本　四冊

430000－2401－0032502　437/259－3

存吾春齋文鈔十卷文續鈔二卷詩鈔十二卷詩續鈔一卷 （清）劉繹撰　清光緒六年(1880)刻本　八冊

430000－2401－0032503　437/2887

劉鐸鄉試硃卷 （清）劉鐸撰　清光緒十一年(1885)刻本　一冊

430000－2401－0032504　437/329

賸存詩草一卷續草一卷進呈集一卷 （清）劉權之撰　清刻本　二冊

430000－2401－0032505　437/1985

七頌堂文集二卷　（清）劉體仁撰　清同治七年(1868)刻本　二冊

430000－2401－0032506　437/2893

鮑文浚鄉試硃卷　（清）鮑文浚撰　清光緒十五年(1889)刻本　一冊

430000－2401－0032507　437/1043

覺生詩鈔十卷詠物詩鈔四卷詠史詩鈔三卷感舊詩鈔二卷　（清）鮑桂星撰　清嘉慶二十五年(1820)刻本　六冊

430000－2401－0032508　437/1043(1)

覺生詩鈔十卷詠物詩鈔四卷詠史詩鈔三卷感舊詩鈔二卷　（清）鮑桂星撰　清嘉慶二十五年(1820)刻本　一冊　存一卷(一)

430000－2401－0032509　437/1044

覺生詩續鈔四卷自訂年譜一卷　（清）鮑桂星撰　清同治四年(1865)退壹步齋刻本　四冊

430000－2401－0032510　△437/287

海門初集九卷首一卷　（清）鮑皋撰　清乾隆刻本　四冊

430000－2401－0032511　437/2237

海門詩鈔八卷外集四卷外集末一卷　（清）鮑皋撰　清宣統三年(1911)刻本　四冊

430000－2401－0032512　437/669

觀古閣叢稿二卷　（清）鮑康撰　清同治十二年(1873)刻本　一冊

430000－2401－0032513　437/1716

補竹軒文集六卷詩集三卷　（清）鮑源深撰　清光緒十四年(1888)刻本　五冊

430000－2401－0032514　437/1716(1)

補竹軒文集六卷詩集三卷　（清）鮑源深撰　清光緒十四年(1888)刻本　二冊

430000－2401－0032515　437/2577

道腴堂詩編十五卷雜著一卷　（清）鮑鍹撰　清乾隆刻本　四冊

430000－2401－0032516　437/2578

道腴堂雜著一卷續雜著一卷　（清）鮑鍹撰

清乾隆刻本　一冊

430000－2401－0032517　437/2474

養默山房詩錄九卷詩錄續存三卷　（清）謝元淮撰　清道光十九年至二十八年(1839－1848)知足之足齋刻本　三冊

430000－2401－0032518　437/2845

謝玉芝鄉試硃卷　（清）謝玉芝撰　清光緒十七年(1891)刻本　一冊

430000－2401－0032519　437/2672

竹溪詩草二卷　（清）謝代顥撰　清光緒八年(1882)芳堂刻本　一冊

430000－2401－0032520　437/2798

謝佐勛拔貢卷　（清）謝佐勛撰　清宣統元年(1909)刻本　一冊

430000－2401－0032521　437/485

春池草堂詩編一卷雜文彙集一卷顧山廟中雜詠一卷　（清）謝品撰　清光緒二十六年(1900)刻本　一冊

430000－2401－0032522　437/804

湘谷吟稿四卷續稿七卷　（清）謝庭蘭撰　清光緒十五年(1889)刻本　八冊

430000－2401－0032523　437/450

知恥齋文集二卷詩集六卷　（清）謝振定撰（清）陶澍編　清道光刻本　五冊

430000－2401－0032524　437/450(1)

知恥齋文集二卷詩集六卷　（清）謝振定撰（清）陶澍編　清道光刻本　五冊

430000－2401－0032525　437/450(2)

知恥齋文集二卷詩集六卷　（清）謝振定撰（清）陶澍編　清道光刻本　五冊

430000－2401－0032526　437/1177

惜餘初稿一卷　（清）謝原坦撰　清嘉慶二十年(1815)小東山房刻本　一冊

430000－2401－0032527　437/1098

小東山房詩集二十卷　（清）謝書桃撰　清光緒十七年(1891)家刻本　四冊　存十卷(一至三、十至十四、十九至二十)

430000－2401－0032528　437/1684

紉秋山館詩鈔一卷　（清）謝章華撰　清道光二十九年(1849)刻本　一冊

430000－2401－0032529　437/1684(1)

紉秋山館詩鈔一卷　（清）謝章華撰　清道光二十九年(1849)刻本　一冊

430000－2401－0032530　437/964

樹經堂詩初集十五卷續集八卷文集四卷（清）謝啟昆撰　清嘉慶三年至七年(1798－1802)刻本　八冊

430000－2401－0032531　437/965

樹經堂詠史詩八卷　（清）謝啟昆撰　清嘉慶三年(1798)刻本　二冊

430000－2401－0032532　437/965－2

樹經堂詠史詩八卷　（清）謝啟昆撰　清道光五年(1825)刻本　八冊

430000－2401－0032533　437/965－2(1)

樹經堂詠史詩八卷　（清）謝啟昆撰　清道光五年(1825)刻本　二冊

430000－2401－0032534　437/2920

謝階樹文鈔　（清）謝階樹撰　清鈔本　一冊

430000－2401－0032535　437/2789

草草寄廬詩存二卷詞存一卷　（清）謝槙穀撰　清光緒八年(1882)刻本　一冊　存一卷(一)

430000－2401－0032536　437/1290

蓮潔詩翰釋文一卷蓮潔詩存一卷蓮潔續集一卷南征日記一卷　（清）謝輪撰　清光緒八年(1882)毓芝堂刻本　五冊

430000－2401－0032537　437/2494

雪青閣詩集四卷　（清）謝維藩撰　清光緒九年(1883)開封刻本　二冊

430000－2401－0032538　437/1387

轉蕙軒駢文稿一卷　（清）謝質卿撰　清同治刻本　一冊

430000－2401－0032539　437/2859

謝樹煒會試硃卷　（清）謝樹煒撰　清光緒六年(1880)刻本　一冊

430000－2401－0032540　437/2243

泉山遺集一卷　（清）謝興儒撰　民國六年(1917)衡山式南堂木活字本　一冊

430000－2401－0032541　437/1706

謝梅莊先生遺集八卷西北域記一卷　（清）謝濟世撰　清光緒三十四年(1908)鉛印本二冊

430000－2401－0032542　437/2790

梅莊雜著四卷　（清）謝濟世撰　清道光五年(1825)謝延桃刻本　二冊　缺一卷(二)

430000－2401－0032543　437/2933

謝濟世文鈔　（清）謝濟世撰　清鈔本　一冊

430000－2401－0032544　437/1488

鵝湖游草二卷　（清）謝蘭生撰　清道光十六年(1836)鏡水樓刻本　一冊

430000－2401－0032545　437/2356

百一山房集十卷　（清）應時良撰　清光緒十八年(1892)海寧鍾氏刻本　八冊

430000－2401－0032546　437/667

藤香館詩鈔四卷續鈔一卷　（清）薛時雨撰清同治七年(1868)刻本　五冊

430000－2401－0032547　437/667(1)

藤香館詩鈔四卷續鈔一卷　（清）薛時雨撰清同治七年(1868)刻本　五冊

430000－2401－0032548　437/667(2)

藤香館詩鈔四卷續鈔一卷　（清）薛時雨撰清同治七年(1868)刻本　五冊

430000－2401－0032549　437/667(3)

藤香館詩鈔四卷續鈔一卷　（清）薛時雨撰清同治七年(1868)刻本　二冊　存二卷(三至四)

430000－2401－0032550　437/1068

藤香館詩刪存四卷　（清）薛時雨撰　清光緒五年(1879)刻本　四冊

430000－2401－0032551　△437/102

一瓢齋詩存六卷　（清）薛雪撰　清雍正、乾隆掃葉村莊刻本　二冊

430000－2401－0032552　437/1286
一瓢齋詩存六卷抱珠軒詩存六卷斫桂山房詩存六卷吾以吾鳴集鈔一卷　（清）薛雪撰　清乾隆五十九年(1794)掃葉村莊刻本　三冊

430000－2401－0032553　△437/211
抱珠軒詩存六卷　（清）薛雪撰　清鈔本　一冊

430000－2401－0032554　437/5(1)
庸庵文編四卷　（清）薛福成撰　清光緒十四年(1888)刻本　四冊

430000－2401－0032555　437/5
庸庵文編四卷　（清）薛福成撰　清末刻本　四冊

430000－2401－0032556　437/4－2
庸庵文外編四卷　（清）薛福成撰　清光緒十九年(1893)刻本　四冊

430000－2401－0032557　437/4
庸庵文外編四卷　（清）薛福成撰　清末刻本　三冊

430000－2401－0032558　437/6－2
庸庵海外文編四卷　（清）薛福成撰　清光緒二十二年(1896)石印庸庵全集本　二冊

430000－2401－0032559　437/6－2(1)
庸庵海外文編四卷　（清）薛福成撰　清光緒二十二年(1896)石印庸庵全集本　一冊

430000－2401－0032560　437/6－2(2)
庸庵海外文編四卷　（清）薛福成撰　清光緒二十二年(1896)石印庸庵全集本　一冊

430000－2401－0032561　437/6
庸庵海外文編四卷　（清）薛福成撰　清光緒長沙新學書局刻本　四冊

430000－2401－0032562　437/2519
青萍軒文錄二卷詩錄一卷　（清）薛福保撰　清光緒八年(1882)刻本　一冊

430000－2401－0032563　437/247
學詁齋文集二卷　（清）薛壽撰　清光緒十五年(1889)廣雅書局刻廣雅書局叢書本　一冊

430000－2401－0032564　437/247(1)
學詁齋文集二卷　（清）薛壽撰　清光緒十五年(1889)廣雅書局刻廣雅書局叢書本　一冊

430000－2401－0032565　437/247(2)
學詁齋文集二卷　（清）薛壽撰　清光緒十五年(1889)廣雅書局刻廣雅書局叢書本　一冊

430000－2401－0032566　437/247(3)
學詁齋文集二卷　（清）薛壽撰　清光緒十五年(1889)廣雅書局刻廣雅書局叢書本　一冊

430000－2401－0032567　437/2380
念鞠齋時文剩稿一卷　（清）薛鑫撰　清同治九年(1870)金陵吳氏刻本　一冊

430000－2401－0032568　△437/168
有懷堂文稿二十二卷詩稿六卷　（清）韓菼撰　清康熙四十二年(1703)刻本　十六冊

430000－2401－0032569　△437/168(1)
有懷堂文稿二十二卷詩稿六卷　（清）韓菼撰　清康熙四十二年(1703)刻本　六冊

430000－2401－0032570　△437/168(2)
有懷堂文稿二十二卷詩稿六卷　（清）韓菼撰　清康熙四十二年(1703)刻本　一冊

430000－2401－0032571　437/2245
翠岩室詩鈔二卷　（清）韓弼元撰　清咸豐十年(1860)刻本　一冊

430000－2401－0032572　437/1725
還讀齋詩稿二十卷　（清）韓對撰　清道光七年(1827)精刻本　六冊

430000－2401－0032573　437/2207
理堂文集十卷外集一卷詩集四卷日記八卷附錄一卷　（清）韓夢周撰　清道光三年至四年(1823－1824)靜恆書屋刻本　九冊

430000－2401－0032574　437/2890
韓樸存鄉試硃卷　（清）韓樸存撰　清光緒十四年(1888)刻本　一冊

430000 - 2401 - 0032575　△437/414

滑疑集八卷　（清）韓錫胙撰　清同治十三年（1874）刻本　四冊

430000 - 2401 - 0032576　437/2694

東海半人詩鈔二十四卷　（清）鍾大源撰　清嘉慶刻本　八冊

430000 - 2401 - 0032577　437/2712

刖足集不分卷　（清）鍾天緯撰　清光緒二十七年（1901）刻本　一冊　存內篇

430000 - 2401 - 0032578　437/2341

海榴齋詩集二卷附錄一卷　（清）鍾步㲋撰　清咸豐三年（1853）石南劍閑庵刻本　二冊

430000 - 2401 - 0032579　437/1016 - 2

托素齋文集六卷詩集四卷　（清）黎士宏撰　清光緒二十五年（1899）汀州東璧軒木活字本　九冊

430000 - 2401 - 0032580　437/1016

托素齋文集六卷詩集四卷　（清）黎士宏撰　清刻本　十冊

430000 - 2401 - 0032581　437/1690

侍雪堂詩鈔八卷　（清）黎兆勛撰　清同治四年（1865）敦復堂刻本　三冊

430000 - 2401 - 0032582　437/1690（1）

侍雪堂詩鈔六卷　（清）黎兆勛撰　清光緒十五年（1889）日本使署刻本　一冊　存四卷（一至四）

430000 - 2401 - 0032583　437/1384 - 2

黛方山莊詩集六卷詩餘一卷　（清）黎吉雲撰　清同治五年（1866）刻本　二冊

430000 - 2401 - 0032584　△437/457

黎吉雲侍御詩集不分卷　（清）黎吉雲撰　清羅汝懷鈔本　一冊

430000 - 2401 - 0032585　437/788

雲膚山房詩稿六卷首一卷　（清）黎光地撰　清同治十二年（1873）鹿園刻本　二冊

430000 - 2401 - 0032586　437/788（1）

雲膚山房詩稿六卷首一卷　（清）黎光地撰

清同治十二年（1873）鹿園刻本　二冊

430000 - 2401 - 0032587　437/2824

黎先澐鄉試硃卷　（清）黎先澐撰　清光緒五年（1879）刻本　一冊

430000 - 2401 - 0032588　437/2822

黎承禮鄉試硃卷　黎承禮撰　清光緒十七年（1891）刻本　一冊

430000 - 2401 - 0032589　437/2242

蛉石齋詩鈔四卷　（清）黎恂撰　清同治四年（1865）敦復堂刻本　一冊

430000 - 2401 - 0032590　△437/458

黎薇叟手寫詩一卷　黎承禮撰　清末稿本　徐崇立題識　一冊

430000 - 2401 - 0032591　437/2095

拙尊園叢稿六卷　（清）黎庶昌撰　清光緒十九年（1893）上海醉六堂刻本　二冊

430000 - 2401 - 0032592　437/2095（1）

拙尊園叢稿六卷　（清）黎庶昌撰　清光緒十九年（1893）上海醉六堂刻本　二冊

430000 - 2401 - 0032593　437/2095（2）

拙尊園叢稿六卷　（清）黎庶昌撰　清光緒十九年（1893）上海醉六堂刻本　二冊

430000 - 2401 - 0032594　437/2095（3）

拙尊園叢稿六卷　（清）黎庶昌撰　清光緒十九年（1893）上海醉六堂刻本　二冊

430000 - 2401 - 0032595　437/2095（4）

拙尊園叢稿六卷　（清）黎庶昌撰　清光緒十九年（1893）上海醉六堂刻本　二冊

430000 - 2401 - 0032596　437/2095 - 2

拙尊園叢稿六卷　（清）黎庶昌撰　清光緒二十一年（1895）金陵狀元閣刻本　四冊

430000 - 2401 - 0032597　437/2095 - 2（1）

拙尊園叢稿六卷　（清）黎庶昌撰　清光緒二十一年（1895）金陵狀元閣刻本　四冊

430000 - 2401 - 0032598　437/2095 - 2（2）

拙尊園叢稿六卷　（清）黎庶昌撰　清光緒二

十一年(1895)金陵狀元閣刻本　四冊

430000 – 2401 – 0032599　437/2095 – 2(3)
拙尊園叢稿六卷　(清)黎庶昌撰　清光緒二
十一年(1895)金陵狀元閣刻本　四冊

430000 – 2401 – 0032600　437/2095 – 2(4)
拙尊園叢稿六卷　(清)黎庶昌撰　清光緒二
十一年(1895)金陵狀元閣刻本　二冊

430000 – 2401 – 0032601　437/2480
椒園詩鈔六卷　(清)黎庶蕃撰　清光緒七年
(1881)獨山莫氏刻本　二冊

430000 – 2401 – 0032602　437/468
依硯齋詩鈔三卷　(清)黎庶燾撰　清同治刻
本　一冊

430000 – 2401 – 0032603　437/29
求補拙齋外集四卷　(清)黎培敬撰　清末刻
本　一冊

430000 – 2401 – 0032604　437/1010
五百四峰堂詩鈔二十五卷　(清)黎簡撰　清
嘉慶衆香亭刻本　七冊　缺二卷(二十四至
二十五)

430000 – 2401 – 0032605　△437/305
**通甫類稿四卷續編二卷詩存四卷詩存之餘二
卷**　(清)魯一同撰　清咸豐九年(1859)刻本
佚名批校　四冊

430000 – 2401 – 0032606　437/30
**通甫類稿四卷續編二卷詩存四卷詩存之餘二
卷右軍年譜一卷**　(清)魯一同撰　清咸豐九
年(1859)刻本　五冊

430000 – 2401 – 0032607　437/30(1)
**通甫類稿四卷續編二卷詩存四卷詩存之餘二
卷右軍年譜一卷**　(清)魯一同撰　清咸豐九
年(1859)刻本　三冊

430000 – 2401 – 0032608　437/30(2)
**通甫類稿四卷續編二卷詩存四卷詩存之餘二
卷右軍年譜一卷**　(清)魯一同撰　清咸豐九
年(1859)刻本　四冊

430000 – 2401 – 0032609　437/30(3)

**通甫類稿四卷續編二卷詩存四卷詩存之餘二
卷右軍年譜一卷**　(清)魯一同撰　清咸豐九
年(1859)刻本　七冊

430000 – 2401 – 0032610　437/30(4)
**通甫類稿四卷續編二卷詩存四卷詩存之餘二
卷右軍年譜一卷**　(清)魯一同撰　清咸豐九
年(1859)刻本　一冊　存六卷(詩存四卷、詩
存之餘二卷)

430000 – 2401 – 0032611　437/30(5)
**通甫類稿四卷續編二卷詩存四卷詩存之餘二
卷右軍年譜一卷**　(清)魯一同撰　清咸豐九
年(1859)刻本　六冊

430000 – 2401 – 0032612　437/2371
補過軒四書文一卷　(清)魯一同撰　清咸豐
元年(1851)刻本　一冊

430000 – 2401 – 0032613　△437/473
趣陶園集十五卷　(清)魯之裕撰　清康熙三
十三年(1694)至雍正刻本　四冊

430000 – 2401 – 0032614　△437/117
山木居士外集四卷　(清)魯仕驥撰　清乾隆
四十七年(1782)刻本　葉德輝題跋　四冊

430000 – 2401 – 0032615　△437/117(1)
山木居士外集四卷　(清)魯仕驥撰　清乾隆
四十七年(1782)刻本　葉德輝題跋　二冊

430000 – 2401 – 0032616　437/460
所園詩存一卷　(清)魯武茂撰　(清)顧曾烜
　(清)何京元編　清光緒十三年(1887)楊激
雲刻本　一冊

430000 – 2401 – 0032617　437/346
仲實詩存二卷類稿一卷　(清)魯賁撰　清咸
豐中山陽魯氏刻魯氏遺著本　二冊

430000 – 2401 – 0032618　437/346(1)
仲實詩存二卷類稿一卷　(清)魯賁撰　清咸
豐中山陽魯氏刻魯氏遺著本　二冊

430000 – 2401 – 0032619　437/2433
葆光書屋詩剩稿六卷　(清)德生撰　清道光
二十八年(1848)刻本　二冊

430000 – 2401 – 0032620　△437/216

青芝山館詩集二十二卷　（清）樂鈞撰　清嘉慶二十二年(1817)刻本　六冊

430000 – 2401 – 0032621　437/2202

徧行堂集十六卷　（清）釋淡歸撰　清宣統三年(1911)上海國學扶輪社鉛印本　四冊

430000 – 2401 – 0032622　437/53

永懷堂文鈔十卷詩鈔二卷　（清）龍文彬撰　清光緒十七年(1891)刻本　四冊

430000 – 2401 – 0032623　437/53（1）

永懷堂文鈔十卷詩鈔二卷　（清）龍文彬撰　清光緒十七年(1891)刻本　四冊

430000 – 2401 – 0032624　437/486

春華集二卷　（清）龍元任撰　清光緒十九年(1893)朱印本　一冊

430000 – 2401 – 0032625　437/2886

龍正翀鄉試硃卷　（清）龍正翀撰　清光緒八年(1882)刻本　一冊

430000 – 2401 – 0032626　437/2226

賜硯齋集四卷　（清）龍汝言撰　清道光十八年(1838)刻本　二冊

430000 – 2401 – 0032627　437/829

堅白齋詩存三卷駢文存一卷雜稿四卷　（清）龍汝霖撰　清光緒七年(1881)刻本　四冊

430000 – 2401 – 0032628　437/829（1）

堅白齋詩存三卷駢文存一卷雜稿四卷　（清）龍汝霖撰　清光緒七年(1881)刻本　四冊

430000 – 2401 – 0032629　437/829（2）

堅白齋詩存三卷駢文存一卷雜稿四卷　（清）龍汝霖撰　清光緒七年(1881)刻本　四冊

430000 – 2401 – 0032630　437/829（3）

堅白齋詩存三卷駢文存一卷雜稿四卷　（清）龍汝霖撰　清光緒七年(1881)刻本　四冊

430000 – 2401 – 0032631　437/829（4）

堅白齋詩存三卷駢文存一卷雜稿四卷　（清）龍汝霖撰　清光緒七年(1881)刻本　四冊

430000 – 2401 – 0032632　437/829（5）

堅白齋詩存三卷駢文存一卷雜稿四卷　（清）龍汝霖撰　清光緒七年(1881)刻本　四冊

430000 – 2401 – 0032633　437/2844

松竹山房詩草□□卷　（清）龍光輔撰　清同治五年(1866)家刻本　一冊　存一卷(一)

430000 – 2401 – 0032634　437/2889

龍振甲鄉試硃卷　（清）龍振甲撰　清光緒十七年(1891)刻本　一冊

430000 – 2401 – 0032635　437/2776

經德堂集二十四卷　（清）龍啟瑞撰　清光緒刻本　六冊

430000 – 2401 – 0032636　△437/295

浣月山房詩內集八卷詩別集二卷漢南春柳詞鈔三卷　（清）龍啟瑞撰　清鈔本　五冊

430000 – 2401 – 0032637　△437/45

龍錫慶書信　（清）龍錫慶撰　手稿　一冊

430000 – 2401 – 0032638　437/2218

璞齋集詩四卷詞一卷　（清）諸可寶撰　清光緒十四年(1888)長洲黃氏木活字本　二冊

430000 – 2401 – 0032639　437/1582

璞齋集詩六卷詞一卷　（清）諸可寶撰　清光緒二十二年(1896)錢塘諸氏家刻本　四冊

430000 – 2401 – 0032640　△437/192

杏廬文鈔八卷　（清）諸福坤撰　清光緒二十七年(1901)刻本　二冊

430000 – 2401 – 0032641　437/2393

坐花書屋詩錄二卷　（清）儲鎮撰　清光緒十六年(1890)錢塘諸氏家刻本　一冊

430000 – 2401 – 0032642　437/2611

托竹筠堂彤史吟二卷詩鈔九卷讀史補一卷讀史隨筆一卷檽杭雜詠一卷　（清）諶瑤撰　清道光二十一年(1841)刻本　六冊

430000 – 2401 – 0032643　437/2611（1）

托竹筠堂彤史吟二卷詩鈔九卷讀史補一卷讀史隨筆一卷檽杭雜詠一卷　（清）諶瑤撰　清道光二十一年(1841)刻本　六冊

430000 - 2401 - 0032644　437/2864

駱景宙會試硃卷　（清）駱景宙撰　清光緒九年(1883)刻本　一冊

430000 - 2401 - 0032645　437/1267

聽秋軒詩集六卷閨中同人集一卷　（清）駱綺蘭撰　清乾隆六十年(1795)金陵龔氏刻本　六冊

430000 - 2401 - 0032646　437/519

若谷山房詩草四卷　（清）蕭之梁撰　清道光二十三年(1843)刻本　一冊

430000 - 2401 - 0032647　437/2891

蕭存誠鄉試硃卷　（清）蕭存誠撰　清光緒十五年(1889)刻本　一冊

430000 - 2401 - 0032648　437/1395

擷紅詞館吟鈔二卷　（清）蕭承彞撰　清道光十五年(1835)刻本　一冊

430000 - 2401 - 0032649　△437/311

師儉堂詩鈔七種　（清）蕭衍守撰　清鈔本　一冊

430000 - 2401 - 0032650　437/127

聽園西疆雜述詩四卷　（清）蕭雄撰　清光緒二十一年(1895)湖南提學署刻本　一冊　存二卷(一至二)

430000 - 2401 - 0032651　437/1007

五柳草堂文集□□卷　（清）蕭程俊撰　清文賢堂木活字本　一冊　存一卷(一)

430000 - 2401 - 0032652　437/1317

貽璞齋遺稿一卷　（清）蕭榮熙撰　清光緒三十一年(1905)湖南機器印刷局鉛印本　一冊

430000 - 2401 - 0032653　437/1317(1)

貽璞齋遺稿一卷　（清）蕭榮熙撰　清光緒三十一年(1905)湖南機器印刷局鉛印本　一冊

430000 - 2401 - 0032654　437/1317(2)

貽璞齋遺稿一卷　（清）蕭榮熙撰　清光緒三十一年(1905)湖南機器印刷局鉛印本　一冊

430000 - 2401 - 0032655　437/1873

飽蠹軒文集二卷　（清）蕭輪撰　清宣統元年

(1909)白石園刻本　二冊

430000 - 2401 - 0032656　437/1463

桑榆夕照錄四卷　（清）蕭震萬撰　清光緒十二年(1886)湘潭蕭氏刻本　二冊

430000 - 2401 - 0032657　437/1463(1)

桑榆夕照錄四卷　（清）蕭震萬撰　清光緒十二年(1886)湘潭蕭氏刻本　二冊

430000 - 2401 - 0032658　437/1463(2)

桑榆夕照錄四卷　（清）蕭震萬撰　清光緒十二年(1886)湘潭蕭氏刻本　二冊

430000 - 2401 - 0032659　437/2830

蕭敷政鄉試硃卷　（清）蕭敷政撰　清光緒十九年(1893)刻本　一冊

430000 - 2401 - 0032660　437/2830

蕭敷訓鄉試硃卷　（清）蕭敷訓撰　清光緒二十三年(1897)刻本　一冊

430000 - 2401 - 0032661　437/1446

蟲鳥吟十卷　（清）蕭德宣撰　清同治五年(1866)刻本　四冊

430000 - 2401 - 0032662　437/1446(1)

蟲鳥吟十卷　（清）蕭德宣撰　清同治五年(1866)刻本　四冊

430000 - 2401 - 0032663　437/2885

蕭錦忠殿試策　（清）蕭錦忠撰　清道光二十五年(1845)刻本　一冊

430000 - 2401 - 0032664　437/1568

敬孚類稿十六卷　（清）蕭穆撰　清光緒三十二年(1906)刻本　四冊

430000 - 2401 - 0032665　437/2823

蕭鑒鄉試硃卷　（清）蕭鑒撰　清光緒十四年(1888)刻本　一冊

430000 - 2401 - 0032666　437/1904

睡餘草堂詩鈔二卷　（清）賴鍾俊撰　清光緒二十年(1894)富順刻本　一冊

430000 - 2401 - 0032667　437/2679

抱經堂文集三十四卷　（清）盧文弨撰　清乾

隆六十年(1795)刻本　十二册

430000－2401－0032668　437/2679(1)
抱經堂文集三十四卷　(清)盧文弨撰　清乾
隆六十年(1795)刻本　八册

430000－2401－0032669　437/1867
尊水園集略十二卷補遺一卷　(清)盧世㴶撰
(清)陳鍾英等輯　清順治十七年(1660)刻
本　八册

430000－2401－0032670　437/892
雅雨堂詩集二卷文集四卷雅雨山人出塞集一
卷　(清)盧見曾撰　清道光二十年(1840)清
雅堂刻本　四册

430000－2401－0032671　437/249
西問詩草三卷　(清)盧泳清撰　清光緒三十
四年(1908)寧鄉廖氏珠泉草廬刻本　一册

430000－2401－0032672　437/249(1)
西問詩草三卷　(清)盧泳清撰　清光緒三十
四年(1908)寧鄉廖氏珠泉草廬刻本　一册

430000－2401－0032673　437/2304
不乃羹詩鈔四卷　(清)盧師泳撰　清光緒二
十六年(1900)種芏山房刻本　二册

430000－2401－0032674　437/1674
追甫詩集二卷　(清)閻其相撰　清道光二十
九年(1849)刻本　一册

430000－2401－0032675　437/1810－3
北岳山房駢文二卷　(清)閻鎮珩撰　清光緒
十八年(1892)武陵刻本　一册

430000－2401－0032676　437/1810－2
北岳山房文集十四卷詩集四卷　(清)閻鎮珩
撰　清光緒三十一年(1905)刻本　六册

430000－2401－0032677　437/1810－2(1)
北岳山房文集十四卷詩集四卷　(清)閻鎮珩
撰　清光緒三十一年(1905)刻本　六册　缺
續集

430000－2401－0032678　437/1810－2(2)
北岳山房文集十四卷詩集四卷　(清)閻鎮珩撰
清光緒三十一年(1905)刻本　六册　缺續集

430000－2401－0032679　437/1810－2(3)
北岳山房文集十四卷詩集四卷　(清)閻鎮珩
撰　清光緒三十一年(1905)刻本　六册　缺
續集

430000－2401－0032680　437/466
洗齋病學草擬存詩一卷附存詩一卷　(清)踵
息道人撰　(清)昨非居士編　清光緒十年
(1884)浙江山陰胡氏刻本　二册

430000－2401－0032681　437/926－3
潛研堂文集五十卷詩集十卷續詩集十卷
(清)錢大昕撰　清道光二十年(1840)錢師光
重修乾隆、嘉慶刻潛研堂全書本　二十册

430000－2401－0032682　△437/467
潛研堂文集不分卷　(清)錢大昕撰　清嘉慶
鈔本　一册

430000－2401－0032683　△437/501
餐勝齋詩稿四卷　(清)錢大培撰　清嘉慶五
年(1800)鶯湖琴鶴書莊刻本　二册

430000－2401－0032684　437/1972
常惺惺齋文集十卷　(清)錢世瑞撰　清道光
三十年(1850)刻本　十册

430000－2401－0032685　437/2215
述古堂文集十二卷　(清)錢兆鵬撰　清光緒
七年(1881)刻本　四册

430000－2401－0032686　437/12
梅柳合刻一卷　(清)錢邦芑撰　清鈔本
一册

430000－2401－0032687　△437/270
香蔭樓草一卷　(清)錢孚威撰　(清)錢振倫
輯　清道光二十八年(1848)稿本　一册

430000－2401－0032688　437/339
邠農偶吟稿一卷　(清)錢炳森撰　清同治十
一年(1872)刻本　一册

430000－2401－0032689　437/734
甘泉鄉人稿二十四卷　(清)錢泰吉撰　清咸
豐四年(1854)讀舊書室刻本　五册

430000－2401－0032690　437/734(1)

甘泉鄉人稿二十四卷　（清）錢泰吉撰　清咸
豐四年(1854)讀舊書室刻本　五冊

430000－2401－0032691　437/734（2）

甘泉鄉人稿二十四卷　（清）錢泰吉撰　清咸
豐四年(1854)讀舊書室刻本　六冊

430000－2401－0032692　437/734－2

甘泉鄉人稿二十四卷　（清）錢泰吉撰　清同
治七年至十一年(1868－1872)刻本　六冊

430000－2401－0032693　437/734－2（1）

甘泉鄉人稿二十四卷　（清）錢泰吉撰　清同
治七年至十一年(1868－1872)刻本　六冊

430000－2401－0032694　437/734－2（2）

甘泉鄉人稿二十四卷　（清）錢泰吉撰　清同
治七年至十一年(1868－1872)刻本　六冊

430000－2401－0032695　437/734－2（3）

甘泉鄉人稿二十四卷　（清）錢泰吉撰　清同
治七年至十一年(1868－1872)刻本　六冊

430000－2401－0032696　437/734－2（4）

甘泉鄉人稿二十四卷　（清）錢泰吉撰　清同
治七年至十一年(1868－1872)刻本　六冊

430000－2401－0032697　437/506

甘泉鄉人邁言二卷　（清）錢泰吉撰　清道光
十七年(1837)海昌吳氏可讀書齋刻本　二冊

430000－2401－0032698　437/2372

示樸齋制義不分卷　（清）錢振倫撰　清同治
四年(1865)刻本　四冊

430000－2401－0032699　437/1747

示樸齋駢體文六卷　（清）錢振倫撰　清同治
六年(1867)袁浦崇實書院刻本　六冊

430000－2401－0032700　437/1747（1）

示樸齋駢體文六卷　（清）錢振倫撰　清同治
六年(1867)袁浦崇實書院刻本　二冊

430000－2401－0032701　437/1747（2）

示樸齋駢體文六卷　（清）錢振倫撰　清同治
六年(1867)袁浦崇實書院刻本　二冊

430000－2401－0032702　437/342

名山詩集五卷　（清）錢振鍠撰　清同治五年
(1866)浙江瑞安刻朱印本　二冊

430000－2401－0032703　437/2383

松風老屋詩稿十一卷詩餘一卷續稿四卷詩餘
續稿一卷　（清）錢清履撰　清嘉慶十七年至
二十年(1812－1815)刻本　八冊

430000－2401－0032704　△437/464

調運齋詩文隨刻十一卷　（清）錢陸燦撰　清
初朱茂初刻本　二冊

430000－2401－0032705　△437/271

香樹齋詩集十八卷　（清）錢陳群撰　清乾隆
十六年(1751)刻本　一冊　存三卷(一至三)

430000－2401－0032706　437/2081

香樹齋文集二十八卷續鈔五卷詩集十八卷續
集三十六卷　（清）錢陳群撰　清乾隆十六年
至二十九年(1751－1764)刻本　二十四冊

430000－2401－0032707　437/2081（1）

香樹齋文集二十八卷續鈔五卷詩集十八卷續
集三十六卷　（清）錢陳群撰　清乾隆十六年
至二十九年(1751－1764)刻本　六冊

430000－2401－0032708　437/2081－2

香樹齋文集二十八卷續鈔五卷詩集十八卷續
集三十六卷　（清）錢陳群撰　清光緒二十年
(1894)刻本　二十六冊

430000－2401－0032709　437/2081－2

香樹齋文集二十八卷續鈔五卷詩集十八卷續
集三十六卷　（清）錢陳群撰　清光緒二十年
(1894)刻本　五冊　存十五卷(四至十八)

430000－2401－0032710　437/1506

鰈硯廬詩鈔二卷聯吟集一卷　（清）嚴永華撰
清光緒二十二年(1896)耦園刻本　一冊

430000－2401－0032711　437/2932

嚴正基等文稿　（清）嚴正基等撰　稿本
一冊

430000－2401－0032712　437/218

仙舫詩存五卷　（清）嚴正基撰　清同治二年
(1863)刻本　一冊

430000 - 2401 - 0032713　437/218（1）

仙舫詩存五卷　（清）嚴正基撰　清同治二年（1863）刻本　一冊

430000 - 2401 - 0032714　437/218（2）

仙舫詩存五卷　（清）嚴正基撰　清同治二年（1863）刻本　一冊

430000 - 2401 - 0032715　437/218（3）

仙舫詩存五卷　（清）嚴正基撰　清同治二年（1863）刻本　一冊

430000 - 2401 - 0032716　437/218（4）

仙舫詩存五卷　（清）嚴正基撰　清同治二年（1863）刻本　一冊

430000 - 2401 - 0032717　437/1662

憫忠草一卷　（清）嚴正基撰　清同治四年（1865）金陵刻本　一冊

430000 - 2401 - 0032718　△437/539

鐵橋漫稿十三卷　（清）嚴可均撰　清道光十八年（1838）嚴氏四錄堂刻本　三冊

430000 - 2401 - 0032719　437/1035

鐵橋漫稿八卷　（清）嚴可均撰　清光緒十一年（1885）長洲蔣氏心矩齋刻本　四冊

430000 - 2401 - 0032720　437/1035（1）

鐵橋漫稿八卷　（清）嚴可均撰　清光緒十一年（1885）長洲蔣氏心矩齋刻本　四冊

430000 - 2401 - 0032721　437/1035（2）

鐵橋漫稿八卷　（清）嚴可均撰　清光緒十一年（1885）長洲蔣氏心矩齋刻本　四冊

430000 - 2401 - 0032722　437/1035（3）

鐵橋漫稿八卷　（清）嚴可均撰　清光緒十一年（1885）長洲蔣氏心矩齋刻本　四冊

430000 - 2401 - 0032723　437/1035（4）

鐵橋漫稿八卷　（清）嚴可均撰　清光緒十一年（1885）長洲蔣氏心矩齋刻本　四冊

430000 - 2401 - 0032724　437/1035（5）

鐵橋漫稿八卷　（清）嚴可均撰　清光緒十一年（1885）長洲蔣氏心矩齋刻本　四冊

430000 - 2401 - 0032725　437/961

樂園文鈔八卷詩六卷首一卷　（清）嚴如熤撰　清道光刻本　四冊

430000 - 2401 - 0032726　437/961（1）

樂園文鈔八卷詩六卷首一卷　（清）嚴如熤撰　清道光刻本　八冊

430000 - 2401 - 0032727　437/961（2）

樂園文鈔八卷詩六卷首一卷　（清）嚴如熤撰　清道光刻本　八冊

430000 - 2401 - 0032728　437/2293

沾沾集一卷附家宴詩一卷　（清）嚴辰撰　清光緒八年（1882）刻本　一冊

430000 - 2401 - 0032729　△437/115

小蘿橼館詩鈔十卷　（清）嚴辰撰　清鈔本　五冊

430000 - 2401 - 0032730　△437/139

尺五堂詩删初刻六卷近刻四卷　（清）嚴我斯撰　清康熙二十七年（1688）刻本　六冊

430000 - 2401 - 0032731　437/368

金闕攀松集一卷玉井搴蓮集一卷　（清）嚴長明撰　清光緒二十五年（1899）月晦齋刻本　一冊

430000 - 2401 - 0032732　437/188

聽月樓遺稿二卷　（清）嚴恆撰　清光緒二十八年（1902）上海小長蘆館石印本　一冊

430000 - 2401 - 0032733　437/469

受庵文鈔一卷受庵詩草一卷　（清）嚴咸撰　清末刻本　一冊

430000 - 2401 - 0032734　437/149

紫佩軒詩稿二卷　（清）嚴昭華撰　清光緒二十二年（1896）姑蘇梓文閣刻本　二冊

430000 - 2401 - 0032735　437/149（1）

紫佩軒詩稿二卷　（清）嚴昭華撰　清光緒二十二年（1896）姑蘇梓文閣刻本　二冊

430000 - 2401 - 0032736　437/2342

無可名齋文存二卷雜箸一卷　（清）嚴家岂撰　清宣統元年（1909）刻本　三冊

430000－2401－0032737　437/594

香雪齋詩鈔四卷　（清）嚴鈖撰　清光緒十九年(1893)桐溪嚴氏刻本　二冊

430000－2401－0032738　437/594(1)

香雪齋詩鈔四卷　（清）嚴鈖撰　清光緒十九年(1893)桐溪嚴氏刻本　二冊

430000－2401－0032739　437/367

明史雜詠四卷　（清）嚴遂成撰　清乾隆刻本　二冊

430000－2401－0032740　△437/514

嚴太僕先生集十二卷　（清）嚴虞惇撰　清乾隆刻本　二冊　存七卷(一至七)

430000－2401－0032741　437/1527

嚴太僕先生集十二卷　（清）嚴虞惇撰　清光緒十年(1884)常熟家刻本　二冊

430000－2401－0032742　437/1527(1)

嚴太僕先生集十二卷　（清）嚴虞惇撰　清光緒十年(1884)常熟家刻本　二冊

430000－2401－0032743　437/2825

嚴毓泗鄉試硃卷　（清）嚴毓泗撰　清光緒十七年(1891)刻本　一冊

430000－2401－0032744　437/1324

餐花室詩稿十卷詩餘一卷　（清）嚴錫康撰　清咸豐十一年(1861)刻本　二冊

430000－2401－0032745　437/2044

海雲堂詩鈔十四卷文鈔二卷金粟香龕詞鈔二卷　（清）嚴學淦撰　清光緒十八年(1892)刻本　六冊

430000－2401－0032746　437/1895

天游閣詩集二卷　（清）顧太清撰　清宣統元年(1909)南陵徐乃昌刻本　一冊

430000－2401－0032747　437/1895－2

天游閣詩五卷補一卷附錄一卷　（清）顧太清撰　清宣統二年(1910)上海神州國光社鉛印本　一冊

430000－2401－0032748　437/1895－2(1)

天游閣詩五卷補一卷附錄一卷　（清）顧太清撰　清宣統二年(1910)上海神州國光社鉛印本　一冊

430000－2401－0032749　437/2481

梅坡詩草二卷　（清）顧元揆撰　清乾隆五十九年(1794)刻本　二冊

430000－2401－0032750　437/270

蘭修館賦稿一卷　（清）顧元熙撰　清咸豐三年(1853)誦芬堂刻四家賦鈔本　一冊

430000－2401－0032751　437/270(1)

蘭修館賦稿一卷　（清）顧元熙撰　清咸豐三年(1853)誦芬堂刻四家賦鈔本　一冊

430000－2401－0032752　437/270－2

蘭修館賦稿一卷　（清）顧元熙撰　清咸豐刻本　一冊

430000－2401－0032753　△437/533

響泉集三十卷　（清）顧光旭撰　清乾隆四十一年(1776)刻本　六冊

430000－2401－0032754　437/1941

玉笥山房要集四卷文附一卷　（清）顧廷綸撰　清光緒十二年(1886)刻本　一冊

430000－2401－0032755　437/1266

月滿樓詩別集八卷　（清）顧宗泰撰　清嘉慶四年(1799)桐川顧氏刻本　一冊　存四卷(一至四)

430000－2401－0032756　437/481－4

亭林文集六卷詩集五卷　（清）顧炎武撰　清初刻本　七冊

430000－2401－0032757　437/481－6

亭林文集六卷　（清）顧炎武撰　清初刻本　二冊

430000－2401－0032758　437/481

亭林文集六卷餘集一卷詩集五卷　（清）顧炎武撰　清宣統二年(1910)上海掃葉山房石印本　二冊

430000－2401－0032759　437/481(1)

亭林文集六卷餘集一卷詩集五卷　（清）顧炎武撰　清宣統二年(1910)上海掃葉山房石印

本　二冊

430000 - 2401 - 0032760　437/481 - 7

亭林詩集五卷　(清)顧炎武撰　清光緒二年(1876)湖南書局刻本　二冊

430000 - 2401 - 0032761　437/481 - 7(1)

亭林詩集五卷　(清)顧炎武撰　清光緒二年(1876)湖南書局刻本　二冊

430000 - 2401 - 0032762　437/481 - 7(2)

亭林詩集五卷　(清)顧炎武撰　清光緒二年(1876)湖南書局刻本　二冊

430000 - 2401 - 0032763　437/481 - 7(3)

亭林詩集五卷　(清)顧炎武撰　清光緒二年(1876)湖南書局刻本　二冊

430000 - 2401 - 0032764　437/481 - 7(4)

亭林詩集五卷　(清)顧炎武撰　清光緒二年(1876)湖南書局刻本　二冊

430000 - 2401 - 0032765　437/481 - 7(5)

亭林詩集五卷　(清)顧炎武撰　清光緒二年(1876)湖南書局刻本　二冊

430000 - 2401 - 0032766　437/481 - 7(6)

亭林詩集五卷　(清)顧炎武撰　清光緒二年(1876)湖南書局刻本　二冊

430000 - 2401 - 0032767　437/1051

顧亭林先生詩箋註十七卷集外詩一卷　(清)顧炎武撰　(清)徐嘉輯註　清光緒二十三年至二十七年(1897 - 1901)徐氏味靜齋刻本　六冊

430000 - 2401 - 0032768　437/1051(1)

顧亭林先生詩箋註十七卷集外詩一卷　(清)顧炎武撰　(清)徐嘉輯註　清光緒二十三年至二十七年(1897 - 1901)徐氏味靜齋刻本　六冊

430000 - 2401 - 0032769　437/1051(2)

顧亭林先生詩箋註十七卷集外詩一卷　(清)顧炎武撰　(清)徐嘉輯註　清光緒二十三年至二十七年(1897 - 1901)徐氏味靜齋刻本　五冊　存十四卷(一至十四)

430000 - 2401 - 0032770　437/1508

顧雙溪集九卷　(清)顧奎光撰　清光緒二十一年(1895)活字本　二冊

430000 - 2401 - 0032771　437/206

白茅堂集四十六卷耳提錄一卷　(清)顧景星撰　清光緒二十八年(1902)補刻本　二十冊

430000 - 2401 - 0032772　437/206(1)

白茅堂集四十六卷耳提錄一卷　(清)顧景星撰　清光緒二十八年(1902)補刻本　二十冊

430000 - 2401 - 0032773　437/206(2)

白茅堂集四十六卷耳提錄一卷　(清)顧景星撰　清光緒二十八年(1902)補刻本　二十冊

430000 - 2401 - 0032774　437/206(3)

白茅堂集四十六卷耳提錄一卷　(清)顧景星撰　清光緒二十八年(1902)補刻本　一冊　存三卷(十八至二十)

430000 - 2401 - 0032775　△437/191

吹萬閣詩鈔五卷詞鈔一卷　(清)顧貽祿撰　清乾隆刻本　一冊

430000 - 2401 - 0032776　437/1000

顧道穆尺牘一卷　(清)顧棟高撰　清光緒刻本　一冊

430000 - 2401 - 0032777　437/806

養心光室詩稿八卷　(清)顧福仁撰　清光緒十四年(1888)刻本　二冊

430000 - 2401 - 0032778　437/403

孟晉齋文集五卷周列士傳一卷　(清)顧壽楨撰　清同治五年(1866)見素抱樸齋刻本　二冊

430000 - 2401 - 0032779　437/564

思適齋集十八卷　(清)顧廣圻撰　清道光二十九年(1849)上海徐氏刻本　四冊

430000 - 2401 - 0032780　437/564(1)

思適齋集十八卷　(清)顧廣圻撰　清道光二十九年(1849)上海徐氏刻本　四冊

430000 - 2401 - 0032781　437/564(2)

思適齋集十八卷　(清)顧廣圻撰　清道光二

十九年(1849)上海徐氏刻本 三冊 缺一卷
(一)

430000－2401－0032782 437/1542
悔過齋文集七卷札記一卷續集七卷補遺一卷
（清）顧廣譽撰 清光緒三年(1877)刻本
四冊

430000－2401－0032783 437/571
拜石山房詩鈔十六卷補遺一卷 （清）顧翰撰
清嘉慶刻本 五冊

430000－2401－0032784 437/533
柿影樓詩稿一卷 （清）顧錫汾撰 清光緒鉛
印本 一冊

430000－2401－0032785 437/2387
**青琅玕館遺文一卷遺詩一卷竹梱草堂詞草一
卷** （清）顧濟撰 清光緒二十一年(1895)皖
城聚文堂刻本 一冊

430000－2401－0032786 437/1510
顧鳳翔遺集一卷 （清）顧駬撰 清光緒三十
二年(1906)江寧刻本 一冊

430000－2401－0032787 437/1861
然松閣存稿三卷 （清）顧懷三撰 清光緒二
十二年(1896)鉛印本 一冊

430000－2401－0032788 437/1860
然松閣詩鈔三卷 （清）顧懷三撰 清光緒二
十二年(1896)鉛印本 一冊

430000－2401－0032789 437/518
城北草堂詩鈔四卷詩餘二卷詞餘一卷 （清）
顧夔撰 清光緒十四年(1888)刻本 二冊

430000－2401－0032790 437/191
塵遠齋賦剩一卷 （清）顧瓚撰 清光緒二十
一年(1895)顧氏刻本 一冊

430000－2401－0032791 437/2041
武陵山人雜著一卷 （清）顧觀光撰 清咸豐
四年(1854)刻小萬卷樓叢書本 一冊

430000－2401－0032792 437/1242
梅庵詩鈔五卷 （清）鐵保撰 清嘉慶十年
(1805)刻本 一冊 存二卷(一至二)

430000－2401－0032793 437/2414
十國雜事詩十九卷 （清）饒智元撰 清光緒
十七年(1891)竹素齋藍印竹素齋叢書本 佚
名題註 四冊

430000－2401－0032794 437/2414(1)
十國雜事詩十九卷 （清）饒智元撰 清光緒
十七年(1891)竹素齋藍印竹素齋叢書本 佚
名題註 四冊

430000－2401－0032795 437/2414－2
十國雜事詩十九卷 （清）饒智元撰 清光緒
十七年(1891)竹素齋刻竹素齋叢書本 四冊

430000－2401－0032796 437/2414－2(1)
十國雜事詩十九卷 （清）饒智元撰 清光緒
十七年(1891)竹素齋刻竹素齋叢書本 四冊

430000－2401－0032797 437/2414－2(2)
十國雜事詩十九卷 （清）饒智元撰 清光緒
十七年(1891)竹素齋刻竹素齋叢書本 四冊

430000－2401－0032798 437/2414－2(3)
十國雜事詩十九卷 （清）饒智元撰 清光緒
十七年(1891)竹素齋刻竹素齋叢書本 四冊

430000－2401－0032799 437/2414－2(4)
十國雜事詩十九卷 （清）饒智元撰 清光緒
十七年(1891)竹素齋刻竹素齋叢書本 四冊

430000－2401－0032800 437/1397
藕香館遺詩一卷 （清）饒運璵撰 清光緒二
十一年(1895)長沙饒智元刻湘淥館叢書本
一冊

430000－2401－0032801 437/2911
饒葆丞文集 （清）饒葆丞撰 清末鈔本
一冊

430000－2401－0032802 431/47
月午樓古詩十九首詳解二卷 （清）饒學斌撰
清光緒元年(1875)無諸城刻本 二冊

430000－2401－0032803 431/47(1)
月午樓古詩十九首詳解二卷 （清）饒學斌撰
清光緒元年(1875)無諸城刻本 二冊

430000－2401－0032804 437/2567

南嶽山居詩三十韻一卷南嶽山居詩一卷雲海
詩一卷中庵後草一卷五言古詩一卷續燈禪師
語錄一卷　（清）釋續燈撰　清康熙刻本
一冊

430000－2401－0032805　437/1417
雲濤詩草二卷　（清）龔立海撰　清同治七年
（1868）刻本　一冊

430000－2401－0032806　437/1197－4
定庵文集三卷續集四卷續錄一卷古今體詩二
卷雜詩一卷詞選一卷詞錄一卷　（清）龔自珍
撰　清同治七年（1868）刻本　五冊

430000－2401－0032807　437/1197－4（1）
定庵文集三卷續集四卷續錄一卷古今體詩二
卷雜詩一卷詞選一卷詞錄一卷　（清）龔自珍
撰　清同治七年（1868）刻本　四冊

430000－2401－0032808　437/1197－4（2）
定庵文集三卷續集四卷續錄一卷古今體詩二
卷雜詩一卷詞選一卷詞錄一卷　（清）龔自珍
撰　清同治七年（1868）刻本　六冊

430000－2401－0032809　437/1197－4（3）
定庵文集三卷續集四卷續錄一卷古今體詩二
卷雜詩一卷詞選一卷詞錄一卷　（清）龔自珍
撰　清同治七年（1868）刻本　四冊　缺七卷
（文集三卷、續集四卷）

430000－2401－0032810　437/1197－4（4）
定庵文集三卷續集四卷續錄一卷古今體詩二
卷雜詩一卷詞選一卷詞錄一卷　（清）龔自珍
撰　清同治七年（1868）刻本　三冊

430000－2401－0032811　437/1197－4（5）
定庵文集三卷續集四卷續錄一卷古今體詩二
卷雜詩一卷詞選一卷詞錄一卷　（清）龔自珍
撰　清同治七年（1868）刻本　二冊

430000－2401－0032812　437/1197－3
定庵文集三卷續集四卷補編四卷續錄一卷古
今體詩二卷雜詩一卷詞選一卷詞錄一卷
（清）龔自珍撰　清光緒二十三年（1897）萬本
書堂刻本　六冊

430000－2401－0032813　437/1197－3（1）
定庵文集三卷續集四卷補編四卷續錄一卷古
今體詩二卷雜詩一卷詞選一卷詞錄一卷
（清）龔自珍撰　清光緒二十三年（1897）萬本
書堂刻本　六冊

430000－2401－0032814　437/1197－3（2）
定庵文集三卷續集四卷補編四卷續錄一卷古
今體詩二卷雜詩一卷詞選一卷詞錄一卷
（清）龔自珍撰　清光緒二十三年（1897）萬本
書堂刻本　四冊

430000－2401－0032815　437/1197－2
定庵文集三卷續集四卷續錄一卷補編三卷古
今體詩二卷雜詩一卷詞選一卷詞錄一卷
（清）龔自珍撰　清光緒二十三年（1897）豐城
余氏寶墨齋刻本　五冊

430000－2401－0032816　437/1197－2（1）
定庵文集三卷續集四卷續錄一卷補編三卷古
今體詩二卷雜詩一卷詞選一卷詞錄一卷
（清）龔自珍撰　清光緒二十三年（1897）豐城
余氏寶墨齋刻本　六冊

430000－2401－0032817　437/1197－2（2）
定庵文集三卷續集四卷續錄一卷補編三卷古
今體詩二卷雜詩一卷詞選一卷詞錄一卷
（清）龔自珍撰　清光緒二十三年（1897）豐城
余氏寶墨齋刻本　六冊

430000－2401－0032818　437/1197
定庵文集三卷續集四卷文集補編四卷續錄一
卷古今體詩二卷續錄一卷雜詩一卷詞選一卷
詞錄一卷龔孝珙手鈔詞一卷拾遺一卷　（清）
龔自珍撰　清宣統元年（1909）國學扶輪社鉛
印本　三冊

430000－2401－0032819　437/1198－2
龔定庵集外未刻詩一卷　（清）龔自珍撰　清
宣統三年（1911）上海秋星社石印本　一冊

430000－2401－0032820　437/1196－2
校訂定庵全集十卷　（清）龔自珍撰　清宣統
元年（1909）上海時中書局鉛印本　七冊　缺
一卷（三）

430000－2401－0032821　437/1198

龔定庵別集一卷詩集定本二卷詞定本一卷集外未刻詩一卷集外未刻詞一卷　（清）龔自珍撰　（清）龔橙編　清宣統二年(1910)上海國光社鉛印本　二冊

430000－2401－0032822　△437/543

龔自珍文不分卷　（清）龔自珍撰　鈔本　一冊

430000－2401－0032823　437/2802

龔行健鄉試卷　（清）龔行健撰　清光緒二十八年(1902)刻本　一冊

430000－2401－0032824　437/1360

藏谷山房文存二卷詩存十四卷　（清）龔坤撰　清光緒二十一年(1895)湘西也安樂窩刻本　四冊

430000－2401－0032825　437/1360(1)

藏谷山房文存二卷詩存十四卷　（清）龔坤撰　清光緒二十一年(1895)湘西也安樂窩刻本　四冊

430000－2401－0032826　437/1360(2)

藏谷山房文存二卷詩存十四卷　（清）龔坤撰　清光緒二十一年(1895)湘西也安樂窩刻本　四冊

430000－2401－0032827　437/2225

淡靜齋文鈔六卷文鈔外篇二卷詩鈔六卷　（清）龔景瀚撰　清道光二十年(1840)思錫堂刻本　八冊

430000－2401－0032828　△437/208

卷施草堂詩文集　（清）龔鈞澤撰　清光緒稿本　清章恭樾、鄭宜卿、魏程先批校　十五冊

430000－2401－0032829　△437/209

卷施草堂隨筆一卷　（清）龔鈞澤撰　清光緒稿本　一冊

430000－2401－0032830　437/1056

露澥園稿四卷定山堂古文小品二卷續集一卷雜序一卷龔端毅公奏疏八卷浠川政譜二卷　（清）龔鼎孳撰　清道光十四年(1834)慶餘堂

重刻本　十三冊　缺一卷（定山堂古文小品二）

430000－2401－0032831　437/2524－2

龔端毅公奏疏八卷附一卷定山堂古文小品二卷續集一卷詩餘四卷露澥園稿四卷龔端毅公浠川政譜二卷　（清）龔鼎孳撰　清光緒十年(1884)刻本　十四冊

430000－2401－0032832　437/2524

定山堂詩集四十三卷詩餘四卷古文小品二卷續集一卷古文補遺三卷龔端毅公手札一卷　（清）龔鼎孳撰　清光緒九年至十年(1883－1884)聽彝書屋刻本　二十二冊

430000－2401－0032833　437/2485

歐可雜著六卷詩鈔十四卷　（清）龔鉽撰　清嘉慶十七年至道光七年(1812－1827)刻本　八冊

430000－2401－0032834　437/2253

芳草堂詩賦合鈔四卷　（清）龔維琳撰　清道光十四年(1834)尚德堂刻本　二冊

430000－2401－0032835　437/2668

靜園詩鈔前集□□卷　（清）龔鎮湘撰　清末稿本　一冊　存一卷(五)

430000－2401－0032836　437/2669

靜園集存五卷　（清）龔鎮湘撰輯　清宣統元年至二年(1909－1910)武昌鉛印本　五冊

430000－2401－0032837　413/386

登高介雅集一卷　（清）龔鎮湘撰輯　清宣統三年(1911)武昌鉛印靜園雜著本　一冊

430000－2401－0032838　413/386(1)

登高介雅集一卷　（清）龔鎮湘撰輯　清宣統三年(1911)武昌鉛印靜園雜著本　一冊

430000－2401－0032839　437/2951

盧州戰守記　（清）□□撰　清咸豐鈔本　一冊

430000－2401－0032840　437/2953

蓉江詩鈔六卷　（清）□□撰　清同治稿本　三冊

430000－2401－0032841　437/89

支離其詞一卷　（清）□□撰　清同治鈔本
一冊

430000－2401－0032842　437/2930

横山詩集　清光緒稿本　一冊

430000－2401－0032843　437/2917

晴箟雜志四卷　（清）□繼南撰　清光緒鈔本
二冊　存二卷(一、三)

430000－2401－0032844　437/2909

閩中吟六集　清宣統稿本　六冊

430000－2401－0032845　437/2937

吳中吟一卷　清稿本　一冊

430000－2401－0032846　437/2918

識山館吟草二卷　清稿本　一冊

430000－2401－0032847　438/886

虚受堂書札二卷　王先謙撰　清光緒三十三
年(1907)刻王葵園四種本　二冊

430000－2401－0032848　438/886(1)

虚受堂書札二卷　王先謙撰　清光緒三十三
年(1907)刻王葵園四種本　二冊

430000－2401－0032849　438/886(2)

虚受堂書札二卷　王先謙撰　清光緒三十三
年(1907)刻王葵園四種本　二冊

430000－2401－0032850　438/886(3)

虚受堂書札二卷　王先謙撰　清光緒三十三
年(1907)刻王葵園四種本　二冊

430000－2401－0032851　438/886(4)

虚受堂書札二卷　王先謙撰　清光緒三十三
年(1907)刻王葵園四種本　二冊

430000－2401－0032852　438/884

虚受堂文集十五卷　王先謙撰　清光緒二十
六年(1900)長沙王氏刻本　四冊

430000－2401－0032853　438/884(1)

虚受堂文集十五卷　王先謙撰　清光緒二十
六年(1900)長沙王氏刻本　四冊

430000－2401－0032854　438/884(2)

虚受堂文集十五卷　王先謙撰　清光緒二十
六年(1900)長沙王氏刻本　四冊

430000－2401－0032855　438/884(3)

虚受堂文集十五卷　王先謙撰　清光緒二十
六年(1900)長沙王氏刻本　四冊

430000－2401－0032856　438/884(4)

虚受堂文集十五卷　王先謙撰　清光緒二十
六年(1900)長沙王氏刻本　四冊

430000－2401－0032857　438/885－2

虚受堂詩存二十五卷　王先謙撰　清光緒二
十八年(1902)平江蘇氏刻本　四冊

430000－2401－0032858　438/939

夜雪集一卷　王闓運撰　清光緒九年(1883)
成都石室刻本　一冊

430000－2401－0032859　438/939(1)

夜雪集一卷　王闓運撰　清光緒九年(1883)
成都石室刻本　一冊

430000－2401－0032860　438/808

湘綺樓全集三十卷　王闓運撰　清光緒三十
三年(1907)長沙劉氏墨莊刻本　十四冊

430000－2401－0032861　438/808(1)

湘綺樓全集三十卷　王闓運撰　清光緒三十
三年(1907)長沙劉氏墨莊刻本　十二冊

430000－2401－0032862　438/808(2)

湘綺樓全集三十卷　王闓運撰　清光緒三十
三年(1907)長沙劉氏墨莊刻本　十二冊

430000－2401－0032863　438/808(3)

湘綺樓全集三十卷　王闓運撰　清光緒三十
三年(1907)長沙劉氏墨莊刻本　十二冊

430000－2401－0032864　438/808(4)

湘綺樓全集三十卷　王闓運撰　清光緒三十
三年(1907)長沙劉氏墨莊刻本　十八冊

430000－2401－0032865　△437/131

王湘綺詩稿一卷　王闓運撰　稿本　楊樹
達、劉宗向題跋　一冊

430000－2401－0032866　438/810

湘綺樓詩八卷夜雪集一卷後集一卷　王闓運撰　清光緒二十六年(1900)東洲講舍刻本　四冊

430000－2401－0032867　438/810(1)

湘綺樓詩八卷夜雪集一卷後集一卷　王闓運撰　清光緒二十六年(1900)東洲講舍刻本　四冊

430000－2401－0032868　438/810(2)

湘綺樓詩八卷夜雪集一卷後集一卷　王闓運撰　清光緒二十六年(1900)東洲講舍刻本　四冊

430000－2401－0032869　438/810(3)

湘綺樓詩八卷夜雪集一卷後集一卷　王闓運撰　清光緒二十六年(1900)東洲講舍刻本　四冊

430000－2401－0032870　438/810(4)

湘綺樓詩八卷夜雪集一卷後集一卷　王闓運撰　清光緒二十六年(1900)東洲講舍刻本　四冊

430000－2401－0032871　438/810(5)

湘綺樓詩八卷夜雪集一卷後集一卷　王闓運撰　清光緒二十六年(1900)東洲講舍刻本　四冊

430000－2401－0032872　438/811－3

湘綺樓詩十四卷　王闓運撰　清光緒三十三年(1907)衡陽刻本　四冊

430000－2401－0032873　438/811－3(1)

湘綺樓詩十四卷　王闓運撰　清光緒三十三年(1907)衡陽刻本　四冊

430000－2401－0032874　438/811－3(2)

湘綺樓詩十四卷　王闓運撰　清光緒三十三年(1907)衡陽刻本　四冊

430000－2401－0032875　438/811－4

湘綺樓詩十四卷　王闓運撰　清宣統二年(1910)上海國學扶輪社石印王壬秋全集本　四冊

430000－2401－0032876　△437/368

湘綺樓詩十卷文□□卷　王闓運撰　清鈔本

六冊　存十一卷(詩十卷、文三)

430000－2401－0032877　438/854

摩圍閣詩二卷詞二卷　易順鼎撰　清光緒八年(1882)刻本　一冊

430000－2401－0032878　438/854(1)

摩圍閣詩二卷詞二卷　易順鼎撰　清光緒八年(1882)刻本　一冊

430000－2401－0032879　438/498

四魂集四卷四魂外集四卷　易順鼎撰　清光緒二十二年(1896)刻哭庵叢書本　二冊

430000－2401－0032880　438/498(1)

四魂集四卷四魂外集四卷　易順鼎撰　清光緒二十二年(1896)刻哭庵叢書本　二冊

430000－2401－0032881　438/498(2)

四魂集四卷四魂外集四卷　易順鼎撰　清光緒二十二年(1896)刻哭庵叢書本　一冊

430000－2401－0032882　438/705

盾墨拾餘十四卷　易順鼎撰　清光緒二十二年(1896)刻哭庵叢書本　二冊　存六卷(一至六)

430000－2401－0032883　437/361

吳社集四卷　易順鼎撰　清光緒刻琴志樓叢書本　一冊

430000－2401－0032884　437/361(1)

吳社集四卷　易順鼎撰　清光緒刻琴志樓叢書本　一冊

430000－2401－0032885　438/1077

湘壇集二卷　易順鼎撰　清光緒刻琴志樓叢書本　一冊

430000－2401－0032886　438/1079

哭庵丁戊詩集四卷　易順鼎撰　清宣統鉛印本　一冊

430000－2401－0032887　438/1079(1)

哭庵丁戊詩集四卷　易順鼎撰　清宣統鉛印本　一冊

430000－2401－0032888　438/786

聞川綴舊詩二卷　唐佩金撰　清宣統三年
(1911)小桃花庵鉛印本　一冊

430000 - 2401 - 0032889　438/580

綺秋閣文選四卷樂府四卷　夏紹笙撰　清宣
統三年(1911)金陵刻本　二冊

430000 - 2401 - 0032890　438/778

禮闓郵齋詩鈔二卷　袁思永撰　清光緒三十
三年(1907)西泠石印本　一冊

430000 - 2401 - 0032891　438/778(1)

禮闓郵齋詩鈔二卷　袁思永撰　清光緒三十
三年(1907)西泠石印本　一冊

430000 - 2401 - 0032892　437/2275

眉韻樓詩三卷　孫雄撰　清光緒三十年
(1904)京師刻本　一冊

430000 - 2401 - 0032893　437/670

鄭齋漢學文編六卷　孫雄撰　清光緒三十四
年(1908)鉛印師鄭叢書本　二冊

430000 - 2401 - 0032894　438/1102

徐崇立鄉試墨卷一卷　徐崇立撰　清光緒二
十九年(1903)刻本　一冊

430000 - 2401 - 0032895　438/946(1)

八家四六文補註一卷補註增訂一卷　陳衍撰
　清光緒十八年(1892)上海方言館鉛印石遺
室叢書本　一冊

430000 - 2401 - 0032896　438/946

八家四六文補註一卷補註增訂一卷　陳衍撰
　清光緒鉛印本　一冊

430000 - 2401 - 0032897　438/749

石遺室詩集三卷補遺一卷　陳衍撰　清光緒
三十一年(1905)武昌刻本　一冊

430000 - 2401 - 0032898　△437/327

庸庵詩稿二卷　陳夔龍撰　稿本　二冊

430000 - 2401 - 0032899　438/454

松壽堂詩鈔十卷　陳夔龍撰　清宣統三年
(1911)京師刻本　四冊

430000 - 2401 - 0032900　437/2853

曾廣鈞會試硃卷　曾廣鈞撰　清光緒十五年
(1889)刻本　一冊

430000 - 2401 - 0032901　438/794

環天室古近體詩類選五卷後集一卷　曾廣鈞
撰　清宣統元年至二年(1909 - 1910)刻本
二冊

430000 - 2401 - 0032902　438/794(1)

環天室古近體詩類選五卷後集一卷　曾廣鈞
撰　清宣統元年至二年(1909 - 1910)刻本
二冊

430000 - 2401 - 0032903　438/794(2)

環天室古近體詩類選五卷後集一卷　曾廣鈞
撰　清宣統元年至二年(1909 - 1910)刻本
二冊

430000 - 2401 - 0032904　438/794(3)

環天室古近體詩類選五卷後集一卷　曾廣鈞
撰　清宣統元年至二年(1909 - 1910)刻本
二冊

430000 - 2401 - 0032905　438/794(4)

環天室古近體詩類選五卷後集一卷　曾廣鈞
撰　清宣統元年至二年(1909 - 1910)刻本
二冊

430000 - 2401 - 0032906　438/794(5)

環天室古近體詩類選五卷後集一卷　曾廣鈞
撰　清宣統元年至二年(1909 - 1910)刻本
二冊

430000 - 2401 - 0032907　438/794(6)

環天室古近體詩類選五卷後集一卷　曾廣鈞
撰　清宣統元年至二年(1909 - 1910)刻本
二冊

430000 - 2401 - 0032908　438/794(7)

環天室古近體詩類選五卷後集一卷　曾廣鈞撰
　清宣統元年至二年(1909 - 1910)刻本　二冊

430000 - 2401 - 0032909　438/543

頤瑣室詩四卷賓香詞一卷　湯寶榮撰　清光
緒十二年至民國十二年(1886 - 1923)湯氏家
刻本　四冊

430000 – 2401 – 0032910　437/1271

十發庵集字楹帖三卷　程頌萬撰　清光緒二十八年(1902)木活字本　一冊

430000 – 2401 – 0032911　△437/228

弢齋詩錄一卷　程頌萬撰　清鈔本　士鰲題識　一冊

430000 – 2401 – 0032912　438/1045

楚望閣集六卷　程頌萬撰　清光緒二十一年(1895)長沙俟園刻十發庵類稿本　一冊　存三卷(一至三)

430000 – 2401 – 0032913　438/1045(1)

楚望閣集六卷　程頌萬撰　清光緒二十一年(1895)長沙俟園刻十發庵類稿本　一冊　存三卷(四至六)

430000 – 2401 – 0032914　438/1045 – 2

楚望閣詩集十卷　程頌萬撰　清光緒二十七年(1901)長沙刻十發庵類稿本　一冊

430000 – 2401 – 0032915　438/1045 – 2(1)

楚望閣詩集十卷　程頌萬撰　清光緒二十七年(1901)長沙刻十發庵類稿本　一冊

430000 – 2401 – 0032916　438/1045 – 2(2)

楚望閣詩集十卷　程頌萬撰　清光緒二十七年(1901)長沙刻十發庵類稿本　二冊

430000 – 2401 – 0032917　438/1045 – 2(3)

楚望閣詩集十卷　程頌萬撰　清光緒二十七年(1901)長沙刻十發庵類稿本　三冊

430000 – 2401 – 0032918　438/1045 – 2(4)

楚望閣詩集十卷　程頌萬撰　清光緒二十七年(1901)長沙刻十發庵類稿本　三冊

430000 – 2401 – 0032919　437/2888

葉德輝鄉試硃卷　葉德輝撰　清光緒十一年(1885)刻本　一冊

430000 – 2401 – 0032920　438/1080

昆侖百詠集二卷　葉德輝撰　清光緒三十年(1904)長沙葉氏觀古堂刻本　一冊

430000 – 2401 – 0032921　438/262

消夏百一詩二卷　葉德輝撰　清光緒三十三

年(1907)鉛印本　一冊

430000 – 2401 – 0032922　438/1072

晦明軒稿一卷晦鳴軒稿一卷壬癸金石跋一卷丁戊金石跋一卷　楊守敬撰　清光緒二十七年至三十三年(1901 – 1907)鄰蘇園刻本　二冊

430000 – 2401 – 0032923　438/1072(1)

晦明軒稿一卷晦鳴軒稿一卷壬癸金石跋一卷丁戊金石跋一卷　楊守敬撰　清光緒二十七年至三十三年(1901 – 1907)鄰蘇園刻本　二冊

430000 – 2401 – 0032924　438/1072(2)

晦明軒稿一卷晦鳴軒稿一卷壬癸金石跋一卷丁戊金石跋一卷　楊守敬撰　清光緒二十七年至三十三年(1901 – 1907)鄰蘇園刻本　二冊

430000 – 2401 – 0032925　438/1072(3)

晦明軒稿一卷晦鳴軒稿一卷壬癸金石跋一卷丁戊金石跋一卷　楊守敬撰　清光緒二十七年至三十三年(1901 – 1907)鄰蘇園刻本　一冊

430000 – 2401 – 0032926　437/2825

熊希齡鄉試硃卷　熊希齡撰　清光緒十七年(1891)刻本　一冊

430000 – 2401 – 0032927　438/337 – 2

說劍堂集四卷　潘飛聲撰　清光緒十七年(1891)廣州富文齋刻本　一冊

430000 – 2401 – 0032928　438/822

蔚廬文集四卷　劉人熙撰　何嘉澍等輯　清光緒二十二年(1896)大梁刻本　四冊

430000 – 2401 – 0032929　438/822(1)

蔚廬文集四卷　劉人熙撰　何嘉澍等輯　清光緒二十二年(1896)大梁刻本　四冊

430000 – 2401 – 0032930　438/822(2)

蔚廬文集四卷　劉人熙撰　何嘉澍等輯　清光緒二十二年(1896)大梁刻本　三冊　缺一卷(四)

430000 – 2401 – 0032931　438/820

蔚廬詩稿一卷蔚廬騷賦銘贊一卷　劉人熙撰
　張邵仲等輯　清光緒二十二年(1896)大梁
刻本　一冊

430000 – 2401 – 0032932　438/820(1)

蔚廬詩稿一卷蔚廬騷賦銘贊一卷　劉人熙撰
　張邵仲等輯　清光緒二十二年(1896)大梁
刻本　一冊

430000 – 2401 – 0032933　438/821

**蔚廬四十五自定詩稿一卷補遺一卷補過精舍
詩草一卷蔚廬詩稿一卷蔚廬騷賦銘贊一卷**
劉人熙撰　張邵仲等輯　清光緒二十二年
(1896)大梁刻本　一冊

430000 – 2401 – 0032934　438/821(1)

**蔚廬四十五自定詩稿一卷補遺一卷補過精舍
詩草一卷蔚廬詩稿一卷蔚廬騷賦銘贊一卷**
劉人熙撰　張邵仲等輯　清光緒二十二年
(1896)大梁刻本　一冊

430000 – 2401 – 0032935　438/819

蔚廬文稿一卷　劉人熙撰　劉人蓉輯　清光
緒二十年(1894)小桃源里刻本　一冊

430000 – 2401 – 0032936　438/819(1)

蔚廬文稿一卷　劉人熙撰　劉人蓉輯　清光
緒二十年(1894)小桃源里刻本　一冊

430000 – 2401 – 0032937　438/1089

藝風堂文集七卷外篇一卷　繆荃孫撰　清光
緒二十六年(1900)刻本　四冊

430000 – 2401 – 0032938　438/1089(1)

藝風堂文集七卷外篇一卷　繆荃孫撰　清光
緒二十六年(1900)刻本　四冊

430000 – 2401 – 0032939　438/1089(2)

藝風堂文集七卷外篇一卷　繆荃孫撰　清光
緒二十六年(1900)刻本　四冊

430000 – 2401 – 0032940　438/1089(3)

藝風堂文集七卷外篇一卷　繆荃孫撰　清光
緒二十六年(1900)刻本　四冊

430000 – 2401 – 0032941　438/1089(4)

藝風堂文集七卷外篇一卷　繆荃孫撰　清光
緒二十六年(1900)刻本　三冊

430000 – 2401 – 0032942　438/1090

藝風堂文續集八卷　繆荃孫撰　清宣統二年
(1910)刻本　四冊

430000 – 2401 – 0032943　438/1090(1)

藝風堂文續集八卷　繆荃孫撰　清宣統二年
(1910)刻本　四冊

430000 – 2401 – 0032944　438/1090(2)

藝風堂文續集八卷　繆荃孫撰　清宣統二年
(1910)刻本　四冊

430000 – 2401 – 0032945　438/1090(3)

藝風堂文續集八卷　繆荃孫撰　清宣統二年
(1910)刻本　二冊

430000 – 2401 – 0032946　438/1091

**藝風堂文漫存癸甲稿四卷乙丁稿五卷辛壬稿
三卷**　繆荃孫撰　清末至民國初年刻本
三冊

430000 – 2401 – 0032947　438/1091(1)

**藝風堂文漫存癸甲稿四卷乙丁稿五卷辛壬稿
三卷**　繆荃孫撰　清末至民國初年刻本
三冊

430000 – 2401 – 0032948　439.2/21

雙綫記六卷　(英國)厄冷撰　(清)逸儒口譯
　(清)秀玉筆述　清光緒二十九年(1903)杭
州武林印刷所鉛印本　二冊

430000 – 2401 – 0032949　439.2/8

西鐸九卷　(英國)李提摩太撰　清光緒二十
一年(1895)刻本　一冊

430000 – 2401 – 0032950　△451/2

宋名家詞　(明)毛晉輯　明崇禎毛氏汲古閣
刻本　四十八冊

430000 – 2401 – 0032951　441/1

宋名家詞　(明)毛晉輯　清光緒十四年
(1888)錢塘汪氏刻本　二十四冊

430000 – 2401 – 0032952　441/1(1)

宋名家詞　(明)毛晉輯　清光緒十四年

(1888)錢塘汪氏刻本　三十二冊

430000－2401－0032953　441/1(2)
宋名家詞　(明)毛晉輯　清光緒十四年
(1888)錢塘汪氏刻本　三十冊

430000－2401－0032954　441/1(3)
宋名家詞　(明)毛晉輯　清光緒十四年
(1888)錢塘汪氏刻本　三十冊

430000－2401－0032955　441/1(4)
宋名家詞　(明)毛晉輯　清光緒十四年
(1888)錢塘汪氏刻本　三十冊

430000－2401－0032956　441/1(5)
宋名家詞　(明)毛晉輯　清光緒十四年
(1888)錢塘汪氏刻本　二十四冊

430000－2401－0032957　441/1(6)
宋名家詞　(明)毛晉輯　清光緒十四年
(1888)錢塘汪氏刻本　二十四冊

430000－2401－0032958　441/1(7)
宋名家詞　(明)毛晉輯　清光緒十四年
(1888)錢塘汪氏刻本　四冊

430000－2401－0032959　441/19
詞苑英華　(明)毛晉輯　清乾隆十七年
(1752)曲溪洪振珂重印明海虞毛氏汲古閣刻
本　八冊　存二十七卷　(花庵絕妙詞選十
卷、中興以來絕妙詞選十卷、草堂詩餘四卷、
詩餘圖譜三卷)

430000－2401－0032960　441/19(1)
詞苑英華　(明)毛晉輯　清乾隆十七年
(1752)曲溪洪振珂重印明海虞毛氏汲古閣刻
本　八冊　存七卷(花庵絕妙詞選一至四、中
興絕絕妙詞選三至四、詩餘圖譜三)

430000－2401－0032961　441/8
西泠詞萃　(清)丁丙輯　清光緒十一年至十
三年(1885－1887)錢唐丁氏刻本　四冊

430000－2401－0032962　441/8(1)
西泠詞萃　(清)丁丙輯　清光緒十一年至十
三年(1885－1887)錢唐丁氏刻本　四冊

430000－2401－0032963　441/9

四印齋所刻詞　(清)王鵬運輯　清光緒十四
年(1888)臨桂王氏家塾刻本　十七冊

430000－2401－0032964　441/9(1)
四印齋所刻詞　(清)王鵬運輯　清光緒十四
年(1888)臨桂王氏家塾刻本　十八冊

430000－2401－0032965　441/9(2)
四印齋所刻詞　(清)王鵬運輯　清光緒十四
年(1888)臨桂王氏家塾刻本　二十四冊

430000－2401－0032966　441/9(3)
四印齋所刻詞　(清)王鵬運輯　清光緒十四
年(1888)臨桂王氏家塾刻本　十二冊

430000－2401－0032967　441/3
宋七家詞選　(清)戈載輯　清光緒十一年
(1885)刻蒙香室叢書本　三冊

430000－2401－0032968　441/3(1)
宋七家詞選　(清)戈載輯　清光緒十一年
(1885)刻蒙香室叢書本　三冊

430000－2401－0032969　441/3(2)
宋七家詞選　(清)戈載輯　清光緒十一年
(1885)刻蒙香室叢書本　三冊

430000－2401－0032970　441/3－2
宋七家詞選　(清)戈載輯　清宣統三年
(1911)上海掃葉山房鉛印本　三冊

430000－2401－0032971　441/22
宋元名家詞　(清)江標輯　清光緒二十一年
(1895)湖南思賢書局刻本　四冊

430000－2401－0032972　441/22(1)
宋元名家詞　(清)江標輯　清光緒二十一年
(1895)湖南思賢書局刻本　四冊

430000－2401－0032973　441/22(2)
宋元名家詞　(清)江標輯　清光緒二十一年
(1895)湖南思賢書局刻本　四冊

430000－2401－0032974　441/22(3)
宋元名家詞　(清)江標輯　清光緒二十一年
(1895)湖南思賢書局刻本　四冊

430000－2401－0032975　441/22(4)

宋元名家詞 （清）江標輯 清光緒二十一年 (1895)湖南思賢書局刻本 四冊

430000－2401－0032976 441/22（5）
宋元名家詞 （清）江標輯 清光緒二十一年 (1895)湖南思賢書局刻本 四冊

430000－2401－0032977 441/11－4
詞學全書 （清）查培繼輯 清康熙十八年 (1679)寶旭齋刻本 八冊

430000－2401－0032978 441/11－4（1）
詞學全書 （清）查培繼輯 清康熙十八年 (1679)寶旭齋刻本 六冊

430000－2401－0032979 441/11－2
詞學全書 （清）查培繼輯 清乾隆十一年 (1746)序世德堂刻本 六冊

430000－2401－0032980 441/11－2（1）
詞學全書 （清）查培繼輯 清乾隆十一年 (1746)序世德堂刻本 六冊

430000－2401－0032981 441/11－2（2）
詞學全書 （清）查培繼輯 清乾隆十一年 (1746)序世德堂刻本 六冊

430000－2401－0032982 441/11
詞學全書 （清）查培繼輯 清乾隆致和堂重印清康熙十八年(1679)寶旭齋刻本 六冊

430000－2401－0032983 441/11（1）
詞學全書 （清）查培繼輯 清乾隆致和堂重印清康熙十八年(1679)寶旭齋刻本 八冊

430000－2401－0032984 △451/1
十名家詞集 （清）侯文燦輯 清康熙二十八年(1689)侯氏亦園刻本 佚名批校圈點 四冊

430000－2401－0032985 441/12
詞學叢書 （清）秦恩復輯 清嘉慶、道光江都秦氏享帚精舍刻本 十二冊

430000－2401－0032986 441/12（1）
詞學叢書 （清）秦恩復輯 清嘉慶、道光江都秦氏享帚精舍刻本 十冊

430000－2401－0032987 441/12（2）
詞學叢書 （清）秦恩復輯 清嘉慶、道光江都秦氏享帚精舍刻本 十冊

430000－2401－0032988 441/12（3）
詞學叢書 （清）秦恩復輯 清嘉慶、道光江都秦氏享帚精舍刻本 十冊

430000－2401－0032989 441/12（4）
詞學叢書 （清）秦恩復輯 清嘉慶、道光江都秦氏享帚精舍刻本 十一冊

430000－2401－0032990 441/12（5）
詞學叢書 （清）秦恩復輯 清嘉慶、道光江都秦氏享帚精舍刻本 六冊

430000－2401－0032991 441/12（6）
詞學叢書 （清）秦恩復輯 清嘉慶、道光江都秦氏享帚精舍刻本 八冊

430000－2401－0032992 441/12－2
詞學叢書 （清）秦恩復輯 清光緒六年 (1880)邗江承啟堂重印嘉慶、道光江都秦氏享帚精舍刻本 十冊

430000－2401－0032993 441/14
百名家詞鈔 （清）聶先 （清）曾王孫輯 清康熙金閶綠蔭堂刻本 四冊

430000－2401－0032994 441/13
詩餘偶鈔 王先謙輯 清光緒十六年(1890)長沙王氏刻本 一冊

430000－2401－0032995 441/13（1）
詩餘偶鈔 王先謙輯 清光緒十六年(1890)長沙王氏刻本 一冊

430000－2401－0032996 441/13（2）
詩餘偶鈔 王先謙輯 清光緒十六年(1890)長沙王氏刻本 一冊

430000－2401－0032997 441/13（3）
詩餘偶鈔 王先謙輯 清光緒十六年(1890)長沙王氏刻本 一冊

430000－2401－0032998 441/13（4）
詩餘偶鈔 王先謙輯 清光緒十六年(1890)長沙王氏刻本 一冊

430000 – 2401 – 0032999　441/13（5）

詩餘偶鈔 王先謙輯 清光緒十六年（1890）
長沙王氏刻本 一冊

430000 – 2401 – 0033000　441/20

小檀欒室匯刻閨秀詞 徐乃昌輯 清光緒二
十一年至二十二年（1895－1896）南陵徐氏刻
本 二十冊

430000 – 2401 – 0033001　441/20（1）

小檀欒室匯刻閨秀詞 徐乃昌輯 清光緒二
十一年至二十二年（1895－1896）南陵徐氏刻
本 十三冊

430000 – 2401 – 0033002　441/15

宋六十一家詞選十二卷 馮煦輯 清光緒十
三年（1887）冶城山館刻本 四冊

430000 – 2401 – 0033003　441/15（1）

宋六十一家詞選十二卷 馮煦輯 清光緒十
三年（1887）冶城山館刻本 四冊

430000 – 2401 – 0033004　441/15（2）

宋六十一家詞選十二卷 馮煦輯 清光緒十
三年（1887）冶城山館刻本 四冊

430000 – 2401 – 0033005　441/17

雲自在龕匯刻名家詞 繆荃孫輯 清光緒江
陰繆氏刻雲自在龕叢書本 五冊

430000 – 2401 – 0033006　441/4

四種詞四種四卷 清末成都存古書局刻本
二冊

430000 – 2401 – 0033007　△452/5

花間集十卷 （後蜀）趙崇祚輯 （明）湯顯祖
評 明毛氏汲古閣刻本 二冊

430000 – 2401 – 0033008　442/35－5

花間集十卷 （後蜀）趙崇祚輯 清光緒十九
年（1893）臨桂王氏刻本 一冊

430000 – 2401 – 0033009　442/35－5（1）

花間集十卷 （後蜀）趙崇祚輯 清光緒十九
年（1893）臨桂王氏刻本 一冊

430000 – 2401 – 0033010　442/35－5（2）

花間集十卷 （後蜀）趙崇祚輯 清光緒十九

年（1893）臨桂王氏刻本 一冊

430000 – 2401 – 0033011　442/35－5（3）

花間集十卷 （後蜀）趙崇祚輯 清光緒十九
年（1893）臨桂王氏刻本 一冊

430000 – 2401 – 0033012　442/35－5（4）

花間集十卷 （後蜀）趙崇祚輯 清光緒十九
年（1893）臨桂王氏刻本 一冊

430000 – 2401 – 0033013　△452/5－2

花間集十卷 （後蜀）趙崇祚輯 （明）湯顯祖
評 清鈔本 四冊 存四卷（一至四）

430000 – 2401 – 0033014　△452/8

草堂詩餘五卷 （宋）何士信輯 （明）楊慎評
點 明閔映璧刻朱墨套印本 四冊

430000 – 2401 – 0033015　△452/7

草堂詩餘四卷 （宋）何士信輯 明毛晉汲古
閣刻本 二冊

430000 – 2401 – 0033016　△452/7（1）

草堂詩餘四卷 （宋）何士信輯 明毛晉汲古
閣刻本 二冊

430000 – 2401 – 0033017　442/25

絕妙好詞箋七卷 （宋）周密輯 （清）查爲仁
（清）厲鶚箋註 清道光八年（1828）徐懋杭
州愛日軒刻本 佚名批校 四冊

430000 – 2401 – 0033018　442/25（1）

絕妙好詞箋七卷 （宋）周密輯 （清）查爲仁
（清）厲鶚箋註 清道光八年（1828）徐懋杭
州愛日軒刻本 四冊

430000 – 2401 – 0033019　442/25（2）

絕妙好詞箋七卷 （宋）周密輯 （清）查爲仁
（清）厲鶚箋註 清道光八年（1828）徐懋杭
州愛日軒刻本 二冊

430000 – 2401 – 0033020　442/25（3）

絕妙好詞箋七卷 （宋）周密輯 （清）查爲仁
（清）厲鶚箋註 清道光八年（1828）徐懋杭
州愛日軒刻本 二冊

430000 – 2401 – 0033021　442/25（4）

絕妙好詞箋七卷 （宋）周密輯 （清）查爲仁

（清）厲鶚箋註　清道光八年（1828）徐懋杭州愛日軒刻本　二冊

430000－2401－0033022　442/25（5）

絕妙好詞箋七卷　（宋）周密輯　（清）查爲仁　（清）厲鶚箋註　清道光八年（1828）徐懋杭州愛日軒刻本　三冊　存六卷（一至六）

430000－2401－0033023　442/25－2

絕妙好詞箋七卷　（宋）周密輯　（清）查爲仁　（清）厲鶚箋註　清同治十一年（1872）會稽章氏刻本　四冊

430000－2401－0033024　442/25－2（1）

絕妙好詞箋七卷　（宋）周密輯　（清）查爲仁　（清）厲鶚箋註　清同治十一年（1872）會稽章氏刻本　三冊

430000－2401－0033025　△452/1

中興以來絕妙詞選十卷　（宋）黃昇輯　明毛氏汲古閣刻本　四冊

430000－2401－0033026　△452/6

唐宋諸賢絕妙詞選十卷中興以來絕妙詞選十卷　（宋）黃昇輯　明萬曆四十二年（1614）刻本　八冊

430000－2401－0033027　△452/6－2

唐宋諸賢絕妙詞選十卷中興以來絕妙詞選十卷　（宋）黃昇輯　清乾隆十七年（1752）刻本　五冊　缺三卷（中興以來絕妙詞選八至十）

430000－2401－0033028　442/6

精選名儒草堂詩餘三卷　（元）鳳林書院輯　清嘉慶四年（1799）桐川顧氏刻讀畫齋叢書本　一冊

430000－2401－0033029　△453/10

詞林萬選四卷　（明）任良幹輯　明崇禎毛氏汲古閣刻本　一冊

430000－2401－0033030　△452/9

草堂詩餘續集二卷　（明）長湖外史輯　（明）沈際飛評　**草堂詩餘新集五卷別集四卷**（明）沈際飛輯并評　明刻本　四冊　缺三卷（新集一至三）

430000－2401－0033031　442/57

草堂詩餘續集二卷　（明）長湖外史輯　（明）天羽居士評　明刻本　一冊

430000－2401－0033032　△452/3

古今詞統十六卷　（明）卓人月匯選　（明）徐士俊參評　明崇禎刻本　佚名批校圈點　五冊　存十卷（三至十二）

430000－2401－0033033　△452/13

精選古今詩餘醉□□卷　（明）潘游龍輯　明胡氏十竹齋刻本　二冊　存四卷（十二至十五）

430000－2401－0033034　442/45

國朝詩餘新集四卷　（明）錢允治輯　（明）沈際飛評選　明末刻本　一冊　存二卷（一至二）

430000－2401－0033035　442/1（3）

國朝詞綜四十八卷二集八卷　（清）王昶輯　清同治四年（1865）重校嘉慶八年（1803）刻本　十一冊　缺五卷（八至十二）

430000－2401－0033036　442/1

國朝詞綜四十八卷二集八卷　（清）王昶輯　清嘉慶八年（1803）三泖漁莊刻本　十冊

430000－2401－0033037　442/1（1）

國朝詞綜四十八卷二集八卷　（清）王昶輯　清嘉慶八年（1803）三泖漁莊刻本　十冊

430000－2401－0033038　442/1（4）

國朝詞綜四十八卷二集八卷　（清）王昶輯　清嘉慶八年（1803）三泖漁莊刻本　十六冊

430000－2401－0033039　442/1（5）

國朝詞綜四十八卷二集八卷　（清）王昶輯　清嘉慶八年（1803）三泖漁莊刻本　一冊　存五卷（四十一至四十五）

430000－2401－0033040　442/44

唐五代詞選三卷　（清）成肇麟輯　清光緒十三年（1887）刻本　一冊

430000－2401－0033041　442/44（1）

唐五代詞選三卷　（清）成肇麟輯　清光緒十

三年(1887)刻本　一冊

430000－2401－0033042　442/44(2)

唐五代詞選三卷　(清)成肇麟輯　清光緒十
三年(1887)刻本　一冊

430000－2401－0033043　442/44(3)

唐五代詞選三卷　(清)成肇麟輯　清光緒十
三年(1887)刻本　一冊

430000－2401－0033044　442/44(4)

唐五代詞選三卷　(清)成肇麟輯　清光緒十
三年(1887)刻本　一冊

430000－2401－0033045　442/44(5)

唐五代詞選三卷　(清)成肇麟輯　清光緒十
三年(1887)刻本　一冊

430000－2401－0033046　442/51

唐五代詞選三卷　(清)成肇麟輯　清光緒湖
南思賢書局刻本　一冊

430000－2401－0033047　442/51(1)

唐五代詞選三卷　(清)成肇麟輯　清光緒湖
南思賢書局刻本　一冊

430000－2401－0033048　442/51(2)

唐五代詞選三卷　(清)成肇麟輯　清光緒湖
南思賢書局刻本　一冊

430000－2401－0033049　442/51(3)

唐五代詞選三卷　(清)成肇麟輯　清光緒湖
南思賢書局刻本　一冊

430000－2401－0033050　442/51(4)

唐五代詞選三卷　(清)成肇麟輯　清光緒湖
南思賢書局刻本　一冊

430000－2401－0033051　442/51(5)

唐五代詞選三卷　(清)成肇麟輯　清光緒湖
南思賢書局刻本　一冊

430000－2401－0033052　442/51(6)

唐五代詞選三卷　(清)成肇麟輯　清光緒湖
南思賢書局刻本　一冊

430000－2401－0033053　△452/2

玉瓊集十二卷　(清)朱和羲輯　清光緒七年

(1881)鈔本　六冊

430000－2401－0033054　△452/11

詞綜三十卷　(清)朱彝尊輯　(清)汪森增輯
清康熙十七年(1678)汪氏裘杼樓刻本
四冊

430000－2401－0033055　△452/12

詞綜三十六卷　(清)朱彝尊輯　(清)汪森增
輯　清康熙十七年(1678)汪氏裘杼樓刻三十
年(1691)增修本　六冊

430000－2401－0033056　442/2－3

詞綜三十六卷　(清)朱彝尊輯　清康熙三十
年(1691)休陽汪氏裘杼樓刻本　十二冊

430000－2401－0033057　442/2－3(1)

詞綜三十六卷　(清)朱彝尊輯　清康熙三十
年(1691)休陽汪氏裘杼樓刻本　四冊

430000－2401－0033058　442/2－3(2)

詞綜三十六卷　(清)朱彝尊輯　清康熙三十
年(1691)休陽汪氏裘杼樓刻本　十冊

430000－2401－0033059　442/2

詞綜三十八卷　(清)朱彝尊輯　**明詞綜十二
卷國朝詞綜四十八卷二集八卷**　(清)王昶輯
清嘉慶七年(1802)刻本　二十冊

430000－2401－0033060　442/2(1)

詞綜三十八卷　(清)朱彝尊輯　**明詞綜十二
卷國朝詞綜四十八卷二集八卷**　(清)王昶輯
清嘉慶七年(1802)刻本　二十冊

430000－2401－0033061　442/2(2)

詞綜三十八卷　(清)朱彝尊輯　**明詞綜十二
卷國朝詞綜四十八卷二集八卷**　(清)王昶輯
清嘉慶七年(1802)刻本　二十

430000－2401－0033062　442/2(3)

詞綜三十八卷　(清)朱彝尊輯　**明詞綜十二
卷國朝詞綜四十八卷二集八卷**　(清)王昶輯
清嘉慶七年(1802)刻本　二十四冊

430000－2401－0033063　△452/14

御選歷代詩餘一百二十卷　(清)沈辰垣等輯
清康熙四十六年(1707)內府刻本　四十冊

430000－2401－0033064　△452/14（1）

御選歷代詩餘一百二十卷　（清）沈辰垣等輯
　清康熙四十六年(1707)内府刻本　二十一
　冊　存八十七卷(二十七至八十五、九十三至
　一百二十)

430000－2401－0033065　442/4

心日齋十六家詞錄二卷附題一卷　（清）周之
琦輯撰　清道光二十四年(1844)刻本　二冊

430000－2401－0033066　442/50

宋四家詞選一卷　（清）周濟輯評　清光緒湖
南思賢書局刻本　一冊

430000－2401－0033067　442/50（1）

宋四家詞選一卷　（清）周濟輯評　清光緒湖
南思賢書局刻本　一冊

430000－2401－0033068　442/50（2）

宋四家詞選一卷　（清）周濟輯評　清光緒湖
南思賢書局刻本　一冊

430000－2401－0033069　442/50（3）

宋四家詞選一卷　（清）周濟輯評　清光緒湖
南思賢書局刻本　一冊

430000－2401－0033070　442/50（4）

宋四家詞選一卷　（清）周濟輯評　清光緒湖
南思賢書局刻本　一冊

430000－2401－0033071　442/50（5）

宋四家詞選一卷　（清）周濟輯評　清光緒湖
南思賢書局刻本　一冊

430000－2401－0033072　△452/4

林下詞選十四卷　（清）周銘輯　清康熙十年
(1671)周氏寧靜堂刻金成棟增修本　四冊

430000－2401－0033073　△452/15

評註詞比一卷　（清）秦選之輯　稿本　一冊

430000－2401－0033074　442/33

清綺軒詞選十三卷　（清）夏秉衡輯　清光緒
十年(1884)覽輝書屋刻本　六冊

430000－2401－0033075　442/36

絕妙好詞六卷　（清）孫麟趾選　清咸豐五年
(1855)刻本　二冊

430000－2401－0033076　441/28

詞苑叢談十二卷　（清）徐釚撰　清鉛印本
二冊　存六卷(一至六)

430000－2401－0033077　442/49－2

詞選二卷　（清）張惠言輯　清同治六年
(1867)刻本　一冊

430000－2401－0033078　442/49－2（1）

詞選二卷　（清）張惠言輯　清同治六年
(1867)刻本　一冊

430000－2401－0033079　442/49－2（2）

詞選二卷　（清）張惠言輯　清同治六年
(1867)刻本　一冊

430000－2401－0033080　442/49－5

詞選二卷　（清）張惠言輯　清光緒四年
(1878)鄂渚刻本　一冊

430000－2401－0033081　442/49－5（1）

詞選二卷　（清）張惠言輯　清光緒四年
(1878)鄂渚刻本　一冊

430000－2401－0033082　442/49－5（2）

詞選二卷　（清）張惠言輯　清光緒四年
(1878)鄂渚刻本　一冊

430000－2401－0033083　442/49－4

詞選二卷　（清）張惠言輯　清末官書處刻本
　二冊

430000－2401－0033084　442/49－4（1）

詞選二卷　（清）張惠言輯　清末官書處刻本
　二冊

430000－2401－0033085　442/49－4（2）

詞選二卷　（清）張惠言輯　清末官書處刻本
　二冊

430000－2401－0033086　442/49－4（3）

詞選二卷　（清）張惠言輯　清末官書處刻本
　二冊

430000－2401－0033087　442/49－4（4）

詞選二卷　（清）張惠言輯　清末官書處刻本
　二冊

430000－2401－0033088　442/49－3
詞選二卷　（清）張惠言輯　清末湖南思賢書局重刻本　一冊

430000－2401－0033089　442/49－3(1)
詞選二卷　（清）張惠言輯　清末湖南思賢書局刻本　一冊

430000－2401－0033090　442/49－3(2)
詞選二卷　（清）張惠言輯　清末湖南思賢書局刻本　一冊

430000－2401－0033091　442/49－3(3)
詞選二卷　（清）張惠言輯　清末湖南思賢書局刻本　一冊

430000－2401－0033092　442/49－3(4)
詞選二卷　（清）張惠言輯　清末湖南思賢書局刻本　一冊

430000－2401－0033093　442/49－3(5)
詞選二卷　（清）張惠言輯　清末湖南思賢書局刻本　一冊

430000－2401－0033094　442/49－3(6)
詞選二卷　（清）張惠言輯　清末湖南思賢書局刻本　一冊

430000－2401－0033095　442/49－3(7)
詞選二卷　（清）張惠言輯　清末湖南思賢書局刻本　一冊

430000－2401－0033096　442/49－3(8)
詞選二卷　（清）張惠言輯　清末湖南思賢書局刻本　一冊

430000－2401－0033097　442/49－3(9)
詞選二卷　（清）張惠言輯　清末湖南思賢書局刻本　一冊

430000－2401－0033098　442/49－3(10)
詞選二卷　（清）張惠言輯　清末湖南思賢書局刻本　一冊

430000－2401－0033099　442/49－3(11)
詞選二卷　（清）張惠言輯　清末湖南思賢書局刻本　一冊

430000－2401－0033100　442/5
詞綜補遺二十卷　（清）陶樑輯　清道光十四年(1834)紅豆樹館刻本　四冊

430000－2401－0033101　442/3
國朝詞綜續編二十四卷　（清）黃燮清輯　清同治十二年(1873)鄂垣刻本　三冊　存十二卷(一至十二)

430000－2401－0033102　442/27
閩詞鈔四卷　（清）葉申薌輯　清道光十四年(1834)三山葉氏刻本　四冊

430000－2401－0033103　442/56
天籟軒詞選六卷　（清）葉申薌輯　清道光十九年(1839)閩中葉氏天籟軒刻天籟軒五種本　一冊　存一卷(二)

430000－2401－0033104　442/19
昭代詞選三十八卷　（清）蔣重光輯　清乾隆三十二年(1767)經鉏堂刻本　十二冊

430000－2401－0033105　442/28
篋中詞六卷續二卷　（清）譚獻輯　清光緒八年(1882)刻本　四冊

430000－2401－0033106　442/17
今詞初集二卷　（清）顧貞觀　（清）納蘭性德選　清光緒二十三年(1897)無錫張氏雪浪山房刻本　二冊

430000－2401－0033107　442/22－2
絕妙好詞前編一卷本編一卷續編一卷　王闓運輯　清光緒二十五年(1899)許銘彝鈔本　一冊

430000－2401－0033108　442/23－3
湘綺樓詞選前編一卷本編一卷續編一卷　王闓運輯　清光緒二十七年(1901)湘東刻本　一冊

430000－2401－0033109　442/8
常州詞錄三十一卷　繆荃孫輯　清光緒二十二年(1896)江陰繆氏刻本　十二冊

430000－2401－0033110　442/8(1)
常州詞錄三十一卷　繆荃孫輯　清光緒二十

二年(1896)江陰繆氏刻本 十冊

430000－2401－0033111 △453/7

秋崖先生詞一卷 (宋)方岳撰 延露詞三卷
(清)彭孫遹撰 清鈔本 佚名批校 一冊

430000－2401－0033112 △453/3

玉笥山人詞集一卷 (宋)王沂孫撰 明文淑
鈔本 葉德輝、葉啟勳、許崇熙、龍毓瑩題識
一冊

430000－2401－0033113 443.3/18

夢窗甲稿一卷乙稿一卷丙稿一卷丁稿一卷補
遺一卷續補遺一卷 (宋)吳文英撰 清咸豐
十一年(1861)曼陀羅華閣刻曼陀羅華閣叢書
本 二冊

430000－2401－0033114 443.3/18(1)

夢窗甲稿一卷乙稿一卷丙稿一卷丁稿一卷補
遺一卷續補遺一卷 (宋)吳文英撰 清咸豐
十一年(1861)曼陀羅華閣刻曼陀羅華閣叢書
本 二冊

430000－2401－0033115 443.3/18－2

夢窗甲稿一卷乙稿一卷丙稿一卷丁稿一卷補
遺一卷 (宋)吳文英撰 清光緒二十五年
(1899)臨桂王氏四印齋刻本 一冊

430000－2401－0033116 443.3/18－3

夢窗甲稿一卷乙稿一卷丙稿一卷丁稿一卷補
遺一卷 (宋)吳文英撰 清光緒三十四年
(1908)歸安朱氏無著庵刻本 一冊

430000－2401－0033117 443.3/17

清真集二卷集外詞一卷 (宋)周邦彥撰 清
光緒二十二年(1896)臨桂王氏四印齋仿元本
刻本 一冊

430000－2401－0033118 443.3/3

草窗詞二卷補二卷 (宋)周密撰 清咸豐十
一年(1861)曼陀羅華閣刻本 一冊

430000－2401－0033119 443.3/3－2

草窗詞二卷補二卷 (宋)周密撰 朱祖謀輯
校 清光緒二十六年(1900)刻本 一冊

430000－2401－0033120 443.3/6－2

白石道人歌曲四卷別集一卷 (宋)姜夔撰
清道光二年(1822)刻本 一冊

430000－2401－0033121 443.3/7

白石道人歌曲六卷別集一卷 (宋)姜夔撰
清宣統三年(1911)石印本 一冊

430000－2401－0033122 443.3/7(1)

白石道人歌曲六卷別集一卷 (宋)姜夔撰
清宣統三年(1911)石印本 一冊

430000－2401－0033123 443.3/16－2

蘆川詞一卷 (宋)張元幹撰 清汲古閣刻本
一冊

430000－2401－0033124 △453/1

山中白雲詞八卷附錄一卷 (宋)張炎撰 清
雍正四年(1726)珍藝堂刻本 三冊

430000－2401－0033125 △453/1(1)

山中白雲詞八卷附錄一卷 (宋)張炎撰 清
雍正四年(1726)珍藝堂刻本 二冊

430000－2401－0033126 443.3/22－3

山中白雲詞八卷樂府指迷一卷 (宋)張炎撰
(清)許增輯 清康熙六十一年(1722)城書
室刻本 一冊 存五卷(四至八)

430000－2401－0033127 443.3/22

山中白雲詞八卷詞源二卷 (宋)張炎撰
(清)許增輯 清光緒八年(1882)娛園刻本
二冊

430000－2401－0033128 443.3/22－2

山中白雲詞八卷詞源二卷 (宋)張炎撰
(清)許增輯 清刻本 三冊

430000－2401－0033129 443.3/22－2(1)

山中白雲詞八卷詞源二卷 (宋)張炎撰
(清)許增輯 清刻本 三冊

430000－2401－0033130 443.3/22－2(2)

山中白雲詞八卷詞源二卷 (宋)張炎撰
(清)許增輯 清刻本 三冊

430000－2401－0033131 △453/1－2

山中白雲詞八卷 (宋)張炎撰 清玉玲瓏閣
刻本 二冊

430000－2401－0033132　443.3/4

石林詞一卷補遺一卷　（宋）葉夢得撰　葉德輝校　清宣統三年(1911)葉氏觀古堂刻本　一冊

430000－2401－0033133　443.3/4(1)

石林詞一卷補遺一卷　（宋）葉夢得撰　葉德輝校　清宣統三年(1911)葉氏觀古堂刻本　一冊

430000－2401－0033134　△413/107

東坡詞二卷　（宋）蘇軾撰　山谷詞二卷（宋）黃庭堅撰　清鈔本　一冊

430000－2401－0033135　443.5/1

雲林詞一卷　（元）倪瓚撰　清光緒二十一年(1895)湖南思賢書局刻本　一冊

430000－2401－0033136　443.5/2

貞居詞一卷　（元）張天雨撰　清光緒十二年(1886)刻本　一冊

430000－2401－0033137　443.5/2

柘軒詞一卷　（明）凌雲翰撰　清光緒十三年(1887)刻本　一冊

430000－2401－0033138　443.6/5

陳忠裕詞一卷首一卷　（明）陳子龍撰　夏節湣詞一卷首一卷　（明）夏完淳撰　清光緒二十九年(1903)刻本　一冊

430000－2401－0033139　△453/12

楊升庵先生長短句四卷　（明）楊慎撰　楊升庵先生夫人樂府詞餘五卷　（明）黃峨撰　明刻本　二冊

430000－2401－0033140　443.8/14

芳茹園樂府一卷　（明）趙南星撰　清刻本　一冊

430000－2401－0033141　443.7/44

古香凹詩餘二卷　（清）方濬頤撰　清光緒十年(1884)維揚刻本　二冊

430000－2401－0033142　△453/11

鼓枻初集一卷二集一卷瀟湘怨詞一卷　（清）王夫之撰　清末鈔本　一冊

430000－2401－0033143　443.7/65

銅梁山人詞四卷　（清）王汝璧撰　清光緒二十年(1894)刻本　一冊

430000－2401－0033144　443.7/22

茂陵秋雨詞四卷　（清）王錫振撰　清咸豐九年(1859)刻本　一冊

430000－2401－0033145　443.7/22(1)

茂陵秋雨詞四卷　（清）王錫振撰　清咸豐九年(1859)刻本　一冊

430000－2401－0033146　443.7/24

味黎集一卷　（清）王鵬運撰　清光緒二十一年(1895)刻本　一冊

430000－2401－0033147　443.7/48

庚子秋詞二卷春蟄吟一卷　（清）王鵬運輯　清光緒二十六年(1900)刻本　二冊

430000－2401－0033148　443.7/85

半塘定稿二卷剩稿一卷　（清）王鵬運撰　清光緒三十二年(1906)小放下庵刻本　一冊

430000－2401－0033149　443.7/85(1)

半塘定稿二卷剩稿一卷　（清）王鵬運撰　清光緒三十二年(1906)小放下庵刻本　一冊

430000－2401－0033150　443.7/70

雙忠研齋詩餘一卷　（清）江開撰　清咸豐十一年(1861)寶森蘭玉堂刻本　一冊

430000－2401－0033151　443.7/70(1)

雙忠研齋詩餘一卷　（清）江開撰　清咸豐十一年(1861)寶森蘭玉堂刻本　一冊

430000－2401－0033152　443.7/71

泪影詞一卷　（清）成本璞撰　清光緒二十五年(1899)長沙刻通雅齋叢書本　一冊

430000－2401－0033153　443.7/19

知止堂詞錄三卷　（清）朱綬撰　清光緒二十年(1894)湖南思賢書局刻本　一冊

430000－2401－0033154　443.7/19(1)

知止堂詞錄三卷　（清）朱綬撰　清光緒二十年(1894)湖南思賢書局刻本　一冊

430000 – 2401 – 0033155　443.7/19（2）

知止堂詞錄三卷　（清）朱綬撰　清光緒二十年(1894)湖南思賢書局刻本　一冊

430000 – 2401 – 0033156　443.7/19（3）

知止堂詞錄三卷　（清）朱綬撰　清光緒二十年(1894)湖南思賢書局刻本　一冊

430000 – 2401 – 0033157　443.7/19（4）

知止堂詞錄三卷　（清）朱綬撰　清光緒二十年(1894)湖南思賢書局刻本　一冊

430000 – 2401 – 0033158　443.7/19（5）

知止堂詞錄三卷　（清）朱綬撰　清光緒二十年(1894)湖南思賢書局刻本　一冊

430000 – 2401 – 0033159　443.7/42

玉屑詞三卷　（清）朱寯瀛撰　清光緒二十七年(1901)刻本　一冊

430000 – 2401 – 0033160　443.7/42（1）

玉屑詞三卷　（清）朱寯瀛撰　清光緒二十七年(1901)刻本　一冊

430000 – 2401 – 0033161　443.7/61

曝書亭集詞註七卷　（清）朱彝尊撰　（清）李富孫註　清道光九年(1829)重校清嘉慶十九年(1814)校經㢑刻本　二冊

430000 – 2401 – 0033162　443.7/61（1）

曝書亭集詞註七卷　（清）朱彝尊撰　（清）李富孫註　清道光九年(1829)重校清嘉慶十九年(1814)校經㢑刻本　二冊

430000 – 2401 – 0033163　443.7/61（2）

曝書亭集詞註七卷　（清）朱彝尊撰　（清）李富孫註　清道光九年(1829)重校清嘉慶十九年(1814)校經㢑刻本　四冊

430000 – 2401 – 0033164　443.7/61（3）

曝書亭集詞註七卷　（清）朱彝尊撰　（清）李富孫註　清道光九年(1829)重校嘉慶十九年(1814)校經㢑刻本　四冊

430000 – 2401 – 0033165　443.7/61（4）

曝書亭集詞註七卷　（清）朱彝尊撰　（清）李富孫註　清道光九年(1829)重校嘉慶十九年

(1814)校經㢑刻本　四冊

430000 – 2401 – 0033166　443.7/61（5）

曝書亭集詞註七卷　（清）朱彝尊撰　（清）李富孫註　清道光九年(1829)重校嘉慶十九年(1814)校經㢑刻本　四冊

430000 – 2401 – 0033167　443.7/61（6）

曝書亭集詞註七卷　（清）朱彝尊撰　（清）李富孫註　清道光九年(1829)重校嘉慶十九年(1814)校經㢑刻本　三冊

430000 – 2401 – 0033168　443.7/60

曝書亭刪餘詞一卷　（清）朱彝尊撰　清光緒二十九年(1903)長沙葉氏觀古堂刻本　一冊

430000 – 2401 – 0033169　443.7/77

藕絲詞四卷　（清）汪淵撰　清光緒七年(1881)新安茹古堂刻本　一冊

430000 – 2401 – 0033170　443.7/17

采香詞四卷　（清）杜文瀾撰　清咸豐十一年(1861)曼陀羅華閣刻曼陀羅華閣叢書本　一冊

430000 – 2401 – 0033171　443.7/17（1）

采香詞四卷　（清）杜文瀾撰　清咸豐十一年(1861)曼陀羅華閣刻曼陀羅華閣叢書本　一冊

430000 – 2401 – 0033172　443.7/17（2）

采香詞四卷　（清）杜文瀾撰　清咸豐十一年(1861)曼陀羅華閣刻曼陀羅華閣叢書本　一冊

430000 – 2401 – 0033173　443.7/17（3）

采香詞四卷　（清）杜文瀾撰　清咸豐十一年(1861)曼陀羅華閣刻曼陀羅華閣叢書本　一冊

430000 – 2401 – 0033174　443.7/17（4）

采香詞四卷　（清）杜文瀾撰　清咸豐十一年(1861)曼陀羅華閣刻曼陀羅華閣叢書本　一冊

430000 – 2401 – 0033175　443.7/17（5）

采香詞四卷　（清）杜文瀾撰　清咸豐十一年

(1861)曼陀羅華閣刻曼陀羅華閣叢書本
一冊

430000－2401－0033176 443.7/50
桐華閣詞鈔二卷附一卷 （清）杜貴墀撰 清
光緒二十六年(1900)刻桐華閣類集本 一冊

430000－2401－0033177 443.7/50(1)
桐華閣詞鈔二卷附一卷 （清）杜貴墀撰 清
光緒二十六年(1900)刻桐華閣類集本 一冊

430000－2401－0033178 443.7/50(2)
桐華閣詞鈔二卷附一卷 （清）杜貴墀撰 清
光緒二十六年(1900)刻桐華閣類集本 一冊

430000－2401－0033179 443.7/50(3)
桐華閣詞鈔二卷附一卷 （清）杜貴墀撰 清
光緒二十六年(1900)刻桐華閣類集本 一冊

430000－2401－0033180 443.7/43
左庵詩餘□□卷 （清）李佳繼昌撰 清光緒
刻本 一冊

430000－2401－0033181 443.7/40
夢春廬詞一卷 （清）李貽德撰 **早花集一卷**
（清）吳筠撰 清同治六年(1867)刻本
一冊

430000－2401－0033182 443.7/31
秋影山房詞一卷 （清）李翮撰 清嘉慶二十
五年(1820)揚州王有耀齋書局刻本 一冊

430000－2401－0033183 △453/15
曼香詞二卷 （清）吳翌鳳撰 清嘉慶七年
(1802)刻本 一冊

430000－2401－0033184 443.7/82
鶴茗詞鈔一卷 （清）吳敏樹撰 清同治十一
年(1872)刻本 一冊

430000－2401－0033185 443.7/82(1)
鶴茗詞鈔一卷 （清）吳敏樹撰 清同治十一
年(1872)刻本 一冊

430000－2401－0033186 443.7/82(2)
鶴茗詞鈔一卷 （清）吳敏樹撰 清同治十一
年(1872)刻本 一冊

430000－2401－0033187 443.7/45
吳梅村詞一卷 （清）吳偉業撰 清光緒十六
年(1890)湖北官書處刻本 一冊

430000－2401－0033188 443.7/46
有正味齋詞集八卷 （清）吳錫麒撰 清宣統
元年(1909)上海掃葉山房石印本 三冊

430000－2401－0033189 443.7/46(1)
有正味齋詞集八卷 （清）吳錫麒撰 清宣統
元年(1909)上海掃葉山房石印本 一冊 存
二卷(一至二)

430000－2401－0033190 443.7/1
百萼紅詞二卷 （清）吳蕭撰 清光緒五年
(1879)合肥張氏刻本 一冊

430000－2401－0033191 443.7/1－2
百萼紅詞二卷 （清）吳蕭撰 清光緒五年
(1879)直隸張氏刻本 二冊

430000－2401－0033192 443.7/96
八十一寒詞一卷 （清）何震彝撰 清宣統元
年(1909)鉛印本 一冊

430000－2401－0033193 443.7/36
心日齋詞集 （清）周之琦撰 清道光刻本
二冊

430000－2401－0033194 443.7/36(1)
金梁夢月詞二卷懷夢詞一卷 （清）周之琦撰
清道光杭州愛月軒陸貞一刻本 一冊

430000－2401－0033195 443.7/56
擬兩晉南北史樂府二卷 （清）洪禮吉撰 清
光緒三年(1877)授經堂刻本 一冊

430000－2401－0033196 443.7/56(1)
擬兩晉南北史樂府二卷 （清）洪禮吉撰 清
光緒三年(1877)授經堂刻本 一冊

430000－2401－0033197 443.8/27
步姜詞二卷 （清）胡元儀撰 清光緒二十年
(1894)始誦經室刻本 一冊

430000－2401－0033198 443.7/55
明季新樂府二卷 （清）胡介祉撰 （清）何雯校
清宣統元年(1909)鉛印龍潭室叢書本 一冊

430000 - 2401 - 0033199　443.7/7

藝雲詞五卷　（清）俞敦培撰　清同治五年
(1866)刻本　一冊

430000 - 2401 - 0033200　443.7/72

景石齋詞略一卷　（清）姚詩雅撰　清光緒七
年(1881)羊城富文齋刻本　一冊

430000 - 2401 - 0033201　443.7/6

疏影樓詞　（清）姚燮撰　清道光十三年
(1833)上湖草堂刻本　二冊

430000 - 2401 - 0033202　443.7/97

無歌詞剩一卷　（清）徐奉世撰　清光緒三十
四年(1908)石印本　一冊

430000 - 2401 - 0033203　443.7/38

玉可庵詞存一卷補一卷　（清）徐琪撰　清光
緒十三年(1887)石印本　一冊

430000 - 2401 - 0033204　443.7/14

廣小圃詠一卷　（清）徐琪撰　清光緒三十四
年(1908)石印本　一冊

430000 - 2401 - 0033205　△453/9

衆香詞禮集一卷　（清）徐樹敏　（清）錢岳輯
　清康熙錦樹堂刻本　一冊

430000 - 2401 - 0033206　443.7/79

蒼筤花館詞一卷補遺一卷　（清）徐鴻謨撰
清光緒三十四年(1908)石印本　一冊

430000 - 2401 - 0033207　443.7/15

納蘭詞五卷補遺一卷　（清）納蘭性德撰
（清）汪元治輯　清道光十二年(1832)結鐵網
齋刻本　一冊

430000 - 2401 - 0033208　443.7/15 - 2

納蘭詞五卷補遺一卷　（清）納蘭性德撰
（清）許增校　清光緒六年(1880)娛園刻本
二冊

430000 - 2401 - 0033209　443.7/15 - 2(1)

納蘭詞五卷補遺一卷　（清）納蘭性德撰
（清）許增校　清光緒六年(1880)娛園刻本
二冊

430000 - 2401 - 0033210　443.7/15 - 2(2)

納蘭詞五卷補遺一卷　（清）納蘭性德撰
（清）許增校　清光緒六年(1880)娛園刻本
二冊

430000 - 2401 - 0033211　443.7/15 - 2(3)

納蘭詞五卷補遺一卷　（清）納蘭性德撰
（清）許增校　清光緒六年(1880)娛園刻本
一冊

430000 - 2401 - 0033212　443.7/15 - 2(4)

納蘭詞五卷補遺一卷　（清）納蘭性德撰
（清）許增校　清光緒六年(1880)娛園刻本
一冊　缺四卷(三至五、補遺一卷)

430000 - 2401 - 0033213　443.7/15 - 3

納蘭詞五卷補遺一卷　（清）納蘭性德撰
（清）許增校　清末石印本　一冊

430000 - 2401 - 0033214　443.7/33

和漱玉詞一卷澗南詞一卷　（清）許德蘋撰
清同治三年(1864)滬上刻本　一冊

430000 - 2401 - 0033215　443.7/103

樽洲詞二卷　（清）勒方錡撰　清光緒八年
(1882)刻本　一冊

430000 - 2401 - 0033216　443.7/104

蒿庵詞一卷　（清）莊棫撰　復堂詞一卷
（清）譚獻撰　清咸豐七年(1857)京師刻三子
詩選本　一冊

430000 - 2401 - 0033217　443.7/91

湘弦離恨譜一卷　（清）張祖同撰　清光緒七
年(1881)刻本　一冊

430000 - 2401 - 0033218　443.7/91(1)

湘弦離恨譜一卷　（清）張祖同撰　清光緒七
年(1881)刻本　一冊

430000 - 2401 - 0033219　443.7/91(2)

湘弦離恨譜一卷　（清）張祖同撰　清光緒七
年(1881)刻本　一冊

430000 - 2401 - 0033220　443.7/9

曼陀羅館詞鈔一卷　（清）張家驤撰　清咸豐
七年(1857)松江吳漢鍾刻本　一冊

430000 - 2401 - 0033221　443.7/58

和珠玉詞一卷　(清)張祥齡等撰　清光緒二十年(1894)刻本　一冊

430000－2401－0033222　443.7/4

新蘅詞六卷外集一卷　(清)張景祁撰　清光緒九年(1883)百億梅花仙館刻本　六冊

430000－2401－0033223　443.7/16

茗柯詞一卷擬名家制藝一卷　(清)張惠言撰　清刻張皋文箋易詮全集本　一冊

430000－2401－0033224　443.7/16(1)

茗柯詞一卷擬名家制藝一卷　(清)張惠言撰　清刻張皋文箋易詮全集本　一冊

430000－2401－0033225　443.7/57

蕙雪詞四卷　(清)張絢撰　夢龕詞一卷(清)張修府撰　清光緒十一年(1885)貴陽刻本　一冊

430000－2401－0033226　443.7/23

寒松閣詞二卷　(清)張鳴珂撰　清光緒十年(1884)江西書局刻本　一冊

430000－2401－0033227　443.7/23(1)

寒松閣詞二卷　(清)張鳴珂撰　清光緒十年(1884)江西書局刻本　一冊

430000－2401－0033228　443.7/49

迦陵詞全集三十卷　(清)陳維崧撰　清康熙二十九年(1690)患立堂刻疆善堂本　四冊

430000－2401－0033229　443.7/92

遠堂集怡雲詞二卷　(清)陶福履撰　清道光十三年(1833)刻本　二冊

430000－2401－0033230　443.7/25

紅雪詞甲集二卷乙集二卷詞餘一卷　(清)馮雲鵬撰　清乾隆五十四年至嘉慶十二年(1789－1807)掃紅亭刻本　二冊　缺二卷(甲集二卷)

430000－2401－0033231　443.7/90

茗齋詩餘二卷　(清)彭孫貽撰　清道光海昌蔣氏刻別下齋叢書本　一冊

430000－2401－0033232　443.7/69－2

憶雲詞甲稿一卷乙稿一卷丙稿一卷丁稿一卷

删存附補遺一卷　(清)項廷紀撰　清光緒二十五年(1899)湖南思賢書局刻本　一冊

430000－2401－0033233　443.7/69－2(1)

憶雲詞甲稿一卷乙稿一卷丙稿一卷丁稿一卷删存附補遺一卷　(清)項廷紀撰　清光緒二十五年(1899)湖南思賢書局刻本　一冊

430000－2401－0033234　443.7/69－2(2)

憶雲詞甲稿一卷乙稿一卷丙稿一卷丁稿一卷删存附補遺一卷　(清)項廷紀撰　清光緒二十五年(1899)湖南思賢書局刻本　一冊

430000－2401－0033235　443.7/69－2(3)

憶雲詞甲稿一卷乙稿一卷丙稿一卷丁稿一卷删存附補遺一卷　(清)項廷紀撰　清光緒二十五年(1899)湖南思賢書局刻本　一冊

430000－2401－0033236　443.7/69－2(4)

憶雲詞甲稿一卷乙稿一卷丙稿一卷丁稿一卷删存附補遺一卷　(清)項廷紀撰　清光緒二十五年(1899)湖南思賢書局刻本　一冊

430000－2401－0033237　443.7/69－2(5)

憶雲詞甲稿一卷乙稿一卷丙稿一卷丁稿一卷删存附補遺一卷　(清)項廷紀撰　清光緒二十五年(1899)湖南思賢書局刻本　一冊

430000－2401－0033238　443.7/69－2(6)

憶雲詞甲稿一卷乙稿一卷丙稿一卷丁稿一卷删存附補遺一卷　(清)項廷紀撰　清光緒二十五年(1899)湖南思賢書局刻本　一冊

430000－2401－0033239　△453/8

紅雪山房詞初稿不分卷　(清)程霖壽填詞(清)曾傳均正拍　稿本　一冊

430000－2401－0033240　443.7/86

小庚詞存三卷　(清)葉申薌撰　清道光十四年(1834)天籟軒刻本　一冊

430000－2401－0033241　443.7/62

花影吹笙詞鈔二卷　(清)葉英華撰　小游仙詞一百首一卷　(清)夢禪居士撰　清光緒三年(1877)廣州刻本　一冊

430000－2401－0033242　443.7/27

秋夢盦詞鈔二卷續一卷再續一卷　（清）葉衍
蘭撰　清光緒十六年(1890)羊城刻本　一冊

430000－2401－0033243　443.7/94

約園詞稿十卷　（清）趙起撰　清光緒二十六
年(1900)刻本　二冊

430000－2401－0033244　443.7/94(1)

約園詞稿十卷　（清）趙起撰　清光緒二十六
年(1900)刻本　一冊　存五卷(一至五)

430000－2401－0033245　443.7/21

香銷酒醒詞一卷曲一卷　（清）趙慶禧撰　清
道光二十九年(1849)刻本　一冊

430000－2401－0033246　443.7/3

雪溪樂府二卷　（清）趙懷玉撰　清光緒十二
年(1886)江陰金氏梧州刻本　一冊

430000－2401－0033247　443.7/84

曉夢春紅詞一卷　（清）潘介繁撰　清同治八
年(1869)刻本　一冊

430000－2401－0033248　443.7/84(1)

曉夢春紅詞一卷　（清）潘介繁撰　清同治八
年(1869)刻本　一冊

430000－2401－0033249　443.7/32

紅豆新詞一卷記事譜一卷　（清）潘鍾寫撰
清同治八年(1869)都門刻本　一冊

430000－2401－0033250　443.7/100

春蟄吟一卷　（清）鄭文焯等撰　清光緒二十
七年(1901)刻本　一冊

430000－2401－0033251　443.7/29

板橋詞鈔一卷小唱一卷題畫一卷家書一卷
（清）鄭燮撰　清乾隆十四年(1749)上元司徒
文膏刻本　一冊

430000－2401－0033252　443.7/29－2

板橋詞鈔一卷　（清）鄭燮撰　清刻本　一冊

430000－2401－0033253　443.7/11

蓮因室詞一卷補一卷　（清）鄭蘭孫撰　清光
緒三十四年(1908)石印本　一冊

430000－2401－0033254　443.7/47－2

水雲樓詞二卷續一卷　（清）蔣春霖撰　清光
緒湖南思賢書局刻本　一冊

430000－2401－0033255　443.7/47－2(1)

水雲樓詞二卷續一卷　（清）蔣春霖撰　清光
緒湖南思賢書局刻本　一冊

430000－2401－0033256　443.7/47－2(2)

水雲樓詞二卷續一卷　（清）蔣春霖撰　清光
緒湖南思賢書局刻本　一冊

430000－2401－0033257　443.7/47－2(3)

水雲樓詞二卷續一卷　（清）蔣春霖撰　清光
緒湖南思賢書局刻本　一冊

430000－2401－0033258　443.7/47－2(4)

水雲樓詞二卷續一卷　（清）蔣春霖撰　清光
緒湖南思賢書局刻本　一冊

430000－2401－0033259　443.7/99

消愁集二卷附詩一卷　（清）蔣英撰　清光緒
三十三年(1907)刻本　一冊

430000－2401－0033260　443.7/18

葑烟亭詞鈔四卷　（清）黎兆勛撰　清同治四
年(1865)敦復堂刻本　一冊

430000－2401－0033261　443.7/13

琴洲詞鈔二卷　（清）黎庶燾撰　清刻本
一冊

430000－2401－0033262　443.7/54

明紀事樂府四卷　（清）龍文彬撰　清光緒十
一年(1885)永懷堂刻本　二冊

430000－2401－0033263　443.7/12

微波閣詞一卷　（清）蕭承萼撰　清咸豐五年
(1855)刻本　一冊

430000－2401－0033264　443.7/67

寄廬詞存二卷　（清）錢國珍撰　清咸豐十年
(1860)古章安署刻本　一冊

430000－2401－0033265　443.7/67(1)

寄廬詞存二卷　（清）錢國珍撰　清咸豐十年
(1860)古章安署刻本　一冊

430000－2401－0033266　443.7/68

養默山房詩餘三卷 （清）謝元淮撰 清道光二十四年(1844)刻本 一冊

430000－2401－0033267 443.7/20

研華館詞三卷 （清）羅汝懷撰 清光緒九年(1883)長沙刻本 一冊

430000－2401－0033268 443.7/20(1)

研華館詞三卷 （清）羅汝懷撰 清光緒九年(1883)長沙刻本 一冊

430000－2401－0033269 443.7/52

眉綠樓詞八卷 （清）顧文彬撰 清光緒十年(1884)刻本 四冊

430000－2401－0033270 443.7/87

絳河笙詞稿一卷 （清）顧棟高撰 清光緒元年(1875)刻本 一冊

430000－2401－0033271 443.8/39

彊村詞四卷 朱祖謀撰 清光緒三十一年(1905)刻本 一冊

430000－2401－0033272 443.8/39(1)

彊村詞四卷 朱祖謀撰 清光緒三十一年(1905)刻本 一冊 缺一卷(四)

430000－2401－0033273 443.8/47

第一生修梅花館詞九卷 況周頤撰 清光緒十八年(1892)刻蕙風叢書本 一冊 存新鶯詞玉梅記、錦錢詞、蕙風詞菱景記、存悔詞、詞話、補遺

430000－2401－0033274 443.8/52

楚頌亭詞第四集一卷琴台夢語一卷 易順鼎撰 清光緒十年(1884)刻本 一冊

430000－2401－0033275 443.8/52(1)

楚頌亭詞第四集一卷琴台夢語一卷 易順鼎撰 清光緒十年(1884)刻本 一冊

430000－2401－0033276 443.8/51

曇天影事譜四卷 易順鼎撰 清光緒二十二年(1896)長沙刻哭庵叢書本 一冊

430000－2401－0033277 443.8/32

蠻語集一卷 程頌萬撰 清光緒十五年(1889)刻軔庵詩錄本 一冊

430000－2401－0033278 443.8/32

鷗笑集一卷十韔詞鈔一卷 程頌萬撰 清光緒十七年(1891)羊城藥洲連理榕齋刻滄浪榭詞集本 一冊

430000－2401－0033279 4438.8/33

蠻語詞一卷湘社雅詞一卷十韔詞鈔一卷十韔後詞一卷 程頌萬撰 清光緒二十二年(1896)刻美人長壽庵詞集本 一冊

430000－2401－0033280 443.8/29

美人長壽庵詞集六卷 程頌萬撰 清光緒二十六年(1900)武昌刻十發庵類稿本 二冊

430000－2401－0033281 443.8/29(1)

美人長壽庵詞集六卷 程頌萬撰 清光緒二十六年(1900)武昌刻十發庵類稿本 二冊

430000－2401－0033282 443.8/29(2)

美人長壽庵詞集六卷 程頌萬撰 清光緒二十六年(1900)武昌刻十發庵類稿本 二冊

430000－2401－0033283 443.8/29(3)

美人長壽庵詞集六卷 程頌萬撰 清光緒二十六年(1900)武昌刻十發庵類稿本 二冊

430000－2401－0033284 443.8/29(4)

美人長壽庵詞集六卷 程頌萬撰 清光緒二十六年(1900)武昌刻十發庵類稿本 二冊

430000－2401－0033285 443.8/17

靜園詩餘前集一卷靜園詞鈔後集一卷 龔鎮湘撰 清宣統二年(1910)鉛印本 一冊

430000－2401－0033286 444/22－3

詞源二卷 （宋）張炎編 清道光九年(1829)江都秦氏享帚精舍刻本 一冊

430000－2401－0033287 444/22

詞源二卷 （宋）張炎編 清光緒湖南思賢書局刻本 一冊

430000－2401－0033288 444/22(1)

詞源二卷 （宋）張炎編 清光緒湖南思賢書局刻本 一冊

430000－2401－0033289 444/22(2)

詞源二卷 （宋）張炎編 清光緒湖南思賢書

局刻本　　一册

430000－2401－0033290　444/22（3）

詞源二卷　（宋）張炎編　清光緒湖南思賢書
局刻本　　一册

430000－2401－0033291　444/22（4）

詞源二卷　（宋）張炎編　清光緒湖南思賢書
局刻本　　一册

430000－2401－0033292　444/10

詞旨暢二卷　（元）陸行直撰　（清）胡元儀釋
清光緒三十年（1904）刻本　　一册

430000－2401－0033293　△454/2

辭品六卷　（明）楊慎撰　明珥江書屋刻本
一册　存一卷（一）

430000－2401－0033294　444/2

詞學集成八卷　（清）江順詒撰　清光緒七年
（1881）刻本　　一册

430000－2401－0033295　△454/1

古今詞話二卷詞品二卷詞辨二卷詞評二卷
（清）沈雄輯　（清）江尚質增輯　清康熙二十
八年（1689）澄輝堂刻本　　四册

430000－2401－0033296　444/18

詞名集解六卷　（清）汪汲撰　清刻本　　二册

430000－2401－0033297　444/18（1）

詞名集解六卷　（清）汪汲撰　清刻本　　一册
存二卷（一至二）

430000－2401－0033298　444/12

左庵詞話一卷　（清）李佳繼昌撰　清光緒二
十八年（1902）刻朱印本　　一册

430000－2401－0033299　444/12（1）

左庵詞話一卷　（清）李佳繼昌撰　清光緒二
十八年（1902）刻朱印本　　一册

430000－2401－0033300　444/12（2）

左庵詞話一卷　（清）李佳繼昌撰　清光緒二
十八年（1902）刻朱印本　　一册

430000－2401－0033301　444/13

蓮子居詞話四卷　（清）吳衡照撰　清道光十

二年（1832）錢塘汪氏振綺堂刻本　　一册

430000－2401－0033302　444/13（1）

蓮子居詞話四卷　（清）吳衡照撰　清道光十
二年（1832）錢塘汪氏振綺堂刻本　　二册

430000－2401－0033303　444/13－2

蓮子居詞話四卷　（清）吳衡照撰　清同治九
年（1870）退補齋刻本　　一册

430000－2401－0033304　444/13－2（1）

蓮子居詞話四卷　（清）吳衡照撰　清同治九
年（1870）退補齋刻本　　一册

430000－2401－0033305　444/15

周氏止葊詞辨二卷周氏止庵介存齋論詞雜著
一卷　（清）周濟撰　（清）譚獻評　清道光二
十七年（1847）刻本　　一册

430000－2401－0033306　444/15（1）

周氏止葊詞辨二卷周氏止庵介存齋論詞雜著
一卷　（清）周濟撰　（清）譚獻評　清道光二
十七年（1847）刻本　　一册

430000－2401－0033307　444/15（2）

周氏止葊詞辨二卷周氏止庵介存齋論詞雜著
一卷　（清）周濟撰　（清）譚獻評　清道光二
十七年（1847）刻本　　一册

430000－2401－0033308　444/3

白雨齋詞話八卷詩鈔一卷詞存一卷　（清）陳
廷焯撰　清光緒二十年（1894）刻本　　三册

430000－2401－0033309　444/3（1）

白雨齋詞話八卷詩鈔一卷詞存一卷　（清）陳
廷焯撰　清光緒二十年（1894）刻本　　四册

430000－2401－0033310　444/3（2）

白雨齋詞話八卷詩鈔一卷詞存一卷　（清）陳
廷焯撰　清光緒二十年（1894）刻本　　四册

430000－2401－0033311　444/1

本事詞二卷　（清）葉申薌撰　清道光十二年
（1832）天籟軒刻天籟軒五種本　　一册

430000－2401－0033312　442/48

詞譜一卷　（宋）李之儀等撰　清鈔本　　二册

430000 – 2401 – 0033313　△455/6

詩餘圖譜三卷　（清）張綖輯　明海虞毛氏汲
古閣刻本　一冊

430000 – 2401 – 0033314　△455/3

詞譜四十卷　（清）王奕清等輯　清康熙五十
四年(1715)内府刻朱墨套印本　十一冊　存
三十一卷(一至三、六至十二、十四、二十至三
十三、三十五至四十)

430000 – 2401 – 0033315　△455/3(1)

詞譜四十卷　（清）王奕清等輯　清康熙五十
四年(1715)内府刻朱墨套印本　五冊　存六
卷(十、二十至二十一、三十、三十九至四十)

430000 – 2401 – 0033316　445/5

詞律校勘記二卷　（清）杜文瀾撰　清咸豐十
一年(1861)刻曼陀羅華閣叢書本　二冊

430000 – 2401 – 0033317　445/5(1)

詞律校勘記二卷　（清）杜文瀾撰　清咸豐十
一年(1861)刻曼陀羅華閣叢書本　一冊　存
三卷(四至六)

430000 – 2401 – 0033318　442/54

自怡軒詞譜六卷　（清）許寶善輯　清鈔本
一冊

430000 – 2401 – 0033319　445/11

白香詞譜箋一卷　（清）舒夢蘭輯　（清）趙蘭
石校　清光緒二十六年(1900)上海書局石印
本　二冊

430000 – 2401 – 0033320　445/9

白香詞譜箋四卷　（清）舒夢蘭輯　（清）謝朝
徵箋　清光緒十一年(1885)刻本　四冊

430000 – 2401 – 0033321　445/9(1)

白香詞譜箋四卷　（清）舒夢蘭輯　（清）謝朝
徵箋　清光緒十一年(1885)刻本　一冊

430000 – 2401 – 0033322　445/9(2)

白香詞譜箋四卷　（清）舒夢蘭輯　（清）謝朝
徵箋　清光緒十一年(1885)刻本　二冊

430000 – 2401 – 0033323　445/9(3)

白香詞譜箋四卷　（清）舒夢蘭輯　（清）謝朝

徵箋　清光緒十一年(1885)刻本　二冊

430000 – 2401 – 0033324　445/9 – 7

白香詞譜箋四卷　（清）舒夢蘭輯　（清）謝朝
徵箋　清宣統二年(1910)上海掃葉山房石印
本　四冊

430000 – 2401 – 0033325　445/19

天籟軒詞譜四卷補遺一卷詞韻一卷　（清）葉
申薌編　清道光刻本　六冊

430000 – 2401 – 0033326　445/19(1)

天籟軒詞譜四卷補遺一卷詞韻一卷　（清）葉
申薌編　清道光刻本　一冊　存一卷(二)

430000 – 2401 – 0033327　△455/2

詞律二十卷　（清）萬樹撰　清康熙二十六年
(1687)萬樹堆絮園刻本　清任大椿批校　劉
永湘題識　八冊

430000 – 2401 – 0033328　445/3

詞律二十卷　（清）萬樹撰　清康熙二十六年
(1687)萬樹堆絮園刻本　十一冊

430000 – 2401 – 0033329　445/3(1)

詞律二十卷　（清）萬樹撰　清康熙二十六年
(1687)萬樹堆絮園刻本　八冊

430000 – 2401 – 0033330　445/3(2)

詞律二十卷　（清）萬樹撰　清康熙二十六年
(1687)萬樹堆絮園刻本　十二冊

430000 – 2401 – 0033331　445/3(3)

詞律二十卷　（清）萬樹撰　清康熙二十六年
(1687)萬樹堆絮園刻本　十二冊

430000 – 2401 – 0033332　445/3(4)

詞律二十卷　（清）萬樹撰　清康熙二十六年
(1687)萬樹堆絮園刻本　六冊

430000 – 2401 – 0033333　445/3 – 2

詞律二十卷　（清）萬樹撰　清康熙二十六年
(1687)保滋堂刻本　八冊

430000 – 2401 – 0033334　445/3 – 2(1)

詞律二十卷　（清）萬樹撰　清康熙二十六年
(1687)保滋堂刻本　八冊

430000－2401－0033335　445/3－2(2)

詞律二十卷 （清）萬樹撰　清康熙二十六年(1687)保滋堂刻本　十冊

430000－2401－0033336　445/3－2(3)

詞律二十卷 （清）萬樹撰　清康熙二十六年(1687)保滋堂刻本　十冊

430000－2401－0033337　445/3－3

詞律二十卷 （清）萬樹撰　清康熙二十六年(1687)尺木堂刻本　十二冊

430000－2401－0033338　445/3－4

詞律二十卷 （清）萬樹撰　**詞律拾遺八卷** （清）徐本立撰　**詞律補遺一卷** （清）杜文瀾編　清同治至光緒吳下刻本　十六冊

430000－2401－0033339　445/3－4(1)

詞律二十卷 （清）萬樹撰　**詞律拾遺八卷** （清）徐本立撰　**詞律補遺一卷** （清）杜文瀾編　清同治至光緒吳下刻本　十六冊

430000－2401－0033340　445/3－4(2)

詞律二十卷 （清）萬樹撰　**詞律拾遺八卷** （清）徐本立撰　**詞律補遺一卷** （清）杜文瀾編　清同治至光緒吳下刻本　十六冊

430000－2401－0033341　445/3－4(3)

詞律二十卷 （清）萬樹撰　**詞律拾遺八卷** （清）徐本立撰　**詞律補遺一卷** （清）杜文瀾編　清同治至光緒吳下刻本　十八冊

430000－2401－0033342　445/3－4(4)

詞律二十卷 （清）萬樹撰　**詞律拾遺八卷** （清）徐本立撰　**詞律補遺一卷** （清）杜文瀾編　清同治至光緒吳下刻本　八冊

430000－2401－0033343　445/16

碎金詞譜六卷附錄一卷 （清）謝元淮輯　清道光二十四年(1844)朱墨套印本　三冊

430000－2401－0033344　445/16(1)

碎金詞譜六卷附錄一卷 （清）謝元淮輯　清道光二十四年(1844)朱墨套印本　六冊

430000－2401－0033345　445/16(2)

碎金詞譜六卷附錄一卷 （清）謝元淮輯　清

道光二十四年(1844)朱墨套印本　二冊　存三卷(一至三)

430000－2401－0033346　△455/4

碎金詞譜十四卷 （清）謝元淮輯　清道光二十八年(1848)朱墨套印本　十四冊

430000－2401－0033347　△455/4(1)

碎金詞譜十四卷 （清）謝元淮輯　清道光二十八年(1848)朱墨套印本　十冊　存十三卷(二至十四)

430000－2401－0033348　△455/4(2)

碎金詞譜十四卷 （清）謝元淮輯　清道光二十八年(1848)朱墨套印本　一冊　存三卷(三至五)

430000－2401－0033349　△455/5

碎金續譜六卷 （清）謝元淮輯　清道光二十八年(1848)朱墨套印本　二冊

430000－2401－0033350　△455/5(1)

碎金續譜六卷 （清）謝元淮輯　清道光二十八年(1848)朱墨套印本　一冊　存三卷(四至六)

430000－2401－0033351　446/3

詞林正韻三卷發凡一卷 （清）戈載輯　清同治十二年(1873)刻本　二冊

430000－2401－0033352　446/3－2

詞林正韻三卷發凡一卷 （清）戈載輯　清光緒十七年(1891)湖南思賢講舍刻本　二冊

430000－2401－0033353　446/3－2(1)

詞林正韻三卷發凡一卷 （清）戈載輯　清光緒十七年(1891)湖南思賢講舍刻本　二冊

430000－2401－0033354　446/3－2(2)

詞林正韻三卷發凡一卷 （清）戈載輯　清光緒十七年(1891)湖南思賢講舍刻本　二冊

430000－2401－0033355　446/3－2(3)

詞林正韻三卷發凡一卷 （清）戈載輯　清光緒十七年(1891)湖南思賢講舍刻本　二冊

430000－2401－0033356　446/2

詞韻二卷柴氏古韻通略一卷 （清）柴仲恆撰

（清）柴嗣琉訂註　清刻本　一冊

430000－2401－0033357　446/5

中州全韻二十二卷首一卷　（清）周昂輯　清
乾隆五十六年(1791)此宜閣刻本　六冊

430000－2401－0033358　446/5(1)

中州全韻二十二卷首一卷　（清）周昂輯　清
乾隆五十六年(1791)此宜閣刻本　五冊

430000－2401－0033359　446/5(2)

中州全韻二十二卷首一卷　（清）周昂輯　清
乾隆五十六年(1791)此宜閣刻本　五冊　缺
四卷(十九至二十二)

430000－2401－0033360　445/20

碎金詞韻十四卷　（清）謝元淮輯　（清）吳同
午校　清道光二十八年(1848)刻本　一冊
存二卷(一至二)

430000－2401－0033361　△462/1

元人六十種曲　（明）臧懋循編　明萬曆刻本
五十冊

430000－2401－0033362　△462/2

元曲選　（明）臧懋循編　明萬曆刻本　五冊

430000－2401－0033363　△394.32/5

第六才子書不分卷　（元）王實甫撰　清鈔本
二冊

430000－2401－0033364　452/25－2

**貫華堂註釋第六才子書六卷六才子書制藝一
卷**　（元）王實甫撰　（元）關漢卿續　（清）
金聖嘆評　清遠來齋刻本　六冊

430000－2401－0033365　452/25－2(1)

**貫華堂註釋第六才子書六卷六才子書制藝一
卷**　（元）王實甫撰　（元）關漢卿續　（清）
金聖嘆評　清遠來齋刻本　三冊　存三卷
(一至二、四)

430000－2401－0033366　△394.32/4

增補箋註繪像第六才子西廂釋解十八卷
（元）王實甫撰　（清）陳同　（清）談則
（清）錢宜合箋　清文會堂刻本　五冊　存五
卷(四至八)

430000－2401－0033367　452/17

箋註繪像第六才子西廂釋解八卷　（元）王實
甫撰　（清）金聖嘆批點　（清）陳同　（清）
談則　（清）錢宜合評　清金陵文會堂刻本
一冊　存三卷(一至三)

430000－2401－0033368　452/22

第六才子書西廂記八卷　（元）王實甫撰
（清）金聖嘆評點　清道光二十九年(1849)味
蘭軒刻本　六冊

430000－2401－0033369　452/18

如是山房增訂金批西廂四卷首一卷末一卷
（元）王實甫撰　（清）金聖嘆評點　清光緒二
年(1876)如是山房刻朱墨套印本　六冊

430000－2401－0033370　452/18(1)

如是山房增訂金批西廂四卷首一卷末一卷
（元）王實甫撰　（清）金聖嘆評點　清光緒二
年(1876)如是山房刻朱墨套印本　四冊　缺
二卷(一、首一卷)

430000－2401－0033371　452/18(2)

如是山房增訂金批西廂四卷首一卷末一卷
（元）王實甫撰　（清）金聖嘆評點　清光緒二
年(1876)如是山房刻朱墨套印本　五冊

430000－2401－0033372　452/23

增像第六才子書五卷首一卷　（元）王實甫撰
（清）金聖嘆批　清光緒十五年(1889)上海
鴻寶齋石印本　三冊

430000－2401－0033373　452/25

增像第六才子書五卷首一卷　（元）王實甫撰
（清）金聖嘆評　清光緒石印本　一冊

430000－2401－0033374　452/25(1)

增像第六才子書五卷首一卷　（元）王實甫撰
（清）金聖嘆評　清光緒石印本　一冊

430000－2401－0033375　452/25(2)

增像第六才子書五卷首一卷　（元）王實甫撰
（清）金聖嘆評　清光緒石印本　一冊　存
二卷(五至六)

430000－2401－0033376　452/26

增補註解第六才子書八卷　（元）王實甫撰
（清）金聖嘆評　清東溪堂刻本　二冊　存六
卷（一至四、七至八）

430000－2401－0033377　452/26（1）

增補註解第六才子書八卷　（元）王實甫撰
（清）金聖嘆評　清東溪堂刻本　二冊　存五
卷（一至三、七至八）

430000－2401－0033378　452/19

樓外樓訂正妥註第六才子書六卷首一卷
（元）王實甫撰　（清）鄒聖脈註　清光緒二十
八年（1902）樓外樓刻本　五冊　缺一卷（十
一）

430000－2401－0033379　452/21

雲林別墅繪像妥註第六才子書六卷首一卷
（元）王實甫撰　（清）鄒聖脈註　清三讓堂刻
本　三冊

430000－2401－0033380　452/63

西廂不分卷　清道光三十年（1850）白沙野人
鈔本　一冊

430000－2401－0033381　452/60

錦箋記二卷　（明）周履靖撰　明汲古閣刻六
十種曲本　一冊

430000－2401－0033382　452/54

龍舟會雜劇一卷　（清）王夫之撰　鈔本
一冊

430000－2401－0033383　452/59

繡像三笑新編十二卷　（清）周均批評　清光
緒四年（1878）刻本　十二冊

430000－2401－0033384　△462/4

坦庵詞曲六種　（清）徐石麒撰　清初南湖享
書堂刻本　一冊

430000－2401－0033385　452/37

梨花雪不分卷　（清）徐鄂撰　清光緒十二年
（1886）大同書屋石印誦荻齋曲本　三冊

430000－2401－0033386　452/52

白頭新一卷　（清）徐鄂填詞　（清）楊彥深評
點　清光緒十三年（1887）大同書局石印誦荻

齋曲本　一冊

430000－2401－0033387　452/42

靈媧石一卷　（清）許善長撰　清光緒十一年
（1885）碧聲吟館刻碧聲吟館叢書本　一冊

430000－2401－0033388　452/32

繪圖後西廂記四卷首一卷　（清）湯世瀠填詞
（清）胡來照評點　清光緒二十年（1894）上
海奎光閣石印本　四冊

430000－2401－0033389　452/36

瓶笙館修簫譜　（清）舒位撰　清道光二十五
年（1845）刻本　二冊

430000－2401－0033390　△462/3

吟風閣雜劇四卷吟風閣譜二卷　（清）楊潮觀
撰　清乾隆二十九年（1764）楊氏恰好處刻本
四冊

430000－2401－0033391　452/48

揚州夢二卷　（清）嵇永仁撰　清刻本　一冊
存一卷（下）

430000－2401－0033392　△462/5

雅趣藏書一卷　（清）錢書撰　清康熙朱墨套
印本　二冊

430000－2401－0033393　△463/17

繡刻演劇六十種　（明）毛晉編　明末毛氏汲
古閣刻本　一百二十冊

430000－2401－0033394　△463/17（1）

繡刻演劇六十種　（明）毛晉編　明末毛氏汲
古閣刻本　九十四冊

430000－2401－0033395　△463/17（2）

繡刻演劇六十種　（明）毛晉編　明末毛氏汲
古閣刻本　十二冊

430000－2401－0033396　△463/13

琵琶記三卷　（元）高明撰　明刻本　三冊
缺一卷（中）

430000－2401－0033397　453/24－2

成裕堂繪像第七才子書六卷　（元）高明撰
（清）毛聲山評　清經元堂刻本　六冊

430000－2401－0033398　453/24－2(1)

成裕堂繪像第七才子書六卷　(元)高明撰
(清)毛聲山評　清經元堂刻本　六冊

430000－2401－0033399　453/24

成裕堂繪像第七才子書六卷　(元)高明撰
(清)毛聲山評　清經綸堂刻本　六冊

430000－2401－0033400　453/24(1)

成裕堂繪像第七才子書六卷　(元)高明撰
(清)毛聲山評　清經綸堂刻本　三冊

430000－2401－0033401　453/24(2)

成裕堂繪像第七才子書六卷　(元)高明撰
(清)毛聲山評　清經綸堂刻本　一冊　存二
卷(二至三)

430000－2401－0033402　△463/14

繪風亭評第七才子書琵琶記六卷　(元)高明
撰　(清)陳方平輯　清映秀堂刻本　八冊

430000－2401－0033403　453/66－5

燕子箋記二卷　(清)阮大鋮撰　雪韻堂批點
清同治十三年(1874)刻本　二冊

430000－2401－0033404　△463/9

紅拂記四卷　(清)張鳳翼撰　明凌玄洲刻朱
墨套印本　四冊

430000－2401－0033405　△463/6

牡丹亭還魂記二卷　(明)湯顯祖撰　明末刻
本　二冊　存二卷(上卷十八至三十一、下卷
四十六至五十五)

430000－2401－0033406　453/48

牡丹亭還魂記二卷　(明)湯顯祖撰　清光緒
十二年(1886)同文書局石印本　四冊

430000－2401－0033407　453/48(1)

牡丹亭還魂記二卷　(明)湯顯祖撰　清光緒
十二年(1886)同文書局石印本　四冊

430000－2401－0033408　453/48(2)

牡丹亭還魂記二卷　(明)湯顯祖撰　清光緒
十二年(1886)同文書局石印本　二冊

430000－2401－0033409　453/48(3)

牡丹亭還魂記二卷　(明)湯顯祖撰　清光緒
十二年(1886)同文書局石印本　二冊

430000－2401－0033410　453/48－2

牡丹亭還魂記二卷　(明)湯顯祖撰　清宣統
二年(1910)上海育文書局石印本　一冊　缺
一卷(下)

430000－2401－0033411　453/49

牡丹亭還魂記八卷　(明)湯顯祖撰　清芥子
園刻本　四冊

430000－2401－0033412　△463/5－2

吳吳山三婦合評牡丹亭還魂記二卷　(明)湯
顯祖撰　(清)陳同　(清)談則　(清)錢宜
評點　**或問一卷**　(清)吳儀一撰　清康熙刻
夢園印本　六冊

430000－2401－0033413　△463/5

吳吳山三婦合評牡丹亭還魂記二卷　(明)湯
顯祖撰　(清)陳同　(清)談則　(清)錢宜
評點　**或問一卷**　(清)吳儀一撰　清康熙刻
綠野山房印本　四冊

430000－2401－0033414　△463/15

新編目蓮救母勸善戲文三卷　(明)鄭之珍撰
明萬曆十年(1582)鄭氏高石山房刻本
三冊

430000－2401－0033415　453/4

桃花扇四卷首一卷　(清)孔尚任撰　清光緒
二十一年(1895)蘭雪堂刻本　五冊

430000－2401－0033416　453/4(1)

桃花扇四卷首一卷　(清)孔尚任撰　清光緒
二十一年(1895)蘭雪堂刻本　五冊

430000－2401－0033417　453/4(2)

桃花扇四卷首一卷　(清)孔尚任撰　清光緒
二十一年(1895)蘭雪堂刻本　五冊

430000－2401－0033418　453/4(3)

桃花扇四卷首一卷　(清)孔尚任撰　清光緒
二十一年(1895)蘭雪堂刻本　五冊

430000－2401－0033419　453/4－4

桃花扇傳奇四卷首一卷　(清)孔尚任撰　清光
緒三十三年(1907)復校修改蘭雪堂刻本　五冊

430000－2401－0033420　453/4－4(1)

桃花扇傳奇四卷首一卷　（清）孔尚任撰　清光緒三十三年(1907)復校修改蘭雪堂刻本　五冊

430000－2401－0033421　453/4－5

桃花扇傳奇二卷　（清）孔尚任撰　清刻本　六冊

430000－2401－0033422　453/4－5(1)

桃花扇傳奇二卷　（清）孔尚任撰　清刻本　四冊

430000－2401－0033423　453/4－5(2)

桃花扇傳奇二卷　（清）孔尚任撰　清刻本　四冊

430000－2401－0033424　453/4－5(3)

桃花扇傳奇二卷　（清）孔尚任撰　清刻本　一冊　存一卷(二)

430000－2401－0033425　453/4－7

桃花扇傳奇四卷　（清）孔尚任撰　清刻本　三冊　缺一卷(四)

430000－2401－0033426　453/10

綉像四香緣四卷　（清）朱鏡江撰　清道光十三年(1833)浙省務本堂刻本　八冊

430000－2401－0033427　△463/4

沈氏傳奇　（清）沈起鳳撰　清嘉慶道光古香林刻本　八冊

430000－2401－0033428　453/19

鳳飛樓傳奇二卷　（清）李文瀚撰　（清）錫淳評　清咸豐五年(1855)味廬軒刻本　二冊

430000－2401－0033429　453/40

夢中緣四卷　（清）李修行撰　清光緒十一年(1885)文成堂刻本　四冊

430000－2401－0033430　45/8

笠翁傳奇　（清）李漁撰　清康熙世德堂刻本　二十冊

430000－2401－0033431　45/8－2

笠翁傳奇　（清）李漁撰　清經本堂刻本　十冊

430000－2401－0033432　△463/3

玉搔頭傳奇二卷　（清）李漁撰　清刻本　四冊

430000－2401－0033433　△463/8

奈何天傳奇二卷　（清）李漁撰　清刻本　四冊

430000－2401－0033434　453/70

奈何天傳奇二卷　（清）李漁撰　清刻本　一冊　存一卷(上)

430000－2401－0033435　453/53

風箏誤一卷　（清）李漁撰　清鈔本　一冊

430000－2401－0033436　△463/12

凰求鳳傳奇二卷　（清）李漁編　清刻本　四冊

430000－2401－0033437　453/13

補天石傳奇　（清）周樂清撰　清道光十年(1830)靜遠草堂刻本　八冊

430000－2401－0033438　453/62

長生殿傳奇二卷　（清）洪昇撰　清康熙十八年(1679)刻本　二冊

430000－2401－0033439　453/62－2

長生殿傳奇二卷　（清）洪昇撰　清光緒十三年(1887)上海蜚英館石印本　二冊

430000－2401－0033440　453/62－3

長生殿傳奇二卷　（清）洪昇撰　小琅環山館刻本　四冊

430000－2401－0033441　453/1

惺齋五種　（清）夏綸撰　清乾隆十八年(1753)世光堂刻本　八冊　存六卷(無瑕璧傳奇二卷、杏花村傳奇二卷、瑞筠圖傳奇二卷)

430000－2401－0033442　△463/2

玉燕堂四種曲　（清）張堅撰　清乾隆刻本　十冊

430000－2401－0033443　453/39

梅花夢二卷　（清）張道撰　清光緒二十年(1894)刻本　四冊

430000－2401－0033444　453/5

燕山外史四六傳奇二卷　（清）陳珠撰　清同治五年（1866）鳴盛堂刻本　一冊

430000－2401－0033445　453/35

玉獅堂傳奇五種　（清）陳烺撰　清光緒十一年（1885）武林陳氏刻本　一冊　存四卷（仙緣記傳奇二卷、蜀錦袍傳奇二卷）

430000－2401－0033446　453/36

紅樓夢傳奇八卷　（清）陳鍾麟撰　清道光十五年（1835）廣州汗青齋刻本　八冊

430000－2401－0033447　453/36（1）

紅樓夢傳奇八卷　（清）陳鍾麟撰　清道光十五年（1835）廣州汗青齋刻本　八冊

430000－2401－0033448　453/36（2）

紅樓夢傳奇八卷　（清）陳鍾麟撰　清道光十五年（1835）廣州汗青齋刻本　八冊

430000－2401－0033449　453/46

石榴記傳奇四卷　（清）黃振撰　清柴灣村舍刻本　四冊

430000－2401－0033450　453/28

倚晴樓七種曲　（清）黃燮清撰　清光緒三十三年（1907）刻倚晴樓集本　十冊

430000－2401－0033451　453/69

帝女花二卷　（清）黃燮清撰　清咸豐、同治海鹽黃氏拙宜園刻倚晴樓七種曲本　一冊

430000－2401－0033452　453/69－2

帝女花二卷　（清）黃燮清撰　清同治四年（1865）刻韻珊外集本　一冊

430000－2401－0033453　453/68

桃溪雪二卷　（清）黃燮清撰　（清）李光溥評　清道光二十七年（1847）刻本　一冊

430000－2401－0033454　453/68（1）

桃溪雪二卷　（清）黃燮清撰　（清）李光溥評　清道光二十七年（1847）刻本　一冊

430000－2401－0033455　453/68－2

桃溪雪二卷　（清）黃燮清撰　（清）李光溥評　清光緒元年（1875）雲鶴仙館刻本　一冊

430000－2401－0033456　453/14

影梅庵傳奇二卷　（清）彭劍南撰　清道光六年（1826）茗雪山房刻本　二冊

430000－2401－0033457　△455/1

銀漢槎傳奇二卷　（清）賀仲瓛正譜　（清）李文翰填詞　清道光二十五年（1845）風笛樓刻本　二冊

430000－2401－0033458　△463/7

空青石傳奇二卷　（清）萬樹編　（清）吳棠禎評　清康熙二十五年（1686）吳氏粲花別墅刻本　二冊

430000－2401－0033459　453/61－2

芝龕記六卷　（清）董榕撰　清乾隆十六年（1751）刻道光二年（1822）補刻本　四冊

430000－2401－0033460　453/61

芝龕記六卷　（清）董榕撰　清乾隆十六年（1751）刻本　六冊

430000－2401－0033461　453/61－3

芝龕記六卷　（清）董榕撰　清光緒十五年（1889）資中刻本　六冊

430000－2401－0033462　453/61－4

重刊芝龕記樂府六卷　（清）董榕撰　清光緒十五年（1889）湖南道州官廨董氏刻本　四冊

430000－2401－0033463　453/34

坦園傳奇　（清）楊恩壽撰　清光緒長沙楊氏刻坦園全集本　四冊

430000－2401－0033464　453/34（1）

坦園傳奇　（清）楊恩壽撰　清光緒長沙楊氏刻坦園全集本　四冊

430000－2401－0033465　453/34（2）

坦園傳奇　（清）楊恩壽撰　清光緒長沙楊氏刻坦園全集本　五冊

430000－2401－0033466　453/57

姽嫿封一卷桂枝香一卷　（清）楊恩壽撰　清同治九年（1870）長沙楊氏坦園刻本　二冊

430000－2401－0033467　453/6

雙清影一卷　（清）楊恩壽撰　清同治九年

(1870)刻本　一冊

430000－2401－0033468　45/4
紅雪樓九種曲　（清）蔣士銓撰　清乾隆紅雪樓刻本　十冊

430000－2401－0033469　45/4(1)
紅雪樓九種曲　（清）蔣士銓撰　清乾隆紅雪樓刻本　十冊

430000－2401－0033470　45/4(2)
紅雪樓九種曲　（清）蔣士銓撰　清乾隆紅雪樓刻本　十冊

430000－2401－0033471　45/4－2
紅雪樓九種曲　（清）蔣士銓撰　清乾隆漁古堂刻本　八冊

430000－2401－0033472　453/26
小蓬萊傳奇十種　（清）劉清韻撰　清光緒二十六年（1900）上海藻文石印本　六冊

430000－2401－0033473　453/27
虎口餘生傳奇四卷　（清）遺民外史撰　清乾隆耕讀堂刻本　四冊

430000－2401－0033474　△463/11
烈女記傳奇不分卷　（清）龍松琴撰　清稿本　一冊

430000－2401－0033475　△463/18
俠女記傳奇一卷　（清）龍松琴撰　清稿本　一冊

430000－2401－0033476　△463/1
乞食圖二卷題詞考據一卷　（清）錢維喬撰　清乾隆小林樓刻本　二冊

430000－2401－0033477　453/31
鶴歸來傳奇二卷　（清）瞿頡撰　（清）周昂評　清光緒湖北官書處刻本　二冊

430000－2401－0033478　453/31(1)
鶴歸來傳奇二卷　（清）瞿頡撰　（清）周昂評　清光緒湖北官書處刻本　二冊

430000－2401－0033479　453/31(2)
鶴歸來傳奇二卷　（清）瞿頡撰　（清）周昂評

清光緒湖北官書處刻本　一冊　存一卷（下）

430000－2401－0033480　453/42
儒酸福傳奇二卷　（清）魏熙元撰　（清）汪繩武譜　清光緒十年（1884）玉玲瓏館刻本　一冊

430000－2401－0033481　△464/2
小山樂府六卷　（元）張可久撰　（明）李開先選編　清鈔本　四冊

430000－2401－0033482　△464/5
秋水庵花影集五卷　（明）施紹莘撰　明末刻本　六冊

430000－2401－0033483　△464/5－2
秋水庵花影集五卷　（明）施紹莘撰　明末刻清乾隆十七年（1752）重印本　四冊

430000－2401－0033484　△464/4
吳騷二集四卷　（明）張琦　（明）王輝輯　明萬曆刻本　清巢迷庵題識　葉啟勳題識　四冊

430000－2401－0033485　△464/3
白雪齋選訂樂府吳騷合編四卷　（明）張楚叔　（明）張旭初輯　明崇禎刻本　八冊

430000－2401－0033486　△464/9
新鐫古今大雅北宮詞紀六卷南宮詞紀六卷（明）陳所聞輯　明萬曆三十二年（1604）陳氏繼志齋刻本　十冊

430000－2401－0033487　△464/9(1)
新鐫古今大雅北宮詞紀六卷南宮詞紀六卷（明）陳所聞輯　明萬曆三十二年（1604）陳氏繼志齋刻本　十冊

430000－2401－0033488　△464/9(2)
新鐫古今大雅北宮詞紀六卷南宮詞紀六卷（明）陳所聞輯　明萬曆三十二年（1604）陳氏繼志齋刻本　十冊

430000－2401－0033489　△464/1
二太史樂府聯璧四卷　明刻本　二冊

430000－2401－0033490　△464/8

樂府正義十五卷原樂一卷　（清）朱乾撰　清乾隆五十四年(1789)秬香堂刻本　四冊

430000－2401－0033491　△464/7

御製樂府四卷　（清）高宗弘曆撰　清乾隆寫刻本　四冊

430000－2401－0033492　411/57

暗香樓樂府　（清）鄭由熙撰　清光緒十六年(1890)暗香樓刻晚學齋集本　三冊

430000－2401－0033493　455.1/1

廿一史彈詞註十卷　（明）楊慎撰　（清）張三異增定　（清）張仲璜註　明史彈詞註一卷（清）張三異撰　（清）張仲璜註　清雍正五年(1727)刻本　八冊

430000－2401－0033494　455.1/1－2

廿一史彈詞註十卷　（明）楊慎撰　（清）張三異增定　（清）張仲璜註　明史彈詞註二卷（清）張三異撰　（清）張仲璜註　清乾隆五十一年(1786)張氏視履堂刻本　十二冊

430000－2401－0033495　455.1/1－3

廿一史彈詞註十卷　（明）楊慎撰　（清）張三異增定　（清）張仲璜註　明史彈詞註二卷（清）張三異撰　（清）張仲璜註　清視履堂刻本　十二冊

430000－2401－0033496　455.1/1－3(1)

廿一史彈詞註十卷　（明）楊慎撰　（清）張三異增定　（清）張仲璜註　明史彈詞註二卷（清）張三異撰　（清）張仲璜註　清視履堂刻本　八冊

430000－2401－0033497　455.1/1－3(2)

廿一史彈詞註十卷　（明）楊慎撰　（清）張三異增定　（清）張仲璜註　明史彈詞註二卷（清）張三異撰　（清）張仲璜註　清視履堂刻本　九冊

430000－2401－0033498　455.1/1－4

廿一史彈詞註十卷　（明）楊慎撰　（清）張三異增定　（清）張仲璜註　明史彈詞註二卷（清）張三異撰　（清）張仲璜註　清資善堂刻本　八冊

430000－2401－0033499　455.1/1－4(1)

廿一史彈詞註十卷　（明）楊慎撰　（清）張三異增定　（清）張仲璜註　明史彈詞註二卷（清）張三異撰　（清）張仲璜註　清資善堂刻本　六冊

430000－2401－0033500　455.1/1－4(2)

廿一史彈詞註十卷　（明）楊慎撰　（清）張三異增定　（清）張仲璜註　明史彈詞註二卷（清）張三異撰　（清）張仲璜註　清資善堂刻本　八冊

430000－2401－0033501　455.1/1－4(3)

廿一史彈詞註十卷　（明）楊慎撰　（清）張三異增定　（清）張仲璜註　明史彈詞註二卷（清）張三異撰　（清）張仲璜註　清資善堂刻本　八冊

430000－2401－0033502　455.1/130

新編韓湘子九度文公道情全本三卷　（明）□□撰　清安定堂刻本　一冊

430000－2401－0033503　455.1/130－2

新編韓湘子九度文公道情全本三卷　（明）□□撰　清光緒三十年(1904)崇實書局刻本　二冊

430000－2401－0033504　455.1/4

新刻玉釧緣全傳三十二卷　（清）西湖居士撰　清翰苑閣刻本　三十四冊

430000－2401－0033505　455.1/5

繡像玉連環八卷七十六回　（清）朱素仙撰　清道光三年(1823)亦芸書屋刻本　八冊

430000－2401－0033506　455.1/89

繡像四香緣四卷三十二卷　（清）朱鏡江撰　清道光十三年(1833)務本堂刻本　八冊

430000－2401－0033507　455.1/3

庚子國變彈詞四十卷　（清）李伯元撰　清光緒二十八年(1902)世界繁華報館鉛印本　六冊

430000－2401－0033508　455.1/54－2

繡像落金扇四卷　（清）吹竽先生撰　清光緒

二十六年(1900)石印本　四冊

430000－2401－0033509　455.1/54－2(1)
繡像落金扇四卷　(清)吹竽先生撰　清光緒
二十六年(1900)石印本　四冊

430000－2401－0033510　455.1/33－2
繪圖珍珠塔後傳麒麟豹四卷六十回　(清)周
士珠編　清光緒二十年(1894)上海書局石印
本　四冊

430000－2401－0033511　455.1/33
繪圖珍珠塔後傳麒麟豹四卷六十回　(清)周
士珠編　清光緒二十年(1894)上海書局石印
本　四冊

430000－2401－0033512　455.1/33－3
新增全圖珍珠塔後傳麒麟豹四卷六十回
(清)周士珠編　清光緒二十一年(1895)石印
本　二冊

430000－2401－0033513　455.1/69
繪圖筆生花十六卷三十二回　(清)邱心如撰
清光緒二十年(1894)上海書局石印本　十
六冊

430000－2401－0033514　455.1/69－3
繪圖筆生花十六卷三十二回　(清)邱心如撰
清光緒二十五年(1899)上海書局石印本
八冊

430000－2401－0033515　455.1/69－4
繪圖筆生花十六卷三十二回　(清)邱心如撰
清石印本　四冊

430000－2401－0033516　455.1/11
繡像夢影緣四十八回　(清)苕溪爨下生撰
清光緒二十一年(1895)竹簡齋石印本　十
六冊

430000－2401－0033517　455.1/11(1)
繡像夢影緣四十八回　(清)苕溪爨下生撰
清光緒二十一年(1895)竹簡齋石印本　十
六冊

430000－2401－0033518　455.1/83
果報錄十二卷一百回　(清)海芝濤撰　清木

活字本　十二冊

430000－2401－0033519　455.1/83(1)
果報錄十二卷一百回　(清)海芝濤撰　清木
活字本　十二冊

430000－2401－0033520　455.1/84
錦香亭四卷十六回　(清)素庵主人撰　清刻
本　一冊　存二卷(三至四)

430000－2401－0033521　455.1/59－2
新鎸繪圖描金鳳八卷四十六回　(清)馬如飛
撰　清光緒三十二年(1906)上洋海左書局石
印本　八冊

430000－2401－0033522　455.1/59
新鎸繡像描金鳳十二卷四十六回　(清)馬如
飛撰　(清)竹亭居士重編　清光緒二年
(1876)刻本　十二冊

430000－2401－0033523　455.1/37－3
繪圖孝義真迹珠塔緣四卷二十四回　(清)馬
如飛撰　清光緒二十二年(1896)上海書局石
印本　四冊

430000－2401－0033524　455.1/48－2
繡像十美圖四十回　清同治七年(1868)古越
文雅堂刻本　六冊

430000－2401－0033525　455.1/48
增像十美緣圖詠四卷四十回　(清)退居野人
校訂　清光緒三十一年(1905)海左書莊石印
本　四冊

430000－2401－0033526　455.1/56
錦上花四十八回　(清)修目閣主人撰　清嘉
慶善成堂刻本　八冊

430000－2401－0033527　455.1/55
夢白新翻錦香亭全傳三十二卷　(清)徐品南
撰　清嘉慶七年(1802)青箱堂刻本　四冊

430000－2401－0033528　455.1/53
繡像九美圖全傳十二卷七十五回　(清)曹春
江編　清道光二十三年(1843)四友軒刻本
十二冊

430000－2401－0033529　455.1/40

明紀彈詞註二卷　（清）張三異撰　清雍正刻本　二冊

430000 – 2401 – 0033530　455.1/132

猛回頭一卷　（清）陳天華撰　刻本　一冊

430000 – 2401 – 0033531　455.1/78

繡像芙蓉洞全傳十卷　（清）陳遇乾編　清道光十六年(1836)刻本　十冊

430000 – 2401 – 0033532　455.1/78(1)

繡像芙蓉洞全傳十卷　（清）陳遇乾編　清道光十六年(1836)刻本　十冊

430000 – 2401 – 0033533　455.1/20

繡像全圖再生緣全傳二十卷　（清）陳端生撰　清光緒三十一年(1905)永記書莊石印本　十一冊　缺九卷(二至三、八至十四)

430000 – 2401 – 0033534　455.1/20 – 3

再生緣全傳二十卷　（清）陳端生撰　清刻本　一冊　存一卷(十九)

430000 – 2401 – 0033535　455.1/18

再造天十六卷　（清）侯香葉夫人撰　清道光六年(1826)香葉閣刻本　十六冊

430000 – 2401 – 0033536　455.1/42

天雨花三十回　（清）陶貞懷撰　清善成堂刻本　二十四冊

430000 – 2401 – 0033537　455.1/21

增像繪圖雙珠球十二卷四十九回　（清）黃子貞撰　清光緒三年(1877)鉛印本　一冊　存一卷(一)

430000 – 2401 – 0033538　455.1/21 – 2

繡像繪圖雙珠球六卷四十九回　（清）黃子貞撰　清光緒三十二年(1906)上海書局石印本　六冊

430000 – 2401 – 0033539　455.1/22

繡像雙珠鳳全傳十二卷八十回　（清）黃子貞撰　清光緒二十一年(1895)上海書局石印本　六冊

430000 – 2401 – 0033540　455.1/44

新刻繡像換空箱全傳二十一卷　（清）愚溪撰

清光緒十三年(1887)瑞錦樓刻本　六冊

430000 – 2401 – 0033541　464/244

黃金印六卷　（清）餐花館主人撰　清同治十二年(1873)集古山房刻本　六冊

430000 – 2401 – 0033542　455.1/2

來生福彈詞三十六回　（清）橘中逸叟撰　清同治九年(1870)刻本　十六冊

430000 – 2401 – 0033543　455.1/2(1)

來生福彈詞三十六回　（清）橘中逸叟撰　清末刻本　十八冊

430000 – 2401 – 0033544　455.1/76

娛萱草彈詞三十二卷　（清）橘道人撰　清光緒二十年(1894)木活字本　六冊

430000 – 2401 – 0033545　455.1/76(1)

娛萱草彈詞三十二卷　（清）橘道人撰　清光緒二十年(1894)木活字本　六冊

430000 – 2401 – 0033546　455.1/76(2)

娛萱草彈詞三十二卷　（清）橘道人撰　清光緒二十年(1894)木活字本　六冊

430000 – 2401 – 0033547　455.1/71

繡像真本八美圖十卷六十回　（清）□□撰　清嘉慶二十四年(1819)飛春閣刻本　十二冊

430000 – 2401 – 0033548　455.1/137

三世因果一卷　清光緒十二年(1886)萬邑新田木活字本　一冊

430000 – 2401 – 0033549　455.1/137 – 2

三世因果一卷　清光緒三十年(1904)刻本　一冊

430000 – 2401 – 0033550　455.1/79

子虛記十卷十回　清光緒二十七年(1901)世界繁華報館鉛印本　十冊

430000 – 2401 – 0033551　455.1/50

新刻瓦車蓬天賜雙生牙痕記四卷三十回　清光緒三十二年(1906)石印本　四冊

430000 – 2401 – 0033552　455.1/68

繡像新刊玉杯記二卷八回回杯記二卷八回

清光緒三十二年（1906）上海書局石印本
二冊

430000－2401－0033553　455.1/72

繪圖後玉蜻蜓四卷　（清）□□撰　清光緒二
十三年（1897）上海書局石印本　四冊

430000－2401－0033554　455.1/15

新刊繡像巧合三緣四卷十六回　（清）□□撰
　清光緒二十一年（1895）上海文宜書局石印
本　四冊

430000－2401－0033555　464/61

繪圖巧合奇冤全傳十卷　（清）□□撰　清光
緒二十年（1894）石印本　一冊

430000－2401－0033556　455.1/28－2

繪圖宋史奇書十二卷六十六回　（清）□□撰
清光緒十九年（1893）上海書局鉛印本　六冊

430000－2401－0033557　455.1/28

繡像宋史奇書十二卷六十六回　（清）□□撰
　清光緒三十二年（1906）上海書局石印本
六冊

430000－2401－0033558　455.1/7

新刻繡像花月夢初集八卷五十八回　清光緒
三十年（1904）奇書小說報館石印本　六冊

430000－2401－0033559　455.1/27－3

香山記二卷　清同治元年（1862）三慶堂刻本
　二冊

430000－2401－0033560　455.1/27

香山記一卷　清光緒三十一年（1905）刻本
一冊

430000－2401－0033561　455.1/27－2

香山記二卷　清宣統元年（1909）黃三元堂刻
本　二冊

430000－2401－0033562　455.1/8－3

新增笑中緣圖詠四卷七十五回　清光緒十四
年（1888）上海書局石印本　四冊

430000－2401－0033563　455.1/8－2

笑中緣圖說六卷　清宣統二年（1910）上海廣
記書局石印本　二冊

430000－2401－0033564　455.1/75－2

繡像義合資九絲縧全傳十二卷　清光緒二十
三年（1897）上海受古書店石印本　二冊

430000－2401－0033565　455.1/75

繡像義合資九絲縧全傳十二卷　清光緒二十
三年（1897）上海書局石印本　八冊

430000－2401－0033566　455.1/77

繪像繡香囊全傳七集十四卷　（清）□□撰
清光緒三十一年（1905）上海書局石印本　十
三冊　存十三卷（一至十三）

430000－2401－0033567　455.1/60

新刻繡鞋記四卷　清光緒三十二年（1906）福
記書局石印本　四冊

430000－2401－0033568　455.1/65

鳳凰山十卷七十二回　（清）□□撰　清刻本
　二冊　存六回（四十八至五十、五十四至五
十六）

430000－2401－0033569　455.1/49

新刻古本劉成美忠節全傳八卷二十五回全傳
後集六卷三十二回　（清）□□撰　清光緒二
十六年（1900）上海書局石印本　八冊　缺六
卷（前集一至六）

430000－2401－0033570　455.1/17

新刻劉成美忠節全傳十六卷　（清）□□撰
清光緒文林堂刻本　四冊

430000－2401－0033571　455.1/105

新刻雙珠球義俠記一卷　清宣統三年（1911）
益陽文元堂刻本　一冊

430000－2401－0033572　455.1/92－2

彭大人私訪南京一卷　清光緒三十二年
（1906）文元堂刻本　一冊

430000－2401－0033573　455.2/2

賈鳧西鼓詞一卷　（明）賈鳧西撰　清光緒二
年（1876）鉛印本　一冊

430000－2401－0033574　455.2/2（1）

賈鳧西鼓詞一卷　（明）賈鳧西撰　清光緒二
年（1876）鉛印本　一冊

430000 – 2401 – 0033575　455.2/2（2）

賈鳧西鼓詞一卷　（明）賈鳧西撰　清光緒二年(1876)鉛印本　一冊

430000 – 2401 – 0033576　455.2/2（3）

賈鳧西鼓詞一卷　（明）賈鳧西撰　清光緒二年(1876)鉛印本　一冊

430000 – 2401 – 0033577　455.2/2（4）

賈鳧西鼓詞一卷　（明）賈鳧西撰　清光緒二年(1876)鉛印本　一冊

430000 – 2401 – 0033578　455.2/2（5）

賈鳧西鼓詞一卷　（明）賈鳧西撰　清光緒二年(1876)鉛印本　一冊

430000 – 2401 – 0033579　455.2/20

木皮散人鼓詞一卷　（明）賈鳧西撰　清光緒三十三年(1907)長沙葉氏觀古堂刻本　一冊

430000 – 2401 – 0033580　455.2/20（1）

木皮散人鼓詞一卷　（明）賈鳧西撰　清光緒三十三年(1907)長沙葉氏觀古堂刻本　一冊

430000 – 2401 – 0033581　455.2/20（2）

木皮散人鼓詞一卷　（明）賈鳧西撰　清光緒三十三年(1907)長沙葉氏觀古堂刻本　一冊

430000 – 2401 – 0033582　455.2/15

新編青紅顛倒玉牡丹說唱鼓詞四卷二十四回　（清）維世子撰　清宣統二年(1910)上海江左書林石印本　二冊

430000 – 2401 – 0033583　455.3/10

觀世音菩薩本行經二卷　（宋）釋普明編　清刻本　一冊　缺一卷（下）

430000 – 2401 – 0033584　△467/1

九更寶卷一卷　清道光十二年(1832)安氏鈔本　一冊

430000 – 2401 – 0033585　△467/2

三官寶卷　清光緒朱永錫鈔本　一冊

430000 – 2401 – 0033586　396.21/108

三茅真君宣化度世寶卷二卷　清光緒三十三年(1907)重印二十九年(1903)蘇州李沁芳齋刻本　一冊

430000 – 2401 – 0033587　455.3/8

太華山紫金鎮兩世修行劉香寶卷全集二卷　(清)□□撰　清光緒四年(1878)常郡培本堂善書局刻本　二冊

430000 – 2401 – 0033588　455.3/8 – 2

太華山紫金鎮兩世修行劉香寶卷全集二卷　(清)□□撰　清光緒十六年(1890)長沙柳書屋刻本　二冊

430000 – 2401 – 0033589　455.4/50

五子行孝一卷　清光緒十年(1884)寧鄉黎綿芳堂刻本　一冊

430000 – 2401 – 0033590　455.3/6

五祖黃梅寶卷二卷　清光緒元年(1875)杭州瑪瑙經房刻本　一冊

430000 – 2401 – 0033591　△467/3

少華山寶卷一卷　清光緒十年(1884)靳來鳳堂鈔本　一冊

430000 – 2401 – 0033592　△467/7

玉杯寶卷一卷　清嘉慶五年(1800)靳漢玉誠意堂鈔本　一冊

430000 – 2401 – 0033593　△467/4

白馬寶卷二卷　清道光三年(1823)鈔本　一冊　存一卷（一）

430000 – 2401 – 0033594　△467/6

白龍寶卷一卷　清光緒十三年(1887)朱永錫鈔本　一冊

430000 – 2401 – 0033595　△467/5

白羅衫寶卷一卷　清道光二十七年(1847)鈔本　一冊

430000 – 2401 – 0033596　455.3/7 – 3

何仙姑寶卷二卷　清光緒十六年(1890)金陵一得齋刻本　一冊

430000 – 2401 – 0033597　455.3/7

何仙姑寶卷二卷　清光緒三十四年(1908)刻本　一冊

430000 – 2401 – 0033598　455.3/18

妙英寶卷全集一卷　清刻本　一冊

430000－2401－0033599　△467/10

珍珠塔二卷　清光緒靳來鳳堂鈔本　一冊

430000－2401－0033600　△467/11

珊瑚寶卷一卷　清光緒朱永錫鈔本　一冊

430000－2401－0033601　455.3/16

南嶽寶誥一卷　清宣統二年(1910)中湘九總
黃三元堂刻本　一冊

430000－2401－0033603　△467/16

佛說張瑞英尋仇救父鴛鴦縧寶卷三卷　清
道光十三年(1833)王亨益積厚堂鈔本
一冊

430000－2401－0033604　455.3/3

現世寶卷二卷　清光緒五年(1879)杭州瑪瑙
經房刻本　一冊

430000－2401－0033605　455.3/15－2

張三殺猪得道成仙全本一卷　清光緒十四年
(1888)同慶堂刻本　一冊

430000－2401－0033606　△467/12

陰德寶卷一卷　清道光十三年(1833)楊德宅
鈔本　一冊

430000－2401－0033607　△467/15

新鈔黃馬告狀岳父害門婿寶卷一卷　清光緒
四年(1878)王五桂堂鈔本　一冊

430000－2401－0033608　△467/13

絲帶記寶卷一卷　清道光三年(1823)鈔民國
二十六年(1937)文承璐堂補鈔本　一冊

430000－2401－0033609　455.4/125

新春土地贊語一卷　清末黃大文堂刻本
一冊

430000－2401－0033610　△467/14

慈雲寶卷三卷　清道光十二年(1832)朱光裕
堂鈔本　三冊

430000－2401－0033611　△467/8

佛說劉子忠賢良寶卷一卷　清鈔本　一冊

430000－2401－0033612　455.3/12

新刻輪回寶傳一卷　清光緒三十四年(1908)
刻本　一冊

430000－2401－0033613　455.3/19

劉素貞寶卷　清刻本　一冊

430000－2401－0033614　△467/21

龍圖寶卷不分卷　清鈔本　二冊

430000－2401－0033615　△467/17

錢孝子寶卷一卷　清光緒十三年(1887)朱永
錫鈔本　一冊

430000－2401－0033616　455.4/174

興家寶一卷　（清）□□編　清同治元年
(1862)刻本　一冊

430000－2401－0033617　△467/19

雙合印寶卷一卷　清光緒三年(1877)鈔本
一冊

430000－2401－0033618　△467/18

增補雙熊夢十五貫二卷　清鈔本　一冊

430000－2401－0033619　△464/6

繡鞋記五卷　清道光鈔本　五冊

430000－2401－0033620　455.3/5

龐公寶卷一卷　清光緒二十一年(1895)杭州
瑪瑙經房刻本　一冊

430000－2401－0033621　△467/20

寶鏡重圓一卷　清同治十一年(1872)鈔本
一冊

430000－2401－0033622　455.4/124

新刻勸世歌一卷　清末文富堂刻本　一冊

430000－2401－0033623　456/45

池塘洗澡一卷　清光緒寧鄉黎綿芳堂刻本
一冊

430000－2401－0033624　456/44

孟姜女送夫一卷孟姜女尋夫一卷　清光緒寧
鄉黎綿芳堂刻本　一冊

430000－2401－0033625　456/48

新刻南橋會二卷　清光緒三年(1877)寧鄉黎
綿芳堂刻本　一冊

430000－2401－0033626　456/47

殺四門一卷　清光緒寧鄉黎綿芳堂刻本
一冊

430000－2401－0033627　456/32

華容擋曹一卷　清光緒十七年(1891)寧鄉黎
綿芳堂刻本　一冊

430000－2401－0033628　456/46

薛貴貴回窯一卷　清光緒寧鄉黎綿芳堂刻本
一冊

430000－2401－0033629　△468/1

新刻出像點板時尚昆腔雜出醉怡情八卷　題
(清)菇蘆釣叟輯　清刻本　八冊

430000－2401－0033630　457/8－4

重訂綴白裘新集合編十二集四十八卷　(清)
玩花主人輯　(清)錢德蒼增輯　清乾隆四十
六年(1781)集古堂刻本　二十三冊　缺十一
集上

430000－2401－0033631　457/8

重訂綴白裘新集合編十二集四十八卷　(清)
玩花主人輯　(清)錢德蒼增輯　清道光三年
(1823)共賞齋刻本　十八冊

430000－2401－0033632　457/8(1)

重訂綴白裘新集合編十二集四十八卷　(清)
玩花主人輯　(清)錢德蒼增輯　清道光三年
(1823)共賞齋刻本　二十三冊　缺十一集下

430000－2401－0033633　457/8－3

繪圖綴白裘十二集四十八卷　(清)玩花主人
輯　(清)錢德蒼增輯　清光緒二十一年
(1895)石印本　四冊　存四集(三、六、九、十
二)

430000－2401－0033634　457/8－2

繪圖綴白裘十二集四十八卷　(清)玩花主人
輯　(清)錢德蒼增輯　清光緒三十四年
(1908)上海廣雅書局石印本　十二冊

430000－2401－0033635　457/8－5

繪圖綴白裘十二集四十八卷　(清)玩花主人
輯　(清)錢德蒼增輯　清光緒三十四年

(1908)萃香社石印本　六冊　存六集二十四
卷(集一至六、一至二十四)

430000－2401－0033636　△469.1/4

嘯餘譜十一卷　(明)陳明善輯　明萬曆刻本
十三冊　存九卷(二至五、七至十一)

430000－2401－0033637　458/26

新鑴古今大雅北宮詞記六卷　(明)陳所聞選
(明)陳邦泰輯　明萬曆三十二年(1604)陳
氏刻本　一冊　存一卷(一)

430000－2401－0033638　△469.1/3

新定十二律京腔譜十六卷新定考正音韻大全
一卷　(清)王正祥撰　清康熙二十三年
(1684)停雲室刻本　四冊

430000－2401－0033639　△469.1/1

曲譜十二卷首一卷末一卷　(清)王奕清等撰
清康熙內府刻朱墨套印本　十二冊

430000－2401－0033640　△469.1/1(1)

曲譜十二卷首一卷末一卷　(清)王奕清等撰
清康熙內府刻朱墨套印本　八冊　存八卷
(三至四、七至十二)

430000－2401－0033641　△469.1/1－2

曲譜十二卷首一卷末一卷　(清)王奕清等撰
清三色鈔本　十六冊

430000－2401－0033642　△469.2/2

新定九宮大成南北詞宮譜八十一卷閏一卷總
目三卷　(清)周祥鈺　(清)徐興華輯　清乾
隆十一年(1746)允祿刻朱墨套印本　三十
二冊

430000－2401－0033643　△469.2/2(1)

新定九宮大成南北詞宮譜八十一卷閏一卷總
目三卷　(清)周祥鈺　(清)徐興華輯　清乾
隆十一年(1746)允祿刻朱墨套印本　三十二
冊　缺八卷(三、五、七、六十一至六十四、六
十六)

430000－2401－0033644　458/27

吟香堂曲譜四卷　(清)馮起鳳定　清乾隆五
十四年(1789)馮懋才吟香堂刻本　一冊　存

一卷(牡丹亭上)

430000－2401－0033645　458/17
纳書楹曲譜全集二十二卷　(清)葉堂撰　清
乾隆五十七年至五十九年(1792－1794)長洲
葉氏納書楹刻本　二十二冊

430000－2401－0033646　458/17(1)
纳書楹曲譜全集二十二卷　(清)葉堂撰　清
乾隆五十七年至五十九年(1792－1794)長洲
葉氏納書楹刻本　二十二冊

430000－2401－0033647　458/17(2)
纳書楹曲譜全集二十二卷　(清)葉堂撰　清
乾隆五十七年至五十九年(1792－1794)長洲
葉氏納書楹刻本　二十冊

430000－2401－0033648　458/17(3)
纳書楹曲譜全集二十二卷　(清)葉堂撰　清
乾隆五十七年至五十九年(1792－1794)長洲
葉氏納書楹刻本　十三冊

430000－2401－0033649　458/22
憩園曲譜十二集　(清)憩園撰　清光緒二十
四年(1898)夢園主人鈔本　九冊　缺三集
(寅、卯、亥)

430000－2401－0033650　458/21
太古傳宗琵琶調西厢記曲譜二卷　清刻本
一冊　缺一卷(上)

430000－2401－0033651　458/10
塞上鴻一卷　(清)□□撰　清光緒二年
(1876)蕉石南崖山人鈔本　一冊

430000－2401－0033652　458/8
審音鑒古錄九種續選五種　(清)□□編　清
道光十四年(1834)王繼善重修本　十冊

430000－2401－0033653　△469.3/1
中原音韻不分卷　(元)周德清撰　明刻本
王禮培跋　一冊

430000－2401－0033654　459.3/2
詞餘叢話三卷續三卷　(清)楊恩壽撰　清光
緒三年(1877)長沙楊氏坦園刻本　二冊

430000－2401－0033655　459.3/2(1)
詞餘叢話三卷續三卷　(清)楊恩壽撰　清光
緒三年(1877)長沙楊氏坦園刻本　二冊

430000－2401－0033656　△51/20
袁氏小說　(明)袁褧編　明袁氏嘉趣堂刻本
十六冊

430000－2401－0033657　461/126
稗海　(明)商濬輯　清康熙振鷺堂重編補刻
本　六十二冊

430000－2401－0033658　461/126(1)
稗海　(明)商濬輯　清康熙振鷺堂重編補刻
本　八十一冊

430000－2401－0033659　461/126(2)
稗海　(明)商濬輯　清康熙振鷺堂重編補刻
本　八十冊

430000－2401－0033660　461/126－2
稗海　(明)商濬輯　(清)李孝源重訂　清乾
隆修補重訂本　八十冊

430000－2401－0033661　461/153
古今說海　(明)陸楫輯　清道光元年(1821)
茗溪邵氏西山堂刻本　二十八冊

430000－2401－0033662　461/153(1)
古今說海　(明)陸楫輯　清道光元年(1821)
茗溪邵氏西山堂刻本　四冊

430000－2401－0033663　411/107
顧氏明朝四十家小說　(明)顧元慶輯　清宣
統三年(1911)上海國學扶輪社鉛印本　八冊

430000－2401－0033664　△394.11/2
魏晉小說十二卷　清據說郛說郛續刻版重編
印本　十二冊

430000－2401－0033665　△51/22
唐人百家小說　明末刻本　二十七冊

430000－2401－0033666　△51/9
宋人百家小說　明末刻本　十二冊

430000－2401－0033667　△51/11
皇明百家小說　清據說郛、說郛續刊版重編
印本　十二冊

430000－2401－0033668　461/151

唐代叢書　（清）王文誥輯　清嘉慶十一年(1806)序刻本　二十四冊

430000－2401－0033669　461/152

唐人説薈二十卷　（清）蓮塘居士（陳世熙）輯　清乾隆五十七年(1792)挹秀軒刊本　二十冊

430000－2401－0033670　461/149

香艷叢書　（清）蟲天子輯　清宣統上海國學扶輪社鉛印本　八十冊

430000－2401－0033671　461/32

二十世紀奇書快睹　陳琰輯　清宣統三年(1911)上海六藝書局石印本　四冊

430000－2401－0033672　411/105

唐開元小説　葉德輝輯　清宣統三年(1911)葉氏觀古堂刻本　二冊

430000－2401－0033673　411/105(1)

唐開元小説　葉德輝輯　清宣統三年(1911)葉氏觀古堂刻本　二冊

430000－2401－0033674　411/105(2)

唐開元小説　葉德輝輯　清宣統三年(1911)葉氏觀古堂刻本　二冊

430000－2401－0033675　411/105(3)

唐開元小説　葉德輝輯　清宣統三年(1911)葉氏觀古堂刻本　二冊

430000－2401－0033676　411/105(4)

唐開元小説　葉德輝輯　清宣統三年(1911)葉氏觀古堂刻本　二冊

430000－2401－0033677　411/105(5)

唐開元小説　葉德輝輯　清宣統三年(1911)葉氏觀古堂刻本　二冊

430000－2401－0033678　461/156

西京雜記六卷　（晉）葛洪撰　明刻本　一冊

430000－2401－0033679　461/156－2

西京雜記二卷　（晉）葛洪撰　清乾隆五十二年(1787)抱經堂刻本　一冊

430000－2401－0033680　461/156－2(1)

西京雜記二卷　（晉）葛洪撰　清乾隆五十二年(1787)抱經堂刻本　一冊

430000－2401－0033681　461/18－13

世説新語三卷　（南朝宋）劉義慶撰　（南朝梁）劉孝標註　清周氏紛欣閣刻本　六冊

430000－2401－0033682　461/18－3

世説新語六卷　（南朝宋）劉義慶撰　（南朝梁）劉孝標註　清光緒元年(1875)湖北崇文書局刻本　三冊

430000－2401－0033683　461/18－3(1)

世説新語六卷　（南朝宋）劉義慶撰　（南朝梁）劉孝標註　清光緒三年(1877)湖北崇文書局刻本　四冊

430000－2401－0033684　461/18－2

世説新語三卷　（南朝宋）劉義慶撰　（南朝梁）劉孝標註　清光緒十七年(1891)長沙思賢講舍刻本　六冊

430000－2401－0033685　461/18－2(1)

世説新語三卷　（南朝宋）劉義慶撰　（南朝梁）劉孝標註　清光緒十七年(1891)長沙思賢講舍刻本　六冊

430000－2401－0033686　461/18－2(2)

世説新語三卷　（南朝宋）劉義慶撰　（南朝梁）劉孝標註　清光緒十七年(1891)長沙思賢講舍刻本　六冊

430000－2401－0033687　461/18－2(3)

世説新語三卷　（南朝宋）劉義慶撰　（南朝梁）劉孝標註　清光緒十七年(1891)長沙思賢講舍刻本　七冊

430000－2401－0033688　461/18－2(4)

世説新語三卷　（南朝宋）劉義慶撰　（南朝梁）劉孝標註　清光緒十七年(1891)長沙思賢講舍刻本　六冊

430000－2401－0033689　461/18－2(5)

世説新語三卷　（南朝宋）劉義慶撰　（南朝梁）劉孝標註　清光緒十七年(1891)長沙思

賢講舍刻本　　六冊

430000－2401－0033690　461/18－2(6)

世説新語三卷　（南朝宋）劉義慶撰　（南朝梁）劉孝標註　清光緒十七年(1891)長沙思賢講舍刻本　　六冊

430000－2401－0033691　461/18－2(7)

世説新語三卷　（南朝宋）劉義慶撰　（南朝梁）劉孝標註　清光緒十七年(1891)長沙思賢講舍刻本　　四冊

430000－2401－0033692　461/18－10

世説新語補二十卷　（南朝宋）劉義慶撰（南朝梁）劉孝標註　（明）何良俊增　（明）王世貞删　（明）王世懋評　（明）張文柱註　清乾隆二十七年(1762)江夏黄氏茂清書屋刻本　　十冊

430000－2401－0033693　461/18－10(1)

世説新語補二十卷　（南朝宋）劉義慶撰（南朝梁）劉孝標註　（明）何良俊增　（明）王世貞删　（明）王世懋評　（明）張文柱註　清乾隆二十七年(1762)江夏黄氏茂清書屋刻本　　十冊

430000－2401－0033694　461/18－10(2)

世説新語補二十卷　（南朝宋）劉義慶撰（南朝梁）劉孝標註　（明）何良俊增　（明）王世貞删　（明）王世懋評　（明）張文柱註　清乾隆二十七年(1762)江夏黄氏茂清書屋刻本　　八冊

430000－2401－0033695　461/18－10(3)

世説新語補二十卷　（南朝宋）劉義慶撰（南朝梁）劉孝標註　（明）何良俊增　（明）王世貞删　（明）王世懋評　（明）張文柱註　清乾隆二十七年(1762)江夏黄氏茂清書屋刻本　　四冊

430000－2401－0033696　461/18－10(4)

世説新語補二十卷　（南朝宋）劉義慶撰（南朝梁）劉孝標註　（明）何良俊增　（明）王世貞删　（明）王世懋評　（明）張文柱註　清修補乾隆二十七年(1762)江夏黄氏茂清書

屋刻本　　十冊

430000－2401－0033697　461/18－9(1)

世説新語補二十卷　（南朝宋）劉義慶撰（南朝梁）劉孝標註　（明）何良俊增　（明）王世貞删　（明）王世懋評　（明）張文柱註　清葛氏嘯園刻本　　六冊

430000－2401－0033698　461/18－9

世説新語補二十卷　（南朝宋）劉義慶撰（南朝梁）劉孝標註　（明）何良俊增　（明）王世貞删　（明）王世懋評　（明）張文柱註　清葛氏嘯園朱印本　　六冊

430000－2401－0033699　461/18－9(2)

世説新語補二十卷　（南朝宋）劉義慶撰（南朝梁）劉孝標註　（明）何良俊增　（明）王世貞删　（明）王世懋評　（明）張文柱註　清葛氏嘯園朱印本　　六冊

430000－2401－0033700　461/18－12

世説新語補六卷　（南朝宋）劉義慶撰　（南朝梁）劉孝標註　（明）黄之采等校　清刻本　　六冊

430000－2401－0033701　461/193

唐國史補三卷　（唐）李肇撰　明崇禎虞山毛氏汲古閣刻本　　一冊

430000－2401－0033702　461/72－2

酉陽雜俎二十卷續集十卷　（唐）段成式撰　明崇禎虞山毛氏汲古閣刻本　　四冊

430000－2401－0033703　461/72－2(1)

酉陽雜俎二十卷續集十卷　（唐）段成式撰　明崇禎虞山毛氏汲古閣刻本　　四冊

430000－2401－0033704　461/72

酉陽雜俎二十卷續集十卷　（唐）段成式撰　清道光二十九年(1849)刻本　　六冊

430000－2401－0033705　461/72(1)

酉陽雜俎二十卷續集十卷　（唐）段成式撰　清道光二十九年(1849)刻本　　六冊

430000－2401－0033706　461/72(2)

酉陽雜俎二十卷續集十卷　（唐）段成式撰

清道光二十九年(1849)刻本　六冊

430000－2401－0033707　461/72(3)
酉陽雜俎二十卷續集十卷　(唐)段成式撰
清道光二十九年(1849)刻本　六冊

430000－2401－0033708　461/72(4)
酉陽雜俎二十卷續集十卷　(唐)段成式撰
清道光二十九年(1849)刻本　六冊

430000－2401－0033709　461/72(5)
酉陽雜俎二十卷續集十卷　(唐)段成式撰
清道光二十九年(1849)刻本　六冊

430000－2401－0033710　461/72(6)
酉陽雜俎二十卷續集十卷　(唐)段成式撰
清道光二十九年(1849)刻本　六冊

430000－2401－0033711　461/72(7)
酉陽雜俎二十卷續集十卷　(唐)段成式撰
清道光二十九年(1849)刻本　六冊

430000－2401－0033712　461/72(8)
酉陽雜俎二十卷續集十卷　(唐)段成式撰
清道光二十九年(1849)刻本　六冊

430000－2401－0033713　461/72－3
酉陽雜俎二十卷續集十卷　(唐)段成式撰
清光緒元年(1875)湖北崇文書局刻本　六冊

430000－2401－0033714　461/72－3(1)
酉陽雜俎二十卷續集十卷　(唐)段成式撰
清光緒元年(1875)湖北崇文書局刻本　六冊

430000－2401－0033715　461/72－4
酉陽雜俎二十卷續集十卷　(唐)段成式撰
清光緒三年(1877)湖北崇文書局刻本　六冊

430000－2401－0033716　461/72－4(1)
酉陽雜俎二十卷續集十卷　(唐)段成式撰
清光緒三年(1877)湖北崇文書局刻本　六冊

430000－2401－0033717　461/110
酉陽雜俎續集十卷　(唐)段成式撰　清光緒
元年(1875)湖北崇文書局刻本　一冊

430000－2401－0033718　461/110(1)
酉陽雜俎續集十卷　(唐)段成式撰　清光緒

元年(1875)湖北崇文書局刻本　一冊

430000－2401－0033719　461/86－2
三水小牘二卷　(唐)皇甫枚撰　清乾隆五十
七年(1792)餘姚盧氏抱經堂刻抱經堂叢書本
一冊

430000－2401－0033720　461/67
御覽闕史二卷　(唐)高彥休撰　清光緒元年
(1875)湖北崇文書局刻本　一冊

430000－2401－0033721　461/67(1)
御覽闕史二卷　(唐)高彥休撰　清光緒元年
(1875)湖北崇文書局刻本　一冊

430000－2401－0033722　461/67(2)
御覽闕史二卷　(唐)高彥休撰　清光緒三年
(1877)湖北崇文書局刻本　一冊

430000－2401－0033723　461/74－2
鑒誡錄十卷　(後蜀)何光遠撰　清光緒元年
(1875)湖北崇文書局刻本　二冊

430000－2401－0033724　461/74
鑒誡錄十卷　(後蜀)何光遠撰　清光緒三年
(1877)湖北崇文書局刻崇文書局匯刻書本
一冊

430000－2401－0033725　461/139
江鄰幾雜志一卷　(宋)江休復撰　清道光浦
江周氏刻紛欣閣叢書本　一冊

430000－2401－0033726　△394.12/8
續博物志十卷博異記一卷　(宋)李石撰　清
康熙七年(1668)汪士漢校刻本　一冊

430000－2401－0033727　△394.12/9
太平廣記五百卷目錄十卷　(宋)李昉等纂
(明)許自昌校　明嘉靖四十五年(1566)談愷
刻本　三十五冊　缺十八卷(二百五十八至
二百七十五)

430000－2401－0033728　461/127
太平廣記五百卷目錄十卷　(宋)李昉等纂
清嘉慶元年(1796)刻本　四十八冊

430000－2401－0033729　461/127－2
太平廣記五百卷目錄十卷　(宋)李昉等纂

清道光二十六年（1846）三讓睦記刻本　六
十冊

430000－2401－0033730　461/127－2(1)
太平廣記五百卷目錄十卷　（宋）李昉等纂
清道光二十六年（1846）三讓睦記刻本　六十
四冊

430000－2401－0033731　461/127－2(2)
太平廣記五百卷目錄十卷　（宋）李昉等纂
清道光二十六年（1846）三讓睦記刻本　六十
二冊

430000－2401－0033732　461/127－5
太平廣記五百卷目錄十卷　（宋）李昉等纂
清刻本　四十八冊

430000－2401－0033733　461/127－5(1)
太平廣記五百卷目錄十卷　（宋）李昉等纂
清刻本　六十三冊

430000－2401－0033734　461/136
桯史十五卷附錄一卷　（宋）岳珂撰　明崇禎
海虞毛氏汲古閣刻本　三冊

430000－2401－0033735　461/136－2
桯史十五卷附錄一卷　（宋）岳珂撰　明汲古
閣刻本(卷七至九配鈔)　四冊

430000－2401－0033736　461/66
鷄肋編三卷　（宋）莊綽撰　清咸豐三年
(1853)仁和胡氏木活字印琳琅秘室叢書本
一冊

430000－2401－0033737　461/179
廣卓異記二十卷　（宋）樂史撰　清道光二十
七年(1847)宜黃黃氏仙屏書屋木活字本　二冊

430000－2401－0033738　25/283
文昌雜錄六卷補遺一卷　（宋）龐元英撰　清
乾隆二十一年(1756)雅雨堂刻本　一冊

430000－2401－0033739　25/283(1)
文昌雜錄六卷補遺一卷　（宋）龐元英撰　清
乾隆二十一年(1756)雅雨堂刻本　一冊

430000－2401－0033740　461/161
龍輔女紅餘志二卷　（元）龍輔撰　明天啟、

崇禎海虞毛氏汲古閣刻詩詞雜俎本　一冊

430000－2401－0033741　△394.13/1
小窗自紀四卷艷紀十四卷清紀五卷別紀四卷
（明）吳從先撰　明萬曆吳氏霞漪閣刻本
十六冊

430000－2401－0033742　△394.13/1(1)
小窗自紀四卷艷紀十四卷清紀五卷別紀四卷
（明）吳從先撰　明萬曆吳氏霞漪閣刻本
一冊

430000－2401－0033743　461/17
青泥蓮花記十三卷　（明）梅鼎祚撰　清宣統
二年(1910)京都自强書局石印本　四冊

430000－2401－0033744　461/23
椒生隨筆八卷　（清）王之春撰　清光緒七年
(1881)上洋文藝齋刻本　四冊

430000－2401－0033745　461/23(1)
椒生隨筆八卷　（清）王之春撰　清光緒七年
(1881)上洋文藝齋刻本　四冊

430000－2401－0033746　461/23(2)
椒生隨筆八卷　（清）王之春撰　清光緒七年
(1881)上洋文藝齋刻本　四冊

430000－2401－0033747　461/23(3)
椒生隨筆八卷　（清）王之春撰　清光緒七年
(1881)上洋文藝齋刻本　四冊

430000－2401－0033748　461/23(4)
椒生隨筆八卷　（清）王之春撰　清光緒七年
(1881)上洋文藝齋刻本　四冊

430000－2401－0033749　461/23(5)
椒生隨筆八卷　（清）王之春撰　清光緒七年
(1881)上洋文藝齋刻本　四冊

430000－2401－0033750　461/23(6)
椒生隨筆八卷　（清）王之春撰　清光緒七年
(1881)上洋文藝齋刻本　一冊

430000－2401－0033751　461/23(7)
椒生隨筆八卷　（清）王之春撰　清光緒七年
(1881)上洋文藝齋刻本　一冊　存二卷(五
至六)

430000－2401－0033752　461/23（8）
椒生隨筆八卷　（清）王之春撰　清末刻本
四冊

430000－2401－0033753　461/77
雨窗消意錄甲部四卷　（清）牛應之撰　清長
沙陳挹秀刻字店刻挹秀山房叢書本　二冊

430000－2401－0033754　461/77（1）
雨窗消意錄甲部四卷　（清）牛應之撰　清長
沙陳挹秀刻字店刻挹秀山房叢書本　四冊

430000－2401－0033755　△394.2/1
西青散記四卷　（清）史震林撰　清乾隆海陽
程氏浣月齋刻本　四冊

430000－2401－0033756　461/163
西青散記四卷　（清）史震林撰　清乾隆三餘
堂刻本　四冊

430000－2401－0033757　461/195
梓園山房記事珠□□卷　（清）釋江叡輯　清
光緒二年（1876）梓園山房刻本　一冊　存四
卷（一百〇五至一百〇八）

430000－2401－0033758　393.1/201
養園隨筆二卷　（清）汪桂月撰　清道光二十
九年（1849）刻本　一冊

430000－2401－0033759　32/390
坐花志果八卷　（清）汪道鼎撰　清同治二年
（1863）味經堂刻本　四冊

430000－2401－0033760　461/94
諧鐸十二卷　（清）沈起鳳撰　清光緒二十一
年（1895）上海書局石印本　四冊

430000－2401－0033761　461/133
行素齋雜記二卷　（清）李佳繼昌撰　清光緒
二十七年（1901）湖南臬署刻本　二冊

430000－2401－0033762　461/133（1）
行素齋雜記二卷　（清）李佳繼昌撰　清光緒
二十七年（1901）湖南臬署刻本　二冊

430000－2401－0033763　461/133（2）
行素齋雜記二卷　（清）李佳繼昌撰　清光緒
二十七年（1901）湖南臬署刻本　二冊

430000－2401－0033764　461/133（3）
行素齋雜記二卷　（清）李佳繼昌撰　清光緒
二十七年（1901）湖南臬署刻本　二冊

430000－2401－0033765　461/100
茶餘客語十二卷　（清）阮葵生撰　清乾隆五
十九年（1794）木活字本　四冊

430000－2401－0033766　461/14
我佛山人札記小說四卷　（清）吳研人撰　清
末上海掃葉山房石印本　一冊

430000－2401－0033767　461/46（1）
續客窗閑話八卷　（清）吳熾昌撰　清光緒元
年（1875）學庫山房刻本　一冊　存二卷（一
至二）

430000－2401－0033768　461/46
續客窗閑話八卷　（清）吳熾昌撰　清末刻本
清末怡園眉批及圈點　四冊

430000－2401－0033769　461/180
熙朝新語十卷　（清）余金輯　清嘉慶二十五
年（1820）貴文堂刻本　八冊

430000－2401－0033770　461/180（1）
熙朝新語十卷　（清）余金輯　清刻本　三冊
存十二卷（五至十六）

430000－2401－0033771　461/189
板橋雜記一卷　（清）余懷撰　清光緒二十六
年（1900）番禺沈氏刻拜鴛樓校刻四種本
一冊

430000－2401－0033772　461/57
梅檐夜話一卷　（清）周式撰　清光緒三十二
年（1906）木活字本　一冊

430000－2401－0033773　461/89－2
右台仙館筆記十六卷　（清）俞樾撰　清光緒
十五年（1889）刻春在堂全書本　六冊

430000－2401－0033774　461/73
信徵隨筆十六集三十二卷　（清）段永源撰
清同治六年至九年（1867－1870）羊城學院前
文經堂刻本　十六冊

430000－2401－0033775　461/160

筠窗輯事二卷　（清）姚教雯撰　清光緒十四年(1888)陶文星堂刻本　一冊

430000－2401－0033776　461/96

北東園筆錄初編六卷續編六卷三編六卷四編六卷　（清）梁恭辰撰　清光緒二十一年(1895)刻本　八冊

430000－2401－0033777　461/30

池上草堂筆記近錄十六卷續錄六卷三錄六卷四錄六卷　（清）梁恭辰撰　清道光二十三年(1843)刻光緒十六年(1890)補刻本　八冊

430000－2401－0033778　461/75

兩般秋雨盦隨筆八卷　（清）梁紹壬撰　清道光十七年(1837)文德堂刻本　八冊

430000－2401－0033779　461/75－2

兩般秋雨盦隨筆八卷　（清）梁紹壬撰　清光緒十年(1884)錢唐許氏吉華堂刻本　八冊

430000－2401－0033780　461/75－2(1)

兩般秋雨盦隨筆八卷　（清）梁紹壬撰　清光緒十年(1884)錢唐許氏吉華堂刻本　六冊　缺二卷(七至八)

430000－2401－0033781　461/75－4

兩般秋雨盦隨筆八卷　（清）梁紹壬撰　清大文堂刻本　八冊

430000－2401－0033782　461/81

里乘十卷　（清）許奉恩撰　清同治十三年(1874)刻本　九冊　缺一卷(三)

430000－2401－0033783　461/129

里乘四卷　（清）許奉恩撰　清光緒四年(1878)刻本　二冊

430000－2401－0033784　461/7

蘭苕館外史十卷　（清）許奉恩撰　清光緒十九年(1893)上海二友居石印本　五冊

430000－2401－0033785　461/91

靜娛亭筆記十二卷　（清）張培仁撰　清同治刻本　八冊

430000－2401－0033786　461/91(1)

靜娛亭筆記十二卷　（清）張培仁撰　清同治

刻本　八冊

430000－2401－0033787　461/44－2

幽夢影二卷　（清）張潮撰　清光緒五年(1879)葛氏嘯園刻本　二冊

430000－2401－0033788　461/44

幽夢影二卷　（清）張潮撰　清刻本　二冊

430000－2401－0033789　461/87－2

虞初新志二十卷　（清）張潮輯　虞初續志十二卷　（清）鄭澍若編　清咸豐元年(1851)小嬛環山館刻本　九冊　缺二卷(十六至十七)

430000－2401－0033790　461/87－2(1)

虞初新志二十卷　（清）張潮輯　虞初續志十二卷　（清）鄭澍若編　清咸豐元年(1851)小嬛環山館刻本　七冊　缺九卷(四至八、十六至十七,續志十一至十二)

430000－2401－0033791　461/87－2(2)

虞初新志二十卷　（清）張潮輯　虞初續志十二卷　（清）鄭澍若編　清咸豐元年(1851)小嬛環山館刻本　十一冊　缺二卷(十七、續志九)

430000－2401－0033792　461/118

續太平廣記四卷　（清）陸壽名輯　清光緒八年(1882)文昌書局刻本　四冊

430000－2401－0033793　32/431

警睡編初集四卷二集四卷　（清）華榮萱撰　清光緒末年上海珍藝書局鉛印本　五冊

430000－2401－0033794　△394.2/5

觚賸八卷　（清）鈕琇撰　清康熙三十九年(1700)臨野堂刻本　二冊

430000－2401－0033795　461/50－2

觚賸八卷續編四卷　（清）鈕琇撰　清康熙四十一年(1702)臨野堂刻本　六冊

430000－2401－0033796　461/50

觚賸八卷　（清）鈕琇撰　清宣統三年(1911)上海國學扶輪社石印本　六冊

430000－2401－0033797　461/50(1)

觚賸八卷　（清）鈕琇撰　清宣統三年(1911)

上海國學扶輪社石印本　一冊　存六卷(一至六)

430000－2401－0033798　461/11
真真豈有此理八卷　(清)梁溪瀟湘館輯　清光緒二十年(1894)上海書局石印本　四冊

430000－2401－0033799　461/8
情史類略二十四卷　(清)詹詹外史評輯　清道光二十八年(1848)經綸堂刻本　十二冊

430000－2401－0033800　461/8(1)
情史類略二十四卷　(清)詹詹外史評輯　清末刻本　十冊　缺二卷(二十至二十一)

430000－2401－0033801　461/8(2)
情史類略二十四卷　(清)詹詹外史評輯　清道光二十八年(1848)經綸堂刻本　十二冊

430000－2401－0033802　461/25
榴枱談屑一卷　(清)歐陽兆熊撰　清光緒二十一年(1895)刻本　一冊

430000－2401－0033803　461/25(1)
榴枱談屑一卷　(清)歐陽兆熊撰　清光緒二十一年(1895)刻本　一冊

430000－2401－0033804　461/25(2)
榴枱談屑一卷　(清)歐陽兆熊撰　清光緒二十一年(1895)刻本　一冊

430000－2401－0033805　461/25(3)
榴枱談屑一卷　(清)歐陽兆熊撰　清光緒二十一年(1895)刻本　一冊

430000－2401－0033806　461/80
囂樓剩覽四卷囂樓逸志六卷　(清)歐蘇撰　清嘉慶三年至五年(1798－1800)刻本　七冊

430000－2401－0033807　461/97
耳食錄初編十二卷二編八卷　(清)樂鈞撰　清同治十年(1871)刻本　十冊

430000－2401－0033808　461/162
鷗砭軒質言四卷　(清)戴蓮芬撰　清光緒五年(1879)上海申報館鉛印申報館叢書本　一冊

430000－2401－0033809　462/7
景宋殘本五代平話十卷　清宣統三年(1911)毗陵董氏誦芬室景印本　二冊　缺二卷(梁史下、漢史下)

430000－2401－0033810　461/12
更豈有此理四卷　(清)□□撰　清嘉慶十一年(1806)小酉山房刻本　二冊　存二卷(一至二)

430000－2401－0033811　393.3/3
奪命錄一卷奪命續錄一卷　(清)□□輯　清道光五年(1825)長沙會文堂刻本　一冊

430000－2401－0033812　461/154
阮庵筆記五種九卷　況周頤撰　清光緒三十三年(1907)白門刻蕙風叢書本　四冊

430000－2401－0033814　461/78－2
搜神記二十卷　(晉)干寶撰　**搜神後記十卷**　(晉)陶潛撰　清光緒元年(1875)湖北崇文書局刻本　二冊

430000－2401－0033815　461/78－2(1)
搜神記二十卷　(晉)干寶撰　**搜神後記十卷**　(晉)陶潛撰　清光緒元年(1875)湖北崇文書局刻本　二冊

430000－2401－0033816　461/78－2(2)
搜神記二十卷　(晉)干寶撰　**搜神後記十卷**　(晉)陶潛撰　清光緒元年(1875)湖北崇文書局刻本　二冊

430000－2401－0033817　461/78－2(3)
搜神記二十卷　(晉)干寶撰　**搜神後記十卷**　(晉)陶潛撰　清光緒元年(1875)湖北崇文書局刻本　二冊　缺十卷(十一至二十)

430000－2401－0033818　461/78－2(4)
搜神記二十卷　(晉)干寶撰　**搜神後記十卷**　(晉)陶潛撰　清光緒元年(1875)湖北崇文書局刻本　一冊　存十卷(後記十卷)

430000－2401－0033819　461/167
拾遺記十卷　(前秦)王嘉撰　(南朝齊)蕭綺錄　清光緒元年(1875)湖北崇文書局刻本　一冊

430000 – 2401 – 0033820　461/167(1)

拾遺記十卷　（前秦）王嘉撰　（南朝齊）蕭綺
錄　清光緒元年(1875)湖北崇文書局刻本
一册

430000 – 2401 – 0033821　461/167(2)

拾遺記十卷　（前秦）王嘉撰　清刻本　二册

430000 – 2401 – 0033822　△394.12/6

異苑十卷　（南朝宋）劉敬叔撰　明崇禎毛氏
汲古閣刻津逮秘書本　二册

430000 – 2401 – 0033823　△394.12/7

新刻述異記二卷　（南朝齊）任昉撰　明萬曆
二十一年(1593)胡文煥校刻本　一册

430000 – 2401 – 0033824　461/29

述異記二卷　（南朝齊）任昉撰　清光緒元年
(1875)湖北崇文書局刻本　一册

430000 – 2401 – 0033825　461/101

劇談錄二卷　（唐）康駢撰　清光緒三十年
(1904)刻貴池先哲遺書本　一册

430000 – 2401 – 0033826　461/3 – 3

夷堅志十集二十卷　（宋）洪邁撰　清乾隆四
十三年(1778)刻本　二十册

430000 – 2401 – 0033827　461/3 – 3(1)

夷堅志十集二十卷　（宋）洪邁撰　清乾隆四
十三年(1778)刻本　十册

430000 – 2401 – 0033828　461/3 – 2

夷堅志二百〇六卷　（宋）洪邁撰　清光緒五
年(1879)陸氏十萬卷樓刻本　十二册　存八
十卷(甲志二十卷、乙志二十卷、丙志二十卷、
丁志二十卷)

430000 – 2401 – 0033829　461/3 – 2(1)

夷堅志二百〇六卷　（宋）洪邁撰　清光緒五
年(1879)陸氏十萬卷樓刻本　十三册　存七
十六卷(甲志二十卷、乙志二十卷、丙志二十
卷、丁志十六卷)

430000 – 2401 – 0033830　461/186

續夷堅志四卷　（金）元好問撰　清光緒七年
(1881)讀書山房刻元遺山先生全集本　二册

430000 – 2401 – 0033831　△51/6

合刻三志　（明）冰華居士輯　明末刻本
六册

430000 – 2401 – 0033832　△51/6 – 2

合刻三志　（明）冰華居士輯　明末刻本
三册

430000 – 2401 – 0033833　461/122

獪園十六卷　（明）錢希言撰　清知不足齋刻
本　十六册

430000 – 2401 – 0033834　461/122(1)

獪園十六卷　（明）錢希言撰　清知不足齋刻
本　十三册　缺三卷(二、十四至十五)

430000 – 2401 – 0033835　461/54 – 3

剪燈新話二卷　（明）瞿佑撰　覓燈因話二卷
（明）邵青閣撰　剪燈餘話三卷　（明）李禎
撰　清乾隆五十六年(1791)刻本　六册

430000 – 2401 – 0033836　461/54 – 2

剪燈新話二卷　（明）瞿佑撰　鈔本　一册

430000 – 2401 – 0033837　△394.33/4

說鬼稽神錄不分卷　（清）西郊居士輯　清鈔
本　六册

430000 – 2401 – 0033838　461/42

春冰室野乘一卷　李岳瑞撰　清宣統三年
(1911)上海廣智書局鉛印本　一册

430000 – 2401 – 0033839　461/5

繪圖希奇古怪四卷　（清）李慶辰撰　清光緒
十八年(1892)上海錦章圖書局石印本　二册

430000 – 2401 – 0033840　461/5 – 2

繪圖希奇古怪四卷　（清）李慶辰撰　清光緒
二十二年(1896)上海理文軒鉛印本　四册

430000 – 2401 – 0033841　32/107

閑邪類編十二卷　（清）廷古齋主人編　清宣
統三年(1911)天津華新印刷局鉛印本　四册

430000 – 2401 – 0033842　461/170

夜雨秋燈錄初集四卷續集四卷三集四卷
（清）宣鼎撰　清末上海掃葉山房石印本
六册

430000 – 2401 – 0033843　461/47

閱微草堂筆記二十四卷　（清）紀昀撰　清嘉慶五年(1800)北平盛氏刻本　十冊

430000 – 2401 – 0033844　461/47(1)

閱微草堂筆記二十四卷　（清）紀昀撰　清嘉慶五年(1800)北平盛氏刻本　九冊　缺三卷(一至三)

430000 – 2401 – 0033845　461/47 – 7

閱微草堂筆記二十四卷　（清）紀昀撰　清嘉慶二十一年(1816)北平盛氏刻本　十冊

430000 – 2401 – 0033846　461/47 – 7(1)

閱微草堂筆記二十四卷　（清）紀昀撰　清嘉慶二十一年(1816)北平盛氏刻本　十冊

430000 – 2401 – 0033847　461/47 – 7(2)

閱微草堂筆記二十四卷　（清）紀昀撰　清嘉慶二十一年(1816)北平盛氏刻本　十冊

430000 – 2401 – 0033848　461/47 – 2

閱微草堂筆記二十四卷　（清）紀昀撰　清道光十三年(1833)羊城刻本　十冊

430000 – 2401 – 0033849　461/47 – 2(2)

閱微草堂筆記二十四卷　（清）紀昀撰　清道光十三年(1833)羊城刻本　八冊　存十四卷(三至十六)

430000 – 2401 – 0033850　461/47 – 4

閱微草堂筆記二十四卷　（清）紀昀撰　清道光二十七年(1847)粵東緯文堂重印閱微草堂本　十八冊　缺三卷(槐西雜志四、灤陽續錄五至六)

430000 – 2401 – 0033851　461/47 – 3

閱微草堂筆記二十四卷　（清）紀昀撰　清光緒十九年(1893)灌根書屋刻本　十冊

430000 – 2401 – 0033852　461/47 – 2(1)

閱微草堂筆記二十四卷　（清）紀昀撰　清蘇州振新書社刻本　十二冊

430000 – 2401 – 0033853　461/59

灤陽消夏錄六卷　（清）紀昀撰　清道光二十七年(1847)小蓬萊山館重刻閱微草堂筆記本　三冊

430000 – 2401 – 0033854　461/59 – 2

灤陽消夏錄六卷　（清）紀昀撰　清光緒三年(1877)重刻閱微草堂筆記本　一冊　存三卷(一至三)

430000 – 2401 – 0033855　461/58

灤陽續錄六卷　（清）紀昀撰　清道光二十七年(1847)小蓬萊山館重刻閱微草堂筆記本　二冊

430000 – 2401 – 0033856　461/58 – 2

灤陽續錄六卷　（清）紀昀撰　清光緒三年(1877)重刻閱微草堂筆記本　二冊

430000 – 2401 – 0033857　461/76 – 2

新齊諧二十四卷　（清）袁枚撰　清隨園刻隨園三十種本　五冊　缺七卷(三至六、二十二至二十四)

430000 – 2401 – 0033858　461/53

消閑述異三卷　（清）常謙尊輯　清道光二十年(1840)刻本　三冊

430000 – 2401 – 0033859　461/53(1)

消閑述異三卷　（清）常謙尊輯　清道光二十年(1840)刻本　三冊

430000 – 2401 – 0033860　461/102

廣虞初新志四十卷　（清）黃承增輯　清嘉慶八年(1803)寄鷗閑舫刻本　十二冊

430000 – 2401 – 0033861　461/166

見聞隨筆二十六卷續筆二十四卷　（清）齊學裘撰　清同治十年至光緒二年(1871 – 1876)刻本　八冊

430000 – 2401 – 0033862　461/141

元中記一卷補遺一卷　（□）郭□撰　清道光十四年(1834)梅瑞軒刻本　一冊

430000 – 2401 – 0033863　461/138

新刻全像顯法降蛇海游記傳二卷　（□）無根子集　清乾隆十八年(1753)文元堂刻本　一冊

430000 – 2401 – 0033864　461/34 – 2

涑水記聞十六卷補遺一卷　（宋）司馬光撰

清光緒元年(1875)崇文書局刻本　四冊

430000－2401－0033865　461/34－2(1)

涑水記聞十六卷補遺一卷　(宋)司馬光撰
清光緒三年(1877)崇文書局刻本　四冊

430000－2401－0033866　461/34－2(1)

涑水記聞十六卷補遺一卷　(宋)司馬光撰
清光緒三年(1877)崇文書局刻本　四冊

430000－2401－0033867　461/34－4

涑水記聞十六卷補遺一卷　(宋)司馬光撰
清乾隆武英殿木活字本　四冊

430000－2401－0033868　461/34－4(1)

涑水記聞十六卷補遺一卷　(宋)司馬光撰
清乾隆武英殿木活字本　四冊

430000－2401－0033869　461/140－2

北夢瑣言二十卷　(宋)孫光憲撰　清乾隆二
十一年(1756)盧氏雅雨堂刻雅雨堂叢書本
四冊

430000－2401－0033870　461/140

北夢瑣言二十卷　(宋)孫光憲撰　清仁壽公
局刻本　四冊

430000－2401－0033871　461/140(1)

北夢瑣言二十卷　(宋)孫光憲撰　清仁壽公
局刻本　二冊

430000－2401－0033872　461/140(2)

北夢瑣言二十卷　(宋)孫光憲撰　清仁壽公
局刻本　四冊

430000－2401－0033873　461/71

歸田錄二卷　(宋)歐陽修撰　明刻本　一冊

430000－2401－0033874　461/98－2

嘯亭雜錄八卷續錄二卷　(清)昭槤撰　清光
緒六年(1880)九思堂刻本　六冊

430000－2401－0033875　461/98－2(1)

嘯亭雜錄八卷續錄二卷　(清)昭槤撰　清光
緒六年(1880)九思堂刻本　十冊

430000－2401－0033876　461/98－3(1)

嘯亭雜錄八卷續錄二卷　(清)昭槤撰　清宣

統元年(1909)中國圖書公司鉛印本　一冊
存四卷(一至四)

430000－2401－0033877　461/98－3

嘯亭雜錄八卷續錄二卷　(清)昭槤撰　清宣
統元年(1909)中國圖書公司鉛印本　四冊

430000－2401－0033878　△394.14/2

續齊諧記一卷　(南朝梁)吳均撰　(明)吳琯
校　明末刻本　一冊

430000－2401－0033879　461/111

笑贊一卷　(明)趙南星撰　明刻本　一冊

430000－2401－0033880　461/24

遣愁集十四卷　(清)張貴勝纂輯　清康熙二
十七年(1688)刻本　八冊

430000－2401－0033881　461/190

撫掌編□□卷　(清)甯域輯　清木活字本
一冊

430000－2401－0033882　△394.14/1

一見哈哈笑四卷　(清)程世爵撰　清末許正
儒鈔本　一冊

430000－2401－0033883　461/155

寄園寄所寄十二卷　(清)趙吉士撰　清初刻
本　十四冊

430000－2401－0033884　461/155(1)

寄園寄所寄十二卷　(清)趙吉士撰　清刻本
十一冊　缺三卷(一至二、五)

430000－2401－0033885　461/95

花間笑語五卷　(清)釀花使者撰　清咸豐九
年(1859)樊川文成堂刻本　四冊

430000－2401－0033886　△394.12/5

穆天子傳六卷　(晉)郭璞註　(明)汪明際訂
明刻本　一冊

430000－2401－0033887　463/30－2

穆天子傳六卷附錄一卷　(晉)郭璞註　(清)
洪頤煊校　清嘉慶十一年(1806)重刻平津館
叢書本　一冊

430000－2401－0033888　463/30－2(1)

穆天子傳六卷附錄一卷　（晉）郭璞註　（清）洪頤煊校　清光緒十一年(1885)吳縣朱氏槐廬家塾刻平津館叢書本　一冊

430000－2401－0033889　463/35

穆天子傳六卷補遺一卷　（晉）郭璞註　（清）翟云升校　清道光十八年(1838)五經歲徧齋校刻本　清佚名批校圈點　一冊

430000－2401－0033890　463/30

穆天子傳六卷首一卷末一卷　（晉）郭璞註（清）檀萃疏　清石渠閣刻本　二冊

430000－2401－0033891　463/30(1)

穆天子傳六卷首一卷末一卷　（晉）郭璞註（清）檀萃疏　清石渠閣刻本　二冊

430000－2401－0033892　△394.12/3

月旦堂仙佛奇踪合刻八卷　（明）洪應明撰明刻本　四冊

430000－2401－0033893　△394.2/2

拍案驚奇十八卷　（明）凌濛初撰　清刻本十冊

430000－2401－0033894　463/15

繪圖新輯珍珠衫全本二卷　（明）馮夢龍撰清光緒二十六年(1900)上海書局石印本二冊

430000－2401－0033895　△394.33/1

平妖傳八卷四十回　（明）羅本撰　（明）馮夢龍補　清刻本　民國原放批校標點　八冊

430000－2401－0033896　463/39

南海觀世音菩薩出身修行傳一卷　（清）西大午辰走人撰　清嘉慶二十四年(1819)寶華樓刻本　一冊

430000－2401－0033897　463/11

金石緣全傳八卷二十回首一卷　（清）省齋主人撰　清咸豐九年(1859)刻本　四冊

430000－2401－0033898　463/34

改良社會小說五更鐘二卷二十四回　（清）陳春生編　清光緒三十三年(1907)上海美華書館鉛印本　一冊　存一卷(下)

430000－2401－0033899　463/12－2

拍案驚異十八卷　（清）程世爵撰　清光緒二十二年(1896)石印本　四冊

430000－2401－0033900　△394.2/3

聊齋志異十六卷　（清）蒲松齡撰　（清）王士禛評　清乾隆青柯亭刻本　十六冊

430000－2401－0033901　463/2－11

聊齋志異十六卷　（清）蒲松齡撰　（清）王士禛評　清道光六年(1826)刻本　一冊　存一卷(二)

430000－2401－0033902　463/2－15

聊齋志異評註十六卷　（清）蒲松齡撰　（清）王士禛評　（清）呂湛恩註　（清）何垠補註清同治六年(1867)經元堂刻本　十六冊

430000－2401－0033903　463/2－15(1)

聊齋志異評註十六卷　（清）蒲松齡撰　（清）王士禛評　（清）呂湛恩註　（清）何垠補註清同治六年(1867)經元堂刻本　七冊　存七卷(一、四、六、九、十一至十三)

430000－2401－0033904　463/2－13

批點聊齋志異十六卷　（清）蒲松齡撰　（清）王士禛評　（清）何守奇指點　清翻刻知不足齋本　三冊　存三卷(三、十二、十五)

430000－2401－0033905　463/2－12

聊齋志異註十六卷　（清）蒲松齡撰　（清）呂湛恩輯　清道光五年(1825)觀古堂刻本四冊

430000－2401－0033906　463/3

詳註聊齋志異圖詠十六卷　（清）蒲松齡撰（清）呂湛恩註　清光緒三十三年(1907)上海章福記書局石印本　八冊

430000－2401－0033907　463/3－6

詳註聊齋志異圖詠十六卷　（清）蒲松齡撰（清）呂湛恩註　清宣統二年(1910)上海章福記書局石印本　四冊

430000－2401－0033908　△394.2/4

聊齋志異十六卷　（清）蒲松齡撰　（清）呂湛

恩註　清鈔本　八冊

430000－2401－0033909　463/2－14
聊齋志異新評全註十六卷　（清）蒲松齡撰
（清）呂湛恩註　（清）何垠補註　（清）但明
倫新評　（清）李恭儉輯　清光緒七年(1881)
邵州經畬書屋刻本　十一冊　缺五卷(二、
四、九、十一至十二)

430000－2401－0033910　463/2－8
聊齋志異十六卷　（清）蒲松齡撰　（清）何垠
註釋　清道光十九年(1839)南陵何氏刻本
十六冊

430000－2401－0033911　463/2－10
聊齋志異十六卷　（清）蒲松齡撰　（清）何垠
註　清道光十九年(1839)花木長榮之館刻本
十六冊

430000－2401－0033912　463/2
聊齋志異新評十六卷　（清）蒲松齡撰　（清）
但明倫新評　清道光二十二年(1842)廣順但
氏朱墨套印本　十六冊

430000－2401－0033913　463/2(1)
聊齋志異新評十六卷　（清）蒲松齡撰　（清）
但明倫新評　清道光二十二年(1842)廣順但
氏朱墨套印本　十六冊

430000－2401－0033914　463/2(2)
聊齋志異新評十六卷　（清）蒲松齡撰　（清）
但明倫新評　清道光二十二年(1842)廣順但
氏朱墨套印本　十六冊

430000－2401－0033915　463/2(3)
聊齋志異新評十六卷　（清）蒲松齡撰　（清）
但明倫新評　清道光二十二年(1842)廣順但
氏朱墨套印本　十六冊

430000－2401－0033916　463/2－2
聊齋志異新評十六卷　（清）蒲松齡撰　（清）
但明倫新評　清光緒七年(1881)廣州聚文堂
朱墨套印本　十六冊

430000－2401－0033917　463/2－3
聊齋志異新評十六卷　（清）蒲松齡撰　（清）

但明倫新評　（清）呂湛恩註　清光緒十年
(1884)上海著易堂鉛印本　八冊

430000－2401－0033918　463/14
劍俠傳四卷續四卷圖一卷　（清）鄭官應輯
（清）李東沅校　清光緒五年(1879)刻本　三
冊　缺殘二卷(一缺、二殘)

430000－2401－0033919　463/14(1)
劍俠傳四卷續四卷圖一卷　（清）鄭官應輯
（清）李東沅校　清光緒五年(1879)刻本　一
冊　存續四卷

430000－2401－0033920　△394.2/7
西湖佳話古今遺迹十六卷　（清）墨浪子輯
清乾隆十五年(1750)刻本　八冊

430000－2401－0033921　416/477
西湖佳話古今遺迹十六卷　（清）墨浪子輯
清光緒二十一年(1895)上海寶文書局石印本
一冊

430000－2401－0033922　463/36
南海記一卷附記一卷　原題（清）觀我道人撰
清同治七年(1868)湖廣碧峰刻本　一冊

430000－2401－0033923　463/5
最新後聊齋志異圖詠四卷　顧光傑撰　清宣
統二年(1910)石印本　一冊

430000－2401－0033924　463/5(1)
最新後聊齋志異圖詠四卷　顧光傑撰　清宣
統二年(1910)石印本　一冊

430000－2401－0033925　△394.31/3
評論出像水滸傳二十卷七十回　（元）施耐庵
撰　清萬中樓刻本　十冊

430000－2401－0033926　△394.31/4
忠義水滸全書一百二十回引首一卷　（元）施
耐庵撰　（明）李贄評　清初刻楊定見改編本
三十二冊

430000－2401－0033927　464/55
評論出像水滸傳二十卷七十回　（元）施耐庵
撰　（清）金聖嘆評　清刻本　二十冊

430000－2401－0033928　464/52－3

第五才子書水滸傳七十五卷七十回　（元）施耐庵撰　（清）金聖嘆評　清芥子園刻本　十八冊

430000－2401－0033929　464/52

第五才子書水滸傳七十五卷七十回　（元）施耐庵撰　（清）金聖嘆評　清右文堂　十六冊　缺九卷（五至七、四十二至四十七）

430000－2401－0033930　△394.31/2

水滸後傳八卷四十回　（明）陳忱撰　清紹裕堂刻本　八冊

430000－2401－0033931　464/53

水滸後傳八卷四十回　（明）陳忱撰　清末刻本　四冊

430000－2401－0033932　464/53－2

水滸後傳十卷四十回　（明）陳忱撰　清刻本　十冊

430000－2401－0033933　464/171－3

結水滸全傳七十卷七十回　（清）俞萬春撰　清咸豐三年(1853)南京初刻本　十一冊　存六十七卷（四至七十）

430000－2401－0033934　464/171－5

結水滸全傳七十卷七十回　（清）俞萬春撰　清同治十年(1871)刻本　二十四冊

430000－2401－0033935　464/221

石點頭十四卷　（明）天然癡叟撰　（明）馮夢龍評　清同人堂刻本　六冊

430000－2401－0033936　464/120

鴛鴦譜四卷十二回　（明）天然癡叟撰　清宣統元年(1909)上海新新書社石印本　二冊

430000－2401－0033937　464/222

新說西游記一百回　（明）吳承恩撰　（清）張書紳註　清善成堂刻本　二十三冊　缺五回（九十六至一百）

430000－2401－0033938　△394.33/2

西游真詮一百回　（明）吳承恩撰　（清）陳士斌詮解　清康熙刻本　二十冊

430000－2401－0033939　△394.33/2(1)

西游真詮一百回　（明）吳承恩撰　（清）陳士斌詮解　清康熙刻本　二十冊

430000－2401－0033940　464/234

西游真詮一百回　（明）吳承恩撰　（清）陳士斌詮解　清康熙三十五年(1696)武林三餘堂刻本　二十冊

430000－2401－0033941　△394.33/2－2

西游真詮一百回　（明）吳承恩撰　（清）陳士斌詮解　清刻本　十冊

430000－2401－0033942　464/234(1)

西游真詮一百回　（明）吳承恩撰　（清）陳士斌詮解　清刻本　十八冊

430000－2401－0033943　464/12

增像全圖西游記二十五卷一百回　（明）吳承恩撰　（清）陳士斌詮解　清光緒十八年(1892)上海文運書局鉛印本　十冊

430000－2401－0033944　464/11－2

西游原旨二十四卷一百回　（清）劉一明解　清嘉慶十五年(1810)刻本　二十一冊　缺十五回（回十四至十九、五十至五十八）

430000－2401－0033945　464/11

西游原旨二十四卷一百回　（清）劉一明解　清同治二年(1863)常德縣同善社刻本　二十四冊

430000－2401－0033946　△394.2/6

繡像全本重訂今古奇觀四十卷　（明）抱甕老人輯　（明）馮夢龍定　同文堂刻本　十二冊

430000－2401－0033947　464/1

今古奇觀四十回　（明）抱甕老人輯　清光緒十四年(1888)經文堂刻本　五冊　存三十三卷（一至六、十四至四十）

430000－2401－0033948　464/1(1)

今古奇觀四十回　（明）抱甕老人輯　清光緒十四年(1888)經文堂刻本　三冊　存二十一卷（十二至十八、二十至二十六、二十八至三十四）

430000－2401－0033949　464/1－2

今古奇觀四十回 （明）抱甕老人輯 清刻本
六冊 存二十六卷（一至十四、十九至二十
五、二十九至三十三）

430000－2401－0033950 464/2

繪圖續今古奇觀六卷三十回 （清）□□輯
清光緒十九年（1893）上洋書局石印本 六冊

430000－2401－0033951 464/2－2

繪圖續今古奇觀六卷三十回 （清）□□輯
清光緒二十年（1894）上海石印本 六冊

430000－2401－0033952 △394.31/9

新刻按鑒編纂開闢衍繹通俗志傳六卷八十回
（明）周游輯 （明）王黌釋 明崇禎八年
（1635）刻清書林麟瑞堂刻本 六冊

430000－2401－0033953 464/220

新刻按鑒編纂開闢衍繹通俗志傳六卷八十回
（明）周游輯 （明）王黌釋 清道光十年
（1830）刻本 三冊

430000－2401－0033954 464/87

新刻按鑒編纂開闢衍繹通俗志傳六卷八十回
（明）周游輯 （明）王黌釋 清刻本 三冊
存三卷（三至五）

430000－2401－0033955 464/220－2

新刻按鑒編纂開闢衍繹通俗志傳六卷八十回
（明）周游輯 （明）王黌釋 清刻本 六冊

430000－2401－0033956 464/212

石渠閣精訂皇明英烈傳十二卷八十回 （明）
徐渭撰 明刻清康熙遞修本 二十冊

430000－2401－0033957 464/219－2

繡像京本雲合奇踪玉茗英烈全像十卷八十回
（明）徐渭編 清經綸堂刻本 五冊

430000－2401－0033958 464/219

繡像雲合奇踪五卷八十回 （明）徐渭編 清
聚星堂刻本 二冊

430000－2401－0033959 464/96－5

新刻鍾伯敬先生批評封神演義十九卷一百回
（明）許仲琳撰 （明）鍾惺評 清康熙四雪
草堂刻本 二十冊

430000－2401－0033960 271/121

新鐫批評繡像列女演義六卷 （明）馮夢龍撰
西湖鬢眉客評 清初古吳三多齋刻本
三冊

430000－2401－0033961 △394.31/11

新刻劍嘯閣批評西漢通俗演義傳八卷 （明）
甄偉撰 明末刻本 八冊

430000－2401－0033962 △394.31/12

新鐫全像通俗演義隋煬帝艷史八卷四十回
（明）齊東野人撰 明崇禎人瑞堂刻本 十
二冊

430000－2401－0033963 464/66

繪圖風流天子傳八卷四十回 （明）齊東野人
撰 清光緒二十一年（1895）石印本 四冊

430000－2401－0033964 464/66（1）

繪圖風流天子傳八卷四十回 （明）齊東野人
撰 清光緒二十一年（1895）石印本 一冊

430000－2401－0033965 464/84－2

新鐫全像武穆精忠傳八卷 （明）熊大木撰
明末東溪堂刻本 一冊 存二卷（一至二）

430000－2401－0033966 464/84

新鐫全像武穆精忠傳八卷 （明）熊大木撰
（明）李贄評 清聚盛堂刻本 八冊

430000－2401－0033967 464/214

新鐫玉茗堂批點按鑒參補南宋志傳十卷五十回
新鐫玉茗堂批點按鑒參補北宋楊家將傳十卷五
十回 （明）熊大木撰 清經元堂刻本 八冊

430000－2401－0033968 464/175

南宋志傳十卷五十回北宋志傳十卷五十回
（明）熊大木撰 （明）湯顯祖批 （明）研石
山樵訂正 清刻本 八冊

430000－2401－0033969 464/116－2

增像玉茗堂批點按鑒參補北宋楊家將全傳四
卷五十回 （明）熊大木撰 （明）湯顯祖批
（明）研石山樵訂正 清光緒三十年（1904）石
印本

430000－2401－0033970 464/9－4

新刻按鑒演義京本三國英雄志傳六卷　（明）羅貫中撰　清光緒十五年(1889)聚賢山房刻本　六冊

430000－2401－0033971　464/5－9

第一才子書六十卷一百二十回　（明）羅貫中撰　（清）毛宗崗評　清咸豐三年(1853)刻本　二十冊

430000－2401－0033972　464/5－7

第一才子書六十卷一百二十回　（明）羅貫中撰　（清）毛宗崗評　清光緒九年(1883)上海鴻文書局石印本　十二冊

430000－2401－0033973　464/5－10

第一才子書六十卷一百二十回　（明）羅貫中撰　（清）毛宗崗評　清光緒二十一年(1895)上海鴻飛閣鉛印本　十二冊

430000－2401－0033974　464/5

第一才子書六十卷一百二十回　（明）羅貫中撰　（清）毛宗崗評　清光緒三十年(1904)上海同文昇記書局鉛印本　十六冊

430000－2401－0033975　464/6－3

四大奇書第一種五十一卷一百二十回　（明）羅貫中撰　（清）毛宗崗評　清光緒三十三年(1907)澹雅書局刻本　八冊　存二十一卷（一至五、三十六至五十一）

430000－2401－0033976　△394.31/1

四大奇書第一種十九卷首一卷一百二十回　（明)羅貫中撰　（清)毛宗崗評　清經綸堂刻本　十二冊

430000－2401－0033977　464/6－5

四大奇書第一種十九卷百二十回　（明）羅貫中撰　（清）毛宗崗評　清刻本　二十冊

430000－2401－0033978　464/6－2

四大奇書第一種十九卷百二十回　（明）羅貫中撰　（清）毛宗崗評　清刻本　六冊　存九卷(十一至十九)

430000－2401－0033979　464/6

四大奇書第一種六十卷首一卷一百二十回

（明)羅貫中撰　（清)毛宗崗評　清尚德堂刻本　十二冊　存五十二卷(一至二十八、三十三至五十六)

430000－2401－0033980　464/6－4

四大奇書第一種六十卷首一卷一百二十回　（明)羅貫中撰　（清)毛宗崗評　清刻本　八冊　存四十五卷(十至四十三、五十至六十)

430000－2401－0033981　464/5－4

第一才子書六十卷一百二十回　（明)羅貫中撰　（清)毛宗崗評　清築野書屋校刻本　二冊　存八卷(二十至二十三、四十一至四十四)

430000－2401－0033982　464/7

綉像三國演義續編八卷　（清)陳尺蠖評釋　清光緒三十四年(1908)上海文宜書局石印本　二冊

430000－2401－0033983　464/7(1)

綉像三國演義續編八卷　（清)陳尺蠖評釋　清光緒三十四年(1908)上海文宜書局石印本　一冊　存四卷(一至四)

430000－2401－0033984　464/136

繪圖蕩平奇妖傳六卷二十回映旭齋增訂北宋三遂平妖續傳六卷二十回　（明)羅貫中撰　（明)馮夢龍增補　清光緒二十二年至二十五年(1896－1899)上海書局石印本　十二冊

430000－2401－0033985　464/267

映旭齋增訂北宋三遂平妖續傳四卷四十回　清末石印本　一冊

430000－2401－0033986　464/129

圖像三寶太監下西洋通俗演義十六卷一百回　（明)羅懋登撰　清宣統元年(1909)上海江左書林石印本　八冊

430000－2401－0033987　464/129(1)

圖像三寶太監下西洋通俗演義十六卷一百回　（明)羅懋登撰　清宣統元年(1909)上海江左書林石印本　八冊

430000－2401－0033988　△454/4

第一奇書 (明)蘭陵笑笑生撰 清康熙三十四年(1695)刻本 二十四冊

430000－2401－0033989 △454/4(1)

第一奇書 (明)蘭陵笑笑生撰 清康熙三十四年(1695)刻本 十一冊 存四十四回(三十五至七十八)

430000－2401－0033990 464/133

孫龐演義四卷二十回 (明)□□撰 清初京都文和堂刻本 四冊

430000－2401－0033991 464/133－2

孫龐演義四卷二十回 (明)□□撰 清寶華順刻本 一冊 存二卷十回(一至二、回一至十)

430000－2401－0033992 464/133－5

孫龐演義四卷二十回 (明)□□撰 清光緒二十年(1894)上海積山書局石印本 二冊

430000－2401－0033993 464/133－3

繪圖孫龐演義四卷二十回 (明)□□撰 清宣統元年(1909)上海文元書莊石印本 一冊

430000－2401－0033994 464/33

龍圖公案十卷 (明)□□撰 清嘉慶十三年(1808)經綸堂刻本 四冊

430000－2401－0033995 464/177

續金瓶梅十二卷六十四回 (清)丁耀亢撰 清坊刻本 十冊

430000－2401－0033996 464/132

英雲夢傳八卷 (清)九容樓主人撰 清光緒二十九年(1903)務本堂刻本 八冊

430000－2401－0033997 464/139－2

兒女英雄傳評話八卷四十回 (清)文康撰 (清)董恂評 清光緒石印本 四冊 存四卷(二、五至六、八)

430000－2401－0033998 464/139

繡像繪圖兒女英雄傳八卷四十回 (清)文康撰 (清)董恂評 清末上海文華書局石印本 六冊

430000－2401－0033999 464/232

新註二度梅奇說全集四卷四十回 (清)天花主人撰 清三讓堂刻本 二冊

430000－2401－0034000 464/232(1)

新註二度梅奇說全集四卷四十回 (清)天花主人撰 清三讓堂刻本 四冊

430000－2401－0034001 464/174

忠孝節義二度梅全傳六卷四十回 (清)天花主人撰 清刻本 六冊

430000－2401－0034002 464/174－2

忠孝節義二度梅全傳四十回 (清)天花主人撰 清光緒十八年(1892)石印本 四冊

430000－2401－0034003 464/184

繪圖皆大歡喜四卷二十回 (清)天花藏舉撰 清光緒十八年(1892)珍藝局鉛印本 四冊

430000－2401－0034004 464/200

繪圖度世金繩四卷二十回 (清)天花藏舉撰 清光緒二十四年(1898)金陵蔭餘善堂刻本 四冊

430000－2401－0034005 464/28

金鍾傳八卷六十四回 (清)天香居士註解 清光緒二十二年(1896)樂善堂刻本 八冊

430000－2401－0034006 464/28(1)

金鍾傳八卷六十四回 (清)天香居士註解 清光緒二十二年(1896)樂善堂刻本 八冊

430000－2401－0034007 464/102

繡像全圖小五義一百二十四回 (清)石玉昆撰 清光緒十六年(1890)鉛印本 六冊

430000－2401－0034008 464/131－3

繡像續小五義一百二十四回 (清)石玉昆撰 清光緒十八年(1892)上海書局鉛印本 六冊

430000－2401－0034009 464/131

增圖小俠五義傳六卷一百二十四回增圖續小五義六卷一百二十四回 (清)石玉昆撰 清光緒二十四年(1898)三槐書屋鉛印本 十二冊

430000－2401－0034010 464/98－2

繪圖七俠五義二十四卷一百二十回　（清）石玉昆述　（清）俞樾重編　清光緒二十五年（1899）石印本　六冊

430000－2401－0034011　464/98－3

繪圖七俠五義二十四卷一百二十回　（清）石玉昆述　（清）俞樾重編　清末石印本　五冊　存九十回（十一至一百）

430000－2401－0034012　464/72

醒世姻緣傳一百回　（清）西周生輯著　清初刻本　二十冊

430000－2401－0034013　464/72（1）

醒世姻緣傳一百回　（清）西周生輯著　清初刻本　二十三冊　缺四回（一至四）

430000－2401－0034014　464/72－2

繡像醒世姻緣傳一百回　（清）西周生輯著　清光緒二十年（1894）上海書局鉛印本　十冊

430000－2401－0034015　464/31－6

義俠好逑傳四卷十八回　（清）名教中人編　（清）游方外客批評　清經元堂刻本　一冊　存二卷（一至二）

430000－2401－0034016　464/31－4

繪圖俠義風月傳四卷十八回　（清）名教中人編　（清）游方外客批評　清光緒十八年（1892）石印本　四冊

430000－2401－0034017　464/31－2

繪圖俠義風月傳四卷十八回　（清）名教中人編　（清）游方外客批評　清光緒二十九年（1903）上海書局石印本　四冊

430000－2401－0034018　464/111

新刻粉粧樓傳記十卷八十回　（清）竹溪山人撰　清同文堂刻本　五冊

430000－2401－0034019　464/138－2

繡像征東全傳四卷四十二回　（清）如蓮居士撰　清光緒二十六年（1900）上海文宜書局石印本　四冊

430000－2401－0034020　464/194

新刻異說南唐演義十卷一百回　（清）如蓮居

士撰　清英德堂刻本　十冊

430000－2401－0034021　464/100－3

繡像綠野仙踪八卷八十回　（清）李百川撰　清光緒二十二年（1896）上海書局石印本　八冊

430000－2401－0034022　464/100－3（1）

繡像綠野仙踪八卷八十回　（清）李百川撰　清光緒二十二年（1896）上海書局石印本　八冊

430000－2401－0034023　464/100－3（2）

繡像綠野仙踪八卷八十回　（清）李百川撰　清光緒二十二年（1896）上海書局石印本　八冊

430000－2401－0034024　464/109－4

鏡花緣二十卷一百回　（清）李汝珍撰　清道光二十二年（1842）厚德堂刻本　八冊　存七卷（三至四、七至八、十七至十八、二十）

430000－2401－0034025　464/109－5

鏡花緣二十卷一百回　（清）李汝珍撰　清光緒三年（1877）刻本　十冊　存十三卷（一、三、五至十、十四、十六、十八至二十）

430000－2401－0034026　464/109

鏡花緣二十卷一百回　（清）李汝珍撰　清芥子園刻本　十二冊

430000－2401－0034027　464/109－2

圖像鏡花緣六卷一百回　（清）李汝珍撰　清末上海天寶書局石印本　六冊

430000－2401－0034028　464/128－3

後續大宋楊家將文武曲星包公狄青初傳十四卷六十八回　（清）李雨堂撰　清羊城長慶堂刻本　八冊

430000－2401－0034029　464/89

繪圖賽桃源全傳四卷三十回　（清）李春榮撰　清末上海文元書莊石印本　四冊

430000－2401－0034030　464/191

回文傳十六卷　（清）李漁撰　（清）鐵華山人重輯　清刻本　八冊

430000 – 2401 – 0034031　464/10

官場現形記五編六十卷　（清）李寶嘉撰　清光緒三十一年(1905)上海世界繁華報館鉛印本　二十冊

430000 – 2401 – 0034032　464/10(1)

官場現形記五編六十卷　（清）李寶嘉撰　清光緒三十一年(1905)上海世界繁華報館鉛印本　十八冊　存三十六卷(一至三十六)

430000 – 2401 – 0034033　464/10 – 2

增註繪圖官場現形記五編六十卷　（清）李寶嘉撰　清光緒石印本　十五冊　存五十二卷(五至十四、十九至六十)

430000 – 2401 – 0034034　△394.32/2

儒林外史五十六回　（清）吳敬梓撰　清同治八年(1869)群玉齋活字本　六冊

430000 – 2401 – 0034035　464/81

飛龍傳八卷六十回　（清）吳璇刪定　清善美堂刻本　十六冊

430000 – 2401 – 0034036　△394.31/10

新刻逸田叟女仙外史大奇書一百回　（清）呂熊撰　清康熙鈞璜軒刻本　十六冊

430000 – 2401 – 0034037　464/210 – 2

繪圖評點女仙外史一百回　（清）呂熊撰（清）楊顒評　清光緒二十一年(1895)上海積山書局石印本　十二冊

430000 – 2401 – 0034038　464/210

繪圖評點女仙外史八卷一百回　（清）呂熊撰（清）楊顒評　清宣統元年(1909)上海章福記石印本　八冊

430000 – 2401 – 0034039　464/243

畫圖緣全傳四卷十六回　（清）步月主人訂　清積經堂刻本　二冊

430000 – 2401 – 0034040　464/253

大明正德皇游江南傳四卷二十一回　（清）何夢梅撰　清刻本　二冊

430000 – 2401 – 0034041　464/162 – 2

鐵冠圖五十回　（清）松排山人編　清永善堂刻本　四冊

430000 – 2401 – 0034042　464/73

繡像漢宋奇書　（清）金聖嘆批點　清英德堂刻本　二十四冊

430000 – 2401 – 0034043　464/73(1)

繡像漢宋奇書　（清）金聖嘆批點　清善美堂刻本　二十冊

430000 – 2401 – 0034044　464/167 – 3

繡像永慶昇平前傳十二卷九十七回　（清）姜振名　（清）哈輔原撰　新刊繡像全圖永慶昇平後傳十二卷一百回　（清）貪夢道人撰　清光緒二十九年(1903)上海簡青齋石印本　八冊

430000 – 2401 – 0034045　464/34 – 2

青樓夢六十四回　（清）俞達撰　（清）鄒弢評　清光緒申報館鉛印本　十冊

430000 – 2401 – 0034046　464/107

新刻清風閘四卷三十二回　（清）浦琳撰　清同治十三年(1874)刻本　四冊

430000 – 2401 – 0034047　464/59

繡像飛仙劍俠奇緣四卷三十回　（清）海上劍癡撰　清末上海煉石齋書局石印本　一冊

430000 – 2401 – 0034048　464/239

快心編初集五卷十回　（清）益齋主人編輯（清）烟波釣徒評閱　清初刻本　八冊

430000 – 2401 – 0034049　464/80

睢陽忠毅錄四卷十六回　（清）素庵主人撰　清光緒十九年(1893)滬江北石印本　四冊

430000 – 2401 – 0034050　464/203

興替寶鑒二十卷一百五十四回　（清）夏敬渠撰　清末石印本　二十冊

430000 – 2401 – 0034051　464/203(1)

興替寶鑒二十卷一百五十四回　（清）夏敬渠撰　清末石印本　二十冊

430000 – 2401 – 0034052　464/203 – 2

興替寶鑒二十卷一百五十四回　（清）夏敬渠撰　清末石印本　十九冊　缺一卷(二十)

430000－2401－0034053　464/257－5

新刻黃掌綸先生評訂同原錄三集二十二卷
（清）徐道撰　（清）李理贊　清康熙五十一年
(1712)刻本　九冊　存八卷(一至八)

430000－2401－0034054　464/257

新刻黃掌綸先生評訂同原錄三集二十二卷
（清）徐道撰　（清）李理贊　清康熙致和堂刻
本　二十四冊

430000－2401－0034055　464/257－2

新刻黃掌綸先生評訂同原錄三集二十二卷
（清）徐道撰　（清）李理贊　清刻本　二十
四冊

430000－2401－0034056　464/257－2(1)

新刻黃掌綸先生評訂同原錄三集二十二卷
（清）徐道撰　（清）李理贊　清刻本　八冊
存八卷(一至八)

430000－2401－0034057　464/257－3

新刻黃掌綸先生評訂同原錄三集二十二卷
（清）徐道撰　（清）李理贊　清刻本　二十
二冊

430000－2401－0034058　464/257－3(1)

新刻黃掌綸先生評訂同原錄三集二十二卷
（清）徐道撰　（清）李理贊　清刻本　十二冊
　存十三卷(十至二十二)

430000－2401－0034059　464/134－2

新編批評綉像後七國樂田演義四卷十八回
（清）徐震撰　清光緒二十年(1894)上海積山
書局石印本　二冊

430000－2401－0034060　464/119－2

新刊綉像昇仙傳演義八卷五十六回　（清）倚
雲氏撰　清道光文會堂刻本　一冊　存十四
回(一至十四)

430000－2401－0034061　464/119－4

新刊綉像昇仙傳演義八卷五十六回　（清）倚
雲氏撰　清光緒七年(1881)東泰山房刻本
八冊

430000－2401－0034062　464/119－3

新刻昇仙傳演義八卷五十六回　（清）倚雲氏
撰　清光緒二十八年(1902)石印本　二冊

430000－2401－0034063　464/119

足本大字綉像昇仙傳八卷五十六回　（清）倚
雲氏撰　清末上海廣益書局石印本　二冊

430000－2401－0034064　464/156－3

紅樓夢一百二十回　（清）曹霑撰　（清）高鶚
續撰　清經元堂刻本　十六冊

430000－2401－0034065　464/156

紅樓夢一百二十回　（清）曹霑撰　（清）高鶚
續撰　清三讓堂刻本　十二冊

430000－2401－0034066　△394.32/3

新刻綉像紅樓夢一百二十回　（清）曹霑撰
（清）高鶚續撰　（清）王希廉評　清道光十二
年(1832)刻本　六十四冊

430000－2401－0034067　464/157－2

增評補像全圖金玉緣一百二十回首一卷
（清）曹霑撰　（清）高鶚續撰　（清）王希廉
評　清光緒十八年(1892)文選石印本　十三
冊　缺二十四回(四十六至六十、一百○四至
一百十二)

430000－2401－0034068　464/157－3

增評補像全圖金玉緣十五卷一百二十回
（清）曹霑撰　（清）高鶚續撰　（清）王希廉
評　清光緒二十四年(1898)石印本　十四冊

430000－2401－0034069　464/157

增評補像全圖金玉緣十二卷首一卷百二十回
　（清）曹霑撰　（清）高鶚續撰　（清）王希
廉評　清光緒三十二年(1906)上海桐蔭軒石
印本　十六冊

430000－2401－0034070　464/160

增評補像全圖金玉緣一百二十回　（清）曹霑
撰　（清）高鶚續撰　（清）王希廉評　清末石
印本　五冊　缺三十八回(一至六、八十九至
一百二十)

430000－2401－0034071　464/156－7

增評補圖石頭記一百二十卷首一卷一百二十

回　（清）曹霑撰　（清）高鶚續撰　（清）王
希廉評　（清）大某山民加評　清光緒十八年
(1892)古越誦芬閣鉛印本　十六冊

430000－2401－0034072　464/156－8

增評補圖石頭記一百二十卷首一卷一百二十
回　（清）曹霑撰　（清）高鶚續撰　（清）王
希廉評　（清）大某山民加評　清光緒十八年
(1892)鉛印本　七冊　存六十六回(五十五
至一百二十)

430000－2401－0034073　464/156－2

增評補圖石頭記一百二十卷首一卷一百二十
回　（清）曹霑撰　（清）高鶚續撰　（清）王
希廉評　（清）大某山民加評　清光緒鉛印本
八冊

430000－2401－0034074　464/158

增評加批金玉緣圖說十二卷首一卷一百二十
回　（清）曹霑撰　（清）高鶚續撰　（清）蝶
薌仙史評　清光緒三十二年(1906)上海桐蔭
軒石印本　六冊　存四十一回(一至四十一)

430000－2401－0034075　464/159

增評加批金玉緣圖說十六卷首一卷一百二十
回　（清）曹霑撰　（清）高鶚續撰　（清）蝶
薌仙史評　清末石印本　八冊

430000－2401－0034076　464/158－2

增評加批金玉緣圖說一百二十卷　（清）曹霑
撰　（清）高鶚續撰　（清）蝶薌仙史評　清末
石印本　二冊

430000－2401－0034077　464/149－2

後紅樓夢三十回首一卷附刻詩二卷　（清）逍
遙子撰　清刻本　十二冊

430000－2401－0034078　464/179

全像圓夢四卷三十回　（清）臨鶴山人撰　清
末石印本　四冊

430000－2401－0034079　464/148

紅樓復夢一百卷　（清）小和山樵撰　清嘉慶
十年(1805)刻本　三十二冊

430000－2401－0034080　464/180

繡像綺樓重夢六卷四十八回　（清）王□□撰
清末石印本　二冊

430000－2401－0034081　464/180(1)

繡像綺樓重夢六卷四十八回　（清）王□□撰
清末石印本　二冊

430000－2401－0034082　464/180(2)

繡像綺樓重夢六卷四十八回　（清）王□□撰
清末石印本　六冊

430000－2401－0034083　464/262

梅蘭佳話四卷四十則　（清）曹梧岡撰　清道
光二十一年(1841)至誠堂刻本　四冊

430000－2401－0034084　464/197－2

新刻天花藏批評平山冷燕四卷二十回　（清）
荻岸散人撰　清維新書局刻本　二冊　存十
回(一至十)

430000－2401－0034085　464/197

新刻天花藏批評平山冷燕四卷二十回　（清）
荻岸散人撰　清刻本　四冊

430000－2401－0034086　464/32

新刻天花藏批評玉嬌梨四卷二十回　（清）荻
岸散人撰　清大文堂刻本　四冊

430000－2401－0034087　464/145

雙鳳奇緣傳二十卷八十回　（清）雪樵主人撰
清道光二十六年(1846)經元堂刻本　十冊

430000－2401－0034088　464/145(1)

雙鳳奇緣傳二十卷八十回　（清）雪樵主人撰
清道光二十六年(1846)經元堂刻本　一冊
存三卷(十五至十七)

430000－2401－0034089　464/145－2

雙鳳奇緣傳二十卷八十回　（清）雪樵主人撰
清咸豐四年(1854)經綸堂刻本　八冊

430000－2401－0034090　464/215

新鐫重訂出像通俗演義西晉志傳四卷　（清）
尺蠖齋評釋　清繡谷周氏文光堂校刻本
四冊

430000－2401－0034091　△394.32/1

雪月梅傳十卷五十回　（清）陳朗撰　（清）董

孟汾評釋　清乾隆四十年（1775）德華堂刻本
六冊

430000－2401－0034092　464/127－3
雪月梅傳奇十卷五十回　（清）陳朗撰　（清）
董孟汾評釋　清文誠堂刻本　八冊

430000－2401－0034093　464/130
燕山外史註釋八卷　（清）陳球撰　（清）若騃
子輯註　清光緒五年（1879）刻本　三冊　缺
二卷（七至八）

430000－2401－0034094　464/130－2
燕山外史註釋八卷　（清）陳球撰　（清）若騃
子輯註　清光緒十九年（1893）星沙華林書室
刻本　一冊　存四卷（一至四）

430000－2401－0034095　464/231－2
第八才子書白圭志四卷十六回　（清）崔象川
輯　清盛德堂刻本　四冊

430000－2401－0034096　464/231
第八才子書白圭志四卷十六回　（清）崔象川
輯　清經綸堂刻本　四冊

430000－2401－0034097　464/249
蟫史二十卷　（清）屠紳撰　清光緒上海申報
館鉛印申報館叢書本　三冊　存十一卷（四
至十四）

430000－2401－0034098　464/64
繡像素梅姐全傳四卷二十回　（清）嗤嗤道人
撰　清光緒三十四年（1908）上海書局石印本
四冊

430000－2401－0034099　464/25
花柳深情傳四卷三十二回　（清）詹熙撰　清
光緒二十三年（1897）上海書局石印本　四冊

430000－2401－0034100　464/182
繡像闈門秘術四卷五十回　（清）滬上書局主
人撰　清光緒三十三年（1907）石印本　四冊

430000－2401－0034101　△394.31/5
四雪草堂重訂通俗隋唐演義二十卷一百回
（清）褚人穫撰　清康熙四雪草堂刻本　二
十冊

430000－2401－0034102　△394.31/5（1）
四雪草堂重訂通俗隋唐演義二十卷一百回
（清）褚人穫撰　清康熙四雪草堂刻本　二
十冊

430000－2401－0034103　464/19
四雪草堂重訂通俗隋唐演義二十卷一百回
（清）褚人穫撰　清道光三十年（1850）刻本
二十冊

430000－2401－0034104　464/19（1）
四雪草堂重訂通俗隋唐演義二十卷一百回
（清）褚人穫撰　清道光三十年（1850）刻本
四冊　存九卷（六至七、十至十一、十四至十
八）

430000－2401－0034105　464/20
繪圖續隋唐演義四卷四十回　（清）□□撰
清宣統二年（1910）石印本　四冊

430000－2401－0034106　△394.31/6
東周列國全志五十四卷一百八回　（清）蔡元
放評點　清乾隆星聚堂刻本　二十四冊

430000－2401－0034107　464/216
東周列國全志五十四卷一百八回　（清）蔡元
放評點　清咸豐漢口森寶齋朱墨套印本　二
十四冊

430000－2401－0034108　464/216（1）
東周列國全志五十四卷一百八回　（清）蔡元
放評點　清咸豐漢口森寶齋朱墨套印本　十
二冊

430000－2401－0034109　464/216（2）
東周列國全志五十四卷一百八回　（清）蔡元
放評點　清咸豐漢口森寶齋朱墨套印本　十
冊　存十九卷（一至九、十四至二十三）

430000－2401－0034110　464/216（3）
東周列國全志五十四卷一百八回　（清）蔡元
放評點　清咸豐漢口森寶齋朱墨套印本　十
冊　缺六卷（十五至十九、二十三）

430000－2401－0034111　464/216－5
繡像東周列國志二十七卷一百八回　（清）蔡

元放評點　清光緒三十一年（1905）上海商務
印書館鉛印本　十二冊

430000－2401－0034112　464/216－5（1）

繡像東周列國志二十七卷一百八回　（清）蔡
元放評點　清光緒三十一年（1905）上海商務
印書館鉛印本　十二冊

430000－2401－0034113　464/216－5（2）

繡像東周列國志二十七卷一百八回　（清）蔡
元放評點　清光緒三十一年（1905）上海商務
印書館鉛印本　九冊　存二十卷（一至十五、
二十三至二十七）

430000－2401－0034114　464/216－4

東周列國志二十三卷一百八回　（清）蔡元放
評點　清光緒三十四年（1908）寶慶澹雅書局
刻本　十二冊

430000－2401－0034115　464/216－2

東周列國全志二十三卷一百八回　（清）蔡元
放評點　清書成山房朱墨套印本　二十四冊

430000－2401－0034116　464/216－2（1）

東周列國全志二十三卷一百八回　（清）蔡元
放評點　清書成山房朱墨套印本　十二冊

430000－2401－0034117　464/216－3

東周列國全志二十三卷一百八回　（清）蔡元放
評點　清刻本　九冊　缺四卷（一至二、五至六）

430000－2401－0034118　464/216－3（1）

東周列國全志二十三卷一百八回　（清）蔡元
放評點　清寶翰樓刻本　十一冊　缺二卷
（六至七）

430000－2401－0034119　464/246

偵探小說生死自由十六回　（清）暫生生譯　清
光緒二十九年（1903）惠學書局鉛印本　一冊

430000－2401－0034120　464/126

繡像劍俠奇中奇四十八回　（清）樂安居士撰
　清宣統元年（1909）上海廣益書局石印本
一冊　存九回（一至九）

430000－2401－0034121　464/201

第九才子書平鬼傳四卷十回　（清）樵雲山人

撰　清江左書林刻本　四冊

430000－2401－0034122　464/201（1）

第九才子書平鬼傳四卷十回　（清）樵雲山人
撰　清江左書林刻本　四冊

430000－2401－0034123　464/201－2

第九才子書平鬼傳四卷十回　（清）樵雲山人
撰　清莞爾堂刻本　四冊

430000－2401－0034124　464/201－3

第九才子書斬鬼傳四卷十回　（清）樵雲山人
撰　清刻本　四冊

430000－2401－0034125　△394.31/8

新增精忠演義說本岳王全傳二十卷八十回
（清）錢彩編次　（清）金豐增訂　清大文堂刻
本　十二冊

430000－2401－0034126　464/176

海上花列傳六十四回　（清）韓邦慶撰　清光
緒二十年（1894）石印本　八冊

430000－2401－0034127　464/176（1）

海上花列傳六十四回　（清）韓邦慶撰　清光
緒二十年（1894）石印本　八冊

430000－2401－0034128　464/13－4

花月痕全書十六卷五十二回　（清）魏秀仁撰
　清光緒三十一年（1905）育文書局石印本
六冊

430000－2401－0034129　464/13

花月痕全書四卷五十二回　（清）魏秀仁撰
清光緒三十四年（1908）普新端記書局石印本
一冊

430000－2401－0034130　464/13（1）

花月痕全書四卷五十二回　（清）魏秀仁撰
清光緒三十四年（1908）普新端記書局石印本
一冊　存二卷（三至四）

430000－2401－0034131　464/65

繪圖才子奇緣四卷三十二回　（清）□□撰
清光緒二十五年（1899）上海書局石印本
四冊

430000－2401－0034132　464/186

新編玉燕姻緣傳記七十七回　　（清）□□撰
清光緒二十一年（1895）上海書局鉛印本
六冊

430000－2401－0034133　464/181

繡像再生緣全傳六卷七十八回　（清）□□撰
　　清末石印本　　二冊

430000－2401－0034134　464/27

忠孝勇烈奇女傳四卷三十二回　　（清）□□撰
　　清光緒四年（1878）常州刻本　　四冊

430000－2401－0034135　464/27（1）

忠孝勇烈奇女傳四卷三十二回　　（清）□□撰
　　清光緒四年（1878）常州刻本　　四冊

430000－2401－0034136　464/217

繪圖增像後列國志八卷六十回　　（清）□□撰
　　清光緒二十六年（1900）上海江南書局鉛印
本　　八冊

430000－2401－0034137　464/242

增像全圖清烈傳四十卷一百回　　（清）□□撰
　　清光緒二十年（1894）上海珍藝書局石印本
六冊

430000－2401－0034138　464/118

大字足本繡像第一俠義奇女傳四卷五十三回
　　（清）□□撰　清光緒二十六年（1900）上海
廣益書局石印本　　四冊

430000－2401－0034139　464/195

繡像繪圖第一奇女傳十二卷六十六回　　（清）
□□撰　清末上海進步書局石印本　　六冊

430000－2401－0034140　464/60－2

繪圖劍俠飛仙傳六卷四十回　　（清）□□撰
清光緒三十年（1904）上海文英書局石印本
六冊

430000－2401－0034141　464/60

繪圖劍俠飛仙傳六卷四十回　　（清）□□撰
清末上海煉石齋書局石印本　　六冊

430000－2401－0034142　464/60（1）

繪圖劍俠飛仙傳六卷四十回　　（清）□□撰
清末上海煉石齋書局石印本　　六冊

430000－2401－0034143　464/60（2）

繪圖劍俠飛仙傳六卷四十回　　（清）□□撰
清末上海煉石齋書局石印本　　一冊

430000－2401－0034144　464/178

新鐫繪圖醒夢錄全傳四卷十六回　　（清）□□
撰　清光緒三十一年（1905）上海書局石印本
　　一冊

430000－2401－0034145　464/252

新鐫異說五虎平西珍珠旗演義狄青前傳十四
卷一百十二回　　清嘉慶六年（1801）刻本
八冊

430000－2401－0034146　464/15

異說五虎平西珍珠旗演義狄青前傳六卷一百
二十回　　清宣統元年（1909）上海文盛堂石印
本　　六冊

430000－2401－0034147　464/125－2

四續施公案十卷五十回　　清光緒二十六年
（1900）上海江南書局石印本　　四冊

430000－2401－0034148　464/165

繪圖陰陽鬥異說傳奇十六回　　清宣統二年
（1910）上海萃英書局石印本　　一冊

430000－2401－0034149　464/114

新出群英大鬧瓊花樓全傳四卷四十回　　清光
緒三十一年（1905）發記書局石印本　　四冊

430000－2401－0034150　464/88

繡像綠牡丹全傳六卷六十四回　　清光緒二十
七年（1901）上海書局石印本　　二冊

430000－2401－0034151　464/185

繪圖鴛鴦夢四卷十六回　　南嶽道人撰　青溪
醉客評　清光緒二十一年（1895）上海書局石
印本　　四冊

430000－2401－0034152　464/185（1）

繪圖鴛鴦夢四卷十六回　　南嶽道人撰　青溪
醉客評　清光緒二十一年（1895）上海書局石
印本　　一冊

430000－2401－0034153　464/63

繡像海上繁華夢初集六卷三十回　　孫家振撰

清光緒二十九年(1903)上海笑林報館鉛印本　六冊

430000－2401－0034154　464/198

海上繁華夢新書後集八卷四十回　孫家振撰
清光緒三十二年(1906)上海笑林報館鉛印本　八冊

430000－2401－0034155　464/198(1)

海上繁華夢新書後集八卷四十回　孫家振撰
清光緒三十二年(1906)上海笑林報館鉛印本　六冊　存三十回(一至五、十一至十五、二十一至四十)

430000－2401－0034156　464/199

繪圖粵東繁華夢二卷四十回　黃小配撰　清光緒三十四年(1908)上海書局石印本　一冊

430000－2401－0034157　464/142

埃司蘭情俠傳二卷　(英國)哈葛特原著　林紓　魏易譯　清光緒三十年(1904)刻本　二冊

430000－2401－0034158　464/123－335

巴黎茶花女遺事　(法國)小仲馬撰　林紓譯
清光緒二十五年(1899)素隱書屋鉛印本　一冊

430000－2401－0034159　464/123

巴黎茶花女遺事　(法國)小仲馬撰　林紓譯
清光緒二十七年(1901)長沙玉情瑤怨館鉛印本　一冊

430000－2401－0034160　464/123(1)

巴黎茶花女遺事　(法國)小仲馬撰　林紓譯
清光緒二十七年(1901)長沙玉情瑤怨館鉛印本　一冊

430000－2401－0034161　464/123(2)

巴黎茶花女遺事　(法國)小仲馬撰　林紓譯
清光緒二十七年(1901)長沙玉情瑤怨館鉛印本　一冊

430000－2401－0034162　464/123(3)

巴黎茶花女遺事　(法國)小仲馬撰　林紓譯
清光緒二十七年(1901)長沙玉情瑤怨館鉛

印本　一冊

430000－2401－0034163　464/123(4)

巴黎茶花女遺事　(法國)小仲馬撰　林紓譯
清光緒二十七年(1901)長沙玉情瑤怨館鉛印本　一冊

430000－2401－0034164　464/123(5)

巴黎茶花女遺事　(法國)小仲馬撰　林紓譯
清光緒二十七年(1901)長沙玉情瑤怨館鉛印本　一冊

430000－2401－0034165　464/123(6)

巴黎茶花女遺事　(法國)小仲馬撰　林紓譯
清光緒二十七年(1901)長沙玉情瑤怨館鉛印本　一冊

430000－2401－0034166　464/123－2

巴黎茶花女遺事　(法國)小仲馬撰　林紓譯
清光緒二十七年(1901)長沙玉情瑤怨館鉛印朱印本　一冊

430000－2401－0034167　464/218

黑奴籲天錄四卷　(美國)斯土活撰　林紓魏易譯　清光緒二十七年(1901)武林魏氏刻本　四冊

430000－2401－0034168　464/218(1)

黑奴籲天錄四卷　(美國)斯土活撰　林紓魏易譯　清光緒二十七年(1901)武林魏氏刻本　四冊

430000－2401－0034169　464/218(2)

黑奴籲天錄四卷　(美國)斯土活撰　林紓魏易譯　清光緒二十七年(1901)武林魏氏刻本　四冊

430000－2401－0034170　412/102

古謠諺一百卷　(清)杜文瀾輯　清咸豐十一年(1861)曼陀羅華閣刻本　十六冊

430000－2401－0034171　412/102(1)

古謠諺一百卷　(清)杜文瀾輯　清咸豐十一年(1861)曼陀羅華閣刻本　十六冊

430000－2401－0034172　416/81－2

詩夢鐘聲集一卷　(清)李嘉樂等撰　清光緒

十九年（1893）刻本　一冊

430000－2401－0034173　416/81

詩夢鐘聲集一卷　（清）李嘉樂等撰　清刻本
一冊

430000－2401－0034174　47/14

勉庵鐙謎標目一卷釋句一卷　（清）勉庵撰
清宣統元年（1909）亞興印刷公司鉛印本
二冊

430000－2401－0034175　416/396

百衲琴二卷　（清）秦雲　（清）秦敏樹撰　清
光緒十二年（1886）管可壽齋刻本　一冊

430000－2401－0034176　47/6

韻紫軒謎錄一卷　（清）黃琮禮撰　清光緒十
四年（1888）刻本　一冊

430000－2401－0034177　413/283

詩鐘鴻雪集初編一卷　（清）著涒吟社輯　清
宣統元年（1909）豐源印書局鉛印本　一冊

430000－2401－0034178　47/4

燈社嬉春集二卷　（清）楊恩壽撰　清光緒長
沙楊氏坦園刻本　二冊

430000－2401－0034179　47/8

商鐙錄初集四卷二集四卷　（清）趙光祖撰
清同治十三年（1874）刻本　八冊

430000－2401－0034180　416/455

**文章游戲初編八卷二編八卷三編八卷四編八
卷**　（清）繆艮輯　清道光五年（1825）寶彝堂
刻本　二十四冊

430000－2401－0034181　416/455（1）

**文章游戲初編八卷二編八卷三編八卷四編八
卷**　（清）繆艮輯　清道光五年（1825）寶彝堂
刻本　二十三冊

430000－2401－0034182　416/432

絮園詩鐘一卷　（清）藏年室主人輯　清宣統
二年（1910）鉛印本　一冊

430000－2401－0034183　416/432（1）

絮園詩鐘一卷　（清）藏年室主人輯　清宣統
二年（1910）鉛印本　一冊

430000－2401－0034184　416/432（2）

絮園詩鐘一卷　（清）藏年室主人輯　清宣統
二年（1910）鉛印本　一冊

430000－2401－0034185　416/432（3）

絮園詩鐘一卷　（清）藏年室主人輯　清宣統
二年（1910）鉛印本　一冊

430000－2401－0034186　416/461

鯨華社鐘選二卷附錄一卷　（清）鯨華社輯
清光緒三十一年（1905）上海通元書局石印本
一冊

430000－2401－0034187　48/107

談藝珠叢　（清）王啟原輯　清光緒十一年
（1885）長沙玉尺山房刻本　十二冊

430000－2401－0034188　48/114

歷代詩話　（清）馬俊良輯　清乾隆五十九年
（1794）石門馬氏大酉山房刻龍威秘書本　四
冊　存七卷（蓮坡詩話三卷、臨漢隱居詩話一
卷、濠南詩話三卷）

430000－2401－0034189　△44/4－2

楊升庵先生批點文心雕龍十卷　（南朝梁）劉
勰撰　（明）梅慶生音註　明萬曆三十七年
（1609）梅慶生刻天啟二年（1622）重修陳長卿
印本　二冊

430000－2401－0034190　△44/4

楊升庵先生批點文心雕龍十卷　（南朝梁）劉
勰撰　（明）梅慶生音註　明萬曆三十七年
（1609）梅慶生刻天啟二年（1622）重修金陵聚
錦堂印本　佚名批點　四冊

430000－2401－0034191　48/103－6

文心雕龍十卷　（南朝梁）劉勰撰　（明）彭瑞
麟校　清初刻本　二冊

430000－2401－0034192　△44/3－2

文心雕龍十卷　（南朝梁）劉勰撰　（清）黃叔
琳註　清乾隆六年（1741）黃氏養素堂刻本
六冊

430000－2401－0034193　△44/3－2（1）

文心雕龍十卷　（南朝梁）劉勰撰　（清）黃叔

琳註　清乾隆六年（1741）黃氏養素堂刻本
二冊

430000－2401－0034194　△44/3－3
文心雕龍十卷　（南朝梁）劉勰撰　（清）黃叔
琳註　（清）紀昀評　清道光十三年（1833）兩
廣節署朱墨套印本　四冊

430000－2401－0034195　△44/3
文心雕龍十卷　（南朝梁）劉勰撰　（清）黃叔
琳註　（清）紀昀評　清張百熙鈔本　一冊
存二十七卷（神思第二十六至序志五十）

430000－2401－0034196　48/103－21
文心雕龍十卷　（南朝梁）劉勰撰　（清）黃叔
琳註　（清）紀昀評　清光緒元年（1875）湖南
書局刻本　四冊

430000－2401－0034197　48/103－11
文心雕龍十卷　（南朝梁）劉勰撰　（清）黃叔
琳註　（清）紀昀評　清光緒二年（1876）永日
主人手鈔本　二冊

430000－2401－0034198　48/103－7
文心雕龍十卷　（南朝梁）劉勰撰　清光緒三
年（1877）湖北崇文書局刻本　二冊

430000－2401－0034199　48/103－7（1）
文心雕龍十卷　（南朝梁）劉勰撰　清光緒三
年（1877）湖北崇文書局刻本　二冊

430000－2401－0034200　48/103－12
文心雕龍十卷　（南朝梁）劉勰撰　寶鴨齋鈔
本　一冊

430000－2401－0034201　48/103－8
文心雕龍十卷　（南朝梁）劉勰撰　（清）黃叔
琳註　（清）紀昀評　清光緒十九年（1893）長
沙思賢講舍刻本　四冊

430000－2401－0034202　48/103－8（1）
文心雕龍十卷　（南朝梁）劉勰撰　（清）黃叔
琳註　（清）紀昀評　清光緒十九年（1893）長
沙思賢講舍刻本　四冊

430000－2401－0034203　48/103－8（2）
文心雕龍十卷　（南朝梁）劉勰撰　（清）黃叔

琳註　（清）紀昀評　清光緒十九年（1893）長
沙思賢講舍刻本　四冊

430000－2401－0034204　48/103－8（3）
文心雕龍十卷　（南朝梁）劉勰撰　（清）黃叔
琳註　（清）紀昀評　清光緒十九年（1893）長
沙思賢講舍刻本　四冊

430000－2401－0034205　48/103－8（4）
文心雕龍十卷　（南朝梁）劉勰撰　（清）黃叔
琳註　（清）紀昀評　清光緒十九年（1893）長
沙思賢講舍刻本　四冊

430000－2401－0034206　48/103－8（5）
文心雕龍十卷　（南朝梁）劉勰撰　（清）黃叔
琳註　（清）紀昀評　清光緒十九年（1893）長
沙思賢講舍刻本　四冊

430000－2401－0034207　48/103－8（6）
文心雕龍十卷　（南朝梁）劉勰撰　（清）黃叔
琳註　（清）紀昀評　清光緒十九年（1893）長
沙思賢講舍刻本　四冊

430000－2401－0034208　48/103－8（7）
文心雕龍十卷　（南朝梁）劉勰撰　（清）黃叔
琳註　（清）紀昀評　清光緒十九年（1893）長
沙思賢講舍刻本　四冊

430000－2401－0034209　48/103－8（8）
文心雕龍十卷　（南朝梁）劉勰撰　（清）黃叔
琳註　（清）紀昀評　清光緒十九年（1893）長
沙思賢講舍刻本　四冊

430000－2401－0034210　48/103－9
文心雕龍十卷　（南朝梁）劉勰撰　（清）黃叔
琳註　（清）紀昀評　清光緒二十一年（1895）
學庫山房刻本　四冊

430000－2401－0034211　48/103－9（1）
文心雕龍十卷　（南朝梁）劉勰撰　（清）黃叔
琳註　（清）紀昀評　清光緒二十一年（1895）
學庫山房刻本　四冊

430000－2401－0034212　48/103－10
文心雕龍十卷　（南朝梁）劉勰撰　（清）黃叔
琳註　（清）紀昀評　清光緒二十二年（1896）

新化三昧堂刻本　　四冊

430000－2401－0034213　48/103－4

文心雕龍十卷　（南朝梁）劉勰撰　（清）黃叔琳註　（清）紀昀評　清刻本　二冊　存六卷（五至十）

430000－2401－0034214　48/103

楊升庵先生批點文心雕龍十卷　（南朝梁）劉勰撰　（明）梅慶生音註　明天啟二年（1622）重修金陵聚錦堂刻本　四冊

430000－2401－0034215　48/103（1）

楊升庵先生批點文心雕龍十卷　（南朝梁）劉勰撰　（明）梅慶生音註　明天啟二年（1622）重修金陵聚錦堂刻本　二冊

430000－2401－0034216　48/103（2）

楊升庵先生批點文心雕龍十卷　（南朝梁）劉勰撰　（明）梅慶生音註　明天啟二年（1622）重修金陵聚錦堂刻本　二冊

430000－2401－0034217　48/103（3）

楊升庵先生批點文心雕龍十卷　（南朝梁）劉勰撰　（明）梅慶生音註　明天啟二年（1622）重修金陵聚錦堂刻本　二冊　存八卷（一至四、七至十）

430000－2401－0034218　48/103－2

文心雕龍十卷　（南朝梁）劉勰撰　（清）黃叔琳註　清乾隆六年（1741）黃氏養素堂刻本　四冊

430000－2401－0034219　48/103－2（1）

文心雕龍十卷　（南朝梁）劉勰撰　（清）黃叔琳註　清乾隆六年（1741）黃氏養素堂刻本　四冊

430000－2401－0034220　48/103－2（2）

文心雕龍十卷　（南朝梁）劉勰撰　（清）黃叔琳註　清乾隆六年（1741）黃氏養素堂刻本　二冊

430000－2401－0034221　48/103－2（3）

文心雕龍十卷　（南朝梁）劉勰撰　（清）黃叔琳註　清乾隆六年（1741）黃氏養素堂刻本　二冊

430000－2401－0034222　48/103－2（4）

文心雕龍十卷　（南朝梁）劉勰撰　（清）黃叔琳註　清乾隆六年（1741）黃氏養素堂刻本　一冊

430000－2401－0034223　48/103－3

文心雕龍十卷　（南朝梁）劉勰撰　（清）黃叔琳註　（清）紀昀評　清道光十三年（1833）兩廣節署朱墨套印本　四冊

430000－2401－0034224　48/103－3（1）

文心雕龍十卷　（南朝梁）劉勰撰　（清）黃叔琳註　（清）紀昀評　清道光十三年（1833）兩廣節署朱墨套印本　四冊

430000－2401－0034225　48/103－3（2）

文心雕龍十卷　（南朝梁）劉勰撰　（清）黃叔琳註　（清）紀昀評　清道光十三年（1833）兩廣節署朱墨套印本　四冊

430000－2401－0034226　48/103－3（3）

文心雕龍十卷　（南朝梁）劉勰撰　（清）黃叔琳註　（清）紀昀評　清道光十三年（1833）兩廣節署朱墨套印本　四冊

430000－2401－0034227　48/103－3（4）

文心雕龍十卷　（南朝梁）劉勰撰　（清）黃叔琳註　（清）紀昀評　清道光十三年（1833）兩廣節署朱墨套印本　四冊

430000－2401－0034228　48/103－3（5）

文心雕龍十卷　（南朝梁）劉勰撰　（清）黃叔琳註　（清）紀昀評　清道光十三年（1833）兩廣節署朱墨套印本　四冊

430000－2401－0034229　48/103－3（6）

文心雕龍十卷　（南朝梁）劉勰撰　（清）黃叔琳註　（清）紀昀評　清道光十三年（1833）兩廣節署朱墨套印本　四冊

430000－2401－0034230　48/103－3（7）

文心雕龍十卷　（南朝梁）劉勰撰　（清）黃叔琳註　（清）紀昀評　清道光十三年（1833）兩廣節署朱墨套印本　二冊

430000－2401－0034231　48/103－5

文心雕龍十卷 （南朝梁）劉勰撰 （明）彭瑞麟校 清初刻本 二冊

430000－2401－0034232 48/103－5(1)

文心雕龍十卷 （南朝梁）劉勰撰 （明）彭瑞麟校 清初刻本 二冊

430000－2401－0034233 48/103－5(2)

文心雕龍十卷 （南朝梁）劉勰撰 （明）彭瑞麟校 清初刻本 一冊

430000－2401－0034234 48/91

二十四詩品一卷 （唐）司空圖撰 清末刻本 一冊

430000－2401－0034235 48/51

全唐詩話八卷 （宋）尤袤輯 （清）孫濤訂并續輯 清乾隆三十九年(1774)清芬堂刻本 四冊

430000－2401－0034236 48/51(1)

全唐詩話八卷 （宋）尤袤輯 （清）孫濤訂并續輯 清乾隆三十九年(1774)清芬堂刻本 四冊

430000－2401－0034237 48/51(2)

全唐詩話八卷 （宋）尤袤輯 （清）孫濤訂并續輯 清乾隆三十九年(1774)清芬堂刻本 二冊 存四卷(三至四、七至八)

430000－2401－0034238 48/51－2

全唐詩話八卷 （宋）尤袤輯 （明）毛晉訂 清宣統三年(1911)三樂堂石印本 六冊

430000－2401－0034239 48/51－3

重訂全唐詩話八卷 （宋）尤袤輯 （清）孫濤訂并續輯 清宣統三年(1911)三樂堂石印本 四冊

430000－2401－0034240 △44/8

朱文公游藝至論二卷 （宋）朱熹撰 （明）余祐輯 清康熙五十年(1711)張潛光刻本 一冊

430000－2401－0034241 48/73

浩然齋雅談三卷 （宋）周密撰 清乾隆武英殿木活字本 一冊

430000－2401－0034242 48/73(1)

浩然齋雅談三卷 （宋）周密撰 清乾隆武英殿木活字本 一冊

430000－2401－0034243 48/73(2)

浩然齋雅談三卷 （宋）周密撰 清乾隆武英殿木活字本 一冊

430000－2401－0034244 48/73(3)

浩然齋雅談三卷 （宋）周密撰 清乾隆武英殿木活字本 一冊

430000－2401－0034245 △44/11－2

唐詩紀事八十一卷 （宋）計有功撰 明嘉靖二十四年(1545)張子立刻本 十一冊 存四十三卷(一至七、十四至十八、二十九至四十一、四十六至四十九、五十四至五十七、六十六至七十五)

430000－2401－0034246 △44/11

唐詩紀事八十一卷 （宋）計有功撰 明崇禎五年(1632)毛氏汲古閣刻本 二十四冊

430000－2401－0034247 △44/19

漁隱叢話前集六十卷後集四十卷 （宋）胡仔輯 清乾隆耘經樓刻本 十冊

430000－2401－0034248 △44/19(1)

漁隱叢話前集六十卷後集四十卷 （宋）胡仔輯 清乾隆耘經樓刻本 十二冊

430000－2401－0034249 △44/19(2)

漁隱叢話前集六十卷後集四十卷 （宋）胡仔輯 清乾隆耘經樓刻本 二十冊

430000－2401－0034250 △44/19(3)

漁隱叢話前集六十卷後集四十卷 （宋）胡仔輯 清乾隆耘經樓刻本 十冊

430000－2401－0034251 △44/5

文則一卷 （宋）陳騤撰 明末毛氏汲古閣影元鈔本 葉啟發跋 一冊

430000－2401－0034252 48/79

石林詩話三卷 （宋）葉夢得撰 清道光二十四年(1844)戀花庵校正毛氏津逮秘書本 三冊

430000－2401－0034253 △44/17

葉先生詩話三卷　（宋）葉夢得撰　影元鈔本
葉德輝跋　一冊

430000－2401－0034254　△44/18

精選詩林廣記四卷　（宋）蔡正孫輯　明隆慶
二年(1568)王圻劉子田校刻本　佚名批校圈
點　四冊

430000－2401－0034255　48/58

杜工部草堂詩話二卷　（宋）蔡夢弼撰　（清）
方功惠校訂　清光緒巴陵方氏碧琳琅館刻本
一冊

430000－2401－0034256　△44/14

詩人玉屑二十卷　（宋）魏慶之輯　明古松堂
重刻宋本　八冊

430000－2401－0034257　△44/14(1)

詩人玉屑二十卷　（宋）魏慶之輯　明古松堂
重刻宋本　六冊

430000－2401－0034258　48/127

詩人玉屑二十卷　（宋）魏慶之輯　清初刻本
清人佚名批校　九冊

430000－2401－0034259　△44/15

新刻詩益嘉言二十二卷　（宋）魏慶之輯
（明）程兆校正　明刻本　四冊

430000－2401－0034260　48/102－3

新刻重校增補圓機活法詩學全書二十四卷
（明）王世貞校正　（明）蔣先庚重訂　明刻本
八冊

430000－2401－0034261　48/102

新刻重校增補圓機活法詩學全書二十卷
（明）王世貞校正　（明）蔣先庚重訂　清三餘
堂刻本　十六冊

430000－2401－0034262　48/102(1)

新刻重校增補圓機活法詩學全書二十卷
（明）王世貞校正　（明）蔣先庚重訂　清三餘
堂刻本　十一冊　缺五卷(一至二、十四至十
六)

430000－2401－0034263　48/102－2

新刻重校增補圓機活法詩學全書二十四卷韻

學全書十四卷　（明）王世貞校正　（明）蔣先
庚重訂　清致和堂刻本　十一冊

430000－2401－0034264　△44/6

文通三十卷閏一卷　（明）朱荃宰撰　明天啟
六年(1626)刻本　一冊　存三卷(五至七)

430000－2401－0034265　48/13

漢詩評九卷　（明）李因篤音評　清初萬卷樓
刻本　二冊

430000－2401－0034266　48/134

騷壇秘語三卷　（明）周履靖撰　**詩源撮要一
卷**　（明）張懋賢編　（明）周履靖校　明刻本
一冊

430000－2401－0034267　48/119

詩藪內編六卷外編四卷雜編六卷　（明）胡應
麟撰　清光緒廣雅書局刻本　四冊

430000－2401－0034268　△44/23

懷古錄三卷　（明）陳模撰　清鈔本　一冊

430000－2401－0034269　48/121

會海大成三十卷　（明）焦閎輯校　明萬曆近
聖居刻本　二十冊

430000－2401－0034270　48/173

三元秘授六卷　（明）□□撰　清光緒二十五
年(1899)刻朱墨套印本　二冊

430000－2401－0034271　△44/22

鐙窗瑣話十卷　（清）于源撰　清鈔本　二冊
存四卷(三至六)

430000－2401－0034272　△44/2

五代詩話十二卷　（清）王士禎輯　清乾隆十
三年(1748)養素堂刻本　二冊

430000－2401－0034273　48/40

帶經堂詩話三十卷首一卷　（清）王士禎撰
清咸豐四年(1854)巴蜀善成瑞記校刻本
十冊

430000－2401－0034274　48/40－2

帶經堂詩話三十卷首一卷　（清）王士禎撰
清同治十二年(1873)廣州藏修堂刻本　十冊

430000－2401－0034275　48/40－2(1)

帶經堂詩話三十卷首一卷　（清）王士禎撰
清同治十二年(1873)廣州藏修堂刻本　十冊

430000－2401－0034276　48/40－2(2)

帶經堂詩話三十卷首一卷　（清）王士禎撰
清同治十二年(1873)廣州藏修堂刻本　十冊

430000－2401－0034277　48/40－2(3)

帶經堂詩話三十卷首一卷　（清）王士禎撰
清同治十二年(1873)廣州藏修堂刻本　十冊

430000－2401－0034278　48/40－2(4)

帶經堂詩話三十卷首一卷　（清）王士禎撰
清同治十二年(1873)廣州藏修堂刻本　十冊

430000－2401－0034279　48/40－2(5)

帶經堂詩話三十卷首一卷　（清）王士禎撰
清同治十二年(1873)廣州藏修堂刻本　十冊

430000－2401－0034280　48/40－2(6)

帶經堂詩話三十卷首一卷　（清）王士禎撰
清同治十二年(1873)廣州藏修堂刻本　十冊

430000－2401－0034281　48/44

漁洋山人詩問二卷律詩定體一卷　（清）王士
禎撰　**然燈記聞一卷**　（清）何世璂述　清宣
統三年(1911)上海掃葉山房石印本　一冊

430000－2401－0034282　48/45－3

漁洋詩話二卷　（清）王士禎撰　清宣統二年
(1910)上海掃葉山房石印本　一冊

430000－2401－0034283　465/3

紅樓夢評贊不分卷　（清）王雪香輯　清光緒
二年(1876)滬上刻本　三冊

430000－2401－0034284　48/147

試帖詩法大全八卷　（清）王嶽英評選　（清）
王先豫編次　清光緒十一年(1885)潙寧楊嘉
楨校刻本　五冊

430000－2401－0034285　48/7

朱飲山千金譜二十九卷　（清）朱燨撰　（清）
楊廷茲輯　清乾隆五十五年(1790)閩中治怒
齋刻本　八冊

430000－2401－0034286　48/7(1)

朱飲山千金譜二十九卷　（清）朱燨撰　（清）
楊廷茲輯　清乾隆五十五年(1790)閩中治怒
齋刻本　八冊

430000－2401－0034287　48/12

靜志居詩話二十四卷　（清）朱彝尊撰　清嘉
慶二十四年(1819)扶荔山房刻本　十四冊

430000－2401－0034288　48/12(1)

靜志居詩話二十四卷　（清）朱彝尊撰　清刻
本　十四冊

430000－2401－0034289　48/66

說詩晬語二卷　（清）沈德潛撰　清乾隆精刻
本　一冊

430000－2401－0034290　48/38

柳亭詩話三十卷　（清）宋長白撰　清光緒八
年(1882)天苴園刻本　八冊

430000－2401－0034291　48/38(1)

柳亭詩話三十卷　（清）宋長白撰　清光緒八
年(1882)天苴園刻本　八冊

430000－2401－0034292　48/131

律詩四辨四卷　（清）李宗文撰　清道光二年
(1822)二酉堂刻本　三冊

430000－2401－0034293　48/187

分類詩腋八卷　（清）李楨編　清咸豐十一年
(1861)善美堂刻本　四冊

430000－2401－0034294　48/169

述舊二卷　（清）李福祚撰　清咸豐七年
(1857)刻本　二冊

430000－2401－0034295　48/41

賦話十卷詩話二卷詞話四卷曲話二卷　（清）
李調元撰　清乾隆四十三年(1778)刻本
八冊

430000－2401－0034296　48/41(1)

賦話十卷詩話二卷詞話四卷曲話二卷　（清）
李調元撰　清乾隆四十三年(1778)刻本　一
冊　存七卷(一至七)

430000－2401－0034297　48/41－2

賦話十卷　（清）李調元撰　清光緒七年

（1881）瀹雅齋刻本　四冊

430000－2401－0034298　△44/7

中晚唐詩主客圖二卷　（清）李懷民輯　清嘉慶十八年（1813）趙擢彤刻本　四冊

430000－2401－0034299　△44/7(1)

中晚唐詩主客圖二卷　（清）李懷民輯　清嘉慶十八年（1813）趙擢彤刻本　二冊

430000－2401－0034300　48/113

廣陵詩事十卷　（清）阮元撰　清嘉慶六年（1801）浙江節署刻本　三冊

430000－2401－0034301　48/113(1)

廣陵詩事十卷　（清）阮元撰　清嘉慶六年（1801）浙江節署刻本　二冊

430000－2401－0034302　48/170

文徵五卷　（清）吳艮思編輯　清末木活字本　四冊

430000－2401－0034303　48/37

文略五卷首三卷　（清）吳艮思編輯　清光緒三十一年（1905）鉛印本　六冊

430000－2401－0034304　48/150

聲調譜說二卷　（清）吳紹溁撰　清嘉慶刻本　一冊

430000－2401－0034305　48/86

文翼三卷　（清）吳鋌撰　清道光十六年（1836）刻本　一冊

430000－2401－0034306　48/201

賦學指南十卷　（清）余丙照編輯　清道光七年（1827）刻本　一冊

430000－2401－0034307　48/126

余旬甫詩話二卷　（清）余宣撰　清道光三十年（1850）風雨室刻本　一冊

430000－2401－0034308　48/54

味蔬詩話四卷　（清）余雲煥撰　清光緒三十四年（1908）思南府署刻本　二冊

430000－2401－0034309　48/54(1)

味蔬詩話四卷　（清）余雲煥撰　清光緒三十

四年（1908）思南府署刻本　二冊

430000－2401－0034310　48/64

嶐溪詩話二卷　（清）何潔人撰　清咸豐三年（1853）護花吟館刻本　一冊

430000－2401－0034311　48/46

射鷹樓詩話二十四卷　（清）林昌彝撰　清咸豐元年（1851）刻本　八冊

430000－2401－0034312　48/46(1)

射鷹樓詩話二十四卷　（清）林昌彝撰　清咸豐元年（1851）刻本　六冊

430000－2401－0034313　48/46(2)

射鷹樓詩話二十四卷　（清）林昌彝撰　清咸豐元年（1851）刻本　六冊

430000－2401－0034314　48/74

唐詩成法十二卷　（清）屈復撰　清光緒八年（1882）黔南節署刻本　二冊　存九卷（一至九）

430000－2401－0034315　48/158

中國文學指南二卷　（清）邵伯棠撰　清宣統二年（1910）上海會文堂石印本　二冊

430000－2401－0034316　48/158(1)

中國文學指南二卷　（清）邵伯棠撰　清宣統二年（1910）上海會文堂石印本　二冊

430000－2401－0034317　48/165

舉業前模八卷新模八卷首一卷末一卷新模續選六卷　（清）周百順編　清道光十六年至十八年（1836－1838）經國堂刻本　五冊　缺二卷（前模七至八）

430000－2401－0034318　48/61

北江詩話六卷　（清）洪亮吉撰　清光緒三年（1877）授經堂刻本　一冊

430000－2401－0034319　48/61(1)

北江詩話六卷　（清）洪亮吉撰　清光緒三年（1877）授經堂刻本　一冊

430000－2401－0034320　48/61(2)

北江詩話六卷　（清）洪亮吉撰　清光緒三年（1877）授經堂刻本　二冊

430000－2401－0034321　48/163

試帖新擬五卷　（清）胡本撰　（清）潘作樞箋
註　清乾隆二十三年(1758)刻本　一冊

430000－2401－0034322　△44/10

初白庵詩評三卷詞綜偶評一卷　（清）查慎行
撰　（清）張載華輯　清乾隆四十二年(1777)
張氏陟園觀樂堂刻本　三冊

430000－2401－0034323　48/185

讀書作文譜十二卷父師善誘法二卷　（清）唐
彪撰　清康熙刻本　四冊

430000－2401－0034324　48/185－3

讀書作文譜十二卷父師善誘法二卷　（清）唐
彪撰　清嘉慶八年(1803)敦化堂刻本　五冊

430000－2401－0034325　48/185－2

讀書作文譜十二卷父師善誘法二卷　（清）唐
彪撰　清文成堂刻本　三冊

430000－2401－0034326　48/43

詩法火傳十六卷　（清）馬上巘輯　清順治十
七年至十八年（1660－1661）古香齋刻本
六冊

430000－2401－0034327　48/43(1)

詩法火傳十六卷　（清）馬上巘輯　清順治十
七年至十八年（1660－1661）古香齋刻本
六冊

430000－2401－0034328　48/188

文通十卷　（清）馬建忠撰　清光緒二十八年
(1902)上海文林石印本　八冊

430000－2401－0034329　48/14

隨園詩話十六卷補遺十卷　（清）袁枚撰　清
道光四年(1824)蓮溪書屋刻本　十冊

430000－2401－0034330　48/14－7

隨園詩話十六卷補遺十卷　（清）袁枚撰　清
道光四年(1824)三讓堂刻本　八冊　缺九卷
（補遺二至十）

430000－2401－0034331　48/14－8

隨園詩話十六卷補遺十卷　（清）袁枚撰　清
道光十三年(1833)文光堂刻本　七冊

430000－2401－0034332　48/14－9

隨園詩話十六卷　（清）袁枚撰　清同治八年
(1869)經綸堂刻本　一冊　存三卷(一至三)

430000－2401－0034333　48/14－4

隨園詩話十六卷補遺十卷　（清）袁枚撰　清
刻本　六冊　缺七卷(一至三、十三至十六)

430000－2401－0034334　48/14－6

隨園詩話十六卷補遺十卷　（清）袁枚撰　清
刻本　七冊　存十四卷(隨園詩話三至十二,
補遺一至二、五至六)

430000－2401－0034335　48/17

隨園詩話補遺十卷　（清）袁枚撰　清刻本
二冊

430000－2401－0034336　48/197

初學指掌四卷　（清）郝正嵩輯評　清經綸堂
刻本　四冊

430000－2401－0034337　48/34

四六叢話三十三卷選詩叢話一卷　（清）孫梅
輯　清光緒七年(1881)吳下刻本　十二冊

430000－2401－0034338　48/34(1)

四六叢話三十三卷選詩叢話一卷　（清）孫梅
輯　清光緒七年(1881)吳下刻本　十二冊

430000－2401－0034339　48/34(2)

四六叢話三十三卷選詩叢話一卷　（清）孫梅
輯　清光緒七年(1881)吳下刻本　十二冊

430000－2401－0034340　48/34(3)

四六叢話三十三卷選詩叢話一卷　（清）孫梅
輯　清光緒七年(1881)吳下刻本　十一冊
缺三卷(十三至十五)

430000－2401－0034341　48/34(4)

四六叢話三十三卷選詩叢話一卷　（清）孫梅
輯　清光緒七年(1881)吳下刻本　一冊　存
一卷(三十三)

430000－2401－0034342　461/37－2

餘墨偶談八卷續集八卷　（清）孫橒編　清光
緒二年(1876)雙峰書屋本　八冊

430000－2401－0034343　△44/1

小石帆亭著錄六卷　（清）翁方綱撰　清乾隆
五十七年(1792)刻本　二冊

430000－2401－0034344　△44/1(1)
小石帆亭著錄六卷　（清）翁方綱撰　清乾隆
五十七年(1792)刻本　一冊

430000－2401－0034345　48/161
匯纂詩法度鍼三十三卷首一卷　（清）徐文弼
編輯　清乾隆同人堂刻本　八冊

430000－2401－0034346　48/161(3)
匯纂詩法度鍼三十三卷首一卷　（清）徐文弼
編輯　清乾隆聚錦堂刻本　八冊

430000－2401－0034347　48/161(1)
匯纂詩法度鍼三十三卷首一卷　（清）徐文弼
編輯　清同文堂刻本　八冊

430000－2401－0034348　48/161(2)
匯纂詩法度鍼三十三卷首一卷　（清）徐文弼
編輯　清怡蓮堂刻本　八冊

430000－2401－0034349　48/161(4)
匯纂詩法度鍼三十三卷首一卷　（清）徐文弼
編輯　清文德堂刻本　八冊

430000－2401－0034350　48/161(5)
匯纂詩法度鍼三十三卷首一卷　（清）徐文弼
編輯　清本立堂刻本　八冊

430000－2401－0034351　48/82
十二石山齋詩話十卷　（清）梁九圖撰　清道
光二十六年(1846)梁氏十二石山齋刻本
五冊

430000－2401－0034352　48/22
楹聯叢話十二卷續話四卷賸話一卷巧對錄八
卷巧對補錄一卷　（清）梁章鉅輯　清道光二
十年(1840)桂林懷清堂刻本　八冊

430000－2401－0034353　48/22－2
楹聯叢話十二卷續話四卷　（清）梁章鉅輯
清道光二十二年至二十五年(1842－1845)長
沙刻本　六冊

430000－2401－0034354　48/22－2(1)
楹聯叢話十二卷續話四卷　（清）梁章鉅輯

清道光二十二年至二十五年(1842－1845)長
沙刻本　六冊

430000－2401－0034355　48/22－2(4)
楹聯叢話十二卷續話四卷　（清）梁章鉅輯
清道光二十二年至二十五年(1842－1845)長
沙刻本　三冊　存八卷(叢話四至九、續話一
至二)

430000－2401－0034356　48/22－2(5)
楹聯叢話十二卷續話四卷　（清）梁章鉅輯
清道光二十二年至二十五年(1842－1845)長
沙刻本　二冊　存十二卷(叢話十二卷)

430000－2401－0034357　48/22－2(2)
楹聯叢話十二卷　（清）梁章鉅輯　清長沙刻
本　四冊

430000－2401－0034358　48/22－2(3)
楹聯叢話十二卷　（清）梁章鉅輯　清長沙刻
本　四冊

430000－2401－0034359　48/80－2
制義叢話二十四卷附制義叢話題名一卷
（清）梁章鉅輯　清咸豐九年(1859)知足知不
足齋刻本　十冊

430000－2401－0034360　48/80－2(1)
制義叢話二十四卷附制義叢話題名一卷
（清）梁章鉅輯　清咸豐九年(1859)知足知不
足齋刻本　六冊

430000－2401－0034361　48/80
制義叢話二十四卷附制義叢話題名一卷
（清）梁章鉅輯　清咸豐刻本　八冊

430000－2401－0034362　48/80(1)
制義叢話二十四卷附制義叢話題名一卷
（清）梁章鉅輯　清咸豐刻本　八冊

430000－2401－0034363　48/80(2)
制義叢話二十四卷附制義叢話題名一卷
（清）梁章鉅輯　清咸豐刻本　八冊

430000－2401－0034364　48/80(3)
制義叢話二十四卷附制義叢話題名一卷
（清）梁章鉅輯　清咸豐刻本　八冊

430000 － 2401 － 0034365　48/80(4)
制義叢話二十四卷附制義叢話題名一卷
(清)梁章鉅輯　清咸豐刻本　四冊

430000 － 2401 － 0034366　48/167
試律叢話八卷　(清)梁章鉅輯　清同治八年
(1869)高安知足知不足齋刻本　四冊

430000 － 2401 － 0034367　48/33
南浦詩話八卷　(清)梁章鉅輯　清光緒三十
一年(1905)鉛印本　四冊

430000 － 2401 － 0034368　48/181
學園詩談八卷續編二卷　(清)許丙椿撰　清
同治五年(1866)合肥刻本　二冊

430000 － 2401 － 0034369　48/25
芷江詩話八卷　(清)許嗣雲撰　清嘉慶二十
四年(1819)一卷樓刻本　四冊

430000 － 2401 － 0034370　48/122
靈芬館詩話續六卷　(清)郭麐撰　清嘉慶二
十三年(1818)刻靈芬館集本　一冊

430000 － 2401 － 0034371　48/153
伯山詩話後集四卷續集二卷再續集二卷
(清)康發祥撰　清道光二十七年至咸豐元年
(1847－1851)刻本　四冊

430000 － 2401 － 0034372　48/164
增訂初學起講秘訣一卷　(清)盛元均輯　清
光緒五年(1879)刻本　一冊

430000 － 2401 － 0034373　48/125(4)
湘上詩緣錄四卷新安詩萃一卷　(清)張修府
輯　清光緒十四年(1888)長沙刻本　徐楨立
題記　四冊

430000 － 2401 － 0034374　48/125
湘上詩緣錄四卷新安詩萃一卷　(清)張修府
輯　清光緒十四年(1888)長沙刻本　四冊

430000 － 2401 － 0034375　48/125(1)
湘上詩緣錄四卷新安詩萃一卷　(清)張修府
輯　清光緒十四年(1888)長沙刻本　四冊

430000 － 2401 － 0034376　48/125(2)
湘上詩緣錄四卷新安詩萃一卷　(清)張修府

輯　清光緒十四年(1888)長沙刻本　四冊

430000 － 2401 － 0034377　48/125(3)
湘上詩緣錄四卷新安詩萃一卷　(清)張修府
輯　清光緒十四年(1888)長沙刻本　四冊

430000 － 2401 － 0034378　48/146
達觀堂詩話八卷　(清)張晉本撰　清同治十
二年(1873)湘陰李桓芋園刻本　四冊

430000 － 2401 － 0034379　48/146(1)
達觀堂詩話八卷　(清)張晉本撰　清同治十
二年(1873)湘陰李桓芋園刻本　四冊

430000 － 2401 － 0034380　48/146(2)
達觀堂詩話八卷　(清)張晉本撰　清同治十
二年(1873)湘陰李桓芋園刻本　四冊

430000 － 2401 － 0034381　48/146(3)
達觀堂詩話八卷　(清)張晉本撰　清同治十
二年(1873)湘陰李桓芋園刻本　四冊

430000 － 2401 － 0034382　48/146(5)
達觀堂詩話八卷　(清)張晉本撰　清同治十
二年(1873)湘陰李桓芋園刻本　四冊

430000 － 2401 － 0034383　48/146(5)
達觀堂詩話八卷　(清)張晉本撰　清同治十
二年(1873)湘陰李桓芋園刻本　四冊

430000 － 2401 － 0034384　48/162
花樣集錦四卷新增花樣集錦一卷　(清)張補
山輯　清道光十九年(1839)京都琉璃廠刻本
四冊

430000 － 2401 － 0034385　48/120
蘇亭詩話六卷　(清)張道撰　清光緒十九年
(1893)長沙學院刻本　一冊

430000 － 2401 － 0034386　48/120(1)
蘇亭詩話六卷　(清)張道撰　清光緒十九年
(1893)長沙學院刻本　四冊

430000 － 2401 － 0034387　48/135
眉山詩案廣證六卷　(清)張鑒撰　清光緒十
年(1884)江蘇書局刻本　二冊

430000 － 2401 － 0034388　48/135(1)

眉山詩案廣證六卷　（清）張鑒撰　清光緒十年(1884)江蘇書局刻本　二冊

430000－2401－0034389　48/135（2）
眉山詩案廣證六卷　（清）張鑒撰　清光緒十年(1884)江蘇書局刻本　二冊

430000－2401－0034390　48/135（3）
眉山詩案廣證六卷　（清）張鑒撰　清光緒十年(1884)江蘇書局刻本　二冊

430000－2401－0034391　48/19
宋詩紀事補遺一百卷補正四卷　（清）陸心源輯　清光緒十九年(1893)刻本　二十五冊

430000－2401－0034392　48/19（1）
宋詩紀事補遺一百卷補正四卷　（清）陸心源輯　清光緒十九年(1893)刻本　二十三冊　缺三十一卷（十九至三十五、六十二至七十五）

430000－2401－0034393　48/2
明詩紀事十集二百〇七卷　（清）陳田輯　清光緒二十三年至宣統三年(1897－1911)陳氏聽詩齋刻本　二十八冊　缺四十九卷（甲集二十五至三十、乙集一至五、丙集一至十二、辛集九至三十四）

430000－2401－0034394　48/2（1）
明詩紀事十集二百〇七卷　（清）陳田輯　清光緒二十三年至宣統三年(1897－1911)陳氏聽詩齋刻本　六冊　存三十卷（甲集三十卷）

430000－2401－0034395　48/154
詩比興箋四卷簡學齋詩存一卷　（清）陳沆撰　清咸豐五年(1855)刻本　三冊

430000－2401－0034396　48/154（1）
詩比興箋四卷簡學齋詩存一卷　（清）陳沆撰　清咸豐五年(1855)刻本　三冊

430000－2401－0034397　48/154－2
詩比興箋四卷　（清）陳沆撰　清光緒九年(1883)長洲彭氏刻本　二冊

430000－2401－0034398　48/154－2（1）
詩比興箋四卷　（清）陳沆撰　清光緒九年

(1883)長洲彭氏刻本　二冊

430000－2401－0034399　48/154－2（2）
詩比興箋四卷　（清）陳沆撰　清光緒九年(1883)長洲彭氏刻本　二冊

430000－2401－0034400　48/154－2（3）
詩比興箋四卷　（清）陳沆撰　清光緒九年(1883)長洲彭氏刻本　二冊

430000－2401－0034401　48/154－2（4）
詩比興箋四卷　（清）陳沆撰　清光緒九年(1883)長洲彭氏刻本　四冊

430000－2401－0034402　48/154－2（5）
詩比興箋四卷　（清）陳沆撰　清光緒九年(1883)長洲彭氏刻本　一冊　缺二卷（一至二）

430000－2401－0034403　48/110
藝苑叢話十六卷　（清）陳琰編輯　清宣統三年(1911)上海六藝書局石印本　四冊

430000－2401－0034404　48/156
全唐文紀事一百二十二卷首一卷　（清）陳鴻墀撰　清同治十二年(1873)巴陵方功惠廣州刻本　三十二冊

430000－2401－0034405　48/156（1）
全唐文紀事一百二十二卷首一卷　（清）陳鴻墀撰　清同治十二年(1873)巴陵方功惠廣州刻本　三十二冊

430000－2401－0034406　48/124
劍閣齋師門答問一卷　（清）陳瀚問　（清）郭嵩燾答　清宣統三年(1911)影印本　一冊

430000－2401－0034407　48/124（1）
劍閣齋師門答問一卷　（清）陳瀚問　（清）郭嵩燾答　清宣統三年(1911)影印本　一冊

430000－2401－0034408　48/97－2
全浙詩話五十四卷　（清）陶元藻輯　清嘉慶元年(1796)怡雲閣刻本　十六冊

430000－2401－0034409　48/97－2（1）
全浙詩話五十四卷　（清）陶元藻輯　清嘉慶元年(1796)怡雲閣刻本　十六冊

430000－2401－0034410　48/23

鳴原堂論文二卷　（清）曾國藩選　（清）曾國荃審訂　清同治十二年(1873)勵志齋刻曾文正公全集本　二冊

430000－2401－0034411　48/23(1)

鳴原堂論文二卷　（清）曾國藩選　（清）曾國荃審訂　清同治十二年(1873)勵志齋刻曾文正公全集本　二冊

430000－2401－0034412　48/23(2)

鳴原堂論文二卷　（清）曾國藩選　（清）曾國荃審訂　清同治十二年(1873)勵志齋刻曾文正公全集本　二冊

430000－2401－0034413　48/23(3)

鳴原堂論文二卷　（清）曾國藩選　（清）曾國荃審訂　清同治十二年(1873)勵志齋刻曾文正公全集本　二冊

430000－2401－0034414　48/23(4)

鳴原堂論文二卷　（清）曾國藩選　（清）曾國荃審訂　清同治十二年(1873)勵志齋刻曾文正公全集本　二冊

430000－2401－0034415　48/23(5)

鳴原堂論文二卷　（清）曾國藩選　（清）曾國荃審訂　清同治十二年(1873)勵志齋刻曾文正公全集本　二冊

430000－2401－0034416　48/23(6)

鳴原堂論文二卷　（清）曾國藩選　（清）曾國荃審訂　清同治十二年(1873)勵志齋刻曾文正公全集本　二冊

430000－2401－0034417　48/23(7)

鳴原堂論文二卷　（清）曾國藩選　（清）曾國荃審訂　清同治十二年(1873)勵志齋刻曾文正公全集本　二冊

430000－2401－0034418　48/178－2

詩筏二卷　（清）賀貽孫撰　清道光四年(1824)養雲吟榭刻本　一冊

430000－2401－0034419　48/178－2(1)

詩筏二卷　（清）賀貽孫撰　清道光四年(1824)養雲吟榭刻本　一冊

430000－2401－0034420　48/178

詩筏一卷　（清）賀貽孫撰　清道光二十六年(1846)敕書樓刻水田居全集本　一冊

430000－2401－0034421　48/177

騷筏一卷　（清）賀貽孫撰　清道光二十六年(1846)敕書樓刻水田居全集本　一冊

430000－2401－0034422　48/200

乾嘉詩壇點將錄一卷　（清）舒位撰　**東林點將錄**　（明）王紹徽撰　**附考一卷**　葉德輝撰　**秦雲擷英小譜**　（清）王昶撰　清光緒三十三年(1907)長沙葉氏刻本　一冊

430000－2401－0034423　48/90

二十四詩品淺解一卷　（清）楊廷芝撰　清光緒刻本　一冊

430000－2401－0034424　48/183

集鱣齋養正新編十八卷　（清）楊懋春輯　清光緒七年(1881)集鱣齋刻本　四冊

430000－2401－0034425　48/183(1)

集鱣齋養正新編十八卷　（清）楊懋春輯　清光緒七年(1881)集鱣齋刻本　四冊

430000－2401－0034426　48/198

或陋居選文二十集　（清）楊鶴鳴評選　清光緒十二年(1886)刻本　二十冊

430000－2401－0034427　192.3/135

聲調前譜一卷後譜一卷續譜一卷　（清）趙執信撰　清乾隆三年(1738)因園刻本　一冊

430000－2401－0034428　48/152

聲調譜闡說一卷　（清）趙執信撰　（清）姚頤增評　（清）鄭先樸闡說　清光緒十年(1884)刻本　一冊

430000－2401－0034429　48/21

甌北詩話十卷續詩話二卷　（清）趙翼撰　清嘉慶七年(1802)湛貽堂刻甌北全集本　二冊

430000－2401－0034430　48/21(1)

甌北詩話十卷續詩話二卷　（清）趙翼撰　清嘉慶七年(1802)湛貽堂刻甌北全集本　二冊

430000 – 2401 – 0034431　48/21（2）

甌北詩話十卷續詩話二卷　（清）趙翼撰　清嘉慶七年(1802)湛貽堂刻甌北全集本　三冊

430000 – 2401 – 0034432　48/21（3）

甌北詩話十卷續詩話二卷　（清）趙翼撰　清嘉慶七年(1802)湛貽堂刻本　三冊

430000 – 2401 – 0034433　48/21（4）

甌北詩話十卷續詩話二卷　（清）趙翼撰　清嘉慶七年(1802)湛貽堂刻甌北全集本　一冊

430000 – 2401 – 0034434　48/21 – 2

甌北詩話十卷續詩話二卷　（清）趙翼撰　清同治十三年(1874)紅杏山房刻本　四冊

430000 – 2401 – 0034435　48/21 – 2（1）

甌北詩話十卷續詩話二卷　（清）趙翼撰　清同治十三年(1874)紅杏山房刻本　四冊

430000 – 2401 – 0034436　48/65

緝雅堂詩話二卷　（清）潘衍桐撰　清光緒十七年(1891)杭州刻本　一冊

430000 – 2401 – 0034437　48/140

唐人五言排律詩論三卷　（清）蔣鵬翮編釋　清乾隆二十二年(1757)寒三草堂刻本　四冊

430000 – 2401 – 0034438　48/195

藝苑名言八卷　（清）蔣瀾纂　清乾隆四十一年(1776)懷古軒刻本　四冊

430000 – 2401 – 0034439　48/196（1）

點勘記二卷省堂筆記一卷　（清）歐陽泉撰　清道光二十八年(1848)寶硯齋刻本　一冊

430000 – 2401 – 0034440　48/196

點勘記二卷　（清）歐陽泉撰　清光緒四年(1878)江蘇書局刻本　二冊

430000 – 2401 – 0034441　48/4

歐陽省堂點勘記二卷省堂筆記一卷　（清）歐陽泉撰　清同治九年(1870)皖城刻本　二冊

430000 – 2401 – 0034442　△44/9

宋詩紀事一百卷　（清）厲鶚輯　清乾隆十一年(1746)厲鶚樊榭山房刻本　二十四冊

430000 – 2401 – 0034443　48/112 – 3

詩學含英四卷　（清）劉文蔚輯　清三讓堂刻本　二冊

430000 – 2401 – 0034444　48/112 – 2

詩學含英四卷　（清）劉文蔚輯　清寶慶府尚德堂刻本　二冊

430000 – 2401 – 0034445　48/118

藝概六卷　（清）劉熙載撰　清光緒三年(1877)嶺南刻本　一冊

430000 – 2401 – 0034446　48/118（1）

藝概六卷　（清）劉熙載撰　清光緒三年(1877)嶺南刻本　二冊

430000 – 2401 – 0034447　48/118（2）

藝概六卷　（清）劉熙載撰　清光緒三年(1877)嶺南刻本　一冊　存四卷(三至六)

430000 – 2401 – 0034448　48/118 – 5

藝概六卷　（清）劉熙載撰　清光緒二十年(1894)清江徐氏刻本　二冊

430000 – 2401 – 0034449　48/118 – 2

藝概六卷　（清）劉熙載撰　清光緒二十九年(1903)成都官書局鉛印本　二冊

430000 – 2401 – 0034450　48/118 – 3

藝概六卷　（清）劉熙載撰　清宣統三年(1911)山西兩級師範學堂鉛印本　二冊

430000 – 2401 – 0034451　48/182

滇南草堂詩話十四卷　（清）檀萃撰　清嘉慶五年(1800)蘊經堂刻本　六冊

430000 – 2401 – 0034452　48/11

養自然齋詩話十卷　（清）鍾駿聲輯　清同治十三年(1874)刻本　十冊

430000 – 2401 – 0034453　48/35

吳興詩話十六卷首一卷　（清）戴璐輯　清嘉慶二年(1797)石鼓齋刻本　二冊

430000 – 2401 – 0034454　48/67

試帖仙樣集裁詩十法二卷　（清）麓峰居士輯評　清咸豐六年(1856)文苑堂刻本　二冊

430000－2401－0034455　48/94

文法大全增補虛字註釋七卷　（清）羅承澍輯
著　清光緒元年(1875)刻本　四冊

430000－2401－0034456　48/39

學詩詳說三十卷　（清）顧廣譽撰　清光緒三
年(1877)吳大澂刻本　九冊

430000－2401－0034457　△51/7

百川學海　（宋）左圭輯　明刻本　十八冊

430000－2401－0034458　△51/7－2

百川學海　（宋）左圭輯　明刻本　十一冊
存一百○一種

430000－2401－0034459　△51/17

津逮秘書　（明）毛晉輯　明崇禎虞山毛氏汲
古閣刻本　一百十二冊

430000－2401－0034460　△51/17(1)

津逮秘書　（明）毛晉輯　明崇禎虞山毛氏汲
古閣刻本　一百三十一冊　存六百九十二卷

430000－2401－0034461　32/141

小四書　（明）朱升輯　（清）陸隴其校訂　清
同治九年(1870)湘鄉劉氏養晦堂刻本　三冊

430000－2401－0034462　32/141(1)

小四書　（明）朱升輯　（清）陸隴其校訂　清
同治九年(1870)湘鄉劉氏養晦堂刻本　三冊

430000－2401－0034463　32/141(2)

小四書　（明）朱升輯　（清）陸隴其校訂　清
同治九年(1870)湘鄉劉氏養晦堂刻本　三冊

430000－2401－0034464　32/141(3)

小四書　（明）朱升輯　（清）陸隴其校訂　清
同治九年(1870)湘鄉劉氏養晦堂刻本　三冊

430000－2401－0034465　32/141(4)

小四書　（明）朱升輯　（清）陸隴其校訂　清
同治九年(1870)湘鄉劉氏養晦堂刻本　三冊

430000－2401－0034466　32/141(5)

小四書　（明）朱升輯　（清）陸隴其校訂　清
同治九年(1870)湘鄉劉氏養晦堂刻本　三冊

430000－2401－0034467　32/141(6)

小四書　（明）朱升輯　（清）陸隴其校訂　清
同治九年(1870)湘鄉劉氏養晦堂刻本　三冊

430000－2401－0034468　51/220

小四書　（明）朱升輯　（清）陸隴其校訂　清
光緒八年(1882)宏道堂刻本　二冊

430000－2401－0034469　△51/8

續百川學海　（明）吳永輯　明刻本　三十
八冊

430000－2401－0034470　△51/30

廣漢魏叢書　（明）何允中輯　明刻本　八十
五冊

430000－2401－0034471　51/30－2

廣漢魏叢書　（明）何允中輯　明萬曆二十年
(1592)刻本　五十四冊　存五十二種

430000－2401－0034472　51/59

廣漢魏叢書　（明）何允中輯　清嘉慶刻本
八十四冊

430000－2401－0034473　51/59－2

廣漢魏叢書　（明）何允中輯　清嘉慶刻本
二十六冊　存二十九種一百七十一卷

430000－2401－0034474　△51/34

廣快書　（明）何偉然　（明）吳從先輯　明崇
禎刻本　十一冊

430000－2401－0034475　△51/39

覆古介書　（明）邵暗生輯　明天啟七年
(1627)刻本　四冊

430000－2401－0034476　△51/19

格致叢書　（明）胡文煥輯　明萬曆三十一年
(1603)刻本　三十四冊

430000－2401－0034477　△51/12

兩京遺編　（明）胡維新輯　明萬曆十年
(1582)東萊原氏刻本　九冊

430000－2401－0034478　△51/13

金聲玉振集　（明）袁褧輯　明嘉靖刻本
六冊

430000－2401－0034479　△51/13(1)

金聲玉振集 （明）袁褧輯 明嘉靖刻本 一冊 存四種四卷

430000－2401－0034480 △51/25
閑中八種 （明）張如蘭等編 明崇禎四年(1631)刻本 六冊

430000－2401－0034481 51/79
漢魏名文乘 （明）張來傅倩 （明）余元熹同輯并評 明刻本 八冊

430000－2401－0034482 △51/38
尚白齋鐫陳眉公訂正秘笈二十一種 （明）陳繼儒編 明萬曆三十四年(1606)沈氏尚白齋刻本 七冊

430000－2401－0034483 △51/41
寶顏堂秘笈 （明）陳繼儒編 明刻本 十二冊

430000－2401－0034484 △51/42
寶顏堂秘笈 （明）陳繼儒編 明刻本 佚名批點 五冊

430000－2401－0034485 △51/40
寶顏堂續秘笈 （明）陳繼儒編 明萬曆綉水沈氏刻本 二十四冊

430000－2401－0034486 △51/4
古今說海 （明）陸楫輯 明嘉靖二十三年(1544)雲間陸氏儼山書院刻本 四十冊

430000－2401－0034487 △51/4－2
古今說海 （明）陸楫輯 清道光元年(1821)苕溪邵氏酉山堂重刻明陸氏儼山書院刻本 四十冊

430000－2401－0034488 △51/32
說郛續四十六卷 （明）陶珽輯 清順治三年(1646)李際期宛委山堂刻本 佚名批校 四十六冊

430000－2401－0034489 51/43
漢魏叢書 （明）程榮輯 明萬曆二十年(1592)新安程氏刻本 五十冊

430000－2401－0034490 △51/23
唐宋叢書 （明）鍾人傑 （明）張遂辰輯 明

刻本 二十四冊

430000－2401－0034491 393.1/284
合刻五家言 （明）鍾惺輯評 明刻本 六冊

430000－2401－0034492 51/107
秘書九種 （明）鍾惺輯 明萬曆金閶擁萬堂刻本 十二冊

430000－2401－0034493 51/107(1)
秘書九種 （明）鍾惺輯 明萬曆金閶擁萬堂刻本 七冊

430000－2401－0034494 △51/37
蘊古樓叢書 □□編 明末刻本 二十冊

430000－2401－0034495 51/230
當歸草堂叢書 （清）丁丙輯 清同治錢唐丁氏刻本 十二冊

430000－2401－0034496 51/177
檀几叢書 （清）王晫 （清）張潮輯 清康熙新安張氏霞舉堂刻本 十二冊

430000－2401－0034497 51/177(2)
檀几叢書 （清）王晫 （清）張潮輯 清康熙新安張氏霞舉堂刻本 十二冊

430000－2401－0034498 51/177(2)
檀几叢書 （清）王晫 （清）張潮輯 清康熙新安張氏霞舉堂刻本 十四冊

430000－2401－0034499 51/177(3)
檀几叢書 （清）王晫 （清）張潮輯 清康熙新安張氏霞舉堂刻本 十二冊

430000－2401－0034500 51/177(4)
檀几叢書 （清）王晫 （清）張潮輯 清康熙新安張氏霞舉堂刻本 十二冊

430000－2401－0034501 51/60
增訂漢魏叢書 （清）王謨輯 清乾隆五十六年(1791)金溪王氏刻本 八十冊

430000－2401－0034502 51/60(1)
增訂漢魏叢書 （清）王謨輯 清乾隆五十六年(1791)金溪王氏刻本 八十冊

430000－2401－0034503 51/60(2)

增訂漢魏叢書 （清）王謨輯 清乾隆五十六年(1791)金溪王氏刻本 八十冊

430000－2401－0034504 51/60(3)

增訂漢魏叢書 （清）王謨輯 清乾隆五十六年(1791)金溪王氏刻本 六十八冊

430000－2401－0034505 51/60(4)

增訂漢魏叢書 （清）王謨輯 清乾隆五十六年(1791)金溪王氏刻本 四十七冊

430000－2401－0034506 51/60－2

增訂漢魏叢書 （清）王謨輯 清光緒六年(1880)三餘堂刻本 六十四冊

430000－2401－0034507 51/60－2(1)

增訂漢魏叢書 （清）王謨輯 清光緒六年(1880)三餘堂刻本 八十冊

430000－2401－0034508 51/60－4

增訂漢魏叢書 （清）王謨輯 清光緒二十一年(1895)上海石印本 十六冊

430000－2401－0034509 51/60－4(1)

增訂漢魏叢書 （清）王謨輯 清光緒二十一年(1895)上海石印本 十二冊

430000－2401－0034510 51/60－3

增訂漢魏叢書 （清）王謨輯 清宣統三年(1911)上海大通書局石印本 三十二冊

430000－2401－0034511 51/60－3(1)

增訂漢魏叢書 （清）王謨輯 清宣統三年(1911)上海大通書局石印本 三十二冊

430000－2401－0034512 51/215

漢魏遺書鈔 （清）王謨輯 清嘉慶三年(1798)金溪王氏刻本 十一冊

430000－2401－0034513 51/23

天壤閣叢書 （清）王懿榮輯 清同治、光緒福山王氏刻本 十七冊

430000－2401－0034514 51/23(1)

天壤閣叢書 （清）王懿榮輯 清同治、光緒福山王氏刻本 十八冊 存二十一種五十三卷

430000－2401－0034515 △51/29

微波榭叢書 （清）孔繼涵輯 清乾隆曲阜孔氏微波榭刻本 三十九冊

430000－2401－0034516 △51/29(1)

微波榭叢書 （清）孔繼涵輯 清乾隆曲阜孔氏微波榭刻本 四冊 存七種二十八卷

430000－2401－0034517 △51/29(2)

微波榭叢書 （清）孔繼涵輯 清乾隆曲阜孔氏微波榭刻本 十冊 存二十三種八十八卷

430000－2401－0034518 51/78

靈鶼閣叢書 （清）江標輯 清光緒元和江氏湖南使院刻本 四十八冊

430000－2401－0034519 51/78(1)

靈鶼閣叢書 （清）江標輯 清光緒元和江氏湖南使院刻本 二十四冊 存四十一種六十三卷

430000－2401－0034520 51/78(2)

靈鶼閣叢書 （清）江標輯 清光緒元和江氏湖南使院刻本 二十四冊 存四十一種六十三卷

430000－2401－0034521 51/78(3)

靈鶼閣叢書 （清）江標輯 清光緒元和江氏湖南使院刻本 二十四冊 存四十一種六十三卷

430000－2401－0034522 51/78(4)

靈鶼閣叢書 （清）江標輯 清光緒元和江氏湖南使院刻本 二十四冊 存五十六種九十三卷

430000－2401－0034523 51/141

挹秀山房叢書 （清）朱克敬輯 清同治、光緒刻本 二十二冊

430000－2401－0034524 51/141(1)

挹秀山房叢書 （清）朱克敬輯 清同治、光緒刻本 十冊 存十六種二十八卷

430000－2401－0034525 51/131

校經山房叢書 （清）朱記榮輯 清光緒三十年(1904)孫溪朱氏槐廬家塾刻本 二十二冊

430000－2401－0034526 51/171

槐廬叢書 （清）朱記榮輯　清光緒吳縣朱氏槐廬家塾刻本　八十冊

430000－2401－0034527　51/130

結一廬朱氏賸餘叢書 （清）朱澂輯　清光緒三十一年(1905)仁和朱氏刻本

430000－2401－0034528　51/149

粵雅堂叢書 （清）伍崇曜輯　清道光、光緒南海伍氏刻本　三百九十九冊

430000－2401－0034529　51/149(1)

粵雅堂叢書 （清）伍崇曜輯　清道光、光緒南海伍氏刻本　一百四十四冊

430000－2401－0034530　51/149(2)

粵雅堂叢書 （清）伍崇曜輯　清道光、光緒南海伍氏刻本　二百三十六冊

430000－2401－0034531　51/149(3)

粵雅堂叢書 （清）伍崇曜輯　清道光、光緒南海伍氏刻本　二百二十冊

430000－2401－0034532　51/149(4)

粵雅堂叢書 （清）伍崇曜輯　清道光、光緒南海伍氏刻本　三百三十四冊

430000－2401－0034533　51/149(4)

粵雅堂叢書 （清）伍崇曜輯　清道光、光緒南海伍氏刻本　三百三十八冊

430000－2401－0034534　51/108

秘書廿一種 （清）汪士漢輯　清康熙七年(1668)新安汪氏刻本　十二冊

430000－2401－0034535　51/108－3(1)

秘書廿一種 （清）汪士漢輯　清乾隆七年(1742)文盛堂刻本　十六冊

430000－2401－0034536　51/108－2

秘書廿一種 （清）汪士漢輯　清乾隆五十三年(1788)新安汪氏刻本　二十冊

430000－2401－0034537　51/108－2(1)

秘書廿一種 （清）汪士漢輯　清乾隆五十三年(1788)新安汪氏刻本　二十冊

430000－2401－0034538　51/108－4

秘書廿一種 （清）汪士漢輯　清嘉慶九年(1804)新安汪氏刻本　十二冊

430000－2401－0034539　51/109

秘書廿八種 （清）汪士漢輯　清同治二年(1863)刻本　十九冊

430000－2401－0034540　51/142

振綺堂叢書 （清）汪康年輯　清光緒、宣統泉唐汪氏鉛印本刻本　十四冊

430000－2401－0034541　51/142(1)

振綺堂叢書 （清）汪康年輯　清光緒、宣統泉唐汪氏鉛印本刻本　八冊　存十二種二十三卷

430000－2401－0034542　51/142(2)

振綺堂叢書 （清）汪康年輯　清光緒、宣統泉唐汪氏鉛印本刻本　七冊　存十一種十三卷

430000－2401－0034543　51/195

青照堂叢書 （清）李元春輯　清道光十五年(1835)朝邑劉際清等刻本　十一冊

430000－2401－0034544　51/87

函海 （清）李調元輯　清嘉慶十四年(1809)李鼎元重印清乾隆綿州李氏萬卷樓刻本　一百冊　存一百六十六種

430000－2401－0034545　51/87－2

函海 （清）李調元輯　清道光五年(1825)李朝夔補刻嘉慶十四年(1809)李鼎元重刻乾隆錦州李氏萬卷樓刻本　一百五十七冊

430000－2401－0034546　51/87－2(1)

函海 （清）李調元輯　清道光五年(1825)李朝夔補刻嘉慶十四年(1809)李鼎元重刻乾隆錦州李氏萬卷樓刻本　一百五十八冊　存一百七十一種八百四十四卷

430000－2401－0034547　51/87－2(2)

函海 （清）李調元輯　清道光五年(1825)李朝夔補刻嘉慶十四年(1809)李鼎元重刻乾隆錦州李氏萬卷樓刻本　一百五十八冊　存一百三十三種六百八十七卷

430000－2401－0034548　51/87－2(3)

函海 （清）李調元輯　清道光五年（1825）李朝夔補刻嘉慶十四年（1809）李鼎元重刻乾隆錦州李氏萬卷樓刻本　一百○四冊　存四十三種五百十九卷

430000－2401－0034549　51/87－2(4)

函海 （清）李調元輯　清道光五年（1825）李朝夔補刻嘉慶十四年（1809）李鼎元重刻乾隆錦州李氏萬卷樓刻本　六十二冊　存四十二種二百七十三卷

430000－2401－0034550　51/87－3

函海 （清）李調元輯　清光緒七年至八年（1881－1882）廣漢鍾登甲樂道齋刻本　一百六十冊

430000－2401－0034551　51/152

惜陰軒叢書 （清）李錫齡輯　清道光二十六年（1846）宏道書院刻續編清咸豐八年（1858）刻本　一百二十二冊

430000－2401－0034552　51/152－2

惜陰軒叢書 （清）李錫齡輯　清光緒十四年（1888）長沙惜陰書局刻本　八十一冊

430000－2401－0034553　51/40

藝海珠塵 （清）吳省蘭輯　清嘉慶南匯吳氏聽彝堂刻本　六十四冊

430000－2401－0034554　51/40(1)

藝海珠塵 （清）吳省蘭輯　清嘉慶南匯吳氏聽彝堂刻本　三十六冊　存一百七十七種三百十七卷

430000－2401－0034555　51/40(2)

藝海珠塵 （清）吳省蘭輯　清嘉慶南匯吳氏聽彝堂刻本　六十八冊　存一百七十七種三百十七卷

430000－2401－0034556　51/40(3)

藝海珠塵 （清）吳省蘭輯　清嘉慶南匯吳氏聽彝堂刻本　七十二冊　存一百七十七種三百十七卷

430000－2401－0034557　51/40(4)

藝海珠塵 （清）吳省蘭輯　清嘉慶南匯吳氏聽彝堂刻本　六十二冊　存一百七十七種三百十七卷

430000－2401－0034558　△51/18

秘冊匯叢 （清）吳翌鳳輯　清刻本　清吳翌鳳、葉啟發跋　四冊

430000－2401－0034559　51/128

經策通纂 （清）吳潁炎輯　清光緒十四年（1888）上海點石齋石印本　九十二冊

430000－2401－0034560　51/118－2

說鈴 （清）吳震方輯　清康熙四十一年（1702）刻續集五十一年（1712）刻本　二十冊

430000－2401－0034561　△51/33

說鈴 （清）吳震方輯　清康熙寫刻本　二十冊

430000－2401－0034562　51/118

說鈴 （清）吳震方輯　清同治七年（1868）江西大文堂刻本　二十四冊

430000－2401－0034563　51/118－3

說鈴 （清）吳震方輯　清光緒五年（1879）兩儀堂刻本　二十八冊

430000－2401－0034564　51/118－4

說鈴 （清）吳震方輯　清刻本　一冊

430000－2401－0034565　51/199－2

拜經樓叢書 （清）吳騫輯　清乾隆、嘉慶海昌吳氏刻本　六冊

430000－2401－0034566　51/199

重刊拜經樓叢書七種 （清）吳騫輯　清光緒十一年（1885）會稽章氏鄂渚刻本　八冊

430000－2401－0034567　51/225

明辨齋叢書 （清）余肇鈞輯　清咸豐、同治長沙余氏刻本　一冊

430000－2401－0034568　51/20

文選樓叢書 （清）阮亨輯　清嘉慶、道光儀徵阮氏刻本　一百二十五冊

430000－2401－0034569　51/20(1)

文選樓叢書 （清）阮亨輯　清嘉慶、道光儀

徵阮氏刻本　二十七册　存十種五十四卷

430000－2401－0034570　△51/16

武英殿聚珍版叢書　（清）武英殿輯　清乾隆武英殿木活字本　二百〇八册　存二十六種

430000－2401－0034571　51/89

武英殿聚珍版書　（清）武英殿輯　清道光至同治遞修乾隆四十二年（1777）福建刻本　五百〇三册

430000－2401－0034572　51/89（1）

武英殿聚珍版書　（清）武英殿輯　清道光至同治遞修乾隆四十二年（1777）福建刻本　七百五十四册

430000－2401－0034573　51/89（2）

武英殿聚珍版書　（清）武英殿輯　清道光至同治遞修乾隆四十二年（1777）福建刻本　八百〇八册

430000－2401－0034574　51/89（3）

武英殿聚珍版書　（清）武英殿輯　清道光至同治遞修乾隆四十二年（1777）福建刻本　七百二十六册

430000－2401－0034575　51/89（4）

武英殿聚珍版書　（清）武英殿輯　清道光至同治遞修乾隆四十二年（1777）福建刻本　八百〇四册

430000－2401－0034576　51/89（5）

武英殿聚珍版書　（清）武英殿輯　清道光至同治遞修乾隆四十二年（1777）福建刻本　三百八十三册

430000－2401－0034577　51/89－2

武英殿聚珍版書　（清）武英殿輯　清光緒二十一年（1895）福建增刻道光至同治遞修乾隆四十二年（1777）福建刻本　九百九十册

430000－2401－0034578　51/89－2（1）

武英殿聚珍版書　（清）武英殿輯　清光緒二十一年（1895）福建增刻道光至同治遞修乾隆四十二年（1777）福建刻本　十册

430000－2401－0034579　51/89－3

武英殿聚珍版書　（清）武英殿輯　清光緒二十五年（1899）廣雅書局刻本　七百九十四册

430000－2401－0034580　51/89－3（1）

武英殿聚珍版書　（清）武英殿輯　清光緒二十五年（1899）廣雅書局刻本　二十四册

430000－2401－0034581　51/89－4

武英殿聚珍版書　（清）武英殿輯　清同治十三年（1874）江西書局刻本　八册

430000－2401－0034582　51/193

質學叢書　（清）武昌質學會輯　清光緒二十二年至二十三年（1896－1897）武昌質學會刻本　十六册

430000－2401－0034583　51/193（1）

質學叢書　（清）武昌質學會輯　清光緒二十二年至二十三年（1896－1897）武昌質學會刻本　三十一册

430000－2401－0034584　51/113

貸園叢書初集　（清）周永年輯　清乾隆五十四年（1789）歷城周氏竹西書屋匯印益都李文藻刻本　十五册

430000－2401－0034585　51/113（1）

貸園叢書初集　（清）周永年輯　清乾隆五十四年（1789）歷城周氏竹西書屋匯印益都李文藻刻本　十五册

430000－2401－0034586　51/113（2）

貸園叢書初集　（清）周永年輯　清乾隆五十四年（1789）歷城周氏竹西書屋匯印益都李文藻刻本　十六册

430000－2401－0034587　51/113（3）

貸園叢書初集　（清）周永年輯　清乾隆五十四年（1789）歷城周氏竹西書屋匯印益都李文藻刻本　十册

430000－2401－0034588　51/5

十種古逸書　（清）茆泮林輯　清道光十四年（1834）梅瑞軒刻本　六册

430000－2401－0034589　51/5（1）

十種古逸書　（清）茆泮林輯　清道光十四年

(1834)梅瑞軒刻本　　三冊

430000－2401－0034590　51/5(2)
十種古逸書　（清）茆泮林輯　清道光十四年
(1834)梅瑞軒刻本　　四冊

430000－2401－0034591　51/5－2
十種古逸書　（清）茆泮林輯　清道光二十二
年(1842)梅瑞軒刻本　　六冊

430000－2401－0034592　51/5－2(1)
十種古逸書　（清）茆泮林輯　清道光二十二
年(1842)梅瑞軒刻本　　八冊

430000－2401－0034593　51/153
漸學廬叢書第一集　（清）胡祥鑅輯　清光緒
元和胡氏石印本　　六冊

430000－2401－0034594　51/153(1)
漸學廬叢書第一集　（清）胡祥鑅輯　清光緒
元和胡氏石印本　　八冊

430000－2401－0034595　51/164
琳琅秘室叢書　（清）胡珽輯　（清）董金鑒校
　清光緒十三年(1887)會稽董氏雲瑞樓木活
字本　　二十四冊

430000－2401－0034596　51/97
宜稼堂叢書　（清）郁松年輯　清道光上海郁
氏刻本　　六十四冊

430000－2401－0034597　51/97(1)
宜稼堂叢書　（清）郁松年輯　清道光上海郁
氏刻本　　六十四冊

430000－2401－0034598　51/97(2)
宜稼堂叢書　（清）郁松年輯　清道光上海郁
氏刻本　　七十六冊

430000－2401－0034599　51/97(3)
宜稼堂叢書　（清）郁松年輯　清道光上海郁
氏刻本　　六十四冊

430000－2401－0034600　51/97(4)
宜稼堂叢書　（清）郁松年輯　清道光上海郁
氏刻本　　六十四冊

430000－2401－0034601　△393.2/21

硯北偶鈔　（清）姚培謙　（清）張景星輯　清
乾隆二十七年(1762)姚氏草草巢刻本　　十冊

430000－2401－0034602　51/120
咫進齋叢書　（清）姚覲元輯　清光緒歸安姚
氏刻本　　二十四冊

430000－2401－0034603　51/120(1)
咫進齋叢書　（清）姚覲元輯　清光緒歸安姚
氏刻本　　二十四冊

430000－2401－0034604　51/120(2)
咫進齋叢書　（清）姚覲元輯　清光緒歸安姚
氏刻本　　二十四冊

430000－2401－0034605　51/120(3)
咫進齋叢書　（清）姚覲元輯　清光緒歸安姚
氏刻本　　二十四冊

430000－2401－0034606　51/120(4)
咫進齋叢書　（清）姚覲元輯　清光緒歸安姚
氏刻本　　二十四冊

430000－2401－0034607　51/120(5)
咫進齋叢書　（清）姚覲元輯　清光緒歸安姚
氏刻本　　二十四冊

430000－2401－0034608　51/106
續知不足齋叢書　（清）高承勳輯　清渤海高
氏刻本　　八冊

430000－2401－0034609　51/106(1)
續知不足齋叢書　（清）高承勳輯　清渤海高
氏刻本　　八冊

430000－2401－0034610　51/156
漸西村舍彙刊　（清）袁昶輯　清光緒桐廬袁
氏刻本　　三十七冊

430000－2401－0034611　51/62
龍威秘書　（清）馬俊良輯　清乾隆五十九年
(1794)石門馬氏大酉山房刻本　　八十冊

430000－2401－0034612　51/62(1)
龍威秘書　（清）馬俊良輯　清乾隆五十九年
(1794)石門馬氏大酉山房刻本　　四十四冊

430000－2401－0034613　51/62－2

龍威秘書 （清）馬俊良輯 清世德堂刻本
八十冊

430000－2401－0034614 51/62－2(1)

龍威秘書 （清）馬俊良輯 清世德堂刻本
八十冊

430000－2401－0034615 51/35

玉函山房輯佚書 （清）馬國翰輯 清光緒九
年(1883)長沙嫏嬛館刻本 一百冊

430000－2401－0034616 51/35(1)

玉函山房輯佚書 （清）馬國翰輯 清光緒九
年(1883)長沙嫏嬛館刻本 一百冊

430000－2401－0034617 51/35(2)

玉函山房輯佚書 （清）馬國翰輯 清光緒九
年(1883)長沙嫏嬛館刻本 一百冊

430000－2401－0034618 51/35(3)

玉函山房輯佚書 （清）馬國翰輯 清光緒九
年(1883)長沙嫏嬛館刻本 一百冊

430000－2401－0034619 51/35(4)

玉函山房輯佚書 （清）馬國翰輯 清光緒九
年(1883)長沙嫏嬛館刻本 一百十八冊

430000－2401－0034620 51/35－5

玉函山房輯佚書 （清）馬國翰輯 清同治十
年(1871)濟南皇華館書局補刻本 七十一冊

430000－2401－0034621 51/35－4

玉函山房輯佚書 （清）馬國翰輯 清光緒十
年(1884)湖南楚南湘遠堂刻本 一百二十冊

430000－2401－0034622 51/35－4(1)

玉函山房輯佚書 （清）馬國翰輯 清光緒十
年(1884)湖南楚南湘遠堂刻本 五十七冊

430000－2401－0034623 51/35－4(2)

玉函山房輯佚書 （清）馬國翰輯 清光緒十
年(1884)湖南楚南湘遠堂刻本 二十冊

430000－2401－0034624 51/35－2

玉函山房輯佚書 （清）馬國翰輯 清光緒十
八年(1892)湖南思賢書局重印十年(1884)楚
南書局刻本 一百二十冊

430000－2401－0034625 51/35－2(1)

玉函山房輯佚書 （清）馬國翰輯 清光緒十
八年(1892)湖南思賢書局重印十年(1884)楚
南書局刻本 八十一冊

430000－2401－0034626 51/35－3

玉函山房輯佚書 （清）馬國翰輯 清光緒十
五年(1889)繡江李氏刻本 八十四冊

430000－2401－0034627 51/202

潘刻五種 （清）恩壽輯 清光緒二十九年
(1903)北京翰文齋重編印吳縣潘氏刻本
六冊

430000－2401－0034628 51/202(1)

潘刻五種 （清）恩壽輯 清光緒二十九年
(1903)北京翰文齋重編印吳縣潘氏刻本
三冊

430000－2401－0034629 51/17

觀自得齋叢書 （清）徐士愷輯 清光緒石埭
徐氏觀自得齋刻本 二十四冊

430000－2401－0034630 51/17(1)

觀自得齋叢書 （清）徐士愷輯 清光緒石埭
徐氏觀自得齋刻本 二十四冊

430000－2401－0034631 51/17(2)

觀自得齋叢書 （清）徐士愷輯 清光緒石埭
徐氏觀自得齋刻本 十四冊

430000－2401－0034632 51/139

格致叢書 （清）徐建寅編 清光緒四年
(1878)石印本 三十二冊

430000－2401－0034633 51/121

邵武徐氏叢書 （清）徐幹輯 清光緒刻本
二十冊

430000－2401－0034634 51/121(1)

邵武徐氏叢書 （清）徐幹輯 清光緒刻本
十四冊

430000－2401－0034635 51/117

春暉堂叢書 （清）徐渭仁輯 清道光、咸豐
上海徐氏刻同治中補刻本 十冊

430000－2401－0034636 51/36

平津館叢書 （清）孫星衍輯 清嘉慶蘭陵孫
氏刻本 四十冊

430000－2401－0034637 51/36(1)
平津館叢書 （清）孫星衍輯 清嘉慶蘭陵孫
氏刻本 五十五冊

430000－2401－0034638 51/36(2)
平津館叢書 （清）孫星衍輯 清嘉慶蘭陵孫
氏刻本 三十三冊

430000－2401－0034639 51/36(3)
平津館叢書 （清）孫星衍輯 清嘉慶蘭陵孫
氏刻本 四十七冊

430000－2401－0034640 51/36(4)
平津館叢書 （清）孫星衍輯 清嘉慶蘭陵孫
氏刻本 四十九冊

430000－2401－0034641 51/36－2
平津館叢書 （清）孫星衍輯 清光緒十一年
(1885)吳縣朱氏槐廬家塾刻本 五十冊

430000－2401－0034642 51/36－2(1)
平津館叢書 （清）孫星衍輯 清光緒十一年
(1885)吳縣朱氏槐廬家塾刻本 三十冊

430000－2401－0034643 51/36－2(2)
平津館叢書 （清）孫星衍輯 清光緒十一年
(1885)吳縣朱氏槐廬家塾刻本 五十冊

430000－2401－0034644 51/36－2(3)
平津館叢書 （清）孫星衍輯 清光緒十一年
(1885)吳縣朱氏槐廬家塾刻本 四十八冊

430000－2401－0034645 51/36－2(4)
平津館叢書 （清）孫星衍輯 清光緒十一年
(1885)吳縣朱氏槐廬家塾刻本 四十七冊

430000－2401－0034646 △51/15
岱南閣叢書 （清）孫星衍輯 清乾隆四十九
年至嘉慶十四年(1784－1809)蘭陵孫氏刻本
二十二冊

430000－2401－0034647 △51/21
問經堂叢書 （清）孫星衍 （清）孫馮翼輯
清嘉慶七年(1802)孫氏問經堂刻本 五冊

430000－2401－0034648 51/33
古棠書屋叢書 （清）孫澍 （清）孫鏶輯 清
道光鵝溪孫氏刻本 四十冊

430000－2401－0034649 51/33(1)
古棠書屋叢書 （清）孫澍 （清）孫鏶輯 清
道光鵝溪孫氏刻本 二十冊

430000－2401－0034650 51/33(2)
古棠書屋叢書 （清）孫澍 （清）孫鏶輯 清
道光鵝溪孫氏刻本 十二冊

430000－2401－0034651 51/183
西政叢書 梁啟超輯 清光緒二十三年
(1897)慎記書莊石印本 三十二冊

430000－2401－0034652 51/183(1)
西政叢書 梁啟超輯 清光緒二十三年
(1897)慎記書莊石印本 三十二冊

430000－2401－0034653 51/136
敏果齋七種 （清）許乃釗輯 清道光錢塘許
氏刻本 十六冊

430000－2401－0034654 51/136(1)
敏果齋七種 （清）許乃釗輯 清道光錢塘許
氏刻本 十六冊

430000－2401－0034655 51/136(2)
敏果齋七種 （清）許乃釗輯 清道光錢塘許
氏刻本 十六冊

430000－2401－0034656 51/136(3)
敏果齋七種 （清）許乃釗輯 清道光錢塘許
氏刻本 十七冊

430000－2401－0034657 51/169
榆園叢刻 （清）許增輯 清同治至光緒刻本
十六冊

430000－2401－0034658 51/169(1)
榆園叢刻 （清）許增輯 清同治至光緒刻本
十六冊

430000－2401－0034659 51/169(2)
榆園叢刻 （清）許增輯 清同治至光緒刻本
十六冊

430000－2401－0034660　51/169（3）

榆園叢刻　（清）許增輯　清同治至光緒刻本
　二冊

430000－2401－0034661　51/114

海粟樓叢書　（清）華焯輯　清崇仁華氏刻本
　十冊

430000－2401－0034662　51/34

長恩書室叢書　（清）莊肇麟輯　清咸豐四年
（1854）新昌莊氏過客軒刻本　十六冊

430000－2401－0034663　51/34（1）

長恩書室叢書　（清）莊肇麟輯　清咸豐四年
（1854）新昌莊氏過客軒刻本　十冊

430000－2401－0034664　51/34（2）

長恩書室叢書　（清）莊肇麟輯　清咸豐四年
（1854）新昌莊氏過客軒刻本　十冊

430000－2401－0034665　51/34（3）

長恩書室叢書　（清）莊肇麟輯　清咸豐四年
（1854）新昌莊氏過客軒刻本　十冊

430000－2401－0034666　51/34（4）

長恩書室叢書　（清）莊肇麟輯　清咸豐四年
（1854）新昌莊氏過客軒刻本　十冊

430000－2401－0034667　51/119

棟亭藏書十二種　（清）曹寅輯　清康熙四十
五年（1706）揚州使院刻本　十六冊

430000－2401－0034668　51/127

經訓堂叢書　（清）畢沅輯　清乾隆靈巖山館
刻本　三十冊

430000－2401－0034669　△51/28

經訓堂叢書　（清）畢沅輯　清乾隆畢氏經訓
堂刻本　十六冊

430000－2401－0034670　51/127－2

經訓堂叢書　（清）畢沅輯　清光緒十三年
（1887）上海同文書局據畢氏刻本影印　十
六冊

430000－2401－0034671　51/103

正覺樓叢書　（清）崇文書局輯　清光緒崇文
書局刻本　三十六冊

430000－2401－0034672　51/1

崇文書局匯刻書　（清）崇文書局輯　清光緒
三年（1877）湖北崇文書局刻本　六十冊

430000－2401－0034673　51/1（1）

崇文書局匯刻書　（清）崇文書局輯　清光緒
三年（1877）湖北崇文書局刻本　七十八冊

430000－2401－0034674　51/1（2）

崇文書局匯刻書　（清）崇文書局輯　清光緒
三年（1877）湖北崇文書局刻本　三十六冊

430000－2401－0034675　51/158

湖海樓叢書　（清）陳春輯　清嘉慶蕭山陳氏
刻本　四十冊

430000－2401－0034676　51/158（1）

湖海樓叢書　（清）陳春輯　清嘉慶蕭山陳氏
刻本　三十六冊

430000－2401－0034677　51/158（2）

湖海樓叢書　（清）陳春輯　清嘉慶蕭山陳氏
刻本　三十二冊

430000－2401－0034678　51/158（3）

湖海樓叢書　（清）陳春輯　清嘉慶蕭山陳氏
刻本　三十二冊

430000－2401－0034679　51/158（4）

湖海樓叢書　（清）陳春輯　清嘉慶蕭山陳氏
刻本　三十二冊

430000－2401－0034680　51/4

十萬卷樓叢書　（清）陸心源輯　清光緒歸安
陸氏刻本　一百十二冊

430000－2401－0034681　51/4（1）

十萬卷樓叢書　（清）陸心源輯　清光緒歸安
陸氏刻本　一百十二冊

430000－2401－0034682　51/4（2）

十萬卷樓叢書　（清）陸心源輯　清光緒歸安
陸氏刻本　八十八冊

430000－2401－0034683　51/4（3）

十萬卷樓叢書　（清）陸心源輯　清光緒歸安
陸氏刻本　九十九冊

430000－2401－0034684　51/4(4)

十萬卷樓叢書　（清）陸心源輯　清光緒歸安陸氏刻本　六十六冊

430000－2401－0034685　51/196

奇晉齋叢書　（清）陸烜輯　清乾隆平湖陸氏刻本　四冊

430000－2401－0034686　51/159

湖海樓叢書續編　（清）張之洞輯　清光緒九年(1883)刻本　二十二冊

430000－2401－0034687　51/38

正誼堂全書　（清）張伯行輯　（清）楊浚重輯　清同治至光緒福州正誼書院刻本　一百六十冊

430000－2401－0034688　51/38(1)

正誼堂全書　（清）張伯行輯　（清）楊浚重輯　清同治至光緒福州正誼書院刻本　一百八十冊

430000－2401－0034689　51/38(2)

正誼堂全書　（清）張伯行輯　（清）楊浚重輯　清同治至光緒福州正誼書院刻本　一百六十冊

430000－2401－0034690　51/38(3)

正誼堂全書　（清）張伯行輯　（清）楊浚重輯　清同治至光緒福州正誼書院刻本　一百三十二冊

430000－2401－0034691　51/38(4)

正誼堂全書　（清）張伯行輯　（清）楊浚重輯　清同治至光緒福州正誼書院刻本　一百四十冊

430000－2401－0034692　51/102

學津討原　（清）張海鵬輯　清嘉慶十年(1805)虞山張氏曠照閣刻本　二百四十冊

430000－2401－0034693　51/102(1)

學津討原　（清）張海鵬輯　清嘉慶十年(1805)虞山張氏曠照閣刻本　三百六十九冊

430000－2401－0034694　51/94

花雨樓叢鈔　（清）張壽榮輯　清光緒蛟川張氏花雨樓刻本　四十冊

430000－2401－0034695　51/94(1)

花雨樓叢鈔　（清）張壽榮輯　清光緒蛟川張氏花雨樓刻本　四十六冊

430000－2401－0034696　51/94(2)

花雨樓叢鈔　（清）張壽榮輯　清光緒蛟川張氏花雨樓刻本　十二冊

430000－2401－0034697　51/6

二酉堂叢書　（清）張澍輯　清道光元年(1821)武威張氏二酉堂刻本　八冊

430000－2401－0034698　51/6(1)

二酉堂叢書　（清）張澍輯　清道光元年(1821)武威張氏二酉堂刻本　十二冊

430000－2401－0034699　51/6(2)

二酉堂叢書　（清）張澍輯　清道光元年(1821)武威張氏二酉堂刻本　十冊

430000－2401－0034700　51/6(3)

二酉堂叢書　（清）張澍輯　清道光元年(1821)武威張氏二酉堂刻本　十冊

430000－2401－0034701　51/6(4)

二酉堂叢書　（清）張澍輯　清道光元年(1821)武威張氏二酉堂刻本　十冊

430000－2401－0034702　51/134

昭代叢書　（清）張潮輯　清康熙刻本　十二冊

430000－2401－0034703　51/134(1)

昭代叢書　（清）張潮輯　清康熙刻本　十六冊

430000－2401－0034704　51/134－2

昭代叢書　（清）張潮輯　清吳門埽葉山房修補清康熙刻本　十六冊

430000－2401－0034705　51/135

昭代叢書　（清）張潮　（清）張漸輯　（清）楊復吉　（清）沈楙德續輯　清道光吳江沈氏世楷堂刻本　一百七十四冊

430000－2401－0034706　51/135(1)

昭代叢書 （清）張潮　（清）張漸輯　（清）楊復吉　（清）沈楙德續輯　清道光吳江沈氏世楷堂刻本　一百八十冊

430000－2401－0034707　51/135（2）

昭代叢書 （清）張潮　（清）張漸輯　（清）楊復吉　（清）沈楙德續輯　清道光吳江沈氏世楷堂刻本　一百五十九冊

430000－2401－0034708　51/135（3）

昭代叢書 （清）張潮　（清）張漸輯　（清）楊復吉　（清）沈楙德續輯　清道光吳江沈氏世楷堂刻本　一百五十七冊

430000－2401－0034709　51/135（4）

昭代叢書 （清）張潮　（清）張漸輯　（清）楊復吉　（清）沈楙德續輯　清道光吳江沈氏世楷堂刻本　一百十八冊

430000－2401－0034710　51/122

暢園叢書甲函 （清）張邁輯　清光緒二十年（1894）始豐張氏四明刻本　四冊

430000－2401－0034711　51/165

西學富強叢書 （清）富強齋主人輯　清光緒二十七年（1901）上海寶善齋石印本　三十四冊

430000－2401－0034712　51/165－2

西學富強叢書 （清）富強齋主人輯　清光緒二十三年（1897）上海宜今堂石印本　四冊

430000－2401－0034713　51/170

翠琅玕館叢書 （清）馮兆年輯　清光緒羊城馮氏刻本　四十冊

430000－2401－0034714　51/170（1）

翠琅玕館叢書 （清）馮兆年輯　清光緒羊城馮氏刻本　十冊

430000－2401－0034715　51/170（2）

翠琅玕館叢書 （清）馮兆年輯　清光緒羊城馮氏刻本　二冊

430000－2401－0034716　△51/2

士禮居黃氏叢書 （清）黃丕烈輯　清嘉慶、道光吳縣黃氏士禮居刻本　十九冊

430000－2401－0034717　51/15

士禮居黃氏叢書 （清）黃丕烈輯　清光緒十三年（1887）上海蜚英館據清吳縣黃氏刻本影印　三十冊

430000－2401－0034718　51/15（1）

士禮居黃氏叢書 （清）黃丕烈輯　清光緒十三年（1887）上海蜚英館據清吳縣黃氏刻本影印　三十冊

430000－2401－0034719　51/15（2）

士禮居黃氏叢書 （清）黃丕烈輯　清光緒十三年（1887）上海蜚英館據清吳縣黃氏刻本影印　三十冊

430000－2401－0034720　51/10

三長物齋叢書 （清）黃本驥輯　清光緒四年（1878）古香書閣重印清道光湘陰蔣環刻本　七十六冊

430000－2401－0034721　51/10（1）

三長物齋叢書 （清）黃本驥輯　清光緒四年（1878）古香書閣重印清道光湘陰蔣環刻本　六十冊

430000－2401－0034722　51/10（2）

三長物齋叢書 （清）黃本驥輯　清光緒四年（1878）古香書閣重印清道光湘陰蔣環刻本　六十冊

430000－2401－0034723　51/10（3）

三長物齋叢書 （清）黃本驥輯　清光緒四年（1878）古香書閣重印清道光湘陰蔣環刻本　三十一冊

430000－2401－0034724　51/10（4）

三長物齋叢書 （清）黃本驥輯　清光緒四年（1878）古香書閣重印清道光湘陰蔣環刻本　六冊

430000－2401－0034725　51/61

漢學堂叢書 （清）黃奭輯　清光緒匯印清道光甘泉黃氏刻本　六十四冊

430000－2401－0034726　51/61（1）

漢學堂叢書 （清）黃奭輯　清光緒匯印清道

光甘泉黃氏刻本　八十冊

430000－2401－0034727　51/22

文選樓叢書　（清）萩林山房輯　清光緒七年（1881）萩林山房刻本　二十冊

430000－2401－0034728　51/229

西京清麓叢書　（清）賀瑞麟輯　清同治至民國傳經堂刻本　十六冊

430000－2401－0034729　51/182

饞喜廬叢書　（清）傅雲龍輯　清光緒十五年（1889）德清傅氏日本東京刻本　七冊

430000－2401－0034730　54/230

南菁札記　（清）溥良輯　清光緒二十年（1894）江陰使署刻本　六冊

430000－2401－0034731　51/172

嘯園叢書　（清）葛元煦輯　清光緒九年（1883）仁和葛氏刻本　六十一冊

430000－2401－0034732　51/172（1）

嘯園叢書　（清）葛元煦輯　清光緒九年（1883）仁和葛氏刻本　三十五冊

430000－2401－0034733　51/80

連筠簃叢書　（清）楊尚文輯　清道光靈石楊氏刻本　三十冊

430000－2401－0034734　51/80（1）

連筠簃叢書　（清）楊尚文輯　清道光靈石楊氏刻本　三十六冊

430000－2401－0034735　51/80（2）

連筠簃叢書　（清）楊尚文輯　清道光靈石楊氏刻本　三十二冊

430000－2401－0034736　51/80（3）

連筠簃叢書　（清）楊尚文輯　清道光靈石楊氏刻本　十二冊

430000－2401－0034737　51/11

大亭山館叢書　（清）楊葆彝輯　清光緒陽湖楊氏刻本　四冊

430000－2401－0034738　51/198

拜經堂叢書　（清）臧琳　（清）臧庸撰　清乾

隆、嘉慶武進臧氏拜經堂刻本　四冊

430000－2401－0034739　51/146

海山仙館叢書　（清）潘仕成輯　清道光、咸豐番禺潘氏刻本　一百二十冊

430000－2401－0034740　51/41

功順堂叢書　（清）潘祖蔭輯　清光緒吳縣潘氏刻本　二十四冊

430000－2401－0034741　51/41（1）

功順堂叢書　（清）潘祖蔭輯　清光緒吳縣潘氏刻本　二十四冊

430000－2401－0034742　51/41（4）

功順堂叢書　（清）潘祖蔭輯　清光緒吳縣潘氏刻本　十二冊

430000－2401－0034743　51/41（2）

功順堂叢書　（清）潘祖蔭輯　清光緒吳縣潘氏刻本　二十四冊

430000－2401－0034744　51/41（3）

功順堂叢書　（清）潘祖蔭輯　清光緒吳縣潘氏刻本　十二冊

430000－2401－0034745　51/167

滂喜齋叢書　（清）潘祖蔭輯　清同治、光緒吳縣潘氏京師刻本　三十二冊

430000－2401－0034746　51/167（1）

滂喜齋叢書　（清）潘祖蔭輯　清同治、光緒吳縣潘氏京師刻本　三十二冊

430000－2401－0034747　51/167（2）

滂喜齋叢書　（清）潘祖蔭輯　清同治、光緒吳縣潘氏京師刻本　二十四冊

430000－2401－0034748　51/167（3）

滂喜齋叢書　（清）潘祖蔭輯　清同治、光緒吳縣潘氏京師刻本　二十八冊

430000－2401－0034749　51/167（4）

滂喜齋叢書　（清）潘祖蔭輯　清同治、光緒吳縣潘氏京師刻本　三十二冊

430000－2401－0034750　51/167（5）

滂喜齋叢書　（清）潘祖蔭輯　清同治、光緒

吳縣潘氏京師刻本　三十一冊

430000－2401－0034751　51/13
廣雅書局叢書　（清）廣雅書局輯　清光緒廣
雅書局刻本　三百六十八冊

430000－2401－0034752　51/13（1）
廣雅書局叢書　（清）廣雅書局輯　清光緒廣
雅書局刻本　一百二十四冊

430000－2401－0034753　51/13（2）
廣雅書局叢書　（清）廣雅書局輯　清光緒廣
雅書局刻本　五十四冊

430000－2401－0034754　51/13（3）
廣雅書局叢書　（清）廣雅書局輯　清光緒廣
雅書局刻本　二十二冊

430000－2401－0034755　51/8
註韓居七種　（清）鄭杰輯　清乾隆六十年
（1795）刻本　四冊

430000－2401－0034756　51/84
別下齋叢書　（清）蔣光煦輯　清道光海昌蔣
氏刻本　四冊

430000－2401－0034757　51/84（1）
別下齋叢書　（清）蔣光煦輯　清道光海昌蔣
氏刻本　二十四冊

430000－2401－0034758　51/85
涉聞梓舊　（清）蔣光煦輯　清咸豐元年
（1851）海昌蔣氏宜年堂刻本　三冊

430000－2401－0034759　51/82
求實齋叢書　蔣德鈞輯　清光緒湘鄉蔣氏求
實齋刻本　十七冊

430000－2401－0034760　51/82（1）
求實齋叢書　蔣德鈞輯　清光緒湘鄉蔣氏求
實齋刻本　十一冊

430000－2401－0034761　51/82（2）
求實齋叢書　蔣德鈞輯　清光緒湘鄉蔣氏求
實齋刻本　二冊

430000－2401－0034762　51/82（3）
求實齋叢書　蔣德鈞輯　清光緒湘鄉蔣氏求

實齋刻本　三冊

430000－2401－0034763　51/24
心矩齋叢書　（清）蔣鳳藻輯　清光緒十四年
（1888）長洲蔣氏刻本　四冊

430000－2401－0034764　51/24（1）
心矩齋叢書　（清）蔣鳳藻輯　清光緒十四年
（1888）長洲蔣氏刻本　十冊

430000－2401－0034765　51/137
鐵華館叢書　（清）蔣鳳藻輯　清光緒長洲蔣
氏影刻本　六冊

430000－2401－0034766　51/137（1）
鐵華館叢書　（清）蔣鳳藻輯　清光緒長洲蔣
氏影刻本　六冊

430000－2401－0034767　51/137（2）
鐵華館叢書　（清）蔣鳳藻輯　清光緒長洲蔣
氏影刻本　六冊

430000－2401－0034768　51/137（3）
鐵華館叢書　（清）蔣鳳藻輯　清光緒長洲蔣
氏影刻本　六冊

430000－2401－0034769　51/137（4）
鐵華館叢書　（清）蔣鳳藻輯　清光緒長洲蔣
氏影刻本　八冊

430000－2401－0034770　51/7
三餘書屋叢書　（清）蔡學蘇輯　清光緒二年
（1876）盱南上塘蔡氏刻本　六冊

430000－2401－0034771　51/29
古逸叢書　（清）黎庶昌輯　清光緒遵義黎氏
日本東京使署影刻本　四十九冊

430000－2401－0034772　51/29（1）
古逸叢書　（清）黎庶昌輯　清光緒遵義黎氏
日本東京使署影刻本　四十九冊

430000－2401－0034773　51/29（2）
古逸叢書　（清）黎庶昌輯　清光緒遵義黎氏
日本東京使署影刻本　四十九冊

430000－2401－0034774　51/29（3）
古逸叢書　（清）黎庶昌輯　清光緒遵義黎氏

日本東京使署影刻本　四十九冊

430000－2401－0034775　51/29（4）

古逸叢書　（清）黎庶昌輯　清光緒遵義黎氏
日本東京使署影刻本　四十九冊

430000－2401－0034776　51/101

述古叢鈔　（清）劉晚榮輯　清同治、光緒古
岡劉氏藏修書屋刻本　三十九冊

430000－2401－0034777　51/147

藏修堂叢書　（清）劉晚榮輯　清光緒十六年
（1890）新會劉氏藏修書屋刻本　六十冊

430000－2401－0034778　51/147（1）

藏修堂叢書　（清）劉晚榮輯　清光緒十六年
（1890）新會劉氏藏修書屋刻本　四十冊

430000－2401－0034779　51/111

知服齋叢書　（清）龍鳳鑣輯　清光緒順德龍
氏刻本　二十冊

430000－2401－0034780　△51/14

抱經堂叢書　（清）盧文弨輯　清乾隆四十九
年至嘉慶元年（1784－1796）盧氏抱經堂刻本
二十六冊

430000－2401－0034781　51/161

雅雨堂藏書　（清）盧見曾輯　清乾隆二十一
年（1756）德州盧氏刻本　二十二冊

430000－2401－0034782　51/161（1）

雅雨堂藏書　（清）盧見曾輯　清乾隆二十一
年（1756）德州盧氏刻本　二十二冊

430000－2401－0034783　51/161（2）

雅雨堂藏書　（清）盧見曾輯　清乾隆二十一
年（1756）德州盧氏刻本　二十二冊

430000－2401－0034784　51/161（3）

雅雨堂藏書　（清）盧見曾輯　清乾隆二十一
年（1756）德州盧氏刻本　二十二冊

430000－2401－0034785　51/66

守山閣叢書　（清）錢熙祚輯　清光緒十五年
（1889）上海鴻文書局石印本　一百冊

430000－2401－0034786　51/66（1）

守山閣叢書　（清）錢熙祚輯　清光緒十五年
（1889）上海鴻文書局石印本　一百冊

430000－2401－0034787　51/66（2）

守山閣叢書　（清）錢熙祚輯　清光緒十五年
（1889）上海鴻文書局石印本　九十九冊

430000－2401－0034788　51/66（3）

守山閣叢書　（清）錢熙祚輯　清光緒十五年
（1889）上海鴻文書局石印本　九十九冊

430000－2401－0034789　51/66（4）

守山閣叢書　（清）錢熙祚輯　清光緒十五年
（1889）上海鴻文書局石印本　九十九冊

430000－2401－0034790　51/105

知不足齋叢書　（清）鮑廷博輯　（清）鮑志祖
續輯　清乾隆、道光長塘鮑氏刻本　一百二
十冊

430000－2401－0034791　51/73

後知不足齋叢書　（清）鮑廷爵輯　清光緒常
熟鮑氏刻本　六十四冊

430000－2401－0034792　51/73（1）

後知不足齋叢書　（清）鮑廷爵輯　清光緒常
熟鮑氏刻本　三十二冊

430000－2401－0034793　51/73（2）

後知不足齋叢書　（清）鮑廷爵輯　清光緒常
熟鮑氏刻本　三十二冊

430000－2401－0034794　51/73（3）

後知不足齋叢書　（清）鮑廷爵輯　清光緒常
熟鮑氏刻本　七冊

430000－2401－0034795　51/213

鮑紅葉叢書　（清）鮑祖祥輯　清光緒三十三
年（1907）古香女子北京鉛印本　二冊

430000－2401－0034796　292.1/40

廣學會叢刻八種　（清）瀏陽質學社輯　清光
緒刻本　四冊

430000－2401－0034797　51/43

半庵叢書初編　（清）譚獻輯　清光緒仁和譚
氏刻本　二十冊

430000－2401－0034798　51/43（1）

半庵叢書初編　（清）譚獻輯　清光緒仁和譚氏刻本　二十冊

430000－2401－0034799　51/43（2）

半庵叢書初編　（清）譚獻輯　清光緒仁和譚氏刻本　二十冊

430000－2401－0034800　51/43（3）

半庵叢書初編　（清）譚獻輯　清光緒仁和譚氏刻本　十九冊

430000－2401－0034801　51/43（4）

半庵叢書初編　（清）譚獻輯　清光緒仁和譚氏刻本　十四冊

430000－2401－0034802　51/212

藝苑捃華　（清）顧之逵輯　清同治七年（1868）序刻本　十六冊

430000－2401－0034803　51/212（1）

藝苑捃華　（清）顧之逵輯　清同治七年（1868）序刻本　七冊

430000－2401－0034804　51/144

讀畫齋叢書　（清）顧修輯　清嘉慶四年（1799）桐川顧氏刻本　五十六冊

430000－2401－0034805　51/144（1）

讀畫齋叢書　（清）顧修輯　清嘉慶四年（1799）桐川顧氏刻本　八冊

430000－2401－0034806　51/144（2）

讀畫齋叢書　（清）顧修輯　清嘉慶四年（1799）桐川顧氏刻本　一冊

430000－2401－0034807　51/9

小石山房叢書　（清）顧湘輯　清同治十三年（1874）虞山顧氏刻本　二十冊

430000－2401－0034808　51/9（1）

小石山房叢書　（清）顧湘輯　清同治十三年（1874）虞山顧氏刻本　二十四冊

430000－2401－0034809　51/9（2）

小石山房叢書　（清）顧湘輯　清同治十三年（1874）虞山顧氏刻本　二十冊

430000－2401－0034810　51/9（3）

小石山房叢書　（清）顧湘輯　清同治十三年（1874）虞山顧氏刻本　十八冊

430000－2401－0034811　51/9（4）

小石山房叢書　（清）顧湘輯　清同治十三年（1874）虞山顧氏刻本　二十冊

430000－2401－0034812　51/116

玲瓏山館叢刻　（清）顧湘輯　清道光二十九年（1849）虞山顧氏匯印康熙至道光刻本　八冊

430000－2401－0034813　51/209

津河廣仁堂所刻書　（清）□□輯　清光緒津河廣仁堂刻本　二冊

430000－2401－0034814　51/138

益雅堂叢書　（清）□□輯　清光緒十五年（1889）文選樓刻本　三十二冊

430000－2401－0034815　51/138（1）

益雅堂叢書　（清）□□輯　清光緒十五年（1889）文選樓刻本　二十四冊

430000－2401－0034816　51/138（2）

益雅堂叢書　（清）□□輯　清光緒十五年（1889）文選樓刻本　十四冊

430000－2401－0034817　51/163

蟄雲雷齋叢書　（清）□□輯　清光緒刻本　二十一冊

430000－2401－0034818　51/224

通學齋叢書　（清）□□輯　清光緒鉛印本　二十三冊

430000－2401－0034819　51/95

國朝名人著述叢編　（清）□□輯　清光緒五年（1879）上海淞隱閣鉛印本　六冊

430000－2401－0034820　51/95－2

國朝名人著述叢編　（清）□□輯　清光緒九年（1883）斐然山房刻本　六冊

430000－2401－0034821　51/95－2（1）

國朝名人著述叢編　（清）□□輯　清光緒九年（1883）斐然山房刻本　二冊

430000－2401－0034822　51/231

蒙學叢書　（清）□□輯　清末吳縣汪氏石印本　二十二冊

430000－2401－0034823　51/123

南菁書院叢書　王先謙　繆荃孫輯　清光緒十四年(1888)江陰南菁書院刻本　四十冊

430000－2401－0034824　51/123（1）

南菁書院叢書　王先謙　繆荃孫輯　清光緒十四年(1888)江陰南菁書院刻本　四十四冊

430000－2401－0034825　51/123（2）

南菁書院叢書　王先謙　繆荃孫輯　清光緒十四年(1888)江陰南菁書院刻本　四十八冊

430000－2401－0034826　51/123（3）

南菁書院叢書　王先謙　繆荃孫輯　清光緒十四年(1888)江陰南菁書院刻本　四十四冊

430000－2401－0034827　51/123（4）

南菁書院叢書　王先謙　繆荃孫輯　清光緒十四年(1888)江陰南菁書院刻本　四十七冊

430000－2401－0034828　51/123（5）

南菁書院叢書　王先謙　繆荃孫輯　清光緒十四年(1888)江陰南菁書院刻本　四十冊

430000－2401－0034829　51/216

國學萃編　沈宗畸輯　清光緒三十四年至宣統三年(1908－1911)國學萃編社鉛印本　四十九冊

430000－2401－0034830　51/157

晨風閣叢書　沈宗畸輯　清宣統元年(1909)番禺沈氏刻本　十六冊

430000－2401－0034831　51/157（1）

晨風閣叢書　沈宗畸輯　清宣統元年(1909)番禺沈氏刻本　十六冊

430000－2401－0034832　51/157（2）

晨風閣叢書　沈宗畸輯　清宣統元年(1909)番禺沈氏刻本　十六冊

430000－2401－0034833　51/211

集虛草堂叢書甲集　李國松輯　清光緒合肥李氏刻本　七冊

430000－2401－0034834　51/19

木犀軒叢書　李盛鐸輯　清光緒德化李氏木犀軒刻本　四十冊

430000－2401－0034835　51/19（1）

木犀軒叢書　李盛鐸輯　清光緒德化李氏木犀軒刻本　二十四冊

430000－2401－0034836　51/19（2）

木犀軒叢書　李盛鐸輯　清光緒德化李氏木犀軒刻本　四十冊

430000－2401－0034837　51/19（3）

木犀軒叢書　李盛鐸輯　清光緒德化李氏木犀軒刻本　四十六冊

430000－2401－0034838　51/19（4）

木犀軒叢書　李盛鐸輯　清光緒德化李氏木犀軒刻本　三十六冊

430000－2401－0034839　51/19（5）

木犀軒叢書　李盛鐸輯　清光緒德化李氏木犀軒刻本　十冊

430000－2401－0034840　51/76

有福讀書堂叢刻　吳引孫輯　清光緒儀徵吳氏刻本　十四冊

430000－2401－0034841　51/126

積學齋叢書　徐乃昌輯　清光緒南陵徐氏刻本　十六冊

430000－2401－0034842　51/126－2

積學齋叢書　徐乃昌輯　清光緒南陵徐氏刻本　三十冊

430000－2401－0034843　51/166

隨庵徐氏叢書　徐乃昌輯　清光緒至民國南陵徐氏影印本　二十四冊

430000－2401－0034844　51/86

懷豳雜俎　徐乃昌輯　清光緒至宣統南陵徐氏刻本　八冊

430000－2401－0034845　51/86（1）

懷豳雜俎　徐乃昌輯　清光緒至宣統南陵徐氏刻本　十冊

430000－2401－0034846　51/155

鄦齋叢書　徐乃昌輯　清光緒二十六年
（1900）南陵徐氏刻本　十五冊

430000－2401－0034847　51/200

葉氏叢刻　葉德輝輯　清光緒長沙葉氏郎園
刻本　七冊

430000－2401－0034848　51/69

觀古堂匯刻書　葉德輝輯　清光緒長沙葉氏
刻本　十四冊

430000－2401－0034849　51/69－2

觀古堂匯刻書　葉德輝輯　清光緒長沙葉氏
刻本　十六冊

430000－2401－0034850　51/75

麗樓叢書　葉德輝輯　清光緒長沙葉氏刻本
　八冊

430000－2401－0034851　51/27

書畫鑑影叢書　葉德輝輯　清光緒、宣統長
沙葉氏郎園刻本　五冊

430000－2401－0034852　51/27（1）

書畫鑑影叢書　葉德輝輯　清光緒、宣統長
沙葉氏郎園刻本　五冊

430000－2401－0034853　51/27（2）

書畫鑑影叢書　葉德輝輯　清光緒、宣統長
沙葉氏郎園刻本　四冊

430000－2401－0034854　51/27（3）

書畫鑑影叢書　葉德輝輯　清光緒、宣統長
沙葉氏郎園刻本　五冊

430000－2401－0034855　51/27（4）

書畫鑑影叢書　葉德輝輯　清光緒、宣統長
沙葉氏郎園刻本　五冊

430000－2401－0034856　51/145

峭帆樓叢書　趙詒琛輯　清宣統至民國新陽
趙氏刻本　二十四冊

430000－2401－0034857　51/168

聚學軒叢書　劉世珩輯　清光緒貴池劉氏刻
本　一百冊

430000－2401－0034858　51/168（1）

聚學軒叢書　劉世珩輯　清光緒貴池劉氏刻
本　一百冊

430000－2401－0034859　51/168（2）

聚學軒叢書　劉世珩輯　清光緒貴池劉氏刻
本　二十冊

430000－2401－0034860　51/25

風雨樓叢書　鄧實輯　清宣統順德鄧氏鉛印
本　二十二冊

430000－2401－0034861　51/28

雲自在龕叢書　繆荃孫輯　清光緒江陰繆氏
刻本　二十六冊

430000－2401－0034862　51/28（1）

雲自在龕叢書　繆荃孫輯　清光緒江陰繆氏
刻本　二十六冊

430000－2401－0034863　51/28（2）

雲自在龕叢書　繆荃孫輯　清光緒江陰繆氏
刻本　十五冊

430000－2401－0034864　51/28（3）

雲自在龕叢書　繆荃孫輯　清光緒江陰繆氏
刻本　十冊

430000－2401－0034865　51/180

藕香零拾　繆荃孫輯　清光緒、宣統刻本
三十二冊

430000－2401－0034866　51/37

玉簡齋叢書　羅振玉輯　清宣統二年（1910）
上虞羅氏刻本　十四冊

430000－2401－0034867　51/37（1）

玉簡齋叢書　羅振玉輯　清宣統二年（1910）
上虞羅氏刻本　二冊

430000－2401－0034868　51/232

國學叢刊　羅振玉輯　清宣統三年（1911）石
印本　二冊

430000－2401－0034869　52/17

畿輔叢書　（清）王灝輯　清光緒五年（1879）
定州王氏謙德堂刻本　四百冊

430000 - 2401 - 0034870　51/99

金陵叢刻　(清)傅春官輯　清光緒中江寬傅氏晦齋刻本　十二冊

430000 - 2401 - 0034871　52/10

婁東雜著　(清)邵廷烈輯　清道光十三年(1833)太倉東陵氏刻本　八冊

430000 - 2401 - 0034872　52/8

常州先哲遺書　盛宣懷輯　清光緒武進盛氏刻本　六十四冊

430000 - 2401 - 0034873　52/12

湖州叢書　(清)陸心源輯　清光緒湖城義塾刻本　十六冊

430000 - 2401 - 0034874　51/88

武林往哲遺箸　(清)丁丙輯　清光緒錢唐丁氏嘉惠堂刻本　九十六冊

430000 - 2401 - 0034875　51/88(1)

武林往哲遺箸　(清)丁丙輯　清光緒錢唐丁氏嘉惠堂刻本　五十三冊

430000 - 2401 - 0034876　51/90

武林掌故叢編　(清)丁丙輯　清光緒錢塘丁氏嘉惠堂刻本　一百八十二冊

430000 - 2401 - 0034877　51/90(1)

武林掌故叢編　(清)丁丙輯　清光緒錢塘丁氏嘉惠堂刻本　一百四十七冊

430000 - 2401 - 0034878　51/104

金華叢書　(清)胡鳳丹輯　清同治、光緒永康胡氏退補齋刻本　二百三十二冊

430000 - 2401 - 0034879　51/104(1)

金華叢書　(清)胡鳳丹輯　清同治、光緒永康胡氏退補齋刻本　二冊

430000 - 2401 - 0034880　51/55

永嘉叢書　(清)孫衣言輯　清同治、光緒瑞安孫氏詒善祠塾刻本　六十冊

430000 - 2401 - 0034881　51/55(1)

永嘉叢書　(清)孫衣言輯　清同治、光緒瑞安孫氏詒善祠塾刻本　三十九冊

430000 - 2401 - 0034882　51/55(2)

永嘉叢書　(清)孫衣言輯　清同治、光緒瑞安孫氏詒善祠塾刻本　五十七冊

430000 - 2401 - 0034883　51/55(3)

永嘉叢書　(清)孫衣言輯　清同治、光緒瑞安孫氏詒善祠塾刻本　三十九冊

430000 - 2401 - 0034884　51/55(4)

永嘉叢書　(清)孫衣言輯　清同治、光緒瑞安孫氏詒善祠塾刻本　二十五冊

430000 - 2401 - 0034885　52/6

紹興先正遺書　(清)徐友蘭輯　清光緒會稽徐氏鑄學齋刻本　四十八冊

430000 - 2401 - 0034886　52/6(1)

紹興先正遺書　(清)徐友蘭輯　清光緒會稽徐氏鑄學齋刻本　四十六冊

430000 - 2401 - 0034887　52/23

越中文獻輯存書　(清)紹興公報社輯　清宣統三年(1911)紹興公報社鉛印本　六冊

430000 - 2401 - 0034888　52/3

台州叢書　(清)宋世犖輯　清嘉慶、道光臨海宋氏刻本　二十冊

430000 - 2401 - 0034889　52/3(1)

台州叢書　(清)宋世犖輯　清嘉慶、道光臨海宋氏刻本　十八冊

430000 - 2401 - 0034890　52/3(2)

台州叢書　(清)宋世犖輯　清嘉慶、道光臨海宋氏刻本　二十冊

430000 - 2401 - 0034891　52/3(3)

台州叢書　(清)宋世犖輯　清嘉慶、道光臨海宋氏刻本　十三冊

430000 - 2401 - 0034892　52/3(4)

台州叢書　(清)宋世犖輯　清嘉慶、道光臨海宋氏刻本　六冊

430000 - 2401 - 0034893　51/208

秋浦雙忠錄　劉世珩輯　清光緒二十六年(1900)貴池劉氏唐石簃刻本　六冊

430000－2401－0034894　52/9

浦城遺書　（清）祝昌泰等輯　清道光十四年(1834)增刻清嘉慶中浦城祝氏留香室刻本　三十二冊

430000－2401－0034895　52/22

涇川叢書　（清）趙紹祖　（清）趙繩祖輯　清道光十二年(1832)涇縣趙氏古墨齋刻本　二十九冊

430000－2401－0034896　52/20

豫章叢書　（清）陶福履輯　清光緒新建陶氏刻本　十二冊

430000－2401－0034897　51/92

嶺南遺書　（清）伍元薇　（清）伍崇曜輯　清道光、同治南海伍氏粵雅堂文字歡娛室刻本　八十冊

430000－2401－0034898　51/92(1)

嶺南遺書　（清）伍元薇　（清）伍崇曜輯　清道光、同治南海伍氏粵雅堂文字歡娛室刻本　一百冊

430000－2401－0034899　51/92(2)

嶺南遺書　（清）伍元薇　（清）伍崇曜輯　清道光、同治南海伍氏粵雅堂文字歡娛室刻本　八十八冊

430000－2401－0034900　51/92(3)

嶺南遺書　（清）伍元薇　（清）伍崇曜輯　清道光、同治南海伍氏粵雅堂文字歡娛室刻本　八十八冊

430000－2401－0034901　51/92(4)

嶺南遺書　（清）伍元薇　（清）伍崇曜輯　清道光、同治南海伍氏粵雅堂文字歡娛室刻本　九冊

430000－2401－0034902　53/2

二程先生全書　（宋）程顥　（宋）程頤撰　（清）程湛　（清）程福亮輯　清康熙二十五年(1686)河南祠堂刻本　十二冊

430000－2401－0034903　53/2－2

河南二程全書　（宋）程顥　（宋）程頤撰

（宋）朱熹輯　清康熙石門呂氏寶誥堂刻本　十冊

430000－2401－0034904　53/2－2(1)

河南二程全書　（宋）程顥　（宋）程頤撰（宋）朱熹輯　清康熙石門呂氏寶誥堂刻本　十六冊

430000－2401－0034905　53/2－3

河南程氏全書　（宋）程顥　（宋）程頤撰（宋）朱熹輯　清同治十年(1871)求我齋刻本　十六冊

430000－2401－0034906　53/2－3(1)

河南程氏全書　（宋）程顥　（宋）程頤撰（宋）朱熹輯　清同治十年(1871)求我齋刻本　十六冊

430000－2401－0034907　53/2－3(2)

河南程氏全書　（宋）程顥　（宋）程頤撰（宋）朱熹輯　清同治十年(1871)求我齋刻本　十六冊

430000－2401－0034908　53/2－3(3)

河南程氏全書　（宋）程顥　（宋）程頤撰（宋）朱熹輯　清同治十年(1871)求我齋刻本　十四冊

430000－2401－0034909　53/2－3(4)

河南程氏全書　（宋）程顥　（宋）程頤撰（宋）朱熹輯　清同治十年(1871)求我齋刻本　十二冊

430000－2401－0034910　53/2－3(5)

河南程氏全書　（宋）程顥　（宋）程頤撰（宋）朱熹輯　清同治十年(1871)求我齋刻本　十四冊

430000－2401－0034911　53/2－4

河南二程全書　（宋）程顥　（宋）程頤撰（宋）朱熹輯　清光緒十八年(1892)劉氏傳經堂刻本　二十冊

430000－2401－0034912　53/2－5

二程全書　（宋）程顥　（宋）程頤撰　（宋）朱熹輯　清末星沙小嫏嬛山館刻本　十六冊

430000－2401－0034913　53/2－5(1)

二程全書　（宋）程顥　（宋）程頤撰　（宋）
朱熹輯　清末星沙小嫏嬛山館刻本　十八冊

430000－2401－0034914　53/2－5(2)

二程全書　（宋）程顥　（宋）程頤撰　（宋）
朱熹輯　清末星沙小嫏嬛山館刻本　二十冊

430000－2401－0034915　53/2－6

二程全書　（宋）程顥　（宋）程頤撰　（宋）
朱熹輯　清光緒三十四年(1908)澹雅局刻本
十六冊

430000－2401－0034916　53/2－7

二程全書　（宋）程顥　（宋）程頤撰　（宋）
朱熹輯　清刻本　十冊

430000－2401－0034917　53/20

合肥王氏家集　（清）王尚辰輯　清光緒木活
字本　八冊

430000－2401－0034918　53/17

德州田氏叢書　（清）田雯等撰　清康熙、乾
隆刻本　二十冊

430000－2401－0034919　53/17(1)

德州田氏叢書　（清）田雯等撰　清康熙、乾
隆刻本　十二冊

430000－2401－0034920　53/7

春雨樓叢書　（清）朱士端等　清同治寶應朱
氏刻本　六冊

430000－2401－0034921　53/7(1)

春雨樓叢書　（清）朱士端等　清同治寶應朱
氏刻本　四冊

430000－2401－0034922　53/16

粵十三家集　（清）伍元薇輯　清道光二十年
(1840)南海伍氏詩雪軒刻本　四十冊

430000－2401－0034923　53/16(1)

粵十三家集　（清）伍元薇輯　清道光二十年
(1840)南海伍氏詩雪軒刻本　四十冊

430000－2401－0034924　53/16(2)

粵十三家集　（清）伍元薇輯　清道光二十年
(1840)南海伍氏詩雪軒刻本　三十二冊

430000－2401－0034925　53/4

叢睦汪氏遺書　（清）汪篔輯　清光緒十二年
(1886)錢唐汪氏長沙刻本　三十二冊

430000－2401－0034926　53/4(1)

叢睦汪氏遺書　（清）汪篔輯　清光緒十二年
(1886)錢唐汪氏長沙刻本　三十二冊

430000－2401－0034927　53/4(2)

叢睦汪氏遺書　（清）汪篔輯　清光緒十二年
(1886)錢唐汪氏長沙刻本　三十一冊

430000－2401－0034928　53/4(3)

叢睦汪氏遺書　（清）汪篔輯　清光緒十二年
(1886)錢唐汪氏長沙刻本　三十二冊

430000－2401－0034929　53/4(4)

叢睦汪氏遺書　（清）汪篔輯　清光緒十二年
(1886)錢唐汪氏長沙刻本　二十七冊

430000－2401－0034930　53/4(5)

叢睦汪氏遺書　（清）汪篔輯　清光緒十二年
(1886)錢唐汪氏長沙刻本　二十五冊

430000－2401－0034931　53/12

胡氏叢刻　（清）胡元玉等撰　清光緒長沙胡
氏刻本　四冊

430000－2401－0034932　53/5

如皋冒氏叢書　冒廣生輯　清光緒至民國如
皋冒氏刻本　六冊

430000－2401－0034933　53/6

冒氏遺書　（清）冒澄輯　清光緒五年(1879)
刻本　八冊

430000－2401－0034934　54/60

江都陳氏叢書　（清）陳本禮　（清）陳逢衡撰
清嘉慶、道光遞修本　四十八冊

430000－2401－0034935　53/3

左海續集　（清）陳壽祺　（清）陳喬樅撰　清
道光至同治刻本　三十八冊

430000－2401－0034936　53/3(1)

左海續集　（清）陳壽祺　（清）陳喬樅撰　清
道光至同治刻本　二十三冊

430000－2401－0034937　53/1

二陶遺稿　（清）陶憲曾　（清）陶紹曾撰　清光緒三十一年（1905）安化陶氏家塾刻本　二冊

430000－2401－0034938　53/9

賈氏叢書甲集　（清）賈臻輯　清道光、咸豐賈氏躬自厚齋刻本　十一冊

430000－2401－0034939　53/15

項城袁氏家集　丁振鐸輯　清宣統三年（1911）清芬閣鉛印本　五冊

430000－2401－0034940　53/22

十髪庵叢書　程頌萬撰輯　清光緒末程氏刻本　八冊

430000－2401－0034941　53/22（1）

十髪庵叢書　程頌萬撰輯　清光緒末程氏刻本　八冊

430000－2401－0034942　53/22（2）

十髪庵叢書　程頌萬撰輯　清光緒末程氏刻本　八冊

430000－2401－0034943　54/76

高密遺書　（漢）鄭玄撰　（清）黃奭輯　清光緒十九年（1893）刻本　七冊

430000－2401－0034944　54/113

玉海附刻　（宋）王應麟撰　清光緒十年（1884）成都志古堂刻本　三十冊

430000－2401－0034945　54/225

朱子遺書　（宋）朱熹撰　清康熙禦兒呂氏寶誥堂刻本　十冊

430000－2401－0034946　54/242

率祖堂叢書　（宋）金履祥撰　清雍正、乾隆金華金氏刻本　十六冊

430000－2401－0034947　54/79

真西山全集　（宋）真德秀撰　清康熙家祠刻同治印本　一百冊

430000－2401－0034948　54/79（1）

真西山全集　（宋）真德秀撰　清康熙家祠刻同治印本　一百冊

430000－2401－0034949　54/79（2）

真西山全集　（宋）真德秀撰　清康熙家祠刻同治印本　一百冊

430000－2401－0034950　54/191

北溪先生全集　（宋）陳淳撰　清光緒七年（1881）薌江鄭圭海種香別業刻本　八冊

430000－2401－0034951　54/64

張宣公全集　（宋）張栻撰　清咸豐四年（1854）綿邑南軒祠刻本　十六冊

430000－2401－0034952　54/64（1）

張宣公全集　（宋）張栻撰　清咸豐四年（1854）綿邑南軒祠刻本　十六冊

430000－2401－0034953　54/64（2）

張宣公全集　（宋）張栻撰　清咸豐四年（1854）綿邑南軒祠刻本　十二冊

430000－2401－0034954　54/70

張子全書　（宋）張載撰　清同治九年（1870）刻本　八冊

430000－2401－0034955　54/92

陸放翁全集　（宋）陸游撰　清初毛氏汲古閣刻本　三十二冊

430000－2401－0034956　54/92（1）

陸放翁全集　（宋）陸游撰　清初毛氏汲古閣刻本　十六冊

430000－2401－0034957　54/92－2

陸放翁全集　（宋）陸游撰　清楚灃李氏森寶齋影刻清初毛氏汲古閣本　四十一冊

430000－2401－0034958　54/92－2（1）

陸放翁全集　（宋）陸游撰　清楚灃李氏森寶齋影刻清初毛氏汲古閣本　四十八冊

430000－2401－0034959　54/92－2（2）

陸放翁全集　（宋）陸游撰　清楚灃李氏森寶齋影刻清初毛氏汲古閣本　四十五冊

430000－2401－0034960　54/123

石林遺書　（宋）葉夢得撰　清光緒、宣統長沙葉氏觀古堂刻本　十三冊

430000－2401－0034961　54/123（1）

石林遺書　（宋）葉夢得撰　清光緒、宣統長沙葉氏觀古堂刻本　十六冊

430000－2401－0034962　54/187

元遺山先生全集　（金）元好問撰　清道光三十年(1850)陽泉山莊刻光緒八年(1882)京都翰文齋印本　十六冊

430000－2401－0034963　54/187（1）

元遺山先生全集　（金）元好問撰　清道光三十年(1850)陽泉山莊刻光緒八年(1882)京都翰文齋印本　八冊

430000－2401－0034964　54/187－2

元遺山先生全集　（金）元好問撰　清光緒七年(1881)讀書山房刻本　十七冊

430000－2401－0034965　54/187－2（1）

元遺山先生全集　（金）元好問撰　清光緒七年(1881)讀書山房刻本　十五冊

430000－2401－0034966　54/5

王文成公全集　（明）王守仁撰　清道光六年(1826)湘潭王文德刻本　十冊

430000－2401－0034967　54/4－2

王文成公全書　（明）王守仁撰　清同治、光緒刻本　二十四冊

430000－2401－0034968　54/49－2

陽明先生集要　（明）王守仁撰　（明）施邦曜評輯　清乾隆五十二年(1787)濟美堂刻本　十冊

430000－2401－0034969　54/49

陽明先生集要　（明）王守仁撰　（明）施邦曜評輯　清光緒五年(1879)刻本　八冊

430000－2401－0034970　△54/11

王百穀集　（明）王穉登撰　明萬曆四十七年(1619)葉應祖刻本　二冊

430000－2401－0034971　54/43

呂子遺書　（明）呂坤撰　清道光七年(1827)開封府署刻本　十六冊

430000－2401－0034972　54/43（1）

呂子遺書　（明）呂坤撰　清道光七年(1827)開封府署刻本　二十四冊

430000－2401－0034973　54/43（2）

呂子遺書　（明）呂坤撰　清道光七年(1827)開封府署刻本　二十四冊

430000－2401－0034974　54/43（3）

呂子遺書　（明）呂坤撰　清道光七年(1827)開封府署刻本　十二冊

430000－2401－0034975　54/39

呂新吾全集　（明）呂坤撰　清同治至光緒修補重印明萬曆刻本　四十冊

430000－2401－0034976　54/39（1）

呂新吾全集　（明）呂坤撰　清同治至光緒修補重印明萬曆刻本　四十冊

430000－2401－0034977　△54/12

李君實先生雜著　（明）李日華撰　明天啟至崇禎刻清康熙李琯補修本　王禮培題跋　八冊

430000－2401－0034978　54/106

樓山堂遺書　（明）吳應箕撰　清同治當塗夏氏刻本　四冊

430000－2401－0034979　54/144

周孟侯先生全書　（明）周拱辰撰　清嘉慶八年至道光二十三年(1803－1843)聖雨齋刻本　十四冊

430000－2401－0034980　54/33

孫文恭公全書　（明）孫應鰲撰　清光緒六年(1880)獨山莫氏刻本　十二冊

430000－2401－0034981　54/94

曹月川先生遺書　（明）曹端撰　清咸豐十一年(1861)刻本　十冊

430000－2401－0034982　△54/7

黔南十集　（明）劉錫玄撰　明天啟刻本　八冊

430000－2401－0034983　54/78

顧端文公遺書　（明）顧憲成撰　清康熙刻本　十六冊

430000－2401－0034984　54/78－2

顧端文公遺書　（明）顧憲成撰　清光緒三年(1877)涇里宗祠刻本　十八冊

430000－2401－0034985　54/105

頤志齋叢書　（清）丁晏撰　清同治元年(1862)匯印咸豐至同治山陽丁氏六藝堂刻本　二十冊

430000－2401－0034986　54/105(1)

頤志齋叢書　（清）丁晏撰　清同治元年(1862)匯印咸豐至同治山陽丁氏六藝堂刻本　十四冊

430000－2401－0034987　54/105(2)

頤志齋叢書　（清）丁晏撰　清同治元年(1862)匯印咸豐至同治山陽丁氏六藝堂刻本　二十冊

430000－2401－0034988　54/105(3)

頤志齋叢書　（清）丁晏撰　清同治元年(1862)匯印咸豐至同治山陽丁氏六藝堂刻本　二十冊

430000－2401－0034989　54/105(4)

頤志齋叢書　（清）丁晏撰　清同治元年(1862)匯印咸豐至同治山陽丁氏六藝堂刻本　十九冊

430000－2401－0034990　54/105(5)

頤志齋叢書　（清）丁晏撰　清同治元年(1862)匯印咸豐至同治山陽丁氏六藝堂刻本　二十冊

430000－2401－0034991　54/244

卞寶第集　（清）卞寶第撰　清光緒八年(1882)刻本　四冊

430000－2401－0034992　54/61

柏堂遺書　（清）方宗誠撰　清光緒桐城方氏刻本　二十冊

430000－2401－0034993　54/61(1)

柏堂遺書　（清）方宗誠撰　清光緒桐城方氏刻本　二十一冊

430000－2401－0034994　54/175

方植之全集　（清）方東樹撰　清光緒刻本　十五冊

430000－2401－0034995　54/175(1)

方植之全集　（清）方東樹撰　清光緒刻本　十五冊

430000－2401－0034996　54/15

抗希堂十六種　（清）方苞撰　清康熙、嘉慶桐城方氏抗希堂刻本　五十冊

430000－2401－0034997　54/15(1)

抗希堂十六種　（清）方苞撰　清康熙、嘉慶桐城方氏抗希堂刻本　五十八冊

430000－2401－0034998　54/15(2)

抗希堂十六種　（清）方苞撰　清康熙、嘉慶桐城方氏抗希堂刻本　三十二冊

430000－2401－0034999　54/15(3)

抗希堂十六種　（清）方苞撰　清康熙、嘉慶桐城方氏抗希堂刻本　四十冊

430000－2401－0035000　54/15(4)

抗希堂十六種　（清）方苞撰　清康熙、嘉慶桐城方氏抗希堂刻本　四十五冊

430000－2401－0035001　54/168

王漁洋遺書　（清）王士禎撰　清刻本　一百冊

430000－2401－0035002　54/168(1)

王漁洋遺書　（清）王士禎撰　清刻本　八冊

430000－2401－0035003　54/238

王船山先生四種　（清）王夫之撰　清刻本　一冊

430000－2401－0035004　△54/5

船山遺書　（清）王夫之撰　清道光二十二年(1842)湘潭王氏守遺經書屋刻本　七十二冊

430000－2401－0035005　△54/6

船山遺書子集　（清）王夫之撰　清道光二十八年(1848)衡陽學署刻本　十二冊

430000－2401－0035006　54/85

船山遺書　（清）王夫之撰　清同治四年

(1865)湘鄉曾國荃金陵刻本　一百册

430000－2401－0035007　54/85（1）

船山遺書　（清）王夫之撰　清同治四年
(1865)湘鄉曾國荃金陵刻本　二百〇一册

430000－2401－0035008　54/85（2）

船山遺書　（清）王夫之撰　清同治四年
(1865)湘鄉曾國荃金陵刻本　一百〇五册

430000－2401－0035009　54/85（3）

船山遺書　（清）王夫之撰　清同治四年
(1865)湘鄉曾國荃金陵刻本　一百册

430000－2401－0035010　54/85（4）

船山遺書　（清）王夫之撰　清同治四年
(1865)湘鄉曾國荃金陵刻本　一百册

430000－2401－0035011　54/215

王船山經史論八種　（清）王夫之撰　清光緒
三十一年（1905）上海環地福書局石印本
十册

430000－2401－0035012　54/237

如諫果室叢刊　（清）王廷釗撰　清宣統二年
(1910)京師益森書館鉛印本　一册

430000－2401－0035013　54/11

王氏四種　（清）王念孫撰　清光緒二十一年
(1895)上海鴻文書局石印本　十三册

430000－2401－0035014　54/143

春融堂集　（清）王昶撰　清嘉慶十二年
(1807)王氏塾南書舍刻本　十六册

430000－2401－0035015　54/102

王菉友九種　（清）王筠撰　清道光至咸豐刻
本　二册

430000－2401－0035016　54/212

王繩祖集　（清）王繩祖撰輯　清光緒二十二
年(1896)刻本　二十册

430000－2401－0035017　54/8

西河合集　（清）毛奇齡撰　清乾隆蕭山城
東書院修補重印康熙李塨等刻本　一百四
十册

430000－2401－0035018　54/8（1）

西河合集　（清）毛奇齡撰　清乾隆蕭山城
東書院修補重印康熙李塨等刻本　一百册

430000－2401－0035019　54/8（2）

西河合集　（清）毛奇齡撰　清乾隆蕭山城東
書院修補重印康熙李塨等刻本　一百册

430000－2401－0035020　54/28

西堂全集　（清）尤侗撰　清康熙刻本　十
四册

430000－2401－0035021　54/28（1）

西堂全集　（清）尤侗撰　清康熙刻本　十
六册

430000－2401－0035022　54/28（2）

西堂全集　（清）尤侗撰　清康熙刻本　十
二册

430000－2401－0035023　54/53

空山堂全集　（清）牛運震撰　清嘉慶空山堂
刻本　十二册

430000－2401－0035024　54/111

顨軒孔氏所著書　（清）孔廣森撰　清嘉慶二
十二年(1817)曲阜孔氏儀鄭堂刻本　十册

430000－2401－0035025　54/197

左文襄公全集　（清）左宗棠撰　清光緒長沙
萃文堂刻本　一百二十八册

430000－2401－0035026　54/197（1）

左文襄公全集　（清）左宗棠撰　清光緒長沙
萃文堂刻本　一百二十八册

430000－2401－0035027　54/197（2）

左文襄公全集　（清）左宗棠撰　清光緒長沙
萃文堂刻本　一百四十一册

430000－2401－0035028　54/197（3）

左文襄公全集　（清）左宗棠撰　清光緒長沙
萃文堂刻本　一百二十八册

430000－2401－0035029　54/197（4）

左文襄公全集　（清）左宗棠撰　清光緒長沙
萃文堂刻本　一百二十八册

430000－2401－0035030　54/197－2

左文襄公全集 （清）左宗棠撰　清光緒二十二年(1896)刻本　六十四冊

430000－2401－0035031　54/9

止園叢書 （清）史夢蘭撰　清道光至光緒刻本　五十冊

430000－2401－0035032　54/38

安吳四種 （清）包世臣撰　清道光二十六年(1846)白門倦游閣木活字本　十六冊

430000－2401－0035033　54/38－2

安吳四種 （清）包世臣撰　清咸豐元年(1851)刻本　十六冊

430000－2401－0035034　54/38－3

安吳四種 （清）包世臣撰　清同治十一年(1872)包誠刻本　十六冊

430000－2401－0035035　54/38－3(1)

安吳四種 （清）包世臣撰　清同治十一年(1872)包誠刻本　二十冊

430000－2401－0035036　54/38－3(2)

安吳四種 （清）包世臣撰　清同治十一年(1872)包誠刻本　十四冊

430000－2401－0035037　54/38－3(3)

安吳四種 （清）包世臣撰　清同治十一年(1872)包誠刻本　十六冊

430000－2401－0035038　54/38－3(4)

安吳四種 （清）包世臣撰　清同治十一年(1872)包誠刻本　十六冊

430000－2401－0035039　54/31

師伏堂叢書 （清）皮錫瑞撰　清光緒善化皮氏刻本　四十冊

430000－2401－0035040　54/31(1)

師伏堂叢書 （清）皮錫瑞撰　清光緒善化皮氏刻本　四十冊

430000－2401－0035041　54/31(2)

師伏堂叢書 （清）皮錫瑞撰　清光緒善化皮氏刻本　四十冊

430000－2401－0035042　54/31(4)

師伏堂叢書 （清）皮錫瑞撰　清光緒善化皮氏刻本　四十冊

430000－2401－0035043　54/31(3)

師伏堂叢書 （清）皮錫瑞撰　清光緒善化皮氏刻本　四十冊

430000－2401－0035044　54/45

江氏叢書 （清）江藩撰　清光緒十二年(1886)江巨渠補刻本　八冊

430000－2401－0035045　54/177

介亭全集 （清）江濬源撰　清同治十三年(1874)江潮刻本　八冊

430000－2401－0035046　54/29

觀象廬叢書 （清）呂調陽撰　清光緒十四年(1888)葉長高刻本　四十八冊

430000－2401－0035047　54/29(1)

觀象廬叢書 （清）呂調陽撰　清光緒十四年(1888)葉長高刻本　十八冊

430000－2401－0035048　54/206

拙庵叢稿 （清）朱一新撰　清光緒二十二年(1896)順德龍氏葆真堂刻本　八冊

430000－2401－0035049　54/27

朱慎甫先生遺集 （清）朱文炳撰　清咸豐三年(1853)長沙丁氏刻本　三冊

430000－2401－0035050　54/27(1)

朱慎甫先生遺集 （清）朱文炳撰　清咸豐三年(1853)長沙丁氏刻本　三冊

430000－2401－0035051　54/27(2)

朱慎甫先生遺集 （清）朱文炳撰　清咸豐三年(1853)長沙丁氏刻本　三冊

430000－2401－0035052　54/27(3)

朱慎甫先生遺集 （清）朱文炳撰　清咸豐三年(1853)長沙丁氏刻本　三冊

430000－2401－0035053　54/27－2

朱慎甫先生遺集 （清）朱文炳撰　清光緒十五年(1889)甘肅藩署刻本　四冊

430000－2401－0035054　54/27－2(1)

朱慎甫先生遺集　（清）朱文烺撰　清光緒十五年(1889)甘肅藩署刻本　四冊

430000－2401－0035055　54/69

朱文端公藏書　（清）朱軾撰　清光緒二十三年(1897)朱衡等刻本　八十冊

430000－2401－0035056　54/26

朱氏群書　（清）朱駿聲撰　清光緒八年(1882)臨嘯閣刻本　四冊

430000－2401－0035057　54/26(1)

朱氏群書　（清）朱駿聲撰　清光緒八年(1882)臨嘯閣刻本　六冊

430000－2401－0035058　△54/2

五研齋全集　（清）沈赤然撰　清嘉慶刻本　七冊

430000－2401－0035059　54/125

所願學齋書鈔　（清）沈夢蘭撰　清光緒五年至八年(1879－1882)太原刻本　四冊

430000－2401－0035060　54/41

沈歸愚詩文全集　（清）沈德潛撰　清乾隆教忠堂刻本　三十六冊

430000－2401－0035061　54/41(1)

沈歸愚詩文全集　（清）沈德潛撰　清乾隆教忠堂刻本　十四冊

430000－2401－0035062　54/41(2)

沈歸愚詩文全集　（清）沈德潛撰　清乾隆教忠堂刻本　二十四冊

430000－2401－0035063　54/103

蛾術堂集　（清）沈豫撰　清道光十八年(1838)蕭山沈氏漢讀齋刻本　四冊

430000－2401－0035064　54/103(1)

蛾術堂集　（清）沈豫撰　清道光十八年(1838)蕭山沈氏漢讀齋刻本　四冊

430000－2401－0035065　54/16

古愚老人消夏錄　（清）汪汲撰　清乾隆、嘉慶古愚山房刻本　二十二冊

430000－2401－0035066　54/16(1)

古愚老人消夏錄　（清）汪汲撰　清乾隆、嘉慶古愚山房刻本　十六冊

430000－2401－0035067　54/16(2)

古愚老人消夏錄　（清）汪汲撰　清乾隆、嘉慶古愚山房刻本　十九冊

430000－2401－0035068　54/16－2

古愚叢書　（清）汪汲撰　清末衢州張氏二銘草堂修補清乾隆至嘉慶古愚山房刻本　二十冊

430000－2401－0035069　△54/14

汪仲伊所著書　（清）汪宗沂撰　鈔本　十六冊

430000－2401－0035070　54/25－2

龍莊遺書　（清）汪輝祖撰　清乾隆五十九年(1794)刻本　二冊

430000－2401－0035071　54/42

汪龍莊先生遺書　（清）汪輝祖撰　清同治元年(1862)刻本　六冊

430000－2401－0035072　54/42(1)

汪龍莊先生遺書　（清）汪輝祖撰　清同治元年(1862)刻本　六冊

430000－2401－0035073　54/42(2)

汪龍莊先生遺書　（清）汪輝祖撰　清同治元年(1862)刻本　六冊

430000－2401－0035074　54/42(3)

汪龍莊先生遺書　（清）汪輝祖撰　清同治元年(1862)刻本　六冊

430000－2401－0035075　54/42－2

汪龍莊先生遺書　（清）汪輝祖撰　清光緒山東書局刻本　六冊

430000－2401－0035076　54/25

龍莊遺書　（清）汪輝祖撰　清光緒江蘇書局刻本　六冊

430000－2401－0035077　54/25(1)

龍莊遺書　（清）汪輝祖撰　清光緒江蘇書局刻本　六冊

430000－2401－0035078　54/25（2）

龍莊遺書　（清）汪輝祖撰　清光緒江蘇書局刻本　六冊

430000－2401－0035079　54/25（3）

龍莊遺書　（清）汪輝祖撰　清光緒江蘇書局刻本　六冊

430000－2401－0035080　54/216

浙刻雙池遺書　（清）汪紱撰　清光緒二十一年（1895）刻本　八冊

430000－2401－0035081　54/107

敬堂遺書　（清）辛紹業撰　清嘉慶二十一年（1816）經笥齋刻本　六冊

430000－2401－0035082　54/83－3

海嶽軒叢刻　杜俞撰　清光緒十四年（1888）成都刻本　四冊

430000－2401－0035083　54/83

海嶽軒叢刻　杜俞撰　清光緒二十六年（1900）申江鉛印本　十冊

430000－2401－0035084　54/83（1）

海嶽軒叢刻　杜俞撰　清光緒二十六年（1900）申江鉛印本　六冊

430000－2401－0035085　54/83（2）

海嶽軒叢刻　杜俞撰　清光緒二十六年（1900）申江鉛印本　八冊

430000－2401－0035086　54/83－2

海嶽軒叢刻　杜俞撰　清光緒三十三年（1907）姑蘇鉛印本　八冊

430000－2401－0035087　54/83－2（1）

海嶽軒叢刻　杜俞撰　清光緒三十三年（1907）姑蘇鉛印本　八冊

430000－2401－0035088　54/83－2（2）

海嶽軒叢刻　杜俞撰　清光緒三十三年（1907）姑蘇鉛印本　八冊

430000－2401－0035089　54/83－2（3）

海嶽軒叢刻　杜俞撰　清光緒三十三年（1907）姑蘇鉛印本　八冊

430000－2401－0035090　54/83－2（4）

海嶽軒叢刻　杜俞撰　清光緒三十三年（1907）姑蘇鉛印本　八冊

430000－2401－0035091　54/83－2（5）

海嶽軒叢刻　杜俞撰　清光緒三十三年（1907）姑蘇鉛印本　八冊

430000－2401－0035092　54/80

桐華閣叢書　（清）杜貴墀撰　清光緒刻本　十二冊

430000－2401－0035093　54/80（1）

桐華閣叢書　（清）杜貴墀撰　清光緒刻本　十二冊

430000－2401－0035094　54/80（2）

桐華閣叢書　（清）杜貴墀撰　清光緒刻本　十二冊

430000－2401－0035095　54/80（3）

桐華閣叢書　（清）杜貴墀撰　清光緒刻本　十二冊

430000－2401－0035096　54/80（4）

桐華閣叢書　（清）杜貴墀撰　清光緒刻本　十二冊

430000－2401－0035097　54/80（5）

桐華閣叢書　（清）杜貴墀撰　清光緒刻本　十二冊

430000－2401－0035098　54/110

榕村全書　（清）李光地撰　清道光九年（1829）李維迪刻本　一百二十冊

430000－2401－0035099　54/110（1）

榕村全書　（清）李光地撰　清道光九年（1829）李維迪刻本　一百〇二冊

430000－2401－0035100　54/110（2）

榕村全書　（清）李光地撰　清道光九年（1829）李維迪刻本　八十六冊

430000－2401－0035101　54/110（3）

榕村全書　（清）李光地撰　清道光九年（1829）李維迪刻本　七十八冊

430000－2401－0035102　54/110（4）

榕村全書 （清）李光地撰　清道光九年（1829）李維迪刻本　三十五冊

430000－2401－0035103　54/110（5）

榕村全書 （清）李光地撰　清道光九年（1829）李維迪刻本　四十五冊

430000－2401－0035104　54/110（6）

榕村全書 （清）李光地撰　清道光九年（1829）李維迪刻本　五十冊

430000－2401－0035105　54/226

游藝錄 （清）李佃撰　清光緒二十年（1894）醉月山房刻本　八冊

430000－2401－0035106　54/226（1）

游藝錄 （清）李佃撰　清光緒二十年（1894）醉月山房刻本　三冊

430000－2401－0035107　54/210

榕園全集 （清）李彥章撰　清道光二十年（1840）李以烜刻本　十冊

430000－2401－0035108　54/47

寶韋齋類稿 （清）李桓撰　清光緒刻本　十八冊

430000－2401－0035109　54/47（1）

寶韋齋類稿 （清）李桓撰　清光緒刻本　三十八冊

430000－2401－0035110　54/47（2）

寶韋齋類稿 （清）李桓撰　清光緒刻本　二十二冊

430000－2401－0035111　54/47（3）

寶韋齋類稿 （清）李桓撰　清光緒刻本　十九冊

430000－2401－0035112　54/47（4）

寶韋齋類稿 （清）李桓撰　清光緒刻本　十五冊

430000－2401－0035113　54/40

李厚岡集 （清）李榮陛撰　清嘉慶二十年（1815）亘古齋刻本　十二冊

430000－2401－0035114　54/233

李文忠公全集 （清）李鴻章撰　清光緒三十一年至三十四年（1905－1908）金陵刻本　一百冊

430000－2401－0035115　54/233（1）

李文忠公全集 （清）李鴻章撰　清光緒三十一年至三十四年（1905－1908）金陵刻本　一百冊

430000－2401－0035116　54/202

李忠武公遺書 （清）李續賓撰　清光緒十七年（1891）臨江巡署刻本　四冊

430000－2401－0035117　54/202（1）

李忠武公遺書 （清）李續賓撰　清光緒十七年（1891）臨江巡署刻本　四冊

430000－2401－0035118　54/202（2）

李忠武公遺書 （清）李續賓撰　清光緒十七年（1891）臨江巡署刻本　四冊

430000－2401－0035119　54/202（3）

李忠武公遺書 （清）李續賓撰　清光緒十七年（1891）臨江巡署刻本　四冊

430000－2401－0035120　54/202（4）

李忠武公遺書 （清）李續賓撰　清光緒十七年（1891）臨江巡署刻本　四冊

430000－2401－0035121　54/202（5）

李忠武公遺書 （清）李續賓撰　清光緒十七年（1891）臨江巡署刻本　四冊

430000－2401－0035122　54/202（6）

李忠武公遺書 （清）李續賓撰　清光緒十七年（1891）臨江巡署刻本　四冊

430000－2401－0035123　54/115

悔餘庵集 （清）何栻撰　清同治四年（1865）鳩江戎幄刻本　十一冊

430000－2401－0035124　54/115（1）

悔餘庵集 （清）何栻撰　清同治四年（1865）鳩江戎幄刻本　九冊

430000－2401－0035125　54/115（2）

悔餘庵集 （清）何栻撰　清同治四年（1865）鳩江戎幄刻本　九冊

430000－2401－0035126　54/93

授堂遺書　（清）武億撰　清道光二十三年
(1843)偃師武氏刻本　十六冊

430000－2401－0035127　54/93(1)

授堂遺書　（清）武億撰　清道光二十三年
(1843)偃師武氏刻本　十六冊

430000－2401－0035128　54/131

道古堂外集　（清）杭世駿撰　清乾隆五十三
年(1788)補史亭刻本　五冊

430000－2401－0035129　54/50

杭氏七種　（清）杭世駿撰　清咸豐元年
(1851)長沙小娜環山館刻本　四冊

430000－2401－0035130　54/50(1)

杭氏七種　（清）杭世駿撰　清咸豐元年
(1851)長沙小娜環山館刻本　四冊

430000－2401－0035131　54/50(2)

杭氏七種　（清）杭世駿撰　清咸豐元年
(1851)長沙小娜環山館刻本　六冊

430000－2401－0035132　54/73

修本堂叢書　（清）林伯桐撰　清道光二十四
年(1844)林世戀刻本　十四冊

430000－2401－0035133　54/73(1)

修本堂叢書　（清）林伯桐撰　清道光二十四
年(1844)林世戀刻本　五冊

430000－2401－0035134　54/37

竹柏山房十五種　（清）林春溥撰　清嘉慶、
咸豐竹柏山房刻本　三十二冊

430000－2401－0035135　54/37(1)

竹柏山房十五種　（清）林春溥撰　清嘉慶、
咸豐竹柏山房刻本　二十冊

430000－2401－0035136　54/162

聖嘆秘書　（清）金聖嘆撰　（清）證嫹社輯
清光緒三十一年(1905)翰墨林書局鉛印本
一冊

430000－2401－0035137　54/188

求志堂存稿彙編　（清）周濟撰　清光緒十八
年(1892)周恭壽刻本　五冊

430000－2401－0035138　54/71

洪北江全集　（清）洪亮吉撰　清光緒洪用勤
授經堂刻本　八十四冊

430000－2401－0035139　54/140

施愚山先生全集　（清）施閏章撰　清康熙至
乾隆刻本　二十冊

430000－2401－0035140　54/68－4

春在堂全書　（清）俞樾撰　清光緒二十三年
(1897)石印本　三十二冊

430000－2401－0035141　54/68－5

春在堂全書　（清）俞樾撰　清光緒二十五年
(1899)增刻本　一百六十冊

430000－2401－0035142　54/68－3

春在堂全書　（清）俞樾撰　清光緒十五年
(1889)增刻本　八十四冊

430000－2401－0035143　54/68－3(1)

春在堂全書　（清）俞樾撰　清光緒十五年
(1889)增刻本　八十二冊

430000－2401－0035144　54/68－3(2)

春在堂全書　（清）俞樾撰　清光緒十五年
(1889)增刻本　一百○五冊

430000－2401－0035145　54/68－3(3)

春在堂全書　（清）俞樾撰　清光緒十五年
(1889)增刻本　一百冊

430000－2401－0035146　54/68

春在堂全書　（清）俞樾撰　清光緒五年
(1879)增刻本　五十二冊

430000－2401－0035147　54/68－2

春在堂全書　（清）俞樾撰　清光緒九年
(1883)增刻本　八十二冊

430000－2401－0035148　54/68－2(1)

春在堂全書　（清）俞樾撰　清光緒九年
(1883)增刻本　八十六冊

430000－2401－0035149　54/68－2(2)

春在堂全書　（清）俞樾撰　清光緒九年
(1883)增刻本　八十三冊

430000 - 2401 - 0035150　51/129

經韻樓叢書　（清）段玉裁撰　清乾隆、道光
金壇段氏刻本　三十二冊

430000 - 2401 - 0035151　51/129(1)

經韻樓叢書　（清）段玉裁撰　清乾隆、道光
金壇段氏刻本　二十四冊

430000 - 2401 - 0035152　54/246

滇南四種　姚文棟撰　清光緒刻本　五冊

430000 - 2401 - 0035153　54/10

中復堂全集　（清）姚瑩撰　清道光十三年
(1833)刻本　三十冊

430000 - 2401 - 0035154　54/10 - 2

中復堂全集　（清）姚瑩撰　清同治六年
(1867)姚濬昌安福縣署刻本　二十冊

430000 - 2401 - 0035155　54/10 - 2(1)

中復堂全集　（清）姚瑩撰　清同治六年
(1867)姚濬昌安福縣署刻本　三十二冊

430000 - 2401 - 0035156　54/10 - 2(2)

中復堂全集　（清）姚瑩撰　清同治六年
(1867)姚濬昌安福縣署刻本　三十二冊

430000 - 2401 - 0035157　54/10 - 2(3)

中復堂全集　（清）姚瑩撰　清同治六年
(1867)姚濬昌安福縣署刻本　二十六冊

430000 - 2401 - 0035158　54/10 - 2(4)

中復堂全集　（清）姚瑩撰　清同治六年
(1867)姚濬昌安福縣署刻本　二十八冊

430000 - 2401 - 0035159　54/138

大梅山館集　（清）姚燮撰　清道光、咸豐鎮
海姚氏刻本　十六冊

430000 - 2401 - 0035160　54/84

惜抱軒全集　（清）姚鼐撰　清嘉慶刻本　十
二冊

430000 - 2401 - 0035161　54/84(1)

惜抱軒全集　（清）姚鼐撰　清嘉慶刻本　十
四冊

430000 - 2401 - 0035162　54/84(2)

惜抱軒全集　（清）姚鼐撰　清嘉慶刻本
十冊

430000 - 2401 - 0035163　54/84 - 2

惜抱軒全集　（清）姚鼐撰　清同治五年
(1866)省心閣刻本　六冊

430000 - 2401 - 0035164　54/84 - 2(1)

惜抱軒全集　（清）姚鼐撰　清同治五年
(1866)省心閣刻本　六冊

430000 - 2401 - 0035165　54/84 - 2(2)

惜抱軒全集　（清）姚鼐撰　清同治五年
(1866)省心閣刻本　十六冊

430000 - 2401 - 0035166　54/245

惜抱軒全集　（清）姚鼐撰　清光緒五年
(1879)桐城徐宗亮刻本　四冊

430000 - 2401 - 0035167　54/36

紀慎齋先生全集　（清）紀大奎撰　清嘉慶十
三年至咸豐二年(1808 - 1852)刻本　四十冊

430000 - 2401 - 0035168　54/36(1)

紀慎齋先生全集　（清）紀大奎撰　清嘉慶十
三年至咸豐二年(1808 - 1852)刻本　三十
一冊

430000 - 2401 - 0035169　54/36 - 2

紀慎齋先生全集　（清）紀大奎撰　清道光二
十八年(1848)刻本　三十冊

430000 - 2401 - 0035170　54/100

鄂不齋叢稿　（清）唐贊袞撰　清光緒末刻本
十冊

430000 - 2401 - 0035171　54/158

隨園三十八種　（清）袁枚撰輯　清光緒十八
年(1892)勤裕堂鉛印本　四十冊

430000 - 2401 - 0035172　54/81

郝氏遺書　（清）郝懿行撰　清嘉慶至光緒刻
本　七十二冊

430000 - 2401 - 0035173　54/81(1)

郝氏遺書　（清）郝懿行撰　清嘉慶至光緒刻
本　五十六冊

430000－2401－0035174　54/81（2）

郝氏遺書　（清）郝懿行撰　清嘉慶至光緒刻
本　八冊

430000－2401－0035175　54/98

景紫堂全書　（清）夏炘撰　清咸豐至同治刻
本　二十二冊

430000－2401－0035176　54/98（1）

景紫堂全書　（清）夏炘撰　清咸豐至同治刻
本　十三冊

430000－2401－0035177　54/46－2

徐位山六種　（清）徐文靖撰　清雍正、乾隆
志寧堂刻本　十六冊

430000－2401－0035178　54/46－2（1）

徐位山六種　（清）徐文靖撰　清雍正、乾隆
志寧堂刻本　三十冊

430000－2401－0035179　54/46

徐位山六種　（清）徐文靖撰　清光緒二年
（1876）刻本　二十四冊

430000－2401－0035180　54/166

烟嶼樓集　（清）徐時棟撰　清同治、光緒刻
本　十六冊

430000－2401－0035181　54/166（1）

烟嶼樓集　（清）徐時棟撰　清同治、光緒刻
本　十三冊

430000－2401－0035182　54/182

敦艮齋遺書　（清）徐潤第撰　清道光二十八
年（1848）徐繼畬刻本　五冊

430000－2401－0035183　54/201

志學齋集　（清）徐壽基撰　清光緒武進徐氏
刻本　八冊

430000－2401－0035184　54/121

墨樵遺集　（清）孫良貴撰　清乾隆三十四年
（1769）浣花軒刻本　二冊

430000－2401－0035185　54/35

孫夏峰全集　（清）孫奇逢撰　清道光至光緒
遞修重印康熙刻本　三十八冊

430000－2401－0035186　54/52

蒼筤集　（清）孫鼎臣撰　清咸豐刻本　十冊

430000－2401－0035187　54/52（1）

蒼筤集　（清）孫鼎臣撰　清咸豐刻本　八冊

430000－2401－0035188　54/104

頻羅庵遺集　（清）梁同書撰　清嘉慶二十二
年（1817）仁和陸貞一刻本　五冊

430000－2401－0035189　△54/9

藤花亭十七種　（清）梁廷枏撰　清道光八年
至十三年（1828－1833）刻本　二十冊

430000－2401－0035190　54/2

二思堂叢書　（清）梁章鉅撰　清光緒元年
（1875）浙江書局刻本　十六冊

430000－2401－0035191　54/75

章氏遺書　（清）章學誠撰　清道光十二年至
十三年（1832－1833）章華紱刻本　四冊

430000－2401－0035192　54/75（1）

章氏遺書　（清）章學誠撰　清道光十二年至
十三年（1832－1833）章華紱刻本　五冊

430000－2401－0035193　54/75（2）

章氏遺書　（清）章學誠撰　清道光十二年至
十三年（1832－1833）章華紱刻本　二冊

430000－2401－0035194　54/221

春輝雜稿　（清）郭階撰　清光緒十五年
（1889）刻本　四冊

430000－2401－0035195　54/247

郭氏佚書六種　（清）郭嵩燾撰　清光緒二十
四年（1898）養知書屋刻本　一冊

430000－2401－0035196　54/114

影山草堂六種　（清）莫友芝撰　清咸豐至光
緒刻本　六冊

430000－2401－0035197　54/62

珍埶宦遺書　（清）莊述祖撰　清嘉慶、道光
武進莊氏脊令舫刻本　十二冊

430000－2401－0035198　54/62（1）

珍埶宦遺書　（清）莊述祖撰　清嘉慶、道光

武進莊氏脊令舫刻本　十六冊

430000－2401－0035199　54/62(2)

珍埶宧遺書　(清)莊述祖撰　清嘉慶、道光
武進莊氏脊令舫刻本　十冊

430000－2401－0035200　54/62(3)

珍埶宧遺書　(清)莊述祖撰　清嘉慶、道光
武進莊氏脊令舫刻本　七冊

430000－2401－0035201　54/142

梅氏遺書　(清)梅鍾澍撰　清宣統三年
(1911)莓田古屋刻本　三冊

430000－2401－0035202　△54/8

崔東壁遺書　(清)崔述撰　清嘉慶、道光陳
履和刻本　清何紹基題寫書根、書衣　十冊

430000－2401－0035203　54/20

崔東壁遺書　(清)崔述撰　清嘉慶至道光陳
履和刻本　二十五冊

430000－2401－0035204　54/20－2

崔東壁遺書　(清)崔述撰　清光緒元年
(1875)上湘龜山別墅木活字印本　十六冊

430000－2401－0035205　54/20－2(1)

崔東壁遺書　(清)崔述撰　清光緒元年
(1875)上湘龜山別墅木活字印本　十六冊

430000－2401－0035206　54/20－2(2)

崔東壁遺書　(清)崔述撰　清光緒元年
(1875)上湘龜山別墅木活字印本　十六冊

430000－2401－0035207　54/20－2(3)

崔東壁遺書　(清)崔述撰　清光緒元年
(1875)上湘龜山別墅木活字印本　十六冊

430000－2401－0035208　54/44

求志居全集　(清)陳世熔撰　清道光至光緒
獨秀山莊刻本　二十冊

430000－2401－0035209　54/44(1)

求志居全集　(清)陳世熔撰　清道光至光緒
獨秀山莊刻本　二十冊

430000－2401－0035210　54/44(2)

求志居全集　(清)陳世熔撰　清道光至光緒

獨秀山莊刻本　二十冊

430000－2401－0035211　54/44(3)

求志居全集　(清)陳世熔撰　清道光至光緒
獨秀山莊刻本　二十冊

430000－2401－0035212　54/44(4)

求志居全集　(清)陳世熔撰　清道光至光緒
獨秀山莊刻本　二十冊

430000－2401－0035213　54/214

培遠堂全集　(清)陳弘謀撰　清乾隆培遠堂
刻本　四十六冊

430000－2401－0035214　54/63

陳司業先生集　(清)陳祖范撰　清乾隆二十
九年(1764)刻本　五冊

430000－2401－0035215　△54/1

文道十書　(清)陳景雲撰　清乾隆十九年
(1754)陳黃中樸茂齋刻本　三冊

430000－2401－0035216　54/22

左海全集　(清)陳壽祺撰　清嘉慶、道光三
山陳氏家刻本　三十冊

430000－2401－0035217　54/22(1)

左海全集　(清)陳壽祺撰　清嘉慶、道光三
山陳氏家刻本　二十四冊

430000－2401－0035218　54/22(2)

左海全集　(清)陳壽祺撰　清嘉慶、道光三
山陳氏家刻本　二十二冊

430000－2401－0035219　54/18

番禺陳氏東塾叢書　(清)陳澧撰　清咸豐至
光緒刻本　九冊

430000－2401－0035220　54/18(1)

番禺陳氏東塾叢書　(清)陳澧撰　清咸豐至
光緒刻本　九冊

430000－2401－0035221　54/18(2)

番禺陳氏東塾叢書　(清)陳澧撰　清咸豐至
光緒刻本　九冊

430000－2401－0035222　54/18(3)

番禺陳氏東塾叢書　(清)陳澧撰　清咸豐至

光緒刻本　十冊

430000－2401－0035223　54/18(4)

番禺陳氏東塾叢書　(清)陳澧撰　清咸豐至光緒刻本　二冊

430000－2401－0035224　54/243

東塾遺書　(清)陳澧撰　清光緒廣雅書局刻廣雅書局叢書本　二冊

430000－2401－0035225　54/243(1)

東塾遺書　(清)陳澧撰　清光緒廣雅書局刻廣雅書局叢書本　二冊

430000－2401－0035226　54/243(2)

東塾遺書　(清)陳澧撰　清光緒廣雅書局刻廣雅書局叢書本　二冊

430000－2401－0035227　54/74

覆瓿集　(清)張文虎撰　清同治、光緒刻本　九冊

430000－2401－0035228　54/217

張文端集　(清)張英撰　清光緒二十三年(1897)桐城張氏刻本　二十冊

430000－2401－0035229　54/217(1)

張文端集　(清)張英撰　清光緒二十三年(1897)桐城張氏刻本　十三冊

430000－2401－0035230　54/139

寒松閣集　(清)張鳴珂撰　清光緒嘉興張氏刻本　六冊

430000－2401－0035231　54/139(1)

寒松閣集　(清)張鳴珂撰　清光緒嘉興張氏刻本　三冊

430000－2401－0035232　54/139(2)

寒松閣集　(清)張鳴珂撰　清光緒嘉興張氏刻本　二冊

430000－2401－0035233　54/139(3)

寒松閣集　(清)張鳴珂撰　清光緒嘉興張氏刻本　一冊

430000－2401－0035234　54/117

篋園叢書　(清)張慎儀撰　清光緒至民國刻本　十六冊

430000－2401－0035235　54/59－2

張楊園先生集　(清)張履祥撰　清乾隆增補康熙刻本　六冊

430000－2401－0035236　54/59

重訂楊園先生全集　(清)張履祥撰　清同治十年(1871)江蘇書局刻本　十六冊

430000－2401－0035237　54/59(1)

重訂楊園先生全集　(清)張履祥撰　清同治十年(1871)江蘇書局刻本　十六冊

430000－2401－0035238　54/59(2)

重訂楊園先生全集　(清)張履祥撰　清同治十年(1871)江蘇書局刻本　十六冊

430000－2401－0035239　54/109

潛園總集　(清)陸心源撰　清同治、光緒刻本　一百二十三冊

430000－2401－0035240　54/161

三魚堂全集　(清)陸隴其撰　清同治七年(1868)龍城楊氏家刻本　十六冊

430000－2401－0035241　54/91

陸子全書　(清)陸隴其撰　清光緒十六年(1890)宗培等刻本　二十冊

430000－2401－0035242　54/160

湯文正公遺書　(清)湯斌撰　清康熙、乾隆道光遞修本　十冊

430000－2401－0035243　54/160(1)

湯文正公遺書　(清)湯斌撰　清康熙、乾隆道光遞修本　六冊

430000－2401－0035244　54/160(2)

湯文正公遺書　(清)湯斌撰　清康熙、乾隆道光遞修本　六冊

430000－2401－0035245　54/160(3)

湯文正公遺書　(清)湯斌撰　清康熙、乾隆道光遞修本　十四冊

430000－2401－0035246　54/48

湯文正公全集　(清)湯斌撰　清同治九年

（1870）蘇廷魁刻本　十二冊

430000－2401－0035247　54/147
曾文正公全集　（清）曾國藩撰　清同治、光
緒湖南傳忠書局刻本　一百二十冊

430000－2401－0035248　54/147（1）
曾文正公全集　（清）曾國藩撰　清同治、光
緒湖南傳忠書局刻本　一百二十八冊

430000－2401－0035249　54/147（2）
曾文正公全集　（清）曾國藩撰　清同治、光
緒湖南傳忠書局刻本　一百二十九冊

430000－2401－0035250　54/147（3）
曾文正公全集　（清）曾國藩撰　清同治、光
緒湖南傳忠書局刻本　一百二十冊

430000－2401－0035251　54/147（4）
曾文正公全集　（清）曾國藩撰　清同治、光
緒湖南傳忠書局刻本　一百二十四冊

430000－2401－0035252　54/147（5）
曾文正公全集　（清）曾國藩撰　清同治、光
緒湖南傳忠書局刻本　一百二十八冊

430000－2401－0035253　54/147（6）
曾文正公全集　（清）曾國藩撰　清同治、光
緒湖南傳忠書局刻本　一百二十七冊

430000－2401－0035254　54/147（7）
曾文正公全集　（清）曾國藩撰　清同治、光
緒湖南傳忠書局刻本　一百二十八冊

430000－2401－0035255　54/147（8）
曾文正公全集　（清）曾國藩撰　清同治、光
緒湖南傳忠書局刻本　一百二十八冊

430000－2401－0035256　54/147（9）
曾文正公全集　（清）曾國藩撰　清同治、光
緒湖南傳忠書局刻本　一百二十八冊

430000－2401－0035257　54/147（10）
曾文正公全集　（清）曾國藩撰　清同治、光
緒湖南傳忠書局刻本　一百二十二冊

430000－2401－0035258　54/147（11）
曾文正公全集　（清）曾國藩撰　清同治、光

緒湖南傳忠書局刻本　一百二十八冊

430000－2401－0035259　54/148
曾文正全集　（清）曾國藩撰　清光緒二十九
年（1903）鴻寶書局石印本　十八冊

430000－2401－0035260　54/153
曾忠襄公全集　（清）曾國荃撰　清光緒二十
九年（1903）刻本　六十四冊

430000－2401－0035261　54/153（1）
曾忠襄公全集　（清）曾國荃撰　清光緒二十
九年（1903）刻本　六十四冊

430000－2401－0035262　54/153（2）
曾忠襄公全集　（清）曾國荃撰　清光緒二十
九年（1903）刻本　六十四冊

430000－2401－0035263　54/153（3）
曾忠襄公全集　（清）曾國荃撰　清光緒二十
九年（1903）刻本　六十四冊

430000－2401－0035264　54/153（4）
曾忠襄公全集　（清）曾國荃撰　清光緒二十
九年（1903）刻本　六十四冊

430000－2401－0035265　54/153（5）
曾忠襄公全集　（清）曾國荃撰　清光緒二十
九年（1903）刻本　六十四冊

430000－2401－0035266　54/153（6）
曾忠襄公全集　（清）曾國荃撰　清光緒二十
九年（1903）刻本　二十二冊

430000－2401－0035267　54/153（7）
曾忠襄公全集　（清）曾國荃撰　清光緒二十
九年（1903）刻本　二十冊

430000－2401－0035268　54/194
曾惠敏公遺集　（清）曾紀澤撰　清光緒十九
年（1893）江南製造總局鉛印本　八冊

430000－2401－0035269　54/194（1）
曾惠敏公遺集　（清）曾紀澤撰　清光緒十九
年（1893）江南製造總局鉛印本　八冊

430000－2401－0035270　54/194（2）
曾惠敏公遺集　（清）曾紀澤撰　清光緒十九

年(1893)江南製造總局鉛印本　八冊

430000－2401－0035271　54/194(3)

曾惠敏公遺集　(清)曾紀澤撰　清光緒十九
年(1893)江南製造總局鉛印本　八冊

430000－2401－0035272　54/194(4)

曾惠敏公遺集　(清)曾紀澤撰　清光緒十九
年(1893)江南製造總局鉛印本　八冊

430000－2401－0035273　54/170

小謨觴館全集　(清)彭兆蓀撰　(清)孫元培
　(清)孫長熙註　清光緒鎮洋繆朝荃刻清光
緒三十二年(1906)匯印本　二十冊

430000－2401－0035274　54/170(1)

小謨觴館全集　(清)彭兆蓀撰　(清)孫元培
　(清)孫長熙註　清光緒鎮洋繆朝荃刻清光
緒三十二年(1906)匯印本　二十冊

430000－2401－0035275　54/170(2)

小謨觴館全集　(清)彭兆蓀撰　(清)孫元培
　(清)孫長熙註　清光緒鎮洋繆朝荃刻清光
緒三十二年(1906)匯印本　十二冊

430000－2401－0035276　54/145

南畇全集　(清)彭定求撰　清同治九年至光
緒七年(1870－1881)刻本　十五冊

430000－2401－0035277　54/119

儆季雜著　(清)黃以周撰　清光緒二十年
(1894)江蘇南菁講舍刻本　十冊

430000－2401－0035278　54/119(1)

儆季雜著　(清)黃以周撰　清光緒二十年
(1894)江蘇南菁講舍刻本　十冊

430000－2401－0035279　54/119(2)

儆季雜著　(清)黃以周撰　清光緒二十年
(1894)江蘇南菁講舍刻本　十冊

430000－2401－0035280　54/211

儆居集　(清)黃式三撰　清同治、光緒刻儆
居遺書本　八冊

430000－2401－0035281　54/183

有恆心齋集　(清)程鴻詔撰　清同治刻本
十冊

430000－2401－0035282　54/183(1)

有恆心齋集　(清)程鴻詔撰　清同治刻本
八冊

430000－2401－0035283　54/183(2)

有恆心齋集　(清)程鴻詔撰　清同治刻本
八冊

430000－2401－0035284　54/99

焦氏遺書　(清)焦循撰　清光緒二年(1876)
衡陽魏氏刻本　四十冊

430000－2401－0035285　54/99(1)

焦氏遺書　(清)焦循撰　清光緒二年(1876)
衡陽魏氏刻本　四十冊

430000－2401－0035286　54/99(2)

焦氏遺書　(清)焦循撰　清光緒二年(1876)
衡陽魏氏刻本　三十八冊

430000－2401－0035287　54/99(3)

焦氏遺書　(清)焦循撰　清光緒二年(1876)
衡陽魏氏刻本　四十冊

430000－2401－0035288　54/99(4)

焦氏遺書　(清)焦循撰　清光緒二年(1876)
衡陽魏氏刻本　四十冊

430000－2401－0035289　54/180

董方立遺書　(清)董祐誠撰　清同治八年
(1869)董貽清成都刻本　五冊

430000－2401－0035290　54/180(1)

董方立遺書　(清)董祐誠撰　清同治八年
(1869)董貽清成都刻本　五冊

430000－2401－0035291　54/180(2)

董方立遺書　(清)董祐誠撰　清同治八年
(1869)董貽清成都刻本　五冊

430000－2401－0035292　54/180(3)

董方立遺書　(清)董祐誠撰　清同治八年
(1869)董貽清成都刻本　五冊

430000－2401－0035293　54/180(4)

董方立遺書　(清)董祐誠撰　清同治八年
(1869)董貽清成都刻本　一冊

430000－2401－0035294　54/180（5）

董方立遺書 （清）董祐誠撰　清同治八年
(1869)董貽清成都刻本　一冊

430000－2401－0035295　54/55

楊氏全書 （清）楊名時撰　清乾隆五十九年
(1794)江陰葉廷甲水心草堂刻本　八冊

430000－2401－0035296　54/55（1）

楊氏全書 （清）楊名時撰　清乾隆五十九年
(1794)江陰葉廷甲水心草堂刻本　八冊

430000－2401－0035297　54/55（2）

楊氏全書 （清）楊名時撰　清乾隆五十九年
(1794)江陰葉廷甲水心草堂刻本　八冊

430000－2401－0035298　54/190

坦園全集 （清）楊恩壽撰　清光緒長沙楊氏
刻本　二十四冊

430000－2401－0035299　54/190（1）

坦園全集 （清）楊恩壽撰　清光緒長沙楊氏
刻本　二十冊

430000－2401－0035300　54/190（2）

坦園全集 （清）楊恩壽撰　清光緒長沙楊氏
刻本　九冊

430000－2401－0035301　54/190（3）

坦園全集 （清）楊恩壽撰　清光緒長沙楊氏
刻本　六冊

430000－2401－0035302　54/190（4）

坦園全集 （清）楊恩壽撰　清光緒長沙楊氏
刻本　六冊

430000－2401－0035303　54/190（5）

坦園全集 （清）楊恩壽撰　清光緒長沙楊氏
刻本　十冊

430000－2401－0035304　54/190（6）

坦園全集 （清）楊恩壽撰　清光緒長沙楊氏
刻本　二十五冊

430000－2401－0035305　54/195

息柯居士全集 （清）楊翰撰　清同治、光緒
刻本　二十冊

430000－2401－0035306　54/195（2）

息柯居士全集 （清）楊翰撰　清同治、光緒
刻本　五冊

430000－2401－0035307　54/195（3）

息柯居士全集 （清）楊翰撰　清同治、光緒
刻本　四冊

430000－2401－0035308　54/195（5）

息柯居士全集 （清）楊翰撰　清同治、光緒
刻本　十四冊

430000－2401－0035309　54/195（6）

息柯居士全集 （清）楊翰撰　清同治、光緒
刻本　十冊

430000－2401－0035310　54/195（1）

息柯居士全集 （清）楊翰撰　清同治、光緒
刻本　十二冊

430000－2401－0035311　54/195（4）

息柯居士全集 （清）楊翰撰　清同治、光緒
刻本　八冊

430000－2401－0035312　54/209

十二樹梅花書屋叢著 （清）鄒均撰　清道光
中刻本　十冊

430000－2401－0035313　54/58

鄒徵君遺書 （清）鄒伯奇撰　清同治十二年
(1873)鄒達泉拾芥園刻本　五冊

430000－2401－0035314　54/171

新化鄒氏學藝齋遺書 （清）鄒漢勛撰　清光
緒四年(1878)攸縣龍汝霖南昌刻本　十二冊

430000－2401－0035315　54/57

鄒叔子遺書 （清）鄒漢勛撰　清光緒刻本
十四冊

430000－2401－0035316　54/57（1）

鄒叔子遺書 （清）鄒漢勛撰　清光緒刻本
十四冊

430000－2401－0035317　54/57（2）

鄒叔子遺書 （清）鄒漢勛撰　清光緒刻本
十二冊

430000－2401－0035318　54/57(3)

鄒叔子遺書　（清）鄒漢勛撰　清光緒刻本
十四冊

430000－2401－0035319　54/57(4)

鄒叔子遺書　（清）鄒漢勛撰　清光緒刻本
十四冊

430000－2401－0035320　54/86

趙太史竹岡齋九種　（清）趙敬襄撰　清嘉
慶、道光刻本　六冊

430000－2401－0035321　54/72

甌北全集　（清）趙翼撰　清光緒三年(1877)
刻本　六十冊

430000－2401－0035322　54/72(1)

甌北全集　（清）趙翼撰　清光緒三年(1877)
刻本　四十一冊

430000－2401－0035323　54/112

潘相所著書　（清）潘相撰　清刻本　五十
五冊

430000－2401－0035324　54/112(1)

潘相所著書　（清）潘相撰　清刻本　六十
七冊

430000－2401－0035325　54/154

養一齋集　（清）潘德輿撰　清道光、咸豐刻
同治補刻本　十六冊

430000－2401－0035326　54/154(1)

養一齋集　（清）潘德輿撰　清道光、咸豐刻
同治補刻本　十九冊

430000－2401－0035327　54/205

蔣侑石遺書　（清）蔣曰豫撰　清光緒三年
(1877)蓮池書局刻本　四冊

430000－2401－0035328　54/116

蔣超伯所著書　（清）蔣超伯撰　清同治六年
(1867)刻本　十一冊

430000－2401－0035329　393.1/288

春暉閣雜著　（清）蔣湘南撰　清光緒十四年
(1888)長白豫山湘南臬署會心閣刻本　二冊

430000－2401－0035330　54/176

黎文肅公遺書　（清）黎培敬撰　清光緒十七
年(1891)湘潭黎氏刻本　二十冊

430000－2401－0035331　54/137

鄧厚庵先生遺書　（清）鄧逢光撰　清道光刻
本　十九冊

430000－2401－0035332　54/157

藻川堂全集　（清）鄧繹撰　清光緒刻本
八冊

430000－2401－0035333　54/157(1)

藻川堂全集　（清）鄧繹撰　清光緒刻本　二冊

430000－2401－0035334　54/19

劉端臨先生遺書　（清）劉台拱撰　清道光十
四年(1834)世德堂刻本　二冊

430000－2401－0035335　54/19(1)

劉端臨先生遺書　（清）劉台拱撰　清道光十
四年(1834)世德堂刻本　二冊

430000－2401－0035336　54/21－2

槐軒全書　（清）劉沅撰　清道光豫誠堂刻本
四十四冊

430000－2401－0035337　54/21

槐軒全書　（清）劉沅撰　清咸豐至民國刻本
一百四十冊

430000－2401－0035338　54/21－5

槐軒全書　（清）劉沅撰　清光緒十年(1884)
豫誠堂刻本　十冊

430000－2401－0035339　54/21－5(1)

槐軒全書　（清）劉沅撰　清光緒十年(1884)
豫誠堂刻本　二冊

430000－2401－0035340　54/163

劉武慎公遺書　（清）劉長佑撰　清光緒十六
年(1890)金陵刻本　二十五冊

430000－2401－0035341　54/163(1)

劉武慎公遺書　（清）劉長佑撰　清光緒十六
年(1890)金陵刻本　二十四冊

430000－2401－0035342　54/163(2)

劉武慎公遺書　（清）劉長佑撰　清光緒十六年(1890)金陵刻本　二十四冊

430000－2401－0035343　54/163（3）

劉武慎公遺書　（清）劉長佑撰　清光緒十六年(1890)金陵刻本　二十五冊

430000－2401－0035344　54/163－2

劉武慎公遺書　（清）劉長佑撰　清光緒二十六年(1900)鉛印本　二十八冊

430000－2401－0035345　54/163－2（1）

劉武慎公遺書　（清）劉長佑撰　清光緒二十六年(1900)鉛印本　二十八冊

430000－2401－0035346　54/163－2（2）

劉武慎公遺書　（清）劉長佑撰　清光緒二十六年(1900)鉛印本　二十八冊

430000－2401－0035347　54/163－2（3）

劉武慎公遺書　（清）劉長佑撰　清光緒二十六年(1900)鉛印本　二十八冊

430000－2401－0035348　54/163－2（4）

劉武慎公遺書　（清）劉長佑撰　清光緒二十六年(1900)鉛印本　二十三冊

430000－2401－0035349　54/163－2（5）

劉武慎公遺書　（清）劉長佑撰　清光緒二十六年(1900)鉛印本　二十一冊

430000－2401－0035350　54/164

劉忠誠公遺集　（清）劉坤一撰　清宣統元年(1909)刻本　六十四冊

430000－2401－0035351　54/164（1）

劉忠誠公遺集　（清）劉坤一撰　清宣統元年(1909)刻本　六十四冊

430000－2401－0035352　54/164（2）

劉忠誠公遺集　（清）劉坤一撰　清宣統元年(1909)刻本　五十六冊

430000－2401－0035353　54/14

古桐書屋六種　（清）劉熙載撰　清同治、光緒刻本　四冊

430000－2401－0035354　54/108

嘉定錢氏潛研堂全書　（清）錢大昕撰　清光緒十年(1884)長沙龍氏家塾刻本　八十冊

430000－2401－0035355　54/108（1）

嘉定錢氏潛研堂全書　（清）錢大昕撰　清光緒十年(1884)長沙龍氏家塾刻本　八十冊

430000－2401－0035356　54/108（2）

嘉定錢氏潛研堂全書　（清）錢大昕撰　清光緒十年(1884)長沙龍氏家塾刻本　六十八冊

430000－2401－0035357　54/108（3）

嘉定錢氏潛研堂全書　（清）錢大昕撰　清光緒十年(1884)長沙龍氏家塾刻本　六十八冊

430000－2401－0035358　54/108（4）

嘉定錢氏潛研堂全書　（清）錢大昕撰　清光緒十年(1884)長沙龍氏家塾刻本　六十四冊

430000－2401－0035359　△54/3

田間全集　（清）錢澄之撰　清康熙斠雄堂刻本　十冊　存五十二卷(文集三十卷、詩集二十二卷)

430000－2401－0035360　54/126

桐城錢飲光先生全書　（清）錢澄之撰　清同治二年(1863)桐城斠雄堂刻本　二十冊

430000－2401－0035361　54/204

謝程山全書　（清）謝文洊撰　清道光三十年(1850)劉煜刻本　二十九冊

430000－2401－0035362　54/174

賭棋山莊全集　（清）謝章鋌撰　清光緒至民國刻本　三十三冊

430000－2401－0035363　54/95

梅莊雜著　（清）謝濟世撰　清光緒十年(1884)寄生草堂刻本　四冊

430000－2401－0035364　54/95（1）

梅莊雜著　（清）謝濟世撰　清光緒十年(1884)寄生草堂刻本　四冊

430000－2401－0035365　54/186

謝亭集　（清）謝艙撰　清光緒八年(1882)刻本　四冊

430000 - 2401 - 0035366　54/120

聶氏遺書　（清）聶鎬敏撰　清道光元年
(1821)刻本　三十六冊

430000 - 2401 - 0035367　54/90

鹿洲全集　（清）藍鼎元撰　（清）曠敏本評
清刻本　二十四冊

430000 - 2401 - 0035368　54/90(1)

鹿洲全集　（清）藍鼎元撰　（清）曠敏本評
清刻本　二十冊

430000 - 2401 - 0035369　54/90 - 2

鹿洲全集　（清）藍鼎元撰　清光緒五年
(1879)藍謙修補刻本　二十四冊

430000 - 2401 - 0035370　54/90 - 2(1)

鹿洲全集　（清）藍鼎元撰　清光緒五年
(1879)藍謙修補刻本　二十四冊

430000 - 2401 - 0035371　54/90 - 2(2)

鹿洲全集　（清）藍鼎元撰　清光緒五年
(1879)藍謙修補刻本　二十冊

430000 - 2401 - 0035372　54/90 - 2(3)

鹿洲全集　（清）藍鼎元撰　清光緒五年
(1879)藍謙修補刻本　十六冊

430000 - 2401 - 0035373　54/52

庸庵全集　（清）薛福成撰　清光緒二十四年
(1898)長沙鑄新齋刻本　十一冊

430000 - 2401 - 0035374　54/52(1)

庸庵全集　（清）薛福成撰　清光緒二十四年
(1898)長沙鑄新齋刻本　八冊

430000 - 2401 - 0035375　54/54

岣嶁叢書　（清）曠敏本撰　清乾隆曠氏刻本
十九冊

430000 - 2401 - 0035376　54/54(1)

岣嶁叢書　（清）曠敏本撰　清乾隆曠氏刻本
十七冊

430000 - 2401 - 0035377　54/54(2)

岣嶁叢書　（清）曠敏本撰　清乾隆曠氏刻本
四冊

430000 - 2401 - 0035378　54/156

東海褰冥氏三十以前舊學四種　（清）譚嗣同
撰　清光緒二十三年(1897)金陵刻本　二冊

430000 - 2401 - 0035379　54/51

羅山遺集　（清）羅澤南撰　清咸豐至同治刻
本　八冊

430000 - 2401 - 0035380　54/51(1)

羅山遺集　（清）羅澤南撰　清咸豐至同治刻
本　八冊

430000 - 2401 - 0035381　54/51(2)

羅山遺集　（清）羅澤南撰　清咸豐至同治刻
本　八冊

430000 - 2401 - 0035382　54/51(3)

羅山遺集　（清）羅澤南撰　清咸豐至同治刻
本　八冊

430000 - 2401 - 0035383　54/51 - 2

羅山遺集　（清）羅澤南撰　清末刻本　十
一冊

430000 - 2401 - 0035384　54/51 - 2(1)

羅山遺集　（清）羅澤南撰　清末刻本　十冊

430000 - 2401 - 0035385　54/51 - 2(2)

羅山遺集　（清）羅澤南撰　清末刻本　十冊

430000 - 2401 - 0035386　54/51 - 2(3)

羅山遺集　（清）羅澤南撰　清末刻本　十冊

430000 - 2401 - 0035387　54/51 - 2(4)

羅山遺集　（清）羅澤南撰　清末刻本　八冊

430000 - 2401 - 0035388　54/24

記過齋藏書　（清）蘇源生撰　清咸豐至光緒
鄢陵蘇氏刻本　十冊

430000 - 2401 - 0035389　54/66 - 2

亭林遺書　（清）顧炎武撰　清康熙吳江潘氏
遂初堂刻本　八冊

430000 - 2401 - 0035390　54/66 - 2(1)

亭林遺書　（清）顧炎武撰　清康熙吳江潘氏
遂初堂刻本　十冊

430000 - 2401 - 0035391　54/66 - 2(2)

亭林遺書 （清）顧炎武撰　清康熙吳江潘氏遂初堂刻本　六冊

430000－2401－0035392　54/66－2（3）

亭林遺書 （清）顧炎武撰　清康熙吳江潘氏遂初堂刻本　二冊

430000－2401－0035393　54/66－3

顧亭林先生遺書 （清）顧炎武撰　清蓬瀛閣刻本　八冊

430000－2401－0035394　54/66－3（1）

顧亭林先生遺書 （清）顧炎武撰　清蓬瀛閣刻本　十二冊

430000－2401－0035395　54/66－3（2）

顧亭林先生遺書 （清）顧炎武撰　清蓬瀛閣刻本　十冊

430000－2401－0035396　54/66－3（3）

顧亭林先生遺書 （清）顧炎武撰　清蓬瀛閣刻本　八冊

430000－2401－0035397　54/66－4

亭林遺書匯輯 （清）顧炎武撰　（清）朱記榮輯　清光緒十四年（1888）匯印十一年（1885）朱記榮增刻蓬瀛閣刻光緒吳縣朱氏槐廬家塾槐廬叢書本　二十四冊

430000－2401－0035398　54/66

顧亭林先生遺書 （清）顧炎武撰　清光緒三十二年（1906）匯印十一年（1885）朱記榮增刻蓬瀛閣刻本　十二冊

430000－2401－0035399　54/66（1）

顧亭林先生遺書 （清）顧炎武撰　清光緒三十二年（1906）匯印十一年（1885）朱記榮增刻蓬瀛閣刻本　十二冊

430000－2401－0035400　54/66（2）

顧亭林先生遺書 （清）顧炎武撰　清光緒三十二年（1906）匯印十一年（1885）朱記榮增刻蓬瀛閣刻本　十六冊

430000－2401－0035401　54/66（3）

顧亭林先生遺書 （清）顧炎武撰　清光緒三十二年（1906）匯印十一年（1885）朱記榮增刻蓬瀛閣刻本　十二冊

430000－2401－0035402　54/66（4）

顧亭林先生遺書 （清）顧炎武撰　清三十二年（1906）匯印光緒十一年（1885）朱記榮增刻蓬瀛閣刻本　八冊

430000－2401－0035403　54/172

平湖顧氏遺書 （清）顧廣譽撰　清光緒三年（1877）顧鴻昇刻本　十四冊

430000－2401－0035404　54/222

武陵山人遺書 （清）顧觀光撰　清光緒九年（1883）獨山莫祥芝上海刻本　六冊

430000－2401－0035405　54/165

澹靜齋全集 （清）龔景瀚撰　清道光六年（1826）恩錫堂刻本　五冊

430000－2401－0035406　54/169

楷園四種 （清）龔禮撰　清咸豐五年（1855）刻本　六冊

430000－2401－0035407　54/207

王葵園四種 王先謙撰　清光緒至民國長沙王氏刻本　十七冊

430000－2401－0035408　54/207（1）

王葵園四種 王先謙撰　清光緒至民國長沙王氏刻本　十七冊

430000－2401－0035409　54/207（2）

王葵園四種 王先謙撰　清光緒至民國長沙王氏刻本　十七冊

430000－2401－0035410　54/207（3）

王葵園四種 王先謙撰　清光緒至民國長沙王氏刻本　十八冊

430000－2401－0035411　54/207（4）

王葵園四種 王先謙撰　清光緒至民國長沙王氏刻本　十四冊

430000－2401－0035412　54/207（5）

王葵園四種 王先謙撰　清光緒至民國長沙王氏刻本　十冊

430000－2401－0035413　54/134

陶廬叢刻　王樹枏撰　清光緒至民國新城王氏刻本　三十一冊

430000－2401－0035414　54/97

琴志樓叢書　易順鼎撰　清光緒刻本　十四冊

430000－2401－0035415　54/136

寧鄉程氏全書　程頌萬撰　清光緒至民國寧鄉程氏刻本　二十冊

430000－2401－0035416　54/30

觀古堂所著書　葉德輝撰　清光緒長沙葉氏刻本　十四冊

430000－2401－0035417　54/30－2

觀古堂所著書　葉德輝撰　清光緒長沙葉氏刻本　十四冊

430000－2401－0035418　54/200

說劍堂著書　潘飛聲撰　清光緒二十四年(1898)仙城藥洲刻本　二冊

430000－2401－0035419　54/179

大鶴山房全書　鄭文焯撰　清光緒至民國刻民國九年(1920)蘇州交通圖書館匯印本　八冊

430000－2401－0035420　54/167

樊山全集　樊增祥撰　清光緒十九年(1893)渭南縣署刻　續集二十八年(1902)西安臬署刻本　二十四冊

430000－2401－0035421　54/167(1)

樊山全集　樊增祥撰　清光緒十九年(1893)渭南縣署刻　續集二十八年(1902)西安臬署刻本　二十四冊

430000－2401－0035422　54/167(2)

樊山全集　樊增祥撰　清光緒十九年(1893)渭南縣署刻　續集二十八年(1902)西安臬署刻本　十八冊

430000－2401－0035423　54/167(3)

樊山全集　樊增祥撰　清光緒十九年(1893)渭南縣署刻　續集二十八年(1902)西安臬署刻本　三十冊

430000－2401－0035424　54/167(4)

樊山全集　樊增祥撰　清光緒十九年(1893)渭南縣署刻　續集二十八年(1902)西安臬署刻本　十六冊

430000－2401－0035425　54/167(5)

樊山全集　樊增祥撰　清光緒十九年(1893)渭南縣署刻　續集二十八年(1902)西安臬署刻本　八冊

430000－2401－0035426　54/32

西學啟蒙十六種　(英國)鷺賓赫撰　(英國)艾約瑟譯　清光緒二十二年(1896)上海著易堂書局鉛印本　十六冊

430000－2401－0035427　12/2

尚書講義不分卷　(清)黃家岱述　清光緒二十一年(1895)江蘇南菁講舍刻本　一冊

430000－2401－0035428　12/3

尚書注疏二十卷　(漢)孔安國傳　(唐)孔穎達疏　明刻本　十二冊

430000－2401－0035429　12/4

敷文書說　(宋)鄭伯熊撰　清刻本　一冊

430000－2401－0035430　13/5

毛詩傳箋二十卷　(漢)鄭玄箋　江南書局刻本　二冊

430000－2401－0035431　14/6

禮記省度四卷　(清)彭頤撰　清嘉慶十二年(1807)朱墨套印本　四冊

430000－2401－0035432　14/7

四禮翼　(明)呂坤輯　清道光七年(1827)刻本　一冊

430000－2401－0035433　141/8

宋葉文康公禮經會元節本四卷　(宋)葉時撰　(清)陸隴其點定　(清)許元淮節本　清嘉慶五年(1800)瘦竹山房刻本　四冊

430000－2401－0035434　15/10

春秋輯傳辨疑一百十六卷首一卷　(清)李集鳳撰　清康熙二十七年(1688)鈔本　四十五冊

430000－2401－0035435　15/12

春秋三傳十六卷首一卷附釋文音義　（春秋）左丘明等撰　（漢）何休等注　清嘉慶十年（1805）刻本　十六冊

430000－2401－0035436　17/16

九經古義十六卷　（清）惠棟撰　清省吾堂刻本　四冊

430000－2401－0035437　17/17

十三經注疏三百四十六卷　（三國魏）王弼等注　（唐）孔穎達等疏　清同治十年（1871）廣東書局刻本　一百六十一冊

430000－2401－0035438　17/18

皇清經解續編一千四百三十卷　王先謙輯　清光緒十四年（1888）江陰南菁書院刻本　一百十冊

430000－2401－0035439　17/19

皇清經解續編一千四百三十卷　王先謙輯　清光緒十四年（1888）江陰南菁書院刻本　十七冊　存八十九卷（八十四至一百六十七、九百四十三至九百四十七）

430000－2401－0035440　18/21

四書鞭影二十卷　（清）劉鳳翔撰　清朱墨套印本　二冊　存三卷（十四至十六）

430000－2401－0035441　110/22

小學考五十卷　（清）謝啟昆撰　清光緒十五年（1889）刻本　六冊

430000－2401－0035442　1101/25

廣雅疏證十卷附博雅音十卷　（三國魏）張揖撰　（清）王念孫疏證　清光緒五年（1879）淮南書局刻本　八冊

430000－2401－0035443　1101/26

方言箋疏十三卷　（清）錢繹撰　清光緒十六年（1890）紅蝠山房刻本　六冊

430000－2401－0035444　1101/27

方言疏證十三卷　（清）戴震疏證　清光緒八年（1882）汗青簃刻本　四冊

430000－2401－0035445　1101/29

爾雅郭注義疏二十卷　（清）郝懿行撰　清同治四年（1865）刻本　八冊

430000－2401－0035446　1101/30

爾雅郭注義疏二十卷　（清）郝懿行撰　清同治四年（1865）刻本　八冊

430000－2401－0035447　1101/39

爾雅音圖三卷　（晉）郭璞撰　清嘉慶六年（1801）影宋繪圖本重摹刻本　三冊

430000－2401－0035448　1102/40

檢說文難字　（清）王筠撰　清道光十五年（1835）刻本　一冊

430000－2401－0035449　1102/41

說文解字義證五十卷　（清）桂馥撰　清刻本　八冊　存十六卷（三十五至五十）

430000－2401－0035450　1102/42

說文辨字正俗八卷　（清）李富孫撰　清同治九年（1870）刻本　四冊

430000－2401－0035451　1102/43

說文解字十五卷　（漢）許慎撰　（宋）徐鉉校定　清光緒十七年（1891）刻本　五冊

430000－2401－0035452　1102/47

續復古編四卷　（元）曹本撰　清光緒十二年（1886）歸安姚氏咫進齋刻本　四冊

430000－2401－0035453　1102/50

增廣字學舉隅四卷　（清）鐵珊輯　清同治十三年（1874）蘭州郡署刻本　四冊

430000－2401－0035454　1102/53

說文釋例二十卷　（清）王筠撰　清同治四年（1865）刻本　十冊

430000－2401－0035455　1102/54

說文解字注十五卷部目分韻一卷　（清）段玉裁撰　清嘉慶二十年（1815）刻本　十冊　缺五卷（一至五）

430000－2401－0035456　1102/55

說文解字句讀三十卷　（清）王筠撰　清同治四年（1865）刻本　十五冊　缺二卷（七至八）

430000 – 2401 – 0035457　1102/56

說文繫傳校錄三十卷　（清）王筠撰　清咸豐
七年(1857)刻本　二冊

430000 – 2401 – 0035458　1103/58

詩句題解韻編八卷　（清）陳維屏輯　清道光
十三年(1833)刻本　二冊　存三卷(一至三)

430000 – 2401 – 0035459　21/63

二十四史三千二百五十卷　清光緒三十四年
(1908)上海圖書集成局鉛印本　三百六十六
冊　缺一百二十卷(後漢書一百二十卷)

430000 – 2401 – 0035460　21/64

史記一百三十卷　（漢）司馬遷撰　清乾隆四
年(1739)刻本　一冊　存十七卷(列傳七十
一至八十七)

430000 – 2401 – 0035461　21/65

史記一百三十卷　（漢）司馬遷撰　（南朝宋）
裴駰集解　（唐）司馬貞索隱　（唐）張守節正
義　清末刻本　十三冊

430000 – 2401 – 0035462　21/66

三國志六十五卷　（晉）陳壽撰　（南朝宋）裴
松之注　清光緒十八年(1892)武林竹簡齋石
印本　四冊

430000 – 2401 – 0035463　21/68

遼史一百十六卷　（元）脫脫等撰　清同治十
二年(1873)江蘇書局刻本　六冊　存六十八
卷(一至五、四十五至六十二、七十一至一百
十五)

430000 – 2401 – 0035464　21/69

元史二百十卷　（明）宋濂等撰　清同治十二
年(1873)江蘇書局刻本　四冊　存十六卷
(五至十二、二十七至三十四)

430000 – 2401 – 0035465　21/71

增補廿四史約編　（清）鄭元慶撰　清光緒二
十八年(1902)刻本　四冊

430000 – 2401 – 0035466　21/72

廿二史劄記三十六卷　（清）趙翼撰　清嘉慶
五年(1800)刻本　八冊

430000 – 2401 – 0035467　22/77

御批歷代通鑑輯覽一百二十卷　（清）楊述曾
等纂修　清同治十三年(1874)湖南書局據乾
隆刻本重印本　四十八冊

430000 – 2401 – 0035468　22/78

御批歷代通鑑輯覽一百二十卷　（清）楊述曾
等纂修　清同治十年(1871)浙江書局刻本
四十八冊

430000 – 2401 – 0035469　22/79

御批歷代通鑑輯覽一百二十卷　（清）楊述曾
等撰　清光緒五年(1879)刻本　四十四冊
存九十二卷(一至二十四、二十七至四十二、
四十九至五十四、五十七至六十、六十三至六
十六、七十五至九十、九十五至一百、一百○
三至一百○四、一百○七至一百二十)

430000 – 2401 – 0035470　22/80

御批歷代通鑑輯覽一百二十卷　（清）楊述曾
等撰　清光緒五年(1879)刻本　一冊　存二
卷(一至二)

430000 – 2401 – 0035471　22/82

續資治通鑑二百二十卷　（清）畢沅撰　清同
治六年(1867)江蘇書局刻本　六十冊

430000 – 2401 – 0035472　22/83

東華錄四十五卷續錄七十五卷　王先謙撰
清光緒石印本　六十冊

430000 – 2401 – 0035473　22/84

咸豐東華續錄一百卷　王先謙撰　清光緒十
九年(1893)會稽籀三倉室石印本　六冊　存
二十五卷(一至二十五)

430000 – 2401 – 0035474　22/85

同治東華續錄一百卷　王先謙撰　清光緒二
十四年(1898)文瀾書局石印本　二十四冊

430000 – 2401 – 0035475　22/86

四字鑒引八卷　（清）李正中編釋　清嘉慶五
年(1800)刻本　六冊

430000 – 2401 – 0035476　22/87

史目表一卷　（清）洪飴孫輯　清光緒三年

(1877)授經堂刻本　一冊

430000－2401－0035477　22/88

新刻明朝通紀會纂　（明）王世貞纂　（明）鍾惺定　清刻本　一冊　存一卷（一）

430000－2401－0035478　22/89

紀元編三卷末一卷　（清）六承如撰　清光緒十八年(1892)長沙刻本　三冊

430000－2401－0035479　22/90

紀元編三卷末一卷　（清）六承如撰　清同治十年(1871)合肥李氏刻本　一冊

430000－2401－0035480　23/94

聖武記十四卷　（清）魏源撰　清道光二十四年(1844)古微堂刻本　十二冊

430000－2401－0035481　23/95

平定粵寇紀略十八卷附記四卷　（清）杜文瀾撰　清光緒元年(1875)詁谷堂刻本　十冊

430000－2401－0035482　23/96

蜀鑑十卷劄記一卷　（宋）郭允蹈撰　清光緒七年(1881)成都志古堂刻本　六冊

430000－2401－0035483　23/97

湘軍志十六卷　王闓運撰　清刻本　六冊

430000－2401－0035484　24/100

重訂路史前紀九卷後紀十四卷國名記八卷發揮六卷餘論十卷　（宋）羅泌撰　清嘉慶六年(1801)刻本　二十四冊

430000－2401－0035485　25/102

戰國策三十三卷劄記三卷　（漢）高誘注（宋）姚宏補注　清同治八年(1869)湖北崇文書局刻本　五冊

430000－2401－0035486　25/106

國語二十一卷　（春秋）左丘明撰　（三國吳）韋昭注　清乾隆二十七年(1762)文盛堂刻本　六冊

430000－2401－0035487　25/107

國語二十一卷附劄記一卷考異四卷　（三國吳）韋昭注　清同治八年(1869)湖北崇文書局刻本　五冊

430000－2401－0035488　25/110

欽定剿平粵匪方略四百二十卷首一卷　（清）朱學勤等撰　清同治木活字本　一百二十一冊

430000－2401－0035489　25/111

張公襄理軍務紀略六卷　（清）陳世勛等編輯　清宣統元年(1909)石印本　六冊

430000－2401－0035490　25/122

庚子交涉隅錄一卷　（清）李逢編輯　清宣統元年(1909)鉛印本　一冊

430000－2401－0035491　26/128

彭剛直公奏稿八卷　（清）彭玉麟撰　（清）俞樾輯　清光緒十七年(1891)刻本　六冊

430000－2401－0035492　26/130

南海先生戊戌奏稿不分卷　康有為撰　麥仲華輯　清宣統三年(1911)鉛印本　二冊

430000－2401－0035493　26/131

南海先生戊戌奏稿不分卷　康有為撰　麥仲華輯　清宣統三年(1911)鉛印本　一冊

430000－2401－0035494　26/132

唐陸宣公集二十二卷　（唐）陸贄撰　清道光十三年(1833)刻本　八冊

430000－2401－0035495　26/135

丁文誠公奏稿二十六卷首一卷附十五弗齋詩存一卷文存一卷　（清）丁寶楨撰　清光緒十九年(1893)刻本　二十八冊

430000－2401－0035496　271/136

曾文正公事略四卷　（清）王定安撰　清光緒元年(1875)琉璃廠龍文齋刻本　四冊

430000－2401－0035497　271/138

鹿忠節公年譜二卷　（清）陳鋐編　清鈔本　二冊

430000－2401－0035498　272/139

聖學知統錄二卷翼錄二卷致知格物解二卷　（清）魏裔介撰　清康熙七年(1668)刻本　五冊

430000－2401－0035499　272/140

元朝名臣事略十五卷　（元）蘇天爵撰　清乾隆武英殿聚珍版活字本　四冊　存七卷（一至七）

430000－2401－0035500　272/142

疇人傳四十六卷　（清）阮元撰　清揚州阮氏琅環仙館刻本　五冊

430000－2401－0035501　272/143

船山師友記十七卷首一卷　（清）羅正鈞撰　清光緒三十三年（1907）刻本　四冊

430000－2401－0035502　29/149

皇朝藩部要略十八卷表四卷　（清）祁韻士纂　毛嶽生編　清道光二十五年（1845）筠淥山房刻本　八冊

430000－2401－0035503　211.1/152

天下郡國利病書一百二十卷　（明）顧炎武撰　清敷文閣活字本　十八冊　存四十八卷（四十五至九十二）

430000－2401－0035504　211.1/153

讀史方輿紀要一百三十卷　（清）顧祖禹撰　清敷文閣刻本　八十一冊

430000－2401－0035505　211.1/154

讀史方輿紀要二百卷　（清）顧祖禹撰　清刻本　一冊　存一卷（十）

430000－2401－0035506　211.1/155

吉林通志一百二十二卷圖一卷　（清）長順修　（清）李桂林纂　清光緒十七年（1891）刻本　四十九冊

430000－2401－0035507　211.1/156

歷代地理沿革圖　（清）馬徵麟撰　清同治十一年（1872）金陵刻本　一冊

430000－2401－0035508　211.1/157

歷代地理沿革圖　（清）馬徵麟撰　清光緒十八年（1892）長沙刻本　一冊

430000－2401－0035509　211.1/158

歷代地理志韻編今釋二十卷　（清）李兆洛輯　清光緒十八年（1892）長沙刻本　十冊

430000－2401－0035510　211.1/159

歷代地理韻編今釋二十卷　（清）李兆洛輯　清同治九年（1870）合肥李氏刻本　四冊

430000－2401－0035511　211.1/160

皇朝輿地韻編二卷　（清）李兆洛輯　清同治九年（1870）合肥李氏刻本　一冊

430000－2401－0035512　211.1/161

皇朝輿地韻編二卷　（清）李兆洛輯　皇朝輿地韻編增補一卷　（清）饒鼎達輯　清光緒十八年（1892）長沙刻本　二冊

430000－2401－0035513　211.1/162

皇朝中外一統輿圖三十二卷　（清）胡林翼　（清）嚴樹森撰　（清）鄒世詒　（清）晏啟鎮編繪　清同治二年（1863）湖北撫署刻本　三十二冊

430000－2401－0035514　211.1/164

萬國總說三卷　（清）朱克敬撰　清末刻本　一冊　存二卷（中下）

430000－2401－0035515　211.1/170

西藏通覽二編　（日本）山縣初男編　清光緒鉛印本　四冊

430000－2401－0035516　211.2/175

臺灣戰紀二卷　（清）洪棄父纂　清光緒三十二年（1906）鉛印本　一冊

430000－2401－0035517　211.2/176

寧夏府志節要　（清）秦小游鈔　清光緒二十七年（1901）鈔本　一冊

430000－2401－0035518　211.4/179

籌海初集四卷　（清）關天培撰　清道光刻本　一冊　存一卷（三）

430000－2401－0035519　211.5/180

約園志不分卷　（清）徐樹銘輯　清光緒二十三年（1897）刻本　一冊

430000－2401－0035520　211.5/181

清涼山志十卷　（明）釋鎮澄修　清乾隆二十年（1755）刻本　四冊

430000－2401－0035521　211.8/185

衛藏圖識五卷　（清）魯華祝　（清）周藹同撰

清刻本　一冊　缺四卷(圖考上、識略二卷、蠻語一卷)

430000 - 2401 - 0035522　211.8/186

瀛環志略十卷首一卷　(清)徐繼畬撰　清光緒六年(1880)楚南周鯤刻本　六冊

430000 - 2401 - 0035523　211.8/187

海國圖志一百卷　(清)魏源撰　清光緒二年(1876)平慶涇固道署刻本　八冊

430000 - 2401 - 0035524　211.8/188

海國圖志一百卷　(清)魏源撰　清光緒二年(1876)平慶涇固道署刻本　十二冊　存五十二卷(三十六至六十四、七十八至一百)

430000 - 2401 - 0035525　211.8/189

海國圖志六十卷　(清)魏源撰　清道光二十九年(1849)古微堂刻本　十六冊　存二十九卷(一至二十九)

430000 - 2401 - 0035526　211.8/190

海國圖志六十卷　(清)魏源撰　清道光二十九年(1849)古微堂刻本　六冊　存十四卷(一至十四)

430000 - 2401 - 0035527　212.1/191

光緒甲午科直省鄉墨藝萃二卷　(清)劉元亮撰　清光緒二十年(1894)復合堂刻本　一冊

430000 - 2401 - 0035528　213/192

林文忠公政書三十七卷　(清)林則徐撰　清刻本　二十冊

430000 - 2401 - 0035529　213/193

林文忠公政書三十七卷　(清)林則徐撰　清光緒刻本　十六冊

430000 - 2401 - 0035530　213.1/194

皇朝續文獻通考三百二十卷　(清)劉錦藻纂　清光緒三十一年(1905)堅匏菴鉛印本　三十一冊

430000 - 2401 - 0035531　213.1/195

通志二百卷　(宋)鄭樵撰　清光緒二十七年(1901)上海圖書集成局鉛印本　六十冊

430000 - 2401 - 0035532　213.1/195/2

通志二百卷　(宋)鄭樵撰　清光緒二十七年(1901)上海圖書集成局鉛印本　二冊　存十二卷(五十一至六十二)

430000 - 2401 - 0035533　213.1/196

欽定續通志六百四十卷附六通訂誤一卷　(清)嵇璜　(清)曹仁虎等纂修　清光緒二十七年(1901)上海圖書集成局鉛印本　六十一冊

430000 - 2401 - 0035534　213.1/197

皇朝通志一百二十六卷　(清)嵇璜　(清)曹仁虎等纂修　清光緒二十七年(1901)上海圖書集成局鉛印本　十二冊

430000 - 2401 - 0035535　213.1/198

通典二百卷　(唐)杜佑纂　清光緒二十七年(1901)上海圖書集成局鉛印本　十六冊

430000 - 2401 - 0035536　213.1/199

欽定續通典一百五十卷　(清)嵇璜　(清)曹仁虎等纂修　清光緒二十七年(1901)上海圖書集成局鉛印本　十二冊

430000 - 2401 - 0035537　213.1/200

皇朝通典一百卷　(清)嵇璜　(清)曹仁虎等纂修　清光緒二十七年(1901)上海圖書集成局鉛印本　十二冊

430000 - 2401 - 0035538　213.1/201

文獻通考三百四十八卷考證三卷　(元)馬端臨撰　清光緒二十七年(1901)上海圖書集成局鉛印本　四十四冊

430000 - 2401 - 0035539　213.1/202

續文獻通考三百五十卷　(清)嵇璜　(清)曹仁虎等纂修　清光緒二十七年(1901)上海圖書集成局鉛印本　三十五冊　存二百四十四卷(七至二百五十)

430000 - 2401 - 0035540　213.1/203

皇朝文獻通考三百卷　(清)嵇璜　(清)曹仁虎等纂修　清光緒二十七年(1901)上海圖書集成局鉛印本　四十六冊　存二百八十八卷(十三至三百)

430000－2401－0035541　213.1/204

各國立約始末記三十卷首二卷　（清）陸元鼎編　清光緒三十二年(1906)上海商務印書館鉛印本　十冊　存十一卷(一至九、首二卷)

430000－2401－0035542　213.1/205

經世挈要二十二卷　（明）張燧撰　明崇禎六年(1633)刻本　七冊　存九卷(一、十五至二十二)

430000－2401－0035543　213.1/206

皇朝經世文新增續編一百二十卷　（清）葛士濬輯　清鉛印本　一冊　存七卷(六十二至六十八)

430000－2401－0035544　213.1/208

典故紀聞十八卷　（明）余繼登撰　清光緒五年(1879)定州王氏謙德堂畿輔叢書本　四冊

430000－2401－0035545　213.1/209

柔遠新書四卷　（清）朱克敬撰　清光緒刻本　一冊

430000－2401－0035546　213.1/210

新政應試必讀約鈔　清光緒二十九年(1903)有益堂刻本　一冊

430000－2401－0035547　213.1/215

星軺指掌三卷續一卷　（普魯士）馬爾頓撰　（清）聯芳　（清）慶常譯　清光緒二年(1876)同文館聚珍版本　四冊

430000－2401－0035548　213.2/216

欽定學堂章程　時中書局編輯　清光緒三十年(1904)上海時中書局石印本　二冊

430000－2401－0035549　213.2/219

最新學校管理法　竣實學堂譯輯　清光緒二十九年(1903)山東官印書局鉛印本　一冊

430000－2401－0035550　213.2/220

輶軒語不分卷　（清）張之洞撰　清光緒二年(1876)刻本　一冊

430000－2401－0035551　213.2/221

輶軒語不分卷　（清）張之洞撰　清光緒刻本　一冊

430000－2401－0035552　213.3/222

健餘先生撫豫條教四卷　（清）張受長輯　清光緒五年(1879)定州王氏謙德堂畿輔叢書本　一冊

430000－2401－0035553　213.4/225

請纓日記十卷　（清）唐景崧撰　清光緒十九年(1893)臺灣布政司刻本　二冊　存八卷(一至八)

430000－2401－0035554　213.6/230

操勝要覽　（清）王韜撰　清光緒十一年(1885)敦懷書屋校刻本　一冊

430000－2401－0035555　214.1/234

書目答問四卷附叢書目一卷姓名略一卷　（清）張之洞撰　清光緒刻本　二冊

430000－2401－0035556　214.2/237

愙齋集古錄　（清）吳大澂撰　清光緒二十二年(1896)涵芬樓影印本　二冊　存二冊(二十、二十二)

430000－2401－0035557　214.2/240

陶齋吉金錄八卷　（清）端方撰　清光緒三十四年(1908)有正書局石印本　八冊

430000－2401－0035558　215/242

欽定明鑑二十四卷首一卷　（清）托津等撰　清同治九年(1870)湖北崇文書局刻本　十冊

430000－2401－0035559　215/243

東萊博議　（宋）呂祖謙撰　石印本　一冊　存二卷(三至四)

430000－2401－0035560　215/244

東萊先生左氏博議二十五卷　（宋）呂祖謙撰　清光緒二十三年(1897)湖南書局刻本　六冊

430000－2401－0035561　215/246

讀史管見三卷　（清）李晚芳撰　清嘉慶二十三年(1818)刻本　一冊

430000－2401－0035562　215/247

史通通釋二十卷　（清）浦起龍撰　清光緒十

九年(1893)上海文瑞樓石印本　七冊

430000－2401－0035563　215/248

宋史論三卷　(明)張溥撰　清末刻本　一冊

430000－2401－0035564　215/249

元史論一卷　(明)張溥撰　清末刻本　與

430000－2401－0035563、430000－2401－0035565 合訂一冊

430000－2401－0035565　215/250

明史論四卷　(清)谷應泰撰　清末刻本　一冊

430000－2401－0035566　216/251

萬國通鑑四卷　(美國)謝衛樓撰　清光緒八年(1882)刻本　二冊

430000－2401－0035567　216/252

萬國通史前編十卷　(英國)李斯倫白約翰編　清光緒二十六年(1900)上海廣學會鉛印本　十冊

430000－2401－0035568　216/255

日本維新三十年史十二編　(日本)博文館編輯　清光緒二十八年(1902)上海廣智書局鉛印本　三冊

430000－2401－0035569　216/256

希臘春秋八卷　王樹枬撰　清光緒三十二年(1906)刻本　一冊

430000－2401－0035570　216/257

彼得興俄記　王樹枬撰　清末刻本　一冊

430000－2401－0035571　31/258

正蒙二卷　(宋)張載撰　清刻本　一冊

430000－2401－0035572　31/259

鹽鐵論集釋十卷　(清)徐德培撰　清光緒鉛印本　一冊

430000－2401－0035573　31/260

荀子二十卷首一卷　(戰國)荀況撰　(唐)楊倞注　王先謙集解　清光緒十七年(1891)長沙王氏刻本　六冊

430000－2401－0035574　31/262

朱子原訂近思錄十四卷　(清)江永集注　清

同治七年(1868)崇文書局刻本　四冊

430000－2401－0035575　31/263

天崇輯要二卷名墨輯要二卷國朝輯要四卷　(清)孫伯龍輯　清光緒七年(1881)刻本　一冊

430000－2401－0035576　31/267

五子性理體注八卷　(清)張道升纂輯　清刻本　一冊

430000－2401－0035577　31/268

增訂五子近思錄十四卷　(清)汪佑輯　清刻本　三冊

430000－2401－0035578　31/273

勸學篇二卷　(清)張之洞撰　清光緒二十四年(1898)兩湖書院刻本　一冊

430000－2401－0035579　32/274

權制八卷　(清)陳澹然撰　清光緒二十六年(1900)長沙徐崇立刻本　一冊

430000－2401－0035580　32/276

蹶張心法附刀槍法選　(清)程宗猷撰　清道光二十二年(1842)聚文堂刻本　二冊

430000－2401－0035581　32/277

讀史兵略四十六卷　(清)胡林翼撰　清刻本　十二冊

430000－2401－0035582　32/278

讀史兵略四十六卷　(清)胡林翼撰　清刻本　十六冊

430000－2401－0035583　33/280

商君書五卷　(秦)商鞅撰　清光緒二年(1876)浙江書局刻本　一冊

430000－2401－0035584　34/281

農書二十二卷　(元)王禎撰　清刻本　六冊　缺一卷(一)

430000－2401－0035585　34/282

農書二十二卷　(元)王禎撰　清刻本　一冊

430000－2401－0035586　35/283

新刊黃帝內經靈樞二十四卷　(唐)王冰注

明周曰校刻本　四册

430000－2401－0035587　35/284

重廣補注黃帝内經素問二十四卷 （唐）王冰
注　明周曰校刻本　八册

430000－2401－0035588　362/288

數學精詳十一卷首一卷末一卷 （清）屈曾發
輯　清乾隆刻本　四册

430000－2401－0035589　263/289

化學衛生論四卷 （英國）真司騰撰　（英國）
傅蘭雅口譯　清光緒十六年(1890)上海格致
書室校訂刻本　一册　存一卷(一)

430000－2401－0035590　371/291

皇極經世全書解八卷首一卷 （清）王檀輯
清乾隆刻本　八册

430000－2401－0035591　281/298

碑帖　清拓印本　一册

430000－2401－0035592　282/299

圜丘壇樂章　清刻本　一册

430000－2401－0035593　391/300

泊如齋重修宣和博古圖錄三十卷 （宋）王黼
等撰　明萬曆十六年(1588)泊如齋刻本　二
册　存九卷(一至三、六至九、十四至十五)

430000－2401－0035594　391/301

西清古鑒四十卷 （清）梁詩正等編　清石印
本　二册　存七卷(二十至二十一、三十六至
四十)

430000－2401－0035595　391/302

西清古鑒錢錄十六卷 （清）梁詩正等編　清
石印本　一册　存九卷(一至九)

430000－2401－0035596　391/303

西清續鑒甲篇二十卷附錄一卷 （清）王傑等
編　清宣統二年(1910)涵芬樓依寧壽宫寫本
影印　十一册

430000－2401－0035597　391/304

西清續鑒甲篇二十卷附錄一卷 （清）王傑等
編　清宣統二年(1910)涵芬樓依寧壽宫寫本
影印　五册　存五卷(一至五)

430000－2401－0035598　391/305

古玉圖考不分卷 （清）吳大澂撰　清光緒十
五年(1889)上海同文書局石印本　四册

430000－2401－0035599　310.1/310

淮南子二十一卷 （漢）劉安撰　（漢）高誘注
清光緒二年(1876)浙江書局刻本　六册

430000－2401－0035600　310.1/311

墨子閒詁十五卷附錄一卷後語二卷 （清）孫
詒讓撰　清光緒三十三年(1907)上海涵芬樓
影印本　八册

430000－2401－0035601　310.2/312

菉友肊說一卷 （清）王筠撰　清道光十六年
(1836)武陽學署刻本　一册

430000－2401－0035602　310.2/313

陔餘叢考四十三卷 （清）趙翼撰　清乾隆五
十五年(1790)刻本　四册　存二十三卷(一
至二十三)

430000－2401－0035603　310.2/314

述學内篇三卷外篇一卷補遺一卷別錄一卷
（清）汪中撰　清同治八年(1869)揚州書局刻
本　二册

430000－2401－0035604　310.2/315

日知錄集釋三十二卷刊誤二卷續刊誤二卷
（清）黃汝成撰　清同治十一年(1872)湖北崇
文書局刻本　十六册

430000－2401－0035605　310.2/316

日知錄三十二卷 （清）顧炎武撰　清刻本
五册　存十二卷(二十一至三十二)

430000－2401－0035606　310.2/317

日知錄之餘四卷 （清）顧炎武撰　清刻本
一册

430000－2401－0035607　310.2/319

菰中隨筆不分卷 （清）顧炎武撰　清道光十
二年(1832)刻本　一册

430000－2401－0035608　310.4/321

學治續說一卷說贅一卷 （清）汪輝祖撰　清
同治七年(1868)湖北崇文書局刻本　一册

430000－2401－0035609　310.4/322

靜怡齋約言錄　（清）魏裔介撰　清刻本
一冊

430000－2401－0035610　310.4/323

遊藝錄　（清）俞樾撰　清刻本　一冊

430000－2401－0035611　310.4/325

策學纂要十六卷　（清）戴朋　（清）黃卷輯
清刻本　二冊

430000－2401－0035612　310.4/326

曾文正公雜著四卷　（清）曾國藩撰　清同治
十三年（1874）傳忠書局刻本　二冊

430000－2401－0035613　311/327

增訂初學行文語類四卷　（清）孫埏編輯　清
嘉慶十年（1805）刻本　二冊

430000－2401－0035614　311/329

繪圖蒙學三字經歷史圖說　（宋）王應麟撰
清刻本　一冊

430000－2401－0035615　311/330

三字經集註音疏二卷　（宋）王應麟撰　清光
緒三年（1877）大興劉氏校經堂刻本　二冊

430000－2401－0035616　311/331

四書人物類典串珠四十卷　（清）臧志仁編輯
清嘉慶九年（1804）刻本　十二冊

430000－2401－0035617　312/337

宋人百家小說一百四十三種一百四十三卷
（明）□□輯　明末刻本　十二冊

430000－2401－0035618　213.3/338

熙朝紀政八卷　（清）王慶雲撰　清光緒二十
八年（1902）石印本　一冊

430000－2401－0035619　313/347

教務紀略四卷首一卷末一卷　（清）周馥撰
清光緒三十一年（1905）南洋官報局刻本
一冊

430000－2401－0035620　314/356

太上感應篇贊義二卷　（清）俞樾撰　清同治
十一年（1872）刻本　一冊

430000－2401－0035621　314/357

太上感應篇　（晉）葛洪撰　（清）惠棟箋注
清同治六年（1867）刻本　一冊

430000－2401－0035622　422/366

**昌黎先生集四十卷外集十卷遺文一卷韓集點
勘四卷**　（唐）韓愈撰　清刻本　十一冊

430000－2401－0035623　426/374

胡文忠公遺集八十六卷首一卷　（清）胡林翼
撰　（清）李瀚章校　清同治五年（1866）黃鶴
樓刻光緒元年（1875）湖北崇文書局刻本　三
十二冊

430000－2401－0035624　426/375

左文襄公全集一百二十三卷　（清）左宗棠撰
清光緒十六年至十八年（1890－1892）刻本
一百二十冊

430000－2401－0035625　426/376

曾文正公全集一百八十卷　（清）曾國藩撰
清同治、光緒傳忠書局刻本　九十四冊　存
九十卷（曾文正公奏稿二十卷、十八家詩鈔二
十八卷、經史百家雜鈔十五卷、鳴原堂論文二
卷、曾文正公詩集四卷文集四卷、曾文正公書
劄二十八至三十三、曾文正公批牘六卷、曾文
正公雜著四卷、首一卷）

430000－2401－0035626　426/377

曾文正公全集一百八十卷　（清）曾國藩撰
清同治、光緒傳忠書局刻本　三十三冊　存
三十六卷（曾文正公奏稿十五卷、曾文正公詩
集三卷、曾文正公書札二十八至三十三、曾文
正公雜著二卷、求闕齋讀書錄十卷）

430000－2401－0035627　426/378

曾文正公文鈔四卷　（清）曾國藩撰　清同治
十二年（1873）上海醉六堂刻本　四冊

430000－2401－0035628　426/379

曾惠敏公遺集　（清）曾紀澤撰　清光緒十九
年（1893）江南製造總局刻本　四冊

430000－2401－0035630　426/387

李文忠公全集一百六十五卷首一卷　（清）李
鴻章撰　（清）吳汝綸編　清光緒三十一年

（1905）金陵刻本　一百冊

430000－2401－0035631　426/388

桐城吳先生全書　（清）吳汝綸撰　清光緒三十年（1904）刻本　五冊

430000－2401－0035632　426/389

敦煌石室遺書二十二卷　羅振玉等輯　清宣統元年（1909）誦芬室鉛印本　四冊

430000－2401－0035633　426/390

崔東壁遺書四十三卷　（清）崔述撰　清光緒五年（1879）定州王氏謙德堂畿輔叢書本　六冊　存三十三卷（唐虞考信錄四卷、夏考信錄二卷、商考信錄二卷、豐鎬考信錄一至四、洙泗考信錄四卷、孟子事實錄二卷、考信錄提要二卷、補上古考信錄二卷、考信附錄二卷、考古續說二卷、五服異同匯考三卷、讀風偶識四卷）

430000－2401－0035634　426/392

顏習齋遺書二十七卷　（清）顏元撰　清光緒定州王氏謙德堂刻畿輔叢書單行本　三冊

430000－2401－0035635　426/393

李恕谷遺書六十五卷　（清）李塨撰　清光緒七年（1881）定州王氏謙德堂刻畿輔叢書單行本　四冊　存五十四卷

430000－2401－0035636　426/394

拙尊園叢稿六卷　（清）黎庶昌撰　清光緒二十三年（1897）石印本　二冊

430000－2401－0035637　426/395

日本雜事詩二卷　（清）黃遵憲撰　清光緒十六年（1890）刻本　二冊

430000－2401－0035638　426/396

榮文忠公集四卷　（清）李榮祿撰　清光緒刻本　一冊

430000－2401－0035639　426/401

韞山堂時文全集　（清）管世銘撰　清道光三年（1823）刻本　一冊

430000－2401－0035640　428/411

真國民讀本　（清）沈聯編譯　清光緒三十一

年（1905）鉛印本　一冊

430000－2401－0035641　43/412

皇朝經世文編一百二十卷姓名總目二卷（清）賀長齡輯　清道光七年（1827）刻本　六十八冊

430000－2401－0035642　43/413

皇朝經世文續編一百二十卷姓名總目三卷（清）盛康輯　清光緒二十三年（1897）盛氏思補樓刻本　八十冊

430000－2401－0035643　43/414

皇朝經世文三編八十卷　（清）陳忠倚編　清光緒二十四年（1898）上海寶文書局石印本　五冊

430000－2401－0035644　43/415

皇朝經世文新編二十一卷　（清）麥仲華編　清光緒二十四年（1898）上海譯書局石印本　十冊

430000－2401－0035645　43/417

蒙學刻本二編　清刻本　一冊

430000－2401－0035646　43/418

明文明　清刻本　一冊

430000－2401－0035647　43/420

直省鄉墨文通五卷　（清）任筱蕃輯　清光緒復合堂刻本　一冊

430000－2401－0035648　43/425

曾文正公詩集四卷　（清）曾國藩撰　清同治十三年（1874）傳忠書局刻本　二冊

430000－2401－0035649　43/429

唐詩合選詳解十二卷　（清）劉文蔚註釋　清光緒二十四年（1898）益元書局刻本　四冊　存八卷（一至八）

430000－2401－0035650　43/430

蒙學讀本全書七卷　清末石印本　二冊

430000－2401－0035651　43/431

經史百家雜鈔二十六卷　（清）曾國藩纂　清光緒二年（1876）傳忠書局刻本　三冊　存三卷（十、二十二至二十三）

430000－2401－0035652　43/432

時藝引階合編　（清）路德編　清道光二十四年（1844）刻本　一冊

430000－2401－0035653　43/433

古今諺一卷聲調譜拾遺一卷古詩十九首解一卷　（明）楊慎輯　聲調譜拾遺　（清）翟翬撰　詩十九首解　（清）張庚撰　清刻藝海珠塵本　一冊

430000－2401－0035654　43/434

詩比興箋四卷　（清）陳沆撰　清光緒九年（1883）刻本　二冊

430000－2401－0035655　452/440

詞綜三十八卷　（清）朱彝尊輯　清同治四年（1865）刻本　二冊　存八卷（四至十一）

430000－2401－0035656　452/441

明詞綜十二卷　（清）王昶撰　清光緒二十八年（1902）刻本　一冊　存六卷（一至六）

430000－2401－0035657　452/442

國朝詞綜四十八卷　（清）王昶撰　清光緒二十八年（1902）刻本　二冊　存九卷（一至四、十五至十九）

430000－2401－0035658　454/443

詞律二十卷　（清）萬樹撰　清刻本　一冊

430000－2401－0035659　455/444

廿一史彈詞註十卷　（明）楊慎撰　張三異增定　明史彈詞註一卷　張三異撰　清乾隆五十一年（1786）視履堂刻本　二冊

430000－2401－0035660　52/447

古逸叢書一百八十九卷　（清）黎庶昌輯　清光緒十年（1884）遵義黎氏日本東京刻本　四十六冊

430000－2401－0035661　52/448

古逸叢書　（清）黎庶昌輯　清光緒十年（1884）遵義黎氏日本東京刻本　四冊

430000－2401－0035662　52/449

正誼堂全書　（清）張伯行輯　（清）楊浚重輯　清同治五年（1866）福州正誼書院刻八年至九年（1869－1870）續刻本　二百冊

430000－2401－0035663　52/450

子書百家一百〇一種五百〇九卷　（清）崇文書局輯　清光緒元年（1875）湖北崇文書局刻本　一百十冊

430000－2401－0035664　52/453

寧都三魏全集八十三卷首一卷　（清）林時益輯　清易堂刻本　三十八冊

430000－2401－0035665　52/456

玉函山房輯佚書　（清）馬國翰輯　清光緒十年（1884）楚南書局刻本　二十冊　存一百六十五卷

430000－2401－0035666　52/457

西政叢書　清光緒石印本　七冊

430000－2401－0035667　52/458

二十二子三百三十七卷　（清）浙江書局輯　清光緒浙江書局刻本　二十冊　存二十一種三百二十二卷

430000－2401－0035668　52/459

二十二子三百三十七卷　（清）浙江書局輯　清光緒浙江書局刻本　二十八冊　存八種一百二十卷

430000－2401－0035669　K/ZSH/SP005

逸周書校釋十一卷　（清）朱右曾校釋　清光緒三年（1877）湖北崇文書局刻本　一冊

430000－2401－0035670　K/ZSH/CS118/87

說文解字十五卷　（漢）許慎撰　（宋）徐鉉等校　清同治十二年（1873）羊城富文齋刻本　八冊

430000－2401－0035671　K/ZSH/SP002

段注說文解字十五卷　（清）段玉裁注　清嘉慶刻本　十五冊

430000－2401－0035672　K/ZSH/SP001

史通通釋二十卷　（清）浦起龍撰　清刻本　六冊

430000－2401－0035673　K/ZSH/CSK394

張江陵書牘　（明）張居正著　清宣統二年

（1910）上海廣智書局鉛印本　二册

430000－2401－0035674　K/ZSH/CS11/4
周易傳義音訓八卷首一卷末一卷　（宋）程頤傳　（宋）朱熹本義　（宋）呂祖謙音訓　清光緒十五年（1889）江南書局刻本　八册

430000－2401－0035675　K/ZSH/CS11/5
周易集解纂疏十卷易筮遺占一卷　（清）李道平撰　清光緒十七年（1891）三餘草堂刻湖北叢書本　十册

430000－2401－0035676　K/ZSH/CS11/6
周易程氏傳四卷　（宋）程頤撰　清同治十年（1871）六安涂氏求我齋刻河南程氏全書本　四册

430000－2401－0035677　K/ZSH/CS11/7
御纂周易折中二十二卷首一卷　（清）聖祖玄燁纂　清同治十年（1871）湖北崇文書局刻本　十二册

430000－2401－0035678　K/ZSH/CS11/8
易象通義六卷　（清）秦篤輝撰　清光緒十七年（1891）三餘草堂刻本　四册

430000－2401－0035679　K/ZSH/CS11/9
誠齋先生易傳二十卷　（宋）楊萬里撰　清刻本　五册

430000－2401－0035680　K/ZSH/CS12/10
寫定尚書不分卷　（清）吳汝綸寫定　清光緒十八年（1892）石印本　一册

430000－2401－0035681　K/ZSH/CS12/11
尚書大傳三卷　（漢）伏勝撰　（漢）鄭玄注**附序錄一卷辨偽一卷**　（清）陳壽祺撰　清光緒十四年（1888）上海蜚英館石印古經解匯函本　一册

430000－2401－0035682　K/ZSH/CS12/12
尚書古文疏證八卷　（清）閻若璩撰　**朱子古文書疑一卷**　（清）閻泳輯　清嘉慶元年（1796）天津吳人驥刻本　十册

430000－2401－0035683　K/ZSH/CS12/16
尚書誼略二十八卷敘錄一卷　（清）姚永樸撰

清光緒三十年（1904）集虛草堂刻本　三册

430000－2401－0035684　K/ZSH/CS12/17
周書斠補四卷　（清）孫詒讓撰　清光緒二十三年（1897）刻本　一册

430000－2401－0035685　K/ZSH/CS12/18
周書斠補四卷　（清）孫詒讓撰　清光緒二十六年（1900）刻本　一册

430000－2401－0035686　K/ZSH/CS13/19
詩緝三十六卷　（宋）嚴粲撰　清嘉慶十五年（1810）刻本　十二册

430000－2401－0035687　K/ZSH/CS13/20
詩總聞二十卷　（宋）王質撰　清乾隆武英殿木活字印武英殿聚珍版書本　八册

430000－2401－0035688　K/ZSH/CS14/21
周禮六卷　（漢）鄭玄注　（唐）陸德明音義　清光緒二十年（1894）金陵書局刻本　六册

430000－2401－0035689　K/ZSH/CS14/24
周禮鄭注六卷　（漢）鄭玄撰　（唐）陸德明音義　清刻本　六册

430000－2401－0035690　K/ZSH/CS14/25
周禮政要二卷　（清）孫詒讓撰　清光緒二十八年（1902）鉛印本　二册

430000－2401－0035691　K/ZSH/CS14/26
周禮故書疏證六卷　（清）宋世犖撰　清光緒六年（1880）津門徐士鑾補刻印礭山所著書本　一册

430000－2401－0035692　K/ZSH/CS15/27
儀禮正義四十卷　（清）胡培翬撰　清同治七年（1868）刻本　二十册

430000－2401－0035693　K/ZSH/CS15/29
儀禮古今文疏證二卷　（清）宋世犖撰　清光緒六年（1880）津門徐士鑾補刻印礭山所著書本　一册

430000－2401－0035694　K/ZSH/CS15/30
儀禮鄭注句讀十七卷監本正誤一卷石本誤字一卷　（清）張爾岐撰　清同治七年（1868）金陵書局刻本　四册

430000－2401－0035695　K/ZSH/CS15/31

儀禮釋官九卷首一卷　（清）胡匡衷撰　清同治八年(1869)刻本　四冊

430000－2401－0035696　K/ZSH/CS15/32

讀儀禮記二卷　（清）張惠言撰　清道光刻本　一冊

430000－2401－0035697　K/ZSH/CS16/34

(宋撫州本)禮記二十卷　（漢）鄭玄注　撫本禮記鄭注考異二卷　（清）張敦仁撰　清同治九年(1870)湖北崇文書局刻本　八冊

430000－2401－0035698　K/ZSH/CS16/35

禮記訓纂四十九卷　（清）朱彬輯　清咸豐元年(1851)宜祿堂刻本　十冊

430000－2401－0035699　K/ZSH/CS16/39

鄭氏禮記箋四十九卷　（清）郝懿辰撰　清光緒八年(1882)東路廳署刻本　十冊

430000－2401－0035700　K/ZSH/CS17/41

夏小正傳箋一卷　（清）沈秉成撰　清同治六年(1867)刻本　一冊

430000－2401－0035701　K/ZSH/CS17/42

夏小正通釋一卷　（清）梁章鉅輯　清光緒十三年(1887)浙江書局刻本　一冊

430000－2401－0035702　K/ZSH/CS17/43

夏時考訓蒙一卷　（清）鄭曉如輯　清同治八年(1869)廣州華文堂刻本　一冊

430000－2401－0035703　K/ZSH/CS17/44

明堂陰陽夏小正經傳考釋十卷列說一卷　（清）莊述祖撰　清光緒九年(1883)刻本　四冊

430000－2401－0035704　K/ZSH/CS18/46

三禮通釋二百八十卷目錄四卷　（清）林昌彝撰　清同治三年(1864)廣州刻本　四十八冊

430000－2401－0035705　K/ZSH/CS18/49

求古錄禮說十六卷補遺一卷　（清）金鶚撰　校勘記三卷　（清）王士駿撰　清光緒二年(1876)刻本　十冊

430000－2401－0035706　K/ZSH/CS18/50

禮書通故五十卷　（清）黃以周撰　清光緒十九年(1893)黃氏試館刻本　三十二冊

430000－2401－0035707　K/ZSH/CS18/51

禮器釋名十八卷　桑宣撰　清光緒二十七年(1901)宛平桑氏鐵研齋刻鐵研齋叢書本　二冊

430000－2401－0035708　K/ZSH/CS18/52

群經宮室圖二卷　（清）焦循撰　清嘉慶五年(1800)半九書壇刻本　二冊

430000－2401－0035709　K/ZSH/CS111/53

公羊逸禮考徵一卷　（清）陳奐撰　清同治七年(1868)刻本　一冊

430000－2401－0035710　K/ZSH/CS114/54

大學一卷中庸一卷　（宋）朱熹章句　清光緒元年(1875)湖北崇文書局刻本　一冊

430000－2401－0035711　K/ZSH/CS114/56

論語十卷　（宋）朱熹集注　清光緒元年(1875)湖北崇文書局刻本　二冊

430000－2401－0035712　K/ZSH/CS114/58

孟子七卷　（宋）朱熹集注　清光緒元年(1875)湖北崇文書局刻本　三冊

430000－2401－0035713　K/ZSH/CS117/63

經義述聞三十卷　（清）王引之撰　清光緒二十一年(1895)鴻文書局石印本　二冊

430000－2401－0035714　K/ZSH/CS117/64

存古學堂叢刻　（清）王仁俊撰　清光緒三十三年(1907)存古學堂鉛印本　一冊

430000－2401－0035715　K/ZSH/CS117/65

漢魏石經考三篇　（清）劉傳瑩撰　清光緒十二年(1886)漢陽黃氏試館刻本　一冊

430000－2401－0035716　K/ZSH/CS117/66

娛親雅言六卷　（清）嚴元照撰　清光緒十一年(1885)韜園王氏刻本　四冊

430000－2401－0035717　K/ZSH/CS117/67

博約齋經說三卷　（清）潘任撰　清光緒二十年(1894)虞山潘氏木活字印希鄭堂叢書本　一冊

430000－2401－0035718　K/ZSH/CS117/68

群經識小八卷　（清）李惇撰　清道光六年
（1826）刻本　四冊

430000－2401－0035719　K/ZSH/CS117/70

經典釋文三十卷　（唐）陸德明撰　考證三十
卷　（清）盧文弨輯　清同治八年（1869）湖北
崇文書局刻本　十二冊

430000－2401－0035720　K/ZSH/CS117/73

五經異義疏證三卷　（清）陳壽祺撰　清嘉慶
十八年（1813）刻本　三冊

430000－2401－0035721　K/ZSH/CS117/74

左海經辨二卷　（清）陳壽祺撰　清道光三年
（1823）刻本　二冊

430000－2401－0035722　K/ZSH/CS117/75

經義蓮撞四卷讀經瑣記一卷　易順鼎撰　清
光緒十年（1884）刻寶瓠齋雜俎本　一冊

430000－2401－0035723　K/ZSH/CS117/76

五經類編二十八卷　（清）周世樟撰　清康熙
二十九年（1690）刻本　十冊

430000－2401－0035724　K/ZSH/CS117/77

經學講義二編　京師大學堂編　清光緒三十
年（1904）官書局鉛印本　一冊

430000－2401－0035725　K/ZSH/CS117/78

溉亭述古錄二卷　（清）錢塘撰　清道光二十
年（1840）刻本　二冊

430000－2401－0035726　K/ZSH/CS117.
1/83

十三經音略十三卷附錄一卷　（清）周春撰
清咸豐四年（1854）南海伍氏刻粵雅堂叢書本
五冊

430000－2401－0035727　K/ZSH/CS117.
1/84

十三經注疏附考證三百四十七卷　（清）阮元
輯　清同治十年（1871）刻本　一百二十冊

430000－2401－0035728　K/ZSH/CS118/86

經籍籑詁一百〇六卷首一卷　（清）阮元撰
清光緒六年（1880）淮南書局刻本　四十八冊

430000－2401－0035729　K/ZSH/CS118/88

說文解字十五卷　（漢）許慎撰　（宋）徐鉉等
校　清刻本　四冊

430000－2401－0035730　K/ZSH/CS118/91

說文解字音均表十七卷首一卷　（清）江沅撰
清光緒十四年（1888）南菁書院刻皇清經解
續編本　八冊

430000－2401－0035731　K/ZSH/CS118/92

說文解字舊音一卷　（清）畢沅撰　清御風樓
刻本　一冊

430000－2401－0035732　K/ZSH/CS118/94

說文引經考異十六卷　（清）柳榮宗撰　清同
治六年（1867）刻本　一冊

430000－2401－0035733　K/ZSH/CS118/95

說文引經考證七卷互異說一卷　（清）陳瑑撰
清同治十三年（1874）湖北崇文書局刻本
二冊

430000－2401－0035734　K/ZSH/CS118/96

說文引經例辨三卷　（清）雷浚撰　清刻本
一冊

430000－2401－0035735　K/ZSH/CS118/98

說文聲系十四卷　（清）姚文田撰　清咸豐五
年（1855）南海伍氏刻粵雅堂叢書本　三冊

430000－2401－0035736　K/ZSH/CS118.
1/102

說文通檢十四卷首一卷末一卷　（清）黎永椿
編　清光緒十四年（1888）掃葉山房刻本
二冊

430000－2401－0035737　K/ZSH/CS118.
1/104

說文統釋自序一卷　（清）錢大昭撰　音同異
義辨一卷　（清）畢沅撰　清光緒八年（1882）
刻本　一冊

430000－2401－0035738　K/ZSH/CS118.
1/106

許氏說文解字雙聲疊韻譜一卷　（清）鄧廷楨
撰　清光緒七年（1881）後知不足齋刻後知不

足齋叢書本　一冊

430000－2401－0035739　K/ZSH/CS118.1/109

鄭君粹言三卷說文粹言疏證二卷　（清）潘任撰集　清光緒二十年(1894)虞山潘氏木活字印希鄭堂叢書本　一冊

430000－2401－0035740　K/ZSH/CS118.1/110

字學辨正集成四卷　（清）姚心舜編輯　清咸豐六年(1856)求達書齋刻本　四冊

430000－2401－0035741　K/ZSH/CS118.1/111

字說一卷　（清）吳大澂撰　清光緒十九年(1893)思賢講舍刻本　一冊

430000－2401－0035742　K/ZSH/CS118.2/113

小學鉤沈十六卷　（清）任大椿撰　清光緒十年(1884)龍氏刻本　二冊

430000－2401－0035743　K/ZSH/CS118.2/121

干祿字書一卷　（唐）顏元孫撰　**五經文字三卷**　（唐）張參撰　**新加九經字樣一卷**　（唐）唐玄度撰　清同治十二年(1873)粵東書局刻古經解彙函本　一冊

430000－2401－0035744　K/ZSH/CS118.2/127

古籀餘論三卷　（清）孫詒讓撰　清光緒二十九年(1903)籀經樓刻本　二冊

430000－2401－0035745　K/ZSH/CS118.2/128

古籀拾遺三卷宋政和禮器文字考一卷　（清）孫詒讓撰　清光緒十六年(1890)刻本　二冊

430000－2401－0035746　K/ZSH/CS118.2/131

揚雄說故十二篇一卷揚雄訓纂篇考一卷　鄭文綽撰　清光緒二十八年(1902)書帶草堂刻本　一冊

430000－2401－0035747　K/ZSH/CS118.2/132

康熙字典十二集　（清）張玉書纂　清光緒十三年(1887)上海同文書局石印本　六冊

430000－2401－0035748　K/ZSH/CS118.2/133

文字蒙求四卷　（清）陳山嵋撰　清光緒三十年(1904)湖北高等小學堂學務處刻朱印本　一冊

430000－2401－0035749　K/ZSH/CS118.2/134

文字蒙求四卷　（清）王筠撰　上海文瑞樓石印本　一冊

430000－2401－0035750　K/ZSH/CS118.2/135

急就篇四卷　（漢）史游撰　（唐）顏師古注　（宋）王應麟補注　清同治十二年(1873)粵東書局刻小學彙函本　一冊

430000－2401－0035751　K/ZSH/CS118.3/140

五均論二卷　（清）鄒漢勛撰　清同治刻鄒叔子遺書本　二冊

430000－2401－0035752　K/ZSH/CS118.3/143

漢魏音三卷　（清）洪亮吉撰　清乾隆五十年(1785)刻本　一冊

430000－2401－0035753　K/ZSH/CS118.3/144

傳音快字一卷　（清）蔡錫勇纂　清光緒二十二年(1896)武昌刻本　一冊

430000－2401－0035754　K/ZSH/CS118.3/145

聲類四卷　（清）錢大昕撰　清道光二十九年(1849)文學山房木活字本　二冊

430000－2401－0035755　K/ZSH/CS118.3/148

周易諸家引經異字同聲改九卷圖說一卷　（清）丁顯撰　清光緒十七年(1891)刻本　五冊

430000 – 2401 – 0035756　K/ZSH/CS118.
3/149

澤存堂五種五十卷　（清）張士俊輯　清光緒
十四年(1888)上海蜚英館石印本　八冊

430000 – 2401 – 0035757　K/ZSH/CS118.
3/152

諧聲譜二卷　（清）丁顯撰　清光緒三十年
(1904)刻本　二冊

430000 – 2401 – 0035758　K/ZSH/CS118.
3/153

集韻十卷　（宋）丁度等撰　清嘉慶十九年
(1814)補刻本　十冊

430000 – 2401 – 0035759　K/ZSH/CS118.
3/154

韻補五卷　（宋）吳棫撰　**韻補正一卷**　（清）
顧炎武撰　清光緒九年(1883)邵武徐氏刻本
二冊

430000 – 2401 – 0035760　K/ZSH/CS118.
4/157

廣雅疏證十卷　（清）王念孫撰　清嘉慶元年
(1796)刻本　八冊

430000 – 2401 – 0035761　K/ZSH/CS118.
4/158

小爾雅疏八卷　（清）王煦撰　清光緒十一年
(1885)邵武徐氏刻本　一冊

430000 – 2401 – 0035762　K/ZSH/CS118.
4/159

小爾雅疏證五卷　（清）葛其仁撰　清光緒九
年(1883)歸安姚氏刻咫進齋叢書本　一冊

430000 – 2401 – 0035763　K/ZSH/CS118.
4/160

小爾雅訓纂六卷　（清）宋翔鳳撰　清嘉慶刻
本　二冊

430000 – 2401 – 0035764　K/ZSH/CS118.
4/161

五雅全書五種四十一卷　（明）郎奎金輯　明
刻本　八冊

430000 – 2401 – 0035765　K/ZSH/CS118.
4/162

支雅二卷　（清）劉燦編　清道光六年(1826)
刻本　一冊

430000 – 2401 – 0035766　K/ZSH/CS118.
4/163

爾雅正義二十卷　（清）邵晉涵撰　**爾雅釋文
三卷**　（唐）陸德明撰　清乾隆五十三年
(1788)琉璃廠文炳齋刻本　七冊

430000 – 2401 – 0035767　K/ZSH/CS118.
4/165

爾雅義疏二十卷　（清）郝懿行撰　清同治四
年(1865)刻本　八冊

430000 – 2401 – 0035768　K/ZSH/CS118.
4/167

拾雅二十卷　（清）夏味堂撰　清嘉慶二十四
年(1819)刻本　十冊

430000 – 2401 – 0035769　K/ZSH/CS118.
4/168

說雅二卷　（清）朱駿聲撰　清光緒九年
(1883)蛟川張氏秋樹根齋刻本　一冊

430000 – 2401 – 0035770　K/ZSH/CS118.
4/169

選雅二十卷　（清）程先甲撰　清光緒二十八
年(1902)千一齋刻千一齋叢書本　八冊

430000 – 2401 – 0035771　K/ZSH/CS118.
4/170

駢雅訓纂十六卷序目一卷補遺一卷　（清）魏
茂林撰　清光緒十二年(1886)虞山後知不足
齋刻本　六冊

430000 – 2401 – 0035772　K/ZSH/CS118.
4/171

親屬記二卷　（清）鄭珍撰　清光緒十八年
(1892)廣雅書局刻本　一冊

430000 – 2401 – 0035773　K/ZSH/CS118.
4/172

義府二卷字詁一卷附錄一卷　（清）黃生撰
清光緒三年(1877)歙縣黃氏刻本　四冊

430000 - 2401 - 0035774　K/ZSH/CS118.4/175

輶軒使者絕代語釋別國方言十三卷首一卷
(漢)揚雄撰　(晉)郭璞注　**續方言二卷**
(清)杭世駿撰　**續方言補一卷**　(清)程際盛撰　清光緒十七年(1891)長沙思賢講舍刻本　三冊

430000 - 2401 - 0035775　K/ZSH/CS118.4/176

輶軒使者絕代語釋別國方言箋疏十三卷
(清)錢繹撰　清光緒十六年(1890)廣雅書局刻本　四冊

430000 - 2401 - 0035776　K/ZSH/CS118.4/178

釋名疏證補八卷續釋名一卷釋名補遺一卷疏證補附一卷　王先謙撰　清光緒二十二年(1896)刻本　三冊

430000 - 2401 - 0035777　K/ZSH/CS118.4/179

釋穀四卷　(清)劉寶楠撰　清光緒十四年(1888)廣雅書局刻廣雅書局叢書本　四冊

430000 - 2401 - 0035778　K/ZSH/CS118.4/180

名原二卷　(清)孫詒讓撰　清光緒三十一年(1905)刻本　一冊

430000 - 2401 - 0035779　K/ZSH/CS120/183

皇朝五經彙解二百七十卷　(清)抉經心室主人輯　清光緒十四年(1888)上海鴻文書局石印本　三十二冊

430000 - 2401 - 0035780　K/ZSH/CS120/184

皇清經解分經合纂十六卷　(清)阮元輯　清光緒二十一年(1895)上海鴻寶齋石印本　三十二冊

430000 - 2401 - 0035781　K/ZSH/CS120/185

御纂七經二百九十四卷　(清)聖祖玄燁定　清光緒三十年(1904)上海育文書局石印本　二十四冊

430000 - 2401 - 0035782　K/ZSH/CS120/186

鄭氏佚書二十三種七十九卷　(漢)鄭玄撰　(清)袁鈞輯　清光緒十四年(1888)浙江書局刻本　十冊

430000 - 2401 - 0035783　K/ZSH/CS20/187

中國歷史六卷　(清)陳慶年編　清光緒二十九年(1903)武昌兩湖高等學堂刻本　六冊

430000 - 2401 - 0035784　K/ZSH/CS20/188

歷代史略六卷　柳詒徵撰　清光緒二十八年(1902)江楚書局刻本　八冊

430000 - 2401 - 0035785　K/ZSH/CS20/189

支那通史四卷　(日本)那珂通世編　清光緒二十五年(1899)東文學社石印本　五冊

430000 - 2401 - 0035786　K/ZSH/CS23/197

資治通鑑二百九十四卷　(宋)司馬光撰　**釋文辯誤十二卷**　(元)胡三省撰　清嘉慶二十一年(1816)胡克家刻本　一百〇四冊

430000 - 2401 - 0035787　K/ZSH/CS23/198

資治通鑑二百九十四卷目錄三十卷　(宋)司馬光撰　清光緒十四年(1888)上海蜚英館石印本　六十冊

430000 - 2401 - 0035788　K/ZSH/CS23/201

御批歷代通鑑輯覽一百二十卷　(清)楊述曾等撰　清光緒九年(1883)同文書局石印本　十六冊

430000 - 2401 - 0035789　K/ZSH/CS24/201

通鑑論四卷　(宋)司馬光撰　清光緒二十七年(1901)上海千頃堂石印本　一冊

430000 - 2401 - 0035790　K/ZSH/CS25/204

竹書紀年補證四卷　(清)林春溥撰　清道光二十年(1840)竹柏山房刻本　一冊

430000 - 2401 - 0035791　K/ZSH/CS25/205

華陽國志十二卷附一卷　(晉)常璩撰　清嘉慶十九年(1814)刻本　四冊

430000 - 2401 - 0035792　K/ZSH/CS25/206

汲冢周書輯要一卷　(清)郝懿行撰　清光緒八年(1882)東路廳署刻本　一冊

430000 - 2401 - 0035793　K/ZSH/CS25/208

逸周書補注二十二卷首一卷末一卷　（清）陳
逢衡撰　清道光五年（1825）刻本　十二冊

430000－2401－0035794　K/ZSH/CS28/209
古今紀要二十卷　（宋）黄震撰　清耕餘樓刻
本　六冊

430000－2401－0035795　K/ZSH/CS29/210
十七史商榷一百卷　（清）王鳴盛撰　清光緒
二十三年（1897）上海點石齋石印本　一冊

430000－2401－0035796　K/ZSH/CS29/212
王船山先生經史論八種七十三卷　（清）王夫
之撰　清光緒二十五年（1899）公記書莊石印
本　十六冊

430000－2401－0035797　K/ZSH/CS29/213
五史斠議五卷　羅振玉撰　清光緒二十九年
（1903）刻本　一冊

430000－2401－0035798　K/ZSH/CS29/216
文史通義八卷　（清）章學誠撰　清道光十二
年（1832）刻　四冊

430000－2401－0035799　K/ZSH/CS29/219
史學叢書四十二種四百十六卷　清光緒十九
年（1893）武林有三長齋石印本　二十四冊

430000－2401－0035800　K/ZSH/CS29/221
讀史日記一卷　（清）胡瑞瀾撰　清刻本
一冊

430000－2401－0035801　K/ZSH/CS210/224
文獻徵存錄十卷　（清）錢材輯　清嘉慶八年
（1803）有嘉樹軒刻本　十冊

430000－2401－0035802　K/ZSH/CS210/225
東越文苑傳一卷　（清）陳壽祺撰　清道光三
年（1823）刻本　一冊

430000－2401－0035803　K/ZSH/CS210/227
碑傳集一百六十卷首二卷末二卷　（清）錢儀
吉輯　清光緒十九年（1893）江蘇書局刻本
六十冊

430000－2401－0035804　K/ZSH/CS210/228
續碑傳集八十六卷首二卷　繆荃孫輯　清宣
統二年（1910）江楚編譯書局刻本　二十四冊

430000－2401－0035805　K/ZSH/CS210/231
張文襄幕府紀聞二卷　（清）漢濱讀易者撰
清宣統二年（1910）鉛印本　一冊

430000－2401－0035806　K/ZSH/CS210/235
焦循事略一卷　（清）焦廷琥撰　清嘉慶刻本
一冊

430000－2401－0035807　K/ZSH/CS211/245
文獻通考三百四十八卷　（元）馬端臨撰　清
咸豐九年（1859）崇仁謝氏刻本　一百冊

430000－2401－0035808　K/ZSH/CS211.
1/246
文獻通考二十四卷　（元）馬端臨撰　清光緒
石印本　二十一冊　缺二卷（一、十一）

430000－2401－0035809　K/ZSH/CS211.
1/247
通典二百卷　（唐）杜佑撰　清光緒二十八年
（1902）上海鴻寶書局石印本　六冊

430000－2401－0035810　K/ZSH/CS211.
1/249
三通序三卷　（清）康綸鈞輯　清道光十三年
（1833）刻本　四冊

430000－2401－0035811　K/ZSH/CS211.
1/250
三通序詳說三卷　（清）高枚詮釋　清光緒二
十八年（1902）廣東鑄史齋刻本　一冊

430000－2401－0035812　K/ZSH/CS211.
4/254
影唐寫本漢書食貨志一卷　（漢）班固撰
（唐）顏師古注　清光緒八年（1882）遵義黎氏
影刻古逸叢書本　一冊

430000－2401－0035813　K/ZSH/CS211.
8/256
考工記圖二卷　（清）戴震撰　清乾隆四十四
年（1779）曲阜孔氏微波榭刻戴氏遺書本
二冊

430000－2401－0035814　K/ZSH/CS213/257
歷代地理志韻編今釋二十卷皇朝輿地韻編二

卷 （清）李兆洛輯 清光緒上海蜚英館石印本 四冊

430000－2401－0035815　K/ZSH/CS213/259
漢書地理志校本二卷 （清）汪遠孫撰 清道光二十八年（1848）錢唐汪氏振綺堂刻本 一冊

430000－2401－0035816　K/ZSH/CS214/262
士禮居藏書題跋記六卷 （清）黃丕烈撰 清光緒十年（1884）滂喜齋刻本 四冊

430000－2401－0035817　K/ZSH/CS214/270
四庫簡明目錄標注二十卷附錄一卷 （清）邵懿辰撰 清宣統三年（1911）刻仁和邵氏半巖廬所著書本 六冊

430000－2401－0035818　K/ZSH/CS214/276
國朝未刊遺書志略一卷 （清）朱記榮輯 清光緒十八年（1892）徐氏觀自得齋刻本 一冊

430000－2401－0035819　K/ZSH/CS214/277
國朝著述未刊書目一卷 （清）鄭文焯撰 清光緒十四年（1888）蘇州書局刻本 一冊

430000－2401－0035820　K/ZSH/CS214/278
邵亭知見傳本書目十六卷 （清）莫友芝撰 清宣統國學扶輪社鉛印本 三冊

430000－2401－0035821　K/ZSH/CS214/279
知聖道齋讀書跋二卷 （清）彭元瑞撰 清道光刻本 一冊

430000－2401－0035822　K/ZSH/CS214/281
經籍跋文一卷 （清）陳鱣撰 清道光刻本 一冊

430000－2401－0035823　K/ZSH/CS214/283
欽定武英殿聚珍版程式一卷 （清）金簡撰 清乾隆武英殿木活字本 一冊

430000－2401－0035824　K/ZSH/CS215.3/298
古泉叢話三卷附一卷 （清）戴熙撰 清同治十一年（1872）吳縣潘氏滂喜齋刻本 一冊

430000－2401－0035825　K/ZSH/CS215.5/301

讀碑小箋一卷存拙齋劄疏一卷 羅振玉撰 清光緒十八年（1892）刻本 一冊

430000－2401－0035826　K/ZSH/CS215.5/302
碑別字五卷 羅振玉輯 清光緒十七年（1891）刻食舊堂叢書本 二冊

430000－2401－0035827　K/ZSH/CS215.7/306
殷商貞卜文字考一卷 羅振玉撰 清宣統二年（1910）石印本 一冊

430000－2401－0035828　K/ZSH/CS215.8/311
汗簡箋正七卷 （清）鄭珍撰 清光緒十五年（1889）廣雅書局刻本 四冊

430000－2401－0035829　K/ZSH/CS31/313
諸子考略二卷 （清）姚永樸纂 清光緒三十一年（1905）正誼書局鉛印本 二冊

430000－2401－0035830　K/ZSH/CS31/314
諸子通考三卷 孫德謙撰 清宣統二年（1910）江蘇存古學堂鉛印本 三冊

430000－2401－0035831　K/ZSH/CS31/315
諸子粹白四卷 （清）何文明輯 清光緒七年（1881）閩南節署刻本 一冊

430000－2401－0035832　K/ZSH/CS31/316
諸子粹言二卷 （清）丁晏撰 清道光二十六年（1846）頤志齋刻本 一冊

430000－2401－0035833　K/ZSH/CS31/321
漢儒通義七卷 （清）陳澧撰 清光緒二十五年（1899）蔭立堂刻蔭立堂叢書本 二冊

430000－2401－0035834　K/ZSH/CS31/322
朱子語類一百四十卷 （宋）黎靖德編 清雍正刻本 二十四冊

430000－2401－0035835　K/ZSH/CS31/323
朱子語類日鈔五卷 （清）陳澧編 清光緒二十六年（1900）廣雅書局刻本 一冊

430000－2401－0035836　K/ZSH/CS31/325
近思錄集注十四卷 （清）江永撰 清光緒十

一年(1885)江西書局刻本　四冊

430000－2401－0035837　K/ZSH/CS31/326
徐氏三種四卷　(清)徐士業輯校　清光緒十年(1884)京師琉璃廠黎光閣刻本　四冊

430000－2401－0035838　K/ZSH/CS31/329
感應篇儒義六卷感應篇古本考一卷　(清)王仁俊撰　清光緒三十二年(1906)刻本　一冊

430000－2401－0035839　K/ZSH/CS31/330
道德經二卷　(春秋)李耳撰　(三國魏)王弼注　清光緒長沙龍氏刻本　二冊

430000－2401－0035840　K/ZSH/CS31/331
管子二十四卷　(春秋)管仲撰　清光緒五年(1879)影宋刻本　八冊

430000－2401－0035841　K/ZSH/CS31/332
管子地員篇注四卷　(清)王紹蘭撰　清光緒十七年(1891)蕭山胡氏寄虹山館刻本　四冊

430000－2401－0035842　K/ZSH/CS31/334
鹽鐵論十卷　(漢)桓寬撰　校勘小識一卷王先謙撰　清光緒十七年(1891)湖南思賢講舍刻本　二冊

430000－2401－0035843　K/ZSH/CS31/335
墨子斠注補正二卷　王樹枬撰　清光緒十三年(1887)文莫室刻陶廬叢刻本　一冊

430000－2401－0035844　K/ZSH/CS31/337
求闕齋日記類鈔二卷　(清)曾國藩撰　清光緒二年(1876)傳忠書局刻本　二冊

430000－2401－0035845　K/ZSH/CS31/339
蒙友蛾術編二卷　(清)王筠撰　清咸豐十年(1860)刻本　二冊

430000－2401－0035846　K/ZSH/CS31/340
鄭學錄四卷　(清)鄭珍撰　清光緒五年(1879)受經堂刻本　二冊

430000－2401－0035847　K/ZSH/CS31/343
輶軒語一卷　(清)張之洞撰　清光緒二十三年(1897)豐潤縣署刻本　一冊

430000－2401－0035848　K/ZSH/CS31/344

潛書四卷　(清)唐甄撰　清光緒九年(1883)中江李氏刻本　四冊

430000－2401－0035849　K/ZSH/CS31/345
程氏家塾讀書分年日程三卷綱領一卷　(宋)程端禮撰　清同治七年(1868)崇文書局刻本　二冊

430000－2401－0035850　K/ZSH/CS32/347
漢學商兌三卷　(清)方東樹撰　清光緒八年(1882)刻本　四冊

430000－2401－0035851　K/ZSH/CS32/349
論學小記三卷論學外篇二卷　(清)程瑤田撰　清嘉慶刻通藝錄本　二冊

430000－2401－0035852　K/ZSH/CS32/350
白虎通疏證十二卷　(清)陳立撰　清光緒元年(1875)淮南書局刻本　四冊

430000－2401－0035853　K/ZSH/CS32/351
小學集解六卷　(清)張伯行輯注　清光緒十三年(1887)陝西布政司刻本　二冊

430000－2401－0035854　K/ZSH/CS32/352
弟子箴言十六卷　(清)胡達源撰　清光緒二十四年(1898)京都官書局刻本　四冊

430000－2401－0035855　K/ZSH/CS33/353
兵法史略學口義一卷　(清)陳慶年撰　清光緒二十七年(1901)兩湖書院刻本　一冊

430000－2401－0035856　K/ZSH/CS33/355
司馬法古注三卷音義一卷　(清)曹元忠撰　清光緒二十年(1894)曹氏箋經室刻本　一冊

430000－2401－0035857　K/ZSH/CS34/356
寶訓八卷　(清)郝懿行輯　清光緒五年(1879)東路廳署刻本　一冊

430000－2401－0035858　K/ZSH/CS35/357
鏡鏡詅癡五卷　(清)鄭復光撰　(清)楊尚文繪圖　(清)張穆編校　清道光二十七年(1847)靈石楊氏刻連筠簃叢書本　二冊

430000－2401－0035859　K/ZSH/CS36/359
醫故二卷　(清)鄭文焯撰　清光緒十七年(1891)平江梓文閣刻書帶草堂叢書本　一冊

430000－2401－0035860　K/ZSH/CS310/362

書林揚觶一卷　（清）方東樹撰　清道光儀衛軒刻本　一冊

430000－2401－0035861　K/ZSH/CS392/366

佩文齋書畫譜一百卷　（清）孫岳頒等撰　清光緒九年（1883）上海同文書局石印本　十六冊

430000－2401－0035862　K/ZSH/CS392/368

桐園臥游錄一卷　（清）金鳳清撰　清同治十一年（1872）刻本　一冊

430000－2401－0035863　K/ZSH/CS396/375

隨園食單一卷　（清）袁枚撰　清乾隆嘉慶刻隨園三十種本　一冊

430000－2401－0035864　K/ZSH/CS310/377

竹葉亭雜記八卷　（清）姚元之撰　清光緒十九年（1893）刻本　二冊

430000－2401－0035865　K/ZSH/CS310/379

庭立記聞四卷　（清）梁玉繩撰　（清）梁學昌輯　清嘉慶十七年（1812）刻本　三冊

430000－2401－0035866　K/ZSH/CS310/380

退庵隨筆二十卷　（清）梁章鉅編　清道光十六年（1836）刻本　六冊

430000－2401－0035867　K/ZSH/CS310/381

眼學偶得一卷　羅振玉撰　清光緒十七年（1891）刻本　一冊

430000－2401－0035868　K/ZSH/CS310/382

讀書脞錄七卷續編四卷　（清）孫志祖撰　清嘉慶四年至七年（1799－1802）刻本　三冊

430000－2401－0035869　K/ZSH/CS310/383

慈溪黃氏日鈔九十七卷　（宋）黃震撰　清耕餘樓刻本　十八冊　缺三卷（八十一、八十九、九十二）

430000－2401－0035870　K/ZSH/CS310/384

無邪堂答問五卷　（清）朱一新撰　清光緒二十一年（1895）廣雅書局刻廣雅書局叢書本　五冊

430000－2401－0035871　K/ZSH/CS310/387

東塾讀書記二十五卷　（清）陳澧撰　清光緒廣州刻本（內有十卷未刊）　三冊

430000－2401－0035872　K/ZSH/CS310/389

質疑刪存三卷　（清）張宗泰撰　清光緒十八年（1892）聚學軒刻聚學軒叢書本　一冊

430000－2401－0035873　K/ZSH/CS310/392

悔翁筆記六卷　（清）汪士鐸撰　清光緒合肥張氏味古齋刻本　一冊

430000－2401－0035874　K/ZSH/CS310/393

讀書叢錄二十四卷　（清）洪頤煊撰　清道光元年（1821）刻本　六冊

430000－2401－0035875　K/ZSH/CS310/394

群書拾補不分卷　（清）盧文弨撰　清光緒十三年（1887）上海蜚英館石印本　八冊

430000－2401－0035876　K/ZSH/CS310/395

潛邱劄記六卷　（清）閻若璩撰　左汾近稿一卷　（清）閻泳撰　清光緒十四年（1888）上海同文書局石印本　四冊

430000－2401－0035877　K/ZSH/CS311/396

子史精華一百六十卷　（清）允祿等撰　清光緒十三年（1887）上海積山書局石印本　八冊

430000－2401－0035878　K/ZSH/CS311/397

校邠廬逸箋四卷　（清）馮桂芬撰　清光緒十一年（1885）上海點石齋石印本　一冊

430000－2401－0035879　K/ZSH/CS312/399

寶存四卷　（清）胡式鈺撰　清道光二十一年（1841）刻本　二冊

430000－2401－0035880　K/ZSH/CS40/408

文選六十卷　（南朝齊）蕭統輯　（唐）李善注　考異十卷　（清）胡克家撰　清宣統三年（1911）上海會文堂書局石印本　十六冊

430000－2401－0035881　K/ZSH/CS40/409

經史百家簡編二卷　（清）曾國藩編　清同治十三年（1874）傳忠書局刻本　二冊

430000－2401－0035882　K/ZSH/CS41/410

楚辭天問箋一卷　（清）丁晏撰　清光緒廣雅書局刻廣雅書局叢書本　一冊

430000－2401－0035883　K/ZSH/CS41/411
杜詩鏡銓二十卷　（唐）杜甫撰　（清）楊倫編
　杜工部年譜一卷　（清）楊倫編　**讀書堂杜
工部文注解二卷**　（清）張溍撰　清光緒十八
年(1892)鉛印本　二冊

430000－2401－0035884　K/ZSH/CS421/412
朱子文集一百卷續集十一卷別集十卷　（宋）
朱熹撰　清同治十二年(1873)六安涂氏求我
齋刻本　三十二冊

430000－2401－0035885　K/ZSH/CS421/413
佩弦齋文存二卷首一卷律賦存一卷駢文存一
卷詩存一卷試帖存一卷雜著二卷　（清）朱一
新撰　清光緒二十二年(1896)葆真堂刻本
五冊

430000－2401－0035886　K/ZSH/CS421/414
遊道堂集四卷　（清）朱彬撰　清同治七年
(1868)袁浦刻本　一冊

430000－2401－0035887　K/ZSH/CS421/415
青溪舊屋文集十一卷　（清）劉文淇撰　清光
緒九年(1883)刻本　二冊

430000－2401－0035888　K/ZSH/CS421/417
廣經室文鈔一卷　（清）劉恭冕撰　清光緒十
五年(1889)廣雅書局刻本　一冊

430000－2401－0035889　K/ZSH/CS421/418
炳燭室雜文一卷　（清）江藩撰　清光緒三年
(1877)八喜齋刻本　一冊

430000－2401－0035890　K/ZSH/CS421/419
師鄭堂集六卷　（清）孫同康撰　清光緒十七
年(1891)木活字印師鄭叢書本　四冊

430000－2401－0035891　K/ZSH/CS421/420
師鄭堂駢體文存二卷　（清）孫同康撰　清光
緒二十一年(1895)刻師鄭叢書本　一冊

430000－2401－0035892　K/ZSH/CS421/421
鐵橋漫稿八卷　（清）嚴可均撰　清光緒十一
年(1885)長州蔣氏心矩齋刻本　四冊

430000－2401－0035893　K/ZSH/CS421/422
幼學集一卷　（清）吳宗儉撰　清光緒二十四

年(1898)刻本　一冊

430000－2401－0035894　K/ZSH/CS421/423
一鐙精舍甲部稿五卷　（清）何秋濤撰　清光
緒五年(1879)淮南書局刻本　三冊

430000－2401－0035895　K/ZSH/CS421/424
汪梅村先生集十二卷文外集一卷　（清）汪士
鐸撰　清光緒七年(1881)刻本　四冊

430000－2401－0035896　K/ZSH/CS421/425
果堂集十二卷　（清）沈彤撰　清乾隆刻本
四冊

430000－2401－0035897　K/ZSH/CS421/426
儀顧堂集二十卷　（清）陸心源撰　清光緒二
十四年(1898)刻本　四冊

430000－2401－0035898　K/ZSH/CS421/427
左海文集十卷　（清）陳壽祺撰　清道光刻本
　八冊

430000－2401－0035899　K/ZSH/CS421/428
可園文存十六卷　（清）陳作霖撰　清宣統元
年(1909)刻本　四冊

430000－2401－0035900　K/ZSH/CS421/429
東塾集六卷　（清）陳澧撰　清光緒十八年
(1892)菊坡精舍刻本　三冊

430000－2401－0035901　K/ZSH/CS421/430
簡莊文鈔六卷　（清）陳鱣撰　清光緒十二年
(1886)海昌羊氏刻本　二冊

430000－2401－0035902　K/ZSH/CS421/431
劬書室遺集十六卷　（清）金錫齡撰　清光緒
二十一年(1895)刻本　六冊

430000－2401－0035903　K/ZSH/CS421/432
璧沼集四卷　（清）胡元玉撰　清光緒十五年
(1889)長沙梁益智書局刻本　四冊

430000－2401－0035904　K/ZSH/CS421/433
研六室文鈔十卷補遺一卷　（清）胡培翬撰
清光緒四年(1878)世澤樓刻本　四冊

430000－2401－0035905　K/ZSH/CS421/434
經韻樓集十二卷　（清）段玉裁撰　清光緒十

年(1884)秋樹根齋刻本　　六冊

430000－2401－0035906　K/ZSH/CS421/435
惜抱軒書錄四卷惜抱先生尺牘補編二卷
(清)姚鼐撰　清光緒五年(1879)刻本　一冊

430000－2401－0035907　K/ZSH/CS421/436
齊雲山人文集一卷　(清)洪符孫撰　清光緒
九年(1883)江陰繆氏云自在龕刻本　一冊

430000－2401－0035908　K/ZSH/CS421/437
惜抱軒尺牘一卷　(清)姚鼐撰　清光緒三十
四年(1908)上海廣智書屋鉛印本　一冊

430000－2401－0035909　K/ZSH/CS421/438
校禮堂文集三十六卷詩集十四卷　(清)凌廷
堪撰　清嘉慶二十年(1815)刻本　十二冊

430000－2401－0035910　K/ZSH/CS421/439
思適齋集十八卷　(清)顧廣圻撰　清道光二
十九年(1849)上海徐氏刻本　四冊

430000－2401－0035911　K/ZSH/CS421/440
第六弦溪文鈔四卷　(清)黃廷鑒撰　清光緒
十年(1884)虞山後知不足齋刻本　四冊

430000－2401－0035912　K/ZSH/CS421/442
敬孚類稿十六卷　(清)蕭穆撰　清光緒三十
二年(1906)刻本　六冊

430000－2401－0035913　K/ZSH/CS421/443
勉行堂文集六卷　(清)程晉芳撰　清嘉慶十
九年(1814)刻本　一冊

430000－2401－0035914　K/ZSH/CS421/444
北嶽山房文集十四卷　(清)閻鎮珩撰　清光
緒三十一年(1905)刻本　六冊

430000－2401－0035915　K/ZSH/CS421/445
**西澗草堂集四卷詩集四卷尚書讀記一卷春秋
一得一卷困勉齋私記四卷**　(清)閻循觀撰
清乾隆三十八年(1773)樹滋堂刻本　四冊

430000－2401－0035916　K/ZSH/CS421/446
曾文正公文集四卷　(清)曾國藩撰　(清)李
瀚章編　清同治十三年(1874)傳忠書局刻本
四冊

430000－2401－0035917　K/ZSH/CS421/448
藝風堂文集七卷外篇一卷　繆荃孫撰　清光
緒二十六年(1900)刻本　四冊

430000－2401－0035918　K/ZSH/CS421/449
藝風堂文續集八卷外集一卷　繆荃孫撰　清
宣統二年至民國二年(1910－1913)刻本
四冊

430000－2401－0035919　K/ZSH/CS421/450
藝風堂文漫存癸甲稿四卷　繆荃孫撰　清宣
統二年(1910)刻本　一冊

430000－2401－0035920　K/ZSH/CS421/451
藝風堂文漫存癸甲稿四卷辛壬稿三卷　繆荃
孫撰　清宣統二年(1910)刻本　三冊

430000－2401－0035921　K/ZSH/CS421/452
藝風堂文漫存乙丁稿四卷　繆荃孫撰　清宣
統刻本　一冊

430000－2401－0035922　K/ZSH/CS421/453
戴東原集十二卷首一卷　(清)戴震撰　清光
緒十年(1884)刻戴段合刻本　四冊

430000－2401－0035923　K/ZSH/CS421/454
謫麈堂遺集四卷　(清)戴望撰　清光緒元年
(1875)刻本　一冊

430000－2401－0035924　K/ZSH/CS422/458
靜庵文集　王國維撰　清光緒三十一年
(1905)鉛印本　一冊

430000－2401－0035925　K/ZSH/CS422/491
面城精舍雜文二卷　羅振玉撰　清光緒十八
年(1892)刻本　一冊

430000－2401－0035926　K/ZSH/CS43/496
經史百家雜鈔二十六卷　(清)曾國藩輯　清
光緒二年(1876)傳忠書局刻本　二十四冊

430000－2401－0035927　K/ZSH/CS44/500
世說新語六卷　(南朝宋)劉義慶撰　(南朝
梁)劉孝標注　**校勘小識一卷引用書目一卷
佚文一卷考證一卷**　清光緒十七年(1891)思
賢講舍刻本　六冊

430000－2401－0035928　K/ZSH/CS44/501

阮庵筆記五種九卷　　況周頤撰　　清光緒三十三年(1907)白門刻本　三冊

430000 - 2401 - 0035929　K/ZSH/CS45/508

鳴原堂論文二卷　　(清)曾國藩撰　　清同治十二年(1873)勵志齋刻本　二冊

430000 - 2401 - 0035930　K/ZSH/CS50/510

王菉友九種十二卷　　(清)王筠撰　　清咸豐刻本　二冊　存四卷(夏小正正義一卷、弟子職正音一卷、毛詩重言一卷、毛詩雙聲疊韻說一卷)

430000 - 2401 - 0035931　K/ZSH/CS50/512

東海褰冥氏三十以前舊學四種八卷　　(清)譚嗣同撰　　清光緒二十三年(1897)金陵刻本　一冊

430000 - 2401 - 0035932　K/ZSH/CS50/515

慎始基齋叢書存四種四卷　　盧靖輯　　清光緒中沔陽盧氏刻本　一冊

430000 - 2401 - 0035933　K/ZSH/CS50/522

通藝錄存四種五卷　　(清)程瑤田撰　　清嘉慶八年(1803)刻本　六冊

430000 - 2401 - 0035934　K/ZSH/CS50/526

儆季雜著五種二十一卷　　(清)黃以周撰　尚書講義一卷　　(清)黃家辰　(清)黃家岱撰　藝軒雜著一卷　　(清)黃家岱撰　　清光緒二十年至二十一年(1894 - 1895)江蘇南菁講舍刻本　十冊

430000 - 2401 - 0035935　K/ZSH/CS50/527

儆居遺書十六種七十五卷　　(清)黃式三撰　清同治、光緒刻本　二十二冊